CÓDIGO PENAL
comentado
PARA CARREIRAS POLICIAIS

Márcio Alberto Gomes Silva

CÓDIGO PENAL

comentado

PARA CARREIRAS POLICIAIS

3ª edição

Revista, atualizada e ampliada

2022

EDITORA JusPODIVM

www.editorajuspodivm.com.br

EDITORA *Jus*PODIVM
www.editorajuspodivm.com.br

Rua Canuto Saraiva, 131 – Mooca – CEP: 03113-010 – São Paulo – São Paulo
Tel: (11) 3582.5757
• Contato: https://www.editorajuspodivm.com.br/sac

Diagramação: Isabella Giordano *(giordano.bella@gmail.com)*

Capa: Maitê Coelho *(maitescoelho@yahoo.com.br)*

S586c Silva, Márcio Alberto Gomes.
Código Penal Comentado para Carreiras Policiais / Márcio Alberto – 3. ed. rev., atual. e ampl. – São Paulo: Editora JusPodivm, 2022.
848 p.

Inclui bibliografia
ISBN 978-85-442-3808-0

1. Código Penal. 2. Legislação comentada. I. Silva, Márcio Alberto Gomes. II. Título.

CDD 341.509

Dedico este trabalho a minha esposa Aline, meu amor,
minha companheira de todas as horas e a primeira a saber
e a incentivar todos os meus planos;
aos meus filhos Antônio Neto e Maria Carolina, meus maiores tesouros;
e aos meus pais Antônio e Edilde, fontes de inspiração.

Apresentação

A obra é especialmente voltada aos profissionais das carreiras policiais e aos estudantes que nelas desejam ingressar. Procurei desenvolver uma linguagem clara, permeada por muitos exemplos, com foco na solução de diversas questões de ordem prática.

É um Código Penal que não se limita a reproduzir pensamentos de outros autores ou entendimentos jurisprudenciais. Nele o leitor vai encontrar minhas ideias acerca dos tipos mais relevantes, de forma a contribuir com o necessário debate jurídico, inclusive com propostas inéditas.

Há, em arremate, questões de concursos públicos com gabaritos comentados, com o objetivo de que o conhecimento adquirido pela leitura seja devidamente exercitado.

Boa leitura!

O autor.

Sumário

PARTE ESPECIAL

Introdução

Conceitos iniciais: antes de estudar todos os artigos do Código Penal, proponho a análise de alguns conceitos importantes.

Princípios: sintetizo, na tabela abaixo, alguns princípios importantíssimos no estudo do Direito Penal.

Princípio	Definição	Dispositivo
Dignidade da pessoa humana	De tão importante, é fundamento da República Federativa do Brasil. O Direito Penal não pode impor sanção (nem aceitar tratamento) que ofenda a dignidade humana.	Artigo 1º, inciso III, da Constituição Federal[1]
Devido processo legal	Ninguém será privado dos seus bens ou de sua liberdade sem o devido processo legal.	Artigo 5º, inciso LIV, da Constituição Federal[2]
Intervenção mínima	Por ser remédio extremamente amargo (que pode privar a liberdade do cidadão) o Direito Penal deve ser a última opção do legislador para resolver os conflitos de interesse surgidos no seio da sociedade (*ultima ratio*).	–
Lesividade/ofensividade	Só são objeto do Direito Penal condutas que efetivamente lesem ou tragam perigo de lesão a bens jurídicos relevantes de terceiros.	–
Fragmentariedade	Nem todas as lesões a bens jurídicos protegidos devem ser tuteladas, apenas um fragmento destas (nem todas as lesões ao patrimônio são objeto de proteção pelo Direito Penal, por exemplo – não se pune o dano culposo).	–
Alteridade	São duas facetas: a) reza que ninguém será punido por ter feito mal a si mesmo – por isso a autolesão não é crime; b) o pensamento (fase de cogitação, interna) não é punido (temos direito de profanar, desde que não exista exteriorização ilícita do quanto imaginado).	–

1 Art. 1º A República Federativa do Brasil, formada pela união indissolúvel dos Estados e Municípios e do Distrito Federal, constitui-se em Estado Democrático de Direito e tem como fundamentos:
(...)
III – a dignidade da pessoa humana.

2 Art. 5º (...)
LIV – ninguém será privado da liberdade ou de seus bens sem o devido processo legal.

Humanidade	O Direito Penal deve se pautar pela benevolência, garantindo o bem-estar da coletividade – inclusive a dos condenados.	–
Pessoalidade (ou intranscendência)	A punição não pode passar da pessoa do condenado.	Artigo 5º, inciso XLV, da Constituição Federal[3]
Insignificância	O princípio da insignificância, como se verá alhures, afasta a tipicidade material, em face inexpressividade da lesão produzida (que não chega a arranhar o bem jurídico protegido).	O Supremo Tribunal Federal reclama, para incidência do princípio da insignificância: a) mínima ofensividade; b) ausência de periculosidade; c) reduzido grau de reprovabilidade; d) inexpressividade da lesão.

Questões de concurso público: veja como o assunto já foi cobrado em concurso público.

1 – (Delegado de Polícia Civil/ES/2019) O sistema penal é composto por órgãos de naturezas jurídicas distintas com funções, dentre outras, de caráter investigativo, repressivo, jurisdicional e prisional. É sabido que os números de letalidade no exercício de tais funções, tanto de civis quanto de agentes do sistema penal têm aumentado nos últimos anos. Por conta dessa informação, será preciso promover uma política pública em âmbito penal que reverbere na diminuição de tal letalidade. (BATISTA, Nilo. Introdução Crítica ao Direito Penal Brasileiro. 11. ed. Rio de Janeiro: Revan, 2007)

Identifique a alternativa correta que contenha os princípios que fundamentam o Direito Penal, e que mostrem que sua observância se torna importante para o embasamento da referida política pública.

a) Devido processo legal/ contraditório e ampla defesa/ proximidade de jurisdição / proporcionalidade.
b) Intervenção mínima/ legalidade / lesividade / adequação social.
c) Mínimo proporcional/ reserva do possível/ humanidade/ lesividade.
d) Legalidade / proporcionalidade / penalidade / legítima defesa.
e) Mínima letalidade/ letalidade controlada/ tutela civil e tutela penal/ livre iniciativa.

2 – (Delegado de Polícia Civil/RJ/2012) De acordo com o Glossário Jurídico do Supremo Tribunal Federal, "o princípio da insignificância tem o sentido de excluir ou de afastar a própria tipicidade penal, ou seja, não considera o ato praticado como um crime, por isso, sua aplicação resulta na absolvição do réu e não apenas na diminuição e substituição da pena ou não sua não aplicação". Sobre o tema princípio da insignificância, assinale a resposta correta.

a) Buscando sua origem, de acordo com certa vertente doutrinária, no Direito Romano, o princípio da insignificância vem sendo objeto de recorrentes decisões do STF, nas quais são estabelecidos dois parâmetros para sua determinação: reduzidíssimo grau de reprovabilidade do comportamento e inexpressividade da lesão jurídica provocada.

3 Art. 5º (...)
XLV – nenhuma pena passará da pessoa do condenado, podendo a obrigação de reparar o dano e a decretação do perdimento de bens ser, nos termos da lei, estendidas aos sucessores e contra eles executadas, até o limite do valor do patrimônio transferido.

b) O princípio da insignificância, decorrência do caráter fragmentário do Direito Penal, tem base em uma orientação utilitarista, tem origem controversa, encontrando, na atual jurisprudência do STF, os seguintes requisitos de configuração: a mínima ofensividade da conduta do agente; nenhuma periculosidade social da ação; o reduzidíssimo grau de reprovabilidade do comportamento; e a inexpressividade da lesão jurídica provocada.

c) Sua atual elaboração deita raízes na doutrina de Claus Roxin e, no Direito Penal brasileiro, consoante jurisprudência atual do STF, se limita à avaliação da inexpressividade da lesão jurídica provocada, ou seja, observa-se se a ofensa ao bem jurídico tutelado é relevante ou banal.

d) Surgindo como uma consequência lógica do princípio da individualização das penas, a insignificância penal não aceita a periculosidade social da ação como parâmetro, de acordo com o posicionamento atual do STF, em razão da elevada abstração desse conceito, mas apresenta como requisitos: a mínima ofensividade da conduta do agente; o reduzidíssimo grau de reprovabilidade do comportamento; e a inexpressividade da lesão jurídica provocada.

e) Inserida no princípio da intervenção mínima, embora já mencionada anteriormente por Welzel como uma faceta do princípio da adequação social, a insignificância determina a inexistência do crime quando a conduta praticada apresentar a simultânea presença dos seguintes requisitos, exigidos pela atual jurisprudência do STF: a mínima ofensividade da conduta do agente; nenhuma periculosidade social da ação; o reduzidíssimo grau de reprovabilidade do comportamento; a inexpressividade da lesão jurídica provocada; e a inexistência de um especial fim de agir.

3 – (Delegado de Polícia Civil/MT/2017) De acordo com o entendimento do STF, a aplicação do princípio da insignificância pressupõe a constatação de certos vetores para se caracterizar a atipicidade material do delito. Tais vetores incluem o(a)

a) reduzidíssimo grau de reprovabilidade do comportamento.

b) desvalor relevante da conduta e do resultado.

c) mínima periculosidade social da ação.

d) relevante ofensividade da conduta do agente.

e) expressiva lesão jurídica provocada.

4 – (Delegado de Polícia Civil/MS/2021) Sobre as hipóteses de aplicação do princípio da insignificância pelas Cortes Superiores, assinale a alternativa correta.

a) O princípio da insignificância pode ser aplicado para atos infracionais.

b) A infração bagatelar pode ser reconhecida para o crime de moeda falsa.

c) Em crime de roubo, se o valor do bem subtraído por irrisório, pode ser aplicado o princípio da insignificância.

d) De acordo com o Superior Tribunal de Justiça, para fins de incidência do princípio da insignificância nos crimes tributários estaduais, deve ser utilizado o parâmetro de R$ 20.000,00 (vinte mil reais), estabelecido no art. 20 da Lei Federal nº 10.522/2002, independentemente de previsão diversa na legislação estadual.

e) Não existe nenhum precedente, nem do STJ, nem do STF, aplicando o princípio da insignificância ao crime de porte de drogas para consumo pessoal (art. 28 da Lei nº 11.343/06), visto tratar-se de delito de perigo presumido ou abstrato e a pequena quantidade de droga faz parte da própria essência do delito em questão.

Gabarito comentado:

Questão	Reposta	Comentário
1	Letra B	A questão não foi bem formulada, mas a assertiva escolhida é a única que contempla princípios que regem o Direito Penal.
2	Letra B	Para responder corretamente o quesito, basta conhecer os requisitos para aplicação do princípio da insignificância, segundo entendimento do STF: a) Mínima ofensividade; b) Ausência de periculosidade; c) Reduzido grau de reprovabilidade; d) Inexpressividade da lesão.
3	Letra A	Vide comentário anterior.
4	Letra A	Vide trecho de julgado do STJ – "(...) 2. O Superior Tribunal de Justiça admite a incidência do princípio da insignificância nos processos relativos a atos infracionais praticados por crianças e adolescentes (...)" (HC 357.845/SC, Rel. Ministro Nefi Cordeiro, Sexta Turma, julgado em 16/08/2016, DJe 26/08/2016).

Interpretação da lei penal: abaixo sintetizo observações acerca da interpretação da lei penal:

Quanto à origem	Autêntica	Oferecida pela própria lei (artigo 150, §§ 4º e 5º[4], do Código Penal, por exemplo).
	Doutrinária	Interpretação feita por estudiosos, profissionais e professores.
	Jurisprudencial	Interpretação feita pelo Poder Judiciário (decisões reiteradas em um mesmo sentido).

Quanto ao modo	Gramatical	Utiliza regras gramaticais para identificar o real sentido da lei.
	Teleológica	Busca os fins da lei.
	Sistemática	Interpreta o mandamento harmonizando-o com o ordenamento jurídico.
	Histórica	Analisa o momento histórico da elaboração da lei.

Quanto ao resultado	Declarativa	Conclui-se que o legislador disse exatamente o que tencionava.
	Restritiva	Conclui-se que o legislador disse mais que o que tencionava (por meio de expressões muito vagas e abertas) e, portanto, o intérprete terá que limitar o alcance da lei.
	Extensiva	Conclui-se que o legislador disse menos que o que tencionava, portanto, o intérprete terá que ampliar o alcance da lei.

4 Artigo 150 (...)
§ 4º – A expressão "casa" compreende:
I – qualquer compartimento habitado;
II – aposento ocupado de habitação coletiva;
III – compartimento não aberto ao público, onde alguém exerce profissão ou atividade.
§ 5º – Não se compreendem na expressão "casa":

Interpretação analógica x analogia: interpretação analógica e analogia são institutos diferentes:

Expressão	Comentários
Interpretação analógica	Ocorre quando o legislador, após uma sequência, utiliza-se de fórmula genérica que deve ser interpretada de acordo com a lista anterior (artigo 121, § 2º, inciso III, do Código Penal[5], por exemplo).
Analogia	É utilizada quando há lacuna e o sistema é integrado com a aplicação de uma lei que rege caso semelhante. A analogia é, via de regra, vedada em Direito Penal. Admite-se, todavia, analogia *in bonam partem* (em benefício do réu).

Questões de concurso público: veja como o assunto já foi cobrado em concurso público.

1 – (Delegado de Polícia Civil/SP/2018) Prescreve o art. 327 do CP: "considera-se funcionário público, para os efeitos penais, quem, embora transitoriamente ou sem remuneração, exerce cargo, emprego ou função pública." Tal norma traduz exemplo de interpretação

a) doutrinária.

b) científica.

c) autêntica.

d) analógica.

e) extensiva.

2 – (Delegado de Polícia Civil/MA/2018) No direito penal, a analogia

a) é uma forma de autointegração da norma penal para suprir as lacunas porventura existentes.

b) é uma fonte formal imediata do direito penal.

c) utiliza, na modalidade jurídica, preceitos legais existentes para solucionar hipóteses não previstas em lei.

d) corresponde a uma interpretação extensiva da norma penal.

e) é uma fonte formal mediata, tal como o costume e os princípios gerais do direito.

Gabarito comentado:

Questão	Reposta	Comentário
1	Letra C	A interpretação autêntica ocorre quando a própria lei diz o significado de expressão que pode causar dúvida interpretativa.

I – hospedaria, estalagem ou qualquer outra habitação coletiva, enquanto aberta, salvo a restrição do n.º II do parágrafo anterior;

II – taverna, casa de jogo e outras do mesmo gênero.

5 Art. 121 (...)
§ 2º Se o homicídio é cometido:
(...)
III – com emprego de veneno, fogo, explosivo, asfixia, tortura ou outro meio insidioso ou cruel, ou de que possa resultar perigo comum.

Questão	Reposta	Comentário
2	Letra A	Analogia significa suprir lacunas, com o fito de integrar o ordenamento jurídico.

Conflito aparente de normas penais: fala-se em conflito aparente de normas penais quando, para um determinado fato, aparentam incidir duas ou mais normas penais incriminadoras.

Para configurar o conflito aparente, têm que estar presentes os seguintes elementos:

Elemento	Comentário
Unicidade de fato	No conflito aparente de normas, há apenas um fato.
Pluralidade de normas, com aparente aplicação das normas ao fato	Mais de uma norma parece ser aplicável ao mesmo fato.
Efetiva aplicação de apenas uma norma	Depois da utilização de um dos princípios a seguir relacionados, nota-se que só se aplica uma das normas.

Para solucionar o conflito aparente de normas, deve-se utilizar um dos princípios a seguir expostos:

Princípio	Comentários
Especialidade	Se uma das normas puder ser considerada especial em relação a outra, aplica-se a norma especial em detrimento da geral. A lei especial nem sempre é mais grave que a geral (relação infanticídio/homicídio, por exemplo – o infanticídio é considerado especial em relação ao homicídio e tem pena menor que este).
Subsidiariedade	Se uma das normas puder ser considerada subsidiária em relação à outra, aplica-se a norma principal. Deve-se analisar o caso concreto e tentar adequar o fato à norma principal, não sendo possível, aplica-se a norma subsidiária. Essa subsidiariedade pode ser explícita (expressão "se o fato não constituir crime mais grave" – artigo 132 do Código Penal, por exemplo) ou implícita (estupro/constrangimento ilegal; furto qualificado pelo arrombamento/dano).
Consunção	É quando um fato definido como crime funciona como preparação, execução ou exaurimento para um outro crime (memorize as expressões crime-meio e crime-fim). É preciso diferenciar o: a) **antefato (*ante factum*) impunível:** o agente materializa conduta objetivando a prática de outra. A primeira conduta finda sem potencialidade lesiva, porque se esgota com a conduta final (falsificação de documento com o objetivo de praticar crime de estelionato nos termos da Súmula 17 do Superior Tribunal de Justiça[6]);

6 Súmula 17/STJ – Quando o falso se exaure no estelionato, sem mais potencialidade lesiva, e por este absorvido.

Consunção	b) **pós-fato (*post factum*) impunível:** prática de conduta posterior à consumação, contra o mesmo bem jurídico, incapaz de agravar a lesividade do comportamento anterior (agente que danifica coisa móvel subtraída – o agente não será punido por furto e dano, apenas por furto); c) **crime progressivo:** o agente deseja, desde o início, praticar crime mais grave e, para isso, lesiona o bem jurídico progressivamente (para materializar um homicídio, crime desde o início pretendido, o agente lesiona progressivamente a vítima, até confiscar a vida desta – pune-se o autor do fato apenas pelo delito de homicídio); d) **progressão criminosa:** o agente deseja, inicialmente, praticar um crime menos grave. Atingida a consumação e modificando sua intenção, o autor pratica conduta mais gravosa. Exemplifico: o agente, determinado a praticar crime de lesão corporal, golpeia a vítima. Depois do golpe, o autor modifica seu querer e decide matar a vítima – pune-se o autor do fato apenas pelo crime de homicídio.
Alternatividade	Aplicável aos crimes mistos, alternativos ou de conteúdo variado (o tipo incriminador prevê mais de uma forma de cometer o crime e a prática de mais de um verbo pelo mesmo autor, no mesmo contexto fático, significa crime único – artigo 122 do Código Penal, por exemplo). Há críticas a este princípio por não se tratar propriamente de conflito de normas (é um conflito dentro de um mesmo tipo).

Velocidades do Direito Penal: eis tabela que sintetiza as velocidades do Direito Penal:

Velocidade	Definição
Primeira velocidade	Caracterizada pela aplicação, em regra, de pena privativa de liberdade, com respeito a direitos/garantias do réu (modelo garantista, com procedimento amplo e moroso).
Segunda velocidade	Procedimento mais célere (com inobservância de alguns direitos/garantias do réu), com aplicação de penas restritivas de direitos ou pecuniárias (não há aplicação de pena privativa de liberdade) – instituto da transação penal, previsto na Lei 9.099/95, por exemplo.
Terceira velocidade	Permite restrição da liberdade sem a observância de direitos/garantias do réu (essa é a velocidade do Direito Penal do Inimigo, teorizado por Günther Jakobs). Seriam considerados inimigos os agentes da criminalidade econômica, terrorismo, criminalidade organizada, crimes sexuais e outras infrações penais perigosas[7]. O inimigo pode ser submetido, inclusive, a medida de segurança (aplicada por tempo indeterminado), com possibilidade de antecipação de tutela penal (abandona-se o direito penal do fato e se aplica o direito penal do autor).
Quarta velocidade	Vinculada ao Direito Penal Internacional. Pune pessoas que cometeram crimes contra humanidade, por meio do Tribunal Penal Internacional, em Haia (Estatuto de Roma, ratificado pelo Brasil por meio do Decreto 4.388/02).

7 MUÑOZ CONDE, Francisco. **Direito penal do inimigo**. Tradução Karyna Batista Sposato, Juruá, 2012, p. 41/42.

Garantismo penal: o garantismo penal tem como expoente Luigi Ferrajoli (em sua obra Direito e Razão[8]). Em síntese bastante apertada, Ferrajoli elaborou 10 axiomas na construção da sua teoria (equivalentes ao dever ser do Direito Penal), que merecem ser memorizados:

Número	Axioma	Comentário
1	*Nulla poena sine crimine*	Princípio da retributividade
2	*Nullum crimen sine lege*	Princípio da legalidade
3	*Nulla lex (poenalis) sine necessitate*	Princípio da necessidade
4	*Nulla necessitas sine injuria*	Princípio da lesividade/ofensividade
5	*Nulla injuria sine actione*	Princípio da exterioridade da ação
6	*Nulla actio sine culpa*	Princípio da culpabilidade
7	*Nulla culpa sine judicio*	Princípio da jurisdicionariedade
8	*Nullum judicium sine accusation*	Princípio acusatório
9	*Nulla accusatio sine probatione*	Princípio do ônus da prova
10	*Nulla probation sine defensione*	Princípio da defesa

Memorize a tabela abaixo, referente à análise do princípio da proporcionalidade:

Garantismo positivo	Garantismo negativo
Proibição da proteção deficiente	Proibição do excesso

No bojo da análise do garantismo negativo, discute-se o garantismo hiperbólico monocular (apontado como distorção do garantismo, por focar exclusivamente na proibição do excesso e poder redundar em impunidade). Chamo-o (garantismo hiperbólico monocular) de superdimensionamento de direitos individuais[9].

Lei penal: a lei penal tem duas partes:

Parte	Comentário
Preceito primário	Descrição da conduta proibida
Preceito secundário	A sanção cominada em abstrato

Adotamos a técnica de descrever a conduta proibida (preconizada por Karl Binding). Neste diapasão, há diferença entre norma penal (regra proibitiva e não escrita) e lei penal (regra escrita elaborada pelo legislador de maneira descritiva) – a conduta

8 FERRAJOLI, Luigi. **Direito e razão: teoria do garantismo penal**. São Paulo, editora Revista dos Tribunais, 2014.

9 SILVA, Márcio Alberto Gomes. **Processo Penal para Carreiras Policiais**. Salvador: Juspodivm, 2021, p. 314/322.

do agente não infringe à lei penal, ao contrário ele se encaixa perfeitamente nela, a norma penal é que é atropelada.

A lei penal é dotada de:

Característica	Comentário
Exclusividade	Só ela cria infrações penais
Anterioridade	Só se aplica aos fatos praticados após sua entrada em vigor
Imperatividade	É imposta de forma obrigatória
Generalidade	Destina-se a todos
Impessoalidade	É voltada a fatos, não a pessoas

A lei penal pode ser classificada como:

<table>
<tr><th>Classificação</th><th colspan="2">Comentários</th></tr>
<tr><td>Incriminadoras</td><td colspan="2">Descrevem crimes e cominam penas</td></tr>
<tr><td rowspan="4">Não-incriminadoras</td><td>Permissivas</td><td>Afastam a ilicitude de uma conduta (justificantes – artigo 24 do Código Penal, por exemplo) ou isentam o agente de pena (exculpantes – artigo 22 do Código Penal, por exemplo).</td></tr>
<tr><td>Explicativas</td><td>Esclarecem ou explicitam conceitos (artigo 327 do Código Penal, por exemplo).</td></tr>
<tr><td>Complementares</td><td>Delimitam a aplicação da lei penal (artigo 5º do Código Penal, por exemplo).</td></tr>
<tr><td>De extensão ou integrativas</td><td>Viabilizam a tipicidade de algum fato (artigo 14, II, do Código Penal, por exemplo).</td></tr>
</table>

Lei penal em branco: a **lei penal em branco** (cega ou aberta) é aquela em que a descrição da conduta está incompleta. Ela necessita de um complemento para atingir sua efetividade (para que se conheça por completo a figura típica ou a sanção imposta). Podem ser:

Lei penal em branco	Comentário
Homogêneas[10] (em sentido amplo ou impropriamente em branco)	São complementadas por outra lei (artigo 237 do Código Penal, por exemplo).
Heterogêneas (em sentido estrito ou propriamente em branco)	São complementadas por texto de fonte diversa (artigo 33 da Lei 11.343/06, por exemplo).

10 Rogério Sanches Cunha (**Manual de Direito Penal**, 5ª edição, Salvador, Juspodivm, 2017, p. 96) classifica as leis penais em branco homogêneas em **homovitelinas** (quando o complemento está na mesma instância legislativa – o artigo 312 é complementado pelo artigo 327, ambos do Código Penal) e **heterovitelinas** (o complemento emana de instância legislativa diversa – o artigo 236 do Código Penal é complementado pela legislação civil).

Lei penal em branco	Comentário
Ao avesso	É a que tem o preceito primário completo, mas precisa de complemento quanto ao preceito secundário (artigos 1º a 3º da Lei 2.889/56, por exemplo).
Ao quadrado	É aquela em que o complemento faz referência a outro normativo (o complemento da lei penal precisa ser complementado por outro normativo – artigo 38 da Lei 9.605/98, por exemplo).

Conceito de crime: genericamente o termo infração penal (é gênero) é utilizado para abarcar as expressões crimes e contravenções (são espécies). No Brasil, não há distinção entre crime e delito (são sinônimos). Acerca das principais diferenças entre crime e contravenção penal (também chamada de crime anão ou delito liliputiano), confira a tabela abaixo:

Critério diferenciador	Crime	Contravenção
Pena privativa de liberdade[11]	Reclusão ou detenção	Prisão simples
Possibilidade de cominação isolada de pena de multa	Não	Sim
Ação penal	Pública ou privada[12]	Pública incondicionada[13]
Elemento subjetivo	Dolo[14]	Voluntariedade[15]
Punibilidade da tentativa	Sim[16]	Não[17]
Extraterritorialidade	Sim[18]	Não[19]
Duração máxima da pena privativa de liberdade	40 anos[20]	5 anos[21]

O conceito de crime não é fornecido pelo Código Penal. Doutrinariamente, entretanto, três acepções do conceito de crime são estudadas:

---

11 Artigo 1º do Decreto-Lei 3.914/41 (Lei de Introdução do Código Penal e da Lei de Contravenções Penais).

12 Artigos 24 e 30 do Código de Processo Penal.

13 Artigo 17 do Dec-Lei 3.688/41.

14 Artigo 18, I, do Código Penal.

15 É a *versari in re illicita* – responsabilização do agente mesmo que a conduta por ele praticada não seja resultante de dolo/culpa – artigo 3º do Dec-Lei 3.688/41.

16 Artigo 14, II, do Código Penal.

17 Artigo 4º do Dec-Lei 3.688/41.

18 Artigo 7º do Código Penal.

19 Artigo 2º do Dec-Lei 3.688/41.

20 Artigo 75 do Código Penal (modificado pelo Pacote Anticrime).

21 Artigo 10 do Dec-Lei 3.688/41.

Conceito material	Crime é a conduta que viola de forma grave os bens jurídicos mais importantes para sociedade.
Conceito formal	Crime é toda conduta descrita como tal em uma lei penal incriminadora.
Conceito analítico	Estuda o crime dividindo-o em elementos: **fato típico** (tem como elementos a conduta, o resultado, o nexo de causalidade e a tipicidade – formal e material), **antijuridicidade** (é a relação de antagonismo, de contrariedade entre a conduta do agente e o ordenamento jurídico) e **culpabilidade** (tem como elementos a imputabilidade, a potencial consciência da ilicitude e a exigibilidade de conduta diversa) – a doutrina majoritária (inclusive no Brasil) adota a teoria tripartida (que considera o crime fato típico, antijurídico e culpável).

Mais algumas nomenclaturas importantes:

Sujeito ativo	Como regra, é a pessoa natural maior de 18 anos no tempo do crime (vide artigo 4º do Código Penal). Excepcionalmente, admite-se que a pessoa jurídica cometa crimes (vide artigo 173, § 5º e 225, § 3º, ambos da Constituição Federal). A pessoa jurídica pode ser punida penalmente pela prática de crime ambiental, nos termos da Lei 9.605/98.
Sujeito passivo	É o titular do bem jurídico violado. Divide-se em **formal** (é o titular do *jus puniendi* – o Estado) e **material** (titular do bem jurídico atacado pelo crime). **Não são sujeitos passivos** de crimes animais, coisas e mortos. Não há a possibilidade de confusão, na mesma pessoa, de sujeito passivo e ativo (em conduta única). Entrementes, em caso de crime constituído por diversas condutas (como o de rixa) é possível que uma pessoa seja sujeito passivo e ativo a um só tempo.
Objeto material	É o bem de natureza corpórea ou incorpórea atingido pelo crime (há entendimento no sentido de que bens de natureza incorpórea não são considerados objeto material – daí poderíamos ter crime sem objeto material).
Objeto jurídico	Bem jurídico é o interesse protegido pela lei penal (vida e patrimônio, por exemplo).

Questão de concurso público: veja como o assunto já foi cobrado em concurso público.

1 – (Delegado de Polícia Civil/AL/2012) Apesar de, no campo fático, ser possível ocorrer a tentativa de contravenção penal, esta, quando se desenvolve na forma tentada, não é penalmente alcançável ( ).

2 – (Delegado de Polícia Civil/MS/2021) Para evitar a dupla punição por fato único, a doutrina e a jurisprudência admitem determinados princípios que foram elencados para resolver conflito de normas penais aparentemente aplicáveis à mesma hipótese. Com relação a esses princípios, assinale a alternativa correta.

a) São princípios do conflito aparente de normas: especialidade, subsidiariedade, consunção e alteridade.

b) São requisitos do conflito aparente de normas: pluralidade de condutas, relevância causal das condutas, liame subjetivo e identidade de crime, como regra para todos os envolvidos.

c) O conflito aparente de normas é também conhecido pela doutrina como conflito de leis penais no tempo.

d) O princípio da consunção pode ser aplicado exemplificativamente para hipóteses de crime progressivo, progressão criminosa, antefato impunível e pós-fato impunível.

e) Para ser reconhecido o princípio da consunção, é indispensável que o crime-fim tenha uma pena maior ou mais severa do que aquela prevista para o crime-meio, conforme decidido pelo Superior Tribunal de Justiça.

Gabarito comentado:

Questão	Reposta	Comentário
1	CERTA	Vide artigo 4º da Lei das Contravenções Penais: **Art. 4º Não é punível a tentativa de contravenção.**
2	Letra D	O item correto traz as variações do princípio da consunção.

Classificação dos crimes: a seguir mais conceitos importantes (ligados à classificação de crimes):

Quanto ao sujeito ativo	Crime comum	Pode ser cometido por qualquer pessoa.
	Crime próprio[22]	Só pode ser praticado por determinadas pessoas (exigem sujeito ativo especial)[23].
Quanto ao momento consumativo	Crime instantâneo[24]	A consumação se dá por meio de uma única conduta.
	Crime permanente[25]	A consumação se prolonga no tempo, por vontade do agente.
Quanto à conduta	Crime comissivo	Praticado por meio de ação.
	Crime omissivo[26]	Praticado por uma abstenção.
Quanto ao resultado naturalístico	Material	Há resultado naturalístico possível e este precisa ocorrer para que exista consumação (homicídio, por exemplo).
	Formal	Há resultado naturalístico possível, mas a consumação não depende da sua materialização (extorsão, por exemplo).

22 Os crimes **próprios** podem ser puros e impuros. São **puros** quando a prática do fato por pessoa que não tenha a qualidade especial reclamada pela norma não constitui crime (artigo 321 do Código Penal, por exemplo). Os **impuros** são os que, quando praticados por pessoa que não tenham qualidade especial, transformam-se em crimes diversos (infanticídio x homicídio).

23 Crime de **mão própria** é aquele que não admite coautoria, apenas participação (só pode ser cometido pessoalmente pelo sujeito ativo especial).

24 Crime **instantâneo de efeitos permanentes** é aquele em que o resultado não pode mais ser revertido – homicídio, por exemplo.

25 O crime permanente pode ser **necessariamente permanente** (sequestro) ou **eventualmente permanente** (furto de energia elétrica).

26 O crime omissivo pode ser omissivo próprio (a lei descreve e pune uma abstenção) ou omissivo impróprio (comissivo por omissão) – quando o resultado advém da omissão de quem tem o dever jurídico de agir para evitá-lo (garantidor ou garante – vide artigo 13, § 2º, do Código Penal, para conhecer os garantidores).

Quanto ao resultado jurídico	De mera conduta	Não há resultado naturalístico possível. A lei pune, tão somente, uma conduta (porte ilegal de arma de fogo, por exemplo).
	Crime de dano	Consuma-se com efetiva lesão ao bem jurídico tutelado.
	Crime de perigo[27]	Consuma-se com o perigo de lesão ao bem jurídico tutelado.
Quanto à pluralidade de sujeitos como requisito típico	Crime unissubjetivo	Pode ser praticado por uma só pessoa.
	Crime plurissubjetivo	Demanda mais de uma pessoa para ser cometido (associação criminosa, por exemplo).
Quanto à possibilidade de fracionamento da conduta	Crime unissubsistente[28]	É praticado por apenas um ato (não há fracionamento da conduta) – injúria verbal, por exemplo.
	Crime plurissubsistente	Pode ser praticado por meio de vários atos (homicídio, por exemplo).
Quanto à natureza do comportamento nuclear	Crime de forma livre	É praticado de qualquer modo (não há fórmula legal expressa).
	Crime de forma vinculada	É praticado por meio de fórmula prevista no tipo penal (curandeirismo, por exemplo).

Outros conceitos relevantes:

Conceito relevante	Definição	Exemplo
Crime habitual	Consuma-se mediante prática reiterada e contínua de várias ações.	Curandeirismo (artigo 284 do Código Penal).
Crime à distância	O *iter criminis* passa pelo território de dois ou mais países.	Tráfico internacional de arma de fogo (artigo 18 da Lei 10.826/03).
Crime plurilocal	O *iter criminis* passa pelo território de mais de um foro.	Tráfico interestadual de droga ilícita (artigo 33 c/c artigo 40, inciso V, da Lei 11.343/06).
Crime a prazo	O crime ou circunstância que eleva a pena só se implementa depois de certo tempo.	Lesão corporal de natureza grave (artigo 129, § 1º, I, do Código Penal) e apropriação de coisa achada (artigo 169, parágrafo único, inciso II, do Código Penal).
Crime de atentado	A forma tentada e a forma consumada têm a mesma pena.	Evasão mediante violência contra a pessoa (artigo 352 do Código Penal).
Quase-crime	Sinônimo de crime impossível.	Artigo 17 do Código Penal.
Crime condicionado	Depende do advento de uma condição e, por isso, não admite tentativa.	Artigo 164 do Código Penal.

27 Os **crimes de perigo** são divididos em **crime de perigo concreto** (quando o perigo ao bem jurídico tutelado precisa ser provado) e **crime de perigo abstrato** (o perigo de lesão é presumido pelo legislador).

28 O crime unissubsistente não admite tentativa.

Questão de concurso público: veja como o assunto já foi cobrado em concurso público.

1 – (Delegado de Polícia Civil/MA/2018) No que se refere à classificação dos crimes, assinale a opção correta.

a) No crime habitual, as ações que o compõem, consideradas isoladamente, não constituem crimes.

b) No crime à distância, a conduta dá-se em um local e a produção, em outro, dentro do mesmo país.

c) No crime preterintencional, há a conjugação da ação culposa no evento antecedente com o dolo no resultado consequente.

d) Os crimes omissivos impróprios se perfazem com a mera abstenção da realização de um ato, independentemente de um resultado posterior.

e) Nos crimes instantâneos de efeitos permanentes, a consumação do crime perdura até quando o sujeito quiser.

Gabarito comentado:

Questão	Reposta	Comentário
1	Letra A	É o exato conceito de crime habitual (curandeirismo, por exemplo).

Sistemas penais: a tabela abaixo sintetiza os sistemas penais:

Sistema	Expoentes	Características principais
Clássico	Liszt e Beling	Dolo e culpa como elementos da culpabilidade (teoria psicológica da culpabilidade).
Neoclássico (neokantista)	Mezger	Culpabilidade como juízo de reprovação (mas como o dolo e a culpa ainda integrando a culpabilidade) – teoria psicológico-normativa da culpabilidade.
Finalista	Welzel	O dolo e a culpa migram para conduta (fato típico) e a culpabilidade se torna puramente normativa – teoria normativa pura da culpabilidade.
Funcionalista	Roxin e Jakobs	A noção de imputação ganha relevo (imputação objetiva). Há o funcionalismo moderado de Roxin e o funcionalismo sistêmico (radical) de Jakobs.

PARTE GERAL

TÍTULO I

DA APLICAÇÃO DA LEI PENAL

Anterioridade da Lei

Art. 1º – Não há crime sem lei anterior que o defina. Não há pena sem prévia cominação legal.

Legalidade, anterioridade e reserva legal: o artigo 1º do Código Penal traz em seu bojo três princípios: o da **legalidade**, o da **anterioridade** e o da **reserva legal**.

Só pode ser criada/modificada figura típica por meio de **lei** (princípio da legalidade). O mandamento legal precisa ser **anterior** ao fato analisado (princípio da anterioridade) e há de ser **lei em sentido estrito** (princípio da reserva legal).

Não é possível tratar de Direito Penal por meio de medida provisória, nos termos do artigo 62, § 1º, inciso I, alínea "b", da Constituição Federal[29] – isso é consequência do **princípio da reserva legal** (de igual sorte, não é possível tratar de Direito Penal por meio de lei delegada). Entretanto, o Supremo Tribunal Federal já admitiu uso de medida provisória para edição de direito penal não incriminador – normas penais benéficas para acusados:

> I. Medida provisória: sua inadmissibilidade em matéria penal – extraída pela doutrina consensual – da interpretação sistemática da Constituição -, não compreende a de normas penais benéficas, assim, as que abolem crimes ou lhes restringem o alcance, extingam ou abrandem penas ou ampliam os casos de isenção de pena ou de extinção de punibilidade. II. Medida provisória: conversão em lei após sucessivas reedições, com cláusula de "convalidação" dos efeitos produzidos anteriormente: alcance por esta de normas não reproduzidas a partir de uma das sucessivas reedições. III. MPr 1571-6/97, art. 7º, § 7º, reiterado na reedição subseqüente (MPr 1571-7, art. 7º, § 6º), mas não reproduzido a partir da reedição seguinte (MPr 1571-8 /97): sua aplicação aos fatos ocorridos na vigência das edições que o continham, por força da cláusula de "convalidação" inserida na lei de conversão, com eficácia de decreto-legislativo (RE 254818, Relator(a): Sepúlveda Pertence, Tribunal Pleno, julgado em 08/11/2000, DJ 19-12-2002 PP-00123 EMENT VOL-02096-07 PP-01480 RTJ VOL-00184-01 PP-00301)[30].
>
> HABEAS CORPUS. PORTE ILEGAL DE ARMA DE FOGO. ABOLITIO CRIMINIS. NÃO-OCORRÊNCIA. O prazo de cento e oitenta dias previsto nos artigos 30 e 32 da Lei n. 10.826/2003 é para que os possuidores e proprietários armas de fogo as regularizem ou as entreguem às autoridades. Somente as condutas típicas 'possuir ou ser proprietário' foram abolidas temporariamente. A vingar a tese de abolitio criminis temporária quanto ao porte ilegal, chegar-se-á ao absurdo de admitir que qualquer pessoa pode transitar livremente em público portando

29 Art. 62. Em caso de relevância e urgência, o Presidente da República poderá adotar medidas provisórias, com força de lei, devendo submetê-las de imediato ao Congresso Nacional.
§ 1º É vedada a edição de medidas provisórias sobre matéria:
I – relativa a:
(...)
b) direito penal, processual penal e processual civil.

30 Julgado anterior à emenda à Constituição Federal 32/01.

arma de fogo. Ordem denegada (HC 88594, Relator(a): Eros Grau, Segunda Turma, julgado em 09/05/2006, DJ 02-06-2006 PP-00044 EMENT VOL-02235-03 PP-00555 RTJ VOL-00201-02 PP-00707)[31].

Mandados de criminalização: a Constituição Federal não traz em seu bojo tipos penais (descrição de condutas típicas e imputação de sanção). Em verdade, há na Carta da República **mandados de criminalização** (ordens dirigidas ao legislador infraconstitucional, para que este regulamente certos delitos na forma determinada pelo Texto Magno – artigo 5º, inciso XLIII, por exemplo[32]). Até seria possível tipificar crimes na Constituição Federal, mas a modificação ou extinção da figura típica seria muito custosa (aprovação da proposta em dois turnos de votação em cada casa do Congresso Nacional, pelo voto de três quintos de seus membros, na forma do § 2º do artigo 60 da Carta Magna[33]).

Interpretação extensiva: é preciso lançar mão de interpretação extensiva para estender os princípios em estudo às contravenções penais (espécie de infração penal) e à medida de segurança (que não é pena e sim sanção – esta é o gênero e as espécies são as penas e as medidas de segurança).

Assim é que, nos termos do artigo em estudo: não há crime (nem contravenção) sem que lei anterior o defina, não há pena (nem medida de segurança) sem prévia cominação legal.

Fundamento constitucional do artigo 1º do Código Penal: o pano de fundo do artigo 1º do Código Penal é o inciso XXXIX do artigo 5º da Constituição Federal:

> Art. 5º. (...)
>
> (...)
>
> XXXIX – não há crime sem lei anterior que o defina, nem pena sem prévia cominação legal;

Legalidade material x legalidade formal: a **legalidade material** impede que seja considerado crime a conduta que não fere efetivamente interesse juridicamente tutelado. A **legalidade formal** diz que não há crime sem lei formal que tipifique a conduta.

---

31 Esse julgado é mais paradigmático que o anterior, porque materializado depois da emenda à Constituição Federal 32/01 e findou admitindo, com tranquilidade, reflexo penalmente benéfico (*abolitio criminis* temporária) em face de modificação operada no Estatuto do Desarmamento pela Medida Provisória 417/08 (convertida na Lei 11.706/08).

32 Art. 5º (...)
XLIII – a lei considerará crimes inafiançáveis e insuscetíveis de graça ou anistia a prática da tortura, o tráfico ilícito de entorpecentes e drogas afins, o terrorismo e os definidos como crimes hediondos, por eles respondendo os mandantes, os executores e os que, podendo evitá-los, se omitirem.

33 Art. 60 (...)
§ 2º A proposta será discutida e votada em cada Casa do Congresso Nacional, em dois turnos, considerando-se aprovada se obtiver, em ambos, três quintos dos votos dos respectivos membros.

A lei penal deve ser **escrita, estrita, certa** e **necessária.**

Resumo do artigo: eis tabela que sintetiza os aspectos mais importantes do artigo 1º do Código Penal:

Artigo 1º do Código Penal	
Princípio da legalidade	Não há crime (nem contravenção penal) sem lei que o defina. Não há pena (nem medida de segurança) sem cominação legal.
Princípio da anterioridade	A lei que cria/modifica o crime/contravenção ou a pena/medida de segurança deve ser anterior ao fato praticado.
Princípio da reserva legal	A lei que cria/modifica o crime/contravenção ou a pena/medida de segurança é a lei ordinária ou complementar (lei em sentido estrito). A criação de crime por medida provisória, lei delegada, ou decreto, por exemplo, ofende o princípio aqui estudado.

Questões de concurso público: veja como o assunto já foi cobrado em concurso público.

1 – (Polícia Rodoviária Federal/2019) O art. 1.º do Código Penal brasileiro dispõe que "não há crime sem lei anterior que o defina. Não há pena sem prévia cominação legal".

Considerando esse dispositivo legal, bem como os princípios e as repercussões jurídicas dele decorrentes, julgue o item que se segue.

O presidente da República, em caso de extrema relevância e urgência, pode editar medida provisória para agravar a pena de determinado crime, desde que a aplicação da pena agravada ocorra somente após a aprovação da medida pelo Congresso Nacional ( ).

2 – (Polícia Rodoviária Federal/2019) O art. 1.º do Código Penal brasileiro dispõe que "não há crime sem lei anterior que o defina. Não há pena sem prévia cominação legal".

Considerando esse dispositivo legal, bem como os princípios e as repercussões jurídicas dele decorrentes, julgue o item que se segue.

A norma penal deve ser instituída por lei em sentido estrito, razão por que é proibida, em caráter absoluto, a analogia no direito penal, seja para criar tipo penal incriminador, seja para fundamentar ou alterar a pena ( ).

3 – (Delegado de Polícia Civil/PA/2021) No tocante ao Direito Penal, assinale a alternativa correta.

a) É vedada a edição de medidas provisórias sobre matéria relativa a Direito Penal (art. 62, §1º, I, alínea b, CF). Nada obstante, o STF firmou jurisprudência no sentido de que as medidas provisórias podem ser utilizadas na esfera penal, desde que benéficas ao agente.

b) O fundamento político do princípio da reserva legal revela a aceitação pelo povo, representado pelo Congresso Nacional, da opção legislativa no âmbito criminal.

c) Com a evolução da sociedade e a modificação dos seus valores, determinados comportamentos, inicialmente típicos, podem deixar de interessar ao Direito Penal. Nesse caso, pode-se afirmar que ocorreu a chamada desmaterialização (liquefação) de bens jurídicos no Direito Penal.

d) O princípio da fragmentariedade se projeta no plano concreto, isto é, em sua atuação prática, o Direito Penal somente se legitima quando os demais meios disponíveis já tiverem sido empregados, sem sucesso, para proteção do bem jurídico.

e) A primeira manifestação do princípio da personalidade da pena no Brasil ocorreu já no período republicano, com o advento do Código Penal de 1890.

Gabarito comentado:

Questão	Reposta	Comentário
1	ERRADA	A edição de medida de provisória em matéria penal atropela o princípio da reserva legal.
2	ERRADA	Admite-se, em Direito Penal, uso da analogia *in bonam partem* (o quesito fala na proibição, em caráter absoluto, do uso da analogia – por isso o erro).
3	Letra A	Não é possível tratar de Direito Penal por meio de medida provisória (princípio da reserva legal). Entretanto, o Supremo Tribunal Federal já admitiu uso de medida provisória para edição de direito penal não incriminador – normas penais benéficas para acusados.

Lei penal no tempo

Art. 2º – Ninguém pode ser punido por fato que lei posterior deixa de considerar crime, cessando em virtude dela a execução e os efeitos penais da sentença condenatória.

Parágrafo único – A lei posterior, que de qualquer modo favorecer o agente, aplica-se aos fatos anteriores, ainda que decididos por sentença condenatória transitada em julgado.

Introdução: em regra, deve-se aplicar a lei vigente à época dos fatos (*tempus regit actum*). Como exceção, tem-se a extratividade da lei – retroatividade ou ultratividade:

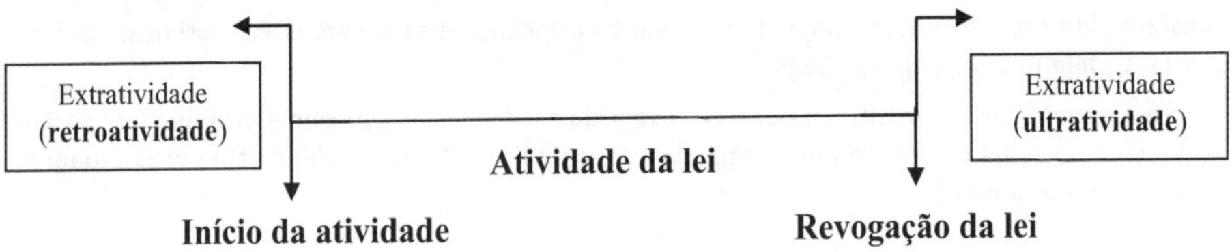

A lei penal é irretroativa, salvo para beneficiar o réu. É a regra do inciso XL do artigo 5º da Constituição Federal:

> Art. 5º. (...)
>
> (...)
>
> XL – a lei penal não retroagirá, salvo para beneficiar o réu;

***Abolitio criminis* e *novatio legis in mellius*:** o artigo 2º do Código Penal encerra dois postulados extremamente importantes:

Instituto	Dispositivo	Conceito
Abolitio criminis	*Caput* do artigo 2º do CP	Ocorre quando uma lei nova deixa de considerar o fato como criminoso.
Novatio legis in mellius	Parágrafo único do artigo 2º do CP	Quando lei nova traz qualquer tipo de benefício para o réu.

Observações relevantes: acerca do artigo em estudo, é preciso desenhar algumas observações importantes:

Observação	Comentários
A *abolitio criminis* faz desaparecer os efeitos penais da condenação, não os extrapenais	**SITUAÇÃO HIPOTÉTICA:** PEDRO foi condenado, com trânsito em julgado, pela prática do crime 'A' e, após, cometeu o novo delito 'B'. Sobreveio lei que extinguiu a conduta proibida tipificada no crime 'A'. **SOLUÇÃO:** o trânsito em julgado de sentença condenatória induz reincidência (em caso de nova prática delitiva) e esse é um efeito penal da condenação. Como houve *abolitio criminis* em relação ao crime 'A', esse efeito penal é apagado. Logo, caso PEDRO seja condenado pela prática do crime 'B', ele deve ser considerado primário.
Não se deve confundir *abolitio criminis* com revogação formal da lei	A simples revogação de uma lei penal incriminadora não redunda, necessariamente, em *abolitio criminis*. É preciso verificar se o **conteúdo normativo incriminador** foi efetivamente revogado ou se foi preservado em outra lei/artigo em vigor. Cito exemplo: o artigo 214 do Código Penal foi revogado, mas seu conteúdo incriminador migrou para o artigo 213 do mesmo diploma, não ocorrendo, nessa situação, *abolitio criminis* – é a chamada **continuidade normativo-típica**. Quando há continuidade normativo-típica, não há *abolitio criminis* e vice-versa.
É possível aplicação, ao caso concreto, da chamada **lei intermediária**	**SITUAÇÃO HIPOTÉTICA:** suponha que a conduta criminosa seja praticada sob a vigência da lei 'A' (que impõe pena máxima de 4 anos para o delito). A seguir, a lei 'B' revoga a lei 'A', diminuindo a pena máxima do crime perpetrado pelo agente para 3 anos. Por fim, imagine que a lei 'C' revogue a lei 'B', impondo pena máxima de 5 anos para o delito praticado pelo autor. **SOLUÇÃO:** no caso apresentado tem-se o seguinte raciocínio – a lei inicialmente aplicada ao caso concreto é a lei 'A' (lei vigente no tempo do crime); a seguir a lei 'B' (mais benéfica), deve retroagir tão logo entre em vigor *(novatio legis in mellius)*. Por fim, conclui-se que a lei 'B' (intermediária) deve continuar a ser aplicada ao caso concreto (ultratividade), porquanto mais favorável que a lei 'C' (que por ser mais gravosa, não poderá retroagir).
Não é possível combinação de leis (para, por exemplo, utilizar a parte mais benéfica de cada uma – lei revogada e lei em vigor)	Admitir a combinação de leis significaria criar uma terceira lei (*lex tertia*) não imaginada pelo legislador. Tal expediente (combinação de leis) foi vedado expressamente pelo Superior Tribunal de Justiça na Súmula 501 – **É cabível a aplicação retroativa da Lei n. 11.343/2006, desde que o resultado da incidência das suas disposições, na íntegra, seja mais favorável ao réu do que o advindo da aplicação da Lei n. 6.368/1976, sendo vedada a combinação de leis** (grifo meu).

Depois do trânsito em julgado da sentença condenatória, a aplicação da lei mais benéfica compete ao juízo das execuções	É importante a leitura da Súmula 611/STF – **Transitada em julgado a sentença condenatória, compete ao juízo das execuções a aplicação de lei mais benigna.** Excepcionalmente, contudo, caso haja dúvida interpretativa razoável, será preciso manejo de revisão criminal.
No caso de prática de crime permanente ou continuado, aplica-se ao fato a lei nova, ainda que mais severa	Leia a Súmula 711/STF – **A lei penal mais grave aplica-se ao crime continuado ou ao crime permanente, se a sua vigência é anterior à cessação da continuidade ou da permanência.**

Súmula 711/STF: entenda o quanto explicitado na Súmula 711/STF por meio de um exemplo:

> **SITUAÇÃO HIPOTÉTICA:** suponha que JOÃO restrinja a liberdade de MARIA no dia 02/01/2020, com o objetivo de reclamar preço pelo resgate da vítima. Imagine que a privação da liberdade dure até o dia 01/02/2020 e que, no dia 15/01/2020, entre em vigor nova lei que aumente a pena do crime de extorsão mediante sequestro (artigo 159 do Código Penal).
>
> **SOLUÇÃO:** nos termos do verbete estudado, o aumento de pena determinado pelo novel mandamento legal será suportado por JOÃO, já que a lei entrou em vigor durante a permanência:

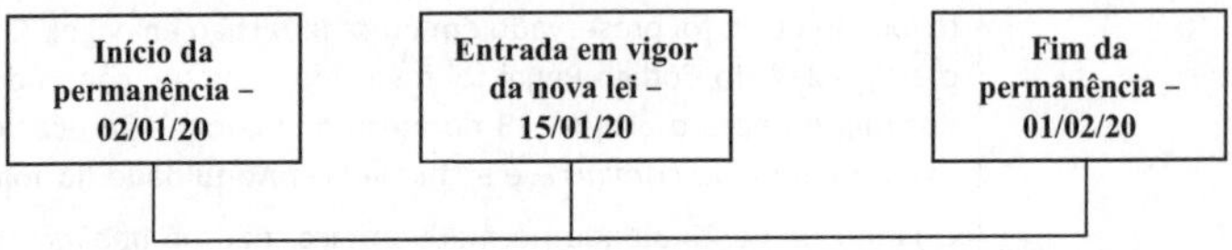

A maioridade deve ser aferida, de igual sorte, no dia do fim da permanência (caso o agente inicie prática de crime permanente adolescente e a maioridade sobrevenha no curso da permanência, o agente deve ser considerado imputável).

Resumo do artigo: eis o resumo do quanto estudado no artigo 2º do Código Penal:

Artigo 2º do Código Penal	
Abolitio criminis	Nova lei deixa de considerar o fato como criminoso – a consequência é a cessação dos efeitos penais (mesmo se houver sentença condenatória transitada em julgado).
Novatio legis in mellius	Edição de nova lei mais benéfica – aplica-se a nova lei mais benéfica ainda que o caso tenha sido decidido por sentença condenatória transitada em julgado.
Continuidade normativo-típica	Não há *abolitio criminis* caso o conteúdo incriminador contido em lei revogada tenha migrado para outro artigo/lei ainda em vigor.
Súmula 611/STF	Transitada em julgado a sentença condenatória, compete ao juízo das execuções a aplicação de lei mais benigna.
Súmula 711/STF	A lei penal mais grave aplica-se ao crime continuado ou ao crime permanente, se a sua vigência é anterior à cessação da continuidade ou da permanência.

Questões de concurso público: veja como o assunto já foi cobrado em concurso público.

1 – (Delegado de Polícia Civil/ES/2019) "Chamamos de extra-atividade a capacidade que tem a lei penal de se movimentar no tempo regulando fatos ocorridos durante sua vigência, mesmo depois de ter sido revogada, ou de retroagir no tempo, a fim de regular situações ocorridas anteriormente à sua vigência". (GRECO, Rogério. Curso de Direito Penal: parte geral. vol. 1. 17. ed. Rio de Janeiro: Impetus, 2015, p.159). Segundo esse autor a extra-atividade é gênero do qual seriam espécies a ultra-atividade e a retroatividade. Leia as afirmativas a seguir e marque a alternativa correta:

a) A lei penal possui ultra-atividade, nos casos em que, mesmo após sua revogação por lei mais gravosa, continua sendo válida em relação aos efeitos penais mais brandos da lei que era vigente no momento da prática delitiva.

b) A garantia penal positivada na Constituição Federal brasileira (1988) promove a retroatividade da lei penal mais benéfica quando o condenado, por uma conduta típica, apresenta residência fixa, após cometimento do ilícito penal.

c) A ultra-atividade da lei penal funciona como mecanismo de endurecimento da norma penal, ao passo que funciona como técnica de resolução de conflito para aplicação de um direito penal punitivo.

d) A aplicação da irretroatividade em direito penal funciona como garantia legal do ius puniendi que pretende auferir a punição mais gravosa ao condenado.

e) A figura da ultra-atividade da norma penal realiza o objetivo de garantir a condenação do réu pela norma penal vigente na prática da conduta delitiva, com o principal objetivo de promover a segurança jurídica em âmbito penal.

2 – (Delegado de Polícia Federal/2018) Manoel praticou conduta tipificada como crime. Com a entrada em vigor de nova lei, esse tipo penal foi formalmente revogado, mas a conduta de Manoel foi inserida em outro tipo penal. Nessa situação, Manoel responderá pelo crime praticado, pois não ocorreu a abolitio criminis com a edição da nova lei ( ).

3 – (Delegado de Polícia Civil/MA/2018) Em relação à lei penal no tempo e à irretroatividade da lei penal, é correto afirmar que à lei penal mais

a) severa aplica-se o princípio da ultra-atividade.

b) benigna aplica-se o princípio da extra-atividade.

c) severa aplica-se o princípio da retroatividade mitigada.

d) severa aplica-se o princípio da extra-atividade.

e) benigna aplica-se o princípio da não ultra-atividade.

4 – (Delegado de Polícia Civil/MS/2021) Considerando o regramento das leis penais no tempo e a história do Direito Penal na República Federativa do Brasil, assinale a alternativa correta.

a) O Código Penal de 1969 (Decreto-lei n. 1.004/69) revogou alguns dispositivos do Código Penal de 1940 (Decreto-lei n. 2.848/40), produzindo efeitos jurídicos, muito embora tenha sido revogado ainda em seu período de *vacatio legis*.

b) Desde que seja em caráter benéfico, a doutrina majoritária entende ser possível aplicar leis penais antes de consumada sua vigência.

c) Tanto o STF quanto o STJ não admitem a combinação de leis penais.

d) A *abolitio criminis* e a *novatio legis in mellius* são causas de extinção da punibilidade aplicáveis para beneficiar o réu, ainda que tenha havido o trânsito em julgado da sentença penal condenatória.

e) Nos crimes permanentes e continuados, a lei penal aplicável será aquela mais benéfica ao agente e não a lei mais grave em vigor antes da cessação da permanência ou da continuidade. Isso porque, de acordo com a CF/1988, vige o princípio da retroatividade da lei penal mais benéfica ao agente.

Gabarito comentado:

Questão	Reposta	Comentário
1	Letra A	Em direito penal, em regra, a ultratividade se dará quando a lei penal vigente na época dos fatos é revogada por lei mais severa. Como a lei mais nova não pode retroagir, por ser mais gravosa, a revogada continua a ser aplicada para o caso criminal.
2	CERTA	O quesito narrou o fenômeno da continuidade normativo-típica. Quando ele ocorre, não há que se falar em *abolitio criminis*.
3	Letra B	Se a lei penal é mais benigna, aplica-se o princípio da extratividade (retroatividade ou ultratividade, conforme o caso).
4	Letra C	Vide, sobre o tema, Súmula 501/STJ – É cabível a aplicação retroativa da Lei n. 11.343/2006, desde que o resultado da incidência das suas disposições, na íntegra, seja mais favorável ao réu do que o advindo da aplicação da Lei n. 6.368/1976, sendo vedada a combinação de leis. Eis entendimento do Supremo Tribunal Federal sobre o tema: PENA-BASE – FIXAÇÃO – CIRCUNSTÂNCIA JUDICIAL NEGATIVA. Sendo negativa circunstância judicial, cabível é a fixação da pena-base acima do mínimo legal. ATENUANTE – CONFISSÃO. A observância da atenuante da confissão pressupõe admissão, pelo acusado, da prática criminosa. LEI – COMBINAÇÃO – CONGLOBAMENTO – INADEQUAÇÃO. É inadequado, no tocante à condenação por crime cometido na vigência da Lei nº 6.368/1976, proceder-se à combinação de leis para observar a causa de diminuição de pena do artigo 33, § 4º, da Lei nº 11.343/2006. Precedente: recurso extraordinário nº 600.817/MS, Pleno, relator ministro Ricardo Lewandowski, julgado sob o ângulo da repercussão geral (RHC 117672, Relator(a): MARCO AURÉLIO, Primeira Turma, julgado em 27/04/2021, PROCESSO ELETRÔNICO DJe-085 DIVULG 04-05-2021 PUBLIC 05-05-2021).

Lei excepcional ou temporária

Art. 3º – A lei excepcional ou temporária, embora decorrido o período de sua duração ou cessadas as circunstâncias que a determinaram, aplica-se ao fato praticado durante sua vigência.

Lei excepcional x lei temporária: o artigo 3º do Código Penal trata das leis temporárias e excepcionais. Ambas são:

Característica	Comentário
Autorrevogáveis	Se têm por revogadas após a data marcada para o término de sua vigência (as temporárias) ou quando da cessação do período excepcional nela grafado (as excepcionais).

Característica	Comentário
Ultrativas	Porque os fatos ocorridos em sua vigência continuam por elas regulado, mesmo depois da revogação – **em regra a ultratividade será gravosa (é o que se chama de efeito carrapato)**.

Eis o conceito das leis aqui estudadas:

Espécie	Conceito
Lei temporária	É aquela que traz expressamente em seu texto o dia do início e do término de sua vigência.
Lei excepcional	É a lei editada num momento de anormalidade e cuja vigência se estende até o fim da situação excepcional.

Encerrado o período de vigência (temporária) ou a anormalidade (excepcional) essas leis se têm por revogadas.

O artigo 3º do Código Penal prescreve que os fatos praticados sob a égide de tais normativos continuam por elas regulados, ainda que elas tenham sido revogadas.

Há discussão doutrinária acerca da constitucionalidade do dispositivo em face do disposto no já transcrito inciso XL do artigo 5º da Constituição Federal. Penso que o dispositivo é constitucional.

Eis exemplo:

> **SITUAÇÃO HIPOTÉTICA:** lei temporária entrou em vigor no dia 03/01/2020, tipificando determinada conduta como crime. A lei estipulou como data de perda da vigência o dia 03/02/2020. JOÃO praticou a conduta tipificada na lei temporária no dia 15/01/2020.
>
> **SOLUÇÃO:** como o crime tipificado na lei temporária foi perpetrado por JOÃO durante a vigência da lei temporária, ele segue sendo responsabilizado criminalmente mesmo depois da revogação automática do mandamento legal:

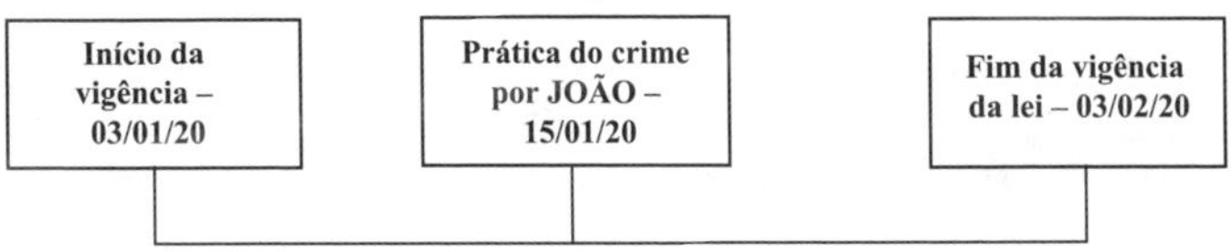

Resumo do artigo: eis resumo do quanto estudado no artigo 3º do Código Penal:

Artigo 3º do Código Penal	
Lei temporária	Traz expressamente em seu texto o dia do início e do término de sua vigência.
Lei excepcional	Lei editada num momento de anormalidade e cuja vigência se estende até o fim da situação excepcional.

Artigo 3º do Código Penal	
Características comuns	Autorrevogáveis e ultrativas
Regra do artigo 3º do Código Penal	Se o crime for praticado na vigência da lei temporária/excepcional, o agente segue sendo responsabilizado por esta, mesmo depois da revogação do mandamento legal.

Tempo do crime

Art. 4º – Considera-se praticado o crime no momento da ação ou omissão, ainda que outro seja o momento do resultado.

Tempo do crime (teorias): o artigo 4º do Código Penal trata do **tempo do crime.** São três as teorias que buscam explicá-lo:

Teoria	Conceito
Atividade	O tempo do crime será o momento da ação ou omissão, ainda que outro seja o momento do resultado.
Resultado	O tempo do crime será o instante do resultado.
Mista ou da ubiquidade	O tempo do crime será tanto o momento da ação ou omissão, quanto o do resultado.

O Código Penal adotou a **teoria da atividade**. O tempo do crime é importante para saber qual lei aplicar ao caso concreto (o tempo rege o ato) e para verificar a imputabilidade do agente (aferir maioridade/menoridade penal, por exemplo), por exemplo.

Importante salientar que nos crimes permanentes o tempo do crime dura enquanto durar a permanência. Nessa esteira, a aferição da idade do agente nos crimes permanentes deve ser feita **no dia do fim da permanência** (para determinar se o agente é ou não imputável).

Resumo do artigo: eis síntese do artigo 4º do Código Penal:

Artigo 4º do Código Penal	
Teoria adotada	Atividade – considera-se praticado o crime no exato instante da ação/omissão

Questões de concurso público: veja como o assunto já foi cobrado em concurso público.

1 – (Delegado de Polícia Civil/ES/2019) Tício, morador do Rio de Janeiro, começou a namorar Gabriela, uma jovem moradora da cidade de São Paulo. Com o passar do tempo e os efeitos da distância, Tício, motivado por ciúmes, resolveu tirar a vida de Gabriela. Pôs-se então a planejar a prática do crime em sua casa, no Rio de Janeiro, tendo adquirido uma faca, instrumento com o qual planejou executar o crime. No dia em que seguiu para São Paulo para encontrar Gabriela, que lhe

o esperava na rodoviária, Tício combinou com a jovem uma viagem a passeio para o Espírito Santo. Ao ingressarem no ônibus que os levaria de São Paulo para o Espírito Santo, Tício afirmou para Gabriela que iria matá-la. Todavia, dada a calma de Tício, a jovem achou que se tratava de uma brincadeira. Durante o trajeto, Tício, ofereceu a ela uma bebida contendo substância que causava a perda dos sentidos. Após Gabriela beber e dormir, sob efeito da substância, enquanto passavam pela BR-101, no Rio de Janeiro, Tício passou a desferir golpes com a faca no peito da jovem. Quando chegou ao destino, Tício se entregou para polícia, e Gabriela, embora tenha sido socorrida, veio a óbito ao chegar ao Hospital.

O crime descrito no texto foi praticado, de acordo com a lei penal, no momento

a) da ação ou omissão, ainda que outro seja o momento do resultado. Trata-se, portanto, do momento em que Tício desferiu os golpes em Gabriela.

b) da ação ou omissão, se este for concomitante ao resultado. Não sendo possível determiná-lo, no presente caso, em razão da separação temporal entre a conduta e o resultado.

c) em que é alcançada a consumação do crime. Trata-se, portanto, do momento da morte de Gabriela, que ocorreu no hospital.

d) em que a autoridade policial toma conhecimento do crime. Ou seja, quando Tício se entregou para a polícia.

e) em que o agente se prepara para a promoção da conduta criminosa. Ou seja, trata-se do momento em que Tício planejou e adquiriu as ferramentas necessárias ao cometimento do crime.

2 – (Agente de Polícia Civil/GO/2016) João, que acabara de completar dezessete anos de idade, levou sua namorada Rafaela, de doze anos e onze meses de idade, até sua casa. Considerando ser muito jovem para namorar, a garota aproveitou a oportunidade e terminou o relacionamento com João. Inconformado, João prendeu Rafaela na casa, ocultou sua localização e forçou-a a ter relações sexuais com ele durante o primeiro de treze meses em que a manteve em cativeiro. Após várias tentativas frustradas de fuga, um dia antes de completar quatorze anos de idade, Rafaela, em um momento de deslize de João, conseguiu pegar uma faca e lutou com o rapaz para, mais uma vez, tentar fugir. Na luta, João tomou a faca de Rafaela e, após afirmar que, se ela não queria ficar com ele, não ficaria com mais ninguém, desferiu-lhe um golpe de faca. Rafaela fingiu estar morta e, mesmo ferida, conseguiu escapar e denunciar João, que fugiu após o crime, mas logo foi encontrado e detido pela polícia. Rafaela, apesar de ter sido devidamente socorrida, entrou em coma e faleceu após três meses. Nessa situação hipotética, João

a) responderá pelo crime de tentativa de homicídio.

b) responderá por crime de estupro de incapaz, previsto no CP.

c) não responderá pelo crime de estupro segundo a lei penal, de acordo com a teoria adotada pelo CP em relação ao tempo do crime.

d) não poderá ser submetido à lei penal pelo cometimento de crime de cárcere privado, pois, à época do crime, ele era menor de idade.

e) responderá pelo crime de homicídio, sem aumento de pena por ter cometido crime contra pessoa menor de quatorze anos de idade, uma vez que Rafaela, à época da morte, já havia completado quatorze anos de idade.

Gabarito comentado:

Questão	Reposta	Comentário
1	Letra A	O tempo do crime, nos exatos termos do artigo 4º do Código Penal, é o momento da ação/omissão.

Questão	Reposta	Comentário
2	Letra C	É preciso analisar o quesito sobre a ótica do artigo 4º do Código Penal. No momento em que praticou o ato sexual forçado, JOÃO era adolescente (daí não ter havido prática do crime contra a dignidade sexual – e sim prática, pelo agente, de ato infracional). O crime contra a vida, no caso narrado, consumou-se. Por fim, o crime tipificado no artigo 148 do Código Penal foi praticado pelo agente (trata-se de crime permanente e, ao fim da permanência, o agente já era maior).

Territorialidade

Art. 5º – Aplica-se a lei brasileira, sem prejuízo de convenções, tratados e regras de direito internacional, ao crime cometido no território nacional.

§ 1º – Para os efeitos penais, consideram-se como extensão do território nacional as embarcações e aeronaves brasileiras, de natureza pública ou a serviço do governo brasileiro onde quer que se encontrem, bem como as aeronaves e as embarcações brasileiras, mercantes ou de propriedade privada, que se achem, respectivamente, no espaço aéreo correspondente ou em alto-mar.

§ 2º – É também aplicável a lei brasileira aos crimes praticados a bordo de aeronaves ou embarcações estrangeiras de propriedade privada, achando-se aquelas em pouso no território nacional ou em vôo no espaço aéreo correspondente, e estas em porto ou mar territorial do Brasil.

Lei penal no espaço: o artigo 5º do Código Penal adotou o **princípio da territorialidade**, para definição da área de abrangência da lei penal brasileira. De acordo com tal princípio, aplica-se a lei brasileira aos crimes praticados no território nacional (foi utilizada a **teoria temperada** – aplica-se a lei brasileira sem prejuízo de tratados e regras de direito internacional).

O artigo 5º do Código Penal revela qual é o território brasileiro para fins penais: além do território geográfico (acima e abaixo dele, inclusive) e do nosso mar territorial, considera-se território brasileiro (são 3 situações ligadas a aeronaves e embarcações):

Aeronaves e embarcações	Localização
Públicas ou a serviço do Brasil	Onde quer que se achem.
Brasileiras privadas	Que estejam em alto-mar ou sobrevoando o alto-mar.
Estrangeiras privadas	Que se encontrem em pouso/voo ou porto/mar territorial brasileiro.

Observações importantes: mais algumas dicas sobre o artigo 5º do Código Penal:

Observação	Comentários
O mar territorial é território brasileiro para fins penais. A zona contígua e a zona econômica exclusiva não	O mar territorial, como dito, é território brasileiro para fins penais (faixa de mar exterior ao longo da costa, que se estende por 12 milhas marítimas, medidas a partir da baixa-mar do litoral continental e insular brasileiro – artigo 1º da Lei 8.617/93); a zona contígua e a zona econômica exclusiva **não são** territórios brasileiros para fins penais.
Embaixadas **não são** consideradas território do país estrangeiro que representam	Embaixadas não podem ser objeto de busca, requisição, embargo ou medida de execução em face do disposto no artigo 22 da Convenção de Viena sobre Relações Diplomáticas – Decreto 56.435/65. A embaixada dos Estados Unidos no Brasil, por exemplo, é território brasileiro para fins penais.
O artigo 3º da Lei 8.617/93 dispõe acerca da passagem inocente	A passagem será considerada inocente desde que não seja prejudicial à paz, à boa ordem ou à segurança do Brasil, devendo ser contínua e rápida. Em caso de passagem inocente, não se aplica a lei penal brasileira ao crime cometido no interior da embarcação.

Resumo do artigo: eis a síntese do artigo 5º do Código Penal:

Artigo 5º do Código Penal	
Teoria adotada	Territorialidade temperada
Avião/embarcação pública ou a serviço do Brasil	Território brasileiro onde quer que se encontre
Avião/embarcação privada brasileira	Território brasileiro se estiver sobrevoando/navegando em alto-mar
Avião/embarcação privada estrangeira	Território brasileiro se estiver sobrevoando/navegando ou pousado/atracado no Brasil
Embaixada estrangeira localizada no Brasil	Território brasileiro para fins penais

Lugar do crime

Art. 6º – Considera-se praticado o crime no lugar em que ocorreu a ação ou omissão, no todo ou em parte, bem como onde se produziu ou deveria produzir-se o resultado.

Lugar do crime (teorias): o artigo 6º do Código Penal trata do lugar do crime. Acerca do tema, cumpre avaliar novamente as três teorias já estudadas quando da análise do artigo 4º do Caderno Repressivo: a da atividade, a do resultado e a da ubiquidade:

Teoria	Comentário
Atividade	Considera-se cometido o crime no lugar da ação ou da omissão.
Resultado	Considera-se cometido o crime no lugar do resultado.
Ubiquidade	Considera-se praticado o crime tanto no lugar da ação ou da omissão quanto no lugar do resultado.

O nosso Código Penal preferiu a **teoria da ubiquidade** quanto ao lugar do crime, pela simples análise do artigo 6º do diploma legal (assim foi feito em razão dos chamados crimes à distância).

Para facilitar a memorização das teorias relacionadas ao tempo do crime e lugar do crime, use a palavra **LUTA** (L = lugar do crime; U = ubiquidade; T = tempo do crime; A = atividade).

Sintetizo a análise do tempo e do lugar do crime por meio de exemplo:

> **SITUAÇÃO HIPOTÉTICA:** JOÃO disparou 6 vezes com intenção de matar em JOSÉ na cidade 'A', no dia 01/02/2020. JOSÉ findou sendo socorrido e levado à cidade 'B', onde morreu, no dia 04/02/2020.
>
> **PERGUNTA-SE**: quando e onde o crime ocorreu, nos termos do Código Penal?
>
> **SOLUÇÃO:** em face da adoção da teoria da atividade, em relação ao tempo do crime, o crime foi perpetrado no dia 01/02/2020 (tempo do crime – exato instante da atividade). Por ter o Código Penal adotado a teoria da ubiquidade em relação ao lugar do crime, o delito ocorreu nas cidades 'A' e 'B'.

Lugar do crime x competência em razão do lugar: não confunda o lugar do crime (artigo 6º do Código Penal – teoria da ubiquidade) com a competência em razão lugar da infração (artigo 70 do Código de Processo Penal – teoria do resultado). Exemplifico:

> **SITUAÇÃO HIPOTÉTICA:** suponha que a ação delituosa ocorra na cidade 'A' e o resultado ocorra na cidade 'B'.
>
> **SOLUÇÃO:** a conclusão diante da análise dos dois diplomas (Código Penal e Código de Processo Penal) é: o lugar do crime será tanto a cidade 'A' quanto a cidade 'B' (teoria da ubiquidade). Já o juízo competente para conhecer do caso criminal será o da cidade 'B' (teoria do resultado – lugar da consumação do crime).

Resumo do artigo: eis síntese do artigo 6º do Código Penal:

Artigo 6º do Código Penal	
Teoria adotada	Ubiquidade – considera-se praticado o crime no lugar da ação/omissão e no lugar do resultado

Extraterritorialidade

Art. 7º – Ficam sujeitos à lei brasileira, embora cometidos no estrangeiro:

I – os crimes:

a) contra a vida ou a liberdade do Presidente da República;

b) contra o patrimônio ou a fé pública da União, do Distrito Federal, de Estado, de Território, de Município, de empresa pública, sociedade de economia mista, autarquia ou fundação instituída pelo Poder Público;

c) contra a administração pública, por quem está a seu serviço;

d) de genocídio, quando o agente for brasileiro ou domiciliado no Brasil;

II – os crimes:

a) que, por tratado ou convenção, o Brasil se obrigou a reprimir;

b) praticados por brasileiro;

c) praticados em aeronaves ou embarcações brasileiras, mercantes ou de propriedade privada, quando em território estrangeiro e aí não sejam julgados.

§ 1º – Nos casos do inciso I, o agente é punido segundo a lei brasileira, ainda que absolvido ou condenado no estrangeiro.

§ 2º – Nos casos do inciso II, a aplicação da lei brasileira depende do concurso das seguintes condições:

a) entrar o agente no território nacional;

b) ser o fato punível também no país em que foi praticado;

c) estar o crime incluído entre aqueles pelos quais a lei brasileira autoriza a extradição;

d) não ter sido o agente absolvido no estrangeiro ou não ter aí cumprido a pena;

e) não ter sido o agente perdoado no estrangeiro ou, por outro motivo, não estar extinta a punibilidade, segundo a lei mais favorável.

§ 3º – A lei brasileira aplica-se também ao crime cometido por estrangeiro contra brasileiro fora do Brasil, se, reunidas as condições previstas no parágrafo anterior:

a) não foi pedida ou foi negada a extradição;

b) houve requisição do Ministro da Justiça.

Extraterritorialidade: o estudo da extraterritorialidade reclama análise do artigo 7º do Código Penal, que regula certas situações nas quais, mesmo tendo sido o crime cometido fora do Brasil, será aplicada a lei brasileira.

Extraterritorialidade x intraterritorialidade: não confunda extraterritorialidade com intraterritorialidade. Está ocorre quando se aplica lei de país estrangeiro ao fato criminoso perpetrado no Brasil. Exemplifico:

> **SITUAÇÃO HIPOTÉTICA:** suponha que diplomata estrangeiro pratique crime no Brasil.
>
> **SOLUÇÃO:** como o diplomata estrangeiro é imune à nossa lei penal (artigo 31 da Convenção de Viena sobre Relações Diplomáticas – Decreto 56.435/65), ela

será julgado pelo seu país (de acordo com as leis do seu país) pelo crime perpetrado no Brasil.

Eis quadro comparativo:

Instituto	Definição
Extraterritorialidade	O crime foi cometido fora do Brasil, mas a lei brasileira pode ser aplicada (o agente pode ser processado segundo a lei brasileira, no Brasil).
Intraterritorialidade	O crime ocorreu no Brasil, mas o caso será julgado no exterior, com base na lei estrangeira.

Extraterritorialidade incondicionada x condicionada: a extraterritorialidade pode ser **condicionada** (inciso II e § 3º[34] do artigo 7º do Código Penal) ou **incondicionada** (inciso I do artigo 7º do Código Penal). As **condições** estão no § 2º do mesmo artigo.

Princípios: os princípios presentes no artigo são:

Princípio	Comentários
Nacionalidade ativa	Aplica-se a lei nacional ao cidadão que comete crime no estrangeiro, independente da nacionalidade do sujeito passivo (para prevenir a impunidade, já que os nacionais, via de regra, não podem ser extraditados).
Nacionalidade passiva	Aplica-se a lei nacional ao cidadão que comete crime no estrangeiro contra sujeito passivo de sua nacionalidade.
Real, defesa ou proteção	Leva em conta a nacionalidade do bem jurídico atacado, independentemente do local e do sujeito ativo.
Justiça universal	Todo Estado tem o direito de punir qualquer crime, desde que o criminoso esteja em seu território (crimes com alcance internacional).
Representação	A lei do país é aplicável aos crimes cometidos em aeronaves e embarcações privadas no estrangeiro, quando aí não forem punidos.

Eis a correlação entre incisos do artigo 7º do Código Penal e os princípios:

Dispositivo	Princípio
Inciso I, alíneas *a*, *b*, *c*	Real, da defesa ou proteção
Inciso I, alínea *d*	Justiça universal
Inciso II, alínea *a*	Justiça universal

34 Rogério Sanches Cunha (**Manual de Direito Penal**, 5ª edição, Salvador, Juspodivm, 2017, p. 135) chama a situação descrita no § 3º do artigo 7º, do Código Penal, de **extraterritorialidade hipercondicionada** – porque além das condições descritas no § 2º, será preciso observar as descritas no § 3º, para aplicação da lei penal brasileira.

Dispositivo	Princípio
Inciso II, alínea *b*	Nacionalidade ativa
Inciso II, alínea *c*	Representação

Precedente do Superior Tribunal de Justiça: cumpre citar interessante precedente do Superior Tribunal de Justiça relativo a crimes praticados por brasileiros no exterior em virtude da não extradição dos autores do fato (o STJ afirmou que a competência é da União, nessa situação – informativo 625):

> Cumpre registrar, inicialmente, que a Terceira Seção possui precedentes que trilham em sentidos opostos acerca da competência para a ação penal nos casos de aplicação da lei brasileira aos crimes praticados por nacionais no exterior. Na hipótese, apura-se a participação de brasileiros em suposto esquema de falsificação de documentos públicos portugueses no território lusitano, a fim de posterior uso para ingressar no Canadá e nos EUA. Por se tratar de crime praticado por agente de nacionalidade brasileira, não é possível a extradição, em conformidade com o art. 5º, LI, da CF/88. Aplicável, no caso, o Decreto n. 1.325/1994, que incorporou ao ordenamento jurídico brasileiro o Tratado de Extradição entre o Governo da República Federativa do Brasil e o Governo da República Portuguesa, no qual estabelece, na impossibilidade de extradição por ser nacional da parte requerida, a obrigação de "submeter o infrator a julgamento pelo Tribunal competente e, em conformidade com a sua lei, pelos fatos que fundamentaram, ou poderiam ter fundamentado, o pedido de extradição" (art. IV, 1, do Tratado de Extradição). Além disso, cabe à União, segundo dispõem os arts. 21, I, e 84, VII e VIII, da Carta da República, manter relações com estados estrangeiros e cumprir os tratados firmados, fixando-se a sua responsabilidade na *persecutio criminis* nas hipóteses de crimes praticados por brasileiros no exterior, na qual haja incidência da norma interna, no caso, o Direito Penal interno e não seja possível a extradição. No plano interno, em decorrência da repercussão das relações da União com estados estrangeiros e o cumprimento dos tratados internacionais firmados, a cooperação passiva, a teor dos arts. 105 e 109, X, da CF/88, impõe a execução de rogatórias pela Justiça Federal após a chancela por esta Corte Superior. Assim, compete à Justiça Federal o processamento e o julgamento da ação penal que versa sobre crime praticado no exterior, o qual tenha sido transferida para a jurisdição brasileira, por negativa de extradição, aplicável o art. 109, IV, da CF/88.

Resumo do artigo: eis síntese do artigo 7º do Código Penal:

Artigo 7º do Código Penal	
Extraterritorialidade incondicionada	Inciso I (leia o § 1º do mesmo artigo)
Extraterritorialidade condicionada	Inciso II

Artigo 7º do Código Penal	
Extraterritorialidade hipercondicionada	§ 3º do artigo 7º
Condições	§ 2º do artigo 7º

Questão de concurso público: veja como o assunto já foi cobrado em concurso público.

1 – (Delegado de Polícia Civil/ES/2019) João Carlos, 30 anos, brasileiro, com residência transitória na Argentina, aproveitando-se da aquisição de material descartado por uma indústria gráfica falida, passou a fabricar moeda brasileira em território argentino. Para garantir a diversidade da moeda falsificada, João imprimia notas de 50 e de 100 reais. Ao entrar em território brasileiro João foi revistado por policiais que encontraram as notas falsificadas em meio a sua bagagem. João foi acusado da prática do crime previsto no artigo 289 do Código Penal.

De acordo com as teorias que informam a aplicação da lei penal brasileira no espaço, é correto dizer que, nesse caso, cabe a aplicação

a) incondicionada da lei brasileira, uma vez que o crime cometido atenta contra a fé pública.

b) condicionada da lei brasileira, já que a conduta integra dois ordenamentos jurídicos.

c) da lei argentina, em atenção à regra da territorialidade, uma vez que o crime fora praticado na Argentina.

d) da lógica da extraterritorialidade, já que o fato ocorreu em território argentino.

e) condicionada da lei brasileira, pelo fato de a conduta ter sido cometida em território argentino.

2 – (Delegado de Polícia Civil/MS/2021) Como regra, a lei penal brasileira aplica-se aos fatos ocorridos em território nacional. Isso porque o Código Penal adotou, em seu artigo 5º, caput, o princípio da territorialidade temperada ou mitigada. Todavia, existem algumas situações nas quais a lei penal brasileira será aplicada a fatos havidos no estrangeiro, ou seja, em locais submetidos à soberania externa ou mesmo em territórios em que país algum exerce seu poder soberano, como é o caso da Antártida. A isso, dá-se o nome de extraterritorialidade. Para sanar tais dúvidas, o Código Penal estipulou regramento próprio, e a doutrina pátria previu princípios aplicáveis à extraterritorialidade. Tendo como parâmetro esses fundamentos, assinale a alternativa correta.

a) Os crimes que, por tratado ou convenção, o Brasil obrigou-se a reprimir, se cometidos no estrangeiro, podem se sujeitar à lei penal brasileira, ainda que o agente seja absolvido ou condenado no território distinto do nacional, pois se trata de extraterritorialidade incondicionada.

b) Pelo princípio real, da proteção ou da defesa, ficam sujeitos à lei brasileira, embora cometidos no estrangeiro, os crimes contra a vida ou a honra do Presidente da República, tratando-se de hipótese de extraterritorialidade incondicionada.

c) Os crimes praticados contra a administração pública, qualquer que seja o sujeito ativo, ficam sujeitos à lei penal brasileira caso praticados no estrangeiro, independentemente de qualquer condição, incidindo o princípio da defesa ou real ou da proteção.

d) Ficam sujeitos à lei brasileira, embora cometidos no estrangeiro, os crimes de genocídio, quando o agente for brasileiro ou domiciliado no Brasil. Trata-se de aplicação do princípio da justiça universal ou cosmopolita e hipótese de extraterritorialidade incondicionada.

e) Configura hipótese de extraterritorialidade condicionada crime ocorrido no estrangeiro, em navios e em aeronaves de natureza pública ou privada, aplicando-se o princípio da representação ou da bandeira.

Gabarito comentado:

Questão	Reposta	Comentário
1	Letra A	O crime de moeda falsa (artigo 289 do Código Penal) é crime contra a fé pública da União. O artigo 7º, I, 'b', do Código Penal revela que crimes contra a fé pública da União são julgados pelo Brasil ainda que o agente seja condenado ou absolvido no estrangeiro pelo mesmo fato (extraterritorialidade incondicionada – § 1º do artigo 7º do CP).
2	Letra D	Vide alínea 'd' do inciso I do artigo 7º do Código Penal.

Pena cumprida no estrangeiro

Art. 8º – A pena cumprida no estrangeiro atenua a pena imposta no Brasil pelo mesmo crime, quando diversas, ou nela é computada, quando idênticas.

Pena cumprida no estrangeiro: o cidadão brasileiro não pode ser processado e punido duas vezes pela prática do mesmo fato. É o princípio da vedação do *bis in idem*. Contudo, há uma exceção no próprio Código Penal. Se o crime for praticado no exterior e o caso criminal se enquadrar em hipótese de extraterritorialidade incondicionada, será possível existência de duplo processo em face do mesmo delito.

São duas as situações possíveis no âmbito do artigo 8º do Código Penal:

Artigo 8º do Código Penal	
Pena cumprida no estrangeiro idêntica à pena aplicada no Brasil pelo mesmo crime	A pena cumprida é computada na pena a cumprir no Brasil e o agente cumpre apenas o excedente
Pena cumprida no estrangeiro diversa da pena aplicada no Brasil pelo mesmo crime	A pena aplicada no Brasil é atenuada

Eis exemplo que sintetiza aplicação do artigo 8º do Código Penal:

> **SITUAÇÃO HIPOTÉTICA:** JOÃO praticou contra vida do presidente da república do Brasil na Argentina. Neste país, ele foi processado e condenado a uma pena de 10 anos de prisão. JOÃO cumpriu a pena integralmente no país estrangeiro. Como o crime perpetrado é de extraterritorialidade incondicionada, JOÃO também será processado no Brasil. Imaginemos que ele foi condenado a uma pena privativa de liberdade de 15 anos no Brasil.
>
> **SOLUÇÃO:** efetuando a subtração (15 anos de condenação no Brasil menos 10 anos cumpridos no estrangeiro pelo mesmo crime), tem-se que JOÃO deverá cumprir 5 anos de pena privativa de liberdade no Brasil.

É possível aplicar a regra do artigo 8º do Código Penal em hipóteses de reconhecimento da territorialidade da lei brasileira. Suponha que, seguindo as regras prescritas pelo artigo 5º do Código Penal, seja detectado que o delito foi praticado no Brasil. Imagine que país estrangeiro também reconheça ser competente para processar e julgar o mesmo caso criminal. Há possibilidade, nessa hipótese, de aplicação da regra do artigo 8º do Código Penal, caso exista duplo processo em face do mesmo fato criminoso (desde que o acusado tenha cumprido pena no estrangeiro em face da prática do mesmo crime).

Análise jurisprudencial: analisando caso concreto, o Superior Tribunal de Justiça afirmou ser possível continuidade de ação penal no Brasil em face de crime julgado em definitivo pela Suíça. O Pariato ressalvou a necessidade de aplicação do artigo aqui estudado. Eis o julgado:

> RECURSO EM HABEAS CORPUS. CRIME DE LAVAGEM DE DINHEIRO. ITER CRIMINIS OCORRIDO NA SUÍÇA E NO BRASIL. CONDENAÇÃO E CUMPRIMENTO DA PENA POR ESTE DELITO NO EXTERIOR. AÇÃO PENAL PROPOSTA NA JUSTIÇA BRASILEIRA. VIABILIDADE. RECURSO AO QUAL SE NEGA PROVIMENTO. 1. O crime também foi cometido no Brasil, tendo o acórdão reconhecido que a execução e os efeitos da lavagem de dinheiro ocorreram no território nacional, assim admite-se a persecução penal pela justiça brasileira, independentemente de outra condenação no exterior. 2. Desta forma, adota-se o princípio da territorialidade previsto no art. 5º do Código Penal – CP, segundo o qual aplica-se a lei brasileira a qualquer crime cometido no Brasil. Todavia, segundo a previsão do art. 8º CP, a pena cumprida no estrangeiro vai atenuar a reprimenda imposta aqui. 3. Recurso desprovido (RHC 78.684/SP, Rel. Ministro JOEL ILAN PACIORNIK, QUINTA TURMA, julgado em 04/12/2018, DJe 08/02/2019).

Contudo, o Supremo Tribunal Federal (2ª Turma), analisando o mesmo caso, determinou o trancamento da ação penal[35] em curso no Brasil, com fulcro no princípio da vedação do *bis in idem*. Confira informativo 959/STF:

> A Segunda Turma concedeu a ordem em habeas corpus para determinar o trancamento de ação penal movida contra o paciente, denunciado pela suposta prática do crime de lavagem de capitais, em razão de haver transferido dinheiro oriundo de tráfico de drogas da Suíça para o Brasil, utilizando-se de contrato de fachada para dar aparência de licitude aos ativos em solo brasileiro. No caso, o paciente já teria sido processado e julgado na Suíça pelos mesmos fatos, o que culminou em condenação transitada em julgado e cômputo de período de encarceramento de caráter preventivo como execução antecipada da pena naquele Estado. De acordo com o Superior Tribunal de Justiça, o fato de o crime também ter sido cometido no Brasil, uma vez que a execução e os efeitos da lavagem de dinheiro ocorreram em território nacional, permite a persecução

35 Sobre o tema, importante lembrar o teor da Súmula 648/STJ – A superveniência da sentença condenatória prejudica o pedido de trancamento de ação penal por falta de justa causa feito em habeas corpus.

penal pela justiça brasileira, independentemente de outra condenação no exterior. Dessa forma, adota-se o princípio da territorialidade, nos termos do art. 5º do Código Penal (CP) (1), segundo o qual aplica-se a lei brasileira a qualquer crime cometido no Brasil. Inicialmente, a Turma reconheceu que os fatos apreciados pela justiça brasileira são coincidentes com os já analisados pelo Estado suíço. Ademais, apontou que a redação do art. 5º do CP contém a ressalva de que devem ser observados convenções, tratados e regras de direito internacional. Desse modo, deve-se cotejar a redação dos arts. 5º, 6º e 8º do CP (2) com o que dispõe a Lei 13.445/2017 (Lei de Migração), a qual elenca o rol de casos em que o Estado brasileiro não concede extradição, notadamente o disposto no art. 82, V (3). O art. 100, caput, (4) do mesmo diploma legal exige a observância do princípio do ne bis in idem. A proteção ao indivíduo selada por esses dispositivos é muito cara ao direito brasileiro. Revela-se evidente garantia contra nova persecução penal pelos mesmos fatos, de modo a se consagrar a proibição de dupla persecução penal também entre países, no âmbito internacional. Por outro lado, de acordo com a jurisprudência do Supremo Tribunal Federal (STF), assentou-se o status normativo supralegal aos tratados internacionais de direitos humanos, ou seja, abaixo da Constituição, mas acima das leis infraconstitucionais. Portanto, consagrou-se que o controle de convencionalidade pode ser realizado sobre as leis infraconstitucionais. Assim, o CP deve ser aplicado em conformidade com os direitos assegurados na Convenção Americana de Direitos Humanos e com o Pacto Internacional de Direitos Civis e Políticos. Em relação à proibição de dupla persecução penal, tais diplomas o fazem de forma expressa (CADH, art. 8.4; PIDCP, art. 14.7) (5). O STF já teve a oportunidade de se manifestar a respeito dessas regras, e, ao fazê-lo obstou o prosseguimento de processo penal quanto a fatos já julgados por jurisdição diversa (Ext 1.223). Assim, o exercício do controle de convencionalidade, tendo por paradigmas os dispositivos do art. 14.7, do Pacto Internacional sobre Direitos Civis e Políticos e do art. 8.4, da Convenção Americana de Direitos Humanos, determina a vedação à dupla persecução penal, ainda que em jurisdições de países distintos. Por sua vez, o art. 8º do CP deve ser lido em conformidade com os preceitos convencionais e a jurisprudência da Corte Interamericana de Direitos Humanos (CIDH), vedando-se a dupla persecução penal por idênticos fatos. Por fim, a vedação à dupla persecução penal em âmbito internacional deve ser ponderada com a soberania dos Estados e com as obrigações processuais positivas impostas pela CIDH. Em casos de violação de tais deveres de investigação e persecução efetiva, o julgamento em país estrangeiro pode ser considerado ilegítimo, como em precedentes em que a própria CIDH determinou a reabertura de investigações em processos de Estados que não verificaram devidamente situações de violações de direitos humanos. Portanto, se houver a devida comprovação de que o julgamento em outro país sobre os mesmos fatos não se realizou de modo justo e legítimo, desrespeitando obrigações processuais positivas, a vedação de dupla persecução pode ser eventualmente ponderada para complementação em persecução interna. Contudo, neste caso concreto, não há qualquer elemento que indique dúvida sobre a legitimidade da persecução penal e da punição imposta em processo penal na Suíça por idênticos fatos ao agora denunciado no Brasil. Dessa forma, a proibição de dupla persecução deve ser respeitada de modo integral, nos termos constitucionais e convencionais. (1) CP: "Art. 5º. Aplica-se a lei brasileira, sem prejuízo de convenções, tratados e regras de direito internacional, ao crime cometido no território nacional." (2) CP: "Art. 6º. Considera-se praticado o crime no lugar em que ocorreu a ação ou omissão, no todo ou em parte, bem como onde se produziu ou deveria produzir-se o resultado. Art. 8º. A pena cumprida no estrangeiro atenua a pena imposta no Brasil pelo mesmo crime, quando diversas, ou nela é computada, quando idênticas." (3) Lei 13.445/2017: "Art. 82. Não se concederá a extradição quando: (...) V – o extraditando estiver respondendo a processo ou já houver sido condenado ou absolvido no Brasil pelo mesmo fato em que se fundar o pedido;" (4) Lei 13.445/2017: "Art. 100. Nas hipóteses em que couber solicitação de extradição executória, a autoridade competente poderá solicitar ou autorizar a transferência de execução da pena, desde que observado o princípio do non bis in idem." (5) CADH, art. 8.4: "O acusado absolvido por sentença passada em julgado não poderá ser submetido a novo processo pelos mesmos fatos"; PIDCP, art. 14.7: "Ninguém poderá ser processado ou punido por um delito pelo qual já foi absolvido ou condenado por sentença passada em julgado, em conformidade com a lei e os procedimentos penais de cada país" (HC 171118/SP, rel. Min. Gilmar Mendes, julgamento em 12.11.2019.

O Pretório Excelso, contudo, fez ressalva (quando então o acusado pode vir a ser submetido a novo processo pelos mesmos fatos decididos no estrangeiro), "se houver a devida comprovação de que o julgamento em outro país sobre os mesmos fatos não se realizou de modo justo e legítimo, desrespeitando obrigações processuais positivas, a vedação de dupla persecução pode ser eventualmente ponderada para complementação em persecução interna".

Questão de concurso público: veja como o assunto já foi cobrado em concurso público.

1 – (Delegado de Polícia Civil/SP/2018) João comete um crime no estrangeiro e lá é condenado a 4 anos de prisão, integralmente cumpridos. Pelo mesmo crime, João é condenado no Brasil à pena de 8 anos de prisão. João

a) cumprirá 8 anos de prisão no Brasil, uma vez que o Brasil não reconhece pena cumprida no estrangeiro.

b) não cumprirá pena alguma no Brasil, uma vez já punido no país em que o crime foi cometido.

c) não cumprirá pena alguma no Brasil caso de trate de país com o qual o Brasil tem acordo bilateral para reconhecer cumprimento de pena.

d) ainda deverá cumprir 4 anos de prisão no Brasil.

e) cumprirá 8 anos de prisão no Brasil, uma vez que para essa quantidade de pena não se reconhece o cumprimento no estrangeiro.

Gabarito comentado:

Questão	Reposta	Comentário
1	Letra D	Vide artigo 8º do Código Penal: **Art. 8º – A pena cumprida no estrangeiro atenua a pena imposta no Brasil pelo mesmo crime, quando diversas, ou nela é computada, quando idênticas.**

Eficácia de sentença estrangeira

Art. 9º – A sentença estrangeira, quando a aplicação da lei brasileira produz na espécie as mesmas consequências, pode ser homologada no Brasil para:

I – obrigar o condenado à reparação do dano, a restituições e a outros efeitos civis;

II – sujeitá-lo a medida de segurança.

Parágrafo único – A homologação depende:

a) para os efeitos previstos no inciso I, de pedido da parte interessada;

b) para os outros efeitos, da existência de tratado de extradição com o país de cuja autoridade judiciária emanou a sentença, ou, na falta de tratado, de requisição do Ministro da Justiça.

Eficácia da sentença estrangeira: a competência para homologação da sentença estrangeira é do Superior Tribunal de Justiça – vide artigo 105, inciso I, alínea "i", da Constituição Federal.

Eis julgado que sintetiza os requisitos para a homologação estrangeira:

> AGRAVO INTERNO. HOMOLOGAÇÃO DE SENTENÇA ESTRANGEIRA. CONFISCO DE BENS IMÓVEIS, PRODUTOS DE ATIVIDADE CRIMINOSA, SITUADOS NO BRASIL. COOPERAÇÃO INTERNACIONAL. CONVENÇÃO DE PALERMO. CRIME TIPIFICADO NAS LEGISLAÇÕES ESTRANGEIRA E NACIONAL. EFEITO DA CONDENAÇÃO PREVISTO TAMBÉM NA LEI BRASILEIRA. AUSÊNCIA DE OFENSA À SOBERANIA NACIONAL. REQUISITOS PREENCHIDOS. 1. A homologação da sentença alienígena demanda o preenchimento dos requisitos previstos nos arts. 216-C e 216-D do Regimento Interno do Superior Tribunal de Justiça, quais sejam: I – estar instruída com o original ou cópia autenticada da decisão homologanda, bem como de outros documentos indispensáveis, traduzidos por tradutor oficial ou juramentado no Brasil e chancelados pela autoridade consular brasileira competente; II – haver sido proferida por autoridade competente; III – terem sido as partes citadas ou haver-se legalmente verificado a revelia; IV – ter transitado em julgado. Outrossim, exige o art. 216-F do RISTJ que a sentença estrangeira não ofenda a soberania nacional, a dignidade da pessoa humana nem a ordem pública. 2. A sentença penal estrangeira que determina a perda de bens imóveis do requerido situados no Brasil, por terem sido adquiridos com recursos provenientes da prática de

crimes, não ofende a soberania nacional, porquanto não há deliberação específica sobre a situação desses bens ou sobre a sua titularidade, mas apenas sobre os efeitos civis de uma condenação penal, sendo certo que tal confisco, além de ser previsto na legislação interna, encontra arrimo na Convenção das Nações Unidas contra o Crime Organizado Transnacional (Convenção de Palermo), promulgada pelo Decreto n. 5.015/2004, e no Tratado de Cooperação Jurídica em Matéria Penal, internalizado pelo Decreto n. 6.974/2009. Precedente da Corte Especial. 3. Os bens imóveis confiscados não serão transferidos para a titularidade do país interessado, mas serão levados à hasta pública, nos termos do art. 133 do Código de Processo Penal. 4. No caso, ante o cumprimento de todos os requisitos legais, impõe-se a homologação do provimento alienígena. 5. Agravo interno não provido (AgInt na SEC 10.250/EX, Rel. Ministro LUIS FELIPE SALOMÃO, CORTE ESPECIAL, julgado em 15/05/2019, DJe 23/05/2019).

Questão de concurso público: veja como o assunto já foi cobrado em concurso público.

1 – (Delegado de Polícia Civil/MS/2021) À luz do que dispõe a parte geral do Código Penal Brasileiro (Decreto-lei nº 2.848/1940), assinale a alternativa correta.

a) A sentença estrangeira, quando a aplicação da lei brasileira produz na espécie as mesmas consequências, pode ser homologada no Brasil, para obrigar o condenado à reparação do dano, a restituições e a outros efeitos civis e, ainda, sujeitá-lo à medida de segurança.

b) A sentença estrangeira, quando a aplicação da lei brasileira produz na espécie as mesmas consequências, pode ser homologada no Brasil, para, dentre outras hipóteses, sujeitar o condenado ao cumprimento de penas restritivas de direitos.

c) A pena cumprida no estrangeiro é computada na pena imposta no Brasil pelo mesmo crime, quando diversas, ou é atenuada, quando idênticas.

d) Considera-se praticado o crime no lugar onde se produziu ou deveria produzir-se o resultado. O Código Penal, quanto a essa regra, adotou a teoria do resultado.

e) A lei excepcional ou temporária, embora decorrido o período de sua duração ou cessadas as circunstâncias que a determinaram, aplica-se ao fato praticado durante sua vigência, salvo se vier norma posterior mais benéfica, tendo em vista o princípio da retroatividade da norma penal em benefício do réu.

Gabarito comentado:

Questão	Reposta	Comentário
1	Letra A	Vide artigo 9º do Código Penal.

Contagem de prazo

Art. 10 – O dia do começo inclui-se no cômputo do prazo. Contam-se os dias, os meses e os anos pelo calendário comum.

Prazo penal x prazo processual penal: o prazo penal é diferente do prazo processual penal. Neste o dia do começo não é computado – o prazo processual penal começa a correr do primeiro dia útil subsequente ao evento, na forma do § 1º do artigo 798 do Código de Processo Penal:

> Art. 798. Todos os prazos correrão em cartório e serão contínuos e peremptórios, não se interrompendo por férias, domingo ou dia feriado.
>
> § 1º Não se computará no prazo o dia do começo, incluindo-se, porém, o do vencimento.

Já no que concerne ao prazo penal, o dia do evento é computado como primeiro dia na contagem. Exemplifico:

> **SITUAÇÃO HIPOTÉTICA:** PEDRO, condenado, iniciou o cumprimento de sua pena privativa de liberdade no dia 10/01/2020.
>
> **SOLUÇÃO:** como se trata de prazo penal (cumprimento de pena), o dia em que o agente foi encarcerado será o primeiro na contagem do prazo.

Frações não computáveis da pena

Art. 11 – Desprezam-se, nas penas privativas de liberdade e nas restritivas de direitos, as frações de dia, e, na pena de multa, as frações de cruzeiro.

Frações não computáveis da pena: o artigo 11 do Código Penal determina que se despreze frações de dia nas penas privativas de liberdade (horas, minutos, segundos, etc.) e frações de real (centavos) na pena de multa.

Legislação especial

Art. 12 – As regras gerais deste Código aplicam-se aos fatos incriminados por lei especial, se esta não dispuser de modo diverso.

Legislação especial: o Código Penal tem 120 artigos em sua parte geral. Seria ilógico repetir esses dispositivos gerais em todas as leis extravagantes. Por essa razão, o artigo 12 do Caderno Repressivo determina aplicação da sua parte geral às leis especiais, caso estas não disponham de modo diverso.

Súmula 171/STJ: é importante a leitura da Súmula 171/STJ – **Cominadas cumulativamente, em lei especial, penas privativa de liberdade e pecuniária, é defeso a substituição da prisão por multa.**

Mapa mental do conceito analítico de crime: antes de adentrar no estudo do artigo 13 do Código Penal, é importante construir mapa mental relativo ao conceito analítico de crime. Ele será importante para estudo dos artigos subsequentes:

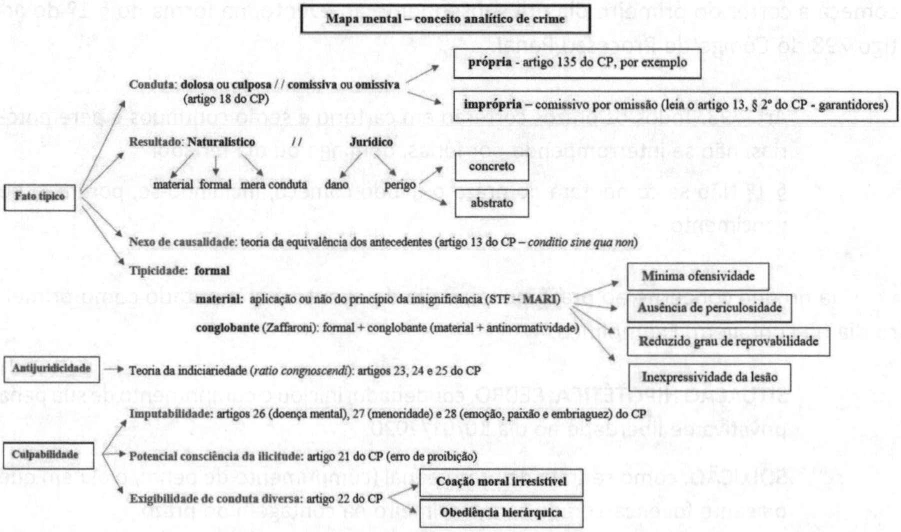

TÍTULO II

DO CRIME

Relação de causalidade

Art. 13 – O resultado, de que depende a existência do crime, somente é imputável a quem lhe deu causa. Considera-se causa a ação ou omissão sem a qual o resultado não teria ocorrido.

Superveniência de causa independente

§ 1º – A superveniência de causa relativamente independente exclui a imputação quando, por si só, produziu o resultado; os fatos anteriores, entretanto, imputam-se a quem os praticou.

Relevância da omissão

§ 2º – A omissão é penalmente relevante quando o omitente devia e podia agir para evitar o resultado. O dever de agir incumbe a quem:

a) tenha por lei obrigação de cuidado, proteção ou vigilância;

b) de outra forma, assumiu a responsabilidade de impedir o resultado;

c) com seu comportamento anterior, criou o risco da ocorrência do resultado.

Relação de causalidade: o artigo 13 trata, em seu *caput,* do nexo de causalidade.

Teoria adotada pelo Código Penal: a teoria adotada pelo Código Penal acerca do nexo de causalidade, em regra, foi a **teoria da equivalência dos antecedentes** (*conditio sine qua non*). Adotamos no § 1º do artigo 13 do Código Penal a **teoria da causalidade adequada**.

Concausas: é importante estudar as concausas absolutamente independentes e as concausas relativamente independentes.

Acerca das **concausas absolutamente independentes**, temos:

1 – **Preexistente:** existe antes da conduta e atua independentemente da ação do agente. **O resultado ocorreria de qualquer jeito.**

> **SITUAÇÃO HIPOTÉTICA 1:** JOÃO atira em JOSÉ, com a intenção de tirar-lhe a vida, mas JOSÉ não morre em consequência dos disparos, mas em razão de veneno que MÁRIO já tinha lhe infundido no café matinal. Note que o veneno foi administrado antes dos disparos, **por isso a concausa é preexistente**. Ademais, JOÃO não agiu em concurso com MÁRIO, por isso a concausa é **absolutamente independente**;

2 – **Concomitante:** não tem relação com a conduta, mas por coincidência, atua no mesmo instante desta.

> **SITUAÇÃO HIPOTÉTICA 2:** Enquanto JOÃO inocula veneno em JOSÉ, com a intenção de tirar-lhe a vida, MÁRIO invade o ambiente e mata JOSÉ a tiros. Note que as duas concausas agem juntas, mas apenas por mera coincidência – não havia concurso entre JOÃO e MÁRIO;

3 – **Superveniente:** atua após a conduta e produz o resultado por si só.

> **SITUAÇÃO HIPOTÉTICA 3:** Depois de JOÃO envenenar JOSÉ, com a intenção de tirar-lhe a vida, mas antes do veneno produzir o efeito fatal, MÁRIO mata JOSÉ a tiros. Note que os tiros foram disparados depois da administração do veneno, **por isso a concausa é superveniente.** Ademais, JOÃO não agiu em concurso com MÁRIO, por isso é **absolutamente independente**.
>
> **SOLUÇÕES:** nos três casos o nexo causal foi rompido. Em nenhuma das três situações JOÃO conseguiu seu intento, porque concausas absolutamente independentes surgiram e causaram, por si só, o resultado. Em todos os exemplos JOÃO **responderá por tentativa de homicídio** (já que nos três exemplos ele tinha a intenção de matar a vítima).

Acerca das **concausas relativamente independentes**, temos:

1 – **Preexistente**: existe antes da conduta e atua em face da prática desta.

> **SITUAÇÃO HIPOTÉTICA 1:** JOÃO dá uma facada em JOSÉ, com a intenção de tirar-lhe a vida. JOSÉ é hemofílico e morre em face da hemorragia causada pelo ferimento. Note que a hemofilia é causa **preexistente** (já existia antes do ataque), **relativamente independente** (sem a facada, não haveria hemorragia).

2 – **Concomitante**: tem relação com a conduta (é por esta ocasionada), incidindo no mesmo instante que esta.

SITUAÇÃO HIPOTÉTICA 2: JOÃO atira em JOSÉ, que morre de ataque cardíaco em razão do susto resultante da ação de JOÃO. Note que JOSÉ não morreu em virtude dos ferimentos causados pelos tiros, mas foi a conduta do agente que deflagrou o ataque cardíaco.

3 – Superveniente: tem relação com a conduta e ocorre depois da prática desta.

SITUAÇÃO HIPOTÉTICA 3: JOÃO atira em JOSÉ com a intenção de matar. JOSÉ é socorrido e, no caminho para o hospital, a ambulância que o levava sofre um acidente. A vítima morre e razão do sinistro. Note que a morte de JOSÉ foi causada pelo acidente automobilístico, que ocorreu depois dos disparos (**por isso a causa é superveniente**). Ademais, não fossem os tiros disparados por JOÃO, a vítima não estaria na ambulância (**por isso relativamente independente**).

SOLUÇÕES: em relação à concausa superveniente relativamente independente que por si só ocasiona o resultado, o Código Penal determina a aplicação da **teoria da causalidade adequada** e ordena que se rompa o nexo causal (§ 1º, do artigo 13, do Código Penal), devendo JOÃO responder, no exemplo supra (**SITUAÇÃO HIPOTÉTICA 3**), por tentativa de homicídio. No que toca aos exemplos relativos às concausas preexistente e concomitante relativamente independentes, JOÃO responderá por crime de homicídio consumado, porque não houve quebra do nexo causal (na **SITUAÇÃO HIPOTÉTICA 1**, que trata da concausa relativamente independente preexistente, exige-se que o agente saiba que a vítima é hemofílica, para evitar que a responsabilidade penal seja objetiva).

Relevância da omissão: o artigo 13 do Código Penal trata, ainda, da relevância da omissão (no seu § 2º).

Lembre que a conduta (primeiro elemento do fato típico) pode ser materializada por meio de **ação** (crime comissivo) ou por meio de **omissão** (crime omissivo).

O crime omissivo pode ser **próprio**[36] (quando a lei pune o não agir – vide, por exemplo, o artigo 135 do Código Penal) ou **impróprio** (também chamado de comissivo por omissão – crimes materiais, nos quais se observa **nexo jurídico** entre a omissão e o resultado).

No delito omissivo há violação de uma **norma mandamental** (o ordenamento jurídico determina um comportamento e o agente se omite, praticando o delito). No crime omissivo próprio, a norma mandamental está no próprio tipo (ao criminalizar a conduta de quem se omite, o legislador está determinando que a pessoa haja). Já no delito omissivo impróprio, a norma mandamental está no comando geral do artigo 13, § 2º, do Código Penal.

---

36 É crime de mera conduta. Mas é preciso lembrar: o crime omissivo próprio pode ser comum (artigo 135 do Código Penal, por exemplo) ou próprio (artigo 12 da Lei 13.869/19, por exemplo).

Se o agente não sabe da norma mandamental (ignora), há erro de proibição (artigo 21 do Código Penal).

Nessa toada, o estudo do crime omissivo impróprio (comissivo por omissão) reclama a análise detida do artigo 13, § 2º, do Código Penal. Neste dispositivo nós encontramos os **garantidores** (pessoa que tem o dever de agir com o fito de evitar o resultado e que pode ser responsabilizada, caso se omita, a título de dolo ou de culpa).

Têm o dever de agir (e por isso são garantidores):

Garantidores	Exemplos
Quem tem por lei obrigação de cuidado, proteção ou vigilância	Pai, mãe, tutor, curador, policial ou bombeiro.
Quem de outra forma, assumiu a responsabilidade de impedir o resultado	Salva-vidas, professor de natação, guia que leva pessoas por uma trilha, cuidadora de idosos ou a babá.
Quem com seu comportamento anterior, criou o risco da ocorrência do resultado	A pessoa que joga um indivíduo que não sabe nadar na piscina.

As questões que cobram a relevância da omissão reclamam que o candidato:

Passo	Dica
1	Identifique se o personagem é um garantidor (estudo do artigo 13, § 2º, do Código Penal).
2	Observe se o garantidor podia agir.
3	Observe se o garantidor se omitiu.
4	Verifique se a omissão foi dolosa ou culposa.

Conforme o caso, o garantidor que se omitiu (podendo agir) responderá pelo resultado a título de dolo ou de culpa – por óbvio, se a omissão for culposa, só haverá responsabilização penal se houver previsão de punição para modalidade culposa do crime estudado. Exemplifico:

> **SITUAÇÃO HIPOTÉTICA:** JOÃO, salva vidas que atua numa piscina, passa a tarde de trabalho mandando e recebendo mensagens em seu telefone celular, deixando de prestar atenção nas crianças que brincam na água. Suponha que uma criança peça socorro e, diante da omissão de JOÃO, finde se afogando e morrendo.
>
> **SOLUÇÃO:** usando os passos acima propostos: 1) JOÃO é garantidor, na forma do artigo 13, § 2º, alínea 'b', do Código Penal; 2) ele podia agir; 3) ele se omitiu (não salvou a criança que pedia socorro); 4) a omissão se deu por negligência de JOÃO. Conclui-se que ele responde pelo crime de homicídio culposo (comissivo por omissão).

Questão de concurso público: veja como o assunto já foi cobrado em concurso público.

1 – (Delegado de Polícia Civil/ES/2019) Mélvio é instrutor de escaladas, membro da Associação Capixaba de Escaladas (ACE). Sua especialidade é escalar picos com alto grau de dificuldade. Em comemoração aos seus 10 (dez) anos como instrutor, resolveu promover uma escalada em Afonso Claudio, cidade do Espírito Santo, na Pedra de Lajinha, que está entre os cinco picos mais altos do Brasil. Montou um grupo nas redes sociais e convocou amigos e escaladores. No dia marcado para a subida, havia previsão de chuva e ventos, que poderiam ocorrer na metade do trajeto. No pé do pico, lugar de início da subida, foi colocada uma placa indicando que não era seguro escalar em função das condições climáticas. Como a escalada era muito longa, ele foi orientado por colegas instrutores que não promovesse a escalada. Três amigos de Mélvio, que não tinham experiência nessa prática esportiva, foram fazer a escalada para prestigiar Mélvio. Um deles, ao ouvir a fala dos demais instrutores, resolveu não subir, mas os outros dois cederam à insistência de Mélvio, que considerava a subida fácil, apesar de longa. Feliz, Mélvio disse que, apesar da chuva e do vento previstos, nada iria derrubá-los na escalada e que tudo estava sob controle, afirmando que muitas vezes tais previsões estavam erradas. Mesmo sabendo que não era 100% seguro fazer a escalada, principalmente para os iniciantes, Mélvio se colocou como responsável por seus amigos, garantindo-se em seus 10 anos de experiência. Não obstante, a previsão se confirmou. Com a chegada do vento e da tempestade, Mélvio não conseguiu dar o suporte prometido para seus amigos, que acabaram sendo arremessados, pelo vento e chuva, para baixo. Com a queda os dois amigos vieram a falecer.

Sabendo-se que:

I. restou comprovado que o material de escalada de Mélvio era compatível com os níveis de segurança exigidos para escaladas nas condições acima expostas;

II. o instrutor possuía autonomia e registro para a promover escaladas, com experiência no tipo de subida proposto e reconhecido pela ACE;

III. o percentual de acertos de tais previsões do tempo, para as próximas horas, era de 95% em relação ao local da escalada, como estava exposto na placa;

IV. os amigos de Mélvio que caíram, somente subiram com a garantia de segurança do instrutor;

É correto afirmar que Mélvio:

a) deve responder por homicídio doloso em sua forma direta, devido a sua condição de agente garantidor.

b) não deve responder pela prática de homicídio, uma vez que o mau tempo era alheio a sua vontade.

c) deve responder por homicídio doloso, considerando o dolo eventual, porque, mesmo sem a intenção de matar, não levou em consideração os avisos dos demais instrutores.

d) deve responder por homicídio culposo, devido a sua condição de agente garantidor.

e) não deve responder por homicídio, uma vez que seus amigos aceitaram sua garantia para subir.

2 – (Delegado de Polícia Civil/RN/2021) Lidiane, exímia nadadora, convida sua amiga Karen para realizarem a travessia a nado de um rio, afirmando que poderia socorrê-la caso tivesse qualquer dificuldade. Durante a travessia, Karen e Lidiane foram pegas por um forte redemoinho que as puxou para o fundo do rio. Lidiane conseguiu escapar, mas, em razão da forte correnteza, não conseguiu salvar Karen, que veio a falecer por afogamento. Considerando o fato acima narrado, Lidiane:

a) será responsabilizada pelo homicídio de Karen por omissão imprópria, visto que criou a situação de perigo e assumiu a posição de garantidora;

b) assumiu a função de garantidora, devendo responder pela omissão de socorro com resultado morte;

c) assumiu a função de garantidora, mas não responderá pela morte de Karen, pois estava impossibilitada de agir;
d) não será responsabilizada pela morte de Karen, visto que não possuía o dever de agir;
e) não assumiu a função de garantidora, devendo, contudo, responder pelo crime de omissão de socorro com resultado morte.

3 – (Delegado de Polícia Civil/PA/2021) Assinale a alternativa correta no que concerne ao Direito Penal.

a) Na teoria naturalística, conduta é o comportamento humano voluntário que produz modificação no mundo exterior. Nessa teoria, dolo e culpa se alojam no interior da conduta, isto é, do fato típico.
b) Nas causas supervenientes relativamente independentes que produzem por si sós o resultado, adotou-se a teoria da causalidade adequada. Sendo assim, rompe-se o nexo causal em relação ao resultado e o agente só responde pelos atos até então praticados.
c) Os elementos normativos são os dados da conduta criminosa que não pertencem ao mundo anímico do agente. Exprimem um juízo de certeza.
d) No dolo de propósito, não há intervalo entre a cogitação do crime e a execução da conduta penalmente ilícita. Ocorre, de modo geral, nos crimes passionais.
e) A concorrência de culpas se verifica quando duas ou mais pessoas concorrem, culposamente, para a produção de um resultado naturalístico. Nesse caso, ambos os agentes respondem pelo resultado em coautoria.

Gabarito comentado:

Questão	Reposta	Comentário
1	Letra D	MÉLVIO era garantidor em relação à situação narrada no quesito (artigo 13, § 2º, 'b', do Código Penal). Como houve omissão em virtude da imprudência do instrutor, há responsabilização culposa pelo resultado.
2	Letra C	Lidiane era, no quesito, garantidora. Contudo, ela não podia agir em face do forte redemoinho e, portanto, não será responsabilizada criminalmente.
3	Letra B	De fato, o legislador adotou a teoria da causalidade adequada no § 1º do artigo 13 do Código Penal (em relação à concausa superveniente relativamente independente).

Imputação objetiva: por fim, cumpre afirmar que a teoria da **imputação objetiva** é analisada no âmbito do estudo do nexo de causalidade. Ela é ligada ao **funcionalismo**.

O nexo normativo é construído analisando:

Item	Análise
O desvalor da ação	Criação ou incremento de um risco juridicamente proibido
O desvalor do resultado	Realização, no resultado, do risco criado pelo autor
Conclusão	O resultado deve ficar dentro do alcance do tipo

A imputação objetiva deve ser analisada antes mesmo da aferição de dolo (exemplo da mãe do homicida, do fabricante do carro que se envolve em acidente – para teoria da equivalência dos antecedentes, só se exclui a responsabilidade desses pela análise do dolo; a teoria da imputação objetiva dispensa essa análise, porquanto não se fala nem na existência de causa – não houve, por parte daqueles, prática de conduta que criou risco relevante e proibido).

Segundo **Claus Roxin**, a imputação do resultado ao autor da conduta depende:

Item	Análise
Da criação de um risco relevante e proibido	Para que exista imputação objetiva, o agente tem que ter criado um risco relevante e proibido.
Da repercussão do risco no resultado	Verificação de que o risco proibido e relevante efetivamente repercutiu na ocorrência do resultado.
Da exigência de que o resultado esteja dentro do alcance do tipo	É importante analisar a **autocolocação dolosa em perigo**; a **heterocolocação consentida em perigo**; e o **âmbito da responsabilidade de terceiros**. Exclui-se a imputação se a vítima se colocou intencionalmente na situação de perigo (autocolocação dolosa em perigo); se a vítima autoriza que outrem o coloque em situação de perigo (heterocolocação consentida em perigo); e se terceiro atua depois da conduta praticada pelo agente – âmbito da responsabilidade de terceiros (caso do erro médico, por exemplo).

Para **Jakobs**, afastam a imputação objetiva:

Princípio	Comentários
Princípio do risco permitido	Práticas esportivas, regras técnicas da medicina ou engenharia, dentre outras possibilidades.
Princípio da confiança	Atuar na confiança de que terceiros seguirão as normas de comportamento.
Princípio da proibição do regresso	Impede a responsabilização de quem praticou ato lícito pelo comportamento ilícito materializado por terceiro.
Princípio da capacidade ou competência da vítima	Consentimento da vítima afastando a responsabilidade do agente.

Art. 14 – Diz-se o crime:

Crime consumado

I – consumado, quando nele se reúnem todos os elementos de sua definição legal;

Tentativa

II – tentado, quando, iniciada a execução, não se consuma por circunstâncias alheias à vontade do agente.

Pena de tentativa

Parágrafo único – Salvo disposição em contrário, pune-se a tentativa com a pena correspondente ao crime consumado, diminuída de um a dois terços.

Crime consumado x crime tentado: o artigo 14, inciso I, do Código Penal diz que o crime se consuma quando se reúnem todos os elementares da sua definição legal (quando o agente materializa todos os elementos da descrição típica do delito). Já o inciso II, diz que o crime é tentado quando não se consuma devido a circunstâncias alheias à vontade do agente.

Pena do crime tentado: a pena do crime tentado, em regra, é a do crime consumado, diminuída de um a dois terços (tentativa tem natureza jurídica de causa de diminuição de pena prevista na parte geral – trata-se de norma de extensão, que permite adequação típica mediata).

Crime de atentado ou de empreendimento: há exceções à regra do parágrafo único do artigo 14 do Código Penal, como, por exemplo, o artigo 352 do mesmo diploma legal. Doutrinariamente, quando o crime pune com a mesma pena tanto a forma consumada quanto a tentada, ele é chamado de **crime de atentado ou de empreendimento**, como visto supra.

Tipos de tentativa: a tentativa pode ser:

Classificação	Comentários
Perfeita (crime falho)	O agente percorre todo o *iter criminis*[37], mas o resultado não ocorre, por circunstâncias alheias a sua vontade.
Imperfeita	O agente não consegue prosseguir na execução do crime por circunstâncias alheias a sua vontade.
Branca (incruenta)	A vítima não é atingida.
Vermelha (cruenta)	A vítima é atingida.
Abandonada (qualificada)	É a desistência voluntária ou o arrependimento eficaz (artigo 15 do Código Penal).
Inadequada (inidônea)	É o crime impossível (artigo 17 do Código Penal).
Supersticiosa	O agente acredita estar incurso numa situação típica que, na prática, não é realizável (seguindo exemplo sugerido por Rogério Sanches Cunha: indivíduo que pretende matar a vítima exercitando o poder do pensamento para que esta seja atropelada por um veículo).

Início da execução: a identificação do início da execução (para aferição da existência ou não de tentativa) não é algo simplório. Sintetizo as teorias que se ocupam dessa complexa tarefa:

37 *Iter criminis* são as fases percorridas pelo autor do fato no cometimento do crime: a) cogitação; b) preparação; c) execução; d) consumação. Em regra, as fases de cogitação e preparação não são punidas pelo Direito Penal (quando isso acontece, estamos diante da chamada antecipação do Direito Penal – crime de associação criminosa, tipificado no artigo 288 do Código Pena, por exemplo). Rogério Sanches Cunha adverte que há três etapas na cogitação: a) idealização (quando surge a intenção de cometer o delito); b) deliberação (o agente pondera as circunstâncias da conduta que pretende empreender); c) resolução (decisão a respeito da conduta que será praticada). Pune-se a preparação quando ela, por si só, constitui crime autônomo (porte ilegal de arma de fogo, por exemplo).

Teoria	Resumo
Hostilidade ao bem jurídico ou critério material	Atos executórios são os que atacam o bem jurídico, ocasionando situação concreta de perigo.
Objetivo-formal	Atos executórios são os que efetivamente significam materialização do núcleo do tipo.
Objetivo-material	Atos executórios são os que se iniciam com a materialização do núcleo descrito no tipo, bem como aqueles imediatamente anteriores (considerada a visão de terceira pessoa estranha à atividade criminosa).
Objetivo-individual	Atos executórios são os que, nos termos planejados pelo autor, materializam-se em momento imediatamente anterior ao começo da execução típica.

O Superior Tribunal de Justiça (Sexta Turma) já enfrentou o espinhoso tema, optando pela teoria objetivo-individual (depois de discorrer sobre as teorias acima desenhadas). Transcrevo apenas trecho do julgado (o Areópago analisou prática de furto qualificado tentado – os agentes cavaram túnel com o objetivo de subtrair numerário de instituição bancária e foram presos antes de adentrar na agência) – grifos meus:

> 8. A distinção entre atos preparatórios e executórios é tormentosa e exige uma conjugação de critérios, tendo como ponto de partida a teoria objetivo-formal, de Beling, associada a outros parâmetros subjetivos e objetivos (como a complementação sob a concepção natural, proposta por Hans Frank), para que, consoante o tirocínio do julgador, seja possível definir se, no caso concreto, foram exteriorizados atos tão próximos do início do tipo que, conforme o plano do autor, colocaram em risco o bem jurídico tutelado. 9. Tal solução é necessária para se distinguir o começo da execução do crime, descrito no art. 14, II, do CP e o começo de execução da ação típica. **Quando o agente penetra no verbo nuclear, sem dúvida, pratica atos executórios. No entanto, comportamentos periféricos que, conforme o plano do autor, uma vez externados, evidenciam o risco relevante ao bem jurídico tutelado também caracterizam início da execução do crime. 10. Não houve violação do art. 14, II, do CP, pois os atos externados ultrapassaram meros atos de cogitação ou de preparação e expuseram a perigo real o bem jurídico protegido pela norma penal, inclusive com a execução da qualificadora do furto. Os recorrentes, mediante complexa logística, escavaram por dois meses um túnel de 70,30 metros entre o prédio que adquiriram e o cofre da instituição bancária, cessando a empreitada, em decorrência de prisão em flagrante, quando estavam a 12,80 metros do ponto externo do banco, contexto que evidencia, de forma segura, a prática de atos executórios** (REsp 1252770/RS, Rel. Ministro ROGERIO SCHIETTI CRUZ, SEXTA TURMA, julgado em 24/03/2015, DJe 26/03/2015).

Mais recentemente, a Quinta Turma do Superior Tribunal de Justiça optou pela teoria objetivo-formal e entendeu que o rompimento de cadeado e a destruição da fechadura de portas da casa da vítima, com intuito de, mediante uso de arma de fogo, efetuar subtração patrimonial da residência, configuram meros atos preparatórios que impedem a condenação por tentativa de roubo circunstanciado. Com todas as vênias, penso que a solução aqui adotada pelo Tribunal da Cidadania não foi a melhor. Entendo que as teorias da hostilidade e objetivo-formal não devem ser utilizadas para aferição do início da execução do crime (a primeira é muito aberta e pode redundar em antecipação do Direito Penal e a segunda é muito restritiva, redundando em uma proteção deficiente dos bens jurídicos):

> PENAL. ROUBO CIRCUNSTANCIADO. TENTATIVA. TEORIA OBJETIVO-FORMAL. INÍCIO DA PRÁTICA DO NÚCLEO DO TIPO. NECESSIDADE. QUEBRA DE CADEADO E FECHADURA DA CASA DA VÍTIMA. ATOS MERAMENTE PREPARATÓRIOS. AGRAVO CONHECIDO. RECURSO ESPECIAL ADMITIDO, PORÉM IMPROVIDO. 1. A despeito da vagueza do art. 14, II, do CP, e da controvérsia doutrinária sobre a matéria, aplica-se o mesmo raciocínio já desenvolvido pela Terceira Seção deste Tribunal (CC 56.209/MA), por meio do qual se deduz a adoção da teoria objetivo-formal para a separação entre atos preparatórios e atos de execução, exigindo-se para a configuração da tentativa que haja início da prática do núcleo do tipo penal. 2. O rompimento de cadeado e a destruição de fechadura de portas da casa da vítima, com o intuito de, mediante uso de arma de fogo, efetuar subtração patrimonial da residência, configuram meros atos preparatórios que impedem a condenação por tentativa de roubo circunstanciado. 3. Agravo conhecido, para admitir o recurso especial, mas negando-lhe provimento (AREsp 974.254/TO, Rel. Ministro Ribeiro Dantas, Quinta Turma, julgado em 21/09/2021, DJe 27/09/2021).

Teorias ligadas ao crime tentado: eis as teorias atreladas à tentativa:

Teoria	Resumo
Subjetiva, voluntarística ou monista	Pune-se o agente porque ele desejou o resultado (observância do aspecto subjetivo em detrimento do objetivo). Quando há intenção, seja na tentativa ou na consumação, o crime é considerado subjetivamente completo – destarte, a teoria finda não distinguindo a punição do crime consumado e do crime tentado.
Impressão ou objetivo-subjetiva	Pune-se a tentativa a partir do instante em que a conduta é capaz de abalar a confiança na vigência do ordenamento jurídico (produz na comunidade a impressão de uma agressão ao direito). A teoria finda limitando a teoria subjetiva.
Sintomática	Pune-se a tentativa em face da periculosidade do agente (mesmo atos preparatórios merecem punição).
Objetiva ou realística	Pune-se a tentativa com pena menor que o crime consumado porque, objetivamente, o crime tentado não é completo. Consumação e tentativa são subjetivamente completas, mas apenas o delito consumado é objetivamente completo, razão pela qual a punição do crime consumado deve ser mais rigorosa. Foi a teoria adotada pelo Código Penal (pune-se a o crime tentado com a pena do crime consumado, diminuída de um a dois terços).

Crimes que não admitem tentativa: há crimes que não admitem tentativa:

Crimes	Comentários
Culposos	Excepcionalmente, a doutrina admite a tentativa na culpa imprópria – descriminante putativa evitável, descrita no artigo 20, § 1º, do Código Penal.
Preterdolosos	Excepcionalmente, a meu sentir, é possível vislumbrar tentativa em alguns crimes preterdolosos, como na tentativa de aborto que resulta na morte da gestante e no nascimento com vida do bebê.
Unissubisistentes	Como a lei não admite fracionamento da conduta, ou o agente praticou o crime ou não – injúria cometida na forma verbal, por exemplo.
Omissivos próprios	Ou o agente cumpre a norma mandamental e não comete o crime, ou a descumpre e comete o delito descrito no tipo (que descreve uma conduta omissiva – omissão de socorro, por exemplo).
Contravenções penais	O artigo 4º do Dec-Lei 3.688/41 veda expressamente, em verdade, a punição da tentativa de contravenção.
Crimes condicionados ao resultado	Ou o resultado pretendido pelo agente se implementa e o crime resta consumado ou o resultado não ocorre e o fato será atípico.
Crimes de atentado ou de empreendimento	A lei pune com igual pena a tentativa e a consumação – artigo 352 do Código Penal, por exemplo.

Questões de concurso público: veja como o assunto já foi cobrado em concurso público.

1 – Delegado de Polícia Civil/MG/2018) Com relação ao iter criminis, é CORRETO afirmar:

a) No crime falho ou na tentativa imperfeita, o processo de execução é integralmente realizado pelo agente e o resultado é atingido.

b) Não existe desistência voluntária no caso de agente que desiste de prosseguir com os atos de execução por conselho de seu advogado, já que ausente a voluntariedade.

c) Com relação à tentativa, o Código Penal adota, como regra, a teoria objetiva e aplica ao agente a pena correspondente ao crime consumado, reduzida de um a dois terços, conforme maior ou menor tenha sido a proximidade do resultado almejado.

d) O arrependimento posterior tem natureza jurídica de causa de exclusão da tipicidade, desde que restituída a coisa ou reparado o dano nos crimes praticados sem violência ou grave ameaça até o recebimento da denúncia ou queixa.

2 – (Delegado de Polícia Civil/PE/2016) Na análise das classificações e dos momentos de consumação, busca-se, por meio da doutrina e da jurisprudência pátria, enquadrar consumação e tentativa nos diversos tipos penais. A esse respeito, assinale a opção correta.

a) Conforme orientação atual do STJ, é imprescindível para a consumação do crime de furto com a posse de fato da *res furtiva*, ainda que por breve espaço de tempo, a posse mansa, pacífica e desvigiada da coisa, caso em que se deve aplicar a teoria da *ablatio*.

b) A extorsão é considerada pelo STJ como crime material, pois se consuma no momento da obtenção da vantagem indevida.

c) O crime de exercício ilegal da medicina, previsto no CP, por ser crime plurissubsistente, admite tentativa, desde que, iniciados os atos executórios, o agente não consiga consumá-lo por circunstâncias alheias a sua vontade.

d) Por ser crime material, o crime de corrupção de menores consuma-se no momento em que há a efetiva prova da prática do delito e a efetiva participação do inimputável na empreitada criminosa. Assim, se o adolescente possuir condenações transitadas em julgado na vara da infância e da juventude, em decorrência da prática de atos infracionais, o crime de corrupção de menores será impossível, dada a condição de inimputável do corrompido.

e) Segundo o STJ, configura crime consumado de tráfico de drogas a conduta consistente em negociar, por telefone, a aquisição de entorpecente e disponibilizar veículo para o seu transporte, ainda que o agente não receba a mercadoria, em decorrência de apreensão do material pela polícia, com o auxílio de interceptação telefônica.

3 – (Delegado de Polícia Federal/2021) O dolo eventual é incompatível com a tentativa ( ).

Gabarito comentado:

Questão	Reposta	Comentário
1	Letra C	O código efetivamente adota, em relação à tentativa, a teoria objetiva, com aplicação da pena do crime consumado, diminuída de 1/3 a 2/3 (parágrafo único do artigo 14).
2	Letra E	Vide informativo 569/STJ: A conduta consistente em negociar por telefone a aquisição de droga e também disponibilizar o veículo que seria utilizado para o transporte do entorpecente configura o crime de tráfico de drogas em sua forma consumada – e não tentada -, ainda que a polícia, com base em indícios obtidos por interceptações telefônicas, tenha efetivado a apreensão do material entorpecente antes que o investigado efetivamente o recebesse. Inicialmente, registre-se que o tipo penal em análise é de ação múltipla ou conteúdo variado, pois apresenta várias formas de violação da mesma proibição, bastando, para a consumação do crime, a prática de uma das ações ali previstas. Nesse sentido, a Segunda Turma do STF (HC 71.853-RJ, DJ 19/5/1995) decidiu que a modalidade de tráfico "adquirir" completa-se no instante em que ocorre a avença entre comprador e vendedor. De igual forma, conforme entendimento do STJ, incide no tipo penal, na modalidade "adquirir", o agente que, embora sem receber a droga, concorda com o fornecedor quanto à coisa, não havendo necessidade, para a configuração do delito, de que se efetue a tradição da droga adquirida, pois que a compra e venda se realiza pelo consenso sobre a coisa e o preço (REsp 1.215-RJ, Sexta Turma, DJ 12/3/1990). Conclui-se, pois, que a negociação com aquisição da droga e colaboração para seu transporte constitui conduta típica, encontrando-se presente a materialidade do crime de tráfico de drogas (HC 212.528-SC, Rel. Min. Nefi Cordeiro, julgado em 1º/9/2015, DJe 23/9/2015).
3	ERRADA	É sim possível tentativa quando se detecta dolo eventual (o agente pratica a conduta assumindo o risco de produzir o resultado, e este não ocorre por circunstâncias alheias a sua vontade).

Desistência voluntária e arrependimento eficaz

Art. 15 – O agente que, voluntariamente, desiste de prosseguir na execução ou impede que o resultado se produza, só responde pelos atos já praticados.

Desistência voluntária x arrependimento eficaz: o artigo 15 trata de dois institutos – a desistência voluntária ou o arrependimento eficaz:

Instituto	Descrição
Desistência voluntária	O agente desiste de prosseguir na execução do crime.
Arrependimento eficaz	Quando o agente, já tendo praticado os atos executórios que tencionava, impede que o resultado se produza.

A consequência em ambas as situações é a mesma: o agente responde pelos atos já praticados. Os institutos são conhecidos como **ponte de ouro**. Há em relação a eles o chamado **dolo abandonado**.

Natureza jurídica: há controvérsia acerca da natureza jurídica dos institutos:

Natureza jurídica	Consequência em reação ao partícipe
Causa de exclusão da tipicidade (beneficiando o partícipe)	Caso se conclua que a desistência voluntária/arrependimento eficaz é causa de exclusão da tipicidade, os partícipes serão por ela beneficiados (passam a ser responsabilizados apenas pelos atos praticados pelo autor). É a **corrente majoritária**, com a qual concordo.
Causa pessoal extintiva da punibilidade (que não beneficia o partícipe)	Se a natureza jurídica dos institutos for causa pessoal extintiva da punibilidade (em relação ao crime mais grave), apenas o autor é por ela beneficiado. Os partícipes continuarão respondendo pelo crime originalmente planejado.

Fórmulas de Frank: para memorização da diferença entre a tentativa e a desistência voluntária, é importante seguir as fórmulas propostas por Frank:

Fórmula de Frank	Instituto
Quero prosseguir, mas não posso	Tentativa
Posso prosseguir, mas não quero	Desistência voluntária

Voluntariedade x espontaneidade: os institutos da desistência voluntária e do arrependimento eficaz não reclamam espontaneidade, mas mera **voluntariedade**. Ademais, os motivos para o agente decidir não prosseguir na execução ou impedir o resultado de ocorrer não precisam ser nobres (por amor à virtude – *virtutis amore*). Pode ser, por exemplo, o medo de ser responsabilizado criminalmente (*formidine poence*) ou qualquer outro motivo subalterno ou egoístico.

Desistência voluntária x arrependimento eficaz x tentativa: em questões que abordem o artigo 15 do Código Penal, o candidato precisa estar apto a diferenciar a desistência voluntária, o arrependimento eficaz e a tentativa. Analisemos uma situação hipotética, com três variações:

SITUAÇÃO HIPOTÉTICA: JOÃO deseja matar JOSÉ com cinco golpes de faca.

VARIAÇÃO 1: depois de ter desferido as duas primeiras facadas e sabendo que aqueles golpes não ocasionariam a morte da vítima, JOÃO decide, voluntariamente, não prosseguir na execução do delito.

SOLUÇÃO: nesta situação ocorreu **desistência voluntária** e JOÃO deve responder pelos atos praticados (crime de lesão corporal).

VARIAÇÃO 2: JOÃO desfere os cinco golpes de faca que planejara, mas, arrependido, decide socorrer JOSÉ, levando-o ao hospital. JOSÉ é operado e sobrevive.

SOLUÇÃO: nesta situação ocorreu **arrependimento eficaz** e JOÃO deve responder pelos atos praticados (crime de lesão corporal).

VARIAÇÃO 3: JOÃO desfere dois dos cinco golpes planejados, mas é impedido de prosseguir em face da chegada da Polícia Militar.

SOLUÇÃO: nesta situação, o crime não se consumou por circunstâncias alheias à vontade de João, e ele responderá por **tentativa de homicídio**.

Saliento que a tentativa, a desistência voluntária e o arrependimento eficaz são realidades **anteriores à consumação do delito** inicialmente desejado pelo autor do fato.

Em síntese conclusiva:

Instituto	Comentários
Tentativa (teoria objetiva ou realística)	O crime não se consuma por circunstâncias alheias à vontade do agente (inciso II do artigo 14 do Código Penal).
Desistência voluntária (dolo abandonado)	O agente, voluntariamente, desiste de prosseguir na execução (de acordo com o artigo 15 do Código Penal, o agente só responde pelos atos já praticados).
Arrependimento eficaz (dolo abandonado)	O agente, voluntariamente, impede que o resultado se produza (na forma do artigo 15 do Código Penal, o agente só responde pelos atos já praticados).

Questão de concurso público: veja como o assunto já foi cobrado em concurso público.

1 – (Delegado de Polícia Federal/2013) No arrependimento eficaz, é irrelevante que o agente proceda *virtutis amore* ou *formidine poence,* ou por motivos subalternos, egoísticos, desde que não tenha sido obstado por causas exteriores independentes de sua vontade ( ).

2 – (Delegado de Polícia Civil/MS/2021) Nas lições de Miguel Reale Júnior (*Teoria do delito*), se a não consumação do crime por circunstâncias alheias à vontade do agente torna típica a conduta tentada, funcionando o artigo 14, inciso II, do Código Penal como autêntica norma de extensão temporal do tipo penal, deve- se, pela mesma *ratio*, ter por atípica a tentativa quando o resultado não se concretiza em decorrência da vontade do próprio agente. Sob essa visão, independentemente da importância político-criminal desses institutos, a não punição da desistência voluntária e do arrependimento eficaz emana da atipicidade da conduta como modalidade tentada.

Sobre a desistência voluntária e o arrependimento eficaz, assinale a alternativa correta.

a) A desistência voluntária e o arrependimento eficaz podem ocorrer tanto nas hipóteses de crime falho quanto nos casos de tentativa imperfeita.

b) Uma vez reconhecido o arrependimento eficaz ou a desistência voluntária, o agente até poderá responder criminalmente pelos atos já praticados, mas não poderá ser responsabilizado pela tentativa do resultado que visava a alcançar antes de abandonar seu dolo inicial.

c) A desistência voluntária e o arrependimento eficaz possuem efeitos equivalentes, pois ambos funcionam como causa de atipicidade da conduta. A diferença entre os institutos consiste no momento de sua manifestação, pois enquanto a desistência voluntária deve ocorrer antes de o resultado típico se consumar, o arrependimento eficaz pode ser reconhecido mesmo após a consumação do crime.

d) Na desistência voluntária, o agente, após esgotar os meios executórios que tinha à sua disposição, pratica uma nova conduta para impedir o advento do resultado, razão pela qual ele somente responderá penalmente pelos atos até então praticados.

e) A desistência voluntária e o arrependimento eficaz são compatíveis com os crimes culposos próprios.

Gabarito comentado:

Questão	Reposta	Comentário
1	CERTA	No arrependimento eficaz (e na desistência voluntária) é irrelevante se o agente impede o resultado (ou desiste de prosseguir na execução, na desistência voluntária) por motivos nobres ou egoísticos/subalternos, contanto que sua atuação seja voluntária.
2	Letra B	Com o dolo abandonado (artigo 15 do Código Penal), há exclusão da tipicidade do crime inicialmente pretendido e imputação apenas dos atos praticados (ponte de ouro).

Arrependimento posterior

Art. 16 – Nos crimes cometidos sem violência ou grave ameaça à pessoa, reparado o dano ou restituída a coisa, até o recebimento da denúncia ou da queixa, por ato voluntário do agente, a pena será reduzida de um a dois terços.

Arrependimento posterior: o arrependimento posterior, previsto no artigo 16 do Código Penal tem a natureza jurídica de causa de diminuição de pena (é chamado de ponte de prata[38]). O instituto reclama:

Requisitos do arrependimento posterior (cumulativos)
Crime cometido sem violência ou grave ameaça à pessoa
Reparação do dano ou restituição da coisa por ato voluntário do agente
A reparação/restituição deve ser feita até o recebimento da denúncia/queixa

38 Há, ainda, a **ponte de bronze** (confissão qualificada) e a **ponte de diamante** (instituto da colaboração premiada, quando alcançado o perdão judicial – artigos 4º e seguintes da Lei 12.850/13).

Presentes todos os requisitos acima descritos, a pena será reduzida de um a dois terços (trata-se de **causa obrigatória de diminuição de pena**).

O arrependimento posterior é **causa de diminuição de pena objetiva**, que se comunica a todos os coautores/partícipes. Se um dos coautores/partícipes restituir a coisa ou reparar o dano por ato voluntário, antes do recebimento da denúncia/queixa, em crime cometido sem violência ou grave ameaça, todos os outros coautores/partícipes serão beneficiados pela redução de pena descrita no artigo 16 do Código Penal.

A ponte de prata é realidade **posterior** à consumação do crime.

Atenuante: se não for possível o reconhecimento do arrependimento posterior, é de bom tom observar a possibilidade de aplicação da atenuante descrita no artigo 65, inciso III, alínea "b", do Código Penal:

> Art. 65 – São circunstâncias que sempre atenuam a pena:
>
> (...)
>
> III – ter o agente:
>
> (...)
>
> b) procurado, por sua espontânea vontade e com eficiência, logo após o crime, evitar-lhe ou minorar-lhe as consequências, ou ter, antes do julgamento, reparado o dano;

Observações finais: por fim, há que se analisar a reparação do dano em certas situações excepcionais:

Crime	Dispositivo/Súmula	Consequência
Peculato culposo	Artigo 312, § 3º, do CP	Até a sentença irrecorrível – extinção da punibilidade. Depois da sentença irrecorrível – diminuição da pena aplicada pela metade.
Estelionato mediante emissão de cheque sem fundo	Súmula 554/STF	Se o pagamento do cheque sem fundo é feito até o recebimento da denúncia, extingue-se a punibilidade (causa supralegal de extinção da punibilidade).
Infrações de menor potencial ofensivo punidas mediante ação penal privada ou pública condicionada a representação	Artigo 74, parágrafo único, da Lei 9.099/95	Se for firmada composição civil dos danos homologada pelo juízo, fica extinta a punibilidade (renúncia do direito de apresentar queixa-crime ou representação).
Sonegação fiscal (artigos 1º e 2º da Lei 8.137/90) e artigos 168-A (apropriação indébita previdenciária) e 337-A do Código Penal (sonegação de contribuição previdenciária)	Artigo 9º, § 2º, da Lei 10.684/03	Extinção da punibilidade em caso de pagamento do crédito tributário.

Crime impossível

Art. 17 – Não se pune a tentativa quando, por ineficácia absoluta do meio ou por absoluta impropriedade do objeto, é impossível consumar-se o crime.

Crime impossível: o crime impossível é também chamado de quase-crime, tentativa inadequada ou tentativa inidônea.

Teorias: há três teorias que explicam o crime impossível:

Teoria	Comentário
Sintomática	Reza que o agente deve sofrer sanção por ter manifestado periculosidade, ainda que seja impossível, no caso concreto, consumar o crime.
Subjetiva	Equipara o crime impossível ao crime tentado (reza que o agente deve ser punido por tentativa do crime que quis praticar, ainda que impossível a consumação).
Objetiva	Reza que, como não houve risco ao bem jurídico protegido, o agente não deve ser punido. Subdivide-se em **pura** (o agente não é punido seja o meio relativa ou absolutamente ineficaz, seja o objeto relativa ou absolutamente inidôneo) e **Temperada** (a impunidade só ocorre quando a ineficácia do meio ou a inidoneidade do objeto forem absolutas – **teoria adotada pelo nosso Código Penal**).

Nos termos acima transcritos, o Código Penal adotou a teoria objetiva temperada. O agente não é punido, nem por tentativa do crime pretendido, quando, por absoluta impropriedade do objeto ou absoluta ineficácia do meio, é impossível do crime se consumar.

Crime impossível por obra do agente provador: ocorre quando alguém induz ou instiga outrem a cometer crime e, ao mesmo tempo, toma providência para que a consumação seja impossível. O entendimento é que se trata de crime impossível, tal qual sumulado pelo STF (Súmula 145/STF – **Não há crime, quando a preparação do flagrante pela polícia torna impossível a sua consumação**). É chamado de delito putativo por obra do agente provocador (ou delito de ensaio ou de experiência).

Pacote Anticrime: o Pacote Anticrime enxertou na Lei 11.343/06 e na Lei 10.826/03 a figura do agente policial disfarçado. Ele atua sem necessidade de ordem judicial (a determinação para sua atuação é do delegado de polícia) na compra de droga ou arma de fogo, em operação simulada. É possível, nessas hipóteses, prender o agente que vende ou entrega a arma de fogo (comércio ilegal ou tráfico internacional de arma de fogo) ou a droga ilícita (tráfico de drogas) ao agente policial disfarçado na operação de compra/venda provocada, em face de novas figuras tipificas enxertadas pela Lei 13.964/19 nos mandamentos citados, sem que se possa falar na existência de crime impossível (afasta-se a incidência da Súmula 145/STF). É preciso, conduto, presença de elementos probatórios razoáveis de conduta criminal preexistente. Eis os novos tipos:

Novas figuras típicas do Estatuto do Desarmamento:

Art. 17 (...)

§ 2º Incorre na mesma pena quem vende ou entrega arma de fogo, acessório ou munição, sem autorização ou em desacordo com a determinação legal ou regulamentar, a agente policial disfarçado, quando presentes elementos probatórios razoáveis de conduta criminal preexistente.

Art. 18. (...)

Parágrafo único. Incorre na mesma pena quem vende ou entrega arma de fogo, acessório ou munição, em operação de importação, sem autorização da autoridade competente, a agente policial disfarçado, quando presentes elementos probatórios razoáveis de conduta criminal preexistente.

Nova figura típica inserida na Lei 11.343/06:

Art. 33. (...)

§ 1º (...)

IV – vende ou entrega drogas ou matéria-prima, insumo ou produto químico destinado à preparação de drogas, sem autorização ou em desacordo com a determinação legal ou regulamentar, a agente policial disfarçado, quando presentes elementos probatórios razoáveis de conduta criminal preexistente.

Questão de concurso público: veja como o assunto já foi cobrado em concurso público.

1 – (Delegado de Polícia/AL/2012) Considere que Pedro, penalmente imputável, pretendendo matar Rafael, seu desafeto, aponta em sua direção uma arma de fogo e aperta o gatilho por diversas vezes, não ocorrendo nenhum disparo em razão de defeito estrutural da arma que, de forma absoluta, impede o seu funcionamento. Nessa situação, Pedro será punido pela tentativa delituosa, porquanto agiu com manifesta vontade de matar José ( ).

Gabarito comentado:

Questão	Reposta	Comentário
1	ERRADA	Trata-se de crime impossível por ineficácia absoluta do meio (o nosso Código Penal adotou a teoria objetiva temperada no artigo 17).

Art. 18 – Diz-se o crime:

Crime doloso

I – doloso, quando o agente quis o resultado ou assumiu o risco de produzi-lo;

Crime culposo

II – culposo, quando o agente deu causa ao resultado por imprudência, negligência ou imperícia.

Parágrafo único – Salvo os casos expressos em lei, ninguém pode ser punido por fato previsto como crime, senão quando o pratica dolosamente.

Introdução: válido salientar, inicialmente, que adotamos a **teoria finalista da ação** (cujo expoente foi Hans Welzel). Tal teoria posiciona o dolo no fato típico (mais precisamente na conduta).

É importante a leitura das teorias atreladas à conduta (acompanhando a migração do dolo, que sai da culpabilidade e passa a ficar posicionado na conduta – no fato típico, portanto):

Teoria	Expoentes	Fato típico	Culpabilidade
Causalista	– Franz von **Liszt** – Ernst von **Beling**	– Conduta: movimento corporal (ação) voluntário que produz modificação no mundo exterior perceptível pelos sentidos. – Resultado – Nexo causal – Tipicidade	– Dolo ou culpa
Neokantista	– Edmund **Mezger**	– Conduta: comportamento (ação ou omissão) voluntário que produz uma modificação no mundo exterior perceptível pelos sentidos. – Resultado – Nexo causal – Tipicidade	– Imputabilidade – Dolo (normativo/colorido) ou culpa – Exigibilidade de conduta diversa
Finalista	– Hans **Welzel**	– Conduta: comportamento humano consciente e voluntário psiquicamente dirigido a um fim. O dolo é natural. Dolo e culpa passam a serem alocados na conduta. – Resultado – Nexo causal – Tipicidade	– Imputabilidade – Potencial consciência da ilicitude – Exigibilidade de conduta diversa
Social da ação	**– Jescheck**	– Conduta (dolo – natural – e culpa): comportamento humano voluntário psiquicamente dirigido a um fim socialmente reprovável. – Resultado – Nexo causal – Tipicidade	– Imputabilidade – Potencial consciência da ilicitude – Exigibilidade de conduta diversa

Funcionalista	– **Roxin** (teleológico ou moderado)	– Conduta (dolo – natural – e culpa): comportamento causador de relevante e intolerável lesão ou perigo de lesão – Resultado – Nexo causal – Tipicidade	– Imputabilidade – Potencial consciência da ilicitude – Exigibilidade de conduta diversa – Necessidade da pena (a noção de culpabilidade é alterada para a de responsabilidade)
Funcionalista	– **Jakobs** (radical ou sistémico)	– Conduta (dolo – natural – e culpa): comportamento violador do sistema – Resultado – Nexo causal – Tipicidade	– Imputabilidade – Potencial consciência da ilicitude – Exigibilidade de conduta diversa

Não há conduta (sob a égide da teoria finalista) quando o sujeito não age dolosa ou culposamente. Exemplifico:

> **SITUAÇÃO HIPOTÉTICA:** imagine que um motorista prudente e que respeita todas as regras de trânsito finda atropelando um suicida que se joga na frente do seu carro.
>
> **SOLUÇÃO**: não há crime porque a conduta do motorista não foi dolosa, nem culposa.

Crime doloso: o crime doloso é tratado no artigo 18, inciso I, do Código Penal. Para explicar o dolo, há, basicamente, três teorias:

Teoria	Comentários
Vontade	O agente materializa a conduta desejando produzir o resultado.
Representação	O agente realiza a conduta prevendo a possibilidade de o resultado ocorrer, sem, todavia, desejar sua ocorrência.
Assentimento	O agente realiza a conduta prevendo o resultado e aceitando o risco da sua materialização.

A leitura atenta do artigo 18, inciso I, do Código Penal, revela que adotamos as teorias da **vontade** e do **assentimento**. A teoria da representação (que não foi por nós adotada) não diferencia o dolo eventual da culpa consciente.

Espécies de dolo: importante o estudo de algumas espécies de dolo (natural/neutro – dotado de vontade e consciência):

1 – Direto: quando o agente pratica a conduta descrita no tipo querendo a materialização do resultado nele descrito.

> **ATENÇÃO:** no que toca ao fim proposto e aos meios escolhidos, o dolo direto pode ser de **primeiro grau** (é quando não há a possibilidade de ocorrência de efeito colateral concomitante ou, ainda, quando a conduta é voltada diretamente para o resultado pretendido pelo agente) e de **segundo grau** (quando o agente quer o resultado em virtude do meio escolhido para execução do crime[39]). Exemplifico:
>
> **SITUAÇÃO HIPOTÉTICA:** imagine que JOÃO, querendo matar JOSÉ, decida, para materializar seu intento, colocar uma bomba no jato particular da vítima, que explodirá no meio do voo, sabendo que viajarão, além de JOSÉ, o piloto, o copiloto e a aeromoça.
>
> **SOLUÇÃO:** neste exemplo, consideramos que há dolo direto de primeiro grau em relação à morte de JOSÉ e dolo direto de segundo grau em relação aos outros passageiros (estes morrerão em razão do meio escolhido por JOÃO para matar JOSÉ).

2 – Indireto: divide-se em **alternativo** e **eventual**. O primeiro é quando o agente destina sua conduta alternativamente para dois resultados (alternatividade objetiva) ou duas pessoas (alternatividade subjetiva). O dolo eventual ocorre quando o agente assume o risco de produzir o resultado por ele previsto antes de realizar a conduta.

3 – Dolo geral (também chamado de erro sucessivo ou *aberratio causae*[40]): é quando o agente acredita ter consumado o crime em momento anterior, mas na realidade o resultado só ocorre em ação posterior, com a qual buscava encobrir o fato.

> **SITUAÇÃO HIPOTÉTICA:** JOÃO, querendo matar JOSÉ, acerta-o três vezes com uma faca. Imaginando já ter matado a vítima e com o objetivo de encobrir o crime praticado, JOÃO joga JOSÉ (que na verdade ainda estava vivo, fato desconhecido pelo criminoso) de um penhasco. JOSÉ morre em razão de traumatismo craniano ocasionado pela queda.
>
> **SOLUÇÃO:** JOÃO deverá responder pelo resultado morte (responderá por crime de homicídio doloso consumado).

4 – Dolo genérico e específico: o genérico é quando o tipo não reclama elemento subjetivo específico. O específico quando o tipo penal contém elementos subjetivos específicos[41] (especial fim de agir – artigo 159 do Código Penal, por exemplo).

---

39 Há referência doutrinária ao **dolo direto de terceiro grau**, que se traduziria na consequência da consequência (autor que coloca uma bomba em um carro para matar um dos seus ocupantes, sabendo que a motorista está grávida). Teríamos dolo direto de 1º grau em face de quem o agente quer matar, dolo direto de 2º grau em face dos outros passageiros (inclusive em relação à motorista) e dolo direto de 3º grau em face do aborto (morte do feto).

40 Há doutrinadores que diferenciam o **erro sobre o nexo causal em sentido estrito** (quando há uma só ação – o agente pratica a ação pensando que o resultado ocorrerá tal qual planejado, mas este finda acontecendo de outra forma) do **dolo geral** (quando há duas ações, tal qual explicada supra).

41 Quando se reclama no tipo penal elemento subjetivo específico (especial fim de agir), o crime é chamado de **delito de tendência interna transcendente** (ou **de intenção** ou **de tendência intensificada**). Estes se subdividem em **delitos de resultado cortado/separado** (o agente deseja obter algo que não

Mapa mental: eis mapa mental do crime doloso:

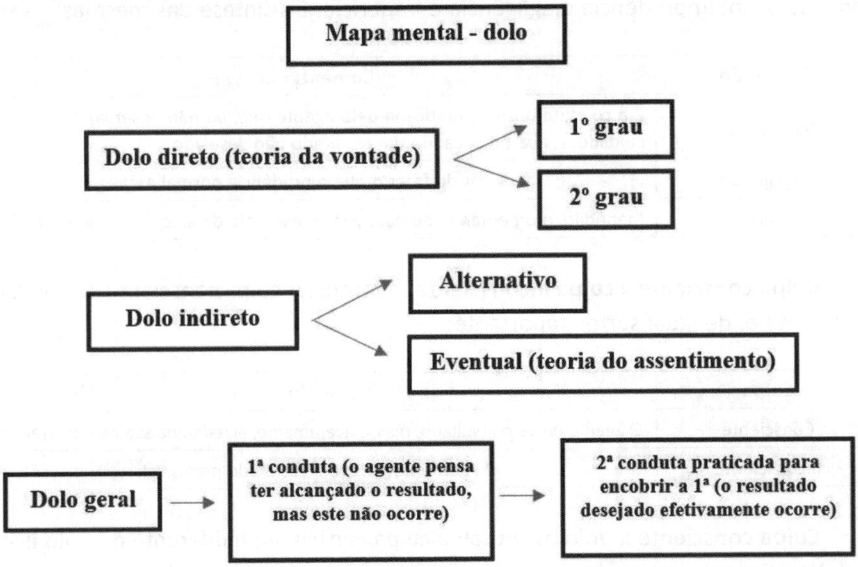

Crime culposo: ocorre **crime culposo** quando o agente não quer o resultado, não assume o risco de produzir o resultado, mas dá causa a este por meio de uma conduta negligente, imprudente ou imperita.

Elementos do crime culposo: eis os elementos do crime culposo:

Elementos do crime culposo	Comentários
Conduta humana voluntária	A conduta é praticada voluntariamente pelo agente (mas o resultado não é nem desejado, nem assumido).
Inobservância do dever objetivo de cuidado	É necessário que o autor tenha agido com imprudência, negligência ou imperícia.
Resultado lesivo não querido, nem assumido pelo agente	É até possível que o agente tenha previsto o resultado lesivo, mas ele não pode ter aceitado sua ocorrência (culpa consciente).
Nexo de causalidade (entre a conduta e o resultado)	O resultado decorre da conduta praticada pelo agente.
Previsibilidade (objetiva)	É preciso que o resultado seja previsível (essa é a previsibilidade objetiva). O crime culposo não reclama que o agente tenha previsto o resultado (previsibilidade subjetiva).
Tipicidade	Só se pune o crime culposo se houver previsão legal expressa (parágrafo único do artigo 18 do Código Penal).

depende dele – extorsão mediante sequestro, por exemplo) e **delito mutilado de dois atos** (quando o fim especial depende do próprio agente – associação criminosa, por exemplo).

É extremamente importante memorizar as expressões umbilicalmente ligadas ao crime culposo: imprudência, negligência e imperícia. Eis síntese das mesmas:

Expressão	Comentários
Imprudência	É a conduta positiva praticada pelo agente que, ao não observar o dever de cuidado, acaba provocando um resultado não desejado.
Negligência	É deixar de fazer o que a prudência normal exigia.
Imperícia	Inaptidão, momentânea ou não, para o exercício de arte, ofício ou profissão.

Culpa consciente x culpa inconsciente: diferenciar culpa consciente de culpa inconsciente é, de igual sorte, importante:

Culpa	Comentário
Consciente	O agente prevê o resultado, mas, sinceramente, acredita na sua não ocorrência.
Inconsciente	O agente não prevê o resultado previsível.

Culpa consciente x dolo eventual: a culpa consciente é diferente do dolo eventual. Na primeira, apesar de prever o resultado, o agente não acredita, sinceramente, na sua ocorrência. Ele não assume o risco de produzir o resultado. No dolo eventual, o agente prevê o resultado e apesar de não o desejar diretamente, assume o risco de produzi-lo. Na culpa consciente, o agente pensa que pode evitar o resultado. No dolo eventual, o agente não se importa com isso. Exemplifico:

> **SITUAÇÃO HIPOTÉTICA:** JOÃO dirige seu veículo a 120 km/h em via na qual a velocidade máxima permitida é 60 km/h e pensa: nessa velocidade posso atropelar transeunte que esteja atravessando a rua na faixa.
>
> **VARIAÇÃO 1:** depois de ter previsto o resultado lesivo, ele conclui seu pensamento: quem não quiser morrer, que pule para calçada quando eu estiver passando.
>
> **VARIAÇÃO 2:** depois de ter previsto o resultado lesivo, ele conclui seu pensamento: eu não atropelarei ninguém, porque estou atento, não ingeri bebida alcoólica, sou bom motorista e meus freios são muito bons.
>
> **SOLUÇÕES:** imaginemos que JOÃO atropelou e matou pessoa que atravessava a rua na faixa de pedestre. Nota-se que na **VARIAÇÃO 1** JOÃO deve ser responsabilizado pela prática de homicídio doloso (artigo 121 do Código Penal), porquanto agiu com dolo eventual (previu o resultado e assumiu o risco de produzi-lo). Já na **VARIAÇÃO 2**, JOÃO deve responder por homicídio culposo na direção de veículo automotor (artigo 302 do Código de Trânsito Brasileiro), porquanto agiu com culpa consciente (previu o resultado, mas acreditou sinceramente que o evitaria).

Culpa imprópria: trata-se da descriminante putativa evitável do artigo 20, § 1º, do Código Penal. É quando o agente quer o resultado, mas sua vontade é viciada por erro. Ele pensa que está sob o manto de uma excludente de ilicitude, quando na verdade não está. Se o erro era evitável (inescusável), o agente responde por crime culposo (**e aqui está a culpa imprópria**), se era inevitável (escusável), o agente fica isento de pena. Em verdade, o sujeito age com dolo, mas em virtude do erro, é punido a título de culpa (na descriminante evitável). Exemplifico:

> **SITUAÇÃO HIPOTÉTICA:** JOÃO, policial civil, adentra em perigosa área da cidade para uma incursão. PEDRO, morador da comunidade, abre abruptamente a janela com uma furadeira na mão. Imaginando que o objeto na mão de PEDRO é uma arma de fogo e que este o atacaria injustamente, o policial dispara. A vítima falece.
>
> **SOLUÇÃO:** caso se interprete que o erro é inevitável, JOÃO ficará isento de pena. Caso o erro seja entendido como evitável, JOÃO deve responder pela prática de homicídio culposo.
>
> **ATENÇÃO:** o delegado de polícia que conduz o inquérito policial que apura o uso de força letal pelo agente de segurança pública deve observar o artigo 14-A do Código de Processo Penal[42] e citar o policial para constituição de advogado no prazo de 48 horas. Caso o investigado não constitua

---

42 Art. 14-A. Nos casos em que servidores vinculados às instituições dispostas no art. 144 da Constituição Federal figurarem como investigados em inquéritos policiais, inquéritos policiais militares e demais procedimentos extrajudiciais, cujo objeto for a investigação de fatos relacionados ao uso da força letal praticados no exercício profissional, de forma consumada ou tentada, incluindo as situações dispostas no art. 23 do Decreto-Lei nº 2.848, de 7 de dezembro de 1940 (Código Penal), o indiciado poderá constituir defensor.

§ 1º Para os casos previstos no caput deste artigo, o investigado deverá ser citado da instauração do procedimento investigatório, podendo constituir defensor no prazo de até 48 (quarenta e oito) horas a contar do recebimento da citação.

§ 2º Esgotado o prazo disposto no § 1º deste artigo com ausência de nomeação de defensor pelo investigado, a autoridade responsável pela investigação deverá intimar a instituição a que estava vinculado o investigado à época da ocorrência dos fatos, para que essa, no prazo de 48 (quarenta e oito) horas, indique defensor para a representação do investigado.

§ 3º Havendo necessidade de indicação de defensor nos termos do § 2º deste artigo, a defesa caberá preferencialmente à Defensoria Pública, e, nos locais em que ela não estiver instalada, a União ou a Unidade da Federação correspondente à respectiva competência territorial do procedimento instaurado deverá disponibilizar profissional para acompanhamento e realização de todos os atos relacionados à defesa administrativa do investigado.

§ 4º A indicação do profissional a que se refere o § 3º deste artigo deverá ser precedida de manifestação de que não existe defensor público lotado na área territorial onde tramita o inquérito e com atribuição para nele atuar, hipótese em que poderá ser indicado profissional que não integre os quadros próprios da Administração.

§ 5º Na hipótese de não atuação da Defensoria Pública, os custos com o patrocínio dos interesses dos investigados nos procedimentos de que trata este artigo correrão por conta do orçamento próprio da instituição a que este esteja vinculado à época da ocorrência dos fatos investigados.

§ 6º As disposições constantes deste artigo se aplicam aos servidores militares vinculados às instituições dispostas no art. 142 da Constituição Federal, desde que os fatos investigados digam respeito a missões para a Garantia da Lei e da Ordem.

causídico, a autoridade policial deve oficiar o órgão policial ao qual pertence o investigado, para que seja indicado advogado no prazo de 48 horas (acerca do tema, sugestiono leitura da Resolução Conjunta 02/2015 do Conselho Superior da Polícia Federal e do Conselho Nacional dos Chefes de Polícia Civil).

Tentativa: normalmente não se admite tentativa em crimes culposos (até porque o agente não quer, nem assume o risco de produzir o resultado). Entrementes, admite-se, excepcionalmente, tentativa na culpa imprópria.

Tabela das espécies de culpa: sintetizando as espécies de culpa em uma tabela:

Espécie	Comentários
Culpa própria	É a culpa propriamente dita.
Culpa imprópria	É a descriminante putativa evitável por erro de tipo.
Culpa inconsciente	O agente não quer, nem prevê o resultado quando da prática da conduta (perpetrada com negligência, imprudência ou imperícia).
Culpa consciente	O agente prevê o resultado, mas acredita sinceramente na sua não ocorrência.

Compensação de culpas e concorrência de culpas: saliento que **não existe compensação de culpas** (ambos os agentes devem ser punidos, na medida da sua culpabilidade) e que **a concorrência de culpas é possível na prática**. Exemplifico:

> **SITUAÇÃO HIPOTÉTICA 1:** o semáforo piscava alerta (amarelo) para ambas as vias 'A' e 'B'. PEDRO, que trafegava pela via 'A' e JOÃO, que trafegava pela via 'B', imprudentemente, avançaram a sinaleira e se chocaram. PEDRO e JOÃO sofreram lesões corporais em razão do sinistro.
>
> **SITUAÇÃO HIPOTÉTICA 2:** MARCOS e JONAS, em comunhão de desígnios, lançaram uma tábua da laje da construção onde trabalhavam com o objetivo de lança-la na caixa de entulhos da obra, que estava na calçada. A tábua findou acertando MARIA, que passava no momento. A vítima morreu.
>
> **SOLUÇÕES:** na SITUAÇÃO HIPOTÉTICA 1, percebe-se que PEDRO e JOÃO agiram com culpa. Como não se admite compensação de culpas, PEDRO responderá por lesão corporal na direção de veículo automotor (artigo 303 do Código de Trânsito Brasileiro) em razão as lesões sofridas por JOÃO e este responderá pelo mesmíssimo crime, em face das lesões sofridas por PEDRO. Na SITUAÇÃO HIPOTÉTICA 2, MARCOS e JONAS serão coautores do crime de homicídio culposo.

Tipicidade e mapa mental: por fim, cumpre lembrar que só se pune o crime culposo se houver previsão expressa para essa modalidade de infração (parágrafo único do artigo 18 do Código Penal).

Eis mapa mental atrelado ao crime culposo:

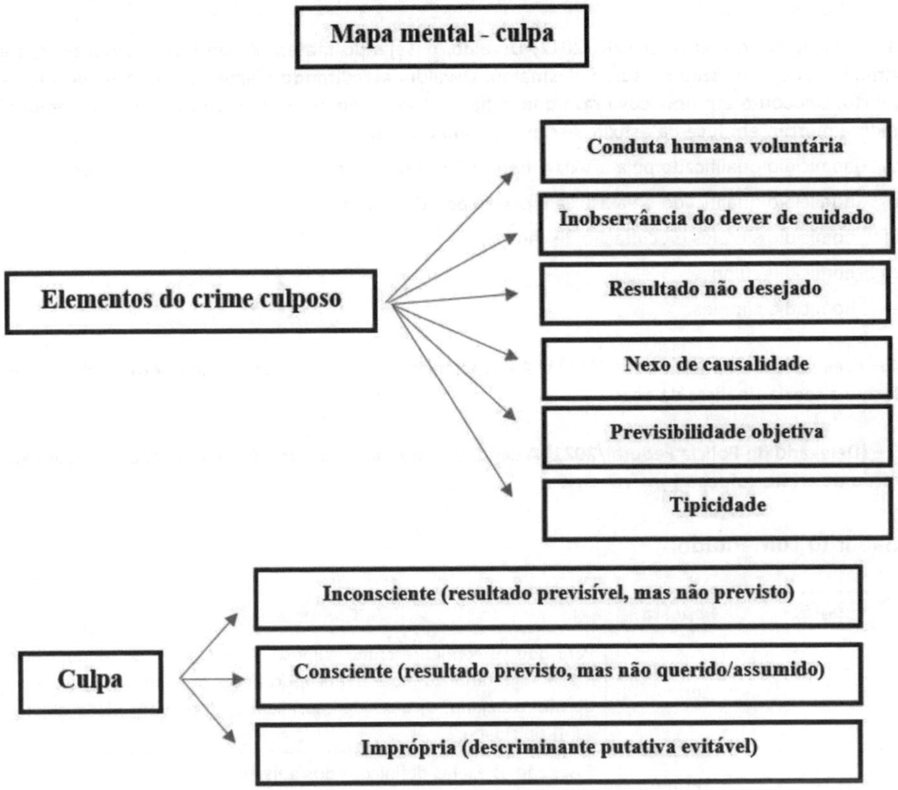

Questões de concurso público: veja como o assunto já foi cobrado em concurso público.

1 – (Delegado de Polícia Civil/MG/2018) NÃO é um elemento do tipo culposo de crime:

a) Conduta involuntária.

b) Inobservância de dever objetivo de cuidado.

c) Previsibilidade objetiva.

d) Tipicidade.

2 – (Delegado de Polícia Civil/SP/2018) "Existe _______ quando o agente prevê o resultado, mas espera, sinceramente, que não ocorrerá; configura-se _______ quando a vontade do agente não está dirigida para a obtenção do resultado, pois ele quer algo diverso, mas, prevendo que o evento possa ocorrer, assume assim mesmo a possibilidade de sua produção."

Assinale a alternativa que correta e respectivamente completa as lacunas.

a) culpa consciente ... dolo eventual

b) culpa inconsciente ... dolo eventual

c) dolo indireto ... dolo alternativo

d) culpa inconsciente ... culpa consciente

e) dolo eventual ... culpa consciente

3 – (Delegado de Polícia Civil/RJ/2012) Osvaldo, desejando matar, disparou seu revólver contra Arnaldo, que, em razão do susto, desmaiou. Osvaldo, acreditando piamente que Arnaldo estava morto, colocou-o em uma cova rasa que já havia cavado, enterrando-o, vindo a vítima a efetivamente morrer, em face da asfixia. Assim, Osvaldo praticou:

a) homicídio qualificado pela asfixia e homicídio culposo, bem como ocultação de cadáver.

b) homicídio qualificado pela asfixia e ocultação de cadáver.

c) homicídio simples e ocultação de cadáver.

d) homicídio culposo.

e) homicídio simples.

4 – (Delegado de Polícia Federal/2021) A consciência atual da ilicitude é elemento do dolo, conforme a teoria finalista da ação ( ).

5 – (Delegado de Polícia Federal/2021) A conduta humana voluntária é irrelevante para a configuração do crime culposo ( ).

Gabarito comentado:

Questão	Reposta	Comentário
1	Letra A	Para que se configure crime culposo é necessário: a) conduta humana voluntária; b) inobservância do dever de cuidado; c) resultado não desejado; d) nexo de causalidade; e) previsibilidade objetiva; f) tipicidade.
2	Letra A	Essas são as exatas definições dos dois institutos indicados na assertiva correta.
3	Letra E	O quesito aborda o dolo geral. Nele o agente pensa que atingiu o resultado pretendido em uma primeira conduta, mas esse (o resultado) só é efetivamente alcançado quando há a prática de segunda conduta (com a qual o agente deseja encobrir a primeira). Ele responde pelo resultado desejado ou efetivamente alcançado (o que for mais favorável).
4	ERRADA	Em verdade, a potencial (e não atual) consciência da ilicitude é elemento da culpabilidade na teoria finalista (no dolo há vontade + consciência).
5	ERRADA	A conduta humana voluntária é um dos elementos do crime culposo (ao lado da inobservância do dever objetivo de cuidado, do resultado lesivo não querido, nem assumido pelo agente, do nexo de causalidade entre a conduta e o resultado, da previsibilidade objetiva e da tipicidade).

Agravação pelo resultado

Art. 19 – Pelo resultado que agrava especialmente a pena, só responde o agente que o houver causado ao menos culposamente.

Crime preterdoloso: há crime preterdoloso quando há dolo no antecedente e culpa no consequente. O agente pratica a conduta dolosa, com a finalidade de alcançar determinado resultado, mas acaba ocorrendo resultado mais grave que o desejado (crime de lesão corporal seguida de morte, por exemplo). Trata-se de modalidade de crime qualificado pelo resultado (tal qual desenhado no artigo 19 do Código Penal).

Erro sobre elementos do tipo

Art. 20 – O erro sobre elemento constitutivo do tipo legal de crime exclui o dolo, mas permite a punição por crime culposo, se previsto em lei.

Descriminantes putativas

§ 1º – É isento de pena quem, por erro plenamente justificado pelas circunstâncias, supõe situação de fato que, se existisse, tornaria a ação legítima. Não há isenção de pena quando o erro deriva de culpa e o fato é punível como crime culposo.

Erro determinado por terceiro

§ 2º – Responde pelo crime o terceiro que determina o erro.

Erro sobre a pessoa

§ 3º – O erro quanto à pessoa contra a qual o crime é praticado não isenta de pena. Não se consideram, neste caso, as condições ou qualidades da vítima, senão as da pessoa contra quem o agente queria praticar o crime.

Introdução: o artigo 20 do Código Penal trata: a) do erro de tipo essencial; b) das descriminantes putativas; c) do erro determinado por terceiro; e d) do erro sobre a pessoa.

Erro de tipo essencial: o erro de tipo descrito no caput do artigo 20 do Código Penal é modalidade de erro essencial, que incide sobre as elementares do tipo. Eis quadro comparativo, que diferencia o erro essencial do erro acidental:

Erro	Comentários
Essencial	Afasta o dolo, por incidir sobre elementos constitutivos do tipo (pessoa que, querendo danificar coisa sua, finda danificando coisa alheia, por exemplo).
Acidental	Não exclui o dolo, porque bem jurídico alheio continua sendo afetado (pessoa que deseja lesionar 'A', mas que, por erro de pontaria, lesiona 'B', por exemplo).

São **erros acidentais** o erro sobre a pessoa (artigo 20, § 3º, do Código Penal), o erro na execução (artigo 73 do Código Penal) e o resultado diverso do pretendido (artigo 74 do Código Penal).

O erro de tipo essencial pode ser **escusável** ou **inescusável.** O primeiro é o erro desculpável (ou inevitável), que **exclui o dolo e a culpa**. O segundo é o erro indesculpável (ou evitável), que **exclui o dolo, mas não a culpa** (é o erro tratado no artigo 20, *caput*, do Código Penal).

No erro de tipo, o erro é quanto à situação fática. Veja dois exemplos:

> **SITUAÇÃO HIPOTÉTICA 1 (a velhinha da rodoviária):** JOÃO aguarda na rodoviária a chegada de ônibus que o levará à cidade de Salvador/BA, quando é abordado por uma simpática senhora que pede que ele leve uma sacola de roupas para o sobrinho dela, que está na rodoviária da capital baiana; sem desconfiar do inocente pedido da anciã, ele concorda em levar a mala; no meio do caminho, depois de barreira da Polícia Militar, resta detectado que a sacola levada por JOÃO contém 2 kg de cocaína; JOÃO incidiu em **erro de tipo essencial** (imaginou estar levando roupas a pedido de uma senhora, quando na verdade transportava droga ilícita).
>
> **SITUAÇÃO HIPOTÉTICA 2 (a novinha da boate):** JOSÉ vai a uma boate e lá avista MARIA, que consome cerveja no balcão do estabelecimento; os dois iniciam animada conversa e MARIA diz ser universitária e ter 20 anos; a conversa evolui e eles percebem grandes afinidades; da boate, o casal decide ir a um motel, onde travam relação sexual consentida; com o raiar do dia, MARIA decide revelar que, apesar de ter corpo compatível com mulher de 20 anos (idade que ela disse ter para JOSÉ), tem 13 anos de idade; JOSÉ incidiu em **erro de tipo essencial** (imaginou estar mantendo relação sexual com mulher de 20 anos, quando na verdade praticou ato sexual com menor de 14 anos de idade).
>
> **SOLUÇÕES:** em ambos os casos acima desenhados, os personagens não responderão criminalmente, por terem incorrido em **erro de tipo essencial** – ainda que se imagine que o erro, em ambos os casos, era inescusável, não haverá responsabilização penal, porque os crimes de tráfico de drogas (primeiro exemplo) e de estupro de vulnerável (segundo exemplo) não admitem modalidade culposa (e o erro de tipo inescusável exclui o dolo).

Descriminantes putativas: as descriminantes putativas são as excludentes imaginárias. O agente pensa estar sob o manto de excludente de ilicitude quando, em verdade, não está.

Na descriminante putativa, se o erro é inevitável, há isenção de pena. Se o erro for evitável, tem-se punição por crime culposo (se o fato for punível como crime culposo).

> **LEMBRE:** a descriminante putativa evitável é chamada de culpa imprópria. Ela admite tentativa.
>
> **SITUAÇÃO HIPOTÉTICA:** JOÃO encontra JOSÉ, seu desafeto, em uma rua escura. JOSÉ olha para JOÃO e abre sua mochila, tirando de dentro um objeto que brilha. Imaginando que JOSÉ está puxando um revólver, JOÃO saca sua arma e dispara, tirando a vida de JOSÉ. Mais tarde, percebe-se que JOSÉ estava desarmado e havia retirado seu aparelho celular da mochila.
>
> **SOLUÇÃO:** JOÃO incorreu em descriminante putativa (imaginava estar sob o manto de legítima defesa, mas não estava). Se a conclusão for que o erro era

inevitável, ele fica isento de pena. Caso se conclua que o erro poderia ter sido evitado, ele responderá por homicídio culposo (culpa imprópria).

Erro determinado por terceiro: no erro determinado por terceiro, segundo o § 2º do artigo 20 do Código Penal, quem responde é o terceiro que causou o erro (hipótese de autoria mediata). Exemplifico:

> **SITUAÇÃO HIPOTÉTICA:** PEDRO, com desejo homicida, percebendo que seu desafeto MARCOS entrara na mata fechada, induz JONAS, caçador, a erro, afirmando que os movimentos no meio dos arbustos eram de um animal de grande porte. JONAS dispara, iludido por PEDRO, com o intuito de abater a suposta fera, mas finda acertando MARCOS, que morre.
>
> **SOLUÇÃO:** houve erro determinado por terceiro e PEDRO (e só ele) responderá por homicídio doloso consumado.

Erro sobre a pessoa: é o previsto no § 3º do artigo 20 do Código Penal. Como dito supra, é modalidade de **erro acidental**. Não exclui o dolo e, por determinação legal, deve-se levar em conta as qualidades da pessoa que se queria atingir e não as da pessoa efetivamente atingida. Exemplifico:

> **SITUAÇÃO HIPOTÉTICA:** JOÃO deseja matar JOSÉ. Sabendo que este trabalha na empresa MAGS, cuja farda é uma chamativa camisa amarela e que ele sempre voltava para casa no mesmo horário e pelo mesmo caminho, JOÃO se posta à beira da estrada com uma faca em punho. No mesmo horário que JOSÉ costuma voltar do trabalho, MÁRIO, também funcionário da empresa MAGS, passa na frente de JOÃO que, imaginando se tratar de JOSÉ, desfere 5 facadas contra aquele. MÁRIO morre.
>
> **SOLUÇÃO:** houve, no caso concreto, **erro sobre a pessoa** (JOÃO pensava estar atacando JOSÉ, mas, em verdade, investiu contra MÁRIO). Nos termos do artigo 20, § 3º, do Código Penal, JOÃO responderá pelo crime de homicídio consumado (como se tivesse matado quem desejava).
>
> **ATENÇÃO:** o **erro sobre a pessoa** é diferente do **erro na execução** (artigo 73 do Código Penal), embora ambos sejam erros acidentais (que não excluem o dolo). No erro sobre a pessoa o agente ataca pessoa errada pensando estar atacando a certa. No erro na execução o agente ataca a pessoa certa, mas por erro de pontaria, finda acertando a pessoa errada (nas duas situações o Código Penal determina que se considere como se o agente tivesse atingido a pessoa que queria):

Erro acidental	Síntese do instituto	Dispositivo	Consequência
Erro sobre a pessoa	O agente ataca a pessoa errada, pensando ser a certa.	Artigo 20, § 3º, do CP	O agente responde como se tivesse atingido quem desejava.

Erro acidental	Síntese do instituto	Dispositivo	Consequência
Erro na execução	O agente ataca a pessoa certa, mas por erro de pontaria, atinge a errada.	Artigo 73 do CP	O agente responde como se tivesse atingido quem desejava.

Erro sobre o objeto: o Código Penal não trata expressamente do erro sobre o objeto. Trata-se de erro acidental (importa na responsabilização do agente, porquanto não afeta a estrutura do tipo). Exemplifico:

> **SITUAÇÃO HIPOTÉTICA:** JOÃO, primário, furta relógio, imaginando-o caríssimo Rolex. Consumada a subtração, o agente percebe que, em verdade, surrupiou réplica, avaliada em pouco mais de 200 reais.
>
> **SOLUÇÃO:** o erro sobre o objeto não excluirá o dolo e JOÃO deve responder normalmente pela prática do crime de furto (incidência de erro acidental).

A situação acima desenhada, contudo, ainda demanda outra análise não menos importante: devemos levar em consideração o objeto pretendido pelo agente (relógio que normalmente custa alguns milhares de reais) ou o objeto efetivamente por ele atacado (réplica)? Observe que a opção por uma ou outra trilha impacta decisivamente a resposta estatal. Se a solução for a primeira (responsabilizar o agente considerando o objeto que ele desejava atacar), não será possível reconhecer o furto privilegiado. Ao revés, caso levemos em consideração o objeto efetivamente atacado, será possível reconhecer furto privilegiado – § 2º do artigo 155 do Código Penal (seguindo entendimento Pretoriano que afirma ser possível reconhecer que a coisa é de pequeno valor quando seu valor não ultrapassar um salário mínimo no tempo do crime).

Assim é que é possível seguir, no erro sobre o objeto, três trilhas: a) levar em consideração o objeto material pretendido pelo agente; b) levar em consideração o objeto efetivamente atacado pelo agente (entendimento majoritário); c) levar em consideração o que for mais benéfico para o agente (princípio do *favor rei*).

Penso que a melhor saída é a última: em nome do princípio do favor rei, já que o instituto do erro sobre o objeto não é explicitamente tratado no Código Penal, seguir a solução mais favorável para o acusado.

Eis mais duas situações hipotéticas:

Situação hipotética	Primeira solução (levar em conta o objeto pretendido)	Segunda solução (levar em conta o objeto atacado)	Terceira solução (mais favorável)
PEDRO, pretendendo subtrair telefone celular de terceiro em uma festa, acaba, por equívoco, subtraindo o terminal móvel de sua esposa.	PEDRO deve ser responsabilizado pela prática de crime de furto.	PEDRO não deve ser responsabilizado criminalmente (incidência da escusa absolutória do artigo 181, inciso I, do Código Penal).	A segunda solução (levar em conta o objeto efetivamente atacado) é a melhor para o agente.

Situação hipotética	Primeira solução (levar em conta o objeto pretendido)	Segunda solução (levar em conta o objeto atacado)	Terceira solução (mais favorável)
JONAS, primário, pretendendo subtrair anel de bijuteria (orçado em R$ 150,00), por equívoco, acaba subtraindo caríssimo anel de diamante (que custa R$ 50.000,00).	JONAS deve ser responsabilizado pela prática de crime de furto privilegiado (vez que presentes a primariedade do agente e o pequeno valor da coisa subtraída).	JONAS deve ser responsabilizado por furto, sem incidência do privilégio (a coisa efetivamente subtraída não é de pequeno valor).	Desta feita, a primeira solução (levar em conta o objeto pretendido) é a melhor para o agente.

Tabela que sintetiza o estudo dos erros: sintetizo, a seguir, o estudo dos erros por meio de uma tabela:

Tema	Comentário
Erro de tipo escusável	O agente erra sobre elementar descrita no tipo e não é responsabilizado criminalmente (exclui-se dolo e culpa).
Erro de tipo inescusável (*caput* do artigo 20 do Código Penal)	O agente erra sobre elementar descrita no tipo, exclui-se o dolo, mas é permitida responsabilização pela prática de crime culposo se houver previsão legal.
Descriminante putativa por erro de tipo inevitável (§ 1º do artigo 20 do Código Penal)	O agente supõe situação de fato que, se existisse, tornaria a ação legítima – há isenção de pena (adoção da teoria limitada da culpabilidade).
Descriminante putativa por erro de tipo evitável (§ 1º do artigo 20 do Código Penal)	O agente supõe situação de fato que, se existisse, tornaria a ação legítima, mas o erro deriva de culpa – há punição por crime culposo, caso exista previsão legal (trata-se da culpa imprópria).
Erro determinado por terceiro	O terceiro que determina o erro deve responder pelo crime (trata-se de hipótese de autoria mediata).
Erro sobre a pessoa	O agente ataca a pessoa errada, pensando ser a certa – o autor deve responder como se tivesse atingido quem desejava (trata-se de erro acidental).
Erro de proibição	É o erro sobre a ilicitude do fato (artigo 21 do Código Penal). O agente atua sem consciência da ilicitude e isso pode **excluir a culpabilidade** (afasta-se a **potencial consciência da ilicitude). Há isenção de pena se o erro for inevitável e diminuição de pena de 1/6 a 1/3 se o erro for evitável.**
Erro de proibição direto	O agente erra quanto à existência do tipo penal incriminador.
Erro de proibição indireto	O agente sabe da existência do tipo incriminador, mas erra porque pensa que sua conduta é abarcada por norma permissiva, justificante ou exculpante (é possível, aqui, falar em descriminante putativa por erro de proibição).

Erro na execução (*aberratio ictus*) – artigo 73 do Código Penal	**O agente ataca a pessoa certa mas, por erro de pontaria, finda atingindo a pessoa errada** – o autor deve responder como se tivesse atingido quem desejava (trata-se de erro acidental).
Resultado diverso do pretendido (*aberratio criminis*) – artigo 74 do Código Penal	Há, também, erro de pontaria (erro na execução), mas o agente finda acertando outro bem jurídico, que não o desejado (trata-se de erro acidental). O agente deve ser responsabilizado pelo resultado, por culpa.

Questões de concurso público: veja como o assunto já foi cobrado em concurso público.

1 – (Delegado de Polícia Civil/AL/2012) O erro de tipo, se vencível, afasta o dolo e a culpa, estando diretamente ligado à tipicidade da conduta do agente ( ).

2 – (Delegado de Polícia Civil/RJ/2012) Maria é amiga e "cunhada" de Paula, pois namora Carlos, o irmão desta. Maria descobre que está sendo traída por Carlos e conta a Paula. Esta sugere que Maria simule o suicídio para dar uma lição em Carlos. Realizada a encenação, Carlos encontra Maria caída em sua cama, aparentando estar com os pulsos cortados e morta, tendo uma faca ao seu lado. Certo da morte de sua amada, pois a cena fora perfeitamente simulada, com aptidão para enganar qualquer pessoa, Carlos, desesperado, pega a faca supostamente utilizada por Maria e começa a golpear o corpo da namorada, gritando que ela não poderia ter feito aquilo com ele, haja vista amá-la demais e que, portanto, sua vida teria perdido o sentido. Maria, mesmo esfaqueada, não esboça qualquer reação, pois, para dar uma aura de veracidade à farsa, havia ingerido medicamentos que a fizeram dormir profundamente. Em razão dos golpes desferidos por Carlos, Maria acaba efetivamente morrendo. Assim, pode-se afirmar que Carlos:

a) deve responder pelo crime de homicídio doloso duplamente qualificado, em face de a morte ter ocorrido por motivo torpe e pela impossibilidade de reação da vítima, sendo Paula coautora do mesmo crime, pois o direito penal brasileiro adota a teoria monista mitigada.

b) deve responder por descumprir um dever de cuidado objetivo, que causou um resultado lesivo, já que há previsão expressa do crime na modalidade culposa, considerando Carlos que estava sob erro de tipo vencível; Paula é partícipe do mesmo crime, pois o direito penal brasileiro adota a teoria monista mitigada.

c) não pode responder por crime algum, pois não há responsabilidade penal objetiva no direito penal brasileiro.

d) deve responder pelo crime de vilipêndio a cadáver, haja vista estarem erro sobre o fato, que, pela teoria extremada da culpabilidade, amolda-se ao instituto do erro de proibição.

e) deve ser indiciado pelo crime de destruição, subtração ou ocultação de cadáver, uma vez que, estando sob erro de tipo vencível, fez o cadáver perdera sua forma original.

3 – (Delegado de Polícia Civil/SE/2018) Em um clube social, Paula, maior e capaz, provocou e humilhou injustamente Carlos, também maior e capaz, na frente de amigos. Envergonhado e com muita raiva, Carlos foi à sua residência e, sem o consentimento de seu pai, pegou um revólver pertencente à corporação policial de que seu pai faz parte. Voltando ao clube depois de quarenta minutos, armado com o revólver, sob a influência de emoção extrema e na frente dos amigos, Carlos fez disparos da arma contra a cabeça de Paula, que faleceu no local antes mesmo de ser socorrida.

Acerca dessa situação hipotética, julgue o próximo item.

Carlos agiu sob o pálio da legítima defesa putativa ( ).

4 – (Delegado de Polícia Civil/RN/2021) Wesley havia alugado um apartamento parcialmente mobiliado e, após o encerramento do contrato de locação, chamou Sidney, seu amigo, que nunca havia estado no imóvel, para ajudá-lo com a retirada de seus pertences. Durante a mudança, Wesley garantiu a Sidney que a televisão que se encontrava na sala era de sua propriedade e deveria ser retirada, embora Wesley tivesse ciência de que o aparelho pertencia ao proprietário do imóvel. Ao perceber a situação, o proprietário do imóvel registrou boletim de ocorrência contra Wesley e Sidney. Analisando os fatos acima narrados, a conduta dos agentes pode ser assim classificada:

a) Wesley e Sidney responderão pelo crime de furto, em razão do concurso de pessoas;

b) Wesley responderá por furto doloso, enquanto Sidney responderá pelo mesmo crime na modalidade culposa;

c) apenas Wesley responderá por furto, pois Sidney agiu em erro sobre o objeto, ficando isento de pena;

d) apenas Wesley responderá por furto, pois Sidney agiu em erro de tipo provocado por terceiro, sendo atípica sua conduta;

e) Sidney agiu em erro de tipo, afastando a culpabilidade da conduta de ambos os agentes.

Gabarito comentado:

Questão	Reposta	Comentário
1	ERRADA	O erro de tipo vencível (inescusável) afasta apenas o dolo e permite punição do agente por crime culposo, na forma do artigo 20 do Código Penal.
2	Letra C	CARLOS não responde por homicídio, porque em relação a esse, ele incorreu em erro de tipo escusável (exclui o dolo e a culpa). De igual sorte, ele não deve responder por qualquer tipo relacionado ao respeito da dignidade dos mortos, porque MARIA estava viva quando foi esfaqueada (crime impossível por absoluta impropriedade do objeto).
3	ERRADA	Houve prática de homicídio, com incidência de circunstância atenuante, na forma do artigo 65, inciso III, alínea "c", do Código Penal.
4	Letra D	Sidney incorreu em erro determinado por terceiro (espécie de erro de tipo). Quem deve responder pela conduta delituosa é Wesley, que determinou o erro.

Erro sobre a ilicitude do fato

Art. 21 – O desconhecimento da lei é inescusável. O erro sobre a ilicitude do fato, se inevitável, isenta de pena; se evitável, poderá diminuí-la de um sexto a um terço.

Parágrafo único – Considera-se evitável o erro se o agente atua ou se omite sem a consciência da ilicitude do fato, quando lhe era possível, nas circunstâncias, ter ou atingir essa consciência.

Erro de proibição: o erro de proibição é o erro sobre a ilicitude do fato (artigo 21 do Código Penal). O agente atua sem consciência da ilicitude e isso pode

excluir a culpabilidade (afasta-se a **potencial consciência da ilicitude**, elemento da culpabilidade[43]).

Anote-se que o erro de proibição é diferente do desconhecimento da lei (ninguém pode se escusar de cumprir a lei alegando que a desconhece). O desconhecimento pode ser considerado **circunstância atenuante**, nos termos do artigo 65, inciso II, do Código Penal.

A potencial consciência da ilicitude não reclama conhecimento técnico da legislação (ao revés, basta que seja possível ao agente saber que seu comportamento é contrário ao ordenamento jurídico, nos limites da sua capacidade de entendimento/compreensão, o que se convencionou chamar **valoração paralela na esfera do profano**).

Erro inevitável x erro evitável: o erro de proibição pode ser **inevitável** ou **evitável** (se a busca da informação era viável, o erro é entendido como inescusável).

O erro de proibição inevitável (escusável) **isenta de pena**. Já o erro de proibição evitável (inescusável) **diminui a pena de um sexto a um terço**.

Erro de proibição direto x erro de proibição indireto: é possível subdividir o erro de proibição, ainda, em **direto** (o agente erra quanto à existência do tipo penal incriminador) ou **indireto** (o agente sabe da existência do tipo incriminador, mas erra porque pensa que sua conduta é abarcada por norma permissiva, justificante ou exculpante).

> **ATENÇÃO:** o crime putativo é **diferente** do erro de proibição – no crime putativo, o agente pensa que está cometendo crime, mas o fato não é criminoso (incesto, por exemplo)[44]. No erro de proibição, o agente pensa que não faz nada de ilícito, mas, na verdade, materializa fato definido como crime.

Exemplifico o erro de proibição:

> **SITUAÇÃO HIPOTÉTICA 1:** JOÃO, turista holandês, traz consigo pequena quantidade de maconha para consumo próprio, por acreditar que não é crime, no Brasil, portar a droga proscrita para uso próprio em determinados locais.
>
> **SOLUÇÃO:** ele incorreu em **erro de proibição direto**.
>
> **SITUAÇÃO HIPOTÉTICA 2:** JOÃO descobre que foi traído por sua esposa e agride-a fisicamente, por acreditar que está autorizado por lei a "limpar sua honra"

43 A **culpabilidade** é formada de três elementos normativos (aferição feita pelo magistrado): **imputabilidade** (leia os artigos 26, 27 e 28 do Código Penal), **potencial consciência da ilicitude** (leia o artigo 21 do Código Penal) e **exigibilidade de conduta diversa** (leia o artigo 22 do Código Penal).

44 Narrei situação de crime putativo por erro de proibição. É possível, ainda, o delito putativo por erro de tipo – agente que pratica atos libidinosos com pessoa que ele pensa ter 13 anos, mas que tem 15, por exemplo.

(ele sabe que existe o crime de lesão corporal, mas acredita que, na situação concreta, há permissivo legal que abarca sua conduta).

SOLUÇÃO: ele incorreu em **erro de proibição indireto.**

Questões de concurso público: veja como o assunto já foi cobrado em concurso público.

1 – (Delegado de Polícia Civil/PA/2021) Mário, comerciante, emprestou determinada quantia para Eliseu. Um dia após a data ajustada para o pagamento, após ser informado por telefone de que Eliseu não teria o montante para quitar o empréstimo, Mário se dirige à casa do devedor e, clandestinamente, subtrai um notebook no valor da dívida, acreditando estar amparado por uma causa de justificação que tornaria a sua conduta lícita, qual seja, a dívida vencida. Considerando os fatos hipotéticos narrados, pode-se afirmar que Mário incorreu em

a) erro de proibição direto que, se escusável, exclui a ilicitude do fato.

b) erro de proibição direto que, caso inescusável, subsiste a culpabilidade, mas a pena deve ser diminuída de um sexto a um terço.

c) erro de proibição indireto que, se escusável, exclui a culpabilidade do agente.

d) erro de proibição indireto que, caso inescusável, subsiste a culpabilidade, mas a pena deve ser diminuída de um sexto a dois terços.

e) erro de tipo que, se escusável, exclui o dolo e a culpa, tornando o fato atípico.

Gabarito comentado:

Questão	Reposta	Comentário
1	Letra C	Trata-se de erro de proibição indireto (se o erro de proibição é escusável, gera isenção de pena por exclusão da culpabilidade).

Coação irresistível e obediência hierárquica

Art. 22 – Se o fato é cometido sob coação irresistível ou em estrita obediência a ordem, não manifestamente ilegal, de superior hierárquico, só é punível o autor da coação ou da ordem.

Excludentes de culpabilidade: o artigo 22 do Código Penal trata das excludentes de culpabilidade (não confunda com as excludentes de ilicitude do artigo 23 do mesmo diploma legal). São duas as exculpantes descritas no dispositivo: a **coação moral irresistível** e a **obediência hierárquica a ordem não manifestamente ilegal.**

Coação moral irresistível e obediência hierárquica isentam de pena, porque afastam a **exigibilidade de conduta diversa** (elemento da culpabilidade).

Coação moral irresistível: sobre coação, é importante memorizar a seguinte tabela:

Instituto	Consequência	Justificativa	Artigo
Coação física	Conduz à atipicidade do fato	Porque não há conduta, primeiro elemento do fato típico.	–

Instituto	Consequência	Justificativa	Artigo
Coação moral irresistível	Isenta de pena	Porque afasta a exigibilidade de conduta diversa, elemento da culpabilidade.	22 do Código Penal
Coação moral resistível	Atenuante	Determinação legal.	65, III, "c", 1ª parte, do Código Penal

Na coação física não há conduta, porque o indivíduo não age, ele é agido (alguém movimenta seu corpo, sem sua autorização, provocando o movimento). O fato é atípico porque se afasta o primeiro elemento do fato típico[45], a conduta. Exemplifico:

> **SITUAÇÃO HIPOTÉTICA:** criminosos adentram em uma agência bancária e, percebendo que o cofre só abre com a colocação da digital do gerente na fechadura, colocam o dedo deste à força no local devido. O cofre abre e, notando que a quantidade de dinheiro é muito grande, os bandidos determinam que um dos clientes ajude a levar os sacos de cédulas até o carro de fuga, sob ameaça de morte da namorada deste.
>
> **SOLUÇÃO:** o gerente não será responsabilizado criminalmente porque sofreu **coação física** (ele não praticou conduta e, por isso, o fato é atípico – seu dedo foi colocado à força na fechadura do cofre). O cliente, por seu turno, ficará isento de pena, porque auxiliou os criminosos em virtude de coação moral irresistível (ameaça de morte dirigida a sua namorada).

Obediência hierárquica: acerca da obediência hierárquica, é preciso saber que:

Requisitos da obediência hierárquica
É preciso que a relação seja de direito público
Deve existir hierarquia
A ordem deve ser não manifestamente ilegal (aparentemente legal)

Exemplifico o instituto da obediência hierárquica:

> **SITUAÇÃO HIPOTÉTICA:** o delegado de polícia JOÃO determina que o agente de polícia JOSÉ adentre em uma casa, alegando que no interior da residência funciona uma "boca de fumo". JOSÉ, obedecendo a ordem do seu superior hierárquico, invade a residência sem mandado judicial e nada encontra.
>
> **SOLUÇÃO:** o agente de polícia JOSÉ ficará isento de pena, em virtude do instituto da obediência hierárquica (a relação é de direito público, há hierarquia e a ordem não foi manifestamente ilegal). Quem eventualmente responderá criminalmente pela diligência desastrada é o delegado de polícia JOÃO (crime de abuso de autoridade – artigo 22 da Lei 13.869/19).

45 O **fato típico** é formado de **conduta** (comissiva ou omissiva; dolosa ou culposa), **resultado** (dano ou perigo de dano a bem jurídico tutelado), **nexo de causalidade** e **tipicidade** (formal e material).

Atenuante: a obediência hierárquica pode figurar, ainda, como atenuante – vide artigo 65, inciso III, alínea "c", 2ª parte, do Código Penal.

Responsabilização criminal: nos termos do artigo 22 do Código Penal, na coação moral irresistível quem responde pelo crime é o coator. Na obediência hierárquica, quem responde criminalmente é o superior hierárquico que determinou a conduta perpetrada pelo subordinado.

Causas supralegais de exclusão da culpabilidade: a doutrina aponta a **escusa de consciência** (inciso VI do artigo 5º da Constituição Federal[46]) e a **desobediência civil** como causas supralegais de exclusão da culpabilidade (afastam a exigibilidade de conduta diversa e isentam de pena).

Em relação à escusa de consciência, cumpre-nos observar, ainda, o inciso VIII do artigo 5º da Constituição Federal:

> Art. 5º (...)
>
> VIII – ninguém será privado de direitos por motivo de crença religiosa ou de convicção filosófica ou política, salvo se as invocar para eximir-se de obrigação legal a todos imposta e recusar-se a cumprir prestação alternativa, fixada em lei;

No que toca à desobediência civil, Rogério Sanches Cunha[47] leciona que:

> A desobediência civil representa atos de insubordinação que têm por finalidade transmudar a ordem estabelecida, demonstrando a sua injustiça e necessidade de mudança. Exige-se para o reconhecimento dessa dirimente: (A) que a desobediência esteja fundada na proteção de direitos fundamentais; (B) que o dano causado não seja relevante.

Questões de concurso público: veja como o assunto já foi cobrado em concurso público.

1 – (Delegado de Polícia Federal/2018) Arnaldo, gerente de banco, estava dentro de seu veículo juntamente com familiares quando foi abordado por dois indivíduos fortemente armados, que ameaçaram os ocupantes do veículo e exigiram de Arnaldo o fornecimento de determinada senha para a realização de uma operação bancária, o que foi por ele prontamente atendido. Nessa situação, o uso da senha pelos indivíduos para eventual prática criminosa excluirá a culpabilidade de Arnaldo ( ).

2 – (Delegado de Polícia Civil/SE/2018) Em um clube social, Paula, maior e capaz, provocou e humilhou injustamente Carlos, também maior e capaz, na frente de amigos. Envergonhado e com muita raiva, Carlos foi à sua residência e, sem o consentimento de seu pai, pegou um revólver

46 Art. 5º (...)
VI – é inviolável a liberdade de consciência e de crença, sendo assegurado o livre exercício dos cultos religiosos e garantida, na forma da lei, a proteção aos locais de culto e a suas liturgias.

47 CUNHA, Rogério Sanches. **Código Penal para concursos**. Salvador, 13ª edição, Juspodivm, 2020, p. 132.

pertencente à corporação policial de que seu pai faz parte. Voltando ao clube depois de quarenta minutos, armado com o revólver, sob a influência de emoção extrema e na frente dos amigos, Carlos fez disparos da arma contra a cabeça de Paula, que faleceu no local antes mesmo de ser socorrida. Acerca dessa situação hipotética, julgue o próximo item.

A culpabilidade de Carlos poderá ser afastada por inexigibilidade de conduta diversa ( ).

3 – (Delegado de Polícia Federal/2018) Ronaldo, maior e capaz, e outras três pessoas, também maiores e capazes, furtaram um veículo que estava parado em um estacionamento público. Depois de terem retirado pertences do veículo, o abandonaram perto do local do assalto. O grupo foi preso. Constatou-se que Ronaldo era réu primário, tinha bons antecedentes e que agira por coação dos outros elementos do grupo. Nessa situação, se a coação foi resistível, se houver confissão do crime e se as circunstâncias atenuantes preponderarem sobre as agravantes, a pena de Ronaldo poderá ser reduzida para abaixo do mínimo legal ( ).

4 – (Delegado de Polícia Civil/RN/2021) Vanda, funcionária de uma empresa de segurança particular, recebe de seu chefe, Eric, ordem para levar uma arma de fogo a um dos seguranças que estava em serviço e havia esquecido o seu equipamento na empresa. Temendo ser demitida, apesar da inexistência de ameaça neste sentido, Vanda cumpre a ordem recebida, ciente da conduta criminosa que estaria perpetrando, mas no caminho é parada por policiais militares. Considerando os fatos acima narrados, as condutas de ambos podem ser assim classificadas:

a) Vanda e Eric praticaram crime de transporte ilegal de arma de fogo, em concurso de pessoas;

b) Eric praticou crime de transporte ilegal de arma de fogo, enquanto Vanda ficará isenta de pena, por tratar-se de ordem não manifestamente ilegal;

c) Vanda responderá por transporte ilegal de arma de fogo, enquanto Eric ficará isento de pena, pois não praticou qualquer conduta;

d) Eric responderá por transporte ilegal de arma de fogo, enquanto Vanda terá a ilicitude de sua conduta afastada, por inexigibilidade de conduta diversa;

e) Eric responderá por transporte ilegal de arma de fogo, enquanto Vanda terá sua culpabilidade afastada, pois agiu em estrita obediência hierárquica.

Gabarito comentado:

Questão	Reposta	Comentário
1	CERTA	Trata-se de coação moral irresistível, que exclui a culpabilidade (inexigibilidade de conduta diversa – artigo 22 do CP).
2	ERRADA	Trata-se de homicídio com incidência de circunstância atenuante (artigo 65, inciso III, alínea "c", do CP).
3	ERRADA	A coação moral resistível é circunstância atenuante e o reconhecimento de atenuante não conduz a pena a patamar menor que o mínimo legal (inteligência da Súmula 231/STJ).
4	Letra A	Não é possível a incidência da excludente de culpabilidade de obediência hierárquica (artigo 22 do Código Penal) quando a ordem é materializada em uma relação privada.

Exclusão de ilicitude

Art. 23 – Não há crime quando o agente pratica o fato:

I – em estado de necessidade;

II – em legítima defesa;

III – em estrito cumprimento de dever legal ou no exercício regular de direito.

Excesso punível

Parágrafo único – O agente, em qualquer das hipóteses deste artigo, responderá pelo excesso doloso ou culposo.

Causas excludentes de antijuridicidade: o artigo 23 do Código Penal lista as causas excludentes de ilicitude: a) estado de necessidade; b) legítima defesa; c) estrito cumprimento do dever legal; e d) exercício regular de direito.

A antijuridicidade (ilicitude) é o segundo elemento do conceito analítico do crime[48].

Saliento que é possível identificar causas excludentes de ilicitude: a) na parte geral do Código Penal (artigo 23); b) na parte especial do Código Penal (artigo 128, inciso I, por exemplo); c) na legislação extrapenal (desforço imediato do artigo 1.210, § 1º, do Código Civil, por exemplo); e d) fora do direito legislado (o consentimento do ofendido pode funcionar como causa supralegal de exclusão da ilicitude).

Consentimento do ofendido: acerca do consentimento do ofendido como causa supralegal de exclusão da ilicitude (ou de tipicidade – é possível que o consentimento atue excluindo a tipicidade, quando o dissentimento é elementar do tipo, como no crime de estupro), é preciso lembrar:

Consentimento do ofendido (requisitos)	Comentários
O ofendido precisa ser capaz de consentir	A capacidade nem sempre está ligada à maioridade. Por exemplo: em relação à prática de atos libidinosos, a capacidade para consentir é alcançada aos 14 anos completos.
O consentimento precisa ser livre e consciente	A vítima não pode ser coagida a consentir. Se o consentimento para prática de ato libidinoso é obtido mediante grave ameaça, por exemplo, há crime de estupro.
O bem jurídico precisa ser próprio e disponível	Não se cogita reconhecer o consentimento do ofendido como causa supralegal de exclusão da antijuridicidade quando o bem jurídico é indisponível. Há crime de homicídio (privilegiado, por motivo de relevante valor moral), por exemplo, se a vítima pede ao autor do fato para desligar os aparelhos que a mantém respirando com o objetivo de aliviar seu sofrimento.

48 Como visto supra, segundo o conceito tripartite de crime, este é conceituado como sendo o **fato típico, antijurídico** e **culpável**.

Consentimento do ofendido (requisitos)	Comentários
O consentimento precisa ser anterior ou concomitante à prática do fato típico	Se o consentimento é posterior à prática do delito, não há exclusão da tipicidade ou antijuridicidade.

Natureza subjetiva das excludentes: discute-se se quem invoca a excludente de ilicitude precisa atuar com a consciência da sua existência (natureza subjetiva da excludente) ou se tal conhecimento é indiferente (natureza objetiva da excludente). Penso que é preciso que o agente saiba que está agindo sob o manto de excludente, para ser por ela beneficiado (elemento subjetivo das excludentes de ilicitude).

Teorias acerca da ilicitude: eis as teorias acerca da relação entre o fato típico e a ilicitude:

Teoria	Expoente	Comentários
Autonomia (ou absoluta independência)	Beling	Os extratos fato típico e ilicitude são independentes no conceito analítico de crime (a prática de um fato típico não autoriza concluir que este é, sequer por indício, ilícito).
Indiciariedade (*ratio cognoscendi*)	Mayer	O fato típico é indiciariamente ilícito (presunção relativa, que pode ser elidida com a prova da ocorrência de excludente de antijuridicidade). **Foi a teoria adotada pelo Código Penal.**
Absoluta dependência (*ratio essendi*)	Mezger	A antijuridicidade é transportada integralmente para a tipicidade (tipo total do injusto). Se há excludente de ilicitude, o fato finda sendo considerado atípico.
Elementos negativos do tipo	Merkel	O fato típico é composto por elementos positivos/expressos (tipicidade) e negativos/implícitos (excludentes de ilicitude). Se há a presença de excludentes de antijuridicidade (presença de elemento negativo), o fato finda sendo atípico. Vale dizer, para que exista conduta típica, é preciso presença dos elementos positivos e a ausência de elementos negativos. Se há excludente de ilicitude (presença de elemento negativo) o fato é atípico.

Excesso: observe que o parágrafo único do artigo 23 do Código Penal afirma que, qualquer que seja a excludente de ilicitude, caso se detecte excesso, este será punido a título de dolo ou culpa.

Excesso intensivo x excesso extensivo: o excesso pode ser **intensivo** ou **extensivo**. O intensivo é relacionado com os meios utilizados (utiliza-se meio desproporcional à agressão injusta sofrida, por exemplo). O extensivo é relacionado ao tempo de reação (o agente continua atacando o outrora agressor, mesmo depois de cessada a agressão injusta, por exemplo).

Ofendículo: é a defesa predisposta instalada para repelir invasores (cerca elétrica ou cacos de vidro em cima do muro, por exemplo).

Natureza jurídica do ofendículo: o ofendículo tem a natureza jurídica de **causa excludente de ilicitude** (a doutrina identifica o ofendículo como **legítima defesa preordenada** ou **exercício regular de direito**) e precisa ser instalado de forma visível.

O ofendículo, como excludente de ilicitude que é, também está sujeito à observância de eventual excesso (que pode ser punido a título de dolo ou de culpa, conforme o caso). Exemplifico:

> **SITUAÇÃO HIPOTÉTICA 1:** JOÃO, com o intuito de proteger sua residência, compra uma cerca elétrica. Na instalação do ofendículo, ele não lê o manual, que determina voltagem de 100, e ajusta a voltagem em 350. JOSÉ, mesmo tendo visto a cerca elétrica no muro da casa de JOÃO, decide tentar adentrar na residência com o intuito de subtrair bens móveis. JOSÉ toca na cerca elétrica e morre eletrocutado. A perícia demonstra que a voltagem da cerca elétrica, tal qual instalada por JOÃO (350), é capaz de tirar a vida de um ser humano em perfeito estado de saúde.
>
> **SITUAÇÃO HIPOTÉTICA 2:** JOÃO, com o intuito de proteger sua residência, compra uma cerca elétrica. Na instalação do ofendículo, ele lê o manual e, apesar da voltagem recomendada ser 100, sob pena de risco à integridade física/vida de quem nela tocar, ele ajusta o aparelho em 350. JOSÉ, mesmo tendo visto a cerca elétrica no muro da casa de JOÃO, decide tentar adentrar na residência com o intuito de subtrair bens móveis. JOSÉ toca na cerca elétrica e morre eletrocutado. A perícia demonstra que a voltagem da cerca elétrica, tal qual instalada por JOÃO (350), é capaz de tirar a vida de um ser humano em perfeito estado de saúde.
>
> **SOLUÇÕES:** na **SITUAÇÃO HIPOTÉTICA 1**, nota-se excesso culposo (JOÃO não leu o manual e instalou a cerca em voltagem apta a causar danos graves a quem nela tocasse) – ele responderá por homicídio culposo. Na **SITUAÇÃO HIPOTÉTICA 2**, nota-se excesso doloso (JOÃO leu o manual e, mesmo sabendo que a voltagem muito além do determinado pelo fabricante poderia vir a causar danos graves a quem nela tocasse, assim o fez) – ele responderá por homicídio doloso.

Descriminantes em branco: estrito cumprimento do dever legal e exercício regular de direito são consideradas **descriminantes em branco**, porque não são definidas pelo Caderno Repressivo Pátrio (o legislador cuidou de definir apenas o estado de necessidade e a legítima defesa).

Em regra, há estrito cumprimento do dever legal quando o servidor público, em serviço, segue o quanto determinado pela lei. O particular que exerce direito outorgado pelo ordenamento jurídico atua no exercício regular de direito[49].

49 Há excelente exemplo de estrito cumprimento do dever legal e de exercício regular de direito no artigo 301 do Código de Processo Penal. No flagrante obrigatório (autoridade policial e seus agentes), há estrito cumprimento do dever legal. No flagrante facultativo (qualquer do povo), há exercício regular

Arquivamento de inquérito policial calcado no reconhecimento de causa excludente de ilicitude: o tema demanda análise do arquivamento do inquérito policial antes e depois do Pacote Anticrime (Lei 13.964/19).

O arquivamento do inquérito policial, numa realidade anterior ao Pacote Anticrime, constitui ato complexo (pedido do Ministério Público e decisão do magistrado). Quando a decisão judicial de arquivamento é calcada no reconhecimento de excludente de antijuridicidade, há divergência jurisprudencial:

Tribunal Superior	Entendimento	Precedente
STJ	O arquivamento calcado em excludente de ilicitude faz coisa julgada formal e material.	STJ, RHC 46.666/MS, 6ª Turma, rel. Min. Sebastião Reis Júnior, julgado em 05/02/2015, DJe 28/04/2015.
STF	O arquivamento calcado em excludente de ilicitude faz coisa julgada apenas formal.	STF, 2ª Turma, HC 125101, Rel. Min. Teori Zavascki, rel. p/ Acórdão: Min. Dias Toffoli, julgado em 25/08/2015, DJe-180, divulgado em 10/09/2015, publicado 11/09/2015.

Analisando o tema numa realidade posterior ao Pacote Anticrime (nova redação do artigo 28 do Código de Processo Penal), percebe-se que não é mais possível falar em coisa julgada em relação à decisão que determina o arquivamento do inquérito policial, porquanto essa passará[50] a ser prolatada pelo Ministério Público (com homologação materializada pela instância de revisão ministerial):

> Art. 28. Ordenado o arquivamento do inquérito policial ou de quaisquer elementos informativos da mesma natureza, o órgão do Ministério Público comunicará à vítima, ao investigado e à autoridade policial e encaminhará os autos para a instância de revisão ministerial para fins de homologação, na forma da lei.
>
> § 1º Se a vítima, ou seu representante legal, não concordar com o arquivamento do inquérito policial, poderá, no prazo de 30 (trinta) dias do recebimento da comunicação, submeter a matéria à revisão da instância competente do órgão ministerial, conforme dispuser a respectiva lei orgânica.
>
> § 2º Nas ações penais relativas a crimes praticados em detrimento da União, Estados e Municípios, a revisão do arquivamento do inquérito policial poderá ser provocada pela chefia do órgão a quem couber a sua representação judicial.

---

de direito. Assim é que o policial e o particular não cometem crime quando privam a liberdade do flagranteado, por estarem acobertados por causa excludente de ilicitude.

50 A nova redação do artigo 28 do Código de Processo Penal, determinada pelo Pacote Anticrime, foi suspensa por decisão do Ministro Luiz Fux, nos autos das ADI 6298, 6299, 6300 e 6305.

Nessa esteira, coligida prova nova (e não ocorrendo prescrição da pretensão punitiva), será possível propositura de ação penal com fulcro em inquérito arquivado pelo Ministério Público com base no reconhecimento de excludente de ilicitude (inteligência da Súmula 524/STF[51]).

Eventual freio para propositura de ação penal em face de decisão ministerial de arquivamento pode ser construído com base no princípio da unidade do órgão (o arquivamento feito com base na nova redação do artigo 28 do Código de Processo Penal será feito pelo Ministério Público e não pelo promotor 'A' ou 'B' e, a depender da motivação, pode ter caráter vinculante/paralisante em relação a todo órgão – reconhecimento da atipicidade do fato, por exemplo).

Estado de necessidade: o estado de necessidade está definido no artigo 24 do Código Penal:

Estado de necessidade

Art. 24 – Considera-se em estado de necessidade quem pratica o fato para salvar de perigo atual, que não provocou por sua vontade, nem podia de outro modo evitar, direito próprio ou alheio, cujo sacrifício, nas circunstâncias, não era razoável exigir-se.

§ 1º – Não pode alegar estado de necessidade quem tinha o dever legal de enfrentar o perigo.

§ 2º – Embora seja razoável exigir-se o sacrifício do direito ameaçado, a pena poderá ser reduzida de um a dois terços.

Requisitos: o estado de necessidade reclama:

Requisitos do estado de necessidade
Perigo
Atual
Não provocado pelo agente
Sacrifício proporcional de bens jurídicos

Estado de necessidade defensivo x agressivo: o estado de necessidade, **no que toca à origem do perigo**, pode ser:

51 Súmula 524/STF – Arquivado o inquérito policial, por despacho do juiz, a requerimento do promotor de justiça, não pode a ação penal ser iniciada, sem novas provas.

Estado de necessidade	Comentários
Defensivo	O agente, para se ver livre da situação de perigo, investe contra bem jurídico atrelado ao causador da situação perigosa (ou contra, por exemplo, o animal causador do perigo).
Agressivo	O agente, para se ver livre do perigo, investe contra bem jurídico atrelado a terceiro estranho à causação da situação perigosa[52].

Estado de necessidade justificante x exculpante: quanto ao **bem jurídico sacrificado** (relação de proporcionalidade entre o bem jurídico salvo e o sacrificado), o estado de necessidade pode ser:

Estado de necessidade	Comentários
Justificante	Quando se sacrifica bem jurídico de menor valor para proteger um de maior valor ou quando os bens jurídicos têm igual valor.
Exculpante	Sacrifica-se bem de maior valor, para proteger de um de menor valor, quando não for possível exigir outro comportamento do agente.

O estado de necessidade exculpante, nos termos do Código Penal, não é causa excludente de ilicitude, mas sim causa de diminuição de pena (nos termos do artigo 24, § 2º, há crime, mas a pena é diminuída). Isso porque o Caderno Repressivo adotou a **teoria unitária** (para a **teoria diferenciadora**, há possibilidade de estado de necessidade justificante e exculpante[53]).

Causação culposa do perigo: maior parte da doutrina entende que não pode alegar estado de necessidade apenas quem causou o perigo dolosamente (se o perigo foi causado culposamente pelo agente, pode ele se valer da excludente).

Ataques de animais irracionais: ataques de animais irracionais são, em regra, estado de necessidade (o ataque traduz situação de perigo atual). Se, contudo, o animal for atiçado por uma pessoa (em uma agressão injusta), tem-se, eventualmente, legítima defesa.

Estado de necessidade recíproco: é possível o chamado estado de necessidade recíproco (duas pessoas lutando por um colete salva vidas em um barco que está afundando, por exemplo).

Legítima defesa: a legítima defesa está descrita no artigo 25 do Código Penal:

52 Quando se observa estado de necessidade agressivo, o terceiro prejudicado deve ser indenizado pela pessoa que agiu acobertada pela excludente de ilicitude. Esta, por outro lado, terá direito a ação regressiva contra o causador do perigo.

53 Interessante perceber que a teoria diferenciadora foi adotada pelo Código Penal Militar, que tratou do estado de necessidade como excludente de ilicitude (artigo 43) e do estado de necessidade como excludente de culpabilidade (artigo 39).

Legítima defesa

Art. 25 – Entende-se em legítima defesa quem, usando moderadamente dos meios necessários, repele injusta agressão, atual ou iminente, a direito seu ou de outrem.

Parágrafo único. Observados os requisitos previstos no caput deste artigo, considera-se também em legítima defesa o agente de segurança pública que repele agressão ou risco de agressão a vítima mantida refém durante a prática de crimes.

Requisitos: a legítima defesa reclama:

Requisitos da legítima defesa
Injusta agressão
Atual ou iminente
Uso moderado
Dos meios necessários

Perguntas e respostas: acerca da legítima defesa, é importante que se resolvam algumas situações práticas:

PERGUNTA: é possível legítima defesa real contra legítima defesa real (legítima defesa recíproca)?

RESPOSTA: não. Porque para exista legítima defesa real, é necessária agressão injusta. Destarte, não é possível, ao mesmo tempo, que duas pessoas aleguem validamente legítima defesa real como tese defensiva (uma das agressões tem que ter sido injusta).

PERGUNTA: é possível legítima defesa real contra legítima defesa putativa?

RESPOSTA: sim. Suponha que JOÃO, imaginando que será atacado por JOSÉ, seu desafeto, passa a agredi-lo (como a situação é imaginária, JOÃO age em legítima defesa putativa – artigo 20, § 1º, do Código Penal). Como JOSÉ está, na verdade, sendo agredido injustamente por JOÃO, ele pode reagir usando moderadamente os meios necessários (JOSÉ estará, então, em legítima defesa real).

PERGUNTA: é possível legítima defesa real contra ação de inimputável?

RESPOSTA: sim. Suponha que JOÃO seja atacado por um doente mental que nada compreende acerca do caráter ilícito de sua ação (artigo 26 do Código Penal). JOÃO poderá usar moderadamente os meios necessários para repelir essa injusta agressão.

PERGUNTA: é possível legítima defesa real contra excesso de legítima defesa?

RESPOSTA: sim. Suponha que JOÃO ataque injustamente JOSÉ e que este reaja, desarmando-o. Imagine que JOÃO está no solo e que o ataque inicial cessou por completo. Ainda assim, JOSÉ, deliberadamente, continua atacando JOÃO (excesso doloso extensivo). JOÃO poderá usar moderadamente os meios necessários para repelir o excesso de JOSÉ. Essa situação é chamada de **legítima defesa sucessiva**.

PERGUNTA: é possível legítima defesa putativa contra legítima defesa real?

RESPOSTA: sim. Suponha que JOÃO esteja repelindo injusta agressão perpetrada por JOSÉ, usando moderadamente dos meios necessários (JOÃO está acobertado por legítima defesa real). MÁRIO passa pelo local e, sem saber o que aconteceu antes e imaginando estar agindo em legítima defesa de terceiro (JOSÉ), ataca JOÃO. MÁRIO estará agindo em legítima defesa putativa (de terceiro) contra quem estava em legítima defesa real (JOÃO).

PERGUNTA: é possível legítima defesa contra agressão futura (legítima defesa antecipada)?

RESPOSTA: não. Para que exista legítima defesa, é preciso que a agressão injusta seja atual ou iminente. Suponha que JOÃO fique sabendo que PEDRO anda espalhando aos quatro ventos que vai tirar sua vida. Em face dessa agressão futura (e incerta), aquele resolve tirar a vida deste. Não é possível reconhecer, em favor de JOÃO, a excludente de antijuridicidade da legítima defesa. Contudo, a depender do caso concreto, é possível reconhecimento de causa supralegal de exclusão da culpabilidade (por inexigibilidade de conduta diversa), em casos análogos ao exemplificado.

PERGUNTA: é possível reconhecimento de legítima defesa contra agressão injusta pretérita (vingança)?

RESPOSTA: não. Como já desenhado supra, a legítima defesa pressupõe que a agressão injusta seja atual ou iminente. Se o ataque injusto já cessou, o revide será, de igual sorte, ilícito (será possível, a depender do caso concreto, reconhecimento da atenuante da alínea 'c' do inciso III do artigo 65 do Código Penal).

Pacote Anticrime: cumpre destacar que o Pacote Anticrime (Lei 13.964/19) enxertou parágrafo único no artigo 25 do Código Penal. O legislador findou espancando, com o dispositivo, as dúvidas relacionadas à excludente a ser aplicada em caso de disparos de comprometimento feitos por atiradores de elite das polícias ou grupos táticos de pronta intervenção contra perpetradores de crises com reféns.

Em situações extremas envolvendo reféns, depois de esgotadas todas as linhas de negociação com o objetivo de libertar as vítimas e capturar o criminoso, a única alternativa estatal é disparar contra o perpetrador da crise. O disparo normalmente redunda na morte do autor do fato. A conduta materializada pelo policial que efetua o disparo é típica, mas não há ilicitude. Antes da inovação legislativa, era possível enquadrar, a meu ver, a situação em duas das excludentes de antijuridicidade previstas no artigo 23 do Código Penal: legítima defesa (de terceiro) ou estrito cumprimento do dever legal.

Era possível entender existir legítima defesa porquanto a ação policial representava uso moderado dos meios necessários para repelir injusta agressão atual/iminente perpetrada contra terceiros (artigo 25 do Código Penal). Também me parecia possível interpretar existir estrito cumprimento do dever legal, porque o policial tem o dever de frear prática delitiva em curso e a lei autoriza uso progressivo da força com esse desiderato (que pode culminar com a morte do agressor, caso a resistência seja invencível).

O novel parágrafo único do artigo 25 do Código Penal findou colocando um ponto final nas dúvidas: o agente de segurança que abate perpetrador de crise com reféns age, caso presentes os requisitos do *caput* do mesmo artigo (injusta agressão, atual ou iminente, e uso moderado dos meios necessários), em legítima defesa (de terceiro).

É preciso fazer crítica ao novo texto legal, porque não há, em verdade, hipótese nova de legítima defesa, vez que são exigidos todos os requisitos do *caput*, para que exista a descriminante. O parágrafo único do artigo 25 do Código Penal serve apenas para esclarecer que o uso de força letal por agente de segurança em crise com reféns é exemplo de legítima defesa de terceiro.

O legislador limitou o alcance do parágrafo único do artigo 25 aos agentes de segurança pública (vide artigo 144 da Constituição Federal). E se particulares atuarem em situação idêntica? Imagine um pai que atire em criminoso que faz refém sua filha depois de um roubo malsucedido. Três são as soluções para esse caso, a meu ver: a) enquadrar a atuação do particular no *caput* do artigo 25 do Código Penal; b) aplicar, por analogia (ou interpretação extensiva), o parágrafo único do artigo 25 do Caderno Repressivo Pátrio; c) aplicar a excludente de antijuridicidade exercício regular de direito (já que o particular pode prender quem se ache em situação flagrancial e, para executar esse intento, é possível, eventualmente, uso progressivo da força – que pode culminar com a morte do criminoso). Penso que a melhor solução é a primeira (enquadrar o caso no *caput* do artigo 25 do Código Penal).

Artigo 14-A do Código de Processo Penal: anoto que, na apuração relativa ao uso de força letal por agente de segurança pública em serviço, o delegado de polícia deverá atentar para aplicação do artigo 14-A do Código de Processo Penal (enxertado pelo Pacote Anticrime), citando o agente estatal para constituir advogado no prazo de 48 horas (caso não seja constituído patrono, o órgão ao qual está vinculado o investigado deve ser oficiado para constituição de advogado no prazo de 48 horas). Sugestiono, ainda, a leitura da já citada Resolução Conjunta 02/2015 do Conselho Superior da Polícia Federal e do Conselho Nacional dos Chefes de Polícia Civil.

Saliento que o delegado de polícia, diante de situação supostamente flagrancial, deve fazer aprofundada análise do caso criminal apresentado, estudando todos os elementos do conceito analítico de crime. Mesmo com a morte do perpetrador de crise com reféns (em face de uso de força letal pelo agente de segurança pública), o inquérito deve ser instaurado (normalmente por portaria – a autoridade policial não é compelida a lavrar auto de prisão em flagrante, mesmo diante de notícia de crime coercitiva[54]), com observância do artigo 14-A do Código de Processo Penal e da Resolução Conjunta 02/2015 do Conselho Superior da Polícia Federal e do Conselho

54 Para mais detalhes sobre a análise, pelo delegado de polícia, de todos os elementos do conceito analítico do crime diante de notícia de crime coercitiva, vide SILVA, Márcio Alberto Gomes, **Processo Penal para Carreiras Policiais**, Juspodivm, 2021, p. 554/557.

Nacional dos Chefes de Polícia Civil, em face do reconhecimento, a priori, da causa excludente de antijuridicidade prevista no parágrafo único do artigo 25 do Código Penal.

Por óbvio, caso se detecte eventual excesso na conduta do agente de segurança pública (ou mesmo que houve execução extrajudicial da vítima), o delegado promoverá o indiciamento fundamentado do policial envolvido.

Questões de concurso público: veja como o assunto já foi cobrado em concurso público.

1 – (Delegado de Polícia Civil/ES/2019) O Código Penal (CP) trouxe, em seu conjunto de leis, a previsão das excludentes de ilicitude, a saber: o estado de necessidade, a legítima defesa e o estrito cumprimento de dever legal, além do exercício regular do direito.

Em relação ao estrito cumprimento do dever legal, seguem-se seis afirmações:

I – Para seu cumprimento, é indispensável o cumprimento do dever legal;

II – Para seu cumprimento, é indispensável o cumprimento do dever ético;

III – A prática da conduta deve ser promovida nos exatos termos da lei;

IV – A ordem da autoridade subsome a lei no cumprimento da ordem emanada por funcionário público;

V – A boa-fé permite a extrapolação da lei para o cumprimento do dever;

VI – Hierarquia e autoridade pública são diplomas supralegais;

Marque a alternativa que contenha somente as afirmações corretas acerca dos elementos caracterizadores do estrito cumprimento do dever legal.

a) I e VI.

b) I e III.

c) V e VI.

d) II e III.

e) I e IV.

2 – (Delegado de Polícia Civil/ES/2019) A legítima defesa e o estado de necessidade possuem similitudes que as os enquadram como excludentes de ilicitude. Não obstante, suas diferenças implicam em modalidades diversas com conceitos distintos. Em relação à comparação da legítima defesa e do estado de necessidade, marque a alternativa correta.

a) No caso do estado de necessidade, é cabível uma agressão injusta na defesa de bem jurídico menos relevante. Já no caso da legítima defesa, a preservação de bens jurídicos de mesmos valores é promovida pelo uso da força de quem inicia agressão.

b) De acordo com o conceito analítico de crime, para a verificação da atipicidade da conduta, a legitima defesa e o estado de necessidade devem ser observados para confirmar se a conduta é ou não típica.

c) A legitima defesa é uma garantia que permite a defesa de interesse legítimo por parte de quem sofre a agressão injusta a um bem jurídico. Não obstante os interesses em conflito no caso de estado de necessidade, todos os interesses são considerados legítimos ao se tratar de oposição de bens jurídicos de mesmo valor.

d) Na legítima defesa, assim como no estado de necessidade, somente é admitido o excesso culposo.

e) Em relação ao estado de necessidade, diferentemente da legitima defesa, qualquer excesso será punível, já que nos casos em que ocorre a legitima defesa não há punição para eventuais excessos na tutela do bem jurídico do agredido injustamente.

3 – (Delegado de Polícia Civil/MG/2018) Com relação às causas de exclusão da ilicitude, é CORRETO afirmar:

a) Astrogildo colocou cacos de vidro, visíveis, em cima do muro de sua casa, para evitar a ação de ladrões. Certo dia, uma criança neles se lesionou ao pular o muro da casa de Astrogildo para pegar uma bola que ali havia caído. Nessa situação, ainda que se tratando da defesa de um perigo incerto e ou remoto, a conduta de Astrogildo restaria acobertada por excludente da ilicitude.

b) No caso de legítima defesa ou estado de necessidade de terceiros, é imprescindível a prévia autorização destes para que a conduta do agente não seja ilícita.

c) Caio, lutador de boxe, durante uma luta em que seguia as regras desportivas, atinge região vital de Tício, causando-lhe a morte. Ante a gravidade da situação fática, a violência não encontra amparo em nenhuma causa de exclusão da ilicitude, devendo Caio responder pela morte causada.

d) Nos moldes do finalismo penal, pode a inexigibilidade de conduta diversa ser considerada causa supralegal de exclusão de ilicitude.

4 – (Delegado de Polícia Federal/2013) Ocorre legítima defesa sucessiva, na hipótese de legítima defesa real contra legítima defesa putativa ( ).

5 – (Delegado de Polícia Federal/2013) Considere que João, maior e capaz, após ser agredido fisicamente por um desconhecido, também maior e capaz, comece a bater, moderadamente, na cabeça do agressor com um guarda-chuva e continue desferindo nele vários golpes, mesmo estando o desconhecido desacordado. Nessa situação hipotética, João incorre em excesso intensivo ( ).

6 – (Polícia Rodoviária Federal/2019) Em decorrência de um homicídio doloso praticado com o uso de arma de fogo, policiais rodoviários federais foram comunicados de que o autor do delito se evadira por rodovia federal em um veículo cuja placa e características foram informadas. O veículo foi abordado por policiais rodoviários federais em um ponto de bloqueio montado cerca de 200 km do local do delito e que os policiais acreditavam estar na rota de fuga do homicida. Dada voz de prisão ao condutor do veículo, foi apreendida arma de fogo que estava em sua posse e que, supostamente, tinha sido utilizada no crime.

Considerando essa situação hipotética, julgue o seguinte item.

Quanto ao sujeito ativo da prisão, o flagrante narrado é classificado como obrigatório, hipótese em que a ação de prender e as eventuais consequências físicas dela advindas em razão do uso da força se encontram abrigadas pela excludente de ilicitude denominada exercício regular de direito ( ).

7 – (Delegado de Polícia Civil/RN/2021) Durante uma partida de futebol, Rogério agrediu Jonas com um soco, que lhe causou um leve ferimento no olho direito. No dia seguinte, Jonas vai tirar satisfação com Rogério e, no meio da discussão, saca uma arma de fogo e parte na direção de Rogério, que, então, retira de sua mochila um revólver que carregava legalmente e dispara contra Jonas, causando sua morte. Considerando a situação apresentada, com relação à morte de Jonas, Rogério:

a) responderá por homicídio, ficando, porém, isento de pena por ter atuado no exercício regular de direito;

b) responderá por homicídio, pois provocou a situação em que se encontrava, afastando eventual excludente de ilicitude;

c) não responderá por homicídio, considerando que agiu em legítima defesa, que é causa de exclusão da culpabilidade;

d) responderá por homicídio culposo, pois agiu em excesso de legítima defesa;

e) não responderá por homicídio, pois agiu em legítima defesa, o que afasta a ilicitude de sua conduta.

Gabarito comentado:

Questão	Reposta	Comentário
1	Letra B	Quando age no estrito cumprimento do dever legal, o funcionário público atua obedecendo comando legal.
2	Letra C	Na legítima defesa há uso moderado dos meios necessários para repelir injusta agressão atual ou iminente. No estado de necessidade, há situação de perigo atual não provocado e sacrifício proporcional de bens jurídicos.
3	Letra A	Houve utilização de ofendículos, que têm natureza jurídica de causa excludente de antijuridicidade.
4	ERRADA	Legítima defesa sucessiva é a legítima defesa contra excesso de legítima defesa.
5	ERRADA	O quesito narra hipótese de excesso extensivo.
6	ERRADA	A excludente em branco adequada à narrativa do quesito é o estrito cumprimento do dever legal e não o exercício regular de direito.
7	Letra E	Rogério agiu em legítima defesa, causa excludente de antijuridicidade (artigo 25 do Código Penal).

TÍTULO III

DA IMPUTABILIDADE PENAL

Inimputáveis

Art. 26 – É isento de pena o agente que, por doença mental ou desenvolvimento mental incompleto ou retardado, era, ao tempo da ação ou da omissão, inteiramente incapaz de entender o caráter ilícito do fato ou de determinar-se de acordo com esse entendimento.

Parágrafo único – A pena pode ser reduzida de um a dois terços, se o agente, em virtude de perturbação de saúde mental ou por desenvolvimento mental incompleto ou retardado não era inteiramente capaz de entender o caráter ilícito do fato ou de determinar-se de acordo com esse entendimento.

Culpabilidade: antes de adentrar especificamente no estudo do artigo 26 do Código Penal, cumpre fazer breve análise da culpabilidade. Em rápidas linhas, pode-se definir culpabilidade como o **juízo de reprovação social.** Ela encerra três elementos: a) imputabilidade; b) potencial consciência da ilicitude; e c) exigibilidade de conduta diversa.

Eis as teorias ligadas à culpabilidade (é importante nesse estudo observar a migração do dolo/culpa da culpabilidade para o fato típico):

Teoria	Comentários
Psicológica (ligada à teoria causalista da ação – Liszt)	Na culpabilidade está inserida o aspecto subjetivo (dolo/culpa eram a própria culpabilidade, não havia outros elementos).
Normativa ou psicológico-normativa (ligada à teoria neokantista da ação – Frank)	A culpabilidade agora tem elementos: imputabilidade, dolo ou culpa e exigibilidade de conduta diversa. Houve acréscimo de juízo de reprovação social, mas dolo e culpa seguem na culpabilidade (por isso o dolo é chamado de normativo, híbrido ou colorido, porque inserido na análise da potencial consciência da ilicitude).
Normativa pura (ligada à teoria finalista – Welzel)	A culpabilidade é juízo de reprovação social (composta por imputabilidade, potencial consciência da ilicitude e exigibilidade de conduta diversa), passando a ser puramente normativa. O dolo (natural) e a culpa migram para o fato típico (mais especificamente para conduta).

Teoria limitada da culpabilidade x teoria extremada da culpabilidade: as teorias divergem quanto ao tratamento das descriminantes putativas. A **extremada** da culpabilidade trata tanto a descriminante sobre os limites autorizadores da norma quanto a sobre a situação fática como **erro de proibição.** A **limitada** trata o erro sobre situação de fato na descriminante putativa como **erro de tipo** e o erro sobre a existência ou limite da causa de justificação na descriminante putativa como **erro de proibição.**

A teoria adotada pelo Código Penal foi a **limitada da culpabilidade** (nos termos do item 17 da Exposição de Motivos do Código Penal[55]).

Imputabilidade: analisar a imputabilidade é aferir se o agente tem capacidade de entender o caráter ilícito do fato e de se determinar de acordo com esse entendimento.

> **ATENÇÃO:** excluem a imputabilidade: a) doença mental/desenvolvimento mental retardado (aqui também se inclui a dependência patológica); b) desenvolvimento mental incompleto (menores de idade estão aqui incluídos); c) embriaguez involuntária, completa, proveniente de caso fortuito ou força maior.

Critérios (ou sistemas): eis os critérios para aferição da imputabilidade:

55 "17. É, todavia, no tratamento do erro que o princípio *nullum crimen sene culpa* vai aflorar com todo o vigor no direito legislativo brasileiro. Com efeito, acolhe o Projeto, nos artigos 20 e 21, as duas formas básicas de erro construídas pela dogmática alemã: erro sobre elementos do tipo (*Tatbestandsirrtum*) e erro sobre a ilicitude do fato (*Verbotsirrtum*). Definiu-se a evitabilidade do erro em função da consciência potencial da ilicitude (parágrafo único do artigo 21), mantendo-se no tocante às descriminantes putativas a tradição brasileira, que admite a forma culposa, em sintonia com a denominada "teoria limitada da culpabilidade" (Culpabilidade e a Problemática do Erro Jurídico Penal, de Francisco de Assis Toledo, in Rev. Trib. 517/251).

Critério/sistema	Comentário
Sistema biológico	Para este sistema é necessário, tão somente, saber se o agente é portador de doença mental ou de desenvolvimento mental incompleto. Se o for, será inimputável. **Foi adotado pelo Código Penal, como exceção, em relação aos menores de 18 anos (artigo 27).**
Sistema psicológico	Esse sistema busca aferir se o agente tinha condição de avaliar o caráter criminoso do fato e de se orientar de acordo com esse entendimento, independentemente da existência da existência de doença mental ou desenvolvimento mental incompleto.
Sistema biopsicológico	Mescla os dois sistemas – **foi o adotado, como regra, pelo nosso Código Penal – artigo 26.** Além da existência da doença mental ou do desenvolvimento mental retardado (critério biológico), deve-se aferir se ao tempo da ação ou da omissão o agente tinha condição de avaliar o caráter criminoso do fato e de se orientar de acordo com esse entendimento (critério psicológico).

Inimputabilidade pela doença mental: estudando especificamente o artigo 26 do Código Penal (que trata da doença mental), é importante analisar seu caput, que trata do inimputável pela doença mental.

Segundo diz o texto legal, esse indivíduo é isento de pena se, **ao tempo do crime**, era **inteiramente incapaz** de entender o caráter ilícito do fato ou de determinar-se de acordo com esse entendimento – caso se demonstre que ele praticou fato típico e antijurídico, o juiz deverá absolvê-lo e impor medida de segurança[56] – essa decisão se chama **sentença de absolvição imprópria** e está amparada no artigo 386, inciso VI, cumulado com seu parágrafo único, inciso III, do Código de Processo Penal.

É preciso que se detecte a efetiva existência da doença mental ou do desenvolvimento mental incompleto ou retardado e a capacidade de entendimento do réu no tempo do crime (artigo 4º do Código Penal), por meio de incidente de insanidade mental – artigo 149 e seguintes do Código de Processo Penal.

O estudo do parágrafo único do artigo 26 do Código Penal nos revela o semi-imputável (indivíduo que, por perturbação mental ou desenvolvimento incompleto ou retardado, não é inteiramente capaz de entender o caráter ilícito do fato ou de se posicionar de acordo com esse entendimento). Para o semi-imputável, é possível a imposição de medida de segurança ou de pena diminuída (em face da adoção do **sistema vicariante**[57]).

---

56 Espécie de sanção penal que será a seguir estudada, regulada pelos artigos 96 e seguintes pelo Código Penal.

57 Abandonamos o sistema do **duplo binário**, segundo o qual era possível aplicar pena e medida de segurança ao réu. Pelo sistema **vicariante**, o juiz deve aplicar pena ou medida de segurança ao semi-imputável.

Questões de concurso público: veja como o assunto já foi cobrado em concurso público.

1 – (Delegado de Polícia Civil/AL/2012) Tratando-se de sentença na qual é imposta medida de segurança ao acusado inimputável, o tempo de seu cumprimento, independentemente da cessação da periculosidade, não poderá ultrapassar o limite máximo da pena abstratamente aplicada ao crime ( ).

2 – (Delegado de Polícia Federal/2018) Bruna, de vinte e quatro anos de idade, processada e julgada pela prática do crime de latrocínio, foi absolvida ao final do julgamento, por ter sido considerada inimputável, apesar de sua periculosidade. Nessa situação, mesmo tendo Bruna sido absolvida, o juiz pode impor-lhe medida de segurança ( ).

Gabarito comentado:

Questão	Reposta	Comentário
1	CERTA	A banca seguiu na pergunta o entendimento do STJ acerca do tema (Súmula 527/STJ – O tempo de duração da medida de segurança não deve ultrapassar o limite máximo da pena abstratamente cominada ao delito praticado). O quesito, contudo, foi mal elaborado, posto que acerca do tempo de cumprimento da medida de segurança é possível observar a determinação do Código Penal (tempo indeterminado) e o entendimento do STF (máximo de 40 anos – artigo 75 do CP, por analogia).
2	CERTA	Trata-se da sentença de absolvição imprópria, prevista no artigo 386, parágrafo único, inciso III, do CPP.

Menores de dezoito anos

Art. 27 – Os menores de 18 (dezoito) anos são penalmente inimputáveis, ficando sujeitos às normas estabelecidas na legislação especial.

Inimputabilidade pela menoridade: o artigo 27 trata da inimputabilidade pela menoridade. A maioridade penal, nos termos do artigo 228 da Constituição Federal[58] e do artigo 27 do Código Penal, começa aos 18 anos completos.

No dispositivo estudado, como dito supra, adotou-se o **critério puramente biológico** (o que importa para aferição da imputabilidade é a idade do agente no tempo do crime – há uma presunção absoluta de que o agente que não tem 18 anos completos não é capaz de entender o caráter ilícito do ato que pratica).

Constatado que o indivíduo tem menos de 18 anos completos no tempo do crime, a ele deve ser aplicada a legislação especial – o Estatuto da Criança e do Adolescente

58 Penso ser possível a alteração, via emenda à Constituição Federal, da maioridade penal (diminuindo-a ou majorando-a). Entendo que o cidadão brasileiro tem o direito de conhecer, no texto constitucional, a idade da maioridade penal, mas que o piso de 18 anos não é cláusula pétrea (o que é imutável é a necessidade da idade de início da imputabilidade penal constar no Texto Magno, qualquer que seja ela).

(Lei 8.069/90): ele não comete crime, e sim ato infracional; não é preso, é apreendido; não está sujeito a pena, mas a medida socioeducativa.

Imputabilidade em crimes permanentes: convém lembrar que se o crime praticado é permanente, a idade do agente deve ser aferida **no dia do fim da permanência.**

Antecipação da maioridade civil: a antecipação da maioridade civil não interfere na imputabilidade penal. O menor de 18 anos civilmente capaz (emancipado, por exemplo) é **penalmente inimputável.**

Questões de concurso público: veja como o assunto já foi cobrado em concurso público.

1 – (Delegado de Polícia Civil/ES/2019) Considere os sete critérios enumerados abaixo:

I – Clamor público e relevância social;

II – Determinação objetiva com previsão legal;

III – Residência fixa e comprovante de registro de trabalho;

IV- Contexto social do autor e antecedentes criminais;

V – Critério psicológico;

VI – Fator personalíssimo, psicossocial e natural;

VII –Critério biológico.

Marque a alternativa correta que relacione apenas os critérios que devem ser adotados para a avaliação da inimputabilidade e/ou imputabilidade em esfera penal, para aquele que praticar uma conduta prevista no Código Penal.

a) II, IV e VII.

b) II, V e VII.

c) I, IV e V.

d) I, II e III.

e) III, V e VII.

2 – (Delegado de Polícia Federal/2013) De acordo com a teoria extremada da culpabilidade, o erro sobre os pressupostos fáticos das causas descriminantes consiste em erro de tipo permissivo ( ).

Gabarito comentado:

Questão	Reposta	Comentário
1	Letra B	Na avaliação de imputabilidade/inimputabilidade são estudados critérios biológicos, psicológicos e determinações legais (critério biopsicológico na aferição de inimputabilidade pela doença mental e critério biológico, com análise de determinação objetiva da lei, na inimputabilidade pela menoridade).
2	ERRADA	Para a teoria extremada da culpabilidade, a descriminante putativa é sempre considerada erro de proibição.

Emoção e paixão

Art. 28 – Não excluem a imputabilidade penal:

I – a emoção ou a paixão;

Embriaguez

II – a embriaguez, voluntária ou culposa, pelo álcool ou substância de efeitos análogos.

§ 1º – É isento de pena o agente que, por embriaguez completa, proveniente de caso fortuito ou força maior, era, ao tempo da ação ou da omissão, inteiramente incapaz de entender o caráter ilícito do fato ou de determinar-se de acordo com esse entendimento.

§ 2º – A pena pode ser reduzida de um a dois terços, se o agente, por embriaguez, proveniente de caso fortuito ou força maior, não possuía, ao tempo da ação ou da omissão, a plena capacidade de entender o caráter ilícito do fato ou de determinar-se de acordo com esse entendimento.

Emoção, paixão e embriaguez: a emoção e a paixão não excluem a imputabilidade penal. A emoção pode funcionar como causa de diminuição de pena (artigo 121, § 1º, do Código Penal, por exemplo) ou atenuante (artigo 65, inciso III, alínea "c", do Código Penal).

Embriaguez não acidental: pode ser voluntária ou culposa, completa ou incompleta. Ela não exclui a imputabilidade do agente, em face da teoria da *actio libera in causa* (resquício de responsabilidade objetiva em nosso Direito Penal). A teoria determina que o agente seja responsabilizado pela conduta que pratica embriagado (ainda que a embriaguez seja completa) como se sóbrio estivesse, vez que optou por ingerir bebida alcoólica ou substância de efeito análogo.

Embriaguez preordenada: a embriaguez preordenada (quando o agente bebe para cometer crime) é circunstância agravante, nos termos do artigo 61, inciso II, alínea "l", do Código Penal.

Embriaguez acidental: é a involuntária, que pode ser decorrente de **caso fortuito** (evento que não conta com ação humana) ou **força maior** (fruto de ação humana) e pode ser completa ou incompleta. Quando completa, isenta de pena (exclui a imputabilidade, afastando a culpabilidade, nos termos do artigo 28, § 1º, do Código Penal) e quando incompleta funciona como causa de diminuição de pena (vide artigo 28, § 2º, do Código Penal).

Mapa mental: eis mapa mental relacionado ao artigo 28 do Código Penal:

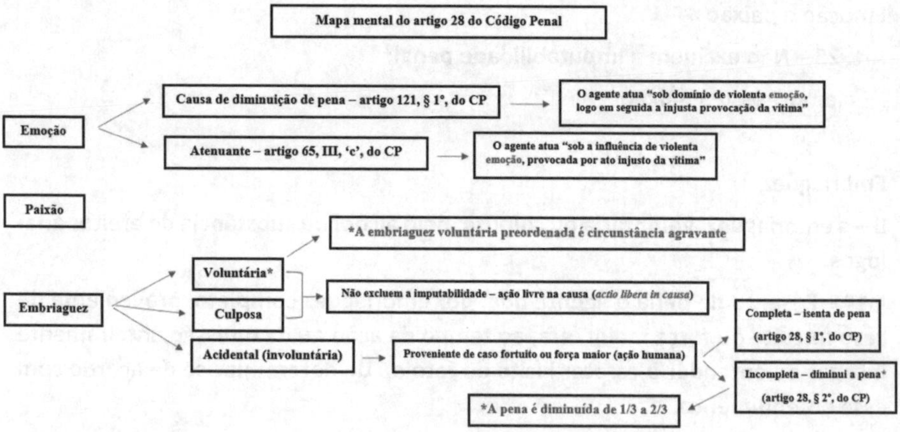

Questão de concurso público: veja como o assunto já foi cobrado em concurso público.

1 – (Delegado de Polícia Civil/SP/2018) O Direito Penal trabalha com a necessidade de se apurar a responsabilidade subjetiva para punir o autor do crime. No que concerne à responsabilidade objetiva, o Direito Penal

a) admite-a excepcionalmente, quando estabelece os crimes omissivos próprios.

b) admite-a excepcionalmente, quando estabelece a figura dos garantes nos crimes comissivos por omissão.

c) admite-a excepcionalmente, quando determina a punição do coautor particular nos crimes cometidos por funcionários públicos.

d) não a admite, em hipótese alguma.

e) admite-a excepcionalmente, quando pune aquele que agiu em estado de completa embriaguez culposa.

Gabarito comentado:

Questão	Reposta	Comentário
1	Letra E	A teoria *actio libera in causa*, adotada no artigo 28 do Código Penal em relação à embriaguez voluntária ou culposa é resquício de aplicação objetiva do Direito Penal.

TÍTULO IV
DO CONCURSO DE PESSOAS

Art. 29 – Quem, de qualquer modo, concorre para o crime incide nas penas a este cominadas, na medida de sua culpabilidade.

§ 1º – Se a participação for de menor importância, a pena pode ser diminuída de um sexto a um terço.

§ 2º – Se algum dos concorrentes quis participar de crime menos grave, ser-lhe-á aplicada a pena deste; essa pena será aumentada até metade, na hipótese de ter sido previsível o resultado mais grave.

Concurso de pessoas: o concurso de pessoas é tratado nos artigos 29, 30 e 31 do Código Penal. A regra do artigo 29 é **uma norma de extensão**, que possibilita **adequação típica mediata** (a tipificação da conduta dos que participam do crime cometido em concurso de pessoas é obtida cumulando o tipo incriminador violado com o artigo em estudo).

O Código Penal adotou a **teoria monista** – todos os envolvidos na prática criminosa responderão pelo mesmo delito, na medida de sua culpabilidade. Há, entretanto, exceções pluralistas. A gestante que autoriza prática de aborto responde pelo crime tipificado no artigo 124 do Código Penal. Já o médico que pratica o aborto com o consentimento da gestante, pelo crime descrito no artigo 126 do Código Penal, por exemplo (vide item seguinte).

Teorias que fundamentam a punição no concurso de pessoas: são três as teorias que fundamentam a punição no concurso de pessoas (imputação de infração penal a cada um dos envolvidos):

Teoria	Comentários
Monista (unitária)	Todos os coparticipantes (autor/coautores ou partícipes) são punidos pelo mesmo crime, na medida da sua culpabilidade (foi a teoria adotada no artigo 29 do Código Penal). Exemplifico: **SITUAÇÃO HIPOTÉTICA:** 'A', 'B' e 'C', em comunhão de desígnios, decidem tirar a vida de 'D'. 'A' foi o motorista do trio, 'B' serviu como olheiro (para observar se a polícia chegaria) e 'C' esfaqueou a vítima repetidas vezes. 'D' morreu. **SOLUÇÃO:** todos os envolvidos (o autor 'C' e os partícipes 'A' e 'B') responderão pelo crime de homicídio (na medida da sua culpabilidade, na forma do artigo 29 do Código Penal).
Dualista	Há responsabilização de autor/coautores por determinado crime e partícipes por delito distinto. Exemplifico (penso que é possível indicar pelo menos uma exceção dualista no nosso ordenamento jurídico): **SITUAÇÃO HIPOTÉTICA:** 'A' e 'B', atuando com estabilidade e permanência, vendem cocaína. 'C' colabora como informante com a dupla, sem se envolver na traficância. **SOLUÇÃO:** 'A' e 'B' (coautores) devem ser responsabilizados pelos crimes de tráfico de drogas (artigo 33 da Lei 11.343/06) e associação para o tráfico de drogas (artigo 35 da Lei 11.343/06), ao passo que 'C' (partícipe) deve ser responsabilizado pelo crime tipificado no artigo 37 da Lei 11.343/06.
Pluralista	Cada envolvido é responsabilizado pela sua conduta em tipo autônomo (com elementares, elemento subjetivo e resultados específicos). Exemplifico (há exceções pluralistas em nossa legislação): **SITUAÇÃO HIPOTÉTICA:** 'A', particular, oferece vantagem indevida ao funcionário público 'B' para que este deixe de praticar ato de ofício. 'B' recebe a vantagem e deixa de praticar o ato de ofício. **SOLUÇÃO:** 'A' deve ser responsabilizado pelo crime de corrupção ativa (artigo 333 do Código Penal) e 'B' deve responder pelo crime de corrupção passiva (artigo 317 do Código Penal).

Requisitos: para ocorrência do concurso de pessoas, é preciso observar alguns requisitos:

Requisito	Comentários
Pluralidade de agentes	Requisito óbvio (há concurso de pessoas quando mais de um agente participa da prática delitiva).
Pluralidade de condutas	Os participantes precisam praticar condutas.
Relevância causal das condutas	Se não existir relevância da conduta praticada, não há responsabilização penal do envolvido (nem concurso de pessoas). Exemplifico: **SITUAÇÃO HIPOTÉTICA:** PEDRO solicita que JOÃO, chaveiro, faça uma chave falsa para adentrar na casa de MARIA e de lá subtrair bens móveis. Como JOÃO não gosta de MARIA, ele confecciona a chave falsa pedida por PEDRO, mesmo sabendo que não perceberia nenhum benefício patrimonial decorrente da empreitada criminosa. Suponha, contudo, que PEDRO não utilize a chave falsa, porque percebeu que a porta da casa estava aberta. Ele entra na morada da vítima e subtrai bens móveis. **SOLUÇÃO:** como a conduta de JOÃO, o chaveiro, não foi relevante para prática do furto, ele não será responsabilizado pela prática do delito perpetrado por PEDRO (houve liame subjetivo, mas, ante a falta de relevância causal da conduta de JOÃO, este não responderá criminalmente). PEDRO responderá por furto simples.
Liame subjetivo	É a ciência do participante de que está contribuindo para prática delitiva. Não é necessário acordo prévio de vontades (tampouco que os participantes se conheçam), mas tão somente que uma vontade adira a outra.
Identidade de crime cometido pelos envolvidos	Consequência da adoção da **teoria monista.**

Classificação de crimes: quanto ao concurso de pessoas os crimes podem ser classificados como:

Classificação	Comentários
Monossubjetivos (unissubjetivos ou de concurso eventual)	Podem ser cometidos por um ou mais agentes (homicídio, por exemplo).
Plurissubjetivos (de concurso necessário)	Só podem ser praticados por uma pluralidade de agentes em concurso (crime de associação criminosa, por exemplo).

Os crimes de concurso necessário se subdividem em:

Crimes de	Comentários
Condutas paralelas	Quando as condutas se auxiliam em busca do resultado, como no crime de associação criminosa.
Condutas convergentes	As condutas se encontram, caminhando uma na direção da outra, como no crime de bigamia, se o cônjuge solteiro agir de má-fé.
Condutas contrapostas	Quando as condutas são praticadas umas contra as outras, como no crime de rixa.

Participação: a participação pode ser:

Participação	Comentário
Moral	Instigação: significa reforçar uma ideia já existente.
	Induzimento: significa fazer surgir uma ideia que não existia.
Material	Auxílio material.

Autor, coautor e partícipe: é preciso diferenciar as figuras do autor, do coautor e do partícipe (faço essa diferenciação com foco na teoria restritiva – critério formal--objetivo, adotada pelo Código Penal):

Figura	Comentário
Autor	Materializa todas as elementares do tipo penal sozinho.
Coautor	Materializa elementar descrita no tipo, quando é possível cindir (dividir) os elementos que definem o crime (não há tal possibilidade nos crimes de mão própria, por exemplo, já que estes só podem ser praticados por uma pessoa específica, indicada no tipo incriminador).
Partícipe	Concorre para o crime sem, contudo, materializar nenhuma elementar do tipo penal.

Para estudar as figuras desenhadas na tabela retro, há quatro teorias:

Teoria	Comentários
Teoria unitária	Todos serão autores e devem estar sujeitos a uma mesma pena (para essa teoria não existe a figura do partícipe).
Teoria extensiva	Segue o critério **material-objetivo**, reconhecendo ser autor todo aquele que contribui na empreitada criminosa (admite-se, entretanto, penas diferenciadas para os que tenham pouco colaborado).
Teoria restritiva	É autor ou coautor apenas quem realiza conduta descrita como elementar do tipo, sendo todos os outros personagens que contribuem para prática do delito, sem, contudo, materializar elementar do tipo considerados partícipes. Adota o critério **formal-objetivo** e foi **a teoria adotada pelo nosso Código Penal.**
Teoria do domínio do fato	Adota o critério **objetivo-subjetivo** e afirma que aquele que tem o domínio do fato, influenciando sua prática, interrupção e circunstâncias é também autor do crime. Essa teoria afirma que o autor intelectual (aquele que não participa, no mais das vezes, do cometimento do delito, mas tem o domínio do fato e comanda sua execução) é autor do delito e não mero partícipe. É preciso muito cuidado na utilização da teoria aqui citada. A posição de gestor, diretor ou sócio administrador de uma empresa não redunda na responsabilização automática do agente com base na teoria do domínio do fato. Eis acórdão elucidativo do Superior Tribunal de Justiça (Sexta Turma):

Teoria do domínio do fato	RECURSO ESPECIAL. SONEGAÇÃO FISCAL. RESPONSABILIZAÇÃO PENAL. TEORIA DO DOMÍNIO DO FATO. INAPLICABILIDADE. INEXISTÊNCIA DE NEXO DE CAUSALIDADE. DOLO. ESSENCIALIDADE. DESCRIÇÃO DE CULPA EM SENTIDO ESTRITO. INCOMPATIBILIDADE. RECURSO ESPECIAL PROVIDO PARA ABSOLVER A RECORRENTE. 1. A teoria do domínio do fato funciona como uma *ratio*, a qual é insuficiente, por si mesma para aferir a existência do nexo de causalidade entre o crime e o agente. É equivocado afirmar que um indivíduo é autor porque detém o domínio do fato se, no plano intermediário ligado à realidade, não há nenhuma circunstância que estabeleça o nexo entre sua conduta e o resultado lesivo. 2. Não há, portanto, como considerar, com base na teoria do domínio do fato, que a posição de gestor, diretor ou sócio administrador de uma empresa implica a presunção de que houve a participação no delito, se não houver, no plano fático-probatório, alguma circunstância que o vincule à prática delitiva. 3. Na espécie, a acusada assumiu a propriedade da empresa de composição gráfica personalizada, em virtude do súbito falecimento de seu cônjuge. Movida pela pouca experiência para a condução da empresa, delegou as questões tributárias aos gerentes com conhecimento técnico especializado, bem como a empresas de consultoria. Tal constatação, longe de representar incursão no plano fático, é reconhecida, de modo incontroverso, pelas instâncias ordinárias, que concluíram pela ação equivocada na contratação e na delegação da condução fiscal da empresa. 4. Diante desse quadro, não há como imputar-lhe o delito de sonegação de tributo com base, única e exclusivamente, na teoria do domínio do fato, máxime porque não houve descrição de nenhuma circunstância que indique o nexo de causalidade, o qual não pode ser presumido. 5. O delito de sonegação fiscal, previsto no art. 1º, II, da Lei n. 8.137/1990, exige, para sua configuração, que a conduta do agente seja dolosa, consistente na utilização de procedimentos (fraude) que violem de forma direta a lei ou o regulamento fiscal, com objetivo de favorecer a si ou terceiros, por meio da sonegação. Há uma diferença inquestionável entre aquele que não paga tributo por circunstâncias alheias à sua vontade de pagar (dificuldades financeiras, equívocos no preenchimento de guias etc.) e quem, dolosamente, sonega o tributo com a utilização de expedientes espúrios e motivado por interesses pessoais. 6. Na hipótese, o quadro fático descrito na imputação é mais indicativo de conduta negligente ou imprudente. A constatação disso é reforçada pela delegação das operações contábeis sem a necessária fiscalização, situação que não se coaduna com o dolo, mas se aproxima da culpa em sentido estrito, não prevista no tipo penal em questão. 7. Recurso especial provido para absolver a acusada (REsp 1854893/SP, Rel. Ministro Rogerio Schietti Cruz, Sexta Turma, julgado em 08/09/2020, DJe 14/09/2020).

Para estudar a punição do partícipe, é preciso estudar as teorias da acessoriedade:

Acessoriedade	Comentários
Mínima	O partícipe é punido caso auxilie aquele que pratica fato típico.

Acessoriedade	Comentários
Limitada	O partícipe é punido caso auxilie aquele que pratica fato típico e antijurídico. **Foi a teoria adotada pelo Código Penal**. Exemplifico: **SITUAÇÃO HIPOTÉTICA:** em comunhão de desígnios, PEDRO, 18 anos, aguarda na sua motocicleta enquanto JOÃO, 16 anos, subtrai mediante grave ameaça exercida com arma de brinquedo o telefone celular de MARIA. Após a subtração, JOÃO foge na garupa da moto de PEDRO. **SOLUÇÃO:** note que o autor (JOÃO materializou sozinho os elementos do tipo) é adolescente (inimputável, portanto). Ainda assim, PEDRO (partícipe) será punido normalmente pela prática de roubo majorado pelo concurso de pessoas, porque auxiliou JOÃO (autor) a perpetrar fato típico e antijurídico (teoria da acessoriedade limitada).
Extremada (ou máxima)	O partícipe é punido caso auxilie aquele que praticou fato típico, antijurídico e culpável.
Hiperacessoriedade	O partícipe é punido caso auxilie aquele que praticou fato típico, antijurídico, culpável e punível.

Participação de menor importância: a participação de menor importância, descrita no artigo 29, § 1º, do Código Penal, tem a natureza jurídica de **causa de diminuição de pena da parte geral** (diminuição de pena de 1/6 a 1/3). Não há, aqui, exceção à teoria unitária (ou monista), vez que o crime praticado pelo autor e pelo partícipe é o mesmo (caso seja reconhecido o instituto, a pena do último será diminuída, na terceira fase da dosimetria).

Cooperação (ou participação) dolosamente distinta: é descrita no artigo 29, § 2º, do Código Penal e ocorre quando um dos participantes quer praticar crime menos grave e, sem que exista possibilidade de previsão, seu comparsa comete crime mais gravoso (caso se detecte tal situação, quem quis praticar o crime menos grave será punido nas penas deste).

Se o crime mais grave era previsível, o participante que desejava o cometimento do crime menos grave continuará sendo responsabilizado nas penas deste, mas a pena será aumentada até a metade.

A participação dolosamente distinta é **exceção à teoria unitária ou monista**, vez que pessoas que o autor não segue o planejamento e pratica delito mais grave que o combinado com o partícipe. Como visto, autor e partícipe responderão por figuras típicas diversas. Exemplifico:

> **SITUAÇÃO HIPOTÉTICA:** JOÃO e JOSÉ combinam a prática de um furto. A dupla planeja que JOÃO ficará do lado de fora da residência, funcionando como olheiro, enquanto JOSÉ adentrará na casa para subtrair os bens móveis da moradora. Ocorre que JOSÉ, sem qualquer ajuste anterior com JOÃO, resolve estuprar a dona da casa e, após o ato sexual violento, subtrair os bens móveis mediante grave ameaça.

SOLUÇÃO: no caso narrado, JOÃO deve ser responsabilizado pelo crime que queria praticar (furto qualificado pelo concurso de pessoas) e JOSÉ pelos crimes mais graves que cometeu sozinho (estupro e roubo). Caso o quesito afirme que seria previsível a prática dos crimes mais graves por JOSÉ, JOÃO continua sendo responsabilizado pelo crime menos grave, mas sua pena será aumentada até a metade.

Questões de concurso público: veja como o assunto já foi cobrado em concurso público.

1 – (Delegado de Polícia Federal/2018) Clara, tendo descoberto uma traição amorosa de seu namorado, comentou com sua amiga Aline que tinha a intenção de matá-lo. Aline, então, começou a instigar Clara a consumar o pretendido. Nessa situação, se Clara cometer o crime, Aline poderá responder como partícipe do crime ( ).

2 – (Delegado de Polícia Civil/SE/2018) João e Pedro, maiores e capazes, livres e conscientemente, aceitaram convite de Ana, também maior e capaz, para juntos assaltarem loja do comércio local. Em data e hora combinadas, no período noturno e após o fechamento, João e Pedro arrombaram a porta dos fundos de uma loja de decoração, na qual entraram e ficaram vigiando enquanto Ana subtraía objetos valiosos, que seriam divididos igualmente entre os três. Alertada pela vizinhança, a polícia chegou ao local durante o assalto, prendeu os três e os encaminhou para a delegacia de polícia local.

Considerando essa situação hipotética, julgue o item subsequente.

De acordo com a teoria objetivo-subjetiva, o autor do delito é aquele que tem o domínio final sobre o fato criminoso doloso ( ).

3 – (Delegado de Polícia Civil/SE/2018) João e Pedro, maiores e capazes, livres e conscientemente, aceitaram convite de Ana, também maior e capaz, para juntos assaltarem loja do comércio local. Em data e hora combinadas, no período noturno e após o fechamento, João e Pedro arrombaram a porta dos fundos de uma loja de decoração, na qual entraram e ficaram vigiando enquanto Ana subtraía objetos valiosos, que seriam divididos igualmente entre os três. Alertada pela vizinhança, a polícia chegou ao local durante o assalto, prendeu os três e os encaminhou para a delegacia de polícia local.

Considerando essa situação hipotética, julgue o item subsequente.

Para que fique caracterizado o concurso de pessoas, é necessário que exista o prévio ajuste entre os agentes delitivos para a prática do delito ( ).

Gabarito comentado:

Questão	Reposta	Comentário
1	CERTA	Como ALINE instigou CLARA a praticar crime, deve ela responder como partícipe do delito por esta perpetrado (teoria restritiva – critério objetivo-formal).
2	CERTA	O critério objetivo-subjetivo é adotado pela teoria do domínio do fato. O agente que detém o domínio do fato, mesmo sem perpetrar elementar descrita no tipo, é considerado autor do delito.
3	ERRADA	Para que exista liame subjetivo, não é necessário ajuste prévio de vontades.

Circunstâncias incomunicáveis

Art. 30 – Não se comunicam as circunstâncias e as condições de caráter pessoal, salvo quando elementares do crime.

Circunstâncias incomunicáveis: o artigo 30 do Código Penal afirma que as condições e circunstâncias de caráter pessoal não se comunicam, salvo quando forem elementares do crime:

Artigo 30 do Código Penal	
Regra	As circunstâncias e condições de caráter pessoal não se comunicam.
Exceção	As circunstâncias e condições de caráter pessoal se comunicam se forem elementares do tipo.

Exemplifico:

SITUAÇÃO HIPOTÉTICA 1: JOÃO e JOSÉ, em concurso, praticam crime de homicídio contra PEDRO. JOÃO é filho de PEDRO e JOSÉ não tem nenhum parentesco com a vítima.

SOLUÇÃO: no caso concreto, a agravante descrita no artigo 61, inciso II, alínea 'e', do Código Penal só será suportada por JOÃO, pois apenas este cometeu crime contra ascendente (o parentesco é circunstância pessoal e não se comunicará ao coautor JOSÉ, por não ser elementar do crime de homicídio).

SITUAÇÃO HIPOTÉTICA 2: JOÃO, servidor público, e JOSÉ, desempregado, resolvem adentrar na repartição pública onde o primeiro trabalha, com o fito de subtrair telefones celulares que pertencem ao órgão público, aproveitando da facilidade de acesso ao prédio que JOÃO possui, por ser funcionário público. Anote-se que JOSÉ sabia que JOÃO é servidor público.

SOLUÇÃO: neste exemplo ambos serão responsabilizados pela prática do crime de peculato-furto, tipificado no artigo 312, § 1º, do Código Penal, vez que a circunstância pessoal (ser funcionário público) se comunicará a JOSÉ, por ser elementar do tipo violado.

ATENÇÃO: para que haja comunicação da circunstância/condição de caráter pessoal, aquele que não a detém precisa saber que o outro a possui.

DICA: comumente a exceção (comunicação da circunstância/condição de caráter pessoal, por ser elementar do tipo) é cobrada em concursos públicos em questões que envolvem o crime de infanticídio ou crimes cometidos por funcionário público contra a administração pública (em regra, o crime de peculato).

Casos de impunibilidade

Art. 31 – O ajuste, a determinação ou instigação e o auxílio, salvo disposição expressa em contrário, não são puníveis, se o crime não chega, pelo menos, a ser tentado.

Casos de impunibilidade: o artigo 31 trata dos casos de impunibilidade. A prática delitiva envolve a cogitação, a preparação, a execução e a consumação (*iter criminis*). As duas primeiras etapas, via de regra, são impuníveis.

Conceitos importantes: por fim, cumpre revisar alguns conceitos importantes:

Conceito importante	Comentários
Autoria colateral (ou imprópria)	É quando dois agentes realizam condutas dirigidas ao mesmo fim, sem que exista liame subjetivo, cada um respondendo por sua ação. **SITUAÇÃO HIPOTÉTICA:** JOÃO e JOSÉ, sem saber um do outro, planejam matar PEDRO no mesmo local e instante. Quando a vítima passa pela estrada, ambos atiram. PEDRO é acertado pelos tiros que partiram das pistolas de JOÃO e JOSÉ, mas o laudo cadavérico identifica que o disparo que ocasionou a morte da vítima saiu da arma de JOÃO. **SOLUÇÃO:** neste caso, JOÃO responderá por homicídio consumado e JOSÉ por tentativa de homicídio (não existe concurso de pessoas).
Autoria incerta	Modalidade de autoria colateral em que não há como precisar quem foi o responsável pelo resultado. **SITUAÇÃO HIPOTÉTICA:** JOÃO e JOSÉ, sem saber um do outro, planejam matar PEDRO no mesmo local e instante. Quando a vítima passa pela estrada, ambos atiram. PEDRO é acertado pelos tiros que partiram das pistolas de JOÃO e JOSÉ, mas o laudo cadavérico não identifica de que arma partiu o disparo que matou a vítima. **SOLUÇÃO:** neste caso, em face do princípio do favor rei (*in dubio pro reo*), ambos devem responder por tentativa de homicídio (não existe concurso de pessoas).
Conivência ou participação negativa	Quando quem não tem dever jurídico de agir se omite durante execução de crime – não é punível.
Participação por omissão	Quando quem tinha o dever jurídico de agir não o faz intencionalmente para auxiliar a ocorrência do resultado.
Participação em crime culposo	É possível concurso de pessoas em crime culposo (admite-se coautoria, mas não participação).
Participação após a consumação	Não há mais espaço para participação após a consumação. Eventualmente o agente responde por crime autônomo.
Autoria mediata[59]	Quando alguém se serve de pessoa inimputável, de coação moral irresistível, de provocação de erro escusável ou de obediência hierárquica para o cometimento do crime. Não há concurso de pessoas na autoria mediata (quem deve responder criminalmente é o autor mediato).

59 Quando o crime perpetrado pelo autor imediato é próprio e o autor mediato não ostenta a qualidade especial reclamada pelo tipo, tem espaço a **autoria de determinação** (expressão cunhada por Zaffaroni para permitir a punição do autor mediato por crime próprio, quando este não detém a qualidade exigida pelo tipo penal).

Autoria de escritório	Também chamada de autoria mediata especial. Nela, um agente ordena que outro (com hierarquia inferior na estrutura criminosa) pratique conduta criminosa. Aqui quem cumpre a ordem também é responsabilizado criminalmente (diferente do que ocorre na autoria mediata, acima estudada). Quando se observa prática de crime de gabinete, é preciso que a exordial acusatória descreva nexo de imputação (vinculação entre a conduta do agente e o delito praticado), com o fito de viabilizar o exercício do contraditório e da ampla defesa. Nesse sentido, julgado do Supremo Tribunal Federal: "HABEAS CORPUS" – CRIME CONTRA O SISTEMA FINANCEIRO NACIONAL – RESPONSABILIDADE PENAL DOS CONTROLADORES E ADMINISTRADORES DE INSTITUIÇÕES FINANCEIRAS – LEI Nº 7.492/86 (ART. 25) – DENÚNCIA QUE NÃO ATRIBUI COMPORTAMENTO ESPECÍFICO AO DIRETOR DE CÂMBIO DE INSTITUIÇÃO FINANCEIRA QUE O VINCULE, COM APOIO EM DADOS PROBATÓRIOS MÍNIMOS, AO EVENTO DELITUOSO – INÉPCIA DA DENÚNCIA – PEDIDO DEFERIDO. PROCESSO PENAL ACUSATÓRIO – OBRIGAÇÃO DE O MINISTÉRIO PÚBLICO FORMULAR DENÚNCIA JURIDICAMENTE APTA. O sistema jurídico vigente no Brasil – tendo presente a natureza dialógica do processo penal acusatório, hoje impregnado, em sua estrutura formal, de caráter essencialmente democrático – impõe, ao Ministério Público, a obrigação de expor, de maneira precisa, objetiva e individualizada, a participação das pessoas acusadas da suposta prática da infração penal, a fim de que o Poder Judiciário, ao resolver a controvérsia penal, possa, em obséquio aos postulados essenciais do direito penal da culpa e do princípio constitucional do "due process of law", ter em consideração, sem transgredir esses vetores condicionantes da atividade de persecução estatal, a conduta individual do réu, a ser analisada, em sua expressão concreta, em face dos elementos abstratos contidos no preceito primário de incriminação. O ordenamento positivo brasileiro repudia as acusações genéricas e repele as sentenças indeterminadas. A PESSOA SOB INVESTIGAÇÃO PENAL TEM O DIREITO DE NÃO SER ACUSADA COM BASE EM DENÚNCIA INEPTA. A denúncia – enquanto instrumento formalmente consubstanciador da acusação penal – constitui peça processual de indiscutível relevo jurídico. Ela, antes de mais nada, ao delimitar o âmbito temático da imputação penal, define a própria "res in judicio deducta". A peça acusatória, por isso mesmo, deve conter a exposição do fato delituoso, em toda a sua essência e com todas as suas circunstâncias. Essa narração, ainda que sucinta, impõe-se ao acusador como exigência derivada do postulado constitucional que assegura, ao réu, o exercício, em plenitude, do direito de defesa. Denúncia que não descreve, adequadamente, o fato criminoso e que também deixa de estabelecer a necessária vinculação da conduta individual de cada agente ao evento delituoso qualifica-se como denúncia inepta. Precedentes. PERSECUÇÃO PENAL DOS DELITOS CONTRA O SISTEMA FINANCEIRO – PEÇA ACUSATÓRIA QUE NÃO DESCREVE, QUANTO AO ADMINISTRADOR DE INSTITUIÇÃO FINANCEIRA, QUALQUER CONDUTA ESPECÍFICA QUE O VINCULE AO EVENTO DELITUOSO – INÉPCIA DA DENÚNCIA. – A mera invocação da condição de diretor em instituição financeira, sem a correspondente e objetiva descrição de determinado comportamento típico que o vincule ao resultado criminoso, não constitui fator suficiente apto a legitimar a formulação da acusação estatal ou a autorizar a prolação de decreto judicial condenatório. A circunstância objetiva de alguém meramente exercer cargo de direção em instituição financeira não

	se revela suficiente, só por si, para autorizar qualquer presunção de culpa (inexistente em nosso sistema jurídico-penal) e, menos ainda, para justificar, como efeito derivado dessa particular qualificação formal, a correspondente persecução criminal em juízo. AS ACUSAÇÕES PENAIS NÃO SE PRESUMEM PROVADAS: O ÔNUS DA PROVA INCUMBE, EXCLUSIVAMENTE, A QUEM ACUSA. – Os princípios constitucionais que regem o processo penal põem em evidência o nexo de indiscutível vinculação que existe entre a obrigação estatal de oferecer acusação formalmente precisa e juridicamente apta, de um lado, e o direito individual à ampla defesa, de que dispõe o acusado, de outro. É que, para o acusado exercer, em plenitude, a garantia do contraditório, torna-se indispensável que o órgão da acusação descreva, de modo preciso, os elementos estruturais ("essentialia delicti") que compõem o tipo penal, sob pena de se devolver, ilegitimamente, ao réu, o ônus (que sobre ele não incide) de provar que é inocente. É sempre importante reiterar – na linha do magistério jurisprudencial que o Supremo Tribunal Federal consagrou na matéria – que nenhuma acusação penal se presume provada. Não compete, ao réu, demonstrar a sua inocência. Cabe, ao contrário, ao Ministério Público, comprovar, de forma inequívoca, para além de qualquer dúvida razoável, a culpabilidade do acusado. Já não mais prevalece, em nosso sistema de direito positivo, a regra, que, em dado momento histórico do processo político brasileiro (Estado Novo), criou, para o réu, com a falta de pudor que caracteriza os regimes autoritários, a obrigação de o acusado provar a sua própria inocência (Decreto-lei nº 88, de 20/12/37, art. 20, n. 5). Precedentes (HC 83947, Relator(a): CELSO DE MELLO, Segunda Turma, julgado em 07/08/2007, DJe-018 DIVULG 31-01-2008 PUBLIC 01-02-2008 EMENT VOL-02305-02 PP-00327). Vide tese do Superior Tribunal de Justiça acerca do tema (edição 176 da jurisprudência em teses): 3) Nos crimes societários cometidos no âmbito de aplicação da Lei n. 8.137/1990, admite-se a denúncia geral, a qual, apesar de não individualizar pormenorizadamente as atuações de cada um dos denunciados, demonstra, ainda que de maneira sutil, um liame entre o agir dos sócios ou administradores e a suposta prática delituosa, o que estabelece a plausibilidade da imputação deduzida e permite o exercício da ampla defesa com todos os recursos a ela inerentes.

Questões de concurso público: veja como o assunto já foi cobrado em concurso público.

1 – (Delegado de Polícia Civil/RJ/2012) Alfredo, querendo matar Epaminondas, sobe até o terraço de um prédio portando um rifle de alta precisão, com silencioso e mira telescópica. Sem ser visto, constata a presença de Gildenis, outro atirador, em prédio vizinho, armado com uma escopeta, também preparado para matar a mesma vítima, tendo Alfredo percebido sua intenção. Quando Epaminondas atravessa a rua, ambos começam a atirar, vindo a vítima a morrer em face, unicamente, dos disparos efetuados por Gildenis. Analisando o caso concreto, leia as assertivas a seguir:

I. Há, no caso, autoria colateral incerta.

II. Alfredo e Gildenis devem responder por homicídio consumado, inobstante o disparo fatal ter sido produzido unicamente pela arma de Gildenis.

III. Tanto Alfredo, quanto Gildenis, agiam em concurso de pessoas.

IV. Alfredo é o autor direto e Gildenis o autor mediato.

Agora, assinale a opção que contempla a(s) assertiva(s)verdadeira(s).

a) Apenas a I.

b) Apenas a II.

c) Apenas II e III.

d) Apenas I e II.

e) I, II, III e IV.

2 – (Delegado de Polícia Civil/SE/2018) João e Pedro, maiores e capazes, livres e conscientemente, aceitaram convite de Ana, também maior e capaz, para juntos assaltarem loja do comércio local. Em data e hora combinadas, no período noturno e após o fechamento, João e Pedro arrombaram a porta dos fundos de uma loja de decoração, na qual entraram e ficaram vigiando enquanto Ana subtraía objetos valiosos, que seriam divididos igualmente entre os três. Alertada pela vizinhança, a polícia chegou ao local durante o assalto, prendeu os três e os encaminhou para a delegacia de polícia local.

Considerando essa situação hipotética, julgue o item subsequente.

Na situação considerada, configurou-se a autoria imprópria decorrente do concurso de pessoas ( ).

3 – (Delegado de Polícia Federal/2021) Conforme a autoria de escritório, tanto o agente que dá a ordem como o que cumpre respondem pelo tipo penal ( ).

4 – (Delegado de Polícia Civil/PA/2021) Cléber e Davi possuem um inimigo em comum, qual seja, Evandro. Em determinado dia, sem prévio ajuste, ambos portando arma de fogo de igual calibre e munições idênticas, escondem-se, em diferentes locais, próximo ao trabalho de Evandro, esperando o momento em que este chegue ao trabalho para, enfim, eliminar a vida dele. Quando Evandro chega ao local, Cléber e Davi atiram simultaneamente em sua direção, sendo Evandro atingido e vindo a falecer. Posteriormente, o exame pericial concluiu que Evandro foi morto por um único disparo de arma de fogo, sendo que os demais tiros não o atingiram, todavia, o laudo não conseguiu identificar de qual arma de fogo partiu o tiro que eliminou a vida de Evandro. Considerando o caso hipotético narrado, assinale a alternativa correta.

a) Trata-se de hipótese de concurso de pessoas, em que Cléber e Davi respondem por homicídio consumado.

b) Não há concurso de pessoas, sendo hipótese de autoria desconhecida. Cléber e Davi respondem por homicídio consumado.

c) Não há concurso de pessoas, sendo hipótese de autoria desconhecida. Cléber e Davi respondem por tentativa de homicídio.

d) Não há concurso de pessoas, sendo hipótese de autoria incerta. Cléber e Davi respondem por homicídio consumado.

e) Não há concurso de pessoas, sendo hipótese de autoria incerta. Cléber e Davi respondem por tentativa de homicídio.

Gabarito comentado:

Questão	Reposta	Comentário
1	Letra B	O item I está errado, porque não houve autoria colateral incerta (já que foi possível detectar quem foi responsável pela morte da vítima; o item II está certo, ALFREDO agiu em concurso de pessoas com GILDENIS (porque atuou com liame subjetivo em relação à morte da

		vítima – GILDENIS foi por ALFREDO ajudado, mesmo sem saber); o item III está errado, porque não há concurso de GILDENIS em relação a ALFREDO, porquanto aquele sequer sabia da existência e da intenção deste; o item IV está errado, vez que há autoria mediata quando alguém se utiliza de pessoa sem capacidade de entendimento ou com capacidade de entendimento reduzida para prática de delito.
2	ERRADA	Autoria imprópria é sinônimo de autoria colateral (quando duas ou mais pessoas desejam cometer crime contra a mesma vítima, sem que uma saiba da outra).
3	CERTA	Na autoria de escritório há concurso de pessoas entre quem determina a prática do crime e quem executa as ordens (ambos devem responder criminalmente).
4	Letra E	Trata-se de hipótese de autoria incerta.

TÍTULO V
DAS PENAS

CAPÍTULO I
DAS ESPÉCIES DE PENA

Art. 32 – As penas são:

I – privativas de liberdade;

II – restritivas de direitos;

III – de multa.

SEÇÃO I
DAS PENAS PRIVATIVAS DE LIBERDADE

Reclusão e detenção

Art. 33 – A pena de reclusão deve ser cumprida em regime fechado, semi-aberto ou aberto. A de detenção, em regime semi-aberto, ou aberto, salvo necessidade de transferência a regime fechado.

§ 1º – Considera-se:

a) regime fechado a execução da pena em estabelecimento de segurança máxima ou média;

b) regime semi-aberto a execução da pena em colônia agrícola, industrial ou estabelecimento similar;

c) regime aberto a execução da pena em casa de albergado ou estabelecimento adequado.

§ 2º – As penas privativas de liberdade deverão ser executadas em forma progressiva, segundo o mérito do condenado, observados os seguintes critérios e ressalvadas as hipóteses de transferência a regime mais rigoroso:

a) o condenado a pena superior a 8 (oito) anos deverá começar a cumpri-la em regime fechado;

b) o condenado não reincidente, cuja pena seja superior a 4 (quatro) anos e não exceda a 8 (oito), poderá, desde o princípio, cumpri-la em regime semi-aberto;

c) o condenado não reincidente, cuja pena seja igual ou inferior a 4 (quatro) anos, poderá, desde o início, cumpri-la em regime aberto.

§ 3º – A determinação do regime inicial de cumprimento da pena far-se-á com observância dos critérios previstos no art. 59 deste Código.

§ 4º O condenado por crime contra a administração pública terá a progressão de regime do cumprimento da pena condicionada à reparação do dano que causou, ou à devolução do produto do ilícito praticado, com os acréscimos legais.

Regras do regime fechado

Art. 34 – O condenado será submetido, no início do cumprimento da pena, a exame criminológico de classificação para individualização da execução.

§ 1º – O condenado fica sujeito a trabalho no período diurno e a isolamento durante o repouso noturno.

§ 2º – O trabalho será em comum dentro do estabelecimento, na conformidade das aptidões ou ocupações anteriores do condenado, desde que compatíveis com a execução da pena.

§ 3º – O trabalho externo é admissível, no regime fechado, em serviços ou obras públicas.

Regras do regime semi-aberto

Art. 35 – Aplica-se a norma do art. 34 deste Código, caput, ao condenado que inicie o cumprimento da pena em regime semi-aberto.

§ 1º – O condenado fica sujeito a trabalho em comum durante o período diurno, em colônia agrícola, industrial ou estabelecimento similar.

§ 2º – O trabalho externo é admissível, bem como a freqüência a cursos supletivos profissionalizantes, de instrução de segundo grau ou superior.

Regras do regime aberto

Art. 36 – O regime aberto baseia-se na autodisciplina e senso de responsabilidade do condenado.

§ 1º – O condenado deverá, fora do estabelecimento e sem vigilância, trabalhar, freqüentar curso ou exercer outra atividade autorizada, permanecendo recolhido durante o período noturno e nos dias de folga.

§ 2º – O condenado será transferido do regime aberto, se praticar fato definido como crime doloso, se frustrar os fins da execução ou se, podendo, não pagar a multa cumulativamente aplicada.

Regime especial

Art. 37 – As mulheres cumprem pena em estabelecimento próprio, observando-se os deveres e direitos inerentes à sua condição pessoal, bem como, no que couber, o disposto neste Capítulo.

Direitos do preso

Art. 38 – O preso conserva todos os direitos não atingidos pela perda da liberdade, impondo-se a todas as autoridades o respeito à sua integridade física e moral.

Trabalho do preso

Art. 39 – O trabalho do preso será sempre remunerado, sendo-lhe garantidos os benefícios da Previdência Social.

Legislação especial

Art. 40 – A legislação especial regulará a matéria prevista nos arts. 38 e 39 deste Código, bem como especificará os deveres e direitos do preso, os critérios para revogação e transferência dos regimes e estabelecerá as infrações disciplinares e correspondentes sanções.

Superveniência de doença mental

Art. 41 – O condenado a quem sobrevém doença mental deve ser recolhido a hospital de custódia e tratamento psiquiátrico ou, à falta, a outro estabelecimento adequado.

Detração

Art. 42 – Computam-se, na pena privativa de liberdade e na medida de segurança, o tempo de prisão provisória, no Brasil ou no estrangeiro, o de prisão administrativa e o de internação em qualquer dos estabelecimentos referidos no artigo anterior.

SEÇÃO II

DAS PENAS RESTRITIVAS DE DIREITOS

Penas restritivas de direitos

Art. 43. As penas restritivas de direitos são:

I – prestação pecuniária;

II – perda de bens e valores;

III – limitação de fim de semana.

IV – prestação de serviço à comunidade ou a entidades públicas;

V – interdição temporária de direitos;

VI – limitação de fim de semana.

Art. 44. As penas restritivas de direitos são autônomas e substituem as privativas de liberdade, quando:

I – aplicada pena privativa de liberdade não superior a quatro anos e o crime não for cometido com violência ou grave ameaça à pessoa ou, qualquer que seja a pena aplicada, se o crime for culposo;

II – o réu não for reincidente em crime doloso;

III – a culpabilidade, os antecedentes, a conduta social e a personalidade do condenado, bem como os motivos e as circunstâncias indicarem que essa substituição seja suficiente.

§ 1º (VETADO)

§ 2º Na condenação igual ou inferior a um ano, a substituição pode ser feita por multa ou por uma pena restritiva de direitos; se superior a um ano, a pena privativa de liberdade pode ser substituída por uma pena restritiva de direitos e multa ou por duas restritivas de direitos.

§ 3º Se o condenado for reincidente, o juiz poderá aplicar a substituição, desde que, em face de condenação anterior, a medida seja socialmente recomendável e a reincidência não se tenha operado em virtude da prática do mesmo crime.

§ 4º A pena restritiva de direitos converte-se em privativa de liberdade quando ocorrer o descumprimento injustificado da restrição imposta. No cálculo da pena privativa de liberdade a executar será deduzido o tempo cumprido da pena restritiva de direitos, respeitado o saldo mínimo de trinta dias de detenção ou reclusão.

§ 5º Sobrevindo condenação a pena privativa de liberdade, por outro crime, o juiz da execução penal decidirá sobre a conversão, podendo deixar de aplicá-la se for possível ao condenado cumprir a pena substitutiva anterior.

Conversão das penas restritivas de direitos

Art. 45. Na aplicação da substituição prevista no artigo anterior, proceder-se-á na forma deste e dos arts. 46, 47 e 48.

§ 1º A prestação pecuniária consiste no pagamento em dinheiro à vítima, a seus dependentes ou a entidade pública ou privada com destinação social, de importância fixada pelo juiz, não inferior a 1 (um) salário mínimo nem superior a 360 (trezentos e sessenta) salários mínimos. O valor pago será deduzido do montante de eventual condenação em ação de reparação civil, se coincidentes os beneficiários.

§ 2º No caso do parágrafo anterior, se houver aceitação do beneficiário, a prestação pecuniária pode consistir em prestação de outra natureza.

§ 3º A perda de bens e valores pertencentes aos condenados dar-se-á, ressalvada a legislação especial, em favor do Fundo Penitenciário Nacional, e seu valor terá como teto – o que for maior – o montante do prejuízo causado ou do provento obtido pelo agente ou por terceiro, em conseqüência da prática do crime.

§ 4º (VETADO)

Prestação de serviços à comunidade ou a entidades públicas

Art. 46. A prestação de serviços à comunidade ou a entidades públicas é aplicável às condenações superiores a seis meses de privação da liberdade.

§ 1º A prestação de serviços à comunidade ou a entidades públicas consiste na atribuição de tarefas gratuitas ao condenado.

§ 2º A prestação de serviço à comunidade dar-se-á em entidades assistenciais, hospitais, escolas, orfanatos e outros estabelecimentos congêneres, em programas comunitários ou estatais.

§ 3º As tarefas a que se refere o § 1º serão atribuídas conforme as aptidões do condenado, devendo ser cumpridas à razão de uma hora de tarefa por dia de condenação, fixadas de modo a não prejudicar a jornada normal de trabalho.

§ 4º Se a pena substituída for superior a um ano, é facultado ao condenado cumprir a pena substitutiva em menor tempo (art. 55), nunca inferior à metade da pena privativa de liberdade fixada.

Interdição temporária de direitos

Art. 47 – As penas de interdição temporária de direitos são:

I – proibição do exercício de cargo, função ou atividade pública, bem como de mandato eletivo;

II – proibição do exercício de profissão, atividade ou ofício que dependam de habilitação especial, de licença ou autorização do poder público;

III – suspensão de autorização ou de habilitação para dirigir veículo.

IV – proibição de freqüentar determinados lugares.

V – proibição de inscrever-se em concurso, avaliação ou exame públicos.

Limitação de fim de semana

Art. 48 – A limitação de fim de semana consiste na obrigação de permanecer, aos sábados e domingos, por 5 (cinco) horas diárias, em casa de albergado ou outro estabelecimento adequado.

Parágrafo único – Durante a permanência poderão ser ministrados ao condenado cursos e palestras ou atribuídas atividades educativas.

SEÇÃO III
DA PENA DE MULTA

Multa

Art. 49 – A pena de multa consiste no pagamento ao fundo penitenciário da quantia fixada na sentença e calculada em dias-multa. Será, no mínimo, de 10 (dez) e, no máximo, de 360 (trezentos e sessenta) dias-multa.

§ 1º – O valor do dia-multa será fixado pelo juiz não podendo ser inferior a um trigésimo do maior salário mínimo mensal vigente ao tempo do fato, nem superior a 5 (cinco) vezes esse salário.

§ 2º – O valor da multa será atualizado, quando da execução, pelos índices de correção monetária.

Pagamento da multa

Art. 50 – A multa deve ser paga dentro de 10 (dez) dias depois de transitada em julgado a sentença. A requerimento do condenado e conforme as circunstâncias, o juiz pode permitir que o pagamento se realize em parcelas mensais.

§ 1º – A cobrança da multa pode efetuar-se mediante desconto no vencimento ou salário do condenado quando:

a) aplicada isoladamente;

b) aplicada cumulativamente com pena restritiva de direitos;

c) concedida a suspensão condicional da pena.

§ 2º – O desconto não deve incidir sobre os recursos indispensáveis ao sustento do condenado e de sua família.

Conversão da Multa e revogação

Art. 51. Transitada em julgado a sentença condenatória, a multa será executada perante o juiz da execução penal e será considerada dívida de valor, aplicáveis as

normas relativas à dívida ativa da Fazenda Pública, inclusive no que concerne às causas interruptivas e suspensivas da prescrição.

§ 1º – (Revogado pela Lei nº 9.268, de 1º.4.1996)

§ 2º – (Revogado pela Lei nº 9.268, de 1º.4.1996)

Suspensão da execução da multa

Art. 52 – É suspensa a execução da pena de multa, se sobrevém ao condenado doença mental.

CAPÍTULO II

DA COMINAÇÃO DAS PENAS

Penas privativas de liberdade

Art. 53 – As penas privativas de liberdade têm seus limites estabelecidos na sanção correspondente a cada tipo legal de crime.

Penas restritivas de direitos

Art. 54 – As penas restritivas de direitos são aplicáveis, independentemente de cominação na parte especial, em substituição à pena privativa de liberdade, fixada em quantidade inferior a 1 (um) ano, ou nos crimes culposos.

Art. 55. As penas restritivas de direitos referidas nos incisos III, IV, V e VI do art. 43 terão a mesma duração da pena privativa de liberdade substituída, ressalvado o disposto no § 4º do art. 46.

Art. 56 – As penas de interdição, previstas nos incisos I e II do art. 47 deste Código, aplicam-se para todo o crime cometido no exercício de profissão, atividade, ofício, cargo ou função, sempre que houver violação dos deveres que lhes são inerentes.

Art. 57 – A pena de interdição, prevista no inciso III do art. 47 deste Código, aplica-se aos crimes culposos de trânsito.

Pena de multa

Art. 58 – A multa, prevista em cada tipo legal de crime, tem os limites fixados no art. 49 e seus parágrafos deste Código.

Parágrafo único – A multa prevista no parágrafo único do art. 44 e no § 2º do art. 60 deste Código aplica-se independentemente de cominação na parte especial.

Conceitos iniciais: sanção penal é a retribuição, a resposta estatal ao cometimento de uma infração penal. Sanção penal é **gênero** do qual são espécies as **penas** e as **medidas de segurança**.

Destinatários das sanções penais	
Penas	Imputáveis e semi-imputáveis
Medidas de segurança	Inimputáveis e semi-imputáveis

Pena como critério diferenciador de crimes e contravenções penais: a pena serve para diferenciar crimes/delitos de contravenções penais (crimes são punidos com pena de detenção ou reclusão; contravenções são punidas com prisão simples ou multa – que pode ser imposta isoladamente) – nos termos do artigo 1º da Lei de Introdução do Código Penal e Lei das Contravenções Penais (Decreto-Lei 3.914/41).

Princípios: importante a memorização de alguns princípios relativos às penas:

Princípio	Definição	Dispositivo
Legalidade	Não há pena sem prévia cominação legal.	Artigo 5º, inciso XXXIX, da CF e artigo 1º do CP.
Individualização da pena	A pena deve ser individualizada de acordo com a culpabilidade e a situação pessoal do agente.	Artigo 5º, inciso XLVI, da CF.
Pessoalidade ou intranscendência	A pena não pode passar da pessoa do condenado, podendo a obrigação de reparar o dano e a decretação de perdimento de bens ser estendida aos sucessores até o limite do patrimônio herdado.	Artigo 5º, inciso XLV, da CF.
Vedação das penas de morte, de caráter perpétuo, cruéis e de trabalhos forçados	–	Artigo 5º, inciso XLVII, da CF.
Proporcionalidade	As penas devem ser proporcionais ao crime cometido.	Artigo 5º, incisos XVI e XLVII, da CF.

Adotamos a **teoria mista ou eclética**, a respeito das finalidades da pena (artigos 33, § 2º, e 59, ambos do Código Penal), que deve buscar:

Finalidade	Comentários	
Retribuição	Finalidade de impor um castigo a quem comete o crime (teoria absoluta ou retribucionista).	
Prevenção	Finalidade de evitar novos delitos (teoria prevencionista).	A **prevenção geral** é voltada para toda a sociedade (Direito Penal do terror).
		A **prevenção especial** é dirigida ao próprio infrator.
Ressocialização	Finalidade de preparar o infrator para sua volta ao convívio social.	

Esmiuçando conceitos correlatos:

Finalidade da pena	
Teoria absoluta	Entende que a finalidade da pena é a retribuição – ao mal do crime, o mal da pena.
Teoria relativa	Entende que a finalidade da pena é a prevenção.

Espécies de prevenção	
Prevenção geral	**Prevenção geral negativa** – prevenção por intimidação (a pena aplicada ao autor do fato tende a refletir na sociedade, desestimulando a prática de crimes).
	Prevenção geral positiva – é a prevenção integradora, que gera respeito a determinados valores.
Prevenção especial	**Prevenção especial negativa** – neutralização momentânea do infrator, que não pratica novos delitos por estar segregado.
	Prevenção especial positiva – faz com que o agente não venha a praticar novos delitos (pretensa ressocialização).

Espécies de penas: a análise do artigo 5º, incisos XLVI e XLVII, da Constituição Federal, revela as espécies de penas (o rol não é taxativo):

Espécies	Penas
Proibidas	De morte, salvo em caso de guerra declarada, de caráter perpétuo, de trabalhos forçados, de banimento, cruéis.
Privativas de liberdade	Detenção e reclusão (crimes); prisão simples (contravenções penais).
Restritivas de direitos[60]	Prestação pecuniária, perda de bens e valores, limitação de fim de semana, prestação de serviço à comunidade ou a entidades públicas, interdição temporária de direitos, limitação de fim de semana (artigo 43 do Código Penal).
Multa	Vide artigo 49 e seguintes do Código Penal.

Máximo de cumprimento de pena privativa de liberdade: a pena privativa de liberdade tem limite máximo de cumprimento de 40 anos para crimes (artigo 75 do Código Penal, modificado pelo Pacote Anticrime) e 5 anos para contravenções penais (artigo 10 do Dec-Lei 3.688/41).

Sistemas penitenciários: Sobre sistemas penitenciários, memorize a tabela abaixo[61]:

60 Há outras penas restritivas de direito na legislação extravagante (vide artigo 5º, inciso II, da Lei de Abuso de Autoridade, por exemplo).

61 BITENCOURT, Cezar Roberto. **Falência da pena de prisão: causas e alternativas**, 4ª edição, São Paulo, Saraiva, 2011, p. 75 a 112.

Sistema	Características
Sistema da Filadélfia ou Celular ou Pensilvânico (1776 – prisão de Walnut Street Jail)	A progressão e o trabalho do preso são vedados, devendo ele cumprir sua pena isolado dos demais detentos.
Sistema de Auburn (1816 – Nova York)	O preso trabalha durante o dia em silêncio, sob pena de castigos corporais.
Sistema Inglês ou Progressivo	O preso vai conquistando benefícios com o passar do tempo (**esse foi o sistema adotado no Brasil** – vide artigo 33, § 2º, do Código Penal e 112 da Lei de Execução Penal).

Espécies de penas privativas de liberdade: acerca das espécies de penas privativas de liberdade e seus respectivos regimes de cumprimento de pena, temos:

Pena privativa de liberdade	Regimes
Reclusão	Fechado, semiaberto e aberto
Detenção	Semiaberto e aberto
Prisão simples	Semiaberto e aberto

Regimes de cumprimento de pena: analisemos as regras dos regimes de cumprimento de pena:

Regime	Regras
Fechado	O apenado será submetido a exame criminológico de classificação e individualização (artigo 34 do Código Penal e artigo 8º da Lei de Execução Penal). A pena será cumprida em penitenciária (artigo 87 da Lei de Execução Penal). Poderá haver trabalho diurno (com remuneração não inferior a 3/4 do salário mínimo[62], comum, não regido pela CLT, com benefícios da previdência social, compatível com as ocupações anteriores, podendo ser externo – em serviços ou obras públicas – artigos 28, 29 e 31 da Lei de Execução Penal), recolhendo-se o preso à noite. É possível permissão saída do preso, mediante escolta (artigo 120 da Lei de Execução Penal), com autorização do diretor da penitenciária.

62 O Supremo Tribunal Federal considerou **recepcionado** o caput do artigo 29 da LEP nos autos da ADPF 336: DIREITO CONSTITUCIONAL E DIREITO PENITENCIÁRIO. EXECUÇÃO PENAL. TRABALHO DO PRESO. REMUNERAÇÃO INFERIOR AO SALÁRIO MÍNIMO. ARTIGO 29, CAPUT, DA LEI DE EXECUÇÃO PENAL. ALEGADA VIOLAÇÃO AOS PRINCÍPIOS DA DIGNIDADE HUMANA (ARTIGO 1º, III, DA CRFB) E DA ISONOMIA (ARTIGO 5º, CAPUT, DA CRFB), BEM ASSIM AO DIREITO AO SALÁRIO MÍNIMO (ARTIGO 7º, IV, DA CRFB). CONTROLE JUDICIAL DE POLÍTICAS PÚBLICAS. PRINCÍPIO DEMOCRÁTICO (ARTIGO 1º, CAPUT, DA CRFB). BUSCA DO PLENO EMPREGO (ARTIGO 170, VIII, DA CRFB). INDIVIDUALIZAÇÃO DA PENA NA FASE DE EXECUÇÃO (ARTIGO 5º, XLVI, DA CRFB). EFEITOS DA POLÍTICA DE SALÁRIO MÍNIMO. INCERTEZA EMPÍRICA. AUTOCONTENÇÃO JUDICIAL. TRABALHO DO CONDENADO. NATUREZA DE DEVER. FINALIDADES EDUCATIVA E PRODUTIVA. ARTIGOS 28, CAPUT, 31 E 39, V, DA LEI DE EXECUÇÃO PENAL. PENA PRIVATIVA DE LIBERDADE. RESTRIÇÕES NATURAIS AO EXERCÍCIO DO TRABALHO. POTENCIAL REPERCUSSÃO NEGATIVA NA REMUNERAÇÃO DA MÃO DE OBRA. DISTINÇÃO ENTRE O TRABALHO DO PRESO E O DOS EMPREGADOS EM GERAL. LEGITIMIDADE. CARÊNCIAS BÁSICAS DO DETENTO ATENDIDAS PELO ESTADO

Semiaberto	Pode ser realizado exame criminológico (parágrafo único, do artigo 8º, da Lei de Execução Penal). Há trabalho comum em colônia agrícola ou industrial, sendo possível a saída para trabalho externo ou para frequência em curso profissionalizante, supletivos, segundo grau ou superior.

(ARTIGOS 12 E SEGS. DA LEP). BENEFÍCIO DA REMIÇÃO DE PENA PELO TRABALHO. CONFORMIDADE COM REGRAS MÍNIMAS DAS NAÇÕES UNIDAS PARA O TRATAMENTO DE PRISIONEIROS DE 2015. INEXISTÊNCIA DE LESÃO AOS PRECEITOS FUNDAMENTAIS APONTADOS. ADPF JULGADA IMPROCEDENTE. 1. O trabalho do preso, cuja remuneração é fixada em três quartos do salário mínimo o patamar base de remuneração do trabalho do preso (artigo 29, caput, da Lei de Execução Penal) deve ser analisada não apenas sob a ótica da regra do salário mínimo (artigo 7º, IV, da CRFB), mas também de outros vetores constitucionais, como a busca do pleno emprego (artigo 170, VIII, da CRFB) e a individualização da pena na fase de execução (artigo 5º, XLVI, da CRFB). 2. O controle judicial de políticas públicas deve preservar o âmbito de liberdade interpretativa do legislador em homenagem ao princípio democrático (artigo 1º, caput, da CRFB), ante a ubiquidade e a indeterminação semântica caracterizadoras do texto constitucional, porquanto a multiplicidade de vetores estabelecidos pelo constituinte, a serem promovidos com igual importância pelas instâncias democráticas, obriga o Parlamento à realização de escolhas políticas em matérias que normalmente carecem de certeza empírica quanto aos seus impactos na promoção daqueles valores constitucionais. 3. A margem de conformação do Parlamento aos ditames constitucionais na formulação de políticas públicas é ampla, máxime quando não há consenso científico sobre os efeitos da mesma adotada em relação ao bem-estar social, o que sói ocorrer no exame do salário mínimo quanto à distribuição da riqueza entre os trabalhadores e ao eventual aumento nos índices de desemprego. Literatura: ENGBOM, Niklas; MOSER, Christian. "Earnings Inequality and the Minimum Wage: Evidence from Brazil". CESifo Working Paper nº 6393, mar. 2017, p. 40; NEUMARK, David; WASCHER, William. Minimum Wages and Employment, Foundations and Trends in Microeconomics, vol. 3, nº. 1+2, pp 1-182, 2007. 4. A pessoa em cumprimento de pena privativa de liberdade, por isso não está sujeita ao regime da Consolidação das Leis do Trabalho, bem como que será remunerada por tabela previamente fixada, em valor não inferior a três quartos do salário mínimo (respectivamente, artigos 28, § 2º, e 29, caput, da Lei de Execução Penal). 5. O trabalho do condenado constitui um dever, obrigatório na medida de suas aptidões e capacidade, e possui finalidades educativa e produtiva, nos termos dos artigos 28, caput, 31 e 39, V, da Lei de Execução Penal, em contraste com a liberdade para trabalhar e prover o seu sustento garantida aos que não cumprem pena prisional pelo artigo 6º da Constituição. 6. O cumprimento da pena privativa de liberdade gera restrições naturais ao exercício do trabalho, com potencial repercussão negativa na remuneração da mão de obra, o que se extrai do peculiar regime jurídico a que se submetem os trabalhadores presos, a saber: (i) necessidade de implantação de oficinas de trabalho, por empregadores privados, referentes a setores de apoio dos presídios (artigo 34, § 2º, da LEP); (ii) a finalidade de formação profissional do condenado (artigo 34 da LEP), ainda que não produza benefício econômico para terceiros; (iii) a aquisição pelo poder público, com dispensa da concorrência pública, dos bens ou produtos do trabalho prisional, sempre que não for possível ou recomendável realizar-se a venda a particulares (artigo 35 da LEP); (iv) a necessidade de observância das cautelas contra a fuga e em favor da disciplina no trabalho externo (artigo 36 da LEP); (v) a possibilidade de revogação da autorização de trabalho externo se o preso tiver comportamento contrário aos requisitos de aptidão, disciplina e responsabilidade, bem assim quando praticar fato definido como crime ou for punido por falta grave (artigo 37, parágrafo único, da LEP) etc. 7. A legitimidade da diferenciação entre o trabalho do preso e o dos empregados em geral na política pública de limites mínimos de remuneração é evidenciada pela distinta lógica econômica do labor no sistema executório penal, que pode até mesmo ser subsidiado pelo Erário, de modo que o discrímen promove, em vez de violar, o mandamento de isonomia contido no artigo 5º, caput, da Constituição, no seu aspecto material. 8. A autorização legal para a percepção de remuneração inferior ao salário mínimo no trabalho do preso é acompanhada de medidas compensatórias, quais sejam: (i) é fixado um

Semiaberto	Poderá haver saída temporária sem escolta[63] (artigo 122 da Lei de Execução Penal), por decisão do juízo das execuções, ouvidos o Ministério Público e a administração penitenciária.
Aberto	Exame criminológico dispensado. Caracteriza-se pela autodisciplina e senso de responsabilidade, já que o apenado fica solto durante o dia e se recolhe à noite em casa de albergado. O trabalho é externo. Admite-se recolhimento noturno domiciliar (artigo 117 da Lei de Execução Penal).

Nos termos do artigo 33, § 1º, do Código Penal, os estabelecimentos penais relacionados aos regimes de cumprimento de pena são:

---

patamar mínimo de três quartos do salário mínimo, percentual razoável para configurar uma justa remuneração pelo trabalho humano, nos termos definidos democraticamente pelo Parlamento; (ii) são impostos ao Estado deveres de prestação material em relação ao interno, a fim de garantir o atendimento de todas as suas carências básicas; e (iii) concede-se ao preso o benefício da remição da pena, na proporção de 1 (um) dia de redução da sanção criminal para cada 3 (três) dias de trabalho. 9. O salário mínimo, na dicção do artigo 7º, IV, da Constituição, visa satisfazer as necessidades vitais básicas do trabalhador e as de sua família "com moradia, alimentação, educação, saúde, lazer, vestuário, higiene, transporte e previdência social", ao passo que o preso, conforme previsão legal, já deve ter atendidas pelo Estado boa parte das necessidades vitais básicas que o salário mínimo objetiva atender, tais como educação (artigos 17 e seguintes da LEP), alojamento (artigo 88 da LEP), saúde (artigo 14 da LEP), alimentação, vestuário e higiene (artigo 12 da LEP). 10. A disciplina do trabalho do preso no Brasil também está em conformidade com as normas internacionais que regem o tema, porquanto o acordo sobre as regras mínimas das Nações Unidas para o tratamento de prisioneiros de 2015 (denominadas "regras de Mandela"), aprovado por Resolução da Comissão sobre Prevenção de Crime e Justiça Criminal de Viena, determina seja "estabelecido sistema justo de remuneração do trabalho dos presos" (Regra 103.1), em contraste com outras disposições do mesmo diploma que exigem condições não menos vantajosas que aquelas que a lei disponha para os trabalhadores livres (v. g., Regra 101.2). 11. O soldo daqueles que exercem serviço militar obrigatório pode ser inferior ao salário mínimo definido nacionalmente, sem que isso implique lesão aos princípios da dignidade humana (artigo 1º, III, da CRFB) e da isonomia (artigo 5º, caput, da CRFB), ou à regra do artigo 7º, IV, da Carta Magna: RE 570177, Relator Min. RICARDO LEWANDOWSKI, Tribunal Pleno, julgado em 30/4/2008. Súmula vinculante 6 deste Supremo Tribunal Federal. 12. O patamar mínimo diferenciado de remuneração aos presos previsto no artigo 29, caput, da Lei de Execução Penal não representa violação aos princípios da dignidade humana (artigo 1º, III, da CRFB) e da isonomia (artigo 5º, caput, da CRFB), sendo inaplicável à hipótese a garantia de salário mínimo prevista no artigo 7º, IV, da Constituição. 13. As normas insculpidas nos artigos 1º, III, 5º, caput, e 7º, IV, da Carta Magna caracterizam preceitos fundamentais, autorizando o ajuizamento de Arguição de Descumprimento de Preceito Fundamental quando apontada violação direta à Carta Magna e atendido o teste da subsidiariedade. Precedentes: ADPF 388, Relator Min. GILMAR MENDES, Tribunal Pleno, julgado em 9/3/2016; ADPF 33 MC, Relator Min. GILMAR MENDES, Tribunal Pleno, julgado em 29/10/2003). 14. Arguição de Descumprimento de Preceito Fundamental julgada improcedente (ADPF 336, Relator(a): LUIZ FUX, Tribunal Pleno, julgado em 01/03/2021, PROCESSO ELETRÔNICO DJe-088 DIVULG 07-05-2021 PUBLIC 10-05-2021).

63 O Pacote Anticrime (Lei 13.964/19) proibiu o benefício da saída temporária para o condenado por crime hediondo com resultado morte (ainda que primário) – § 2º do artigo 122 da LEP.

Regime	Estabelecimento penal
Fechado	Estabelecimento prisional de segurança máxima ou média
Semiaberto	Colônia agrícola ou industrial
Aberto	Casa de albergado

Fixação de regime inicial de cumprimento de pena: acerca das regras para fixação de regime inicial de cumprimento de pena, é preciso lembrar:

Apenado com reclusão	Condenado a pena **superior a oito anos**	Regime inicial fechado
	Condenado **primário** a pena **superior a quatro anos e que não exceda a oito anos**	Regime inicial semiaberto
	Condenado **primário** a pena **igual ou inferior a quatro anos**	Regime inicial aberto

Apenado com detenção	Condenado a pena **superior a quatro anos** ou **reincidente**	Regime inicial semiaberto
	Condenado **primário** a pena **igual ou inferior a quatro anos**	Regime inicial aberto

Regime inicial de cumprimento de pena para reincidentes: os reincidentes começam o cumprimento de pena no regime mais severo. Nesta toada, é importante a leitura da Súmula 269/STJ (exceção a essa regra) – **É admissível a adoção do regime prisional semiaberto aos reincidentes condenados a pena igual ou inferior a quatro anos se favoráveis as circunstâncias judiciais.**

Regime inicial aberto para reincidentes: saliento que o Supremo Tribunal Federal entende ser possível adoção de regime inicial de cumprimento de pena aberto ao reincidente, em caso de subtração de coisa de valor insignificante. Explico. Não é completamente vedado reconhecimento do princípio da insignificância em relação ao reincidente (grifos meus):

> PENAL. PRINCÍPIO DA INSIGNIFICÂNCIA. CRIME DE FURTO TENTADO. RÉU PRIMÁRIO. QUALIFICAÇÃO POR ROMPIMENTO DE OBSTÁCULO E ESCALADA. 1. A aplicação do princípio da insignificância envolve um juízo amplo ("conglobante"), que vai além da simples aferição do resultado material da conduta, abrangendo também a reincidência ou contumácia do agente, elementos que, embora não determinantes, devem ser considerados. **2. Por maioria, foram também acolhidas as seguintes teses: (i) a reincidência não impede, por si só, que o juiz da causa reconheça a insignificância penal da conduta, à luz dos elementos do caso concreto; e (ii) na hipótese de o juiz da causa considerar penal ou socialmente indesejável a aplicação do princípio da insignificância por furto, em situações em que tal enquadramento seja cogitável, eventual sanção privativa de liberdade deverá ser fixada, como regra geral, em regime inicial aberto, paralisando-se a incidência do art. 33, § 2º, c, do CP no caso concreto, com**

base no princípio da proporcionalidade. 3. Caso em que a maioria formada no Plenário entendeu por não aplicar o princípio da insignificância, nem abrandar a pena, já fixada em regime inicial aberto e substituída por restritiva de direitos. 4. Ordem denegada (HC 123734, Relator(a): Min. ROBERTO BARROSO, Tribunal Pleno, julgado em 03/08/2015, PROCESSO ELETRÔNICO DJe-019 DIVULG 01-02-2016 PUBLIC 02-02-2016).

Contudo, se o juiz interpretar que é penal ou socialmente indesejável a aplicação do princípio da insignificância ao furto, em situações em que tal enquadramento pareça possível, eventual sanção privativa de liberdade aplicada ao reincidente poderá ser fixada em regime inicial aberto (a despeito da Súmula 269/STJ) – grifos meus:

HABEAS CORPUS. FURTO. PRINCÍPIO DA INSIGNIFICÂNCIA. INAPLICABILIDADE. REITERÂNCIA DELITIVA. ABRANDAMENTO DE REGIME INICIAL DE CUMPRIMENTO DA PENA. ORDEM CONCEDIDA DE OFÍCIO. 1. A orientação firmada pelo Plenário do SUPREMO TRIBUNAL FEDERAL é no sentido de que a aferição da insignificância da conduta como requisito negativo da tipicidade, em crimes contra o patrimônio, envolve um juízo amplo, que vai além da simples aferição do resultado material da conduta, abrangendo também a reincidência ou contumácia do agente, elementos que, embora não determinantes, devem ser considerados (HC 123.533, Relator Min. ROBERTO BARROSO, Tribunal Pleno, DJe de 18/2/2016). 2. Busca-se, desse modo, evitar que ações típicas de pequena significação passem a ser consideradas penalmente lícitas e imunes a qualquer espécie de repressão estatal, perdendo-se de vista as relevantes consequências jurídicas e sociais desse fato decorrentes. 3. A aplicação do princípio da insignificância não depende apenas da magnitude do resultado da conduta. Essa ideia se reforça pelo fato de já haver previsão na legislação penal da possibilidade de mensuração da gravidade da ação, o que, embora sem excluir a tipicidade da conduta, pode desembocar em significativo abrandamento da pena ou até mesmo na mitigação da persecução penal. 4. Não se mostra possível acatar a tese de atipicidade material da conduta, pois não há como afastar o elevado nível de reprovabilidade assentado pelas instâncias antecedentes, ainda mais considerando os registros do Tribunal local dando conta de que o paciente é contumaz na prática delituosa, o que desautoriza a aplicação do princípio da insignificância, na linha da jurisprudência desta CORTE. **5. Quanto ao modo de cumprimento da reprimenda penal, há quadro de constrangimento ilegal a ser corrigido. A imposição do regime inicial semiaberto, com arrimo na reincidência e nos maus antecedentes, parece colidir com a proporcionalidade na escolha do regime que melhor se coadune com as circunstâncias da conduta de furto de bem pertencente a estabelecimento comercial, avaliado em R$ 130,00 (cento e trinta reais). Ainda, à exceção dos antecedentes, as demais circunstâncias judiciais são favoráveis, razão por que a pena-base fora**

estabelecida pouco acima do mínimo legal (cf. HC 123.533, Tribunal Pleno, Rel. Min. ROBERTO BARROSO), de modo que o regime aberto melhor se amolda à espécie. 6. Ordem de Habeas Corpus concedida, de ofício, para fixação do regime inicial aberto para cumprimento da reprimenda (HC 135164, Relator(a): Min. MARCO AURÉLIO, Relator(a) p/ Acórdão: Min. ALEXANDRE DE MORAES, Primeira Turma, julgado em 23/04/2019, PROCESSO ELETRÔNICO DJe-170 DIVULG 05-08-2019 PUBLIC 06-08-2019).

Regime inicial de cumprimento de pena x Súmulas: sobre o regime inicial (que deve ser fixado pelo juiz nos termos descritos no artigo 59 do Código Penal), é importante a leitura das Súmulas 440 do STJ e 718 e 719 do STF:

> Súmula 440/STJ – Fixada a pena-base no mínimo legal, é vedado o estabelecimento de regime prisional mais gravoso do que o cabível em razão da sanção imposta, com base apenas na gravidade abstrata do delito.
>
> Súmula 718/STF – A opinião do julgador sobre a gravidade em abstrato do crime não constitui motivação idônea para a imposição de regime mais severo do que o permitido segundo a pena aplicada.
>
> Súmula 719/STF – A imposição do regime de cumprimento mais severo do que a pena aplicada permitir exige motivação idônea.

Pacote Anticrime: saliento que o Pacote Anticrime modificou a Lei 12.850/13 e determinou, no § 8º do artigo 2º[64] deste mandamento legal, que as lideranças de organizações criminosas armadas ou que tenham armas à disposição deverão iniciar o cumprimento de pena em estabelecimentos penais de segurança máxima (clara imposição de regime inicialmente fechado independentemente da pena aplicada).

Uma vez mais o legislador insiste na imposição de regime inicial fechado *ex lege*, em clara afronta à tese fixada pelo Supremo Tribunal Federal no tema 972:

> É inconstitucional a fixação *ex lege*, com base no art. 2º, § 1º, da Lei 8.072/1990, do regime inicial fechado, devendo o julgador, quando da condenação, ater-se aos parâmetros previstos no artigo 33 do Código Penal.

Progressão de regime em crimes hediondos: lembro que a Lei 8.072/90 (crimes hediondos) determinava em sua redação original (§ 1º do artigo 2º) que o condenado por crime hediondo ou equiparado a hediondo deveria cumprir a pena integralmente no regime fechado (era vedada a progressão de regime). Contudo, o Supremo Tribunal

---

64 Art. 2º (...)
§ 8º As lideranças de organizações criminosas armadas ou que tenham armas à disposição deverão iniciar o cumprimento da pena em estabelecimentos penais de segurança máxima.

Federal, ao julgar o HC 82.959/SP, em 2006 (relator Ministro Marco Aurélio), reconheceu a inconstitucionalidade da impossibilidade de progressão de regime.

O legislador, no ano de 2007, editou a Lei 11.464/07 e impôs regime inicialmente fechado aos condenados por crimes hediondos ou equiparados (a progressão de regime se daria com o cumprimento de 2/5 da pena para primários ou cumprimento de 3/5 da pena para reincidentes).

Como a Lei 11.464/07 tinha conteúdo penal mais gravoso que a redação do artigo 112 da Lei de Execuções Penais (à época, progressão de regime condicionada ao cumprimento de 1/6 da pena e ao bom comportamento carcerário), ela não retroagiu, tendo sido aplicado este dispositivo (artigo 112 da LEP) aos condenados por crimes hediondos/equiparados praticados antes da entrada em vigor da Lei 11.464/07 (na forma da Súmula 471/STJ).

Frise-se que, em que pese a atual redação do § 1º do artigo 2º da Lei 8.072/90, determinar regime inicialmente fechado para quem praticou crime hediondo ou equiparado a hediondo, o Supremo Tribunal Federal também reconheceu ser inconstitucional o regime inicialmente fechado independente da pena aplicada e de fundamentação idônea (HC 111.840/ES, relator Ministro Dias Toffoli).

Acerca da progressão em relação a quem pratica crime hediondo/equiparado, é preciso salientar que o Pacote Anticrime enxertou mais dois índices (mais gravosos) para deferimento da benesse (que, por óbvio, não poderão retroagir): 50% do cumprimento de pena (primário que pratica crime hediondo com resultado morte) e 70% (reincidente na prática de crime hediondo com resultado morte).

Sobre a progressão de regime para condenados por crimes hediondos ou equiparados a hediondos, é importante a leitura da Súmula 471 do STJ e da Súmula Vinculante 26:

> Súmula Vinculante 26 – Para efeito de progressão de regime no cumprimento de pena por crime hediondo, ou equiparado, o juízo da execução observará a inconstitucionalidade do art. 2º da Lei nº 8.072, de 25 de julho de 1990, sem prejuízo de avaliar se o condenado preenche, ou não, os requisitos objetivos e subjetivos do benefício, podendo determinar, para tal fim, de modo fundamentado, a realização de exame criminológico.
>
> Súmula 471/STJ – Os condenados por crimes hediondos ou assemelhados cometidos antes da vigência da Lei 11.464/2007 sujeitam-se ao disposto no art. 112 da Lei 7.210/1984 (Lei de Execução Penal) para a progressão de regime prisional.

O tema (progressão do condenado pela prática de crime hediondo/equiparado) pode ser assim sintetizado:

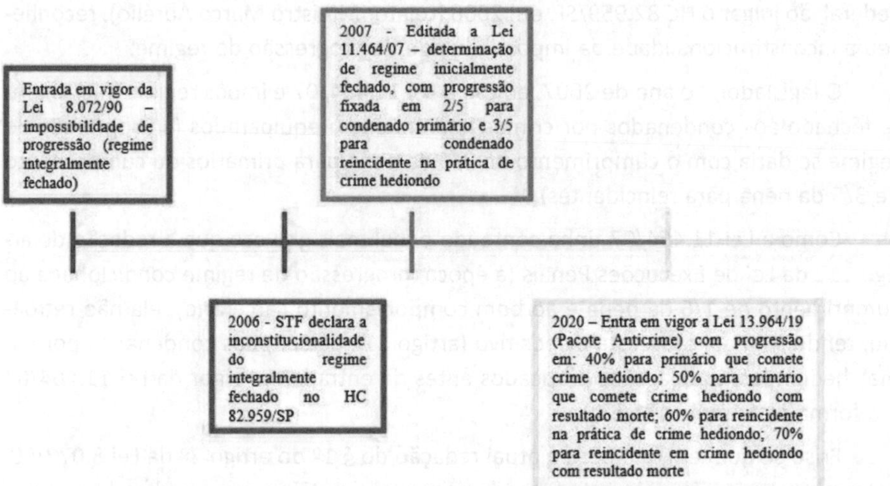

Lapso temporal no gráfico	Quantidade de pena a cumprir para progressão
Da entrada em vigor da Lei 8.072/90 até a véspera da entrada em vigor da Lei 11.464/07	1/6
Da entrada em vigor da Lei 11.464/07 até a véspera da entrada em vigor da Lei 13.964/19	2/5 (primário)
	3/5 (reincidente que comete crime hediondo/equiparado)
A partir da entrada em vigor da Lei 13.964/19	40% (primário ou reincidente genérico que comete crime hediondo/equiparado)
	50% (primário – crime hediondo ou equiparado com resultado morte)
	60% (reincidente em crime hediondo ou equiparado)
	70% (reincidente – crime hediondo ou equiparado com resultado morte)

Progressão de regime em crime hediondo ou equiparado de condenado reincidente (reincidência genérica): tema de especial relevo é a progressão de regime em crime hediondo/equiparado quando o condenado é reincidente (e a reincidência é genérica). Essa relevância se deve ao fato de que a Lei 13.964/19 especificou no inciso VII do artigo 112 da Lei de Execução Penal que a progressão mais gravosa (cumprimento de 60% da pena) só é aplicável ao reincidente **específico** em crime hediondo/equiparado. Antes do Pacote Anticrime, a Lei 8.072/90 não reclamava reincidência específica para imposição do índice mais gravoso de 3/5 da pena para progressão do reincidente.

A mudança acabou sendo benéfica (por exigir reincidência específica para imposição de lapso maior de cumprimento de pena), vez que há clara lacuna quando o réu é reincidente, mas o primeiro crime por ele perpetrado não é hediondo/equiparado (reincidência genérica). Diante da lacuna (e da impossibilidade de interpretação extensiva ou analogia *in malam partem*), a única alternativa possível é exigir, nesta situação, o cumprimento de 40% da pena (com utilização do inciso V do artigo 112 da Lei de Execução Penal) – saliento que tal índice deve retroagir para alcançar os reincidentes (desde que a reincidência seja genérica) que cometeram crime hediondo/equiparado antes da entrada em vigor do Pacote Anticrime (que aqui funcionará como *novatio legis in mellius*). Estes devem progredir de regime cumpridos 2/5 da pena (40%).

Sintetizo a realidade anterior e posterior ao Pacote Anticrime por meio de tabelas:

Progressão de regime pela prática de crime hediondo/equiparado com base na Lei 8.072/90 (pré-Pacote Anticrime)		
Condenação com trânsito em julgado	**Nova condenação**	**Progressão de regime**
Crime não hediondo/equiparado	Crime hediondo/equiparado	3/5 da pena
Crime hediondo/equiparado	Crime hediondo/equiparado	3/5 da pena

Progressão de regime pela prática de crime hediondo/equiparado com base na Lei 13.964/19 (pós-Pacote Anticrime)		
Condenação com trânsito em julgado	**Nova condenação**	**Progressão de regime**
Crime não hediondo/equiparado	Crime hediondo/equiparado	40% da pena
Crime hediondo/equiparado	Crime hediondo/equiparado	60% da pena

Eis o entendimento do Superior Tribunal de Justiça acerca do tema (transcrevo julgados da 5ª e 6ª Turmas):

> AGRAVO REGIMENTAL NO HABEAS CORPUS. PROGRESSÃO DE REGIME. REINCIDÊNCIA. LEI N. 13.964/2019. POSSIBILIDADE DE APLICAÇÃO DOS PERCENTUAIS PREVISTOS NOS INCISOS N. V E VI DO ART. 112 DA LEI N. 7.210/84, CONFORME O CASO. PRECEDENTES. RECURSO DESPROVIDO. 1. Ambas as Turmas com competência para matéria penal no Superior Tribunal de Justiça possuem orientação consolidada no sentido de que o condenado por crime hediondo e reincidente em crime comum deve resgatar, no mínimo, 40% da pena de prisão para que, preenchidos os demais requisitos legais, tenha direito à progressão de regime. Precedentes. 2. Agravo regimental desprovido (AgRg no HC 637.203/AC, Rel. Ministro JOEL ILAN PACIORNIK, QUINTA TURMA, julgado em 13/04/2021, DJe 16/04/2021).
>
> AGRAVO REGIMENTAL NO HABEAS CORPUS. EXECUÇÃO PENAL. PROGRESSÃO DE REGIME. PLEITO DE RETIFICAÇÃO DO CÁLCULO DA PENA. ART. 112, VII, DA LEI DE EXECUÇÃO PENAL (INCLUÍDO PELA LEI N. 13.964/2019). PACOTE ANTICRIME. REINCIDÊNCIA ESPECÍFICA EM CRIME HEDIONDO. NÃO APLICAÇÃO. APENADO CONDENADO POR CRIME HEDIONDO E REINCIDÊNCIA NÃO ESPECÍFICA.

OMISSÃO LEGISLATIVA. ANALOGIA IN BONAM PARTEM. APLICAÇÃO DO INCISO V. DO ART. 112 DA LEP. CONSTRANGIMENTO ILEGAL VERIFICADO. AGRAVO IMPROVIDO. 1. Firmou-se nesta Superior Corte de Justiça entendimento no sentido de que, nos termos da legislação de regência, mostra-se irrelevante que a reincidência seja específica em crime hediondo para a aplicação da fração de 3/5 na progressão de regime, pois não deve haver distinção entre as condenações anteriores (se por crime comum ou por delito hediondo) (AgRg no HC n. 494.404/MS, Ministro REYNALDO SOARES DA FONSECA, QUINTA TURMA, DJe 20/5/2019)" (AgRg no HC 521.434/SP, Rel. Ministro SEBASTIÃO REIS JÚNIOR, SEXTA TURMA, julgado em 01/10/2019, DJe 08/10/2019). 2. Ocorre que a alteração promovida pela Lei n. 13.964/2019 (Pacote Anticrime) no art. 112 da Lei de Execuções Penais, ao estabelecer novos lapsos para a progressão de regime, deixou de abranger a situação característica do paciente (condenado por crime hediondo e reincidente não específico). 3. Não há como aplicar de forma extensiva e prejudicial ao paciente o percentual de 60% previsto no inciso VII do art. 112 da LEP, que trata sobre os casos de reincidência de crime hediondo ou equiparado, merecendo, ante a omissão legislativa, o uso da analogia in bonam partem para aplicar o percentual de 40%, previsto no inciso V. 4. Agravo regimental improvido (AgRg no HC 633.650/SP, Rel. Ministro OLINDO MENEZES (DESEMBARGADOR CONVOCADO DO TRF 1ª REGIÃO), SEXTA TURMA, julgado em 04/05/2021, DJe 07/05/2021).

Progressão do regime: sobre progressão de regime, o artigo 33, § 2º, do Código Penal determina que as penas privativas de liberdade devem ser executadas de forma progressiva (passa-se do regime mais rigoroso para o mais brando – sistema progressivo ou inglês, já mencionado).

A progressão de regime de cumprimento de pena, depois da entrada em vigor do Pacote Anticrime, agora é feita com base em porcentagens (à exceção da progressão de mulher gestante ou que for mãe ou responsável por crianças ou pessoas com deficiência que, respeitados os requisitos cumulativos do § 3º do artigo 112 da LEP, progridem de regime depois do cumprimento de 1/8 da pena[65]).

Antes do Pacote Anticrime a progressão de regime podia ser assim resumida:

Condenados	Requisito objetivo	Requisito subjetivo	Fundamento
Condenados em geral	Cumprimento de 1/6 da pena.	Bom comportamento carcerário, atestado pelo diretor do estabelecimento.	Artigo 112 da LEP.

65 Apesar da revogação expressa do § 2º do artigo 2º da Lei 8.072/90 (artigo 19 da Lei 13.964/19), penso ser plenamente possível continuar a deferir a progressão diferenciada referida no § 3º do artigo 112 da Lei de Execuções Penais à mulher gestante ou que for mãe ou responsável por crianças ou pessoas com deficiência que praticar crime hediondo, desde que obedecidos todos os requisitos legalmente reclamados.

Condenados	Requisito objetivo	Requisito subjetivo	Fundamento
Mulher gestante ou mãe/responsável por crianças ou pessoas com deficiência (progressão especial)[66]	Cumprimento de 1/8 da pena, não ter cometido crime com violência ou grave ameaça, não ter cometido crime contra seu filho ou dependente.	Não ter integrado organização criminosa, ser primária e ter bom comportamento carcerário, comprovado pelo diretor do estabelecimento.	Artigo 112, § 3º, da LEP (redação da Lei 13.769/18).
Condenados por crimes contra administração pública	Cumprimento de 1/6 da pena e reparação do dano que causado, ou à devolução do produto do ilícito praticado, com os acréscimos legais.	Bom comportamento carcerário, atestado pelo diretor do estabelecimento.	Artigo 112 da LEP e artigo 33, § 4º, do CP[67].
Condenado por crime hediondo ou equiparado a hediondo antes da entrada em vigor da Lei 11.464/07	Cumprimento de 1/6 da pena.	Bom comportamento carcerário, atestado pelo diretor do estabelecimento.	Artigo 112 da LEP e Súmula 471/STJ.
Condenado primário pela prática de crime hediondo ou equiparado após a entrada em vigor da Lei 11.464/07	Cumprimento de 2/5 da pena.	Bom comportamento carcerário, atestado pelo diretor do estabelecimento.	Artigo 2º, § 2º, da Lei 8.072/90.
Condenado reincidente pela prática de crime hediondo ou equiparado após a entrada em vigor da Lei 11.464/07	Cumprimento de 3/5 da pena.	Bom comportamento carcerário, atestado pelo diretor do estabelecimento.	Artigo 2º, § 2º, da Lei 8.072/90.

Agora, com a entrada em vigor da Lei 13.964/19, temos o seguinte panorama (focando apenas na análise do requisito objetivo, modificado pelo Pacote Anticrime):

Progressão de regime depois do Pacote Anticrime	
1/8 da pena	Mulher gestante[68] ou que for mãe ou responsável por crianças ou pessoas com deficiência, desde que cumpridos os requisitos cumulativos do § 3º do artigo 112 da LEP[69].

66 O cometimento de novo crime doloso ou falta grave implicará na revogação do benefício de "progressão especial", na forma do § 4º do artigo 112 da LEP.

67 O Superior Tribunal de Justiça entendeu que se não consta na sentença condenatória transitada em julgado a obrigação de reparação do dano ou de devolução do produto do ilícito, o juízo das execuções não pode exigir essa condição para progressão de regime, com fundamento no § 4º do artigo 33 do Código Penal (informativo 709/STJ).

68. Acerca da assistência à saúde da presa gestante, vide § 4º do artigo 14 da LEP (incluído pela Lei 14.326/22):
Art. 14. A assistência à saúde do preso e do internado de caráter preventivo e curativo, compreenderá atendimento médico, farmacêutico e odontológico.
(...)
§ 4º Será assegurado tratamento humanitário à mulher grávida durante os atos médico-hospitalares preparatórios para a realização do parto e durante o trabalho de parto, bem como à mulher no período de puerpério, cabendo ao poder público promover a assistência integral à sua saúde e à do recém-nascido.

69 Importante, sobre o tema, ler a Resolução 369/2021 do CNJ, que "estabelece procedimentos e diretrizes para a substituição da privação de liberdade de gestantes, mães, pais e responsáveis por crianças

Progressão de regime depois do Pacote Anticrime	
16% da pena	Se o apenado for primário e o crime tiver sido cometido sem violência à pessoa ou grave ameaça.
20% da pena	Se o apenado for reincidente em crime cometido sem violência à pessoa ou grave ameaça.
25% da pena	Se o apenado for primário e o crime tiver sido cometido com violência à pessoa ou grave ameaça.
30% da pena	Se o apenado for reincidente em crime cometido com violência à pessoa ou grave ameaça.
40% da pena	Se o apenado for condenado pela prática de crime hediondo ou equiparado, se for primário.
50% da pena	Se o apenado for: a) condenado pela prática de crime hediondo ou equiparado, com resultado morte, se for primário, vedado o livramento condicional; b) condenado por exercer o comando, individual ou coletivo, de organização criminosa estruturada para a prática de crime hediondo ou equiparado; ou c) condenado pela prática do crime de constituição de milícia privada.
60% da pena	Se o apenado for reincidente na prática de crime hediondo ou equiparado.
70% da pena	Se o apenado for reincidente em crime hediondo ou equiparado com resultado morte, vedado o livramento condicional.

Progressão por salto: é vedada a progressão por saltos, nos termos da Súmula 491/STJ – **É inadmissível a chamada progressão *per saltum* de regime prisional.**

Súmula vinculante 56: em que pese ser vedada a progressão por saltos, é importante ressaltar que o condenado que faz jus à progressão de regime não pode ser compelido a aguardar a vaga em regime mais rigoroso, nos exatos termos da Súmula Vinculante 56 – **A falta de estabelecimento penal adequado não autoriza a manutenção do condenado em regime prisional mais gravoso, devendo-se observar, nessa hipótese, os parâmetros fixados no RE 641.320/RS**[70].

Nessa esteira (observância dos parâmetros determinados no RE 641.320/RS), o Superior Tribunal de Justiça entendeu que, mesmo inexistindo vaga em estabelecimento adequado e tendo o condenado direito à progressão, não deve ser imediatamente concedida prisão domiciliar (informativo 632):

---

e pessoas com deficiência, nos termos dos arts. 318 e 318-A do Código de Processo Penal, e em cumprimento às ordens coletivas de habeas corpus concedidas pela 2ª Turma do Supremo Tribunal Federal nos HCs no 143.641/SP e no 165.704/DF".

70 "3. Os juízes da execução penal poderão avaliar os estabelecimentos destinados aos regimes semiaberto e aberto, para qualificação como adequados a tais regimes. São aceitáveis estabelecimentos que não se qualifiquem como 'colônia agrícola, industrial' (regime semiaberto) ou 'casa de albergado ou estabelecimento adequado' (regime aberto) (art. 33, § 1º, alíneas "b" e "c"). No entanto, não deverá haver alojamento conjunto de presos dos regimes semiaberto e aberto com presos do regime fechado. 4. Havendo déficit de vagas, deverão ser determinados: (i) a saída antecipada de sentenciado no regime com falta de vagas; (ii) a liberdade eletronicamente monitorada ao sentenciado que sai antecipadamente ou é posto em prisão domiciliar por falta de vagas; (iii) o cumprimento de penas restritivas de direito e/ou estudo ao sentenciado que progride ao regime aberto. Até que sejam estruturadas as medidas alternativas propostas, poderá ser deferida a prisão domiciliar ao sentenciado." (RE 641320, Relator Ministro Gilmar Mendes, Tribunal Pleno, julgamento em 11.5.2016, DJe de 8.8.2016, com repercussão geral – tema 423).

Inicialmente cumpre salientar que no julgamento do RE 641.320/RS, o Supremo Tribunal Federal assentou que "a falta de estabelecimento penal adequado não autoriza a manutenção do condenado em regime prisional mais gravoso". Concluiu, ainda, que, diante de tais situações, o julgador deveria buscar aplicar as seguintes alternativas, em ordem de preferência: (i) a saída antecipada de sentenciado no regime com falta de vagas; (ii) a liberdade eletronicamente monitorada ao sentenciado que sai antecipadamente ou é posto em prisão domiciliar por falta de vagas; (iii) o cumprimento de penas restritivas de direito e/ou estudo ao sentenciado que progride ao regime aberto. Até que sejam estruturadas as medidas alternativas propostas, poderá ser deferida a prisão domiciliar ao sentenciado. O relator do RE 641.320/RS, ao discorrer sobre a prisão domiciliar pura e simples, pondera ser ela "uma alternativa de difícil fiscalização e, isolada, de pouca eficácia". Isso porque, no seu entender, a par das dificuldades que o preso pode vir a ter para providenciar uma casa na qual seja acolhido e para auxiliar no seu sustento, já que as possibilidades de trabalho sem sair do ambiente doméstico são limitadas, há que se levar em conta que, "em casos de crimes que tenham os membros da família como vítima, pode-se criar nova situação de risco, tornando a pena insuficiente para proteger as vítimas. Por outro lado, os associados para a prática de crimes passam a ter total acesso ao condenado. Eventuais restrições de movimentação não se estendem à comunidade, que não fica proibida de frequentar a casa na qual a pena é cumprida". Defende, assim, que "a execução da sentença em regime de prisão domiciliar é mais proveitosa se for acompanhada de trabalho", devendo ser acompanhada de "monitoração eletrônica dos sentenciados, especialmente os do regime semiaberto", na forma do art. 146-B, II e IV, da Lei n. 7.210/1984. No tocante à saída antecipada, esclarece que "o sentenciado do regime semiaberto que tem a saída antecipada pode ser colocado em liberdade eletronicamente monitorada; o sentenciado do aberto, ter a pena substituída por penas alternativas ou estudo". Sugere que "a saída antecipada deve ser deferida ao sentenciado que satisfaz os requisitos subjetivos e está mais próximo de satisfazer o requisito objetivo. Ou seja, aquele que está mais próximo de progredir tem o benefício antecipado. Para selecionar o condenado apto, é indispensável que o julgador tenha ferramentas para verificar qual está mais próximo do tempo de progressão". Explicitando seu pensamento sobre a liberdade eletronicamente monitorada, aplicável tanto ao regime aberto quanto ao semiaberto, o Relator esclarece que "melhor do que a pura e simples prisão domiciliar, é a liberdade eletronicamente vigiada, ficando o sentenciado obrigado a trabalhar e, se possível, estudar, recolhendo-se ao domicílio nos períodos de folga". Depreende-se, portanto, que o relator do RE 641.320/RS somente considera a utilização da prisão domiciliar pouco efetiva como alternativa à ausência de vagas no regime adequado quando ela restringe totalmente o direito do executado de deixar a residência, não permitindo, assim, o exercício de trabalho externo, ou quando, estando o reeducando no regime aberto, a prisão domiciliar puder ser substituída pelo cumprimento de penas alternativas e/ou estudo.

Frise-se que o Ministério Público e a defesa devem se manifestar acerca da progressão, nos termos do artigo 112, § 2º, da LEP[71] (com redação determinada pelo Pacote Anticrime).

Anoto, ainda, que é cabível, porque benéfica para o condenado, a progressão antes do trânsito em julgado da sentença (mesmo se o réu estiver em prisão especial). Eis entendimentos sumulados:

> Súmula 716/STF – Admite-se a progressão de regime de cumprimento da pena ou a aplicação imediata de regime menos severo nela determinada, antes do trânsito em julgado da sentença condenatória.
>
> Súmula 717/STF – Não impede a progressão de regime de execução da pena, fixada em sentença não transitada em julgado, o fato de o réu se encontrar em prisão especial.

Saliento que pode ser requisitado exame criminológico para fins de progressão do regime fechado para o semiaberto:

> Súmula 439/STJ – Admite-se o exame criminológico pelas peculiaridades do caso, desde que em decisão motivada.

Progressão do regime semiaberto para o aberto: no que toca à progressão do regime semiaberto para o aberto, além dos requisitos acima declinados, o condenado (artigos 113 e 114 da LEP): a) tem que aceitar as condições do programa; b) tem que aceitar as condições impostas pelo juiz; c) deve trabalhar ou comprovar a possibilidade de fazê-lo; e d) seus antecedentes devem demonstrar que o condenado se adequará ao regime.

É importante, nessa esteira, a leitura da Súmula 493/STJ – **É inadmissível a fixação de pena substitutiva (art. 44 do CP) como condição especial ao regime aberto.**

Regressão de regime: analisadas as regras da progressão de regime, anoto que regressão de regime significa passar para regime menos severo para um mais rigoroso (artigo 118 da LEP), em face da prática de crime doloso (não é necessário trânsito em julgado para regressão), falta grave (vide artigos 50 e 52 da LEP) ou quando o sentenciado sofrer nova condenação cuja soma torne incabível o regime atual. É possível regressão por saltos.

---

71 Art. 112. (...)
§ 2º A decisão do juiz que determinar a progressão de regime será sempre motivada e precedida de manifestação do Ministério Público e do defensor, procedimento que também será adotado na concessão de livramento condicional, indulto e comutação de penas, respeitados os prazos previstos nas normas vigentes.

Direitos dos presos: os direitos dos presos estão grafados no artigo 5º, inciso XLIX, da Constituição Federal, no artigo 38 do Código Penal e nos artigos 41 e 42 da Lei de Execução Penal.

Cumpre lembrar que os condenados têm seus direitos políticos suspensos, nos termos do artigo 15, inciso III, da Constituição Federal.

Superveniência de doença mental: em caso de superveniência de doença mental, o juízo das execuções pode, de ofício, a requerimento do Ministério Público, da Defensoria Pública ou da autoridade administrativa, determinar a substituição da pena por medida de segurança – artigo 183 da LEP.

Detração x remição de pena: não confunda a **detração penal** prevista no artigo 42 do Código Penal (significa descontar o tempo de prisão provisória na pena efetivamente imposta) com a **remição de pena** prevista nos artigos 126 a 130 da Lei de Execução Penal (significa descontar os dias trabalhados ou estudados na pena, à razão de três dias trabalhados para um remido ou doze horas de frequência escolar, divididos em três dias, para um dia de pena remido – aplica-se à pena cumprida no regime fechado ou no regime semiaberto[72]).

O Superior Tribunal de Justiça entende ser possível detração em face da decretação de medida cautelar diversa da prisão de recolhimento noturno, aos finais de semana e dias não úteis, supervisionados por monitoramento eletrônico (informativo 693/STJ). Eis julgado da 5ª Turma do Tribunal da Cidadania sobre o tema:

> EXECUÇÃO PENAL. AGRAVO REGIMENTAL NO HABEAS CORPUS. DETRAÇÃO DO PERÍODO DE CUMPRIMENTO DE MEDIDA CAUTELAR ALTERNATIVA À PRISÃO. RECOLHIMENTO DOMICILIAR NOTURNO. POSSIBILIDADE. MATÉRIA PACIFICADA NO ÂMBITO DA QUINTA TURMA DESTA CORTE. AGRAVO REGIMENTAL NÃO PROVIDO. 1. Consolidou-se na Quinta Turma deste Tribunal entendimento no sentido de que, a despeito da inexistência de previsão legal para a detração penal na hipótese de submissão do sentenciado a medidas cautelares diversas da prisão, o período de recolhimento domiciliar noturno, por ensejar a privação de liberdade do apenado, deve ser detraído da pena, em observância aos princípios da proporcionalidade e do non bis in idem. 2. Agravo regimental não provido (AgRg no HC 612.328/DF, Rel. Ministro RIBEIRO DANTAS, QUINTA TURMA, julgado em 09/03/2021, DJe 15/03/2021).

Conclusão de nível de ensino: se em razão do estudo o condenado concluir o ensino fundamental, médio ou superior, ganhará "bônus" de 1/3 do tempo a remir (artigo 126, § 5º, da LEP); por outro lado, se for punido por falta grave, o sentenciado perde 1/3 do tempo remido (artigo 127 da LEP).

---

72 No informativo 625/STJ fica claro que é possível remir dias trabalhados antes do início da execução, desde que o trabalho seja posterior à prática do delito (HC 420.257/RS, rel. Min. Nefi Cordeiro, por maioria, julgado em 19/04/2018, DJe 11/05/2018).

Teses do Superior Tribunal de Justiça: leia as teses do STJ sobre remição de pena (edição 9 da jurisprudência em teses):

> 1) Há remição da pena quando o trabalho é prestado fora ou dentro do estabelecimento prisional, uma vez que o art. 126 da Lei de Execução Penal não faz distinção quanto à natureza do trabalho ou quanto ao local de seu exercício.
>
> 2) O tempo remido pelo apenado por estudo ou por trabalho deve ser considerado como pena efetivamente cumprida para fins de obtenção dos benefícios da execução, e não simplesmente como tempo a ser descontado do total da pena[73].
>
> 3) Não há remição da pena na hipótese em que o condenado deixa de trabalhar ou estudar em virtude da omissão do Estado em fornecer tais atividades.
>
> 4) Nos regimes fechado e semiaberto, a remição é conferida tanto pelo trabalho quanto pelo estudo, nos termos do art. 126 da Lei de Execução Penal.
>
> 5) No regime aberto, a remição somente é conferida se há frequência em curso de ensino regular ou de educação profissional, sendo inviável o benefício pelo trabalho.
>
> 6) A remição pelo estudo pressupõe a frequência a curso de ensino regular ou de educação profissional, independentemente da sua conclusão ou do aproveitamento satisfatório.
>
> 7) A decisão que reconhece a remição da pena, em virtude de dias trabalhados, não faz coisa julgada nem constitui direito adquirido.
>
> 8) Cabe ao juízo da execução fixar a fração aplicável de perda dos dias remidos na hipótese de cometimento de falta grave, observando o limite máximo de 1/3 (um terço) do total e a necessidade de fundamentar a decisão em elementos concretos, conforme o art. 57 da Lei de Execução Penal.
>
> 9) A nova redação do art. 127 da Lei de Execução Penal, que prevê a limitação da perda dos dias remidos a 1/3 (um terço) do total no caso da prática de falta grave, deve ser aplicada retroativamente por se tratar de norma penal mais benéfica.

Súmulas sobre execução penal: vale a pena conferir as Súmulas do Superior Tribunal de Justiça sobre execução penal (suprimi os verbetes já citados no curso da obra):

> Súmula 40 – Para obtenção dos benefícios de saída temporária e trabalho externo, considera-se o tempo de cumprimento da pena no regime fechado. (Súmula 40, TERCEIRA SEÇÃO, julgado em 07/05/1992, DJ 12/05/1992)
>
> Súmula 192 – Compete ao Juízo das Execuções Penais do Estado a execução das penas impostas a sentenciados pela Justiça Federal, Militar ou Eleitoral, quando

73 Sobre o tema, importante a leitura da Resolução 391/2021 do CNJ que “estabelece procedimentos e diretrizes a serem observados pelo Poder Judiciário para o reconhecimento do direito à remição de pena por meio de práticas sociais educativas em unidades de privação de liberdade”.

recolhidos a estabelecimentos sujeitos a Administração Estadual. (Súmula 192, TERCEIRA SEÇÃO, julgado em 25/06/1997, DJ 01/08/1997)

Súmula 341 – A frequência a curso de ensino formal é causa de remição de parte do tempo de execução de pena sob regime fechado ou semiaberto. (Súmula 341, TERCEIRA SEÇÃO, julgado em 27/06/2007, DJ 13/08/2007 p. 581)

Súmula 520 – O benefício de saída temporária no âmbito da execução penal é ato jurisdicional insuscetível de delegação à autoridade administrativa do estabelecimento prisional. (Súmula 520, TERCEIRA SEÇÃO, julgado em 25/03/2015, DJe 06/04/2015)

Súmula 526 – O reconhecimento de falta grave decorrente do cometimento de fato definido como crime doloso no cumprimento da pena prescinde do trânsito em julgado de sentença penal condenatória no processo penal instaurado para apuração do fato. (Súmula 526, TERCEIRA SEÇÃO, julgado em 13/05/2015, DJe 18/05/2015)

Súmula 533 – Para o reconhecimento da prática de falta disciplinar no âmbito da execução penal, é imprescindível a instauração de procedimento administrativo pelo diretor do estabelecimento prisional, assegurado o direito de defesa, a ser realizado por advogado constituído ou defensor público nomeado. (Súmula 533, TERCEIRA SEÇÃO, julgado em 10/06/2015, DJe 15/06/2015).

Súmula 534 – A prática de falta grave interrompe a contagem do prazo para a progressão de regime de cumprimento de pena, o qual se reinicia a partir do cometimento dessa infração. (Súmula 534, TERCEIRA SEÇÃO, julgado em 10/06/2015, DJe 15/06/2015)

Súmula 535 – A prática de falta grave não interrompe o prazo para fim de comutação de pena ou indulto. (Súmula 535, TERCEIRA SEÇÃO, julgado em 10/06/2015, DJe 15/06/2015)

Súmula 562 – É possível a remição de parte do tempo de execução da pena quando o condenado, em regime fechado ou semiaberto, desempenha atividade laborativa, ainda que extramuros. (Súmula 562, TERCEIRA SEÇÃO, julgado em 24/02/2016, DJe 29/02/2016)

Penas restritivas de direito: as penas restritivas de direitos são sanções alternativas às penas privativas de liberdade, que evitam o encarceramento do condenado. Eis as espécies de penas restritivas de direitos (é possível a existência de penas restritivas de direitos distintas na legislação extravagante – artigo 5º da Lei 13.869/19[74], por exemplo):

74 Art. 5º As penas restritivas de direitos substitutivas das privativas de liberdade previstas nesta Lei são:
I – prestação de serviços à comunidade ou a entidades públicas;

Espécie	Descrição	Dispositivo legal
Prestação pecuniária	Pagamento em dinheiro à vítima, seus dependentes ou entidade pública ou privada com destinação social, em valor não inferior a um nem superior a trezentos e sessenta salários mínimos; o valor será deduzido em caso de eventual reparação civil[75].	Artigo 45, § 1º, do CP
Perda de bens e valores	Transferência de bens e valores do condenado ao Fundo Penitenciário Nacional; o teto será o prejuízo causado ou o proveito obtido em consequência do crime, o que for maior; não se confunde com o efeito da condenação previsto no artigo 91, II, do CP.	Artigo 45, § 3º, do CP
Prestação de serviços à comunidade	Atribuição de tarefas gratuitas ao condenado em entidades públicas; é cabível a condenações superiores a seis meses; o trabalho é executado à razão de oito horas semanais, em sábados, domingos e feriados (não deve prejudicar o horário normal de trabalho do condenado); se a pena substituída for superior a um ano, pode o condenado apressar seu cumprimento; não haverá remuneração; é o juiz da execução quem fixa a entidade.	Artigo 46 do CP e artigos 149 e 150 da LEP.
Interdição temporária de direitos	É a privação de determinados direitos do condenado – a) proibição do exercício de cargo, função ou atividade pública, bem como de mandato eletivo; b) proibição do exercício de profissão, atividade ou ofício que dependam de habilitação especial, de licença ou autorização do poder público; c) suspensão de autorização ou de habilitação para dirigir veículo; d) proibição de frequentar determinados lugares; e) proibição de inscrever-se em concurso, avaliação ou exame públicos.	Artigo 47, 56 e 57 do CP e artigos 154 e 155 da LEP.
Limitação de fim de semana	Obrigação de permanecer aos sábados e domingos, por cinco horas diárias, em casa de albergado ou em outro estabelecimento adequado; poderão ser ministrados cursos ou palestras; na falta de casa de albergado, admite-se limitação de fim de semana em domicílio.	Artigo 48 do CP e artigos 151, 152 e 153 da LEP.

II – suspensão do exercício do cargo, da função ou do mandato, pelo prazo de 1 (um) a 6 (seis) meses, com a perda dos vencimentos e das vantagens;

III – (VETADO).

Parágrafo único. As penas restritivas de direitos podem ser aplicadas autônoma ou cumulativamente.

75 O Superior Tribunal de Justiça entendeu que é possível compensar a prestação pecuniária (§ 1º do artigo 45 do Código Penal) pela reparação dos danos causados pela infração penal (inciso IV do artigo 387 do Código de Processo Penal), por serem idênticos os beneficiários (informativo 714/STJ).

Requisitos para substituição da pena privativa de liberdade por restritivas de direitos: veja os requisitos da substituição das penas privativas de liberdade por restritivas de direitos (artigo 44 do Código Penal):

Requisitos objetivos	Requisitos subjetivos	Substituição de pena para reincidentes
No crime doloso a pena privativa de liberdade aplicada não pode ser superior a quatro anos e o crime não pode ter sido cometido mediante violência ou grave ameaça à pessoa. Nos crimes culposos é possível substituição, qualquer que seja a pena aplicada.	O réu não pode ser reincidente em crime doloso; a culpabilidade, os antecedentes, a conduta social e a personalidade do agente devem indicar que a substituição é suficiente.	Se o condenado for reincidente, o juiz poderá aplicar a substituição, desde que, em face de condenação anterior, a medida seja socialmente recomendável e a reincidência não se tenha operado em virtude da prática do mesmo crime.

LEMBRE: para condenação igual ou inferior a um ano, a substituição pode ser feita por multa ou uma pena restritiva de direitos[76]. Para condenação a pena superior a um ano, a pena privativa de liberdade será substituída por multa mais uma restritiva de direitos ou duas restritivas de direitos – artigo 44, § 2º, do Código Penal.

ATENÇÃO: em caso de concurso formal ou continuidade delitiva, o juiz verifica a possibilidade de substituição depois de todos os acréscimos. Em caso de concurso material, o juiz verifica a possibilidade de substituição em relação a cada crime separadamente.

O momento oportuno da substituição da pena privativa de liberdade por restritiva de direitos é o da sentença condenatória, nos termos do artigo 59, inciso IV, do Código Penal.

Reversão de pena restritiva de direitos em privativa de liberdade: é possível a reversão/conversão da pena restritiva de direitos em privativa de liberdade. A reversão pode ser:

Causa de reversão	Descrição
Obrigatória	Em caso de descumprimento injustificado da restrição imposta (deduz o tempo já cumprido).
Facultativa	Sobrevindo condenação a pena privativa de liberdade por outro crime (o juiz da execução pode deixar de converter, se for possível cumprir a pena substituída anterior).

76 Não deixe de ler a Súmula 643/STJ – A execução da pena restritiva de direitos depende do trânsito em julgado da condenação.

Pena de multa: a pena de multa é valor fixado pelo juiz que incide sobre o patrimônio do condenado. Pode ser cominada isoladamente, alternativamente, cumulativamente ou de forma substitutiva (essa se chama de vicariante).

O Brasil adota o critério de aplicação de dias-multa (vide artigo 49 do Código Penal), que será fixado entre o mínimo de 10 e o máximo em 360[77]. O valor de cada dia-multa não pode ser pode ser inferior a 1/30 do salário mínimo e nem superior a cinco vezes o salário mínimo (artigo 49, § 1º, do Código Penal). A multa pode ser aumentada até o triplo, se o juiz considerar que, em virtude da situação econômica do réu, a sanção é ineficaz, embora aplicada no máximo (artigo 60, § 1º, do Código Penal).

Correção: o valor da multa aplicada será atualizado pelos índices de correção monetária (artigo 49, § 2º, do Código Penal). O termo *a quo* para correção deve ser a data do fato (nos termos da Súmula 43/STJ).

Dosimetria: na dosimetria da pena de multa, o juiz deve fixar a quantidade de dias-multa, atento aos critérios determinados pelo artigo 59 do Código Penal. Após, fixará o valor do dia-multa, observando a situação econômica do réu, nos termos do artigo 60 do Código Penal.

Pagamento: a multa deve ser paga dentro de 10 dias depois do trânsito em julgado da sentença penal condenatória. Contudo, o juiz pode autorizar o pagamento em parcelas (nos termos do artigo 50 do Código Penal). É possível, ainda, haver desconto em folha, desde que não incida sobre os recursos indispensáveis ao sustento do condenado e de sua família.

Superveniência de doença mental: pode haver suspensão do pagamento da multa em caso de superveniência de doença mental (artigo 52 do Código Penal).

Multa vicariante: é a multa substitutiva (substitui a pena privativa de liberdade). Há possibilidade, em tese, de aplicação de duas penas de multa simultâneas (a vicariante, substitutiva, e outra cumulativa).

Conversão em dívida de valor e execução da pena de multa: a multa se transmuda em dívida de valor, não podendo ser convertida em privativa de liberdade, caso não seja paga.

O Superior Tribunal de Justiça tinha posição firme (inclusive sumulada[78]) de que a execução da pena de multa não paga devia ser feita pela procuradoria da Fazenda Pública, perante o juízo cível (vara de execuções fiscais). Entretanto, o Supremo Tribunal Federal, nos autos da ADI 3150, julgada em 13/12/2018, deu interpretação conforme a Constituição ao artigo 51 do Código Penal, afirmando que a legitimidade para execução da pena de multa é prioritariamente do Ministério Público perante a vara de execuções penais. A cobrança, nos termos da decisão, só seria deslocada para

77 É possível identificar exceções a esses limites mínimo/máximo na Lei 11.343/06, por exemplo.

78 Súmula 521/STJ – A legitimidade para execução fiscal de multa pendente de pagamento imposta em sentença condenatória é exclusiva da Procuradoria da Fazenda Pública.

a Fazenda Pública (perante a vara de execuções fiscais e com base na Lei 6.830/90) caso o Ministério Público permaneça inerte no prazo de 90 dias.

Ressalto que o Pacote Anticrime deu nova redação ao artigo 51 do Código Penal, deixando claro a competência do juízo das execuções penais para execução da pena de multa:

> Art. 51. Transitada em julgado a sentença condenatória, a multa será executada perante o juiz da execução penal e será considerada dívida de valor, aplicáveis as normas relativas à dívida ativa da Fazenda Pública, inclusive no que concerne às causas interruptivas e suspensivas da prescrição.

A nova redação do dispositivo segue, em grande medida, o quanto decidido pelo Supremo Tribunal Federal nos autos da ADI 3150, como ressaltado supra:

> Execução penal. Constitucional. Ação direta de inconstitucionalidade. Pena de multa. Legitimidade prioritária do Ministério Público. Necessidade de interpretação conforme. Procedência parcial do pedido. 1. A Lei nº 9.268/1996, ao considerar a multa penal como dívida de valor, não retirou dela o caráter de sanção criminal, que lhe é inerente por força do art. 5º, XLVI, c, da Constituição Federal. 2. Como consequência, a legitimação prioritária para a execução da multa penal é do Ministério Público perante a Vara de Execuções Penais. 3. Por ser também dívida de valor em face do Poder Público, a multa pode ser subsidiariamente cobrada pela Fazenda Pública, na Vara de Execução Fiscal, se o Ministério Público não houver atuado em prazo razoável (90 dias). 4. Ação direta de inconstitucionalidade cujo pedido se julga parcialmente procedente para, conferindo interpretação conforme à Constituição ao art. 51 do Código Penal, explicitar que a expressão "aplicando-se-lhes as normas da legislação relativa à dívida ativa da Fazenda Pública, inclusive no que concerne às causas interruptivas e suspensivas da prescrição", não exclui a legitimação prioritária do Ministério Público para a cobrança da multa na Vara de Execução Penal. Fixação das seguintes teses: (i) O Ministério Público é o órgão legitimado para promover a execução da pena de multa, perante a Vara de Execução Criminal, observado o procedimento descrito pelos artigos 164 e seguintes da Lei de Execução Penal; (ii) Caso o titular da ação penal, devidamente intimado, não proponha a execução da multa no prazo de 90 (noventa) dias, o Juiz da execução criminal dará ciência do feito ao órgão competente da Fazenda Pública (Federal ou Estadual, conforme o caso) para a respectiva cobrança na própria Vara de Execução Fiscal, com a observância do rito da Lei 6.830/1980.

Assim, a atribuição para executar a pena de multa, na forma da nova redação do artigo 51 do Código Penal, é do Ministério Público, perante o juízo das execuções penais.

Importante salientar que o legislador não fez a ressalva determinada pelo Pretório Excelso em relação à inércia do *Parquet* – legitimidade da procuradoria da Fazenda

Pública para propor a execução da multa não paga perante a respectiva vara de execução fiscal caso a execução não seja proposta em 90 dias pelo Ministério Público. Ainda assim, penso ser possível aplicar o quanto decido pelo Supremo Tribunal Federal no bojo da ADI 3150 à nova redação do artigo 51 do Código Penal determinada pela Lei 13.964/19.

Não cabimento de habeas corpus: nos termos da Súmula 693/STF – **Não cabe *habeas corpus* contra decisão condenatória a pena de multa, ou relativo a processo em curso por infração penal a que a pena pecuniária seja a única cominada.**

Questões de concurso público: veja como o assunto já foi cobrado em concurso público.

1 – (Delegado de Polícia Civil/ES/2019) A ideia de punição é assunto base para a construção de um sistema penal democrático. Não é à toa que, no decorrer da história, pesquisadores, juristas, doutrinadores, bem como a jurisprudência, trataram das tentativas de justificação dos fins que se pretende alcançar com a aplicação das penas em âmbito do Direto Penal. Em observância ao Código Penal de 1940, marque a afirmativa correta em relação aos fins atribuídos à pena, no caso brasileiro.

a) O Código Penal de 1940, em junção com a jurisprudência, adotou como única justificação a retribuição, tendo a pena como fim em si mesma.

b) O Código Penal de 1940 adotou a teoria mista, unificada ou eclética, que reflete na unificação das ideias de retribuição e prevenção como finalidade para aplicação das penas.

c) De acordo com o desenvolvimento de bases estatísticas para o direito penal, chegamos ao entendimento de aplicação da teoria utilitarista unificada, que incorpora o modelo da civil law e common law.

d) De acordo com a legislação penal, a ressocialização do preso mediante o cumprimento da pena é o único fim determinado legalmente para a pena.

e) De acordo com a ideia de prevenção geral que foi construída em reação ao caso brasileiro, tal justificativa é a adotada para aplicação da pena no Brasil.

2 – (Delegado de Polícia Federal/2018) Diogo, condenado a sete anos e seis meses de reclusão pela prática de determinado crime, deve iniciar o cumprimento da pena no regime semiaberto. Todavia, na cidade onde se encontra, só há estabelecimento prisional adequado para a execução da pena em regime fechado. Nessa situação, o juiz poderá determinar que Diogo inicie o cumprimento da pena no regime fechado ( ).

3 – (Delegado de Polícia Federal/2018) Flávio, maior e capaz, condenado a pena de doze anos pela prática de homicídio doloso qualificado, iniciou o cumprimento da pena em regime fechado. Durante a execução da pena, ele apresentou comportamento excelente e colaborativo, por isso, após o período mínimo para a progressão de regime, seu advogado requereu ao juiz a passagem de Flávio para o regime aberto. Nessa situação, o pedido não poderá ser atendido: a progressão do regime prisional de Flávio deverá ser para o regime semiaberto ( ).

4 – (Delegado de Polícia Federal/2018) O princípio da individualização da pena determina que nenhuma pena passará da pessoa do condenado, razão pela qual as sanções relativas à restrição de liberdade não alcançarão parentes do autor do delito ( ).

5 – (Delegado de Polícia Federal/2013) A multa aplicada cumulativamente com a pena de reclusão pode ser executada em face do espólio, quando o réu vem a óbito no curso da execução da pena, respeitando-se o limite das forças da herança ( ).

6 – (Delegado de Polícia Federal/2021) A falta de estabelecimento penal adequado não autoriza a manutenção do condenado em regime prisional mais gravoso, podendo o juiz da execução autorizar a saída antecipada de sentenciados enquadrados nesse regime em razão da falta de vagas no estabelecimento penal ( ).

Gabarito comentado:

Questão	Reposta	Comentário
1	Letra B	De fato, o Código Penal brasileiro adotou a teoria eclética, que entende que a pena tem função retributiva e preventiva.
2	ERRADA	O condenado não deve suportar regime prisional mais gravoso em face de omissão ou falta de estrutura estatal (inteligência da Súmula Vinculante 56).
3	CERTA	Não é possível progressão de regime *per saltum* (inteligência da Súmula 491/STJ).
4	ERRADA	O princípio descrito no item é o princípio da pessoalidade ou intranscendência.
5	ERRADA	Em face do princípio da pessoalidade ou intranscendência, a pena não pode passar da pessoa do condenado. Se o agente morreu, está extinta a punibilidade.
6	CERTA	Vide Súmula Vinculante 56 – **A falta de estabelecimento penal adequado não autoriza a manutenção do condenado em regime prisional mais gravoso, devendo-se observar, nessa hipótese, os parâmetros fixados no RE 641.320/RS. Os parâmetros listados no julgado citado são: "(...) 4. Havendo déficit de vagas, deverão ser determinados: (i) a saída antecipada de sentenciado no regime com falta de vagas; (ii) a liberdade eletronicamente monitorada ao sentenciado que sai antecipadamente ou é posto em prisão domiciliar por falta de vagas; (iii) o cumprimento de penas restritivas de direito e/ou estudo ao sentenciado que progride ao regime aberto. Até que sejam estruturadas as medidas alternativas propostas, poderá ser deferida a prisão domiciliar ao sentenciado".**

CAPÍTULO III
DA APLICAÇÃO DA PENA

Fixação da pena

Art. 59 – O juiz, atendendo à culpabilidade, aos antecedentes, à conduta social, à personalidade do agente, aos motivos, às circunstâncias e conseqüências do crime, bem como ao comportamento da vítima, estabelecerá, conforme seja necessário e suficiente para reprovação e prevenção do crime:

I – as penas aplicáveis dentre as cominadas;

II – a quantidade de pena aplicável, dentro dos limites previstos;

III – o regime inicial de cumprimento da pena privativa de liberdade;

IV – a substituição da pena privativa da liberdade aplicada, por outra espécie de pena, se cabível.

Critérios especiais da pena de multa

Art. 60 – Na fixação da pena de multa o juiz deve atender, principalmente, à situação econômica do réu.

§ 1º – A multa pode ser aumentada até o triplo, se o juiz considerar que, em virtude da situação econômica do réu, é ineficaz, embora aplicada no máximo.

Multa substitutiva

§ 2º – A pena privativa de liberdade aplicada, não superior a 6 (seis) meses, pode ser substituída pela de multa, observados os critérios dos incisos II e III do art. 44 deste Código.

Circunstâncias agravantes

Art. 61 – São circunstâncias que sempre agravam a pena, quando não constituem ou qualificam o crime:

I – a reincidência;

II – ter o agente cometido o crime:

a) por motivo fútil ou torpe;

b) para facilitar ou assegurar a execução, a ocultação, a impunidade ou vantagem de outro crime;

c) à traição, de emboscada, ou mediante dissimulação, ou outro recurso que dificultou ou tornou impossível a defesa do ofendido;

d) com emprego de veneno, fogo, explosivo, tortura ou outro meio insidioso ou cruel, ou de que podia resultar perigo comum;

e) contra ascendente, descendente, irmão ou cônjuge;

f) com abuso de autoridade ou prevalecendo-se de relações domésticas, de coabitação ou de hospitalidade, ou com violência contra a mulher na forma da lei específica;

g) com abuso de poder ou violação de dever inerente a cargo, ofício, ministério ou profissão;

h) contra criança, maior de 60 (sessenta) anos, enfermo ou mulher grávida;

i) quando o ofendido estava sob a imediata proteção da autoridade;

j) em ocasião de incêndio, naufrágio, inundação ou qualquer calamidade pública, ou de desgraça particular do ofendido;

l) em estado de embriaguez preordenada.

Agravantes no caso de concurso de pessoas

Art. 62 – A pena será ainda agravada em relação ao agente que:

I – promove, ou organiza a cooperação no crime ou dirige a atividade dos demais agentes;

II – coage ou induz outrem à execução material do crime;

III – instiga ou determina a cometer o crime alguém sujeito à sua autoridade ou não-punível em virtude de condição ou qualidade pessoal;

IV – executa o crime, ou nele participa, mediante paga ou promessa de recompensa.

Reincidência

Art. 63 – Verifica-se a reincidência quando o agente comete novo crime, depois de transitar em julgado a sentença que, no País ou no estrangeiro, o tenha condenado por crime anterior.

Art. 64 – Para efeito de reincidência:

I – não prevalece a condenação anterior, se entre a data do cumprimento ou extinção da pena e a infração posterior tiver decorrido período de tempo superior a 5 (cinco) anos, computado o período de prova da suspensão ou do livramento condicional, se não ocorrer revogação;

II – não se consideram os crimes militares próprios e políticos.

Circunstâncias atenuantes

Art. 65 – São circunstâncias que sempre atenuam a pena:

I – ser o agente menor de 21 (vinte e um), na data do fato, ou maior de 70 (setenta) anos, na data da sentença;

II – o desconhecimento da lei;

III – ter o agente:

a) cometido o crime por motivo de relevante valor social ou moral;

b) procurado, por sua espontânea vontade e com eficiência, logo após o crime, evitar-lhe ou minorar-lhe as conseqüências, ou ter, antes do julgamento, reparado o dano;

c) cometido o crime sob coação a que podia resistir, ou em cumprimento de ordem de autoridade superior, ou sob a influência de violenta emoção, provocada por ato injusto da vítima;

d) confessado espontaneamente, perante a autoridade, a autoria do crime;

e) cometido o crime sob a influência de multidão em tumulto, se não o provocou.

Art. 66 – A pena poderá ser ainda atenuada em razão de circunstância relevante, anterior ou posterior ao crime, embora não prevista expressamente em lei.

Concurso de circunstâncias agravantes e atenuantes

Art. 67 – No concurso de agravantes e atenuantes, a pena deve aproximar-se do limite indicado pelas circunstâncias preponderantes, entendendo-se como tais as que resultam dos motivos determinantes do crime, da personalidade do agente e da reincidência.

Cálculo da pena

Art. 68 – A pena-base será fixada atendendo-se ao critério do art. 59 deste Código; em seguida serão consideradas as circunstâncias atenuantes e agravantes; por último, as causas de diminuição e de aumento.

Parágrafo único – No concurso de causas de aumento ou de diminuição previstas na parte especial, pode o juiz limitar-se a um só aumento ou a uma só diminuição, prevalecendo, todavia, a causa que mais aumente ou diminua.

Critério trifásico de fixação de pena: o Código Penal adotou, em relação à aplicação de pena privativa de liberdade, o sistema trifásico. Primeiro se observam circunstâncias judiciais e se aplica a **pena base.** A seguir se analisam agravantes e atenuantes, chegando a uma **pena provisória**. E, por fim, são analisadas causas de aumento e diminuição, fixando a **pena definitiva**, nos termos do artigo 68 do Código Penal.

Como visto supra, em relação à dosimetria da pena de multa, o Código Penal adotou o sistema bifásico.

Pena base: para fixação da **pena base**, o juiz deve analisar as circunstâncias judiciais, descritas no artigo 59 do Código Penal:

Circunstância judicial	Conceito
Culpabilidade	É a censurabilidade, o grau de reprovabilidade da conduta do agente.
Antecedentes	Apenas as condenações transitadas em julgado podem ser consideradas como maus antecedentes. Importante a leitura da Súmula 444/STJ – **É vedada a utilização de inquéritos policiais e ações penais em curso para agravar a pena-base.**
Conduta social	É estilo de vida do agente.
Personalidade	É o perfil psicológico do agente – propensão ou não para prática delitiva.
Motivos do crime	É o porquê do delito.
Circunstâncias do crime	É o *modus operandi.*
Consequências do crime	Reflexo posterior do crime.
Comportamento da vítima	É interessante, aqui, o estudo da vitimologia, no âmbito da Criminologia.

Pena provisória: depois de fixada a pena base, com observância das circunstâncias judiciais do artigo 59 do Código Penal, o juiz passa à análise de circunstâncias agravantes e atenuantes para fixação da **pena provisória.**

Nos termos da Súmula 231/STJ – **A incidência da circunstância atenuante não pode conduzir à redução da pena abaixo do mínimo legal.** De igual sorte, não pode o magistrado extrapolar o limite máximo abstratamente previsto no preceito secundário do tipo penal em face da existência de circunstâncias agravantes.

Reincidência: é muito importante o estudo da reincidência. Para tanto, cumpre ler os artigos 63 e 64 do Código Penal (já transcritos supra) e o artigo 7º da Lei de Contravenções Penais:

> Art. 63 – Verifica-se a reincidência quando o agente comete novo crime, depois de transitar em julgado a sentença que, no País ou no estrangeiro, o tenha condenado por crime anterior.
>
> Art. 64 – Para efeito de reincidência:
>
> I – não prevalece a condenação anterior, se entre a data do cumprimento ou extinção da pena e a infração posterior tiver decorrido período de tempo superior a 5 (cinco) anos, computado o período de prova da suspensão ou do livramento condicional, se não ocorrer revogação;
>
> II – não se consideram os crimes militares próprios e políticos.
>
> Art. 7º Verifica-se a reincidência quando o agente pratica uma contravenção depois de passar em julgado a sentença que o tenha condenado, no Brasil ou no estrangeiro, por qualquer crime, ou, no Brasil, por motivo de contravenção.

Para facilitar a memorização da reincidência, estude a tabela abaixo, que cumula o quanto descrito no artigo 63 do Código Penal e no artigo 7º da Lei de Contravenções Penais:

Sentença anterior com trânsito em julgado	Infração penal posterior	Reincidência	Fundamento
Crime cometido no Brasil ou no exterior	Crime	SIM	Artigo 63 do CP
Crime cometido no Brasil ou no exterior	Contravenção	SIM	Artigo 7º da LCP
Contravenção cometida no Brasil	Contravenção	SIM	Artigo 7º da LCP
Contravenção cometida no exterior	Contravenção	NÃO	Artigo 2º da LCP
Contravenção cometida no Brasil o no exterior	Crime	NÃO	Omissão legislativa

A reincidência é a única agravante aplicável quando o crime perpetrado é culposo.

A agravante aqui estudada gera efeitos até cinco anos após o cumprimento ou extinção da pena (depois desse período, restam maus antecedentes), nos termos do artigo 64, inciso I, do Código Penal.

Reconhecimento de maus antecedentes depois do período depurador da reincidência: há discussão acerca da possibilidade do reconhecimento de condenação transitada em julgado após o período depurador (cinco anos após o cumprimento ou extinção da pena) como maus antecedentes. O Superior Tribunal de Justiça entende ser possível, nos termos da tese 5 da edição 26 da jurisprudência em teses do Tribunal da Cidadania: "5) O prazo de cinco anos do art. 64, I, do Código Penal, afasta os efeitos da reincidência, mas não impede o reconhecimento de maus antecedentes".

No Supremo Tribunal Federal, contudo, há decisões da 2ª Turma entendendo pela impossibilidade (não seria possível, no entender da maioria dos Ministros que compõem a turma, usar condenações transitadas em julgado como maus antecedentes depois do período depurador da reincidência). Cito exemplo:

> PENAL. HABEAS CORPUS. CONDENAÇÃO PRETÉRITA CUMPRIDA OU EXINTA HÁ MAIS DE 5 ANOS. UTILIZAÇÃO COMO MAUS ANTECEDENTES. IMPOSSIBILIDADE. APLICAÇÃO DO ART. 64, I, DO CÓDIGO PENAL. PRECEDENTES DA SEGUNDA TURMA. ORDEM CONCEDIDA. I – Nos termos da jurisprudência desta Segunda Turma, a existência de condenações pretéritas não podem ser valoradas como maus antecedentes quando o paciente, nos termos do art. 64, I, do Código Penal, não puder mais ser considerado reincidente. Precedentes. II – Ordem concedida, para determinar ao Juízo da origem que afaste o aumento da pena decorrente da valoração como maus antecedentes de condenação pretérita alcançada pelo período depurador de 5 anos, previsto no art. 64, I, do CP (HC 138802, Relator(a): RICARDO LEWANDOWSKI, Segunda Turma, julgado em 25/04/2017, PROCESSO ELETRÔNICO DJe-095 DIVULG 05-05-2017 PUBLIC 08-05-2017).

Outrossim, o Plenário do Pretório Excelso pôs uma pá de cal no debate. Por maioria de votos, o tema 150 da repercussão geral ficou assim decidido pela Corte: "Não se aplica para o reconhecimento dos maus antecedentes o prazo quinquenal de prescrição da reincidência, previsto no art. 64, I, do Código Penal".

Acertado, a meu ver, o entendimento do Superior Tribunal de Justiça e do Plenário do Supremo Tribunal Federal. Penso ser plenamente possível o reconhecimento da má antecedência depois período depurador da reincidência previsto no artigo 64, inciso I, do Código Penal.

Súmula 241/STJ: é importante a leitura do verbete 241 do Superior Tribunal de Justiça: "A reincidência penal não pode ser considerada como circunstância agravante e, simultaneamente, como circunstância judicial". O enunciado objetiva evitar *bis in idem* (incidência, em duplicidade, de uma mesma circunstância gravosa, em dois momentos distintos do critério trifásico).

Comprovação de maus antecedentes/reincidência: no entendimento do Superior Tribunal de Justiça, a folha de antecedentes é documento hábil para o reconhecimento, na sentença condenatória, de maus antecedentes ou de reincidência (nos termos da Súmula 636/STJ – A folha de antecedentes criminais é documento suficiente a comprovar os maus antecedentes e a reincidência).

Agravante da alínea "h" do inciso II do artigo 61 do Código Penal em crime patrimonial (inaplicabilidade excepcional): o Superior Tribunal de Justiça (a meu ver de forma acertada) entendeu ser inaplicável a agravante etária (ter sido o crime cometido contra maior de 60 anos) em relação a crime de furto cometido em residência sem a presença da vítima e sem que o agente tivesse conhecimento acerca da idade desta (apesar da agravante ter natureza objetiva). Eis o julgado (grifo meu):

> PENAL. HABEAS CORPUS SUBSTITUTIVO DE RECURSO PRÓPRIO. INADEQUAÇÃO. FURTO SIMPLES. FURTO QUALIFICADO. FURTO QUALIFICADO TENTADO. DOSIMETRIA. ART. 61, II, 'H', DO CÓDIGO PENAL. DELITO COMETIDO CONTRA IDOSO. AGRAVANTE DE NATUREZA OBJETIVA. EXCEPCIONALIDADE CONFIGURADA. FURTO PRATICADO ALEATORIAMENTE EM RESIDÊNCIA SEM A PRESENÇA DO MORADOR. FLAGRANTE ILEGALIDADE EVIDENCIADA. WRIT NÃO CONHECIDO. ORDEM CONCEDIDA DE OFÍCIO. 1. Esta Corte – HC 535.063, Terceira Seção, Rel. Ministro Sebastião Reis Junior, julgado em 10/6/2020 – e o Supremo Tribunal Federal – AgRg no HC 180.365, Primeira Turma, Rel. Min. Rosa Weber, julgado em 27/3/2020; AgRg no HC 147.210, Segunda Turma, Rel. Min. Edson Fachin, julgado em 30/10/2018 -, pacificaram orientação no sentido de que não cabe habeas corpus substitutivo do recurso legalmente previsto para a hipótese, impondo-se o não conhecimento da impetração, salvo quando constatada a existência de flagrante ilegalidade no ato judicial impugnado. 2. A individualização da pena é submetida aos elementos de convicção judiciais das circunstâncias do crime, cabendo às Cortes Superiores apenas o controle da legalidade e da constitucionalidade dos critérios empregados, a fim de evitar eventuais arbitrariedades. Assim, salvo flagrante ilegalidade, o reexame das circunstâncias judiciais e dos critérios concretos de individualização da pena mostram-se inadequados à estreita via do habeas corpus, por exigirem revolvimento probatório. **3. Por se tratar de agravante de natureza objetiva, a incidência do art. 61, II, "h", do CP independe da prévia ciência pelo réu da idade da vítima, sendo, de igual modo, desnecessário perquirir se tal circunstância, de fato, facilitou ou concorreu para a prática delitiva, pois a maior vulnerabilidade do idoso é presumida. 4. Hipótese na qual não se verifica qualquer nexo entre a ação do paciente e a condição de vulnerabilidade da vítima, pois o furto qualificado pelo arrombamento à residência ocorreu quando os proprietários não se encontravam no imóvel, já que a residência foi escolhida de forma aleatória, sendo apenas um dos locais em que o agente praticou furto em continuidade delitiva. De fato, os bens subtraídos poderiam ser de propriedade de qualquer pessoa, nada indicando a condição de idoso do morador da casa invadida. 5. Configurada a excepcionalidade da situação, deve ser afastada a agravante relativa ao crime praticado contra idoso, prevista no art. 61, II, 'h', do Código Penal.** 6. Writ não conhecido. Ordem concedida, de ofício, para, afastando a incidência da agravante prevista no art. 61, II, 'h', do Código Penal, reduzir a pena do paciente, fixando-a em 2 anos, 4 meses e 24 dias de reclusão, mais o pagamento de 12 dias-multa (HC 593.219/SC, Rel. Ministro RIBEIRO DANTAS, QUINTA TURMA, julgado em 25/08/2020, DJe 03/09/2020).

Concurso de circunstâncias atenuantes e agravantes: acerca do concurso da existência de circunstâncias atenuantes e agravantes, leia o artigo 67 do Código Penal:

> Art. 67 – No concurso de agravantes e atenuantes, a pena deve aproximar-se do limite indicado pelas circunstâncias preponderantes, entendendo-se como tais as que resultam dos motivos determinantes do crime, da personalidade do agente e da reincidência.

Pena definitiva: a pena definitiva é alcançada aplicando causas de aumento e diminuição (também chamadas de majorantes e minorantes). São frações ou índices que devem ser multiplicados à pena provisória, achando-se a pena definitiva.

Há majorantes e minorantes na parte geral e na parte especial do Código Penal.

Aqui (terceira fase da fixação da pena), os limites mínimo e máximo do preceito secundário do tipo podem ser superados.

Leia o artigo 68, parágrafo único, do Código Penal:

> Art. 68. (...)
>
> Parágrafo único – No concurso de causas de aumento ou de diminuição previstas na parte especial, pode o juiz limitar-se a um só aumento ou a uma só diminuição, prevalecendo, todavia, a causa que mais aumente ou diminua.

Eis tabela que sintetiza o dispositivo acima transcrito:

Cumulação de causas de aumento/diminuição	Solução
Da parte geral	Todas são aplicadas pelo magistrado
Da parte geral e da parte especial	Todas são aplicadas pelo magistrado
Da parte especial	O juiz pode se limitar a um só aumento ou diminuição, prevalecendo a causa que mais aumente ou diminua a pena.

Utilização de majorantes sobejantes nas outras fases da fixação de pena: caso se detecte incidência de mais de uma causa de aumento de pena, as que não forem utilizadas para majorar a pena na terceira fase de fixação de pena podem ser utilizadas na primeira ou na segunda fase, conforme o caso. Essa é a leitura (a meu ver correta) do Superior Tribunal de Justiça (informativo 684):

> PENAL E PROCESSO PENAL. HABEAS CORPUS. 1. MANDAMUS SUBSTITUTIVO DO RECURSO PRÓPRIO. INADEQUAÇÃO DA VIA ELEITA. 2. DOSIMETRIA DA PENA. MAJORANTES SOBEJANTES. VALORAÇÃO EM OUTRA FASE DA DOSIMETRIA. PATAMAR FIXO OU VARIÁVEL. IMPOSSIBILIDADE DE DISTINÇÃO. CRITÉRIO QUE NÃO INTEGRA A NATUREZA JURÍDICA DO INSTITUTO. 3. CAUSAS DE AUMENTOS SOBRESSALENTES. DESLOCAMENTO PARA PRIMEIRA OU SEGUNDA FASE DA DOSIMETRIA.

POSSIBILIDADE. PRINCÍPIO DA INDIVIDUALIZAÇÃO PENA. OBSERVÂNCIA AO SISTEMA TRIFÁSICO. 4. DESCONSIDERAÇÃO DE MAJORANTES SOBEJANTES. DESPREZO DE CIRCUNSTÂNCIAS MAIS GRAVOSAS. SUBVERSÃO DA INDIVIDUALIZAÇÃO LEGISLATIVA. 5. VALORAÇÃO DE MAJORANTES NA PRIMEIRA FASE. POSSIBILIDADE. MANUTENÇÃO DA PENA-BASE. AGRAVANTE DA REINCIDÊNCIA. ADEQUAÇÃO DO PARÂMETRO DE AUMENTO. ELEVAÇÃO DA PENA EM 1/6. MANUTENÇÃO DA CAUSA DE AUMENTO. 6. HABEAS CORPUS NÃO CONHECIDO. ORDEM CONCEDIDA DE OFÍCIO, PARA FIXAR O INCREMENTO DA PENA PELA AGRAVANTE DA REINCIDÊNCIA EM 1/6. 1. Diante da utilização crescente e sucessiva do habeas corpus, o STJ passou a acompanhar a orientação da Primeira Turma do STF, no sentido de ser inadmissível o emprego do writ como sucedâneo de recurso ou revisão criminal, a fim de que não se desvirtue a finalidade dessa garantia constitucional, sem olvidar a possibilidade de concessão da ordem, de ofício, nos casos de flagrante ilegalidade. 2. A questão jurídica trazida nos presentes autos e submetida ao crivo da Terceira Seção diz respeito, em síntese, à valoração de majorantes sobejantes na primeira ou na segunda fase da dosimetria da pena, a depender se a causa de aumento traz patamar fixo ou variável. Contudo, não é possível dar tratamento diferenciado à causa de aumento que traz patamar fixo e à que traz patamar variável, porquanto, além de não se verificar utilidade na referida distinção, o mesmo instituto jurídico teria tratamento distinto a depender de critério que não integra sua natureza jurídica. 3. Quanto à possibilidade propriamente dita de deslocar a majorante sobejante para outra fase da dosimetria, considero que se trata de providência que, além de não contrariar o sistema trifásico, é a que melhor se coaduna com o princípio da individualização da pena. De fato, as causas de aumento (3ª fase), assim como algumas das agravantes, são, em regra, circunstâncias do crime (1ª fase) valoradas de forma mais gravosa pelo legislador. Assim, não sendo valoradas na terceira fase, nada impede sua valoração de forma residual na primeira ou na segunda fases. 4. A desconsideração das majorantes sobressalentes na dosimetria acabaria por subverter a própria individualização da pena realizada pelo legislador, uma vez que as circunstâncias consideradas mais gravosas, a ponto de serem tratadas como causas de aumento, acabariam sendo desprezadas. Lado outro, se não tivessem sido previstas como majorantes, poderiam ser integralmente valoradas na primeira e na segunda fases da dosimetria. 5. Escorreita a valoração das majorantes sobressalentes na primeira fase da dosimetria da pena, mantém-se a pena-base fixada pelo Tribunal de origem, em 4 anos e 7 meses de reclusão. Quanto à agravante da reincidência, deve ser observado o parâmetro de 1/6 utilizado por esta Corte Superior, motivo pelo qual se fixa a pena intermediária em 5 anos e 3 meses de reclusão. Por fim, fica mantida a causa de aumento em 1/3, totalizando uma pena de 7 anos de reclusão, em regime fechado. 6. Habeas corpus não conhecido. Ordem concedida de ofício apenas para redimensionar a agravante da reincidência para 1/6, resultando uma pena de 7 anos de reclusão (HC 463.434/MT, Rel. Ministro REYNALDO SOARES DA FONSECA, TERCEIRA SEÇÃO, julgado em 25/11/2020, DJe 18/12/2020).

Jurisprudência em teses do STJ: não deixe de ler as edições 26 e 29 da jurisprudência em teses do Superior Tribunal de Justiça sobre aplicação de pena:

Edição 26 (circunstâncias judiciais)

1) O aumento da pena-base em virtude das circunstâncias judiciais desfavoráveis (art. 59 CP) depende de fundamentação concreta e específica que extrapole os elementos inerentes ao tipo penal.

2) Não há ilegalidade na análise conjunta das circunstâncias judiciais comuns aos corréus, desde que seja feita de forma fundamentada e com base nas semelhanças existentes.

3) A culpabilidade normativa, que engloba a consciência da ilicitude e a exigibilidade de conduta diversa e que constitui elementar do tipo penal, não se confunde com a circunstância judicial da culpabilidade (art. 59 do CP), que diz respeito à demonstração do grau de reprovabilidade ou censurabilidade da conduta praticada.

4) A premeditação do crime evidencia maior culpabilidade do agente criminoso, autorizando a majoração da pena-base.

5) O prazo de cinco anos do art. 64, I, do Código Penal, afasta os efeitos da reincidência, mas não impede o reconhecimento de maus antecedentes.

6) Os atos infracionais não podem ser considerados maus antecedentes para a elevação da pena-base, tampouco para a reincidência.

7) Os atos infracionais podem ser valorados negativamente na circunstância judicial referente à personalidade do agente.

8) Os atos infracionais não podem ser considerados como personalidade desajustada ou voltada para a criminalidade para fins de exasperação da pena-base.

9) A reincidência penal não pode ser considerada como circunstância agravante e, simultaneamente, como circunstância judicial. (Súmula n. 241/STJ)

10) O registro decorrente da aceitação de transação penal pelo acusado não serve para o incremento da pena-base acima do mínimo legal em razão de maus antecedentes, tampouco para configurar a reincidência.

11) É vedada a utilização de inquéritos policiais e ações penais em curso para agravar a pena-base. (Súmula n. 444/STJ)

12) Havendo diversas condenações anteriores com trânsito em julgado, não há *bis in idem* se uma for considerada como maus antecedentes e a outra como reincidência.

13) Para valoração da personalidade do agente é dispensável a existência de laudo técnico confeccionado por especialistas nos ramos da psiquiatria ou da psicologia.

14) O expressivo prejuízo causado à vítima justifica o aumento da pena-base, em razão das consequências do crime.

15) O comportamento da vítima em contribuir ou não para a prática do delito não acarreta o aumento da pena-base, pois a circunstância judicial é neutra e não pode ser utilizada em prejuízo do réu.

Edição 29 (agravantes e atenuantes)

1) A incidência da circunstância atenuante não pode conduzir à redução da pena abaixo do mínimo legal. (Súmula n. 231/STJ)

2) Em observância ao critério trifásico da dosimetria da pena estabelecido no art. 68 do Código Penal – CP, não é possível a compensação entre institutos de fases distintas.

3) O aumento na terceira fase de aplicação da pena no crime de roubo circunstanciado exige fundamentação concreta, não sendo suficiente para a sua exasperação a mera indicação do número de majorantes. (Súmula n. 443/STJ)

4) Incide a atenuante prevista no art. 65, inciso III, alínea d, do CP na chamada confissão qualificada, hipótese em que o autor confessa a autoria do crime, embora alegando causa excludente de ilicitude ou culpabilidade.

5) A condenação transitada em julgado pelo crime de porte de substância entorpecente para uso próprio gera reincidência e maus antecedentes, sendo fundamento idôneo para agravar a pena tanto na primeira como na segunda fase da dosimetria.

6) Para efeitos penais, o reconhecimento da menoridade do réu requer prova por documento hábil. (Súmula n. 74/STJ)

7) Diante do reconhecimento de mais de uma qualificadora, somente uma enseja o tipo qualificado, enquanto as outras devem ser consideradas circunstâncias agravantes, na hipótese de previsão legal, ou, de forma residual, como circunstância judicial do art. 59 do Código Penal.

8) A agravante da reincidência pode ser comprovada com a folha de antecedentes criminais, não sendo obrigatória a apresentação de certidão cartorária.

9) É possível, na segunda fase do cálculo da pena, a compensação da agravante da reincidência com a atenuante da confissão espontânea. (Tese julgada sob o rito do art. 543-C do CPC)

10) Nos casos em que há múltipla reincidência, é inviável a compensação integral entre a reincidência e a confissão.

Súmulas do Superior Tribunal de Justiça: leia, ainda, as Súmulas do Tribunal da Cidadania sobre aplicação de penas (suprimi da lista os verbetes citados em outras passagens da obra):

Súmula 74 – Para efeitos penais, o reconhecimento da menoridade do réu requer prova por documento hábil. (Súmula 74, TERCEIRA SEÇÃO, julgado em 15/04/1993, DJ 20/04/1993)

Súmula 442 – É inadmissível aplicar, no furto qualificado, pelo concurso de agentes, a majorante do roubo. (Súmula 442, TERCEIRA SEÇÃO, julgado em 28/04/2010, DJe 13/05/2010)

Súmula 443 – O aumento na terceira fase de aplicação da pena no crime de roubo circunstanciado exige fundamentação concreta, não sendo suficiente para a sua exasperação a mera indicação do número de majorantes. (Súmula 443, TERCEIRA SEÇÃO, julgado em 28/04/2010, DJe 13/05/2010)

Súmula 511 – É possível o reconhecimento do privilégio previsto no § 2º do art. 155 do CP nos casos de crime de furto qualificado, se estiverem presentes a primariedade do agente, o pequeno valor da coisa e a qualificadora for de ordem objetiva. (Súmula 511, TERCEIRA SEÇÃO, julgado em 11/06/2014, DJe 16/06/2014)

Súmula 545 – Quando a confissão for utilizada para a formação do convencimento do julgador, o réu fará jus à atenuante prevista no art. 65, III, d, do Código Penal. (Súmula 545, TERCEIRA SEÇÃO, julgado em 14/10/2015, DJe 19/10/2015)

Súmula 587 – Para a incidência da majorante prevista no art. 40, V, da Lei n. 11.343/2006, é desnecessária a efetiva transposição de fronteiras entre estados da Federação, sendo suficiente a demonstração inequívoca da intenção de realizar o tráfico interestadual. (Súmula 587, TERCEIRA SEÇÃO, julgado em 13/09/2017, DJe 18/09/2017)

Súmulas canceladas: as Súmulas 174[79] e 512[80] do STJ foram **canceladas.**

Questão de concurso público: veja como o assunto já foi cobrado em concurso público.

1 – (Delegado de Polícia Federal/2018) Valter, maior e capaz, foi preso preventivamente em uma das fases de uma operação policial. Ele já era réu em outras três ações penais e estava indiciado em mais dois outros IPs. Nessa situação, as ações penais em curso podem ser consideradas para eventual agravamento da pena-base referente ao crime que resultou na prisão preventiva de Valter, mas os IPs não podem ser considerados para essa mesma finalidade ( ).

2 – (Delegado de Polícia Federal/2021) Na hipótese da prática de furto a residência, se a vítima não se encontrava no local e os autores desconheciam o fato de que ela era idosa, não se aplica a agravante relativa à vítima ser idosa ( ).

---

79 **Súmula 174 –** No crime de roubo, a intimidação feita com arma de brinquedo autoriza o aumento da pena. (Súmula 174, TERCEIRA SEÇÃO, julgado em 23/10/1996, DJ 31/10/1996, p. 42124) – **SÚMULA CANCELADA:** A Terceira Seção, na sessão de 24/10/2002, ao julgar o REsp 213.054/SP, determinou o CANCELAMENTO da Súmula 174 do STJ (DJ 11/11/2002, p. 148).

80 **Súmula 512 –** A aplicação da causa de diminuição de pena prevista no art. 33, § 4º, da Lei n. 11.343/2006 não afasta a hediondez do crime de tráfico de drogas. (Súmula 512, TERCEIRA SEÇÃO, julgado em 11/06/2014, DJe 16/06/2014) – **SÚMULA CANCELADA:** A Terceira Seção, na sessão de 23/11/2016, ao julgar a QO na Pet 11.796-DF, determinou o CANCELAMENTO da Súmula 512 do STJ (DJ 28/11/2016).

3 – (Delegado de Polícia Civil/RN/2021) Gerson foi condenado, por decisão transitada em julgado em 16/11/2015, à pena de 1 ano e 6 meses de reclusão, pela prática do crime de furto consumado em 08/08/2013. Em 20/02/2020, Gerson teve sua punibilidade extinta pela prescrição da pretensão executória. Em 30/11/2020, Gerson foi denunciado pela prática do crime de roubo consumado em 25/11/2020. Sendo esses os únicos delitos por ele praticados, Gerson, quanto aos seus antecedentes criminais:

a) será considerado reincidente, mas a mesma condenação não poderá servir para fins de maus antecedentes;

b) será considerado reincidente e possuidor de maus antecedentes;

c) não será considerado reincidente, mas sua condenação servirá para fins de maus antecedentes;

d) não será considerado reincidente ou possuidor de maus antecedentes, pois o crime anteriormente praticado prescreveu;

e) não será considerado reincidente ou possuidor de maus antecedentes, pois ultrapassado o período depurador de cinco anos do trânsito em julgado da condenação.

4 – (Delegado de Polícia Civil/RN/2021) Haroldo convence Bruna a aplicarem um golpe no casal de noivos Marcos e Fátima, apresentando-se como organizadores de casamento. Após receberem do casal vultosa quantia para a organização das bodas, Haroldo e Bruna mudaram de cidade e trocaram de telefone. Percebendo que haviam sido vítimas de um golpe, Marcos e Fátima registraram os fatos na delegacia, demonstrando interesse em ver os autores responsabilizados pelo crime de estelionato. Após o registro da ocorrência, Bruna, arrependida, por conta própria, efetuou a devolução ao casal de parte do dinheiro que havia recebido. Considerando que houve reparação parcial do dano:

a) a conduta de Haroldo e Bruna tornou-se atípica, tratando-se de mero ilícito civil;

b) Haroldo responderá por estelionato consumado, enquanto Bruna terá sua tipicidade afastada pela reparação parcial do dano;

c) Haroldo e Bruna responderão por estelionato, devendo Bruna ter sua pena diminuída pelo arrependimento posterior;

d) Haroldo responderá por estelionato tentado, enquanto Bruna terá sua tipicidade afastada pela reparação parcial do dano;

e) Haroldo e Bruna responderão por estelionato, sem a causa de diminuição da pena pelo arrependimento posterior.

5 – (Delegado de Polícia Civil/MS/2021) No Direito Penal, é de suma importância estabelecer o exato momento da prática delitiva, bem como compreender as teorias adotadas. Quando o crime se considera praticado? A resposta a esta indagação pode repercutir, por exemplo, na análise da imputabilidade do agente, na verificação de sua idade para fins de dosimetria da pena, etc. Sobre essas considerações, assinale a alternativa correta.

a) Rick Grimes, de 17 anos e 11 meses deidade, com *animus necandi*, efetuou dois disparos de arma de fogo contra seu desafeto, Negan Smith, empreendendo fuga na sequência. A vítima foi atingida na região do peito, sofreu bastante hemorragia e foi socorrida no Hospital Regional de Alexandria. Depois de um mês, quando Rick Grimes já havia completado 18 anos, Negan Smith veio a óbito, em razão dos disparos recebidos naquela ocasião. Nessa hipótese,é correto afirmar que Rick Grimes iráresponder por crime de homicídio (art. 121do Código Penal), porque, quando o delitose consumou, ele já possuía 18 anos, sendo indivíduo imputável na ocasião do resultado naturalístico.

b) Glenn Rhee, com 20 anos, 11 meses e 29 dias de idade, subtraiu para si, mediante grave ameaça exercida por meio de um revólver de calibre .38, uma bolsa, contendo em seu interior R$

300,00 (trezentos reais) em espécie e um aparelho celular avaliado em R$ 1.000,00 (mil reais), bens pertencentes à vítima, Daryl Dixon. No momento da prolação da sentença que o condenou pelo crime de roubo majorado, Gleen Rhee contava com 27 anos de idade. Nesses termos, ele será beneficiado com a atenuante da menoridade relativa, prevista no art. 65, inciso I, do Código Penal.

c) Em relação à lei penal no tempo, o Código Penal adota a teoria da ubiquidade, pois se considera praticado o crime tanto no momento da ação ou omissão quanto no momento do resultado.

d) Shane Walsh, indivíduo de 20 anos de idade, com *animus rem sibi habendi,* subtraiu, para si, com emprego de uma chave falsa, um veículo *Honda Civic* estacionado em frente ao Supermercado de Atlanta. Depois de uma hora, a vítima, Lori Grimes, notou o furto, acionou a Polícia Militar, e o suspeito foi preso em flagrante. Considere que, hipoteticamente, na época do crime, a pena para tal comportamento era de reclusão de 3 a 10 anos. Por outro lado, na data da sentença, o réu já tinha 22 anos de idade, estando em vigor outra lei que previu pena de reclusão de 2 a 8 anos para o mesmo comportamento. Logo, Shane Walsh deverá ser condenado pela pena da lei antiga, ainda que mais grave, pois, de acordo com o Código Penal, considera-se praticado o crime no momento da ação ou omissão, ainda que outro seja o momento do resultado (teoria da atividade).

e) Para estabelecer o tempo do crime, deverá ser levado em conta o exato momento de sua consumação, assim como ocorre para fins de verificação do prazo de prescrição.

Gabarito comentado:

Questão	Reposta	Comentário
1	ERRADA	Inquéritos policiais e ações penais em andamento não podem ser usadas para agravar a pena-base do réu (inteligência da Súmula 444/STJ).
2	CERTA	Vide precedente do STJ no HC 593.219/SC, Rel. Ministro RIBEIRO DANTAS, QUINTA TURMA, julgado em 25/08/2020, DJe 03/09/2020 (transcrito e explicado supra).
3	Letra A	Gerson será considerado reincidente, porquanto a prescrição da pretensão executória não tem o condão de apagar os efeitos secundários da condenação. Como só há uma condenação transitada em julgado, não é possível reconhecimento de maus antecedentes (seria *bis in idem*).
4	Letra E	Para que exista incidência da causa de diminuição de pena do artigo 16 do Código Penal (arrependimento posterior), é preciso que exista devolução do bem ou reparação total do dano. Portanto, a dupla deve responder pela prática do crime de estelionato (há, contudo, incidência da atenuante prevista na letra 'b' do inciso III do artigo 65 do Código Penal).
5	Letra B	Vide inciso I do artigo 65 do Código Penal (atenuante da menoridade).

Concurso material

Art. 69 – Quando o agente, mediante mais de uma ação ou omissão, pratica dois ou mais crimes, idênticos ou não, aplicam-se cumulativamente as penas privativas de liberdade em que haja incorrido. No caso de aplicação cumulativa de penas de reclusão e de detenção, executa-se primeiro aquela.

§ 1º – Na hipótese deste artigo, quando ao agente tiver sido aplicada pena privativa de liberdade, não suspensa, por um dos crimes, para os demais será incabível a substituição de que trata o art. 44 deste Código.

§ 2º – Quando forem aplicadas penas restritivas de direitos, o condenado cumprirá simultaneamente as que forem compatíveis entre si e sucessivamente as demais.

Concurso de crimes: há concurso de crimes quando, com uma ou mais condutas, o agente pratica mais de um crime.

O concurso de crimes pode assumir três formas: a) concurso material (artigo 69 do Código Penal); b) formal (artigo 70 do Código Penal); e c) crime continuado (artigo 71 do Código Penal).

Há três sistemas de aplicação de pena no caso de concurso de crimes:

Sistema	Comentário	Incidência
Cúmulo material	Determina a soma das penas.	Concurso material e concurso formal impróprio (ou imperfeito).
Exasperação	Aplicação de uma só das penas, se idênticas, ou a maior das penas, se distintas, com incidência do aumento determinado pelo Código Penal.	Concurso formal próprio (ou perfeito) e crime continuado.
Absorção	Aplica-se apenas a pena do crime-fim, sem qualquer acréscimo.	Ocorre quando há consunção (absorção do crime-meio pelo crime-fim).

Concurso material ou real: é definido pelo artigo 69 do Código Penal. Nele o agente pratica mais de uma ação/omissão e comete mais de um crime. A regra a ser aplicada é a do cúmulo (ou soma de penas). O juízo competente para efetuar a operação de soma é o da condenação.

O concurso material pode ser **homogêneo** (quando o agente pratica dois ou mais crimes idênticos) ou **heterogêneo** (quando o agente pratica dois ou mais crimes diferentes).

Prescrição e arbitramento de fiança em concurso de crimes: a prescrição incidirá isoladamente sobre cada crime. Para fins de arbitramento de fiança, deve se considerar a soma das penas dos crimes praticados em concurso material (Súmula 81/STJ). Na suspensão condicional do processo (Súmulas 243/STJ e 723/STF) e no acordo de não persecução penal[81], também se considera a soma das penas.

81 SILVA, Márcio Alberto Gomes. **Processo Penal para Carreiras Policiais**, Juspodivm, 2021, p. 197/198.

Concurso formal

Art. 70 – Quando o agente, mediante uma só ação ou omissão, pratica dois ou mais crimes, idênticos ou não, aplica-se-lhe a mais grave das penas cabíveis ou, se iguais, somente uma delas, mas aumentada, em qualquer caso, de um sexto até metade. As penas aplicam-se, entretanto, cumulativamente, se a ação ou omissão é dolosa e os crimes concorrentes resultam de desígnios autônomos, consoante o disposto no artigo anterior.

Parágrafo único – Não poderá a pena exceder a que seria cabível pela regra do art. 69 deste Código.

Concurso formal: previsto no artigo 70 do Código Penal. Nele o agente pratica uma só conduta e comete mais de um crime.

Concurso formal homogêneo x heterogêneo: o concurso formal também pode ser **homogêneo** (prática de crimes idênticos em concurso formal) ou **heterogêneo** (prática de crimes diferentes em concurso formal).

Concurso formal perfeito x imperfeito: o concurso formal pode, ainda, ser **perfeito ou próprio** (quando não há desígnios autônomos) ou **imperfeito ou impróprio** (quando há desígnios autônomos – o agente atua com vontade/consciência em relação a cada resultado alcançado).

Caso se verifique que o autor do fato agiu com desígnios autônomos (concurso formal imperfeito ou impróprio), aplica-se a regra do cúmulo material, com a soma das penas. Caso não haja desígnios autônomos (concurso formal perfeito ou próprio), faz-se a exasperação da pena (aplicação da pena de um só dos crimes, se forem idênticas, ou da mais grave, se forem diferentes, aumentada de 1/6 até a metade):

Concurso formal	Desígnios autônomos	Exasperação ou cúmulo
Perfeito ou próprio	Não há desígnios autônomos	Aplica-se a exasperação
Imperfeito ou impróprio	Há desígnios autônomos	Aplica-se a soma ou cúmulo

Exemplifico:

> **SITUAÇÃO HIPOTÉTICA 1:** JOÃO, percebendo que seus desafetos PEDRO e MÁRIO estavam reunidos em uma sala, lança uma granada com o objetivo de matar os dois. As vítimas morreram.
>
> **SITUAÇÃO HIPOTÉTICA 2:** PEDRO, dirigindo de maneira imprudente, finda atropelando três pessoas que caminhavam na calçada. As vítimas morreram.
>
> **SOLUÇÕES:** na **SITUAÇÃO HIPOTÉTICA 1**, houve concurso formal impróprio/imperfeito, porquanto houve uma só conduta, gerando dois homicídios dolosos (e os desígnios foram autônomos – independentes). Aplicar-se-á a regra da soma/cúmulo. Já na **SITUAÇÃO HIPOTÉTICA 2**, como os crimes foram culposos e, por

isso, não existiram desígnios autônomos, o concurso formal será perfeito/próprio (aplicar-se-á a regra da exasperação).

Concurso material benéfico: o parágrafo único do artigo 70 do Código Penal, revela que o juiz deve somar as penas, quando esta operação for mais favorável para o réu que a exasperação (o instituto se chama **concurso material benéfico**). Exemplifico:

> **SITUAÇÃO HIPOTÉTICA:** JOÃO, mediante uma só ação, praticou dois crimes (concurso formal perfeito). A pena de um dos crimes foi calculada pelo magistrado em 12 anos. A do segundo restou orçada em 2 meses.
>
> **SOLUÇÃO:** note que se a regra aplicada fosse a da exasperação (concurso formal perfeito), a maior das penas (12 anos) seria exasperada. Aplicando o mínimo aumento determinado pelo artigo 70 do Código Penal (1/6), a pena final aplicada seria 14 anos (12 anos + 2 anos da exasperação). Nessa realidade, é muito mais vantajoso para o réu aplicar a regra do cúmulo, que fará com que a pena final fique assentada em 12 anos e 2 meses (nos termos do parágrafo único do artigo 70 do Código Penal).

Teses do Superior Tribunal de Justiça: importante atentar para as teses do Tribunal da Cidadania sobre concurso formal:

> 1) O roubo praticado contra vítimas diferentes em um único contexto configura o concurso formal e não crime único, ante a pluralidade de bens jurídicos ofendidos.
>
> 2) A distinção entre o concurso formal próprio e o impróprio relaciona-se com o elemento subjetivo do agente, ou seja, a existência ou não de desígnios autônomos.
>
> 3) É possível o concurso formal entre o crime do art. 2º da Lei n. 8.176/91 (que tutela o patrimônio da União, proibindo a usurpação de suas matérias-primas), e o crime do art. 55 da Lei n. 9.605/98 (que protege o meio ambiente, proibindo a extração de recursos minerais), não havendo conflito aparente de normas já que protegem bens jurídicos distintos.
>
> 4) O aumento decorrente do concurso formal deve se dar de acordo com o número de infrações.
>
> 5) A apreensão de mais de uma arma de fogo, acessório ou munição, em um mesmo contexto fático, não caracteriza concurso formal ou material de crimes, mas delito único.
>
> 6) O benefício da suspensão do processo não é aplicável em relação às infrações penais cometidas em concurso material, concurso formal ou continuidade delitiva, quando a pena mínima cominada, seja pelo somatório, seja pela incidência da majorante, ultrapassar o limite de um (01) ano. (Súmula 243 do STJ)

7) No concurso de crimes, o cálculo da prescrição da pretensão punitiva é feito considerando cada crime isoladamente, não se computando o acréscimo decorrente do concurso formal, material ou da continuidade delitiva.

8) No caso de concurso de crimes, a pena considerada para fins de competência e transação penal será o resultado da soma ou da exasperação das penas máximas cominadas ao delito.

Questões de concurso público: veja como o assunto já foi cobrado em concurso público.

1 – (Delegado de Polícia Civil/MG/2018) Com relação ao concurso de crimes, é CORRETO afirmar:

a) Não se admite a aplicação da suspensão condicional do processo ao crime continuado.

b) No caso hipotético em que Gioconda, ao dirigir seu automóvel de maneira imprudente, perde o controle do carro, matando três pessoas e lesionando gravemente outras cinco, deve ser reconhecido o concurso formal próprio de crimes pelo qual lhe será aplicada somente uma pena, a mais grave, aumentada de um sexto até a metade.

c) No concurso de crimes, a aplicação da pena de multa observa as regras pertinentes à modalidade de concurso que incide no caso concreto.

d) No concurso formal, aplica-se a mais grave das penas cabíveis ou, se iguais, somente uma delas, mas aumentada, em qualquer caso, de um sexto até a metade, ainda que os crimes concorrentes resultem de desígnios autônomos.

2 – (Delegado de Polícia Federal/2018) Elton, pretendendo matar dois colegas de trabalho que exerciam suas atividades em duas salas distintas da dele, inseriu substância tóxica no sistema de ventilação dessas salas, o que causou o óbito de ambos em poucos minutos. Nessa situação, Elton responderá por homicídio doloso em concurso formal imperfeito ( ).

Gabarito comentado:

Questão	Reposta	Comentário
1	Letra B	Há concurso formal próprio (ou perfeito), porquanto não há desígnios autônomos em relação aos resultados lesivos por ela perpetrados (afinal, a conduta foi culposa). Nesse caso a regra é a da exasperação, na forma do artigo 70 do CP.
2	CERTA	Há concurso formal impróprio (ou imperfeito), porquanto houve desígnios autônomos em relação aos resultados lesivos por ele alcançados. Nesse caso a regra é a do cúmulo, na forma do artigo 70 do CP.

Crime continuado

Art. 71 – Quando o agente, mediante mais de uma ação ou omissão, pratica dois ou mais crimes da mesma espécie e, pelas condições de tempo, lugar, maneira de execução e outras semelhantes, devem os subsequentes ser havidos como continuação do primeiro, aplica-se-lhe a pena de um só dos crimes, se idênticas, ou a mais grave, se diversas, aumentada, em qualquer caso, de um sexto a dois terços.

Parágrafo único – Nos crimes dolosos, contra vítimas diferentes, cometidos com violência ou grave ameaça à pessoa, poderá o juiz, considerando a culpabilidade, os antecedentes, a conduta social e a personalidade do agente, bem como os motivos e as circunstâncias, aumentar a pena de um só dos crimes, se idênticas, ou a mais grave, se diversas, até o triplo, observadas as regras do parágrafo único do art. 70 e do art. 75 deste Código.

Crime continuado: o artigo 71 do Código Penal trata do **crime continuado (ou continuidade delitiva).**

Teorias: são 3 as teorias que explicam o crime continuado:

Teoria	Comentário
Unidade real ou realidade	Existe crime único em caso de continuidade delitiva.
Unidade jurídica ou mista	A continuidade forma um terceiro crime.
Ficção jurídica	Trata-se de uma ficção, porque existem vários crimes, mas a lei prevê a unidade para fins de aplicação de pena. O Código Penal adotou a **teoria da ficção jurídica**.

Requisitos: para que seja reconhecida a continuidade delitiva, exige-se:

Requisito	Comentário
Prática de mais de uma conduta	No crime continuado, assim como no concurso material, há prática de mais de uma conduta, resultando no cometimento de mais de um crime.
Prática de crimes da mesma espécie	A doutrina oscila entre dizer que se trata do mesmo tipo penal ou da afronta ao mesmo bem jurídico – **prevalece o primeiro entendimento, inclusive no STJ** (com o qual concordo).
Conexão temporal	Não deve haver lapso temporal superior a 30 dias entre um crime e outro (STJ).
Conexão espacial	Crimes cometidos na mesma cidade ou, no máximo, em cidades próximas (STJ).
Conexão modal	Mesmo *modus operandi*.
Unidade de desígnios	Em que pese o Código Penal ter adotado a teoria objetiva – item 59 da exposição de motivos do Caderno Repressivo[82], a jurisprudência tem aplicado, em

82 59. O critério da teoria puramente objetiva não se revelou na prática maiores inconvenientes, a despeito das objeções formuladas pelos partidários da teoria objetivo-subjetiva. O projeto optou pelo critério que mais adequadamente se opõe ao crescimento da criminalidade profissional, organizada e violenta, cujas ações se repetem contra vítimas diferentes, em condições de tempo, lugar, modos de execução e circunstâncias outras, marcadas por evidente semelhança. Estender-lhe o conceito de crime continuado importa em beneficiá-la, pois o delinqüente profissional tornar-se-ia passível de tratamento penal menos grave que o dispensado a criminosos ocasionais. De resto, com a extinção, no Projeto, da medida de segurança para o imputável, urge reforçar o sistema, destinado penas mais lingas aos que estariam sujeitos à imposição de medida de segurança detentiva e que serão beneficiados pela abolição da medida. A Política Criminal atua, neste passo, em sentido inverso, a fim de evitar a libertação prematura de determinadas categorias de agentes, dotados de acentuada periculosidade.

	relação ao crime continuado, a teoria objetivo-subjetiva – tese 1 da edição 17 da jurisprudência em teses do Superior Tribunal de Justiça[83]. É o chamado **dolo global ou unitário**. É preciso perceber que as várias ações, gerando os vários crimes devem ser fruto de um planejamento único do agente. Exemplifico: **SITUAÇÃO HIPOTÉTICA:** MARIA, caixa de supermercado, com o objetivo de comprar um pacote de viagem orçado em R$ 2.000,00, resolve subtrair, diariamente, R$ 200,00 do estabelecimento onde trabalha. **SOLUÇÃO:** nota-se que MARIA praticou 10 ações (de subtrair R$ 200,00 do supermercado onde trabalha), resultando em 10 crimes de furto. Contudo, como os crimes são da mesma espécie (furto), foram praticados na mesma condição de tempo, espaço e *modus operandi* e as 10 subtrações fizeram parte de um planejamento único (dolo global/unitário), haverá, por ficção jurídica, crime continuado (ela vai ser punida por apenas um dos crimes de furto, com incidência da causa de aumento determinada pelo artigo 71 do Código Penal – exasperação).

Crime continuado simples x crime continuado qualificado/específico: o crime continuado pode ser **simples** (caput do artigo 70 do Código Penal) ou **qualificado/específico** (parágrafo único do artigo 70 do Código Penal).

No crime continuado qualificado (aplicação de uma só das penas, se idênticas, ou a mais grave, se distintas, aumentada em qualquer caso até o triplo), exige-se cumulação dos seguintes requisitos:

Crime continuado qualificado/específico
Crimes dolosos
Praticados contra vítimas diferentes
Cometidos com violência ou grave ameaça

Concurso material benéfico: No crime continuado também há possibilidade de aplicação do concurso material benéfico.

Continuidade delitiva em crimes contra vida: é importante salientar que a Súmula 605/STF[84] foi superada pela redação do parágrafo único do artigo 71, dada pela Lei 7.209/84. Assim, admite-se continuidade delitiva nos crimes contra a vida, desde que presentes todos os requisitos listados supra (crime continuado qualificado/específico, previsto no artigo 71, parágrafo único, do Código Penal – tese 7 da edição 20 da jurisprudência em teses do STJ[85]).

83 1) Para a caracterização da continuidade delitiva é imprescindível o preenchimento de requisitos de ordem objetiva – mesmas condições de tempo, lugar e forma de execução – e de ordem subjetiva – unidade de desígnios ou vínculo subjetivo entre os eventos (Teoria Mista ou Objetivo-subjetiva).

84 Súmula 605/STF – Não se admite continuidade delitiva nos crimes contra a vida.

85 7) O entendimento da Súmula n. 605 do STF – Não se admite continuidade delitiva nos crimes contra a vida – encontra-se superado pelo parágrafo único do art. 71 do Código Penal, criado pela reforma de 1984.

Crime continuado x crime habitual: o crime continuado se diferencia do crime habitual (nesse há crime com o conjunto de vários atos, sendo que a prática isolada de um só ato não configura crime – diferença fundamental entre as duas figuras).

Tese do Superior Tribunal de Justiça: importante ler as teses do Tribunal da Cidadania acerca do crime continuado (edições 17 e 20):

Edição 17 da jurisprudência em teses do STJ

1) Para a caracterização da continuidade delitiva é imprescindível o preenchimento de requisitos de ordem objetiva – mesmas condições de tempo, lugar e forma de execução – e de ordem subjetiva – unidade de desígnios ou vínculo subjetivo entre os eventos (Teoria Mista ou Objetivo-subjetiva).

2) A continuidade delitiva, em regra, não pode ser reconhecida quando se tratarem de delitos praticados em período superior a 30 (trinta) dias.

3) A continuidade delitiva pode ser reconhecida quando se tratarem de delitos ocorridos em comarcas limítrofes ou próximas.

4) A continuidade delitiva não pode ser reconhecida quando se tratarem de delitos cometidos com modos de execução diversos.

5) Não há crime continuado quando configurada habitualidade delitiva ou reiteração criminosa.

6) Quando se tratar de crime continuado, a prescrição regula-se pela pena imposta na sentença, não se computando o acréscimo decorrente da continuação. (Súmula n. 497/STF)

7) A lei penal mais grave aplica-se ao crime continuado ou ao crime permanente, se a sua vigência é anterior à cessação da continuidade delitiva ou da permanência. (Súmula n. 711/STF)

8) O estupro e atentado violento ao pudor cometidos contra a mesma vítima e no mesmo contexto devem ser tratados como crime único, após a nova disciplina trazida pela Lei n. 12.015/09.

9) É possível reconhecer a continuidade delitiva entre estupro e atentado violento ao pudor quando praticados contra vítimas diversas ou fora do mesmo contexto, desde que presentes os requisitos do artigo 71 do Código Penal.

10) A Lei n. 12.015/09, ao incluir no mesmo tipo penal os delitos de estupro e atentado violento ao pudor, possibilitou a caracterização de crime único ou de crime continuado entre as condutas, devendo retroagir para alcançar os fatos praticados antes da sua vigência, por se tratar de norma penal mais benéfica.

11) No concurso de crimes, a pena considerada para fins de fixação da competência do Juizado Especial Criminal será o resultado da soma, no caso de concurso material, ou da exasperação, na hipótese de concurso formal ou crime continuado, das penas máximas cominadas aos delitos.

Edição 20 da jurisprudência em teses do STJ

1) Para a caracterização da continuidade delitiva, são considerados crimes da mesma espécie aqueles previstos no mesmo tipo penal.

2) É possível o reconhecimento de crime continuado entre os delitos de apropriação indébita previdenciária (art. 168-A do CP) e de sonegação de contribuição previdenciária (art.337-A do CP)[86].

3) Presentes as condições do art. 71 do Código Penal, deve ser reconhecida a continuidade delitiva no crime de peculato-desvio.

4) Não é possível reconhecer a continuidade delitiva entre os crimes de roubo (art. 157 do CP) e de latrocínio (art. 157, § 3º, segunda parte, do CP) porque apesar de serem do mesmo gênero não são da mesma espécie.

5) Não é possível reconhecer a continuidade delitiva entre os crimes de roubo (art. 157 do CP) e de extorsão (art. 158 do CP), pois são infrações penais de espécies diferentes.

6) Admite-se a continuidade delitiva nos crimes contra a vida.

7) O entendimento da Súmula n. 605 do STF – Não se admite continuidade delitiva nos crimes contra a vida – encontra-se superado pelo parágrafo único do art. 71 do Código Penal, criado pela reforma de 1984.

8) Na continuidade delitiva prevista no caput do art. 71 do CP, o aumento se faz em razão do número de infrações praticadas e de acordo com a seguinte correlação: 1/6 para duas infrações; 1/5 para três; 1/4 para quatro; 1/3 para cinco; 1/2 para seis; 2/3 para sete ou mais ilícitos.

9) Na continuidade delitiva específica, prevista no parágrafo único do art. 71 do CP, o aumento fundamenta-se no número de infrações cometidas e nas circunstâncias judiciais do art. 59 do CP.

10) Caracterizado o concurso formal e a continuidade delitiva entre infrações penais, aplica-se somente o aumento relativo à continuidade, sob pena de bis in idem.

11) No crime continuado, as penas de multa devem ser somadas, nos termos do art. 72 do CP.

12) No crime continuado, a pena de multa deve ser aplicada mediante o critério da exasperação, tendo em vista a inaplicabilidade do art. 72 do CP.

13) O reconhecimento dos pressupostos do crime continuado, notadamente as condições de tempo, lugar e maneira de execução, demanda dilação probatória, incabível na via estreita do habeas corpus.

---

86 Alhures consignarei que o Superior Tribunal de Justiça entendeu, a meu ver acertadamente, não ser possível continuidade delitiva entre os crimes tipificados nos artigos 168-A e 337-A no AgRg no REsp 1868826/CE, Rel. Ministro RIBEIRO DANTAS, QUINTA TURMA, julgado em 09/02/2021, DJe 17/02/2021.

Questão de concurso público: veja como o assunto já foi cobrado em concurso público.

1- (Delegado de Polícia Civil/MT/2017) A respeito de crimes de mesma espécie, nas mesmas condições de tempo, lugar e forma de execução, com vínculo subjetivo entre os eventos, assinale a opção correta considerando a jurisprudência dos tribunais superiores.

a) A lei penal mais grave aplicar-se-á ao crime continuado ou ao crime permanente, se a sua vigência for posterior à cessação da continuidade delitiva ou da permanência.

b) Admite-se a continuidade delitiva entre os crimes de roubo e de latrocínio.

c) A continuidade delitiva pode ser reconhecida quando se tratar de delitos de mesma espécie ocorridos em comarcas limítrofes ou próximas.

d) Nos crimes dolosos contra vítimas diferentes cometidos com violência ou grave ameaça à pessoa, o aumento da pena pelo crime continuado encontra fundamento na gravidade do delito.

e) O prazo prescricional será regulado pela pena imposta na sentença, com o acréscimo decorrente da continuidade delitiva.

Gabarito comentado:

Questão	Reposta	Comentário
1	Letra C	O requisito da continuidade delitiva atinente à prática das infrações na mesma condição de lugar permite que os delitos sejam praticados em comarcas limítrofes ou próximas.

Multas no concurso de crimes

Art. 72 – No concurso de crimes, as penas de multa são aplicadas distinta e integralmente.

Aplicação da pena de multa no concurso de crimes: O dispositivo parece extremamente claro. O artigo estudado determina que, no concurso de crimes, as penas de multa devem ser aplicadas distinta e integralmente.

Contudo, seu estudo não é tão simplório. Em relação ao concurso material e ao concurso formal, o texto legal não encontra resistência, sendo efetivamente aplicado tal qual escrito. Em relação ao crime continuado, entrementes, há divergência em relação a seu cabimento (vide teses 11 e 12 da edição 20 da jurisprudência em teses do STJ):

> 11) No crime continuado, as penas de multa devem ser somadas, nos termos do art. 72 do CP.
>
> 12) No crime continuado, a pena de multa deve ser aplicada mediante o critério da exasperação, tendo em vista a inaplicabilidade do art. 72 do CP.

Erro na execução

Art. 73 – Quando, por acidente ou erro no uso dos meios de execução, o agente, ao invés de atingir a pessoa que pretendia ofender, atinge pessoa diversa, responde como se tivesse praticado o crime contra aquela, atendendo-se ao disposto no § 3º do art. 20 deste Código. No caso de ser também atingida a pessoa que o agente pretendia ofender, aplica-se a regra do art. 70 deste Código.

Erro na execução: trata-se de modalidade de **erro acidental** (que não exclui o dolo, portanto), previsto no artigo 73 do Código Penal (é também conhecido como *aberratio ictus*). Exemplifico:

> **SITUAÇÃO HIPOTÉTICA:** JOÃO deseja matar JOSÉ. Ele avista JOSÉ conversando com PEDRO e mira na vítima desejada. Ocorre que, por erro de pontaria, o agente finda matando PEDRO. JOSÉ sai ileso.
>
> **SOLUÇÃO:** houve, no caso concreto, **erro na execução** (JOÃO queria acercar JOSÉ, mas, por erro de pontaria, acertou PEDRO). Nos termos do artigo 73 do Código Penal, JOÃO responderá pelo crime de homicídio consumado (como se tivesse matado quem desejava).

Erro na execução x erro sobre a pessoa: o **erro na execução** (artigo 73 do Código Penal) é diferente do **erro sobre a pessoa** (artigo 20, § 3º, do Código Penal), embora ambos sejam erros acidentais (que não excluem o dolo).

Como já sublinhado supra, no **erro sobre a pessoa** o agente **ataca pessoa errada pensando estar atacando a certa.** No **erro na execução** o **agente ataca a pessoa certa mas, por erro de pontaria, finda atingindo a pessoa errada** (nas duas situações o Código Penal determina que se considere como se o agente tivesse atingido a pessoa que queria).

Erro na execução com duplo resultado (*aberratio ictus* com unidade complexa): o artigo 73 do Código Penal determina que, "no caso de ser também atingida a pessoa que o agente pretendia ofender, aplica-se a regra do art. 70 deste Código" (concurso formal de crimes).

Eis alguns exemplos possíveis:

> **SITUAÇÃO HIPOTÉTICA 1:** JONAS, querendo matar JOÃO, dispara contra este, tirando a vida de JOÃO e de MARCOS, que com ele conversava.
>
> **SOLUÇÃO:** JONAS deve responder por homicídio doloso (em relação a JOÃO) em concurso formal próprio com o crime de homicídio culposo (em relação a MARCOS).
>
> **SITUAÇÃO HIPOTÉTICA 2:** JONAS, querendo matar JOÃO, dispara contra este, lesionando JOÃO e MARCOS, que com ele conversava.
>
> **SOLUÇÃO:** JONAS deve responder pelo crime de tentativa de homicídio (em relação a JOÃO) em concurso formal próprio com o crime de lesão corporal culposa (em relação a MARCOS).

> **SITUAÇÃO HIPOTÉTICA 3:** JONAS, querendo matar JOÃO, dispara contra este, matando JOÃO e lesionando MARCOS, que com ele conversava.
>
> **SOLUÇÃO:** JONAS deve responder pelo crime de homicídio (em relação a JOÃO) em concurso formal próprio com o crime de lesão corporal culposa (em relação a MARCOS).
>
> **SITUAÇÃO HIPOTÉTICA 4:** JONAS, querendo matar JOÃO, dispara contra este, lesionando JOÃO e matando MARCOS, que com ele conversava.
>
> **SOLUÇÃO:** JONAS deve responder pelo crime de homicídio (de MARCOS, levando-se em conta, contudo, as qualidades da vítima pretendida, JOÃO), com utilização da lesão corporal sofrida por JOÃO para incidência da exasperação determinada pelo artigo 70 do Código Penal[87].

O Superior Tribunal de Justiça, enfrentando situações concretas que envolvem erro na execução com duplo resultado (vítima pretendida alvejada e morta e terceiro foi lesionado), tem afirmado ser adequada a imputação de dois crimes dolosos (homicídio e tentativa de homicídio em concurso formal):

> RECURSO ESPECIAL. TRIBUNAL DO JÚRI. PRONÚNCIA. HOMICÍDIO DOLOSO. ERRO NA EXECUÇÃO. ABERRATIO ICTUS COM DUPLICIDADE DE RESULTADO. DOLO. EXTENSÃO À CONDUTA NÃO INTENCIONAL. INCIDÊNCIA DO ART. 73, ÚLTIMA PARTE, DO CP. APLICAÇÃO DO CONCURSO FORMAL. RECURSO ESPECIAL PROVIDO. 1. Ocorre aberratio ictus com resultado duplo, ou unidade complexa, de que dispõe o art. 73, segunda parte, do CP, quando, na execução do crime de homicídio doloso, além do resultado intencional, sobrevém outro não pretendido, decorrente de erro de pontaria, em que, além da vítima originalmente visada, outra é atingida por erro na execução. 2. Pronunciado como incurso nos arts. 121, § 2º, I e IV, e do art. 121, § 2º, e IV, c/c o art. 14, II, na forma do 73, do CP, o réu, em apelação, teve desclassificada a conduta, relativa ao resultado danoso não pretendido, para lesão corporal culposa. 3. Alvejada, além da pessoa que se visava atingir, vítima diversa, por imprecisão dos atos executórios, deve ser a ela estendido o elemento subjetivo (dolo), aplicando-se a regra do concurso formal. 4. "A norma prevista no art. 73 do Código Penal afasta a possibilidade de se reconhecer a ocorrência de crime culposo quando decorrente de erro na execução na prática de crime doloso" (HC 210.696/MS, Rel. Ministro JOEL ILAN PACIORNIK, QUINTA TURMA, julgado em 19/09/2017, DJe 27/09/2017). 5. "Por se tratar de hipótese de aberratio ictus com duplicidade de resultado, e não tendo a defesa momento algum buscando desvincular os resultados do erro na execução, a tese de desclassificação do delito para a forma culposa em relação somente ao resultado não pretendido, só teria sentido se proposta também para o resultado

---

87 Há, contudo, correntes doutrinárias que apontam como solução para **SITUAÇÃO HIPOTÉTICA 4**: a) imputação de tentativa de homicídio (em relação a JOÃO) em concurso formal próprio com o crime de homicídio culposo (em relação a MARCOS); b) imputação de tentativa de homicídio (em relação a JOÃO) em concurso formal próprio com o crime de homicídio doloso consumado (em relação a MARCOS).

> pretendido" (HC 105.305/RS, Rel. Ministro FELIX FISCHER, QUINTA TURMA, julgado em 27/11/2008, DJe 09/02/2009). 6. Recurso especial provido para restabelecer a sentença de pronúncia (REsp 1853219/RS, Rel. Ministro Nefi Cordeiro, Sexta Turma, julgado em 02/06/2020, DJe 08/06/2020).

Na linha do quanto exemplificado supra, penso ser equivocada essa interpretação que conclui pela automaticidade de repetição do elemento subjetivo em relação ao terceiro atingido em face de *aberratio ictus* com duplo resultado.

Questão de concurso público: veja como o assunto já foi cobrado em concurso público.

1 – (Delegado de Polícia Civil/RS/2018) Amâncio planejava matar a companheira Inocência, porque não aceitava a separação do casal proposta por ela, e acreditava estar sendo traído. No dia do crime, esperou Inocência na saída do trabalho e, quando essa apareceu na via pública, fazendo-se acompanhar por Bravus, seu colega, efetuou um disparo de arma de fogo contra ela, com intenção de matá-la, atingindo-a fatalmente. Bravus também acabou sendo atingido, de raspão, pelo disparo, e restou lesionado levemente, em um dos braços. Nessa situação hipotética, analise as seguintes assertivas:

I. Será pertinente o reconhecimento da qualificadora do feminicídio.

II. Em relação à pluralidade de crimes, será reconhecido um concurso formal próprio heterogêneo.

III. Supondo que Amâncio seja condenado por homicídio qualificado e lesão corporal leve, à pena de 12 anos de reclusão para o homicídio e 3 meses de detenção para a lesão corporal, o juiz somará as penas, aplicando a regra do cúmulo material benéfico.

IV. Caso, na mesma situação fática, ao invés de Bravus, Inocência estivesse acompanhada da filha do casal, a pena seria aumentada de 1/3 até a 1/2, por ter sido o crime praticado na presença de descendente.

Quais estão corretas?

a) Apenas I.

b) Apenas IV.

c) Apenas III e IV.

d) Apenas I, II e III.

e) I, II, III e IV.

Gabarito comentado:

Questão	Reposta	Comentário
1	Letra E	Vide artigo 73 do Código Penal (erro na execução com duplo resultado).

Resultado diverso do pretendido

Art. 74 – Fora dos casos do artigo anterior, quando, por acidente ou erro na execução do crime, sobrevém resultado diverso do pretendido, o agente responde

por culpa, se o fato é previsto como crime culposo; se ocorre também o resultado pretendido, aplica-se a regra do art. 70 deste Código.

Resultado diverso do pretendido: é também chamado de *aberratio criminis* (artigo 74 do Código Penal).

No artigo 74 do Caderno Repressivo, também há erro de pontaria (erro na execução), mas o agente finda acertando outro bem jurídico, que não o desejado (trata-se de erro acidental). Exemplifico:

> **SITUAÇÃO HIPOTÉTICA:** JOÃO deseja quebrar a vidraça da casa de MARIA. Ele atira uma pedra com esse objetivo, mas, como a janela da casa de MARIA está aberta, a pedra invade a casa e acerca a cabeça da dona da casa, que vem a falecer.
>
> **SOLUÇÃO:** no caso concreto, o agente desejava atingir o patrimônio da vítima, mas findou lhe confiscando a vida. O Código Penal determina que o autor do crime seja responsabilizado pelo resultado a que deu causa, a título de culpa. Assim, JOÃO deve responder por homicídio culposo – houve *aberratio criminis*.
>
> Por óbvio, a aplicação do artigo 74 do Código Penal não pode redundar em uma solução absurda. Exemplifico:
>
> **SITUAÇÃO HIPOTÉTICA:** PEDRO, desejando matar JOÃO, dispara e erra o alvo, vindo a atingir um jarro.
>
> **SOLUÇÃO:** a solução adotada não pode ser a determinada pelo artigo 74 do Código Penal, vez que a conclusão seria absurda. Como não existe crime de dano culposo, PEDRO findaria não responsabilizado criminalmente se o dispositivo fosse utilizado. É óbvio que o agente deve ser responsabilizado pelo crime de tentativa de homicídio (tentativa branca).

Limite das penas

Art. 75. O tempo de cumprimento das penas privativas de liberdade não pode ser superior a 40 (quarenta) anos.

§ 1º Quando o agente for condenado a penas privativas de liberdade cuja soma seja superior a 40 (quarenta) anos, devem elas ser unificadas para atender ao limite máximo deste artigo.

§ 2º Sobrevindo condenação por fato posterior ao início do cumprimento da pena, far-se-á nova unificação, desprezando-se, para esse fim, o período de pena já cumprido.

Tempo máximo de cumprimento de penas privativas de liberdade: o tempo máximo de cumprimento de pena privativa de liberdade foi alterado pelo Pacote Anticrime.

O artigo 75 do Código Penal orçava em 30 anos o tempo máximo de cumprimento de pena privativa de liberdade. Contudo, com a entrada em vigor da Lei 13.964/19, esse limite passou a ser de 40 anos.

Saliento que a análise, pelo juízo das execuções, de eventuais benefícios pleiteados pelo condenado durante a execução da pena continua sendo feita tomando por base o montante global de pena aplicada, na forma da Súmula 715/STF[88]. Eis exemplos da reafirmação do verbete na jurisprudência do Pretório Excelso:

> O artigo 75 do Código Penal é claro ao dispor que "o tempo de cumprimento das penas privativas de liberdade não pode ser superior a trinta anos", nada mais. Exsurge daí o entendimento sedimentado na Súmula 715 do Supremo Tribunal Federal, de que os benefícios da execução penal não podem ser calculados com base na pena unificada, de 30 anos. Esse limite máximo visa impedir, obviamente, a imposição de uma pena perpétua, ou seja, a pena que, embora sem essa designação, deve ser assim considerada em razão da expectativa de vida do ser humano. Exemplificando, a pena de 106 anos, aplicada no caso *sub examine*, jamais seria cumprida, sabido que raramente alguém alcança essa idade. Não se desconhece a divisão doutrinária entre os que entendem que o cumprimento de 30 anos de pena em regime fechado não é ressocializador – não satisfazendo, portanto, uma das finalidades da execução penal – e os que argumentam com a defesa da sociedade, defendendo que a concessão de benefícios antes dos trinta anos de cumprimento da pena constitui um incentivo a criminosos perigosos e contumazes. (...) Filio-me à corrente que não considera a unificação das penas em 30 anos para a concessão de benefícios, mantendo o entendimento consolidado na Súmula 715 desta Corte. Outra interpretação conduziria a um tratamento igual para situações desiguais, colocando no mesmo patamar pessoas condenadas a 30 anos e a cem ou mais anos de reclusão, por exemplo. Não haveria aí distribuição de justiça, expressada em dar a cada um o que merece (RHC 103.551, rel. min. Luiz Fux, 1ª T, j. 21-6-2011, *DJE* 163 de 25-8-2011).
>
> Evidencio, inicialmente, que o § 1º do art. 75 do CP é um consectário lógico da expressa vedação constitucional concernente às penas de caráter perpétuo (CF, art. 5º, XLVII). Levando-se em conta a necessidade de ressocialização do apenado, não seria coerente, de fato, permitir-se a subsistência, no ordenamento jurídico brasileiro, de penas de caráter perpétuo. Por isso a expressa disposição legal no sentido de que o tempo de cumprimento das penas privativas de liberdade não pode ser superior a 30 anos. Todavia, procedendo-se a uma análise sistemática da causa posta, entendo que não assiste razão à impetração. É que, em casos análogos ao em apreço, esta Suprema Corte já teve a oportunidade de assentar que os cálculos para a concessão de outros benefícios a serem realizados durante a

88 Súmula 715/STF: A pena unificada para atender ao limite de trinta anos de cumprimento, determinado pelo art. 75 do Código Penal, não é considerada para a concessão de outros benefícios, como o livramento condicional ou regime mais favorável de execução.

> execução da pena deverão recair sobre o total da pena aplicada ao condenado e não sobre a pena unificada prevista no art. 75, § 1º do CP. Em outras palavras, o limite de 30 anos previsto no CP apenas se reporta ao tempo máximo de efetivo cumprimento da pena, não podendo servir de cotejo para a aferição de requisitos temporais necessários à obtenção de outros benefícios legais (HC 98.450, rel. min. Gilmar Mendes, 2ª T, j. 14-6-2010, *DJE* 154 de 20-8-2010).

Bom que se recorde que a alteração também reflete no tempo máximo de duração da medida de segurança. Explico. A medida de segurança, de acordo com o Código Penal, dura por tempo indeterminado. O Supremo Tribunal Federal, contudo, atento ao fato de que a Constituição Federal veda pena de caráter perpétuo (na verdade a medida segurança tem natureza jurídica de sanção penal), entende que a sua duração máxima é o tempo máximo de cumprimento de pena privativa de liberdade (agora orçado em 40 anos, em face do quanto determinado pelo Pacote Anticrime), com aplicação, por analogia do artigo 75 do Caderno Repressivo à medida de segurança. Em arremate, cumpre lembrar que o Superior Tribunal de Justiça entende, na forma da Súmula 527[89], que o tempo máximo de cumprimento de medida de segurança é o máximo de pena em abstrato (mais adiante demonstrarei que defendo uma quarta linha interpretativa – materialização de dosimetria virtual, limitadora do tempo máximo de cumprimento de medida de segurança no caso concreto).

Concurso de infrações

Art. 76 – No concurso de infrações, executar-se-á primeiramente a pena mais grave.

Cumprimento de pena em caso de concurso de infrações: o artigo 76 do Código Penal regula como deve se comportar o cumprimento de pena quando há condenação do acusado pela prática de mais de uma infração (seja em concurso material no mesmo processo, seja quando houver condenações em processos distintos).

Executa-se, inicialmente, a pena mais grave.

CAPÍTULO IV
DA SUSPENSÃO CONDICIONAL DA PENA

Requisitos da suspensão da pena

Art. 77 – A execução da pena privativa de liberdade, não superior a 2 (dois) anos, poderá ser suspensa, por 2 (dois) a 4 (quatro) anos, desde que:

I – o condenado não seja reincidente em crime doloso;

89 Súmula 527/STJ – O tempo de duração da medida de segurança não deve ultrapassar o limite máximo da pena abstratamente cominada ao delito praticado.

II – a culpabilidade, os antecedentes, a conduta social e personalidade do agente, bem como os motivos e as circunstâncias autorizem a concessão do benefício;

III – Não seja indicada ou cabível a substituição prevista no art. 44 deste Código.

§ 1º – A condenação anterior a pena de multa não impede a concessão do benefício.

§ 2º A execução da pena privativa de liberdade, não superior a quatro anos, poderá ser suspensa, por quatro a seis anos, desde que o condenado seja maior de setenta anos de idade, ou razões de saúde justifiquem a suspensão.

Art. 78 – Durante o prazo da suspensão, o condenado ficará sujeito à observação e ao cumprimento das condições estabelecidas pelo juiz.

§ 1º – No primeiro ano do prazo, deverá o condenado prestar serviços à comunidade (art. 46) ou submeter-se à limitação de fim de semana (art. 48).

§ 2º Se o condenado houver reparado o dano, salvo impossibilidade de fazê-lo, e se as circunstâncias do art. 59 deste Código lhe forem inteiramente favoráveis, o juiz poderá substituir a exigência do parágrafo anterior pelas seguintes condições, aplicadas cumulativamente:

a) proibição de freqüentar determinados lugares;

b) proibição de ausentar-se da comarca onde reside, sem autorização do juiz;

c) comparecimento pessoal e obrigatório a juízo, mensalmente, para informar e justificar suas atividades.

Art. 79 – A sentença poderá especificar outras condições a que fica subordinada a suspensão, desde que adequadas ao fato e à situação pessoal do condenado.

Art. 80 – A suspensão não se estende às penas restritivas de direitos nem à multa.

Revogação obrigatória

Art. 81 – A suspensão será revogada se, no curso do prazo, o beneficiário:

I – é condenado, em sentença irrecorrível, por crime doloso;

II – frustra, embora solvente, a execução de pena de multa ou não efetua, sem motivo justificado, a reparação do dano;

III – descumpre a condição do § 1º do art. 78 deste Código.

Revogação facultativa

§ 1º – A suspensão poderá ser revogada se o condenado descumpre qualquer outra condição imposta ou é irrecorrivelmente condenado, por crime culposo ou por contravenção, a pena privativa de liberdade ou restritiva de direitos.

Prorrogação do período de prova

§ 2º – Se o beneficiário está sendo processado por outro crime ou contravenção, considera-se prorrogado o prazo da suspensão até o julgamento definitivo.

§ 3º – Quando facultativa a revogação, o juiz pode, ao invés de decretá-la, prorrogar o período de prova até o máximo, se este não foi o fixado.

Cumprimento das condições

Art. 82 – Expirado o prazo sem que tenha havido revogação, considera-se extinta a pena privativa de liberdade.

Suspensão condicional da pena: também chamada de *sursis* penal, é a suspensão da execução da pena privativa de liberdade, mediante observância de condições impostas pelo juiz (artigos 77 a 82 do Código Penal e artigos 156 a 163 da Lei de Execução Penal).

Direito subjetivo do acusado: preenchidos os requisitos legais, trata-se de direito público subjetivo do acusado.

Caráter subsidiário: a medida tem caráter **subsidiário** em face da substituição da pena privativa de liberdade por restritiva de direitos.

Sistema adotado pelo Código Penal: adotamos o sistema **belga-francês**, em que o juiz condena o réu, mas suspende a execução de sua pena, desde que o réu seja primário e a pena não ultrapasse dois anos (no sistema **anglo-americano** o juiz declara o réu culpado, mas não o condena, suspendendo o processo, independente da gravidade do delito, desde que entenda que o réu não voltará a delinquir).

Espécies: confira tabela que trata das espécies de *sursis* penal:

Espécie	Artigo
Simples	77 c/c 78 § 1º, do Código Penal
Especial	78, § 2º, Código Penal
Etário	77, § 2º, Código Penal
Humanitário	77, § 2º, Código Penal

Requisitos: os requisitos para obtenção do *sursis* estão descritos no artigo 77 do Código Penal:

Requisitos	Descrição
Objetivo	Pena privativa de liberdade não superior a dois anos, desde que impossibilitada a substituição desta por pena restritiva de direitos.
Subjetivos	Que o condenado não seja reincidente em crime doloso e que a culpabilidade, os antecedentes, a conduta social e a personalidade do agente, bem como os motivos e circunstâncias autorizem a concessão do benefício.

Condições: as condições estão no artigo 78, §§ 1º e 2º e 79 do Código Penal. Não existe *sursis* incondicionado. Caso o juiz sentenciante ou o tribunal não fixe condições, deve-se opor embargos de declaração.

Período de prova: é o lapso temporal em que a execução ficará suspensa (em regra de 2 a 4 anos). No *sursis* etário e no humanitário pode ser de 4 a 6 anos. Nas contravenções penais, varia de 1 a 3 anos.

Revogação: as hipóteses de **revogação obrigatória** do *sursis* estão elencadas nos incisos do artigo 81 do Código Penal. As hipóteses de **revogação facultativa** do *sursis* estão descritas no artigo 81, § 1º, do Código Penal:

Revogação do *sursis*	**Hipóteses**
Obrigatória	Condenação, em sentença irrecorrível, por crime doloso.
	Caso o beneficiado frustre, embora solvente, a execução de pena de multa ou não efetue, sem motivo justificado, a reparação do dano.
	Em caso de descumprimento da condição do § 1º, do art. 78, do Código Penal[90].
Facultativa	Se o condenado descumprir qualquer outra condição imposta.
	Se ele for irrecorrivelmente condenado por crime culposo ou por contravenção a pena privativa de liberdade ou restritiva de direitos.

Prorrogação do período de prova: ocorre na hipótese descrita no artigo 81, § 2º, do Código Penal (a prorrogação é automática) – se o condenado está sendo processado por outro crime ou contravenção (o período de prova fica suspenso até o julgamento definitivo do processo).

Cassação: o benefício pode ser cassado, na forma do artigo 161 da Lei de Execuções Penais:

> Art. 161. Se, intimado pessoalmente ou por edital com prazo de 20 (vinte) dias, o réu não comparecer injustificadamente à audiência admonitória, a suspensão ficará sem efeito e será executada imediatamente a pena.

Extinção da pena: cumpridas as condições no curso do período de prova, sem que tenha havido revogação, considera-se **extinta a pena**, na forma do artigo 82 do Código Penal[91].

CAPÍTULO V
DO LIVRAMENTO CONDICIONAL

Requisitos do livramento condicional

Art. 83 – O juiz poderá conceder livramento condicional ao condenado a pena privativa de liberdade igual ou superior a 2 (dois) anos, desde que:

I – cumprida mais de um terço da pena se o condenado não for reincidente em crime doloso e tiver bons antecedentes;

---

90 Art. 78. (...)
§ 1º – No primeiro ano do prazo, deverá o condenado prestar serviços à comunidade (art. 46) ou submeter-se à limitação de fim de semana (art. 48).

91 Art. 82 – Expirado o prazo sem que tenha havido revogação, considera-se extinta a pena privativa de liberdade.

II – cumprida mais da metade se o condenado for reincidente em crime doloso;

III – comprovado:

a) bom comportamento durante a execução da pena;

b) não cometimento de falta grave nos últimos 12 (doze) meses;

c) bom desempenho no trabalho que lhe foi atribuído; e

d) aptidão para prover a própria subsistência mediante trabalho honesto;

IV – tenha reparado, salvo efetiva impossibilidade de fazê-lo, o dano causado pela infração;

V – cumpridos mais de dois terços da pena, nos casos de condenação por crime hediondo, prática de tortura, tráfico ilícito de entorpecentes e drogas afins, tráfico de pessoas e terrorismo, se o apenado não for reincidente específico em crimes dessa natureza.

Parágrafo único – Para o condenado por crime doloso, cometido com violência ou grave ameaça à pessoa, a concessão do livramento ficará também subordinada à constatação de condições pessoais que façam presumir que o liberado não voltará a delinqüir.

Soma de penas

Art. 84 – As penas que correspondem a infrações diversas devem somar-se para efeito do livramento.

Especificações das condições

Art. 85 – A sentença especificará as condições a que fica subordinado o livramento.

Revogação do livramento

Art. 86 – Revoga-se o livramento, se o liberado vem a ser condenado a pena privativa de liberdade, em sentença irrecorrível:

I – por crime cometido durante a vigência do benefício;

II – por crime anterior, observado o disposto no art. 84 deste Código.

Revogação facultativa

Art. 87 – O juiz poderá, também, revogar o livramento, se o liberado deixar de cumprir qualquer das obrigações constantes da sentença, ou for irrecorrivelmente condenado, por crime ou contravenção, a pena que não seja privativa de liberdade.

Efeitos da revogação

Art. 88 – Revogado o livramento, não poderá ser novamente concedido, e, salvo quando a revogação resulta de condenação por outro crime anterior àquele benefício, não se desconta na pena o tempo em que esteve solto o condenado.

Extinção

Art. 89 – O juiz não poderá declarar extinta a pena, enquanto não passar em julgado a sentença em processo a que responde o liberado, por crime cometido na vigência do livramento.

Art. 90 – Se até o seu término o livramento não é revogado, considera-se extinta a pena privativa de liberdade.

Livramento condicional: é a antecipação da liberdade do condenado mediante condições impostas pelo juiz. Trata-se de direito público subjetivo do reeducando e é decisão tomada pelo **juízo da execução**, ouvidos o Ministério Público, o Conselho Penitenciário e a defesa (artigo 131 da Lei de Execução Penal).

Pacote Anticrime: a Lei 13.964/19 alterou o livramento condicional. Foi incluído no inciso III do artigo 83 do Código Penal a necessidade de comprovação, pelo condenado, do não cometimento de falta grave nos últimos 12 meses para obtenção do benefício. A expressão "comportamento satisfatório" ou substituída por "bom comportamento durante a execução da pena":

Redação anterior	Redação determinada pelo Pacote Anticrime
Art. 83. (...) III – comprovado comportamento satisfatório durante a execução da pena, bom desempenho no trabalho que lhe foi atribuído e aptidão para prover à própria subsistência mediante trabalho honesto;	Art. 83. (...) III – comprovado: a) bom comportamento durante a execução da pena; b) não cometimento de falta grave nos últimos 12 (doze) meses; c) bom desempenho no trabalho que lhe foi atribuído; e d) aptidão para prover a própria subsistência mediante trabalho honesto;

É preciso que se diga que a inclusão do novo requisito objetivo para obtenção do livramento condicional não afetou a Súmula 441/STJ[92]. O fato de o condenado só poder usufruir a benesse se não tiver praticado falta grave nos últimos 12 meses não quer dizer que a prática da falta interrompe o prazo para obtenção do livramento (a interrupção é apenas do prazo para obtenção da progressão de regime, na forma da Súmula 534/STJ[93]).

92 Súmula 441/STJ – A falta grave não interrompe o prazo para obtenção de livramento condicional.

93 Súmula 534/STJ – A prática de falta grave interrompe a contagem do prazo para a progressão de regime de cumprimento de pena, o qual se reinicia a partir do cometimento dessa infração.

Sobre a alínea "b" do inciso III do artigo 83 do Código Penal, vide tese do Superior Tribunal de Justiça (edição 184 da jurisprudência em teses):

> 3) O requisito previsto no art. 83, III, b, do Código Penal, inserido pela Lei n. 13.964/2019 (não cometimento de falta grave nos últimos 12 meses) é pressuposto objetivo para a concessão de livramento condicional, e não limita a valoração do requisito subjetivo, inclusive quanto a fatos anteriores à vigência do Pacote Anticrime, de forma que somente haverá fundamento inválido quando consideradas faltas disciplinares muito antigas.

A Lei 13.964/19 incluiu, ainda, nova hipótese de vedação da concessão do benefício (alteração implementada na LEP): condenado primário pela prática de crime hediondo ou equiparado com resultado morte.

Eis tabela que analisa a benesse:

Condenado	**Quantidade de pena cumprida**	**Requisito subjetivo**	**Requisito objetivo**	**Requisito subjetivo adicional se o crime for doloso, cometido com violência ou grave ameaça à pessoa**
Não reincidente em crime doloso	Mais de 1/3	Comprovado bom comportamento durante a execução da pena, não ter cometido falta grave nos últimos 12 meses, bom desempenho no trabalho que lhe foi atribuído e aptidão para prover à própria subsistência mediante trabalho honesto	Tenha reparado, salvo efetiva impossibilidade de fazê-lo, o dano causado pela infração.	Constatação de condições pessoais que façam presumir que o liberado não voltará a delinquir.
Reincidente em crime doloso	Mais da metade	Comprovado bom comportamento durante a execução da pena, não ter cometido falta grave nos últimos 12 meses, bom desempenho no trabalho que lhe foi atribuído e aptidão para prover à própria subsistência mediante trabalho honesto	Tenha reparado, salvo efetiva impossibilidade de fazê-lo, o dano causado pela infração.	Constatação de condições pessoais que façam presumir que o liberado não voltará a delinquir.
Pela prática de crime hediondo ou equiparado a hediondo	Mais de 2/3	Comprovado bom comportamento durante a execução da pena, não ter cometido falta grave nos últimos 12 meses, bom desempenho no trabalho que lhe foi atribuído e aptidão para prover à própria subsistência mediante trabalho honesto	Tenha reparado, salvo efetiva impossibilidade de fazê-lo, o dano causado pela infração.	Constatação de condições pessoais que façam presumir que o liberado não voltará a delinquir.

Reincidente específico em crime hediondo ou equiparado a hediondo ou condenado primário pela prática de crime hediondo ou equiparado, com resultado morte	Não faz jus ao benefício	–	–	–

Infrações diversas: o livramento será concedido levando-se em conta a soma das condenações impostas ao sentenciado, na forma do artigo 84 do Código Penal[94].

Condições: as condições impostas por ocasião do livramento condicional podem ser classificadas em **obrigatórias** e **facultativas**, na forma do artigo 132 da Lei de Execução Penal:

Condições obrigatórias	Condições facultativas
Obter ocupação lícita, dentro de prazo razoável se for apto para o trabalho.	Não mudar de residência sem comunicação ao Juiz e à autoridade incumbida da observação cautelar e de proteção.
Comunicar periodicamente ao Juiz sua ocupação.	Recolher-se à habitação em hora fixada.
Não mudar do território da comarca do Juízo da execução, sem prévia autorização deste.	Não frequentar determinados lugares

Revogação: os artigos 86 e 87 do Código Penal tratam da revogação do livramento condicional, que pode ser **obrigatória** ou **facultativa**:

Revogação obrigatória (artigo 86 do CP)	Revogação facultativa (artigo 87 do CP)
Se o liberado vem a ser condenado a pena privativa de liberdade, em sentença irrecorrível por crime cometido durante a vigência do benefício;	Se o liberado deixar de cumprir qualquer das obrigações constantes da sentença.
Se o liberado vem a ser condenado a pena privativa de liberdade, em sentença irrecorrível por crime anterior, se a soma/unificação de penas impedir o benefício (na forma do artigo 84 do CP).	Se o liberado for irrecorrivelmente condenado, por crime ou contravenção, a pena que não seja privativa de liberdade.

O artigo 88 do Código Penal deixa claro que se o benefício for revogado, não poderá ser novamente concedido e que não se desconta do tempo de pena o período em que o condenado esteve solto (exceto se a revogação resultar de condenação por crime praticado antes da benesse).

94 Art. 84 – As penas que correspondem a infrações diversas devem somar-se para efeito do livramento.

Se o beneficiado estiver sendo processado por crime cometido na vigência do livramento condicional, o artigo 89 do Código Penal determina que o juiz não declare extinta a pena enquanto não transitar em julgado a sentença relacionada à prática de tal delito (o praticado durante a vigência do benefício).

Suspensão: a suspensão do livramento condicional é tratada pelo artigo 145 da Lei de Execução Penal:

> Art. 145. Praticada pelo liberado outra infração penal, o Juiz poderá ordenar a sua prisão, ouvidos o Conselho Penitenciário e o Ministério Público, suspendendo o curso do livramento condicional, cuja revogação, entretanto, ficará dependendo da decisão final.

É preciso que o juízo das execuções suspenda (diante da prática de novo crime durante o período de prova) ou extinga (em face do trânsito em julgado de sentença condenatória que impôs pena privativa de liberdade, por exemplo) o livramento condicional no curso do período de prova. Caso não o faça e o período de prova finde, deve ser declarada a extinção da punibilidade (informativo 319/STJ):

> A questão consistiu na extinção da punibilidade nos casos em que transcorre o período do livramento condicional sem expressa suspensão ou revogação do benefício diante da prática de crime nesse interregno. Na espécie, três meses após o término do período de prova do livramento, foi juntada aos autos da execução a folha de antecedentes criminais atualizada do paciente, informando o cometimento de crime durante aquele período. Ao prosseguir o julgamento pela Turma, houve empate na votação, prevalecendo a decisão mais favorável ao paciente, reafirmando entendimento anterior majoritário no sentido de que, se o livramento condicional não foi suspenso por medida cautelar durante o período de prova, impõe-se a declaração da extinção da pena imposta, não se mostrando possível a revogação do benefício. Note-se que essa tese foi defendida no parecer do MP. Entretanto, para a Min. Maria Thereza de Assis Moura, em seu voto-vista vencido, se, durante a vigência do livramento condicional, o liberado é acusado da prática de novo delito, ocorre a prorrogação automática do prazo até que se verifique o trânsito em julgado da nova ação penal, e a extinção da punibilidade não pode, nesse caso, ser declarada na pendência da ação penal sob pena de violação do art. 89 do CP, ainda que o conhecimento do novo delito, durante o período de prova do livramento, tenha-se dado após o término da sentença. Precedente citado: HC 33.752-RJ, DJ 23/10/2006. HC 25.727-RJ, Rel. Min. Paulo Gallotti, julgado em 8/5/2007.

O entendimento acima desenhado desembocou na edição da Súmula 617/STJ – **A ausência de suspensão ou revogação do livramento condicional antes do término do período de prova enseja a extinção da punibilidade pelo integral cumprimento da pena.**

Extinção: caso o livramento não seja revogado até seu término, o juiz declarará extinta a pena, na forma dos artigos 90 do Código Penal e 146 da Lei de Execuções Penais.

Súmula 715/STF: A pena unificada para atender ao limite de trinta anos[95] de cumprimento, determinado pelo art. 75 do Código Penal, não é considerada para a concessão de outros benefícios, como o livramento condicional ou regime mais favorável de execução.

Questão de concurso público: veja como o assunto já foi cobrado em concurso público.

1 – (Delegado de Polícia Federal/2018) Caio, condenado a nove anos de prisão, cumpria a pena no regime fechado. Passado um ano do cumprimento da pena, ele cometeu falta grave. Nessa situação, serão interrompidas as contagens dos prazos tanto para a obtenção do livramento condicional quanto para a progressão de regime de cumprimento de pena, devendo ambas ser reiniciadas a partir da data do cometimento da falta grave ( ).

Gabarito comentado:

Questão	Reposta	Comentário
1	ERRADA	A prática de falta grave não interrompe o prazo para obtenção de livramento condicional (inteligência da Súmula 441/STJ).

CAPÍTULO VI
DOS EFEITOS DA CONDENAÇÃO

Efeitos genéricos e específicos

Art. 91 – São efeitos da condenação:

I – tornar certa a obrigação de indenizar o dano causado pelo crime;

II – a perda em favor da União, ressalvado o direito do lesado ou de terceiro de boa-fé:

a) dos instrumentos do crime, desde que consistam em coisas cujo fabrico, alienação, uso, porte ou detenção constitua fato ilícito;

b) do produto do crime ou de qualquer bem ou valor que constitua proveito auferido pelo agente com a prática do fato criminoso.

§ 1º Poderá ser decretada a perda de bens ou valores equivalentes ao produto ou proveito do crime quando estes não forem encontrados ou quando se localizarem no exterior.

§ 2º Na hipótese do § 1º, as medidas assecuratórias previstas na legislação processual poderão abranger bens ou valores equivalentes do investigado ou acusado para posterior decretação de perda.

95 O limite orçado pelo artigo 75 do Código Penal agora é 40 anos, por força do Pacote Anticrime.

Art. 91-A. Na hipótese de condenação por infrações às quais a lei comine pena máxima superior a 6 (seis) anos de reclusão, poderá ser decretada a perda, como produto ou proveito do crime, dos bens correspondentes à diferença entre o valor do patrimônio do condenado e aquele que seja compatível com o seu rendimento lícito.

§ 1º Para efeito da perda prevista no caput deste artigo, entende-se por patrimônio do condenado todos os bens:

I – de sua titularidade, ou em relação aos quais ele tenha o domínio e o benefício direto ou indireto, na data da infração penal ou recebidos posteriormente; e

II – transferidos a terceiros a título gratuito ou mediante contraprestação irrisória, a partir do início da atividade criminal.

§ 2º O condenado poderá demonstrar a inexistência da incompatibilidade ou a procedência lícita do patrimônio.

§ 3º A perda prevista neste artigo deverá ser requerida expressamente pelo Ministério Público, por ocasião do oferecimento da denúncia, com indicação da diferença apurada.

§ 4º Na sentença condenatória, o juiz deve declarar o valor da diferença apurada e especificar os bens cuja perda for decretada.

§ 5º Os instrumentos utilizados para a prática de crimes por organizações criminosas e milícias deverão ser declarados perdidos em favor da União ou do Estado, dependendo da Justiça onde tramita a ação penal, ainda que não ponham em perigo a segurança das pessoas, a moral ou a ordem pública, nem ofereçam sério risco de ser utilizados para o cometimento de novos crimes.

Art. 92 – São também efeitos da condenação:

I – a perda de cargo, função pública ou mandato eletivo:

a) quando aplicada pena privativa de liberdade por tempo igual ou superior a um ano, nos crimes praticados com abuso de poder ou violação de dever para com a Administração Pública;

b) quando for aplicada pena privativa de liberdade por tempo superior a 4 (quatro) anos nos demais casos.

II – a incapacidade para o exercício do poder familiar, da tutela ou da curatela nos crimes dolosos sujeitos à pena de reclusão cometidos contra outrem igualmente titular do mesmo poder familiar, contra filho, filha ou outro descendente ou contra tutelado ou curatelado;

III – a inabilitação para dirigir veículo, quando utilizado como meio para a prática de crime doloso.

Parágrafo único – Os efeitos de que trata este artigo não são automáticos, devendo ser motivadamente declarados na sentença.

Efeitos da condenação: os efeitos da condenação podem ser assim divididos:

Efeitos principais	Efeitos secundários
Imposição de pena ou medida de segurança.	Penais e extrapenais

Efeitos secundários penais	Efeitos secundários extrapenais
1) induz reincidência; 2) impede, em regra, o sursis; 3) causa, em regra, revogação do *sursis*; 4) causa a revogação do livramento condicional; 5) aumenta o prazo da prescrição da pretensão executória; 6) interrompe a prescrição da pretensão executória quando caracterizar reincidência; 7) revoga a reabilitação; 8) inscrição do nome do condenado no rol dos culpados.	Genéricos ou específicos.

Efeitos secundários extrapenais genéricos	Efeitos secundários extrapenais específicos
1) torna certa a obrigação de reparar o dano causado pelo crime; 2) confisco pela União dos instrumentos do crime, desde que seu uso, porte, detenção, alienação ou fabrico constituam fato ilícito; 3) confisco pela União do produto ou proveito do crime; 4) suspensão dos direitos políticos enquanto durar a execução da pena.	1) perda do cargo, função ou mandato eletivo: a) quando aplicada pena privativa de liberdade por tempo igual ou superior a um ano, nos crimes praticados com abuso de poder ou violação de dever para com a Administração Pública; b) quando for aplicada pena privativa de liberdade por tempo superior a 4 (quatro) anos nos demais casos); 2) incapacidade para o exercício do poder familiar, tutela ou curatela; 3) inabilitação para dirigir veículos; 4) perda, como produto ou proveito do crime, dos bens correspondentes à diferença entre o valor do patrimônio do condenado e aquele que seja compatível com seu rendimento lícito, em relação a crimes cuja pena máxima seja superior a 6 anos.

Não automaticidade: os efeitos secundários extrapenais específicos não são automáticos (dependem de decisão fundamentada do magistrado, nos termos do parágrafo único, do artigo 92, do Código Penal).

Homologação de transação penal: a homologação de transação penal (artigo 76 da Lei 9.099/95) não tem natureza condenatória e por isso não podem subsistir os efeitos extrapenais determinados pelos artigos 91 e 92 do Código Penal:

> As consequências jurídicas extrapenais previstas no art. 91 do Código Penal são decorrentes de sentença penal condenatória. Tal não ocorre, portanto, quando há transação penal, cuja sentença tem natureza meramente homologatória, sem qualquer juízo sobre a responsabilidade criminal do aceitante. As consequências geradas pela transação penal são essencialmente aquelas estipuladas, por modo consensual, no respectivo instrumento de acordo (RE 795567, Relator Ministro Teori Zavascki, Tribunal Pleno, julgamento em 28.5.2015, DJe de 9.9.2015, com repercussão geral – tema 187).

Pacote Anticrime: o Pacote Anticrime inseriu o artigo 91-A no Código Repressivo Pátrio. O dispositivo acrescentou **efeito extrapenal específico** de perda, como produto ou proveito do crime, dos bens correspondentes à diferença entre o valor do patrimônio do condenado e aquele que seja compatível com seu rendimento lícito, em relação a crimes cuja pena máxima seja superior a 6 anos (que depende de pedido expresso do Ministério Público a ser feito na exordial acusatória e decisão fundamentada do magistrado na sentença, que especificará o valor da diferença apurada e os bens cuja perda foi decretada).

A decisão do juiz deverá analisar os seguintes aspectos: a) adimplemento do requisito objetivo atinente à pena do crime imputado ao réu (pena máxima em abstrato superior a 6 anos – para alcançar o limite imposto pela lei, penso ser possível operar soma de penas ou exasperação em caso de concurso de crimes, conforme o caso); b) identificação do patrimônio do condenado (bens da sua titularidade, ou em relação aos quais ele tenha o domínio e o benefício direto ou indireto, na data da infração penal ou recebidos posteriormente, ou que tenham sido transferidos a terceiros a título gratuito ou mediante contraprestação irrisória, a partir do início da atividade criminal); c) capacidade econômica do condenado, de acordo com seu rendimento lícito. A partir desse estudo, deve o juiz indicar os bens que serão perdidos.

Atento à inovação legislativa, o aparelho policial deve cuidar de levantar o patrimônio do investigado a partir da prática do delito, monitorando sua expansão ou a transferência graciosa e ilícita de bens, sem descurar da análise do rendimento lícito do suspeito. Como o pedido de perda deve ser feito pelo Ministério Público já na denúncia, esses dados, preferencialmente, devem ser colhidos pelo Estado-investigação no curso do inquérito policial.

O § 5º do artigo 91-A do Código Penal indica que os instrumentos utilizados para a prática de crimes por organizações criminosas e milícias deverão ser declarados perdidos em favor da União ou do Estado, dependendo da Justiça onde tramita a ação penal, ainda que não ponham em perigo a segurança das pessoas, a moral ou a ordem pública, nem ofereçam sério risco de ser utilizados para o cometimento de novos crimes.

O conceito de organização criminosa é facilmente identificado pela análise do artigo 1º, § 1º, da Lei 12.850/13[96]. Contudo, o legislador tupiniquim ainda não cuidou de explicitar o exato significado da expressão "milícia", o que pode prejudicar sobremaneira a aplicação do dispositivo (sugiro leitura dos comentários ao artigo 288-A do Código Penal).

---

96 Art. 1º (...)

§ 1º Considera-se organização criminosa a associação de 4 (quatro) ou mais pessoas estruturalmente ordenada e caracterizada pela divisão de tarefas, ainda que informalmente, com objetivo de obter, direta ou indiretamente, vantagem de qualquer natureza, mediante a prática de infrações penais cujas penas máximas sejam superiores a 4 (quatro) anos, ou que sejam de caráter transnacional.

CAPÍTULO VII
DA REABILITAÇÃO

Reabilitação

Art. 93 – A reabilitação alcança quaisquer penas aplicadas em sentença definitiva, assegurando ao condenado o sigilo dos registros sobre o seu processo e condenação.

Parágrafo único – A reabilitação poderá, também, atingir os efeitos da condenação, previstos no art. 92 deste Código, vedada reintegração na situação anterior, nos casos dos incisos I e II do mesmo artigo.

Art. 94 – A reabilitação poderá ser requerida, decorridos 2 (dois) anos do dia em que for extinta, de qualquer modo, a pena ou terminar sua execução, computando-se o período de prova da suspensão e o do livramento condicional, se não sobrevier revogação, desde que o condenado:

I – tenha tido domicílio no País no prazo acima referido;

II – tenha dado, durante esse tempo, demonstração efetiva e constante de bom comportamento público e privado;

III – tenha ressarcido o dano causado pelo crime ou demonstre a absoluta impossibilidade de o fazer, até o dia do pedido, ou exiba documento que comprove a renúncia da vítima ou novação da dívida.

Parágrafo único – Negada a reabilitação, poderá ser requerida, a qualquer tempo, desde que o pedido seja instruído com novos elementos comprobatórios dos requisitos necessários.

Art. 95 – A reabilitação será revogada, de ofício ou a requerimento do Ministério Público, se o reabilitado for condenado, como reincidente, por decisão definitiva, a pena que não seja de multa.

Reabilitação: trata-se de benefício que tem por objetivo restituir o condenado à situação anterior à condenação (assegurando sigilo do registro sobre o processo e sua condenação e conferindo novamente ao condenado os direitos que lhe foram retirados a título de efeitos secundários da condenação).

Está regulada nos artigos 93 a 95 do Código Penal e é direito subjetivo do condenado.

Competência: a competência é do juízo da condenação (e não do juízo das execuções) – artigo 743 do Código de Processo Penal. Da decisão que a denega a reabilitação cabe apelação (e recurso de ofício da decisão concessiva – artigo 746 do Código de Processo Penal).

Artigo 202 da LEP x artigo 748 do CPP: o artigo 202 da Lei de Execução Penal determina que após a extinção ou cumprimento da pena não conste em atestados ou certidões menção à condenação. Ocorre que o sigilo imposto pela LEP é mais raso que o determinado pela reabilitação (que só pode ser quebrado por ordem judicial – artigo 748 do CPP).

Outras consequências da reabilitação: concedida a reabilitação o condenado poderá voltar a ser servidor público (mas não terá direito a ser reintegrado no cargo que perdeu em razão da condenação); exercer o poder familiar (mas não em relação ao filho que foi vítima do crime pelo qual foi condenado); e voltar a ter habilitação a dirigir veículo.

Requisitos: os requisitos descritos do artigo 94 são cumulativos: a) é preciso que a reabilitação seja requerida dois anos depois do dia em que for extinta, de qualquer modo, a pena ou terminar sua execução, computando-se o período de prova da suspensão e o do livramento condicional, se não sobrevier revogação; b) é preciso que o condenado tenha tido domicílio no país no prazo referido; c) que o condenado tenha dado, durante esse tempo, demonstração efetiva e constante de bom comportamento público e privado; d) que o condenado tenha ressarcido o dano causado pelo crime ou demonstre a absoluta impossibilidade de o fazer, até o dia do pedido, ou exiba documento que comprove a renúncia da vítima ou novação da dívida).

Procedimento: é importante a leitura dos artigos 743 a 745 do Código de Processo Penal:

> Art. 743. A reabilitação será requerida ao juiz da condenação, após o decurso de quatro ou oito anos, pelo menos, conforme se trate de condenado ou reincidente, contados do dia em que houver terminado a execução da pena principal ou da medida de segurança detentiva, devendo o requerente indicar as comarcas em que haja residido durante aquele tempo.
>
> Art. 744. O requerimento será instruído com:
>
> I – certidões comprobatórias de não ter o requerente respondido, nem estar respondendo a processo penal, em qualquer das comarcas em que houver residido durante o prazo a que se refere o artigo anterior;
>
> II – atestados de autoridades policiais ou outros documentos que comprovem ter residido nas comarcas indicadas e mantido, efetivamente, bom comportamento;
>
> III – atestados de bom comportamento fornecidos por pessoas a cujo serviço tenha estado;
>
> IV – quaisquer outros documentos que sirvam como prova de sua regeneração;
>
> V – prova de haver ressarcido o dano causado pelo crime ou persistir a impossibilidade de fazê-lo.
>
> Art. 745. O juiz poderá ordenar as diligências necessárias para apreciação do pedido, cercando-as do sigilo possível e, antes da decisão final, ouvirá o Ministério Público.

Renovação do pedido: indeferida a reabilitação, o condenado não poderá renovar o pedido senão após o decurso de dois anos, salvo se o indeferimento tiver resultado de falta ou insuficiência de documentos (artigo 749 do Código de Processo Penal).

TÍTULO VI
DAS MEDIDAS DE SEGURANÇA

Espécies de medidas de segurança

Art. 96. As medidas de segurança são:

I – Internação em hospital de custódia e tratamento psiquiátrico ou, à falta, em outro estabelecimento adequado;

II – sujeição a tratamento ambulatorial.

Parágrafo único – Extinta a punibilidade, não se impõe medida de segurança nem subsiste a que tenha sido imposta.

Imposição da medida de segurança para inimputável

Art. 97 – Se o agente for inimputável, o juiz determinará sua internação (art. 26). Se, todavia, o fato previsto como crime for punível com detenção, poderá o juiz submetê-lo a tratamento ambulatorial.

Prazo

§ 1º – A internação, ou tratamento ambulatorial, será por tempo indeterminado, perdurando enquanto não for averiguada, mediante perícia médica, a cessação de periculosidade. O prazo mínimo deverá ser de 1 (um) a 3 (três) anos.

Perícia médica

§ 2º – A perícia médica realizar-se-á ao termo do prazo mínimo fixado e deverá ser repetida de ano em ano, ou a qualquer tempo, se o determinar o juiz da execução.

Desinternação ou liberação condicional

§ 3º – A desinternação, ou a liberação, será sempre condicional devendo ser restabelecida a situação anterior se o agente, antes do decurso de 1 (um) ano, pratica fato indicativo de persistência de sua periculosidade.

§ 4º – Em qualquer fase do tratamento ambulatorial, poderá o juiz determinar a internação do agente, se essa providência for necessária para fins curativos.

Substituição da pena por medida de segurança para o semi-imputável

Art. 98 – Na hipótese do parágrafo único do art. 26 deste Código e necessitando o condenado de especial tratamento curativo, a pena privativa de liberdade pode ser substituída pela internação, ou tratamento ambulatorial, pelo prazo mínimo de 1 (um) a 3 (três) anos, nos termos do artigo anterior e respectivos §§ 1º a 4º.

Direitos do internado

Art. 99 – O internado será recolhido a estabelecimento dotado de características hospitalares e será submetido a tratamento.

Medida de segurança: é a sanção aplicável ao inimputável (vide artigos 26 e 96, ambos do Código Penal) ou ao semi-imputável (vide artigo 26, parágrafo único, e 98, ambos do Código Penal) por doença mental, quando restar provado que houve prática de fato típico e antijurídico pelo agente.

Sistema do duplo binário x sistema vicariante: em relação ao sistema de aplicação de medidas de segurança, o Código Penal adotou o **vicariante** (ou se aplica pena ou medida de segurança ao agente semi-imputável) – vide item 87 da Exposição de Motivos do Código Penal[97]. Foi deixado de lado o sistema do **duplo binário** (que permitia a aplicação de pena e medida de segurança – adotado no Brasil até a reforma de 1984).

Absolvição imprópria: quando o juiz se depara com inimputável pela doença mental que praticou fato típico e antijurídico, deverá absolvê-lo (porque o artigo 26 do Código Penal afirma que o mesmo é **isento de pena** – afasta-se a imputabilidade) e impor medida de segurança (**sentença de absolvição imprópria**, prevista no artigo 386, inciso VI, cumulado com o seu parágrafo único, inciso III, do Código de Processo Penal).

Espécies de medida de segurança: nos termos do artigo 96 do Código Penal, a medida de segurança pode ser **detentiva** (internação em hospital de custódia ou estabelecimento adequado, caso o crime seja punido com reclusão) ou **restritiva** (tratamento ambulatorial, caso o crime seja punido com detenção, nos termos do artigo 97 do Código Penal).

É importante frisar que a imposição da medida de segurança detentiva não é obrigatória para o inimputável que pratica delito punido com pena de reclusão (havia divergência entre a 5ª e a 6ª Turmas do Superior Tribunal de Justiça acerca do tema, que foi solucionada por decisão da Terceira Seção, publicada no informativo 662/STJ): O norte para escolha da espécie de medida de segurança a ser aplicada é a periculosidade do réu:

---

97 87. Extingue o Projeto a medida de segurança para o imputável e institui o sistema vicariante para os fronteiriços. Não se retomam, com tal método, soluções clássicas. Avança-se pelo contrário, no sentido da autenticidade do sistema. A medida de segurança, de caráter meramente preventivo e assistencial, ficará reservada aos inimputáveis. Isso, em resumo, significa: culpabilidade – pena; periculosidade – medida de segurança. Ao réu perigoso e culpável não há razão para aplicar o que tem sido, na prática, uma fração de pena eufemisticamente denominada medida de segurança.

> A Quinta Turma, há muito, firmou entendimento no sentido de que, "conforme a dicção do art. 97 do Código Penal, tratando-se de crime punível com reclusão, descabe a substituição da internação em hospital de custódia por tratamento ambulatorial". Lado outro, a Sexta Turma, em sucessivos julgados, tem proclamado a tese de que, "na fixação da medida de segurança, por não se vincular à gravidade do delito perpetrado, mas à periculosidade do agente, é cabível ao magistrado a opção por tratamento mais apropriado ao inimputável, independentemente de o fato ser punível com reclusão ou detenção, em homenagem aos princípios da adequação, da razoabilidade e da proporcionalidade". A doutrina brasileira majoritariamente tem se manifestado acerca da injustiça da referida norma, por padronizar a aplicação da sanção penal, impondo ao condenado, independentemente de sua periculosidade, medida de segurança de internação em hospital de custódia, em razão de o fato previsto como crime ser punível com reclusão. Nesse contexto deve prevalecer a jurisprudência da Sexta Turma (EREsp 998.128-MG, Rel. Min. Ribeiro Dantas, Terceira Seção, por unanimidade, julgado em 27/11/2019, DJe 18/12/2019).

Em precedentes antigos, o Supremo Tribunal Federal parece não admitir relativização dos termos determinados pelo Código Penal acerca da possibilidade de imposição de tratamento ambulatorial ao inimputável que pratica conduta apenada com reclusão. Contudo, em decisão recente, é possível concluir que o Pretório Excelso permite que o magistrado decida, fundamentadamente, a medida de segurança a ser aplicada ao inimputável que materializa fato típico apenado com reclusão:

> AGRAVO REGIMENTAL EM HABEAS CORPUS. HOMICÍDIO QUALIFICADO (ART. 121, §2º, II E IV, DO CÓDIGO PENAL). SENTENÇA ABSOLUTÓRIA IMPRÓPRIA. CRIME PUNIDO COM PENA DE RECLUSÃO. IMPOSIÇÃO DE MEDIDA DE SEGURANÇA DE NATUREZA DETENTIVA. CONSTRANGIMENTO ILEGAL INEXISTENTE. ADEQUAÇÃO DA MEDIDA. IMPOSSIBILIDADE DE REEXAME DO CONJUNTO FÁTICO-PROBATÓRIO. 1. O art. 97 do Código Penal impõe a aplicação da medida de segurança de internação ao agente inimputável que tenha praticado fato típico e jurídico punido com pena de reclusão, como ocorreu na espécie. 2. Nos termos do art. 182 do Código de Processo Penal, a existência de laudo médico pericial, elaborado antes da prolação da sentença absolutória imprópria, o qual concluiu pela possibilidade de tratamento ambulatorial da paciente, não vincula a conclusão do juiz, que pode aceitá-lo ou rejeitá-lo, no todo ou em parte, caso entender pela insuficiência da medida para a cessação da periculosidade. 3. O juízo acerca da adequação da medida de segurança imposta à paciente, de forma a infirmar o entendimento da instância ordinária, demandaria o reexame do conjunto probatório, providência incompatível com esta via processual. 4. Agravo regimental a que se nega provimento (HC 163395 AgR, Relator(a): Min. Alexandre de Moraes, Primeira Turma, julgado em 14/12/2018, processo eletrônico DJe-023 DIVULG 05-02-2019 PUBLIC 06-02-2019).

Entendo ser perfeitamente possível imposição de tratamento ambulatorial ao inimputável que pratica conduta típica apenada com reclusão, apesar da redação do artigo 97 do Código Penal. Penso não ser possível, contudo, o contrário (impor medida de segurança detentiva ao inimputável que materializou conduta apenada com detenção).

Prazo: importante notar que, nos termos do Código Penal, a medida de segurança deve ser aplicada por **prazo indeterminado**. O Caderno Penal prevê apenas o prazo mínimo de imposição de medida de segurança (de um a três anos – artigo 97, § 1º, do Código Penal). Passado o prazo mínimo determinado em sentença, far-se-á perícia médica para verificar a cessação da periculosidade (de ano em ano ou a qualquer tempo, por decisão do juiz das execuções, na forma do artigo 97, § 2º, do Código Penal).

O Supremo Tribunal Federal, entretanto, entende que a duração máxima da medida de segurança é 40 anos (fatos praticados depois da entrada em vigor do Pacote Anticrime) ou 30 anos (fatos perpetrados antes da entrada em vigor da Lei 13.964/19), aplicando por analogia o artigo 75 do Código Penal.

Já o Superior Tribunal de Justiça endente que o prazo máximo de duração da medida de segurança é o da pena máxima cominada em abstrato para o tipo penal violado, nos termos da Súmula 527/STJ[98].

Eis tabela que sintetiza o quanto desenhado supra:

Fonte	Duração da medida de segurança	Fundamento
Código Penal	Prazo indeterminado	Artigo 97, § 1º, do Código Penal
STF	No máximo 30 anos	HC 84219/SP
STJ	Não deve ultrapassar o máximo de pena em abstrato cominada ao delito praticado.	Súmula 527

Uma outra trilha: sustento uma **quarta interpretação**. Todas as trilhas acima expostas são injustas em relação ao inimputável. Tomemos como exemplo a prática de crime de roubo simples. Caso o agente seja imputável, primário e de bons antecedentes, a tendência é que ele seja condenado a pena privativa de liberdade mais próxima do mínimo que do máximo legal. Se o agente for reconhecido inimputável pela doença mental (artigo 26 do Código Penal), contudo, todas as alternativas acima desenhadas podem ser mais gravosas que a pena imposta ao imputável que comete o mesmo delito (medida de segurança por tempo indeterminado, na forma do Código Penal; medida de segurança com duração máxima 40 anos, de acordo com entendimento do STF; medida de segurança com duração máxima de 10 anos, de acordo com entendimento do STJ, já que essa é a pena máxima do roubo simples).

98 Súmula 527/STJ – O tempo de duração da medida de segurança não deve ultrapassar o limite máximo da pena abstratamente cominada ao delito praticado.

Minha proposta consiste na materialização de **dosimetria virtual** de pena (mesmo sendo o agente inimputável), com o fito de aferir qual seria a pena concretamente aplicada, caso o réu fosse imputável. Feita a operação (e sabendo a pena concreta virtual), o juiz absolveria o acusado, impondo medida de segurança (cujo tempo máximo de duração seria a pena concretamente orçada pelo magistrado na dosimetria virtual).

Cessação da periculosidade: constatada a cessação da periculosidade, a liberação será condicional, nos termos do artigo 97, § 3º, do Código Penal (a internação pode ser determinada de novo se, antes do decurso de um ano, o agente praticar fato que indique a persistência de sua periculosidade).

Procedimento: o procedimento para execução das medidas de segurança é tratado nos artigos 171 a 179 da Lei de Execução Penal.

Internação provisória: é possível a internação provisória, que se traduz em medida cautelar diversa da prisão (artigo 319, inciso VII, do Código de Processo Penal).

Superveniência de doença mental: no caso de superveniência de doença mental no curso do processo, a solução legal é a suspensão do feito até o restabelecimento do réu (artigo 152 do Código de Processo Penal), conhecida como supressão de instância. Se a doença mental ocorrer depois de iniciada a execução da pena, esta poderá ser substituída por medida de segurança (artigo 183 da LEP):

Situação hipotética	Consequência	Dispositivo
O autor do fato é doente mental no tempo do crime e é inteiramente incapaz de entender o caráter ilícito do fato praticado.	A persecução penal segue seu rumo normal e será prolatada sentença de absolvição imprópria, caso se detecte que houve prática de fato típico e antijurídico.	Artigos 26 do Código Penal e artigo 386, inciso VI, cumulado com o seu parágrafo único, III, do Código de Processo Penal.
O agente era imputável no tempo do crime e sobreveio doença mental no curso do processo.	A persecução penal deve ser suspensa até o restabelecimento do réu.	Artigo 152 do Código de Processo Penal[99].
O agente imputável é sentenciado (imposição de pena) e, no cumprimento da pena, sobrevém doença mental.	O juízo das execuções penais pode determinar conversão da pena em medida de segurança.	Artigo 183 da Lei de Execuções Penais[100].

99 Art. 152. Se se verificar que a doença mental sobreveio à infração o processo continuará suspenso até que o acusado se restabeleça, observado o § 2º do art. 149.
§ 1º O juiz poderá, nesse caso, ordenar a internação do acusado em manicômio judiciário ou em outro estabelecimento adequado.
§ 2º O processo retomará o seu curso, desde que se restabeleça o acusado, ficando-lhe assegurada a faculdade de reinquirir as testemunhas que houverem prestado depoimento sem a sua presença.

100 Art. 183. Quando, no curso da execução da pena privativa de liberdade, sobrevier doença mental ou perturbação da saúde mental, o Juiz, de ofício, a requerimento do Ministério Público, da Defensoria Pública ou da autoridade administrativa, poderá determinar a substituição da pena por medida de segurança.

Incidente de insanidade mental: a aferição da integridade mental do investigado/acusado é materializada por meio de incidente de insanidade mental (artigos 149 e seguintes do Código de Processo Penal).

O delegado de polícia tem legitimidade para representar incidente de insanidade mental no curso do inquérito policial, nos termos do § 1º do artigo 149 do Código de Processo Penal.

Questão de concurso público: veja como o assunto já foi cobrado em concurso público.

1 – (Delegado de Polícia Federal/2021) Segundo o Superior Tribunal de Justiça, a determinação da fixação da medida de segurança de internação em hospital de custódia ou em tratamento ambulatorial deve ser vinculada à gravidade do delito perpetrado ( ).

Gabarito comentado:

Questão	Reposta	Comentário
1	ERRADA	A imposição de medida de segurança não é medida pela gravidade do fato perpetrado, mas sim pela periculosidade do agente.

TÍTULO VII
DA AÇÃO PENAL

Ação pública e de iniciativa privada

Art. 100 – A ação penal é pública, salvo quando a lei expressamente a declara privativa do ofendido.

§ 1º – A ação pública é promovida pelo Ministério Público, dependendo, quando a lei o exige, de representação do ofendido ou de requisição do Ministro da Justiça.

§ 2º – A ação de iniciativa privada é promovida mediante queixa do ofendido ou de quem tenha qualidade para representá-lo.

§ 3º – A ação de iniciativa privada pode intentar-se nos crimes de ação pública, se o Ministério Público não oferece denúncia no prazo legal.

§ 4º – No caso de morte do ofendido ou de ter sido declarado ausente por decisão judicial, o direito de oferecer queixa ou de prosseguir na ação passa ao cônjuge, ascendente, descendente ou irmão.

A ação penal no crime complexo

Art. 101 – Quando a lei considera como elemento ou circunstâncias do tipo legal fatos que, por si mesmos, constituem crimes, cabe ação pública em relação àquele, desde que, em relação a qualquer destes, se deva proceder por iniciativa do Ministério Público.

Irretratabilidade da representação

Art. 102 – A representação será irretratável depois de oferecida a denúncia.

Decadência do direito de queixa ou de representação

Art. 103 – Salvo disposição expressa em contrário, o ofendido decai do direito de queixa ou de representação se não o exerce dentro do prazo de 6 (seis) meses, contado do dia em que veio a saber quem é o autor do crime, ou, no caso do § 3º do art. 100 deste Código, do dia em que se esgota o prazo para oferecimento da denúncia.

Renúncia expressa ou tácita do direito de queixa

Art. 104 – O direito de queixa não pode ser exercido quando renunciado expressa ou tacitamente.

Parágrafo único – Importa renúncia tácita ao direito de queixa a prática de ato incompatível com a vontade de exercê-lo; não a implica, todavia, o fato de receber o ofendido a indenização do dano causado pelo crime.

Perdão do ofendido

Art. 105 – O perdão do ofendido, nos crimes em que somente se procede mediante queixa, obsta ao prosseguimento da ação.

Art. 106 – O perdão, no processo ou fora dele, expresso ou tácito:

I – se concedido a qualquer dos querelados, a todos aproveita;

II – se concedido por um dos ofendidos, não prejudica o direito dos outros;

III – se o querelado o recusa, não produz efeito.

§ 1º – Perdão tácito é o que resulta da prática de ato incompatível com a vontade de prosseguir na ação.

§ 2º – Não é admissível o perdão depois que passa em julgado a sentença condenatória.

Ação penal: a ação penal se subdivide em pública e privada.

Ação penal pública: a ação penal pública se subdivide em **incondicionada** (quando seu exercício não exige nenhuma condição prévia) e **condicionada** (quando a lei exige, para sua deflagração, o adimplemento de condição de procedibilidade – representação da vítima ou requisição do Ministro da Justiça[101]).

---

101 Há, ainda, a **ação penal pública subsidiária da pública** (quando o Ministério Público com atribuição legal não maneja ação penal pública, mostrando-se inerte, e a lei manda que seja acionado outro órgão do próprio Ministério Público) – leia o artigo 2º, § 2º, do Decreto-Lei 201/67; o artigo 27 da Lei 7.492/86; e o artigo 109, § 5º, da Constituição Federal.

Maioria esmagadora dos crimes (e todas as contravenções) é de ação penal pública incondicionada (quando a lei penal nada fala acerca da espécie de ação penal a ser manejada, é porque se trata de infração que se pune mediante ação penal pública incondicionada). Basta, portanto, que o Ministério Público tenha à mão indícios de autoria e prova da materialidade da infração penal (justa causa), para que a peça exordial possa ser confeccionada e apresentada em juízo, independente do adimplemento de qualquer condição anterior.

Os crimes de ação penal pública condicionada são identificados no ordenamento jurídico através das expressões "somente se procede mediante representação" (parágrafo único do artigo 147 do Código Penal, por exemplo) ou "somente se procede mediante requisição do Ministro da Justiça" (parágrafo único do artigo 145 do Código Penal, por exemplo).

Princípios: a ação penal pública (tanto a incondicionada, quanto a condicionada) é regida pelos princípios da **obrigatoriedade** e da **indisponibilidade** (a doutrina finda apresentando outros princípios, mas os dois citados são, sem sombra de dúvida, os mais importantes):

Princípios da ação penal pública	Conceito
Obrigatoriedade	Diante de indícios de autoria e prova da materialidade de infração penal, o Ministério Público é compelido a processar o autor do fato.
Indisponibilidade	O Ministério Público não pode desistir da ação penal por ele proposta (artigo 42 do CPP), nem do recurso por ele interposto (artigo 576 do CPP).

Mitigação do princípio da obrigatoriedade: é importante atentar para as hipóteses de mitigação do princípio da obrigatoriedade:

Mitigação do princípio da obrigatoriedade	Dispositivos legais
Transação penal	Artigo 76 da Lei 9.099/95
Acordo de não persecução penal	Artigo 28-A do Código de Processo Penal
Não oferecimento de denúncia em face de membro de organização criminosa	Artigo 4º, § 4º, da Lei 12.850/13

Representação: a representação é autorização para que a máquina estatal de persecução penal possa ser movimentada (há necessidade de manejo de representação até para instauração de inquérito policial – artigo 5º, § 4º, do Código de Processo Penal). Tem natureza jurídica de condição de procedibilidade. Assim, o Ministério Público só poderá processar o autor de crime de ação penal pública condicionada à representação da vítima se esta o autorizar.

A representação tem forma livre e pode ser dirigida ao juiz, ao Ministério Público ou ao delegado de polícia (artigo 39 do Código de Processo Penal). O prazo para manejo da representação é decadencial (não se interrompe, nem se suspende) e de seis meses, a contar do dia em que a vítima ou seu representante legal fica sabendo quem foi o autor da infração.

A representação ofertada pela vítima não vincula nem o delegado de polícia nem o Ministério Público. Assim é que, mesmo diante de representação confeccionada pelo ofendido, a autoridade policial pode denegar a instauração de inquérito e o Ministério Público pode não ofertar denúncia, caso entendam, por exemplo, que o fato narrado não é criminoso, que a punibilidade já está extinta, dentre outras situações.

A titularidade da representação é da vítima ou de seu representante legal (em caso de morte ou ausência do ofendido, o direito de representação passa ao seu cônjuge, ascendente, descendente ou irmão). Será da vítima se ela for maior de dezoito anos e capaz. Será do seu representante legal (pais, tutor ou curador) se ela for menor de dezoito anos ou incapaz, nos termos da lei civil.

Importante salientar que se a vítima for menor de dezoito anos contar a seu representante legal quem foi o autor da infração e este deixar escoar o prazo decadencial de seis meses sem manejar a representação, a punibilidade deve ser considerada extinta pela decadência (depois de completar dezoito anos a vítima não terá novos seis meses para representar). Há, contudo, entendimento em sentido contrário (permitindo que a vítima ofereça representação depois de completar a maioridade, mesmo que tenha contado a seus representantes legais quem foi o autor da infração e que estes tenham deixado escoar o prazo decadencial de seis meses sem oferta da representação), nos termos da Súmula 594/STF[102]. O Superior Tribunal de Justiça adota o mesmo entendimento do Pretório Excelso:

> Na ocorrência do delito descrito no art. 214 do Código Penal – antes da revogação pela Lei n. 12.015/2009 –, o prazo decadencial para apresentação de queixa ou de representação é de 6 meses, após a vítima completar a maioridade, em decorrência da dupla titularidade, lato sensu, do direito de ação (Súmula 594/STF)[103].

Quanto à vítima menor de dezoito anos ou mentalmente enferma sem representante legal (ou quando os interesses do ofendido e do seu representante legal colidirem), impõe-se a solução apontada pelo artigo 33 do Código de Processo Penal:

---

102 Súmula 594/STF – Os direitos de queixa e de representação podem ser exercidos, independentemente, pelo ofendido ou por seu representante legal.

103 STJ, 6ª Turma, EDcl no AgRg no REsp 1189268/SP, rel. Ministro Sebastião Reis Júnior, julgado em 28/08/2012, DJe 12/09/2012.

Art. 33. Se o ofendido for menor de 18 anos, ou mentalmente enfermo, ou retardado mental, e não tiver representante legal, ou colidirem os interesses deste com os daquele, o direito de queixa poderá ser exercido por curador especial, nomeado, de ofício ou a requerimento do Ministério Público, pelo juiz competente para o processo penal.

Retratação: cumpre deixar claro que a representação é retratável até o oferecimento da denúncia (artigo 102 do Código Penal e artigo 25 do Código de Processo Penal). Penso não ser possível a chamada retratação da retratação (novo oferecimento de representação, desde que dentro do prazo decadencial de seis meses)[104]. É que com a retratação, opera-se, a meu ver, a renúncia ao direito de oferecer a representação (que é causa extintiva da punibilidade, nos termos do artigo 107, inciso V, do Código Penal).

A retratação da representação ofertada em sede de crime cometido contra mulher que se encaixe na Lei 13.340/06 (Lei Maria da Penha) pode ser retratada até o recebimento da denúncia, em audiência especialmente designada para este fim pelo magistrado, com a presença do Ministério Público (artigo 16 da Lei 11.340/06[105]).

Requisição do Ministro da Justiça: tem a mesma natureza jurídica da representação (condição de procedibilidade). Trata-se, assim como a representação, de autorização para que a máquina de persecução se movimente, permitindo que o Ministério Público processe o autor de crime de ação penal pública condicionada (não é ordem e por isso não vincula, nem obriga o Ministério Público a oferecer denúncia).

Não há prazo para oferecimento da requisição (ela pode ser manejada pelo Ministro da Justiça até o implemento da prescrição da pretensão punitiva). O ato aqui estudado é irretratável (sustento tal entendimento em face do silêncio eloquente do legislador, que não quis impor prazo para oferta da requisição, nem permitir expressamente a retratação).

Ação penal privada: tem como titular a vítima ou seu representante legal (quando aquela for incapaz). Subdivide-se em: a) **exclusiva**; b) **personalíssima**[106]; e c) **subsidiária da pública**:

104 Há, contudo, entendimento doutrinário no sentido de que a retratação da retratação é possível, desde que dentro do prazo decadencial de 6 meses (majoritário).

105 Art. 16. Nas ações penais públicas condicionadas à representação da ofendida de que trata esta Lei, só será admitida a renúncia à representação perante o juiz, em audiência especialmente designada com tal finalidade, antes do recebimento da denúncia e ouvido o Ministério Público.

106 Hoje o único crime de ação penal privada personalíssima é o de induzimento a erro essencial e ocultação de impedimento (artigo 236 do Código Penal). O crime de adultério (que era outro exemplo de delito de ação penal privada personalíssima) foi revogado pela Lei 11.106/05.

Ação penal privada	Conceito
Exclusiva (comum)	Quando cabe à vítima ou seu representante legal intentá-la, podendo o direito de oferecer queixa-crime ou de prosseguir na ação já iniciada ser transferido ao cônjuge, ascendente, descendente ou irmão, nessa ordem, em caso de morte ou ausência do ofendido – artigo 31 do Código de Processo Penal.
Personalíssima	Só pode ser manejada pela vítima – em caso de morte ou incapacidade desta, ninguém pode intentá-la ou prosseguir na ação iniciada.
Subsidiária da pública	Quando o Ministério Público não propõe a ação pública no prazo legal e a vítima propõe queixa subsidiária em seu lugar.

A ação penal será privada quando a lei penal incriminadora trouxer em seu bojo a expressão "somente se procede mediante queixa". O autor da ação penal privada (ofendido ou seu representante legal) é chamado de querelante e o sujeito passivo da relação processual (autor do fato) chama-se querelado.

Acerca da ação penal privada subsidiária da pública, é importante salientar que ela só poderá ser proposta em caso de total inação do Ministério Público[107]. Vale dizer, se o Ministério Público denunciar, requisitar novas diligências (artigo 16 do Código de Processo Penal), requerer o declínio de competência do juízo ou pedir o arquivamento do inquérito policial[108], esta modalidade de ação penal privada não poderá ser manejada pelo ofendido.

O Ministério Público poderá retomar a titularidade da ação a qualquer tempo, caso o ofendido se mostre negligente. É assim porque a ação penal privada subsidiária da pública é uma ação pública na origem e não perde essa natureza por ter sido iniciada pela vítima.

Princípios da ação pena privada: a ação penal privada é orientada pelos princípios: a) da **oportunidade ou conveniência**; b) da **disponibilidade**; e c) da **indivisibilidade**:

Princípios da ação penal privada	Conceito
Oportunidade ou da conveniência	Cabe à vítima escolher se quer ou não processar o autor do crime. Vale dizer, mesmo sabendo quem foi o autor do delito, o ofendido pode optar por não o processar.

107 Verifica-se que o MP está inerte (e se autoriza o manejo da ação penal privada subsidiária da pública) quando escoados os prazos referidos no artigo 46 do CPP sem que o órgão tenha oferecido denúncia, requisitado novas diligências à polícia judiciária, requerido o declínio da competência do juízo ou pedido o arquivamento do inquérito policial.

108 Saliento que o Pacote Anticrime deu nova redação ao artigo 28 do Código de Processo Penal. O arquivamento, nos termos determinados pela Lei 13.964/19 passa a ser determinado pelo Ministério Público, que deve enviar o arquivamento ao órgão revisional dentro do próprio órgão, comunicando a decisão à vítima, ao investigado e ao delegado de polícia. A nova redação do artigo 28 do CPP, contudo, está suspensa por decisão do Ministro Luiz Fux, nos autos das ADI 6298, 6299, 6300 e 6305.

Disponibilidade	O querelante pode desistir da ação penal privada por ele intentada ou do recurso por ele manejado, caso assim deseje. O Código de Processo Penal dá ao ofendido o direito de dispor da ação penal por meio do perdão ou da perempção (no caso de recurso, a disposição se dá pela desistência).
Indivisibilidade	A ação penal privada deve ser proposta em face de todos os autores do fato (diferente do processo civil, no processo penal o ofendido não pode escolher contra quem quer litigar – ou processa todos os autores do fato ou nenhum). Caso se perceba que o ofendido ocultou intencionalmente algum dos autores do fato na queixa-crime, cabe ao juiz declarar extinta a punibilidade de todos os autores (os que constaram na peça exordial e os que foram omitidos) em face da renúncia (alhures se verá que a renúncia se estende a todos os autores do fato).

Prazo: o prazo para oferecimento da queixa é de seis meses, a contar de quando a vítima ou seu representante legal sabe quem foi o autor do fato. Trata-se de prazo decadencial (não se interrompe, nem se suspende) e que corre contra o representante legal do ofendido (quando este é menor de dezoito anos ou incapaz) ou contra a própria vítima (quando ela é maior de dezoito anos e capaz).

Renúncia, perdão e perempção: são institutos, em regra, próprios da ação penal privada (pode haver renúncia em ação penal pública condicionada à representação) e que conduzem ao mesmo fim: a extinção da punibilidade do autor do crime:

Instituto	Conceito
Renúncia	Significa abrir mão do direito de oferecer queixa-crime ou representação (este instituto também se aplica à ação penal pública condicionada à representação, porque se a vítima não representa o Ministério Público não pode agir). É consequência do princípio da oportunidade ou conveniência, característico da ação penal privada. Estende-se a todos os autores do delito, ou seja, renunciando ao direito de processar um dos criminosos, todos os demais serão beneficiados. Tal mandamento legal é reflexo do princípio da indivisibilidade. A renúncia ocorre antes do início da ação penal e é ato unilateral, que independe de aceitação do(s) suposto(s) autor(es) da infração para surtir efeitos. Pode ser tácita (prática de ato incompatível com o desejo de manejar queixa-crime) ou expressa (documento assinado pela vítima).
Perdão	Ocorre quando, depois de iniciada a ação penal privada, o querelante resolve perdoar o autor do delito (é reflexo do princípio da disponibilidade da ação penal privada). É ato bilateral, porque para surtir efeitos depende de aceitação do querelado. O perdão se estende a todos os querelados que o aceitarem (concedido o perdão, o querelado será intimado a dizer, em três dias, se o aceita – o silêncio importa aceitação). Assim como a renúncia, pode ser tácito ou expresso. Mesmo que o querelado não aceite o perdão, o querelante ainda dispõe da perempção para encerrar o processo antes da sentença.

Perempção	A perempção é a extinção da ação penal privada pela desídia do querelante. Ocorre nos casos listados no artigo 60 do CPP: a) quando, iniciada esta, o querelante deixar de promover o andamento do processo durante 30 dias seguidos; b) quando, falecendo o querelante, ou sobrevindo sua incapacidade, não comparecer em juízo, para prosseguir no processo, dentro do prazo de 60 (sessenta) dias, qualquer das pessoas a quem couber fazê-lo, ressalvado o disposto no art. 36; c) quando o querelante deixar de comparecer, sem motivo justificado, a qualquer ato do processo a que deva estar presente, ou deixar de formular o pedido de condenação nas alegações finais; d) quando, sendo o querelante pessoa jurídica, esta se extinguir sem deixar sucessor.

Tabela que sintetiza o estudo do tema ação penal: a tabela abaixo auxilia o estudo da temática ação penal:

	Ação penal pública	**Ação penal privada**
Princípios	1 – Obrigatoriedade; 2 – Indisponibilidade;	1 – Oportunidade ou conveniência; 2 – Disponibilidade; 3 – Indivisibilidade;
Espécies	1 – Incondicionada; 2 – Condicionada à representação da vítima ou à requisição do Ministro da Justiça;	1 – Exclusiva (comum ou propriamente dita); 2 – Personalíssima; 3 – Subsidiária da pública;
Titular	Ministério Público	Ofendido ou seu representante legal
Peça inicial	Denúncia	Queixa-crime
Prazos	5 dias (indiciado preso) ou 15 dias (indiciado solto) – artigo 46 do CPP	Decadencial de 6 meses a contar do conhecimento da autoria da infração penal
Requisitos	Artigo 41 do CPP	Artigo 41 do CPP

TÍTULO VIII
DA EXTINÇÃO DA PUNIBILIDADE

Extinção da punibilidade

Art. 107 – Extingue-se a punibilidade:

I – pela morte do agente;

II – pela anistia, graça ou indulto;

III – pela retroatividade de lei que não mais considera o fato como criminoso;

IV – pela prescrição, decadência ou perempção;

V – pela renúncia do direito de queixa ou pelo perdão aceito, nos crimes de ação privada;

VI – pela retratação do agente, nos casos em que a lei a admite;

VII – (Revogado pela Lei nº 11.106, de 2005)

VIII – (Revogado pela Lei nº 11.106, de 2005)

IX – pelo perdão judicial, nos casos previstos em lei.

Art. 108 – A extinção da punibilidade de crime que é pressuposto, elemento constitutivo ou circunstância agravante de outro não se estende a este. Nos crimes conexos, a extinção da punibilidade de um deles não impede, quanto aos outros, a agravação da pena resultante da conexão.

Prescrição antes de transitar em julgado a sentença

Art. 109. A prescrição, antes de transitar em julgado a sentença final, salvo o disposto no § 1º do art. 110 deste Código, regula-se pelo máximo da pena privativa de liberdade cominada ao crime, verificando-se:

I – em vinte anos, se o máximo da pena é superior a doze;

II – em dezesseis anos, se o máximo da pena é superior a oito anos e não excede a doze;

III – em doze anos, se o máximo da pena é superior a quatro anos e não excede a oito;

IV – em oito anos, se o máximo da pena é superior a dois anos e não excede a quatro;

V – em quatro anos, se o máximo da pena é igual a um ano ou, sendo superior, não excede a dois;

VI – em 3 (três) anos, se o máximo da pena é inferior a 1 (um) ano.

Prescrição das penas restritivas de direito

Parágrafo único – Aplicam-se às penas restritivas de direito os mesmos prazos previstos para as privativas de liberdade.

Prescrição depois de transitar em julgado sentença final condenatória

Art. 110 – A prescrição depois de transitar em julgado a sentença condenatória regula-se pela pena aplicada e verifica-se nos prazos fixados no artigo anterior, os quais se aumentam de um terço, se o condenado é reincidente.

§ 1º A prescrição, depois da sentença condenatória com trânsito em julgado para a acusação ou depois de improvido seu recurso, regula-se pela pena aplicada, não podendo, em nenhuma hipótese, ter por termo inicial data anterior à da denúncia ou queixa.

§ 2º (Revogado pela Lei nº 12.234, de 2010).

Termo inicial da prescrição antes de transitar em julgado a sentença final

Art. 111 – A prescrição, antes de transitar em julgado a sentença final, começa a correr:

I – do dia em que o crime se consumou;

II – no caso de tentativa, do dia em que cessou a atividade criminosa;

III – nos crimes permanentes, do dia em que cessou a permanência;

IV – nos de bigamia e nos de falsificação ou alteração de assentamento do registro civil, da data em que o fato se tornou conhecido.

V – nos crimes contra a dignidade sexual de crianças e adolescentes, previstos neste Código ou em legislação especial, da data em que a vítima completar 18 (dezoito) anos, salvo se a esse tempo já houver sido proposta a ação penal.

Termo inicial da prescrição após a sentença condenatória irrecorrível

Art. 112 – No caso do art. 110 deste Código, a prescrição começa a correr:

I – do dia em que transita em julgado a sentença condenatória, para a acusação, ou a que revoga a suspensão condicional da pena ou o livramento condicional;

II – do dia em que se interrompe a execução, salvo quando o tempo da interrupção deva computar-se na pena.

Prescrição no caso de evasão do condenado ou de revogação do livramento condicional

Art. 113 – No caso de evadir-se o condenado ou de revogar-se o livramento condicional, a prescrição é regulada pelo tempo que resta da pena.

Prescrição da multa

Art. 114 – A prescrição da pena de multa ocorrerá:

I – em 2 (dois) anos, quando a multa for a única cominada ou aplicada;

II – no mesmo prazo estabelecido para prescrição da pena privativa de liberdade, quando a multa for alternativa ou cumulativamente cominada ou cumulativamente aplicada.

Redução dos prazos de prescrição

Art. 115 – São reduzidos de metade os prazos de prescrição quando o criminoso era, ao tempo do crime, menor de 21 (vinte e um) anos, ou, na data da sentença, maior de 70 (setenta) anos.

Causas impeditivas da prescrição

Art. 116 – Antes de passar em julgado a sentença final, a prescrição não corre:

I – enquanto não resolvida, em outro processo, questão de que dependa o reconhecimento da existência do crime;

II – enquanto o agente cumpre pena no exterior;

III – na pendência de embargos de declaração ou de recursos aos Tribunais Superiores, quando inadmissíveis; e

IV – enquanto não cumprido ou não rescindido o acordo de não persecução penal.

Parágrafo único – Depois de passada em julgado a sentença condenatória, a prescrição não corre durante o tempo em que o condenado está preso por outro motivo.

Causas interruptivas da prescrição

Art. 117 – O curso da prescrição interrompe-se:

I – pelo recebimento da denúncia ou da queixa;

II – pela pronúncia;

III – pela decisão confirmatória da pronúncia;

IV – pela publicação da sentença ou acórdão condenatórios recorríveis;

V – pelo início ou continuação do cumprimento da pena;

VI – pela reincidência.

§ 1º – Excetuados os casos dos incisos V e VI deste artigo, a interrupção da prescrição produz efeitos relativamente a todos os autores do crime. Nos crimes conexos, que sejam objeto do mesmo processo, estende-se aos demais a interrupção relativa a qualquer deles.

§ 2º – Interrompida a prescrição, salvo a hipótese do inciso V deste artigo, todo o prazo começa a correr, novamente, do dia da interrupção.

Art. 118 – As penas mais leves prescrevem com as mais graves.

Art. 119 – No caso de concurso de crimes, a extinção da punibilidade incidirá sobre a pena de cada um, isoladamente.

Perdão judicial

Art. 120 – A sentença que conceder perdão judicial não será considerada para efeitos de reincidência.

Causas de extinção da punibilidade: as causas extintivas da punibilidade estão grafadas no artigo 107 do Código Penal.

Rol não taxativo: o rol do artigo 107 do Código Penal não é taxativo, porque há outras causas de extinção da punibilidade que não nele listadas, como por exemplo:

a) morte da vítima em crime de ação penal privada personalíssima; b) ressarcimento do dano antes da sentença transitar em julgado no peculato culposo (artigo 312, § 3º, do Código Penal); c) homologação da composição civil dos danos em crimes de ação penal privada e ação penal pública condicionada à representação da vítima nas infrações de menor potencial ofensivo, dentre outras.

Reconhecimento pelo magistrado: o reconhecimento de causa extintiva da punibilidade é matéria de ordem pública e deve ser declarada de ofício pelo juiz ou atendendo a pedido de qualquer das partes (artigo 61 do Código de Processo Penal).

Da decisão que defere ou indefere reconhecimento de causa extintiva de punibilidade cabe recurso em sentido estrito (vide artigo 581, incisos VIII e IX, do Código de Processo Penal). Pode, ainda, ser manejado *habeas corpus* (artigo 648, inciso VII, do Código de Processo Penal).

O reconhecimento da causa de extinção da punibilidade antes do trânsito em julgado de sentença condenatória faz com que o réu seja considerado primário, caso cometa novo crime. Se for depois do trânsito em julgado da sentença condenatória, ele será reincidente (exceto nos casos de reconhecimento de anistia ou *abolitio criminis*).

Rol do artigo 107 do Código Penal: estudemos as causas extintivas da punibilidade do artigo 107 do Código Penal:

Causa extintiva da punibilidade	Síntese
Morte do agente	Causa incomunicável, provada por meio de certidão de óbito (artigo 62 do Código de Processo Penal). A obrigação de reparar o dano e o perdimento de bens pode alcançar os sucessores até o limite da herança (vide artigo 5º, inciso XLV, da Constituição Federal[109]). Segundo entendimento do Supremo Tribunal Federal (HC 84.525/MG) e do Superior Tribunal de Justiça (informativo 433), a sentença transitada em julgada calcada em certidão de óbito falsa pode ser desconsiderada, com prosseguimento do feito (o que gera a extinção da punibilidade é a morte do agente e não o documento que a comprova).
Anistia, graça e indulto	Institutos ligados à clemência estatal por razões de política criminal. A anistia diz respeito a fatos e depende de lei aprovada pelo Congresso Nacional. A graça e o indulto demais dizem respeito a pessoas e são concedidos por decreto presidencial (é possível que a competência do presidente da República seja por ele delegada aos Ministros de Estado, ao Procurador-Geral da República e ao Advogado-Geral da União, na forma do parágrafo único do

109 Art. 5º (...)
XLV – nenhuma pena passará da pessoa do condenado, podendo a obrigação de reparar o dano e a decretação do perdimento de bens ser, nos termos da lei, estendidas aos sucessores e contra eles executadas, até o limite do valor do patrimônio transferido.

	artigo 84 da Constituição Federal[110]). A graça é individual e o indulto é coletivo. Leia artigo 5º, inciso XLIII, da Constituição Federal[111], sobre crimes insuscetíveis de anistia e graça (hediondos e equiparados a hediondos). Sobre indulto[112], leia a Súmula 631/STJ – **O indulto extingue os efeitos primários da condenação (pretensão executória), mas não atinge os efeitos secundários, penais ou extrapenais.** O verbete quer dizer que se condenado beneficiado por indulto praticar novo crime, será considerado reincidente (os efeitos secundários da condenação persistem, mesmo com a concessão da benesse).

110 Art. 84. (...)
XII – conceder indulto e comutar penas, com audiência, se necessário, dos órgãos instituídos em lei;
(...)
Parágrafo único. O Presidente da República poderá delegar as atribuições mencionadas nos incisos VI, XII e XXV, primeira parte, aos Ministros de Estado, ao Procurador-Geral da República ou ao Advogado-Geral da União, que observarão os limites traçados nas respectivas delegações.

111 Artigo 5º (...)
XLIII – a lei considerará crimes inafiançáveis e insuscetíveis de graça ou anistia a prática da tortura, o tráfico ilícito de entorpecentes e drogas afins, o terrorismo e os definidos como crimes hediondos, por eles respondendo os mandantes, os executores e os que, podendo evitá-los, se omitirem.

112 Sobre indulto e comutação de penas, confira edição 139 da jurisprudência em teses do Superior Tribunal de Justiça:
1) O instituto da graça, previsto no art. 5º, XLIII, da Constituição Federal, engloba o indulto e a comutação de pena, estando a competência privativa do Presidente da República para a concessão desses benefícios limitada pela vedação estabelecida no referido dispositivo constitucional.
2) A sentença que concede o indulto ou a comutação de pena tem natureza declaratória, não havendo como impedir a concessão dos benefícios ao sentenciado, se cumpridos todos os requisitos exigidos no decreto presidencial.
3) O deferimento do indulto e da comutação das penas deve observar estritamente os critérios estabelecidos pela Presidência da República no respectivo ato de concessão, sendo vedada a interpretação ampliativa da norma, sob pena de usurpação da competência privativa disposta no art. 84, XII, da Constituição e, ainda, ofensa aos princípios da separação entre os poderes e da legalidade.
4) A análise do preenchimento do requisito objetivo para a concessão dos benefícios de indulto e de comutação de pena deve considerar todas as condenações com trânsito em julgado até a data da publicação do decreto presidencial, sendo indiferente o fato de a juntada da guia de execução penal ter ocorrido em momento posterior à publicação do referido decreto.
5) A superveniência de condenação, seja por fato anterior ou posterior ao início do cumprimento da pena, não altera a data-base para a concessão da comutação de pena e do indulto.
6) O indulto e a comutação de pena incidem sobre as execuções em curso no momento da edição do decreto presidencial, não sendo possível considerar na base de cálculo dos benefícios as penas já extintas em decorrência do integral cumprimento.
7) Para a concessão de indulto, deve ser considerada a pena originalmente imposta, não sendo levada em conta, portanto, a pena remanescente em decorrência de comutações anteriores.
8) O cumprimento da fração de pena prevista como critério objetivo para a concessão de indulto deve ser aferido em relação a cada uma das sanções alternativas impostas, consideradas individualmente.
9) Compete ao Juízo da Execução Fiscal a apreciação do pedido de indulto em relação à pena de multa convertida em dívida de valor.
10) Não dispondo o decreto autorizador de forma contrária, os condenados por crimes de natureza hedionda têm direito aos benefícios de indulto ou de comutação de pena, desde que as infrações penais tenham sido praticadas antes da vigência da Lei n. 8.072/1990 e suas modificadoras.

	É preciso salientar que: i) o reconhecimento (ou não) do indulto em face da condenação do réu à pena de multa é da competência do juiz da execução penal (ADI 3150); ii) o inadimplemento da pena de multa aplicada cumulativamente à pena privativa de liberdade impede o reconhecimento do indulto.
	Acerca dos temas destacados, vide decisões do Superior Tribunal de Justiça: EMBARGOS DE DECLARAÇÃO EM AGRAVO REGIMENTAL EM RECURSO ESPECIAL. CUMPRIMENTO INTEGRAL DA PENA PRIVATIVA DE LIBERDADE. INADIMPLEMENTO DA PENA DE MULTA. EXTINÇÃO DA PUNIBILIDADE. INVIABILIDADE. LEGITIMIDADE PRIORITÁRIA DO MP PARA EXECUÇÃO DA PENA DE MULTA. CARÁTER DE SANÇÃO CRIMINAL RECONHECIDO PELO STF NA ADI 3150/DF (DJE 6/8/2019). EFEITO VINCULANTE. RESTABELECIMENTO DO ACÓRDÃO DO AGRAVO EM EXECUÇÃO PENAL N. 7006377-53.2016.8.26.0050. 1. O Supremo Tribunal Federal, ao julgar a ADI n. 3.150/DF, declarou que, à luz do preceito estabelecido pelo art. 5º, XLVI, da Constituição, a multa, ao lado da privação de liberdade e de outras restrições – perda de bens, prestação social alternativa e suspensão ou interdição de direitos -, é espécie de pena aplicável em retribuição e em prevenção à prática de crimes. 2. O Ministério Público tem legitimidade, ainda que não exclusiva, mas prioritária, para cobrar a multa decorrente de condenação criminal transitada em julgado. A legitimidade da Fazenda Pública para propor execução fiscal é subsidiária, dependendo da hesitação do órgão ministerial dentro de prazo, foi fixado em 90 dias contados a partir da intimação para a execução da reprimenda. 3. O Ministério Público é o órgão legitimado para promover a execução da pena de multa, perante a Vara de Execução Criminal, observado o procedimento descrito pelos artigos 164 e seguintes da Lei de Execução Penal; (ii) Caso o titular da ação penal, devidamente intimado, não proponha a execução da multa no prazo de 90 (noventa) dias, o Juiz da execução criminal dará ciência do feito ao órgão competente da Fazenda Pública (Federal ou Estadual, conforme o caso) para a respectiva cobrança na própria Vara de Execução Fiscal, com a observância do rito da Lei 6.830/1980. (ADI n. 3150, Ministro Marco Aurélio, Relator p/ Acórdão Ministro Roberto Barroso, Tribunal Pleno, DJe 6/8/2019). 4. O Supremo Tribunal Federal, no julgamento da ADI n. 3.150/DF, ocorrido em 13/12/2018, firmou o entendimento de que "a Lei n. 9.268/96, ao considerar a multa penal como dívida de valor, não retirou dela o caráter de sanção criminal que lhe é inerente por força do art. 5º, XLVI, c, da CF. Como consequência, por ser uma sanção criminal, a legitimação prioritária para a execução da multa penal é do Ministério Público perante a Vara de

11) É possível a concessão de comutação de pena aos condenados por crime comum praticado em concurso com crime hediondo, desde que o apenado tenha cumprido as frações referentes aos delitos comum e hediondo, exigidas pelo respectivo decreto presidencial.
12) É possível a concessão de indulto aos condenados por crime de tráfico de drogas privilegiado (§4º do art. 33 da Lei n. 11.343/2006), por estar desprovido de natureza hedionda.
13) O indulto humanitário requer, para sua concessão, a necessária comprovação, por meio de laudo médico oficial ou por médico designado pelo juízo da execução, de que a enfermidade que acomete o sentenciado é grave, permanente e exige cuidados que não podem ser prestados no estabelecimento prisional.
14) O indulto extingue os efeitos primários da condenação (pretensão executória), mas não atinge os efeitos secundários, penais ou extrapenais. (Súmula n. 631/STJ)

	Execuções Penais" (CC n. 165.809/PR, Ministro Antônio Saldanha Palheiro, Terceira Seção, DJe 23/8/2019). 5. As declarações de constitucionalidade ou de inconstitucionalidade, são dotadas de eficácia contra todos e efeito vinculante em relação aos órgãos do Poder Judiciário. Portanto, fixada a interpretação constitucional do tema pelo Pretório Excelso, no exercício de controle concentrado, impõe-se a superação da jurisprudência desta Corte Superior que há pouco decidia pela ilegitimidade do Ministério Público para a execução da pena de multa. 6. O Tribunal paulista dispôs que embora o art. 51 do Código Penal, com a redação dada pela Lei n. 9.268/1996, disponha que, após o trânsito em julgado da sentença condenatória, a multa será considerada dívida de valor, aplicando-se a ela legislação relativa à Fazenda Pública, ela não perdeu o seu caráter penal, permanecendo inalterados os efeitos decorrentes da condenação, razão pela qual é o Juízo das Execuções Criminais o competente para apreciação do pedido de indulto da multa inadimplida. [...] Quanto ao pedido de extinção da punibilidade do agravante, independentemente do pagamento da pena pecuniária, melhor sorte não assiste à douta Defesa. [...] Realmente, dispõe o artigo 51 do Código Penal, com a redação dada pela Lei n. 9.268/1996, que, após o trânsito em julgado da sentença condenatória, a multa será considerada dívida de valor, devendo ser aplicada com relação a ela a legislação relativa à Fazenda Pública. [...] Entretanto, mesmo sendo considerada dívida de valor, a pena de multa, como já mencionado, não perdeu seu caráter penal, permanecendo inalterados os efeitos decorrentes da condenação, com o que não se pode falar em extinção da punibilidade da pena de multa pelo não pagamento. 7. As razões colacionadas pelo Tribunal de Justiça de São Paulo estão em conformidade com o novo entendimento fixado pelo Supremo Tribunal Federal no julgamento da ADI n. 3.150/DF, motivo pelo qual devem ser mantidos. 8. Embargos de declaração acolhidos para negar provimento ao recurso especial (EDcl no AgRg no REsp 1806025/SP, Rel. Ministro SEBASTIÃO REIS JÚNIOR, SEXTA TURMA, julgado em 22/10/2019, DJe 05/11/2019). AGRAVO REGIMENTAL NO RECURSO ESPECIAL. EXECUÇÃO PENAL. INDULTO PENA PRIVATIVA DE LIBERDADE. INADIMPLEMENTO DA PENA DE MULTA. EXTINÇÃO DA PUNIBILIDADE. IMPOSSIBILIDADE. INTERPRETAÇÃO SISTÊMICA DO DECRETO PRESIDENCIAL. AGRAVO REGIMENTAL NÃO PROVIDO. 1. Segundo orientação desta Corte e do Supremo Tribunal Federal, o inadimplemento da sanção pecuniária, na hipótese de condenação concomitante a pena privativa de liberdade e de multa, obsta o reconhecimento da extinção da punibilidade. 2. Da interpretação sistêmica do ordenamento jurídico, conclui-se que o indulto pode alcançar a pena de multa aplicada cumulativa à pena privativa de liberdade, desde que respeitados os limites quantitativos previstos, bem como que o apenado cumpra as demais exigências taxativamente previstas no decreto de regência. 3. Incabível se falar em extensão do benefício de indulto à pena de multa, considerando que seu valor (17 dias-multa, no valor unitário de 15 salários mínimos) excede sobremaneira o quantum de R$ 1.000,00 (mil reais) determinado na Portaria n. 75/2012 do Ministério da Fazenda. 4. Agravo regimental não provido" (AgRg no REsp 1705180/DF, Rel. Ministro ROGERIO SCHIETTI CRUZ, SEXTA TURMA, julgado em 27/04/2021, DJe 30/04/2021).
	Saliento, contudo, que o Superior Tribunal de Justiça levou a efeito *distinguishing* e permitiu a extinção da punibilidade em face da **impossibilidade comprovada** de pagamento da pena de multa (informativo 720).

Retroatividade de lei que não mais considera o fato como criminoso	É a *abolitio criminis*. Vide artigos 5º, inciso XL, da Constituição Federal[113] e 2º do Código Penal[114]. Leia a Súmula 611 do STF – **Transitada em julgado a sentença condenatória, compete ao juízo das execuções a aplicação de lei mais benigna.**
Prescrição	É a perda do direito de punir ou de executar a pena imposta em sentença condenatória. São **crimes imprescritíveis** o racismo[115] (Lei 7.716/89) e a ação de grupos armados, civis ou militares, contra a ordem constitucional e o Estado Democrático (leia os incisos XLII[116] e XLIV[117] do artigo 5º da Constituição Federal). Sobre prescrição é importante, além da leitura dos artigos correlatos no Código Penal (artigos 109 a 119), observar o artigo 366 do Código de Processo Penal (suspensão do processo e do prazo prescricional para o réu citado por edital que não comparece, nem nomeia advogado) e as Súmulas 191[118], 220[119], 415[120] e 438[121] do Superior Tribunal de Justiça.
Decadência	É a perda do direito de ação pelo não oferecimento de queixa-crime (ação penal privada) ou de representação (ação penal pública condicionada à representação) – leia o artigo 103 do Código Penal[122] e 38 do Código de Processo Penal[123]. Em regra, o prazo decadencial para oferecimento da queixa ou oferta da representação é de seis meses (contados do conhecimento da autoria delitiva).

113 Artigo 5º (...)
XL – a lei penal não retroagirá, salvo para beneficiar o réu.

114 Art. 2º – Ninguém pode ser punido por fato que lei posterior deixa de considerar crime, cessando em virtude dela a execução e os efeitos penais da sentença condenatória.
Parágrafo único – A lei posterior, que de qualquer modo favorecer o agente, aplica-se aos fatos anteriores, ainda que decididos por sentença condenatória transitada em julgado.

115 Saliento que o STF reconheceu a imprescritibilidade da injúria racial nos autos do HC 154248, relatado pelo Ministro Edson Fachin, julgado em 28/10/2021.

116 Art. 5º (...)
XLII – a prática do racismo constitui crime inafiançável e imprescritível, sujeito à pena de reclusão, nos termos da lei.

117 Art. 5º (...)
XLIV – constitui crime inafiançável e imprescritível a ação de grupos armados, civis ou militares, contra a ordem constitucional e o Estado Democrático.

118 Súmula 191 – A pronúncia é causa interruptiva da prescrição, ainda que o Tribunal do Júri venha a desclassificar o crime.

119 Súmula 220/STJ – A reincidência não influi no prazo da prescrição da pretensão punitiva.

120 Súmula 415/STJ – O período de suspensão do prazo prescricional é regulado pelo máximo da pena cominada.

121 Súmula 438/STJ – É inadmissível a extinção da punibilidade pela prescrição da pretensão punitiva com fundamento em pena hipotética, independentemente da existência ou sorte do processo penal.

122 Art. 103 – Salvo disposição expressa em contrário, o ofendido decai do direito de queixa ou de representação se não o exerce dentro do prazo de 6 (seis) meses, contado do dia em que veio a saber quem é o autor do crime, ou, no caso do § 3º do art. 100 deste Código, do dia em que se esgota o prazo para oferecimento da denúncia.

123 Art. 38. Salvo disposição em contrário, o ofendido, ou seu representante legal, decairá no direito de queixa ou de representação, se não o exercer dentro do prazo de seis meses, contado do dia em que

	Tal prazo tem natureza penal e não se interrompe, não se prorroga, nem se suspende. Leia a Súmula 594/STF – **Os direitos de queixa e de representação podem ser exercidos, independentemente, pelo ofendido ou por seu representante legal.**[124]
Perempção	É a extinção da ação pela desídia do querelante (ocorre apenas em sede de ação penal privada). Ocorre nos casos listados no artigo 60 do Código de Processo Penal (quando o querelante deixar de promover o andamento do processo durante 30 dias seguidos; quando falecendo o querelante ou sobrevindo sua incapacidade, não comparecer a juízo para prosseguir no processo as pessoas listadas no artigo 31 do CPP no prazo de 60 dias; quando o querelante deixar de comparecer sem motivo justificado a qualquer ato do processo a que deva estar presente, ou quando não formular pedido de condenação em alegações finais; e quando for pessoa jurídica e se extinguir sem deixar sucessores). A ação não pode ser proposta novamente.
Renúncia	Significa abrir mão do direito de oferecer a queixa ou a representação (também se aplica à ação pública condicionada à representação, porque se a vítima não representa, o Ministério Público não pode agir) – leia os artigos 49[125] e 50[126] do Código de Processo Penal e 104 do Código Penal[127]. Estende-se a todos os autores do delito, ou seja, renunciando o direito de processar um dos criminosos, todos os demais serão beneficiados (em face do princípio da indivisibilidade). Ocorre antes do início da ação penal e é ato unilateral que independe de aceitação do autor do fato para surtir efeitos. Pode ser tácito (prática de ato incompatível com a propositura da queixa) ou expresso (documento assinado pela vítima).

vier a saber quem é o autor do crime, ou, no caso do art. 29, do dia em que se esgotar o prazo para o oferecimento da denúncia.

Parágrafo único. Verificar-se-á a decadência do direito de queixa ou representação, dentro do mesmo prazo, nos casos dos arts. 24, parágrafo único, e 3/1.

124 Há, contudo, entendimento doutrinário no sentido de que o prazo decadencial é um só. Assim, se o representante legal da vítima menor tomar conhecimento da prática delitiva e da sua autoria e deixar escoar o prazo de seis meses sem oferta de representação ou propositura da queixa-crime, conforme o caso, haverá extinção da punibilidade pela decadência.

125 Art. 49. A renúncia ao exercício do direito de queixa, em relação a um dos autores do crime, a todos se estenderá.

126 Art. 50. A renúncia expressa constará de declaração assinada pelo ofendido, por seu representante legal ou procurador com poderes especiais.

Parágrafo único. A renúncia do representante legal do menor que houver completado 18 (dezoito) anos não privará este do direito de queixa, nem a renúncia do último excluirá o direito do primeiro.

127 Art. 104 – O direito de queixa não pode ser exercido quando renunciado expressa ou tacitamente.

Parágrafo único – Importa renúncia tácita ao direito de queixa a prática de ato incompatível com a vontade de exercê-lo; não a implica, todavia, o fato de receber o ofendido a indenização do dano causado pelo crime.

Perdão aceito	Ocorre quando, depois de iniciada a ação penal privada, o querelante resolve perdoar o querelado (leia os artigos 105[128] e 106[129] do Código Penal e 51 a 59 do Código de Processo Penal[130]). É ato bilateral, porque para surtir efeitos depende de aceitação do querelado (estende-se a todos os querelados que o aceitarem). Também pode ser tácito ou expresso. Concedido o perdão, o querelado será intimado para, no prazo de 3 dias, dizer se o aceita – o silêncio importa aceitação.
Retratação do agente	Admitida nos crimes de calúnia, difamação (leia o artigo 143 do Código Penal[131]) e falso testemunho/falsa perícia (leia o artigo 342, § 2º, do Código Penal[132]). Tem caráter subjetivo e, por isso, não se estende aos réus que não se retratarem.

128 Art. 105 – O perdão do ofendido, nos crimes em que somente se procede mediante queixa, obsta ao prosseguimento da ação.

129 Art. 106 – O perdão, no processo ou fora dele, expresso ou tácito:
I – se concedido a qualquer dos querelados, a todos aproveita;
II – se concedido por um dos ofendidos, não prejudica o direito dos outros;
III – se o querelado o recusa, não produz efeito.
§ 1º – Perdão tácito é o que resulta da prática de ato incompatível com a vontade de prosseguir na ação.
§ 2º – Não é admissível o perdão depois que passa em julgado a sentença condenatória.

130 Art. 51. O perdão concedido a um dos querelados aproveitará a todos, sem que produza, todavia, efeito em relação ao que o recusar.
Art. 52. Se o querelante for menor de 21 e maior de 18 anos, o direito de perdão poderá ser exercido por ele ou por seu representante legal, mas o perdão concedido por um, havendo oposição do outro, não produzirá efeito.
Art. 53. Se o querelado for mentalmente enfermo ou retardado mental e não tiver representante legal, ou colidirem os interesses deste com os do querelado, a aceitação do perdão caberá ao curador que o juiz lhe nomear.
Art. 54. Se o querelado for menor de 21 anos, observar-se-á, quanto à aceitação do perdão, o disposto no art. 52.
Art. 55. O perdão poderá ser aceito por procurador com poderes especiais.
Art. 56. Aplicar-se-á ao perdão extraprocessual expresso o disposto no art. 50.
Art. 57. A renúncia tácita e o perdão tácito admitirão todos os meios de prova.
Art. 58. Concedido o perdão, mediante declaração expressa nos autos, o querelado será intimado a dizer, dentro de três dias, se o aceita, devendo, ao mesmo tempo, ser cientificado de que o seu silêncio importará aceitação.
Parágrafo único. Aceito o perdão, o juiz julgará extinta a punibilidade.
Art. 59. A aceitação do perdão fora do processo constará de declaração assinada pelo querelado, por seu representante legal ou procurador com poderes especiais.

131 Art. 143 – O querelado que, antes da sentença, se retrata cabalmente da calúnia ou da difamação, fica isento de pena.
Parágrafo único. Nos casos em que o querelado tenha praticado a calúnia ou a difamação utilizando-se de meios de comunicação, a retratação dar-se-á, se assim desejar o ofendido, pelos mesmos meios em que se praticou a ofensa.

132 Art. 342 (...)
§ 2º O fato deixa de ser punível se, antes da sentença no processo em que ocorreu o ilícito, o agente se retrata ou declara a verdade.

Perdão judicial	O juiz, não obstante a prática de crime, deixa de aplicar pena, levando em consideração circunstancias que gravitam em torno do evento (leia, por exemplo, o artigo 121, § 5º, do Código Penal[133]). Presentes os requisitos exigidos em lei, o réu tem direito público subjetivo ao perdão. A sentença que concede o perdão judicial **não tem natureza condenatória**, nos termos do artigo 120 do Código Penal[134] e da Súmula 18/STJ – **A sentença concessiva do perdão judicial é declaratória da extinção da punibilidade, não subsistindo qualquer efeito condenatório.** Penso que o perdão judicial é exemplo de aplicação do princípio da bagatela imprópria (ocorre bagatela imprópria[135], quando o fato é típico, antijurídico e culpável, mas a pena não é aplicada, porque o juiz entende ser desnecessária, porque inócua, imposição de reprimenda no caso concreto).

Prescrição: cumpre tecer comentários mais aprofundados sobre a prescrição.

A prescrição possui duas espécies: a) **prescrição da pretensão punitiva** (PPP); e b) **prescrição da pretensão executória** (PPE):

Prescrição	Conceito
Da pretensão punitiva	Ocorre antes do trânsito em julgado da sentença para ambas as partes (é o tempo que o Estado tem para prolatar uma decisão condenatória irrecorrível).
Da pretensão executória	Ocorre depois do trânsito em julgado para ambas as partes (é o tempo que o Estado tem para cumprir o comando condenatório).

133 Lembre que é possível concessão de perdão judicial em relação ao homicídio culposo na direção de veículo automotor (artigo 302 do Código de Trânsito Brasileiro). Importante salientar, ainda, que no informativo 606 o Superior Tribunal de Justiça deixou claro não ser possível extensão do perdão judicial a homicídios culposos cometidos em concurso formal, caso não exista liame subjetivo entre o infrator e uma das vítimas fatais (suponha que, por imprudência, o condutor do veículo cause a morte da sua esposa e de terceira pessoa a quem dava carona – só será possível reconhecer o perdão judicial em relação ao homicídio culposo perpetrado contra a consorte do autor do fato, posto que em relação ao terceiro que morreu não havia liame subjetivo a ligar o réu e este).

134 Art. 120 – A sentença que conceder perdão judicial não será considerada para efeitos de reincidência.

135 Cito outro exemplo de bagatela imprópria em julgado do Superior Tribunal de Justiça (Judiciário entendendo ser desnecessário aplicar pena a indivíduo que praticou posse ilegal de arma de fogo há muitos anos – 12 anos):
PENAL. AGRAVO REGIMENTAL NO AGRAVO EM RECURSO ESPECIAL. POSSE ILEGAL DE ARMA DE FOGO DE USO PERMITIDO. ABSOLVIÇÃO SUMÁRIA. CRIME SEM VIOLÊNCIA OU GRAVE AMEAÇA. DELITO COMETIDO HÁ MAIS DE 12 ANOS. INCIDÊNCIA DO PRINCÍPIO DA BAGATELA IMPRÓPRIA. REQUISITOS PREENCHIDOS. DESNECESSIDADE DA PENA. REEXAME DO CONJUNTO PROBATÓRIO. APLICAÇÃO DA SÚMULA N. 7 DO SUPERIOR TRIBUNAL DE JUSTIÇA – STJ. AGRAVO REGIMENTAL DESPROVIDO. 1. Entendo as instâncias ordinárias ser desnecessária a punição do acusado, porque presentes os requisitos para a aplicação do princípio da bagatela imprópria, para se concluir de forma diversa, seria imprescindível o reexame do conjunto probatório dos autos, o que não é viável em recurso especial. Incidente a Súmula n. 7/STJ. 2. Agravo regimental desprovido (AgRg no AREsp 1423492/RN, Rel. Ministro Joel Ilan Paciornik, Quinta Turma, julgado em 21/05/2019, DJe 29/05/2019).

Prescrição da pretensão punitiva: o estudo da prescrição da pretensão punitiva deve atender às seguintes etapas (tanto em concurso público, quanto para estudo de caso real):

Número	Etapa	Artigo
1	Faça linha do tempo com o termo inicial da prescrição e com os marcos interruptivos desta.	111 e 117 do Código Penal
2	Analise se você deve trabalhar com a pena em concreto ou com o máximo de pena em abstrato (se já existir trânsito em julgado da sentença para acusação, você usará a pena em concreto; caso ainda não haja trânsito em julgado para acusação, você trabalhará com o máximo de pena em abstrato).	110 do Código Penal
3	Lance a pena (máximo em abstrato ou pena em concreto) na tabela do artigo 109 do Código Penal, para descobrir o prazo prescricional a ser aplicado ao caso estudado.	109 do Código Penal
4	Analise a possibilidade de redução do prazo prescricional pela metade – caso o réu tenha menos de 21 anos de idade no tempo do crime ou se ele é maior de 70 anos[136] na data da sentença.[137]	115 do Código Penal
5	Observe se a prescrição ocorreu entre os marcos interruptivos que você anotou na etapa 1.	–

Se a prescrição da pretensão punitiva (com base na pena em concreto) é encontrada **antes da sentença**, ela é chamada de **retroativa**, se for identificada **depois da sentença**, ela se chama **intercorrente** ou **superveniente**. Caso a prescrição da pretensão punitiva seja avaliada com base no máximo da pena em abstrato, tem-se prescrição da **pretensão punitiva propriamente dita**.

É preciso muita atenção à prescrição retroativa, porque ela não pode ocorrer em momento anterior ao recebimento da denúncia/queixa, na forma do artigo 110, § 1º, do Código Penal (só é possível prescrição retroativa antes do recebimento da denúncia/queixa em relação a crimes praticados antes da entrada em vigor da Lei 12.234/10 – como esta é lei gravosa, sua aplicação não pode ser retroativa).

É preciso, ainda, atentar que o aumento do prazo prescricional em 1/3 em relação ao reincidente (artigo 110 do Código Penal) só pode incidir na análise da prescrição da pretensão executória, nos termos da Súmula 220/STJ – **A reincidência não influi no prazo da prescrição da pretensão punitiva.**

136 O Estatuto do Idoso, ao fixar como marco de proteção ao idoso 60 anos, não alterou o artigo 115 do Código Penal, que continua a ser aplicado apenas a quem tem mais de 70 anos na data da sentença.

137 Lembre que só é possível redução do prazo prescricional se o réu for maior de 70 anos na data da sentença. Caso o condenado alcance a idade mencionada no artigo 115 do Código Penal no julgamento de recurso interposto contra a sentença, não deve ser reconhecida a redução do prazo prescricional – STJ, HC 316.110/SP, Rel. Ministro Rogerio Schietti Cruz, Sexta Turma, julgado em 25/06/2019, DJe 01/07/2019.

A memorização dos prazos prescricionais indicados no artigo 109 do Código Penal é importante:

Pena (máxima em abstrato ou em concreto)	Prescrição
Menos de 1 ano	3 anos
1 a 2 anos	4 anos
Mais de 2 a 4 anos	8 anos
Mais de 4 a 8 anos	12 anos
Mais de 8 a 12 anos	16 anos
Mais de 12 anos	20 anos

Os prazos prescricionais das penas privativas de liberdade são aplicáveis às penas restritivas de direitos, na forma do parágrafo único do artigo 109 do Código Penal.

Prescrição em relação ao crime do artigo 28 da Lei 11.343/06: a prescrição do crime do artigo 28 da Lei 11.343/06 (que não tem pena privativa de liberdade prevista em abstrato) ocorre em 2 anos, nos termos do artigo 30 do citado mandamento legal.

Prescrição da pretensão executória: se o quesito ou caso concreto versar sobre a prescrição da pretensão executória, sugestiono as seguintes etapas:

Número	Etapa	Artigo
1	Faça uma linha do tempo com o termo inicial da prescrição.	112 do Código Penal
2	Lance a pena (em concreto) na tabela do artigo 109 do Código Penal, para descobrir o prazo prescricional a ser aplicado ao caso estudado.	109 do Código Penal
3	Analise a possibilidade de redução do prazo prescricional pela metade – caso o réu tenha menos de 21 anos de idade no tempo do crime ou se ele é maior de 70 anos na data da sentença.	115 do Código Penal
4	Analise a possibilidade de aumento do prazo prescricional em 1/3, caso o condenado seja reincidente.	110 do Código Penal
5	Observe se houve a prescrição da pretensão executória.	–

Suspensão do prazo prescricional: saliento que o Pacote Anticrime incluiu duas novas causas de suspensão do prazo prescricional no artigo 116 do Código Penal (o inciso II teve apenas sua redação alterada – sai a expressão “estrangeiro” e entra a palavra “exterior”).

O dispositivo demanda mera leitura, sendo importante apenas frisar as novas hipóteses só podem ser aplicadas a crimes praticados depois da entrada em vigor da Lei 13.964/19, por se tratar de lei penal mais gravosa (princípio da irretroatividade da lei penal):

Redação anterior	Redação determinada pelo Pacote Anticrime
Art. 116 – Antes de passar em julgado a sentença final, a prescrição não corre: I – enquanto não resolvida, em outro processo, questão de que dependa o reconhecimento da existência do crime; II – enquanto o agente cumpre pena no estrangeiro. Parágrafo único – Depois de passada em julgado a sentença condenatória, a prescrição não corre durante o tempo em que o condenado está preso por outro motivo.	Art. 116 – Antes de passar em julgado a sentença final, a prescrição não corre: I – enquanto não resolvida, em outro processo, questão de que dependa o reconhecimento da existência do crime; II – enquanto o agente cumpre pena no exterior; III – na pendência de embargos de declaração ou de recursos aos Tribunais Superiores, quando inadmissíveis; e IV – enquanto não cumprido ou não rescindido o acordo de não persecução penal. Parágrafo único – Depois de passada em julgado a sentença condenatória, a prescrição não corre durante o tempo em que o condenado está preso por outro motivo.

Interrupção do prazo prescricional em face da publicação de acórdão confirmatório de sentença condenatória: acerca da interrupção do prazo prescricional, além da importância da leitura do artigo 117 do Código Penal, cumpre asseverar que o Supremo Tribunal Federal firmou entendimento, por maioria de votos, de que o acórdão confirmatório da sentença condenatória interrompe o prazo prescricional.

A análise da jurisprudência do Pretório Excelso revela que a 1ª Turma do Supremo Tribunal Federal entendia nesse sentido (de que havia interrupção da prescrição), ao passo que a 2ª Turma interpretava não ser possível interrupção da prescrição em face da publicação do acórdão confirmatório de sentença condenatória.

A questão era controvertida porque o artigo 117, IV, do Código Penal afirma que a interrupção da prescrição ocorre "pela publicação da sentença ou acórdão condenatórios recorríveis". Essa redação dava azo à interpretação de que só haveria interrupção do prazo prescricional caso fosse prolatada sentença condenatória ou se a sentença fosse absolutória e, alhures, houvesse a reforma desta, com condenação do réu em face de julgamento procedente de recurso interposto pela acusação. Assim é que havia entendimento que sustentava que o acórdão confirmatório da sentença condenatória (majorando, diminuindo ou mantendo a pena aplicada) não interrompia a prescrição.

Nos autos do HC 176473, relatado pelo Ministro Alexandre de Moraes (julgado em 27/04/2020, DJe em 05/05/2020), o Plenário do Supremo Tribunal Federal decidiu, por maioria de votos, que o acórdão confirmatório de sentença condenatória constitui marco interruptivo da prescrição. Eis a tese fixada pela Corte:

> Nos termos do inciso IV do artigo 117 do Código Penal, o Acórdão condenatório sempre interrompe a prescrição, inclusive quando confirmatório da sentença de 1º grau, seja mantendo, reduzindo ou aumentando a pena anteriormente imposta.

Concordo com esse pensar, por seus próprios argumentos. Não há inércia estatal quando o Judiciário prolata decisão que confirma a decisão condenatória (e esse *decisum* oriundo de Pariato, ademais, tem natureza de comando condenatório, mantendo a orientação estatal de reconhecimento da culpa do réu). Pensar o contrário significa, na prática, que ao réu culpado basta recorrer indefinidamente, na torcida que até o trânsito em julgado a prescrição ocorra, já que a confirmação da sua culpa por instância superior não arranhará o andamento do prazo prescricional, que continuará correndo (indubitavelmente é entendimento que reforça o sentimento de impunidade e o manejo de recursos protelatórios, destinados apenas a evitar o trânsito em julgado da sentença).

Eis decisão da 1ª Turma do Pretório Excelso que sintetiza o entendimento que findou se sagrando vencedor no Plenário da Corte:

> DIREITO PENAL E PROCESSUAL PENAL. TERCEIRO AGRAVO INTERNO EM RECURSO EXTRAORDINÁRIO. PRESCRIÇÃO DA PRETENSÃO PUNITIVA. ACÓRDÃO CONFIRMATÓRIO DE SENTENÇA CONDENATÓRIA. INTERRUPÇÃO DO PRAZO PRESCRICIONAL. POSSIBILIDADE. 1. A jurisprudência desta Corte é firme no sentido de que o acórdão que confirma a sentença condenatória é marco interruptivo do prazo prescricional. "A ideia de prescrição está vinculada à inércia estatal e o que existe na confirmação da condenação é a atuação do Tribunal. Consequentemente, se o Estado não está inerte, há necessidade de se interromper a prescrição para o cumprimento do devido processo legal" (RE 1.226.719-AgR, redator para o acórdão o Min. Alexandre de Moraes). Precedentes. 2. Agravo interno a que se nega provimento (RE 1243415 AgR-terceiro, Relator(a): Min. ROBERTO BARROSO, Primeira Turma, julgado em 21/02/2020, PROCESSO ELETRÔNICO DJe-051 DIVULG 09-03-2020 PUBLIC 10-03-2020).

Eis síntese do entendimento da 2ª Turma (que se mostrou minoritário e derrotado em Plenário):

> RECURSO EXTRAORDINÁRIO – MATÉRIA PENAL – ALEGADA VIOLAÇÃO A PRECEITOS INSCRITOS NA CONSTITUIÇÃO DA REPÚBLICA – AUSÊNCIA DE OFENSA DIRETA – PRETENDIDO AFASTAMENTO DA EXTINÇÃO DA PUNIBILIDADE DO RÉU – ALEGADA EFICÁCIA INTERRUPTIVA DO ACÓRDÃO CONFIRMATÓRIO (QUE CONFIRMA SENTENÇA CONDENATÓRIA) – INOCORRÊNCIA – AGRAVO INTERNO IMPROVIDO. – Jurisprudência desta Suprema Corte, cujas decisões corretamente distinguem, para efeito de interrupção da prescrição penal (CP, art. 117, IV), entre acórdão condenatório e acórdão meramente confirmatório de anterior condenação penal, em ordem a não atribuir eficácia interruptiva do lapso prescricional à decisão do Tribunal que simplesmente nega provimento ao recurso interposto pelo réu contra anterior sentença condenatória. Precedentes. Doutrina (RE 1202790 AgR, Relator(a): Min. CELSO DE MELLO, Segunda Turma, julgado em 28/06/2019, PROCESSO ELETRÔNICO DJe-170 DIVULG 05-08-2019 PUBLIC 06-08-2019).

O Superior Tribunal de Justiça entendia que a publicação de acórdão confirmatório de sentença condenatória não interrompe o prazo prescricional (tal qual a 2ª Turma do Supremo Tribunal Federal):

> PENAL. AGRAVO REGIMENTAL NO RECURSO ESPECIAL. OFENSA REFLEXA À CONSTITUIÇÃO FEDERAL. INVIABILIDADE. PRESCRIÇÃO SUPERVENIENTE. ACÓRDÃO CONFIRMATÓRIO DA CONDENAÇÃO. NÃO INTERRUPÇÃO DO PRAZO PRESCRICIONAL. AGRAVO REGIMENTAL NÃO PROVIDO. 1. Inviável a apreciação de matéria constitucional por esta Corte Superior, porquanto, por expressa disposição da própria Constituição Federal (art. 102, inciso III), se trata de competência reservada ao Supremo Tribunal Federal. Precedentes. 2. A jurisprudência desta Corte Superior de Justiça é no sentido de que o acórdão que confirma a condenação, ainda que majore ou reduza a pena, não constitui marco interruptivo da prescrição. 3. Outrossim, [...] não se desconhece o posicionamento adotado pela Primeira Turma do col. Supremo Tribunal Federal (AgR no RE 1.182.718/RS, Rel. Ministro ALEXANDRE DE MORAES, PRIMEIRA TURMA, julgado em 15/3/2019, DJe 26/3/2019). Contudo, a matéria não se encontra pacificada no âmbito da Suprema Corte, porquanto, em recentes julgados, a Segunda Turma tem proclamando entendimento de que o "acórdão confirmatório da condenação não é marco interruptivo da prescrição" (RE 1.182.948 AgR, Rel. Ministra CARMEN LÚCIA, SEGUNDA TURMA, julgado em 6/8/2019, DJe 15/8/2019). Ainda no mesmo sentido: RE 1.202.790 AgR, Rel. Ministro CELSO DE MELLO, SEGUNDA TURMA, julgado em 28/6/2019, DJe 5/8/2019 (AgRg no HC n. 462.873/RS, relator Ministro RIBEIRO DANTAS, Quinta Turma, julgado em 27/8/2019, DJe 2/9/2019). 4. Agravo regimental não provido (AgRg no REsp 1844437/RS, Rel. Ministro Reynaldo Soares da Fonseca, Quinta Turma, julgado em 18/02/2020, DJe 28/02/2020).

Mais recentemente, a 5ª Turma do Superior Tribunal de Justiça seguiu o quanto decidido pelo Plenário do Supremo Tribunal Federal e afirmou que o acórdão confirmatório de sentença condenatória interrompe a prescrição:

> PROCESSO PENAL. EMBARGOS DE DECLARAÇÃO NO AGRAVO REGIMENTAL NO RECURSO EM HABEAS CORPUS. PRESCRIÇÃO DA PRETENSÃO PUNITIVA RECONHECIDA. ACÓRDÃO CONFIRMATÓRIO DE CONDENAÇÃO. NOVO ENTENDIMENTO DO SUPREMO TRIBUNAL FEDERAL. REVISÃO DO JULGADO. EMBARGOS ACOLHIDOS. EFEITOS MODIFICATIVOS. 1. Os embargos de declaração, como recurso de correção, destinam-se a suprir omissão, contradição e ambiguidade ou obscuridade existente no julgado. Não se prestam, portanto, para sua revisão no caso de mero inconformismo da parte. 2. É pacífico nesta Corte Superior que "o acórdão que apenas confirma a sentença de primeiro grau, sem decretar nova condenação por crime diverso, não configura marco interruptivo da prescrição, ainda que haja reforma considerável na dosimetria da pena" (AgRg no

REsp 1.362.264/DF, Rel. Ministro ROGÉRIO SCHIETTI CRUZ, SEXTA TURMA, DJe 13/5/2015). 3. Na espécie, aplicada ao réu pena inferior a 2 anos de reclusão, a prescrição da pretensão punitiva ocorre em 4 anos (art. 109, V, do CP). Considerando que a publicação da sentença ocorreu em 30/08/2013, e não sobrevindo outro marco interruptivo no prazo de 4 anos, uma vez que o Tribunal a quo, em grau de apelação, apenas confirmou a sentença condenatória, foi declarada a extinção da punibilidade do recorrente e, por extensão, de outros corréus. 4. O Supremo Tribunal Federal, no julgamento do HC n.º 176.473, de Relatoria do Exmo. Ministro Alexandre de Moraes, pacificou novo posicionamento acerca do tema, fixando a premissa segundo a qual "[n]os termos do inciso IV do artigo 117 do Código Penal, o Acórdão condenatório sempre interrompe a prescrição, inclusive quando confirmatório da sentença de 1.º grau, seja mantendo, reduzindo ou aumentando a pena anteriormente imposta". 5. Necessidade de adequação da jurisprudência deste Tribunal ao entendimento firmado pela Suprema Corte, de modo que o acórdão que confirma a condenação seja considerado, também, marco interruptivo da prescrição. 6. Embargos de declaração acolhidos, com efeitos infringentes, para que seja afastada a ocorrência da prescrição da pretensão punitiva anteriormente reconhecida (EDcl no AgRg no RHC 109.530/RJ, Rel. Ministro RIBEIRO DANTAS, QUINTA TURMA, julgado em 26/05/2020, DJe 01/06/2020).

Questões de concurso público: veja como o assunto já foi cobrado em concurso público.

1 – (Delegado de Polícia Civil/ES/2019) "A extinção da punibilidade significa o desaparecimento do poder de punir do Estado em relação a fatos definidos como crimes, pela ocorrência de eventos, situações ou acontecimentos determinados na lei como causas de extinção da punibilidade (art. 107, CP)." (SANTOS, Juarez Cirino dos. Direito Penal Parte Geral. 5ª ed., Florianópolis: Conceito, 2012). Tendo em vista as causas de extinção de punibilidade conhecidas em âmbito de Direito Penal, assinale a alternativa correta com relação ao indulto.

a) seus efeitos atingem quaisquer crimes previstos no ordenamento jurídico pátrio.

b) trata-se de benefício concedido exclusivamente pelo Presidente da República por meio de lei delegada.

c) pode ser delegado pelo Presidente da República aos Ministros de Estado, ao Procurador-Geral da República ou ao Defensor Público-Geral Federal.

d) o indulto individual ou graça depende exclusivamente, para sua concessão, de pedido provocado por petição do condenado.

e) é atribuição privativa do Presidente da República, podendo ser delegada, na forma estabelecida na Constituição Federal, aos Ministros de Estado, ao Procurador-Geral da República ou ao Advogado-Geral da União.

2 – (Delegado de Polícia Civil/SP/2018) No que concerne ao art. 107 do CP, que enumera as causas extintivas da punibilidade, trata-se de rol

a) exemplificativo, já que são admitidas pela legislação causas ali não contidas, como, por exemplo, a incapacidade mental superveniente ao crime.

b) exemplificativo, já que são admitidas pela legislação causas ali não contidas, como, por exemplo, o cumprimento da suspensão condicional do processo.

c) exemplificativo, já que são admitidas pela legislação causas ali não contidas, como, por exemplo, o indulto.

d) taxativo, já que não admite exceção.

e) taxativo, uma vez que as causas supralegais de extinção da punibilidade não são reconhecidas pela jurisprudência.

3 – (Delegado de Polícia Federal/2018) Júnior, maior e capaz, foi processado e julgado pelo crime de estelionato. Tendo verificado que Júnior tinha sido condenado pelo mesmo crime havia dois anos, o juiz aumentou a pena em um terço. Nessa situação, o aumento da pena não influirá no prazo da prescrição da pretensão punitiva ( ).

4 – (Delegado de Polícia Civil/GO/2017) Assinale a opção correta, acerca de extinção da punibilidade

a) Uma lei de anistia pode ser revogada por lei posterior, diante de mudança de opinião do Congresso Nacional a respeito da extinção de punibilidade concedida.

b) Graça e indulto somente podem ser concedidos pelo presidente da República, uma vez que tais prerrogativas são insuscetíveis de delegação.

c) A punibilidade de qualquer crime pode ser extinta por meio de graça e indulto.

d) O instituto da prescrição atinge a pretensão de punir ou de executar a pena.

e) A anistia ou *abolitio criminis* é causa extintiva de punibilidade discutida no âmbito do Poder Legislativo.

5 – (Delegado de Polícia Federal/2021) O inadimplemento da pena de multa não obsta a extinção da punibilidade do apenado ( ).

6 – (Delegado de Polícia Civil/RN/2021) Prescrição é a perda pelo Estado do direito de punir ou executar a pena em razão do decurso do tempo, tratando-se de causa de extinção da punibilidade. Sobre o tema, analise as afirmativas a seguir.

I. O termo inicial da prescrição da pretensão punitiva é o do dia em que cessar a permanência, em crimes desta natureza.

II. A publicação do acórdão condenatório interrompe o prazo da prescrição da pretensão executória.

III. A desclassificação posterior pelo Tribunal do Júri faz desaparecer a causa de interrupção da prescrição em razão da pronúncia.

Está correto somente o que se afirma em:

a) I;

b) II;

c) III;

d) I e III;

e) II e III.

7 – (Delegado de Polícia Civil/PA/2021) Referente ao Direito Penal, assinale a alternativa correta.

a) São exemplos de crimes que não admitem a tentativa: os preterdolosos, os unissubsistentes, os omissivos próprios e os de perigo concreto.

b) Os crimes próprios são incompatíveis com a coautoria, haja vista que são delitos em que o tipo penal exige uma situação de fato ou de direito diferenciada por parte do sujeito ativo.

c) Nos crimes cometidos sem violência ou grave ameaça à pessoa, reparado o dano ou restituída a coisa, até o recebimento da denúncia ou da queixa, por ato voluntário do agente, a pena será reduzida de um terço até a metade.

d) O indulto extingue os efeitos primários da condenação (pretensão executória), mas não atinge os efeitos secundários, penais ou extrapenais.

e) Em relação ao concurso formal próprio, o Código Penal adotou o sistema da exasperação, aplicando-se a pena de qualquer dos crimes, se idênticos, ou então a mais grave, aumentada, em qualquer caso, de um sexto até dois terços.

Gabarito comentado:

Questão	Reposta	Comentário
1	Letra E	Vide parágrafo único do artigo 84 da Constituição Federal de 1988.
2	Letra B	De fato, o rol de causas extintivas da punibilidade é exemplificativo. Vide o § 5º do artigo 89 da Lei 9.099/95.
3	ERRADA	A prescrição da pretensão punitiva é calculada com base no máximo de pena em abstrato ou na pena em concreto. Se a pena a ser usada para o cálculo for a pena em concreto (quando se detectar trânsito em julgado para o Ministério Público), deve-se calcular a prescrição utilizando a pena definitiva (portanto todos os incrementos aplicados pelo juiz serão utilizados).
4	Letra D	A prescrição pode ser da pretensão punitiva (afeta a pretensão de punir) ou da pretensão executória (afeta a pretensão de executar a pena).
5	ERRADA	Nesse sentido, julgado do STJ no AgRg no REsp 1705180/DF, Rel. Ministro ROGERIO SCHIETTI CRUZ, SEXTA TURMA, julgado em 27/04/2021, DJe 30/04/2021 (transcrito e explicado supra).
6	Letra A	Vide inciso III do artigo 111 do Código Penal.
7	Letra D	Vide Súmula 631/STJ – O indulto extingue os efeitos primários da condenação (pretensão executória), mas não atinge os efeitos secundários, penais ou extrapenais.

PARTE ESPECIAL

TÍTULO I
DOS CRIMES CONTRA A PESSOA

CAPÍTULO I
DOS CRIMES CONTRA A VIDA

Homicídio simples

Art. 121. Matar alguém:

Pena – reclusão, de seis a vinte anos.

Caso de diminuição de pena

§ 1º Se o agente comete o crime impelido por motivo de relevante valor social ou moral, ou sob o domínio de violenta emoção, logo em seguida a injusta provocação da vítima, ou juiz pode reduzir a pena de um sexto a um terço.

Homicídio qualificado

§ 2º Se o homicídio é cometido:

I – mediante paga ou promessa de recompensa, ou por outro motivo torpe;

II – por motivo fútil;

III – com emprego de veneno, fogo, explosivo, asfixia, tortura ou outro meio insidioso ou cruel, ou de que possa resultar perigo comum;

IV – à traição, de emboscada, ou mediante dissimulação ou outro recurso que dificulte ou torne impossível a defesa do ofendido;

V – para assegurar a execução, a ocultação, a impunidade ou vantagem de outro crime:

Pena – reclusão, de doze a trinta anos.

Feminicídio[138]

VI – contra a mulher por razões da condição de sexo feminino:

VII – contra autoridade ou agente descrito nos arts. 142 e 144 da Constituição Federal, integrantes do sistema prisional e da Força Nacional de Segurança Pública, no exercício da função ou em decorrência dela, ou contra seu cônjuge, companheiro ou parente consanguíneo até terceiro grau, em razão dessa condição:

VIII – com emprego de arma de fogo de uso restrito ou proibido:

Pena – reclusão, de doze a trinta anos.

§ 2º-A Considera-se que há razões de condição de sexo feminino quando o crime envolve:

I – violência doméstica e familiar;

II – menosprezo ou discriminação à condição de mulher.

Homicídio culposo

§ 3º Se o homicídio é culposo:

Pena – detenção, de um a três anos.

138. Sobre o tema, vide Decreto 10.906/21, que institui o Plano Nacional de Enfrentamento ao Feminicídio.

Aumento de pena

§ 4º No homicídio culposo, a pena é aumentada de 1/3 (um terço), se o crime resulta de inobservância de regra técnica de profissão, arte ou ofício, ou se o agente deixa de prestar imediato socorro à vítima, não procura diminuir as consequências do seu ato, ou foge para evitar prisão em flagrante. Sendo doloso o homicídio, a pena é aumentada de 1/3 (um terço) se o crime é praticado contra pessoa menor de 14 (quatorze) ou maior de 60 (sessenta) anos.

§ 5º – Na hipótese de homicídio culposo, o juiz poderá deixar de aplicar a pena, se as consequências da infração atingirem o próprio agente de forma tão grave que a sanção penal se torne desnecessária.

§ 6º A pena é aumentada de 1/3 (um terço) até a metade se o crime for praticado por milícia privada, sob o pretexto de prestação de serviço de segurança, ou por grupo de extermínio.

§ 7º A pena do feminicídio é aumentada de 1/3 (um terço) até a metade se o crime for praticado:

I – durante a gestação ou nos 3 (três) meses posteriores ao parto;

II – contra pessoa menor de 14 (catorze) anos, maior de 60 (sessenta) anos, com deficiência ou portadora de doenças degenerativas que acarretem condição limitante ou de vulnerabilidade física ou mental;

III – na presença física ou virtual de descendente ou de ascendente da vítima;

IV – em descumprimento das medidas protetivas de urgência previstas nos incisos I, II e III do caput do art. 22 da Lei nº 11.340, de 7 de agosto de 2006.

Classificação: trata-se de crime doloso (admite-se, contudo, modalidade culposa no § 3º do artigo 121), comum (pode ser perpetrado por qualquer pessoa), material (consuma-se com a morte encefálica da vítima), instantâneo (mas de efeitos permanentes).

Tribunal do júri: o homicídio doloso é julgado pelo tribunal do júri, nos termos do artigo 5º, inciso XXXVIII, alínea "d", da Constituição Federal (crime doloso contra a vida).

Homicídio privilegiado: no § 1º do artigo 121 do Código Penal, temos o chamado homicídio privilegiado (trata-se, em verdade, de causa de diminuição de pena) – o dispositivo traduz três situações de **natureza subjetiva** (ligadas à motivação do agente):

Motivo	Explicação/exemplo
Motivo de relevante valor moral.	Motivação altruísta de cunho individual (indivíduo que, para abreviar o sofrimento de seu amigo, desliga os aparelhos que o mantinham vivo e com muitas dores, por exemplo).
Motivo de relevante valor social.	Motivação altruísta de cunho coletivo (indivíduo mata o estuprador que aterrorizava o bairro onde ele mora, com o objetivo de "beneficiar" os moradores da localidade).

Sob domínio de violenta emoção, logo em seguida a injusta provocação da vítima.	Para incidência dessa hipótese de privilégio, é preciso observar o adimplemento de três elementos: a) o crime deve ser perpetrado **sob domínio de violenta emoção**; b) **logo em seguida** (elemento temporal que pressupõe pequeno ou nenhum espaçamento temporal entre a provocação injusta da vítima e a ação do homicida); e c) **injusta provocação da vítima** (caso a provocação seja justa, não há incidência da minorante – não é beneficiado pela causa de diminuição em testilha quem mata credor que ingressou com ação para executar a dívida não paga, por exemplo). Há aqui o chamado dolo de ímpeto[139]. Exemplifico: **SITUAÇÃO HIPOTÉTICA:** indivíduo que flagra sua esposa com o amante e mata o amásio de sua consorte logo após ver a cena. **SOLUÇÃO:** o marido traído será responsabilizado por homicídio privilegiado, por ter matado o amante de sua esposa sob domínio de violenta emoção, logo em seguida a injusta provocação da vítima. Se o agente praticar o homicídio **"sob a influência de violenta emoção, provocada por ato injusto da vítima"**, haverá incidência da **circunstância atenuante** prevista no artigo 65, inciso III, alínea "c", do Código Penal.

Homicídio qualificado: acerca do homicídio qualificado, vale ressaltar:

Qualificadora	Explicação
I – mediante paga ou promessa de recompensa, ou por outro motivo torpe.	Trata-se do homicídio **mercenário** ou **sicário** (cometido mediante paga ou promessa de recompensa). O crime é qualificado pela paga ou promessa de recompensa para o **executor** (sicário ou matador de aluguel). Em relação ao mandante, é preciso verificar a motivação que o levou a contratar o sicário (o crime em relação ao mandante pode ser privilegiado ou qualificado). Exemplifico: **SITUAÇÃO HIPOTÉTICA:** JOÃO contratou PEDRO para matar JOSÉ, que estuprou a filha daquele. **SOLUÇÃO:** PEDRO (sicário) responde pela prática de homicídio qualificado pela paga ou promessa de recompensa e JOÃO (mandante) por homicídio privilegiado por motivo de relevante valor moral. O **motivo torpe** é o vil, abjeto, imoral (matar por motivação econômica, com a intenção de ocupar cargo da vítima, para receber herança, para não pagar pensão alimentícia, por prazer, dentre outras situações). Penso que **matar sem motivo** é homicídio qualificado pela torpeza, porquanto o agente demonstra desprezo pela vida de um semelhante (há, contudo, entendimento afirmando que se trata de homicídio simples). Eis julgado do Superior Tribunal de Justiça indicando que matar sem motivo não pode ser entendido como homicídio qualificado pelo motivo fútil (grifo meu):

139 Dolo de ímpeto ocorre quando a conduta do agente não é refletida. Ao revés, o dolo de propósito ou dolo refletido ocorre quando o agente premedita/planeja sua ação.

	AGRAVO REGIMENTAL EM RECURSO ESPECIAL. DIREITO PENAL E PROCESSUAL PENAL. TRIBUNAL DO JURI. PRONÚNCIA. ADMISSÃO DE QUALIFICADORA. MOTIVO FÚTIL. CIRCUNSTÂNCIA QUE NÃO SE EQUIPARA À AUSÊNCIA DE MOTIVO. RESTABELECIMENTO DA QUALIFICADORA. REEXAME DE PROVA. SÚMULA 7/STJ. 1. **A ausência de motivo não caracteriza a qualificadora do inciso II do parágrafo 2º do artigo 121 do Código Penal (por motivo fútil), sob pena de violação ao princípio da reserva legal.** 2. Se a instância ordinária, soberana na análise dos fatos e das provas coligidos aos autos, chegou à conclusão de que a qualificadora é manifestamente improcedente, tem-se que a inversão dessa conclusão, para entender-se equivocado o afastamento da qualificadora exigiria, inarredavelmente, o reexame do contexto fático dos autos, inviável em sede de recurso especial. 3. Agravo regimental improvido (AgRg no REsp 1718055/GO, Rel. Ministra MARIA THEREZA DE ASSIS MOURA, SEXTA TURMA, julgado em 21/08/2018, DJe 30/08/2018).
II – por motivo fútil.	É o motivo pequeno, banal (matar motociclista que abalroou o retrovisor do carro, por exemplo).
III – com emprego de veneno, fogo, explosivo, asfixia, tortura ou outro meio insidioso ou cruel, ou de que possa resultar perigo comum.	O inciso permite interpretação analógica (quando o legislador, depois de uma sequência, encerra fórmula genérica que deve ser interpretada de acordo com a lista exemplificativa). Não seria possível listar todas as formas de tirar a vida de um ser humano que se traduzem em meios insidiosos, cruéis ou que possam resultar perigo comum. Assim, o legislador listou algumas hipóteses e deixou a cargo do intérprete encaixar situação semelhante na fórmula genérica do final do inciso. O **venefício** (homicídio qualificado pelo emprego de veneno) reclama que este seja ministrado insidiosamente (sem que a vítima saiba que está ingerindo substância que lhe faz mal). Qualquer substância pode ser considerada veneno, desde que traga malefício para quem a ingere (ministrar insidiosamente açúcar para diabético, por exemplo). O meio **cruel** é aquele que resulta em sofrimento desnecessário para a vítima (autor do fato que golpeia vagarosamente a vítima até que, ao fim do sofrimento, ela morra de hemorragia, por exemplo). Por mais dantesca que seja a cena do crime, se a morte foi rápida, não é possível imputar a qualificadora da crueldade. Exemplifico: **SITUAÇÃO HIPOTÉTICA:** JOÃO deu um golpe de foice no pescoço de PEDRO, seccionando sua artéria aorta. A vítima morreu segundos depois do único golpe fatal. **SOLUÇÃO:** não é possível imputar ao agente, a qualificadora da crueldade. Não confunda homicídio qualificado pela tortura com tortura qualificada pela morte. A tipificação depende da intenção do agente, lembrando que a tortura qualificada pela morte é crime preterdoloso (vide artigo 1º, § 3º, da Lei 9.455/97). Exemplifico: **SITUAÇÃO HIPOTÉTICA 1:** PEDRO, desejando que MARCOS confesse um crime, usa de violência, causando sofrimento físico na vítima. Esta acaba morrendo em face da violência empregada pelo autor do fato. **SITUAÇÃO HIPOTÉTICA 2:** JOSÉ, querendo desde o início matar JONAS, prolonga seu sofrimento por meio de vários suplícios. A vítima morre.

	SOLUÇÕES: na SITUAÇÃO HIPOTÉTICA 1, PEDRO cometeu crime de tortura qualificada pela morte (desejava torturar, mas a vítima acabou morrendo). Na SITUAÇÃO HIPOTÉTICA 2, JOSÉ deve responder por homicídio qualificado pela tortura, porquanto queria, desde o início, matar a vítima.
IV – à traição, de emboscada, ou mediante dissimulação ou outro recurso que dificulte ou torne impossível a defesa do ofendido.	As situações descritas no inciso dificultam ou tornam impossível a defesa da vítima. A **traição** reclama prévia relação de confiança entre autor do fato e vítima, que faz com que essa seja surpreendida pelo ataque. Essa relação pode ser construída muito rapidamente. Não é necessário que autor e vítima se conheçam há muito tempo. A **emboscada** ocorre quando o agente se esconde para surpreender a vítima, atacando-a desprevenida. Na **dissimulação**, o agente oculta sua intenção homicida e engana a vítima para atraí-la e executar o crime. Se a vítima é portadora de alguma deficiência física ou mental preexistente, **não é possível** imputar a qualificadora em testilha (porque o agente não foi responsável pela diminuição da capacidade de defesa do ofendido). De igual sorte, mera desproporção de forças não é suficiente para imputação da qualificadora. Para imputar corretamente a qualificadora ao agente, ele tem que ser o responsável pela diminuição da capacidade de defesa da vítima (ministrar sonífero para matar a vítima enquanto ela dorme, por exemplo).
V – para assegurar a execução, a ocultação, a impunidade ou vantagem de outro crime.	O inciso trata do homicídio qualificado pela conexão (que pode ser teleológica ou consequencial). Há **conexão teleológica** quando o homicídio é praticado para assegurar a execução de crime posterior. Há **conexão consequencial** quando se pratica um crime e se comete homicídio para garantir a ocultação, impunidade, ou vantagem daquele. **SITUAÇÃO HIPOTÉTICA 1:** JOÃO mata o segurança de uma joalheira com o fito de facilitar furto a ser perpetrado mais tarde no estabelecimento comercial. **SITUAÇÃO HIPOTÉTICA 2:** PEDRO estupra MARIA. Depois de ter sido reconhecido por esta ao final da conjunção carnal violenta, ele a esfaqueia. A vítima morre. **SOLUÇÕES:** na SITUAÇÃO HIPOTÉTICA 1 há homicídio qualificado pela conexão teleológica (o homicídio foi perpetrado para assegurar a execução do furto posterior). Na SITUAÇÃO HIPOTÉTICA 2, há homicídio qualificado pela conexão consequencial (o homicídio foi qualificado para ocultar/garantir a impunidade do estupro). Em ambas as situações há concurso material de crimes (artigo 69 do Código Penal), com julgamento unificado pelo tribunal do júri.

VI – contra a mulher por razões da condição de sexo feminino.	É o feminicídio. Não confunda **feminicídio** (matar mulher[140] por razão da condição do sexo feminino) com **femicídio** (homicídio praticado contra mulher, qualquer que seja a motivação). Para que exista feminicídio é preciso que o crime seja praticado **em razão da condição do sexo feminino.** É preciso ler o § 2º-A, do artigo 121, do Código Penal, que afirma que há razão da condição do sexo feminino quando o crime envolve: a) violência doméstica e familiar; ou b) menosprezo ou discriminação à condição de mulher. O Superior Tribunal de Justiça decidiu, nos autos do HC 430222/MG (5ª Turma, relator Ministro Jorge Mussi, julgado em 15/03/2018), que o feminicídio é uma qualificadora de natureza objetiva (que, por isso, pode coexistir com a qualificadora do motivo torpe, esta de natureza subjetiva). O entendimento foi repetido no informativo 625/STJ (HC 433.898/RS, relator Ministro Nefi Cordeiro, por unanimidade, julgado em 24/04/2018, DJe 11/05/2018). O entendimento do Tribunal da Cidadania permite, em tese, cogitar feminicídio que não se traduza em crime hediondo (**feminicídio privilegiado**). Exemplifico: **SITUAÇÃO HIPÓTETICA:** Em meio a discussão com seu marido JOÃO, MARIA revela que o traiu e mostra fotos íntimas dela com seu amante. Sob domínio de violenta emoção, logo em seguida a injusta provocação da vítima, JOÃO confisca a vida de MARIA. **SOLUÇÃO:** JOÃO praticou homicídio privilegiado-qualificado, que não é crime hediondo (feminicídio privilegiado). Apesar do entendimento do Tribunal da Cidadania (acima citado), penso que o feminicídio é **qualificadora híbrida**. Matar mulher em situação que envolva violência doméstica/familiar revela, a meu sentir, qualificadora de **natureza objetiva** (basta a constatação que a vítima matinha relação doméstica, familiar ou uma relação íntima de afeto com o autor(a) do fato, independente de coabitação). Matar mulher por menosprezo ou discriminação à condição de mulher revela **qualificadora subjetiva** (ligada à motivação do delito). No § 7º do artigo 121 do Código Penal, há causas de aumento que se aplicam ao feminicídio (alteradas pela edição da Lei 13.771/18) – aumento de 1/3 (um terço) até a metade se o crime for praticado: I – durante a gestação ou nos 3 (três) meses posteriores ao parto; II – contra pessoa menor de 14 (catorze) anos, maior de 60 (sessenta) anos, com deficiência ou portadora de doenças degenerativas que acarretem condição limitante ou de vulnerabilidade física ou mental; III – na presença física ou virtual de descendente ou de ascendente da vítima; IV – em descumprimento das medidas protetivas de urgência previstas nos incisos I, II e III do caput do art. 22 da Lei nº 11.340, de 7 de agosto de 2006.

140 Há 3 acepções para palavra mulher: a) **biológica** (mulher é o ser humano do sexo feminino); b) **subjetiva** (mulher é o ser humano que se entende do gênero feminino); c) **jurídica** (mulher é o ser humano que possui gênero feminino em seu registro civil). Interessante notar que a discussão acerca da interpretação acerca de quem é mulher impacta a imputação do crime de feminicídio. Afirmar que a palavra mulher é elementar objetiva significa de que a interpretação correta é a de cunho biológico, ao passo que pensar que se trata de uma elementar normativa abre caminho para aceitação das outras duas acepções da expressão.

	Saliento, por fim, que o Supremo Tribunal Federal considerou inconstitucional a tese de "legítima defesa da honra", outrora bastante utilizada no plenário de júri em processos relacionados ao crime de feminicídio (obviamente a tese não é jurídica, posto que a excludente de ilicitude da legítima defesa pressupõe adimplemento de todos os requisitos listados no artigo 25 do Código Penal). Eis resumo do quanto decido pelo Pretório Excelso nos autos da ADPF 779 (trata-se de referendo, pelo Plenário, de medida cautelar deferida pelo relator, Ministro Dias Toffoli): "(i) firmar o entendimento de que a tese da legítima defesa da honra é inconstitucional, por contrariar os princípios constitucionais da dignidade da pessoa humana (art. 1º, III, da CF), da proteção à vida e da igualdade de gênero (art. 5º, caput, da CF); (ii) conferir interpretação conforme à Constituição aos arts. 23, inciso II, e 25, caput e parágrafo único, do Código Penal e ao art. 65 do Código de Processo Penal, de modo a excluir a legítima defesa da honra do âmbito do instituto da legítima defesa e, por consequência, (iii) obstar à defesa, à acusação, à autoridade policial e ao juízo que utilizem, direta ou indiretamente, a tese de legítima defesa da honra (ou qualquer argumento que induza à tese) nas fases pré-processual ou processual penais, bem como durante julgamento perante o tribunal do júri, sob pena de nulidade do ato e do julgamento, nos termos do voto do Relator".
VII – contra autoridade ou agente descrito nos arts. 142 e 144 da Constituição Federal, integrantes do sistema prisional e da Força Nacional de Segurança Pública, no exercício da função ou em decorrência dela, ou contra seu cônjuge, companheiro ou parente consanguíneo até terceiro grau, em razão dessa condição.	Trata-se de **homicídio funcional**. É preciso que o crime seja praticado: a) no exercício da função (penso que aqui a qualificadora é objetiva); ou b) em decorrência dela (nessa situação a qualificadora é subjetiva). Há a qualificadora em comento quando, por exemplo, o agente mata policial civil que participou das investigações que culminaram em sua prisão alguns anos atrás. O dispositivo também qualifica o homicídio quando ele é cometido contra cônjuge, companheiro(a) ou parente consanguíneo até o terceiro grau desses agentes/autoridades em razão dessa condição. Há discussão acerca da tipificação do homicídio cometido contra filho adotivo de agente ou autoridade descrito nos artigos 142 e 144 da Constituição Federal, integrantes do sistema prisional e da Força Nacional de Segurança Pública, em razão dessa condição. Isso porque o parentesco, nessa hipótese não é consanguíneo. Duas são as correntes: a) em face da proibição da analogia *in malam partem* não é possível imposição da qualificadora; b) como a Constituição Federal determina que filhos não podem ser discriminados, impõe-se a qualificadora (artigo 227, § 6º, da Carta da República) – penso ser essa a interpretação correta. Entendo ser possível incidência da qualificadora em testilha quando a vítima é aposentada (desde que o crime tenha sido perpetrado em decorrência da função). Exemplifico: **SITUAÇÃO HIPOTÉTICA:** PEDRO assassinou o policial civil aposentado JOÃO. A motivação do homicídio foi a participação decisiva deste na investigação que culminou com a prisão daquele, quando JOÃO estava na ativa. **SOLUÇÃO:** PEDRO praticou crime de homicídio qualificado (funcional), porquanto matou policial (aposentado) em razão decorrência da função.

	De igual sorte, penso ser possível incidência da qualificadora estudada quando a vítima é guarda municipal e a morte ocorre em serviço ou em razão do serviço (a Guarda Municipal é citada no § 8º do artigo 144 da Constituição Federal[141]).
VIII – com emprego de arma de fogo de uso restrito ou proibido:	Inicialmente, o Congresso Nacional aprovou (Pacote Anticrime) e o Presidente da República vetou a inclusão desta qualificadora no crime de homicídio (inciso VIII do § 2º do artigo 121 do Código Penal). O veto, contudo, foi derrubado pelo Poder Legislativo. A nova qualificadora (pena de 12 a 30 anos de reclusão) se refere ao homicídio praticado "**com emprego de arma de fogo de uso restrito ou proibido**". Nos termos do Anexo I do Decreto 10.030/19: **Armas de fogo de uso restrito:** as armas de fogo automáticas, de qualquer tipo ou calibre, semiautomáticas ou de repetição que sejam: a) não portáteis; b) de porte, cujo calibre nominal, com a utilização de munição comum, atinja, na saída do cano de prova, energia cinética superior a mil e duzentas libras-pé ou mil seiscentos e vinte joules; ou c) portáteis de alma raiada, cujo calibre nominal, com a utilização de munição comum, atinja, na saída do cano de prova, energia cinética superior a mil e duzentas libras-pé ou mil seiscentos e vinte joules. **Armas de fogo de uso proibido:** a) as armas de fogo classificadas como de uso proibido em acordos ou tratados internacionais dos quais a República Federativa do Brasil seja signatária; e b) as armas de fogo dissimuladas, com aparência de objetos inofensivos. É válido transcrever as razões do veto: "A propositura legislativa, ao prever como qualificadora do crime de homicídio o emprego de arma de fogo de uso restrito ou proibido, sem qualquer ressalva, viola o princípio da proporcionalidade entre o tipo penal descrito e a pena cominada, além de gerar insegurança jurídica, notadamente aos agentes de segurança pública, tendo em vista que esses servidores poderão ser severamente processados ou condenados criminalmente por utilizarem suas armas, que são de uso restrito, no exercício de suas funções para defesa pessoal ou de terceiros ou, ainda, em situações extremas para a garantia da ordem pública, a exemplo de conflito armado contra facções criminosas". Já na primeira edição dessa obra (antes da derrubada do veto pelo Congresso Nacional) já apontava discordância com as razões expostas por Sua Excelência, o Presidente da República (daí porque penso ser correta a derrubada do veto). Isso porque quando o agente de segurança pública faz uso de força letal amparado em excludente de ilicitude (legítima defesa de terceiro, por exemplo), ele não comete crime e, portanto, não precisa temer condenação e pena (haverá, por óbvio, investigação, posto que houve morte violenta, nos moldes do artigo 14-A do Código de Processo Penal e da Resolução Conjunta 02/2015 do Conselho Superior da Polícia Federal e do Conselho Nacional dos Chefes de Polícia Civil). Exemplifico:

141 Art. 144 (...)

§ 8º Os Municípios poderão constituir guardas municipais destinadas à proteção de seus bens, serviços e instalações, conforme dispuser a lei.

	SITUAÇÃO HIPOTÉTICA 1: o policial civil 'A', usando moderadamente dos meios necessários, disparou com arma de uso restrito contra perpetrador de crise com reféns, com o objetivo de salvar a vida destes. O perpetrador da crise morreu em face do disparo. **SITUAÇÃO HIPOTÉTICA 2:** o policial civil 'B', imaginando que o abordado 'C' estava armado e ia disparar, atirou com arma de fogo de uso restrito. Em face do disparo, 'C' morreu, restando constatado que, em verdade, ele estava desarmado. **SITUAÇÃO HIPOTÉTICA 3:** o policial civil 'D' abordou o suspeito 'E', reincidente na prática de crimes patrimoniais. Mesmo percebendo que o abordado estava desarmado, 'D' disparou com arma de fogo de uso restrito e executou o abordado. **SOLUÇÕES:** na **SITUAÇÃO HIPOTÉTICA 1,** 'A' não cometeu crime, porquanto acobertado pela legítima defesa de terceiro (excludente de ilicitude prevista no parágrafo único do artigo 25 do Código Penal). Na **SITUAÇÃO HIPOTÉTICA** 2, 'B' agiu em legítima defesa putativa (se a descriminante for considerada inevitável, ele será isento de pena; se a descriminante for considerada evitável, ele será punido pelo crime de homicídio culposo – § 1º do artigo 20 do Código Penal). Por fim, na **SITUAÇÃO HIPOTÉTICA 3**, o policial 'D' perpetrou execução extrajudicial e, portanto, deve ser responsabilizado pelo crime de homicídio qualificado – inciso VIII do § 2º do artigo 121 do Código Penal. Em várias passagens, nosso ordenamento jurídico trata de maneira muito severa crimes perpetrados com utilização de arma de fogo de uso restrito/proibido. Exemplifico citando o § 2º-B do artigo 157 do Código Penal (crime de roubo circunstanciado pelo emprego de arma de fogo de uso restrito/proibido – a pena, em face da incidência da causa de aumento, é de 8 a 20 anos de reclusão) e o artigo 16 da Lei 10.826/03 (crime de posse/porte ilegal de arma de fogo de uso restrito/proibido). Daí porque se justifica a incidência da qualificadora aqui estudada quando se detectar que o homicídio foi praticado com uso de arma de fogo de uso restrito/proibido. Saliento, por fim, que é possível detectar concurso de crimes (homicídio qualificado pelo emprego de arma de fogo de uso restrito/proibido e posse/porte ilegal de arma de fogo de uso restrito/proibido), bastando para tanto que os contextos sejam distintos. Duas são as possibilidades, nesta senda: i) se a arma de fogo de uso restrito/proibido foi utilizada apenas para prática do homicídio (neste caso o crime de porte ilegal de arma de fogo de uso restrito/proibido restará absorvido, porque será crime-meio – a imputação será apenas do crime de homicídio qualificado, tipificado no inciso VIII do § 2º do artigo 121 do Código Penal); ii) se a arma de fogo de uso restrito/proibido preexiste ou continua a existir depois da prática do crime contra a vida (evidenciando-se contextos autônomos), haverá concurso material de crimes (o agente será punido pelo homicídio qualificado pelo emprego de arma de fogo de uso restrito/proibido e pelo crime de posse/porte ilegal de arma de fogo de uso restrito/proibido, sem que se possa falar em bis in idem – haverá clara ofensa a bens jurídicos distintos). Destaco, por fim, uma terceira via interpretativa: reconhecimento da impossibilidade de consunção, qualquer que seja a situação concreta, quando a arma de fogo usada para prática do homicídio

	for de uso proibido (já que o crime de posse/porte ilegal de arma de fogo de uso proibido é taxado como hediondo e não seria razoável interpretar ser possível a absorção de um delito desta natureza, ainda que por outro crime hediondo).

Dolo eventual x homicídio qualificado: discute-se a compatibilidade do dolo eventual com as qualificadoras listadas no § 2º do artigo 121. O tema é controverso, vez que no dolo eventual o agente não quer o resultado (há assunção do risco de produzi-lo).

O Superior Tribunal de Justiça entendeu ser o dolo eventual incompatível com as qualificadoras "perigo comum" (inciso III) e "recurso que impossibilitou a defesa da vítima" (inciso IV):

> AGRAVO REGIMENTAL NO AGRAVO EM RECURSO ESPECIAL. FUNDAMENTOS DO DESPACHO DE INADMISSIBILIDADE INATACADOS. REVISÃO CRIMINAL. HOMICÍDIO QUALIFICADO (ART. 121, § 2º, INCISOS III E IV, DO CÓDIGO PENAL). ACIDENTE DE TRÂNSITO. DIREÇÃO DE VEÍCULO AUTOMOTOR SOB EFEITO DE ÁLCOOL. DOLO EVENTUAL E QUALIFICADORAS DESCRITAS NO ART. 121, §2º, INCISOS III (PERIGO COMUM) E IV (RECURSO QUE DIFICULTOU A DEFESA DA VÍTIMA), DO CÓDIGO PENAL. INCOMPATIBILIDADE. CONSTRANGIMENTO ILEGAL EVIDENCIADO. HABEAS CORPUS, DE OFÍCIO. 1. Como tem reiteradamente decidido esta Corte, os recursos devem impugnar, de maneira específica e pormenorizada, todos os fundamentos da decisão contra a qual se insurgem, sob pena de vê-los mantidos. Não são suficientes meras alegações genéricas sobre as razões que levaram à inadmissão do agravo ou do recurso especial ou a insistência no mérito da controvérsia. 2. Conquanto a incidência da Súm. n. 182/STJ, verifico a ocorrência de constrangimento ilegal a ensejar a concessão de habeas corpus de ofício, tendo em vista a incompatibilidade entre o dolo eventual e as circunstâncias qualificadoras do perigo comum e do recurso que dificultou a defesa da vítima, previstas na parte final dos incisos III e IV do § 2º do artigo 121 do Código Penal. Precedentes. 3. O agente, quando atua imbuído em dolo eventual, não quer o resultado lesivo, não age com a intenção de ofender o bem jurídico tutelado pela norma penal. O resultado, em razão da sua previsibilidade, apenas lhe é indiferente, residindo aí o desvalor da conduta que fez com o que o legislador equiparasse tal indiferença à própria vontade de obtê-lo. 4. Agravo regimental a que se nega provimento. Concedido habeas corpus, de ofício, para o fim de determinar a exclusão das qualificadoras previstas nos incs. III e IV, do Código Penal, devendo o Tribunal a quo redimensionar a pena do agravante (AgRg no AREsp 1682533/SP, Rel. Ministro REYNALDO SOARES DA FONSECA, QUINTA TURMA, julgado em 19/05/2020, DJe 27/05/2020).

O entendimento acima esposado (incompatibilidade do dolo eventual com o homicídio qualificado) foi repetido pela 6ª Turma do Tribunal da Cidadania em relação à qualificadora "recurso que dificultou a defesa da vítima" no AgRg no HC 538.090/MS, relatado pelo Ministro Nefi Cordeiro (julgado em 10/03/2020, DJe 13/03/2020).

Em julgado relatado pelo Ministro Joel Ilan Paciornik (5ª Turma), o Superior Tribunal de Justiça assentou ser possível reconhecimento das qualificadoras subjetivas no dolo eventual (apesar de resistência doutrinária nesse sentido):

> PENAL. AGRAVO REGIMENTAL NO RECURSO ESPECIAL. SENTENÇA DE PRONÚNCIA. COMPATIBILIDADE ENTRE DOLO EVENTUAL E O MOTIVO FÚTIL. RESTABELECIMENTO DA QUALIFICADORA RECONHECIDA NA PRONÚNCIA. AGRAVO DESPROVIDO. 1. A pronúncia traz mero juízo de admissibilidade da acusação, as qualificadoras somente podem ser excluídas quando manifestamente improcedentes ou descabidas, sob pena de invasão à competência do Conselho de Sentença. **2. Esta Corte possui entendimento firmado no sentido de que não há incompatibilidade entre o reconhecimento do dolo eventual e as qualificadoras de ordem subjetiva do homicídio**. 3. Agravo regimental desprovido (AgRg no REsp 1831164/RS, Rel. Ministro JOEL ILAN PACIORNIK, QUINTA TURMA, julgado em 20/02/2020, DJe 03/03/2020).

Em outro julgado, o Superior Tribunal de Justiça entendeu que o dolo eventual é compatível com a qualificadora do meio cruel (agente que arrastou a vítima, presa às ferragens do veículo, por cerca de 500 metros):

> RECURSO ESPECIAL. HOMICÍDIO NA DIREÇÃO DE VEÍCULO AUTOMOTOR. PRONÚNCIA. DOLO EVENTUAL. QUALIFICADORA DO MEIO CRUEL. COMPATIBILIDADE. RECURSO ESPECIAL PROVIDO. 1. Consiste a sentença de pronúncia no reconhecimento de justa causa para a fase do júri, com a presença de prova da materialidade de crime doloso contra a vida e indícios de autoria, não representando juízo de procedência da culpa. 2. Inexiste incompatibilidade entre o dolo eventual e o reconhecimento do meio cruel para a consecução da ação, na medida em que o dolo do agente, direto ou indireto, não exclui a possibilidade de a prática delitiva envolver o emprego de meio mais reprovável, como veneno, fogo, explosivo, asfixia, tortura ou outro meio insidioso ou cruel (AgRg no RHC 87.508/DF, Rel. Ministro REYNALDO SOARES DA FONSECA, QUINTA TURMA, julgado em 23/10/2018, DJe 03/12/2018). 3. É admitida a incidência da qualificadora do meio cruel, relativamente ao fato de a vítima ter sido arrastada por cerca de 500 metros, presa às ferragens do veículo, ainda que já considerado ao reconhecimento do dolo eventual, na sentença de pronúncia. 4. Recurso especial provido para restabelecer a qualificadora do meio cruel reconhecida na sentença de pronúncia (REsp 1829601/PR, Rel. Ministro NEFI CORDEIRO, SEXTA TURMA, julgado em 04/02/2020, DJe 12/02/2020).

Penso que a imputação de qualificadora ao homicídio doloso perpetrado com dolo eventual é possível (tanto em relação a qualificadoras de natureza objetiva, quanto em relação a qualificadoras de natureza subjetiva). Exemplifico algumas situações:

> **SITUAÇÃO HIPOTÉTICA 1:** JOÃO, policial, pressiona o joelho contra o pescoço de abordado dominado e, mesmo advertido pelo detido de que o golpe o está impedindo de respirar, continua perpetrando a conduta. A vítima morre asfixiada.
>
> **SOLUÇÃO:** penso que o policial pode ser responsabilizado pela prática de homicídio qualificado (asfixia) cometido com dolo eventual (previu o resultado e aceitou sua ocorrência, ao continuar agindo mesmo depois de advertido que a vítima tinha dificuldade para respirar).
>
> **SITUAÇÃO HIPOTÉTICA 2:** PEDRO imprime velocidade muito maior que a permitida pela via com o objetivo de chegar em casa a tempo de ver sua novela preferida, mesmo prevendo que pode vir a atropelar transeunte em face de sua conduta. Ao prever eventual atropelamento de pedestre, PEDRO pensa: não vou desacelerar; quem não quiser ser atropelado que pule para calçada quando eu estiver passando. O agente finda atropelando transeunte que atravessava a rua na faixa de pedestre.
>
> **SOLUÇÃO:** houve dolo eventual (PEDRO assumiu o risco de produzir o resultado) e o agente deve ser responsabilizado pela prática de homicídio doloso. Penso ser possível imposição da qualificadora da futilidade (o autor imprimiu velocidade excessiva, assumindo o risco de matar transeuntes, para assistir à novela).

Causas de aumento de pena: eis tabela que sintetiza as causas de aumento de pena avistáveis nos §§ 4º e 6º do artigo 121:

Homicídio	Descrição	Aumento de pena
Culposo	Se o crime resulta de inobservância de regra técnica de profissão, arte ou ofício.	1/3
	Se o agente deixa de prestar imediato socorro à vítima, não procura diminuir as consequências do seu ato[142].	1/3
	Se o agente foge para evitar prisão em flagrante.	1/3

142 Segundo precedente do Superior Tribunal de Justiça, há incidência da causa de aumento em testilha mesmo quando se detecta morte instantânea da vítima em decorrência de homicídio culposo (transcrevo apenas parte do julgado):

"(...) III – Incide a causa de aumento prevista no art. 121, § 4º do CP (omissão de socorro) quando o agente possui condições de realizar a conduta exigida, sem que isso comprometa a preservação de sua vida ou integridade física. (Precedentes desta Corte). IV – In casu, o comportamento imposto pela norma não pode ser afastado ao argumento de que houve a morte instantânea da vítima, situação que, aliás, não pode, via de regra, ser atestada pelo agente da conduta delitiva no momento da ação. (Precedentes). V – Ademais, a causa de aumento prevista na segunda parte do § 4º do art. 121 do CP tem por fundamento a obrigação do agente intentar esforços para minimizar as consequências de sua conduta culposa, realçando-se a ratio da norma, que é a necessidade de observância da solidariedade

<table>
<tr><th>Homicídio</th><th>Descrição</th><th>Aumento de pena</th></tr>
<tr><td rowspan="2">Doloso</td><td>Se o crime é praticado contra pessoa menor de 14 (quatorze) ou maior de 60 (sessenta) anos.</td><td>1/3</td></tr>
<tr><td>Se o crime for praticado por milícia privada, sob o pretexto de prestação de serviço de segurança, ou por grupo de extermínio.</td><td>1/3 até a metade</td></tr>
</table>

Perdão judicial: se o homicídio é culposo (§ 3º do artigo 121 do Código Penal), é possível que o juiz reconheça o perdão judicial[143] (§ 5º do artigo 121 do Código Penal):

> Art. 121 (...)
>
> § 5º – Na hipótese de homicídio culposo, o juiz poderá deixar de aplicar a pena, se as consequências da infração atingirem o próprio agente de forma tão grave que a sanção penal se torne desnecessária.

Homicídio x Lei de Crimes Hediondos: por fim, eis a relação entre o crime de homicídio e a Lei de Crimes Hediondos – Lei 8.072/90:

Dica	Comentários
O único homicídio simples que é crime hediondo é o praticado em atividade típica de grupo de extermínio, ainda que por um só agente.	Nos termos do artigo 1º, I, da Lei 8.072/90, o único homicídio simples que se traduz em crime hediondo é o praticado em atividade típica de grupo de extermínio (ainda que por um só agente) – grifo meu: Art. 1º São considerados hediondos os seguintes crimes, todos tipificados no Decreto-Lei nº 2.848, de 7 de dezembro de 1940 – Código Penal, consumados ou tentados: I – **homicídio (art. 121), quando praticado em atividade típica de grupo de extermínio, ainda que cometido por um só agente**, e homicídio qualificado (art. 121, § 2º, incisos I, II, III, IV, V, VI, VII e VIII);
Todo homicídio qualificado é crime hediondo.	Na forma do dispositivo acima transcrito, qualquer que seja a qualificadora descrita no § 2º do artigo 121, o crime será hediondo (grifo meu): Art. 1º São considerados hediondos os seguintes crimes, todos tipificados no Decreto-Lei nº 2.848, de 7 de dezembro de 1940 – Código Penal, consumados ou tentados: I – homicídio (art. 121), quando praticado em atividade típica de grupo de extermínio, ainda que cometido por um só agente, e **homicídio qualificado (art. 121, § 2º, incisos I, II, III, IV, V, VI, VII e VIII);**

nas relações sociais (...)" (HC 269.038/RS, Rel. Ministro FELIX FISCHER, QUINTA TURMA, julgado em 02/12/2014, DJe 19/12/2014).

143 O perdão judicial é causa de extinção da punibilidade prevista no artigo 107, IX, do Código Penal. A sentença que concede perdão judicial não tem natureza condenatória, nos termos do artigo 120 do Código Penal e da Súmula 18/STJ – **A sentença concessiva do perdão judicial é declaratória da extinção da punibilidade, não subsistindo qualquer efeito condenatório**. É possível, como já salientado supra, perdão judicial em homicídio culposo na direção de veículo automotor (artigo 302 do CTB).

O homicídio privilegiado-qualificado não é crime hediondo.	Ocorre homicídio privilegiado-qualificado quando há um dos privilégios do § 1º (todas as hipóteses são subjetivas) do artigo 121 do Código Penal e, no mesmo caso, qualificadora de natureza objetiva. Exemplifico: **SITUAÇÃO HIPOTÉTICA:** PEDRO mata o estuprador que aterroriza o bairro onde ele mora por asfixia. **SOLUÇÃO:** há incidência da minorante do § 1º do artigo 121 (o agente matou a vítima por motivo de relevante valor moral) e da qualificadora objetiva da asfixia. Portanto, tem-se homicídio privilegiado-qualificado (parte-se dos limites abstratos do § 2º do artigo 121 para fixação da pena-base e, na terceira fase, aplica-se a causa de diminuição do § 1º do mesmo artigo). O crime perpetrado por PEDRO não é hediondo. Nesse sentido (não hediondez do homicídio privilegiado-qualificado), vide julgado do Superior Tribunal de Justiça (grifo meu): PENAL. HABEAS CORPUS SUBSTITUTIVO DE RECURSO ORDINÁRIO. ART. 121, § 1º E § 2º, INCISO IV, C/C ART. 14, INCISO II, AMBOS DO CÓDIGO PENAL. CRIME NÃO ELENCADO COMO HEDIONDO. PENA-BASE FIXADA ACIMA DO MÍNIMO LEGAL. CIRCUNSTÂNCIAS JUDICIAIS DESFAVORÁVEIS. REGIME PRISIONAL SEMIABERTO. DIREITO DE APELAR EM LIBERDADE. **I – Por incompatibilidade axiológica e por falta de previsão legal, o homicídio qualificado-privilegiado não integra o rol dos denominados crimes hediondos (Precedentes).** II – Sendo desfavoráveis as circunstâncias judiciais (CP, art. 59) na fixação da pena-base, é apropriado o regime prisional semiaberto para o cumprimento da reprimenda, muito embora a pena aplicada ao paciente, se considerada somente seu quantum, permitisse a fixação do regime inicial aberto (Precedentes). III – Ante a fixação do regime semiaberto como o inicial de cumprimento da pena, deverá o réu aguardar o julgamento do recurso de apelação em liberdade, se por outro motivo não estiver preso (Precedentes). Ordem parcialmente concedida a fim de fixar o regime semiaberto como inicial para cumprimento da reprimenda penal, bem como para que o paciente aguarde o julgamento do recurso de apelação em liberdade, devendo ser expedido o respectivo alvará de soltura, salvo se por outro motivo estiver preso (HC 153.728/SP, Rel. Ministro FELIX FISCHER, QUINTA TURMA, julgado em 13/04/2010, DJe 31/05/2010).

Questões de concurso público: veja como o assunto já foi cobrado em concurso público.

1 – (Delegado de Polícia Civil/SE/2018) Em um clube social, Paula, maior e capaz, provocou e humilhou injustamente Carlos, também maior e capaz, na frente de amigos. Envergonhado e com muita raiva, Carlos foi à sua residência e, sem o consentimento de seu pai, pegou um revólver pertencente à corporação policial de que seu pai faz parte. Voltando ao clube depois de quarenta minutos, armado com o revólver, sob a influência de emoção extrema e na frente dos amigos, Carlos fez disparos da arma contra a cabeça de Paula, que faleceu no local antes mesmo de ser socorrida.

Acerca dessa situação hipotética, julgue o próximo item.

Incide a favor de Carlos circunstância atenuante que tem efeito sobre a culpabilidade ( ).

2 – (Delegado de Polícia Civil/AL/2012) Considere que José, penalmente imputável, horas após ter sido injustamente provocado por João, agindo sob influência de violenta emoção, tenha desferido

uma facada em João, o que resultou em sua morte. Nessa situação, impõe-se em benefício de José, o reconhecimento do homicídio privilegiado ( ).

3 – (Delegado de Polícia Civil/SP/2018) Maria e Mariana, ambas nascidas com genitais femininos, auto-identificadas e socialmente reconhecidas como mulheres, convivem em união estável e monogâmica. Ocorre que Maria, às escondidas, passa a manter Relações sexuais com José. Mariana flagra Maria em ato sexual com José e, nesse contexto, Maria provoca injustamente Mariana, dizendo a José, em tom de escárnio, que Mariana é "xucra, burra e ruim de cama", e que, além disso, Mariana "gosta de ser traída e não tomará qualquer atitude, por ser covarde e medrosa". Embora nunca tenha praticado ato de violência doméstica, Mariana é tomada por violenta emoção e dispara projétil de arma de fogo contra a cabeça de Maria, que morre imediatamente.

É correto afirmar que Mariana praticou

a) feminicídio.

b) ato típico, mas amparado por causa excludente de ilicitude.

c) homicídio privilegiado.

d) homicídio qualificado, por motivo torpe.

e) homicídio qualificado, por meio insidioso.

4 – (Delegado de Polícia Civil/SE/2018) Em um clube social, Paula, maior e capaz, provocou e humilhou injustamente Carlos, também maior e capaz, na frente de amigos. Envergonhado e com muita raiva, Carlos foi à sua residência e, sem o consentimento de seu pai, pegou um revólver pertencente à corporação policial de que seu pai faz parte. Voltando ao clube depois de quarenta minutos, armado com o revólver, sob a influência de emoção extrema e na frente dos amigos, Carlos fez disparos da arma contra a cabeça de Paula, que faleceu no local antes mesmo de ser socorrida.

Acerca dessa situação hipotética, julgue o próximo item.

Na situação considerada, em que Paula foi vitimada por Carlos por motivação torpe, caso haja vínculo familiar entre eles, o reconhecimento das qualificadoras da motivação torpe e de feminicídio não caracterizará *bis in idem* ( ).

5 – (Delegado de Polícia Civil/SE/2018) Francisco, maior e capaz, em razão de desavenças decorrentes de disputa de terras, planeja matar seu desafeto Paulo, também maior e capaz. Após analisar detidamente a rotina de Paulo, Francisco aguarda pelo momento oportuno para efetivar seu plano.

A partir dessa situação hipotética e de assuntos a ela correlatos, julgue o item seguinte.

Se Francisco atacar Paulo utilizando-se de uma emboscada, isto é, se ocultar e aguardar a vítima desprevenida para atacá-la, a ação de Francisco, nessa hipótese, caracterizará uma forma de premeditação ( ).

6 – (Delegado de Polícia Civil/SE/2018) Francisco, maior e capaz, em razão de desavenças decorrentes de disputa de terras, planeja matar seu desafeto Paulo, também maior e capaz. Após analisar detidamente a rotina de Paulo, Francisco aguarda pelo momento oportuno para efetivar seu plano.

A partir dessa situação hipotética e de assuntos a ela correlatos, julgue o item seguinte.

Caso Francisco mate Paulo com o emprego de veneno, haverá, nessa hipótese, a possibilidade da coexistência desse tipo de homicídio com o homicídio praticado por motivo de relevante valor moral, ainda que haja premeditação ( ).

7 – (Delegado de Polícia Civil/AP/2017) João decide agredir fisicamente Pedro, seu desafeto, provocando-lhe vários ferimentos. Porém, durante a luta corporal, João resolve matar Pedro, realizando

um disparo de arma de fogo contra a vítima, sem contudo, conseguir atingi-lo. A polícia é acionada, separando os contendores. Diante do caso hipotético, João responderá

a) apenas por lesões corporais.

b) apenas por tentativa de homicídio.

c) por rixa e disparo de arma de fogo.

d) por lesões corporais consumadas e disparo de arma de fogo.

e) por lesões corporais consumadas e homicídio tentado.

8 – (Delegado de Polícia Civil/RN/2021) No dia 01/03/2014, Vitor, 60 anos, desferiu um golpe de faca no peito de sua namorada Clara, 65 anos, que foi a causa eficiente de sua morte, pois descobrira que a vítima mantinha uma relação extraconjugal com o vizinho. Foi instaurado inquérito policial para apurar o evento, entrando em vigor, no curso das investigações, a Lei nº 13.104/2015, passando a prever a qualificadora do feminicídio. As investigações somente foram concluídas em 25/01/2021. Considerando apenas as informações expostas, a autoridade policial deverá indiciar Vitor pela prática do crime de homicídio:

a) com causa de aumento de pena, sem a qualificadora pela condição de mulher da vítima;

b) sem qualquer causa de aumento de pena e sem a qualificadora pela condição de mulher da vítima;

c) com a qualificadora pela condição de mulher da vítima, bem como causa de aumento de pena;

d) com a qualificadora pela condição de mulher da vítima, sem qualquer causa de aumento de pena;

e) com a qualificadora pela condição de mulher da vítima, além de causa de diminuição de pena pelo relevante valor moral.

Gabarito comentado:

Questão	Reposta	Comentário
1	CERTA	Efetivamente CARLOS praticou crime de homicídio com incidência da circunstância atenuante do artigo 65, inciso III, alínea "c", do CP.
2	ERRADA	O homicídio privilegiado reclama que o crime tenha sido praticado "**sob domínio de violenta emoção**", "**logo em seguida**" a injusta provocação da vítima. Como o crime foi cometido "**sob influência de emoção**", haverá homicídio com incidência de circunstância atenuante (artigo 65, inciso III, alínea "c", do CP).
3	Letra C	Trata-se de homicídio privilegiado, tipificado no artigo 121, § 1º, do Código Penal: **Art. 121. (...) § 1º <u>Se o agente comete o crime</u> impelido por motivo de relevante valor social ou moral, ou <u>sob o domínio de violenta emoção, logo em seguida a injusta provocação da vítima</u>, o juiz pode reduzir a pena de um sexto a um terço.**
4	CERTA	O Superior Tribunal de Justiça considera o feminicídio qualificadora de natureza objetiva, cumulável com qualificadoras de natureza subjetiva (como o motivo torpe).
5	CERTA	Trata-se de premeditação, vez que o crime envolveu planejamento (dolo de propósito ou dolo refletido).

6	CERTA	Trata-se do homicídio privilegiado/qualificado (coexistência de privilégio com qualificadora de natureza objetiva). Note que a leitura do enunciado não auxilia o candidato na escolha da resposta certa.
7	Letra B	O quesito narra uma progressão criminosa. Em face do princípio da consunção, o agente deve ser punido pela prática do crime de tentativa de homicídio (crime ao fim e ao cabo por ele desejado).
8	Letra A	Considerando que a Lei 13.104/15 entrou em vigor depois da prática do crime narrado no quesito, não é possível sua aplicação retroativa, porquanto lei mais severa (por isso não há incidência da qualificadora do feminicídio). Contudo, em face da idade da vítima, há incidência da causa de aumento de pena do § 4º do artigo 121 do Código Penal.

Induzimento, instigação ou auxílio a suicídio ou a automutilação

Art. 122. Induzir ou instigar alguém a suicidar-se ou a praticar automutilação ou prestar-lhe auxílio material para que o faça:

Pena – reclusão, de 6 (seis) meses a 2 (dois) anos.

§ 1º Se da automutilação ou da tentativa de suicídio resulta lesão corporal de natureza grave ou gravíssima, nos termos dos §§ 1º e 2º do art. 129 deste Código:

Pena – reclusão, de 1 (um) a 3 (três) anos.

§ 2º Se o suicídio se consuma ou se da automutilação resulta morte:

Pena – reclusão, de 2 (dois) a 6 (seis) anos.

§ 3º A pena é duplicada:

I – se o crime é praticado por motivo egoístico, torpe ou fútil;

II – se a vítima é menor ou tem diminuída, por qualquer causa, a capacidade de resistência.

§ 4º A pena é aumentada até o dobro se a conduta é realizada por meio da rede de computadores, de rede social ou transmitida em tempo real.

§ 5º Aumenta-se a pena em metade se o agente é líder ou coordenador de grupo ou de rede virtual.

§ 6º Se o crime de que trata o § 1º deste artigo resulta em lesão corporal de natureza gravíssima e é cometido contra menor de 14 (quatorze) anos ou contra quem, por enfermidade ou deficiência mental, não tem o necessário discernimento para a prática do ato, ou que, por qualquer outra causa, não pode oferecer resistência, responde o agente pelo crime descrito no § 2º do art. 129 deste Código.

§ 7º Se o crime de que trata o § 2º deste artigo é cometido contra menor de 14 (quatorze) anos ou contra quem não tem o necessário discernimento para a prática do ato, ou que, por qualquer outra causa, não pode oferecer resistência, responde o agente pelo crime de homicídio, nos termos do art. 121 deste Código.

Introdução: em primeiro lugar, é preciso saber que:

Núcleo	Significado
Induzir	Fazer nascer a vontade (que não existia)
Instigar	Quer dizer reforçar ideia existente
Auxiliar	Ajudar (materialmente) de alguma forma

É relevante, de igual sorte, saber que não se pune quem tenta se matar (ou se automutilar) e não consegue, em razão do princípio da alteridade.

É possível praticar o crime aqui estudado por omissão, caso o agente tenha o dever jurídico de evitar o resultado e se omita intencionalmente (garantidor – 13, § 2º, do Código Penal).

Modificações implementadas pela Lei 13.968/19: o crime estudado foi bastante alterado pela Lei 13.968/19. Antes da modificação, o tipo era condicionado ao resultado e só se punia o agente que instigava, induzia ou auxiliava ao suicídio se a vítima efetivamente confiscasse a própria vida ou se, da tentativa de suicídio, ocorresse lesão corporal de natureza grave. Exemplifico:

> **SITUAÇÃO HIPOTÉTICA:** PEDRO instigou JOÃO a puxar o gatinho de revólver carregado com uma única munição (roleta-russa). Este puxou o gatinho, mas nada aconteceu porque a câmara acionada estava vazia (a munições estava em outra câmara da arma de fogo).
>
> **SOLUÇÃO (antes da Lei 13.968/19):** o fato era atípico, porque a tentativa de suicídio não resultou em lesão grave ou na morte da vítima (crime condicionado ao resultado).
>
> **SOLUÇÃO (depois da Lei 13.968/19):** há prática do crime tipificado no caput do artigo 122 do Código Penal por parte de PEDRO, vez que ele instigou JOÃO a tirar a própria vida (crime formal).

Eis a análise pormenorizada da nova redação do artigo 122 do Código Penal (com algumas críticas e sugestões):

Artigo 122 do Código Penal	Comentário
Art. 122. Induzir ou instigar alguém a suicidar-se ou a praticar automutilação ou prestar-lhe auxílio material para que o faça: Pena – reclusão, de 6 (seis) meses a 2 (dois) anos.	Agora, o caput do artigo 122 encerra **crime formal** (que se consuma mesmo que a vítima não tente efetivamente tirar a própria vida ou se automutilar). Trata-se de infração de menor potencial ofensivo, que pode ser de competência do tribunal do júri (caso o induzimento/instigação/auxílio seja ao suicídio) ou do juizado especial criminal (caso o induzimento/instigação/auxílio seja à automutilação). Ainda que seja do júri a competência, o agente fará jus às medidas benéficas previstas na Lei 9.099/95 (como a transação penal, por exemplo).

§ 1º Se da automutilação ou da tentativa de suicídio resulta lesão corporal de natureza grave ou gravíssima, nos termos dos §§ 1º e 2º do art. 129 deste Código: Pena – reclusão, de 1 (um) a 3 (três) anos.	Se da automutilação ou da tentativa de suicídio resulta lesão corporal de natureza grave ou gravíssima (artigo 129, §§ 1º e 2º, do Código Penal), a pena é de reclusão de 1 a 3 anos. A competência será do júri (caso o induzimento/instigação/auxílio seja ao suicídio) ou do juízo comum (caso o induzimento/instigação/auxílio seja a automutilação). É possível suspensão condicional do processo (pena mínima que não ultrapassa 1 ano – artigo 89 da Lei 9.099/95).
§ 2º Se o suicídio se consuma ou se da automutilação resulta morte: Pena – reclusão, de 2 (dois) a 6 (seis) anos.	Se o suicídio se consuma ou se da automutilação resulta morte, a pena é de reclusão de 2 a 6 anos. A competência será do júri (caso o induzimento/instigação/auxílio seja ao suicídio) ou do juízo comum (caso o induzimento/instigação/auxílio seja a automutilação e a morte sobrevenha). Não é possível suspensão condicional do processo.
§ 3º A pena é duplicada: I – se o crime é praticado por motivo egoístico, torpe ou fútil; II – se a vítima é menor ou tem diminuída, por qualquer causa, a capacidade de resistência.	O dispositivo encerra majorante (aplicação da pena em dobro), se o crime é praticado por motivo egoístico, torpe ou fútil ou se a vítima é menor ou tem diminuída, por qualquer causa, a capacidade de resistência (caso se verifique automutilação com resultado lesão grave, gravíssima ou morte ou suicídio consumado, a vítima deve ter de menos de 18 anos e idade igual ou superior a 14 anos, para incidência dessa majorante – se ela for menor de 14 e sobrevier um desses resultados, haverá aplicação dos §§ 6º ou 7º, conforme o caso).
§ 4º A pena é aumentada até o dobro se a conduta é realizada por meio da rede de computadores, de rede social ou transmitida em tempo real.	Infelizmente a modernidade findou facilitando a prática do crime aqui estudado[144]. Diante dessa realidade, o legislador impôs aumento de pena até o dobro se a conduta é realizada por meio da rede de computadores, de rede social ou transmitida em tempo real.
§ 5º Aumenta-se a pena em metade se o agente é líder ou coordenador de grupo ou de rede virtual.	Aumenta-se a pena em metade se o agente é líder ou coordenador de grupo ou de rede virtual (administrador de grupo de whatsapp no qual são feitos desafios mortais ou de automutilação, por exemplo).
§ 6º Se o crime de que trata o § 1º deste artigo resulta em lesão corporal de natureza gravíssima e é cometido contra menor de 14 (quatorze) anos ou contra quem, por enfermidade ou deficiência mental, não tem o necessário discernimento para a prática do ato, ou que, por qualquer outra causa, não pode oferecer resistência, responde o agente pelo crime descrito no § 2º do art. 129 deste Código.	Se o crime de induzimento, instigação ou auxílio ao suicídio ou automutilação resulta em lesão corporal de natureza gravíssima e é cometido contra menor de 14 (quatorze) anos ou contra quem, por enfermidade ou deficiência mental, não tem o necessário discernimento para a prática do ato, ou que, por qualquer outra causa, não pode oferecer resistência, o agente finda respondendo pelo crime descrito no § 2º do artigo 129 deste Código (lesão corporal de natureza gravíssima). O legislador cometeu grave equívoco nesse parágrafo. Explico. Em relação ao crime de induzimento/instigação/auxílio à automutilação, não há equívoco. Se o crime é cometido contra menor de 14 anos ou contra quem não tem discernimento para prática do ato, é justo que o agente seja responsabilizado pelo crime de lesão corporal de natureza gravíssima. Ambos os crimes findam atingindo a integridade física e são de competência do juízo singular.

144 O Brasil assistiu à funesta disseminação do jogo suicida conhecido como "Baleia Azul", no qual havia um "curador" (administrador de grupo de whatsapp, em regra), que repassava "desafios" aos integrantes do grupo. O desafio derradeiro do participante do jogo macabro era confiscar a própria vida.

	A falha do dispositivo é quando se pensa no crime de induzimento/instigação/auxílio ao suicídio perpetrado contra menor de 14 anos ou pessoa que não tem discernimento para prática do ato. É que aqui temos crime contra a vida e não contra a integridade física. O legislador findou determinando que agente que perpetra crime contra a vida responda por crime contra a integridade física. Seria mais lógico que o legislador imputasse ao autor dessa conduta típica (induzir/instigar/auxiliar menor de 14 ou pessoa que não tem discernimento ao suicídio com resultado lesão gravíssima) o crime de tentativa de homicídio doloso (seguindo a lógica do parágrafo seguinte). Daí surge um questionamento intrigante: se o dolo do agente é de praticar crime contra vida de menor de 14 anos ou pessoa que não tem o necessário discernimento, como pode o legislador dirigir a imputação a delito que não de competência do tribunal do júri? É evidente o desrespeito ao artigo 5º, inciso XXXVIII, da Constituição Federal[145]. A melhor interpretação para dar lógica ao artigo, não materializar analogia *in malam partem,* nem atropelar a vontade do legislador é imputar ao agente que cometer o crime de induzimento/instigação/auxílio ao suicídio de menor de 14 anos ou pessoa que não tem discernimento para prática do ato com resultado lesão corporal gravíssima o crime de tentativa de homicídio doloso, com pena limitada aos limites mínimo e máximo do artigo 129, § 2º, do Código Penal (reclusão, de 2 a 8 anos). O agente deve ser submetido, nessa hipótese, a julgamento pelo tribunal do júri (em face da prática de crime doloso contra a vida). Outra interpretação factível é pensar que o crime continua sendo o de induzimento/instigação/auxílio ao suicídio (tipificado no artigo 122, § 6º, do Código Penal) com imposição, apenas e tão somente, da pena do crime de lesão corporal gravíssima (reclusão, de 2 a 8 anos), com competência do tribunal do júri.
§ 7º Se o crime de que trata o § 2º deste artigo é cometido contra menor de 14 (quatorze) anos ou contra quem não tem o necessário discernimento para a prática do ato, ou que, por qualquer outra causa, não pode oferecer resistência, responde o agente pelo crime de homicídio, nos termos do art. 121 deste Código.	Se o crime de que trata o § 2º deste artigo é cometido contra menor de 14 (quatorze) anos ou contra quem não tem o necessário discernimento para a prática do ato, ou que, por qualquer outra causa, não pode oferecer resistência, responde o agente pelo crime de homicídio, nos termos do artigo 121 deste Código. O dispositivo é oportuno. O legislador brasileiro entendeu que o menor de 14 anos não tem discernimento para aquiescer prática sexual (tanto assim que a prática de ato libidinoso com pessoa menor de 14 anos constitui crime de estupro de vulnerável, tipificado no artigo 217-A do Caderno Repressivo). Ora, se não é possível ao menor de 14 anos decidir acerca de sua dignidade sexual, o que dizer de bem jurídico ainda mais nobre (a vida)? Logo, correta sua posição ao consignar que se o induzimento/instigação/auxílio ao suicídio for praticado contra menor de 14 anos e resultar em morte, deve o agente responder pela prática de homicídio.

145 Art. 5º (...)
XXXVIII – é reconhecida a instituição do júri, com a organização que lhe der a lei, assegurados:
a) a plenitude de defesa;
b) o sigilo das votações;
c) a soberania dos veredictos;
d) a competência para o julgamento dos crimes dolosos contra a vida.

	Houve equívoco, contudo, em relação ao induzimento/instigação/auxílio à automutilação com resultado morte em relação ao menor de 14 anos. É que o legislador determinou que o agente responda por homicídio (crime doloso contra vida), quando na verdade ocorreu crime preterdoloso. O correto, a meu ver, seria remeter a responsabilização do agente ao crime de lesão corporal seguida de morte (artigo 129, § 3º, do Código Penal). Como essa saída é mais benéfica para o acusado, não vejo óbice para sua aplicação prática (sendo o agente julgado, evidentemente, pelo juiz singular, vez que não houve prática de crime doloso contra a vida). Duas outras constatações importantes: Se o agente induzir menor de 14 a tirar a própria vida e, da tentativa de suicídio, sobrevier lesão leve ou não existir lesão, o correto, a meu sentir, seria imputar ao agente (que induziu o menor de 14 anos a se matar) o crime de tentativa de homicídio. Conduto, a responsabilização determinada pelo Caderno Repressivo é de prática do crime do caput do artigo 122, com incidência da causa de aumento do § 3º, II, deste artigo (com julgamento pelo tribunal do júri, por ser delito doloso contra a vida). De igual sorte, se o agente induzir menor de 14 a tirar a própria vida e, da tentativa de suicídio, sobrevier lesão grave, o correto, a meu ver, seria imputar ao agente (que induziu o menor de 14 anos a se matar) o crime de tentativa de homicídio. Conduto, a responsabilização determinada pelo Caderno Repressivo é de prática do crime do artigo 122, § 1º, com incidência da causa de aumento do § 3º, II, deste artigo (com julgamento pelo tribunal do júri, por ser delito doloso contra a vida).

Tabela explicativa: a leitura atenta do artigo 122 do Código Penal revela as seguintes possibilidades de responsabilização criminal do agente que induz/instiga/auxilia outrem ao suicídio ou à automutilação (saliento que desenho abaixo as opções do legislador, posto que anotei minhas ressalvas e sugestões na análise supra):

Hipótese / Vítima	A vítima não tenta se matar ou se automutilar	A vítima tenta o suicídio ou a automutilação, mas não há lesão ou a lesão é leve	A vítima tenta se matar ou se automutila e a lesão é grave ou gravíssima	A vítima comete o suicídio ou a automutilação resulta em morte
Com 18 anos completos ou mais	O agente responde pelo crime do *caput* do artigo 122 do CP.	O agente reponde pelo crime do *caput* do artigo 122 do CP.	O agente responde pela figura qualificada do § 1º, do artigo 122, do CP.	O agente responde pela figura qualificada do § 2º, do artigo 122, do CP.
Com idade entre 14 anos completos e menos de 18 anos	O agente responde pelo crime do *caput* do artigo 122 do CP, com incidência da causa de aumento do § 3º, II, do mesmo artigo.	O agente responde pelo crime do artigo 122 do CP, com incidência da causa de aumento do § 3º, II, do mesmo artigo.	O agente responde pela figura qualificada do § 1º, do artigo 122, do CP, com incidência da causa de aumento do § 3º, II, do mesmo artigo.	O agente responde pela figura qualificada do § 2º, do artigo 122, do CP, com incidência da causa de aumento do § 3º, II, do mesmo artigo.

Com menos de 14 anos	O agente responde pelo crime do *caput* do artigo 122 do CP, com incidência da causa de aumento do § 3º, II, do mesmo artigo.	O agente responde pelo crime do artigo 122 do CP, com incidência da causa de aumento do § 3º, II, do mesmo artigo.	Se sobrevém lesão grave, o agente responde pelo crime do artigo 122, § 1º, com incidência da causa de aumento do § 3º, II. Se o resultado é lesão gravíssima, o agente responde pelo crime de lesão corporal gravíssima (artigo 129, § 2º, do CP), nos termos do artigo 122, § 6º, do CP.	O agente responde por crime de homicídio (artigo 121 do CP), nos termos do artigo 122, § 7º, do CP.

Infanticídio

Art. 123 – Matar, sob a influência do estado puerperal, o próprio filho, durante o parto ou logo após:

Pena – detenção, de dois a seis anos.

Classificação: trata-se de crime doloso, próprio (praticado pela mãe em estado puerperal – em verdade, o crime em testilha é bipróprio, porquanto exige qualidade especial da autora do fato e da vítima) e material.

O delito é de ação penal pública incondicionada.

Estado puerperal: é o período compreendido entre o parto e o retorno do organismo feminino às condições anteriores ao estado gestacional. O estado puerperal traz modificações físicas e psíquicas na mulher (sendo essa a razão do legislador ter alçado o infanticídio a uma forma especial mais branda de imputação do homicídio praticado pela mulher, durante ou logo após o parto, sob influência do estado puerperal – critério fisiopsicológico).

Princípio da especialidade: o crime em testilha é especial em relação ao crime de homicídio (isso é importante para demonstrar que o princípio da especialidade não analisa a gravidade dos delitos em conflito).

Comunicação de circunstância pessoal elementar: caso terceiro seja coautor ou partícipe de mãe que comete crime de infanticídio, ele também responderá pelo crime tipificado no artigo 123 do Código Penal, vez que as circunstâncias de caráter pessoal são elementares e, por isso, comunicam-se, na forma do artigo 30 do Código Penal (é preciso que o coautor/partícipe conheça as circunstâncias pessoais da autora).

A solução legal não é boa, posto que o coautor/partícipe não está influenciado pelo estado puerperal (sua conduta é consciente, voluntária e sem a afetação psíquica gerada pelo puerpério). Contudo, não há como atropelar o mandamento grafado na parte final do artigo 30 do Caderno Repressivo.

Erro sobre a pessoa: se a mãe, sob influência do estado puerperal, deseja matar seu filho logo após o parto, mas, por erro, finda matando outro bebê (o filho de outra mãe), **deve responder por infanticídio** (trata-se de erro sobre a pessoa – artigo 20, § 3º, do Código Penal). Exemplifico:

> **SITUAÇÃO HIPOTÉTICA:** MARIA, logo após o parto e sob influência do estado puerperal, vai até o berçário da maternidade decidida a matar seu filho. Lá chegando, ela percebe a presença de um único bebê do sexo masculino. Achando ser seu filho, ela mata o bebê. Iniciadas as investigações, constata-se que MARIA matou, em verdade, o filho de FERNANDA (o filho da autora do crime havia sido tirado do berçário instantes antes para ser vacinado).
>
> **SOLUÇÃO:** houve erro sobre a pessoa (erro acidental) e MARIA responderá por crime de infanticídio, nos termos determinados pelo 20, § 3º, do Código Penal.

Competência: por fim, saliento que se trata de crime doloso contra vida e, portanto, de competência do tribunal do júri.

Aborto provocado pela gestante ou com seu consentimento

Art. 124 – Provocar aborto em si mesma ou consentir que outrem lho provoque:

Pena – detenção, de um a três anos.

Aborto provocado por terceiro

Art. 125 – Provocar aborto, sem o consentimento da gestante:

Pena – reclusão, de três a dez anos.

Art. 126 – Provocar aborto com o consentimento da gestante:

Pena – reclusão, de um a quatro anos.

Parágrafo único. Aplica-se a pena do artigo anterior, se a gestante não é maior de quatorze anos, ou é alienada ou débil mental, ou se o consentimento é obtido mediante fraude, grave ameaça ou violência.

Forma qualificada

Art. 127 – As penas cominadas nos dois artigos anteriores são aumentadas de um terço, se, em conseqüência do aborto ou dos meios empregados para provocá-lo, a gestante sofre lesão corporal de natureza grave; e são duplicadas, se, por qualquer dessas causas, lhe sobrevém a morte.

Art. 128 – Não se pune o aborto praticado por médico:

Aborto necessário

I – se não há outro meio de salvar a vida da gestante;

Aborto no caso de gravidez resultante de estupro

II – se a gravidez resulta de estupro e o aborto é precedido de consentimento da gestante ou, quando incapaz, de seu representante legal.

Classificação: trata-se de crime doloso, material e de competência do tribunal do júri (crime doloso contra a vida). As figuras típicas simples dos artigos 124 e 126 admitem suspensão condicional do processo (artigo 89 da Lei 9.099/95) – a incidência das causas de aumento do artigo 127 (chamadas pelo legislador de formas qualificadas) afastam a incidência da benesse.

Exceção à teoria monista: o crime de aborto é exceção pluralista à teoria monista (em caso de aborto praticado com o consentimento da gestante). Caso a mulher permita que outrem provoque aborto nela, a gestante responderá pela prática do crime tipificado no artigo 124 do Código Penal e quem praticou a manobra abortiva responderá nos termos do artigo 126 do Código Penal.

Crime de mão própria (autoaborto): o **autoaborto** (artigo 124 do Código Penal) é crime próprio e de mão própria (não admite coautoria, apenas participação).

Note que a participação no crime de aborto varia conforme a situação narrada:

> **SITUAÇÃO HIPOTÉTICA 1:** MARIA é convencida por seu namorado PEDRO a abortar. Ela procura o médico JOÃO, que aceita fazer as manobras abortivas ilícitas.
>
> **SITUAÇÃO HIPOTÉTICA 2:** MARIA, decidida a praticar aborto, comunica sua decisão a seu PEDRO e pede que ele convença o médico JOÃO a fazer manobras abortivas que ceifem a vida do feito. PEDRO convence o médico JOÃO a provocar o aborto em MARIA.
>
> **SOLUÇÃO:** na **SITUAÇÃO HIPOTÉTICA 1**, MARIA responde pelo crime do artigo 124 do Código Penal como autora, PEDRO como partícipe deste delito (porque convenceu sua namorada a permitir prática de aborto) e JOÃO como autor do crime tipificado no artigo 126 do Código Penal. Já na **SITUAÇÃO HIPOTÉTICA 2**, MARIA responde como autora do crime do artigo 124 do Código Penal, JOÃO como autor do crime tipificado no artigo 126 do Código Penal e PEDRO como partícipe deste delito (já que induziu o médico a praticar aborto na sua namorada).

Aborto sem consentimento da gestante x lesão corporal de natureza gravíssima: caso não exista consentimento da gestante para prática do aborto, apenas quem o provocou responde criminalmente (artigo 125 do Caderno Repressivo). É necessário atenção para diferenciar o crime de aborto sem consentimento da gestante do crime de lesão corporal gravíssima, que resulta em aborto (artigo 129, § 2º, inciso

V, do Código Penal). É preciso aferir o dolo do agente. Se ele queria que a mulher abortasse e a lesiona com esse objetivo (ou assumindo o risco da ocorrência desse resultado), o crime é doloso contra vida (artigo 125 do Código Penal). Caso a intenção do agente seja lesionar a mulher e, em virtude das lesões acaba ocorrendo o aborto, tem-se crime preterdoloso de lesão corporal gravíssima (artigo 129, § 2º, inciso V, do Código Penal).

Aplica-se a pena do artigo 125 do Código Penal se a gestante não é maior de quatorze anos, é alienada ou débil mental, se o consentimento é obtido mediante fraude, grave ameaça ou violência (vide parágrafo único do artigo 126).

Formas qualificadas (majoradas, em verdade): o artigo 127 do Código Penal foi erroneamente nominado pelo legislador como formas qualificadas do crime de aborto. Em verdade, as figuras nele tratadas são majorantes (aumento de pena em 1/3 se o aborto resulta em lesão grave para a gestante ou duplicação da pena caso o aborto resulte na morte desta). Os crimes referidos no artigo são preterdolosos (dolo no antecedente e culpa no consequente).

Em geral, não se admite tentativa de crime preterdoloso. Contudo, o artigo 127 do Código Penal pode constituir exceção a essa regra. Exemplifico:

> **SITUAÇÃO HIPOTÉTICA:** PEDRO ministra substância abortiva na sua namorada, MARIA, a pedido desta, com o intuito de que ela aborte. Suponha que MARIA passe mal e seja levada ao hospital. No nosocômio, o feto é retirado com vida e a gestante acaba morrendo na mesa de cirurgia.
>
> **SOLUÇÃO:** analisando o exemplo, observamos que a punibilidade da gestante está extinta pela sua morte (em relação ao crime tipificado no artigo 124 do Código Penal) e que, em face do nascimento do feto com vida, PEDRO, namorado da finada, responde por crime de tentativa de aborto com consentimento da gestante (artigo 126 do Código Penal) com a pena duplicada (artigo 127 do Código Penal) – o crime de aborto não se consumou por circunstâncias alheias à vontade do agente e a gestante morreu. Trata-se de evidente tentativa de crime preterdoloso.

Aborto necessário x aborto humanitário: o artigo 128 do Código Penal traduz situações de não punição do crime de aborto (natureza jurídica de causas de exclusão da ilicitude).

O aborto descrito no artigo 128, inciso I, do Código Penal é chamado de **aborto necessário** (aqui, penso, há estado de necessidade de terceiro). O aborto mencionado no artigo 128, inciso II, do Código Penal é chamado de **aborto humanitário/sentimental** (aqui há exercício regular de direito).

Ambos prescindem de autorização judicial prévia e podem ser realizados qualquer que seja a idade gestacional.

Note que há autorização legal para o aborto em face da prática de estupro **quando a mulher é vítima do crime hediondo**. Se a mulher for autora do delito, ela **não pode** se valer do artigo 128, inciso II, do Código Penal para abortar sem cometer crime.

Se a gravidez é resultante de crime de estupro de vulnerável (artigo 217-A do Código Penal), penso ser possível materialização de aborto humanitário, sendo necessário, para tanto, consentimento do representante legal da gestante, na forma do inciso II do artigo 128 do Código Penal, independentemente de autorização judicial. Penso ser conveniente (apesar da omissão legislativa) ouvir a gestante (criança ou adolescente), com o devido acompanhamento multidisciplinar.

Entendo que, se a gravidez é decorrente de estupro de vulnerável, e há divergência entre a vontade da gestante (menor de 14 anos) e do seu representante legal, o caso deve ser levado, excepcionalmente, ao Judiciário, para que se decida a melhor solução para a criança/adolescente (tudo com o fito de minimizar os traumas decorrentes dessas experiências impactantes e negativas – o crime e o abortamento).

A análise cautelosa da situação precisa ser levada a efeito principalmente se as relações sexuais que resultaram na gravidez foram consentidas pela vítima (já que no crime tipificado no artigo 217-A do Código Penal, a aquiescência da vítima menor de 14 anos não elide a prática delitógena[146]). Exemplifico:

> **SITUAÇÃO HIPOTÉTICA:** PEDRO, 18 anos de idade, namora MARIA, 13 anos de idade, e com ela pratica relações sexuais consentidas regularmente. Descoberto relacionamento, percebe-se que a adolescente está grávida. Os pais de MARIA se mostram favoráveis ao abortamento. Contudo, a adolescente resiste à interrupção da gravidez.
>
> **SOLUÇÃO:** PEDRO cometeu crime de estupro de vulnerável (artigo 217-A do Código Penal), vez que a vulnerabilidade descrita no tipo é objetiva e a aquiescência da vítima pouco importa para a efetiva prática delitiva. Entretanto, em relação à interrupção da gravidez a situação não parece ser simplória, vez que há divergência entre as vontades da gestante e de seus representantes legais. Diante do silêncio da lei (que parece se preocupar apenas com a vontade dos representantes legais da vítima em caso de incapacidade), penso que o mais conveniente é levar o caso ao Judiciário, para que seja encontrada a saída mais adequada ao interesse da adolescente, com o devido apoio multidisciplinar (cuidando para que a decisão seja tomada no mais curto espaço de tempo). Note que, nesse caso hipotético, a prática sexual não foi geradora de trauma para a adolescente, que a consentiu. O aborto materializado contra sua vontade é que poderia significar situação traumatizante.

146 Na forma da Súmula 593/STJ e do § 5º do artigo 217-A do Código Penal.

Aborto de feto anencéfalo: o Supremo Tribunal Federal, no julgamento da Arguição de Descumprimento de Preceito Fundamental (ADPF) 54, afirmou ser **atípica** e **independer de autorização judicial** a interrupção da gravidez em caso de gestação de **feto anencéfalo**:

> ESTADO – LAICIDADE. O Brasil é uma república laica, surgindo absolutamente neutro quanto às religiões. Considerações. FETO ANENCÉFALO – INTERRUPÇÃO DA GRAVIDEZ – MULHER – LIBERDADE SEXUAL E REPRODUTIVA – SAÚDE – DIGNIDADE – AUTODETERMINAÇÃO – DIREITOS FUNDAMENTAIS – CRIME – INEXISTÊNCIA. Mostra-se inconstitucional interpretação de a interrupção da gravidez de feto anencéfalo ser conduta tipificada nos artigos 124, 126 e 128, incisos I e II, do Código Penal (ADPF 54, Relator(a): Min. MARCO AURÉLIO, Tribunal Pleno, julgado em 12/04/2012, ACÓRDÃO ELETRÔNICO DJe-080 DIVULG 29-04-2013 PUBLIC 30-04-2013 RTJ VOL-00226-01 PP-00011).

Em síntese:

Hipótese de não punição do aborto	Nomenclatura	Natureza jurídica	Previsão legal/ decisão judicial
Se não há outro meio de salvar a vida da gestante	Aborto necessário	Estado de necessidade de terceiro	Artigo 128, inciso I, do Código Penal
Se a gravidez resulta de estupro e o aborto é precedido de consentimento da gestante ou, quando incapaz, de seu representante legal	Aborto humanitário/ sentimental	Exercício regular de direito	Artigo 128, inciso II, do Código Penal
Aborto de feto anencéfalo	–	Fato atípico	ADPF 54

Penso que o artigo 128 do Código Penal e o entendimento do Supremo Tribunal Federal em relação ao aborto de feto anencéfalo podem ser aplicados mesmo que o aborto seja provocado por quem não é médico (analogia *in bonam partem*). Há, contudo, entendimento em sentido contrário no que toca ao aborto resultante de estupro (porquanto não haveria a urgência reclamada no aborto necessário).

Aborto eugênico: é importante frisar que o aborto **eugenésico** ou **eugênico** (feto com alguma anomalia – microcefalia, por exemplo) é criminoso. A única anomalia fetal que autoriza prática do aborto sem que o ato constitua crime, como dito, é a anencefalia.

Saliento que a ANADEP – Associação Nacional dos Defensores Públicos ingressou com a ADI 5581 (cumulada com Arguição de Descumprimento de Preceito Fundamental, relatora Ministra Carmen Lúcia), objetivando que a interrupção da gravidez por mulheres infectadas pelo zika vírus (causador da microcefalia) não seja considerada prática de crime de aborto. Em plenário virtual, o Supremo Tribunal Federal julgou prejudicada a Ação Direita de Inconstitucionalidade (em face da revogação do principal ponto questionado na Lei 13.301/16 pela Medida Provisória 849/19 – concessão de pensão vitalícia para crianças nascidas com microcefalia em decorrência do zika vírus). Quanto à Arguição de Descumprimento de Preceito Fundamental, o Pretório Excelso entendeu que a ANADEP não tinha legitimidade para propor a demanda, por falta de interesse jurídico[147].

Interrupção da gravidez até o 3º mês de gestação: a 1ª Turma do Supremo Tribunal Federal, nos autos do HC 124306, nos termos de voto proferido pelo Ministro Luís Roberto Barros, entendeu ser atípica a interrupção consentida da gravidez, caso materializada até o terceiro mês de gestação (o STF conferiu interpretação conforme a Constituição aos artigos 124 e 126 do Código Penal).

Trata-se de precedente (não é entendimento consolidado no Pretório Excelso). Eis o julgado:

> Direito processual penal. Habeas corpus. Prisão preventiva. Ausência dos requisitos para sua decretação. inconstitucionalidade da incidência do tipo penal do aborto no caso de interrupção voluntária da gestação no primeiro trimestre. Ordem concedida de ofício. 1. O habeas corpus não é cabível na hipótese. Todavia, é o caso de concessão da ordem de ofício, para o fim de desconstituir a prisão preventiva, com base em duas ordens de fundamentos. 2. Em primeiro lugar, não estão presentes os requisitos que legitimam a prisão cautelar, a saber: risco para a ordem pública, a ordem econômica, a instrução criminal ou a aplicação da lei penal (CPP, art. 312). Os acusados são primários e com bons antecedentes, têm trabalho e residência fixa, têm comparecido aos atos de instrução e cumprirão pena em regime aberto, na hipótese de condenação. 3. Em segundo lugar, é preciso conferir interpretação conforme a Constituição aos próprios arts. 124 a 126 do Código Penal – que tipificam o crime de aborto – para excluir do seu âmbito de incidência a interrupção voluntária da gestação efetivada no primeiro trimestre. A criminalização, nessa hipótese, viola diversos direitos fundamentais da mulher, bem como o princípio da proporcionalidade. 4. A criminalização é incompatível com os seguintes direitos fundamentais: os direitos sexuais e reprodutivos da mulher, que não pode ser obrigada pelo Estado a manter uma gestação indesejada; a autonomia da mulher, que deve conservar o direito de fazer suas escolhas existenciais; a integridade física e psíquica da gestante, que é quem sofre, no seu corpo e no seu psiquismo, os efeitos da gravidez; e a igualdade da mulher, já que homens não engravidam e, portanto, a equiparação plena de gênero depende de se respeitar a vontade da mulher nessa matéria. 5. A tudo isto se acrescenta o

---

147 Notícia publicada em http://www.stf.jus.br/portal/cms/verNoticiaDetalhe.asp?idConteudo=442504. Acesso em 17/07/2020.

impacto da criminalização sobre as mulheres pobres. É que o tratamento como crime, dado pela lei penal brasileira, impede que estas mulheres, que não têm acesso a médicos e clínicas privadas, recorram ao sistema público de saúde para se submeterem aos procedimentos cabíveis. Como consequência, multiplicam-se os casos de automutilação, lesões graves e óbitos. 6. A tipificação penal viola, também, o princípio da proporcionalidade por motivos que se cumulam: (i) ela constitui medida de duvidosa adequação para proteger o bem jurídico que pretende tutelar (vida do nascituro), por não produzir impacto relevante sobre o número de abortos praticados no país, apenas impedindo que sejam feitos de modo seguro; (ii) é possível que o Estado evite a ocorrência de abortos por meios mais eficazes e menos lesivos do que a criminalização, tais como educação sexual, distribuição de contraceptivos e amparo à mulher que deseja ter o filho, mas se encontra em condições adversas; (iii) a medida é desproporcional em sentido estrito, por gerar custos sociais (problemas de saúde pública e mortes) superiores aos seus benefícios. 7. Anote-se, por derradeiro, que praticamente nenhum país democrático e desenvolvido do mundo trata a interrupção da gestação durante o primeiro trimestre como crime, aí incluídos Estados Unidos, Alemanha, Reino Unido, Canadá, França, Itália, Espanha, Portugal, Holanda e Austrália. 8. Deferimento da ordem de ofício, para afastar a prisão preventiva dos pacientes, estendendo-se a decisão aos corréus (HC 124306, Relator(a): Min. MARCO AURÉLIO, Relator(a) p/ Acórdão: Min. ROBERTO BARROSO, Primeira Turma, julgado em 09/08/2016, PROCESSO ELETRÔNICO DJe-052 DIVULG 16-03-2017 PUBLIC 17-03-2017).

Questões de concurso público: veja como o assunto já foi cobrado em concurso público.

1 – (Delegado de Polícia Civil/ES/2019) Ana, após realizar exame médico, descobriu estar grávida. Estando convicta de que a gravidez se deu em decorrência da prática de relação sexual extraconjugal que manteve com Pedro, seu colega de faculdade, e temendo por seu matrimônio decidiu por si só que iria praticar um aborto. A jovem comunicou a Pedro que estava grávida e pretendia realizar um aborto em uma clínica clandestina. Pedro, por sua vez, procurou Robson, colega que cursava medicina, e o convenceu a praticar o aborto em Ana. Assim, alguns dias depois de combinar com Pedro, Robson encontrou Ana e realizou o procedimento de aborto.

Sobre a questão apresentada, é correto afirmar que a conduta de Ana se amolda ao crime previsto no

a) art. 125, segunda parte, do Código Penal (consentimento para o aborto). Robson, por sua vez, tem sua conduta subsumida ao crime previsto no art. 124 do Código Penal (aborto provocado por terceiro sem consentimento). Já Pedro responderá como partícipe no crime de Robson.

b) art. 126, primeira parte, do Código Penal (autoaborto). Robson, por sua vez, tem sua conduta subsumida ao crime previsto no art. 124 do Código Penal (aborto provocado por terceiro com consentimento). Já Pedro responderá como participe no crime de Ana.

c) art. 124, primeira parte, do Código Penal (autoaborto). Robson, por sua vez, tem sua conduta subsumida ao crime previsto no art. 126 do Código Penal (aborto provocado por terceiro com consentimento). Já Pedro responderá como partícipe no crime de Ana.

d) art. 124, segunda parte, do Código Penal (consentimento para o aborto). Robson, por sua vez, tem sua conduta subsumida ao crime previsto no art. 126, do Código Penal (aborto provocado por terceiro com consentimento). Já Pedro responderá como partícipe no crime de Robson.

e) art. 124, segunda parte, do Código Penal (consentimento para o aborto). Robson, por sua vez, tem sua conduta subsumida ao crime previsto no art. 124, segunda parte, do Código Penal. Já Pedro responderá como partícipe no crime de Ana.

2 – (Delegado de Polícia Civil/RJ/2012) Após ter ciência da gravidez de sua namorada Silmara, Nicanor convence a gestante a abortar, orientando-a a procurar uma clínica clandestina. Durante o procedimento abortivo, praticado pelo médico Horácio, Silmara sofre grave lesão, decorrente da imperícia do profissional, perdendo, pois, sua capacidade reprodutiva. Nesse contexto, considerando que a intervenção cirúrgica não era justificada pelo risco de morte para a gestante ou em virtude de estupro prévio, Silmara, Nicanor e Horácio responderão, respectivamente, pelos crimes de:

a) consentimento para o aborto (artigo 124, 2ª parte, CP); consentimento para o aborto (artigo 124, 2ª parte, CP); e aborto praticado por terceiro com consentimento, em concurso de crimes com o delito de lesão corporal qualificada (artigo 126 c/c artigo 129, § 2º, III, ambos do CP).

b) consentimento para o aborto (artigo124, 2ª parte, CP); aborto provocado por terceiro com consentimento especialmente agravado (artigo 126 c/c artigo 127, ambos do CP); e aborto provocado por terceiro com consentimento especialmente agravado (artigo 126 c/c artigo 127, ambos do CP).

c) consentimento para o aborto (artigo 124, 2ª parte, CP); consentimento para o aborto (artigo 124, 2ª parte, CP); e aborto provocado por terceiro com consentimento especialmente agravado (artigo 126 c/c artigo127, ambos do CP).

d) autoaborto (artigo 124, 1ª parte, CP); aborto praticado por terceiro com consentimento, em concurso de crimes como delito de lesão corporal qualificada (artigo 126 c/c artigo 129, § 2º, III, ambos do CP); e aborto praticado por terceiro com consentimento, em concurso de crimes com o delito de lesão corporal qualificada (artigo 126 c/c artigo129,§2º,III,ambosdoCP).

e) autoaborto (artigo 124, 1ª parte, CP); aborto provocado por terceiro com consentimento especialmente agravado (artigo 126 c/c artigo 127, ambos do CP); e aborto provocado por terceiro com consentimento especialmente agravado (artigo 126 c/c artigo 127, ambos do CP).

Gabarito comentado:

Questão	Reposta	Comentário
1	Letra D	ANA será responsabilizada pelo crime do artigo 124 do Código Penal (consentiu para prática de aborto). ROBSON cometeu o crime do artigo 126 do Código Penal (aborto com consentimento da gestante) e PEDRO será partícipe deste (note que ANA estava decidida a praticar o aborto e PEDRO, em verdade, induziu ROBSON a cometer o crime do artigo 126 do CP).
2	Letra C	NICANOR é partícipe de SILMARA na prática do crime do artigo 124 do Código Penal. Já HORÁCIO deve ser responsabilizado nas penas do crime do artigo 126 c/c artigo 127, do mesmo diploma legal.

CAPÍTULO II
DAS LESÕES CORPORAIS

Lesão corporal

Art. 129. Ofender a integridade corporal ou a saúde de outrem:

Pena – detenção, de três meses a um ano.

Lesão corporal de natureza grave

§ 1º Se resulta:

I – Incapacidade para as ocupações habituais, por mais de trinta dias;

II – perigo de vida;

III – debilidade permanente de membro, sentido ou função;

IV – aceleração de parto:

Pena – reclusão, de um a cinco anos.

§ 2º Se resulta:

I – Incapacidade permanente para o trabalho;

II – enfermidade incurável;

III – perda ou inutilização do membro, sentido ou função;

IV – deformidade permanente;

V – aborto:

Pena – reclusão, de dois a oito anos.

Lesão corporal seguida de morte

§ 3º Se resulta morte e as circunstâncias evidenciam que o agente não quis o resultado, nem assumiu o risco de produzi-lo:

Pena – reclusão, de quatro a doze anos.

Diminuição de pena

§ 4º Se o agente comete o crime impelido por motivo de relevante valor social ou moral ou sob o domínio de violenta emoção, logo em seguida a injusta provocação da vítima, o juiz pode reduzir a pena de um sexto a um terço.

Substituição da pena

§ 5º O juiz, não sendo graves as lesões, pode ainda substituir a pena de detenção pela de multa, de duzentos mil réis a dois contos de réis:

I – se ocorre qualquer das hipóteses do parágrafo anterior;

II – se as lesões são recíprocas.

Lesão corporal culposa

§ 6º Se a lesão é culposa:

Pena – detenção, de dois meses a um ano.

Aumento de pena

§ 7º Aumenta-se a pena de 1/3 (um terço) se ocorrer qualquer das hipóteses dos §§ 4º e 6º do art. 121 deste Código.

§ 8º – Aplica-se à lesão culposa o disposto no § 5º do art. 121.

Violência Doméstica

§ 9º Se a lesão for praticada contra ascendente, descendente, irmão, cônjuge ou companheiro, ou com quem conviva ou tenha convivido, ou, ainda, prevalecendo-se o agente das relações domésticas, de coabitação ou de hospitalidade:

Pena – detenção, de 3 (três) meses a 3 (três) anos.

§ 10. Nos casos previstos nos §§ 1º a 3º deste artigo, se as circunstâncias são as indicadas no § 9º deste artigo, aumenta-se a pena em 1/3 (um terço).

§ 11. Na hipótese do § 9º deste artigo, a pena será aumentada de um terço se o crime for cometido contra pessoa portadora de deficiência.

§ 12. Se a lesão for praticada contra autoridade ou agente descrito nos arts. 142 e 144 da Constituição Federal, integrantes do sistema prisional e da Força Nacional de Segurança Pública, no exercício da função ou em decorrência dela, ou contra seu cônjuge, companheiro ou parente consanguíneo até terceiro grau, em razão dessa condição, a pena é aumentada de um a dois terços.

§ 13. Se a lesão for praticada contra a mulher, por razões da condição do sexo feminino, nos termos do § 2º-A do art. 121 deste Código:

Pena – reclusão, de 1 (um) a 4 (quatro anos).

Classificação: trata-se de crime doloso (admite-se, contudo, modalidade culposa no § 6º do artigo 129), comum e material.

Espécies: as lesões podem ser classificadas em:

Tipo de lesão	Dispositivo
Leve	*Caput*
Grave	§ 1º
Gravíssima	§ 2º
Seguida de morte	§ 3º
Privilegiada	§ 4º
Culposa	§ 6º
Leve em situação de violência doméstica	§ 9º
Funcional	§ 12
Leve contra mulher por razões da condição do sexo feminino	§ 13

Ação penal no crime de lesão corporal leve (*caput*) e na lesão culposa (§ 6º): a lesão leve (*caput* do artigo 129) e a lesão culposa (§ 6º do artigo 129) são infrações de menor potencial ofensivo, punidos por meio de ação penal pública condicionada à representação da vítima (nos termos do artigo 88 da Lei 9.099/95).

Lesão grave x lesão gravíssima: sobre a lesão corporal de natureza grave e a lesão corporal de natureza gravíssima, leia a tabela abaixo (é importante a leitura dos dispositivos em conjunto, para facilitar a memorização):

Lesão grave – § 1º	Lesão gravíssima – § 2º
Incapacidade para as ocupações habituais, por mais de trinta dias	Incapacidade permanente para o trabalho
Perigo de vida	-
-	Enfermidade incurável
Debilidade permanente de membro, sentido ou função	Perda ou inutilização do membro, sentido ou função
-	Deformidade permanente
Aceleração de parto	Aborto

Na verdade, o Código Penal não conceitua as lesões listadas § 2º do artigo 129 como gravíssimas (na lei há apenas a nomenclatura "grave"). A expressão "gravíssima" foi criada pela doutrina.

Eis o estudo pormenorizado das lesões graves e gravíssimas:

Lesão corporal de natureza grave	Comentários
Incapacidade para as ocupações habituais, por mais de trinta dias	Note que a qualificadora incide quando há incapacidade para as ocupações habituais por **mais** de 30 dias. Para atestar a materialidade delitiva da figura qualificada, será necessário exame pericial complementar, na forma do artigo 168, § 2º, do CPP[148] (a ausência do exame complementar pode ser suprida pela prova testemunhal – § 3º do mesmo artigo).
Perigo de vida	Para que se ateste existência de perigo de vida, será necessário prova pericial que o constate.
Debilidade permanente de membro, sentido ou função	A vítima não perde o membro, sentido ou função, mas há diminuição permanente da capacidade destes. Se o sentido é duplo (como visão ou audição), a perda de um olho ou a surdez de um ouvido gerados por lesão corporal induz essa qualificadora (e não lesão corporal gravíssima).

148 Art. 168. Em caso de lesões corporais, se o primeiro exame pericial tiver sido incompleto, proceder-se-á a exame complementar por determinação da autoridade policial ou judiciária, de ofício, ou a requerimento do Ministério Público, do ofendido ou do acusado, ou de seu defensor.

§ 1º No exame complementar, os peritos terão presente o auto de corpo de delito, a fim de suprir-lhe a deficiência ou retificá-lo.

§ 2º Se o exame tiver por fim precisar a classificação do delito no art. 129, § 1º, I, do Código Penal, deverá ser feito logo que decorra o prazo de 30 dias, contado da data do crime.

§ 3º A falta de exame complementar poderá ser suprida pela prova testemunhal.

	A perda de um dente em face da prática do crime aqui estudado importa na imputação de lesão corporal grave: AGRAVO REGIMENTAL NO AGRAVO INTERNO NO RECURSO ESPECIAL. LESÃO CORPORAL GRAVÍSSIMA.PERDA DE DENTE. DEBILIDADE PERMANENTE. DESCLASSIFICAÇÃO. LESÃO CORPORAL GRAVE. REVALORAÇÃO JURÍDICA. PRECEDENTES. DECISÃO MANTIDA. AGRAVO REGIMENTAL DESPROVIDO. 1. "A perda da dentição pode implicar redução da capacidade mastigatória e até, eventualmente, dano estético, o qual, apesar de manter o seu caráter definitivo – se não reparado em procedimento interventivo –, não pode ser, na hipótese, de tal monta a qualificar a vítima como uma pessoa deformada [...]" (grifo no original) (Resp 1620158, Rel. Ministro ROGÉRIO SCHIETTI, SEXTA TURMA, DJe 20/9/2016) 2. Agravo regimental desprovido (AgInt no AgInt no REsp 1716581/SP, Rel. Ministro Joel Ilan Paciornik, Quinta Turma, julgado em 11/12/2018, DJe 19/12/2018). Saliento que o Superior Tribunal de Justiça entendeu que a qualificadora da deformidade permanente (inciso IV do § 2º do artigo 129 Código Penal) só pode ser aplicada quando há **danos físicos**. O Areópago (vide informativo 728) analisou caso concreto em que a lesão resultou em estresse pós-traumático e alteração permanente de personalidade e considerou que a qualificadora em testilha não podia ser imputada ao agente.
Aceleração de parto	É preciso prova efetiva de que o parto foi acelerado em virtude da lesão.
Incapacidade permanente para o trabalho	Penso que a incapacidade permanente deve ser para o trabalho que o agente desempenhava (e não para qualquer atividade laborativa). Ainda que a vítima, por ter se readaptado, consiga exercer outra atividade diferente da que exercia antes da lesão, a qualificadora se impõe (dizer o contrário seria reconhecer benefício para o autor do crime em face de esforço da vítima).
Enfermidade incurável	A discussão mais importante sobre essa figura qualificada é a transmissão de AIDS. O agente que, intencionalmente, transmite o vírus HIV para a vítima comete qual delito? Há 3 entendimentos: a) há prática de tentativa de homicídio (ou de homicídio consumado se a vítima morrer em face da doença ou de doença oportunista); b) há crime de lesão corporal gravíssima ou seguida de morte (porque o agente transmitiu enfermidade incurável); c) há crime de perigo de contágio moléstia grave (artigo 131 do Código Penal). Entendo ser correta a segunda corrente (trata-se de crime de lesão corporal de natureza gravíssima em face da enfermidade incurável). Não me parece razoável dizer que há prática de homicídio (tentado) porque os tratamentos medicamentosos reduziram drasticamente a quantidade de mortes em face do mal (ou de doença oportunista).
Perda ou inutilização do membro, sentido ou função	Não é preciso que o agente tenha seccionado ambos os membros para incidência da qualificadora (se a vítima perde um dos braços ou uma das pernas, há lesão corporal gravíssima). Caso o sentido seja duplo, é preciso perda total deste (cegueira total ou surdez total, por exemplo).

Deformidade permanente	Ainda que a deformidade seja minimizada por cirurgias feitas pela vítima, há incidência da qualificadora[149]. Se o agente faz, à força, tatuagem na vítima, há prática de crime de lesão corporal de natureza gravíssima.
Aborto	É preciso, como já pontuado supra, diferenciar o aborto sem consentimento da gestante (artigo 125 do Código Penal) da lesão corporal gravíssima (que resulta em aborto). É necessário aferição do dolo do agente, para o correto enquadramento típico.

Lesão corporal seguida de morte: a lesão corporal seguida de morte (artigo 129 § 3º) é crime preterdoloso e, portanto, de competência do juiz singular (e não do tribunal do júri).

O agente deseja lesionar a vítima, mas a morte acaba acontecendo. Exemplifico:

> **SITUAÇÃO HIPOTÉTICA:** com o desejo de lesionar JOÃO, PEDRO desfere violento soco em seu rosto. A vítima cai e finda batendo sua cabeça no meio-fio. Em virtude da queda, JOÃO sofre traumatismo craniano e morre.
>
> **SOLUÇÃO:** o dolo de PEDRO foi de lesionar a vítima, que acabou morrendo em face da queda (ocasionada pelo violento golpe desferido em JOÃO). Destarte, o

---

149 PENAL E PROCESSUAL PENAL. HABEAS CORPUS SUBSTITUTIVO DE RECURSO ESPECIAL. NÃO CONHECIMENTO DO WRIT. LESÃO CORPORAL QUALIFICADA (DEFORMIDADE PERMANENTE). DOSIMETRIA DA PENA. PLEITO DE AFASTAMENTO DA QUALIFICADORA PELA REALIZAÇÃO DE CIRURGIA REPARADORA. IRRELEVÂNCIA. AFERIÇÃO NO MOMENTO DA PRÁTICA DELITIVA. VIA IMPRÓPRIA. NECESSIDADE DE REEXAME FÁTICO-PROBATÓRIO. CONSEQUÊNCIAS DO DELITO. VALORAÇÃO NEGATIVA EM FACE DA NECESSIDADE DE CIRURGIA REPARADORA. FUNDAMENTO INVÁLIDO. CULPABILIDADE. AFERIÇÃO PELO MODUS OPERANDI E LOCAL DA LESÃO. POSSIBILIDADE. REVISÃO DO JULGADO. IMPOSSIBILIDADE. INADEQUAÇÃO DA VIA ELEITA. HABEAS CORPUS NÃO CONHECIDO. ORDEM CONCEDIDA DE OFÍCIO. 1. Ressalvada pessoal compreensão diversa, uniformizou o Superior Tribunal de Justiça ser inadequado o writ em substituição a recursos especial e ordinário, ou de revisão criminal, admitindo-se, de ofício, a concessão da ordem ante a constatação de ilegalidade flagrante, abuso de poder ou teratologia. **2. A realização de cirurgia estética posteriormente à prática do delito não afeta a caracterização, no momento do crime constatada, de lesão geradora de deformidade permanente, seja porque providência não usual (tratamento cirúrgico custoso e de risco), seja porque ao critério exclusivo da vítima.** 3. Ademais, mostra-se imprópria a via do habeas corpus ao reconhecimento da incidência ou não da qualificadora ou mesmo de seu afastamento, dada a necessidade de reexame do material cognitivo produzido nos autos, insuscetível de ser realizada nesta sede. Precedentes. 4. A conduta da vítima não afeta a dosimetria da pena, seja na caracterização da qualificadora, seja na não valoração das consequências do crime. 5. O modus operandi e o local da lesão, tendo em vista que o agente arremessou um copo de vidro na região do rosto da vítima, podem ser valorados como anormais pelas instâncias ordinárias, sendo imprópria na via do habeas corpus a revisão do tema por esta Corte Superior. 6. Habeas corpus não conhecido. Ordem concedida de ofício apenas para reduzir as penas a 2 anos de reclusão. (HC 306.677/RJ, Rel. Ministro Ericson Maranho (Desembargador convocado do TJ/SP), Rel. p/ Acórdão Ministro Nefi Cordeiro, Sexta Turma, julgado em 19/05/2015, DJe 28/05/2015, grifo meu).

crime a ser imputado ao autor do fato é o de lesão corporal seguida de morte, tipificado no artigo 129, § 3º, do Código Penal).

Lesão corporal privilegiada: o § 4º do artigo 129 encerra a lesão corporal privilegiada (em verdade há causa de diminuição de pena), que pode ser assim sintetizada:

Motivo	Explicação/exemplo
Motivo de relevante valor moral	Motivação individual (pai lesiona o estuprador de sua filha, por exemplo).
Motivo de relevante valor social	Motivação coletiva (indivíduo lesiona o estuprador que aterrorizava o bairro onde ele mora).
Sob domínio de violenta emoção, logo em seguida a injusta provocação da vítima	Indivíduo que flagra sua esposa com o amante e lesiona este logo depois de ver a cena.

A incidência da causa de diminuição (lesão corporal privilegiada do § 4º do artigo 129) pode ocorrer qualquer que seja o enquadramento típico da lesão corporal dolosa (a minorante é incompatível com a lesão culposa). Exemplifico:

> **SITUAÇÃO HIPOTÉTICA:** JOÃO lesiona PEDRO, estuprador da sua filha, e as lesões resultam em incapacidade para as ocupações habituais por mais de trinta dias.
>
> **SOLUÇÃO:** tem-se lesão corporal qualificada/privilegiada (lesão de natureza grave, privilegiada por motivo de relevante valor moral).

O § 5º do artigo 129 afirma que o juiz, não sendo graves as lesões, pode substituir a pena de detenção pela de multa, nas hipóteses do § 4º ou se as lesões são recíprocas. Note, contudo, que a lesão leve do caput do artigo 129 é crime de ação penal pública condicionada a representação da vítima e infração menor potencial ofensivo e, como tal, sujeita ao procedimento sumaríssimo previsto na Lei 9.099/95. Nessa esteira, se houver composição civil dos danos homologada por decisão judicial, haverá extinção da punibilidade pela renúncia (artigo 74, parágrafo único, da Lei 9.099/95). Caso não seja alcançada a composição civil dos danos e havendo representação da vítima, será possível transação penal (artigo 76 da Lei 9.099/95). Apenas se houver efetiva oferta e recebimento de denúncia, será possível, na sentença, aplicar o quanto permitido pelo § 5º do artigo 129.

Saliento que o dispositivo em testilha pode ser aplicado caso a lesão leve seja qualificada pela violência doméstica, **desde que a vítima não seja mulher**.

Causas de aumento de pena: o § 7º do artigo 129 impõe causa de aumento de pena (1/3), caso ocorra qualquer das hipóteses dos §§ 4º e 6º do art. 121 deste Código. Eis os dispositivos atinentes ao crime de homicídio, que no crime de lesão corporal impõem majoração da pena na terceira fase da fixação de pena em 1/3:

Natureza da lesão	Descrição
Lesão corporal culposa	Se o crime resulta de inobservância de regra técnica de profissão, arte ou ofício.
	Se o agente deixa de prestar imediato socorro à vítima, não procura diminuir as consequências do seu ato.
	Se o agente foge para evitar prisão em flagrante.
Lesão corporal dolosa	Se o crime é praticado contra pessoa menor de 14 (quatorze) ou maior de 60 (sessenta) anos.
	Se o crime for praticado por milícia privada, sob o pretexto de prestação de serviço de segurança, ou por grupo de extermínio.

Perdão judicial: o § 8º do artigo 129 deixa claro ser possível perdão judicial para a lesão corporal culposa (é possível incidência de perdão judicial para a lesão corporal culposa na direção de veículo automotor – artigo 303 do Código de Trânsito Brasileiro).

Lesão leve qualificada (violência doméstica): o § 9º do artigo 129 tipifica forma qualificada do crime de lesão corporal leve (quando há violência doméstica).

Com a entrada em vigor da Lei 14.188/21, a figura qualificada aqui estudada só pode ter como vítima o homem (quando se tratar de lesão leve praticada contra mulher em situação de violência doméstica ou por menosprezo ao gênero feminino, o crime perpetrado será o tipificado no § 13 do artigo 129 do Código Penal, como se verá alhures).

Quando a violência doméstica é praticada contra homem, há crime de ação penal pública condicionada a representação da vítima (trata-se de lesão leve qualificada), com possibilidade de suspensão condicional do processo (artigo 89 da Lei 9.099/95) e fiança arbitrada pela autoridade policial (artigo 322 do Código de Processo Penal).

Se há prática de lesão corporal grave ou gravíssima em situação de violência doméstica, o correto enquadramento típico é a imputação do § 1º artigo 129 (se grave a lesão) ou do § 2º do artigo 129 (se gravíssima a lesão). Atente, ainda, para a incidência da causa de aumento do § 10 do artigo 129 (aumento de 1/3 caso) caso a lesão corporal grave, gravíssima ou seguida de morte se traduza em violência doméstica.

Se a lesão leve (§ 9º do artigo 129) em situação de violência doméstica for praticada contra pessoa com deficiência, há imposição de causa de aumento (1/3, na forma do § 11 do artigo 129).

Lesão corporal funcional: no § 12 do artigo 129 há causa de aumento (1/3 a 2/3) relacionada à lesão funcional (praticada contra autoridade ou agente descrito nos artigos 142 e 144 da Constituição Federal, integrantes do sistema prisional e da Força Nacional de Segurança Pública, no exercício da função ou em decorrência dela, ou contra seu cônjuge, companheiro ou parente consanguíneo até terceiro grau, em razão dessa condição).

Hediondez da lesão corporal funcional gravíssima ou seguida de morte: por fim, atente que a **lesão corporal dolosa de natureza gravíssima** (art. 129, § 2º, do Código Penal) e a **lesão corporal seguida de morte** (art. 129, § 3º, do Código Penal) funcionais[150] são **crimes hediondos**, nos termos do artigo 1º, inciso I-A, da Lei 8.072/90.

Lesão corporal de natureza leve qualificada contra mulher (§ 13 do artigo 129 do Código Penal): a Lei 14.188/21 inseriu no artigo 129 do Código Penal figura qualificada (pena de reclusão de 1 a 4 anos) relacionada ao crime de lesão corporal leve perpetrada contra mulher, por razões da condição do sexo feminino (se a lesão for categorizada como grave, como gravíssima ou como seguida de morte, a tipificação correta será encontrada nos §§ 1º, 2º ou 3º, conforme o caso).

O próprio dispositivo faz menção ao § 2º-A do art. 121 do Código Penal (interpretação autêntica relacionada à expressão "razões da condição do sexo feminino"):

> Art. 121. (...)
>
> § 2º-A Considera-se que há razões de condição de sexo feminino quando o crime envolve:
>
> I – violência doméstica e familiar;
>
> II – menosprezo ou discriminação à condição de mulher.

A qualificadora em testilha é um crime comum (pode ser cometido por qualquer pessoa[151] – em verdade há exigência de qualidade especial em relação ao sujeito passivo, que tem necessariamente que ser mulher[152]), doloso (dolo genérico em relação a situações que gravitem em torno de violência doméstica/familiar[153] e exigência de

---

150 Praticadas contra autoridade ou agente descrito nos artigos 142 e 144 da Constituição Federal, integrantes do sistema prisional e da Força Nacional de Segurança Pública, no exercício da função ou em decorrência dela, ou contra seu cônjuge, companheiro ou parente consanguíneo até terceiro grau, em razão dessa condição.

151 Inclusive por mulher contra outra mulher.

152 Como já mencionado em outras passagens desta obra, há 3 acepções para palavra "mulher": a) **biológica** (mulher é o ser humano do sexo feminino); b) **subjetiva** (mulher é o ser humano que se entende do gênero feminino); c) jurídica (mulher é o ser humano que possui gênero feminino em seu registro civil). Por óbvio, a interpretação terá impacto na imputação da figura qualificada do § 13 do artigo 129 do Código Penal. A primeira interpretação (biológica) é mais restritiva em relação à expressão, ao passo que as outras duas trilhas permitem maior amplitude à figura qualificada estudada (essa é uma tarefa a ser desempenhada, inclusive, pelo delegado de polícia em relação às notícias de crime apresentadas).

153 A correta interpretação do significa violência doméstica/familiar, deve ser extraído da análise do artigo 5º da Lei 11.340/06:
Art. 5º Para os efeitos desta Lei, configura violência doméstica e familiar contra a mulher qualquer ação ou omissão baseada no gênero que lhe cause morte, lesão, sofrimento físico, sexual ou psicológico e dano moral ou patrimonial:
I – no âmbito da unidade doméstica, compreendida como o espaço de convívio permanente de pessoas, com ou sem vínculo familiar, inclusive as esporadicamente agregadas;

especial fim de agir em relação ao menosprezo ou discriminação à condição de mulher), material (consuma-se com a ocorrência do resultado naturalístico – lesão corporal) e não transeunte (reclama materialização de exame de corpo de delito[154], na forma do artigo 158 do Código de Processo Penal[155]).

Não se admite suspensão condicional do processo (Súmula 536/STJ[156]) nem acordo de não persecução penal (o crime envolve violência contra pessoa e, além disso, há vedação expressa no inciso IV do § 2º do artigo 28-A do Código de Processo Penal). É possível, contudo, fiança arbitrada pela autoridade policial (artigo 322 do Código de Processo Penal).

A ação penal é pública incondicionada se o crime envolver violência doméstica/familiar, na forma da Súmula 542/STJ[157]. Contudo, se o crime envolver menosprezo ou discriminação à condição de mulher, a ação será pública condicionada à representação da vítima (vez que a lesão punida no novel dispositivo é leve).

Sobre violência doméstica praticada contra mulher, é importante a leitura das seguintes Súmulas do Superior Tribunal de Justiça:

> Súmula 536/STJ – A suspensão condicional do processo e a transação penal não se aplicam na hipótese de delitos sujeitos ao rito da Lei Maria da Penha[158].

II – no âmbito da família, compreendida como a comunidade formada por indivíduos que são ou se consideram aparentados, unidos por laços naturais, por afinidade ou por vontade expressa;

III – em qualquer relação íntima de afeto, na qual o agressor conviva ou tenha convivido com a ofendida, independentemente de coabitação.

Parágrafo único. As relações pessoais enunciadas neste artigo independem de orientação sexual.

154 O § 3º do artigo 12 da Lei 11.340/06 relativiza a exigência de exame de corpo de delito quando há violência doméstica ou familiar contra mulher, autorizando que este seja suprido por "laudos ou prontuários médicos fornecidos por hospitais e postos de saúde".

155 O inciso I do parágrafo único do artigo 158 do Código de Processo Penal outorga prioridade ao exame de corpo de delito quando há "violência doméstica e familiar contra mulher".

156 Súmula 536/STJ – A suspensão condicional do processo e a transação penal não se aplicam na hipótese de delitos sujeitos ao rito da Lei Maria da Penha.

157 Súmula 542/STJ – A ação penal relativa ao crime de lesão corporal resultante de violência doméstica contra a mulher é pública incondicionada.

Além do entendimento sumulado do Superior Tribunal de Justiça acima transcrito, confira entendimento do Supremo Tribunal Federal acerca do tema (ADI 4424/DF):

AÇÃO PENAL – VIOLÊNCIA DOMÉSTICA CONTRA A MULHER – LESÃO CORPORAL – NATUREZA. A ação penal relativa a lesão corporal resultante de violência doméstica contra a mulher é pública incondicionada – considerações. (ADI 4424, Relator(a): Min. MARCO AURÉLIO, Tribunal Pleno, julgado em 09/02/2012, PROCESSO ELETRÔNICO DJe-148 DIVULG 31-07-2014 PUBLIC 01-08-2014).

158 A impossibilidade de aplicação das benesses da Lei 9.099/95 (transação penal e suspensão condicional do processo, por exemplo) às contravenções penais sujeitas ao rito da Lei 11.340/06 (Súmula 536/STJ) foi possível graças à interpretação extensiva da expressão "crimes" contida no artigo 41 da Lei Maria da Penha (para abarcar crimes e contravenções):

Súmula 542/STJ – A ação penal relativa ao crime de lesão corporal resultante de violência doméstica contra a mulher é pública incondicionada.

Súmula 588/STJ – A prática de crime ou contravenção penal contra a mulher com violência ou grave ameaça no ambiente doméstico impossibilita a substituição da pena privativa de liberdade por restritiva de direitos.

Súmula 589/STJ – É inaplicável o princípio da insignificância nos crimes ou contravenções penais praticados contra a mulher no âmbito das relações domésticas.

Súmula 600/STJ – Para a configuração da violência doméstica e familiar prevista no artigo 5º da Lei n. 11.340/2006 (Lei Maria da Penha) não se exige a coabitação entre autor e vítima.

Questões de concurso público: veja como o assunto já foi cobrado em concurso público.

1 – (Delegado de Polícia Civil/MG/2018) De acordo com o Artigo 129 do Código Penal Brasileiro, trata-se de lesão corporal de natureza gravíssima:

a) Aceleração de parto.
b) Debilidade permanente de membro, sentido ou função.
c) Deformidade permanente.
d) Perigo de vida.

2 – (Escrivão de Polícia Civil/SC/2017) De acordo com o Código Penal, a incapacidade para as ocupações habituais, por mais de trinta dias, caracteriza o crime de:

a) lesão corporal simples.
b) lesão corporal leve.
c) lesão corporal grave.
d) lesão corporal gravíssima.
e) lesão corporal seguida de morte.

Art. 41. Aos crimes praticados com violência doméstica e familiar contra a mulher, independentemente da pena prevista, não se aplica a Lei nº 9.099, de 26 de setembro de 1995.

Nesse sentido, entendimento do Pretório Excelso sobre o tema:

VIOLÊNCIA DOMÉSTICA – ARTIGO 41 DA LEI Nº 11.340/06 – ALCANCE. O preceito do artigo 41 da Lei nº 11.340/06 alcança toda e qualquer prática delituosa contra a mulher, até mesmo quando consubstancia contravenção penal, como é a relativa a vias de fato. VIOLÊNCIA DOMÉSTICA – ARTIGO 41 DA LEI Nº 11.340/06 – AFASTAMENTO DA LEI Nº 9.099/95 – CONSTITUCIONALIDADE. Ante a opção político-normativa prevista no artigo 98, inciso I, e a proteção versada no artigo 226, § 8º, ambos da Constituição Federal, surge harmônico com esta última o afastamento peremptório da Lei nº 9.099/95 – mediante o artigo 41 da Lei nº 11.340/06 – no processo-crime a revelar violência contra a mulher (HC 106212, Relator(a): Min. MARCO AURÉLIO, Tribunal Pleno, julgado em 24/03/2011, PROCESSO ELETRÔNICO DJe-112 DIVULG 10-06-2011 PUBLIC 13-06-2011 RTJ VOL-00219-01 PP-00521 RT v. 100, n. 910, 2011, p. 307-327).

3 – (Delegado de Polícia Civil/PA/2016) Bráulio, inconformado com uma mensagem privada de conteúdo romântico observada no aparelho de telefonia celular de sua namorada, decide dele se apossar como vingança. Contudo, enfrenta oposição da namorada, que se posta entre o autor e o aparelho. Assim, Bráulio, para assegurar seu intento, empurra com violência a namorada contra a parede, ferindo-a levemente. Assegurando a posse do telefone, Bráulio deixa a casa da namorada, vai até um terreno baldio e, pegando uma grande pedra que ali se encontra, com ela golpeia o aparelho, de modo a torná-lo inservível, o que era sua intenção desde o início. Analisando o caso proposto, assinale a opção que corretamente realiza a subsunção do comportamento do autor à norma penal.

a) Dano qualificado

b) Furto e lesão corporal.

c) Lesão corporal.

d) Roubo

e) Dano qualificado e lesão corporal.

4 – (Delegado de Polícia Civil/RN/2021) Saulo se desentendeu, na fila do caixa de um supermercado, com outra consumidora, Viviane, que estava no 8º mês de gestação, e lhe desferiu um fortíssimo soco no rosto. Em razão do golpe, Viviane perdeu o equilíbrio e caiu com a barriga no chão. Ao ser levada ao hospital, foi constatado que Viviane apresentava lesão leve na face, mas que havia perdido o bebê em decorrência da queda. Considerando o estado gravídico evidente de Viviane, a conduta praticada por Saulo configura o crime de:

a) lesão corporal seguida de morte;

b) lesão corporal qualificada pelo aborto;

c) aborto na modalidade dolo eventual, apenas;

d) aborto culposo, ficando a lesão corporal absorvida;

e) lesão corporal leve em concurso formal com aborto na forma culposa.

Gabarito comentado:

Questão	Reposta	Comentário
1	Letra C	Vide inciso IV do § 2º do artigo 129 do Código Penal.
2	Letra C	Vide inciso I do § 1º do artigo 129 do Código Penal.
3	Letra E	O quesito deixa claro, ao fim do enunciado, que o objetivo do agente era tornar o bem móvel da vítima inservível (prática do crime de dano). O preceito secundário do crime de dano qualificado (o crime perpetrado pelo agente se amolda no inciso I do parágrafo único do artigo 163 do Código Penal) revela que o agente deve ser punido pela violência (isso explica a imputação conjunta do crime de lesão corporal).
4	Letra B	Saulo praticou crime de lesão corporal gravíssima (em face da ocorrência de aborto – inciso V do § 2º do artigo 129 do Código Penal). Trata-se de crime preterdoloso, tal qual narrado no enunciado.

CAPÍTULO III
DA PERICLITAÇÃO DA VIDA E DA SAÚDE

Perigo de contágio venéreo

Art. 130 – Expor alguém, por meio de relações sexuais ou qualquer ato libidinoso, a contágio de moléstia venérea, de que sabe ou deve saber que está contaminado:

Pena – detenção, de três meses a um ano, ou multa.

§ 1º – Se é intenção do agente transmitir a moléstia:

Pena – reclusão, de um a quatro anos, e multa.

§ 2º – Somente se procede mediante representação.

Classificação: o crime tipificado no artigo 130 do Código Penal é de perigo concreto, formal (consuma-se mesmo que não exista transmissão da doença), próprio (vez que só pode ser cometido por quem está contaminado por doença sexualmente transmissível), de forma vinculada (porque praticado por meio de relações sexuais ou ato libidinoso), doloso (apesar da expressão "deva saber").

Trata-se de infração de menor potencial ofensivo de ação penal pública condicionada à representação da vítima.

Norma penal em branco: no artigo 130 do Código Penal é norma penal em branco, que depende da revelação do elemento normativo "**moléstia venérea**". No sítio do Ministério da Saúde[159], IST (Infecções Sexualmente Transmissíveis) são transmitidas, principalmente, por meio de contato sexual (oral, vaginal ou anal) sem uso de camisinha masculina ou feminina, com uma pessoa que esteja infectada. Elas são causadas por vírus, bactérias ou outros microrganismos e podem, também, ser transmitidas da mãe para criança na gestação, no parto ou na amamentação ou, ainda, por contato não sexual (menos comum) de mucosas ou pele não íntegra com secreções corporais contaminadas.

Saliento que a AIDS não é uma moléstia venérea e, por isso, a transmissão ou tentativa de transmissão do mal não se traduz no crime do artigo 130 do Código Penal. Como já delimitado supra, na transmissão do vírus HIV, é possível entender ter havido prática (a depender do entendimento adotado): a) do crime de perigo de contágio de moléstia grave (artigo 131 do Código Penal); b) do crime de lesão corporal gravíssima ou seguida de morte (artigo 129, § 2º, inciso II, ou § 3º, do Código Penal); ou c) homicídio (tentado ou consumado – artigo 121 do Código Penal).

Consentimento do ofendido: cumpre enfrentar questionamento interessante: o consentimento da vítima afasta o delito? A resposta que entendo mais adequada é:

159 Disponível em https://saude.gov.br/saude-de-a-z/infeccoes-sexualmente-transmissiveis-ist, acesso em 08/03/2020.

depende. Para que o consentimento afaste a ilicitude da conduta praticada, é preciso que a doença venérea do autor não resulte (ou seja possível de resultar) em lesão corporal grave/gravíssima ou morte. Saliento que há doutrina afirmando ser irrelevante o consentimento do ofendido para a imputação do crime.

Condutas proibidas: o tipo pune o agente que expõe a vítima, por meio de relações sexuais ou qualquer ato libidinoso a contágio de moléstia venérea, de que sabe (crime doloso) ou deve saber (dolo eventual[160]) estar contaminado.

Ainda que a moléstia seja efetivamente transmitida, a imputação continua se amoldando no tipo do artigo 130 do Código Penal.

Figura qualificada: se o agente deseja transmitir a doença para vítima, haverá imputação da figura qualificada prevista no § 1º do artigo 130 do Código Penal (pena de 1 a 4 anos de reclusão).

A figura qualificada admite acordo de não persecução penal (artigo 28-A do CPP), suspensão condicional do processo (artigo 89 da Lei 9.099/95) e fiança arbitrada pela autoridade policial (artigo 322 do CPP).

Transmissão de moléstia que resulte em lesão grave, gravíssima ou morte: caso a moléstia transmitida resulte em lesão corporal grave, gravíssima ou a morte, o crime a ser imputado será o tipificado no artigo 129, §§ 1º, 2º ou 3º, conforme o caso.

Crime impossível: se a vítima já for contaminada pelo mesmo mal ou se o autor do fato já estiver curado e não souber, tem-se crime impossível (artigo 17 do Código Penal).

Crime contra dignidade sexual com transmissão de doença: por fim, se há prática de crime contra a dignidade sexual e ocorre a transmissão de doença, a imputação correta é o crime respectivo (estupro, por exemplo) com a causa de aumento do artigo 234-A, inciso IV, do Código Penal[161].

Perigo de contágio de moléstia grave

Art. 131 – Praticar, com o fim de transmitir a outrem moléstia grave de que está contaminado, ato capaz de produzir o contágio:

Pena – reclusão, de um a quatro anos, e multa.

Classificação: crime próprio (é preciso que o agente esteja contaminado), doloso e de ação penal pública incondicionada.

---

160 Há doutrina minoritária que entende que a expressão "deve saber" é indicativa de culpa.

161 Art. 234-A. Nos crimes previstos neste Título a pena é aumentada:
(...)
IV – de 1/3 (um terço) a 2/3 (dois terços), se o agente transmite à vítima doença sexualmente transmissível de que sabe ou deveria saber ser portador, ou se a vítima é idosa ou pessoa com deficiência.

O delito é norma penal em branco que depende de complemento quanto ao termo "**moléstia grave**", admite acordo de não persecução penal (artigo 28-A do CPP), suspensão condicional do processo (artigo 89 da Lei 9.099/95) e fiança arbitrada pela autoridade policial (artigo 322 do CPP).

Agente que não é portador da moléstia: caso o agente não seja portador do mal e se utilize de material contaminado para transmitir a moléstia à vítima, não é possível enquadrar a conduta nesse tipo (pode-se pensar na prática do crime de lesão corporal).

Crime impossível: é possível se falar nas mesmas hipóteses de crime impossível listadas quando da análise do artigo 130 do Código Penal (se a vítima for acometida do mesmo mal que acomete o agente e se o autor do fato já estiver curado e não souber).

Perigo para a vida ou saúde de outrem

Art. 132 – Expor a vida ou a saúde de outrem a perigo direto e iminente:

Pena – detenção, de três meses a um ano, se o fato não constitui crime mais grave.

Parágrafo único. A pena é aumentada de um sexto a um terço se a exposição da vida ou da saúde de outrem a perigo decorre do transporte de pessoas para a prestação de serviços em estabelecimentos de qualquer natureza, em desacordo com as normas legais.

Classificação: trata-se de crime de perigo (concreto), comum (pode ser perpetrado por qualquer pessoa) e expressamente subsidiário (o legislador utilizou no preceito secundário a expressão "se o fato não constitui crime mais grave").

Trata-se de infração de menor potencial ofensivo, de ação penal pública incondicionada.

Concurso de crimes: se um grupo de pessoas for exposta a perigo por meio de conduta do agente, tem-se concurso formal de crimes (artigo 70 do Código Penal).

Consentimento do ofendido: o consentimento pode afastar a ilicitude da conduta. Tome-se como exemplo a conduta de quem decide saltar de asa delta com instrutor. Não é possível imputar ao instrutor o crime tipificado no artigo 132 do Código Penal, porquanto foi a pretensa vítima quem decidiu se arriscar.

Causa de aumento de pena: há incidência de majorante (aumento da pena de 1/6 a 1/3) se a exposição da vida ou da saúde de outrem a perigo decorre do transporte de pessoas para a prestação de serviços em estabelecimentos de qualquer natureza, em desacordo com as normas legais.

Abandono de incapaz

Art. 133 – Abandonar pessoa que está sob seu cuidado, guarda, vigilância ou autoridade, e, por qualquer motivo, incapaz de defender-se dos riscos resultantes do abandono:

Pena – detenção, de seis meses a três anos.

§ 1º – Se do abandono resulta lesão corporal de natureza grave:

Pena – reclusão, de um a cinco anos.

§ 2º – Se resulta a morte:

Pena – reclusão, de quatro a doze anos.

Aumento de pena

§ 3º – As penas cominadas neste artigo aumentam-se de um terço:

I – se o abandono ocorre em lugar ermo;

II – se o agente é ascendente ou descendente, cônjuge, irmão, tutor ou curador da vítima.

III – se a vítima é maior de 60 (sessenta) anos

Abandono de incapaz: estudemos o artigo 133 do Código Penal:

Artigo 133 do Código Penal	Comentários
Art. 133 – Abandonar pessoa que está sob seu cuidado, guarda, vigilância ou autoridade, e, por qualquer motivo, incapaz de defender-se dos riscos resultantes do abandono: Pena – detenção, de seis meses a três anos.	Trata-se de crime de perigo concreto, próprio (bipróprio, em verdade), doloso e que pode ser cometido por ação ou por omissão. O delito admite acordo de não persecução penal (artigo 28-A do CPP), suspensão condicional do processo (artigo 89 da Lei 9.099/95), fiança arbitrada pela autoridade policial (artigo 322 do CPP) e é de ação penal pública incondicionada.
§ 1º – Se do abandono resulta lesão corporal de natureza grave: Pena – reclusão, de um a cinco anos.	A figura qualificada do § 1º se traduz em crime preterdoloso (dolo de abandonar e resultado agravador culposo), se do abandono resultar lesão corporal de natureza grave (ou gravíssima). Admite-se acordo de não persecução penal (artigo 28-A do CPP) e suspensão condicional do processo (artigo 89 da Lei 9.099/95).
§ 2º – Se resulta a morte: Pena – reclusão, de quatro a doze anos.	Nova figura qualificada (e preterdolosa), se do abandono resultar a morte da vítima. A competência será do juízo singular, vez que não se trata de crime doloso contra a vida.
§ 3º – As penas cominadas neste artigo aumentam-se de um terço: I – se o abandono ocorre em lugar ermo; II – se o agente é ascendente ou descendente, cônjuge, irmão, tutor ou curador da vítima. III – se a vítima é maior de 60 (sessenta) anos.	Majorantes (aumento de pena de 1/3): a) se o abandono ocorre em lugar ermo; b) se o agente é ascendente ou descendente, cônjuge, irmão, tutor ou curador da vítima; c) se a vítima é maior de 60 (sessenta) anos (dispositivo enxertado pelo Estatuto do Idoso). É possível falar em crime majorado/qualificado. Exemplifico: **SITUAÇÃO HIPOTÉTICA:** JOÃO abandona seu filho e este finda morrendo. **SOLUÇÃO:** nessa situação há crime de abandono de incapaz majorado porque o agente abandonou descendente e qualificado, porque em razão do abandono a vítima morreu.

Exposição ou abandono de recém-nascido

Art. 134 – Expor ou abandonar recém-nascido, para ocultar desonra própria:

Pena – detenção, de seis meses a dois anos.

§ 1º – Se do fato resulta lesão corporal de natureza grave:

Pena – detenção, de um a três anos.

§ 2º – Se resulta a morte:

Pena – detenção, de dois a seis anos.

Classificação: trata-se de crime próprio[162] (delito bipróprio), de perigo concreto, doloso e de ação penal pública incondicionada.

Trata-se de infração de menor potencial ofensivo (no tipo simples).

Crime especial: o crime tipificado no artigo 134 do Código Penal é hipótese especial de abandono de incapaz (exige-se especial fim de agir – ocultar a desonra própria).

Leia as diferenças dos tipos dos artigos 133 e 134:

Abandono de incapaz	Exposição ou abandono de recém-nascido
Art. 133 – Abandonar pessoa que está sob seu cuidado, guarda, vigilância ou autoridade, e, por qualquer motivo, incapaz de defender-se dos riscos resultantes do abandono:	Art. 134 – Expor ou abandonar recém-nascido, para ocultar desonra própria:

Figuras qualificadas: o § 1º traz figura qualificada e preterdolosa (se do abandono resulta lesão grave/gravíssima), que admite acordo de não persecução penal (artigo 28-A do CPP), suspensão condicional do processo (artigo 89 da Lei 9.099/95) e fiança arbitrada pela autoridade policial (artigo 322 do CPP).

O § 2º tem outra figura qualificada e preterdolosa (se do abandono resulta morte). Admite-se acordo de não persecução penal (artigo 28-A do CPP).

Omissão de socorro

Art. 135 – Deixar de prestar assistência, quando possível fazê-lo sem risco pessoal, à criança abandonada ou extraviada, ou à pessoa inválida ou ferida, ao desamparo ou em grave e iminente perigo; ou não pedir, nesses casos, o socorro da autoridade pública:

Pena – detenção, de um a seis meses, ou multa.

Parágrafo único – A pena é aumentada de metade, se da omissão resulta lesão corporal de natureza grave, e triplicada, se resulta a morte.

---

162 Há forte entendimento doutrinário que afirma que o delito em testilha só pode ser praticado por mulher. Entendo, contudo, que o crime pode ser praticado tanto pelo pai, quanto pela mãe.

Classificação: crime comum (em verdade, curiosamente, há necessidade de qualidade especial do sujeito passivo, mas não do ativo), de perigo concreto, doloso e omissivo próprio (e por isso não admite tentativa).

É infração de menor potencial ofensivo de ação penal pública incondicionada.

Trata-se de norma mandamental, que se descumprida, gera prática do crime aqui estudado (o tipo pune conduta omissiva, portanto a norma determina ação).

Artigo 135 do Código Penal x artigo 304 do Código de Trânsito Brasileiro x artigo 97 do Estatuto do Idoso: é preciso atenção para diferenciar o crime de omissão de socorro do artigo 135 do Código Penal, dos crimes especiais previstos no artigo 304 do Código de Trânsito Brasileiro (este próprio, vez que só pode ser cometido pelo condutor de veículo envolvido em acidente) e no artigo 97 do Estatuto do Idoso (Lei 10.741/03):

Artigo 304 do CTB	Artigo 135 do CP	Artigo 97 do Estatuto do Idoso
Art. 304. Deixar o condutor do veículo, na ocasião do acidente, de prestar imediato socorro à vítima, ou, não podendo fazê-lo diretamente, por justa causa, deixar de solicitar auxílio da autoridade pública. Penas – detenção, de seis meses a um ano, ou multa, se o fato não constituir elemento de crime mais grave. Parágrafo único. Incide nas penas previstas neste artigo o condutor do veículo, ainda que a sua omissão seja suprida por terceiros ou que se trate de vítima com morte instantânea ou com ferimentos leves.	Art. 135 – Deixar de prestar assistência, quando possível fazê-lo sem risco pessoal, à criança abandonada ou extraviada, ou à pessoa inválida ou ferida, ao desamparo ou em grave e iminente perigo; ou não pedir, nesses casos, o socorro da autoridade pública. Pena – detenção, de um a seis meses, ou multa. Parágrafo único – A pena é aumentada de metade, se da omissão resulta lesão corporal de natureza grave, e triplicada, se resulta a morte.	Art. 97. Deixar de prestar assistência ao idoso, quando possível fazê-lo sem risco pessoal, em situação de iminente perigo, ou recusar, retardar ou dificultar sua assistência à saúde, sem justa causa, ou não pedir, nesses casos, o socorro de autoridade pública: Pena – detenção de 6 (seis) meses a 1 (um) ano e multa. Parágrafo único. A pena é aumentada de metade, se da omissão resulta lesão corporal de natureza grave, e triplicada, se resulta a morte.
Art. 304. Deixar o condutor do veículo, na ocasião do acidente, de prestar imediato socorro à vítima, ou, não podendo fazê-lo diretamente, por justa causa, deixar de solicitar auxílio da autoridade pública. Penas – detenção, de seis meses a um ano, ou multa, se o fato não constituir elemento de crime mais grave. Parágrafo único. Incide nas penas previstas neste artigo o condutor do veículo, ainda que a sua omissão seja suprida por terceiros ou que se trate de vítima com morte instantânea ou com ferimentos leves.	Art. 135 – Deixar de prestar assistência, quando possível fazê-lo sem risco pessoal, à criança abandonada ou extraviada, ou à pessoa inválida ou ferida, ao desamparo ou em grave e iminente perigo; ou não pedir, nesses casos, o socorro da autoridade pública. Pena – detenção, de um a seis meses, ou multa. Parágrafo único – A pena é aumentada de metade, se da omissão resulta lesão corporal de natureza grave, e triplicada, se resulta a morte.	Art. 97. Deixar de prestar assistência ao idoso, quando possível fazê-lo sem risco pessoal, em situação de iminente perigo, ou recusar, retardar ou dificultar sua assistência à saúde, sem justa causa, ou não pedir, nesses casos, o socorro de autoridade pública: Pena – detenção de 6 (seis) meses a 1 (um) ano e multa. Parágrafo único. A pena é aumentada de metade, se da omissão resulta lesão corporal de natureza grave, e triplicada, se resulta a morte.

Causas de aumento: há causas de aumento de pena no parágrafo único do artigo 135 do Código Penal:

Se da omissão resulta	Causa de aumento
Lesão corporal grave/gravíssima	A pena se aumenta da metade
Morte	A pena é triplicada

Omissão do garantidor: cumpre, por fim, ressaltar que se quem se omite é o garantidor (artigo 13, § 2º, do Código Penal), o crime será omissivo impróprio (comissivo por omissão) e o agente responderá pelo resultado sofrido pela vítima (homicídio ou lesão corporal, por exemplo).

Condicionamento de atendimento médico-hospitalar emergencial

Art. 135-A. Exigir cheque-caução, nota promissória ou qualquer garantia, bem como o preenchimento prévio de formulários administrativos, como condição para o atendimento médico-hospitalar emergencial:

Pena – detenção, de 3 (três) meses a 1 (um) ano, e multa.

Parágrafo único. A pena é aumentada até o dobro se da negativa de atendimento resulta lesão corporal de natureza grave, e até o triplo se resulta a morte.

Classificação: crime próprio[163] (praticado pelo funcionário ou responsável por nosocômio particular que materializa a conduta descrita no tipo), de perigo concreto, doloso e de forma vinculada.

Trata-se de infração de menor potencial ofensivo, julgada pelo juizado especial criminal.

Artigo 135-A do Código Penal x artigo 103 do Estatuto do Idoso: é importante a leitura do artigo 103 do Estatuto do Idoso (especial em relação ao crime do artigo 135-A do Código Penal):

Artigo 135-A do Código Penal	Artigo 103 do Estatuto do Idoso
Art. 135-A. Exigir cheque-caução, nota promissória ou qualquer garantia, bem como o preenchimento prévio de formulários administrativos, como condição para o atendimento médico-hospitalar emergencial: Pena – detenção, de 3 (três) meses a 1 (um) ano, e multa.	Art. 103. Negar o acolhimento ou a permanência do idoso, como abrigado, por recusa deste em outorgar procuração à entidade de atendimento: Pena – detenção de 6 (seis) meses a 1 (um) ano e multa.

Causas de aumento: há causas de aumento de pena no parágrafo único do artigo 135-A do Código Penal (figuras preterdolosas):

163 Há entendimento doutrinário que aponta ser o crime em testilha comum.

Se da negativa de atendimento resulta	Causa de aumento
Lesão corporal grave/gravíssima	A pena é dobrada
Morte	A pena é triplicada

Maus-tratos

Art. 136 – Expor a perigo a vida ou a saúde de pessoa sob sua autoridade, guarda ou vigilância, para fim de educação, ensino, tratamento ou custódia, quer privando-a de alimentação ou cuidados indispensáveis, quer sujeitando-a a trabalho excessivo ou inadequado, quer abusando de meios de correção ou disciplina:

Pena – detenção, de dois meses a um ano, ou multa.

§ 1º – Se do fato resulta lesão corporal de natureza grave:

Pena – reclusão, de um a quatro anos.

§ 2º – Se resulta a morte:

Pena – reclusão, de quatro a doze anos.

§ 3º – Aumenta-se a pena de um terço, se o crime é praticado contra pessoa menor de 14 (catorze) anos.

Classificação: o delito é doloso, próprio (bipróprio, em verdade – reclama relação de guarda, poder ou autoridade) e que reclama especial fim de agir (fim de educação, ensino, tratamento ou custódia).

É infração de menor potencial ofensivo de ação penal pública incondicionada. Trata-se de crime de forma vinculada (o perigo de vida ou à saúde deve ocorrer em face de privação de alimento/cuidados indispensáveis, sujeitando a vítima a trabalho excessivo/inadequado ou abusando de meios de correção/disciplina).

Artigo 18-A do ECA: vale a pena ler o artigo 18-A do Estatuto da Criança e Adolescente:

> Art. 18-A. A criança e o adolescente têm o direito de ser educados e cuidados sem o uso de castigo físico ou de tratamento cruel ou degradante, como formas de correção, disciplina, educação ou qualquer outro pretexto, pelos pais, pelos integrantes da família ampliada, pelos responsáveis, pelos agentes públicos executores de medidas socioeducativas ou por qualquer pessoa encarregada de cuidar deles, tratá-los, educá-los ou protegê-los.
>
> Parágrafo único. Para os fins desta Lei, considera-se:
>
> I – castigo físico: ação de natureza disciplinar ou punitiva aplicada com o uso da força física sobre a criança ou o adolescente que resulte em:
>
> a) sofrimento físico; ou
>
> b) lesão;

II – tratamento cruel ou degradante: conduta ou forma cruel de tratamento em relação à criança ou ao adolescente que:

a) humilhe; ou

b) ameace gravemente; ou

c) ridicularize.

Maus-tratos x tortura x artigo 99 do Estatuto do Idoso: é preciso ler, em conjunto, os crimes de maus-tratos, tortura (tortura-castigo) e o artigo 99 do Estatuto do Idoso:

Maus-tratos	Lei de Tortura	Estatuto do Idoso
Art. 136 – Expor a perigo a vida ou a saúde de pessoa sob sua autoridade, guarda ou vigilância, para fim de educação, ensino, tratamento ou custódia, quer privando-a de alimentação ou cuidados indispensáveis, quer sujeitando-a a trabalho excessivo ou inadequado, quer abusando de meios de correção ou disciplina: Pena – detenção, de dois meses a um ano, ou multa. § 1º – Se do fato resulta lesão corporal de natureza grave: Pena – reclusão, de um a quatro anos. § 2º – Se resulta a morte: Pena – reclusão, de quatro a doze anos. § 3º – Aumenta-se a pena de um terço, se o crime é praticado contra pessoa menor de 14 (catorze) anos.	Art. 1º. (...) II – submeter alguém, sob sua guarda, poder ou autoridade, com emprego de violência ou grave ameaça, a intenso sofrimento físico ou mental, como forma de aplicar castigo pessoal ou medida de caráter preventivo. Pena – reclusão, de dois a oito anos.	Art. 99. Expor a perigo a integridade e a saúde, física ou psíquica, do idoso, submetendo-o a condições desumanas ou degradantes ou privando-o de alimentos e cuidados indispensáveis, quando obrigado a fazê-lo, ou sujeitando-o a trabalho excessivo ou inadequado: Pena – detenção de 2 (dois) meses a 1 (um) ano e multa. § 1º Se do fato resulta lesão corporal de natureza grave: Pena – reclusão de 1 (um) a 4 (quatro) anos. § 2º Se resulta a morte: Pena – reclusão de 4 (quatro) a 12 (doze) anos.

A correção física que o pai/mãe impõe a filho/filha pode resultar, a depender da intensidade em: a) fato atípico; b) crime de maus-tratos; c) crime de tortura-castigo.

Figuras qualificadas: os §§ 1º (essa figura qualificada admite suspensão condicional do processo) e 2º encerram figuras qualificadas:

Se dos maus-tratos resulta	Qualificadora
Lesão corporal grave/gravíssima	Pena de 1 a 4 anos
Morte	Pena de 4 a 12 anos

Causa de aumento de pena: o § 3º se traduz em causa de aumento de pena (1/3), se o crime é praticado contra pessoa menor de 14 (catorze) anos.

Admite-se, com tranquilidade, o crime de maus-tratos qualificado/majorado. Exemplifico:

SITUAÇÃO HIPOTÉTICA: JOÃO, com o intuito de "educar" seu filho de 10 anos de idade que o desobedeceu, priva-o de alimentação. Em face da privação, a criança morre.

SOLUÇÃO: JOÃO perpetrou crime de maus-tratos qualificado pela morte da vítima e majorado pela idade desta.

CAPÍTULO IV
DA RIXA

Rixa

Art. 137 – Participar de rixa, salvo para separar os contendores:

Pena – detenção, de quinze dias a dois meses, ou multa.

Parágrafo único – Se ocorre morte ou lesão corporal de natureza grave, aplica-se, pelo fato da participação na rixa, a pena de detenção, de seis meses a dois anos.

Classificação: o crime é comum, de perigo concreto, doloso e de forma livre.

Trata-se de infração de menor potencial ofensivo (mesmo na forma qualificada) de ação penal pública incondicionada.

Resultado morte ou lesão grave: a rixa absorve a contravenção de vias de fato. Se a briga generalizada resultar em lesão leve, grave/gravíssima ou morte, haverá concurso material destas e do crime de rixa (em relação a quem efetivamente causou a lesão ou a morte).

Quem participou da rixa que resultou em lesão grave/gravíssima ou morte, mas não foi responsável por esses resultados, responde pela forma qualificada prevista no parágrafo único do artigo 137 do Código Penal.

Há divergência doutrinária acerca da correta imputação quando o agente participa da rixa e ele é o responsável pela lesão grave ou homicídio: a) lesão grave/homicídio em concurso com crime de rixa simples; ou b) lesão grave/homicídio em concurso com rixa qualificada. Penso mais acertada a segunda corrente.

Outro ponto relevante: a vítima da lesão grave responde por rixa simples ou qualificada? Penso que esta deve ser responsabilizada pela prática de rixa qualificada.

Quando se enfrenta a rixa com resultado lesão grave ou morte, há 3 critérios/teorias possíveis: a) autonomia (por nós adotado); b) solidariedade absoluta; c) cumplicidade correspectiva. Eis a síntese dos pensamentos[164]:

164 CUNHA, Rogério Sanches. **Manual de Direito Penal – parte especial**, volume único.

Critério	Conceito
Autonomia (**adotado pelo Código Penal**)	Apenas quem lesionou ou matou responde pelos crimes de lesão grave/homicídio.
Solidariedade absoluta	Todos os contendores devem responder pelo crime de lesão corporal grave/homicídio.
Cumplicidade correspectiva	Caso não se detecte quem praticou a lesão grave/homicídio, todos são apenados com a média das penas do autor e partícipe do crime mais grave.

Observações importantes: mais algumas dicas/observações sobre o crime em testilha:

Dica/observação	Comentário
Se a luta for entre grupos opostos, facilmente detectáveis	Não há crime de rixa
Participação (tanto moral, quanto material) no crime de rixa	É possível
Legítima defesa no âmbito de uma rixa	É possível (Rogério Greco[165] exemplifica situação na qual um dos rixosos puxa uma arma de fogo para atirar em um contendor e esse, agindo em legítima defesa, confisca a vida daquele – não haverá responsabilização por crime de homicídio em face da descriminante, mas todos contendores, inclusive o que agiu em legítima defesa, responderão por rixa qualificada).

Estatuto do Torcedor: por fim, vale a pena ler o Estatuto do Torcedor (crime relacionado a tumulto praticado por torcidas rivais):

> Art. 41-B. Promover tumulto, praticar ou incitar a violência, ou invadir local restrito aos competidores em eventos esportivos:
>
> Pena – reclusão de 1 (um) a 2 (dois) anos e multa.
>
> § 1º Incorrerá nas mesmas penas o torcedor que:
>
> I – promover tumulto, praticar ou incitar a violência num raio de 5.000 (cinco mil) metros ao redor do local de realização do evento esportivo, ou durante o trajeto de ida e volta do local da realização do evento;
>
> II – portar, deter ou transportar, no interior do estádio, em suas imediações ou no seu trajeto, em dia de realização de evento esportivo, quaisquer instrumentos que possam servir para a prática de violência.
>
> § 2º Na sentença penal condenatória, o juiz deverá converter a pena de reclusão em pena impeditiva de comparecimento às proximidades do estádio, bem como a qualquer local em que se realize evento esportivo, pelo prazo de 3 (três)

165 GRECO, Rogério. **Código Penal: comentado**, 12ª edição, 2018, p. 437.

meses a 3 (três) anos, de acordo com a gravidade da conduta, na hipótese de o agente ser primário, ter bons antecedentes e não ter sido punido anteriormente pela prática de condutas previstas neste artigo.

§ 3º A pena impeditiva de comparecimento às proximidades do estádio, bem como a qualquer local em que se realize evento esportivo, converter-se-á em privativa de liberdade quando ocorrer o descumprimento injustificado da restrição imposta.

§ 4º Na conversão de pena prevista no § 2º, a sentença deverá determinar, ainda, a obrigatoriedade suplementar de o agente permanecer em estabelecimento indicado pelo juiz, no período compreendido entre as 2 (duas) horas antecedentes e as 2 (duas) horas posteriores à realização de partidas de entidade de prática desportiva ou de competição determinada.

§ 5º Na hipótese de o representante do Ministério Público propor aplicação da pena restritiva de direito prevista no art. 76 da Lei nº 9.099, de 26 de setembro de 1995, o juiz aplicará a sanção prevista no § 2º.

CAPÍTULO V

DOS CRIMES CONTRA A HONRA

Calúnia

Art. 138 – Caluniar alguém, imputando-lhe falsamente fato definido como crime:

Pena – detenção, de seis meses a dois anos, e multa.

§ 1º – Na mesma pena incorre quem, sabendo falsa a imputação, a propala ou divulga.

§ 2º – É punível a calúnia contra os mortos.

Exceção da verdade

§ 3º – Admite-se a prova da verdade, salvo:

I – se, constituindo o fato imputado crime de ação privada, o ofendido não foi condenado por sentença irrecorrível;

II – se o fato é imputado a qualquer das pessoas indicadas no nº I do art. 141;

III – se do crime imputado, embora de ação pública, o ofendido foi absolvido por sentença irrecorrível.

Introdução: há crime de calúnia quando o agente imputa fato falso definido como crime à vítima. O delito ofende a honra objetiva[166] (a consumação ocorre quando terceira pessoa toma conhecimento da ofensa).

166 Honra objetiva significa o que as pessoas (sociedade) pensam a respeito da honra vítima. Honra subjetiva é própria percepção da vítima acerca de sua honra.

Classificação: o crime é doloso (dolo específico de caluniar, segundo o Superior Tribunal de Justiça[167]) e comum.

Trata-se de infração de menor potencial ofensivo.

Imputação de fato falso definido como contravenção: se o fato falso é definido como contravenção penal, há crime de difamação (artigo 139 do Código Penal) e não de calúnia (que só ocorre quando a imputação falsa é de fato definido como crime).

Calúnia x denunciação caluniosa: se o autor der causa à instauração de inquérito policial, de procedimento investigatório criminal, de processo judicial, de processo administrativo disciplinar, de inquérito civil ou de ação de improbidade administrativa contra alguém, imputando-lhe crime, infração ético-disciplinar ou ato ímprobo de que o sabe inocente, há crime de denunciação caluniosa, tipificado no artigo 339 do Código Penal.

Calúnia contra os mortos: é punível a calúnia contra os mortos, nos termos do artigo 138, § 2º, do Código Penal (esse é o único crime contra a honra que pode ser imputado quando há ofensa a pessoas mortas). Por óbvio a vítima não é a pessoa morta, mas sim seus entes queridos.

Exceção da verdade: é possível exceção da verdade (que o autor de suposta calúnia prove que disse a verdade – isso transmudaria o fato praticado em formalmente atípico), salvo: a) se, constituindo o fato imputado crime de ação privada, o ofendido não foi condenado por sentença irrecorrível; b) se o fato é imputado a qualquer das pessoas indicadas no nº I do art. 141; c) se do crime imputado, embora de ação pública, o ofendido foi absolvido por sentença irrecorrível.

Retratação do agente: a calúnia é crime retratável até a sentença (recorrível), nos termos do artigo 143 do Código Penal. A retratação tem natureza jurídica de causa pessoal de extinção da punibilidade (artigo 107, inciso VI, do Código Penal) – só beneficia o autor do fato que se retratou.

Saliento que a retratação deve ser cabal. Caso o crime tenha sido praticado com utilização de meios de comunicação e o ofendido assim desejar, a retratação deve ter a mesma publicidade da ofensa (vide parágrafo único do artigo 143).

Não é necessário aceitação da vítima (a lei não exigiu tal condição).

Difamação

Art. 139 – Difamar alguém, imputando-lhe fato ofensivo à sua reputação:

Pena – detenção, de três meses a um ano, e multa.

---

167 Nesse sentido, tese do Superior Tribunal de Justiça (edição 130): 1) Para a configuração dos crimes contra a honra, exige-se a demonstração mínima do intento positivo e deliberado de ofender a honra alheia (dolo específico), o denominado *animus caluniandi, diffamandi vel injuriandi*.

Exceção da verdade

Parágrafo único – A exceção da verdade somente se admite se o ofendido é funcionário público e a ofensa é relativa ao exercício de suas funções.

Introdução: há crime de difamação quando o agente imputa à vítima fato ofensivo à reputação (verdadeiro ou falso). O delito ofende a honra objetiva da vítima (a consumação ocorre quando terceira pessoa toma conhecimento da ofensa).

Classificação: trata-se de crime doloso (dolo específico de difamar, segundo o Superior Tribunal de Justiça[168]) e comum.

Trata-se de infração de menor potencial ofensivo.

Retratação: o crime é retratável até a sentença (recorrível), na forma do artigo 143 do Código Penal (causa pessoal de extinção da punibilidade – artigo 107, inciso VI, do Código Penal) – só beneficia o autor do fato que se retratou.

Como disse acima, a retratação deve ser cabal. Caso o crime tenha sido praticado com utilização de meios de comunicação e o ofendido assim desejar, a retratação deve ter a mesma publicidade da ofensa (vide parágrafo único do artigo 143).

Não é necessário aceitação da vítima (a lei não exigiu tal condição).

Exceção da verdade: é possível exceção da verdade apenas quando a ofensa for proferida contra funcionário público e disser respeito ao exercício de suas funções. Os requisitos são cumulativos (a vítima tem que ser funcionário público e a difamação deve guardar relação com o exercício das suas funções). Exemplifico:

> **SITUAÇÃO HIPOTÉTICA:** PEDRO espalha que JOÃO é um funcionário público preguiçoso, porque não sai das redes sociais no horário de atendimento ao público. JOÃO fica sabendo do fato ofensivo imputado por PEDRO e oferece queixa-crime em seu desfavor.
>
> **SOLUÇÃO:** será possível oposição de exceção da verdade, caso PEDRO decida provar que não mentiu ao afirmar o descaso de JOÃO com o serviço público, vez que a ofensa foi dirigida a funcionário público e se relacionou ao exercício das suas funções.

Injúria

Art. 140 – Injuriar alguém, ofendendo-lhe a dignidade ou o decoro:

Pena – detenção, de um a seis meses, ou multa.

---

168 Nesse sentido, tese do Superior Tribunal de Justiça (edição 130): 1) Para a configuração dos crimes contra a honra, exige-se a demonstração mínima do intento positivo e deliberado de ofender a honra alheia (dolo específico), o denominado *animus caluniandi, diffamandi vel injuriandi.*

§ 1º – O juiz pode deixar de aplicar a pena:

I – quando o ofendido, de forma reprovável, provocou diretamente a injúria;

II – no caso de retorsão imediata, que consista em outra injúria.

§ 2º – Se a injúria consiste em violência ou vias de fato, que, por sua natureza ou pelo meio empregado, se considerem aviltantes:

Pena – detenção, de três meses a um ano, e multa, além da pena correspondente à violência.

§ 3º Se a injúria consiste na utilização de elementos referentes a raça, cor, etnia, religião, origem ou a condição de pessoa idosa ou portadora de deficiência:

Pena – reclusão de um a três anos e multa.

Introdução: há crime de injúria quando o agente xinga a vítima. O delito ofende a honra subjetiva da vítima (a consumação ocorre quando a vítima toma conhecimento da ofensa e se sente atingida em sua honra).

Se o agente, por exemplo, xinga a vítima de estelionatário (ou de estuprador, de ladrão, por exemplo), há crime de injúria (o crime só seria de calúnia se o autor narrasse um **fato falso descrito como crime**). Exemplifico:

> **SITUAÇÃO HIPOTÉTICA 1:** JOÃO contou a PEDRO que MARIA é estelionatária, porque emitiu dolosamente um cheque sem provisão de fundos na loja de FERNANDA. Esse fato narrado por JOÃO nunca existiu (é falso, portanto).
>
> **SITUAÇÃO HIPOTÉTICA 2:** JOSÉ xingou JONAS de estelionatário e este se sentiu ofendido.
>
> **SOLUÇÕES:** na SITUAÇÃO HIPOTÉTICA 1, JOÃO praticou crime de calúnia (imputou fato falso definido como crime à vítima). Na SITUAÇÃO HIPOTÉTICA 2, JOSÉ cometeu crime de injúria, porque xingou a vítima, ofendendo-a.

Classificação: trata-se de crime doloso (dolo específico de injuriar, segundo o Superior Tribunal de Justiça[169]) e comum.

Trata-se de infração de menor potencial ofensivo.

Exceção da verdade e retratação: não é possível exceção da verdade, nem retratação no crime de injúria.

Não aplicação de pena: o juiz pode deixar de aplicar a pena (perdão judicial): a) quando o ofendido, de forma reprovável, provocou diretamente a injúria; b) no caso de retorsão imediata, que consista em outra injúria.

---

169 Nesse sentido, tese do Superior Tribunal de Justiça (edição 130): 1) Para a configuração dos crimes contra a honra, exige-se a demonstração mínima do intento positivo e deliberado de ofender a honra alheia (dolo específico), o denominado *animus caluniandi, diffamandi vel injuriandi*.

Injúria qualificada (§ 2º): O § 2º do artigo 140 do Código Penal é figura qualificada (se a injúria consiste em violência ou vias de fato, que, por sua natureza ou pelo meio empregado, se considerem aviltantes).

Como dito no preceito secundário, as vias de fato são absorvidas pelo crime de injúria. Já as lesões (sejam leves, graves ou gravíssimas) serão imputadas em concurso de crimes.

Trata-se de infração de menor potencial ofensivo.

Injuria qualificada (§ 3º): o § 3º do artigo 140 do Código Penal traz em seu bojo figura qualificada (se a injúria consiste na utilização de elementos referentes a raça, cor, etnia, religião, origem ou a condição de pessoa idosa ou portadora de deficiência).

Não era possível falar em injúria qualificada (havia prática de injúria simples) quando o xingamento era ligado à opção sexual da vítima. Contudo, o Supremo Tribunal Federal decidiu, nos autos da Ação Direta de Inconstitucionalidade por Omissão 26 e do Mandado de Injunção 4733, que a homofobia e a transfobia constituem formas de discriminação racial. O entendimento, a meu ver, além de impactar o crime de racismo (Lei 7.716/89) também afeta o crime de injúria qualificada, vez que passa a ser possível enquadrar o xingamento atrelado à homofobia/transfobia como elemento referente à raça (assim, a meu juízo, a injúria materializada por meio de xingamento homofóbico/transfóbico passa a ser considerada injúria qualificada, a partir da decisão do STF).

Com todas as vênias, penso que o Pretório Excelso admitiu nos julgados citados analogia *in malam partem* e foi além da sua competência jurisdicional ao permitir imputação de crime de racismo em face da discriminação resultante de homofobia e transfobia. Houve claro atropelo ao princípio da legalidade.

Apesar de não ter sido objeto dos julgados (que focou no crime de racismo – Lei 7.716/89), entendo que os crimes de injúria qualificada, como dito, e de tortura-discriminação[170] também foram impactados pelo *decisum,* visto que há em ambos referência à discriminação racial). Eis a decisão (grifos meus):

> O Tribunal, por unanimidade, conheceu parcialmente da ação direta de inconstitucionalidade por omissão. Por maioria e nessa extensão, julgou-a procedente, com eficácia geral e efeito vinculante, para: a) reconhecer o estado de mora inconstitucional do Congresso Nacional na implementação da prestação legislativa destinada a cumprir o mandado de incriminação a que se referem

170 Art. 1º Constitui crime de tortura:

I – constranger alguém com emprego de violência ou grave ameaça, causando-lhe sofrimento físico ou mental:

(...)

c) em razão de **discriminação racial** ou religiosa.

os incisos XLI e XLII do art. 5º da Constituição, para efeito de proteção penal aos integrantes do grupo LGBT; b) declarar, em consequência, a existência de omissão normativa inconstitucional do Poder Legislativo da União; c) cientificar o Congresso Nacional, para os fins e efeitos a que se refere o art. 103, § 2º, da Constituição c/c o art. 12-H, *caput*, da Lei nº 9.868/99; d) dar interpretação conforme à Constituição, em face dos mandados constitucionais de incriminação inscritos nos incisos XLI e XLII do art. 5º da Carta Política, para enquadrar a homofobia e a transfobia, qualquer que seja a forma de sua manifestação, nos diversos tipos penais definidos na Lei nº 7.716/89, até que sobrevenha legislação autônoma, editada pelo Congresso Nacional, seja por considerar-se, nos termos deste voto, que as práticas homotransfóbicas qualificam-se como espécies do gênero racismo, na dimensão de racismo social consagrada pelo Supremo Tribunal Federal no julgamento plenário do HC 82.424/RS (caso Ellwanger), na medida em que tais condutas importam em atos de segregação que inferiorizam membros integrantes do grupo LGBT, em razão de sua orientação sexual ou de sua identidade de gênero, seja, ainda, porque tais comportamentos de homotransfobia ajustam-se ao conceito de atos de discriminação e de ofensa a direitos e liberdades fundamentais daqueles que compõem o grupo vulnerável em questão; e e) declarar que os efeitos da interpretação conforme a que se refere a alínea "d" somente se aplicarão a partir da data em que se concluir o presente julgamento, nos termos do voto do Relator, vencidos os Ministros Ricardo Lewandowski e Dias Toffoli (Presidente), que julgavam parcialmente procedente a ação, e o Ministro Marco Aurélio, que a julgava improcedente. Em seguida, por maioria, fixou-se a seguinte tese: **1. Até que sobrevenha lei emanada do Congresso Nacional destinada a implementar os mandados de criminalização definidos nos incisos XLI e XLII do art. 5º da Constituição da República, as condutas homofóbicas e transfóbicas, reais ou supostas, que envolvem aversão odiosa à orientação sexual ou à identidade de gênero de alguém, por traduzirem expressões de racismo, compreendido este em sua dimensão social, ajustam-se, por identidade de razão e mediante adequação típica, aos preceitos primários de incriminação definidos na Lei nº 7.716, de 08/01/1989, constituindo, também, na hipótese de homicídio doloso, circunstância que o qualifica, por configurar motivo torpe (Código Penal, art. 121, § 2º, I, "in fine"); 2. A repressão penal à prática da homotransfobia não alcança nem restringe ou limita o exercício da liberdade religiosa, qualquer que seja a denominação confessional professada, a cujos fiéis e ministros (sacerdotes, pastores, rabinos, mulás ou clérigos muçulmanos e líderes ou celebrantes das religiões afro-brasileiras, entre outros) é assegurado o direito de pregar e de divulgar, livremente, pela palavra, pela imagem ou por qualquer outro meio, o seu pensamento e de externar suas convicções de acordo com o que se contiver em seus livros e códigos sagrados, bem assim o de ensinar segundo sua orientação doutrinária e/ou teológica, podendo buscar e conquistar prosélitos e praticar os**

> **atos de culto e respectiva liturgia, independentemente do espaço, público ou privado, de sua atuação individual ou coletiva, desde que tais manifestações não configurem discurso de ódio, assim entendidas aquelas exteriorizações que incitem a discriminação, a hostilidade ou a violência contra pessoas em razão de sua orientação sexual ou de sua identidade de gênero; 3. O conceito de racismo, compreendido em sua dimensão social, projeta-se para além de aspectos estritamente biológicos ou fenotípicos, pois resulta, enquanto manifestação de poder, de uma construção de índole histórico-cultural motivada pelo objetivo de justificar a desigualdade e destinada ao controle ideológico, à dominação política, à subjugação social e à negação da alteridade, da dignidade e da humanidade daqueles que, por integrarem grupo vulnerável (LGBTI+) e por não pertencerem ao estamento que detém posição de hegemonia em uma dada estrutura social, são considerados estranhos e diferentes, degradados à condição de marginais do ordenamento jurídico, expostos, em consequência de odiosa inferiorização e de perversa estigmatização, a uma injusta e lesiva situação de exclusão do sistema geral de proteção do direito**, vencido o Ministro Marco Aurélio, que não subscreveu a tese proposta. Não participaram, justificadamente, da fixação da tese, os Ministros Roberto Barroso e Alexandre de Moraes. Plenário, 13.06.2019.

Ressalto a importância de punir com rigor a discriminação em face da homofobia/transfobia, mas tal recrudescimento só podia ter sido materializado por meio da edição de lei em sentido estrito nesse sentido, enxertando expressamente a homofobia/transfobia como conteúdo discriminatório punido pela Lei de Racismo, na figura qualificada do crime de injúria e no crime de tortura discriminação (nunca por meio de decisão judicial, ainda que proferida pela nossa Corte Constitucional e com a mais nobre das intenções).

Injúria qualificada x racismo: a injúria qualificada, quando praticada com uso de elementos referentes a raça, cor, etnia ou religião não deve ser confundida com o crime de racismo. Na injúria, há um xingamento com intenção de ofender a honra subjetiva da vítima. No racismo há segregação (intuito de obstar a vítima, em virtude do vil preconceito, de materializar/alcançar algo que não lhe é vedado – o acesso a emprego em empresa privada, por exemplo).

Outro ponto: a diferença fundamental entre os crimes tipificados no artigo 140, § 3º, do Código Penal e no artigo 20 da Lei 7.716/89 é que naquele há xingamento dirigido a vítima específica/determinada e nesse há ofensa indeterminada que alcança todas as pessoas de mesma raça, cor, etnia, religião ou procedência nacional.

É preciso anotar que o Superior Tribunal de Justiça (a meu ver e com todas as vênias de maneira incorreta) entendeu que a injúria racial é modalidade de crime de racismo e, por isso, imprescritível, inafiançável e punida com pena de reclusão (grifo meu):

> PENAL E PROCESSO PENAL. AGRAVO REGIMENTAL NO AGRAVO EM RECURSO ESPECIAL. INJÚRIA RACIAL. CERCEAMENTO DE DEFESA. NÃO OCORRÊNCIA. EXISTÊNCIA NOS AUTOS DE CERTIDÃO EMITIDA POR SERVENTUÁRIO DA JUSTIÇA ABRINDO PRAZO PARA A RESPOSTA AO REFERIDO RECURSO. TEMPESTIVIDADE DO AGRAVO AFERIDA EM CONFORMIDADE COM A SÚMULA N.448 DO SUPREMO TRIBUNAL FEDERAL – STF. DECISÃO EXTRA PETITA. INEXISTÊNCIA. VIOLAÇÃO DE ARTIGOS DA CONSTITUIÇÃO FEDERAL. INVIABILIDADE EM RECURSO ESPECIAL. IMPRESCRITIBILIDADE DO DELITO DE INJÚRIA RACIAL. DECADÊNCIA. INEXISTÊNCIA, IN CASU. RECURSO DESPROVIDO. 1. Não há que se falar em cerceamento de defesa, porquanto consta dos autos documento assinado por serventuário da justiça certificando que, em 22.1.2015, as partes foram intimadas para responderem, no prazo de 5 (cinco) dias, o recurso de agravo em recurso especial. 2. O agravo é tempestivo, pois consoante a Súmula n.448 do Supremo Tribunal Federal: "O prazo para o assistente recorrer, supletivamente, começa a correr imediatamente após o transcurso do prazo do Ministério Público." In casu, sequer consta nos autos a informação de que o Ministério Público tenha sido intimado pessoalmente da decisão que inadmitiu o recurso especial. 3. O recurso da parte adversa traz tópico específico acerca da prescrição, não havendo que se falar em decisão extra petita, no ponto. 4. Não cabe, na via do recurso especial, a análise de suposta violação de artigos da Constituição Federal. **De acordo com o magistério de Guilherme de Souza Nucci, com o advento da Lei n.9.459/97, introduzindo a denominada injúria racial, criou-se mais um delito no cenário do racismo, portanto, imprescritível, inafiançável e sujeito à pena de reclusão.** 5. A injúria racial é crime instantâneo, que se consuma no momento em que a vítima toma conhecimento do teor da ofensa. No presente caso a matéria ofensivo foi postada e permaneceu disponível na internet por largo tempo, não sendo possível descartar a veracidade do que alegou a vítima, vale dizer, que dela se inteirou tempos após a postagem (elidindo-se a decadência). O ônus de provar o contrário é do ofensor. 6. A dúvida sobre o termo inicial da contagem do prazo decadencial, na hipótese, deve ser resolvida em favor do processo (AgRg no AREsp 686.965/DF, Rel. Ministro ERICSON MARANHO (DESEMBARGADOR CONVOCADO DO TJ/SP), SEXTA TURMA, julgado em 18/08/2015, DJe 31/08/2015).

O entendimento foi reafirmado pelo Tribunal da Cidadania no ano de 2018 (grifo meu):

> PROCESSUAL PENAL. AGRAVO REGIMENTAL NO AGRAVO EM RECURSO ESPECIAL. TEMPESTIVIDADE COMPROVADA. AGRAVO CONHECIDO. INJÚRIA RACIAL. CRIME IMPRESCRITÍVEL. OFENSA A DISPOSITIVO CONSTITUCIONAL. IMPOSSIBILIDADE. USURPAÇÃO DE COMPETÊNCIA. MATÉRIA ANALISADA, EM CASO ANÁLOGO, PELO STF. AGRAVO REGIMENTAL PARCIALMENTE PROVIDO E INDEFERIDO O PEDIDO DE EXTINÇÃO DA PUNIBILIDADE. 1. Comprovada a republicação da decisão de inadmissão do recurso especial, é reconsiderada a decisão que

> julgou intempestivo o agravo. **2. Nos termos da orientação jurisprudencial desta Corte, com o advento da Lei n.9.459/97, introduzindo a denominada injúria racial, criou-se mais um delito no cenário do racismo, portanto, imprescritível, inafiançável e sujeito à pena de reclusão** (AgRg no AREsp 686.965/DF, Rel. Ministro ERICSON MARANHO (DESEMBARGADOR CONVOCADO DO TJ/SP), SEXTA TURMA, julgado em 18/08/2015, DJe 31/08/2015). 3. A ofensa a dispositivo constitucional não pode ser examinada em recurso especial, uma vez que compete exclusivamente ao Supremo Tribunal Federal o exame de matéria constitucional, o qual já se manifestou, em caso análogo, refutando a violação do princípio da proporcionalidade da pena cominada ao delito de injúria racial. 4. Agravo regimental parcialmente provido para conhecer do agravo em recurso especial mas negar-lhe provimento e indeferir o pedido de extinção da punibilidade. (AgRg no AREsp 734.236/DF, Rel. Ministro NEFI CORDEIRO, SEXTA TURMA, julgado em 27/02/2018, DJe 08/03/2018).

O Supremo Tribunal Federal seguiu a mesma linha (imprescritibilidade da injúria racial):

> HABEAS CORPUS. MATÉRIA CRIMINAL. INJÚRIA RACIAL (ART. 140, § 3º, DO CÓDIGO PENAL). ESPÉCIE DO GÊNERO RACISMO. IMPRESCRITIBILIDADE. DENEGAÇÃO DA ORDEM. 1. Depreende-se das normas do texto constitucional, de compromissos internacionais e de julgados do Supremo Tribunal Federal o reconhecimento objetivo do racismo estrutural como dado da realidade brasileira ainda a ser superado por meio da soma de esforços do Poder Público e de todo o conjunto da sociedade. 2. O crime de injúria racial reúne todos os elementos necessários à sua caracterização como uma das espécies de racismo, seja diante da definição constante do voto condutor do julgamento do HC 82.424/RS, seja diante do conceito de discriminação racial previsto na Convenção Internacional Sobre a Eliminação de Todas as Formas de Discriminação Racial. 3. A simples distinção topológica entre os crimes previstos na Lei 7.716/1989 e o art. 140, § 3º, do Código Penal não tem o condão de fazer deste uma conduta delituosa diversa do racismo, até porque o rol previsto na legislação extravagante não é exaustivo. 4. Por ser espécie do gênero racismo, o crime de injúria racial é imprescritível. 5. Ordem de habeas corpus denegada (HC 154248, Relator(a): Edson Fachin, Tribunal Pleno, julgado em 28/10/2021, PROCESSO ELETRÔNICO DJe-036 DIVULG 22-02-2022 PUBLIC 23-02-2022).

O entendimento do STJ e do STF criou uma situação curiosa: a injúria racial findou se tornando um crime imprescritível de ação penal pública condicionada a representação da vítima. Como não houve enfrentamento efetivo dessa inconsistência, apesar de imprescritível, a injúria racial está sujeita à decadência (causa extintiva da punibilidade prevista no inciso IV do artigo 107 do Código Penal – prazo de seis meses contado a partir do conhecimento, pela vítima, da autoria delitiva). Para corrigir essa situação, penso que os Areópagos devem passar a interpretar que a injúria racial se pune mediante ação penal pública incondicionada.

Consumação do crime de injúria praticado pela internet por mensagens privadas: o Superior Tribunal de Justiça decidiu que o crime de injúria (artigo 140 do Código Penal) se consuma no local em que a vítima tomou conhecimento do conteúdo ofensivo, quando é perpetrado pela internet por meio de mensagens privadas:

> O crime de injúria praticado pela internet por mensagens privadas, as quais somente o autor e o destinatário têm acesso ao seu conteúdo, consuma-se no local em que a vítima tomou conhecimento do conteúdo ofensivo (informativo 724/STJ).

Tabela que sintetiza os crimes contra honra: vistos os crimes contra honra, eis tabela que sintetiza as lições aqui aprendidas:

Crime	Ofende a honra	Meio empregado	Admite exceção da verdade	Admite retratação antes da sentença	Exceção de notoriedade[171]
Calúnia	Objetiva	Fato falso definido como crime	Sim	Sim	Sim
Difamação	Objetiva	Fato ofensivo à reputação da vítima	Apenas quando o ofendido é servidor público e a ofensa guarda relação com a função por ele exercida	Sim	Sim
Injúria	Subjetiva	Expressão injuriosa (ofende a dignidade/decoro)	Não	Não	Não

Jurisprudência em teses do Superior Tribunal de Justiça: confira a edição 130 da jurisprudência em teses do Tribunal da Cidadania:

> 1) Para a configuração dos crimes contra a honra, exige-se a demonstração mínima do intento positivo e deliberado de ofender a honra alheia (dolo específico), o denominado *animus caluniandi, diffamandi vel injuriandi.*
>
> 2) Nos casos em que a inexistência da intenção específica de ofender a honra alheia é flagrante, admite-se, excepcionalmente, em sede de *habeas corpus,*

171 A exceção de notoriedade ocorre quando o fato é de domínio público. A mera reprodução de fato notório não deve configurar crime de calúnia ou de difamação.

a análise da presença do dolo específico exigido para a caracterização dos crimes contra a honra.

3) Para a caracterização do crime de calúnia, é indispensável que o agente que atribui a alguém fato definido como crime tenha conhecimento da falsidade da imputação.

4) O crime de calúnia não se contenta com afirmações genéricas e de cunho abstrato, devendo a inicial acusatória conter a descrição de fato específico, marcado no tempo, que teria sido falsamente praticado pela pretensa vítima.

5) O juízo de admissibilidade, o processamento e a instrução da exceção da verdade oposta em face de autoridades públicas com prerrogativa de foro devem ser feitos pelo próprio juízo da ação penal originária que, após a instrução dos autos, admitida a *exceptio veritatis*, deve remetê-los à instância decorrente da prerrogativa de função para julgamento do mérito.

6) Não se admite a exceção da verdade quando o excipiente não consegue demonstrar a veracidade da prática de conduta criminosa do excepto.

7) Expressões eventualmente contumeliosas, quando proferidas em momento de exaltação, bem assim no exercício do direito de crítica ou de censura profissional, ainda que veementes, atuam como fatores de descaracterização do elemento subjetivo peculiar aos tipos penais definidores dos crimes contra a honra.

8) A ampla liberdade de informação, opinião e crítica jornalística reconhecida constitucionalmente à imprensa não é um direito absoluto, encontrando limitações, tais como a preservação dos direitos da personalidade, nestes incluídos os direitos à honra, à imagem, à privacidade e à intimidade, sendo vedada a veiculação de críticas com a intenção de difamar, injuriar ou caluniar.

9) A não recepção pela Constituição Federal de 1988 da Lei de Imprensa (Lei n. 5. 250/1967) não implicou na *abolitio criminis* dos delitos contra a honra praticados por meio da imprensa, pois tais ilícitos permanecem tipificados na legislação penal comum.

10) É concorrente a legitimidade do ofendido, mediante queixa, e do Ministério Público, condicionada à representação do ofendido, para a ação penal por crime contra a honra de servidor público em razão do exercício de suas funções. (Súmula n. 714/STF)

11) Os deputados federais e os senadores gozam de imunidade parlamentar material, o que afasta a tipicidade de eventuais condutas, em tese, ofensivas à honra praticadas no âmbito de suas atuações político-legislativas (art. 53 da CF/1988), prerrogativa estendida aos deputados estaduais, a teor do disposto no art. 27, § 1º, da CF/1988.

12) A imunidade em favor do advogado, no exercício da sua atividade profissional, insculpida no art. 7º, § 2º, do Estatuto da OAB (Lei n. 8.906/1994), não abrange o crime de calúnia, restringindo-se aos delitos de injúria e difamação.

13) A parte não responde por crime contra a honra decorrente de peças caluniosas, difamatórias ou injuriosas apresentadas em juízo por advogado credenciado.

Disposições comuns

Art. 141 – As penas cominadas neste Capítulo aumentam-se de um terço, se qualquer dos crimes é cometido:

I – contra o Presidente da República, ou contra chefe de governo estrangeiro;

II – contra funcionário público, em razão de suas funções, ou contra os Presidentes do Senado Federal, da Câmara dos Deputados ou do Supremo Tribunal Federal;

III – na presença de várias pessoas, ou por meio que facilite a divulgação da calúnia, da difamação ou da injúria.

IV – contra pessoa maior de 60 (sessenta) anos ou portadora de deficiência, exceto no caso de injúria.

§ 1º – Se o crime é cometido mediante paga ou promessa de recompensa, aplica-se a pena em dobro.

§ 2º – Se o crime é cometido ou divulgado em quaisquer modalidades das redes sociais da rede mundial de computadores, aplica-se em triplo a pena.

Causas de aumento de pena: o artigo 141 do Código Penal indica causas de aumento de pena (majoração em 1/3, aplicação da pena em dobro ou em triplo).

Saliento que o Congresso Nacional aprovou (Pacote Anticrime) e o Presidente da República vetou a inserção do § 2º do artigo 141 do Código Penal (o veto, contudo, foi derrubado pelo Congresso Nacional).

O dispositivo (como o veto foi derrubado, ele está em vigor) prevê majorante relacionada aos crimes contra honra, com a seguinte redação: "Se o crime é cometido ou divulgado em quaisquer modalidades das redes sociais da rede mundial de computadores, aplica-se em triplo a pena". Eis as razões do veto:

> A propositura legislativa, ao promover o incremento da pena no triplo quando o crime for cometido ou divulgado em quaisquer modalidades das redes sociais da rede mundial de computadores, viola o princípio da proporcionalidade entre o tipo penal descrito e a pena cominada, notadamente se considerarmos a existência da legislação atual que já tutela suficientemente os interesses protegidos pelo Projeto, ao permitir o agravamento da pena em um terço na hipótese de qualquer dos crimes contra a honra ser cometido por meio que facilite a sua divulgação. Ademais a substituição da lavratura de termo circunstanciado nesses crimes, em razão da pena máxima ser superior a dois anos, pela necessária abertura de inquérito policial, ensejaria, por conseguinte, superlotação das

delegacias, e, com isso, redução do tempo e da força de trabalho para se dedicar ao combate de crimes graves, tais como homicídio e latrocínio.

A incidência da majorante impõe pesada reprimenda para os crimes contra a honra (triplicar a pena imputada ao crime de calúnia, por exemplo, pode fazer com que este delito tenha pena máxima orçada em 6 anos). Se por um lado a utilização das redes sociais (instagram, facebook, twitter, dentre outras) realmente maximiza a disseminação da ofensa à honra (muitas vezes perenizando-a), o aumento de pena pareceu-me exagerado.

Assim é que as majorantes previstas no artigo 141 do Código Penal agora podem ser assim sintetizadas:

Causa de aumento	Majoração
Crime cometido contra o Presidente da República, ou contra chefe de governo estrangeiro	1/3
Crime cometido contra funcionário público, em razão de suas funções, ou contra os Presidentes do Senado Federal, da Câmara dos Deputados ou do Supremo Tribunal Federal (modificação determinada pela Lei 14.197/21)	1/3
Crime na presença de várias pessoas, ou por meio que facilite a divulgação da calúnia, da difamação ou da injúria	1/3
Crime contra pessoa maior de 60 (sessenta) anos ou portadora de deficiência, exceto no caso de injúria (porque no caso da injúria há figura qualificada específica no artigo 140, § 3º)	1/3
Se o crime é cometido mediante paga ou promessa de recompensa, aplica-se a pena em dobro	Dobro
Se o crime é cometido ou divulgado em quaisquer modalidades das redes sociais da rede mundial de computadores	Triplo

Exclusão do crime

Art. 142 – Não constituem injúria ou difamação punível:

I – a ofensa irrogada em juízo, na discussão da causa, pela parte ou por seu procurador;

II – a opinião desfavorável da crítica literária, artística ou científica, salvo quando inequívoca a intenção de injuriar ou difamar;

III – o conceito desfavorável emitido por funcionário público, em apreciação ou informação que preste no cumprimento de dever do ofício.

Parágrafo único – Nos casos dos ns. I e III, responde pela injúria ou pela difamação quem lhe dá publicidade.

Exclusão do crime: o artigo 142 do Código Penal trata de exclusão do crime em caso de difamação ou injúria (por ausência do dolo de ofender a honra alheia).

Frise-se que, em verdade, há 3 interpretações doutrinárias acerca da natureza da imunidade prevista no dispositivo: a) causa especial de exclusão da ilicitude; b) causa de exclusão da punibilidade; c) causa de exclusão do elemento subjetivo do tipo. Como dito acima, concordo com o último entendimento.

A imunidade do advogado é reafirmada no artigo 7º, § 2º, do Estatuto da OAB (Lei 8.906/94):

> Art. 7º. (...)
>
> § 2º O advogado tem imunidade profissional, não constituindo injúria, difamação ou desacato puníveis qualquer manifestação de sua parte, no exercício de sua atividade, em juízo ou fora dele, sem prejuízo das sanções disciplinares perante a OAB, pelos excessos que cometer.

A imunidade do advogado relativa ao desacato foi julgada inconstitucional pela ADI 1127 (grifo meu):

> AÇÃO DIRETA DE INCONSTITUCIONALIDADE. LEI 8.906, DE 4 DE JULHO DE 1994. ESTATUTO DA ADVOCACIA E A ORDEM DOS ADVOGADOS DO BRASIL. DISPOSITIVOS IMPUGNADOS PELA AMB. PREJUDICADO O PEDIDO QUANTO À EXPRESSÃO "JUIZADOS ESPECIAIS", EM RAZÃO DA SUPERVENIÊNCIA DA LEI 9.099/1995. AÇÃO DIRETA CONHECIDA EM PARTE E, NESSA PARTE, JULGADA PARCIALMENTE PROCEDENTE. I – O advogado é indispensável à administração da Justiça. Sua presença, contudo, pode ser dispensada em certos atos jurisdicionais. II – A imunidade profissional é indispensável para que o advogado possa exercer condigna e amplamente seu múnus público. III – A inviolabilidade do escritório ou do local de trabalho é consectário da inviolabilidade assegurada ao advogado no exercício profissional. IV – A presença de representante da OAB em caso de prisão em flagrante de advogado constitui garantia da inviolabilidade da atuação profissional. A cominação de nulidade da prisão, caso não se faça a comunicação, configura sanção para tornar efetiva a norma. V – A prisão do advogado em sala de Estado Maior é garantia suficiente para que fique provisoriamente detido em condições compatíveis com o seu múnus público. VI – A administração de estabelecimentos prisionais e congêneres constitui uma prerrogativa indelegável do Estado. VII – A sustentação oral pelo advogado, após o voto do Relator, afronta o devido processo legal, além de poder causar tumulto processual, uma vez que o contraditório se estabelece entre as partes. **VIII – A imunidade profissional do advogado não compreende o desacato, pois conflita com a autoridade do magistrado na condução da atividade jurisdicional.** IX – O múnus constitucional exercido pelo advogado justifica a garantia de somente ser preso em flagrante e na hipótese de crime inafiançável. X – O

controle das salas especiais para advogados é prerrogativa da Administração forense. XI – A incompatibilidade com o exercício da advocacia não alcança os juízes eleitorais e seus suplentes, em face da composição da Justiça eleitoral estabelecida na Constituição. XII – A requisição de cópias de peças e documentos a qualquer tribunal, magistrado, cartório ou órgão da Administração Pública direta, indireta ou fundacional pelos Presidentes do Conselho da OAB e das Subseções deve ser motivada, compatível com as finalidades da lei e precedida, ainda, do recolhimento dos respectivos custos, não sendo possível a requisição de documentos cobertos pelo sigilo. XIII – Ação direta de inconstitucionalidade julgada parcialmente procedente (ADI 1127, Relator(a): Min. MARCO AURÉLIO, Relator(a) p/ Acórdão: Min. RICARDO LEWANDOWSKI, Tribunal Pleno, julgado em 17/05/2006, DJe-105 DIVULG 10-06-2010 PUBLIC 11-06-2010 EMENT VOL-02405-01 PP-00040 RTJ VOL-00215-01 PP-00528).

Retratação

Art. 143 – O querelado que, antes da sentença, se retrata cabalmente da calúnia ou da difamação, fica isento de pena.

Parágrafo único. Nos casos em que o querelado tenha praticado a calúnia ou a difamação utilizando-se de meios de comunicação, a retratação dar-se-á, se assim desejar o ofendido, pelos mesmos meios em que se praticou a ofensa.

Retratação: a calúnia e a difamação são retratáveis até a sentença (recorrível, vez que quando o legislador quis estender o limite da benesse até a sentença irrecorrível, fez isso expressamente, como no artigo 312, § 3º, do Código Penal).

Não há, como dito supra, necessidade de aquiescência da vítima para que seja reconhecida a causa pessoal (porque não se comunica aos outros autores do fato) de extinção da punibilidade (artigo 107, inciso VI, do Código Penal).

O parágrafo único (inserido pela Lei 13.188/15), reclama que a retratação, se assim quiser o ofendido, seja publicada pelos mesmos meios em que se praticou a ofensa, caso a calúnia ou difamação tenha sido praticada com utilização de meios de comunicação.

Sintetizo as lições enumeradas supra transcrevendo julgado do Superior Tribunal de Justiça (informativo 687/STJ), que declarou extinta a punibilidade de desembargadora do Tribunal de Justiça do Rio de Janeiro acusada de calúnia supostamente cometida contra pessoa morta, em face de retratação cabal materializada antes da sentença (insisto que a retratação não é ato bilateral e, por isso, não depende da aceitação do querelante):

> AÇÃO PENAL. QUEIXA-CRIME. ACUSAÇÃO CONTRA DESEMBARGADORA DO TJRJ. CRIME DE CALÚNIA CONTRA PESSOA MORTA. RETRATAÇÃO CABAL ANTES DA

SENTENÇA (ART. 143 DO CP). ATO UNILATERAL. EXTINÇÃO DA PUNIBILIDADE (ART. 107, VI, DO CP). 1. A retratação cabal da calúnia, feita antes da sentença, de forma clara, completa, definitiva e irrestrita, sem remanescer nenhuma dúvida ou ambiguidade quanto ao seu alcance – que é justamente o de desdizer as palavras ofensivas à honra, retratando-se o ofensor do malfeito -, implica a extinção da punibilidade do agente e independe de aceitação do ofendido. Inteligência do art. 143, c.c. o art. 107, VI, do CP. 2. Em se tratando de ofensa irrogada por meios de comunicação – como no caso, que foi por postagem em rede social na internet -, "a retratação dar-se-á, se assim desejar o ofendido, pelos mesmos meios em que se praticou a ofensa" (art. 143, parágrafo único, do CP; grifei). 3. A norma penal, ao abrir ao ofendido a possibilidade de exigir que a retratação seja feita pelo mesmo meio em que se praticou a ofensa, não transmudou a natureza do ato, que é essencialmente unilateral. Apenas permitiu que o ofendido exerça uma faculdade. 4. Se o ofensor, desde logo, mesmo sem consultar o ofendido, já se utiliza do mesmo veículo de comunicação para apresentar a retratação, não há razão para desmerecê-la, porque o ato já atingiu sua finalidade legal. 5. Declarada a extinção da punibilidade da Querelada (APn 912/RJ, Rel. Ministra LAURITA VAZ, CORTE ESPECIAL, julgado em 03/03/2021, DJe 23/03/2021).

Art. 144 – Se, de referências, alusões ou frases, se infere calúnia, difamação ou injúria, quem se julga ofendido pode pedir explicações em juízo. Aquele que se recusa a dá-las ou, a critério do juiz, não as dá satisfatórias, responde pela ofensa.

Pedido de explicações: não pode o suposto autor do fato ser compelido a explicar o que disse (*nemo tenetur se detegere*). Cumpre anotar, ainda, que o pedido de explicações não suspende ou interrompe o prazo decadencial para oferecimento de queixa ou representação.

Art. 145 – Nos crimes previstos neste Capítulo somente se procede mediante queixa, salvo quando, no caso do art. 140, § 2º, da violência resulta lesão corporal.

Parágrafo único. Procede-se mediante requisição do Ministro da Justiça, no caso do inciso I do caput do art. 141 deste Código, e mediante representação do ofendido, no caso do inciso II do mesmo artigo, bem como no caso do § 3º do art. 140 deste Código.

Ação penal: a ação penal nos crimes contra a honra é, em regra, privada. Há, contudo, algumas exceções[172]:

172 Cumpre anotar que há calúnia (artigo 324), difamação (artigo 325) e injúria (artigo 326) tipificados no Código Eleitoral, sendo que estes crimes são de ação penal pública incondicionada.

Hipótese	Ação penal
Regra geral (calúnia, difamação e injúria).	Privada
Injúria, se da violência resultar lesão corporal leve (140, § 2º).	Pública condicionada a representação da vítima. A ação, nos termos do Código Penal, seria pública incondicionada. Conduto, como o artigo 88 da Lei 9.099/95 determina que o crime de lesão de corporal de natureza leve seja punido por ação penal pública condicionada a representação, entende-se que a injúria tipificada no artigo 140, § 2º, do Código Penal, também deve ser punido por meio da mesma modalidade de ação penal.
Crime contra honra de funcionário público, em razão de suas funções (Súmula 714/STF[173]).	Privada
	Pública condicionada a representação da vítima.
Injúria qualificada (140, § 3º)	Pública condicionada a representação da vítima.
Crime contra honra do Presidente da República ou contra chefe de governo estrangeiro.	Pública condicionada a requisição do Ministro da Justiça.

Questões de concurso público: veja como o assunto já foi cobrado em concurso público.

1 – (Delegado de Polícia Civil/GO/2018) Sobre os crimes contra a honra, previstos no Código Penal, tem-se o seguinte:

a) Não constitui calúnia, difamação ou injúria punível a ofensa irrogada em juízo, na discussão da causa, pela parte ou por seu procurador.

b) O querelado que, antes da sentença, se retrata cabalmente da calúnia, difamação ou injúria, fica isento de pena.

c) As penas aos crimes de calúnia, difamação ou injúria aumentam-se de um terço, se qualquer dos crimes é cometido contra pessoa maior de 60 (sessenta) anos ou portadora de deficiência.

d) Se, de referências, alusões ou frases, se infere calúnia, difamação ou injúria, quem se julga ofendido pode pedir explicações em juízo.

e) Nos crimes de calúnia, difamação ou injúria, admite-se a exceção da verdade.

2 – (Escrivão de Polícia/SP/2018) Tendo em conta os artigos 138 a 145 do Código Penal, que tratam dos crimes contra a honra, assinale a alternativa correta.

a) Nos crimes de calunia e difamação, procede-se mediante queixa. Já no crime de injúria, em qualquer de suas modalidades, procede-se mediante representação do ofendido.

b) No crime de calúnia, praticado em detrimento de chefe de governo estrangeiro, admite-se exceção da verdade.

c) No crime de difamação, praticado em detrimento de funcionário público, admite-se a exceção da verdade, desde que a ofensa seja relativa ao exercício de suas funções.

173 É concorrente a legitimidade do ofendido, mediante queixa, e do Ministério Público, condicionada à representação do ofendido, para a ação penal por crime contra a honra de servidor público em razão do exercício de suas funções.

d) A retratação da ofensa, que isenta o querelado de pena, desde que feita antes da sentença, aplica-se aos crimes de calúnia, difamação e injúria.

e) Não constituem injúria ou difamação punível a ofensa irrogada em juízo, na discussão da causa, pela parte ou por seu procurador, estendendo a exclusão do crime a quem der publicidade à ofensa.

3 – (Delegado de Polícia Civil/PI/2018) No que diz respeito aos crimes contra a honra, marque a alternativa INCORRETA.

a) Caluniar alguém, imputando-lhe falsamente fato definido como crime, sendo também punível a calúnia contra os mortos.

b) É crime difamar alguém, imputando-lhe fato ofensivo à sua reputação. Em relação ao crime de difamação não cabe exceção da verdade.

c) O autor da calúnia pode interpor a exceção da verdade, mas esta não será aceita, caso em algumas situações, entre elas se, constituindo o fato imputado crime de ação privada, o ofendido não foi condenado por sentença irrecorrível.

d) É crime injuriar alguém, ofendendo-lhe a dignidade ou o decoro, mas o legislador pátrio entendeu que o juiz pode deixar de aplicar a pena, quando o ofendido, de forma reprovável, provocou diretamente a injúria ou no caso de retorsão imediata, que consista em outra injúria.

e) Caso o crime contra a honra tenha como vítima um funcionário público, em razão de suas funções, a pena será aumentada.

4 – (Escrivão de Polícia Civil/AC/2017) Encaminhar uma mensagem de texto a um policial civil que se encontra em outro município, xingando-o de ladrão, configura crime de:

a) calúnia.

b) desacato.

c) injúria.

d) difamação.

e) denunciação caluniosa.

5 – (Delegado de Polícia Civil/AC/2017) Acerca dos crimes contra a honra, é correto afirmar que:

a) apenas a calúnia, considerados todos os crimes contra a honra, pode ter a pessoa morta como sujeito passivo do delito, hipótese em que o bem jurídico atingido será a honra objetiva ou externa do morto.

b) não comete crime de calúnia quem. com intenção de ampliar a lesão à honra do ofendido, propala ou divulga a imputação prévia feita por outrem, sabendo da falsidade da imputação, hipótese capaz de gerar apenas responsabilidade civil.

c) xingar um homem casado de "corno" ou "cornudo" é uma hipótese de injúria reflexa, dando azo ao concurso formal de crimes.

d) o crime de calúnia pressupõe a falsidade da imputação, cuja ciência deve integrar o dolo do agente, de modo que somente se admitirá dolo direto no referido delito.

e) escarnecer de alguém por motivo de crença e de forma privada caracteriza crime de ultraje a culto, que prevalecerá sobre o crime de injúria.

6 – (Delegado de Polícia Civil/PA/2016) Ao realizar a manutenção da rede elétrica na casa de um cliente, o eletricista Servílio inadvertidamente entra em um quarto que pensava ser o banheiro. Lá encontra fotos do dono da casa fantasiado de Adolf Hitler, além de um diário. Ao folhear o diário, Servílio descobre vários escritos nos quais o dono da casa manifesta seu desprezo por um

vizinho, por ele denominado "judeu sujo". Servílio, então, leva o fato ao conhecimento do vizinho, que, sentindo-se ofendido, noticia o fato em uma delegacia policial. Ouvido o dono da casa, este revela ser simpatizante do nazismo, usando o referido cômodo para dar secretamente vazão à sua ideologia. Outrossim, o diário seria uma forma de extravasar suas inquietações sem ser descoberto por terceiros. Considerando o caso concreto, é possível afirmar que a conduta do dono da casa:

a) configura crime de difamação.
b) configura crime de injuria por preconceito.
c) configura crime de injuria.
d) configura crime previsto em lei especial.
e) é atípica.

7 – (Escrivão de Polícia Civil/PA/2016) Leia as alternativas a seguir e assinale a correta.

a) A pessoa jurídica só pode ser sujeito passivo em crimes patrimoniais.
b) A pessoa jurídica pode ser sujeito passivo em crime de difamação.
c) A pessoa jurídica pode figurar como sujeito ativo de crime contra a administração pública previsto no Código Penal.
d) Os inimputáveis não podem ser vítimas de crimes contra a honra.
e) O inimputável por embriaguez proveniente de caso fortuito não pode figurar como sujeito passivo.

8 – (Delegado de Polícia Civil/RN/2021) Enquanto realizava compras em uma famosa loja de grife da cidade, Roberto iniciou discussão com a vendedora Joana, vindo a afirmar, na presença de quinze clientes, que o mau atendimento só poderia ter sido causado por uma "negrinha que deveria estar comendo banana". Joana ficou envergonhada com toda a situação, optando por ir para casa e não contar a ninguém sobre o ocorrido. Contudo, a proprietária do estabelecimento compareceu em sede policial e narrou os fatos. Considerando apenas as informações expostas, é correto afirmar que o delegado:

a) deverá instaurar inquérito policial, pois o crime em tese praticado foi de injúria racial sem causa de aumento, que é de ação penal pública incondicionada;
b) não poderá instaurar inquérito policial, pois o crime em tese praticado foi de injúria racial majorada, que exige representação da vítima;
c) deverá instaurar inquérito policial, pois foi praticado crime de racismo, que é de ação penal pública incondicionada;
d) não poderá instaurar inquérito policial, pois foi praticado crime de injúria racial simples, que é de ação penal privada;
e) deverá instaurar inquérito policial, pois o crime praticado foi de injúria racial majorada, que é de ação penal pública incondicionada.

Gabarito comentado:

Questão	Reposta	Comentário
1	Letra D	Vide artigo 144 do Código Penal.
2	Letra C	Vide parágrafo único do artigo 139 do Código Penal.
3	Letra B	O crime de difamação admite exceção da verdade, na forma do parágrafo único do artigo 139 do Código Penal.
4	Letra C	O xingamento induz prática de crime de injúria.

5	Letra C	A injúria reflexa foi tratada pelo Supremo Tribunal Federal na PET 7417. O Pretório Excelso entendeu que a esposa tem legitimidade para propor ação penal contra a pessoa que atribui a seu marido relação extraconjugal: LEGITIMIDADE – QUEIXA-CRIME – OFENDIDA. Possui legitimidade para formalizar ação penal privada a mulher de cidadão quando atribuída a este infidelidade conjugal – inteligência do artigo 30 do Código de Processo Penal (Pet 7417 AgR, Relator(a): LUIZ FUX, Relator(a) p/ Acórdão: MARCO AURÉLIO, Primeira Turma, julgado em 09/10/2018, PROCESSO ELETRÔNICO DJe-039 DIVULG 25-02-2019 PUBLIC 26-02-2019).
6	Letra E	Não houve exteriorização da prática pelo agente (por isso não se pode imputar crime de injúria qualificada ou mesmo de racismo).
7	Letra B	Como o crime de difamação ofende a honra objetiva, é possível que a pessoa jurídica figure como sujeito passivo do delito.
8	Letra B	O crime perpetrado foi de injúria racial (qualificada) com incidência de causa e aumento (por ter sido praticado na presença de várias pessoas – inciso III do artigo 141 do Código Penal). Nos termos do parágrafo único do artigo 145 do Código Penal, o crime em questão é de ação penal pública condicionada a representação da vítima e, como tal, o inquérito policial só poderá ser instaurado depois de ofertada a representação (na forma do § 4º do artigo 5º do Código de Processo Penal).

CAPÍTULO VI

DOS CRIMES CONTRA A LIBERDADE INDIVIDUAL

SEÇÃO I

DOS CRIMES CONTRA A LIBERDADE PESSOAL

Constrangimento ilegal

Art. 146 – Constranger alguém, mediante violência ou grave ameaça, ou depois de lhe haver reduzido, por qualquer outro meio, a capacidade de resistência, a não fazer o que a lei permite, ou a fazer o que ela não manda:

Pena – detenção, de três meses a um ano, ou multa.

Aumento de pena

§ 1º – As penas aplicam-se cumulativamente e em dobro, quando, para a execução do crime, se reúnem mais de três pessoas, ou há emprego de armas.

§ 2º – Além das penas cominadas, aplicam-se as correspondentes à violência.

§ 3º – Não se compreendem na disposição deste artigo:

I – a intervenção médica ou cirúrgica, sem o consentimento do paciente ou de seu representante legal, se justificada por iminente perigo de vida;

II – a coação exercida para impedir suicídio.

Classificação: crime comum, doloso e material (consuma-se quando a vítima não faz o que a lei permite ou faz o que ela não manda, em face de violência, grave ameaça ou violência imprópria perpetrada pelo autor do fato).

Trata-se de infração de menor potencial ofensivo de ação penal pública incondicionada.

Condutas proibidas: o crime em questão pode ser cometido mediante emprego de violência, grave ameaça ou violência imprópria.

O agente deseja, com sua conduta, obrigar a vítima a fazer o que a lei não manda ou a não fazer o que a lei permite.

Subsidiariedade implícita: o crime de constrangimento ilegal é subsidiário, só sendo utilizado quando a conduta não puder ser tipificada como outra infração penal mais severa (extorsão ou estupro, por exemplo) – trata-se de **subsidiariedade implícita**.

Aplicação cumulativa e em dobro das penas: no § 1º do artigo 146, o legislador determinou aplicação cumulativa das penas e, ainda, imposição de causa de aumento de pena.

Aplicar cumulativamente as penas significa que a pena privativa de liberdade e a pena de multa devem ser aplicadas em conjunto. Ademais, haverá incidência da majorante (aplicação da pena privativa de liberdade em dobro).

Como o dispositivo fala apenas em "armas", incidirá causa de aumento qualquer que seja a arma empregada (própria ou imprópria, de fogo ou branca). Basta que uma arma seja empregada para incidência da majorante (apesar da palavra estar no plural – "armas").

Concurso de crimes, se da violência resulta lesão corporal: o § 2º do artigo 146 deixa claro que é possível impor ao agente as penas relacionadas ao emprego da violência (própria).

A contravenção penal de vias de fato e o crime de ameaça e são absorvidos, mas se da violência empregada a vítima sofre lesão corporal (de qualquer natureza), há punição do agente em concurso.

Atipicidade x exclusão da ilicitude: em relação ao § 3º do artigo 146, há entendimento doutrinário no sentido de que as situações listadas se traduzem em condutas atípicas (não há dolo de praticar o crime de constrangimento ilegal) e no sentido de que elas têm a natureza jurídica de causas excludentes de ilicitude (corrente majoritária).

Penso que a razão está com a primeira corrente. Nos casos descritos no dispositivo analisado não há dolo de praticar o crime tipificado no artigo 146 do Código Penal.

Coação irresistível: se há constrangimento, mediante violência ou grave ameaça, gerando sofrimento físico ou mental, para que a vítima cometa crime, o coagido ficará isento de pena (coação irresistível – artigo 22 do Código Penal[174]) e o coator deve

174 Exclui-se a culpabilidade por inexigibilidade de conduta diversa.

responder pelo crime perpetrado pelo coagido (autoria mediata) e pela prática de tortura (tendo como vítima o coagido) – artigo 1º, inciso I, alínea "b", da Lei 9.455/97.

Caso não exista sofrimento físico ou mental, em face da violência ou grave ameaça empregada, o coator responde pelo crime de constrangimento ilegal em concurso material com o crime praticado pelo coagido (ficando o coagido isento de pena, na forma do artigo 22 do Código Penal).

Frise-se que se a coação for resistível, o coagido responde pelo crime por ele praticado, com incidência da atenuante do artigo 65, inciso III, alínea "c", do Código Penal.

Prisão em flagrante x constrangimento ilegal: não há crime de constrangimento ilegal quando o particular (exercício regular de direito) ou policial (estrito cumprimento do dever legal) prende alguém em flagrante delito – artigo 301 do Código de Processo Penal[175].

Ainda que a prisão flagrancial seja relaxada, não se cogita prática de crime de abuso de autoridade pela autoridade policial/policial em face da privação ilegal. Explico. O artigo 11[176] do projeto aprovado pelo Congresso Nacional foi vetado.

Constrangimento ilegal x exercício arbitrário das próprias razões: se o constrangimento é materializado (com emprego de violência, grave ameaça ou violência imprópria) para satisfazer pretensão legítima, haverá prática do crime do artigo 345 do Código Penal:

> Art. 345 – Fazer justiça pelas próprias mãos, para satisfazer pretensão, embora legítima, salvo quando a lei o permite:
>
> Pena – detenção, de quinze dias a um mês, ou multa, além da pena correspondente à violência.
>
> Parágrafo único – Se não há emprego de violência, somente se procede mediante queixa.

Uso indevido de algemas: o uso indevido de algemas (vide Súmula Vinculante 11[177]) não pode ser tipificado como crime de abuso de autoridade (Lei 13.869/19),

175 Art. 301. Qualquer do povo poderá e as autoridades policiais e seus agentes deverão prender quem quer que seja encontrado em flagrante delito.

176 Art. 11. Executar a captura, prisão ou busca e apreensão de pessoa que não esteja em situação de flagrante delito ou sem ordem escrita de autoridade judiciária, salvo nos casos de transgressão militar ou crime propriamente militar, definidos em lei, ou de condenado ou internado fugitivo:
Pena – detenção, de 1 (um) a 4 (quatro) anos, e multa.

177 Súmula Vinculante 11 – Só é lícito o uso de algemas em casos de resistência e de fundado receio de fuga ou de perigo à integridade física própria ou alheia, por parte do preso ou de terceiros, justificada a excepcionalidade por escrito, sob pena de responsabilidade disciplinar, civil e penal do agente ou da autoridade e de nulidade da prisão ou do ato processual a que se refere, sem prejuízo da responsabilidade civil do Estado.

porquanto houve veto ao crime do artigo 17[178] do projeto aprovado pelo Congresso Nacional.

Em face dessa realidade, caso exista emprego irregular de algemas, o agente deve ser responsabilizado, eventualmente, pelo crime de constrangimento ilegal (artigo 146 do Código Penal), ainda que seja autoridade.

Código de Defesa do Consumidor x Estatuto do Idoso: por fim, saliento que há tipos específicos de constrangimento ilegal no Código de Defesa do Consumidor (Lei 8.078/90) e no Estatuto do Idoso (Lei 10.741/03):

Código de Defesa do Consumidor	Estatuto do Idoso
Art. 71. Utilizar, na cobrança de dívidas, de ameaça, coação, constrangimento físico ou moral, afirmações falsas incorretas ou enganosas ou de qualquer outro procedimento que exponha o consumidor, injustificadamente, a ridículo ou interfira com seu trabalho, descanso ou lazer: Pena – detenção de três meses a um ano e multa.	Art. 107. Coagir, de qualquer modo, o idoso a doar, contratar, testar ou outorgar procuração: Pena – reclusão de 2 (dois) a 5 (cinco) anos.

Questão de concurso público: veja como o assunto já foi cobrado em concurso público.

1 – (Delegado de Polícia Civil/SP/2018) No que concerne ao crime de constrangimento ilegal (CP, art. 146), é correto afirmar que

a) qualifica o tipo a concorrência de 3 (três) ou mais agentes.

b) tipifica o crime a coação exercida para impedir suicídio, o que se explica pelo fato de o suicídio não ser penalmente relevante.

c) tipifica o crime a intervenção médica ou cirúrgica, sem o consentimento do paciente ou de seu representante legal, mesmo se justificada por iminente perigo de vida.

d) se consuma quando a vítima, sem norma legal que a obrigue a tanto, faz ou deixa de fazer, cedendo à determinação do agente.

e) se tipifica o crime, apenas, pela ação violenta, não havendo previsão legal para punição por mera grave ameaça.

178 Art. 17. Submeter o preso, internado ou apreendido ao uso de algemas ou de qualquer outro objeto que lhe restrinja o movimento dos membros, quando manifestamente não houver resistência à prisão, internação ou apreensão, ameaça de fuga ou risco à integridade física do próprio preso, internado ou apreendido, da autoridade ou de terceiro:
Pena – detenção, de 6 (seis) meses a 2 (dois) anos, e multa.
Parágrafo único. A pena é aplicada em dobro se:
I – o internado tem menos de 18 (dezoito) anos de idade;
II – a presa, internada ou apreendida estiver grávida no momento da prisão, internação ou apreensão, com gravidez demonstrada por evidência ou informação;
III – o fato ocorrer em penitenciária.

Gabarito comentado:

Questão	Reposta	Comentário
1	Letra D	O crime de constrangimento ilegal, tipificado no artigo 146 do Código Penal se consuma quando a vítima, constrangida, faz ou deixa de fazer algo, cedendo à determinação do agente.

Ameaça

Art. 147 – Ameaçar alguém, por palavra, escrito ou gesto, ou qualquer outro meio simbólico, de causar-lhe mal injusto e grave:

Pena – detenção, de um a seis meses, ou multa.

Parágrafo único – Somente se procede mediante representação.

Classificação: trata-se de delito comum, doloso e formal (que se consuma quando a ameaça com capacidade para intimidar a vítima chega ao conhecimento desta).

Apesar da doutrina majoritária entender ser desnecessária a real intimidação da vítima, como o crime é de ação penal pública condicionada a representação, como se dirá alhures, caso esta não se sinta atemorizada, certamente não será materializada a condição de procedibilidade e, assim, não haverá movimentação da máquina persecutória.

Trata-se de infração de menor potencial ofensivo.

Mal injusto: o crime de ameaça só restará perpetrado se o mal prometido for injusto (caso seja justo, tem-se fato atípico – não há crime se o credor ameaça promover execução do devedor no Judiciário, por exemplo).

Tentativa: É possível, em tese, tentativa (quando a ameaça é remetida por carta que não chega ao destinatário, por exemplo). É necessário, por óbvio, o dolo de ameaçar (caso exista *animus jocandi*, o fato será atípico).

Espécies de ameaça: com a clareza que lhe é peculiar, Rogério Sanches Cunha[179] deixa claro que a ameaça pode ser:

Ameaça	Definição
Explícita	Clara e induvidosa
Implícita	Velada
Direta	O mal prometido atinge a própria vítima
Indireta	O mal prometido atinge terceira pessoa

179 CUNHA, Rogério Sanches. **Código Penal para concursos**. Salvador, 13ª edição, Juspodivm, 2020, p. 522.

Ameaça	Definição
Incondicional	Não depende de acontecimento futuro
Condicional	Depende de acontecimento futuro

Ação penal: a ação penal é pública condicionada a representação (mesmo que a ameaça tenha sido praticada contra mulher, no âmbito de relação doméstica, familiar ou íntima de afeto, com aplicação da Lei Maria da Penha – Lei 11.340/06).

Ameaça supersticiosa: é possível prática do crime em testilha em face de ameaça supersticiosa ou espiritual (atrelada a crendice, simpatia ou macumba, por exemplo).

Estado de cólera, ira ou embriaguez: apesar de divergência doutrinária, penso ser possível imputar crime de ameaça a quem pratica a conduta descrita no artigo 147 do Código Penal em estado cólera, ira ou em estado de embriaguez (note que o artigo 28, inciso II, do Código Penal, adotando a teoria da *actio libera in causa,* não afasta a imputabilidade penal em face da embriaguez voluntária ou culposa, ainda que completas).

Ameaça perpetrada na presença de filho menor (valoração negativa da culpabilidade do agente): o Superior Tribunal de Justiça, no informativo 731, entendeu que é possível valorar negativamente o fato do agente ter ameaçado a vítima na presença do seu filho menor (imposição de pena-base mais gravosa em face da análise da culpabilidade – maior censura/reprovabilidade da conduta).

Questão de concurso público: veja como o assunto já foi cobrado em concurso público.

1 – (Escrivão de Polícia Civil/SP/2018) Tendo em conta os crimes contra a liberdade individual, previstos nos artigos 146 a 149 do Código Penal, bem como os de extorsão (158 do CP) e extorsão mediante sequestro (159 do CP), é correto afirmar que

a) Mévio e Caio, demitidos, ao manterem preso, por 10 dias, em uma casa abandonada, por vingança, o filho do dono da empresa em que trabalhavam, praticam o crime de extorsão mediante sequestro, previsto no artigo 159 do CP.

b) Mévio, ao manter Tícia, sua vizinha, presa em casa, amarrada à cama, por uma semana, condicionando sua soltura à entrega da senha do cofre, onde ele sabia existir dólares e joias, pratica o crime de cárcere privado, previsto no artigo 148 do CP.

c) Tício, ao submeter seus empregados a trabalho forçado e a condições degradantes, com restrição à locomoção, pratica o crime de constrangimento ilegal, previsto no artigo 146 do CP.

d) Tício, ao ficar parado em frente ao trabalho de Mévia, sua ex-mulher, fazendo gestos com as mãos que simbolizam disparos de arma de fogo, causando-lhe temor, pratica o crime de ameaça.

e) Caio, médico, ao realizar transfusão de sangue em Tício, menor, sem o consentimento dos pais, ainda que para salvá-lo de risco iminente de morte, pratica o crime de constrangimento ilegal, previsto no artigo 146 do CP.

Gabarito comentado:

Questão	Reposta	Comentário
1	Letra D	O crime de ameaça, tipificado no artigo 147 do Código Penal pode ser cometido por meio de gestos ameaçadores.

Perseguição

Art. 147-A. Perseguir alguém, reiteradamente e por qualquer meio, ameaçando--lhe a integridade física ou psicológica, restringindo-lhe a capacidade de locomoção ou, de qualquer forma, invadindo ou perturbando sua esfera de liberdade ou privacidade.

Pena – reclusão, de 6 (seis) meses a 2 (dois) anos, e multa.

§ 1º A pena é aumentada de metade se o crime é cometido:

I – contra criança, adolescente ou idoso;

II – contra mulher por razões da condição de sexo feminino, nos termos do § 2º-A do art. 121 deste Código;

III – mediante concurso de 2 (duas) ou mais pessoas ou com o emprego de arma.

§ 2º As penas deste artigo são aplicáveis sem prejuízo das correspondentes à violência.

§ 3º Somente se procede mediante representação.

Introdução: o crime de perseguição foi enxertado no Código Penal pela Lei 14.132/21.

A inserção do artigo 147-A no Caderno Repressivo significou a criminalização do *stalking* (fenômeno estudado pela Criminologia). Nas palavras de Ana Isabel Sani, João Carrasquinho e Cristina Soeiro[180] (comentando o crime de perseguição no Código Penal de Portugal):

> O *stalking*, geralmente assim designado na literatura internacional e criminalizado em Portugal, através do art. 154-A (Lei 83/2015), denominado "perseguição", traduz-se, de acordo com o mesmo texto, num comportamento de perseguição ou de assédio a uma pessoa, por qualquer meio, com o intuito de direta ou indiretamente lhe provocar medo, inquietação ou prejudicar a sua liberdade de determinação.

180 SANI, Ana Isabel, CARRASQUINHO, João e SOEIRO, Cristina. **Violência nas relações de intimidades em jovens e comportamentos de Stalking e Ciberstalking** *in* Desvio, Crime e Vitimologia, coordenação de PAULINO, Mauro e ALCHIERI, João C., editora Pactor, p. 72/73.

Classificação: trata-se de delito comum (pode ser cometido por qualquer pessoa), doloso (não há modalidade culposa, nem a exigência de especial fim de agir), formal (não há necessidade de que os resultados listados no tipo efetivamente ocorram para que o crime se consume) e habitual.

Trata-se de infração de menor potencial ofensivo (na forma simples).

Bem jurídico tutelado: o tipo protege a liberdade pessoal da vítima (além da sua integridade física e psicológica).

Conduta proibida: a tabela abaixo trata da conduta proibida no tipo:

<table>
<tr><th colspan="4">Artigo 147-A do Código Penal</th></tr>
<tr><td rowspan="2">Perseguir alguém</td><td rowspan="2">reiteradamente e por qualquer meio</td><td rowspan="2">ameaçando-lhe a integridade física ou psicológica</td><td>restringindo-lhe a capacidade de locomoção.</td></tr>
<tr><td>de qualquer forma, invadindo ou perturbando sua esfera de liberdade ou privacidade.</td></tr>
</table>

Perseguir significa ir no encalço, atormentar, seguir alguém. Como se reclama perseguição reiterada, o crime em testilha deve ser classificado como **habitual** (vale dizer, a prática de um ato isolado não é suficiente para imputação do delito estudado).

Trata-se de crime de **forma livre** (o tipo indica que a perseguição pode ser materializada "por qualquer meio"). É possível, destarte, perpetrar o delito tipificado no artigo 147-A do Código Penal perseguindo reiteradamente a vítima virtualmente (temos aqui o chamado *cyberstalking*), por meio de ligações telefônicas, pelo envio de cartas, a pé, com uso de veículo, dentre outras possibilidades, desde que o agente finde ameaçando a integridade física ou psicológica da vítima.

Destarte, penso que a perseguição reiterada, para ser alçada à prática do crime tipificado no artigo 147-A do Código Penal, precisa se traduzir em ameaça à integridade física ou psicológica da vítima (nesse sentido, Adriano Costa, Eduardo Fontes e Henrique Hoffmann[181]). Não é preciso, contudo, que a ameaça se traduza num mal futuro e grave (como no crime tipificado no artigo 147 do Código Penal). Basta que a perseguição reiterada traga (ou possa trazer) inquietação à vítima ("ameaça psicológica" finda sendo uma expressão aberta). Como o crime é de ação penal pública condicionada à representação (como se verá adiante) caberá à vítima (ou a seu representante legal) noticiar (representando) a prática criminosa ao aparelho persecutório para que a máquina estatal seja movimentada (por óbvio, se eventuais telefonemas

---

181 COSTA, Adriano Sousa; FONTES, Eduardo e HOFFMANN, Henrique *in* **https://www.conjur.com.br/2021-abr-06/academia-policia-stalking-crime-perseguicao-ameacadora**, acesso em abril de 2021.

ou mensagens, por exemplo, não forem consideradas ameaçadoras pela vítima, esta certamente não ofertará representação).

Os dois resultados descritos no tipo (que não precisam efetivamente ocorrer, por se tratar de delito formal) são alternativos:

Resultados (alternativos)	Comentários
Restrição da capacidade de locomoção	A restrição descrita no tipo não quer dizer que a vítima foi, por exemplo, trancafiada em um local pelo autor do fato (isso significaria prática do crime de sequestro/cárcere privado, tipificado no artigo 148 do Código Penal, ou outro delito, a depender da intenção do agente). No caso do crime tipificado no artigo 147-A, a conduta do agente (de perseguir reiteradamente a vítima, ameaçando sua integridade física ou psicológica) faz com que esta não se sinta à vontade para exercer plenamente sua liberdade de locomoção (deixando, em virtude da perseguição reiterada e ameaçadora, de frequentar determinados lugares ou mudando seus trajetos, por exemplo). Exemplifico: **SITUAÇÃO HIPOTÉTICA:** 'A' manda reiteradas mensagens privadas a 'B', ameaçando sua integridade física, sempre que a vítima posta uma fotografia em sua rede social correndo no parque da cidade. Incomodada com a perseguição reiterada (e temendo por sua integridade física), a vítima deixa de se exercitar no local. **SOLUÇÃO:** 'A' cometeu o crime habitual de perseguição contra 'B'.
De qualquer forma, invadindo ou perturbando sua esfera de liberdade ou privacidade	Este resultado é muito aberto e comporta qualquer intromissão indevida do agente na liberdade (indivíduo que faz telefonemas ou manda mensagens ameaçadoras reiteradas censurando as roupas usadas pela vítima, por exemplo) ou privacidade do ofendido (agente que fotografa ou filma a vítima toda vez que esta toma sol no quintal da sua casa e depois manda mensagens ameaçadoras mostrando que segue seus passos na sua vida privada, por exemplo).

Consumação e tentativa (impossibilidade): o crime se consuma com a reiteração de atos que se traduzam na perseguição ameaçadora (por se tratar de delito habitual, não é possível punir a tentativa), ainda que os resultados alternativos descritos no tipo não ocorram (delito formal).

Caberá ao intérprete avaliar se houve prática do crime especial (perseguição) ou se a conduta do agente deve ser enquadrada no crime geral (ameaça).

Causas de aumento de pena: o § 1º do artigo 147-A do Código Penal traz em seu bojo majorantes (a pena será aumentada da metade).

A incidência do aumento de pena impede proposta de transação penal (vez que o delito deixa de ser infração de menor potencial ofensivo).

Causas de aumento de pena	
Contra criança, adolescente ou idoso	Considera-se criança a pessoa de até 12 anos incompletos (na forma do artigo 2º do Estatuto da Criança e do Adolescente). **Adolescente** é a pessoa com idade entre 12 anos completos e 18 incompletos (mesmo dispositivo do ECA). **Idoso** é a pessoa com idade igual ou superior a 60 anos (na forma do artigo 1º da Lei 10.741/03). Apesar de não ser possível transação penal (como dito supra), admite-se suspensão condicional do processo (o aumento de pena não fará com que a pena mínima extrapole 1 ano – artigo 89 da Lei 9.099/95). A idade, para fins de incidência da majorante, deve ser avaliada durante o período de perseguição reiterada (assim, se durante o lapso considerado para imputação do crime ao agente a vítima era criança, adolescente ou se tornou idoso, impõe-se a majorante). Exemplifico:
Contra mulher por razões da condição de sexo feminino, nos termos do § 2º-A do art. 121 deste Código	**SITUAÇÃO HIPOTÉTICA:** 'A' perseguiu 'B', ameaçando sua integridade psicológica, por meio de duas mensagens enviadas nas semanas que antecediam o aniversário de 60 anos da vítima e de uma mensagem remetida depois do natalício desta. **SOLUÇÃO:** 'A' deve ser responsabilizado pelo crime de perseguição majorada, na forma do inciso I do § 1º do artigo 147-A do Código Penal. Essa majorante se traduz em forma de **violência psicológica** contra mulher[182] (na forma do inciso II do artigo 7º da Lei 11.340/06[183] e da letra 'd' do

182 Como dito supra, há 3 acepções para palavra mulher: a) **biológica** (mulher é o ser humano do sexo feminino); b) **subjetiva** (mulher é o ser humano que se entende do gênero feminino); c) **jurídica** (mulher é o ser humano que possui gênero feminino em seu registro civil). Interessante notar que a discussão acerca da interpretação acerca de quem é mulher impacta a imputação do crime de feminicídio. Afirmar que a palavra mulher é elementar objetiva conduz à interpretação de que a interpretação correta é a de cunho biológico, ao passo que pensar que se trata de uma elementar normativa abre caminho para aceitação das outras duas acepções da expressão.

183 Art. 7º (...)

II – a violência psicológica, entendida como qualquer conduta que lhe cause dano emocional e diminuição da autoestima ou que lhe prejudique e perturbe o pleno desenvolvimento ou que vise degradar ou controlar suas ações, comportamentos, crenças e decisões, mediante ameaça, constrangimento, humilhação, manipulação, isolamento, vigilância constante, perseguição contumaz, insulto, chantagem, violação de sua intimidade, ridicularização, exploração e limitação do direito de ir e vir ou qualquer outro meio que lhe cause prejuízo à saúde psicológica e à autodeterminação.

	artigo 7º da Convenção Interamericana para Prevenir, Punir e Erradicar a Violência contra a Mulher – Convenção de Belém do Pará[184]). A expressão "**razão da condição do sexo feminino**", como o próprio dispositivo informa, deve ser interpretada nos termos do § 2º-A do art. 121 do Código Penal[185] (interpretação autêntica). Se houver incidência da Lei Maria da Penha (violência doméstica ou familiar contra mulher, na forma do artigo 5º da Lei 11.340/06[186]), não será possível incidência de nenhuma medida benéfica prevista na Lei 9.099/95 (artigo 41 da LMP[187]) e o crime deve ser julgado pelo Juizado de Violência Doméstica e Familiar contra a Mulher (artigo 14 da LMP[188]). O inciso IV do § 2º do artigo 28-A do CPP impossibilita acordo de não persecução penal nessa situação. É possível a imputação (em concurso de crimes) dos delitos de perseguição e de descumprimento de

184 Art. 7º Os Estados Partes condenam todas as formas de violência contra a mulher e convêm em adotar, por todos os meios apropriados e sem demora, políticas destinadas a prevenir, punir e erradicar tal violência e a empenhar-se em:
(...)
d. adotar medidas jurídicas que exijam do agressor que se abstenha de perseguir, intimidar e ameaçar a mulher ou de fazer uso de qualquer método que danifique ou ponha em perigo sua vida ou integridade ou danifique sua propriedade.

185 Art. 121 (...)
§ 2º-A Considera-se que há razões de condição de sexo feminino quando o crime envolve:
I – violência doméstica e familiar;
II – menosprezo ou discriminação à condição de mulher.

186 Art. 5º Para os efeitos desta Lei, configura violência doméstica e familiar contra a mulher qualquer ação ou omissão baseada no gênero que lhe cause morte, lesão, sofrimento físico, sexual ou psicológico e dano moral ou patrimonial
I – no âmbito da unidade doméstica, compreendida como o espaço de convívio permanente de pessoas, com ou sem vínculo familiar, inclusive as esporadicamente agregadas;
II – no âmbito da família, compreendida como a comunidade formada por indivíduos que são ou se consideram aparentados, unidos por laços naturais, por afinidade ou por vontade expressa;
III – em qualquer relação íntima de afeto, na qual o agressor conviva ou tenha convivido com a ofendida, independentemente de coabitação.
Parágrafo único. As relações pessoais enunciadas neste artigo independem de orientação sexual.

187 Art. 41. Aos crimes praticados com violência doméstica e familiar contra a mulher, independentemente da pena prevista, não se aplica a Lei nº 9.099, de 26 de setembro de 1995.

188 Art. 14. Os Juizados de Violência Doméstica e Familiar contra a Mulher, órgãos da Justiça Ordinária com competência cível e criminal, poderão ser criados pela União, no Distrito Federal e nos Territórios, e pelos Estados, para o processo, o julgamento e a execução das causas decorrentes da prática de violência doméstica e familiar contra a mulher.
Parágrafo único. Os atos processuais poderão realizar-se em horário noturno, conforme dispuserem as normas de organização judiciária.

	medida protetiva (artigo 24-A da Lei 11.340/06[189]), vez que os crimes protegem bens jurídicos distintos. Assim, se a perseguição reiterada significar descumprimento de medida protetiva judicialmente determinada, serão imputados em concurso os crimes de perseguição majorada (inciso II do § 1º do artigo 147-A do Código Penal) e de descumprimento de medida protetiva (artigo 24-A da Lei Maria da Penha), sem que seja possível falar em *bis in idem*.
Mediante concurso de 2 (duas) ou mais pessoas ou com o emprego de arma	A majorante se impõe ainda que um dos concorrentes seja inimputável (concurso de agente maior com adolescente, por exemplo). A expressão "arma" usada no dispositivo comporta a arma própria ou imprópria, branca ou de fogo. Caso se observe prática autônoma de crime tipificado na Lei 10.826/06 (porte ilegal de arma de fogo, por exemplo), o crime de perseguição majorada e o delito tipificado no Estatuto do Desarmamento devem ser imputados em concurso material – as penas devem ser somadas (a incidência da majorante prevista no inciso III do § 1º do artigo 147-A do Código Penal não significará *bis in idem* em virtude da diversidade de bens jurídicos tutelados).

Concurso de crimes: o § 2º do artigo 147-A do Código Penal determina que o agente seja punido pelo crime de perseguição e pelo delito resultante de eventual violência empregada na sua perpetração (as penas devem ser somadas).

Ação penal: o § 3º do artigo 147-A do Código Penal revela que a ação penal do crime de perseguição é pública condicionada à representação da vítima (conhecida a autoria delitiva, o prazo decadencial de 6 meses deve ser contado a partir da última conduta persecutória do agente).

Por se tratar de crime de ação penal pública condicionada a representação, o inquérito policial só pode ser instaurado depois de materializada a condição de procedibilidade, na forma do § 4º do artigo 5º do Código de Processo Penal[190].

O crime será de ação penal pública condicionada a representação da vítima, ainda que seja cometido contra mulher em contexto que determine a incidência da Lei Maria da Penha.

189 Art. 24-A. Descumprir decisão judicial que defere medidas protetivas de urgência previstas nesta Lei:
Pena – detenção, de 3 (três) meses a 2 (dois) anos.
§ 1º A configuração do crime independe da competência civil ou criminal do juiz que deferiu as medidas.
§ 2º Na hipótese de prisão em flagrante, apenas a autoridade judicial poderá conceder fiança.
§ 3º O disposto neste artigo não exclui a aplicação de outras sanções cabíveis.

190 Art. 5º (...)
§ 4º O inquérito, nos crimes em que a ação pública depender de representação, não poderá sem ela ser iniciado.

Revogação da contravenção penal tipificada no artigo 65 do Decreto-Lei 3.688/41: o artigo 3º da Lei 14.132/21[191] (que enxertou o crime de perseguição no Código Penal) revogou expressamente o artigo 65 da Lei de Contravenções Penais.

Eis o dispositivo revogado:

> Art. 65. Molestar alguém ou perturbar-lhe a tranquilidade, por acinte ou por motivo reprovável
>
> Pena – prisão simples, de quinze dias a dois meses, ou multa, de duzentos mil réis a dois contos de réis.

Nota-se que o crime de perseguição é muito mais denso que a contravenção penal revogada. Logo, duas são as possibilidades diante da revogação do delito liliputiano:

Instituto	Situação hipotética/solução
Continuidade normativo-típica	Se a prática anterior à entrada em vigor da Lei 14.132/21 se adequar às elementares do artigo 147-A do Código Penal, haverá continuidade normativo-típica (com imputação do preceito secundário da contravenção revogada – posto que a pena do novo delito é mais grave e, por isso, não pode retroagir). Na mesma linha aqui defendida, o Superior Tribunal de Justiça (informativo 722) entendeu ser possível a continuidade normativo-típica da contravenção tipificada no artigo 65 do Decreto-Lei 3.688/41 em face da entrada em vigor da Lei 14.132/21 (que tipificou o crime de perseguição no artigo 147-A do Código Penal).
Abolitio criminis	Se a conduta anterior à entrada em vigor da Lei 14.132/21 não se adequar às elementares do artigo 147-A do Código Penal, haverá *abolitio criminis* (com incidência do artigo 2º[192] e do inciso III do artigo 107[193], ambos do Código Penal).

Violência psicológica contra a mulher

Art. 147-B – Causar dano emocional à mulher que a prejudique e perturbe seu pleno desenvolvimento ou que vise a degradar ou a controlar suas ações, comportamentos, crenças e decisões, mediante ameaça, constrangimento, humilhação, manipulação, isolamento, chantagem, ridicularização, limitação do direito de ir e vir ou qualquer outro meio que cause prejuízo à sua saúde psicológica e autodeterminação:

---

191 Art. 3º Revoga-se o art. 65 do Decreto-Lei nº 3.688, de 3 de outubro de 1941 (Lei das Contravenções Penais).

192 Art. 2º – Ninguém pode ser punido por fato que lei posterior deixa de considerar crime, cessando em virtude dela a execução e os efeitos penais da sentença condenatória.
Parágrafo único – A lei posterior, que de qualquer modo favorecer o agente, aplica-se aos fatos anteriores, ainda que decididos por sentença condenatória transitada em julgado.

193 Art. 107 – Extingue-se a punibilidade:
(...)
III – pela retroatividade de lei que não mais considera o fato como criminoso.

Pena – reclusão, de 6 (seis) meses a 2 (dois) anos, e multa, se a conduta não constitui crime mais grave.

Introdução: a Lei 14.188/21 definiu o programa de cooperação Sinal Vermelho contra a Violência Doméstica[194] como uma das medidas de enfrentamento da violência doméstica e familiar contra a mulher previstas na Lei 11.340/06 (Lei Maria da Penha), alterou a pena da lesão corporal simples cometida contra a mulher por razões da condição do sexo feminino (criou figura qualificada no § 13 do artigo 129 do Código Penal) e criou o tipo penal de violência psicológica contra a mulher (crime aqui estudado).

O delito analisado (apesar de não se restringir às hipóteses de incidência listadas no artigo 5º da Lei Maria da Penha) se traduz em violência psicológica perpetrada contra mulher, na forma do inciso II do artigo 7º da Lei 11.340/06:

> Art. 7º São formas de violência doméstica e familiar contra a mulher, entre outras:
> (...)
> II – a violência psicológica, entendida como qualquer conduta que lhe cause dano emocional e diminuição da autoestima ou que lhe prejudique e perturbe o pleno desenvolvimento ou que vise degradar ou controlar suas ações, comportamentos, crenças e decisões, mediante ameaça, constrangimento, humilhação, manipulação, isolamento, vigilância constante, perseguição contumaz, insulto, chantagem, violação de sua intimidade, ridicularização, exploração e limitação do direito de ir e vir ou qualquer outro meio que lhe cause prejuízo à saúde psicológica e à autodeterminação;

Classificação: trata-se de crime comum (pode ser perpetrado por qualquer pessoa – há no tipo exigência relacionada ao sujeito passivo, que tem que ser necessariamente mulher), doloso (não se exige especial fim de agir), misto (alternativo ou de conteúdo variado) e expressamente subsidiário (o preceito secundário deixa claro que o crime será imputado se a conduta não constituir infração mais grave).

---

194 Nesta toada, é importante a leitura dos artigos 2º e 3º da Lei 14.188/21:
Art. 2º Fica autorizada a integração entre o Poder Executivo, o Poder Judiciário, o Ministério Público, a Defensoria Pública, os órgãos de segurança pública e as entidades privadas, para a promoção e a realização do programa Sinal Vermelho contra a Violência Doméstica como medida de ajuda à mulher vítima de violência doméstica e familiar, conforme os incisos I, V e VII do caput do art. 8º da Lei nº 11.340, de 7 de agosto de 2006.
Parágrafo único. Os órgãos mencionados no caput deste artigo deverão estabelecer um canal de comunicação imediata com as entidades privadas de todo o País participantes do programa, a fim de viabilizar assistência e segurança à vítima, a partir do momento em que houver sido efetuada a denúncia por meio do código "sinal em formato de X", preferencialmente feito na mão e na cor vermelha.
Art. 3º A identificação do código referido no parágrafo único do art. 2º desta Lei poderá ser feita pela vítima pessoalmente em repartições públicas e entidades privadas de todo o País e, para isso, deverão ser realizadas campanha informativa e capacitação permanente dos profissionais pertencentes ao programa, conforme dispõe o inciso VII do caput do art. 8º da Lei nº 11.340, de 7 de agosto de 2006 (Lei Maria da Penha), para encaminhamento da vítima ao atendimento especializado na localidade.

Trata-se de infração de menor potencial ofensivo (a possibilidade ou não de transação penal, suspensão condicional do processo, substituição de pena, dentre outros benefícios, vai depender da incidência ou não da Lei 11.340/06 – se o crime for perpetrado em contexto de violência psicológica doméstica, familiar ou em uma relação íntima de afeto, os benefícios não serão aplicáveis, na forma do artigo 41 da Lei Maria da Penha e dos entendimentos sumulados do Superior Tribunal de Justiça).

Condutas proibidas: o crime pode ser perpetrado mediante ameaça, constrangimento, humilhação, manipulação, isolamento, chantagem, ridicularização, limitação do direito de ir e vir ou qualquer outro meio que cause prejuízo à saúde psicológica e autodeterminação (técnica de interpretação analógica). Trata-se, como dito, de tipo misto, alternativo ou de conteúdo variado. Não há necessidade de habitualidade nas condutas para que o crime possa ser imputado.

O resultado (o crime em testilha é material e depende de sua ocorrência para consumação) é a causação de dano emocional à mulher. Este deve ter o condão de perturbar seu pleno desenvolvimento ou degradar ou controlar suas ações, comportamentos, crenças e decisões.

Se porventura uma das condutas alternativas gerar efetiva doença de cunho psicológico, o crime a ser imputado é o de lesão corporal (artigo 129 do Código Penal).

Ação penal: a ação penal é pública incondicionada.

Medida protetiva de afastamento do agressor do lar: a Lei 14.188/21 modificou o artigo 12-C da Lei 11.340/06[195], permitindo a decretação da medida protetiva de afastamento do agressor do lar em caso de risco atual ou iminente à **integridade psicológica** da mulher em situação de violência doméstica e familiar:

> Art. 12-C. Verificada a existência de risco atual ou iminente à vida ou à integridade física ou psicológica da mulher em situação de violência doméstica e familiar, ou de seus dependentes, o agressor será imediatamente afastado do lar, domicílio ou local de convivência com a ofendida:
>
> I – pela autoridade judicial;
>
> II – pelo delegado de polícia, quando o Município não for sede de comarca; ou
>
> III – pelo policial, quando o Município não for sede de comarca e não houver delegado disponível no momento da denúncia.
>
> § 1º Nas hipóteses dos incisos II e III do caput deste artigo, o juiz será comunicado no prazo máximo de 24 (vinte e quatro) horas e decidirá, em igual prazo, sobre a manutenção ou a revogação da medida aplicada, devendo dar ciência ao Ministério Público concomitantemente.

195. O Supremo Tribunal Federal julgou ser constitucional o artigo 12-C da Lei 11.340/06 (ADI 6138/DF, relator Min. Alexandre de Moraes, julgamento em 23/03/2022 – informativo/STF 1048).

§ 2º Nos casos de risco à integridade física da ofendida ou à efetividade da medida protetiva de urgência, não será concedida liberdade provisória ao preso.

Sequestro e cárcere privado

Art. 148 – Privar alguém de sua liberdade, mediante sequestro ou cárcere privado:

Pena – reclusão, de um a três anos.

§ 1º – A pena é de reclusão, de dois a cinco anos:

I – se a vítima é ascendente, descendente, cônjuge ou companheiro do agente ou maior de 60 (sessenta) anos;

II – se o crime é praticado mediante internação da vítima em casa de saúde ou hospital;

III – se a privação da liberdade dura mais de quinze dias.

IV – se o crime é praticado contra menor de 18 (dezoito) anos;

V – se o crime é praticado com fins libidinosos.

§ 2º – Se resulta à vítima, em razão de maus-tratos ou da natureza da detenção, grave sofrimento físico ou moral:

Pena – reclusão, de dois a oito anos.

Classificação: trata-se de crime comum (a privação de liberdade, quando praticada por autoridade, pode significar prática do crime de abuso de autoridade – é importante a leitura dos artigos 9º[196] e 12, inciso IV, da Lei 13.869/19[197]) e permanente (vide Súmula 711/STF[198] e artigo 303 do CPP[199]).

O delito estudado admite, em sua forma simples, acordo de não persecução penal (artigo 28-A do CPP), suspensão condicional do processo (artigo 89 da Lei 9.099/95) e fiança arbitrada pela autoridade policial (artigo 322 do CPP).

---

196 Art. 9º Decretar medida de privação da liberdade em manifesta desconformidade com as hipóteses legais:
Pena – detenção, de 1 (um) a 4 (quatro) anos, e multa.
Parágrafo único. Incorre na mesma pena a autoridade judiciária que, dentro de prazo razoável, deixar de:
I – relaxar a prisão manifestamente ilegal;
II – substituir a prisão preventiva por medida cautelar diversa ou de conceder liberdade provisória, quando manifestamente cabível;
III – deferir liminar ou ordem de habeas corpus, quando manifestamente cabível.

197 Art. 12. (...)
IV – prolonga a execução de pena privativa de liberdade, de prisão temporária, de prisão preventiva, de medida de segurança ou de internação, deixando, sem motivo justo e excepcionalíssimo, de executar o alvará de soltura imediatamente após recebido ou de promover a soltura do preso quando esgotado o prazo judicial ou legal.

198 Súmula 711/STF – A lei penal mais grave aplica-se ao crime continuado ou ao crime permanente, se a sua vigência é anterior à cessação da continuidade ou da permanência.

199 Art. 303. Nas infrações permanentes, entende-se o agente em flagrante delito enquanto não cessar a permanência.

Sequestro x cárcere privado: a doutrina diferencia o sequestro do cárcere privado, apontando que naquele há maior liberdade ambulatorial, o que inexiste neste.

Conduta proibida e consentimento do ofendido: é possível prática do crime tanto por ação (detenção), quanto por omissão (retenção). É preciso que se diga que o direito de ir e vir é disponível. Logo, se há consentimento do ofendido, não há crime (causa supralegal de exclusão da ilicitude).

Excludente de ilicitude em crime permanente (impossibilidade): não é possível aventar causa excludente de ilicitude (estado de necessidade) em crimes permanentes (o crime aqui estudado o é), sendo, assim, inviável aplicar a descriminante no caso da mãe que tranca seu filho toxicômano no quarto para que ele não saia de casa para comprar substância entorpecente, por exemplo.

É possível, contudo, afastar a culpabilidade nesse caso hipotético, por inexigibilidade de conduta diversa (gerando isenção de pena – causa supralegal de exclusão da culpabilidade).

Figuras qualificadas: nos §§ 1º e 2º há figuras qualificadas que podem ser assim sintetizadas:

Pena	Qualificadora	Comentários
Pena de 2 a 5 anos	Se a vítima é ascendente, descendente, cônjuge ou companheiro do agente ou maior de 60 (sessenta) anos	Se a vítima é mulher e o crime é praticado no âmbito de relação doméstica, familiar ou íntima de afeto, aplica-se a Lei Maria da Penha (Lei 11.340/06). É importante perceber que o Estatuto do Idoso (Lei 10.741/03) protege as pessoas com idade **igual** ou **superior** a 60 anos. Contudo, a Lei 11.106/05, que alterou o artigo 148 do Código Penal afirmou que a qualificadora só se impõe quando a vítima tem idade **superior** a 60 anos. Assim, em face da vedação da analogia *in malam partem,* se o crime é perpetrado contra quem tem 60 anos, o enquadramento típico será no caput no artigo 148 e não no seu § 1º inciso I.
Pena de 2 a 5 anos	Se o crime é praticado mediante internação da vítima em casa de saúde ou hospital	A qualificadora se impõe quando o agente quer privar a liberdade da vítima e usa como pretexto a necessidade de sua internação em casa de saúde ou hospital.
	Se a privação da liberdade dura mais de quinze dias.	O primeiro e o último dia de privação contam para que o lapso temporal seja atingido.
	Se o crime é praticado contra menor de 18 (dezoito) anos	A idade da vítima para fins de imposição da qualificadora deve ser aferida, a meu ver, no início da privação da liberdade.
	Se o crime é praticado com fins libidinosos.	Os crimes de sequestro/cárcere privado e contra dignidade sexual são imputados ao agente em concurso material, caso esse seja efetivamente perpetrado.

		Essa figura qualificada é crime de tendência interna transcendente mutilado de dois atos e resta consumado mesmo que a prática libidinosa pretendida não chegue a ser praticada por circunstâncias alheias à vontade do agente. Exemplifico: **SITUAÇÃO HIPOTÉTICA:** JOÃO manteve MARIA em cárcere privado, trancafiada em uma sala, com o intuito de praticar estupro. Antes que o crime sexual ocorresse, contudo, a polícia encontrou o cativeiro e soltou a vítima. **SOLUÇÃO:** há prática do crime de cárcere privado qualificado (artigo 148, § 1º, inciso V, do Código Penal). Não há como, contudo, imputar a prática de estupro em concurso de crimes, porquanto a execução do delito contra a dignidade sexual não foi iniciada.
Pena de 2 a 8 anos	Se resulta à vítima, em razão de maus-tratos ou da natureza da detenção, grave sofrimento físico ou moral	Penso que eventual lesão corporal deve ser imputada ao agente em concurso de crimes.

Questões de concurso público: veja como o assunto já foi cobrado em concurso público.

1 – (Delegado de Polícia Federal/2013) O delito de sequestro e cárcere privado, inserido entre os crimes contra a pessoa, constitui infração penal de ação múltipla, e a circunstância de ter sido praticado contra menor de dezoito anos de idade qualifica o crime ( ).

2 – (Escrivão de Polícia Civil/AC/2017) O delito de sequestro ou cárcere privado é classificado como crime:

a) permanente e de perigo.
b) continuado e de perigo.
c) permanente e de dano.
d) habitual e de perigo.
e) continuada e de dano.

Gabarito comentado:

Questão	Reposta	Comentário
1	ERRADA	O crime tipificado no artigo 148 do Código Penal não é um tipo misto, alternativo ou de conteúdo variado (a conduta proibida é privar a liberdade). De fato, a prática do delito contra menor de 18 anos qualifica-o (artigo 148, § 1º, inciso IV, do CP).
2	Letra C	O crime tipificado no artigo 148 do Código Penal é permanente (em relação ao momento consumativo) e de dano (em relação ao resultado jurídico).

Redução a condição análoga à de escravo

Art. 149. Reduzir alguém a condição análoga à de escravo, quer submetendo-o a trabalhos forçados ou a jornada exaustiva, quer sujeitando-o a condições degradantes de trabalho, quer restringindo, por qualquer meio, sua locomoção em razão de dívida contraída com o empregador ou preposto:

Pena – reclusão, de dois a oito anos, e multa, além da pena correspondente à violência.

§ 1º Nas mesmas penas incorre quem:

I – cerceia o uso de qualquer meio de transporte por parte do trabalhador, com o fim de retê-lo no local de trabalho;

II – mantém vigilância ostensiva no local de trabalho ou se apodera de documentos ou objetos pessoais do trabalhador, com o fim de retê-lo no local de trabalho.

§ 2º A pena é aumentada de metade, se o crime é cometido:

I – contra criança ou adolescente;

II – por motivo de preconceito de raça, cor, etnia, religião ou origem.

Classificação: o delito é comum, doloso e misto, alternativo ou de conteúdo variado (a prática de mais de uma conduta descrita no tipo em relação a uma só vítima constitui crime único).

Trata-se de crime de ação vinculada (só haverá prática do delito em testilha se existir uma das condutas enumeradas no artigo 149 do Código Penal – a enumeração é taxativa).

O crime de redução à condição análoga à de escravo é conhecido como crime de plágio. O delito é permanente (enquanto durar a prática delitiva, será possível a prisão em flagrante do autor do fato, nos termos do artigo 303 do Código de Processo Penal) e de ação penal pública incondicionada.

Restrição à liberdade de locomoção (desnecessidade): interessante salientar que nem todas as condutas proibidas pelo dispositivo estudado reclamam restrição à liberdade de locomoção para que reste perpetrado o crime de redução à condição análoga de escravo (submissão da vítima a trabalhos forçados, a jornada exaustiva ou a condições degradantes de trabalho). Nesse sentido, precedente do Superior Tribunal de Justiça:

> AGRAVO REGIMENTAL NO AGRAVO EM RECURSO ESPECIAL. CRIME DO ART. 149 DO CÓDIGO PENAL. RESTRIÇÃO À LIBERDADE DO TRABALHADOR NÃO É CONDIÇÃO ÚNICA DE SUBSUNÇÃO TÍPICA. TRATAMENTO SUBUMANO AO TRABALHADOR. CONDIÇÕES DEGRADANTES DE TRABALHO. FATO TÍPICO. SÚMULA N. 568/STJ. AGRAVO NÃO PROVIDO. 1. O artigo 149 do Código Penal dispõe que configura crime a conduta de "reduzir alguém a condição análoga à de escravo,

> quer submetendo-o a trabalhos forçados ou a jornada exaustiva, quer sujeitando-o a condições degradantes de trabalho, quer restringindo, por qualquer meio, sua locomoção em razão de dívida contraída com o empregador ou preposto". 2. O crime de redução a condição análoga à de escravo pode ocorrer independentemente da restrição à liberdade de locomoção do trabalhador, uma vez que esta é apenas uma das formas de cometimento do delito, mas não é a única. O referido tipo penal prevê outras condutas que podem ofender o bem juridicamente tutelado, isto é, a liberdade de o indivíduo ir, vir e se autodeterminar, dentre elas submeter o sujeito passivo do delito a condições degradantes de trabalho. Precedentes do STJ e STF. 3. Incidência da Súmula 568/STJ: "O relator, monocraticamente e no Superior Tribunal de Justiça, poderá dar ou negar provimento ao recurso quando houver entendimento dominante acerca do tema.". 4. Agravo regimental não provido (AgRg no AREsp 1467766/PR, Rel. Ministro REYNALDO SOARES DA FONSECA, QUINTA TURMA, julgado em 27/08/2019, DJe 10/09/2019).

Consentimento do ofendido: anote-se que o consentimento do ofendido é irrelevante. Ainda que a vítima aceite as práticas descritas no tipo, haverá crime de redução a condição análoga à de escravo.

Competência: o crime tipificado no artigo 149 do Código Penal é de competência da justiça federal (informativos 333, 383 e 543 do Superior Tribunal de Justiça).

Sobre a consumação e a competência para julgar o delito, confira o informativo 543/STJ:

> DIREITO PENAL E PROCESSUAL PENAL. REQUISITOS PARA CONFIGURAÇÃO DO CRIME DE REDUÇÃO A CONDIÇÃO ANÁLOGA À DE ESCRAVO. Para configuração do delito de "redução a condição análoga à de escravo" (art. 149 do CP) – de competência da Justiça Federal – é desnecessária a restrição à liberdade de locomoção do trabalhador. De fato, a restrição à liberdade de locomoção do trabalhador é uma das formas de cometimento do delito, mas não é a única. Conforme se infere da redação do art. 149 do CP, o tipo penal prevê outras condutas que podem ofender o bem juridicamente tutelado, isto é, a liberdade de o indivíduo ir, vir e se autodeterminar, dentre elas submeter o sujeito passivo do delito a condições de trabalho degradantes, subumanas. Precedentes citados do STJ: AgRg no CC 105.026-MT, Terceira Seção, DJe 17/2/2011; CC 113.428-MG, Terceira Seção, DJe 1º/2/2011. Precedente citado do STF: Inq 3.412, Tribunal Pleno, DJe 12/11/2012. CC 127.937-GO, Rel. Min. Nefi Cordeiro, julgado em 28/5/2014.

O Supremo Tribunal Federal endossa o entendimento do Tribunal da Cidadania acerca da competência da justiça federal para julgamento do crime de redução à condição análoga de escravo. Apesar da posição tópica do delito no Código Penal (Seção

I, do Capítulo VI, do Título I), o Pretório Excelso considera que o crime ofende, além da liberdade individual, a organização do trabalho:

> Recurso extraordinário. Constitucional. Penal. Processual Penal. Competência. Redução a condição análoga à de escravo. Conduta tipificada no art. 149 do Código Penal. Crime contra a organização do trabalho. Competência da Justiça Federal. Artigo 109, inciso VI, da Constituição Federal. Conhecimento e provimento do recurso. 1. O bem jurídico objeto de tutela pelo art. 149 do Código Penal vai além da liberdade individual, já que a prática da conduta em questão acaba por vilipendiar outros bens jurídicos protegidos constitucionalmente como a dignidade da pessoa humana, os direitos trabalhistas e previdenciários, indistintamente considerados. 2. A referida conduta acaba por frustrar os direitos assegurados pela lei trabalhista, atingindo, sobremodo, a organização do trabalho, que visa exatamente a consubstanciar o sistema social trazido pela Constituição Federal em seus arts. 7º e 8º, em conjunto com os postulados do art. 5º, cujo escopo, evidentemente, é proteger o trabalhador em todos os sentidos, evitando a usurpação de sua força de trabalho de forma vil. 3. É dever do Estado (lato sensu) proteger a atividade laboral do trabalhador por meio de sua organização social e trabalhista, bem como zelar pelo respeito à dignidade da pessoa humana (CF, art. 1º, inciso III). 4. A conjugação harmoniosa dessas circunstâncias se mostra hábil para atrair para a competência da Justiça Federal (CF, art. 109, inciso VI) o processamento e o julgamento do feito. 5. Recurso extraordinário do qual se conhece e ao qual se dá provimento (RE 459510, Relator(a): Min. CEZAR PELUSO, Relator(a) p/ Acórdão: Min. DIAS TOFFOLI, Tribunal Pleno, julgado em 26/11/2015, ACÓRDÃO ELETRÔNICO DJe-067 DIVULG 11-04-2016 PUBLIC 12-04-2016)

Figuras equiparadas: o § 1º lista figuras equiparadas:

Figura equiparada	Comentários
Cerceia o uso de qualquer meio de transporte por parte do trabalhador, com o fim de retê-lo no local de trabalho	O objetivo do agente é sobrepujar a vítima, cerceando sua liberdade de locomoção e retendo o trabalhador no local de trabalho (especial fim de agir).
Mantém vigilância ostensiva no local de trabalho ou se apodera de documentos ou objetos pessoais do trabalhador, com o fim de retê-lo no local de trabalho	A vigilância ostensiva não precisa, necessariamente, ser armada para configuração da figura equiparada (embora isso seja, infelizmente, comum), bastando que se denote intimidação pela sua presença (intimidação que objetive restrição da liberdade das vítimas – especial fim de agir). Se há emprego de armas, estando essas em situação irregular, haverá imputação de crime tipificado no Estatuto do Desarmamento, em concurso.

Causas de aumento de pena: o § 2º se traduz em majorante (pena aumentada de metade), se o crime é cometido: a) contra criança ou adolescente; b) por motivo de preconceito de raça, cor, etnia, religião ou origem.

Questão de concurso público: veja como o assunto já foi cobrado em concurso público.

1 – (Delegado de Polícia Federal/2021) O crime de redução à condição análoga à de escravo pode ocorrer independentemente da restrição à liberdade de locomoção do trabalhador ( ).

Gabarito comentado:

Questão	Reposta	Comentário
1	CERTA	Nesse sentido, decisão do STJ no AgRg no AREsp 1467766/PR, Rel. Ministro REYNALDO SOARES DA FONSECA, QUINTA TURMA, julgado em 27/08/2019, DJe 10/09/2019 (*decisum* transcrito e comentado supra).

Tráfico de pessoas

Art. 149-A. Agenciar, aliciar, recrutar, transportar, transferir, comprar, alojar ou acolher pessoa, mediante grave ameaça, violência, coação, fraude ou abuso, com a finalidade de:

I – remover-lhe órgãos, tecidos ou partes do corpo;

II – submetê-la a trabalho em condições análogas à de escravo;

III – submetê-la a qualquer tipo de servidão;

IV – adoção ilegal; ou

V – exploração sexual.

Pena – reclusão, de 4 (quatro) a 8 (oito) anos, e multa.

§ 1º A pena é aumentada de um terço até a metade se:

I – o crime for cometido por funcionário público no exercício de suas funções ou a pretexto de exercê-las;

II – o crime for cometido contra criança, adolescente ou pessoa idosa ou com deficiência;

III – o agente se prevalecer de relações de parentesco, domésticas, de coabitação, de hospitalidade, de dependência econômica, de autoridade ou de superioridade hierárquica inerente ao exercício de emprego, cargo ou função; ou

IV – a vítima do tráfico de pessoas for retirada do território nacional.

§ 2º A pena é reduzida de um a dois terços se o agente for primário e não integrar organização criminosa.

Introdução: a Lei 13.344/16 retirou o crime de tráfico de pessoas do Título IV (crimes contra a dignidade sexual) e o alocou no Título I, Capítulo VI, Seção I (crimes contra pessoa – crimes contra a liberdade individual).

Classificação: o crime é doloso (reclama especial fim de agir, consubstanciado em dos incisos do artigo), comum, formal (não é preciso materialização do resultado para efetiva consumação).

Condutas proibidas: as condutas proibidas no tipo são agenciar, aliciar, recrutar, transportar, transferir, comprar, alojar ou acolher a vítima (tipo misto, alternativo ou de conteúdo variado) com o fim de materializar um dos intentos descritos nos incisos do *caput*.

O tipo reclama que tais condutas sejam praticadas mediante grave ameaça, violência, coação, fraude ou abuso (daí porque o consentimento da vítima finda funcionando como causa de exclusão de tipicidade).

Análise dos incisos do *caput*: os incisos da cabeça do artigo podem ser assim sintetizados:

Inciso	Comentários
Remover-lhe órgãos, tecidos ou partes do corpo	É importante a leitura do artigo 14 da Lei 9.434/97: Art. 14. Remover tecidos, órgãos ou partes do corpo de pessoa ou cadáver, em desacordo com as disposições desta Lei: Pena – reclusão, de dois a seis anos, e multa, de 100 a 360 dias-multa. § 1.º Se o crime é cometido mediante paga ou promessa de recompensa ou por outro motivo torpe: Pena – reclusão, de três a oito anos, e multa, de 100 a 150 dias-multa. § 2.º Se o crime é praticado em pessoa viva, e resulta para o ofendido: I – incapacidade para as ocupações habituais, por mais de trinta dias; II – perigo de vida; III – debilidade permanente de membro, sentido ou função; IV – aceleração de parto: Pena – reclusão, de três a dez anos, e multa, de 100 a 200 dias-multa § 3.º Se o crime é praticado em pessoa viva e resulta para o ofendido: I – Incapacidade para o trabalho; II – Enfermidade incurável; III – perda ou inutilização de membro, sentido ou função; IV – deformidade permanente; V – aborto: Pena – reclusão, de quatro a doze anos, e multa, de 150 a 300 dias-multa. § 4.º Se o crime é praticado em pessoa viva e resulta morte: Pena – reclusão, de oito a vinte anos, e multa de 200 a 360 dias-multa.
Submetê-la a trabalho em condições análogas à de escravo	O crime atrelado ao dispositivo é o tipificado no artigo 149 do Código Penal.
Submetê-la a qualquer tipo de servidão	Como o Brasil não distingue escravidão de servidão, o crime ligado ao inciso é o tipificado no artigo 149 do Código Penal. Nesse sentido, Rogério Sanches Cunha[200], que cita em sua obra a Convenção Suplementar sobre a Abolição da Escravatura, do Tráfico de Escravos e das Instituições e Práticas Análogas à Escravatura (promulgada pelo Decreto 58.563/66):

200 CUNHA, Rogério Sanches. **Código Penal para concursos**. Salvador, 13ª edição, Juspodivm, 2020, p. 539/540.

	Art. 7º Para os fins da presente Convenção (...) b) "Pessoa de condição servil" é a que se encontra no estado ou condição que resulta de alguma das instituições ou práticas mencionadas no artigo primeiro da presente Convenção.
Adoção ilegal	Os artigos 39 e seguintes da Lei 8.069/90 (ECA) regulam o processo de adoção. Caso não exista respeito aos dispositivos citados e estando presentes as elementares descritas no *caput*, haverá prática do crime aqui estudado.
Exploração sexual	A prostituição, no Brasil, não é crime. O país optou por punir quem dela se beneficia. A exploração sexual pressupõe que pelo menos duas figuras: a) a pessoa explorada; b) o explorador. Exemplifico a prática do crime aqui estudado: **SITUAÇÃO HIPOTÉTICA:** WALTER ludibriou FERNANDA, recrutando-a a se deslocar para outro Estado da Federação com a promessa de que ela trabalharia em uma famosa boate. Lá chegando, contudo, FERNANDA percebe que a "famosa boate" é, na verdade, um prostíbulo e que ela terá que se prostituir para pagar a viagem e o "aluguel" de um quarto. **SOLUÇÃO:** WALTER cometeu o crime de tráfico de pessoas.

Causas de aumento de pena: há majoração da pena (de 1/3 até a metade) se:

Causa de aumento	Comentário
O crime for cometido por funcionário público no exercício de suas funções ou a pretexto de exercê-las	O conceito de funcionário público (interpretação autêntica) está estampado no artigo 327 do Código Penal.
O crime for cometido contra criança, adolescente ou pessoa idosa ou com deficiência	Criança é a pessoa com até 12 anos incompletos (artigo 2º do ECA). Adolescente é a pessoa com idade entre 12 anos completos e 18 incompletos (artigo 2º do ECA). Pessoa idosa é aquela que tem idade igual ou superior a 60 anos (artigo 1º do Estatuo do Idoso).
O agente se prevalecer de relações de parentesco, domésticas, de coabitação, de hospitalidade, de dependência econômica, de autoridade ou de superioridade hierárquica inerente ao exercício de emprego, cargo ou função	As relações de parentesco estão descritas nos artigos 1.591 a 1.595 do Código Civil (em linha reta, colateral, por afinidade, natural ou civil). Relação doméstica é a estabelecida no "espaço de convívio permanente de pessoas, com ou sem vínculo familiar, inclusive as esporadicamente agregadas" (utilizo-me do conceito de unidade doméstica do artigo 5º, inciso I, da Lei 11.340/06). Relação de coabitação pressupõe que as pessoas morem na mesma unidade habitacional.

	Hospitalidade significa receber alguém como visitante temporário (hóspede). Há crime majorado, ainda, quando se detecta relação de autoridade (pressupõe relação de direito privado) ou superioridade hierárquica (relação mantida no âmbito do serviço público) inerente ao exercício de cargo emprego ou função.
A vítima do tráfico de pessoas for retirada do território nacional	Antes da edição da Lei 13.344/16, o tráfico internacional de pessoas era crime autônomo. Após a entrada em vigor do mandamento citado, este passou a ser uma majorante do artigo 149-A do Código Penal. Essa mudança foi acompanhada de um problema: a lei só se ocupou do movimento internacional de "exportação", não tratando da "importação" de seres humanos.

Causa de diminuição de pena: o § 2º do artigo 149-A traz em seu bojo causa de diminuição de pena (redução de 1/3 a 2/3) se o agente for primário e não integrar organização criminosa.

Artigos 13-A e 13-B do Código de Processo Penal: a Lei 13.344/16 enxertou no Caderno Processual Penal pátrio os artigos 13-A (requisição direta de dados cadastrais pelo delegado de polícia ou membro do Ministério Público) e 13-B (localização de terminal móvel de vítima ou suspeitos na repressão de crimes relacionados ao tráfico de pessoas).

O artigo 13-A do Código de Processo Penal, como dito, insere-se no contexto de poder requisitório direto do delegado de polícia (não há necessidade de autorização judicial, portanto). Refere-se à obtenção de dados cadastrais de vítima ou de suspeitos de órgãos públicos e empresas privadas em uma lista de crimes. O dispositivo pode ser assim sintetizado:

Poder requisitório	Dados cadastrais de vítima ou de suspeitos
Destinatários	Órgãos públicos ou empresas privadas
Lista de crimes	Sequestro ou cárcere privado (artigo 148 do CP)
	Redução à condição análoga de escravo (artigo 149 do CP)
	Tráfico de pessoas (artigo 149-A do CP)
	Extorsão qualificada (§ 3º do artigo 158 do CP)
	Extorsão mediante sequestro (artigo 159 do CP)
	Artigo 239 do ECA
Prazo de atendimento	24 horas
Requisitos da requisição	Nome da autoridade requisitante, número do inquérito policial e identificação da unidade de polícia judiciária responsável pela investigação.

Leia o dispositivo:

> Art. 13-A. Nos crimes previstos nos arts. 148, 149 e 149-A, no § 3º do art. 158 e no art. 159 do Decreto-Lei nº 2.848, de 7 de dezembro de 1940 (Código Penal), e no art. 239 da Lei nº 8.069, de 13 de julho de 1990 (Estatuto da Criança e do Adolescente), o membro do Ministério Público ou o delegado de polícia poderá requisitar, de quaisquer órgãos do poder público ou de empresas da iniciativa privada, dados e informações cadastrais da vítima ou de suspeitos.
>
> Parágrafo único. A requisição, que será atendida no prazo de 24 (vinte e quatro) horas, conterá:
>
> I – o nome da autoridade requisitante;
>
> II – o número do inquérito policial; e
>
> III – a identificação da unidade de polícia judiciária responsável pela investigação.

O artigo 13-B trata da localização de terminal móvel de vítima ou de suspeitos, para a prevenção ou repressão dos crimes relacionados ao tráfico de pessoas.

Há no dispositivo uma curiosa cláusula de reserva de jurisdição temporária (ou autorização tácita pelo decurso do tempo). Explico. Caso o juiz não se manifeste em relação ao pleito do delegado de polícia ou do Ministério Público no prazo de 12 horas, essas autoridades podem requisitar a localização do telefone da vítima ou dos suspeitos diretamente à operadora (§ 4º do artigo 13-B do Código de Processo Penal).

Penso ser possível usar da técnica em relação à investigação de outros crimes que também envolvam privação da liberdade da vítima. Não há justificativa para permitir a localização do terminal da vítima ou de suspeito em face da prática do crime de tráfico de pessoas e não admitir uso da mesma providência em inquérito que investigue, por exemplo, o delito de extorsão mediante sequestro. Entendo ser possível usar de analogia para construção do pleito (artigo 3º do Código de Processo Penal).

Quando há uso da técnica, o inquérito deve ser instaurado no prazo de 72 horas (§ 3º do artigo 13-B do Código de Processo Penal).

Eis tabela que sintetiza o artigo 13-B do Código de Processo Penal:

Poder requisitório	Localização de vítima ou suspeitos
Legitimidade	Delegado de polícia ou membro do Ministério Público
Cláusula de reserva de jurisdição	Sim (temporária – se o juiz não decidir o pleito em 12 horas, o delegado de polícia ou o membro do Ministério Público pode requisitar diretamente o dado de localização da operadora, comunicando o juízo)
Prazo	30 dias renovável uma vez por igual período (para períodos superiores, será necessário apresentar ordem judicial)

Acesso às comunicações telefônicas	Não é possível (o acesso dependerá de decretação de interceptação telefônica, na forma da Lei 9.296/96)
Prazo para instauração de inquérito policial	72 horas a partir do registro da ocorrência

Eis o dispositivo estudado:

> Art. 13-B. Se necessário à prevenção e à repressão dos crimes relacionados ao tráfico de pessoas, o membro do Ministério Público ou o delegado de polícia poderão requisitar, mediante autorização judicial, às empresas prestadoras de serviço de telecomunicações e/ou telemática que disponibilizem imediatamente os meios técnicos adequados – como sinais, informações e outros – que permitam a localização da vítima ou dos suspeitos do delito em curso.
>
> § 1º Para os efeitos deste artigo, sinal significa posicionamento da estação de cobertura, setorização e intensidade de radiofrequência.
>
> § 2º Na hipótese de que trata o caput, o sinal:
>
> I – não permitirá acesso ao conteúdo da comunicação de qualquer natureza, que dependerá de autorização judicial, conforme disposto em lei;
>
> II – deverá ser fornecido pela prestadora de telefonia móvel celular por período não superior a 30 (trinta) dias, renovável por uma única vez, por igual período;
>
> III – para períodos superiores àquele de que trata o inciso II, será necessária a apresentação de ordem judicial.
>
> § 3º Na hipótese prevista neste artigo, o inquérito policial deverá ser instaurado no prazo máximo de 72 (setenta e duas) horas, contado do registro da respectiva ocorrência policial.
>
> § 4º Não havendo manifestação judicial no prazo de 12 (doze) horas, a autoridade competente requisitará às empresas prestadoras de serviço de telecomunicações e/ou telemática que disponibilizem imediatamente os meios técnicos adequados – como sinais, informações e outros – que permitam a localização da vítima ou dos suspeitos do delito em curso, com imediata comunicação ao juiz.

Questão de concurso público: veja como o assunto já foi cobrado em concurso público.

1 – (Polícia Rodoviária Federal/2019) Abordado determinado veículo em região de fronteira internacional, os policiais rodoviários federais suspeitaram da conduta do motorista: ele conduzia duas adolescentes com as quais não tinha nenhum grau de parentesco. Ao ser questionado, o condutor do veículo confessou que fora pago para conduzi-las a um país vizinho, onde seriam exploradas sexualmente. As adolescentes informaram que estavam sendo transportadas sob grave ameaça e que não haviam consentido com a realização da viagem e muito menos com seus propósitos finais.

Considerando a situação hipotética apresentada, julgue o item a seguir.

A conduta do motorista do veículo se amolda ao tipo penal do tráfico de pessoas, em sua forma consumada, incidindo, nesse caso, causa de aumento de pena, em razão de as vítimas serem adolescentes ( ).

Gabarito comentado:

Questão	Reposta	Comentário
1	CERTA	Vide artigo 149-A, inciso V c/c § 1º, inciso II, do mesmo artigo, do Código Penal.

SEÇÃO II

DOS CRIMES CONTRA A INVIOLABILIDADE DO DOMICÍLIO

Violação de domicílio

Art. 150 – Entrar ou permanecer, clandestina ou astuciosamente, ou contra a vontade expressa ou tácita de quem de direito, em casa alheia ou em suas dependências:

Pena – detenção, de um a três meses, ou multa.

§ 1º – Se o crime é cometido durante a noite, ou em lugar ermo, ou com o emprego de violência ou de arma, ou por duas ou mais pessoas:

Pena – detenção, de seis meses a dois anos, além da pena correspondente à violência.

§ 2º – (Revogado pela Lei nº 13.869, de 2019)

§ 3º – Não constitui crime a entrada ou permanência em casa alheia ou em suas dependências:

I – durante o dia, com observância das formalidades legais, para efetuar prisão ou outra diligência;

II – a qualquer hora do dia ou da noite, quando algum crime está sendo ali praticado ou na iminência de o ser.

§ 4º – A expressão "casa" compreende:

I – qualquer compartimento habitado;

II – aposento ocupado de habitação coletiva;

III – compartimento não aberto ao público, onde alguém exerce profissão ou atividade.

§ 5º – Não se compreendem na expressão "casa":

I – hospedaria, estalagem ou qualquer outra habitação coletiva, enquanto aberta, salvo a restrição do n.º II do parágrafo anterior;

II – taverna, casa de jogo e outras do mesmo gênero.

Direito à inviolabilidade de domicílio: o tipo demanda a análise do artigo 5º, inciso XI, da Constituição Federal (direito à inviolabilidade de domicílio):

Art. 5º (...)

XI – a casa é asilo inviolável do indivíduo, ninguém nela podendo penetrar sem consentimento do morador, salvo em caso de flagrante delito ou desastre, ou para prestar socorro, ou, durante o dia, por determinação judicial;

Regime de subordinação x regime de igualdade: é preciso distinguir, na análise do crime em testilha, se há regime de subordinação ou regime de igualdade em relação a quem detém o poder de admitir o ingresso de terceira pessoa no domicílio.

No regime de subordinação, estamos diante, por exemplo, da posição dos pais em relação aos filhos (há hierarquia entre os diversos moradores e prevalece a vontade de quem tem maior hierarquia).

No regime de igualdade, cada pessoa é livre para admitir o ingresso no cômodo que ocupa e nas áreas comuns.

Penso que, caso exista divergência de entendimento quanto ao acesso, prevalece a vontade da maioria ou, em caso de empate, que seja a entrada permitida. Há, contudo, entendimento doutrinário que afirma: a) que em caso de empate deve prevalecer a negativa de entrada; e b) que se há oposição de um dos moradores, prevalece a proibição de entrada (ainda que exista um único morador contrário à entrada do terceiro).

Análise do tipo: eis estudo pormenorizado do artigo 150 do Código Penal:

Dispositivo	Comentários
Art. 150 – Entrar ou permanecer, clandestina ou astuciosamente, ou contra a vontade expressa ou tácita de quem de direito, em casa alheia ou em suas dependências: Pena – detenção, de um a três meses, ou multa.	Crime comum, doloso e de mera conduta. Trata-se de infração de menor potencial ofensivo.
§ 1º – Se o crime é cometido durante a noite, ou em lugar ermo, ou com o emprego de violência ou de arma, ou por duas ou mais pessoas: Pena – detenção, de seis meses a dois anos, além da pena correspondente à violência.	Noite é o período que vai das 18:01 às 04:59[201] (critério cronológico) ou quando não há luz solar – crepúsculo (critério natural). A violência descrita no dispositivo, parece-me a violência empregada contra a pessoa (caso exista lesão corporal resultante da violência, há punição do agente em concurso de crimes). A arma mencionada na figura qualificada pode ser própria (de fogo ou branca) ou imprópria. A qualificadora é infração de menor potencial ofensivo.

201 Ampliei o conceito de dia para o período compreendido entre as 05:00 e as 18:00, em face do inciso III do § 1º do artigo 22 da Lei 13.869/19.

Dispositivo	Comentários
§ 2º – Aumenta-se a pena de um terço, se o fato é cometido por funcionário público, fora dos casos legais, ou com inobservância das formalidades estabelecidas em lei, ou com abuso do poder.	Esse dispositivo foi expressamente revogado pela Lei 13.869/19 (artigo 44). É importante a leitura do artigo 22 da nova Lei de Abuso de Autoridade[202].
§ 3º – Não constitui crime a entrada ou permanência em casa alheia ou em suas dependências: I – durante o dia, com observância das formalidades legais, para efetuar prisão ou outra diligência; II – a qualquer hora do dia ou da noite, quando algum crime está sendo ali praticado ou na iminência de o ser.	As situações descritas no § 3º do artigo 150 do Código Penal excluem a ilicitude da conduta (não há crime, destarte). Caso funcionário público esteja no cumprimento de ordem judicial ou adentre na casa para efetuar prisão em flagrante, tem-se estrito cumprimento do dever legal (descriminante em branco). Caso particular adentre para prender em flagrante, tem-se exercício regular de direito (descriminante em branco).
§ 4º – A expressão "casa" compreende: I – qualquer compartimento habitado; II – aposento ocupado de habitação coletiva; III – compartimento não aberto ao público, onde alguém exerce profissão ou atividade.	O § 4º se traduz em interpretação autêntica (a lei explicando expressão que poderia gerar dúvida no intérprete).
§ 5º – Não se compreendem na expressão "casa": I – hospedaria, estalagem ou qualquer outra habitação coletiva, enquanto aberta, salvo a restrição do n.º II do parágrafo anterior; II – taverna, casa de jogo e outras do mesmo gênero.	O § 5º se traduz em interpretação autêntica (a lei explicando expressão que poderia gerar dúvida no intérprete).

Ingresso em casa abandonada ou desabitada: por fim, cumpre asseverar que o ingresso em casa abandonada ou desabitada não constitui crime tipificado no artigo 150 do Código Penal.

Se a casa for habitada, mas os moradores não estiverem presentes, há crime.

---

202 Art. 22. Invadir ou adentrar, clandestina ou astuciosamente, ou à revelia da vontade do ocupante, imóvel alheio ou suas dependências, ou nele permanecer nas mesmas condições, sem determinação judicial ou fora das condições estabelecidas em lei:

Pena – detenção, de 1 (um) a 4 (quatro) anos, e multa.

§ 1º Incorre na mesma pena, na forma prevista no caput deste artigo, quem:

I – coage alguém, mediante violência ou grave ameaça, a franquear-lhe o acesso a imóvel ou suas dependências;

II – (VETADO);

III – cumpre mandado de busca e apreensão domiciliar após as 21h (vinte e uma horas) ou antes das 5h (cinco horas).

§ 2º Não haverá crime se o ingresso for para prestar socorro, ou quando houver fundados indícios que indiquem a necessidade do ingresso em razão de situação de flagrante delito ou de desastre.

SEÇÃO III

DOS CRIMES CONTRA A INVIOLABILIDADE DE CORRESPONDÊNCIA

Violação de correspondência

Art. 151 – Devassar indevidamente o conteúdo de correspondência fechada, dirigida a outrem:

Pena – detenção, de um a seis meses, ou multa.

Sonegação ou destruição de correspondência

§ 1º – Na mesma pena incorre:

I – quem se apossa indevidamente de correspondência alheia, embora não fechada e, no todo ou em parte, a sonega ou destrói;

Violação de comunicação telegráfica, radioelétrica ou telefônica

II – quem indevidamente divulga, transmite a outrem ou utiliza abusivamente comunicação telegráfica ou radioelétrica dirigida a terceiro, ou conversação telefônica entre outras pessoas;

III – quem impede a comunicação ou a conversação referidas no número anterior;

IV – quem instala ou utiliza estação ou aparelho radioelétrico, sem observância de disposição legal.

§ 2º – As penas aumentam-se de metade, se há dano para outrem.

§ 3º – Se o agente comete o crime, com abuso de função em serviço postal, telegráfico, radioelétrico ou telefônico:

Pena – detenção, de um a três anos.

§ 4º – Somente se procede mediante representação, salvo nos casos do § 1º, IV, e do § 3º.

Revogação do *caput* do dispositivo: o *caput* do artigo 151 do Código Penal foram tacitamente revogados pelo artigo 40 da Lei 6.538/78:

> Violação de correspondência
>
> Art. 40 – Devassar indevidamente o conteúdo de correspondência fechada dirigida a outrem:
>
> Pena: detenção, até seis meses, ou pagamento não excedente a vinte dias-multa.
>
> (...)
>
> Aumento de pena
>
> § 2º – As penas aumentam-se da metade se há dano para outrem.

Proteção constitucional: o sigilo das correspondências é garantido pelo artigo 5º, inciso XII, da Constituição Federal.

> Art. 5º (...)
>
> XII – é inviolável o sigilo da correspondência e das comunicações telegráficas, de dados e das comunicações telefônicas, salvo, no último caso, por ordem judicial, nas hipóteses e na forma que a lei estabelecer para fins de investigação criminal ou instrução processual penal;

Classificação: o crime tipificado no artigo acima transcrito (artigo 40 da Lei 6.538/78) é doloso, comum e material (reclama conhecimento do conteúdo da correspondência).

Trata-se de infração de menor potencial ofensivo de ação penal pública incondicionada (o crime revogado previsto no *caput* do artigo 151 do Código Penal era de ação penal pública condicionada à representação).

Fiscalização da correspondência do preso: saliento que é possível a fiscalização da correspondência do preso, na forma do parágrafo único do artigo 41 da LEP (e tal devassa não significará, por óbvio, prática do crime tipificado no artigo 40 da Lei 6.538/78 – exclusão da antijuridicidade, em face do estrito cumprimento do dever legal):

> Art. 41 – Constituem direitos do preso:
>
> (...)
>
> XV – contato com o mundo exterior por meio de correspondência escrita, da leitura e de outros meios de informação que não comprometam a moral e os bons costumes.
>
> (...)
>
> Parágrafo único. Os direitos previstos nos incisos V, X e XV poderão ser suspensos ou restringidos mediante ato motivado do diretor do estabelecimento.

É possível, ainda, devassa das correspondências do preso submetido a regime disciplinar diferenciado (inciso VI do artigo 52 da LEP):

> Art. 52. A prática de fato previsto como crime doloso constitui falta grave e, quando ocasionar subversão da ordem ou disciplina internas, sujeitará o preso provisório, ou condenado, nacional ou estrangeiro, sem prejuízo da sanção penal, ao regime disciplinar diferenciado, com as seguintes características:
>
> (...)
>
> VI – fiscalização do conteúdo da correspondência;

Tais fiscalizações são constitucionais, segundo entendimento do Pretório Excelso[203] (grifo meu):

203 HC 70814, Relator(a): Min. Celso de Mello, Primeira Turma, julgado em 01/03/1994, DJ 24-06-1994 PP-16649 EMENT VOL-01750-02 PP-00317 RTJ VOL-00176-01 PP-01136.

HABEAS CORPUS – ESTRUTURA FORMAL DA SENTENÇA E DO ACÓRDÃO – OBSERVANCIA – ALEGAÇÃO DE INTERCEPTAÇÃO CRIMINOSA DE CARTA MISSIVA REMETIDA POR SENTENCIADO – UTILIZAÇÃO DE COPIAS XEROGRAFICAS NÃO AUTENTICADAS – PRETENDIDA ANALISE DA PROVA – PEDIDO INDEFERIDO. – A estrutura formal da sentença deriva da fiel observância das regras inscritas no art. 381 do Código de Processo Penal. O ato sentencial que contem a exposição sucinta da acusação e da defesa e que indica os motivos em que se funda a decisão satisfaz, plenamente, as exigências impostas pela lei. – A eficácia probante das copias xerográficas resulta, em princípio, de sua formal autenticação por agente público competente (CPP, art. 232, parágrafo único). Pecas reprográficas não autenticadas, desde que possível a aferição de sua legitimidade por outro meio idôneo, podem ser validamente utilizadas em juízo penal. – **A administração penitenciaria, com fundamento em razoes de segurança pública, de disciplina prisional ou de preservação da ordem jurídica, pode, sempre excepcionalmente, e desde que respeitada a norma inscrita no art. 41, parágrafo único, da Lei n. 7.210/84, proceder a interceptação da correspondência remetida pelos sentenciados, eis que a cláusula tutelar da inviolabilidade do sigilo epistolar não pode constituir instrumento de salvaguarda de práticas ilícitas.** – O reexame da prova produzida no processo penal condenatório não tem lugar na ação sumaríssima de habeas corpus.

Apreensão de cartas (e encomendas) no bojo da persecução penal: é possível, na forma da alínea "f" do § 1º do artigo 240 do Código de Processo Penal a apreensão de cartas (e encomendas[204]) no bojo da persecução penal (no curso do inquérito policial ou do processo penal):

> Art. 240. A busca será domiciliar ou pessoal.
>
> § 1º Proceder-se-á à busca domiciliar, quando fundadas razões a autorizarem, para:
>
> (...)
>
> f) apreender cartas, abertas ou não, destinadas ao acusado ou em seu poder, quando haja suspeita de que o conhecimento do seu conteúdo possa ser útil à elucidação do fato;

Essa apreensão (de cartas e encomendas) pode ser determinada diretamente pela autoridade policial (caso a apreensão ocorra em busca pessoal ou veicular) ou em cumprimento a ordem judicial de busca e apreensão (quando se tratar de apreensão havida no curso de busca determinada pelo juízo criminal competente).

204 O artigo 47 da Lei 6.538/78 define encomenda como "objeto com ou sem valor mercantil, para encaminhamento por via postal".

O acesso ao conteúdo das missivas (e de encomendas), entrementes, é condicionado a prévia autorização judicial, nos termos do quanto decido pelo Supremo Tribunal Federal no tema 1.041 da repercussão geral: "Sem autorização judicial ou fora das hipóteses legais, é ilícita a prova obtida mediante abertura de carta, telegrama, pacote ou meio análogo"[205].

Sem prévia autorização judicial, a devassa da correspondência só pode ser feita observando o quanto desenhado no artigo 10 da Lei 6.538/78, nos termos do voto vencedor do Ministro Fachin:

> Art. 10 – Não constitui violação de sigilo da correspondência postal a abertura de carta:
>
> (...)
>
> III – que apresente indícios de conter valor não declarado, objeto ou substância de expedição, uso ou entrega proibidos;
>
> (...)
>
> Parágrafo único – Nos casos dos incisos II e III a abertura será feita obrigatoriamente na presença do remetente ou do destinatário.

O inciso III do artigo transcrito demanda a análise do artigo 13 da Lei 6.538/78:

> Art. 13 – Não é aceito nem entregue:
>
> I – objeto com peso, dimensões, volume, formato, endereçamento, franqueamento ou acondicionamento em desacordo com as normas regulamentares ou com as previstas em convenções e acordos internacionais aprovados pelo Brasil;
>
> II – substância explosiva, deteriorável, fétida, corrosiva ou facilmente inflamável, cujo transporte constitua perigo ou possa danificar outro objeto;
>
> III – cocaína, ópio, morfina, demais estupefacientes e outras substâncias de uso proibido;
>
> IV – objeto com endereço, dizeres ou desenho injuriosos, Ameaçadores, ofensivos a moral ou ainda contrários a ordem pública ou aos interesses do País;
>
> V – animal vivo, exceto os admitidos em convenção internacional ratificada pelo Brasil;
>
> VI – planta viva;
>
> VII – animal morto;
>
> VIII – objeto cujas indicações de endereçamento não permitam assegurar a correta entrega ao destinatário;

205 STF, Tribunal Pleno, RE 1116949, rel. Min. Marco Aurélio, j.21/08/2020.

> IX – objeto cuja circulação no País, exportação ou importação, estejam proibidos por ato de autoridade competente.
>
> § 1º – A infringência a qualquer dos dispositivos de que trata este artigo acarretará a apreensão ou retenção do objeto, conforme disposto em regulamento, sem prejuízo das sanções penais cabíveis.
>
> § 2º – O remetente de qualquer objeto postal é responsável, perante a empresa exploradora do serviço postal, pela danificação produzida em outro objeto em virtude de inobservância de dispositivos legais e regulamentares, desde que não tenha havido erro ou negligência da empresa exploradora do serviço postal ou do transporte.

O caso paradigma para fixação da tese girava em torno de apreensão resultante da abertura de encomenda não materializada pelos Correios e que não contou com ordem judicial prévia. Por isso, a prova foi reputada ilícita.

Seguindo o quanto decidido pelo Supremo Tribunal Federal, caso se detecte postagem de material ilícito, há dois caminhos a seguir: a) abertura da correspondência/encomenda pelos Correios na presença do remetente/destinatário (é de bom tom, acionamento prévio do aparelho policial para acompanhamento e eventual prisão em flagrante do investigado); b) remessa da correspondência/encomenda à polícia investigativa para que seja representada autorização judicial para sua abertura, com instauração de inquérito policial para investigar o caso.

É importante, em arremete, observar que o Pretório Excelso entendeu que as encomendas devem ter a mesma proteção constitucional das cartas. Obviamente são correspondências diversas, já que cartas contém mensagens dirigidas pelo remetente ao destinatário (indubitavelmente são protegidas pelo inciso XII do artigo 5º da Constituição Federal) e as encomendas, normalmente, são coisas (bens móveis, produtos, enviados pelo remetente ao destinatário). Essa diferenciação já foi acentuada pelo Tribunal da Cidadania:

> PENAL. PROCESSUAL. TIGRE DE PELÚCIA CONTENDO COCAÍNA. APREENSÃO DE ENCOMENDA NA AGÊNCIA DOS CORREIOS ANTES DE SER ENTREGUE AO DESTINATÁRIO. AÇÃO PENAL. PROVA ILÍCITA. QUEBRA DE SIGILO DE CORRESPONDÊNCIA. 1. Correspondência, para os fins tutelados pela Constituição da República (art. 5º, VII) é toda comunicação de pessoa a pessoa, por meio de carta, através da via postal ou telegráfica. (Lei nº 6.538/78). 2. A apreensão pelo Juiz competente, na agência dos Correios, de encomenda, na verdade tigre de pelúcia com cocaína, não atenta contra a Constituição da República, art. 5º, VII. Para os fins dos valores tutelados, encomenda não é correspondência. 3. Recurso Ordinário conhecido mas não provido (RHC 10.537/RJ, Rel. Ministro Edson Vidigal, Quinta Turma, julgado em 13/03/2001, DJ 02/04/2001, p. 311).

Tanto assim, que a tese sugestionada pela Procuradoria-Geral da República em relação ao recurso extraordinário aqui analisado foi:

> Encomenda, ainda que remetida via Correios, seja para fins de comércio ou a título gratuito, não é correspondência protegida pelo sigilo constitucional; presente suspeita de prática de ilícito penal, pode ser averiguada, quanto a seu conteúdo e sem prévia ordem judicial, pelos Correios e pela Administração Pública em geral.

O Ministro Alexandre de Moraes, seguindo o entendimento de que encomendas não merecem a mesma proteção das cartas, propôs (e foi derrotado) a seguinte tese: "É lícita a prova obtida por meio de abertura de encomenda postada nos Correios quando houver fundados indícios da prática de atividades ilícitas".

Com todas as vênias à decisão final do Pretório Excelso, penso que razão assiste ao Ministro Alexandre de Moraes e ao Tribunal da Cidadania, que reconheceram a clara diferença existente entre cartas (que contém mensagens individualizadas e personalíssimas dirigidas ao destinatário) e encomendas (bens móveis/produtos enviados por uma pessoa a outra). Saliento que reputo válida a abertura de encomendas feita: a) pela polícia (desde que presente fundada suspeita, calcada em elementos anteriormente coligidos, de que a encomenda se traduz em objeto ilícito – droga ou arma de fogo, por exemplo); b) pelos Correios, na forma da Lei 6.538/78; c) em face de prévia ordem judicial.

Revogação do inciso I do § 1º do dispositivo: a figura equiparada do inciso I do § 1º do artigo 151 do Código Penal foi revogada tacitamente pelo § 1º do artigo 40 da Lei 6.538/78:

> Art. 40 – (...)
>
> Sonegação ou destruição de correspondência.
>
> § 1º – Incorre nas mesmas penas quem se apossa indevidamente de correspondência alheia, embora não fechada, para sonegá-la ou destruí-la, no todo ou em parte.
>
> Aumento de pena
>
> § 2º – As penas aumentam-se da metade se há dano para outrem.

Aqui o delito é formal, não havendo necessidade que o agente tome conhecimento do conteúdo da missiva para consumação.

Trata-se de crime de ação penal pública incondicionada (o tipo revogado, previsto no Código Penal, era de ação penal pública condicionada à representação).

Violação de comunicação telegráfica, radioelétrica ou telefônica: trata-se de figura equiparada prevista no inciso II do § 1º do artigo 151 do Código Penal, que pune quem indevidamente divulga, transmite a outrem ou utiliza abusivamente comunicação telegráfica ou radioelétrica dirigida a terceiro, ou conversação telefônica entre outras pessoas.

A discussão mais relevante é a convivência entre a figura equiparada aqui estudada e o artigo 10 da Lei 9.296/96:

> Art. 10. Constitui crime realizar interceptação de comunicações telefônicas, de informática ou telemática, promover escuta ambiental ou quebrar segredo da Justiça, sem autorização judicial ou com objetivos não autorizados em lei:
>
> Pena – reclusão, de 2 (dois) a 4 (quatro) anos, e multa.
>
> Parágrafo único. Incorre na mesma pena a autoridade judicial que determina a execução de conduta prevista no caput deste artigo com objetivo não autorizado em lei.

A divulgação ou transmissão a outrem de conversação telefônica entre outras pessoas é crime comum (praticado por qualquer pessoa), ao passo que o delito acima transcrito é próprio (cometido por quem tem acesso a interceptação telefônica judicialmente autorizada e quebra "segredo da Justiça"[206] – delegado de polícia que divulga conteúdo sigiloso de medida cautelar de interceptação telefônica, por exemplo).

Figura equiparada do inciso III do § 1º do artigo 151 do Código Penal: o dispositivo trata do crime doloso e comum de impedir a comunicação ou a conversação referidas no inciso anterior.

Revogação tácita da figura equiparada no inciso IV do § 1º do artigo 151 do Código Penal: o dispositivo foi revogado pelo artigo 70 da Lei 4.117/62:

> Art. 70. Constitui crime punível com a pena de detenção de 1 (um) a 2 (dois) anos, aumentada da metade se houver dano a terceiro, a instalação ou utilização de telecomunicações, sem observância do disposto nesta Lei e nos regulamentos.
>
> Parágrafo único. Precedendo ao processo penal, para os efeitos referidos neste artigo, será liminarmente procedida a busca e apreensão da estação ou aparelho ilegal.

Causa de aumento de pena: o § 2º do artigo 151 do Código Penal prescreve aumento de pena (da metade) se há dano para outrem.

Figura qualificada: o § 3º do artigo 151 do Código Penal é qualificadora (com pena de 1 a 3 anos de detenção), quando se detecta que o agente cometeu o crime com abuso de função em serviço postal, telegráfico, radioelétrico ou telefônico.

---

206 Sobre o tema, vide Recomendação 80/2020 do CNJ, que "recomenda aos órgãos do Poder Judiciário a observância da necessidade de preservação do sigilo das informações dos procedimentos de interceptação de comunicações telefônicas, de informática e telemática".

Nesse cenário, o delito admite acordo de não persecução penal (artigo 28-A do CPP), suspensão condicional do processo (artigo 89 da Lei 9.099/95) e fiança arbitrada pela autoridade policial (artigo 322 do CPP).

Ação penal: o crime apurado é de ação penal pública condicionada a representação (à exceção da figura qualificada do § 3º do artigo 151 do Código Penal).

Por óbvio, diante do quanto desenhado supra (análise das revogações tácitas), as figuras criminosas válidas que se punem mediante ação penal pública condicionada a representação são as tipificadas nos incisos II e III do § 1º do artigo 151 do Código Penal.

Correspondência comercial

Art. 152 – Abusar da condição de sócio ou empregado de estabelecimento comercial ou industrial para, no todo ou em parte, desviar, sonegar, subtrair ou suprimir correspondência, ou revelar a estranho seu conteúdo:

Pena – detenção, de três meses a dois anos.

Parágrafo único – Somente se procede mediante representação.

Classificação: trata-se de crime doloso (não se pune a modalidade culposa) e próprio (cometido pelo sócio ou empregado de estabelecimento comercial ou industrial).

Trata-se de infração de menor potencial ofensivo de ação pública condicionada à representação.

Condutas proibidas: o tipo é misto, alternativo ou de conteúdo variado. O sócio ou empregado de estabelecimento comercial ou industrial abusa da sua condição e desvia, sonega, subtrai, suprime ou revela a estranho correspondência comercial dirigida à pessoa jurídica ou por essa enviada.

Se a missiva era pessoalmente dirigida a outro sócio ou empregado, o crime será o tipificado no artigo 40 da Lei 6.538/78 (sugestiono leitura dos comentários ao artigo anterior).

O tipo reclama perigo concreto de lesão (a destruição de uma correspondência fechada que contenha apenas uma propaganda comercial não pode ser considerada objeto material do crime aqui estudado).

SEÇÃO IV
DOS CRIMES CONTRA A INVIOLABILIDADE DOS SEGREDOS

Divulgação de segredo

Art. 153 – Divulgar alguém, sem justa causa, conteúdo de documento particular ou de correspondência confidencial, de que é destinatário ou detentor, e cuja divulgação possa produzir dano a outrem:

Pena – detenção, de um a seis meses, ou multa, de trezentos mil réis a dois contos de réis.

§ 1º Somente se procede mediante representação.

§ 1º-A. Divulgar, sem justa causa, informações sigilosas ou reservadas, assim definidas em lei, contidas ou não nos sistemas de informações ou banco de dados da Administração Pública:

Pena – detenção, de 1 (um) a 4 (quatro) anos, e multa.

§ 2º Quando resultar prejuízo para a Administração Pública, a ação penal será incondicionada.

Classificação: crime doloso e próprio (o sujeito ativo é o destinatário ou detentor de documento particular ou correspondência confidencial).

Trata-se de infração de menor potencial ofensivo de ação penal pública condicionada à representação.

Conduta proibida: a conduta proibida descrita no tipo é divulgar, sem justa causa, conteúdo de documento particular ou de correspondência confidencial, de que é destinatário/detentor, e cuja divulgação possa produzir dano a outrem (crime de perigo concreto).

O crime resta perpetrado quer o agente tenha a posse legítima ou ilegítima do documento particular ou correspondência confidencial. É preciso que conteúdo sigiloso chegue ao conhecimento de um número indeterminado de pessoas, gerando perigo concreto de lesão (se a divulgação não for passível de ocasionar dano, não há crime).

Se existir justa causa para a divulgação do conteúdo do documento/correspondência, o fato será atípico (atipicidade formal).

Figura qualificada: o § 1º-A é qualificadora relacionada à divulgação, sem justa causa, de informações sigilosas ou reservadas, assim definidas em lei, contidas ou não nos sistemas de informações ou banco de dados da Administração Pública.

A figura qualificada admite acordo de não persecução penal (artigo 28-A do CPP), suspensão condicional do processo (artigo 89 da Lei 9.099/95) e fiança arbitrada pela autoridade policial (artigo 322 do CPP).

O crime é de ação penal pública condicionada à representação (caso o delito resulte em prejuízo para a Administração Pública, contudo, a ação será pública incondicionada – na forma do § 2º do artigo 153 do Código Penal).

Violação do segredo profissional

Art. 154 – Revelar alguém, sem justa causa, segredo, de que tem ciência em razão de função, ministério, ofício ou profissão, e cuja revelação possa produzir dano a outrem:

Pena – detenção, de três meses a um ano, ou multa de um conto a dez contos de réis.

Parágrafo único – Somente se procede mediante representação.

Classificação: crime doloso, próprio (o sujeito ativo é a pessoa que em razão de função, ministério, ofício ou profissão toma conhecimento de segredo alheio – padres, advogados ou médicos, por exemplo) e formal.

Trata-se de infração de menor potencial ofensivo de ação penal pública condicionada à representação.

Conduta proibida: a conduta proibida no tipo é revelar, sem justa causa, segredo, de que tem ciência em razão de função, ministério, ofício ou profissão, e cuja revelação possa produzir dano a outrem.

Isso demonstra que o crime é de perigo concreto (caso não exista perigo de dano em face da divulgação do segredo, não há crime) e que o eventual dano advindo da revelação ilícita constitui mero exaurimento (delito formal).

Pessoas proibidas de depor: o artigo 207 do Código de Processo Penal preceitua que:

> Art. 207. São proibidas de depor as pessoas que, em razão de função, ministério, ofício ou profissão, devam guardar segredo, salvo se, desobrigadas pela parte interessada, quiserem dar o seu testemunho.

Crime de abuso de autoridade: constitui crime de abuso de autoridade (caput do artigo 15 da Lei 13.869/19) constranger, sob ameaça de prisão, pessoa que, em razão de função, ministério ofício ou profissão, deva guardar segredo ou resguardar sigilo:

> Art. 15. Constranger a depor, sob ameaça de prisão, pessoa que, em razão de função, ministério, ofício ou profissão, deva guardar segredo ou resguardar sigilo:
>
> Pena – detenção, de 1 (um) a 4 (quatro) anos, e multa.

Artigo 154 x artigo 325 do Código Penal: se o responsável pela violação de segredo é funcionário público, o crime perpetrado será o tipificado no artigo 325 do Caderno Repressivo Pátrio (princípio da especialidade):

Violação do segredo profissional	Violação de sigilo funcional
Art. 154 – Revelar alguém, sem justa causa, segredo, de que tem ciência em razão de função, ministério, ofício ou profissão, e cuja revelação possa produzir dano a outrem: Pena – detenção, de três meses a um ano, ou multa de um conto a dez contos de réis. Parágrafo único – Somente se procede mediante representação.	Art. 325 – Revelar fato de que tem ciência em razão do cargo e que deva permanecer em segredo, ou facilitar-lhe a revelação: Pena – detenção, de seis meses a dois anos, ou multa, se o fato não constitui crime mais grave. § 1º Nas mesmas penas deste artigo incorre quem: I – permite ou facilita, mediante atribuição, forne-

	cimento e empréstimo de senha ou qualquer outra forma, o acesso de pessoas não autorizadas a sistemas de informações ou banco de dados da Administração Pública; II – se utiliza, indevidamente, do acesso restrito. § 2º Se da ação ou omissão resulta dano à Administração Pública ou a outrem: Pena – reclusão, de 2 (dois) a 6 (seis) anos, e multa.

Médico que faz comunicação de doença de notificação compulsória: o médico que faz comunicação à autoridade sanitária de doença cuja notificação seja obrigatória não comete o crime aqui estudado (há determinação legal para que tal comunicação seja materializada nos termos do artigo 8º da Lei 6.259/75[207]).

Aliás, a omissão intencional da comunicação obrigatória constitui prática do crime tipificado no artigo 269 do Código Penal (vide comentários alhures).

Notificação compulsória de violência contra a mulher: o artigo 1º da Lei 10.778/03 determina notificação compulsória, pelos serviços de saúde públicos e privados, de casos em que houver indícios ou confirmação de violência contra a mulher (no prazo de 24 horas a comunicação deve ser feita, de igual sorte, à autoridade policial):

> Art. 1º Constituem objeto de notificação compulsória, em todo o território nacional, os casos em que houver indícios ou confirmação de violência contra a mulher atendida em serviços de saúde públicos e privados.
>
> § 1º Para os efeitos desta Lei, entende-se por violência contra a mulher qualquer ação ou conduta, baseada no gênero, inclusive decorrente de discriminação ou desigualdade étnica, que cause morte, dano ou sofrimento físico, sexual ou psicológico à mulher, tanto no âmbito público quanto no privado.
>
> § 2º Entender-se-á que violência contra a mulher inclui violência física, sexual e psicológica e que:
>
> I – tenha ocorrido dentro da família ou unidade doméstica ou em qualquer outra relação interpessoal, em que o agressor conviva ou haja convivido no mesmo domicílio que a mulher e que compreende, entre outros, estupro, violação, maus-tratos e abuso sexual;
>
> II – tenha ocorrido na comunidade e seja perpetrada por qualquer pessoa e que compreende, entre outros, violação, abuso sexual, tortura, maus-tratos de pessoas, tráfico de mulheres, prostituição forçada, seqüestro e assédio sexual

207 Art 8º É dever de todo cidadão comunicar à autoridade sanitária local a ocorrência de fato, comprovado ou presumível, de caso de doença transmissível, sendo obrigatória a médicos e outros profissionais de saúde no exercício da profissão, bem como aos responsáveis por organizações e estabelecimentos públicos e particulares de saúde e ensino a notificação de casos suspeitos ou confirmados das doenças relacionadas em conformidade com o artigo 7º.

> no lugar de trabalho, bem como em instituições educacionais, estabelecimentos de saúde ou qualquer outro lugar; e
>
> III – seja perpetrada ou tolerada pelo Estado ou seus agentes, onde quer que ocorra.
>
> § 3º Para efeito da definição serão observados também as convenções e acordos internacionais assinados pelo Brasil, que disponham sobre prevenção, punição e erradicação da violência contra a mulher.
>
> § 4º Os casos em que houver indícios ou confirmação de violência contra a mulher referidos no caput deste artigo serão obrigatoriamente comunicados à autoridade policial no prazo de 24 (vinte e quatro) horas, para as providências cabíveis e para fins estatísticos.

Por óbvio, caso o médico que atendeu a mulher vítima de violência promova a comunicação da autoridade policial acerca da prática delitiva, não há cometimento de crime (o fato será atípico, porquanto há justa causa na divulgação – determinação legal).

Invasão de dispositivo informático

Art. 154-A. Invadir dispositivo informático de uso alheio, conectado ou não à rede de computadores, com o fim de obter, adulterar ou destruir dados ou informações sem autorização expressa ou tácita do usuário do dispositivo ou de instalar vulnerabilidades para obter vantagem ilícita:

Pena – reclusão, de 1 (um) a 4 (quatro) anos, e multa.

§ 1º Na mesma pena incorre quem produz, oferece, distribui, vende ou difunde dispositivo ou programa de computador com o intuito de permitir a prática da conduta definida no caput.

§ 2º Aumenta-se a pena de 1/3 (um terço) a 2/3 (dois terços) se da invasão resulta prejuízo econômico.

§ 3º Se da invasão resultar a obtenção de conteúdo de comunicações eletrônicas privadas, segredos comerciais ou industriais, informações sigilosas, assim definidas em lei, ou o controle remoto não autorizado do dispositivo invadido:

Pena – reclusão, de 2 (dois) a 5 (cinco) anos, e multa.

§ 4º Na hipótese do § 3º, aumenta-se a pena de um a dois terços se houver divulgação, comercialização ou transmissão a terceiro, a qualquer título, dos dados ou informações obtidos.

§ 5º Aumenta-se a pena de um terço à metade se o crime for praticado contra:

I – Presidente da República, governadores e prefeitos;

II – Presidente do Supremo Tribunal Federal;

III – Presidente da Câmara dos Deputados, do Senado Federal, de Assembleia Legislativa de Estado, da Câmara Legislativa do Distrito Federal ou de Câmara Municipal; ou

IV – dirigente máximo da administração direta e indireta federal, estadual, municipal ou do Distrito Federal.

Introdução: a Lei 14.155/21 alterou o *caput* e os §§ 2º e 3º do artigo 154-A do Código Penal. Confira abaixo tabela comparativa relacionada ao *caput* (com destaque às modificações):

Redação anterior	Nova redação
Art. 154-A. Invadir dispositivo informático alheio, conectado ou não à rede de computadores, mediante violação indevida de mecanismo de segurança e com o fim de obter, adulterar ou destruir dados ou informações sem autorização expressa ou tácita do titular do dispositivo ou instalar vulnerabilidades para obter vantagem ilícita: Pena – detenção, de 3 (três) meses a 1 (um) ano, e multa.	Art. 154-A. Invadir dispositivo informático **de uso alheio**, conectado ou não à rede de computadores, com o fim de obter, adulterar ou destruir dados ou informações sem autorização expressa ou tácita **do usuário** do dispositivo ou de instalar vulnerabilidades para obter vantagem ilícita: Pena – **reclusão, de 1 (um) a 4 (quatro) anos**, e multa.

Classificação: trata-se de crime doloso (o tipo reclama **especial fim de agir**, consistente na intenção de obtenção, adulteração ou destruição de dados ou informações sem autorização expressa ou tácita do usuário do dispositivo ou instalação de vulnerabilidades para obtenção de vantagem ilícita), comum (pode ser praticado por qualquer pessoa) e formal (não é necessária a obtenção, adulteração ou destruição de dados ou informações, nem a obtenção da vantagem indevida pretendida pelo agente para a consumação).

Com a alteração do preceito secundário operada pela Lei 14.155/21, o delito deixou de ser infração de menor potencial ofensivo (por ser alteração gravosa, ela não deve retroagir). A pena privativa de liberdade passou a ser de reclusão (sendo possível, a partir da entrada em vigor do novel mandamento legal, decretação de interceptação telefônica para apurar o delito estudado, se preenchidos os demais requisitos do artigo 2º da Lei 9.296/96).

O crime agora admite acordo de não persecução penal (artigo 28-A do CPP), suspensão condicional do processo (artigo 89 da Lei 9.099/95) e fiança arbitrada pela autoridade policial (artigo 322 do CPP).

A ação penal continua pública condicionada à representação.

O crime será de ação penal pública incondicionada, contudo, se for cometido contra a administração pública direta ou indireta de qualquer dos Poderes da União, Estados, Distrito Federal ou Municípios ou contra empresas concessionárias de serviços públicos.

Condutas proibidas: a tabela abaixo sintetiza as formas de perpetrar o delito estudado:

Conduta principal	Fins de agir (alternativos)
Invadir dispositivo informático de uso alheio, conectado ou não à rede de computadores, sem autorização expressa ou tácita do usuário	com o fim de obter, adulterar ou destruir dados ou informações
	com o fito de instalar vulnerabilidades para obter vantagem ilícita

A análise da tabela acima demonstra que: a) o dispositivo informático (computador, smartphone, tablet) precisa ser de uso alheio (a partir da alteração operada pela Lei 14.155/21, é possível punir o agente que empresta ou aluga dispositivo próprio a outrem e o invade sem autorização do usuário); b) não há necessidade de que o dispositivo esteja conectado à internet; c) não é mais necessário que o dispositivo conte com mecanismo de segurança (antivírus, por exemplo) – a redação revogada reclamava adimplemento dessa condição (em boa hora a alteração legislativa, pois o texto anterior significava proteção deficiente); d) a invasão não pode ser autorizada pelo titular do dispositivo (penso existir crime, ainda que exista autorização do titular, se o agente extrapolar os limites desta[208]); e) há duas finalidades específicas (especiais fins de agir): i) obter, adulterar ou destruir dados ou informações; ou ii) instalar vulnerabilidades para obter vantagem ilícita (que não precisam ocorrer para a consumação do delito, posto que se trata de crime formal).

Princípio da consunção: a aplicação do princípio da consunção depende da análise do caso concreto. Se se detectar que a invasão de dispositivo informático foi meio para prática de crime-fim (furto qualificado, por exemplo), haverá absorção do tipo descrito no artigo 154-A do Código Penal. Caso os contextos sejam distintos, será possível a imputação dos delitos em concurso de crimes. Exemplifico:

> **SITUAÇÃO HIPOTÉTICA:** JOÃO, técnico que conserta computadores, invade o dispositivo informático de sua cliente MARIA sem sua autorização, mediante violação indevida de mecanismos de segurança, e finda obtendo fotos íntimas da vítima. Algumas semanas depois, em novo desígnio, JOÃO contata MARIA e a constrange a depositar R$ 5.000,00 em sua conta, mediante ameaça de postagem das fotos íntimas da vítima em redes sociais.
>
> **SOLUÇÃO:** JOÃO deve ser responsabilizado pelos crimes tipificados no artigo 154-A (invasão de dispositivo informático) e 158 (extorsão) do Código Penal, em concurso material (artigo 69 do Código Penal).

Figura equiparada: o § 1º do artigo 154-A do Código Penal é figura equiparada que pune quem produz, oferece, distribui, vende ou difunde dispositivo ou programa de computador com o intuito de permitir a prática da conduta definida no *caput*.

208 Em sentido contrário, Rogério Sanches Cunha (**Código Penal para concursos**. Salvador, 13ª edição, Juspodivm, 2020, p. 561).

Causa de aumento de pena: o § 2º do artigo 154-A do Código Penal se traduz em majorante se da invasão resulta prejuízo econômico. O dispositivo também foi alterado pela Lei 14.155/21 (a causa de aumento agora é de 1/3 a 2/3 – por ser norma mais severa, por óbvio, não pode retroagir):

Redação anterior	Nova redação
§ 2º Aumenta-se a pena de um sexto a um terço se da invasão resulta prejuízo econômico.	§ 2º Aumenta-se a pena de **1/3 (um terço) a 2/3 (dois terços)** se da invasão resulta prejuízo econômico.

Figura qualificada: o § 3º do artigo 154-A encerra figura qualificada se da invasão resultar a obtenção de conteúdo de comunicações eletrônicas privadas, segredos comerciais ou industriais, informações sigilosas, assim definidas em lei, ou o controle remoto não autorizado do dispositivo invadido.

A qualificadora era infração de menor potencial ofensivo expressamente subsidiária. Agora não mais – trata-se de delito que admite apenas acordo de não persecução penal (artigo 28-A do CPP):

Redação anterior	Nova redação
§ 3º (...) Pena – reclusão, de 6 (seis) meses a 2 (dois) anos, e multa, se a conduta não constitui crime mais grave.	§ 3º (...) Pena – **reclusão, de 2 (dois) a 5 (cinco) anos**, e multa.

Causa de aumento relacionada à qualificadora do § 3º do artigo 154-A: há incidência de majorante (aumento de um a dois terços) se houver divulgação, comercialização ou transmissão a terceiro, a qualquer título, dos dados ou informações obtidas (trata-se de crime qualificado/majorado, na forma do § 4º do artigo 154-A do Código Penal).

Causa de aumento de pena do § 5º do artigo 154-A do Código Penal: incide majorante (aumento de um terço à metade) se o crime for praticado contra: a) presidente da República, governadores e prefeitos; b) presidente do Supremo Tribunal Federal; c) presidente da Câmara dos Deputados, do Senado Federal, de Assembleia Legislativa de Estado, da Câmara Legislativa do Distrito Federal ou de Câmara Municipal; ou d) dirigente máximo da administração direta e indireta federal, estadual, municipal ou do Distrito Federal.

Ação penal

Art. 154-B. Nos crimes definidos no art. 154-A, somente se procede mediante representação, salvo se o crime é cometido contra a administração pública direta ou indireta de qualquer dos Poderes da União, Estados, Distrito Federal ou Municípios ou contra empresas concessionárias de serviços públicos.

Ação penal: como já declinado supra, a ação penal no crime tipificado no artigo 154-A do Código Penal é pública condicionada à representação da vítima. A ação será, entretanto, pública incondicionada se o crime é cometido contra a administração pública direta ou indireta de qualquer dos Poderes da União, Estados, Distrito Federal ou Municípios ou contra empresas concessionárias de serviços públicos.

TÍTULO II

DOS CRIMES CONTRA O PATRIMÔNIO

CAPÍTULO I

DO FURTO

Furto

Art. 155 – Subtrair, para si ou para outrem, coisa alheia móvel:

Pena – reclusão, de um a quatro anos, e multa.

§ 1º – A pena aumenta-se de um terço, se o crime é praticado durante o repouso noturno.

§ 2º – Se o criminoso é primário, e é de pequeno valor a coisa furtada, o juiz pode substituir a pena de reclusão pela de detenção, diminuí-la de um a dois terços, ou aplicar somente a pena de multa.

§ 3º – Equipara-se à coisa móvel a energia elétrica ou qualquer outra que tenha valor econômico.

Furto qualificado

§ 4º – A pena é de reclusão de dois a oito anos, e multa, se o crime é cometido:

I – com destruição ou rompimento de obstáculo à subtração da coisa;

II – com abuso de confiança, ou mediante fraude, escalada ou destreza;

III – com emprego de chave falsa;

IV – mediante concurso de duas ou mais pessoas.

§ 4º-A – A pena é de reclusão de 4 (quatro) a 10 (dez) anos e multa, se houver emprego de explosivo ou de artefato análogo que cause perigo comum.

§ 4º-B – A pena é de reclusão, de 4 (quatro) a 8 (oito) anos, e multa, se o furto mediante fraude é cometido por meio de dispositivo eletrônico ou informático, conectado ou não à rede de computadores, com ou sem a violação de mecanismo de segurança ou a utilização de programa malicioso, ou por qualquer outro meio fraudulento análogo.

§ 4º-C – A pena prevista no § 4º-B deste artigo, considerada a relevância do resultado gravoso:

I – aumenta-se de 1/3 (um terço) a 2/3 (dois terços), se o crime é praticado mediante a utilização de servidor mantido fora do território nacional;

II – aumenta-se de 1/3 (um terço) ao dobro, se o crime é praticado contra idoso ou vulnerável.

§ 5º – A pena é de reclusão de três a oito anos, se a subtração for de veículo automotor que venha a ser transportado para outro Estado ou para o exterior.

§ 6º – A pena é de reclusão de 2 (dois) a 5 (cinco) anos se a subtração for de semovente domesticável de produção, ainda que abatido ou dividido em partes no local da subtração.

§ 7º – A pena é de reclusão de 4 (quatro) a 10 (dez) anos e multa, se a subtração for de substâncias explosivas ou de acessórios que, conjunta ou isoladamente, possibilitem sua fabricação, montagem ou emprego.

Classificação: o furto é crime comum (pode ser perpetrado por qualquer pessoa), material (reclama inversão da posse do bem móvel), doloso (necessidade de *animus furandi*), que admite, em sua forma simples, acordo de não persecução penal (artigo 28-A do CPP), suspensão condicional do processo (artigo 89 da Lei 9.099/95) e fiança arbitrada pela autoridade policial (artigo 322 do Código de Processo Penal).

Momento consumativo: acerca do momento consumativo do furto, é importante a leitura da tese 1 da edição 47 da jurisprudência em teses do Superior Tribunal de Justiça (adotou-se a teoria da *amotio*[209]):

> 1) Consuma-se o crime de furto com a posse de fato da res furtiva, ainda que por breve espaço de tempo e seguida de perseguição ao agente, sendo prescindível a posse mansa e pacífica ou desvigiada. (Tese Julgada sob o rito do art. 543-C do CPC/1973 – TEMA 934)

Furto de uso: se o agente se apodera de bem não consumível, com o intuito de usar e devolver a seu dono, há o chamado **furto de uso**. Nessa situação, o fato é formalmente atípico (por ausência de *animus furandi* – não há a intenção de subtrair e, portanto, essa circunstância elementar não é adimplida).

O delegado de polícia deve determinar diligências aptas a elucidar a real intenção do agente no caso concreto (ainda que se trate de notícia coercitiva de crime). Exemplifico:

> **SITUAÇÃO HIPOTÉTICA:** JOÃO, funcionário de um lava-jato, sai para dar uma volta com sua namorada no carro de PEDRO, que havia deixado o automotor no estabelecimento. Depois do passeio, JOÃO retorna ao lava-jato, procede à limpeza do veículo e o entrega intacto e abastecido no final da tarde a PEDRO.

---

209 Sobre as teorias acerca da consumação dos crimes de furto ou roubo, temos: a) ***contractatio*** (consuma-se o crime quando o agente toca o bem móvel, com o objetivo de subtraí-lo), b) ***amotio/aprehensio*** (consuma-se o crime com a apreensão da coisa), c) ***ablatio*** (a consumação do crime depende da posse mansa e pacífica da coisa) e d) ***illatio*** (a consumação do crime só ocorre quando o autor do fato leva o bem subtraído para onde deseja).

> **SOLUÇÃO:** a intenção de JOÃO foi usar o veículo de PEDRO e devolver o automotor a seu dono. Destarte, não houve *animus furandi*. O fato por ele praticado deve ser considerado formalmente atípico.

Entendo não ser possível criar regra objetiva que impossibilite reconhecimento de furto de uso se o autor for surpreendido com o bem móvel antes de devolvê-lo. Penso que, ainda que o bem móvel seja encontrado na posse de terceiro, é preciso materializar diligências aptas a revelar a presença do *animus furandi* para que seja possível imputação do crime tipificado no artigo 155 do Código Penal.

Furto famélico: no chamado **furto famélico**, há estado de necessidade (artigo 24 do Código Penal) e o agente não comete crime (exclui-se a antijuridicidade), porquanto há perigo atual não provocado pelo agente, representado pela fome extrema. Como há sacrifício proporcional de bem jurídico (subtração de patrimônio para saciar a fome e, assim, proteger a saúde/vida), não há prática delitiva.

Causa de aumento de pena: o § 1º do artigo 155 traz em seu bojo causa de aumento de pena (furto praticado durante o repouso noturno).

Mesmo que a casa/estabelecimento não esteja habitado no momento do crime, será possível a incidência da majorante. Nesse sentido, decisão do Superior Tribunal de Justiça (transcrevi apenas parte do julgado):

> III – Incide a majorante prevista no § 1.º do art. 155 do Código Penal, quando o crime é cometido durante a madrugada, horário no qual a vigilância da vítima é menos eficiente e seu patrimônio mais vulnerável, o que ocorre inclusive para estabelecimentos comerciais. IV – A causa especial de aumento de pena do furto cometido durante o repouso noturno pode se configurar mesmo quando o crime é cometido em estabelecimento comercial ou residência desabitada, sendo indiferente o fato de a vítima estar, ou não, efetivamente repousando. Precedentes do Superior Tribunal de Justiça (HC 501.072/SC, Rel. Ministro Felix Fischer, Quinta Turma, julgado em 06/06/2019, DJe 11/06/2019).

É possível, de igual sorte, reconhecer furto majorado/qualificado (incidência simultânea da causa de aumento do § 1º do artigo 155 e de qualquer das qualificadoras do § 4º do mesmo artigo). Exemplifico:

> **SITUAÇÃO HIPOTÉTICA:** JOÃO, usando de chave falsa, adentrou na casa de PEDRO durante a madrugada e subtraiu os relógios deste.
>
> **SOLUÇÃO:** JOÃO cometeu crime de furto majorado/qualificado, porquanto há incidência simultânea da causa de aumento do § 1º do artigo 155 (cometeu o crime durante o repouso noturno) e da qualificadora do inciso III do § 4º do mesmo artigo (emprego de chave falsa).

Furto privilegiado: para reconhecimento do **furto privilegiado** (artigo 155, § 2º, do Código Penal) é preciso a primariedade do agente e que a coisa subtraída seja de pequeno valor – nesse caso o juiz poderá: a) substituir a pena de reclusão pela de detenção; b), diminuí-la de um a dois terços; ou c) aplicar somente a pena de multa.

Nessa esteira, é fundamental a leitura das teses do Superior Tribunal de Justiça sobre o furto privilegiado (edição 47 da jurisprudência em teses):

> 8) Para reconhecimento do crime de furto privilegiado é indiferente que o bem furtado tenha sido restituído à vítima, pois o critério legal para o reconhecimento do privilégio é somente o pequeno valor da coisa subtraída.
>
> **Comentário:** a restituição do bem subtraído pode significar, eventualmente, arrependimento posterior, desde que adimplidos os requisitos do artigo 16 do Código Penal.
>
> 11) Para a caracterização do furto privilegiado, além da primariedade do réu, o valor do bem subtraído não deve exceder à importância correspondente ao salário mínimo vigente à época dos fatos.
>
> **Comentário:** o Superior Tribunal de Justiça entende que o valor de um salário mínimo (vigente à época dos fatos) é o vetor para reconhecimento do "pequeno valor" descrito no § 2º do artigo 155 do Código Penal (o Tribunal da Cidadania entende que há valor insignificante quando se detecta que a coisa subtraída é orçada em 10% do salário mínimo vigente tempo do crime).
>
> 13) Reconhecido o privilégio no crime de furto, a fixação de um dos benefícios do § 2º do art. 155 do CP exige expressa fundamentação por parte do magistrado.
>
> **Comentário:** reconhecido o furto privilegiado (primariedade do agente + pequeno valor da coisa furtada), o juiz deverá conceder ao réu um dos três benefícios desenhados no artigo § 2º do artigo 155 do Código Penal: a) substituir a pena de reclusão pela de detenção; b) diminuir a pena de um a dois terços; ou c) aplicar somente a pena de multa. A tese do Tribunal da Cidadania reclama fundamentação expressa, por parte do magistrado, para a escolha da benesse.

Pequeno valor x valor insignificante: o furto de coisa de pequeno valor não se confunde com o furto de coisa de valor insignificante (como já desenhado supra).

Em relação à primeira hipótese (furto de coisa de pequeno valor), será possível reconhecer furto privilegiado (caso o réu seja primário). No que toca à segunda situação (furto de coisa de valor insignificante), será possível reconhecer a atipicidade material do fato. Nesse sentido tese 9 da edição 47 da jurisprudência em teses do Superior Tribunal de Justiça:

> 9) Para efeito da aplicação do princípio da bagatela, é imprescindível a distinção entre valor insignificante e pequeno valor, uma vez que o primeiro exclui o crime e o segundo pode caracterizar o furto privilegiado.

O Supremo Tribunal Federal e o Superior Tribunal de Justiça entendem que, para a configuração do delito de bagatela (bagatela própria em face da aplicação do princípio da insignificância), devem estar presentes, de forma concomitante, os seguintes requisitos: a) mínima ofensividade da conduta; b) ausência de periculosidade do agente; c) reduzido grau de reprovabilidade do comportamento; e d) inexpressividade da lesão jurídica – memorize a palavra **MARI**:

> **M** = **M**ínima ofensividade da conduta;
>
> **A** = **A**usência de periculosidade do agente;
>
> **R** = **R**eduzido grau de reprovabilidade do comportamento;
>
> **I** = **I**nexpressividade da lesão jurídica.

Como já dito supra, é excepcionalmente possível reconhecimento princípio da insignificância em relação ao reincidente. Eis entendimento do Supremo Tribunal Federal sobre o tema:

> Penal. Habeas Corpus substitutivo de revisão criminal. Crime de Furto. Princípio da Insignificância. Acusado reincidente. Peculiaridades da causa que autorizam a concessão da ordem de ofício. 1. A aplicação do princípio da insignificância envolve um juízo amplo ("conglobante"), que vai além da simples aferição do resultado material da conduta, abrangendo também a reincidência ou contumácia do agente, elementos que, embora não determinantes, devem ser considerados. 2. O Plenário do STF, no julgamento do HC 123.734, Rel. Min. Luís Roberto Barroso, explicitou as seguintes teses: (i) a reincidência não impede, por si só, que o juiz da causa reconheça a insignificância penal da conduta, à luz dos elementos do caso concreto; e (ii) na hipótese de o juiz da causa considerar penal ou socialmente indesejável a aplicação do princípio da insignificância por furto, em situações em que tal enquadramento seja cogitável, eventual sanção privativa de liberdade deverá ser fixada, como regra geral, em regime inicial aberto, paralisando-se a incidência do art. 33, § 2º, c, do CP no caso concreto, com base no princípio da proporcionalidade. 3. Situação concreta em que, tendo em vista o princípio da proporcionalidade, e não obstante a reincidência específica, deve ser reduzida a pena imposta ao paciente, substituída por duas medidas restritiva de direitos. 4. Habeas Corpus não conhecido. Ordem concedida de ofício para diminuir a pena privativa de liberdade para 11 meses de reclusão, substituída por duas medidas restritivas de direitos a serem fixadas pelo Juízo de origem (HC 137425, Relator(a): Min. MARCO AURÉLIO, Relator(a) p/ Acórdão: Min. ROBERTO BARROSO, Primeira Turma, julgado em 11/09/2018, PROCESSO ELETRÔNICO DJe-220 DIVULG 15-10-2018 PUBLIC 16-10-2018).

Acerca do furto de coisa de valor insignificante, cumpre fazer a leitura das teses do Superior Tribunal de Justiça (edição 47 da jurisprudência em teses do Tribunal da Cidadania):

6) A prática do delito de furto qualificado por escalada, destreza, rompimento de obstáculo ou concurso de agentes indica a reprovabilidade do comportamento do réu, sendo inaplicável o princípio da insignificância.

Comentário: no entendimento do Superior Tribunal de Justiça, as qualificadoras da escalada (inciso II do § 4º do artigo 155 do Código Penal), destreza (inciso II do § 4º do artigo 155 do Código Penal), rompimento de obstáculo (inciso I do § 4º do artigo 155 do Código Penal) ou concurso de agentes (inciso IV do § 4º do artigo 155 do Código Penal) inviabilizam o reconhecimento do princípio da insignificância, porquanto detectada intensa reprovabilidade do comportamento do réu. Exemplifico:

SITUAÇÃO HIPOTÉTICA: PEDRO, mediante escalada, subtraiu bem móvel orçado em R$ 50,00 da casa de JOÃO.

SOLUÇÃO: apesar do valor insignificante da coisa subtraída, PEDRO não poderá ser beneficiado pelo reconhecimento do princípio da bagatela (própria), porquanto presente a qualificadora da escalada. Caso ele seja primário, o juiz deve reconhecer o furto privilegiado/qualificado (artigo 155, §§ 2º e 4º, inciso II, do Código Penal), nos termos do verbete 511 do Superior Tribunal de Justiça.

Excepcionalmente (com base em precedentes mais recentes do Tribunal da Cidadania), contudo, é possível reconhecimento do princípio da insignificância no furto qualificado. Transcrevo decisão do Superior Tribunal de Justiça que analisou prática de furto qualificado pelo concurso de agentes de produtos alimentícios avaliados em R$ 62,29:

PENAL E PROCESSO PENAL. HABEAS CORPUS SUBSTITUTIVO DE RECURSO ESPECIAL. DESCABIMENTO. FURTO QUALIFICADO. SUBTRAÇÃO DE GÊNEROS ALIMENTÍCIOS. EXCEPCIONALIDADE DO CASO CONCRETO. TRANCAMENTO DA AÇÃO PENAL. ORDEM CONCEDIDA DE OFÍCIO. 1. O Superior Tribunal de Justiça, seguindo entendimento firmado pelo Supremo Tribunal Federal, passou a não admitir o conhecimento de habeas corpus substitutivo de recurso previsto para a espécie. No entanto, deve-se analisar o pedido formulado na inicial, tendo em vista a possibilidade de se conceder a ordem de ofício, em razão da existência de eventual coação ilegal. 2. De acordo com a orientação traçada pelo Supremo Tribunal Federal, a aplicação do princípio da insignificância demanda a verificação da presença concomitante dos seguintes vetores (a) a mínima ofensividade da conduta do agente, (b) a nenhuma periculosidade social da ação, (c) o reduzidíssimo grau de reprovabilidade do comportamento e (d) a inexpressividade da lesão jurídica provocada. 3. O princípio da insignificância é verdadeiro benefício na esfera penal, razão pela qual não há como deixar de se analisar o passado criminoso do agente, sob pena de se instigar a multiplicação de pequenos crimes pelo mesmo autor, os quais se tornariam inatingíveis pelo ordenamento penal. Imprescindível, no caso concreto, porquanto, de plano, aquele que é contumaz na prática de crimes não faz jus a benesses jurídicas. 4. Na espécie, a conduta é referente a um furto qualificado pelo concurso de agentes de produtos alimentícios avaliados em R$ 62,29. 5. Assim, muito embora a presença da qualificadora possa, à primeira vista, impedir o reconhecimento da atipicidade material da conduta, a análise conjunta das circunstâncias demonstra a ausência de lesividade do fato imputado, recomendando a aplicação do princípio da insignificância. 6. Habeas corpus não conhecido. Ordem concedida de ofício para trancar a ação penal movida em desfavor das pacientes (HC 553.872/SP, Rel. Ministro REYNALDO SOARES DA FONSECA, QUINTA TURMA, julgado em 11/02/2020, DJe 17/02/2020).

Nesta toada, avaliado detidamente o caso concreto, penso ser possível que o delegado de polícia aplique o princípio da insignificância em face de notícia de crime coercitiva, deixando de confeccionar auto de prisão em flagrante, diante de suposta prática de furto qualificado de bem móvel de valor insignificante (caso detectada a presença de todos os vetores que autorizem reconhecimento da bagatela própria) – para tanto, a autoridade policial deve ouvir formalmente todos os envolvidos, apreender o bem subtraído, devolvê-lo à vítima (por meio de termo de entrega), determinar realização de perícia (caso o crime tenha deixado vestígios) e decidir, fundamentadamente, pela não instauração de inquérito policial (com remessa ulterior de todos os documentos produzidos ao Ministério Público, para conhecimento).

7) O princípio da insignificância deve ser afastado nos casos em que o réu faz do crime o seu meio de vida, ainda que a coisa furtada seja de pequeno valor.

Comentário: se o réu faz do crime o seu meio de vida (reiteração criminosa), significa que ele é perigoso ao tecido social, razão pela qual não pode ser reconhecido o princípio da insignificância.

14) A lesão jurídica resultante do crime de furto não pode ser considerada insignificante quando o valor dos bens subtraídos perfaz mais de 10% do salário mínimo vigente à época dos fatos.

Comentário: como já declinado supra, o princípio da insignificância pode ser reconhecido quando o valor da coisa subtraída não ultrapassar 10% do salário mínimo vigente no tempo do crime (momento da prática da ação/omissão – artigo 4º do Código Penal).

Trata-se de vetor objetivo criado pelo Superior Tribunal de Justiça para aferição do princípio da bagatela própria.

Na prática, não vejo problema no delegado de polícia (inclusive em notícia coercitiva de crime), a depender do caso concreto (e em decisão fundamentada), alargar dito entendimento (para reconhecer o princípio da insignificância), caso ultrapassado o valor consignado na tese ora estudada[210].

210 Entendo que o delegado de polícia deve fazer estudo profícuo da suposta situação flagrancial noticiada. Caso a autoridade policial detecte os vetores para incidência do princípio da insignificância, deve

> 15) Nos casos de continuidade delitiva o valor a ser considerado para fins de concessão do privilégio (artigo 155, § 2º, do CP) ou do reconhecimento da insignificância é a soma dos bens subtraídos.
>
> **Comentário:** na continuidade delitiva (artigo 71 do Código Penal) há mais de uma ação/omissão com a prática de mais de uma infração penal (por ficção jurídica e desde que adimplidos os requisitos desenhados no artigo citado, aplica-se a pena de um dos crimes, com incidência de causa de aumento – exasperação). Nesse cenário, o Tribunal da Cidadania determina a soma dos valores dos bens subtraídos para aferição do princípio da insignificância.

Furto privilegiado/qualificado: é possível reconhecer o chamado **furto privilegiado/qualificado**. Para tanto, é necessário que se detecte primariedade do agente, pequeno valor da coisa furtada e incidência de qualificadora de natureza objetiva, nos termos da Súmula 511/STJ (a única qualificadora que afasta a incidência do verbete, por ser qualificadora de ordem subjetiva, é o **abuso de confiança** – inciso II do § 4º do artigo 155 do Código Penal):

> Súmula 511/STJ – É possível o reconhecimento do privilégio previsto no § 2º do art. 155 do CP nos casos de crime de furto qualificado, se estiverem presentes a primariedade do agente, o pequeno valor da coisa e a qualificadora for de ordem objetiva.

Furto de energia elétrica: nos termos do § 3º do artigo 155 do Código Penal, a energia elétrica é equiparada a bem móvel.

Trata-se de crime permanente (vide artigo 303 do Código de Processo Penal[211]).

Aqui (furto de energia elétrica), o Superior Tribunal de Justiça entendia que o pagamento do débito antes do recebimento da denúncia ensejava a extinção da punibilidade (transcrevo apenas parte do julgado):

> Embora o valor estipulado a título de contraprestação de serviços públicos essenciais – como a energia elétrica – não seja tributo, possui ele a natureza

formalizar o registro da ocorrência, ouvir os personagens (pretenso condutor, testemunhas e detido), apreender a coisa subtraída e devolve-la a seu proprietário e, ao fim, elaborar decisão fundamentada no sentido da não instauração de inquérito policial mediante confecção de auto de prisão em flagrante (se há reconhecimento do princípio da insignificância, não há crime, vez que o fato é materialmente atípico). Para completar o raciocínio jurídico, entendo que o delegado de polícia deve remeter todas as peças confeccionadas e sua decisão ao Ministério Público, para não subtrair do órgão sua *opinio delicti*. Caso o *Parquet* entenda que não houve crime, promoverá o arquivamento das peças de informação. Se o promotor interpretar ter havido prática delitiva, haverá oferta de inicial acusatória (o inquérito é dispensável à propositura de denúncia) ou requisição para instauração de inquérito policial, conforme o caso.

211 Art. 303. Nas infrações permanentes, entende-se o agente em flagrante delito enquanto não cessar a permanência.

jurídica de preço público, porquanto cobrado por concessionárias de serviços públicos, que se assemelham aos próprios entes públicos concedentes, de maneira que o pagamento do preço, antes do recebimento da denúncia, enseja a extinção da punibilidade (precedentes), ressalva do entendimento pessoal do relator (AgInt no RHC 71.179/SC, Rel. Ministro ROGERIO SCHIETTI CRUZ, SEXTA TURMA, julgado em 16/02/2017, DJe 02/03/2017)

Contudo, o entendimento acima transcrito foi modificado no ano de 2018 na 5ª Turma do Superior Tribunal de Justiça, que passou a interpretar que o pagamento não mais configuraria extinção da punibilidade, mas sim arrependimento posterior (artigo 16 do Código Penal) – informativo 622/STJ (saliento que essa é a linha traçada pelo Código Penal – o furto é crime praticado sem violência/grave ameaça e a reparação do dano até o recebimento da denúncia induz reconhecimento da causa de diminuição de pena objetiva/obrigatória prevista no dispositivo citado – trata-se da ponte de prata do Direito Penal):

> De início, quanto à configuração de causa de extinção de punibilidade, ressalta-se que o Superior Tribunal de Justiça se posicionava no sentido de que o pagamento do débito oriundo do furto de energia elétrica, antes do oferecimento da denúncia, configurava causa de extinção da punibilidade, pela aplicação analógica do disposto no art. 34 da Lei n. 9.249/1995 e do art. 9º da Lei n. 10.684/2003. Ocorre que a Quinta Turma desta Corte, no julgamento do AgRg no REsp 1.427.350/RJ, DJe 14/3/2018, modificou a posição anterior, passando a entender que o furto de energia elétrica não pode receber o mesmo tratamento dado ao inadimplemento tributário, de modo que o pagamento do débito antes do recebimento da denúncia não configura causa extintiva de punibilidade, mas causa de redução de pena relativa ao arrependimento posterior. Isso porque nos crimes contra a ordem tributária, o legislador (Leis n. 9.249/1995 e n. 10.684/2003), ao consagrar a possibilidade da extinção da punibilidade pelo pagamento do débito, adota política que visa a garantir a higidez do patrimônio público, somente. A sanção penal é invocada pela norma tributária como forma de fortalecer a ideia de cumprimento da obrigação fiscal. Já nos crimes patrimoniais, como o furto de energia elétrica, existe previsão legal específica de causa de diminuição da pena para os casos de pagamento da "dívida" antes do recebimento da denúncia. Em tais hipóteses, o Código Penal, em seu art. 16, prevê o instituto do arrependimento posterior, que em nada afeta a pretensão punitiva, apenas constitui causa de diminuição da pena. Outrossim, a jurisprudência se consolidou no sentido de que a natureza jurídica da remuneração pela prestação de serviço público, no caso de fornecimento de energia elétrica, prestado por concessionária, é de tarifa ou preço público, não possuindo caráter tributário. Não há como se atribuir o efeito pretendido aos diversos institutos legais, considerando que os dispostos no art. 34 da Lei

n. 9.249/1995 e no art. 9º da Lei n. 10.684/2003 fazem referência expressa e, por isso, taxativa, aos tributos e contribuições sociais, não dizendo respeito às tarifas ou preços públicos.

A impossibilidade de reconhecimento da extinção da punibilidade em face do pagamento do valor devido no furto de energia elétrica, foi pacificada (a meu ver corretamente) no Tribunal da Cidadania no julgamento do RHC 101299/RS, pela Terceira Seção da Corte (caso o pagamento voluntário seja feito pelo agente antes do recebimento da denúncia, como dito supra, há arrependimento posterior):

> PROCESSO PENAL E PENAL. RECURSO EM HABEAS CORPUS. FURTO DE ENERGIA ELÉTRICA MEDIANTE FRAUDE PRATICADO POR EMPRESA CONTRA CONCESSIONÁRIA DE SERVIÇO PÚBLICO. EXTINÇÃO DA PUNIBILIDADE PELO PAGAMENTO DO DÉBITO ANTES DO RECEBIMENTO DA DENÚNCIA. IMPOSSIBILIDADE. POLÍTICA CRIMINAL ADOTADA DIVERSA. NÃO APLICAÇÃO ANALÓGICA DO ART. 34 DA LEI N. 9.249/95. TARIFA OU PREÇO PÚBLICO. TRATAMENTO LEGISLATIVO DIVERSO. PREVISÃO DO INSTITUTO DO ARREPENDIMENTO POSTERIOR. RECURSO DESPROVIDO. 1. Tem-se por pretensão aplicar o instituto da extinção de punibilidade ao crime de furto de energia elétrica em razão do adimplemento do débito antes do recebimento da denúncia. 2. Este Tribunal já firmou posicionamento no sentido da sua possibilidade. Ocorre que no caso em exame, sob nova análise, se apresentam ao menos três causas impeditivas, quais sejam; a diversa política criminal aplicada aos crimes contra o patrimônio e contra a ordem tributária; a impossibilidade de aplicação analógica do art. 34 da Lei n. 9.249/95 aos crimes contra o patrimônio; e, a tarifa ou preço público tem tratamento legislativo diverso do imposto. 3. O crime de furto de energia elétrica mediante fraude praticado contra concessionária de serviço público situa-se no campo dos delitos patrimoniais. Neste âmbito, o Estado ainda detém tratamento mais rigoroso. O desejo de aplicar as benesses dos crimes tributários ao caso em apreço esbarra na tutela de proteção aos diversos bens jurídicos analisados, pois o delito em comento, além de atingir o patrimônio, ofende a outros bens jurídicos, tais como a saúde pública, considerados, principalmente, o desvalor do resultado e os danos futuros. 4. O papel do Estado nos casos de furto de energia elétrica não deve estar adstrito à intenção arrecadatória da tarifa, deve coibir ou prevenir eventual prejuízo ao próprio abastecimento elétrico do País. Não se pode olvidar que o caso em análise ainda traz uma particularidade, porquanto trata-se de empresa, com condições financeiras de cumprir com suas obrigações comerciais. A extinção da punibilidade neste caso estabeleceria tratamento desigual entre os que podem e os que não podem pagar, privilegiando determinada parcela da sociedade. 5. Nos crimes contra a ordem tributária, o legislador (Leis n. 9. 249/95 e n. 10.684/03), ao consagrar a possibilidade da extinção da punibilidade pelo pagamento do débito, adota política que visa a garantir a higidez do patrimônio público, somente. A sanção penal é invocada pela norma tributária

> como forma de fortalecer a ideia de cumprimento da obrigação fiscal. 6. Nos crimes patrimoniais existe previsão legal específica de causa de diminuição da pena para os casos de pagamento da "dívida" antes do recebimento da denúncia. Em tais hipóteses, o Código Penal – CP, em seu art. 16, prevê o instituto do arrependimento posterior, que em nada afeta a pretensão punitiva, apenas constitui causa de diminuição da pena. 7. A jurisprudência se consolidou no sentido de que a natureza jurídica da remuneração pela prestação de serviço público, no caso de fornecimento de energia elétrica, prestado por concessionária, é de tarifa ou preço público, não possuindo caráter tributário. Não há como se atribuir o efeito pretendido aos diversos institutos legais, considerando que os dispostos no art. 34 da Lei n. 9.249/95 e no art. 9º da Lei n. 10. 684/03 fazem referência expressa e, por isso, taxativa, aos tributos e contribuições sociais, não dizendo respeito às tarifas ou preços públicos. 8. Recurso ordinário desprovido (RHC 101.299/RS, Rel. Ministro NEFI CORDEIRO, Rel. p/ Acórdão Ministro JOEL ILAN PACIORNIK, TERCEIRA SEÇÃO, julgado em 13/03/2019, DJe 04/04/2019)

Furto de energia elétrica x estelionato: o Superior Tribunal de Justiça diferencia o furto de energia elétrica do estelionato cometido em face da adulteração do medidor de energia.

Em síntese, há furto quando há o "gato" – ligação direta da rede elétrica à casa, para que o agente usufrua da energia sem nada pagar.

Noutra banda, quando o agente adultera o medidor de energia para que haja registro a menor do valor a ser pago, há crime de estelionato. Eis julgado que sintetiza o entendimento:

> AGRAVO EM RECURSO ESPECIAL. RECURSO CONHECIDO. ANÁLISE DO MÉRITO RECURSAL. PENAL E PROCESSUAL PENAL. ALTERAÇÃO NO MEDIDOR DE ENERGIA ELÉTRICA. FRAUDE POR USO DE SUBSTÂNCIA. REDUÇÃO DO CONSUMO DE ENERGIA. INDUZIMENTO A ERRO DA COMPANHIA ELÉTRICA. TIPICIDADE LEGAL. ESTELIONATO. CONDENAÇÃO MANTIDA. RECURSO ESPECIAL DESPROVIDO. 1. Extrai-se dos autos que fraude empregada pelos agravantes – uso de material transparente nas fases "a" e "b" do medidor – reduzia a quantidade de energia registrada no relógio e, por consequência, a de consumo, gerando a obtenção de vantagem ilícita. 2. "No furto qualificado com fraude, o agente subtrai a coisa com discordância expressa ou presumida da vítima, sendo a fraude meio para retirar a res da esfera de vigilância da vítima, enquanto no estelionato o autor obtém o bem através de transferência empreendida pelo próprio ofendido por ter sido induzido em erro". (AgRg no REsp 1279802/SP, Rel. Ministro JORGE MUSSI, QUINTA TURMA, julgado em 8/5/2012, DJe 15/5/2012) 3. O caso dos autos revela não se tratar da figura do "gato" de energia elétrica, em que há subtração e inversão da posse do bem. Trata-se de prestação de serviço lícito, regular, com contraprestação pecuniária, em que a medição da energia elétrica

é alterada, como forma de burla ao sistema de controle de consumo, – fraude -, por induzimento ao erro da companhia de eletricidade, que mais se adequa à figura descrita no art. 171, do Código Penal – CP (estelionato). 4. Recurso especial desprovido. (AREsp 1418119/DF, Rel. Ministro JOEL ILAN PACIORNIK, QUINTA TURMA, julgado em 07/05/2019, DJe 13/05/2019)

Captação clandestina de sinal de televisão a cabo: o Superior Tribunal de Justiça possui alguns precedentes que enquadram a captação clandestina do sinal de televisão a cabo como crime de furto[212]. Eis alguns deles (grifos meus):

> RECURSO ORDINÁRIO EM HABEAS CORPUS. CAPTAÇÃO IRREGULAR DE SINAL DE TELEVISÃO A CABO. ALEGADA ATIPICIDADE DA CONDUTA. AUSÊNCIA DE DOCUMENTAÇÃO COMPROBATÓRIA. NECESSIDADE DE PROVA PRÉ-CONSTITUÍDA. EQUIPARAÇÃO À ENERGIA ELÉTRICA. POSSIBILIDADE. RECURSO IMPROVIDO. 1. Não há na impetração a cópia da denúncia ofertada contra os recorrentes, documentação indispensável para análise da alegada atipicidade da conduta que lhes foi atribuída. 2. O rito do habeas corpus pressupõe prova pré-constituída do direito alegado, devendo a parte demonstrar, de maneira inequívoca, por meio de documentos que evidenciem a pretensão aduzida, a existência do aventado constrangimento ilegal suportado pelo paciente. **3. Assim não fosse, tomando-se por base apenas os fatos relatados na inicial do mandamus impetrado na origem e no aresto objurgado, não se constata qualquer ilegalidade passível de ser remediada por este Sodalício, pois o sinal de TV a cabo pode ser equiparado à energia elétrica para fins de incidência do artigo 155, § 3º, do Código Penal. Doutrina. Precedentes.** 4. Recurso improvido (RHC 30.847/RJ, Rel. Ministro JORGE MUSSI, QUINTA TURMA, julgado em 20/08/2013, DJe 04/09/2013).
>
> PENAL. RECURSO ESPECIAL. FURTO DE SINAL DE TV A CABO. TIPICIDADE DA CONDUTA. FORMA DE ENERGIA ENQUADRÁVEL NO TIPO PENAL. RECURSO PROVIDO. I. O sinal de televisão propaga-se através de ondas, o que na definição técnica se enquadra como energia radiante, que é uma forma de energia associada à radiação eletromagnética. II. Ampliação do rol do item 56 da Exposição de Motivos do Código Penal para abranger formas de energia ali não dispostas, considerando a revolução tecnológica a que o mundo vem sendo submetido nas últimas décadas. **III. Tipicidade da conduta do furto de sinal de TV a cabo.** IV. Recurso provido, nos termos do voto do Relator (REsp 1123747/RS, Rel. Ministro GILSON DIPP, QUINTA TURMA, julgado em 16/12/2010, DJe 01/02/2011).

---

212 No informativo 620/STJ, o Tribunal da Cidadania decidiu que compete à Justiça Federal processar e julgar o crime consistente em utilizar decodificadores não certificados, que quebram a codificação original de TV por assinatura – CC 150.629/SP, DJe 28/02/2018. O Superior Tribunal de Justiça entende que a "venda de aparelhos para desbloqueio clandestino de sinal de televisão por assinatura, configura, em tese, o crime do art. 183, parágrafo único, da Lei n.º 9.472/1997" (CC 173.968/SP, Rel. Ministra LAURITA VAZ, TERCEIRA SEÇÃO, julgado em 09/12/2020, DJe 18/12/2020).

O Supremo Tribunal Federal, contudo, possui precedente que considera o fato atípico (grifo meu):

> HABEAS CORPUS. DIREITO PENAL. ALEGAÇÃO DE ILEGITIMIDADE RECURSAL DO ASSISTENTE DE ACUSAÇÃO. IMPROCEDÊNCIA. INTERCEPTAÇÃO OU RECEPTAÇÃO NÃO AUTORIZADA DE SINAL DE TV A CABO. FURTO DE ENERGIA (ART. 155, § 3 º, DO CÓDIGO PENAL). ADEQUAÇÃO TÍPICA NÃO EVIDENCIADA. CONDUTA TÍPICA PREVISTA NO ART. 35 DA LEI 8.977/95. INEXISTÊNCIA DE PENA PRIVATIVA DE LIBERDADE. APLICAÇÃO DE ANALOGIA IN MALAM PARTEM PARA COMPLEMENTAR A NORMA. INADMISSIBILIDADE. OBEDIÊNCIA AO PRINCÍPIO CONSTITUCIONAL DA ESTRITA LEGALIDADE PENAL. PRECEDENTES. O assistente de acusação tem legitimidade para recorrer de decisão absolutória nos casos em que o Ministério Público não interpõe recurso. Decorrência do enunciado da Súmula 210 do Supremo Tribunal Federal. **O sinal de TV a cabo não é energia, e assim, não pode ser objeto material do delito previsto no art. 155, § 3º, do Código Penal. Daí a impossibilidade de se equiparar o desvio de sinal de TV a cabo ao delito descrito no referido dispositivo. Ademais, na esfera penal não se admite a aplicação da analogia para suprir lacunas, de modo a se criar penalidade não mencionada na lei (analogia in malam partem), sob pena de violação ao princípio constitucional da estrita legalidade.** Precedentes. Ordem concedida (HC 97261, Relator(a): Min. JOAQUIM BARBOSA, Segunda Turma, julgado em 12/04/2011, DJe-081 DIVULG 02-05-2011 PUBLIC 03-05-2011 EMENT VOL-02513-01 PP-00029 RTJ VOL-00219-01 PP-00423 RT v. 100, n. 909, 2011, p. 409-415).

Majorante do roubo no furto qualificado: o concurso de duas ou mais pessoas é qualificadora no furto (pena de 2 a 8 anos) e causa de aumento no roubo (aumento de pena de 1/3 até a metade). Apesar da circunstância objetiva ser a mesma e ambos os crimes ofenderem o mesmo bem jurídico (patrimônio), o legislador optou por diferenciar a resposta estatal (qualificando o furto e apenas majorando o roubo). Por ter sido essa a escolha do legislador, o Superior Tribunal de Justiça entende que é inviável, diante do concurso de duas ou mais pessoas no crime de furto, a aplicação da causa de aumento do inciso II do § 2º do artigo 157 (1/3 até a metade) ao tipo simples do artigo 155, em detrimento do reconhecimento do furto qualificado (em que pese essa solução ser mais benéfica para o autor do fato). Essa é a inteligência da Súmula 442/STJ[213].

Monitoramento eletrônico x crime impossível: a existência de sistema de vigilância (seja por meio de monitoramento eletrônico, seja pela presença de seguranças) não torna impossível a consumação do furto, nos termos da Súmula 567 do Superior Tribunal de Justiça:

---

213 Súmula 442/STJ – É inadmissível aplicar, no furto qualificado, pelo concurso de agentes, a majorante do roubo.

Súmula 567/STJ – Sistema de vigilância realizado por monitoramento eletrônico ou por existência de segurança no interior de estabelecimento comercial, por si só, não torna impossível a configuração do crime de furto.

Acertado o entendimento do Tribunal da Cidadania. Definitivamente a existência de câmeras ou a vigilância presencial em estabelecimento comercial não inviabilizam a consumação do crime patrimonial aqui estudado.

Furto qualificado: estudemos as figuras qualificadas do furto:

Qualificadora	Comentários
§ 4º – A pena é de reclusão de dois a oito anos, e multa, se o crime é cometido: I – com destruição ou rompimento de obstáculo à subtração da coisa;	Trata-se de qualificadora de natureza objetiva. Para que ela seja reconhecida, é necessário materializar exame de corpo de delito (trata-se de infração não transeunte – artigo 158 do Código de Processo Penal[214]). A qualificadora em testilha absorve o crime de dano (crime meio). Leia as teses do Superior Tribunal de Justiça (edição 47 da jurisprudência em teses do Tribunal da Cidadania) sobre a qualificadora em testilha: 3) O rompimento ou destruição do vidro do automóvel com a finalidade de subtrair objetos localizados em seu interior qualifica o furto. 12) O reconhecimento das qualificadoras da escalada e rompimento de obstáculo – previstas no art. 155, § 4º, I e II, do CP – exige a realização do exame pericial, salvo nas hipóteses de inexistência ou desaparecimento de vestígios, ou ainda se as circunstâncias do crime não permitirem a confecção do laudo.
II – com abuso de confiança, ou mediante fraude, escalada ou destreza;	A única qualificadora de natureza subjetiva do § 4º é o abuso de confiança (as demais são objetivas). Há abuso de confiança, por exemplo, no furto praticado por empregada doméstica que trabalha na casa da família há longos anos. O furto qualificado pela fraude é diferente do estelionato. No primeiro (furto), o agente emprega a fraude para diminuir a vigilância da vítima, facilitando, assim, a subtração do bem móvel. No último (estelionato), o ardil é utilizado para que a vítima, ludibriada, entregue a vantagem ao autor do fato. Escalada significa adentrar em determinado local sem utilização do acesso usual (entrar pelo telhado ou por um túnel). A destreza é a habilidade, usada pelo autor do fato para distrair a vítima, que diminui seu nível de vigilância e finda facilitando a subtração da coisa. Leia informativo 554/STJ: No crime de furto, não deve ser reconhecida a qualificadora da "destreza" (art. 155, § 4º, II, do CP) caso inexista comprovação de que o agente tenha se valido de excepcional – incomum – habilidade para subtrair a coisa que se encontrava

214 Art. 158. Quando a infração deixar vestígios, será indispensável o exame de corpo de delito, direto ou indireto, não podendo supri-lo a confissão do acusado.
Parágrafo único. Dar-se-á prioridade à realização do exame de corpo de delito quando se tratar de crime que envolva:
I – violência doméstica e familiar contra mulher;
II – violência contra criança, adolescente, idoso ou pessoa com deficiência.

	na posse da vítima sem despertar-lhe a atenção. Efetivamente, não configuram essa qualificadora os atos dissimulados comuns aos crimes contra o patrimônio – que, por óbvio, não são praticados às escancaras. A propósito, preleciona a doutrina que essa qualificadora significa uma "especial habilidade capaz de impedir que a vítima perceba a subtração realizada em sua presença. É a subtração que se convencionou chamar de punga. A destreza pressupõe uma atividade dissimulada, que exige habilidade incomum, aumentando o risco de dano ao patrimônio e dificultando sua proteção". Nesse passo, "a destreza constitui a habilidade física ou manual empregada pelo agente na subtração, fazendo com que a vítima não perceba o seu ato. É o meio empregado pelos batedores de carteira, *pick-pockets* ou punguistas, na gíria criminal brasileira. O agente adestra-se, treina, especializa-se, adquirindo habilidade tal com as mãos e dedos que a subtração ocorre como um passe de mágica, dissimuladamente. Por isso, a prisão em flagrante (próprio) do punguista afasta a qualificadora, devendo responder por tentativa de furto simples; na verdade, a realidade prática comprovou exatamente a inabilidade do incauto". Dispõe ainda a doutrina que "Destreza: é a agilidade ímpar dos movimentos de alguém, configurando uma especial habilidade. O batedor de carteira (figura praticamente extinta diante da ousadia dos criminosos atuais) era o melhor exemplo. Por conta da agilidade de suas mãos, conseguia retirar a carteira de alguém, sem que a vítima percebesse. Não se trata do 'trombadinha', que investe contra a vítima, arrancando-lhe, com violência, os pertences". REsp 1.478.648-PR, Rel. Min. Newton Trisotto (desembargador convocado do TJ/SC), julgado em 16/12/2014, DJe 2/2/2015. Revise tese do Superior Tribunal de Justiça (já desenhada supra) sobre a qualificadora em testilha (edição 47 da jurisprudência em teses do Tribunal da Cidadania): 6) A prática do delito de furto qualificado por escalada, destreza, rompimento de obstáculo ou concurso de agentes indica a reprovabilidade do comportamento do réu, sendo inaplicável o princípio da insignificância.
III – com emprego de chave falsa;	Chave falsa é a chamada "chave mixa". É importante salientar que o Supremo Tribunal Federal entendeu não ter sido recepcionada pela Constituição de 1988 a contravenção penal de portar petrechos para o furto (artigo 25 do Dec-Lei 3.688/41): Recurso extraordinário. Constitucional. Direito Penal. Contravenção penal. 2. Posse não justificada de instrumento de emprego usual na prática de furto (artigo 25 do Decreto-Lei n. 3.688/1941). Réu condenado em definitivo por diversos crimes de furto. Alegação de que o tipo não teria sido recepcionado pela Constituição Federal de 1988. Arguição de ofensa aos princípios da isonomia e da presunção de inocência. 3. Aplicação da sistemática da repercussão geral – tema 113, por maioria de votos em 24.10.2008, rel. Ministro Cezar Peluso. 4. Ocorrência da prescrição intercorrente da pretensão punitiva antes da redistribuição do processo a esta relatoria. Superação da prescrição para exame da recepção do tipo contravencional pela Constituição Federal antes do reconhecimento da extinção da punibilidade, por ser mais benéfico ao recorrente. 5. Possibilidade do exercício de fiscalização da constitucionalidade das leis em matéria penal. Infração penal de perigo abstrato à luz do princípio da proporcionalidade. 6. Reconhecimento de violação aos princípios da dignidade da pessoa humana e da isonomia, previstos nos artigos 1º, inciso III; e 5º, caput e inciso I, da Constituição Federal. Não recepção do artigo 25 do Decreto-Lei 3.688/41 pela Constituição Federal de 1988.

	7. Recurso extraordinário conhecido e provido para absolver o recorrente nos termos do artigo 386, inciso III, do Código de Processo Penal (RE 583523, Relator(a): Min. Gilmar Mendes, Tribunal Pleno, julgado em 03/10/2013, ACÓRDÃO ELETRÔNICO REPERCUSSÃO GERAL – MÉRITO DJe-208 DIVULG 21-10-2014 PUBLIC 22-10-2014). Leia a tese do Superior Tribunal de Justiça sobre a qualificadora em análise (edição 47 da jurisprudência em teses do Tribunal da Cidadania): 4) Todos os instrumentos utilizados como dispositivo para abrir fechadura são abrangidos pelo conceito de chave falsa, incluindo as mixas.
IV – mediante concurso de duas ou mais pessoas.	Fiz comentários sobre o furto qualificado pelo concurso de pessoas acima. Complemento, salientando que para que se chegue ao número mínimo exigido pela lei (duas pessoas), é possível contar inimputáveis (seja pela doença mental, seja pela menoridade).
§ 4º-A – A pena é de reclusão de 4 (quatro) a 10 (dez) anos e multa, se houver emprego de explosivo ou de artefato análogo que cause perigo comum.	A qualificadora em testilha (que faz com que o furto tenha pena idêntica ao roubo simples) foi alçada à condição de crime hediondo pelo Pacote Anticrime (Lei 13.964/19). Na realidade, grupos criminosos que outrora roubavam agências bancárias com armas de grosso calibre à luz do dia passaram a praticar furto com uso de explosivos durante a noite. Com o intuito de reprimir de maneira mais dura essa criminalidade, o legislador enxertou essa qualificadora por meio da Lei 13.654/18.
§ 4º-B A pena é de reclusão, de 4 (quatro) a 8 (oito) anos, e multa, se o furto mediante fraude é cometido por meio de dispositivo eletrônico ou informático, conectado ou não à rede de computadores, com ou sem a violação de mecanismo de segurança ou a utilização de programa malicioso, ou por qualquer outro meio fraudulento análogo.	A Lei 14.155/21 inseriu qualificadora (pena de reclusão 4 a 8 anos e multa) relacionada ao furto mediante fraude virtual (cometido por meio de dispositivo eletrônico ou informático, conectado ou não à rede mundial de computadores). As subtrações perpetradas mediante fraude no meio virtual, infelizmente, são cada vez mais frequentes. Se por um lado a modernidade nos permite velocidade na circulação de informações, mensagens e comunicações (por meio de aplicativos, redes sociais, uso de e-mails, mensagens de texto etc.), por outro, criminosos a utilizam para perpetrar delitos (e isso mereceu atenção especial do legislador, com recrudescimento da resposta penal). Como o dispositivo é norma penal mais gravosa, sua aplicação não pode ser retroativa (as condutas criminosas praticadas antes da entrada em vigor do novel mandamento legal continuam sendo reguladas pelo preceito secundário do § 4º – reclusão de 2 a 8 anos e multa). A qualificadora não admite suspensão condicional do processo (artigo 89 da Lei 9.099/95) nem acordo de não persecução penal (artigo 28-A do CPP). O legislador se utilizou da técnica de interpretação analógica (ao afirmar que a figura qualificada pode ser cometida "a utilização de programa malicioso, ou por qualquer outro meio fraudulento análogo"). De igual sorte, não é necessário que o dispositivo eletrônico ou informático da vítima conte com mecanismo de segurança (antivírus, por exemplo) para que o crime qualificado seja praticado. Exemplifico: **SITUAÇÃO HIPOTÉTICA:** 'A', passando-se por funcionário de um banco, enviou mensagem via whatsapp para 'B' dizendo que sua conta precisa ser recadastrada (e que o recadastramento demanda envio dos dados bancários). De posse dos dados fornecidos por 'B', 'A' acessa a conta da vítima e subtrai R$ 10.000,00. **SOLUÇÃO:** 'A' deve ser responsabilizado pelo crime de furto qualificado mediante fraude virtual.

§ 4º-C A pena prevista no § 4º-B deste artigo, considerada a relevância do resultado gravoso: I – aumenta-se de 1/3 (um terço) a 2/3 (dois terços), se o crime é praticado mediante a utilização de servidor mantido fora do território nacional; II – aumenta-se de 1/3 (um terço) ao dobro, se o crime é praticado contra idoso ou vulnerável.	A Lei 14.155/21 inseriu, ainda, majorante relacionada à qualificadora do § 4º-B do artigo 155 do Código Penal (trata-se de furto qualificado/majorado). Considerada a relevância do resultado gravoso (essa expressão usada pelo legislador faz com que as majorantes não sejam de aplicação automática – será preciso fundamentação concreta para a incidência das causas de aumento listadas no novel dispositivo). A primeira majorante (aumento de 1/3 a 2/3) se refere à utilização de servidor mantido fora do território nacional – a causa de aumento se justifica pela maior dificuldade investigativa (criminosos se utilizam de servidores mantidos fora do Brasil para emprestar maior complexidade à fraude e, assim, criar obstáculos à obtenção, pelo aparelho persecutório estatal, das suas reais identidades). A segunda causa de aumento (1/3 até o dobro) se refere ao crime perpetrado contra idoso (pessoa com idade igual ou superior a 60 anos, na forma do artigo 1º da Lei 10.741/03) ou vulnerável. Esta última expressão é muito aberta e imprecisa, demandando análise casuística. Exemplifico: vítima completamente embriagada, doente mental sem capacidade de compreensão, menor de 14 anos.
§ 5º- A pena é de reclusão de três a oito anos, se a subtração for de veículo automotor que venha a ser transportado para outro Estado ou para o exterior.	Normalmente, o que se faz com a *res furtiva* depois da prática do delito de furto constitui *post factum* impunível (princípio da consunção no âmbito do conflito aparente de normas). Contudo, aqui, há furto qualificado se o veículo subtraído for transportado para outro Estado ou para o exterior. A qualificadora é material (só há prática efetiva da figura descrita no § 5º do artigo 155 se o automotor for efetivamente transportado para outro Estado ou para o exterior). Contudo, a situação não é tão simples. Porque a figura qualificada em testilha exige uma "dupla consumação" – inversão da posse do bem móvel (assim se consuma o furto) e efetivo transporte do bem surrupiado para outro Estado ou para o exterior (assim se consuma a qualificadora). O que fazer diante de agente que, tendo furtado veículo com o objetivo de transportar o carro para outro Estado, for capturado antes de executar seu intento (há poucos quilômetros da divisa)? Indubitavelmente o furto restou consumado. Mas o que dizer da qualificadora? Se concluirmos que a correta adequação típica é tentativa de furto qualificado (artigo 155, § 5º c/c artigo 14, II, do Código Penal) é possível que ocorra situação teratológica. Explico. A tentativa é causa de diminuição de pena da parte geral do Código Repressivo (diminuição de 1/3 a 2/3). Ora, se a diminuição aplicada for 1/3, não há problema: os limites abstratos de pena serão 1 ano e 4 meses a 5 anos a 4 meses (estaremos diante de limites maiores que o furto simples consumado e menores que o furto qualificado consumado – isso atende à lógica, porque o furto efetivamente se consumou, o que não se implementou por circunstâncias alheias à vontade do agente foi a figura qualificada). Contudo, se a diminuição aplicada for 2/3, os limites abstratos serão: 8 meses a 2 anos e 8 meses (estaremos diante de limites mínimo e máximo menores que o furto simples consumado e isso é teratológico, porque no exemplo que elaborei, o furto do veículo já tinha se implementado – com a consumação do furto é ilógico impor pena menor que a cominada ao furto simples apenas porque a qualificadora não ocorreu).

	A proposta que entendo ser a mais viável diante de furto de automotor que já se implementou, mas cujo veículo não chegou a ser enviado para outro Estado ou para o exterior por circunstâncias alheias à vontade do agente – aplicar apenas a diminuição de 1/3 à pena do furto qualificado (como dito, a aplicação da diminuição de 2/3 conduziria à teratologia da imposição de pena menor que a imputada ao furto simples).
§ 6º – A pena é de reclusão de 2 (dois) a 5 (cinco) anos se a subtração for de semovente domesticável de produção, ainda que abatido ou dividido em partes no local da subtração.	Trata-se do furto de abigeato (boi, vaca, ovelha, etc.).
§ 7º – A pena é de reclusão de 4 (quatro) a 10 (dez) anos e multa, se a subtração for de substâncias explosivas ou de acessórios que, conjunta ou isoladamente, possibilitem sua fabricação, montagem ou emprego.	Qualificadora enxertada pela Lei 13.654/18. Caso a mesma pessoa subtraia o explosivo e use-o, após, para efetuar subtração de numerário em agência bancária, por exemplo, penso que haverá dois crimes de furto qualificado em concurso material – um tipificado no § 4º-A e outro no § 7º, ambos do artigo 155 do Código Penal (não é possível pensar em consunção, porque os patrimônios atingidos são diferentes).

Furto privilegiado-qualificado (quando há emprego de explosivos): este tópico busca enfrentar os seguintes questionamentos: i) é possível reconhecimento de furto privilegiado-qualificado quando autor primário se utiliza de explosivos e finda subtraindo coisa de pequeno valor? ii) em sendo possível o reconhecimento da incidência do privilégio no furto qualificado por emprego de explosivos, o crime deve ser considerado hediondo? Exemplifico:

> **SITUAÇÃO HIPOTÉTICA**: 'A', primário, com o intuito de subtrair o numerário armazenado em um caixa eletrônico, utiliza-se de explosivos e finda surrupiando R$ 500,00 (valor que se encontrava no interior da máquina da instituição creditícia no momento do delito).
>
> **DÚVIDAS:** nesse cenário, é possível falar de furto privilegiado-qualificado? Em sendo reconhecida a figura híbrida, o crime seria ou não hediondo?

Como visto supra, a Lei 13.654/18 realizou algumas modificações nos crimes patrimoniais, dentre elas, acrescentou o § 4º-A no art. 155 do Código Penal, prevendo uma qualificadora de **natureza objetiva** ligada ao uso de explosivos.

A modificação desembocou na imputação de delito único (furto qualificado) quando a subtração patrimonial não violenta envolve utilização de explosivos (antes da Lei 13.654/18, era possível imputar a prática dos crimes de furto e explosão em concurso).

A Lei 13.964/19 (Pacote Anticrime) transmudou o furto qualificado pelo emprego de explosivos em crime hediondo, por meio da inserção do inciso IX ao art. 1º da Lei 8.072/90.

Outro ponto interessante (e necessário para desenvolvimento do raciocínio) é que, de acordo com a doutrina amplamente majoritária, não se admite em nosso ordenamento a chamada cláusula salvatória, consistente na possibilidade do magistrado, analisando o caso concreto, afastar a natureza hedionda de um delito constante do rol taxativo fixado pelo legislador.

Continuemos. O reconhecimento do privilégio no crime de furto (§ 2º do artigo 155 do Código Penal) reclama, como visto supra, a presença cumulativa de dois requisitos: (i) primariedade do agente; e (ii) que a coisa subtraída seja de pequeno valor.

Coisa de pequeno valor (também como já anotado), no entendimento do Superior Tribunal de Justiça, é o bem móvel orçado em até um salário mínimo vigente ao tempo do crime.

Uma vez reconhecido o privilégio no crime de furto, é facultado ao juiz: (i) diminuir a pena (de 1/3 a 2/3); (ii) substituir a pena de reclusão por detenção; ou (iii) imputação de pena de multa. Não se trata de ato discricionário do juiz sentenciante. Ao escolher uma das soluções possíveis, deve justificá-la levando-se em consideração as circunstâncias do caso concreto, a suficiência e a adequação da pena.

Como visto, a figura do furto privilegiado-qualificado, é admitida, tanto pela doutrina quanto pela jurisprudência. Para tanto, devem estar presentes: (i) a primariedade; (ii) o pequeno valor da coisa subtraída; e (iii) a qualificadora possuir natureza objetiva. Nesse sentido, Súmula 511 do Tribunal da Cidadania.

Destarte, considerando que o emprego de explosivo (§ 4º-A do artigo 155 do Código Penal) constitui qualificadora de natureza objetiva, não há óbice para o reconhecimento do privilégio ao agente, tornando híbrida a figura do furto, desde que presentes a primariedade e o pequeno valor da coisa subtraída.

Aspectos favoráveis ao afastamento da hediondez do furto qualificado pelo emprego de explosivos em face do privilégio do § 2º do art. 155 do Código Penal: superada a questão da possibilidade de se reconhecer o privilégio ao agente que praticar furto qualificado mediante o emprego de explosivos, resta analisar se o crime segue sendo hediondo.

É possível trazer à baila dois exemplos em que a incidência de minorante repercute na hediondez do delito: a) o homicídio privilegiado-qualificado (incidência de qualquer das causas de diminuição do § 1º do art. 121 a uma qualificadora de natureza objetiva); e b) tráfico privilegiado (incidência da minorante do § 4º do art. 33 da Lei 11.343/06 ao crime de tráfico de drogas). Os dois exemplos merecem breve análise.

No caso do homicídio privilegiado-qualificado, a hediondez do homicídio qualificado é afastada em face da incidência de uma das três hipóteses subjetivas que importam na diminuição da pena: a) relevante valor moral; b) relevante valor social; c) quando o agente atua sob domínio de violenta emoção logo em seguida a injusta provocação da vítima.

Com efeito, não seria razoável aplicar os consectários da hediondez ao homicida, tendo em vista que o móvel do crime encontra amparo em regra altruísta – no caso do relevante valor moral ou social –, ou no domínio da violenta emoção logo em seguida a uma provocação injusta da vítima.

A motivação revela-se incompatível com a enorme reprovabilidade de uma prática taxada pela lei como hedionda (impacto axiológico da motivação na aferição da hediondez). Isso sem falar da falta de previsão expressa (homicídio privilegiado-qualificado) no inciso I do art. 1º da Lei 8.072/90 (o legislador não alçou expressamente essa figura híbrida à categoria de crime hediondo). Nesse sentido, julgado do Superior Tribunal de Justiça (grifo meu):

> PENAL. HABEAS CORPUS SUBSTITUTIVO DE RECURSO ORDINÁRIO. ART. 121, § 1º E § 2º, INCISO IV, C/C ART. 14, INCISO II, AMBOS DO CÓDIGO PENAL. CRIME NÃO ELENCADO COMO HEDIONDO. PENA-BASE FIXADA ACIMA DO MÍNIMO LEGAL. CIRCUNSTÂNCIAS JUDICIAIS DESFAVORÁVEIS. REGIME PRISIONAL SEMIABERTO. DIREITO DE APELAR EM LIBERDADE. **I – Por incompatibilidade axiológica e por falta de previsão legal, o homicídio qualificado-privilegiado não integra o rol dos denominados crimes hediondos (Precedentes).** II – Sendo desfavoráveis as circunstâncias judiciais (CP, art. 59) na fixação da pena-base, é apropriado o regime prisional semiaberto para o cumprimento da reprimenda, muito embora a pena aplicada ao paciente, se considerada somente seu quantum, permitisse a fixação do regime inicial aberto (Precedentes). III – Ante a fixação do regime semiaberto como o inicial de cumprimento da pena, deverá o réu aguardar o julgamento do recurso de apelação em liberdade, se por outro motivo não estiver preso (Precedentes). Ordem parcialmente concedida a fim de fixar o regime semiaberto como inicial para cumprimento da reprimenda penal, bem como para que o paciente aguarde o julgamento do recurso de apelação em liberdade, devendo ser expedido o respectivo alvará de soltura, salvo se por outro motivo estiver preso (HC 153.728/SP, Rel. Ministro FELIX FISCHER, QUINTA TURMA, julgado em 13/04/2010, DJe 31/05/2010).

No que toca ao tráfico privilegiado (incidência da causa de diminuição do § 4º do art. 33 da Lei 11.343/06), em síntese apertada, consigno que, inicialmente, o Superior Tribunal de Justiça havia consolidado o entendimento no sentido de que a minorante não retirava o caráter de crime equiparado a hediondo ao delito (tanto assim que chegou a ser editada, pelo Tribunal da Cidadania, a Súmula 512).

Posteriormente, o Plenário do Supremo Tribunal Federal avaliou o tema e entendeu que o tráfico privilegiado de drogas ilícitas seria incompatível com o rigor relacionado à prática de delito hediondo. Eis o julgado paradigma:

> HABEAS CORPUS. CONSTITUCIONAL, PENAL E PROCESSUAL PENAL. TRÁFICO DE ENTORPECENTES. APLICAÇÃO DA LEI N. 8.072/90 AO TRÁFICO DE ENTORPECENTES PRIVILEGIADO: INVIABILIDADE. HEDIONDEZ NÃO CARACTERIZADA. ORDEM CONCEDIDA. 1. O tráfico de entorpecentes privilegiado (art. 33, § 4º, da Lei n. 11.313/2006) não se harmoniza com a hediondez do tráfico de entorpecentes definido no caput e § 1º do art. 33 da Lei de Tóxicos. 2. O tratamento penal dirigido ao delito cometido sob o manto do privilégio apresenta contornos mais benignos, menos gravosos, notadamente porque são relevados o envolvimento ocasional do agente com o delito, a não reincidência, a ausência de maus antecedentes e a inexistência de vínculo com organização criminosa. 3. Há evidente constrangimento ilegal ao se estipular ao tráfico de entorpecentes privilegiado os rigores da Lei n. 8.072/90. 4. Ordem concedida (HC 118533, Relator(a): CÁRMEN LÚCIA, Tribunal Pleno, julgado em 23/06/2016, PROCESSO ELETRÔNICO DJe-199 DIVULG 16-09-2016 PUBLIC 19-09-2016).

Nesta toada, o Superior Tribunal de Justiça findou cedendo ao entendimento do Pretório Excelso e cancelando o Verbete 512. Eis julgado que sintetiza essa linha do tempo:

> PENAL. AGRAVO REGIMENTAL NO HABEAS CORPUS. EXECUÇÃO PENAL. PACIENTE CONDENADO POR TRÁFICO PRIVILEGIADO E POR TRÁFICO PREVISTO NO CAPUT DO ART. 33 DA LEI N. 11.343/2006. REINCIDÊNCIA ESPECÍFICA AFASTADA. LIVRAMENTO CONDICIONAL PASSÍVEL DE SER CONCEDIDO. 1. Após o Supremo Tribunal Federal julgar o HC n. 118.533/MS, afastando o caráter hediondo do tráfico de drogas praticado na forma do art. 33, § 4º, da Lei n. 11.343/2006, a Terceira Seção desta Corte, no julgamento da Pet n. 11.796/DF, determinou a revisão do entendimento consolidado no julgamento do Recurso Especial n. 1.329.088/RS, admitido como representativo de controvérsia, a fim de acolher a tese segundo a qual o tráfico ilícito de drogas na sua forma privilegiada (art. 33, § 4º, da Lei n. 11.343/2006) não é crime equiparado a hediondo, com o consequente cancelamento do enunciado n. 512 da Súmula do Superior Tribunal de Justiça. 2. Ademais, "esta Corte Superior de Justiça consolidou entendimento no sentido de afastar a reincidência específica em relação ao tráfico privilegiado e o tráfico previsto no caput do art. 33 da Lei de Drogas" (HC n. 471.013/SP, relator o Ministro Reynaldo Soares da Fonseca, Quinta Turma, DJe de 16/10/2018). 3. Agravo regimental a que se nega provimento (AgRg no HC 455.227/SP, Rel. Ministro Antonio Saldanha Palheiro, Sexta Turma, julgado em 13/11/2018, DJe 26/11/2018).

Nessa ordem de ideias, prevejo surgimento de corrente doutrinária sustentando o afastamento da hediondez do furto qualificado pelo emprego de explosivos, quando houver incidência do privilégio.

Já adianto, entrementes, que não concordo com essa conclusão.

Aspectos favoráveis à hediondez do furto qualificado pelo emprego de explosivos mesmo em face do privilégio do § 2º do art. 155 do Código Penal: a meu sentir, o privilégio não pode afastar a hediondez do crime de furto qualificado pelo emprego de explosivos.

Em primeiro lugar, anoto que a minorante não incide na motivação da prática delitiva (tal qual observado no homicídio privilegiado-qualificado). Ao revés, o privilégio do furto incide em face da observância de parâmetros estritamente objetivos (primariedade e valor da coisa subtraída). Logo, a axiologia não socorre o primário que subtrai coisa de pequeno valor com emprego de explosivos para retirar-lhe a hediondez.

Entendo, de igual sorte, que não é possível afastar a hediondez do furto privilegiado-qualificado pelo emprego de explosivos utilizando, como paradigma, o tráfico privilegiado. É que o crime patrimonial aqui estudado impacta de maneira muito perniciosa o tecido social. Tais ataques são fruto de ações planejadas e intensamente reprováveis normalmente contra agências bancárias (e que findam aterrorizando pequenas e grandes cidades Brasil afora – tanto assim que o legislador decidiu alçá-lo, no bojo do Pacote Anticrime, à categoria de crime hediondo).

Vou além. Penso que os benefícios previstos no § 2º do art. 155 do Código Penal (diminuição de pena, substituição da pena de reclusão pela pena de detenção ou aplicação apenas de pena de multa) **devem ser limitados**. Explico. Substituir a pena de reclusão pela de detenção e aplicar apenas pena de multa ao autor de furto qualificado pelo uso de explosivos é absolutamente incompatível com a resposta gravosa que o Estado deve impor em face da prática de delito legalmente taxado como hediondo.

Essas duas soluções benéficas outorgadas pela lei (pena de detenção e pena de multa) importam em não aplicação de pena privativa de liberdade em regime fechado, o que destoa, como dito, do tratamento mais severo que deve ser conferido ao autor de crime hediondo (na linha do § 1º do art. 2º da Lei 8.072/90 – em que pese a imposição do regime inicialmente fechado independentemente da sanção aplicada em concreto ser de discutível constitucionalidade).

Construção do entendimento sobre o tema: em síntese conclusiva, entendemos ser possível a prática do crime de furto privilegiado-qualificado pelo emprego de explosivos, mas, diferente do que acontece no homicídio privilegiado-qualificado e no tráfico privilegiado, a aplicação da minorante não é suficiente para retirar a hediondez determinada pela Lei 13.964/19 (inciso IX do art. 1º da Lei 8.072/90).

Ademais, para evitar uma proteção insuficiente do bem jurídico tutelado, penso não ser proporcional a possível substituição da pena de reclusão pela de detenção, tampouco a aplicação isolada de multa nessa situação, restando viável, apenas e tão somente, a diminuição de pena (como benefício resultante do reconhecimento do privilégio ao furto qualificado pelo emprego de explosivos).

Alterações na Lei 7.102/83: anoto que a Lei 13.654/18 incluiu o artigo 2º-A na Lei 7.102/83:

> Art. 2º-A As instituições financeiras e demais instituições autorizadas a funcionar pelo Banco Central do Brasil, que colocarem à disposição do público caixas eletrônicos, são obrigadas a instalar equipamentos que inutilizem as cédulas de moeda corrente depositadas no interior das máquinas em caso de arrombamento, movimento brusco ou alta temperatura.
>
> § 1º Para cumprimento do disposto no caput deste artigo, as instituições financeiras poderão utilizar-se de qualquer tipo de tecnologia existente para inutilizar as cédulas de moeda corrente depositadas no interior dos seus caixas eletrônicos, tais como:
>
> I – tinta especial colorida;
>
> II – pó químico;
>
> III – ácidos insolventes;
>
> IV – pirotecnia, desde que não coloque em perigo os usuários e funcionários que utilizam os caixas eletrônicos;
>
> V – qualquer outra substância, desde que não coloque em perigo os usuários dos caixas eletrônicos.
>
> § 2º Será obrigatória a instalação de placa de alerta, que deverá ser afixada de forma visível no caixa eletrônico, bem como na entrada da instituição bancária que possua caixa eletrônico em seu interior, informando a existência do referido dispositivo e seu funcionamento.
>
> § 3º O descumprimento do disposto acima sujeitará as instituições financeiras infratoras às penalidades previstas no art. 7º desta Lei.
>
> § 4º As exigências previstas neste artigo poderão ser implantadas pelas instituições financeiras de maneira gradativa, atingindo-se, no mínimo, os seguintes percentuais, a partir da entrada em vigor desta Lei:
>
> I – nos municípios com até 50.000 (cinquenta mil) habitantes, 50% (cinquenta por cento) em nove meses e os outros 50% (cinquenta por cento) em dezoito meses;
>
> II – nos municípios com mais de 50.000 (cinquenta mil) até 500.000 (quinhentos mil) habitantes, 100% (cem por cento) em até vinte e quatro meses;
>
> III – nos municípios com mais de 500.000 (quinhentos mil) habitantes, 100% (cem por cento) em até trinta e seis meses.

Resumo do tipo: eis a síntese do estudo do artigo 155 do Código Penal:

Tema	Comentário
Consumação do furto	Teoria *amotio*
Furto de uso	Fato formalmente atípico
Furto famélico	Estado de necessidade
É possível furto majorado/qualificado?	Sim
Furto privilegiado	Agente primário + pequeno valor da coisa
Furto de coisa de valor insignificante	Fato materialmente atípico
É possível furto privilegiado/qualificado?	Sim – pequeno valor da coisa furtada + coisa de pequeno valor + qualificadora objetiva (Súmula 511/STJ)
Quando há furto de energia elétrica?	Ligação direta da energia ("gato")
Quando há estelionato envolvendo energia elétrica?	Adulteração do medidor, para marcação de valor a pagar a menor
O pagamento do valor da energia subtraída antes do recebimento da denúncia gera extinção da punibilidade?	Não, apenas arrependimento posterior
A subtração realizada em local guarnecido por vigilância ou sistema de câmeras é crime impossível?	Não (Súmula 567/STJ)
É possível usar a majorante do roubo no furto cometido mediante concurso de duas ou mais pessoas?	Não (Súmula 442/STJ)

Questões de concurso público: veja como o assunto já foi cobrado em concurso público.

1 – (Delegado de Polícia Civil/AL/2012) De acordo com o melhor entendimento jurisprudencial, para a aplicação da majorante do repouso noturno basta que a infração ocorra durante a noite, sendo irrelevante o fato de se tratar de residência habitada ou desabitada ( ).

2 – (Delegado de Polícia Federal/2018) Sílvio, maior e capaz, entrou em uma loja que vende aparelhos celulares, com o propósito de furtar algum aparelho. A loja possui sistema de vigilância eletrônica que monitora as ações das pessoas, além de diversos agentes de segurança. Sílvio colocou um aparelho no bolso e, ao tentar sair do local, um dos seguranças o deteve e chamou a polícia. Nessa situação, está configurado o crime impossível por ineficácia absoluta do meio, uma vez que não havia qualquer chance de Sílvio furtar o objeto sem que fosse notado ( ).

3 – (Delegado de Polícia Civil/RJ/2012) No interior de um estabelecimento comercial, João colocou em sua mochila diversos equipamentos eletrônicos, com a intenção de subtraí-los para si. Após conseguir sair do estabelecimento sem pagar pelos produtos, João foi detido, ainda nas proximidades do local, por agentes de segurança que visualizaram trechos de sua ação pelo sistema de câmeras de vigilância. Os produtos em poder de João foram recuperados e avaliados em R$ 1.200.

Nessa situação hipotética, caracterizou-se

a) uma tentativa inidônea de crime de furto.

b) um fato atípico, pela incidência do princípio da insignificância.

c) a prática de crime de furto.

d) uma situação de crime impossível por ineficácia absoluta do meio.

e) uma situação de crime impossível por absoluta impropriedade do objeto.

4 – (Polícia Rodoviária Federal/2013) Em se tratando do crime de furto mediante fraude, a vítima, ludibriada, entrega, voluntariamente, a coisa ao agente. No crime de estelionato, a fraude é apenas uma forma de reduzir a vigilância exercida pela vítima sobre a coisa, de forma a permitir a sua retirada ( ).

5 – (Polícia Rodoviária Federal/2021) Caso três pessoas associadas, com divisão de tarefas, subtraiam substância explosiva, estará configurado crime hediondo ( ).

6 – (Delegado de Polícia Federal/2021) A adoção de sistema de vigilância realizado por monitoramento eletrônico, por si só, não torna impossível a configuração do crime de furto ( ).

7 – (Delegado de Polícia Civil/RN/2021) Durante evento na loja de uma operadora de telefonia móvel, Tereza, aproveitando-se da distração dos funcionários, subtraiu para si um aparelho celular. Ao chegar em casa, sua mãe descobriu o fato e a convenceu a comparecer à delegacia para devolver o aparelho subtraído, o que foi por ela feito no dia seguinte. Diante dos fatos narrados, a conduta de Tereza configura:

a) furto na forma tentada, pois houve arrependimento eficaz;

b) furto na forma tentada, pois houve desistência voluntária;

c) atipicidade, em razão do arrependimento eficaz;

d) furto na forma consumada, com a causa de diminuição pelo arrependimento posterior;

e) furto na forma consumada, sem causa de diminuição de pena, pois a restituição da coisa não se deu de maneira espontânea.

Gabarito comentado:

Questão	Reposta	Comentário
1	CERTA	Vide julgado do STJ: HABEAS CORPUS. ART. 155, § 1.º, DO CÓDIGO PENAL. DELITO COMETIDO EM ESTABELECIMENTO COMERCIAL. APLICAÇÃO DA CAUSA ESPECIAL DE AUMENTO DO CRIME COMETIDO DURANTE O REPOUSO NOTURNO. POSSIBILIDADE. HABEAS CORPUS DENEGADO.1. Incide a majorante prevista no § 1.º do art. 155 do Código Penal, quando o crime é cometido durante a madrugada, horário no qual a vigilância da vítima é menos eficiente e seu patrimônio mais vulnerável, o que ocorre inclusive para estabelecimentos comerciais. 2. A causa especial de aumento de pena do furto cometido durante o repouso noturno pode se configurar mesmo quando o crime é cometido em estabelecimento comercial ou residência desabitada, sendo indiferente o fato de a vítima estar, ou não, efetivamente repousando. 3. Precedentes do Superior Tribunal de Justiça (HC 191.300/MG, Rel. Ministra Laurita Vaz, Quinta Turma, julgado em 12/06/2012, DJe 26/06/2012).

2	ERRADA	Não houve crime impossível. O agente será punido criminalmente pelo furto (inteligência da Súmula 567/STJ).
3	Letra C	Inteligência da Súmula 567/STJ.
4	ERRADA	As definições de furto mediante fraude e estelionato foram trocadas no quesito.
5	ERRADA	O crime alçado à condição de crime hediondo pelo Pacote Anticrime foi o furto qualificado pelo uso de explosivos (§ 4º-A do artigo 155 do Código Penal) e não o furto de explosivos (§ 7º do artigo 155 do Código Penal), na forma do inciso IX do artigo 1º da Lei 8.072/90.
6	CERTA	Vide Súmula 567/STJ – **Sistema de vigilância realizado por monitoramento eletrônico ou por existência de segurança no interior de estabelecimento comercial, por si só, não torna impossível a configuração do crime de furto.**
7	Letra D	Houve prática de furto (consumado) com incidência de arrependimento posterior (artigo 16 do Código Penal).

Furto de coisa comum

Art. 156 – Subtrair o condômino, co-herdeiro ou sócio, para si ou para outrem, a quem legitimamente a detém, a coisa comum:

Pena – detenção, de seis meses a dois anos, ou multa.

§ 1º – Somente se procede mediante representação.

§ 2º – Não é punível a subtração de coisa comum fungível, cujo valor não excede a quota a que tem direito o agente.

Classificação: crime doloso, próprio (cometido pelo condômino, coerdeiro ou sócio) e material (como no furto e no roubo, a consumação se dá na inversão da posse – teoria *amotio*).

Trata-se de infração de menor potencial ofensivo.

Conduta criminosa: a conduta proibida pelo tipo é a subtração de coisa móvel comum, por parte do condômino, do coerdeiro ou do sócio (para si ou para outrem).

Por óbvio, a imputação do crime estudado demanda que a coisa não esteja na posse do autor do fato (caso esteja, pode-se pensar na prática de crime de apropriação indébita, caso implementadas as elementares do artigo 168 do Código Penal).

Ação penal: o crime de furto de coisa comum é de ação penal pública condicionada à representação da vítima (§ 1º do artigo 156 do Código Penal).

Escusa absolutória: é isento de pena o condômino, coerdeiro ou sócio que subtrai coisa comum fungível, caso o valor desta não ultrapasse sua cota.

O artigo 85 do Código Civil revela que são "fungíveis os móveis que podem substituir-se por outros da mesma espécie, qualidade e quantidade".

Rogério Sanches Cunha entende que o dispositivo se traduz em "causa especial de exclusão da ilicitude"[215].

CAPÍTULO II

DO ROUBO E DA EXTORSÃO

Roubo

Art. 157 – Subtrair coisa móvel alheia, para si ou para outrem, mediante grave ameaça ou violência a pessoa, ou depois de havê-la, por qualquer meio, reduzido à impossibilidade de resistência:

Pena – reclusão, de quatro a dez anos, e multa.

§ 1º – Na mesma pena incorre quem, logo depois de subtraída a coisa, emprega violência contra pessoa ou grave ameaça, a fim de assegurar a impunidade do crime ou a detenção da coisa para si ou para terceiro.

§ 2º A pena aumenta-se de 1/3 (um terço) até metade:

I – (revogado);

II – se há o concurso de duas ou mais pessoas;

III – se a vítima está em serviço de transporte de valores e o agente conhece tal circunstância.

IV – se a subtração for de veículo automotor que venha a ser transportado para outro Estado ou para o exterior;

V – se o agente mantém a vítima em seu poder, restringindo sua liberdade.

VI – se a subtração for de substâncias explosivas ou de acessórios que, conjunta ou isoladamente, possibilitem sua fabricação, montagem ou emprego.

VII – se a violência ou grave ameaça é exercida com emprego de arma branca;

§ 2º-A A pena aumenta-se de 2/3 (dois terços):

I – se a violência ou ameaça é exercida com emprego de arma de fogo;

II – se há destruição ou rompimento de obstáculo mediante o emprego de explosivo ou de artefato análogo que cause perigo comum.

§ 2º-B. Se a violência ou grave ameaça é exercida com emprego de arma de fogo de uso restrito ou proibido, aplica-se em dobro a pena prevista no caput deste artigo.

§ 3º Se da violência resulta:

I – lesão corporal grave, a pena é de reclusão de 7 (sete) a 18 (dezoito) anos, e multa;

II – morte, a pena é de reclusão de 20 (vinte) a 30 (trinta) anos, e multa.

---

215 CUNHA, Rogério Sanches. **Código Penal para concursos**. Salvador, 13ª edição, Juspodivm, 2020, p. 585.

Classificação: o roubo é crime comum, material e doloso.

Momento consumativo: o crime se consuma com a inversão da posse do bem móvel alheio mediante emprego de violência ou grave ameaça (teoria *amotio*), na forma da Súmula 582 do Superior Tribunal de Justiça:

> Súmula 582 – Consuma-se o crime de roubo com a inversão da posse do bem mediante emprego de violência ou grave ameaça, ainda que por breve tempo e em seguida à perseguição imediata ao agente e recuperação da coisa roubada, sendo prescindível a posse mansa e pacífica ou desvigiada.

Conduta proibida: no caput é possível identificar que o crime roubo (subtração da coisa alheia móvel) pode ser cometido: a) mediante violência; b) mediante grave ameaça; c) depois de haver, por qualquer meio, reduzido à impossibilidade a capacidade de resistência da vítima (violência imprópria). Exemplifico:

> **SITUAÇÃO HIPOTÉTICA:** em uma balada, MARIA convida JOÃO para juntos irem a um motel. Lá chegando, sem que JOÃO perceba, MARIA mistura sonífero à bebida da vítima. JOÃO adormece e MARIA subtrai todos os seus pertences.
>
> **SOLUÇÃO:** MARIA cometeu crime de roubo (subtraiu bens móveis de JOÃO depois de ter reduzido à impossibilidade a sua capacidade de resistência). Trata-se do golpe conhecido como "boa noite Cinderela".

Roubo (com emprego de violência imprópria) x arrependimento posterior: há interessante discussão acerca da possibilidade de reconhecimento do arrependimento posterior (ponte de prata) caso o roubo seja cometido com emprego de violência imprópria.

Como não há emprego de violência real, há entendimento doutrinário no sentido de possibilitar aplicação da causa de diminuição de pena prevista no artigo 16 do Código Penal, caso o autor do roubo com violência imprópria restitua a coisa ou repare o dano voluntariamente até o recebimento da inicial acusatória.

Penso não ser possível aplicação da minorante ao roubo (ainda que cometido com emprego de violência imprópria). É que o legislador alocou a subtração de bem móvel depois do agente reduzir, por qualquer meio, a vítima à impossibilidade de resistência no artigo 157 do Código Penal, tipificando a conduta como roubo. Essa opção afasta, a meu ver, por completo, o instituto do arrependimento posterior daquele que comete roubo (qualquer que seja o meio empregado).

Roubo próprio x roubo impróprio: o estudo das condutas tipificadas no caput e no § 1º do artigo 157 nos revela que há o roubo próprio e o roubo impróprio (as penas são idênticas para ambos), conforme tabela abaixo:

Roubo próprio (*caput* do artigo 157)	Roubo impróprio (§ 1º do artigo 157)
O agente emprega violência ou grave ameaça e, após, subtrai os bens móveis da vítima.	O agente subtrai os bens móveis da vítima e, após, para garantir a impunidade ou a detenção da coisa, emprega violência ou grave ameaça contra a vítima.

A análise profícua das condutas acima transcritas revela que não é possível emprego de violência imprópria no roubo impróprio (a conduta proibida de reduzir à impossibilidade a capacidade de resistência da vítima com o fito de efetuar a subtração de bens móveis só foi tipificada no *caput*).

Princípio da insignificância (impossibilidade): não é possível reconhecer o princípio da insignificância no crime de roubo (vez que se trata de crime patrimonial perpetrado com emprego de violência ou grave ameaça).

Alterações promovidas pela Lei 13.654/18 e pelo Pacote Anticrime: o crime de roubo foi alterado pela Lei 13.654/18 e pelo Pacote Anticrime. Os mandamentos operaram as seguintes modificações:

a) A Lei 13.654/18 revogou o inciso I do § 2º. O roubo era majorado de 1/3 até a metade quando o crime era cometido como "emprego de arma" – arma própria (objeto criado para ser uma arma) ou arma imprópria (objetos que não são armas, mas que podem ser usados como tal), branca ou de fogo.

COMENTÁRIO: o legislador optou por um aumento de pena maior (de 2/3), quando o crime for cometido "com emprego de arma de fogo" (inciso I do § 2º-A).

Ocorre que, com a revogação do inciso I do § 2º, o crime de roubo praticado com arma branca (um punhal, por exemplo) passou a ser considerado roubo simples (a Lei 13.654/18 é mais benéfica em relação a quem foi responsabilizado pela prática de roubo majorado com emprego de arma branca antes da entrada em vigor do mandamento – houve, destarte, aplicação retroativa da lei, nos termos do artigo 2º, parágrafo único, do Código Penal – *novatio legis in mellius*[216]).

Esse entendimento foi adotado pelo Superior Tribunal de Justiça (reconhecendo que a Lei 13.654/18 é mais benéfica para quem praticou roubo com arma branca antes da sua edição) – vide informativo 626/STJ:

> Preliminarmente cumpre salientar que, sobreveio à decisão impugnada a promulgação da Lei n. 13.654, de 23 de abril de 2018, que modificou o Código Penal nos dispositivos referentes aos crimes de furto e roubo. Essa alteração legislativa suprimiu a previsão contida no inciso I do § 2º, do art. 157, que apresentava hipótese de causa especial de aumento de pena relativa ao emprego de arma.

216 Para casos criminais decididos com sentença condenatória transitada em julgado, o juízo das execuções tem competência para aplicação da *novatio legis in mellius*, na forma da Súmula 611/STF.

Esta Corte possuía entendimento jurisprudencial consolidado reconhecendo que a previsão contida no dispositivo revogado abrangia não apenas armas de fogo, mas qualquer "artefato que tem por objetivo causar dano, permanente ou não, a seres vivos e coisas", nos termos do art. 3º, inciso IX, do Decreto n. 3.665/2000. No entanto, a atual previsão contida no art. 157, § 2º-A, inciso I, do Código Penal, limita a possibilidade de aumento de pena à hipótese de a violência ser cometida mediante emprego de arma de fogo, assim considerado o instrumento que "(...) arremessa projéteis empregando a força expansiva dos gases gerados pela combustão de um propelente confinado em uma câmara que, normalmente, está solidária a um cano que tem a função de propiciar continuidade à combustão do propelente, além de direção e estabilidade ao projétil", de acordo com o Decreto citado. Portanto, não se está diante de continuidade normativa, mas de *abolitio criminis* da majorante, na hipótese de o delito ser praticado com emprego de artefato diverso de arma de fogo. Na hipótese, o réu realizou a subtração fazendo uso de arma branca (faca). Diante desse fato, deve-se aplicar a lei nova, mais benéfica ao acusado, em consonância com o art. 5º, XL, da Constituição Federal, afastando-se o aumento de 1/3 aplicado na terceira fase do cálculo da pena.

b) O Pacote Anticrime (Lei 13.964/19) voltou a majorar o crime de roubo cometido com arma branca (inclusão do inciso VII ao § 2º do artigo 157).

COMENTÁRIO: como essa lei é mais severa que a alteração operada pela Lei 13.654/18 (o roubo cometido com arma branca sob a égide dessa lei era simples), só haverá roubo majorado em relação a quem perpetrou o crime patrimonial com arma branca depois da entrada em vigor do Pacote Anticrime (23 de janeiro de 2020).

Essa sucessão de leis no tempo criou situação muito interessante, que pode ser assim resumida:

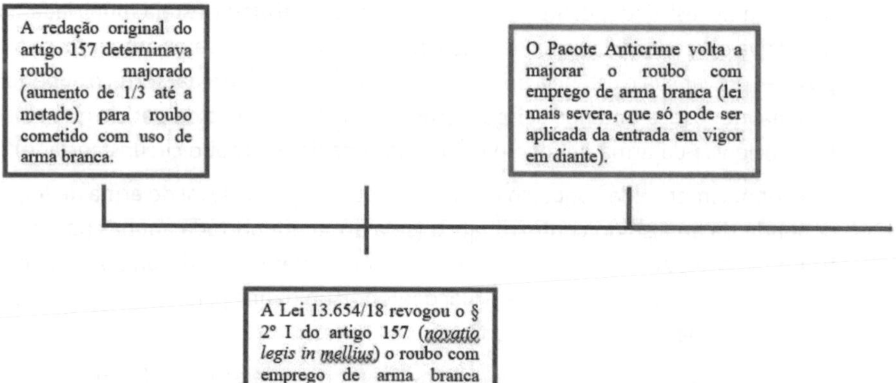

<table>
<tr><th>Lapso temporal no gráfico (data da prática do crime)</th><th>Roubo praticado com emprego de arma branca</th></tr>
<tr><td rowspan="2">Período que vai da redação original do Código Penal, passa pela entrada em vigor da Lei 13.654/18 e vai até a véspera da entrada em vigor da Lei 13.964/19</td><td>Antes da entrada em vigor da Lei 13.654/18 o roubo será simples pela aplicação retroativa desta</td></tr>
<tr><td>Depois da entrada em vigor da Lei 13.654/18 até a véspera da entrada em vigor da Lei 13.964/19, o roubo será simples pela aplicação ultrativa daquela (lei benéfica intermediária)</td></tr>
<tr><td>A partir da entrada em vigor da Lei 13.964/19 em diante</td><td>O roubo será majorado (1/3 até a metade)</td></tr>
</table>

Em síntese, quem praticou roubo com emprego de arma branca antes da entrada em vigor da Lei 13.964/19 será responsabilizado por roubo simples. Antes da entrada em vigor da Lei 13.654/18 pela aplicação retroativa desta. Depois da entrada em vigor da Lei 13.654/18 pela sua aplicação ultrativa (que passou a ser lei benéfica intermediária, porque foi revogada por lei mais severa).

c) A Lei 13.654/18 incluiu o inciso VI ao § 2º, majorando em 1/3 até a metade a pena do roubo "se a subtração for de substâncias explosivas ou de acessórios que, conjunta ou isoladamente, possibilitem sua fabricação, montagem ou emprego".

COMENTÁRIO: o inciso foi incluído em razão do crescente uso de explosivos em crimes contra o patrimônio – principalmente contra agências bancárias.

d) A Lei 13.654/18 incluiu no tipo o § 2º-A (causa de aumento de pena – 2/3) "se a violência ou ameaça é exercida com emprego de arma de fogo" (inciso I) ou "se há destruição ou rompimento de obstáculo mediante o emprego de explosivo ou de artefato análogo que cause perigo comum" (inciso II).

COMENTÁRIO: para incidência da majorante do inciso I do § 2º-A é preciso que a arma de fogo seja apta a disparar – se não for (arma absolutamente quebrada, por exemplo), o crime será de roubo simples (essa prova é ônus da defesa).

Não há a necessidade, contudo, que a arma apta a disparar esteja municiada ou da efetiva apreensão da arma de fogo para incidência da causa de aumento, se for possível provar sua existência por meio de outras provas (de igual sorte, o Superior Tribunal de Justiça entende ser desnecessário materialização de perícia que ateste a eficiência da arma de fogo para que se considere o roubo circunstanciado).

O reconhecimento de concurso de crimes (roubo e porte ilegal de arma de fogo) depende da análise do contexto fático (se a arma era portada apenas para prática do crime patrimonial, há crime único; se for demonstrado que a arma era portada pelo agente em outras situações/oportunidades pelo agente – preexistia ao crime patrimonial – há concurso de crimes).

O crime em testilha (roubo majorado pelo emprego de arma de fogo) passou a ser hediondo após a entrada em vigor do Pacote Anticrime.

O inciso II foi incluído em razão do crescente uso de explosivos em crimes contra o patrimônio envolvendo agências bancárias; é preciso frisar que se um agente rouba artefatos explosivos e, após, utiliza-se destes para perpetrar roubo (em agência bancária, por exemplo), há que se imputar dois roubos (um majorado e outro qualificado) em concurso material, vez que os crimes têm vítimas diferentes (patrimônios distintos são atacados).

É interessante notar que o furto qualificado pelo emprego de explosivo ou de artefato análogo que cause perigo comum é crime hediondo (inclusão determinada pelo Pacote Anticrime), mas o roubo majorado pela mesma circunstância não é (evidente atropelo à proporcionalidade).

e) A pena do roubo qualificado quando da violência resulta lesão corporal de natureza grave foi modificada pela Lei 13.654/18.

COMENTÁRIO: a pena era orçada em 7 a 15 anos e passou a ser de 7 a 18 anos.

f) A Lei 13.964/19 (Pacote Anticrime) criou nova majorante ao enxertar o § 2º-B no artigo 157 do Código Penal.

COMENTÁRIO: a pena do roubo é dobrada se a violência ou grave ameaça é exercida com emprego de arma de fogo de uso restrito ou proibido. O legislador andou mal (atropelo à proporcionalidade). Roubar com um revólver de numeração raspada, por exemplo, tem pena abstrata mais grave que matar alguém (homicídio simples).

g) Após as modificações operadas pelo Pacote Anticrime na Lei 8.072/90, apenas para falar do crime de roubo, são crimes hediondos: a) o roubo majorado pela restrição da liberdade da vítima; b) o roubo majorado pelo emprego de arma de fogo; c) o roubo majorado pelo emprego de arma de fogo de uso restrito/proibido; e d) o roubo qualificado pelo resultado lesão corporal grave ou morte.

Subtração com arma de brinquedo ou simulacro: a subtração cometida com uso de arma de brinquedo ou simulacro (ou com arma absolutamente imprestável) é tipificada como roubo simples (e não roubo majorado – a Súmula 174/STJ[217] foi cancelada).

Eis tese do Superior Tribunal de Justiça acerca do tema (edição 51 da jurisprudência em teses do Tribunal da Cidadania):

> 8) A utilização de arma sem potencialidade lesiva, atestada por perícia, como forma de intimidar a vítima no delito de roubo, caracteriza a elementar grave ameaça, porém, não permite o reconhecimento da majorante de pena.

217 Súmula 174/STJ – No crime de roubo, a intimidação feita com arma de brinquedo autoriza o aumento da pena (cancelada).

Roubo forjado: o Supremo Tribunal Federal enfrentou casuística interessante nos autos do HC 147584 (informativo 980/STF). O funcionário de uma empresa que tinha a atribuição de movimentar quantias em dinheiro combinou com comparsa a simulação de um roubo com o intuito de juntos se apropriarem do numerário da pessoa jurídica. No caso concreto, a "vítima simulada" estava acompanhada de outra pessoa, que nada sabia da farsa.

Na simulação, o "roubador" fingiu portar arma de fogo e, mediante grave ameaça, subtraiu o dinheiro portado pela "vítima simulada" e pelo seu colega (que, repito, nada sabia acerca da encenação).

O Pretório Excelso afastou, a meu ver corretamente, o pleito de desclassificação da prática para o crime de estelionato, ao argumento de que a grave ameaça fora exercida contra vítima real que acompanhava o farsante (e isso fez com que o roubo majorado pelo concurso de pessoas não fosse desnaturado).

Eis o julgado:

> INTIMAÇÃO – DILIGÊNCIAS COMPLEMENTARES – MANIFESTAÇÃO – OPORTUNIDADE – NULIDADE RELATIVA. A falta de intimação, após o encerramento da instrução, para manifestação das partes na fase do artigo 402 do Código de Processo Penal constitui nulidade relativa, cujo reconhecimento pressupõe a insurgência em momento oportuno. ROUBO – GRAVE AMEAÇA – FUNDADO TEMOR. A efetiva intenção do agente de realizar o mal prometido não se revela imprescindível à caracterização da grave ameaça exigida pelo tipo penal roubo, bastando seja o meio utilizado para a subtração do bem revestido de aptidão a causar fundado temor ao ofendido. ROUBO – GRAVE AMEAÇA – CORRÉUS – VÍNCULO SUBJETIVO. Ante a vinculação subjetiva, a caracterizar concurso de agentes, a circunstância de não ter o corréu implementado grave ameaça é desinfluente – artigo 29 do Código Penal (HC 147584, Relator(a): Marco Aurélio, Primeira Turma, julgado em 02/06/2020, PROCESSO ELETRÔNICO DJe-172 DIVULG 07-07-2020 PUBLIC 08-07-2020).

Roubo cometido com simulacro em ônibus vazio: o Superior Tribunal de Justiça entendeu que a prática de roubo com uso de simulacro no interior de ônibus vazio não autoriza a elevação da pena-base (informativo 727/STJ).

Majorante do concurso de pessoas: para imposição da majorante do concurso de pessoas, os inimputáveis que participam do crime contam para se chegar ao número mínimo exigido em lei (dois).

Várias pessoas roubadas num mesmo local: se há prática de crime de roubo em ambiente com várias pessoas (e consequente prática de várias subtrações), no entendimento do Superior Tribunal de Justiça, há concurso formal próprio (aplicação da regra da exasperação).

O entendimento do Tribunal da Cidadania é calcado em política criminal, porquanto o mais correto, a meu ver, seria o reconhecimento de concurso formal impróprio (já que os desígnios são autônomos – um para cada subtração) – registro aqui crítica ao entendimento do Sodalício.

Eis tese sobre o tema (edição 51 da jurisprudência em teses):

> 5) O roubo praticado em um mesmo contexto fático, mediante uma só ação, contra vítimas diferentes, enseja o reconhecimento do concurso formal de crimes, e não a ocorrência de crime único.

Latrocínio: se, no contexto do roubo, a vítima morre em razão da **violência empregada** pelo agente, tem-se crime de latrocínio (artigo 157, § 3º, II, do Código Penal). Trata-se de crime hediondo (tanto o latrocínio consumado, quanto o tentado).

Latrocínio sem subtração de bem móvel (crime consumado): nos termos da Súmula 610/STF, o latrocínio se consuma com a morte da vítima, mesmo que a subtração do bem móvel não ocorra. Veja a tabela elucidativa:

Morte	Subtração	Latrocínio
SIM	SIM	Consumado
SIM	NÃO	Consumado (Súmula 610/STF)
NÃO	SIM	Tentado
NÃO	NÃO	Tentado

Competência para julgamento do latrocínio: o latrocínio deve ser julgado pelo juiz singular e não pelo tribunal do júri. Trata-se de crime (complexo) contra o patrimônio, nos termos da Súmula 603/STF – **A competência para o processo e julgamento de latrocínio é do juiz singular e não do tribunal do júri**.

Latrocínio e concurso de agentes: se há concurso de agentes para prática de roubo, um dos agentes está armado e confisca a vida da vítima, no entendimento do Superior Tribunal de Justiça, todos devem ser responsabilizados pela prática de latrocínio (transcrevo apenas parte do julgado):

> Num crime de roubo praticado com arma de fogo, em tendo os agentes conhecimento da utilização desta, todos respondem, como regra, pelo resultado morte, eis que este se encontra dentro do desdobramento causal normal da ação delitiva, contribuindo todos para o fato típico. Precedentes (AgRg no REsp 1417364/SC, Rel. Ministra Maria Thereza De Assis Moura, Sexta Turma, julgado em 18/12/2014, DJe 04/02/2015).

Há, entretanto, julgados do próprio Tribunal da Cidadania admitindo a participação (ou cooperação) dolosamente distinta, quando a vida da vítima é ceifada no contexto de um roubo (o que demonstra que cada caso precisa ser analisado individualmente, para que se imponha a imputação correta):

> PENAL. PROCESSO PENAL. AGENTE CONDENADO PELO CRIME DE LATROCÍNIO TENTADO. TRIBUNAL DE JUSTIÇA, DIANTE DOS ELEMENTOS FÁTICO-PROBATÓRIOS, RECONHECE A COOPERAÇÃO DOLOSAMENTE DIVERSA. ART. 29, § 2º, DO CP. DESCLASSIFICAÇÃO PARA O CRIME DE ROUBO, MAJORADO PELO EMPREGO DE ARMA E CONCURSO DE PESSOAS, COM AUMENTO DA PENA EM METADE, EM FACE DA PREVISIBILIDADE DO RESULTADO MAIS GRAVE, DECORRENTE DO RECONHECIMENTO DA COOPERAÇÃO DOLOSAMENTE DISTINTA. POSSIBILIDADE. EXISTÊNCIA DE DESVIO SUBJETIVO DE UM DOS CONCORRENTES. DIVERGÊNCIA JURISPRUDENCIAL. INEXISTÊNCIA. AUSÊNCIA DE SIMILITUDE FÁTICA ENTRE OS JULGADOS RECORRIDO E PARADIGMA. 1. O resultado morte está no desdobramento causal dos fatos inerentes ao tipo penal de latrocínio, previsto no art. 157, § 3º, do Código Penal, quando há vontade livre e consciente de matar para obter a res furtiva, ou para assegurar-lhe a posse ou a impunidade do agente. 2. O contexto fático delineado no acórdão recorrido indica que a situação é diversa, na qual a vítima não apresentou qualquer resistência quando da ocorrência do delito, ao contrário, prontamente atendeu às ordens dadas pelos seus algozes, retirando-se do veículo. 3. Nesse momento, os desígnios dos agentes se distanciaram, porquanto somente um dos acusados teve a intenção de matar, independentemente da consumação do crime de roubo já ter se efetivado. 4. Portanto, não há como imputar, no presente caso, o resultado morte (na forma tentada), como uma simples subsunção dos fatos constantes dos autos ao tipo penal previsto no art. 157, § 3º, do Código Penal, sem considerar que o animus do acusado era e permaneceu, durante todo o curso dos fatos, o de rem sibi habendi, mas cujo resultado morte era admitido somente em razão da necessidade de se garantir a posse da res furtiva ou para o fim de assegurar a impunidade do crime, ambos decorrentes de uma possível resistência da vítima. 5. Diante disso, a melhor interpretação, no presente caso, considerando o substrato fático-probatório dos autos, da forma como delineado no acórdão recorrido, foi a da subsunção aos tipos penais previstos nos arts. 29, § 2º, segunda parte, e 157, §§ 2º e 3º, do Código Penal. 6. Recurso especial improvido (REsp 1687614/SP, Rel. Ministro Sebastião Reis Júnior, Sexta Turma, julgado em 06/03/2018, DJe 14/03/2018).

Latrocínio com mais de uma morte e uma única subtração: quando há, no contexto de um latrocínio, a morte de mais de uma vítima mediante única subtração patrimonial, o Superior Tribunal de Justiça entende que há prática de crimes de latrocínio (tantos quantos sejam as mortes) em concurso formal impróprio (soma de penas). Vide tese 15 da edição 51 da jurisprudência em teses do Tribunal da Cidadania:

> 15) Há concurso formal impróprio no crime de latrocínio nas hipóteses em que o agente, mediante uma única subtração patrimonial provoca, com desígnios autônomos, dois ou mais resultados morte.

O Supremo Tribunal Federal, contudo, entende haver crime único diante do mesmo cenário (a quantidade de mortes deve ser sopesada na fixação da pena-base). Eis julgados que sintetizam o pensar do Pretório Excelso:

> Habeas corpus. 2. O acórdão impugnado condenou o paciente pela prática de dois latrocínios em concurso formal. 3. É incontroverso nos autos que houve prática delitiva caracterizada pela subtração de um único bem – um caminhão – com duas mortes. A análise do presente writ não demanda revolvimento fático-probatório. Possibilidade de reconhecimento de concurso formal de latrocínio, na hipótese de delito praticado mediante ação desdobrada em vários atos, que atinja um único patrimônio e vítimas diferentes. 4. Quantidade de mortes repercute na fixação da pena-base (art. 59 do CP) 5. Precedente: STF, HC n. 71267-3/ES. 6. Sentença deve ser restabelecida. 7. Ordem de habeas corpus concedida para afastar o concurso formal impróprio de latrocínios e determinar o restabelecimento da sentença (HC 107201, Relator Min. Gilmar Mendes, Segunda Turma, julgado em 02/09/2014, PROCESSO ELETRÔNICO DJe-218 DIVULG 05-11-2014 PUBLIC 06-11-2014).
>
> "Habeas corpus". Latrocínio. Diversidade de vítimas na execução do crime. Exclusão do aumento da pena embasado na continuidade delitiva. 1. O crime de latrocínio é um delito complexo, cuja unidade não se altera em razão da diversidade de vítimas fatais; há um único latrocínio, não obstante constatadas duas mortes; a pluralidade de vítimas não configura a continuidade delitiva, vez que o crime-fim arquitetado foi o de roubo e não o de duplo latrocínio. 2. Mantida a condenação, expunge-se da pena a majoração, porquanto não configurada a continuidade delitiva. "Habeas corpus" deferido, em parte (HC 71267, Relator Min. Maurício Corrêa, Segunda Turma, julgado em 14/02/1995, DJ 20-04-1995 PP-09947 EMENT VOL-01783-02 PP-00234).

Exemplifico:

> **SITUAÇÃO HIPOTÉTICA:** JOÃO, armado com um revólver, rende PEDRO e MARIA, com o intuito de subtrair o veículo daquele. Diante da reação das vítimas, JOÃO atira repetidas vezes e mata o casal. JOÃO foge com o veículo de PEDRO.
>
> **SOLUÇÃO:** a conclusão, diante do exemplo acima desenhado, depende do tribunal superior usado como paradigma:

Tribunal Superior	Roubo com morte de mais de uma vítima e subtração de apenas um patrimônio	Resposta da situação hipotética
STJ	Concurso formal impróprio	Dois crimes de latrocínio (contra PEDRO e MARIA) em concurso formal impróprio (regra do cúmulo de penas)
STF	Crime único	Um único crime de latrocínio (quantidade de mortes sopesada na fixação da pena-base)

Teses do Superior Tribunal de Justiça: eis as teses do Tribunal da Cidadania sobre o crime ora em estudo (edição 51 da jurisprudência em teses):

1) Consuma-se o crime de roubo com a inversão da posse do bem, mediante emprego de violência ou grave ameaça, ainda que por breve tempo e em seguida a perseguição imediata ao agente e recuperação da coisa roubada, sendo prescindível a posse mansa e pacífica ou desvigiada (Tese julgada sob o rito do art. 543-C do CPC/1973 – TEMA 916)

2) O aumento na terceira fase de aplicação da pena no crime de roubo circunstanciado exige fundamentação concreta, não sendo suficiente para a sua exasperação a mera indicação do número de majorantes. (Súmula n. 443/STJ)

3) Há concurso material entre os crimes de roubo e extorsão quando o agente, após subtrair bens da vítima, mediante emprego de violência ou grave ameaça, a constrange a entregar o cartão bancário e a respectiva senha para sacar dinheiro de sua conta corrente.

4) Não é possível reconhecer a continuidade delitiva entre os crimes de roubo e de extorsão, pois são infrações penais de espécies diferentes.

5) O roubo praticado em um mesmo contexto fático, mediante uma só ação, contra vítimas diferentes, enseja o reconhecimento do concurso formal de crimes, e não a ocorrência de crime único.

6) É prescindível a apreensão e perícia da arma de fogo para a caracterização de causa de aumento de pena prevista no art. 157, § 2º, I, do CP, quando evidenciado o seu emprego por outros meios de prova.

7) Cabe a defesa o ônus da prova de demonstrar que a arma empregada para intimidar a vítima é desprovida de potencial lesivo.

8) A utilização de arma sem potencialidade lesiva, atestada por perícia, como forma de intimidar a vítima no delito de roubo, caracteriza a elementar grave ameaça, porém, não permite o reconhecimento da majorante de pena.

9) O crime de porte de arma é absorvido pelo de roubo quando restar evidenciado o nexo de dependência ou de subordinação entre as duas condutas e que os delitos foram praticados em um mesmo contexto fático, o que caracteriza o princípio da consunção.

10) A gravidade do delito de roubo circunstanciado pelo concurso de pessoas e/ou emprego de arma de fogo não constitui motivação suficiente, por si só, para justificar a imposição de regime prisional mais gravoso, na medida em que constituem circunstâncias comuns à espécie.

11) Não há continuidade delitiva entre roubo e furto, porquanto, ainda que possam ser considerados delitos do mesmo gênero, não são da mesma espécie.

12) Não é possível o reconhecimento da continuidade delitiva entre os crimes de roubo e latrocínio pois, apesar de se tratarem de delitos do mesmo gênero, não são da mesma espécie, devendo incidir a regra do concurso material.

13) Há tentativa de latrocínio quando a morte da vítima não se consuma por razões alheias à vontade do agente.

14) Há crime de latrocínio, quando o homicídio se consuma, ainda que não realize o agente a subtração de bens da vítima. (Súmula n. 610/STF)

15) Há concurso formal impróprio no crime de latrocínio nas hipóteses em que o agente, mediante uma única subtração patrimonial provoca, com desígnios autônomos, dois ou mais resultados morte.

16) Nos crimes de roubo praticados em detrimento da Empresa Brasileira de Correios e Telégrafos a fixação da competência é verificada de acordo com a natureza econômica do serviço prestado, na forma de agência própria, cuja competência é da Justiça Federal; ou na forma de franquia, explorada por particulares, hipótese em que a Justiça Estadual terá competência para julgamento dos processos.

Resumo do tipo: por fim, observemos a síntese do estudo do artigo 157 do Código Penal:

Tema	Comentário
Consumação do roubo	Teoria *amotio* (Súmula 582/STJ)
Roubo próprio	Prática de violência/grave ameaça/violência imprópria seguida de subtração
Roubo impróprio	Subtração seguida de violência/grave ameaça
É possível aplicação do artigo 16 do CP ao roubo?	Não (ainda que a violência empregada seja imprópria)
Roubo de coisa de valor insignificante	Há crime (não se aplica o princípio da insignificância)
Roubo de uso?	Não é possível – há prática de constrangimento ilegal
Roubo com emprego de arma branca	Antes da entrada em vigor do Pacote Anticrime – roubo simples
	Depois da entrada em vigor do Pacote Anticrime – roubo majorado (aumento de 1/3 até a metade)
Consumação do latrocínio	Com a morte da vítima (Súmula 610/STF)
Competência para julgar o latrocínio	Juízo singular (Súmula 603/STF)
Latrocínio com duas mortes e uma subtração patrimonial	STF – crime único
	STJ – concurso formal impróprio
Roubo com arma de brinquedo/simulacro	Roubo simples
Roubo com arma absolutamente inapta	Roubo simples

Questões de concurso público: veja como o assunto já foi cobrado em concurso público.

1 – (Delegado de Polícia Federal/2018) Cristiano, maior e capaz, roubou, mediante emprego de arma de fogo, a bicicleta de um adolescente, tendo-o ameaçado gravemente. Perseguido, Cristiano

foi preso, confessou o crime e voluntariamente restituiu a coisa roubada. Nessa situação, a restituição do bem não assegura a Cristiano a redução de um a dois terços da pena, pois o crime foi cometido com grave ameaça à pessoa ( ).

2 – (Delegado de Polícia Federal/2018) Severino, maior e capaz, subtraiu, mediante o emprego de arma de fogo, elevada quantia de dinheiro de uma senhora, quando ela saía de uma agência bancária. Um policial que presenciou o ocorrido deu voz de prisão a Severino, que, embora tenha tentado fugir, foi preso pelo policial após breve perseguição. Nessa situação, Severino responderá por tentativa de roubo, pois não teve a posse mansa e pacífica do valor roubado ( ).

3 – (Delegado de Polícia Civil/RJ/2012) Portando ilegalmente, exclusivamente para aquela ação, uma arma de fogo de calibre permitido, Norberto constrange um transeunte e, mediante grave ameaça, subtrai para si os seus pertences. Nesse contexto, afirma-se que:

a) o autor responde somente pelo crime de roubo, não pelo de porte de arma de fogo, pois apenado crime patrimonial já engloba a reprovabilidade do delito previsto na lei especial, consequência da unidade fática entre ambos, aplicando-se o princípio da consunção.

b) há apenas crime de roubo, solucionando-se o caso pelo princípio da especialidade, pois o delito patrimonial, ao estabelecer a grave ameaça como meio executório, insere o porte de arma em sua estrutura típica, acrescido de elementos especializantes.

c) será o porte de arma absorvido pelo crime de roubo em virtude da substituição do dolo, característica da progressão criminosa, que determina o reconhecimento do conflito aparente de normas.

d) aplica-se ao caso o princípio da subsidiariedade, pois nas condutas há diferentes graus de lesão à mesma objetividade jurídica, em uma relação de continente conteúdo.

e) tutelando bens jurídicos distintos, as normas penais referentes aos crimes de porte de arma de fogo e roubo figurarão em concurso material de delitos, aplicando-se ao caso o sistema do cúmulo material das penas.

4 – (Delegado de Polícia Civil/MT/2017) José entrou em um ônibus de transporte público e, ameaçando os passageiros com uma arma de fogo, subtraiu de diversos deles determinadas quantias em dinheiro.

Nessa situação hipotética, de acordo com a jurisprudência dos tribunais superiores,

a) a prática do delito contra vítimas diferentes em um mesmo contexto e mediante uma só ação configurou concurso material.

b) a simples inversão da posse dos bens — dos passageiros para José — não consumou o crime de roubo; para tal, seria necessária a posse mansa e pacífica ou desvigiada dos valores subtraídos por José.

c) o fato de o delito ter sido praticado em ônibus de transporte público de passageiros será causa de aumento de pena.

d) se a arma utilizada no crime fosse de brinquedo e, ainda assim, tivesse causado fundado temor nas vítimas, deveria ser aplicada majorante do crime de roubo.

e) o crime de porte de arma será absorvido pelo crime de roubo, ante os fatos de haver nexo de dependência entre as duas condutas e de os delitos terem sido praticados em um mesmo contexto fático.

5 – (Delegado de Polícia Federal/2013) Três criminosos interceptaram um carro forte e dominaram os seguranças, reduzindo-lhes por completo qualquer possibilidade de resistência, mediante grave ameaça e emprego de armamento de elevado calibre. O grupo, entretanto, encontrou vazio

o cofre do veículo, pois, por erro de estratégia, efetuara a abordagem depois que os valores e documentos já haviam sido deixados na agência bancária. Por fim, os criminosos acabaram fugindo sem nada subtrair. Nessa situação, ante a inexistência de valores no veículo e ante a ausência de subtração de bens, elementos constitutivos dos delitos patrimoniais, ficou descaracterizado o delito de roubo, subsistindo apenas o crime de constrangimento ilegal qualificado pelo concurso de pessoas e emprego de armas ( ).

Gabarito comentado:

Questão	Reposta	Comentário
1	CERTA	O crime de roubo não admite arrependimento posterior (artigo 16 do CP), vez que é cometido com emprego de violência ou grave ameaça.
2	ERRADA	Trata-se de roubo consumado, nos termos da Súmula 582/STJ.
3	Letra A	Como o roubo foi perpetrado com arma de fogo exclusivamente utilizada para aquela ação, há consunção e o agente não deve ser punido pelo crime de porte ilegal de arma de fogo.
4	Letra E	Se a arma é utilizada apenas para a prática do roubo, haverá consunção e não se imputará prática do crime de porte ilegal de arma de fogo em concurso de crimes.
5	ERRADA	O crime não se consumou por circunstâncias alheias à vontade dos agentes. Trata-se de roubo tentado.

Extorsão

Art. 158 – Constranger alguém, mediante violência ou grave ameaça, e com o intuito de obter para si ou para outrem indevida vantagem econômica, a fazer, tolerar que se faça ou deixar fazer alguma coisa:

Pena – reclusão, de quatro a dez anos, e multa.

§ 1º – Se o crime é cometido por duas ou mais pessoas, ou com emprego de arma, aumenta-se a pena de um terço até metade.

§ 2º – Aplica-se à extorsão praticada mediante violência o disposto no § 3º do artigo anterior.

§ 3º Se o crime é cometido mediante a restrição da liberdade da vítima, e essa condição é necessária para a obtenção da vantagem econômica, a pena é de reclusão, de 6 (seis) a 12 (doze) anos, além da multa; se resulta lesão corporal grave ou morte, aplicam-se as penas previstas no art. 159, §§ 2º e 3º, respectivamente.

Classificação: trata-se de crime comum, formal (delito de tendência interna transcendente de resultado cortado) e doloso.

Condutas proibidas: o delito pode ser perpetrado mediante emprego de violência ou grave ameaça (diferente do roubo, não é possível prática de extorsão mediante violência imprópria).

O agente constrange a vítima (mediante violência ou grave ameaça), com o intuito de obter para si ou para outrem indevida vantagem econômica (especial fim de agir), a fazer, tolerar que se faça ou deixar fazer alguma coisa.

Ameaça espiritual: a grave ameaça reclamada pelo tipo pode ser "espiritual" (ou supersticiosa), tal qual decidido pelo Superior Tribunal de Justiça (transcrevo apenas parte do acórdão):

> A alegação de ineficácia absoluta da grave ameaça de mal espiritual não pode ser acolhida, haja vista que, a teor do enquadramento fático do acórdão, a vítima, em razão de sua livre crença religiosa, acreditou que a recorrente poderia concretizar as intimidações de "acabar com sua vida", com seu carro e de provocar graves danos aos seus filhos; coagida, realizou o pagamento de indevida vantagem econômica. Tese de violação do art. 158 do CP afastada (REsp 1299021/SP, Relator Ministro Rogerio Schietti Cruz, Sexta Turma, julgado em 14/02/2017, DJe 23/02/2017)

Danos a bens da vítima: ainda sobre a elementar "grave ameaça", é importante a leitura da tese 2, da edição 87, da jurisprudência em teses do Superior Tribunal de Justiça:

> 2) No crime de extorsão, a ameaça a que se refere o *caput* do art. 158 do CP, exercida com o fim de obter a indevida vantagem econômica, pode ter por conteúdo grave dano aos bens da vítima.

Roubo x extorsão: a extorsão se diferencia do roubo na medida em que naquela é a vítima quem proporciona a vantagem para o autor do fato (porque constrangida em face do emprego de violência ou grave ameaça).

> **SITUAÇÃO HIPOTÉTICA 1:** JOÃO, mediante grave ameaça, subtrai o relógio de MARIA.
>
> **SITUAÇÃO HIPOTÉTICA 2:** JOÃO, mediante grave ameaça, subtrai o cartão de crédito de MARIA e exige que esta forneça a senha para utilização deste.
>
> **SOLUÇÕES:** na **SITUAÇÃO HIPOTÉTICA 1** temos crime de roubo, vez que a participação da vítima não é decisiva para o sucesso da empreitada (ainda que MARIA tenha tirado o relógio e entregue a JOÃO, teríamos roubo). Na **SITUAÇÃO HIPOTÉTICA 2**, temos extorsão, vez que o sucesso da empreitada (obtenção da vantagem ilícita) só será possível se a vítima fornecer a senha correta para JOÃO.

Causa de aumento de pena (§ 1º): há aumento da pena (1/3 até a metade) se a extorsão é cometida com emprego de arma (que pode ser branca ou de fogo, própria ou imprópria) ou mediante concurso de duas ou mais pessoas (inimputáveis podem ser computados para se chegar ao número mínimo reclamado pela majorante).

É interessante notar que o crime de roubo circunstanciado pelo emprego de arma de fogo é majorado em 2/3 (alteração promovida pela Lei 13.654/18), ao passo que o crime de extorsão cometido pelo emprego de arma (ainda que seja de fogo) é aumentado de 1/3 até a metade (clara falta de proporcionalidade do legislador).

Outro ponto digno de crítica: o roubo cometido com emprego de arma de fogo é crime hediondo (alteração promovida pelo Pacote Anticrime) ao passo que a extorsão cometida com emprego de arma de fogo não tem natureza hedionda. Ora, roubo e extorsão são delitos muito próximos (ambos são crimes patrimoniais que envolvem violência ou grave ameaça contra pessoa). Parece-me injustificável tal tratamento diferenciado.

Socorro-me dos exemplos acima desenhados para deixar claro o equívoco: imagine que 'A', com emprego de arma de fogo, subtrai o relógio de 'B'. A conclusão será que 'A' praticou crime de roubo majorado pelo emprego de arma de fogo, hediondo a partir da entrada em vigor do Pacote Anticrime. Suponha que 'C', com emprego de arma de fogo, obrigue 'D' a entregar-lhe o cartão de débito e a respectiva senha para que aquela faça saques ilícitos na conta deste. Conclui-se que 'C' praticou crime de extorsão majorada, mas o crime não será hediondo.

Falso sequestro: o chamado "falso sequestro" constitui crime de extorsão (vez que a vítima é constrangida mediante grave ameaça e o intuito do agente é obtenção de vantagem patrimonial). Exemplifico:

> **SITUAÇÃO HIPOTÉTICA:** JOÃO liga para JOSÉ, diz que sequestrou e vai matar o filho deste, caso ele não deposite certa quantia em uma conta por ele indicada. O sequestro é uma farsa. JOSÉ, aterrorizado, depositou a quantia exigida.
>
> **SOLUÇÃO:** JOÃO praticou crime de extorsão, tipificado no artigo 158 do Código Penal.

Súmula 96/STJ: o crime de extorsão é formal, como dito supra. Leia a Súmula 96/STJ – **O crime de extorsão consuma-se independentemente da obtenção da vantagem indevida.**

Tentativa de extorsão: o Superior Tribunal de Justiça entende ser possível tentativa de extorsão (informativo 502/STJ, abaixo transcrito – grifo meu). Em síntese: caso a vítima não se submeta à vontade do autor do fato, que praticou violência ou grave ameaça com o objetivo de obter vantagem, é possível reconhecer a tentativa de extorsão (caso a vítima se submeta à vontade do autor do fato, tem-se extorsão consumada mesmo que este não obtenha a vantagem indevida que almejava):

> Trata-se de recurso interposto pelo MP estadual contra acórdão que manteve sentença condenatória, porém reformou-a parcialmente para reconhecer a forma tentada do delito de extorsão praticado pelo ora recorrido. O órgão ministerial sustenta que o acórdão violou o art. 158 do CP, pois o legislador não subordina a consumação do delito à efetiva consecução do proveito econômico, bastando

> que o agente tenha obrado com tal intuito. Na espécie, o recorrido constrangeu a vítima, mediante grave ameaça, consistente no prenúncio de que a mataria, exigindo-lhe a quantia de 300 reais, a retirada dos boletins de ocorrência contra ele registrados e a entrega dos filhos nos finais de semana. Diante da reiteração das ameaças, a vítima acionou a polícia, que surpreendeu o recorrido, procedendo a sua prisão. Sob tal contexto, a Turma entendeu que, *in casu*, **feita a exigência pelo recorrido, a vítima não se submeteu à sua vontade, deixando de realizar a conduta que ele procurava lhe impor. Assim, a hipótese é de tentativa** como decidido pelo tribunal *a quo*, e não, como pretende o recorrente, de crime consumado. Precedente citado: HC 95389-SP, DJe 23/11/2009. REsp 1.094.888-SP, Rel. Min. Sebastião Reis Júnior, julgado em 21/8/2012.

Sextorsão: é possível vislumbrar prática do crime tipificado no artigo 158 do Código Penal na chamada "**sextorsão**[218]". Exemplifico:

> **SITUAÇÃO HIPOTÉTICA:** JOÃO convence MARIA a lhe enviar fotos íntimas. De posse do material, aquele passa a ameaçar esta, exigindo depósito de quantia em dinheiro para não publicar as fotos em redes sociais e aplicativos de mensagens.
>
> **SOLUÇÃO:** JOÃO cometeu crime de extorsão, tipificado no artigo 158 do Código Penal.

Eis julgado do Superior Tribunal de Justiça sobre o tema (o Tribunal da Cidadania reconheceu prática de crime de extorsão na ameaça de divulgação de vídeos íntimos com fins patrimoniais):

> AGRAVO REGIMENTAL NO AGRAVO EM RECURSO ESPECIAL. PROCESSO PENAL. EXTORSÃO. ELEMENTAR. GRAVE AMEAÇA. DIVULGAÇÃO DE VÍDEO ÍNTIMO. 1. Orientação jurisprudencial no sentido de reconhecer como extorsão a "ameaça de mal espiritual". (REsp n. 1299021/SP, Rel. Ministro ROGERIO SCHIETTI CRUZ, SEXTA TURMA, julgado em 14/2/2017, DJe 23/2/2017.) 2. A "grave ameaça", elementar do delito de extorsão, consiste na intimidação que atua na dimensão psicológica da vítima, considerando a influência de múltiplos fatores. 3. Afastada a tese de violação ao art. 158 do Código Penal, em face da conduta de constranger a vítima mediante grave ameaça de divulgar vídeo de relações íntimas na internet. 4. Ausência de similitude fática entre julgados que analisaram a grave ameaça, uma vez que os crimes de extorsão e de constrangimento ilegal tutelam bens jurídicos diversos. 5. Agravo regimental desprovido (AgRg no AREsp 1009662/RJ, Rel. Ministro ANTONIO SALDANHA PALHEIRO, SEXTA TURMA, julgado em 03/04/2018, DJe 09/04/2018).

---

218 Caso não exista objetivo patrimonial no constrangimento, é possível perquirir prática de estupro (caso a ameaça de divulgação de fotos/vídeos íntimos se volte à prática de atos libidinosos com a vítima) ou, subsidiariamente, de constrangimento ilegal.

Extorsão com resultado lesão grave/gravíssima ou morte: o § 2º do artigo 158 do Código Penal determina que se aplique à extorsão com resultado lesão grave/gravíssima ou morte (quando o crime é praticado mediante violência) o disposto no § 3º do artigo 157 do Código Penal (pena de reclusão de 7 a 18 anos e multa, se da violência resulta lesão grave ou gravíssima e pena de reclusão de 20 a 30 anos e multa, se da violência resulta morte).

Sequestro relâmpago (extorsão qualificada): a Lei 11.923/09 enxertou no artigo 158 do Código Penal a figura do "sequestro relâmpago" – crime de extorsão qualificada pela restrição da liberdade da vítima. Exemplifico:

> **SITUAÇÃO HIPOTÉTICA:** PEDRO e JÚLIO abordaram MARIA na saída da academia de ginástica com uma arma de fogo e a fizeram entrar no seu carro. Mediante grave ameaça, a dupla exigiu que a vítima fornecesse seu cartão de crédito e a senha e foram a várias lojas fazer compras. Ao fim, eles pararam na porta do banco do qual MARIA é correntista e a constrangeram a assinar um cheque ao portador, que foi descontado na boca do caixa. Durante toda empreitada criminosa, MARIA teve sua liberdade restringida (foi obrigada a permanecer no banco de trás do seu carro, sob a mira da arma de fogo).
>
> **SOLUÇÃO:** PEDRO E JÚLIO praticaram extorsão qualificada/majorada, tipificada nos §§ 1º e 3º do artigo 158 do Código Penal. Saliento ser possível, como no exemplo aqui desenhado, prática do crime de extorsão qualificada/majorada.

Se o "sequestro relâmpago" resulta em lesão corporal grave/gravíssima ou morte, aplicam-se as penas previstas no artigo 159, §§ 2º e 3º, respectivamente (16 a 24 anos de reclusão na primeira situação e 24 a 30 anos de reclusão na segunda).

Pacote Anticrime: antes do Pacote Anticrime discutia-se se a extorsão qualificada pela restrição da liberdade da vítima com resultado morte constituía ou não crime hediondo. Explico. A Lei 8.072/90 considerava delito hediondo a extorsão qualificada pela morte, alocada no § 2º do artigo 158 do Código Penal. A Lei 11.923/09 acrescentou no artigo 158 do Código Penal o § 3º, que ficou conhecido como "sequestro-relâmpago" (em verdade crime de extorsão qualificada pela restrição da liberdade da vítima). No bojo do referido § 3º há também hipótese de aplicação de pena mais severa em face do resultado morte. Contudo, como a Lei 8.072/90 não havia sido modificada para afirmar expressamente que a extorsão qualificada pela morte tipificada no § 3º artigo 158 do Código Penal era crime hediondo, havia robusto entendimento doutrinário que afirmava que não era possível reconhecer a hediondez do sequestro relâmpago com resultado morte. Outra parte da doutrina, contudo, afirmava (a meu ver com razão) que a extorsão qualificada pela morte era crime hediondo onde quer se enquadrasse (seja no § 2º, seja no § 3º do artigo 158 do Código Penal).

Com o fito de solucionar o entrave, o Pacote Anticrime alterou o inciso III do artigo 1º da Lei 8.072/90 para considerar crime hediondo a extorsão qualificada pela restrição da liberdade da vítima, pela ocorrência de lesão corporal ou morte. Contudo, a celeuma vai continuar. É que o legislador não incluiu entre parênteses o § 2º do artigo 158 do Caderno Repressivo. Certamente haverá interpretações no sentido de que a Lei 13.964/19 constitui *novatio legis in mellius* para quem cometeu crime de extorsão qualificada pela morte tipificada no referido dispositivo, porquanto ele desapareceu no inciso III do artigo 1º da Lei de Crimes Hediondos (com aplicação retroativa, mesmo que o caso criminal conte com sentença condenatória transitada em julgado – artigo 2º, parágrafo único, do Código Penal, com aplicação da Súmula 611/STF).

Questão de concurso público: veja como o assunto já foi cobrado em concurso público.

1 – (Delegado de Polícia Federal/2021) Em se tratando de crime de extorsão, não se admite tentativa ( ).

2 – (Delegado de Polícia Civil/MS/2021) Em relação aos crimes contra o patrimônio, assinale a alternativa correta.

a) O "sequestro-relâmpago" (art. 158, §3º do Código Penal) não pressupõe que a vantagem seja prestada pelo próprio constrangido.

b) Segundo a corrente doutrinária majoritária, é a imprescindibilidade do comportamento da vítima que definirá a extorsão; no roubo, o agente pode ter acesso à coisa a despeito da vítima, segundo seu plano de ação.

c) O tipo penal da extorsão mediante sequestro (art. 159 do Código Penal) se refere à obtenção de "qualquer vantagem". Assim, na interpretação dominante na doutrina, a vantagem almejada pelo agente não necessariamente ostentará natureza patrimonial, podendo ser, por exemplo, de cunho sexual.

d) Consoante a jurisprudência do STJ, não é possível que o agente seja condenado por extorsão pela restrição da liberdade da vítima (art. 158, § 3º, CP) e, na terceira fase da dosimetria, o juiz aumente a pena de 1/3 até 1/2 se o crime foi cometido por duas ou mais pessoas ou com emprego de arma (art. 158, § 1º, CP), tendo em vista a distribuição topográfica no tipo penal.

e) Configura *bis in idem* a tipificação autônoma do delito de associação criminosa (art. 288, CP) em concurso com o crime de extorsão mediante sequestro qualificado se o fato é cometido por bando ou quadrilha (art. 159, §1º, CP).

Gabarito comentado:

Questão	Reposta	Comentário
1	ERRADA	Apesar de ser crime formal, o crime de extorsão admite tentativa. Neste sentido, entendimento do STJ no HC 95389-SP, DJe 23/11/2009. REsp 1.094.888-SP, Rel. Min. Sebastião Reis Júnior, julgado em 21/8/2012 (decisão transcrita e comentada supra).
2	Letra B	O item traz a diferença fundamental entre os crimes de extorsão e roubo.

Extorsão mediante sequestro

Art. 159 – Sequestrar pessoa com o fim de obter, para si ou para outrem, qualquer vantagem, como condição ou preço do resgate:

Pena – reclusão, de oito a quinze anos.

§ 1º Se o sequestro dura mais de 24 (vinte e quatro) horas, se o sequestrado é menor de 18 (dezoito) ou maior de 60 (sessenta) anos, ou se o crime é cometido por bando ou quadrilha.

Pena – reclusão, de doze a vinte anos.

§ 2º – Se do fato resulta lesão corporal de natureza grave:

Pena – reclusão, de dezesseis a vinte e quatro anos.

§ 3º – Se resulta a morte:

Pena – reclusão, de vinte e quatro a trinta anos.

§ 4º – Se o crime é cometido em concurso, o concorrente que o denunciar à autoridade, facilitando a libertação do sequestrado, terá sua pena reduzida de um a dois terços.

Classificação: o crime tipificado no artigo 159 do Código Penal é comum (pode ser perpetrado por qualquer pessoa), doloso, formal (consuma-se com a privação da liberdade da vítima, com o objetivo de obter vantagem – independente da obtenção efetiva desta[219]), permanente (aplica-se o artigo 303 do Código de Processo Penal e a Súmula 711/STF) e hediondo (em todas as suas modalidades).

Tabela com análise do tipo: eis a análise do artigo:

Dispositivo	Comentário
Art. 159 – Sequestrar pessoa com o fim de obter, para si ou para outrem, qualquer vantagem, como condição ou preço do resgate: Pena – reclusão, de oito a quinze anos.	Como dito, trata-se de crime comum, doloso e que se consuma com o arrebatamento da vítima. O delito aqui estudado é diferente do crime tipificado no artigo 148 do Código Penal, porquanto na extorsão mediante sequestro há especial fim de agir (obtenção de qualquer vantagem como condição ou preço do resgate). A vantagem pretendida pelo agente há de ser patrimonial (afinal, trata-se de crime contra o patrimônio). O crime de extorsão mediante sequestro é diferente do crime de sequestro relâmpago (§ 3º do artigo 158) porque nesse a vantagem é oportunizada pela própria vítima e naquele o resgate é pago por terceira pessoa.

219 Crime de tendência interna transcendente de resultado cortado.

§ 1º Se o sequestro dura mais de 24 (vinte e quatro) horas, se o sequestrado é menor de 18 (dezoito) ou maior de 60 (sessenta) anos, ou se o crime é cometido por bando ou quadrilha. Pena – reclusão, de doze a vinte anos.	Há crime qualificado se o sequestro dura mais de 24 horas, se a vítima é menor de 18 anos ou maior de 60 ou se é cometido por associação criminosa (com a edição da Lei 12.850/13 não é mais possível falar de crime de quadrilha/bando, em face da modificação do artigo 288 do Código Penal). Se a vítima era menor de 18 anos e, no decorrer da prática delitiva, atingiu e ultrapassou essa idade, penso que há incidência da qualificadora. Se a vítima tinha menos de 60 anos, mas no curso do sequestro ultrapassou essa idade, de igual sorte, entendo haver crime qualificado. Não é preciso que a associação criminosa se dedique apenas à prática do crime tipificado no artigo 159 do Código Penal para incidência da qualificadora (que pode ser imputada em concurso ao crime tipificado no artigo 288 do Código Penal, sem que se pense em indevido *bis in idem* – há ofensa a bens jurídicos distintos).
§ 2º – Se do fato resulta lesão corporal de natureza grave: Pena – reclusão, de dezesseis a vinte e quatro anos.	Essa qualificadora não se traduz, necessariamente, em crime preterdoloso (a lesão grave pode decorrer de dolo ou culpa do agente). É possível que exista efetiva intenção do autor do fato em praticar lesão corporal de natureza grave/gravíssima contra a vítima para pressionar seus familiares a pagar o resgate (se assim for, penso que há incidência apenas do crime de extorsão mediante sequestro qualificado, sem que se cogite concurso de crimes – a lesão corporal grave/gravíssima é elementar do tipo qualificado aqui estudado).
§ 3º – Se resulta a morte: Pena – reclusão, de vinte e quatro a trinta anos.	A qualificadora, tal qual a anterior, não se traduz, necessariamente, em crime preterdoloso. A morte pode advir tanto de conduta dolosa, quanto de conduta culposa do agente. Trata-se de crime triplamente complexo (ofensa aos bens jurídicos liberdade individual, patrimônio e vida), que é de competência do juiz singular (e não do júri).
§ 4º – Se o crime é cometido em concurso, o concorrente que o denunciar à autoridade, facilitando a libertação do sequestrado, terá sua pena reduzida de um a dois terços.	O dispositivo traduz possibilidade negocial relacionada ao crime de extorsão mediante sequestro cometido em concurso de pessoas (**delação eficaz**, vez que a benesse só é concedida se o auxílio prestado pelo sequestrador efetivamente facilitar a libertação do sequestrado). O prêmio para o agente que noticia o crime à autoridade, facilitando a libertação do sequestro é a diminuição de pena (de 1/3 a 2/3).

Privação de liberdade de animais com exigência de resgate: explico o presente tópico por meio de um exemplo:

> **SITUAÇÃO HIPOTÉTICA:** JOÃO priva a liberdade do gato de MARIA e exige resgate de R$ 10.000,00 da vítima, advertindo-a que caso o pagamento não seja efetuado, o bichano seria morto.
>
> **SOLUÇÃO:** o crime de extorsão mediante sequestro não pode ser cometido em desfavor de animal ou coisas. No caso narrado, há prática, por JOÃO, do crime de extorsão (artigo 158 do Código Penal), vez que este constrangeu MARIA, mediante grave ameaça, com o intuito obter vantagem econômica a fazer alguma coisa (pagamento do resgate de R$ 10.000,00).

Questões de concurso público: veja como o assunto já foi cobrado em concurso público.

1 – (Delegado de Polícia/SP/2018) O crime de extorsão mediante sequestro (CP, art. 159)

a) consuma-se quando o agente solicita vantagem como preço do resgate, por se tratar de crime contra o patrimônio.

b) consuma-se quando o agente obtém vantagem como preço do resgate, por se tratar de crime contra o patrimônio.

c) é qualificado se cometido contra vítima menor de 18 (dezoito) anos ou maior de 50 (cinquenta) anos.

d) não admite a modalidade tentada.

e) é qualificado se do fato resulta lesão corporal grave ou morte.

2 – (Delegado de Polícia Civil/MS/2017) O crime de extorsão mediante sequestro, previsto no artigo 159 do Código Penal, é um crime complexo que conjugando bens jurídicos como liberdade e patrimônio igualmente possui a preocupação com a ofensa, a incolumidade pessoal e a própria vida da vítima nas suas formas qualificadas. Diante da hediondez do crime, visando a garantir a liberdade e salvar a vida da vítima, o § 4º do artigo 159 prevê a possibilidade de delação premiada. Nesse sentido, assinale a alternativa correta.

a) Para desfrutar do benefício da delação premiada, o sujeito não pode ser autor do delito, devendo figurar como mero partícipe.

b) A delação de que trata o § 4º do artigo 159, do Código Penal pode ser realizada em crime de extorsão mediante sequestro praticado por uma única pessoa.

c) A delação premiada prevista no artigo 159, § 4º, do Código Pedal, funciona como causa atenuante genérica de pena, com aplicação cogente.

d) A diminuição de pena para o delator fica a cargo da discricionariedade do julgador, não sendo este obrigado a aplicá-la.

e) A informação dada em delação deve levar à facilitação da liberdade da vítima sendo desnecessária prisão dos demais envolvidos.

3 – (Escrivão de Polícia Civil/RS/2013) Jovem com 18 anos sequestra o próprio avô de 65 anos de idade, colocando-o em cativeiro. Fazendo-se passar por um desconhecido, pede à família o valor do resgate. A família não paga o valor estipulado. Decorridos dez dias do sequestro, ainda sem o pagamento, a polícia descobre e "estoura" o cativeiro, libertando a vítima. Com relação ao problema apresentado, assinale V para as afirmativas verdadeiras e F para as falsas.

( ) O sequestrador ficará isento de pena, pois o delito foi praticado contra ascendente.

( ) A polícia não poderia ter ingressado no local sem mandado judicial, pois o crime já estava consumado e exaurido desde o momento do sequestro.

( ) Trata-se de tentativa de extorsão mediante sequestro.

A sequência correta de preenchimento dos parênteses, de cima para baixo, é

a) V – V – V.

b) V – V – F.

c) F – V – F.

d) F – F – V.

e) F – F – F.

Gabarito comentado:

Questão	Reposta	Comentário
1	Letra E	Há figuras qualificadas se o crime resulta em lesão corporal grave (artigo 159, § 2º, do CP) e se resulta em morte (artigo 159, § 3º, do CP).
2	Letra E	Vide § 4º do artigo 159 do Código Penal.
3	Letra E	Não é possível isenção de pena, em face da idade da vítima (artigo 183, inciso III, do Código Penal). O crime de extorsão mediante sequestro é permanente, sendo possível, portanto, ingresso na casa sem mandado judicial (inciso XI do artigo 5º da Constituição Federal). Por fim, o crime tipificado no artigo 159 do Código Penal é formal.

Extorsão indireta

Art. 160 – Exigir ou receber, como garantia de dívida, abusando da situação de alguém, documento que pode dar causa a procedimento criminal contra a vítima ou contra terceiro:

Pena – reclusão, de um a três anos, e multa.

Classificação: trata-se de crime comum (pode ser perpetrado por qualquer pessoa, apesar de normalmente ser perpetrado por credor), doloso, formal (em relação à elementar "exigir") ou material (em relação à elementar "receber").

O delito é de ação penal pública incondicionada, admite acordo de não persecução penal (artigo 28-A do CPP), suspensão condicional do processo (artigo 89 da Lei 9.099/95) e fiança arbitrada pela autoridade policial (artigo 322 do CPP).

Direito de não produzir prova contra si: o delito atropela o direito de não produzir prova contra si (*nemo tenetur se detegere*). É preciso, para prática do crime, que o documento seja apto a deflagrar procedimento criminal contra vítima ou terceiro (se o documento permitir início de procedimento administrativo, trabalhista ou cível, não há como enquadrar a conduta no tipo do artigo 160 do Código Penal).

Condutas proibidas: o tipo proíbe as condutas de exigir ou receber, como garantia de dívida, abusando da situação de alguém, documento que pode dar causa a procedimento criminal contra a vítima ou contra terceiro.

Quando o agente perpetra o crime exigindo da vítima o documento que faz prova contra ela, o delito é formal e se consuma mesmo que o papel não seja efetivamente entregue.

Na modalidade receber, o crime é material e se consuma com o efetivo recebimento do papel.

O objeto material é documento que pode dar causa a procedimento criminal contra a vítima ou contra terceiro (o crime restará perpetrado ainda que o processo penal ainda não tenha sido deflagrado).

Normalmente, o crime é perpetrado pelo agiota, autor de crime de usura (conta a economia popular, tipificado no artigo 4º da Lei 1.521/51). A parte final do item 57 da Exposição de Motivos da Parte Especial do Código Penal esclarece:

> É prevista no artigo 160, cominando-se-lhe pena de reclusão por 1 (um) a 3 (três) anos e multa de dois a cinco contos de réis, a extorsão indireta, isto é, o fato de "exigir ou receber, como garantia de dívida, abusando da situação de alguém, documento que pode dar causa a procedimento criminal contra a vítima ou contra terceiro". Destina-se o novo dispositivo a coibir os torpes e opressivos expedientes a que recorrem, por vezes, os agentes de usura, para garantir-se contra o risco do dinheiro mutuado. São bem conhecidos esses recursos como, por exemplo, o de induzir o necessitado cliente a assinar um contrato simulado de depósito ou a forjar no título de dívida a firma de algum parente abastado, de modo que, não resgatada a dívida no vencimento, ficará o mutuário sob a pressão da ameaça de um processo por apropriação indébita ou falsidade.

Exemplifico uma situação que configuraria o crime aqui estudado:

> **SITUAÇÃO HIPOTÉTICA:** PEDRO fica sabendo que MARCOS, seu devedor, agrediu a esposa e que ela lhe escreveu uma carta com a descrição das agressões (instruída com imagens que comprovam as lesões) dizendo, ao fim, que o perdoaria. O credor exige do devedor o documento como garantia da dívida, deixando claro que se o débito não for pago, a missiva será encaminhada à Polícia Civil e ao Ministério Público.
>
> **SOLUÇÃO:** PEDRO perpetrou o crime tipificado no artigo 160 do Código Penal (extorsão indireta), porquanto o "perdão" da vítima não obsta a deflagração de procedimento criminal contra MARCOS, já que o crime de lesão corporal praticado contra mulher no âmbito de uma relação íntima de afeto é de ação penal pública incondicionada (Súmula 542/STJ[220]).

Exigência de cheque pós-datado ou sem data: a exigência, pelo credor, de cheque pós-datado ou sem data não configura prática do crime aqui estudado, porque o documento não é apto a deflagrar procedimento criminal contra a vítima (ainda que não exista fundos na data escrita ou preenchida pelo credor), na forma da Súmula 246 do Supremo Tribunal Federal[221]. Nesse sentido, entendimento do Superior Tribunal da Justiça:

---

220 Súmula 542/STJ – A ação penal relativa ao crime de lesão corporal resultante de violência doméstica contra a mulher é pública incondicionada.

221 Súmula 246/STF – Comprovado não ter havido fraude, não se configura o crime de emissão de cheque sem fundos.

Penal. Extorsão indireta. Para a configuração do delito de extorsão indireta, é necessário que o documento exigido ou recebido pelo credor se preste a instauração de procedimento criminal viável contra o devedor, o que não ocorre com o cheque pré-datado, dado em garantia de dívida, porquanto a sua emissão, em tais condições, não constitui crime. Recurso conhecido em parte, pela letra c do permissivo constitucional, e, nessa parte, provido. (REsp 1.094/RJ, Rel. Ministro Paulo Costa Leite, Sexta Turma, julgado em 12/12/1989, DJ 05/02/1990, p. 463).

CAPÍTULO III
DA USURPAÇÃO

Alteração de limites

Art. 161 – Suprimir ou deslocar tapume, marco, ou qualquer outro sinal indicativo de linha divisória, para apropriar-se, no todo ou em parte, de coisa imóvel alheia:

Pena – detenção, de um a seis meses, e multa.

§ 1º – Na mesma pena incorre quem:

Usurpação de águas

I – desvia ou represa, em proveito próprio ou de outrem, águas alheias;

Esbulho possessório

II – invade, com violência a pessoa ou grave ameaça, ou mediante concurso de mais de duas pessoas, terreno ou edifício alheio, para o fim de esbulho possessório.

§ 2º – Se o agente usa de violência, incorre também na pena a esta cominada.

§ 3º – Se a propriedade é particular, e não há emprego de violência, somente se procede mediante queixa.

Síntese do tipo: eis tabela que sintetiza a análise do tipo:

Dispositivo	Comentário
Art. 161 – Suprimir ou deslocar tapume, marco, ou qualquer outro sinal indicativo de linha divisória, para apropriar-se, no todo ou em parte, de coisa imóvel alheia: Pena – detenção, de um a seis meses, e multa.	Trata-se de crime doloso, formal (consuma-se mesmo que o agente não consiga se apropriar, no todo ou em parte, de coisa imóvel alheia), misto, alternativo ou de conteúdo variado. As condutas proibidas são **suprimir** (eliminar) ou **deslocar** (modificar a localização) de tapume, marco ou qualquer sinal indicativo de linha divisória, para apropriar-se, no todo ou em parte, de coisa imóvel alheia (o agente retira a cerca divisória ou a desloca para se apropria de imóvel alheio). Nota-se que o tipo reclama especial fim de agir (intenção de apropriação de imóvel alheio). O delito, como dito, é formal (não é necessário que o agente logre êxito em se apropriar da propriedade de outrem).

	Penso que a supressão ou deslocamento do tapume/marco/sinal divisório constitui crime ainda que existam vestígios do limite real da propriedade (basta presença do dolo de se apropriar do imóvel alheio). Como se trata de delito não transeunte, será preciso materialização de perícia (artigo 158 do Código de Processo Penal). Trata-se de infração de menor potencial ofensivo.
§ 1º – Na mesma pena incorre quem: Usurpação de águas I – desvia ou represa, em proveito próprio ou de outrem, águas alheias; Esbulho possessório II – invade, com violência a pessoa ou grave ameaça, ou mediante concurso de mais de duas pessoas, terreno ou edifício alheio, para o fim de esbulho possessório.	Temos aqui as figuras equiparadas (também infrações de menor potencial ofensivo) consistentes na **usurpação de águas** e no **esbulho possessório**. A primeira (usurpação de águas) é tipo comum, formal e misto, alternativo ou de conteúdo variado. A segunda figura (esbulho possessório) é crime comum. Nota-se que o crime pode ser cometido mediante violência, grave ameaça (nessas duas primeiras situações o crime é unissubjetivo) ou em concurso necessário (reclama pelo menos quatro pessoas – o agente e "mais de duas pessoas"). A conduta proibida é a invasão, mediante violência, grave ameaça ou mediante de concurso mais de duas pessoas, de terreno ou edifício alheio, para fim de esbulho possessório (especial fim de agir). Se o agente invade casa alheia sem intenção de esbulho e sem violência/grave ameaça, é possível aferir a prática do crime de violação de domicílio (artigo 150 do Código Penal).
§ 2º – Se o agente usa de violência, incorre também na pena a esta cominada.	Se há violência e esta resultar em lesões, o agente deve ser punido por estas (artigo 129 do Código Penal), em concurso de crimes.
§ 3º – Se a propriedade é particular, e não há emprego de violência, somente se procede mediante queixa.	O crime é de ação penal pública incondicionada (salvo quando a propriedade é particular e não há emprego de violência – nesse caso a ação é privada).

Formas especiais: é importante saber as formas especiais de prática de esbulho (Leis 5.741/71 e 4.947/66):

Lei 5.741/71	Lei 4.947/66
Art. 9º Constitui crime de ação pública, punido com a pena de detenção de 6 (seis) meses a 2 (dois) anos e multa de cinco a vinte salários mínimos, invadir alguém, ou ocupar, com o fim de esbulho possessório, terreno ou unidade residencial, construída ou em construção, objeto de financiamento do Sistema Financeiro da Habitação. § 1º Se o agente usa de violência, incorre também nas penas a esta cominada. § 2º É isento da pena de esbulho o agente que, espontaneamente, desocupa o imóvel antes de qualquer medida coativa. 3º O salário a que se refere este artigo é o maior mensal vigente no País, à época do fato.	Art. 20 – Invadir, com intenção de ocupá-las, terras da União, dos Estados e dos Municípios: Pena: Detenção de 6 meses a 3 anos. Parágrafo único. Na mesma pena incorre quem, com idêntico propósito, invadir terras de órgãos ou entidades federais, estaduais ou municipais, destinadas à Reforma Agrária.

Supressão ou alteração de marca em animais

Art. 162 – Suprimir ou alterar, indevidamente, em gado ou rebanho alheio, marca ou sinal indicativo de propriedade:

Pena – detenção, de seis meses a três anos, e multa.

Classificação: o crime tipificado no artigo 162 do Código Penal é comum, doloso, instantâneo (de efeitos permanentes) e misto (alternativo ou de conteúdo variado).

O delito admite acordo de não persecução penal (artigo 28-A do CPP), suspensão condicional do processo (artigo 89 da Lei 9.099/95) e fiança arbitrada pelo delegado de polícia (artigo 322 do CPP).

Condutas proibidas: as condutas proibidas são **suprimir** (eliminar) ou **alterar** (modificar), indevidamente, marca (letra gravada a ferro quente, por exemplo) ou sinal (argolas ou sino colocados no animal para identificá-lo) indicativo de propriedade em gado ou rebanho.

Note que o tipo não pune a marcação ou colocação de sinal em animal que não é identificado (fato formalmente atípico em relação ao crime aqui estudado).

É importante a leitura do item 58 da Exposição de Motivos do Código Penal:

> Também constitui crime de usurpação o fato de suprimir ou alterar marca ou qualquer sinal indicativo de propriedade em gado ou rebanho alheio, para dele se apropriar, no todo ou em parte. Não se confunde esta modalidade de usurpação com o abigeato, isto é, o furto de animais: o agente limita-se a empregar um meio fraudulento (supressão ou alteração de marca ou sinal) para irrogar-se a propriedade dos animais. Se esse meio fraudulento é usado para dissimular o anterior furto dos animais, já não se tratará de usurpação: o crime continuará com o seu nomen juris, isto é, furto.

Da análise do quanto desenhado supra, é possível criar algumas situações hipotéticas:

> **SITUAÇÃO HIPOTÉTICA 1:** MARCOS subtraiu gado de PEDRO. Depois de implementada a subtração (inversão da posse), aquele suprime a marca do abigeato.
>
> **SITUAÇÃO HIPOTÉTICA 2:** JOSÉ alterou o sinal indicativo de boi de JONAS. Depois da conduta, aquele alertou esse de animal seu havia passado para a propriedade do vizinho, apontando seu sinal preso ao corpo do abigeato como prova do alegado.
>
> **SOLUÇÃO**: na **SITUAÇÃO HIPOTÉTICA 1**, MARCOS deve responder pelo crime de furto de abigeato (§ 6º do artigo 155 do Código Penal), vez que a supressão da marca constituirá *post factum* impunível. Na **SITUAÇÃO HIPOTÉTICA 2**, JOSÉ deve ser responsabilizado pelo crime tipificado no artigo 162 do Código Penal, ainda que não consiga convencer JONAS (crime de mera conduta).

CAPÍTULO IV
DO DANO

Dano

Art. 163 – Destruir, inutilizar ou deteriorar coisa alheia:

Pena – detenção, de um a seis meses, ou multa.

Dano qualificado

Parágrafo único – Se o crime é cometido:

I – com violência à pessoa ou grave ameaça;

II – com emprego de substância inflamável ou explosiva, se o fato não constitui crime mais grave

III – contra o patrimônio da União, de Estado, do Distrito Federal, de Município ou de autarquia, fundação pública, empresa pública, sociedade de economia mista ou empresa concessionária de serviços públicos;

IV – por motivo egoístico ou com prejuízo considerável para a vítima:

Pena – detenção, de seis meses a três anos, e multa, além da pena correspondente à violência.

Classificação: o crime de dano é comum, material, doloso (não existe dano culposo), instantâneo e misto, alternativo ou de conteúdo variado.

Tabela explicativa: estudemos o tipo:

Dispositivo	Comentário
Art. 163 – Destruir, inutilizar ou deteriorar coisa alheia: Pena – detenção, de um a seis meses, ou multa.	O crime é perpetrado por meio das condutas de destruir, inutilizar ou deteriorar coisa alheia (tipo misto, alternativo ou de conteúdo variado). O crime é não transeunte, portanto é preciso materializar perícia (artigo 158 do Código de Processo Penal). Na forma simples, o delito é infração de menor potencial ofensivo de ação penal privada (vide artigo 167 do Código Penal).
Dano qualificado Parágrafo único – Se o crime é cometido: I – com violência à pessoa ou grave ameaça;	O crime é qualificado (pena de seis meses a três anos), se cometido com violência à pessoa ou grave ameaça (eventuais lesões corporais são punidas em concurso de crimes). A modalidade qualificada admite suspensão condicional do processo (artigo 89 da Lei 9.099/95) e arbitramento de fiança pelo delegado de polícia caso haja prisão em flagrante (artigo 322 do CPP). Trata-se de crime de ação penal pública incondicionada.

II – com emprego de substância inflamável ou explosiva, se o fato não constitui crime mais grave;	Essa qualificadora é expressamente subsidiária (só deve ser aplicada se o fato não constituir crime mais grave) e de ação penal pública incondicionada.
III – contra o patrimônio da União, de Estado, do Distrito Federal, de Município ou de autarquia, fundação pública, empresa pública, sociedade de economia mista ou empresa concessionária de serviços públicos;	Esse inciso demanda comentários mais aprofundados, que serão feitos abaixo. Adianto que essa qualificadora é punida mediante ação penal pública incondicionada.
IV – por motivo egoístico ou com prejuízo considerável para a vítima: Pena – detenção, de seis meses a três anos, e multa, além da pena correspondente à violência.	O juiz deve avaliar, caso a caso, a ocorrência de "prejuízo considerável para a vítima". Note que não deve ser considerado, tão somente, o valor da coisa danificada, mas sim o prejuízo que a vítima sofreu em face do perecimento do bem. O valor a ser considerado não deve ser o afetivo, mas sim o patrimonial. Essa qualificadora é crime de ação penal privada.

Inciso III do parágrafo único do artigo 163 do Código Penal: o dispositivo foi alterado pela Lei 13.531/17. Antes da entrada em vigor do mandamento legal, não era possível aplicar a qualificadora quando o dano era cometido contra o patrimônio de empresa pública ou do Distrito Federal, por falta de previsão legal (vedação da analogia *in malam partem*).

Destarte, o dano praticado em detrimento de empresa pública (Caixa Econômica Federal, por exemplo) ou do Distrito Federal antes da entrada em vigor da Lei 13.531/17 era enquadrado no *caput* do artigo 163 do Código Penal. Nesse sentido, vide julgados do Superior Tribunal de Justiça (transcrevo os informativos 567 e 515):

> DIREITO PENAL. CRIME DE DANO PRATICADO CONTRA A CEF. O crime de dano (art. 163 do CP) não será qualificado (art. 163, parágrafo único, III) pelo fato de ser praticado contra o patrimônio da Caixa Econômica Federal (CEF). O crime de dano qualificado previsto no art. 163, parágrafo único, III, do CP possui a seguinte redação: "Destruir, inutilizar ou deteriorar coisa alheia: [...]. Parágrafo único – Se o crime é cometido: [...] III – contra o patrimônio da União, Estado, Município, empresa concessionária de serviços públicos ou sociedade de economia mista [...]". Diante da literalidade do referido dispositivo penal, questiona-se se o dano ao patrimônio de entes públicos nele não mencionados, como as empresas públicas, permitiria ou não a incidência da qualificadora em questão. Como se sabe, o Direito Penal é regido pelo princípio da legalidade, não havendo crime sem lei anterior que o defina, nem pena sem prévia cominação legal, nos termos do art. 5º, XXXIX, da CF e do art. 2º do CP. Em observância ao mencionado postulado, não se admite analogia em matéria penal quando utilizada de modo a prejudicar o réu. Desse modo, ainda que o legislador tenha pretendido proteger o patrimônio público de forma geral por via da previsão da forma qualificada do dano e, além disso, mesmo que a destruição ou a inutilização

> de bens de empresas públicas seja tão prejudicial quanto as cometidas em face das demais pessoas jurídicas mencionadas na norma penal em exame, o certo é que, não é possível incluir a CEF (empresa pública) no rol constante do dispositivo em apreço. Precedente citado: AgRg no REsp 1.469.224-DF, Sexta Turma, DJe 20/2/2015. RHC 57.544-SP, Rel. Min. Leopoldo de Arruda Raposo (Desembargador convocado do TJ-PE), julgado em 6/8/2015, DJe 18/8/2015.
>
> DIREITO PENAL. DESCLASSIFICAÇÃO DO CRIME DE DANO COMETIDO CONTRA O PATRIMÔNIO DO DF. A conduta de destruir, inutilizar ou deteriorar o patrimônio do Distrito Federal não configura, por si só, o crime de dano qualificado, subsumindo-se, em tese, à modalidade simples do delito. Com efeito, é inadmissível a realização de analogia *in malam partem* a fim de ampliar o rol contido no art. 163, III, do CP, cujo teor impõe punição mais severa para o dano "cometido contra o patrimônio da União, Estados, Municípios, empresa concessionária de serviços públicos ou sociedade de economia mista". Assim, na falta de previsão do Distrito Federal no referido preceito legal, impõe-se a desclassificação da conduta analisada para o crime de dano simples, nada obstante a *mens legis* do tipo, relativa à necessidade de proteção ao patrimônio público, e a discrepância em considerar o prejuízo aos bens distritais menos gravoso do que o causado aos demais entes elencados no dispositivo criminal. HC 154.051-DF, Rel. Min. Maria Thereza de Assis Moura, julgado em 4/12/2012.

Destarte, só é possível enquadrar os danos cometidos contra empresas públicas e contra o Distrito Federal como dano qualificado se o crime tiver sido cometido depois da entrada em vigor da Lei 13.531/17 (que, como dito, alterou o inciso III do parágrafo único do artigo 163 do Código Penal).

Exigência de *animus nocendi* no dano qualificado tipificado no inciso III do parágrafo único do artigo 163 do Código Penal: no entender do Superior Tribunal de Justiça, para que exista incidência da qualificadora estudada (inciso III do parágrafo único do artigo 163), é preciso demonstrar intenção de praticar dano contra o patrimônio público, o chamado *animus nocendi*:

> AGRAVO REGIMENTAL NO RECURSO ESPECIAL. CRIME DE DANO QUALIFICADO. ART. 163, PARÁGRAFO ÚNICO, III, DO CÓDIGO PENAL – CP. DESTRUIÇÃO DE TORNOZELEIRA ELETRÔNICA PARA EVASÃO. AUSÊNCIA DE DOLO ESPECÍFICO. ANIMUS NOCENDI. AGRAVO REGIMENTAL DESPROVIDO. 1. A danificação de tornozeleira eletrônica para evasão não configura o delito do art. 163, parágrafo único, III, do CP, por ausência de animus nocendi. Precedentes. 2. Agravo regimental desprovido (AgRg no REsp 1861044/RS, Rel. Ministro JOEL ILAN PACIORNIK, QUINTA TURMA, julgado em 28/04/2020, DJe 04/05/2020).
>
> AGRAVO REGIMENTAL NO HABEAS CORPUS. DANO QUALIFICADO. DOLO ESPECÍFICO. EXIGÊNCIA LEGAL. CONSTATAÇÃO NA ORIGEM. REEXAME PROBATÓRIO. INVIABILIDADE. AGRAVO IMPROVIDO. 1. Esta Corte possui entendimento

> consolidado, segundo o qual, para a caracterização do crime tipificado no art. 163, parágrafo único, III, do Código Penal, é imprescindível o dolo específico de destruir, inutilizar ou deteriorar coisa alheia, ou seja, a vontade do agente deve ser voltada a causar prejuízo patrimonial ao dono da coisa, pois deve haver o animus nocendi. (AgRg no REsp 1722060/PE, Rel. Ministro SEBASTIÃO REIS JÚNIOR, SEXTA TURMA, julgado em 02/08/2018, DJe 13/08/2018). 2. Constatando as instâncias ordinárias que comprovada a caracterização do delito de dano qualificado, bem como a vontade livre e voluntária de danificar o patrimônio público, inviável a análise por esta Corte, pois, para se chegar a conclusão diversa, seria necessário o reexame do conjunto fático-probatório, o que é incabível na via estreita do habeas corpus. 3. Agravo regimental improvido (AgRg no HC 471.209/SC, Rel. Ministro NEFI CORDEIRO, SEXTA TURMA, julgado em 18/02/2020, DJe 27/02/2020).

Nessa esteira, não se tipifica o crime de dano (no entender do Superior Tribunal de Justiça) quando o condenado destrói parede ou grade de cela para empreender fuga, por ausência de *animus nocendi.* Vide informativo 135/STJ:

> Não se tipifica o crime de dano quando o condenado destrói a parede ou grade de sua cela para empreender fuga. HC 19.664-SP, Rel. Min. Paulo Gallotti, julgado em 21/5/2002.

Eis julgado mais recente, também do Tribunal da Cidadania, no mesmo sentido (abarcando, inclusive, dano contra viatura na qual o conduzido era transportado – o Superior Tribunal de Justiça proclamou a absolvição do paciente):

> PENAL. HABEAS CORPUS SUBSTITUTIVO DE RECURSO PRÓPRIO. INADEQUAÇÃO. DANO QUALIFICADO. ABSOLVIÇÃO. EXCEPCIONALIDADE NA VIA DO WRIT. FLAGRANTE ILEGALIDADE EVIDENCIADA. DOLO ESPECÍFICO DE CAUSAR DANO AO PATRIMÔNIO PÚBLICO NÃO COMPROVADO. WRIT NÃO CONHECIDO E ORDEM CONCEDIDA DE OFÍCIO. 1. Esta Corte e o Supremo Tribunal Federal pacificaram orientação no sentido de que não cabe habeas corpus substitutivo do recurso legalmente previsto para a hipótese, impondo-se o não conhecimento da impetração, salvo quando constatada a existência de flagrante ilegalidade no ato judicial impugnado. 2. Caso reste evidenciada, de plano, a atipicidade da conduta imputada ao paciente, sendo despiciendo o reexame detido dos elementos de convicção amealhados nos autos, admite-se a sua absolvição em sede de habeas corpus, como na hipótese em apreço. 3. Nos termos da jurisprudência desta Corte, para que se possa falar em crime de dano qualificado contra patrimônio da União, Estado ou Município, mister se faz a comprovação do elemento subjetivo do delito, qual seja, o animus nocendi, caracterizado pela vontade de causar prejuízo ao erário. Nesse passo, a destruição, deterioração ou inutilização das paredes ou grades de cela pelo detento, com vistas à fuga

> de estabelecimento prisional, ou, ainda, da viatura na qual o flagranteado foi conduzido à delegacia de polícia, demonstra tão somente o seu intuito de recuperar a sua liberdade, sem que reste evidenciado o necessário dolo específico de causar dano ao patrimônio público. 4. Writ não conhecido e habeas corpus concedido, de ofício, para absolver o réu quanto ao crime de dano qualificado, nos autos da Ação Penal n. 0004267-14.2018.8.24.0075, em curso na 2ª Vara Criminal da Comarca de Tubarão/SC (HC 503.970/SC, Rel. Ministro Ribeiro Dantas, Quinta Turma, julgado em 30/05/2019, DJe 04/06/2019)

Acerca do tema, o Supremo Tribunal Federal, contudo, vai em outro sentido (necessidade, tão somente, de dolo genérico para incidência da qualificadora analisada). Saliento que o precedente é muito antigo:

> PENAL. PROCESSUAL PENAL. "HABEAS CORPUS". CRIME DE DANO. PRESO QUE DANIFICA A CELA PARA FUGIR. EXIGÊNCIA APENAS DO DOLO GENERICO. CP, art. 163, parágrafo único, III. I. – Comete o crime de dano qualificado o preso que, para fugir, danifica a cela do estabelecimento prisional em que está recolhido. Cod. Penal, art. 163, parag. único, III. II. – O crime de dano exige, para a sua configuração, apenas o dolo genérico. III. – H.C. indeferido (HC 73189, Relator(a): Min. CARLOS VELLOSO, Segunda Turma, julgado em 23/02/1996, DJ 29-03-1996 PP-09346 EMENT VOL-01822-02 PP-00250).

Penso que não há necessidade de demonstração de *animus nocendi* para que seja imposta a qualificadora aqui estudada. Havendo dolo (genérico) de destruir bem que constitua patrimônio da União, de Estado, do Distrito Federal, de Município ou de autarquia, fundação pública, empresa pública, sociedade de economia mista ou empresa concessionária de serviços públicos, restará perpetrado o crime.

Aplicação do princípio da insignificância ao crime de dano qualificado contra o patrimônio público: o Superior Tribunal de Justiça se inclina no sentido de inadmitir aplicação do princípio da insignificância em relação ao crime de dano qualificado contra o patrimônio público (inteligência da Súmula 599/STJ):

> AGRAVO REGIMENTAL NO HABEAS CORPUS. DANO QUALIFICADO CONTRA O PATRIMÔNIO PÚBLICO. PRINCÍPIO DA INSIGNIFICÂNCIA. INAPLICABILIDADE. AGRAVO REGIMENTAL NÃO PROVIDO. 1. A jurisprudência desta Corte Superior assentou que o delito previsto no art. 163, parágrafo único, III, do Código Penal cuida de conduta que provoca lesão a bem jurídico de relevante valor social e afeta toda a coletividade, razão pela qual não cabe a aplicação do princípio da insignificância (AgRg no HC 462.482/SC, Rel. Ministro ROGERIO SCHIETTI CRUZ, SEXTA TURMA, julgado em 07/05/2019, DJe 14/05/2019). 2. Sequer é insignificante a conduta imputada de ter o paciente, mesmo diante de outras pessoas que se encontravam na sala de espera do ambulatório do

> hospital, arremessado um televisor ao chão. 3. Agravo regimental improvido (AgRg no HC 568.768/PR, Rel. Ministro Nefi Cordeiro, Sexta Turma, julgado em 23/06/2020, DJe 29/06/2020).
>
> AGRAVO REGIMENTAL NO HABEAS CORPUS. DANO QUALIFICADO. PRINCÍPIO DA INSIGNIFICÂNCIA. INAPLICABILIDADE. ELEMENTO SUBJETIVO DO TIPO. REEXAME. NÃO CABIMENTO. DESACATO. CONVENÇÃO AMERICANA SOBRE DIREITOS HUMANOS. CONTROLE DE CONVENCIONALIDADE. AGRAVO REGIMENTAL NÃO PROVIDO. A jurisprudência desta Corte Superior assentou que o delito previsto no art. 163, parágrafo único, III, do Código Penal cuida de conduta que provoca lesão a bem jurídico de relevante valor social e afeta toda a coletividade, razão pela qual não cabe a aplicação do princípio da insignificância. Hipótese em que o comportamento da ré transcende o mero prejuízo financeiro sofrido pela Administração Pública, porquanto o bem danificado possui valor de relevância social (viatura policial). Incabível na estreita via do habeas corpus o reexame do conjunto fático-probatório dos autos para infirmar a conclusão acerca do elemento subjetivo do tipo. A Terceira Seção desta Corte Superior, no HC n. 379.269/MS, firmou a orientação de que o crime de desacato está em perfeita harmonia com o ordenamento jurídico brasileiro mesmo após a internalização da Convenção Americana de Direitos Humanos. Agravo regimental não provido (AgRg no HC 462.482/SC, Rel. Ministro Rogerio Schietti Cruz, Sexta Turma, julgado em 07/05/2019, DJe 14/05/2019).

Penso, contudo, que a regra pode ser excepcionada (e essa exceção pode ser reconhecida pelo delegado de polícia, em caso de comunicação coercitiva de crime), caso claramente detectados os vetores exigidos para a incidência da bagatela própria.

Sustento que a autoridade policial deve fazer análise dos substratos do conceito analítico de crime, para decidir pela lavratura de auto de prisão em flagrante, diante da apresentação de indivíduo detido em suposta situação flagrancial. Entendendo pela aplicação excepcional do princípio em testilha (que redunda na atipicidade material), o delegado de polícia deve registrar a ocorrência, ouvir todos os envolvidos formalmente (condutor, testemunhas e conduzido), determinar realização de perícia (para atestar a inexpressividade da lesão) e proferir um despacho (decisão) fundamentado oportunizando liberação imediata do detido.

Para não excluir do Ministério Público sua *opinio delicti,* a autoridade policial deve enviar todas as peças e sua decisão ao Parquet, via ofício, para análise. Se o Ministério Público concordar com o entendimento do delegado, o caminho é pedir o arquivamento das peças de informação (ou, nos termos da nova redação do artigo 28 do Código de Processo Penal, determinar o arquivamento, submetendo sua decisão ao órgão revisional dentro do próprio Ministério Público, tal qual determinado pelo Pacote Anticrime). Caso o Parquet discorde da autoridade policial, será possível oferecimento de exordial acusatória (já que o inquérito policial é dispensável enquanto catalisador de justa causa para início do processo) ou requisição para instauração de inquérito policial (se o promotor entender que o caso deve ser investigado com mais profundida).

Em arremate, demonstro que há precedentes no Tribunal da Cidadania aplicando o princípio da insignificância em relação ao dano qualificado contra o patrimônio público (ambos da Sexta Turma):

> PENAL. PROCESSUAL PENAL. RECURSO ORDINÁRIO EM HABEAS CORPUS. DANO QUALIFICADO. INUTILIZAÇÃO DE UM CONE. IDOSO COM 83 ANOS NA ÉPOCA DOS FATOS. PRIMÁRIO. PECULIARIDADES DO CASO CONCRETO. MITIGAÇÃO EXCEPCIONAL DA SÚMULA N. 599/STJ. JUSTIFICADA. PRINCÍPIO DA INSIGNIFICÂNCIA. INCIDÊNCIA. RECURSO PROVIDO. 1. A subsidiariedade do direito penal não permite tornar o processo criminal instrumento de repressão moral, de condutas típicas que não produzam efetivo dano. A falta de interesse estatal pelo reflexo social da conduta, por irrelevante dado à esfera de direitos da vítima, torna inaceitável a intervenção estatal-criminal. 2. Sedimentou-se a orientação jurisprudencial no sentido de que a incidência do princípio da insignificância pressupõe a concomitância de quatro vetores: a) a mínima ofensividade da conduta do agente; b) nenhuma periculosidade social da ação; c) o reduzidíssimo grau de reprovabilidade do comportamento e d) a inexpressividade da lesão jurídica provocada. 3. A despeito do teor do enunciado sumular n. 599, no sentido de que O princípio da insignificância é inaplicável aos crimes contra a administração pública, as peculiaridades do caso concreto – réu primário, com 83 anos na época dos fatos e avaria de um cone avaliado em menos de R$ 20,00, ou seja, menos de 3% do salário mínimo vigente à época dos fatos – justificam a mitigação da referida súmula, haja vista que nenhum interesse social existe na onerosa intervenção estatal diante da inexpressiva lesão jurídica provocada. 3. Recurso em habeas corpus provido para determinar o trancamento da ação penal n. 2.14.0003057-8, em trâmite na 2ª Vara Criminal de Gravataí/RS (RHC 85.272/RS, Rel. Ministro Nefi Cordeiro, Sexta Turma, julgado em 14/08/2018, DJe 23/08/2018).

> PENAL. PROCESSUAL PENAL. HABEAS CORPUS. DANO QUALIFICADO. INUTILIZAÇÃO DO LENÇOL FORNECIDO PELO PRESÍDIO. PRINCÍPIO DA INSIGNIFICÂNCIA. INCIDÊNCIA. CONCOMITÂNCIA DOS REQUISITOS ENSEJADORES. 1. Sedimentou-se a orientação jurisprudencial no sentido de que a incidência do princípio da insignificância pressupõe a concomitância de quatro vetores: a) a mínima ofensividade da conduta do agente; b) nenhuma periculosidade social da ação; c) o reduzidíssimo grau de reprovabilidade do comportamento e d) a inexpressividade da lesão jurídica provocada. 2. Confessado pelo paciente que rasgou o lençol em tiras para improvisar um varal com o fim de secar suas roupas, não se deve valorar o ato ilícito por meras ilações de que o condenado iria utilizar as tiras do tecido para outro fim, como, por exemplo, para propiciar sua fuga,

ainda mais quando tal fato sequer foi abordado na denúncia. 3. É de ser considerada insignificante a conduta do paciente em rasgar o lençol que lhe foi oferecido no presídio pela Secretaria de Segurança Pública local, porquanto a lesão ao patrimônio público foi mínima em todos os vetores. 4. Habeas corpus não conhecido, mas ordem concedida de ofício para reconhecer a atipicidade da conduta, pela aplicação do princípio da insignificância, e absolver o paciente da prática do delito previsto no art. 163, parágrafo único, inciso III, do Código Penal (HC 245.457/MG, Rel. Ministro Nefi Cordeiro, Sexta Turma, julgado em 03/03/2016, DJe 10/03/2016)

Introdução ou abandono de animais em propriedade alheia

Art. 164 – Introduzir ou deixar animais em propriedade alheia, sem consentimento de quem de direito, desde que o fato resulte prejuízo:

Pena – detenção, de quinze dias a seis meses, ou multa.

Classificação: o crime é doloso, material e condicionado ao resultado (se há prejuízo decorrente da conduta, há crime consumado; caso não exista prejuízo, não há crime – não se admite, destarte, tentativa).

Trata-se de infração de menor potencial ofensivo de ação penal privada (vide artigo 167 do Código Penal).

Consentimento do ofendido: nesse tipo, o consentimento afasta a própria tipicidade (o dissentimento faz parte da estrutura típica).

Condutas proibidas: as condutas vedadas no tipo são **introduzir** ou **deixar** animais em propriedade alheia, sem consentimento de quem de direito, desde que o fato resulte prejuízo.

É preciso materialização de perícia (artigo 158 do Código de Processo Penal), já que se trata de delito não transeunte (se não há demonstração do prejuízo, como dito supra, não há prática do crime aqui estudado).

Dano em coisa de valor artístico, arqueológico ou histórico

Art. 165 – Destruir, inutilizar ou deteriorar coisa tombada pela autoridade competente em virtude de valor artístico, arqueológico ou histórico:

Pena – detenção, de seis meses a dois anos, e multa.

Revogação tática do tipo: o dispositivo em testilha foi revogado tacitamente pela Lei de Crimes Ambientais (Lei 9.605/98):

Código Penal	Lei 9.605/98
Art. 165 – Destruir, inutilizar ou deteriorar coisa tombada pela autoridade competente em virtude de valor artístico, arqueológico ou histórico: Pena – detenção, de seis meses a dois anos, e multa.	Art. 62. Destruir, inutilizar ou deteriorar: I – bem especialmente protegido por lei, ato administrativo ou decisão judicial; II – arquivo, registro, museu, biblioteca, pinacoteca, instalação científica ou similar protegido por lei, ato administrativo ou decisão judicial: Pena – reclusão, de um a três anos, e multa. Parágrafo único. Se o crime for culposo, a pena é de seis meses a um ano de detenção, sem prejuízo da multa.

Alteração de local especialmente protegido

Art. 166 – Alterar, sem licença da autoridade competente, o aspecto de local especialmente protegido por lei:

Pena – detenção, de um mês a um ano, ou multa.

Revogação tácita do dispositivo: o artigo 166 do Código Penal foi revogado tacitamente pela Lei de Crimes Ambientais:

Código Penal	Lei 9.605/98
Art. 166 – Alterar, sem licença da autoridade competente, o aspecto de local especialmente protegido por lei: Pena – detenção, de um mês a um ano, ou multa.	Art. 63. Alterar o aspecto ou estrutura de edificação ou local especialmente protegido por lei, ato administrativo ou decisão judicial, em razão de seu valor paisagístico, ecológico, turístico, artístico, histórico, cultural, religioso, arqueológico, etnográfico ou monumental, sem autorização da autoridade competente ou em desacordo com a concedida: Pena – reclusão, de um a três anos, e multa.

Ação penal

Art. 167 – Nos casos do art. 163, do inciso IV do seu parágrafo e do art. 164, somente se procede mediante queixa.

Ação penal: a ação penal em relação aos crimes tipificados nos artigos 163 e 164 do Código Penal já foi comentada supra (em cada um dos delitos analisados).

CAPÍTULO V
DA APROPRIAÇÃO INDÉBITA

Apropriação indébita

Art. 168 – Apropriar-se de coisa alheia móvel, de que tem a posse ou a detenção:

Pena – reclusão, de um a quatro anos, e multa.

Aumento de pena

§ 1º – A pena é aumentada de um terço, quando o agente recebeu a coisa:

I – em depósito necessário;

II – na qualidade de tutor, curador, síndico, liquidatário, inventariante, testamenteiro ou depositário judicial;

III – em razão de ofício, emprego ou profissão.

Classificação: trata-se de crime doloso (o dolo é ulterior à posse da coisa móvel, como se verá alhures), material e comum (pode ser perpetrado por qualquer pessoa).

O delito admite acordo de não persecução penal (artigo 28-A do CPP), suspensão condicional do processo (na forma simples – artigo 89 da Lei 9.099/95) e arbitramento de fiança pela autoridade policial (na forma simples – artigo 322 do CPP).

Ação penal: a ação penal no crime de apropriação indébita é pública incondicionada.

Tabela comparativa: para que exista apropriação indébita é preciso que a posse do bem móvel seja inicialmente lícita, passando a ser ilícita quando o agente resolve se apropriar da coisa (caso o autor do fato já tenha a intenção, desde o início, de se apropriar da coisa, há crime de estelionato). Confira tabela que compara três crimes contra o patrimônio cometidos sem violência/grave ameaça:

Furto (artigo 155)	Apropriação indébita (artigo 168)	Estelionato (artigo 171)
O agente subtrai a coisa móvel alheia.	O agente recebe a coisa móvel da vítima licitamente e passa ter a posse precária da mesma (locação, por exemplo). Em momento ulterior, o autor do fato decide se tornar proprietário do bem móvel ilicitamente.	O agente recebe a coisa das mãos da vítima, que entrega o bem (ou vantagem) por ter sido enganada pelo autor do fato.

Causas de aumento de pena: o § 1º do artigo 168 do Código Penal determina majoração da pena (em 1/3), quando:

Majorantes – § 1º do artigo 168 do Código Penal	
O agente recebeu a coisa	em depósito necessário[222]
	na qualidade de tutor, curador, síndico, liquidatário, inventariante, testamenteiro ou depositário judicial
	em razão de ofício, emprego ou profissão

Questão de concurso público: veja como o assunto já foi cobrado em concurso público.

1 – (Delegado de Polícia Civil/SP/2018) O crime de apropriação indébita (CP, art. 168)

a) apenas tem como objeto material a coisa alheia móvel, sendo impossível falar-se em apropriação indébita de imóvel.

b) não admite a figura privilegiada, ao contrário do furto.

c) é de ação pública condicionada à representação.

d) tem a punibilidade extinta em caso de devolução da coisa antes do oferecimento da denúncia.

e) torna-se qualificado quando a vítima é entidade de direito público ou instituto de economia popular, assistência social ou beneficência.

Gabarito comentado:

Questão	Reposta	Comentário
1	Letra A	De fato, o objeto material do crime de apropriação indébita é a coisa móvel. Leia o *caput* do artigo 168 do CP: **Art. 168 – Apropriar-se de coisa alheia móvel, de que tem a posse ou a detenção.**

Apropriação Indébita Previdenciária

Art. 168-A. Deixar de repassar à previdência social as contribuições recolhidas dos contribuintes, no prazo e forma legal ou convencional:

Pena – reclusão, de 2 (dois) a 5 (cinco) anos, e multa.

§ 1º Nas mesmas penas incorre quem deixar de:

I – recolher, no prazo legal, contribuição ou outra importância destinada à previdência social que tenha sido descontada de pagamento efetuado a segurados, a terceiros ou arrecadada do público;

II – recolher contribuições devidas à previdência social que tenham integrado despesas contábeis ou custos relativos à venda de produtos ou à prestação de serviços;

222 Vide artigo 647 do Código Civil:

Art. 647. É depósito necessário:

I – o que se faz em desempenho de obrigação legal;

II – o que se efetua por ocasião de alguma calamidade, como o incêndio, a inundação, o naufrágio ou o saque.

III – pagar benefício devido a segurado, quando as respectivas cotas ou valores já tiverem sido reembolsados à empresa pela previdência social.

§ 2º É extinta a punibilidade se o agente, espontaneamente, declara, confessa e efetua o pagamento das contribuições, importâncias ou valores e presta as informações devidas à previdência social, na forma definida em lei ou regulamento, antes do início da ação fiscal.

§ 3º É facultado ao juiz deixar de aplicar a pena ou aplicar somente a de multa se o agente for primário e de bons antecedentes, desde que:

I – tenha promovido, após o início da ação fiscal e antes de oferecida a denúncia, o pagamento da contribuição social previdenciária, inclusive acessórios; ou

II – o valor das contribuições devidas, inclusive acessórios, seja igual ou inferior àquele estabelecido pela previdência social, administrativamente, como sendo o mínimo para o ajuizamento de suas execuções fiscais.

§ 4º A faculdade prevista no § 3º deste artigo não se aplica aos casos de parcelamento de contribuições cujo valor, inclusive dos acessórios, seja superior àquele estabelecido, administrativamente, como sendo o mínimo para o ajuizamento de suas execuções fiscais.

Introdução: o crime trata da contribuição previdenciária já descontada do contribuinte, mas não repassada ao sistema previdenciário.

Classificação: trata-se de delito doloso (não se exige o dolo específico de lesar a previdência), omissivo (há quem sustente ser crime comissivo/omissivo – comissivo quando há o desconto da contribuição previdenciária do trabalhador e omissivo quando não se recolhe o valor à previdência), de competência da justiça federal (praticado contra o INSS).

Nessa toada, vide tese 7 da edição 87 da jurisprudência em teses do Superior Tribunal de Justiça:

> 7) O delito de apropriação indébita previdenciária constitui crime omissivo próprio, que se perfaz com a mera omissão de recolhimento da contribuição previdenciária dentro do prazo e das formas legais, prescindindo, portanto, do dolo específico.

O crime estudado é instantâneo (nesse sentido tese 8 da edição 87 da jurisprudência em tese):

> 8) A apropriação indébita previdenciária é crime instantâneo e unissubsistente, sendo a mera omissão de recolhimento da contribuição previdenciária dentro do prazo e das formas legais suficiente para a caracterização da continuidade delitiva.

Continuidade delitiva entre os crimes dos artigos 168-A e 337-A do Código Penal (impossibilidade): o Superior Tribunal de Justiça admitia continuidade delitiva entre os crimes de apropriação indébita previdenciária e de sonegação de contribuição (o entendimento é curioso, já que os tipos são diferentes e o artigo 71 do Código Penal reclama que os crimes praticados em continuidade delitiva sejam da mesma espécie). Eis tese 9 da edição 87 da jurisprudência em teses do Tribunal da Cidadania:

> 9) É possível o reconhecimento da continuidade delitiva de crimes de apropriação indébita previdenciária (art. 168-A do CP), bem como entre o crime de apropriação indébita previdenciária e o crime de sonegação previdenciária (art. 337-A do CP) praticados na administração de empresas distintas, mas pertencentes ao mesmo grupo econômico.

Mais recentemente, contudo, a 5ª Turma do Superior Tribunal de Justiça (a meu ver corretamente) tem negado a possibilidade de reconhecimento de continuidade delitiva entre os delitos tipificados nos artigos 168-A e 337-A do Código Penal (segundo critério adotado pelo próprio Tribunal da Cidadania, os delitos não são da mesma espécie, porquanto constituem tipos distintos):

> AGRAVO REGIMENTAL NO RECURSO ESPECIAL. APROPRIAÇÃO INDÉBITA PREVIDENCIÁRIA E SONEGAÇÃO DE CONTRIBUIÇÃO PREVIDENCIÁRIA. DELITOS DE ESPÉCIES DIVERSAS. AUSÊNCIA DE LIAME CAUSAL. IMPOSSIBILIDADE DE RECONHECIMENTO DE CRIME CONTINUADO. AGRAVO DESPROVIDO. 1. Os delitos de apropriação indébita previdenciária e de sonegação de contribuição previdenciária, previstos, respectivamente, nos arts. 168-A e 337-A do CP, embora sejam do mesmo gênero, são de espécies diversas; obstando a benesse da continuidade delitiva. 2. Caso em que sobreleva a autonomia dos crimes praticados, uma vez que se declarou falsamente os requisitos para obtenção do regime tributário diferenciado (Simples Nacional), com a apropriação dos valores das contribuições previdenciárias referentes aos empregados; pressuposto que afasta o liame causal e, por conseguinte, a aplicação da continuidade delitiva. 3. Agravo regimental desprovido (AgRg no REsp 1868826/CE, Rel. Ministro RIBEIRO DANTAS, QUINTA TURMA, julgado em 09/02/2021, DJe 17/02/2021).

Constituição definitiva do crédito tributário: o delito em questão só resta consumado depois do lançamento definitivo do crédito tributário (tese 6 da edição 87 da jurisprudência em teses do Superior Tribunal de Justiça), por ser crime material. Até lá não corre a prescrição:

> 6) O crime de apropriação indébita previdenciária (art. 168-A do CP) é de natureza material e exige a constituição definitiva do débito tributário perante o âmbito administrativo para configurar-se como conduta típica.

Pagamento das contribuições devidas: este tópico demanda análise dos §§ 2º, 3º e 4º do artigo 168-A do Código Penal e o confronto destes com o entendimento do Superior Tribunal de Justiça e do Supremo Tribunal Federal.

Eis tabelas que sintetizam o quanto consignado no Caderno Repressivo:

§ 2º do artigo 168-A do Código Penal			
-	**Ações exigidas**	**Momento**	**Consequência**
Se o agente, espontaneamente	i) declara, confessa e efetua o pagamento das contribuições, importâncias ou valores; e ii) presta as informações devidas à previdência social, na forma definida em lei ou regulamento	antes do início da ação fiscal	extinção da punibilidade

§ 3º do artigo 168-A do Código Penal			
É facultado ao juiz	deixar de aplicar a pena (perdão judicial) **ou**	se o agente for primário **e** de bons antecedentes, desde que:	tenha promovido, após o início da ação fiscal e antes de oferecida a denúncia, o pagamento da contribuição social previdenciária, inclusive acessórios; **ou**
	aplicar somente a de multa		o valor das contribuições devidas, inclusive acessórios, seja igual ou inferior àquele estabelecido pela previdência social, administrativamente, como sendo o mínimo para o ajuizamento de suas execuções fiscais.

§ 4º do artigo 168-A do Código Penal		
Vedação da aplicação do § 3º	Valor mínimo para ajuizamento de execuções fiscais	Fundamento legal
A faculdade prevista no § 3º deste artigo **não se aplica** aos casos de parcelamento de contribuições cujo valor, inclusive dos acessórios, seja superior àquele estabelecido, administrativamente, como sendo o mínimo para o ajuizamento de suas execuções fiscais.	R$ 20.000,00	Artigo 20 da Lei 10.522/02, com as atualizações efetivadas pelas Portarias 75 e 130, ambas do Ministério da Fazenda.

Assim é que, em síntese, o Código Penal regula as consequências do pagamento das contribuições devidas da seguinte forma:

Pagamento das contribuições devidas	
Até o início da ação fiscal	Após o início da ação fiscal e até o oferecimento da denúncia
Extinção da punibilidade (é necessário que o agente, espontaneamente, declare, confesse, pague as contribuições, importâncias ou valores e preste as informações devidas à previdência social, na forma definida em lei ou regulamento)	Perdão judicial ou aplicação somente de pena de multa (caso o agente seja primário e ostente bons antecedentes) – essas consequências são possíveis, ainda, se o valor devido não ultrapassar R$ 20.000,00

Analisado o texto do Caderno Repressivo, vamos à interpretação jurisprudencial. Em primeiro lugar, é preciso assentar que o entendimento do Tribunal da Cidadania e do Pretório Excelso leva em conta o § 2º do artigo 9ª da Lei 10.684/03 (grifo meu):

> Art. 9º É suspensa a pretensão punitiva do Estado, referente aos crimes previstos nos arts. 1º e 2º da Lei nº 8.137, de 27 de dezembro de 1990, e nos arts. 168A e 337A do Decreto-Lei nº 2.848, de 7 de dezembro de 1940 – Código Penal, durante o período em que a pessoa jurídica relacionada com o agente dos aludidos crimes estiver incluída no regime de parcelamento.
>
> § 1º A prescrição criminal não corre durante o período de suspensão da pretensão punitiva.
>
> § 2º Extingue-se a punibilidade dos crimes referidos neste artigo quando a pessoa jurídica relacionada com o agente efetuar o pagamento integral dos débitos oriundos de tributos e contribuições sociais, inclusive acessórios.

Eis tabela que sintetiza o pensamento dos Areópagos:

Apropriação indébita previdenciária		
Tribunal Superior	**Entendimento**	**Precedente**
STJ	O pagamento, a qualquer tempo (mesmo depois da sentença condenatória irrecorrível), das contribuições devidas extingue a punibilidade.	1. Com o advento da Lei 10.684/2003, no exercício da sua função constitucional e de acordo com a política criminal adotada, o legislador ordinário optou por retirar do ordenamento jurídico o marco temporal previsto para o adimplemento do débito tributário redundar na extinção da punibilidade do agente sonegador, nos termos do seu artigo 9º, § 2º, sendo vedado ao Poder Judiciário estabelecer tal limite. 2. Não há como se interpretar o referido dispositivo legal de outro modo, senão considerando que o pagamento do tributo, a qualquer tempo, até mesmo após o advento do trânsito em julgado da sentença

		penal condenatória, é causa de extinção da punibilidade do acusado. 3. Como o édito condenatório foi alcançado pelo trânsito em julgado sem qualquer mácula, os efeitos do reconhecimento da extinção da punibilidade por causa que é superveniente ao aludido marco devem ser equiparados aos da prescrição da pretensão executória. 4. Habeas corpus não conhecido. Ordem concedida de ofício para declarar extinta a punibilidade do paciente, com fundamento no artigo 9º, § 2º, da Lei 10.684/2003 (HC 362.478/SP, Rel. Ministro JORGE MUSSI, QUINTA TURMA, julgado em 14/09/2017, DJe 20/09/2017).
STF	O pagamento, a qualquer tempo (mesmo depois da sentença condenatória irrecorrível), das contribuições devidas extingue a punibilidade.	Recurso ordinário em habeas corpus. Apropriação indébita previdenciária (art. 168-A, § 1º, I, CP). Condenação. Trânsito em julgado. Pagamento do débito tributário. Extinção da punibilidade do agente. Admissibilidade. Inteligência do art. 9º, § 2º, da Lei nº 10.684/03. Precedentes. Ausência de comprovação cabal do pagamento. Recurso parcialmente provido para, afastado o óbice referente ao momento do pagamento, determinar ao juízo das execuções criminais que declare extinta a punibilidade do agente, caso venha a ser demonstrada, por certidão ou ofício do INSS, a quitação do débito. 1. Tratando-se de apropriação indébita previdenciária (art. 168-A, § 1º, I, CP), o pagamento integral do débito tributário, ainda que após o trânsito em julgado da condenação, é causa de extinção da punibilidade do agente, nos termos do art. 9º, § 2º, da Lei nº 10.684/03. Precedentes. 2. Na espécie, os documentos apresentados pelo recorrente ao juízo da execução criminal não permitem aferir, com a necessária segurança, se houve ou não quitação integral do débito. 3. Nesse diapasão, não há como, desde logo, se conceder o writ para extinguir sua punibilidade. 4. De toda sorte, afastado o óbice referente ao momento do pagamento, cumprirá

		ao juízo das execuções criminais declarar extinta a punibilidade do agente, caso demonstrada a quitação do débito, por certidão ou ofício do INSS. 5. Recurso parcialmente provido (RHC 128245, Relator(a): DIAS TOFFOLI, Segunda Turma, julgado em 23/08/2016, PROCESSO ELETRÔNICO DJe-225 DIVULG 20-10-2016 PUBLIC 21-10-2016).

Note que o entendimento acima transcrito amplia a tese 10 da edição 87 da jurisprudência em teses do Tribunal da Cidadania (a tese abaixo transcrita limita a extinção da punibilidade ao pagamento feito até o trânsito em julgado da sentença condenatória) – friso que o precedente transcrito na tabela supra é mais recente que os que embasaram a tese abaixo:

> 10) O pagamento integral dos débitos oriundos de apropriação indébita previdenciária, ainda que efetuado após o recebimento da denúncia, mas antes do trânsito em julgado da sentença condenatória, extingue a punibilidade, nos termos do art. 9º, § 2º, da Lei n. 10.684/03.

Em arremate, percebe-se que o entendimento jurisprudencial (STJ e STF) permite concluir que o pagamento integral dos débitos oriundos da prática do crime de apropriação indébita previdenciária feito a qualquer tempo (mesmo depois do trânsito em julgado da sentença condenatória) extingue a punibilidade do agente.

Parcelamento do débito tributário: a pretensão punitiva e a prescrição ficam suspensas se houver parcelamento do débito resultante da apropriação indébita previdenciária antes do recebimento da denúncia (na forma dos §§ 2º e 3º do artigo 83 da Lei 9.430/96, com redação determinada pela Lei 12.382/11):

> Art. 83. A representação fiscal para fins penais relativa aos crimes contra a ordem tributária previstos nos arts. 1º e 2º da Lei nº 8.137, de 27 de dezembro de 1990, e aos crimes contra a Previdência Social, previstos nos arts. 168-A e 337-A do Decreto-Lei nº 2.848, de 7 de dezembro de 1940 (Código Penal), será encaminhada ao Ministério Público depois de proferida a decisão final, na esfera administrativa, sobre a exigência fiscal do crédito tributário correspondente.
>
> § 1º Na hipótese de concessão de parcelamento do crédito tributário, a representação fiscal para fins penais somente será encaminhada ao Ministério Público após a exclusão da pessoa física ou jurídica do parcelamento.
>
> **§ 2º É suspensa a pretensão punitiva do Estado referente aos crimes previstos no caput, durante o período em que a pessoa física ou a pessoa jurídica relacionada com o agente dos aludidos crimes estiver incluída no parcelamento,**

desde que o pedido de parcelamento tenha sido formalizado antes do recebimento da denúncia criminal.

§ 3º A prescrição criminal não corre durante o período de suspensão da pretensão punitiva.

§ 4º Extingue-se a punibilidade dos crimes referidos no caput quando a pessoa física ou a pessoa jurídica relacionada com o agente efetuar o pagamento integral dos débitos oriundos de tributos, inclusive acessórios, que tiverem sido objeto de concessão de parcelamento.

§ 5º O disposto nos §§ 1º a 4º não se aplica nas hipóteses de vedação legal de parcelamento.

§ 6º As disposições contidas no caput do art. 34 da Lei nº 9.249, de 26 de dezembro de 1995, aplicam-se aos processos administrativos e aos inquéritos e processos em curso, desde que não recebida a denúncia pelo juiz.

É preciso, então, cuidado ao tratar do tema: i) em relação ao pagamento das contribuições devidas (que gera extinção da punibilidade a qualquer tempo), aplica-se o § 2º do artigo 9º da Lei 10.684/03; ii) em relação ao parcelamento das contribuições devidas (que gera suspensão da pretensão punitiva e da prescrição quando feito antes do recebimento da denúncia), aplicam-se os §§ 2º e 3º do artigo 83 da Lei 9.430/96. Neste sentido (convivência harmônica do § 2º do artigo 9º da Lei 10.684/03 com os §§ 2º e 3º do artigo 83 da Lei 9.430/96, com a redação determinada pela Lei 12.382/11 – grifo meu), precedente do Pretório Excelso:

> Habeas corpus. Crime contra a ordem tributária. Aplicação do princípio da insignificância. Tese não analisada pelo Superior Tribunal de Justiça. Impossibilidade de conhecimento pela Suprema Corte. Inadmissível supressão de instância. Precedentes. Não conhecimento do writ. Requerimento incidental de extinção da punibilidade do paciente pelo pagamento integral do débito tributário constituído. Possibilidade. Precedente. Ordem concedida de ofício. 1. Não tendo sido analisada pelo Superior Tribunal de Justiça defesa fundada no princípio da insignificância, é inviável a análise originária desse pedido pela Suprema Corte, sob pena de supressão de instância, em afronta às normas constitucionais de competência. 2. Não se conhece do habeas corpus. 3. O pagamento integral de débito – devidamente comprovado nos autos – empreendido pelo paciente em momento anterior ao trânsito em julgado da condenação que lhe foi imposta é causa de extinção de sua punibilidade, conforme opção político-criminal do legislador pátrio. Precedente. **4. Entendimento pessoal externado por ocasião do julgamento, em 9/5/13, da AP nº 516/DF-ED pelo Tribunal Pleno, no sentido de que a Lei nº 12.382/11, que regrou a extinção da punibilidade dos crimes tributários nas situações de parcelamento do débito tributário, não afetou o disposto no § 2º do art. 9º da Lei 10.684/03, o qual prevê a extinção da**

> **punibilidade em razão do pagamento do débito, a qualquer tempo.** 5. Ordem concedida de ofício para declarar extinta a punibilidade do paciente (HC 116828, Relator(a): DIAS TOFFOLI, Primeira Turma, julgado em 13/08/2013, PROCESSO ELETRÔNICO DJe-206 DIVULG 16-10-2013 PUBLIC 17-10-2013).

Aplicação do princípio da insignificância (impossibilidade): o Superior Tribunal de Justiça reconhecia ser possível aplicação do princípio da insignificância ao crime de apropriação indébita previdenciária, nos termos da tese 11 da edição 87 da jurisprudência em tese do Areópago:

> 11) Aplica-se o princípio da insignificância ao crime de apropriação indébita previdenciária, quando, na ocasião do delito, o valor do débito com a Previdência Social não ultrapassar o montante de R$ 10.000,00 (dez mil reais), previsto no art. 20 da Lei n. 10.522/2002.

Na linha do tempo, o Tribunal da Cidadania revisou o limite para aplicação do princípio da insignificância em relação aos crimes tributários cometidos contra União e ao crime de descaminho (tema 157 dos recursos repetitivos), adotando o entendimento verberado pelo Supremo Tribunal Federal em relação a ditos crimes (teto de R$ 20.000,00):

> Incide o princípio da insignificância aos crimes tributários federais e de descaminho quando o débito tributário verificado não ultrapassar o limite de R$ 20 mil a teor do disposto no artigo 20 da Lei 10.522/2002, com as atualizações efetivadas pelas Portarias 75 e 130, ambas do Ministério da Fazenda.

Acontece que, em maio de 2019, a Terceira Seção do Tribunal da Cidadania findou não admitindo aplicação do princípio da insignificância ao crime tipificado no artigo 168-A do Código Penal (seguindo entendimento do Supremo Tribunal Federal), nos seguintes termos:

> AGRAVO REGIMENTAL NO RECURSO ESPECIAL. PENAL. SONEGAÇÃO DE CONTRIBUIÇÃO PREVIDENCIÁRIA. PRINCÍPIO DA INSIGNIFICÂNCIA. INAPLICABILIDADE. VALOR DO DÉBITO. IRRELEVÂNCIA. CONDUTA ALTAMENTE REPROVÁVEL. PRECEDENTES. AGRAVO REGIMENTAL DESPROVIDO. 1. Ambas as Turmas que compõem o Supremo Tribunal Federal entendem ser inaplicável o princípio da insignificância aos crimes de sonegação de contribuição previdenciária e apropriação indébita previdenciária, tendo em vista a elevada reprovabilidade dessas condutas, que atentam contra bem jurídico de caráter supraindividual e contribuem para agravar o quadro deficitário da Previdência Social. 2. A Terceira Seção desta Corte Superior concluiu que não é possível a aplicação do princípio da insignificância aos crimes de apropriação indébita previdenciária e de sonegação de contribuição

previdenciária, independentemente do valor do ilícito, pois esses tipos penais protegem a própria subsistência da Previdência Social, de modo que é elevado o grau de reprovabilidade da conduta do agente que atenta contra este bem jurídico supraindividual. 3. Agravo regimental desprovido (AgRg no REsp 1783334/PB, Rel. Ministra Laurita Vaz, Sexta Turma, julgado em 07/11/2019, DJe 02/12/2019).

PROCESSUAL PENAL. AGRAVO REGIMENTAL NA REVISÃO CRIMINAL. NÃO ENQUADRAMENTO NAS HIPÓTESES LEGAIS. DELITOS DE APROPRIAÇÃO INDÉBITA PREVIDENCIÁRIA E SONEGAÇÃO DE CONTRIBUIÇÃO PREVIDENCIÁRIA. PRINCÍPIO DA INSIGNIFICÂNCIA. INAPLICABILIDADE. BEM JURÍDICO SUPRAINDIVIDUAL. PORTARIAS N.S 75 E 130 DO MINISTÉRIO DA FAZENDA. IRRETROATIVIDADE PENAL. AGRAVO REGIMENTAL DESPROVIDO. I – O caso em questão não se enquadra em nenhuma das hipóteses previstas no art. 621, do CPP, pois a revisão criminal não pode ser utilizada para que a parte, a qualquer tempo, busque novamente rediscutir questões de mérito, por mera irresignação quanto ao provimento jurisdicional obtido. II – Inaplicável o princípio da insignificância aos delitos de apropriação indébita previdenciária (art. 168-A, do Código Penal) e sonegação de contribuição previdenciária (art. 337-A, do Código Penal) consoante entendimento assentado do. col. Supremo Tribunal Federal que conferiu caráter supraindividual ao bem jurídico tutelado, haja vista visarem proteger a subsistência financeira da Previdência Social. Precedentes. III – As Portarias n.s 75 e 130, do Ministério da Fazenda não podem afetar fatos pretéritos à sua edição para fins de reconhecimento da insignificância do delito, por não deterem natureza penal, sob pena de atrelar a mensuração do prejuízo causado pela conduta criminosa à momento posterior à sua própria consumação. Agravo regimental desprovido (AgRg na RvCr 4.881/RJ, Rel. Ministro Felix Fischer, Terceira Seção, julgado em 22/05/2019, DJe 28/05/2019).

Tabela que sintetiza o crime estudado: considerando todas as lições estudadas, o delito de apropriação indébita previdenciária pode ser assim sintetizado:

Artigo 168-A do Código Penal	
Classificação quanto ao resultado naturalístico	Crime material – consuma-se com a constituição definitiva do crédito tributário (STJ e STF)
Elemento subjetivo	Dolo genérico (não exige especial fim de agir)
Princípio da insignificância	Inadmissível (STJ e STF)
Pagamento das contribuições devidas	Extinção da punibilidade a qualquer tempo (STJ e STF)
Parcelamento das contribuições devidas (até o recebimento da denúncia)	Suspensão da pretensão punitiva e da prescrição (§§ 2º e 3º do artigo 83 da Lei 9.430/96)

Apropriação de coisa havida por erro, caso fortuito ou força da natureza

Art. 169 – Apropriar-se alguém de coisa alheia vinda ao seu poder por erro, caso fortuito ou força da natureza:

Pena – detenção, de um mês a um ano, ou multa.

Parágrafo único – Na mesma pena incorre:

Apropriação de tesouro

I – quem acha tesouro em prédio alheio e se apropria, no todo ou em parte, da quota a que tem direito o proprietário do prédio;

Apropriação de coisa achada

II – quem acha coisa alheia perdida e dela se apropria, total ou parcialmente, deixando de restituí-la ao dono ou legítimo possuidor ou de entregá-la à autoridade competente, dentro no prazo de quinze dias.

Classificação: o crime é comum e doloso.

Trata-se de infração de menor potencial ofensivo de ação penal pública incondicionada.

Tabela com análise do tipo: eis análise do tipo:

Dispositivo	Comentários
Apropriação de coisa havida por erro, caso fortuito ou força da natureza Art. 169 – Apropriar-se alguém de coisa alheia vinda ao seu poder por erro, caso fortuito ou força da natureza: Pena – detenção, de um mês a um ano, ou multa.	Há diferença fundamental entre o tipo aqui estudado e o crime de estelionato (artigo 171 do Código Penal). No crime tipificado no artigo 169 do Código Penal, o agente não é o responsável pelo erro do terceiro que finda lhe entregando a coisa. No estelionato, o autor do fato ludibria a vítima, para que esta incorra em erro e faça a entrega da vantagem pretendida. A diferença entre os crimes de apropriação indébita e o tipificado no artigo 169 do Código Penal é como a coisa alheia chega às mãos do autor do fato (neste, a coisa ao agente por erro, caso fortuito ou coisa da natureza, ao passo que naquele o proprietário entrega o bem voluntariamente e sem que exista qualquer erro). O crime é doloso e resta perpetrado a partir do momento em que o agente percebe que a coisa chegou ao seu poder por erro, caso fortuito ou força da natureza, e, intencionalmente, dela se apropria. Comete o crime tipificado no *caput* do artigo 169 do Código Penal a pessoa que se apropria de livros entregues por engano na sua casa, por exemplo. Como dito supra, trata-se de infração de menor potencial ofensivo de ação penal pública incondicionada.

Parágrafo único – Na mesma pena incorre: Apropriação de tesouro I – quem acha tesouro em prédio alheio e se apropria, no todo ou em parte, da quota a que tem direito o proprietário do prédio;	Há figura equiparada (infração de menor potencial ofensivo de ação penal pública incondicionada) para que se apropria de tesouro achado em prédio alheio, sem repassar ao proprietário do prédio a quota correspondente. O tipo demanda análise dos artigos 1.264[223], 1.265[224] e 1.266[225] do Código Civil.
Apropriação de coisa achada II – quem acha coisa alheia perdida e dela se apropria, total ou parcialmente, deixando de restituí-la ao dono ou legítimo possuidor ou de entregá-la à autoridade competente, dentro no prazo de quinze dias.	O dispositivo se refere à coisa perdida (e não à coisa abandonada – *res derelicta*). Por óbvio, se a coisa tiver sido deliberadamente abandonada pelo seu antigo proprietário, não há dever de devolução e não há prática do crime em testilha (fato formalmente atípico). Também não comete crime quem se apropria de coisa de ninguém (*res nullius*). É importante, nessa esteira, ler os artigos 1233[226] a 1.237 do Código Civil (tratam da descoberta). Quem restitui coisa achada tem direito a uma recompensa, na forma do artigo 1.234[227] do Código Civil. Trata-se de crime a prazo (só se consuma se a coisa achada não for restituída ao dono/possuidor dentro do prazo de 15 dias).

Art. 170 – Nos crimes previstos neste Capítulo, aplica-se o disposto no art. 155, § 2º.

Privilégio do furto nos crimes tipificados nos artigos 168 e 169 do Código Penal: é possível reconhecimento do privilégio referido no § 2º do artigo 155 aos crimes tipificados nos artigos 168 a 169 do Código Penal.

223 Art. 1.264. O depósito antigo de coisas preciosas, oculto e de cujo dono não haja memória, será dividido por igual entre o proprietário do prédio e o que achar o tesouro casualmente.

224 Art. 1.265. O tesouro pertencerá por inteiro ao proprietário do prédio, se for achado por ele, ou em pesquisa que ordenou, ou por terceiro não autorizado.

225 Art. 1.266. Achando-se em terreno aforado, o tesouro será dividido por igual entre o descobridor e o enfiteuta, ou será deste por inteiro quando ele mesmo seja o descobridor.

226 Art. 1.233. Quem quer que ache coisa alheia perdida há de restituí-la ao dono ou legítimo possuidor. Parágrafo único. Não o conhecendo, o descobridor fará por encontrá-lo, e, se não o encontrar, entregará a coisa achada à autoridade competente.

227 Art. 1.234. Aquele que restituir a coisa achada, nos termos do artigo antecedente, terá direito a uma recompensa não inferior a cinco por cento do seu valor, e à indenização pelas despesas que houver feito com a conservação e transporte da coisa, se o dono não preferir abandoná-la.
Parágrafo único. Na determinação do montante da recompensa, considerar-se-á o esforço desenvolvido pelo descobridor para encontrar o dono, ou o legítimo possuidor, as possibilidades que teria este de encontrar a coisa e a situação econômica de ambos.

Lembre que para reconhecimento do privilégio, é necessário cumulação da primariedade do agente e do pequeno valor da coisa apropriada.

CAPÍTULO VI

DO ESTELIONATO E OUTRAS FRAUDES

Estelionato

Art. 171 – Obter, para si ou para outrem, vantagem ilícita, em prejuízo alheio, induzindo ou mantendo alguém em erro, mediante artifício, ardil, ou qualquer outro meio fraudulento:

Pena – reclusão, de um a cinco anos, e multa, de quinhentos mil réis a dez contos de réis.

§ 1º – Se o criminoso é primário, e é de pequeno valor o prejuízo, o juiz pode aplicar a pena conforme o disposto no art. 155, § 2º.

§ 2º – Nas mesmas penas incorre quem:

Fraude eletrônica

§ 2º-A – A pena é de reclusão, de 4 (quatro) a 8 (oito) anos, e multa, se a fraude é cometida com a utilização de informações fornecidas pela vítima ou por terceiro induzido a erro por meio de redes sociais, contatos telefônicos ou envio de correio eletrônico fraudulento, ou por qualquer outro meio fraudulento análogo.

§ 2º-B – A pena prevista no § 2º-A deste artigo, considerada a relevância do resultado gravoso, aumenta-se de 1/3 (um terço) a 2/3 (dois terços), se o crime é praticado mediante a utilização de servidor mantido fora do território nacional.

§ 3º – A pena aumenta-se de um terço, se o crime é cometido em detrimento de entidade de direito público ou de instituto de economia popular, assistência social ou beneficência.

Estelionato contra idoso ou vulnerável

§ 4º – A pena aumenta-se de 1/3 (um terço) ao dobro, se o crime é cometido contra idoso ou vulnerável, considerada a relevância do resultado gravoso.

Disposição de coisa alheia como própria

I – vende, permuta, dá em pagamento, em locação ou em garantia coisa alheia como própria;

Alienação ou oneração fraudulenta de coisa própria

II – vende, permuta, dá em pagamento ou em garantia coisa própria inalienável, gravada de ônus ou litigiosa, ou imóvel que prometeu vender a terceiro, mediante pagamento em prestações, silenciando sobre qualquer dessas circunstâncias;

Defraudação de penhor

III – defrauda, mediante alienação não consentida pelo credor ou por outro modo, a garantia pignoratícia, quando tem a posse do objeto empenhado;

Fraude na entrega de coisa

IV – defrauda substância, qualidade ou quantidade de coisa que deve entregar a alguém;

Fraude para recebimento de indenização ou valor de seguro

V – destrói, total ou parcialmente, ou oculta coisa própria, ou lesa o próprio corpo ou a saúde, ou agrava as consequências da lesão ou doença, com o intuito de haver indenização ou valor de seguro;

Fraude no pagamento por meio de cheque

VI – emite cheque, sem suficiente provisão de fundos em poder do sacado, ou lhe frustra o pagamento.

§ 3º – A pena aumenta-se de um terço, se o crime é cometido em detrimento de entidade de direito público ou de instituto de economia popular, assistência social ou beneficência.

Estelionato contra idoso

§ 4º Aplica-se a pena em dobro se o crime for cometido contra idoso.

§ 5º Somente se procede mediante representação, salvo se a vítima for:

I – a Administração Pública, direta ou indireta;

II – criança ou adolescente;

III – pessoa com deficiência mental; ou

IV – maior de 70 (setenta) anos de idade ou incapaz.

Introdução: convém repetir tabela já exposta supra, acerca de diferenças marcantes de três importantes crimes contra o patrimônio cometidos sem violência ou grave ameaça (furto, apropriação indébita e estelionato):

Furto (artigo 155)	Apropriação indébita (artigo 168)	Estelionato (artigo 171)
O agente subtrai a coisa móvel alheia	O agente recebe a coisa móvel da vítima licitamente e passa ter a posse precária da mesma (locação, por exemplo). Em momento ulterior, o autor do fato decide se tornar proprietário do bem móvel ilicitamente.	O agente recebe a coisa das mãos da vítima, que entrega o bem (ou vantagem) por ter sido enganada pelo autor do fato.

Tabela para estudo do crime: estudemos o tipo:

Dispositivo	Comentários
Estelionato Art. 171 – Obter, para si ou para outrem, vantagem ilícita, em prejuízo alheio, induzindo ou mantendo alguém em erro, mediante artifício, ardil, ou qualquer outro meio fraudulento: Pena – reclusão, de um a cinco anos, e multa, de quinhentos mil réis a dez contos de réis.	Estelionato é crime comum, doloso, material, que admite acordo de não persecução penal (artigo 28-A do Código de Processo Penal) e suspensão condicional do processo (artigo 89 da Lei 9.099/95). A conduta proibida descrita no tipo é a obtenção, para si ou para outrem, de vantagem ilícita, em prejuízo alheio, induzindo ou mantendo alguém em erro, mediante artifício, ardil ou qualquer outro meio fraudulento. Como salientado na tabela supra, a vítima, ludibriada pelo autor do fato, entrega a vantagem (e com isso sofre prejuízo) a este.
§ 1º – Se o criminoso é primário, e é de pequeno valor o prejuízo, o juiz pode aplicar a pena conforme o disposto no art. 155, § 2º.	O dispositivo trata do estelionato privilegiado. Caso o réu seja **primário** e o prejuízo seja de **pequeno valor**, será possível: a) substituir a pena de reclusão pela de detenção; b) diminuição de pena (1/3 a 2/3); c) aplicar somente a pena de multa.
§ 2º – Nas mesmas penas incorre quem: Disposição de coisa alheia como própria I – vende, permuta, dá em pagamento, em locação ou em garantia coisa alheia como própria;	O § 2º traz figuras equiparadas. A primeira delas (inciso I) é tipo misto, alternativo ou de conteúdo variado. As condutas proibidas são vender, permutar, dar em pagamento, locar ou dar em pagamento coisa alheia como própria. Exemplifico: JOÃO coloca à venda por meio de aplicativo uma motocicleta que não é sua, para ludibriar a vítima. Esta, enganada, deposita na conta de JOÃO o valor por ele pedido, mas nada recebe.
Alienação ou oneração fraudulenta de coisa própria II – vende, permuta, dá em pagamento ou em garantia coisa própria inalienável, gravada de ônus ou litigiosa, ou imóvel que prometeu vender a terceiro, mediante pagamento em prestações, silenciando sobre qualquer dessas circunstâncias;	No inciso II, o bem (móvel ou imóvel) é do autor do fato, mas não pode ser vendido, permutado ou dado em pagamento, porque inalienável, gravado de ônus ou litigioso. Há crime, ainda, quando o bem é imóvel prometido a terceiro, mediante pagamento em prestações e o agente pratica as condutas descritas no tipo (vender, permutar, dá em pagamento ou em garantia) silenciando qualquer dessas circunstâncias. Se as condutas são praticadas às claras (sendo o comprador, por exemplo, avisado de que se trata de coisa gravada de ônus) penso não haver crime (ausente o dolo de ludibriar a vítima – não há presença das elementares "silenciando sobre qualquer dessas circunstâncias").
Defraudação de penhor III – defrauda, mediante alienação não consentida pelo credor ou por outro modo, a garantia pignoratícia, quando tem a posse do objeto empenhado;	O crime de defraudação de penhor (modalidade de prática de estelionato), o agente materializa alienação do bem empenhado sem consentimento do credor.
Fraude na entrega de coisa IV – defrauda substância, qualidade ou quantidade de coisa que deve entregar a alguém;	A fraude na entrega da coisa é tipo misto, alternativo ou de conteúdo variado. O ardil está na alteração da substância, qualidade ou quantidade da coisa.

Dispositivo	Comentários
Fraude para recebimento de indenização ou valor de seguro V – destrói, total ou parcialmente, ou oculta coisa própria, ou lesa o próprio corpo ou a saúde, ou agrava as consequências da lesão ou doença, com o intuito de haver indenização ou valor de seguro;	Há estelionato quando a fraude é para recebimento de indenização ou valor de seguro (agente que, intencionalmente, põe fogo em seu carro para recebimento do prêmio do seguro, por exemplo). Saliento que no exemplo acima, o agente deve ser responsabilizado, a depender da situação concreta, pela prática do crime de incêndio (artigo 250 do Código Penal).
Fraude no pagamento por meio de cheque VI – emite cheque, sem suficiente provisão de fundos em poder do sacado, ou lhe frustra o pagamento.	Há estelionato quando o agente emite cheque sem suficiente provisão de fundos. É importante, acerca do tipo em questão, ter em mente alguns entendimentos sumulados: Súmula 246/STF – Comprovado não ter havido fraude, não se configura o crime de emissão de cheque sem fundos. Súmula 554/STF – O pagamento de cheque emitido sem provisão de fundos, após o recebimento da denúncia, não obsta ao prosseguimento da ação penal. **Sintetizando os verbetes 246/STF e 554/STF:** Se o cheque for emitido como garantia de dívida (cheque pós-datado, conhecido como cheque pré-datado), não há dolo voltado à prática do crime de estelionato (inteligência da Súmula 246/STF). A Súmula 554/STF deve ser lida a contrário senso. Assim, o pagamento do cheque emitido sem provisão de fundos até o recebimento da denúncia extingue a punibilidade do agente. É importante notar que o entendimento sumulado não está em consonância com o quanto determinado pelo Código Penal (a reparação do dano antes do oferecimento da denúncia em crime cometido sem violência ou grave ameaça deveria significar, de acordo com o artigo 16 do Código Penal, diminuição de pena – de 1/3 a 2/3). Trata-se de causa de extinção da punibilidade não listada no artigo 107 do Código Penal, resultante de entendimento pretoriano. Eis teses do STJ sobre o tema (edição 84 da jurisprudência em teses do Tribunal da Cidadania): 8) O ressarcimento integral do dano no crime de estelionato, na sua forma fundamental (art. 171, caput, do CP), não enseja a extinção da punibilidade, salvo nos casos de emissão de cheque sem fundos, em que a reparação ocorra antes do oferecimento da denúncia (art. 171, § 2º, VI, do CP). 11) A emissão de cheques pré-datados, como garantia de dívida e não como ordem de pagamento à vista, não constitui crime de estelionato previsto no art. 171, § 2º, VI, do CP, uma vez que a matéria deixa de ter interesse penal quando não há fraude, conforme a Súmula n. 246/STF. 12) O pagamento de cheque emitido sem provisão de fundos, após o recebimento da denúncia, não obsta ao prosseguimento da ação penal. (Súmula n. 554/STF).

Dispositivo	Comentários
Fraude eletrônica § 2º-A A pena é de reclusão, de 4 (quatro) a 8 (oito) anos, e multa, se a fraude é cometida com a utilização de informações fornecidas pela vítima ou por terceiro induzido a erro por meio de redes sociais, contatos telefônicos ou envio de correio eletrônico fraudulento, ou por qualquer outro meio fraudulento análogo.	A Lei 14.155/21 inseriu qualificadora (pena de reclusão 4 a 8 anos e multa) relacionada ao **estelionato cometido mediante fraude eletrônica** (cometido com a utilização de informações fornecidas pela vítima ou por terceiro induzido a erro por meio de redes sociais, contatos telefônicos ou envio de correio eletrônico fraudulento, ou por qualquer outro meio fraudulento análogo). Se por um lado a modernidade nos permite velocidade na circulação de informações, mensagens e comunicações (por meio de aplicativos, redes sociais, uso de e-mails, mensagens de texto etc.), por outro, criminosos a utilizam para perpetrar delitos (e isso mereceu atenção especial do legislador, com recrudescimento da resposta penal). Como o dispositivo é norma penal mais gravosa, sua aplicação não pode ser retroativa. A qualificadora não admite suspensão condicional do processo (artigo 89 da Lei 9.099/95) nem acordo de não persecução penal (artigo 28-A do CPP). Exemplifico fraude corriqueira que passará a ser reprimida pela qualificadora criada pelo novel mandamento legal: **SITUAÇÃO HIPOTÉTICA:** 'A' envia mensagem de texto para 'B' e, por meio fraudulento, consegue os dados de acesso do seu whatsapp. Passando-se por 'B', 'A' envia mensagens a vários contatos daquele pedindo dinheiro emprestado "para uma cirurgia de urgência". 'C', ludibriado, deposita na conta de 'A' R$ 5.000,00. **SOLUÇÃO:** 'A' deve ser responsabilizado na forma do § 2º-A do artigo 171 do Código Penal. Saliento que, para que exista prática do crime de estelionato qualificado pela fraude eletrônica, é preciso que, ao fim e ao cabo, o agente receba a vantagem indevida da vítima ludibriada.
§ 2º-B A pena prevista no § 2º-A deste artigo, considerada a relevância do resultado gravoso, aumenta-se de 1/3 (um terço) a 2/3 (dois terços), se o crime é praticado mediante a utilização de servidor mantido fora do território nacional.	A Lei 14.155/21 inseriu majorante relacionada à qualificadora do § 2º-A do artigo 171 do Código Penal (trata-se de estelionato qualificado/majorado). Considerada a relevância do resultado gravoso (essa expressão usada pelo legislador faz com que a majorante não seja de aplicação automática – será preciso fundamentação concreta para a incidência da causa de aumento listada no novel dispositivo). A pena será aumentada de 1/3 a 2/3 se o crime é praticado mediante a utilização de servidor mantido fora do território nacional – a causa de aumento se justifica pela maior dificuldade investigativa (criminosos se utilizam de servidores mantidos fora do Brasil para emprestar maior complexidade à fraude e, assim, criar obstáculos à obtenção, pelo aparelho persecutório estatal, das suas reais identidades).
§ 3º – A pena aumenta-se de um terço, se o crime é cometido em detrimento de entidade de direito público ou de instituto de economia popular, assistência social ou beneficência.	O § 3º é causa de aumento de pena. Comentarei abaixo algumas particularidades do estelionato previdenciário (hipótese que enseja a incidência da majorante).

<table>
<tr><th>Dispositivo</th><th>Comentários</th></tr>
<tr>
<td>Estelionato contra idoso ou vulnerável

§ 4º A pena aumenta-se de 1/3 (um terço) ao dobro, se o crime é cometido contra idoso ou vulnerável, considerada a relevância do resultado gravoso.</td>
<td>A Lei 14.155/21 alterou a majorante do § 4º do artigo 171 do Código Penal:
<table>
<tr><th>Redação anterior</th><th>Nova redação</th></tr>
<tr><td>§ 4º Aplica-se a pena em dobro se o crime for cometido contra idoso.</td><td>§ 4º A pena aumenta-se de 1/3 (um terço) ao dobro, se o crime é cometido contra idoso ou vulnerável, considerada a relevância do resultado gravoso.</td></tr>
</table>
A causa de aumento estudada se refere ao crime perpetrado contra idoso (pessoa com idade igual ou superior a 60 anos, na forma do artigo 1º da Lei 10.741/03) ou vulnerável. Esta última expressão é muito aberta e imprecisa, demandando análise casuística. Exemplifico: vítima completamente embriagada, doente mental sem capacidade de compreensão, menor de 14 anos.</td>
</tr>
<tr>
<td>§ 5º Somente se procede mediante representação, salvo se a vítima for:

I – a Administração Pública, direta ou indireta;

II – criança ou adolescente;

III – pessoa com deficiência mental; ou

IV – maior de 70 (setenta) anos de idade ou incapaz.</td>
<td>O Pacote Anticrime (Lei 13.964/19) transmudou o crime de estelionato em crime de ação penal pública condicionada à representação[228], salvo quando cometido: a) contra a Administração Pública (direta ou indireta); b) criança (pessoa menor de 12 anos) ou adolescente (pessoa com idade entre 12 anos completos e 18 incompletos); c) pessoa com deficiência mental; ou d) maior de 70 anos de idade ou incapaz.

Apesar do artigo 1º da Lei 10.741/03 estabelecer que se considera idosa a pessoa com idade igual ou superior a 60 anos, o crime só passa a ser de ação penal pública incondicionada quando o delito é praticado contra pessoa com mais de 70 anos de idade (no tempo do crime).

A alteração da ação penal do crime de estelionato tem natureza híbrida. O conteúdo penal é representado pela possibilidade de incidência de causa de extinção da punibilidade (decadência). O conteúdo processual penal fica evidenciado pela alteração da natureza da ação penal (que passou a ser, em regra, pública condicionada a representação da vítima).

Penso que, com a entrada em vigor da Lei 13.964/19, as vítimas dos estelionatos que agora são de ação penal pública condicionada a representação, praticados antes da entrada em vigor do Pacote Anticrime, devem ser convocadas para ofertá-la, no prazo de 6 meses contados do conhecimento da autoria delitiva, caso a denúncia ainda não tenha sido recebida (sob pena de implemento da decadência, causa extintiva da punibilidade). Se a exordial acusatória já tiver sido recebida, considerando que a representação tem natureza jurídica de condição de procedibilidade[229] (e não</td>
</tr>
</table>

228 O legislador perdeu grande oportunidade de avançar ainda mais. Penso que igual providência (transmudar a ação penal em pública condicionada a representação da vítima) podia ser estendida a outros crimes contra o patrimônio cometidos sem violência ou grave ameaça (furto, apropriação indébita e receptação, por exemplo).

229 Realidade anterior ao início do processo, impeditiva do início da movimentação da máquina persecutória estatal.

Dispositivo	Comentários
	de condição de prosseguibilidade[230]), nada precisa ser feito, já que a lei não fez exigência expressa nesse sentido (como ocorreu no artigo 91 da Lei 9.099/95[231] em relação ao crime de lesão corporal leve/culposa[232]). Contudo, há outro entendimento possível: a exigência de representação tanto para inquéritos em andamento quanto para ações penais em curso (aplicando, por analogia, o artigo 91 da Lei 9.099/95 – prazo de 30 dias para manejo da representação, sob pena de decadência). Como dito, não concordo com essa interpretação. Houve inicial divergência entre as Turmas do Superior Tribunal de Justiça sobre o tema – a 5ª Turma pela desnecessidade de representação depois do início da ação penal e a 6ª Turma pela aplicação, por analogia, do artigo 91 da Lei 9.099/95 aos processos em curso relacionados aos crimes de estelionato cometidos antes da entrada em vigor do Pacote Anticrime): HABEAS CORPUS SUBSTITUTIVO DE RECURSO PRÓPRIO. INADEQUAÇÃO DA VIA ELEITA. CRIME DE ESTELIONATO. PRETENDIDA APLICAÇÃO RETROATIVA DA REGRA DO § 5º DO ART. 171 DO CÓDIGO PENAL, ACRESCENTADO PELA LEI N. 13.964/2019 (PACOTE ANTICRIME). INVIABILIDADE. ATO JURÍDICO PERFEITO. CONDIÇÃO DE PROCEDIBILIDADE. DOUTRINA. DOSIMETRIA. PRETENSÃO DE CONVERSÃO DA PENA CORPORAL EM MULTA. ART. 44, §2º, DO CÓDIGO PENAL. DISCRICIONARIEDADE DO JULGADOR. WRIT NÃO CONHECIDO. 1. A Primeira Turma do Supremo Tribunal Federal e as Turmas que compõem a Terceira Seção do Superior Tribunal de Justiça, diante da utilização crescente e sucessiva do habeas corpus, passaram a restringir a sua admissibilidade quando o ato ilegal for passível de impugnação pela via recursal própria, sem olvidar a possibilidade de concessão da ordem, de ofício, nos casos de flagrante ilegalidade. 2. A Lei n. 13.964/2019, de 24 de dezembro de 2019, conhecida como "Pacote Anticrime", alterou substancialmente a natureza da ação penal do crime de estelionato (art. 171, § 5º, do Código Penal), sendo, atualmente, processado mediante ação penal pública condicionada à representação do ofendido, salvo se a vítima for: a Administração Pública, direta ou indireta; criança ou adolescente; pessoa com deficiência mental; maior de 70 anos de idade ou incapaz. 3. Observa-se que o novo comando normativo apresenta caráter híbrido, pois, além de incluir a representação do ofendido como condição de procedibilidade para a persecução penal, apresenta potencial extintivo da punibilidade, sendo tal alteração passível de aplicação retroativa por ser mais benéfica ao réu. Contudo, além do silêncio do legislador sobre a aplicação do novo entendimento aos processos em curso, tem-se que seus efeitos não podem atingir o ato jurídico perfeito e acabado (oferecimento da denúncia), de modo que a retroatividade da representação no crime de estelionato deve se restringir à fase policial, não alcançando o processo. Do contrário, estar-se-ia conferindo efeito distinto ao estabelecido na nova regra, transformando-se

230 Realidade posterior ao início do processo, gerando freio condicional na movimentação da máquina persecutória estatal (que volta a se mover caso vencida a condição).

231 Art. 91. Nos casos em que esta Lei passa a exigir representação para a propositura da ação penal pública, o ofendido ou seu representante legal será intimado para oferecê-la no prazo de trinta dias, sob pena de decadência.

232 Art. 88. Além das hipóteses do Código Penal e da legislação especial, dependerá de representação a ação penal relativa aos crimes de lesões corporais leves e lesões culposas.

Dispositivo	Comentários
	a representação em condição de prosseguibilidade e não procedibilidade. Doutrina: Manual de Direito Penal: parte especial (arts. 121 ao 361) / Rogério Sanches Cunha – 12. ed. rev., atual. e ampl. – Salvador: Editora Juspodivm, 2020, p. 413. 4. Ademais, na hipótese, há manifestação da vítima no sentido de ver o acusado processado, não se exigindo para tal efeito, consoante a jurisprudência desta Corte, formalidade para manifestação do ofendido. 5. Conforme pacífica jurisprudência desta Corte Superior, fixada a pena corporal nos patamares delineados no art. 44, § 2º, do Código Penal, compete ao julgador a escolha do modo de aplicação da benesse legal. Além disso, não é socialmente recomendável a aplicação da multa substitutiva em crimes cujo o tipo penal prevê multa cumulativa com a pena privativa de liberdade. 6. Habeas corpus não conhecido (HC 573.093/SC, Rel. Ministro Reynaldo Soares Da Fonseca, Quinta Turma, julgado em 09/06/2020, DJe 18/06/2020). HABEAS CORPUS. PENAL E PROCESSUAL PENAL. PACOTE ANTICRIME. LEI N. 13.964/2019. § 5º DO ART. 171 DO CP. AÇÃO PENAL PÚBLICA CONDICIONADA À REPRESENTAÇÃO COMO REGRA. NOVA LEI MAIS BENÉFICA. RETROATIVIDADE. ART. 5º, XL, DA CF. APLICAÇÃO DO ART. 91 DA LEI N. 9.099/1995 POR ANALOGIA. 1. As normas que disciplinam a ação penal, mesmo aquelas constantes do Código de Processo Penal, são de natureza mista, regidas pelos cânones da retroatividade e da ultratividade benéficas, pois disciplinam o exercício da pretensão punitiva. 2. O processo penal tutela dois direitos de natureza pública: tanto os direitos fundamentais do acusado, voltados para a liberdade, quanto a pretensão punitiva. Não interessa ao Estado punir inocentes, tampouco absolver culpados, embora essa última solução se afigure menos danosa. 3. Não é possível conferir a essa norma, que inseriu condição de procedibilidade, um efeito de extinção de punibilidade, quando claramente o legislador não o pretendeu. 4. A retroação do § 5º do art. 171 do Código Penal alcança todos os processos em curso, ainda sem trânsito em julgado, sendo que essa não gera a extinção da punibilidade automática dos processos em curso, nos quais a vítima não tenha se manifestado favoravelmente à persecução penal. Aplicação do art. 91 da Lei n. 9.099/1995 por analogia. 5. O ato jurídico perfeito e a retroatividade da lei penal mais benéfica são direitos fundamentais de primeira geração, previstos nos incisos XXXVI e XL do art. 5º da Constituição Federal. Por se tratarem de direitos de origem liberal, concebidos no contexto das revoluções liberais, voltam-se ao Estado como limitadores de poder, impondo deveres de omissão, com o fim de garantir esferas de autonomia e de liberdade individual. Considerar o recebimento da denúncia como ato jurídico perfeito inverteria a natureza dos direitos fundamentais, visto que equivaleria a permitir que o Estado invocasse uma garantia fundamental frente a um cidadão. 6. Ordem parcialmente concedida, confirmando-se a liminar, para determinar a aplicação retroativa do § 5º do art. 171 do Código Penal, inserido pela Lei n. 13.964/2019, devendo ser a vítima intimada para manifestar interesse na continuação da persecução penal em 30 dias, sob pena de decadência, em aplicação analógica do art. 91 da Lei n. 9.099/1995 (HC 583.837/SC, Rel. Ministro Sebastião Reis Júnior, Sexta Turma, julgado em 04/08/2020, DJe 12/08/2020). Prevaleceu, no Superior Tribunal de Justiça (após manifestação da 3ª Seção da Corte), o entendimento da 5ª Turma (defendido nesta obra):

Dispositivo	Comentários
	PROCESSUAL PENAL. HABEAS CORPUS SUBSTITUTIVO. ESTELIONATO. LEI N. 13.964/2019 (PACOTE ANTICRIME). RETROATIVIDADE. INVIABILIDADE. ATO JURÍDICO PERFEITO. CONDIÇÃO DE PROCEDIBILIDADE. WRIT INDEFERIDO. 1. A retroatividade da norma que previu a ação penal pública condicionada, como regra, no crime de estelionato, é desaconselhada por, ao menos, duas ordens de motivos. 2. A primeira é de caráter processual e constitucional, pois o papel dos Tribunais Superiores, na estrutura do Judiciário brasileiro é o de estabelecer diretrizes aos demais Órgãos jurisdicionais. Nesse sentido, verifica-se que o STF, por ambas as turmas, já se manifestou no sentido da irretroatividade da lei que instituiu a condição de procédibilidade no delito previsto no art. 171 do CP. 3. Em relação ao aspecto material, tem-se que a irretroatividade do art. 171, § 5º, do CP, decorre da própria mens legis, pois, mesmo podendo, o legislador previu apenas a condição de procedibilidade, nada dispondo sobre a condição de prosseguibilidade. Ademais, necessário ainda registrar a importância de se resguardar a segurança jurídica e o ato jurídico perfeito (art. 25 do CPP), quando já oferecida a denúncia. 4. Não bastassem esses fundamentos, necessário registrar, ainda, prevalecer, tanto neste STJ quanto no STF, o entendimento "a representação, nos crimes de ação penal pública condicionada, não exige maiores formalidades, sendo suficiente a demonstração inequívoca de que a vítima tem interesse na persecução penal. Dessa forma, não há necessidade da existência nos autos de peça processual com esse título, sendo suficiente que a vítima ou seu representante legal leve o fato ao conhecimentos das autoridades." (AgRg no HC 435.751/DF, Rel. Ministro NEFI CORDEIRO, SEXTA TURMA, julgado em 23/08/2018, DJe 04/09/2018). 6. Habeas corpus indeferido (HC 610.201/SP, Rel. Ministro RIBEIRO DANTAS, TERCEIRA SEÇÃO, julgado em 24/03/2021, DJe 08/04/2021).

Competência: a competência para processar e julgar o crime de estelionato sempre trouxe muitas dúvidas quando vítima e autor do fato estão em localidades diferentes. Essa dubiedade se deve ao fato do estelionato ser crime material com duplo resultado (prejuízo da vítima e vantagem ilícita do autor do fato).

A Terceira Seção do Superior Tribunal de Justiça demonstrou essa oscilação, inicialmente decidindo que a competência (em caso de estelionato praticado com transferência de dinheiro da conta da vítima para conta indicada pelo autor do fato) é do juízo do local onde se situa a conta da vítima:

> CONFLITO NEGATIVO DE COMPETÊNCIA ENTRE JUÍZOS ESTADUAIS. ESTELIONATO. INQUÉRITO POLICIAL. GOLPE REALIZADO POR EMPRESA DE COBRANÇA. TRANSFERÊNCIA BANCÁRIA ENTRE CONTAS CORRENTES. COMPETÊNCIA DO JUÍZO DO LOCAL ONDE A VÍTIMA MANTÉM CONTA BANCÁRIA. 1. O presente conflito de competência deve ser conhecido, por se tratar de incidente instaurado entre juízos vinculados a Tribunais distintos, nos termos do art. 105, inciso I, alínea d da Constituição Federal – CF. 2. O núcleo da controvérsia consiste em definir a competência para prestar jurisdição na hipótese de estelionato cuja

> obtenção da vantagem ilícita foi concretizada via transferência bancária entre contas correntes feita pela vítima em favor do agente do delito. 3. Nos termos do art. 70 do Código de Processo Penal – CPP, "a competência será, de regra, determinada pelo lugar em que se consumar a infração, ou, no caso de tentativa, pelo lugar em que for praticado o último ato de execução". 4. No caso de transferências bancárias (TEDs), a competência para a apuração do delito é do Juízo do local da agência bancária da vítima, porque a consumação ocorre quando o numerário é retirado do banco sacado para a transferência. Precedentes da Terceira Seção: CC 158.703/DF, Rel. Ministro REYNALDO SOARES DA FONSECA, DJe 27/8/2018 e CC 166.009/SP, de minha relatoria, DJe 9/9/2019. 5. No caso concreto, as transferências de valores (TEDs) foram realizadas a partir da conta bancária da agência 0806 pertencente à Cooperativa Sicredi, situada na Avenida Paraná – Canarana/MT, conforme informação extraída dos extratos de bancários da empresa vítima e do site da aludida cooperativa. 6. "A jurisprudência tem reconhecido a possibilidade de declaração da competência de um terceiro juízo que não figure no conflito de competência em julgamento, quer na qualidade de suscitante, quer na qualidade de suscitado". Precedentes da Terceira Seção: CC n. 161.339/MT, relator Ministro REYNALDO SOARES DA FONSECA, DJe 11/12/2018 e CC 148.019/RN, Rel. Ministro ANTONIO SALDANHA PALHEIRO, DJe 16/4/2019. 7. Conflito de competência conhecido para declarar competente o Juízo de Direito da Comarca de Canarana/MT, considerando o local onde se situa a agência bancária da vítima bem como, que o estelionatário se concretizou mediante transferência bancária (CC 168.077/SP, Rel. Ministro JOEL ILAN PACIORNIK, TERCEIRA SEÇÃO, julgado em 23/10/2019, DJe 30/10/2019).

Pouco tempo após (informativo 663/STJ, de 14 de fevereiro de 2020) a mesma Terceira Seção decidiu que "na hipótese em que o estelionato se dá mediante vantagem indevida, auferida mediante o depósito em favor de conta bancária de terceiro, a competência deverá ser declarada em favor do juízo no qual se situa a conta favorecida". Eis as informações do inteiro teor:

> Até recentemente, a jurisprudência desta Corte orientava que, nos casos em que a vítima houvesse sido induzida a erro a efetuar depósito ou transferência bancária para conta de terceiro, o local da consumação do crime de estelionato seria o da agência bancária onde efetivada a transferência ou o depósito.
>
> Em precedentes mais recentes, a Terceira Seção modificou tal orientação, estabelecendo diferenciação entre a hipótese em que o estelionato se dá mediante falsificação ou adulteração de cheque (consumação no banco sacado, onde a vítima mantém a conta bancária), do caso no qual o crime ocorre mediante depósito ou transferência bancária (consumação na agência beneficiária do depósito ou da transferência bancária). Ocorre que há precedente subsequente (CC n. 166.009/SP, julgado em 28/8/2019) que restaurou a orientação primeva,

no sentido de que o prejuízo, na hipótese de transferência bancária, seria o do local da agência bancária da vítima.

Em razão da oscilação do entendimento jurisprudencial da própria Terceira Seção, a matéria foi novamente apreciada pelo colegiado.

Anote-se que a melhor solução jurídica seria aquela que estabelece distinção entre a hipótese de estelionato mediante depósito de cheque clonado ou adulterado (competência do Juízo do local onde a vítima mantém conta bancária), daquela na qual a vítima é induzida a efetivar depósito ou transferência bancária em prol do beneficiário da fraude (competência do Juízo onde situada a agência bancária beneficiária do depósito ou transferência).

Assim, se o crime só se consuma com a efetiva obtenção da vantagem indevida pelo agente ativo, é certo que só há falar em consumação, nas hipóteses de transferência e depósito, quando o valor efetivamente ingressa na conta bancária do beneficiário da fraude (CC 169.053-DF, Rel. Min. Sebastião Reis Júnior, Terceira Seção, por unanimidade, julgado em 11/12/2019, DJe 19/12/2019).

Eis mais um julgado da Terceira Seção do Superior Tribunal de Justiça acerca do tema:

CONFLITO DE COMPETÊNCIA. ESTELIONATO VIA DEPÓSITO BANCÁRIO EM DINHEIRO. COMPETÊNCIA DO LOCAL EM QUE SE OBTEVE A VANTAGEM INDEVIDA. COMPETÊNCIA DO JUÍZO SUSCITADO. 1. O presente conflito de competência deve ser conhecido, por se tratar de incidente instaurado entre juízos vinculados a Tribunais distintos, nos termos do art. 105, inciso I, alínea d da Constituição Federal – CF. 2. Nos termos do art. 70 do Código de Processo Penal – CPP, "a competência será, de regra, determinada pelo lugar em que se consumar a infração, ou, no caso de tentativa, pelo lugar em que for praticado o último ato de execução". Destarte, nas hipóteses de estelionato no qual a vítima efetua pagamento ao autor do delito por meio de cheque, a competência para a apuração do delito é do Juízo do local da agência bancária da vítima, porque a consumação se dá quando o cheque é descontado pelo banco sacado. Já no caso de a vítima ter feito o pagamento mediante depósito bancário em dinheiro, como ocorreu no caso concreto, a jurisprudência firmada nessa Corte entende que o delito consuma-se no local onde verificada a obtenção da vantagem indevida, ou seja, no momento em que o valor entra na esfera de disponibilidade do autor do crime. Precedentes da Terceira Seção: CC 167.025/RS, Rel. Ministro REYNALDO SOARES DA FONSECA, DJe 28/08/2019; CC 161.881/CE, de minha relatoria, DJe 25/03/2019; CC 162.076/RJ, de minha relatoria, DJe 25/03/2019 e CC 139.800/MG, Rel. Ministro REYNALDO SOARES DA FONSECA, DJe 1/7/2015. 3. Na espécie, os autos estão instruídos com cópia de depósitos bancários efetuado em dinheiro, indicando agências favorecidas na cidade de São Paulo. Assim, tendo a vítima efetuado o depósito em dinheiro a competência deve ser firmada pelo local das agências bancárias onde entrou o numerário em benefício dos autores do crime, no município de São Paulo/SP. 4. Conflito conhecido para declarar a competência do Juízo de Direito do Departamento de Inquéritos Policiais – DIPO 3 – Barra Funda/SP, o suscitado (CC 169.960/RS, Rel. Ministro JOEL ILAN PACIORNIK, TERCEIRA SEÇÃO, julgado em 11/03/2020, DJe 18/03/2020)

Com o fito de solucionar parte da controvérsia que gravita em torno do tema estudado, a Lei 14.155/21 inseriu o § 4º no artigo 70 do Código de Processo Penal (trata-se de regra específica relacionada à competência para processar e julgar algumas formas de praticar o crime de estelionato):

Art. 70 (...)

§ 4º Nos crimes previstos no art. 171 do Código Penal, quando praticados mediante depósito, mediante emissão de cheques sem suficiente provisão de fundos em poder do sacado ou com o pagamento frustrado ou mediante transferência de valores, a competência será definida pelo local do domicílio da vítima, e, em caso de pluralidade de vítimas, a competência firmar-se-á pela prevenção.

O dispositivo pode ser assim resumido:

Crime	Hipóteses (crime perpetrado mediante)	Competência
Estelionato	depósito	Domicílio da vítima
	emissão de cheque sem suficiente provisão de fundos em poder do sacado	
	emissão de cheque com o pagamento frustrado	
	transferência de valores	

Hipótese	Competência
Pluralidade de vítimas (em estelionatos praticados mediante depósito, mediante emissão de cheques sem suficiente provisão de fundos em poder do sacado ou com o pagamento frustrado ou mediante transferência de valores)	Prevenção

Penso que o novel mandamento legal redundou na superação da Súmula 244/STJ e da Súmula 521/STF:

Súmula	Competência determinada pela Lei 14.155/21
Súmula 244/STJ – Compete ao foro do local da recusa processar e julgar o crime de estelionato mediante cheque sem provisão de fundos	Domicílio da vítima
Súmula 521/STF – O foro competente para o processo e julgamento dos crimes de estelionato, sob a modalidade da emissão dolosa de cheque sem provisão de fundos, é o do local onde se deu a recusa do pagamento pelo sacado.	Domicílio da vítima

Aplicação imediata da Lei 14.155/21 em processos em andamento: como a lei processual penal tem aplicação imediata (inclusive aos processos que estão em andamento), na forma do artigo 2º do Código de Processo Penal[233], será a possível a remessa do caso criminal em andamento ao juízo agora competente (do domicílio da vítima).

Penso, contudo, que, por se tratar de competência territorial (em razão do lugar), essa remessa só será devida em processos que estejam na fase da resposta escrita à acusação. Explico. A inobservância das regras atinentes à competência em razão do lugar gera nulidade relativa e o momento oportuno para levantar o lapso é o descrito no artigo 108 do Código de Processo Penal (mediante oposição de exceção de incompetência), sob pena de preclusão.

Aplicação imediata da Lei 14.155/21 durante o inquérito policial: se o estelionato praticado mediante depósito, mediante emissão de cheques sem suficiente provisão de fundos em poder do sacado ou com o pagamento frustrado ou mediante transferência de valores (perpetrado antes da entrada em vigor do novel mandamento legal) ainda estiver sendo apurado nos autos de inquérito policial, penso que o delegado de polícia deve representar ao juízo outrora competente o declínio de sua competência em favor do juízo do local do domicílio da vítima (com fulcro no citado artigo 2º do Código de Processo Penal).

Crime de estelionato praticado por meio de cheque clonado: o Superior Tribunal de Justiça entendeu que o crime de estelionato pratico com uso de cheque falsificado não se encaixa no § 4º do artigo 70 do Código de Processo Penal, devendo ser seguida a regra geral para fixação da competência em razão do lugar (lugar da consumação do delito). No caso concreto (vide informativo 728), o Areópago considerou que quando o autor do fato clona uma ordem de pagamento à vista e tentar sacar, na boca do caixa, o valor nele desenhado, a competência para processá-lo é do juízo do local do banco sacado (banco no qual a vítima possui conta e onde o prejuízo seria, de fato suportado por esta).

Entendimentos sumulados: acerca do crime de estelionato, é importante a leitura das seguintes Súmulas (do Superior Tribunal de Justiça e do Supremo Tribunal Federal). Destaco aqui as que ainda não foram esmiuçadas supra:

> Súmula 17/STJ – Quando o falso se exaure no estelionato, sem mais potencialidade lesiva, e por este absorvido.
>
> **COMENTÁRIO:** o verbete trata da aplicação do **princípio da consunção**, quando o falso é meio para prática do estelionato (se o falso não se exaure no estelionato, pune-se o agente pela prática de ambos os crimes, em concurso).

233 Art. 2º A lei processual penal aplicar-se-á desde logo, sem prejuízo da validade dos atos realizados sob a vigência da lei anterior.

Súmula 48/STJ – Compete ao juízo do local da obtenção da vantagem ilícita processar e julgar crime de estelionato cometido mediante falsificação de cheque.

COMENTÁRIO: se o crime de estelionato é cometido mediante falsificação de cheque, o crime deve ser julgado no local da obtenção da vantagem ilícita. Exemplifico:

SITUAÇÃO HIPOTÉTICA: Suponha que JOÃO falsificou cheque de PEDRO (correntista de agência localizada em João Pessoa/PB) e o passou em Salvador/BA para comprar determinado bem móvel (considere que o cheque não chegou a ser compensado).

SOLUÇÃO: de acordo com o entendimento sumulado, a competência para processar e julgar JOÃO será de uma das varas criminais da comarca de Salvador/BA (onde o autor obteve a vantagem ilícita).

Sumula 73/STJ – A utilização de papel moeda grosseiramente falsificado configura, em tese, o crime de estelionato, da competência da Justiça Estadual.

COMENTÁRIO: se a falsificação do papel moeda é de boa qualidade, há crime de moeda falsa (crime contra a fé pública da União). Se a falsificação é grosseira, há crime de estelionato. Eis tabela que sintetiza as diferenças:

Crime	**Conduta**	**Competência**	**Bem jurídico protegido**	**Princípio da insignificância**	**Arrependimento posterior**
Moeda falsa	Falsificação de moeda (em curso no Brasil ou no estrangeiro) de boa qualidade	Justiça federal	Fé pública da União	Não é possível	Não é possível
Estelionato	Falsificação grosseira de papel moeda usada para ludibriar a vítima	Justiça estadual	Patrimônio da vítima	É possível	É possível

Súmula 107/STJ – Compete a justiça comum estadual processar e julgar crime de estelionato praticado mediante falsificação das guias de recolhimento das contribuições previdenciárias, quando não ocorrente lesão a autarquia federal.

Causa de aumento de pena (inaplicabilidade do princípio da insignificância): sobre o § 3º do artigo 171 do Código Penal (estelionato majorado), leia a tese 2 do Superior Tribunal de Justiça (edição 84 da jurisprudência em teses) – **inaplicabilidade do princípio da insignificância ao estelionato majorado** (cometido contra a administração pública):

2) O princípio da insignificância é inaplicável ao crime de estelionato quando cometido contra a administração pública, uma vez que a conduta ofende o patrimônio público, a moral administrativa e a fé pública, possuindo elevado grau de reprovabilidade.

O Supremo Tribunal Federal segue o mesmo entendimento (impossibilidade de reconhecimento do princípio da insignificância em relação à prática do crime de estelionato previdenciário – tipificado no § 3º do artigo 171):

> Habeas corpus. Penal. Estelionato praticado contra a Previdência Social. Artigo 171, § 3º, do Código Penal. Princípio da insignificância. Inaplicabilidade. Elevado grau de reprovabilidade da conduta praticada, o que não legitima a aplicabilidade do postulado. Ordem denegada. 1. A aplicação do princípio da insignificância, de modo a tornar a conduta atípica, carece, entre outros fatores, além da pequena expressão econômica do bem objeto de subtração, de um reduzido grau de reprovabilidade da conduta do agente. 2. Ainda que se admitisse como norte para aferição do relevo material da conduta praticada pelo paciente a tese de que a própria Fazenda Pública não promove a execução fiscal para débitos inferiores a R$ 10.000 (dez mil reais) – Lei nº 10.522/02 -, remanesceria, na espécie, o alto grau de reprovabilidade da conduta praticada. Esse fato, por si só, não legitimaria a aplicabilidade do postulado da insignificância. 3. Paciente que, após o falecimento de terceiro, recebeu indevidamente, no período de junho de 2001 a fevereiro de 2003, o benefício de prestação continuada a ele devido, causando prejuízo ao INSS na ordem de R$ 4.000,00 (quatro mil reais). 4. Esse tipo de conduta contribui negativamente com o déficit previdenciário do regime geral, que alcança, atualmente, expressivos 5,1 bilhões de reais. Não obstante ser ínfimo o valor obtido com o estelionato praticado, à luz do déficit indicado, se a prática de tal forma de estelionato se tornar comum, sem qualquer repressão penal da conduta, certamente se agravaria a situação dessa prestadora de serviço fundamental à sociedade, responsável pelos pagamentos das aposentadorias e dos demais benefícios dos trabalhadores brasileiros. Daí porque se afere como elevado o grau de reprovabilidade da conduta praticada. 5. Segundo a jurisprudência da Corte "o princípio da insignificância, cujo escopo é flexibilizar a interpretação da lei em casos excepcionais, para que se alcance o verdadeiro senso de justiça, não pode ser aplicado para abrigar conduta cuja lesividade transcende o âmbito individual e abala a esfera coletiva" (HC nº 107.041/SC, Primeira Turma, de minha relatoria, DJe de 7/10/11). 6. Ordem denegada. (HC 111918, Relator(a): Min. DIAS TOFFOLI, Primeira Turma, julgado em 29/05/2012, PROCESSO ELETRÔNICO DJe-122 DIVULG 21-06-2012 PUBLIC 22-06-2012).

Devolução da vantagem indevida percebida no estelionato previdenciário: a devolução da vantagem ilicitamente percebida no estelionato previdenciário antes do recebimento da denúncia não extingue a punibilidade do agente (é possível reconhecimento, conduto, do arrependimento posterior – artigo 16 do Código Penal). Vide tese do Superior Tribunal de Justiça sobre o tema (edição 84 da jurisprudência em teses):

> 7) A devolução à Previdência Social da vantagem percebida ilicitamente, antes do recebimento da denúncia, não extingue a punibilidade do crime de estelionato

previdenciário, podendo, eventualmente, caracterizar arrependimento posterior, previsto no art. 16 do CP.

Crime permanente x crime instantâneo com efeitos permanentes x crime continuado: o Superior Tribunal de Justiça tem entendimento diferenciado em relação a três situações que gravitam em torno crime de estelionato previdenciário (as teses 4 e 5 sintetizam o chamado caráter dúplice do estelionato previdenciário): a) prática do crime pelo beneficiário (tese 4); b) prática do crime por terceiro (com inserção única de dados fraudulentos) – tese 5; c) saques ilícitos feitos por terceiro que se passa pelo beneficiário depois da morte (tese 6):

> 4) O delito de estelionato previdenciário (art. 171, § 3º do CP), praticado pelo próprio beneficiário, tem natureza de crime permanente uma vez que a ofensa ao bem jurídico tutelado é reiterada, iniciando-se a contagem do prazo prescricional com o último recebimento indevido da remuneração.
>
> 5) O delito de estelionato previdenciário, praticado para que terceira pessoa se beneficie indevidamente, é crime instantâneo com efeitos permanentes, iniciando-se a contagem do prazo prescricional a partir da primeira parcela do pagamento relativo ao benefício indevido.
>
> 6) Aplica-se a regra da continuidade delitiva (art. 71 do CP) ao crime de estelionato previdenciário praticado por terceiro, que após a morte do beneficiário segue recebendo o benefício regularmente concedido ao segurado, como se este fosse, sacando a prestação previdenciária por meio de cartão magnético todos os meses.

O Supremo Tribunal Federal segue o mesmo entendimento em relação ao estelionato previdenciário cometido pelo beneficiário da pensão (confira os grifos):

> HABEAS CORPUS. PROCESSUAL PENAL E DIREITO PENAL. SUBSTITUTIVO DE RECURSO CONSTITUCIONAL. INADEQUAÇÃO DA VIA ELEITA. ESTELIONATO PREVIDENCIÁRIO. NATUREZA JURÍDICA. CRIME PERMANENTE. PRESCRIÇÃO. INOCORRÊNCIA. 1. Contra acórdão exarado em recurso ordinário em habeas corpus remanesce a possibilidade de manejo do recurso extraordinário previsto no art. 102, III, da Constituição Federal. Diante da dicção constitucional, inadequada a utilização de novo habeas corpus, em caráter substitutivo. 2. **O crime de estelionato previdenciário, quando praticado pelo próprio favorecido pelas prestações, tem caráter permanente, cessando a atividade delitiva apenas com o fim de sua percepção, termo a quo do prazo prescricional.** Precedentes. 3. **Iniciado o prazo prescricional com a cessação da atividade delitiva**, não é cabível o reconhecimento da extinção da punibilidade no caso concreto. Inocorrência da prescrição. 4. Habeas corpus extinto sem resolução de mérito (HC 121390, Relator(a): Min. Rosa Weber, Primeira Turma, julgado em 24/02/2015, processo eletrônico DJe-049 DIVULG 12-03-2015 PUBLIC 13-03-2015)

Tabela que sintetiza o estelionato previdenciário: eis síntese do estelionato previdenciário:

<table>
<tr><th>Crime</th><th>Competência</th><th>Princípio da insignificância</th><th>Arrependimento posterior</th><th colspan="2">Momento consumativo</th></tr>
<tr><td rowspan="3">Estelionato previdenciário (artigo 171 § 3º)</td><td rowspan="3">Justiça federal</td><td rowspan="3">Não é possível</td><td rowspan="3">É possível</td><td>Praticado pelo beneficiário</td><td>Crime permanente</td></tr>
<tr><td>Praticado por terceiro que não se beneficia mês a mês</td><td>Crime instantâneo de efeitos permanente</td></tr>
<tr><td>Saque pós óbito</td><td>Crime continuado</td></tr>
</table>

Questão de concurso público: veja como o assunto já foi cobrado em concurso público.

1 – (Delegado de Polícia Civil/RJ/2012) Walter, motoboy de uma farmácia, após receber de um cliente um cheque de R$ 20,00, entrega ao estabelecimento a quantia em espécie, mantendo-se na posse do título. Em seguida, o adultera, modificando o valor original para R$ 2.000,00. De posse do documento adulterado, vai até o banco para descontá-lo, mas o gerente, percebendo a fraude, liga para a Delegacia da área, alertando sobre o fato. Ao perceber a chegada da viatura, Walter deixa apressadamente a instituição financeira, abandonando, no local, o título falsificado. Nesse contexto, é correto afirmar que a conduta de Walter:

a) configura crime de estelionato, na forma tentada, pois o delito foi interrompido por circunstâncias alheias à sua vontade.

b) se amolda ao tipo penal da apropriação indébita, na forma tentada, pois o delito foi interrompido por circunstâncias alheias à sua vontade.

c) é tipificada como crime de furto mediante fraude, na forma tentada, pois o delito foi interrompido por circunstâncias alheias à sua vontade.

d) caracteriza crime de falsificação de documento público, pois, havendo desistência voluntária, o autor só responde pelos atos até então praticados.

e) é atípica, pois ocorreu a desistência voluntária e a falsidade existente resta absorvida pela finalidade patrimonial.

Gabarito comentado:

Questão	Reposta	Comentário
1	Letra A	A adulteração do valor de face do cheque descrita no quesito se traduz em crime de estelionato. Como o agente não obteve a vantagem pretendida em prejuízo da vítima por circunstâncias alheias a sua vontade, tem-se tentativa (crime material).

Duplicata simulada

Art. 172 – Emitir fatura, duplicata ou nota de venda que não corresponda à mercadoria vendida, em quantidade ou qualidade, ou ao serviço prestado.

Pena – detenção, de 2 (dois) a 4 (quatro) anos, e multa.

Parágrafo único. Nas mesmas penas incorrerá aquele que falsificar ou adulterar a escrituração do Livro de Registro de Duplicatas.

Classificação: crime próprio (cometido por quem emite fatura, duplicata ou nota de venda) e doloso.

O delito é de ação penal pública incondicionada, admite acordo de não persecução penal (artigo 28-A do CPP) e fiança arbitrada pela autoridade policial (artigo 322 do CPP).

Conduta proibida: a conduta proibida pelo tipo é a emissão de fatura, duplicata ou nota de venda que não corresponda à mercadoria vendida, em quantidade ou qualidade, ou ao serviço prestado (objeto material).

Acerca do momento consumativo, vide decisão do Superior Tribunal de Justiça (transcrevo apenas parte do julgado):

> 1. O delito relativo à duplicata simulada consiste na emissão de fatura, duplicata ou nota de venda que não corresponda à mercadoria efetivamente vendida ou ao serviço prestado, ou seja, o documento pode se referir tanto a um negócio inexistente, como ao que tenha sido realizado de forma diversa da descrita pelo emissor. 2. No que tange ao momento consumativo do fato criminoso imputado nos autos, já foi decidido por este Sodalício que "O delito do artigo 172 do CP sempre foi, na antiga e na atual redação, crime de natureza formal. Consuma-se com a expedição da duplicata simulada, antes mesmo do desconto do título falso perante a instituição bancária" (REsp 147.507/RS, Rel. Ministro JOSÉ ARNALDO DA FONSECA, QUINTA TURMA, julgado em 03/08/2000, DJ 18/09/2000, p. 147) (AgRg no REsp 1482745/SP, Rel. Ministro Jorge Mussi, Quinta Turma, julgado em 22/05/2018, DJe 28/05/2018).

Figura equiparada: nas mesmas penas incorre quem falsificar o adulterar a escrituração do Livro de Registro de Duplicatas.

Abuso de incapazes

Art. 173 – Abusar, em proveito próprio ou alheio, de necessidade, paixão ou inexperiência de menor, ou da alienação ou debilidade mental de outrem, induzindo qualquer deles à prática de ato suscetível de produzir efeito jurídico, em prejuízo próprio ou de terceiro:

Pena – reclusão, de dois a seis anos, e multa.

Classificação: crime comum (exige-se condição especial da vítima e não do autor do fato) e doloso.

O delito é de ação penal pública incondicionada e admite acordo de não persecução penal (artigo 28-A do CPP).

Condutas proibidas: eis a conduta proibida no tipo (divido-a, para facilitar a compreensão):

Abusar, em proveito próprio ou alheio, de	necessidade	de menor	induzindo-o à prática de ato suscetível de produzir efeito jurídico, em prejuízo próprio ou de terceiro.
	Paixão		
	inexperiência		

ou

Abusar, em proveito próprio ou alheio,	de alienado	induzindo-os à prática de ato suscetível de produzir efeito jurídico, em prejuízo próprio ou de terceiro.
	de débil mental	

Nota-se, destarte, que, em relação ao menor, é preciso que o agente (com o objetivo de obter proveito para si mesmo ou para outrem) abuse de necessidade, paixão ou inexperiência para induzi-lo à prática do ato que possa trazer prejuízo ao próprio ou a terceiro. Já no que toca ao alienado ou débil mental, basta observar o abuso (com o intuito de obter proveito para si mesmo ou para outrem) e a indução ao ato que pode trazer prejuízo para vítima ou para terceiro.

A consumação ocorre com a prática do ato (em razão da indução dolosa do agente), pela vítima, independentemente do prejuízo (trata-se, pois, de crime formal). Não é necessário que o autor obtenha o proveito pretendido, nem que a vítima sofra prejuízo.

Natureza do proveito x natureza do prejuízo: prevalece na doutrina o entendimento de que apenas o prejuízo da vítima precisa ter natureza patrimonial (o crime tipificado no artigo 173 do Código Penal é crime contra o patrimônio). O proveito pretendido, contudo, pode ter outra natureza (não reclama necessária natureza patrimonial).

Menor emancipado: penso que o menor de 18 anos civilmente emancipado não pode ser sujeito passivo do crime aqui estudado. A menoridade civil (e a incapacidade dela decorrente) cessa, nos termos do artigo 5º do Código Civil, nas seguintes situações:

> Art. 5º A menoridade cessa aos dezoito anos completos, quando a pessoa fica habilitada à prática de todos os atos da vida civil.
>
> Parágrafo único. Cessará, para os menores, a incapacidade:
>
> I – pela concessão dos pais, ou de um deles na falta do outro, mediante instrumento público, independentemente de homologação judicial, ou por sentença do juiz, ouvido o tutor, se o menor tiver dezesseis anos completos;
>
> II – pelo casamento;
>
> III – pelo exercício de emprego público efetivo;

IV – pela colação de grau em curso de ensino superior;

V – pelo estabelecimento civil ou comercial, ou pela existência de relação de emprego, desde que, em função deles, o menor com dezesseis anos completos tenha economia própria.

Induzimento à especulação

Art. 174 – Abusar, em proveito próprio ou alheio, da inexperiência ou da simplicidade ou inferioridade mental de outrem, induzindo-o à prática de jogo ou aposta, ou à especulação com títulos ou mercadorias, sabendo ou devendo saber que a operação é ruinosa:

Pena – reclusão, de um a três anos, e multa.

Classificação: crime comum (pode ser cometido por qualquer pessoa), doloso (reclama especial fim de agir – obtenção de proveito próprio ou alheio) e formal (não é preciso que a vantagem pretendida seja obtida efetivamente).

O delito é de ação penal pública incondicionada, admite acordo de não persecução penal (artigo 28-A do CPP), suspensão condicional do processo (artigo 89 da Lei 9.099/95) e fiança arbitrada pela autoridade policial (artigo 322 do CPP).

Conduta proibida: eis a conduta proibida no tipo:

<table>
<tr><th colspan="5">Artigo 174 do Código Penal</th></tr>
<tr><td rowspan="3">Abusar, em proveito próprio ou alheio</td><td>da inexperiência de outrem</td><td rowspan="3">induzindo-o à prática de</td><td>jogo</td><td>sabendo que a operação é ruinosa.</td></tr>
<tr><td>da simplicidade de outrem</td><td>aposta</td><td rowspan="2">devendo saber que a operação é ruinosa.</td></tr>
<tr><td>da inferioridade mental de outrem</td><td>à especulação com títulos ou mercadorias</td></tr>
</table>

A vítima aqui não é incapaz (como no tipo anterior), mas é ingênua, inexperiente, simples ou tem mentalidade inferior.

A intenção do agente é obter proveito (próprio ou alheio), por meio da indução da vítima (que é inexperiente, simples ou inferior mentalmente) à prática de jogo (aqui há algum espaço para a habilidade do jogador resultar em vitória, como no pôquer), aposta (aqui há completa álea e o resultado não depende do apostador, como ocorre na corrida de cavalos) ou especulação com títulos ou mercadorias (investimento em bolsa de valores, por exemplo). É preciso que o agente atue de má-fé (ele precisa saber ou dever saber que a operação é ruinosa para a vítima). Não é necessário, contudo, que o agente obtenha o proveito pretendido, nem que a vítima efetivamente sofra prejuízo (crime formal).

Eis exemplo de prática delituosa enquadrada no artigo 174 do Código Penal ("jogo das tampinhas"), extraída do Tribunal de Justiça de Santa Catarina:

APELAÇÃO CRIMINAL. CRIME CONTRA O PATRIMÔNIO. INDUZIMENTO À ESPECULAÇÃO. "JOGO DO DEDAL". ABSOLVIÇÃO INVIÁVEL. MATERIALIDADE, AUTORIA E PRÁTICA DO TIPO CRIMINOSO DEVIDAMENTE DEMONSTRADAS NOS AUTOS. DESCLASSIFICAÇÃO PARA A CONTRAVENÇÃO PENAL DE JOGO DE AZAR IMPRATICÁVEL. PRECEDENTES. RECURSO NÃO PROVIDO. [...] Caracteriza o crime do art. 174 do CP, e não a contravenção do art. 50 da LCP, o denominado "jogo das tampinhas", no qual o agente coloca uma bolinha sob uma das três forminhas de metal, à vista dos circunstantes e rapidamente passa a alterar suas posições, sendo impossível ao apostador acertar a forminha que contém a bolinha por ter sido esta escondida pelo réu entre seus dedos, fraude esta que elimina o fator sorte. [...] (RJTACRIM 38/195). (TJSC, Apelação Criminal n. 2008.077425-7, de Imaruí, rel. Tulio Pinheiro, Segunda Câmara Criminal, j. 19-04-2011).

Fraude no comércio

Art. 175 – Enganar, no exercício de atividade comercial, o adquirente ou consumidor:

I – vendendo, como verdadeira ou perfeita, mercadoria falsificada ou deteriorada;

II – entregando uma mercadoria por outra:

Pena – detenção, de seis meses a dois anos, ou multa.

§ 1º – Alterar em obra que lhe é encomendada a qualidade ou o peso de metal ou substituir, no mesmo caso, pedra verdadeira por falsa ou por outra de menor valor; vender pedra falsa por verdadeira; vender, como precioso, metal de ou outra qualidade:

Pena – reclusão, de um a cinco anos, e multa.

§ 2º – É aplicável o disposto no art. 155, § 2º.

Revogação do tipo: há discussão acerca da revogação ou não do dispositivo estudado por mandamentos legais mais recentes (Lei 8.078/90[234], Lei 8.137/90[235] e Lei 9.279/96[216]).

---

234 Art. 66. Fazer afirmação falsa ou enganosa, ou omitir informação relevante sobre a natureza, característica, qualidade, quantidade, segurança, desempenho, durabilidade, preço ou garantia de produtos ou serviços:

Pena – Detenção de três meses a um ano e multa.

§ 1º Incorrerá nas mesmas penas quem patrocinar a oferta.

§ 2º Se o crime é culposo;

Pena Detenção de um a seis meses ou multa.

235 Art. 7º Constitui crime contra as relações de consumo:

(...)

IX – vender, ter em depósito para vender ou expor à venda ou, de qualquer forma, entregar matéria-prima ou mercadoria, em condições impróprias ao consumo;

Rogério Sanches Cunha[237], citando Cesar Roberto Bitencourt, entende não ter havido completa revogação tácita do tipo.

Classificação: crime doloso, próprio (praticado por quem exerce atividade comercial) e material.

Trata-se de infração de menor potencial ofensivo (na forma simples) de ação penal pública incondicionada.

Figura qualificada: o § 1º do artigo 175 do Código Penal prevê figura qualificada (pena de um a cinco anos de reclusão e multa) relacionada a comerciante (crime próprio) que altera obra que lhe é encomendada (em relação à qualidade, peso do metal, substituição de pedra verdadeira por falsa ou de menor valor, venda de pedra falsa por verdadeira ou venda, como precioso, de metal ou de outra qualidade).

A leitura atenta da qualificadora revela que o tipo se refere à venda de pedras ou metais preciosos (joias), protegendo o consumidor que adquire esses produtos (normalmente muito caros).

O crime admite acordo de não persecução penal (artigo 28-A do CPP) e suspensão condicional do processo (artigo 89 da Lei 9.099/95).

Fraude privilegiada: o § 2º do artigo 175 do Código Penal prevê privilégio (aplicação do § 2º do artigo 155 do mesmo diploma), caso o réu seja primário e a coisa seja de pequeno valor.

As soluções benéficas são: a) redução de pena (de 1/3 a 2/3), b) aplicação de pena de multa; c) substituição da pena de reclusão por detenção (aplicável apenas à figura qualificada, já que a figura simples já é punida com pena de detenção).

Outras fraudes

Art. 176 – Tomar refeição em restaurante, alojar-se em hotel ou utilizar-se de meio de transporte sem dispor de recursos para efetuar o pagamento:

Pena – detenção, de quinze dias a dois meses, ou multa.

Parágrafo único – Somente se procede mediante representação, e o juiz pode, conforme as circunstâncias, deixar de aplicar a pena.

Pena – detenção, de 2 (dois) a 5 (cinco) anos, ou multa.

Parágrafo único. Nas hipóteses dos incisos II, III e IX pune-se a modalidade culposa, reduzindo-se a pena e a detenção de 1/3 (um terço) ou a de multa à quinta parte.

236 Art. 190. Comete crime contra registro de marca quem importa, exporta, vende, oferece ou expõe à venda, oculta ou tem em estoque:

I – produto assinalado com marca ilicitamente reproduzida ou imitada, de outrem, no todo ou em parte; ou

II – produto de sua indústria ou comércio, contido em vasilhame, recipiente ou embalagem que contenha marca legítima de outrem.

Pena – detenção, de 1 (um) a 3 (três) meses, ou multa.

237 CUNHA, Rogério Sanches. **Código Penal para concursos**. Salvador, 13ª edição, Juspodivm, 2020, p. 668/669.

Classificação: crime doloso, comum e material.

Trata-se de infração de menor potencial ofensivo de ação penal pública condicionada à representação.

Condutas proibidas: eis tabela que sintetiza as condutas proibidas previstas no artigo 176 do Código Penal:

Condutas proibidas - artigo 176 do Código Penal	
Tomar refeição em restaurante	Sem dispor de recursos para efetuar o pagamento
Alojar-se em hotel	
Utilizar-se de meio de transporte	

É importante perceber que o crime só resta perpetrado se o agente não tem recursos para efetuar o pagamento da refeição, das diárias ou da viagem no meio de transporte. Há necessidade de que o agente perpetre uma das condutas comissivas (tomar a refeição, alojar-se no hotel ou utilizar-se meio de transporte) e a conduta omissiva (não informar que não dispõe dos recursos para efetuar o pagamento). A fraude é detectada nesse silêncio.

Se o agente possui dinheiro para pagar pela refeição, hospedagem ou transporte e não o faz, é possível vislumbrar ilícito cível ou prática do crime de estelionato, tipificado no artigo 171 do Código Penal.

Dia da pendura: é tradicional que estudantes de Direito, no dia 11 de agosto, comemorem o dia da criação dos cursos jurídicos no Brasil[238] indo a restaurantes, fazendo refeições e não pagando a conta. É o "dia da pendura".

Não é possível falar, em regra, na prática do crime tipificado no artigo 176 do Código Penal, vez que no mais das vezes os estudantes têm condições de pagar pela refeição.

Repito o quanto desenhado supra. É preciso avaliar o caso concreto. É possível vislumbrar fato atípico (ilícito civil), prática de estelionato (artigo 171 do Código Penal) ou prática do crime tipificado no artigo 176 do Código Penal (caso preenchidas as elementares do dispositivo).

Perdão judicial: o parágrafo único do artigo 176 prevê possibilidade de perdão judicial (bagatela imprópria).

Fraudes e abusos na fundação ou administração de sociedade por ações

Art. 177 – Promover a fundação de sociedade por ações, fazendo, em prospecto ou em comunicação ao público ou à assembléia, afirmação falsa sobre a constituição da sociedade, ou ocultando fraudulentamente fato a ela relativo:

238 Em 11 de agosto de 1827, por meio de decreto do imperador Dom Pedro I.

Pena – reclusão, de um a quatro anos, e multa, se o fato não constitui crime contra a economia popular.

§ 1º – Incorrem na mesma pena, se o fato não constitui crime contra a economia popular:

I – o diretor, o gerente ou o fiscal de sociedade por ações, que, em prospecto, relatório, parecer, balanço ou comunicação ao público ou à assembléia, faz afirmação falsa sobre as condições econômicas da sociedade, ou oculta fraudulentamente, no todo ou em parte, fato a elas relativo;

II – o diretor, o gerente ou o fiscal que promove, por qualquer artifício, falsa cotação das ações ou de outros títulos da sociedade;

III – o diretor ou o gerente que toma empréstimo à sociedade ou usa, em proveito próprio ou de terceiro, dos bens ou haveres sociais, sem prévia autorização da assembléia geral;

IV – o diretor ou o gerente que compra ou vende, por conta da sociedade, ações por ela emitidas, salvo quando a lei o permite;

V – o diretor ou o gerente que, como garantia de crédito social, aceita em penhor ou em caução ações da própria sociedade;

VI – o diretor ou o gerente que, na falta de balanço, em desacordo com este, ou mediante balanço falso, distribui lucros ou dividendos fictícios;

VII – o diretor, o gerente ou o fiscal que, por interposta pessoa, ou conluiado com acionista, consegue a aprovação de conta ou parecer;

VIII – o liquidante, nos casos dos ns. I, II, III, IV, V e VII;

IX – o representante da sociedade anônima estrangeira, autorizada a funcionar no País, que pratica os atos mencionados nos ns. I e II, ou dá falsa informação ao Governo.

§ 2º – Incorre na pena de detenção, de seis meses a dois anos, e multa, o acionista que, a fim de obter vantagem para si ou para outrem, negocia o voto nas deliberações de assembléia geral.

Classificação: crime doloso, comum (pode ser perpetrado por qualquer pessoa) e expressamente subsidiário (o preceito secundário revela que só deve haver imputação do delito em testilha se a conduta não constituir crime contra a economia popular – Lei. 1.521/51).

O delito admite acordo de não persecução penal (artigo 28-A do CPP), suspensão condicional do processo (artigo 89 da Lei 9.099/95) e fiança arbitrada pela autoridade policial (artigo 322 do CPP).

Condutas proibidas: eis as condutas proibidas previstas no tipo:

<table>
<tr><th colspan="3">Artigo 177 do Código Penal</th></tr>
<tr><td rowspan="3">Promover a fundação de sociedade por ações, fazendo</td><td>em prospecto</td><td>afirmação falsa sobre a constituição da sociedade</td></tr>
<tr><td>em comunicação ao público</td><td rowspan="2">ocultando fraudulentamente fato a ela relativo</td></tr>
<tr><td>em comunicação à assembleia</td></tr>
</table>

Trata-se de crime formal (a consumação não reclama prejuízo alheio).

Figuras equiparadas: o § 1º do artigo 177 descreve 9 figuras equiparadas que se traduzem em crimes próprios, cometidos depois da constituição da sociedade por ações.

Como no *caput*, só é possível imputação do crime previsto no Código Penal se a conduta não constituir crime contra a economia popular.

Figura privilegiado: o § 2º do artigo 177 do Código Penal é figura privilegiada (pena de detenção de 6 meses a 2 anos e multa) perpetrada pelo acionista que, a fim de obter vantagem para si ou para outrem, negocia o voto nas deliberações de assembleia geral.

Trata-se de infração de menor potencial ofensivo de ação penal pública incondicionada, própria (crime praticado por acionista), dolosa e formal (consuma-se mesmo que não resulte em prejuízo a outrem).

Emissão irregular de conhecimento de depósito ou "warrant"

Art. 178 – Emitir conhecimento de depósito ou warrant, em desacordo com disposição legal:

Pena – reclusão, de um a quatro anos, e multa.

Classificação: crime doloso e comum (pode ser perpetrado por qualquer pessoa).

O delito é de ação penal pública incondicionada, admite acordo de não persecução penal (artigo 28-A do CPP), suspensão condicional do processo (artigo 89 da Lei 9.099/95) e fiança arbitrada pela autoridade policial (artigo 322 do CPP).

Conduta proibida: pune-se a emissão de conhecimento de depósito ou warrant e, desacordo com disposição legal.

Trata-se de crime formal, que se consuma mesmo que não exista efetivo prejuízo.

O artigo 178 do Código Penal é norma penal em branco, complementada pelo Decreto 1.102, de 21 de novembro de 1903 (modificado pela Lei Delegada 3, de 1962), que regula a emissão de conhecimento de depósito e warrant. Segundo Rogério Sanches

Cunha, a emissão dos títulos será ilegal quando: "I) a empresa de armazém geral não é legalmente constituída; II) o governo federal não houve autorizado a emissão; III) as mercadorias especificadas no título não existirem; IV) houver a emissão de mais de um título para as mesmas mercadorias"[239].

Fraude à execução

Art. 179 – Fraudar execução, alienando, desviando, destruindo ou danificando bens, ou simulando dívidas:

Pena – detenção, de seis meses a dois anos, ou multa.

Parágrafo único – Somente se procede mediante queixa.

Classificação: crime doloso, próprio (o sujeito ativo deve estar sendo alvo de execução[240]) e formal (já com a prática da fraude o crime restará perpetrado – ainda que não tenha existido efetivo prejuízo à execução, o crime restará consumado).

Trata-se de infração de menor potencial ofensivo de ação penal privada (a legitimidade para propositura da queixa-crime é do credor prejudicado).

Conduta proibida: a conduta proibida é fraudar a execução. A fraude pode ser perpetrada: a) alienando bens; b) desviando bens; c) destruindo bens; d) danificando bens; ou e) simulando dívidas.

Para prática do crime aqui estudado, como dito supra, penso ser imprescindível efetivo início processo civil executório.

Alienação de bens que não reduzam o devedor à insolvência: por óbvio, se o executado alienar bem que não o impeça de pagar sua dívida, não há prática do crime tipificado no artigo 179 do Código Penal (ainda que o bem tenha sido ofertado em garantia à dívida) – não haverá dolo de fraudar a execução. Nesse sentido, precedente do Superior Tribunal de Justiça (grifo meu):

> HABEAS CORPUS. FRAUDE À EXECUÇÃO. JUSTA CAUSA. AÇÃO PENAL. TRANCAMENTO. **1. Revela-se como atípica e, portanto, imune à sanção penal, a conduta do devedor que aliena parte de seu patrimônio, após citado para pagamento, em ação de execução, ou oferecimento de bens à penhora, se resta comprovado não haver seu patrimônio sofrido qualquer abalo em decorrência do ato, sendo – ainda – sintomática a aquisição com o valor recebido de imóvel de preço superior.** 2. Delito do art. 179 do Código Penal

239 CUNHA, Rogério Sanches. **Código Penal para concursos**. Salvador, 13ª edição, Juspodivm, 2020, p. 676.

240 Rogério Sanches Cunha adverte que o sujeito ativo do tipo estudado não é o comerciante, porquanto esse deve responder pela prática do crime tipificado no artigo 168 da Lei 11.101/05 (in **Código Penal para concursos**. Salvador, 13ª edição, Juspodivm, 2020, p. 676).

não configurado. 3. Ordem concedida para trancar a ação penal por falta de justa causa (HC 15.317/SP, Rel. Ministro Fontes de Alencar, Rel. p/ Acórdão Ministro Fernando Gonçalves, Sexta Turma, julgado em 11/09/2001, DJ 23/06/2003, p. 443)

CAPÍTULO VII
DA RECEPTAÇÃO

Receptação

Art. 180 – Adquirir, receber, transportar, conduzir ou ocultar, em proveito próprio ou alheio, coisa que sabe ser produto de crime, ou influir para que terceiro, de boa-fé, a adquira, receba ou oculte:

Pena – reclusão, de um a quatro anos, e multa.

Receptação qualificada

§ 1º – Adquirir, receber, transportar, conduzir, ocultar, ter em depósito, desmontar, montar, remontar, vender, expor à venda, ou de qualquer forma utilizar, em proveito próprio ou alheio, no exercício de atividade comercial ou industrial, coisa que deve saber ser produto de crime:

Pena – reclusão, de três a oito anos, e multa.

§ 2º – Equipara-se à atividade comercial, para efeito do parágrafo anterior, qualquer forma de comércio irregular ou clandestino, inclusive o exercício em residência.

§ 3º – Adquirir ou receber coisa que, por sua natureza ou pela desproporção entre o valor e o preço, ou pela condição de quem a oferece, deve presumir-se obtida por meio criminoso:

Pena – detenção, de um mês a um ano, ou multa, ou ambas as penas.

§ 4º – A receptação é punível, ainda que desconhecido ou isento de pena o autor do crime de que proveio a coisa.

§ 5º – Na hipótese do § 3º, se o criminoso é primário, pode o juiz, tendo em consideração as circunstâncias, deixar de aplicar a pena. Na receptação dolosa aplica-se o disposto no § 2º do art. 155.

§ 6º – Tratando-se de bens do patrimônio da União, de Estado, do Distrito Federal, de Município ou de autarquia, fundação pública, empresa pública, sociedade de economia mista ou empresa concessionária de serviços públicos, aplica-se em dobro a pena prevista no caput deste artigo.

Tabela com análise do tipo: a leitura do artigo 180 do Código Penal revela as seguintes modalidades de receptação:

Dispositivo	Classificação	Comentários
Receptação Art. 180 – Adquirir, receber, transportar, conduzir ou ocultar, em proveito próprio ou alheio, coisa que sabe ser produto de crime, ou influir para que terceiro, de boa-fé, a adquira, receba ou oculte: Pena – reclusão, de um a quatro anos, e multa.	Receptação simples (própria ou imprópria)	Trata-se de crime doloso, comum (praticado por qualquer pessoa que não concorreu com a prática do crime antecedente) e misto, alternativo ou de conteúdo variado. Na **receptação própria**, o agente adquire, recebe, transporta, conduz ou oculta, em proveito próprio ou alheio, coisa que sabe ser produto de crime (aqui o crime é material). Na **receptação imprópria**, o agente influi para que terceiro, de boa-fé (que não pratica crime, porque não há dolo), adquira, receba ou oculte a coisa produto de crime (trata-se de crime formal, que resta consumado no momento da influência). Nessa figura, o receptador é um intermediário entre o autor do crime antecedente e o terceiro de boa-fé. As condutas transportar, conduzir e ocultar são permanentes. Nesse sentido, tese do Superior Tribunal de Justiça (edição 87 da jurisprudência em teses do Tribunal da Cidadania): 12) O delito de receptação (art. 180 do CP), nas modalidades transportar, conduzir ou ocultar, é crime permanente, cujo flagrante perdura enquanto o agente se mantiver na posse do bem que sabe ser produto de crime. Trata-se de delito **acessório** ou **parasitário** (depende da existência de outro crime – que não precisa ser necessariamente contra o patrimônio). Não há receptação se a coisa for produto de contravenção penal. Se o agente presta auxílio a criminoso destinado a tornar seguro o proveito do crime, sem objetivar proveito próprio ou de terceiro (que não seja o autor do crime antecedente), comete crime de favorecimento real, tipificado no artigo 349[241] do Código Penal. Se o crime antecedente for praticado pelo mesmo agente que pratica a elementar descrita no artigo 180 do Código Penal, há *post factum* impunível. Exemplifico: **SITUAÇÃO HIPOTÉTICA:** JOÃO furtou a motocicleta de PEDRO e manteve o bem surrupiado guardado (ocultado) em sua casa. **SOLUÇÃO:** JOÃO deve ser responsabilizado apenas pelo furto (a ocultação do bem produto de crime é *post factum* impunível). O crime é de ação penal pública incondicionada, admite acordo de não persecução penal (artigo 28-A do CPP), suspensão condicional do processo (artigo 89 da Lei 9.099/95) e fiança arbitrada pelo delegado de polícia (artigo 322 do CPP).

241 Art. 349 – Prestar a criminoso, fora dos casos de coautoria ou de receptação, auxílio destinado a tornar seguro o proveito do crime.

		O ônus de provar que o bem tem origem lícita é do investigado, nos termos de tese do Superior Tribunal de Justiça (edição 87): 13) No crime de receptação, se o bem houver sido apreendido em poder do acusado, caberá à defesa apresentar prova acerca da origem lícita da *res* ou de sua conduta culposa (art. 156 do CPP), sem que se possa falar em inversão do ônus da prova.
Receptação qualificada § 1º – Adquirir, receber, transportar, conduzir, ocultar, ter em depósito, desmontar, montar, remontar, vender, expor à venda, ou de qualquer forma utilizar, em proveito próprio ou alheio, no exercício de atividade comercial ou industrial, coisa que deve saber ser produto de crime: Pena – reclusão, de três a oito anos, e multa.	Receptação qualificada	O dispositivo trata da receptação qualificada (crime próprio, praticado por quem exerce atividade comercial ou industrial), quando o agente lida com coisa que deve saber ser produto de crime na atividade comercial ou industrial (o objeto material deve guardar relação com a atividade comercial/industrial do agente). O tipo é misto, alternativo ou de conteúdo de variado e permanente nas condutas transportar, conduzir, ocultar, ter em depósito e expor à venda. A figura qualificada é de ação penal pública incondicionada e admite acordo de não persecução penal (artigo 28-A do CPP).
§ 2º – Equipara-se à atividade comercial, para efeito do parágrafo anterior, qualquer forma de comércio irregular ou clandestino, inclusive o exercício em residência.	-	Trata-se de interpretação autêntica (amplia o conceito de 'atividade comercial').
§ 3º – Adquirir ou receber coisa que, por sua natureza ou pela desproporção entre o valor e o preço, ou pela condição de quem a oferece, deve presumir-se obtida por meio criminoso: Pena – detenção, de um mês a um ano, ou multa, ou ambas as penas.	Receptação culposa	Interessante notar que o legislador optou por descrever a conduta culposa proibida (normalmente a opção legislativa é simplesmente afirmar "se o crime é culposo"). Trata-se de infração de menor potencial ofensivo de ação penal pública incondicionada.
§ 4º – A receptação é punível, ainda que desconhecido ou isento de pena o autor do crime de que proveio a coisa.	-	O dispositivo demonstra a autonomia do crime de receptação em relação ao crime antecedente (receptação é crime parasitário). É possível manejar persecução penal contra quem pratica o crime parasitário de receptação ainda que desconhecido ou isento de pena o autor do crime de que proveio a coisa. Exemplifico:

		SITUAÇÃO HIPOTÉTICA: PEDRO subtraiu um caríssimo relógio do seu pai, JOÃO, e o vendeu a MARCOS, informando-lhe a procedência criminosa do bem móvel. **SOLUÇÃO:** PEDRO fica isento de pena (incidência da escusa absolutória do artigo 181, inciso II, do Código Penal), mas MARCOS deve ser processado pela prática do crime de receptação.
§ 5º – Na hipótese do § 3º, se o criminoso é primário, pode o juiz, tendo em consideração as circunstâncias, deixar de aplicar a pena. Na receptação dolosa aplica-se o disposto no § 2º do art. 155.	Perdão judicial (parte inicial) e receptação privilegiada (parte final)	O dispositivo traz em seu bojo duas situações distintas. Na **receptação culposa** do § 3º, pode o juiz conceder perdão judicial ao réu primário. Na **receptação dolosa**, é possível reconhecimento de figura privilegiada. Os requisitos são: a) primariedade do agente; b) pequeno valor da coisa receptada. Nessa situação o juiz poderá: 1) aplicar pena de detenção; 2) diminuir a pena de 1/3 a 2/3; ou 3) aplicar somente a pena de multa.
§ 6º Tratando-se de bens do patrimônio da União, de Estado, do Distrito Federal, de Município ou de autarquia, fundação pública, empresa pública, sociedade de economia mista ou empresa concessionária de serviços públicos, aplica-se em dobro a pena prevista no caput deste artigo.	Receptação majorada	O dispositivo traz em seu bojo causa de aumento de pena (pena dobrada) se os bens são do patrimônio da União, Estado, Distrito Federal, Município, autarquia, fundação pública, empresa pública, sociedade de economia mista ou empresa concessionária de serviços públicos.

Participação em crime anterior x receptação x favorecimento real: é muito importante definir quando há participação em crime anterior (furto, roubo ou peculato, por exemplo), receptação ou favorecimento real:

Participação em crime anterior	Receptação	Favorecimento real
Para que se cogite participação no crime antecedente, é preciso constatar liame subjetivo anterior à consumação do delito.	O crime anterior se consumou. Comete receptação quem, adquire, recebe, transporta, conduz ou oculta, **em proveito próprio ou alheio** (trata-se de crime patrimonial), coisa que sabe ser produto de crime, ou influi para que terceiro, de boa-fé, a adquira, receba ou oculte.	A atuação é posterior à consumação do crime e o terceiro prestar a criminoso auxílio destinado a tornar seguro o proveito do crime (ocultando momentaneamente e sem nenhum ganho patrimonial produto de crime anterior, por exemplo).

POR EXEMPLO: JOÃO induz PEDRO a subtrair o carro de MARIA, garantindo que comprará o automotor depois da subtração. Como a atuação de JOÃO é anterior à prática do delito contra o patrimônio, ele será considerado partícipe em crime de furto qualificado pelo concurso de 2 pessoas.	**POR EXEMPLO:** PEDRO subtrai o carro de MARIA e, depois da prática delitiva, oferece o bem surrupiado a JOÃO, esclarecendo a esse que se trata de produto de crime. PEDRO praticou crime de furto e JOÃO cometeu receptação.	**POR EXEMPLO:** PEDRO subtrai o carro de MARIA e, percebendo que o cerco policial está intenso, pede a JOÃO para guardar o bem em sua garagem por apenas uma noite, esclarecendo a origem ilícita do automotor e sem oferecer nenhum tipo de vantagem a este. PEDRO praticou crime de furto e JOÃO cometeu favorecimento real.

Artigo 278-A do Código de Trânsito Brasileiro: por fim, cumpre mencionar que a Lei 13.804/19 incluiu no Código de Trânsito Brasileiro o artigo 278-A, com a seguinte redação (o dispositivo também se aplica aos crimes de descaminho e contrabando):

> Art. 278-A. O condutor que se utilize de veículo para a prática do crime de receptação, descaminho, contrabando, previstos nos arts. 180, 334 e 334-A do Decreto-Lei nº 2.848, de 7 de dezembro de 1940 (Código Penal), condenado por um desses crimes em decisão judicial transitada em julgado, terá cassado seu documento de habilitação ou será proibido de obter a habilitação para dirigir veículo automotor pelo prazo de 5 (cinco) anos.
>
> § 1º O condutor condenado poderá requerer sua reabilitação, submetendo-se a todos os exames necessários à habilitação, na forma deste Código.
>
> § 2º No caso do condutor preso em flagrante na prática dos crimes de que trata o caput deste artigo, poderá o juiz, em qualquer fase da investigação ou da ação penal, se houver necessidade para a garantia da ordem pública, como medida cautelar, de ofício, ou a requerimento do Ministério Público ou ainda mediante representação da autoridade policial, decretar, em decisão motivada, a suspensão da permissão ou da habilitação para dirigir veículo automotor, ou a proibição de sua obtenção.

Receptação de animal

Art. 180-A. Adquirir, receber, transportar, conduzir, ocultar, ter em depósito ou vender, com a finalidade de produção ou de comercialização, semovente domesticável de produção, ainda que abatido ou dividido em partes, que deve saber ser produto de crime:

Pena – reclusão, de 2 (dois) a 5 (cinco) anos, e multa.

Introdução: o legislador podia ter optado por taxar a receptação de animal (abigeato) como qualificadora no bojo do artigo 180 do Código Penal (como no furto). Não o fez. A Lei 13.330/16 enxertou no Código Penal o artigo 180-A, punindo com pena de 2 a 5 anos a receptação de semovente domesticável de produção, ainda que abatido ou dividido em partes.

Saliento que o agente que furta o abigeato e o vende ao receptador não comete o crime em testilha (trata-se de *post factum* impunível). O terceiro (que não o furtador) que adquire, recebe, transporta, conduz, oculta, tem em depósito ou vende o produto do delito (conhecendo sua origem) é que comete o crime aqui estudado.

Classificação: o crime é comum, doloso (exige-se especial fim de agir – finalidade de produção ou comercialização), material e misto, alternativo ou de conteúdo variado.

Trata-se de delito de ação penal pública incondicionada que admite acordo de não persecução penal (artigo 28-A do CPP).

Condutas proibidas: as condutas proibidas no tipo são transportar, conduzir, ocultar, ter em depósito (modalidades permanentes, que permitem a prisão em flagrante do agente) e vender (conduta instantânea), com a finalidade de produção ou de comercialização (caso o agente não objetive tais fins, o crime será o de receptação simples, tipificado no artigo 180 do Código Penal; se o fim for industrial, o correto enquadramento da conduta será no § 1º do artigo 180 do Código Penal), semovente domesticável de produção, ainda que abatido ou dividido em partes, que deve saber ser produto de crime.

Interessante notar que o receptador que atua na atividade comercial de semovente domesticável de produção findou sendo beneficiado pela Lei 13.330/16, vez que se o tipo aqui estudado não existisse, a resposta estatal seria a tipificada no § 1º do artigo 180 do Código Penal (com pena mais grave que a do artigo 180-A do Caderno Repressivo pátrio).

Nesse particular, o mandamento legal supracitado findou constituindo *novatio legis in mellius* (réus condenados definitivamente nas penas do § 1º do artigo 180 do Código Penal cujas condutas se adequavam ao tipo do artigo 180-A do mesmo diploma puderam pleitear ao juízo das execuções novo enquadramento típico mais benéfico, na forma do verbete 611/STF).

Aquisição de animais domésticos que não são de produção: se o agente adquire um gato ou um cachorro produto de furto anterior, há prática do crime de receptação do artigo 180 do Código Penal e não de receptação de animal do artigo 180-A do Caderno Repressivo Pátrio (esses animais não são semoventes domesticáveis de produção).

CAPÍTULO VIII
DISPOSIÇÕES GERAIS

Art. 181 – É isento de pena quem comete qualquer dos crimes previstos neste título, em prejuízo:

I – do cônjuge, na constância da sociedade conjugal;

II – de ascendente ou descendente, seja o parentesco legítimo ou ilegítimo, seja civil ou natural.

Art. 182 – Somente se procede mediante representação, se o crime previsto neste título é cometido em prejuízo:

I – do cônjuge desquitado ou judicialmente separado;

II – de irmão, legítimo ou ilegítimo;

III – de tio ou sobrinho, com quem o agente coabita.

Art. 183 – Não se aplica o disposto nos dois artigos anteriores:

I – se o crime é de roubo ou de extorsão, ou, em geral, quando haja emprego de grave ameaça ou violência à pessoa;

II – ao estranho que participa do crime.

III – se o crime é praticado contra pessoa com idade igual ou superior a 60 (sessenta) anos.

Tabela com comentários: é muito importante a leitura dos artigos 181 (escusas absolutórias – excludentes de punibilidade), 182 (imunidades relativas) e 183 (exceções) do Código Penal:

Dispositivo	Comentários
Art. 181 – É isento de pena quem comete qualquer dos crimes previstos neste título, em prejuízo: I – do cônjuge, na constância da sociedade conjugal; II – de ascendente ou descendente, seja o parentesco legítimo ou ilegítimo, seja civil ou natural.	O artigo 181 do Código Penal trata das escusas absolutórias. Elas têm natureza jurídica de causas excludentes de punibilidade (o fato é típico, antijurídico e culpável, mas não é punível, por razões de política criminal) pessoais (não beneficiam terceiros que tenham participado da empreitada delituosa). O agente fica isento de pena se o crime patrimonial for cometido contra cônjuge, na constância da sociedade conjugal (esta termina nas hipóteses descritas no artigo 1.571 do Código Civil[242]). Exemplifico: **SITUAÇÃO HIPOTÉTICA:** PEDRO subtraiu R$ 2.000,00 da bolsa da sua esposa MARIA. **SOLUÇÃO:** nos termos do artigo 181, inciso I, do Código Penal, PEDRO ficará isento de pena em relação ao furto por ele praticado. Entendo aplicável a escusa, por analogia, a quem convive em união estável (artigo 226, § 3º, da Constituição Federal).

242 Art. 1.571. A sociedade conjugal termina:

I – pela morte de um dos cônjuges;

II – pela nulidade ou anulação do casamento;

III – pela separação judicial;

IV – pelo divórcio.

§ 1º O casamento válido só se dissolve pela morte de um dos cônjuges ou pelo divórcio, aplicando-se a presunção estabelecida neste Código quanto ao ausente.

	Penso que a Lei Maria da Penha não inviabilizou o reconhecimento da escusa do inciso I do artigo 181 do Código Penal, vez que a Lei 11.340/06 não criou ressalva expressa à benesse (como fez o Estatuto do Idoso, que enxertou expressamente o inciso III do artigo 183 do Código, vedando escusas absolutórias e imunidades a quem comete crime contra idosos). Assim, como dito, se o marido (ou companheiro) perpetrar crime patrimonial (sem violência ou grave ameaça) contra sua esposa (ou companheira) na constância da sociedade conjugal (ou da união estável), ficará ele isento de pena (escusa absolutória do inciso I do artigo 181 do Código Penal). Nesse sentido, julgado do Tribunal da Cidadania: RECURSO ORDINÁRIO EM HABEAS CORPUS. TENTATIVA DE ESTELIONATO (ARTIGO 171, COMBINADO COM O ARTIGO 14, INCISO II, AMBOS DO CÓDIGO PENAL). CRIME PRATICADO POR UM DOS CÔNJUGES CONTRA O OUTRO. SEPARAÇÃO DE CORPOS. EXTINÇÃO DO VÍNCULO MATRIMONIAL. INOCORRÊNCIA. INCIDÊNCIA DA ESCUSA ABSOLUTÓRIA PREVISTA NO ARTIGO 181, INCISO I, DO CÓDIGO PENAL. IMUNIDADE NÃO REVOGADA PELA LEI MARIA DA PENHA. DERROGAÇÃO QUE IMPLICARIA VIOLAÇÃO AO PRINCÍPIO DA IGUALDADE. PREVISÃO EXPRESSA DE MEDIDAS CAUTELARES PARA A PROTEÇÃO DO PATRIMÔNIO DA MULHER EM SITUAÇÃO DE VIOLÊNCIA DOMÉSTICA E FAMILIAR. INVIABILIDADE DE SE ADOTAR ANALOGIA EM PREJUÍZO DO RÉU. PROVIMENTO DO RECLAMO. 1. O artigo 181, inciso I, do Código Penal estabelece imunidade penal absoluta ao cônjuge que pratica crime patrimonial na constância do casamento. 2. De acordo com o artigo 1.571 do Código Civil, a sociedade conjugal termina pela morte de um dos cônjuges, pela nulidade ou anulação do casamento, pela separação judicial e pelo divórcio, motivo pelo qual a separação de corpos, assim como a separação de fato, que não têm condão de extinguir o vínculo matrimonial, não são capazes de afastar a imunidade prevista no inciso I do artigo 181 do Estatuto Repressivo. 3. O advento da Lei 11.340/2006 não é capaz de alterar tal entendimento, pois embora tenha previsto a violência patrimonial como uma das que pode ser cometida no âmbito doméstico e familiar contra a mulher, não revogou quer expressa, quer tacitamente, o artigo 181 do Código Penal. 4. A se admitir que a Lei Maria da Penha derrogou a referida imunidade, se estaria diante de flagrante hipótese de violação ao princípio da isonomia, já que os crimes patrimoniais praticados pelo marido contra a mulher no âmbito doméstico e familiar poderiam ser processados e julgados, ao passo que a mulher que venha cometer o mesmo tipo de delito contra o marido estaria isenta de pena. 5. Não há falar em ineficácia ou inutilidade da Lei 11.340/2006 ante a persistência da imunidade prevista no artigo 181, inciso I, do Código Penal quando se tratar de violência praticada contra a mulher no âmbito doméstico e familiar, uma vez que na própria legislação vigente existe a previsão de medidas cautelares específicas para a proteção do patrimônio da ofendida. 6. No direito penal não se admite a analogia em prejuízo do réu, razão pela qual a separação de corpos ou mesmo a separação de fato, que não extinguem a sociedade conjugal, não podem ser equiparadas à

§ 2º Dissolvido o casamento pelo divórcio direto ou por conversão, o cônjuge poderá manter o nome de casado; salvo, no segundo caso, dispondo em contrário a sentença de separação judicial.

	separação judicial ou o divórcio, que põem fim ao vínculo matrimonial, para fins de afastamento da imunidade disposta no inciso I do artigo 181 do Estatuto Repressivo. 7. Recurso provido para determinar o trancamento da ação penal apenas com relação ao recorrente (RHC 42.918/RS, Rel. Ministro Jorge Mussi, Quinta Turma, julgado em 05/08/2014, DJe 14/08/2014). Também fica isento de pena quem comete crime patrimonial contra ascendente ou descendente, qualquer que seja o parentesco (civil ou natural). Exemplifico: **SITUAÇÃO HIPOTÉTICA:** JOÃO ludibriou seu avô, MARCOS, de 58 anos de idade, dizendo que ele havia ganho um prêmio de R$ 20.000,00 e que precisaria depositar R$ 3.000,00 em conta por ele indicada a título de caução para receber o valor. **SOLUÇÃO:** nos termos do artigo 181, inciso II, do Código Penal, JOÃO ficará isento de pena.
Art. 182 – Somente se procede mediante representação, se o crime previsto neste título é cometido em prejuízo: I – do cônjuge desquitado ou judicialmente separado; II – de irmão, legítimo ou ilegítimo; III – de tio ou sobrinho, com quem o agente coabita.	O artigo 182 do Código Penal traz em seu bojo imunidades. Aqui a ação penal se transmuda em pública condicionada a representação (note que os crimes patrimoniais são, em regra, de ação penal pública incondicionada). A primeira hipótese é quando o crime é praticado contra cônjuge desquitado ou judicialmente separado. A segunda trata do crime patrimonial cometido contra irmão. Por fim, crime patrimonial cometido contra tio ou sobrinho, desde que o agente coabite com o a vítima.
Art. 183 – Não se aplica o disposto nos dois artigos anteriores: I – se o crime é de roubo ou de extorsão, ou, em geral, quando haja emprego de grave ameaça ou violência à pessoa; II – ao estranho que participa do crime. III – se o crime é praticado contra pessoa com idade igual ou superior a 60 (sessenta) anos.	O artigo 183 do Código Penal trata de exceções aplicáveis aos artigos antecedentes. No inciso I, não se aplica os artigos anteriores se o crime patrimonial for perpetrado com emprego de violência ou grave ameaça à pessoa (roubo ou extorsão, por exemplo). Exemplifico: **SITUAÇÃO HIPOTÉTICA:** JOÃO subtraiu, mediante grave ameaça, o relógio do seu pai. **SOLUÇÃO:** JOÃO deve responder pela prática do crime de roubo. No inciso II, fica claro que não se aplica os artigos 181 e 182 do Código Penal ao estranho que participa do crime (como dito supra, a escusa absolutória ou imunidade são pessoais). Exemplifico: **SITUAÇÃO HIPOTÉTICA:** PEDRO furtou seu pai com a ajuda de JOÃO. **SOLUÇÃO:** apenas PEDRO ficará isento de pena. JOÃO deve responder pela prática do crime de furto qualificado pelo concurso de pessoas (PEDRO não é punido, mas conta para que se impute a JOÃO a qualificadora descrita no artigo 155, § 4º, inciso IV, do Código Penal). Por fim, o inciso III do artigo 183 afasta a escusa ou imunidade se o crime patrimonial for cometido contra vítima com idade igual ou superior a 60 anos. O dispositivo foi enxertado pelo Estatuto do Idoso (Lei 10.741/03). Exemplifico: **SITUÇÃO HIPOTÉTICA:** JOÃO cometeu crime de furto contra seu avô, idoso de 62 anos de idade.

	SOLUÇÃO: JOÃO será punido normalmente, porque a escusa do artigo 181, inciso II, do Código Penal finda afastada em face da idade da vítima (artigo 183, inciso III, do Código Penal).

Reconhecimento das escusas pelo delegado de polícia: na seara policial, penso que é possível que o inquérito sequer seja instaurado diante de presença indubitável da escusa absolutória do artigo 181, inciso I, do Código Penal. Para tanto, será preciso que o delegado de polícia constate, já na recepção da notícia de crime, sem que paire uma só sombra de dúvida, a presença de uma das escusas e que não há incidência de nenhuma exceção avistável no artigo 183 do Código Penal.

Nessa situação, entendo que a autoridade deve ouvir os envolvidos, apreender o objeto material (coisa furtada, por exemplo), devolvendo-a à vítima e, ao fim, enviar todos os elementos ao Ministério Público acompanhado de uma decisão fundamentada que aponte as razões para não instauração do apuratório (para não subtrair do Parquet sua *opinio delicti*).

Recebendo todas as peças, o Ministério Público poderá: a) pedir o arquivamento destas ao juízo competente[243]; b) oferecer denúncia (o inquérito policial pode ser dispensado como fonte de material probante para confecção da exordial acusatória); c) requisitar instauração de inquérito (caso o Ministério Público entenda que não se aplica a escusa ou que há terceiro envolvido na prática, por exemplo).

Caso não seja possível reconhecer a presença da escusa sem nenhuma sombra de dúvida, o delegado deve promover a instauração de inquérito policial para apurar o fato, caso o crime seja de ação penal pública incondicionada.

Se o caso for ação penal pública condicionada a representação ou privada ou for detectada a incidência das imunidades do artigo 182 do Código Penal, será preciso aguardar movimentação da vítima (ofertando representação, no caso de pública condicionada, ou requerendo a instauração do apuratório, no caso de ação penal privada).

É preciso muita cautela para desvelar a existência de alguma exceção avistável no artigo 183 do Código Penal, pois caso detectada, haverá necessidade de indiciamento do autor do fato.

Questão de concurso público: veja como o assunto já foi cobrado em concurso público.

1 – (Delegado de Polícia Civil/RJ/2012) Manoel pediu ao pai, recém-chegado aos 50 anos, que adiantasse a sua legítima, no que não foi atendido, pois este sabia que Manoel se tornara dependente de drogas, logo dilapidaria seu patrimônio como vício. Insatisfeito e aproveitando-se de uma

243 O Pacote Anticrime alterou o artigo 28 do Código de Processo Penal. O arquivamento do inquérito policial, tal qual determinado pela Lei 13.964/19, passou a ser determinado pelo próprio Parquet. Saliento, contudo, que o dispositivo foi suspenso por decisão do Ministro Luiz Fux, nos autos das ADI 6.298, 6.299, 6.300 e 6.305.

viagem de seu pai, Manoel convidou Antônio e Joaquim, parceiros na utilização de "maconha", a sacarem do poder de seu pai as joias que herdaria, pois com a venda destas lucraria mais de R$ 1.000.000,00. Madalena, amiga de Joaquim, a seu pedido e sabendo dos propósitos dele, ensinou-o a abrir o cofre onde as joias se encontravam. Manoel, para não ser descoberto, no dia da empreitada foi para o clube, possibilitando ser visto por várias pessoas, o que lhe daria um álibi. Antônio e Joaquim dirigiram-se para a residência do pai de Manoel, local em que o primeiro abriu a porta da casa com uma gazua, o que possibilitou a Joaquim entrar e retirar as joias do cofre. Com medo de ser descoberto, posteriormente, Manoel solicitou ao seu amigo Paulo que guardasse temporariamente as joias. Após duas semanas do ocultamento das joias por Paulo, estas foram transportadas para outro Estado por Pedro, a pedido de José, primo de Manoel, sendo certo que nem Pedro, tampouco José, sabiam que as joias eram produto de crime. Já em outro Estado, as joias foram vendidas para Cláudia, que trabalhava como joalheira em sua residência, por preço vil, tendo esta percebido desde logo a origem ilícita da mercadoria. Ao tomar conhecimento do desaparecimento das joias, o pai de Manoel dirigiu-se à Delegacia de Polícia e ofereceu *notitia criminis*. Após investigação, restou provada toda empreitada delitiva. Assim:

a) Manoel, Antônio, Joaquim e Madalena são coautores do crime de furto qualificado por rompimento de obstáculo, abuso de confiança e emprego de chave falsa, enquanto que Paulo, José, Pedro e Cláudia são coautores do crime de receptação.

b) Antônio e Joaquim, na qualidade de autores, e Madalena, figurando como cúmplice por auxílio, devem ser responsabilizados por crime de furto qualificado. Não se poderá responsabilizar Manoel, José e Pedro. Paulo pode ser condenado por favorecimento real e Cláudia por receptação qualificada.

c) Paulo poderá ser condenado pelo crime de receptação própria, enquanto Manoel é o autor intelectual do crime de furto, portanto ainda terá sua pena agravada. Antônio e Joaquim são autores diretos do crime de furto, restando unicamente a Madalena a cumplicidade material. José pode ser condenado pelo crime de receptação imprópria, Pedro por receptação própria e Cláudia por receptação simples.

d) Madalena é cúmplice por auxílio intelectual no crime de furto, enquanto Manoel poderá ser condenado por furto com abuso de confiança, com pena agravada pelo fato do ofendido ser seu genitor. Antônio poderá ser condenado pelo crime de furto com emprego de chave falsa e Joaquim pelo crime de furto com rompimento de obstáculo. Paulo responde pelo crime de favorecimento pessoal. As condutas de José e Pedro são atípicas. Cláudia pode ser condenada pelo crime de receptação culposa.

e) Cláudia comete crime de receptação qualificada. Pedro praticou conduta atípica e José pode ser condenado por receptação dolosa imprópria. Paulo pode ser condenado por receptação dolosa própria, já Madalena, Antônio e Joaquim são autores do crime de furto qualificado e a conduta de Manoel é atípica.

2 – (Delegado de Polícia Civil/RN/2021) Renan convence Patrick a furtarem bens de uma residência, que estava desabitada. No dia seguinte, o dono da casa, João, 51 anos, toma conhecimento do ocorrido e aciona a polícia, que, após investigação, identifica Renan e Patrick, apurando no curso do inquérito que Renan sabia que o imóvel era de seu pai adotivo, o que Patrick desconhecia. Com base nessas informações, as condutas de Renan e Patrick podem ser assim tipificadas:

a) nenhum dos dois responderá por furto qualificado, considerando que foi praticado contra ascendente de Renan e que tal circunstância se comunica objetivamente a Patrick;

b) o fato praticado por Renan é atípico, pois a vítima era seu ascendente, enquanto Patrick responderá por furto simples, pois a circunstância tem natureza subjetiva;

c) os dois poderão ser condenados por furto qualificado, pois o desconhecimento de Patrick quanto à condição do lesado afasta a relevância desta circunstância para ambos;

d) ambos responderão por furto qualificado, pois a circunstância especial somente incidiria caso Renan possuísse parentesco sanguíneo com a vítima;

e) Renan estará isento de pena, enquanto Patrick responderá por furto qualificado, pois a condição de descendente de Renan possui natureza subjetiva e não se comunica a Patrick.

Gabarito comentado:

Questão	Reposta	Comentário
1	Letra B	MANOEL: incidência de escusa absolutória (artigo 181, II, do Código Penal); JOSÉ e PEDRO: não cometeram crime, porquanto não agiram com dolo (já que não sabiam da origem ilícita dos bens); ANTONIO e JOAQUIM (coautores do crime de furto qualificado); MADALENA (partícipe do crime de furto qualificado); CLAUDIA autora do crime de receptação qualificada.
2	Letra E	Há, em relação a Renan, escusa absolutória descrita no inciso II do artigo 181 do Código Penal. Patrick responderá em face do inciso II do artigo 183 do Código Penal.

TÍTULO III

DOS CRIMES CONTRA A PROPRIEDADE IMATERIAL

CAPÍTULO I

DOS CRIMES CONTRA A PROPRIEDADE INTELECTUAL

Violação de direito autoral

Art. 184. Violar direitos de autor e os que lhe são conexos:

Pena – detenção, de 3 (três) meses a 1 (um) ano, ou multa.

§ 1º Se a violação consistir em reprodução total ou parcial, com intuito de lucro direto ou indireto, por qualquer meio ou processo, de obra intelectual, interpretação, execução ou fonograma, sem autorização expressa do autor, do artista intérprete ou executante, do produtor, conforme o caso, ou de quem os represente:

Pena – reclusão, de 2 (dois) a 4 (quatro) anos, e multa.

§ 2º Na mesma pena do § 1º incorre quem, com o intuito de lucro direto ou indireto, distribui, vende, expõe à venda, aluga, introduz no País, adquire, oculta, tem em depósito, original ou cópia de obra intelectual ou fonograma reproduzido com violação do direito de autor, do direito de artista intérprete ou executante ou do direito do produtor de fonograma, ou, ainda, aluga original ou cópia de obra intelectual ou fonograma, sem a expressa autorização dos titulares dos direitos ou de quem os represente.

§ 3º Se a violação consistir no oferecimento ao público, mediante cabo, fibra ótica, satélite, ondas ou qualquer outro sistema que permita ao usuário realizar a

seleção da obra ou produção para recebê-la em um tempo e lugar previamente determinados por quem formula a demanda, com intuito de lucro, direto ou indireto, sem autorização expressa, conforme o caso, do autor, do artista intérprete ou executante, do produtor de fonograma, ou de quem os represente:

Pena – reclusão, de 2 (dois) a 4 (quatro) anos, e multa.

§ 4º O disposto nos §§ 1º, 2º e 3º não se aplica quando se tratar de exceção ou limitação ao direito de autor ou os que lhe são conexos, em conformidade com o previsto na Lei nº 9.610, de 19 de fevereiro de 1998, nem a cópia de obra intelectual ou fonograma, em um só exemplar, para uso privado do copista, sem intuito de lucro direto ou indireto.

Classificação: crime comum e doloso (se houver intenção de lucro, há prática de forma qualificada, na forma do § 1º do artigo 184 do Código Penal).

Trata-se de infração de menor potencial ofensivo (*caput*). Nas figuras qualificadas (§§ 1º, 2º e 3º), o crime admite acordo de não persecução penal (artigo 28-A do CPP) e fiança arbitrada pela autoridade policial (artigo 322 do CPP).

Sobre ação penal, vide artigo 186 do Código Penal.

Princípio da adequação social (vedação): não é possível adotar o princípio da adequação social em relação ao crime em testilha (buscando a atipicidade da conduta perpetrada). Eis julgado do Supremo Tribunal Federal nesse sentido:

> DIREITO PENAL E PROCESSUAL PENAL. RECURSO ORDINÁRIO CONSTITUCIONAL EM HABEAS CORPUS (CRFB, 102, II, a). CRIME DE VIOLAÇÃO DE DIREITO AUTORAL (CP, ART. 184, §2º). VENDA DE CD'S E DVD'S "PIRATAS". ALEGAÇÃO DE ATIPICIDADE DA CONDUTA POR FORÇA DOS PRINCÍPIOS DA INSIGNIFICÂNCIA E DA ADEQUAÇÃO SOCIAL. IMPROCEDÊNCIA DA TESE DEFENSIVA. NORMA INCRIMINADORA EM PLENA VIGÊNCIA. RECURSO ORDINÁRIO NÃO PROVIDO. 1. Os princípios da insignificância penal e da adequação social reclamam aplicação criteriosa, a fim de evitar que sua adoção indiscriminada acabe por incentivar a prática de delitos patrimoniais, fragilizando a tutela penal de bens jurídicos relevantes para vida em sociedade. 2. O impacto econômico da violação ao direito autoral mede-se pelo valor que os detentores das obras deixam de receber ao sofrer com a "pirataria", e não pelo montante que os falsificadores obtêm com a sua atuação imoral e ilegal. 3. A prática da contrafação não pode ser considerada socialmente tolerável haja vista os enormes prejuízos causados à indústria fonográfica nacional, aos comerciantes regularmente estabelecidos e ao Fisco pela burla do pagamento de impostos. 4. In casu, a conduta da recorrente amolda-se perfeitamente ao tipo de injusto previsto no art. 184, §2º, do Código Penal, uma vez foi identificada comercializando mercadoria pirateada (100 CD's e 20 DVD's de diversos artistas, cujas obras haviam sido reproduzidas em desconformidade com

> a legislação). 5. Recurso ordinário em habeas corpus não provido (RHC 115986, Relator(a): LUIZ FUX, Primeira Turma, julgado em 25/06/2013, PROCESSO ELETRÔNICO DJe-160 DIVULG 15-08-2013 PUBLIC 16-08-2013).

No mesmo sentido, Súmula 502 do Superior Tribunal de Justiça:

> Súmula 502/STJ – Presentes a materialidade e a autoria, afigura-se típica, em relação ao crime previsto no art. 184, § 2º, do CP, a conduta de expor à venda CDs e DVDs piratas.

Perícia por amostragem e desnecessidade da identificação dos titulares dos direitos autorais violados: o Tribunal da Cidadania possui entendimento sumulado (verbete 574) afirmando que a perícia por amostragem do produto apreendido é suficiente para provar a materialidade do crime tipificado no artigo 184 do Código Penal:

> Súmula 574/STJ – Para a configuração do delito de violação de direito autoral e a comprovação de sua materialidade, é suficiente a perícia realizada por amostragem do produto apreendido, nos aspectos externos do material, e é desnecessária a identificação dos titulares dos direitos autorais violados ou daqueles que os representem.

Mostra-se necessária, destarte, materialização de perícia para provar a materialidade delitiva do crime de violação de direito autoral (na forma do artigo 158 do Código de Processo Penal, vez que a infração penal deixa vestígios).

O verbete acima transcrito facilita o trabalho do aparelho policial, posto que, no mais das vezes, as apreensões são volumosas e o detalhamento individualizado seria muito custoso (tanto no auto de apreensão a ser confeccionado pelo escrivão por determinação do delegado de polícia, quanto na perícia elaborada pelo corpo técnico).

De igual sorte, não há necessidade de identificar cabalmente os titulares dos direitos autorais violados. É possível, nessa esteira, que o auto de apreensão descreva que "foram apreendidos 120 CDs com músicas de vários artistas, gravadas, aparentemente, com violação de direito autoral", por exemplo.

Atipicidade da conduta: o § 4º do artigo 184 do Código Penal dispõe acerca da exclusão da tipicidade relacionada aos §§ 1º, 2º e 3º do mesmo artigo quando houver exceção ou limitação ao direito de autor, na forma da Lei 9.610/98.

Rogério Sanches Cunha[244] adverte:

> Note que o legislador expressou somente a exclusão da tipicidade em relação aos §§ 1º, 2º e 3º, omitindo-se em relação ao *caput*. No entanto, a doutrina é

---

244 CUNHA, Rogério Sanches. **Código Penal para concursos**. Salvador, 13ª edição, Juspodivm, 2020, p. 184.

copiosa no sentido de estender a aplicação do dispositivo ao tipo básico, pois não é razoável considerar que, se praticada a violação simples, mediante uma das ações previstas no artigo 46, haverá crime, quando as formas qualificadas, praticadas do mesmo modo, "não constituem ofensa aos direitos autorais".

Eis o artigo 46 da Lei 9.610/98 (que lista situações que não constituem ofensa aos direitos autorais e, portanto, desembocam na atipicidade do fato em relação ao crime tipificado no artigo 184 do Código Penal – §§ 1º, 2º e 3º por expressa dicção legal e *caput* em face de construção doutrinária):

> Art. 46. Não constitui ofensa aos direitos autorais:
>
> I – a reprodução:
>
> a) na imprensa diária ou periódica, de notícia ou de artigo informativo, publicado em diários ou periódicos, com a menção do nome do autor, se assinados, e da publicação de onde foram transcritos;
>
> b) em diários ou periódicos, de discursos pronunciados em reuniões públicas de qualquer natureza;
>
> c) de retratos, ou de outra forma de representação da imagem, feitos sob encomenda, quando realizada pelo proprietário do objeto encomendado, não havendo a oposição da pessoa neles representada ou de seus herdeiros;
>
> d) de obras literárias, artísticas ou científicas, para uso exclusivo de deficientes visuais, sempre que a reprodução, sem fins comerciais, seja feita mediante o sistema Braille ou outro procedimento em qualquer suporte para esses destinatários;
>
> II – a reprodução, em um só exemplar de pequenos trechos, para uso privado do copista, desde que feita por este, sem intuito de lucro;
>
> III – a citação em livros, jornais, revistas ou qualquer outro meio de comunicação, de passagens de qualquer obra, para fins de estudo, crítica ou polêmica, na medida justificada para o fim a atingir, indicando-se o nome do autor e a origem da obra;
>
> IV – o apanhado de lições em estabelecimentos de ensino por aqueles a quem elas se dirigem, vedada sua publicação, integral ou parcial, sem autorização prévia e expressa de quem as ministrou;
>
> V – a utilização de obras literárias, artísticas ou científicas, fonogramas e transmissão de rádio e televisão em estabelecimentos comerciais, exclusivamente para demonstração à clientela, desde que esses estabelecimentos comercializem os suportes ou equipamentos que permitam a sua utilização;
>
> VI – a representação teatral e a execução musical, quando realizadas no recesso familiar ou, para fins exclusivamente didáticos, nos estabelecimentos de ensino, não havendo em qualquer caso intuito de lucro;

VII – a utilização de obras literárias, artísticas ou científicas para produzir prova judiciária ou administrativa;

VIII – a reprodução, em quaisquer obras, de pequenos trechos de obras preexistentes, de qualquer natureza, ou de obra integral, quando de artes plásticas, sempre que a reprodução em si não seja o objetivo principal da obra nova e que não prejudique a exploração normal da obra reproduzida nem cause um prejuízo injustificado aos legítimos interesses dos autores.

Usurpação de nome ou pseudônimo alheio

Art. 185 – (Revogado pela Lei nº 10.695, de 1º.7.2003)

Art. 186. Procede-se mediante:

I – queixa, nos crimes previstos no caput do art. 184;

II – ação penal pública incondicionada, nos crimes previstos nos §§ 1º e 2º do art. 184;

III – ação penal pública incondicionada, nos crimes cometidos em desfavor de entidades de direito público, autarquia, empresa pública, sociedade de economia mista ou fundação instituída pelo Poder Público;

IV – ação penal pública condicionada à representação, nos crimes previstos no § 3º do art. 184.

Ação penal: trata-se de análise da ação penal em relação ao crime de violação de direitos autorais:

Caput do artigo 184	§§ 1º e 2º do artigo 184 ou quando o crime é cometido em desfavor de entidades de direito público, autarquia, empresa pública, sociedade de economia mista ou fundação instituída pelo Poder Público	§ 3º do artigo 184
Ação penal privada	Ação penal pública incondicionada	Ação penal pública condicionada à representação

CAPÍTULO II
DOS CRIMES CONTRA O PRIVILÉGIO DE INVENÇÃO

Violação de privilégio de invenção

Art. 187. (Revogado pela Lei nº 9.279, de 14.5.1996)

Falsa atribuição de privilégio

Art. 188. (Revogado pela Lei nº 9.279, de 14.5.1996)

Usurpação ou indevida exploração de modelo ou desenho privilegiado

Art. 189. (Revogado pela Lei nº 9.279, de 14.5.1996)

Falsa declaração de depósito em modelo ou desenho

Art. 190. (Revogado pela Lei nº 9.279, de 14.5.1996)

Art. 191. (Revogado pela Lei nº 9.279, de 14.5.1996)

CAPÍTULO III

DOS CRIMES CONTRA AS MARCAS DE INDÚSTRIA E COMÉRCIO

Violação do direito de marca

Art. 192. (Revogado pela Lei nº 9.279, de 14.5.1996)

Uso indevido de armas, brasões e distintivos públicos

Art. 193. (Revogado pela Lei nº 9.279, de 14.5.1996)

Marca com falsa indicação de procedência

Art. 194. (Revogado pela Lei nº 9.279, de 14.5.1996)

Art. 195. (Revogado pela Lei nº 9.279, de 14.5.1996)

CAPÍTULO IV

DOS CRIMES DE CONCORRÊNCIA DESLEAL

Concorrência desleal

Art. 196. (Revogado pela Lei nº 9.279, de 14.5.1996)

TÍTULO IV

DOS CRIMES CONTRA A ORGANIZAÇÃO DO TRABALHO

Atentado contra a liberdade de trabalho

Art. 197 – Constranger alguém, mediante violência ou grave ameaça:

I – a exercer ou não exercer arte, ofício, profissão ou indústria, ou a trabalhar ou não trabalhar durante certo período ou em determinados dias:

Pena – detenção, de um mês a um ano, e multa, além da pena correspondente à violência;

II – a abrir ou fechar o seu estabelecimento de trabalho, ou a participar de parede ou paralisação de atividade econômica:

Pena – detenção, de três meses a um ano, e multa, além da pena correspondente à violência.

Introdução: o tipo em testilha protege a liberdade do trabalhador para escolher sua profissão.

Classificação: trata-se de crime comum, doloso e material (a consumação ocorre quando a vítima, constrangida mediante violência ou grave ameaça, faz ou deixa de fazer as condutas descritas nos incisos I e II).

É infração de menor potencial ofensivo, de ação penal pública incondicionada, de competência da Justiça Federal e de atribuição investigativa da Polícia Federal.

Sobre a competência para julgar os crimes contra a organização do trabalho, vide informativo 507 do Superior Tribunal de Justiça:

> DIREITO PROCESSUAL PENAL. COMPETÊNCIA. CRIME CONTRA A ORGANIZAÇÃO DO TRABALHO. Os crimes contra a organização do trabalho devem ser julgados na Justiça Federal somente se demonstrada lesão a direito dos trabalhadores coletivamente considerados ou à organização geral do trabalho. O crime de sabotagem industrial previsto no art. 202 do CP, apesar de estar no Título IV, que trata dos crimes contra a organização do trabalho, deve ser julgado pela Justiça estadual se atingir apenas bens particulares sem repercussão no interesse da coletividade. Precedentes citados: CC 107.391-MG, DJe 18/10/2010, e CC 108.867-SP, DJe 19/4/2010. CC 123.714-MS, Rel. Min. Marilza Maynard (Desembargadora convocada do TJ-SE), julgado em 24/10/2012.

Conduta proibida: eis síntese da conduta proibida descrita no tipo:

Artigo 197 do Código Penal			
Constranger alguém	mediante violência	a exercer ou não exercer arte, ofício, profissão ou indústria, ou a trabalhar ou não trabalhar durante certo período ou em determinados dias.	Pena: detenção de 1 mês a 1 ano e multa, além da pena correspondente à violência.
	mediante grave ameaça	a abrir ou fechar o seu estabelecimento de trabalho, ou a participar de parede ou paralisação de atividade econômica.	Pena: detenção de 3 meses a 1 ano e multa, além da pena correspondente à violência.

No inciso I do artigo 197 do Código Penal a vítima é o trabalhador, que é constrangido, mediante violência ou grave ameaça, a exercer (ação) ou não exercer (omissão) arte, ofício, profissão ou indústria ou a trabalhar ou não trabalhar durante certo período ou em determinados dias.

No inciso II do artigo 197 do Caderno Repressivo a vítima é o proprietário de estabelecimento, que é constrangido, mediante violência ou grave ameaça, a abrir ou fechar o seu estabelecimento de trabalho ou a participar de parede/paralisação de atividade econômica (*lockout*).

Concurso de crimes: caso o crime seja praticado por meio de violência, pune-se o agente em concurso de crimes, caso esta resulte em lesão corporal.

Atentado contra a liberdade de contrato de trabalho e boicotagem violenta

Art. 198 – Constranger alguém, mediante violência ou grave ameaça, a celebrar contrato de trabalho, ou a não fornecer a outrem ou não adquirir de outrem matéria-prima ou produto industrial ou agrícola:

Pena – detenção, de um mês a um ano, e multa, além da pena correspondente à violência.

Classificação: o crime é comum, doloso e material.

Trata-se de infração de menor potencial ofensivo de ação penal pública incondicionada, de competência é da Justiça Federal e de atribuição investigativa é da Polícia Federal.

Conduta proibida: eis a conduta criminosa descrita no tipo:

Artigo 198 do Código Penal		
Constranger alguém	mediante violência	a celebrar contrato de trabalho.
	mediante grave ameaça	a não fornecer a outrem ou não adquirir de outrem matéria-prima ou produto industrial ou agrícola.

Note que a lei não tipificou no artigo a conduta proibida de constranger alguém, mediante violência ou grave ameaça, a não celebrar contrato de trabalho. Em face da omissão, o crime perpetrado será o de constrangimento ilegal (artigo 146 do Código Penal).

O crime se consuma quando a vítima celebra o contrato de trabalho ou quando a matéria-prima, produto industrial ou agrícola não é fornecido ou adquirido.

Boicotagem: é constranger alguém, mediante violência ou grave ameaça, a "não fornecer a outrem ou não adquirir de outrem matéria-prima ou produto industrial ou agrícola".

Concurso de crimes: pune-se a lesão corporal decorrente do emprego de violência contra pessoa em concurso de crimes (nos termos determinados pelo preceito secundário do tipo).

Atentado contra a liberdade de associação

Art. 199 – Constranger alguém, mediante violência ou grave ameaça, a participar ou deixar de participar de determinado sindicato ou associação profissional:

Pena – detenção, de um mês a um ano, e multa, além da pena correspondente à violência.

Introdução: o tipo protege a liberdade de associação (inciso XVII[245] do artigo 5º e inciso V[246] do artigo 8º, ambos da Constituição Federal).

Classificação: é crime comum[247], doloso e material.

Trata-se de infração de menor potencial ofensivo de ação penal pública incondicionada, de competência é da Justiça Federal e de atribuição investigativa é da Polícia Federal.

Conduta proibida: a conduta vedada no tipo é constranger alguém, mediante violência ou grave ameaça, a participar (ação) ou deixar de participar (abstenção) de determinado sindicato ou associação profissional.

O crime se consuma no momento em que a vítima, constrangida (mediante violência ou grave ameaça) se associa contra a sua vontade no sindicato/associação profissional ou quando, em virtude do constrangimento (materializado por violência ou grave ameaça) se abstém de se associar no sindicato/associação profissional.

Concurso de crimes: pune-se a lesão corporal decorrente do emprego de violência contra pessoa em concurso de crimes (nos termos determinados pelo preceito secundário do tipo).

Paralisação de trabalho, seguida de violência ou perturbação da ordem

Art. 200 – Participar de suspensão ou abandono coletivo de trabalho, praticando violência contra pessoa ou contra coisa:

Pena – detenção, de um mês a um ano, e multa, além da pena correspondente à violência.

Parágrafo único – Para que se considere coletivo o abandono de trabalho é indispensável o concurso de, pelo menos, três empregados.

Introdução: a Constituição Federal assegura o direito de greve no seu artigo 9º[248].

---

245 Art. 5º (...)
XVII – é plena a liberdade de associação para fins lícitos, vedada a de caráter paramilitar.

246 Art. 8º (...)
V – ninguém será obrigado a filiar-se ou a manter-se filiado a sindicato.

247 Quando a conduta era praticada por servidor público, havia prática de crime de abuso de autoridade (artigo 3º, alínea ‘f’, da Lei 4.898/65). Contudo, a nova Lei de Abuso de Autoridade não previu dita prática como crime especial. Registro que não houve *abolitio criminis*, mas continuidade normativo-típica, porque o fato continua sendo punido no artigo aqui estudado (199 do Código Penal). Aliás, mesmo com revogação da Lei 4.898/65, esta deverá continuar a ser aplicada para o servidor público que praticou o crime tipificado no artigo 3º, alínea ‘f’, do mandamento citado, porque o artigo 199 do Código Penal pune a conduta de forma mais severa (ultratividade benéfica).

248 Art. 9º É assegurado o direito de greve, competindo aos trabalhadores decidir sobre a oportunidade de exercê-lo e sobre os interesses que devam por meio dele defender.
§ 1º A lei definirá os serviços ou atividades essenciais e disporá sobre o atendimento das necessidades inadiáveis da comunidade.
§ 2º Os abusos cometidos sujeitam os responsáveis às penas da lei.

Classificação: trata-se crime próprio (só pode ser praticado por empregados ou por empregador, conforme o caso), doloso, plurissubjetivo ou de concurso necessário (caso seja crime de **abandono de trabalho**, o tipo exige concurso de, no mínimo, 3 empregados; no crime de **suspensão de trabalho**, praticado por empregadores e conhecido como *lockout,* não há exigência legal de número mínimo, mas subtende-se necessidade de mais de um empregador cometendo o crime estudado).

Trata-se de infração de menor potencial ofensivo, de ação penal pública incondicionada, de competência da Justiça Federal e atribuição investigativa da Polícia Federal.

Condutas proibidas: as condutas proibidas podem ser assim resumidas:

Artigo 200 do Código Penal		
Participar	de suspensão de trabalho	praticando violência contra pessoa ou contra coisa
	de abandono coletivo de trabalho	

Na primeira possibilidade (**abandono coletiva de trabalho**), pelo menos 3 empregados participam de movimento paredista praticando violência contra pessoa ou contra coisa. O direito de greve, como dito supra, é constitucionalmente assegurado, mas deve ser exercido de forma ordeira, pacífica.

Já que a paralisação pacífica é fato atípico, o crime se consuma com a violência (contra pessoa ou coisa) durante a paralisação coletiva.

Na segunda (*lockout*), os empregadores suspendem o trabalho com violência contra pessoa ou contra coisa.

Concurso de crimes: pune-se a lesão corporal ou o dano decorrente do emprego de violência contra pessoa ou coisa em concurso de crimes (nos termos determinados pelo preceito secundário do tipo).

Paralisação de trabalho de interesse coletivo

Art. 201 – Participar de suspensão ou abandono coletivo de trabalho, provocando a interrupção de obra pública ou serviço de interesse coletivo:

Pena – detenção, de seis meses a dois anos, e multa.

Revogação tácita do dispositivo: parte da doutrina afirma ter sido o tipo revogado pela Lei 7.783/89 (que regulamentou o exercício do direito de greve).

Classificação: é crime doloso (exige-se, a meu ver, especial fim de agir consistente na vontade deliberada de interromper obra pública ou serviço de interesse coletivo), próprio (é preciso ser empregador no crime de suspensão de trabalho e empregado no crime de abandono coletivo de trabalho) e material.

Trata-se de infração de menor potencial ofensivo, de ação penal pública incondicionada, de competência da Justiça Federal e atribuição investigativa da Polícia Federal.

Não exigência de violência ou grave ameaça: diferente do tipo anterior, não se exige violência contra pessoa ou coisa.

Abandono coletivo de trabalho: em relação aos empregados, o crime é de concurso necessário (já que o abandono precisa ser coletivo). O crime se consuma com a interrupção da obra pública ou do serviço de interesse coletivo.

***Lockout*:** é a suspensão de trabalho perpetrada pelo empregador (o crime aqui é unissubjetivo), provocando a interrupção de obra pública ou serviço de interesse coletivo.

Invasão de estabelecimento industrial, comercial ou agrícola. Sabotagem

Art. 202 – Invadir ou ocupar estabelecimento industrial, comercial ou agrícola, com o intuito de impedir ou embaraçar o curso normal do trabalho, ou com o mesmo fim danificar o estabelecimento ou as coisas nele existentes ou delas dispor:

Pena – reclusão, de um a três anos, e multa.

Classificação: o crime analisado é comum, doloso e misto, alternativo ou de conteúdo variado.

O delito admite acordo de não persecução penal (artigo 28-A do CPP), suspensão condicional do processo (artigo 89 da Lei 9.099/95) e fiança arbitrada pelo delegado de polícia (artigo 322 do CPP).

É crime de ação penal pública incondicionada de competência da Justiça Federal e atribuição investigativa da Polícia Federal.

Condutas proibidas: eis as condutas proibidas descritas no tipo:

<table>
<tr><th colspan="4">Artigo 202 do Código Penal</th></tr>
<tr><td>Invadir</td><td>estabelecimento industrial</td><td rowspan="3">com o intuito de</td><td>impedir o curso normal do trabalho.</td></tr>
<tr><td rowspan="2">Ocupar</td><td>estabelecimento comercial</td><td>embaraçar o curso normal do trabalho.</td></tr>
<tr><td>estabelecimento agrícola</td><td>danificar o estabelecimento ou as coisas nele existentes ou delas dispor.</td></tr>
</table>

O crime resta consumado com a prática de uma das condutas proibidas com um dos fins especiais descritos no tipo, quando o objetivo do agente é impedir ou embaraçar o curso normal do trabalho (crime formal). Quando o objetivo do agente é danificar o estabelecimento, as coisas nele existentes ou delas dispor, o crime se consuma com o efetivo dano ou disposição (crime material).

Sabotagem: significa danificar o estabelecimento ou as coisas nele existentes ou delas dispor, com o intuito de impedir ou embaraçar o curso normal do trabalho.

Frustração de direito assegurado por lei trabalhista

Art. 203 – Frustrar, mediante fraude ou violência, direito assegurado pela legislação do trabalho:

Pena – detenção de um ano a dois anos, e multa, além da pena correspondente à violência.

§ 1º Na mesma pena incorre quem:

I – obriga ou coage alguém a usar mercadorias de determinado estabelecimento, para impossibilitar o desligamento do serviço em virtude de dívida;

II – impede alguém de se desligar de serviços de qualquer natureza, mediante coação ou por meio da retenção de seus documentos pessoais ou contratuais.

§ 2º A pena é aumentada de um sexto a um terço se a vítima é menor de dezoito anos, idosa, gestante, indígena ou portadora de deficiência física ou mental.

Classificação: crime é doloso e comum (apesar de normalmente ser praticado pelo empregador).

Trata-se de infração de menor potencial ofensivo, de ação penal pública incondicionada, de competência da Justiça Federal e atribuição investigativa da Polícia Federal.

Norma penal em branco: o delito em testilha é norma penal em branco, complementada pela legislação trabalhista (para que se saiba quais direitos foram frustrados, o intérprete precisa se socorrer das leis que protegem o trabalhador).

Artigo 149 x artigo 203: é preciso atentar para as diferenças do crime de redução à condição análoga de escravo (artigo 149 do Código Penal) e frustração de direito assegurado a trabalhador (artigo 203 do Código Penal):

Redução à condição análoga de escravo	Frustração de direito assegurado por lei trabalhista	Comentários
Art. 149. Reduzir alguém a condição análoga à de escravo, quer submetendo-o a trabalhos forçados ou a jornada exaustiva, quer sujeitando-o a condições degradantes de trabalho, quer restringindo, por qualquer meio, sua locomoção em razão de dívida contraída com o empregador ou preposto: Pena – reclusão, de dois a oito anos, e multa, além da pena correspondente à violência. § 1º Nas mesmas penas incorre quem: (...) II – mantém vigilância ostensiva no local de trabalho ou **se apodera de documentos ou objetos pessoais do trabalhador, com o fim de retê-lo no local de trabalho.**	Art. 203 – Frustrar, mediante fraude ou violência, direito assegurado pela legislação do trabalho: Pena – detenção de um ano a dois anos, e multa, além da pena correspondente à violência. § 1º Na mesma pena incorre quem: (...) **II – impede alguém de se desligar de serviços de qualquer natureza, mediante coação ou por meio da retenção de seus documentos pessoais ou contratuais.**	Tanto o artigo 149, § 1º, inciso II, quanto o artigo 203 § 1º, inciso II, ambos do Código Penal, tipificam crime relacionado à retenção de documentos do trabalhador. A diferença é que no primeiro crime (redução à condução análoga de escravo), o objetivo do agente é restringir a liberdade pessoal do trabalhador (o crime está na Seção I, do Capítulo VI, do Código Penal). No segundo (frustração de direito assegurado por lei trabalhista) há liberdade de locomoção do trabalhador, que se vê frustrado de, formalmente, se desligar do seu empregador em face da retenção dos documentos pessoais ou contratuais (a intenção do agente é frustrar o direito que tem o trabalhador de romper o vínculo empregatício).

Causa de aumento de pena: o § 2º do artigo 203 traz em seu bojo majorante (aumento de pena de 1/6 até 1/3, se a vítima é menor de 18 anos, idosa, gestante, indígena ou portadora de deficiência física ou mental).

Frustração de lei sobre a nacionalização do trabalho

Art. 204 – Frustrar, mediante fraude ou violência, obrigação legal relativa à nacionalização do trabalho:

Pena – detenção, de um mês a um ano, e multa, além da pena correspondente à violência.

Não recepção do tipo: há entendimento doutrinário que indica a não recepção do tipo penal estudado (a Constituição Federal não distingue trabalhadores brasileiros e estrangeiros na ocupação de postos de trabalho).

Os artigos 352 e seguintes da CLT tratam da nacionalização do trabalho (o tipo aqui estudado, caso reputado recepcionado, é norma penal em branco).

Classificação: trata-se de crime comum e doloso.

É infração de menor potencial ofensivo, de ação penal pública incondicionada, de competência da Justiça Federal e atribuição investigativa da Polícia Federal.

Conduta proibida: a conduta proibida constante no tipo é frustrar, mediante fraude ou violência, obrigação legal relativa à nacionalização do trabalho.

Concurso de crimes: pune-se a violência que resulta em lesão corporal em concurso de crimes.

Exercício de atividade com infração de decisão administrativa

Art. 205 – Exercer atividade, de que está impedido por decisão administrativa:

Pena – detenção, de três meses a dois anos, ou multa.

Classificação: crime doloso, próprio (só pode ser cometido por quem está impedido de exercer sua atividade por decisão administrativa) e habitual (a prática de um único ato por quem está impedido de exercer atividade por decisão administrativa constitui fato atípico).

Trata-se de infração de menor potencial ofensivo de ação penal pública incondicionada.

Conduta proibida: exemplifico a prática criminosa aqui estudada:

> **SITUAÇÃO HIPOTÉTICA:** PEDRO, advogado que teve sua inscrição cancelada pela OAB, continua exercendo normalmente a advocacia, apesar do impedimento administrativo.
>
> **SOLUÇÃO:** PEDRO incorreu na prática do crime tipificado no artigo 205 do Código Penal.

Artigo 205 x artigo 324 x artigo 359: é importante a leitura conjunta dos crimes de exercício de atividade com infração de decisão administrativa, exercício funcional ilegalmente antecipado ou prolongado e desobediência a decisão judicial sobre perda ou suspensão de direito:

Artigo 205 do CP	Artigo 324 do CP	Artigo 359 do CP
Art. 205 – Exercer atividade, de que está impedido por decisão administrativa: Pena – detenção, de três meses a dois anos, ou multa.	Art. 324 – Entrar no exercício de função pública antes de satisfeitas as exigências legais, ou continuar a exercê-la, sem autorização, depois de saber oficialmente que foi exonerado, removido, substituído ou suspenso: Pena – detenção, de quinze dias a um mês, ou multa.	Art. 359 – Exercer função, atividade, direito, autoridade ou múnus, de que foi suspenso ou privado por decisão judicial: Pena – detenção, de três meses a dois anos, ou multa.

Aliciamento para o fim de emigração

Art. 206 – Recrutar trabalhadores, mediante fraude, com o fim de levá-los para território estrangeiro.

Pena – detenção, de 1 (um) a 3 (três) anos e multa.

Classificação: o crime é doloso, comum (pode ser perpetrado por qualquer pessoa) e formal (não é preciso que os trabalhadores sejam efetivamente levados para o exterior para que o crime se consume).

O delito admite acordo de não persecução penal (artigo 28-A do CPP), suspensão condicional do processo (artigo 89 da Lei 9.099/95) e fiança arbitrada pelo delegado de polícia (artigo 322 do CPP).

Trata-se de crime de ação penal pública incondicionada, de competência da Justiça Federal e atribuição investigativa da Polícia Federal.

Conduta proibida: atente que é preciso o recrutamento de **mais de um trabalhador** e que os mesmos sejam **ludibriados** (necessidade do emprego de fraude) para que o crime seja praticado.

Artigo 149-A x artigo 206: há grandes diferenças entre o crime em testilha e o crime de tráfico de pessoas majorado (tráfico internacional de pessoas), confira (o crime do artigo 206 do Código Penal é bem mais simplório e finda sendo subsidiário em relação ao crime do artigo 149-A do Código Penal):

Tráfico de pessoas	Aliciamento para o fim de emigração
Art. 149-A. Agenciar, aliciar, recrutar, transportar, transferir, comprar, alojar ou acolher pessoa, mediante grave ameaça, violência, coação, fraude ou abuso, com a finalidade de:	Art. 206 – Recrutar trabalhadores, mediante fraude, com o fim de levá-los para território estrangeiro. Pena – detenção, de 1 (um) a 3 (três) anos e multa.

Tráfico de pessoas	Aliciamento para o fim de emigração
(...) II – submetê-la a trabalho em condições análogas à de escravo; (...) Pena – reclusão, de 4 (quatro) a 8 (oito) anos, e multa. § 1º A pena é aumentada de um terço até a metade se: (...) IV – a vítima do tráfico de pessoas for retirada do território nacional.	

Aliciamento de trabalhadores de um local para outro do território nacional

Art. 207 – Aliciar trabalhadores, com o fim de levá-los de uma para outra localidade do território nacional:

Pena – detenção de um a três anos, e multa.

§ 1º Incorre na mesma pena quem recrutar trabalhadores fora da localidade de execução do trabalho, dentro do território nacional, mediante fraude ou cobrança de qualquer quantia do trabalhador, ou, ainda, não assegurar condições do seu retorno ao local de origem.

§ 2º A pena é aumentada de um sexto a um terço se a vítima é menor de dezoito anos, idosa, gestante, indígena ou portadora de deficiência física ou mental.

Classificação: o crime é doloso, comum (qualquer pessoa pode perpetrar o crime em testilha) e formal (não é necessário que os trabalhadores sejam efetivamente levados para outra localidade do território nacional para que o crime se consume).

O delito admite acordo de não persecução penal (artigo 28-A do CPP), suspensão condicional do processo (artigo 89 da Lei 9.099/95) e fiança arbitrada pelo delegado de polícia (artigo 322 do CPP).

Trata-se de crime de ação penal pública incondicionada, de competência da Justiça Federal e atribuição investigativa da Polícia Federal.

Conduta proibida: atente que é preciso o recrutamento de **mais de um trabalhador** para que o crime seja praticado (note, ainda, que, diferente do tipo anterior, não há necessidade de fraude empregada pelo autor do delito – esta é reclamada, apenas, na figura equiparada do § 1º do artigo 207).

Figura equiparada: o § 1º do artigo 207 traz figura equiparada consistente no recrutamento de trabalhadores fora da localidade de execução do trabalho, dentro do território nacional, mediante fraude (ludibriando o trabalhador) ou cobrando qualquer quantia do trabalhador, ou, ainda, não assegurando condições do seu retorno ao local de origem.

Causa de aumento de pena: o § 2º do artigo 207 traduz majorante (aumento de pena de 1/6 a 1/3 se a vítima é menor de dezoito anos, idosa, gestante, indígena ou portadora de deficiência física ou mental).

TÍTULO V
DOS CRIMES CONTRA O SENTIMENTO RELIGIOSO E CONTRA O RESPEITO AOS MORTOS

CAPÍTULO I
DOS CRIMES CONTRA O SENTIMENTO RELIGIOSO

Ultraje a culto e impedimento ou perturbação de ato a ele relativo

Art. 208 – Escarnecer de alguém publicamente, por motivo de crença ou função religiosa; impedir ou perturbar cerimônia ou prática de culto religioso; vilipendiar publicamente ato ou objeto de culto religioso:

Pena – detenção, de um mês a um ano, ou multa.

Parágrafo único – Se há emprego de violência, a pena é aumentada de um terço, sem prejuízo da correspondente à violência.

Classificação: o crime é doloso e comum (pode ser cometido por qualquer pessoa).

Trata-se de infração de menor potencial ofensivo de ação penal pública incondicionada.

Condutas proibidas: há 3 condutas típicas: a) escarnecer de alguém publicamente, por motivo de crença ou função religiosa; b) impedir ou perturbar cerimônia ou prática de culto religioso; c) vilipendiar publicamente ato ou objeto de culto religioso.

Duas das três práticas reclamam que o agente atue publicamente (escarnecer de alguém por motivo de crença/função religiosa e vilipendiar ato/objeto de culto religioso).

Eis a análise das condutas:

Conduta	Comentários
Escarnecer de alguém publicamente, por motivo de crença ou função religiosa	É preciso distinguir os crimes de injúria qualificada pela utilização de elemento referente à religião (§ 3º do artigo 140 do Código Penal), **racismo (artigo 20 da Lei 7.716/89), o crime tipificado no artigo 208 do Código Penal e o crime de tortura-discriminação (artigo 1º, inciso I, alínea 'c', da Lei 9.455/97).** No crime contra honra qualificado a intenção do agente é ofender a honra subjetiva da vítima por meio de um xingamento ligado à religião. É preciso que a vítima seja certa e determinada. Esse crime não precisa ser praticado na presença de terceiros. O crime de racismo é cometido contra vítimas não determinadas e o objetivo é discriminar todas as pessoas que se enquadrem na fala/postagem do autor do fato. As condutas tipificadas no artigo 20 da

Conduta	Comentários
	Lei 7.716/89 são "praticar, induzir ou incitar a discriminação ou preconceito de religião" (transcrevi apenas o conteúdo discriminatório que aqui nos interessa – o atinente à religião). O crime tipificado no artigo 208 do Código Penal (na conduta proibida escarnecer) é de mera conduta e só pode ser cometido na presença de terceiros (elementar "publicamente"). O agente pratica a conduta de escarnecer (zombar) de alguém por conta da sua crença ou função religiosa (ofensa ao sentimento religioso e à liberdade de culto). O crime de tortura-discriminação (artigo 1º, inciso I, alínea 'c', da Lei 9.455/97) reclama emprego de violência ou grave ameaça, causando à vítima sofrimento físico ou mental, em razão de discriminação religiosa.
Impedir ou perturbar cerimônia ou prática de culto religioso	Aqui temos tipo misto. Há prática do delito quando o agente **impede** ou **perturba** a prática de culto religioso. Impedir significa obstar. Perturbar significa atrapalhar. Não é necessário que o culto ou cerimônia seja público. **SITUAÇÃO HIPOTÉTICA:** JOÃO adentra na casa de PEDRO, onde ocorre um culto religioso ordeiro, e passa a gritar contra o ato religioso, perturbando o evento. **SOLUÇÃO:** JOÃO cometeu o crime tipificado no artigo 208 do Código Penal.
Vilipendiar publicamente ato ou objeto de culto religioso.	A conduta proibida é vilipendiar (tratar alguém ou algo como indigno, vil ou sem valor) ato ou objeto de culto religioso. **SITUAÇÃO HIPOTÉTICA:** JOÃO chuta e cospe, publicamente, imagem de santa usada em culto religioso. **SOLUÇÃO:** JOÃO cometeu o crime tipificado no artigo 208 do Código Penal.

Concurso de crimes: se há emprego de violência que resulte em lesão corporal, o agente responde pelos crimes tipificados nos artigos 129 e 208 do Código Penal, em concurso de crimes.

CAPÍTULO II
DOS CRIMES CONTRA O RESPEITO AOS MORTOS

Impedimento ou perturbação de cerimônia funerária

Art. 209 – Impedir ou perturbar enterro ou cerimônia funerária:

Pena – detenção, de um mês a um ano, ou multa.

Parágrafo único – Se há emprego de violência, a pena é aumentada de um terço, sem prejuízo da correspondente à violência.

Classificação: o crime é doloso, comum (pode ser cometido por qualquer pessoa), misto, alternativo ou de conteúdo variado.

Trata-se de infração de menor potencial ofensivo de ação penal pública incondicionada.

Condutas proibidas: as condutas proibidas são impedir (obstar) ou perturbar (atrapalhar) enterro ou cerimônia funerária.

É preciso, para que se cogite prática do crime tipificado no artigo 209 do Código Penal, que a conduta tenha a intenção de atentar contra o respeito do morto. Não comete o crime em testilha, por exemplo, o delegado de polícia que impede o enterro de morto que não passou por exame cadavérico no IML, depois de ter recebido notícia de que a morte foi criminosa.

Concurso de crimes: se há emprego de violência que resulte em lesão corporal, o agente responde pelos crimes tipificados nos artigos 129 e 209 do Código Penal, em concurso de crimes.

Violação de sepultura

Art. 210 – Violar ou profanar sepultura ou urna funerária:

Pena – reclusão, de um a três anos, e multa.

Classificação: o crime é doloso, comum (pode ser perpetrado por qualquer pessoa), material e misto, alternativo ou de conteúdo variado.

O delito admite acordo de não persecução penal (artigo 28-A do CPP), suspensão condicional do processo (artigo 89 da Lei 9.099/95) e fiança arbitrada pelo delegado de polícia (artigo 322 do CPP).

Trata-se de crime de ação penal pública incondicionada.

Condutas proibidas: as condutas são violar ou profanar (desrespeitar, macular) sepultura ou urna funerária.

É possível que o crime em testilha seja meio necessário para prática de outro (com necessário reconhecimento da consunção). É o caso de pessoa que resolve subtrair cadáver já enterrado. Penso que o agente deve responder apenas pelo crime tipificado no artigo 211 do Código Penal (sendo o delito tipificado no artigo 210 absorvido).

Conduto, é possível imputação do crime em testilha em concurso com outros delitos (caso se detecte que o crime do artigo 210 do Código Penal não é meio necessário para prática do outro delito perpetrado pelo agente). Eis exemplo (grotesco precedente do Superior Tribunal de Justiça):

> AGRAVO REGIMENTAL NO AGRAVO EM RECURSO ESPECIAL. HOMICÍDIO QUALIFICADO CONEXO COM CRIMES DE VIOLAÇÃO DE SEPULTURA E CORRUPÇÃO DE MENORES. DOSIMETRIA. PENA-BASE. CULPABILIDADE. ACENTUADA REPROVABILIDADE DA CONDUTA DELITUOSA. CIRCUNSTÂNCIAS DO CRIME. FUNDAMENTAÇÃO CONCRETA E IDÔNEA. QUANTUM PROPORCIONAL. AGRAVO REGIMENTAL IMPROVIDO. 1. É válida a majoração da pena-base, tendo em vista a presença de elementos que extrapolam consideravelmente os normais à espécie, consistentes nas circunstâncias dos crimes. 2. A reprovabilidade da conduta

> delituosa praticada pelo agravante foi bem evidenciada pelo modus operandi empregado no cometimento do delito – o agravante era líder de um grupo gótico que se autointitulava "vampiros". Por razões homofóbicas, ele e dois amigos atraíram a vítima para um cemitério, fizeram-na desmaiar com um soco, a estrangularam, bateram nela com uma cruz, morderam seu pulso, provaram seu sangue e depois a deixaram em uma cova. 3. A fundamentação apresentada pelas instâncias ordinárias, soberanas na análise dos fatos, está concisa, mas suficiente, atendendo ao que foi deliberado pelo Tribunal do Júri. 4. Agravo regimental improvido (AgRg no AREsp 613.134/PA, Rel. Ministro REYNALDO SOARES DA FONSECA, QUINTA TURMA, julgado em 02/06/2015, DJe 09/06/2015).

Destruição, subtração ou ocultação de cadáver

Art. 211 – Destruir, subtrair ou ocultar cadáver ou parte dele:

Pena – reclusão, de um a três anos, e multa.

Classificação: trata-se de crime comum, doloso e misto, alternativo ou de conteúdo variado.

O delito admite acordo de não persecução penal (artigo 28-A do CPP), suspensão condicional do processo (artigo 89 da Lei 9.099/95) e fiança arbitrada pela autoridade policial (artigo 322 do CPP).

Trata-se de crime de ação penal pública incondicionada.

Princípio da consunção: se o agente violar sepultura, com o objetivo de destruir ou subtrair o cadáver, penso que deve ele responder apenas pelo crime tipificado no artigo 211 do Código Penal (o delito do artigo 210, a meu ver, será absorvido, por ser meio necessário para a prática do delito pretendido pelo agente – princípio da consunção).

Concurso de crimes: é possível, contudo, imputar o crime estudado em concurso com outro(s) delito(s). Exemplifico:

> **SITUAÇÃO HIPOTÉTICA:** JOÃO, intencionalmente, confiscou a vida de PEDRO e, a seguir, ocultou seu cadáver.
>
> **SOLUÇÃO:** JOÃO deve responder pelos crimes de homicídio em concurso material com o crime de ocultação de cadáver.

Esqueletos, cinzas e múmias: Rogério Sanches Cunha[249] pontua, com precisão que:

> Não basta ao corpo humano estar sem vida para ser considerado um cadáver, sendo imprescindível que mantenha os traços mínimos identificadores da

249 CUNHA, Rogério Sanches. **Código Penal para concursos**, Salvador, 13ª edição, Juspodivm, 2020, p. 722/723.

aparência humana, ou seja, que não tenha sido atingido pela decomposição cadavérica. Assim, não são objetos do crime em estudo o esqueleto, as cinzas, as múmias e as partes do corpo incapazes de se reconhecer como tal. Assim, por exemplo, ocorrendo a subtração de uma múmia, poderá o agente incorrer na prática do crime de furto, tendo em vista não se tratar de coisa excluída do comércio.

Vilipêndio a cadáver

Art. 212 – Vilipendiar cadáver ou suas cinzas:

Pena – detenção, de um a três anos, e multa.

Classificação: Trata-se de crime comum (pode ser cometido por qualquer pessoa) e doloso.

O delito admite acordo de não persecução penal (artigo 28-A do CPP), suspensão condicional do processo (artigo 89 da Lei 9.099/95) e fiança arbitrada pela autoridade policial (artigo 322 do CPP).

Trata-se de crime de ação penal pública incondicionada.

Elemento subjetivo do tipo: para prática do crime estudado, é preciso dolo de vilipendiar cadáver. Explico por meio de exemplo:

> **SITUAÇÃO HIPOTÉTICA:** JOÃO, desejando matar PEDRO, espera que este deite no sofá para cochilar, ao fim de um jogo de futebol que é transmitido pela televisão. Notando que PEDRO está deitado no sofá, JOÃO adentra na casa e passa a esfaquear a vítima, que permanece inerte. O laudo cadavérico constata que, em verdade, PEDRO sofrera um infarto fulminante no meio do jogo e já estava morto antes mesmo da primeira facada.
>
> **SOLUÇÃO:** JOÃO não pode ser punido pelo crime contra vida, porque a consumação deste é impossível (artigo 17 do Código Penal – impropriedade absoluta do objeto). De igual sorte, JOÃO não pode ser punido pelo crime tipificado no artigo 212 do Código Penal, posto que não havia dolo de vilipendiar cadáver (o agente não sabia que esfaqueava um morto – erro de tipo). Logo, JOÃO não responde por crime nenhum.

Concurso de crimes: é possível imputação do crime em testilha em concurso com outros delitos. Exemplifico:

> **SITUAÇÃO HIPOTÉTICA:** JOÃO, desejando subtrair a aliança de ouro com a qual PEDRO foi enterrado, viola sua sepultura e corta o dedo anelar do cadáver com o fito de surrupiar o anel.
>
> **SOLUÇÃO:** tem-se cumulação dos crimes de furto e vilipêndio a cadáver (entendo não ser possível imputar o crime de vilipêndio de sepultura, porque esse

é meio para prática do furto). É possível pensar no crime patrimonial porque o bem móvel pertence aos sucessores do morto (que são vítimas). O crime de vilipêndio a cadáver parece-me possível porque o corte do dedo do defunto não é meio necessário para o cometimento do furto.

Necrofilia e canibalismo: a necrofilia (prática sexual com cadáver) e o canibalismo (ato de devorar animal da mesma espécie) podem ser enquadrados como crime de vilipêndio a cadáver.

É possível, contudo, que a conduta de devorar cadáver humano seja acobertada pela excludente de antijuridicidade do estado de necessidade (artigo 24 do Código Penal), caso o corpo de uma pessoa morta seja o único alimento à disposição do agente em penúria, em face da fome extremada.

TÍTULO VI
DOS CRIMES CONTRA A DIGNIDADE SEXUAL
CAPÍTULO I
DOS CRIMES CONTRA A LIBERDADE SEXUAL

Breves comentários sobre os crimes contra dignidade sexual perpetrados contra mulheres: os crimes contra dignidade sexual podem ser praticados contra homens e mulheres. É inegável, entrementes, que a violência sexual atinge com muito mais força as mulheres.

Apesar de homens e mulheres serem iguais, nos termos do artigo 5º, inciso I, da Constituição Federal[250], o Brasil editou várias leis protetivas, com o fito de tentar frear a violência contra mulheres (cito a Lei 11.340/06 – Maria da Penha e a Lei 13.104/15 – Lei do Feminicídio).

A violência contra mulher é rechaçada internacionalmente. Destaco a Convenção Interamericana para Prevenir, Punir e Erradicar a Violência contra a Mulher (Convenção de Belém do Pará, assinada na 34ª sessão da Assembleia Geral da OEA, em 06/09/1994 e promulgada pelo Decreto 1.973/96). A Convenção define a violência contra mulher nos seguintes termos:

Para os efeitos desta Convenção, entender-se-á por violência contra a mulher qualquer ato ou conduta baseada no gênero, que cause morte, dano ou sofrimento físico, sexual ou psicológico à mulher, tanto na esfera pública quanto na esfera privada.

Especificamente no que toca à violência sexual contra a mulher, a Lei Maria da Penha a define como:

---

250 Art. 5º (...):

I – homens e mulheres são iguais em direitos e obrigações, nos termos desta Constituição.

> Art. 7º São formas de violência doméstica e familiar contra a mulher, entre outras:
>
> (..)
>
> III – a violência sexual, entendida como qualquer conduta que a constranja a presenciar, a manter ou a participar de relação sexual não desejada, mediante intimidação, ameaça, coação ou uso da força; que a induza a comercializar ou a utilizar, de qualquer modo, a sua sexualidade, que a impeça de usar qualquer método contraceptivo ou que a force ao matrimônio, à gravidez, ao aborto ou à prostituição, mediante coação, chantagem, suborno ou manipulação; ou que limite ou anule o exercício de seus direitos sexuais e reprodutivos;

Se a violência sexual reclama prevenção e pronta repressão do Estado. A violência sexual contra mulher exige redobrada atenção.

Infelizmente os crimes contra a dignidade sexual findam não sendo efetivamente registrados (cifra negra ou oculta é a diferença observada entre os crimes que efetivamente são praticados e os registros formais das ocorrências delituosas).

Tais números são, em grande medida, explicados pelos processos de vitimização enfrentados pelo sujeito passivo da prática delitiva (em crimes sexuais). Em rápidas linhas a vítima sofre: a) vitimização primária (ser sujeito passivo do crime, propriamente dito); b) vitimização secundária (passar por novo processo de vitimização ao procurar amparo nos órgãos de controle social formal – polícia, por exemplo); c) vitimização terciária (ser novamente vitimizada pela família/amigos); d) heterovitimização (a vítima finda tendo a convicção de que foi responsável pela eclosão do delito).

Mesmo diante da cifra negra (ou oculta), os números de estupros registrados são altos e assustam. Segundo o anuário 2019 do Fórum Brasileiro de Segurança Pública[251], em 2018 foram registrados 66.041 casos de violência sexual (81,8% dos crimes foram praticados contra mulheres; 53,8% das vítimas tinham até 13 anos; média de 180 estupros por dia; 4 meninas de até 13 anos estupradas por hora).

No estudo dos crimes contra a dignidade sexual, é importante a leitura da Lei do Minuto Seguinte (Lei 12.845/13), que trata do atendimento obrigatório e integral a pessoas que sofreram violência sexual:

> Art. 1º Os hospitais devem oferecer às vítimas de violência sexual atendimento emergencial, integral e multidisciplinar, visando ao controle e ao tratamento dos agravos físicos e psíquicos decorrentes de violência sexual, e encaminhamento, se for o caso, aos serviços de assistência social.

251 Disponível em http://www.forumseguranca.org.br/wp-content/uploads/2019/09/Anuario-2019-FINAL-v3.pdf, acesso em 04/07/2020.

Art. 2º Considera-se violência sexual, para os efeitos desta Lei, qualquer forma de atividade sexual não consentida.

Art. 3º O atendimento imediato, obrigatório em todos os hospitais integrantes da rede do SUS, compreende os seguintes serviços:

I – diagnóstico e tratamento das lesões físicas no aparelho genital e nas demais áreas afetadas;

II – amparo médico, psicológico e social imediatos;

III – facilitação do registro da ocorrência e encaminhamento ao órgão de medicina legal e às delegacias especializadas com informações que possam ser úteis à identificação do agressor e à comprovação da violência sexual;

IV – profilaxia da gravidez;

V – profilaxia das Doenças Sexualmente Transmissíveis – DST;

VI – coleta de material para realização do exame de HIV para posterior acompanhamento e terapia;

VII – fornecimento de informações às vítimas sobre os direitos legais e sobre todos os serviços sanitários disponíveis.

§ 1º Os serviços de que trata esta Lei são prestados de forma gratuita aos que deles necessitarem.

§ 2º No tratamento das lesões, caberá ao médico preservar materiais que possam ser coletados no exame médico legal.

§ 3º Cabe ao órgão de medicina legal o exame de DNA para identificação do agressor.

Art. 4º Esta Lei entra em vigor após decorridos 90 (noventa) dias de sua publicação oficial.

O Decreto 7.958/13 estabelece diretrizes para o atendimento humanitário das vítimas de violência sexual pelos profissionais da área de saúde.

Com a prática do crime, a vítima finda enfrentando longo e constrangedor calvário (note que os crimes contra a dignidade sexual são de ação penal pública incondicionada – Lei 13.718/18), que vai do registro da ocorrência, passando pela investigação e finda com o processo.

Em primeiro lugar, o crime deve ser registrado. Primeiro entrave. Vítimas desta modalidade delitiva normalmente se sentem extremamente constrangidas ao formalizar o registro do crime. Será preciso fornecer ao aparelho policial detalhes da prática íntima forçada, com o fito de emprestar trilha investigativa apta a identificar o autor do fato. Lembrar do ato sexual não consentido é doloroso, mas necessário para elucidação do delito.

Neste primeiro momento é premente: a) registrar o fato; b) oitivar formalmente a vítima (a Lei Maria da Penha determina atendimento diferenciado para mulher vítima de violência doméstica – grande parte dos crimes contra dignidade sexual de mulheres são praticados no âmbito de unidade doméstica, familiar ou em relação íntima de afeto – nos termos dos artigos 10 e seguintes da Lei 11.340/06); c) materializar exame de corpo de delito (nos termos do artigo 158 do Código de Processo Penal, vez que a infração deixa vestígios, mais das vezes); d) encaminhar a vítima à unidade médica de referência para acolhimento de vítimas de estupro (para que sejam prescritos medicamentos para evitar gravidez indesejada e contaminação por doenças sexualmente transmissíveis, como já sublinhado supra).

Esse primeiro atendimento deve ser acolhedor, com o fito de evitar a vitimização secundária (rapidamente definida supra). Daí a importância da existência de uma delegacia especializada na investigação de crimes praticados contra mulheres, com delegadas (é menos invasivo que a entrevista e a oitiva formal da vítima seja materializada por outra mulher), equipe multidisciplinar (a prática do crime em estudo certamente impacta negativamente a vítima, que deve ser atendida por médica, psicóloga, assistente social, etc.) e investigadores treinados para elucidação de crimes desta natureza.

Por óbvio, caso a vítima seja recebida numa delegacia metropolitana, lotada de pessoas que desejam registrar crimes os mais diversos, sendo atendida com demora por policiais que não tenham traquejo com o enfrentamento direito a crimes contra dignidade sexual, sendo ouvida por um delegado que nunca trabalhou numa delegacia especializada de combate a crimes cometidos contra mulheres (e que, portanto, pode não estar familiarizado com todas as etapas acima descritas), certamente sentirá na pele a vitimização secundária. Importante salientar que o receio desta vitimização afasta mulheres vítimas de estupro das delegacias. Isso impacta negativamente no registro formal do crime e redunda na deletéria cifra negra.

Se tal situação é delicada em relação à mulher adulta vítima de prática sexual não consentida, muito mais sensíveis são os casos de vítimas vulneráveis, nos termos do artigo 217-A do Código Penal, por exemplo. Coligir elementos de convicção de crianças e/ou adolescentes vítimas de práticas libidinosas exige muito preparo e cautela. O trauma do infante vitimizado pode causar efeitos devastadores no futuro adulto. Com ainda mais propriedade é preciso dispensar atendimento especializado para tais vítimas.

Ainda que a vítima seja atendida em delegacia especializada, há uma etapa ligada ao registro da ocorrência que se mostra, mais das vezes, como delicada e constrangedora: o exame de corpo de delito. Trata-se de etapa imprescindível nos crimes que deixam vestígio, tal qual determinado pelo artigo 158 do Código de Processo Penal (alterado pela Lei 13.721/18, que determinou atendimento prioritário de mulheres vítimas de violência doméstica e familiar e vítima de crime violento criança, adolescente, idosa ou pessoa com deficiência):

> Art. 158. Quando a infração deixar vestígios, será indispensável o exame de corpo de delito, direto ou indireto, não podendo supri-lo a confissão do acusado.

> Parágrafo único. Dar-se-á prioridade à realização do exame de corpo de delito quando se tratar de crime que envolva:
>
> I – violência doméstica e familiar contra mulher;
>
> II – violência contra criança, adolescente, idoso ou pessoa com deficiência.

O exame em questão será importante meio probante, vez que será possível coletar material biológico do agressor (esperma, pelos pubianos, etc.), serão consignados eventuais sinais de violência (o que servirá de prova da materialidade da prática violenta), dentre outros aspectos. Ser submetida a exame pericial invasivo, logo após ser vitimada por prática delitiva tão gravosa é extremamente desconfortável. Anote-se que a não realização do exame pode culminar com nulidade do processo, nos termos do artigo 564, III, *b*, do Código de Processo Penal:

> Art. 564. A nulidade ocorrerá nos seguintes casos:
>
> (...)
>
> III – por falta das fórmulas ou dos termos seguintes:
>
> (...)
>
> b) o exame do corpo de delito nos crimes que deixam vestígios, ressalvado o disposto no Art. 167;

Como se nota pela análise do artigo transcrito supra, a nulidade por ausência de exame de corpo de delito nos crimes que deixam vestígios só pode ser elidida com a utilização do artigo 167 do CPP:

> Art. 167. Não sendo possível o exame de corpo de delito, por haverem desaparecido os vestígios, a prova testemunhal poderá suprir-lhe a falta.

A utilização do dispositivo transcrito supra é difícil em crimes desta natureza, vez que, no mais das vezes, o cometimento é clandestino.

Em que pese os aparentes termos peremptórios da lei, o Superior Tribunal de Justiça tem relativizado a exigência de exame de corpo de delito em crimes sexuais (transcrevo apenas parte do acórdão):

> Se mostra prescindível a perícia – exame de corpo de delito – para os crimes de estupro ou atentado violento ao pudor que, por vezes, não deixam vestígios, máxime havendo nos autos provas outras que auxiliem o julgador na formação do seu convencimento. Precedentes do STJ e STF[252].

252 STJ, HC 177980/BA, 5ª Turma, rel. Min. Jorge Mussi, Dje 01/08/2011.

Aliás, é de anotar que crimes desta natureza são muito difíceis de serem solucionados, como dito supra, porque normalmente são praticados clandestinamente, sem a presença de testemunhas oculares e muitas vezes sem que sejam deixados vestígios (imagine estupro praticado com emprego de grave ameaça). Por esse motivo, os tribunais brasileiros têm reafirmado a relevância das declarações prestadas pela vítima em processos que apuram crimes contra dignidade sexual. Eis julgado do Tribunal da Cidadania acerca do tema:

> CONSTITUCIONAL E PENAL. HABEAS CORPUS SUBSTITUTIVO DE RECURSO. ESTUPRO DE INCAPAZ. ABSOLVIÇÃO. CARÊNCIA DE PROVAS. IMPROPRIEDADE DA VIA ELEITA. **PALAVRA DA VÍTIMA. ESPECIAL RELEVÂNCIA NOS DELITOS CONTRA LIBERDADE SEXUAL**. MAUS ANTECEDENTES E REINCIDÊNCIA. BIS IN IDEM NÃO EVIDENCIADO. WRIT NÃO CONHECIDO. 1. Esta Corte e o Supremo Tribunal Federal pacificaram orientação no sentido de que não cabe habeas corpus substitutivo do recurso legalmente previsto para a hipótese, impondo-se o não conhecimento da impetração, salvo quando constatada a existência de flagrante ilegalidade no ato judicial impugnado. No caso, não se observa flagrante ilegalidade a justificar a concessão do habeas corpus, de ofício. 2. Se as instâncias ordinárias, mediante valoração do acervo probatório produzido nos autos, entenderam, de forma fundamentada, ser o réu autor do delito descrito na exordial acusatória, a análise das alegações concernentes ao pleito de absolvição demandaria exame detido de provas, inviável em sede de writ. 3. **A jurisprudência pátria é assente no sentido de que, nos delitos contra liberdade sexual, por frequentemente não deixarem vestígios, a palavra da vítima tem valor probante diferenciado. Precedentes.** 4. É pacífico o entendimento de que é admissível a utilização de condenações anteriores transitadas em julgado como fundamento para a fixação da pena-base acima do mínimo legal, diante da valoração negativa dos maus antecedentes, da conduta social e, ainda, da personalidade do agente, ficando apenas vedado o bis in idem. Assim, considerando a multirreincidência do réu, não se vislumbra ilegalidade na dosimetria da pena. Precedentes. 5. Habeas corpus não conhecido[253].

Eis teses do Superior Tribunal de Justiça nesse sentido (edições 111 e 153 da jurisprudência em teses[254]):

> 3) Em delitos sexuais, comumente praticados às ocultas, a palavra da vítima possui especial relevância, desde que esteja em consonância com as demais provas acostadas aos autos.

---

253 STJ, HC 290361/SP, 5ª Turma, rel. Min. Ribeiro Dantas, Dje 26/04/2016, grifos meus.

254 Mesmo teor da tese 2 da edição 151 da jurisprudência em teses do Superior Tribunal de Justiça.

> 14) Na apuração de suposta prática de crime sexual, é lícita a utilização de prova extraída de gravação telefônica efetivada pelo ofendido, ou por terceiro com a sua anuência, sem o conhecimento do agressor[255].

Neste particular é preciso muita cautela na materialização da oitiva da vítima e na confecção, por exemplo, do reconhecimento pessoal do autor do fato. Na esteira da jurisprudência transcrita supra, a força da palavra da vítima é muito grande e, no mais das vezes, o processo vai significar o confronto da versão desta com a do suposto autor do fato (caso não seja possível levar a cabo provas materiais, como por exemplo o confronto do material biológico colhido na vítima com amostra fornecida pelo suspeito).

Maior cautela deve ser dispensando à oitiva do vulnerável vitimado. Crianças e adolescentes podem fantasiar acerca de eventos reais e suas declarações têm que ser coligidas com bastante cuidado e, de preferência, com apoio profissional especializado. Nesse sentido, tese do Superior Tribunal de Justiça (edição 153):

> 13) Nos crimes sexuais praticados contra criança e adolescente, admite-se a oitiva da vítima por profissional preparado e em ambiente diferenciado na modalidade do "depoimento sem dano", prevista na Lei n. 13.431/2017, medida excepcional que respeita sua condição especial de pessoa em desenvolvimento.

Nessa esteira, Rogério Greco comenta a necessidade de cuidado com a **Síndrome da Mulher de Potifar**. Em síntese apertada, trata-se de passagem bíblica (Gênesis, capitulo 39) que conta a história de José, comprado pelo egípcio Potifar. A mulher deste, atraída pelo servo do seu marido, convidou-o à alcova. O servo, contudo, manteve-se fiel a seu senhor e rejeitou todas as investidas da esposa do seu dono. A rejeição a deixou furiosa e ela acusou José falsamente de tê-la abusado sexualmente. O escravo foi preso em razão da falsa imputação[256].

Analisando a Síndrome da Mulher de Potifar, à luz da legislação tupiniquim, percebe-se indicativo da prática do crime de denunciação caluniosa, tipificado no artigo 339 do Código Penal. Com o fito de evitar distorções como as havidas na passagem da Bíblia, é preciso muito cuidado na oitiva da suposta vítima, mormente em delitos sexuais e outros crimes praticados na clandestinidade.

Eventuais imputações falsas ou irresponsáveis certamente terão consequências graves. É preciso cuidado do aparelho estatal na aferição da notícia de crime narrada, com o fito de evitar deletérias injustiças. A preocupação é relevante, porque o autor

255 O Tribunal da Cidadania acentua nessa tese a licitude da gravação e da escuta clandestinas enquanto meios probantes.

256 Greco, Rogério. **Código Penal: comentado**, 12ª edição, Niterói/RJ, Impetus, 2018, p. 798/799.

do crime de estupro tende a ser extremamente hostilizado no cárcere. As notícias de sevícias, espancamentos e mesmo de homicídios são frequentes.

Eis relato extraído do livro Estação Carandiru, de Drauzio Varella, acerca do local reservado à detenção dos "craqueiros insolventes, delatores, justiceiros, estupradores, perdedores de disputas individuais, gente que encontra na cadeia inimigos da rua e muitos outros que, na pior, não conseguiram comprar um xadrez decente ou venderam o que possuíam"[257]:

> Quinhentas e tantas pessoas, juradas de morte em sua maioria, vivem em cubículos densos de fumaça de cigarro, nos quais se espremem quatro, cinco ou às vezes mais prisioneiros. Um cheiro forte de cadeia se espalha pelo ambiente. O estado de conservação das celas é precário. Falta de água, entupimentos, goteiras e inundações acontecem com frequência. Nestas circunstâncias, os habitantes de um xadrez podem passar a noite em pé, no molhado[258].

Cezar Roberto Bitencourt[259], ao tratar do problema sexual das prisões, refere-se a ataques que são muito comuns aos investigados/condenados pela prática de estupro:

> Os casos mais dramáticos e também mais comuns ocorrem quando a relação homossexual é produto de violência. Qualquer recluso que ingresse em uma prisão de segurança máxima ou com superpopulação pode ser atacado, a qualquer momento, por um grupo de internos frustrados. As próprias peculiaridades da prisão dificultam a apuração da quantidade de violações que ocorrem em um centro penal. As vítimas da violência sexual dificilmente se queixam dos ataques que sofrem, não apenas para evitar o estigma e a desmoralização que a publicidade produz, mas também pelo temor de serem prejudicadas na concessão de benefícios penitenciários ou da liberdade condicional.

Assim é que é preciso muita cautela na condução do procedimento investigativo e do processo que apura crimes contra dignidade sexual, especialmente se o investigado/réu está encarcerado. É cuidado recomendável deixar o investigado/réu suspeito/acusado da prática de crime sexual em cela separada de outros presos. Não custa lembrar que, nos termos do artigo 5º, inciso XLIX, da Carta da República, é assegurado aos presos o respeito à integridade física e moral.

A imagem dos envolvidos deverá ser, obviamente, protegida, de forma a respeitar o direito à intimidade da vítima e do próprio investigado (certamente a imputação

---

257 VARELLA, Dráuzio. **Estação Carandiru**, São Paulo, Companhia das Letras, 1999, página 121/122, grifo meu.

258 VARELLA, Dráuzio. **Obra acima citada**, página 121.

259 BITENCOURT, Cezar Roberto. **Falência da pena de prisão: causas e alternativas**, 4ª edição, São Paulo, Saraiva, 2011, página 211/212.

apressada de pratica de crime sexual e a divulgação do nome do suspeito trará prejuízos inimagináveis à imagem do mesmo). Mais uma cautela reclamada dos responsáveis pela investigação criminal do estupro.

Aliás, a antecipação de culpa[260] ou a veiculação apressada da imagem do preso podem significar prática de crime de abuso de autoridade[261]. Por óbvio, caso exista convicção de que o detido é autor de outros crimes sexuais, a divulgação fundamentada de sua imagem (para que ele possa ser reconhecido por outras vítimas, por exemplo) não constituirá crime de abuso de autoridade (para a prática deste, é preciso que exista o especial fim de agir descrito no artigo 1º, § 1º, da Lei 13.869/19).

Feito esse necessário introito, analisemos os crimes contra a dignidade sexual.

Estupro

Art. 213. Constranger alguém, mediante violência ou grave ameaça, a ter conjunção carnal ou a praticar ou permitir que com ele se pratique outro ato libidinoso:

Pena – reclusão, de 6 (seis) a 10 (dez) anos.

§ 1º Se da conduta resulta lesão corporal de natureza grave ou se a vítima é menor de 18 (dezoito) ou maior de 14 (catorze) anos:

Pena – reclusão, de 8 (oito) a 12 (doze) anos.

§ 2º Se da conduta resulta morte:

Pena – reclusão, de 12 (doze) a 30 (trinta) anos

Introdução e evolução histórica: no Código do Império (de 1830), os crimes sexuais eram alocados em Capítulo denominado crimes "contra a segurança da honra". Eis os tipos constantes no Caderno Repressivo (na seção I, que relacionava os crimes de estupro):

> Art. 219. Deflorar mulher virgem, menor de dezasete annos.
>
> Penas – de desterro[262] para fóra da comarca, em que residir a deflorada, por um a tres annos, e de dotar a esta.

---

260 Art. 38. Antecipar o responsável pelas investigações, por meio de comunicação, inclusive rede social, atribuição de culpa, antes de concluídas as apurações e formalizada a acusação:
Pena – detenção, de 6 (seis) meses a 2 (dois) anos, e multa.

261 Art. 13. Constranger o preso ou o detento, mediante violência, grave ameaça ou redução de sua capacidade de resistência, a:
I – exibir-se ou ter seu corpo ou parte dele exibido à curiosidade pública;
(...)
Pena – detenção, de 1 (um) a 4 (quatro) anos, e multa, sem prejuízo da pena cominada à violência.

262 Art. 52. A pena de desterro, quando outra declaração não houver, obrigará os réos a sahir dos termos dos lugares do delicto, da sua principal residencia, e da principal residencia do offendido, e a não entrar em algum delles, durante o tempo marcado na sentença.

Seguindo-se o casamento, não terão lugar as penas.

Art. 220. Se o que commetter o estupro, tiver em seu poder ou guarda a deflorada.

Penas – de desterro para fóra da provincia, em que residir a deflorada, por dous a seis annos, e de dotar esta.

Art. 221. Se o estupro fôr commettido por parente da deflorada em grão, que não admitta dispensa para casamento.

Penas – de degredo[263] por dous a seis annos para a provincia mais remota da em que residir a deflorada, e de dotar a esta.

Art. 222. Ter copula carnal por meio de violencia, ou ameaças, com qualquer mulher honesta.

Penas – de prisão por tres a doze annos, e de dotar a offendida.

Se a violentada fôr prostituta.

Penas – de prisão por um mez a dous annos.

Art. 223. Quando houver simples offensa pessoal para fim libidinoso, causando dôr, ou algum mal corporeo a alguma mulher, sem que se verifique a copula carnal.

Penas – de prisão por um a seis mezes, e de multa correspondente á metade do tempo, além das em que incorrer o réo pela offensa.

Art. 224. Seduzir mulher honesta, menor dezasete annos, e ter com ella copula carnal.

Penas – de desterro para fóra da comarca, em que residir a seduzida, por um a tres annos, e de dotar a esta.

Art. 225. Não haverão as penas dos tres artigos antecedentes os réos, que casarem com as offendidas.

Atualmente, o Título VI do Código Penal se chama crimes "contra dignidade sexual". Outrora se chamava crimes "contra os costumes". A conceituação anterior era antiquada e, efetivamente, merecia ser modificada. Nessa toada, Valéria Diez Scarance Fernandes[264] afirma que:

> A evolução dos direitos da mulher ao longo da história representa a própria evolução da mulher na sociedade. No Brasil, por mais de cinco séculos, desde as Ordenações Filipinas até o Código Penal de 1940, os únicos tipos penais

263 Art. 51. A pena de degredo obrigará os réos a residir no lugar destinado pela sentença, sem poderem sahir delle, durante o tempo, que a mesma lhes marcar.

264 FERNANDES, Valéria Diez Scarance. **Lei Maria da Penha – O Processo Penal no Caminho da Efetividade**, São Paulo, editora Atlas, 2015, p. 5.

destinados à proteção das vítimas mulheres eram os crimes sexuais. Contudo, o foco da proteção desses crimes não era exatamente a mulher, mas a honra da mulher e da sua família.

Nessa esteira, insta salientar que até o ano de 2005, o casamento do autor de estupro com a vítima acarretava a extinção da punibilidade do agente. Valéria Scarance Fernandes lembra que "a tutela da honra da mulher, na verdade, representava a preocupação do legislador com a honra do homem"[265].

É reflexo deste pensamento machista, que norteou durante muito tempo a sociedade e a produção legislativa brasileiras, a tese de que a esposa não pode ser vítima de estupro praticado por seu marido, ainda que o concurso carnal seja não consentido, por suposto dever de copular resultante do casamento. Renato Marcão e Plínio Gentil[266] transcrevem aresto que traduz essa linha de pensamento:

> Exercício regular de direito. Marido que fere levemente a esposa, ao constrangê-la à prática de conjunção carnal normal. Recusa injustificada da mesma, alegando cansaço. Absolvição mantida.

Valéria Scarance Fernandes[267], citando Magalhães Noronha, reproduz a construção jurídica resultante do entendimento de que a esposa tinha o dever de se submeter à prática sexual, em razão do débito conjugal:

> As relações sexuais são pertinentes à vida conjugal, constituindo direito e dever recíprocos dos que casaram. O marido tem direito à posse sexual da mulher, ao qual ela não pode se opor. Casando-se, dormindo sob o mesmo teto, aceitando a vida em comum, a mulher não se pode furtar ao congresso sexual, cujo fim mais nobre é o da perpetuação da espécie. A violência por parte do marido não constituirá, em princípio, crime de estupro, desde que a razão da esposa para não aceder à união sexual seja mero capricho ou fútil motivo, podendo, todavia, ele responder pelo excesso cometido.

Por óbvio, trata-se de pensamento absurdo e medieval, hoje repudiado com veemência pela doutrina e pela jurisprudência. Apesar de ultrapassado o entendimento antiquado, o registro deste tipo de estupro não ocorre com frequência, porque a própria vítima não reconhece a prática como sendo criminosa (ainda imagina que o ato sexual é um "direito do seu marido"), em face de suposta "preservação da família"

265 FERNANDES, Váleria Diez Scarence. **Obra acima citada**, p. 6.

266 MARCÃO, Renato e GENTIL, Plínio. **Crimes Contra a Dignidade Sexual**, São Paulo, 2015, Saraiva, p. 55.

267 FERNANDES, Váleria Diez Scarence. **Obra acima citada**, página 96.

(acreditando a mulher que o consórcio carnal forçado foi fato isolado e que não mais se repetirá), pelo medo de exposição, dentre outros fatores.

Depois desse necessário retrospecto, estudemos o crime tipificado no artigo 213 do Código Penal (estupro).

Continuidade normativo-típica: havia no Código Penal brasileiro dois crimes violentos contra a dignidade sexual. O estupro, tipificado no artigo 213[268], e o atentado violento ao pudor, tipificado no artigo 214[269]. No ano de 2009, foi revogado o artigo 214 do Código Penal (pela Lei 12.015/09).

Não houve *abolitio criminis*, porque o conteúdo incriminador do tipo em questão migrou para o artigo 213 do Código Penal (operou-se continuidade normativo-típica). Eis tese do Superior Tribunal de Justiça sobre o tema (edição 151):

> 4) Os crimes de estupro e de atentado violento ao pudor foram reunidos em um único dispositivo após a edição da Lei n. 12.015/2009, não ocorrendo *abolitio criminis* do delito do art. 214 do Código Penal – CP, diante do princípio da continuidade normativa.

Sobre o tema, é importante ler as teses do Superior Tribunal de Justiça (edições 17, 151, 152 e 153 da jurisprudência em teses). A Lei 12.015/09, findou sendo *novatio legis in mellius* para que cometeu, antes de sua entrada em vigor, estupro e atentado violento ao pudor em concurso de crimes (como o crime passou a ser apenas estupro, a alteração legislativa permitiu reconhecimento de crime único ou continuidade delitiva, a depender do caso):

> 8) O estupro e atentado violento ao pudor cometidos contra a mesma vítima e no mesmo contexto devem ser tratados como crime único, após a nova disciplina trazida pela Lei n. 12.015/09 (edição 17).
>
> 9) É possível reconhecer a continuidade delitiva entre estupro e atentado violento ao pudor quando praticados contra vítimas diversas ou fora do mesmo contexto, desde que presentes os requisitos do artigo 71 do Código Penal (edição 17).
>
> 10) A Lei n. 12.015/09, ao incluir no mesmo tipo penal os delitos de estupro e atentado violento ao pudor, possibilitou a caracterização de crime único ou de crime continuado entre as condutas, devendo retroagir para alcançar os fatos praticados antes da sua vigência, por se tratar de norma penal mais benéfica (edição 17).
>
> 4) Os crimes de estupro e de atentado violento ao pudor foram reunidos em um único dispositivo após a edição da Lei n. 12.015/2009, não ocorrendo *abolitio*

268 Art. 213 – Constranger mulher à conjunção carnal, mediante violência ou grave ameaça.

269 Art. 214 – Constranger alguém, mediante violência ou grave ameaça, a praticar ou permitir que com ele se pratique ato libidinoso diverso da conjunção carnal.

> *criminis* do delito do art. 214 do Código Penal – CP, diante do princípio da continuidade normativa (edição 151).
>
> 5) Por força da aplicação do princípio da retroatividade da lei penal mais benéfica, a Lei n. 12.015/2009 deve alcançar os delitos previstos nos arts. 213 e 214 do Código Penal, cometidos antes de sua vigência (edição 151).
>
> 6) Após o advento da Lei n. 12.015/2009, que tipificou no mesmo dispositivo penal (art. 213 do CP) os crimes de estupro e de atentado violento ao pudor, é possível o reconhecimento de crime único entre as condutas, desde que tenham sido praticadas contra a mesma vítima e no mesmo contexto-fático (edição 151).
>
> 1) É incabível a desclassificação do crime de atentado violento ao pudor para quaisquer das contravenções penais dos arts. 61 ou 65 do Decreto-Lei n. 3. 688/1941, pois aquele se caracteriza pela prática de atos libidinosos ofensivos à dignidade sexual da vítima, praticados mediante violência ou grave ameaça, com finalidade lasciva, sucedâneo ou não da conjunção carnal, evidenciando-se com o contato físico entre agressor e ofendido (edição 152).
>
> 12) Reconhecida a existência de crime único entre as condutas descritas nos art. 213 e art. 214 do CP, unificadas pela Lei n. 12.015/2009 na redação do novo art. 213, compete ao Juízo das Execuções o redimensionamento de pena imposta ao condenado, conforme a Súmula n. 611 do Supremo Tribunal Federal (edição 153).

Classificação: o estupro é delito doloso, comum, instantâneo, material e hediondo[270].

Condutas proibidas: o crime é praticado mediante violência ou grave ameaça (que não precisa, necessariamente, ser injusta[271]).

A violência pode se voltar contra coisas (marido, exigindo a cópula, passa a quebrar bens móveis da esposa e essa, aterrorizada, finda praticando o coito desejado pelo esposo violento – penso ter havido estupro nesse exemplo) ou contra terceiro (criminoso agride o namorado da vítima para constrange-la à prática sexual não consentida – há crime de estupro).

A grave ameaça, de igual sorte, pode ser voltada contra terceiros (agente que afirma que se a vítima não praticar ato libidinoso, matará parente desta).

---

270 Art. 1º São considerados hediondos os seguintes crimes, todos tipificados no Decreto-Lei nº 2.848, de 7 de dezembro de 1940 – Código Penal, consumados ou tentados:

(...)

V – estupro (art. 213, caput e §§ 1º e 2º).

271 Há prática de estupro quando o agente constrange a vítima à prática de atos libidinosos, por exemplo, ameaçando enviar prova da sua traição para seu marido, ameaçando noticiar crime perpetrado pela vítima à polícia ou ameaçando cobrar judicialmente dívida.

Simulação de arma de fogo (prática de crime de estupro): o Superior Tribunal de Justiça entendeu, no informativo 711) que a simulação de arma de fogo pode configurar a "grave ameaça" reclamada para a prática do crime de estupro (a defesa do acusado pleiteava, no caso concreto, desclassificação para o crime de importunação sexual).

Agente que retira a capacidade de resistência da vítima: caso a conduta do agente seja no sentido de retirar a capacidade de resistência da vítima (entorpecendo-a com bebida alcoólica, por exemplo), há prática de estupro de vulnerável caso esta perca, por completo, a capacidade de consentimento (artigo 217-A, § 1º, do Código Penal).

Eis teses do Superior Tribunal de Justiça sobre o tema (edição 153):

> 5) A prática de conjunção carnal ou de atos libidinosos diversos contra vítima imobilizada configura o crime de estupro de vulnerável do art. 217-A, § 1º, do CP, ante a impossibilidade de oferecer resistência ao emprego de violência sexual.
>
> 6) O avançado estado de embriaguez da vítima, que lhe retire a capacidade de oferecer resistência, é circunstância apta a revelar sua vulnerabilidade e, assim, configurar a prática do crime de estupro previsto no § 1º do art. 217-A do Código Penal.

Consentimento da vítima: o consentimento da vítima, em relação ao crime de estupro, é causa de exclusão da tipicidade (o dissenso é elementar da prática delitiva).

Para tanto é preciso que o consentimento seja anterior ou contemporâneo às práticas libidinosas (se ulterior à prática libidinosa cometida com violência ou grave ameaça, há estupro consumado). Eis exemplo interessante:

> **SITUAÇÃO HIPOTÉTICA:** JOÃO vê que MARIA bebeu demais na festa e foi para um dos quartos da casa. Ele segue sua amiga e nota que ela dormiu profundamente em face do consumo excessivo de álcool. Aproveitando-se da situação, JOÃO pratica conjunção carnal com MARIA desacordada. Depois que ela desperta, arrependido, JOÃO conta para MARIA todo ocorrido. Ela diz para JOÃO não se preocupar, que tem atração sexual por ele e que, se estivesse acordada, com certeza consentiria a prática sexual.
>
> **SOLUÇÃO:** JOÃO será responsabilizado pelo crime de estupro de vulnerável (artigo 217-A, § 1º, do Código Penal), vez que o consentimento, para funcionar como causa de exclusão da tipicidade do estupro, precisa ser anterior ou contemporâneo à prática libidinosa. Ademais, MARIA estava desacordada no momento da conjunção carnal.

Figuras qualificadas (§§ 1º e 2º): lesões corporais leves e vias de fato são absorvidas pela prática do crime. A lesão corporal de natureza grave (ou gravíssima) e a morte constituem qualificadoras (há crime preterdoloso nessas situações).

Aliás, o estupro admite a curiosa **tentativa de crime preterdoloso:**

> **SITUAÇÃO HIPOTÉTICA:** JOÃO, com o objetivo de praticar conjunção carnal forçada com MARIA, empurra a vítima no chão (antes mesmo de despi-la ou de praticar qualquer toque libidinoso). Na queda, MARIA bate a cabeça e morre.
>
> **SOLUÇÃO:** JOÃO será responsabilizado por tentativa de estupro qualificado pela morte da vítima (tentativa de crime preterdoloso).

As qualificadoras lesão corporal grave (ou gravíssima) e morte, só são imputadas se decorrerem de culpa no curso da prática do estupro (crimes preterdolosos, como dito). Havendo morte da vítima, destarte, a competência será do juízo singular (já que não houve prática de crime doloso contra a vida). Exemplifico dois casos distintos (o primeiro com prática de crime preterdoloso de estupro qualificado pela morte, o segundo com concurso de crimes):

> **SITUAÇÃO HIPOTÉTICA 1:** PEDRO, com o objetivo de silenciar a vítima FERNANDA, tapa sua boca com um pano durante a prática de conjunção carnal forçada (mediante violência). FERNANDA morre asfixiada.
>
> **SOLUÇÃO:** PEDRO será responsabilizado pelo crime de estupro qualificado pela morte da vítima (crime preterdoloso).
>
> **SITUAÇÃO HIPOTÉTICA 2:** JOCA, depois de ter estuprado a vítima MARIANA, é por esta reconhecido. Com receio de ser preso, JOCA esfaqueia a MARIANA, matando-a.
>
> **SOLUÇÃO:** JOCA será responsabilizado pelo crime de estupro em concurso material com crime de homicídio qualificado (pela conexão consequencial, já que o delito contra vida foi perpetrado para garantir a impunidade ou ocultação de crime anterior). O julgamento conjunto dos delitos ficará a cargo do tribunal do júri.

No caso da qualificadora relativa à idade da vítima (maior de 14 e menor de 18 anos), penso que não é possível imputar crime qualificado ao agente que comete estupro contra pessoa que tem exatos 14 anos de idade no tempo do crime. Explico. Quando o legislador quis abranger a idade exata, usou a expressão "com idade igual ou superior a" (vide artigo 183, inciso III, do Código Penal, por exemplo). Não foi, infelizmente, o caso do artigo 213, § 1º, do Código Penal. Assim, entendo, com a devida vênia aos pensamentos divergentes, que o estupro praticado contra vítima que conta com 14 anos no tempo do crime é simples (e não qualificado). Dizer o contrário seria clara analogia *in malam partem*. A falha legislativa cria a seguinte (e esdrúxula) situação:

Idade da vítima (tempo do crime)	Tipificação
Menos de 14 anos	Estupro de vulnerável (artigo 217-A do Código Penal)
14 anos	Estupro simples (artigo 213, *caput*, do Código Penal)
Mais de 14 e menos de 18	Estupro qualificado (artigo 213, § 1º, do Código Penal)

Situações hipotéticas: cumpre-nos agora analisar as seguintes situações:

Situação hipotética	Solução
Violações sucessivas contra uma mesma vítima praticadas por um agente.	Se há prática de diversas sevícias em um mesmo contexto (toques íntimos, sexo oral, vaginal e anal, por exemplo), há crime único. Se é possível detectar espaçamento temporal, é possível pensar em concurso de crimes – crime continuado (por exemplo, vítima que é estuprada pela manhã e pela noite por um mesmo agente). Eis tese do Superior Tribunal de Justiça sobre o tema (edição 153 da jurisprudência em teses): 2) Nas hipóteses em que há imprecisão acerca do número exato de eventos abusivos à dignidade sexual da vítima, praticados em um longo período de tempo, é adequado o aumento de pena pela continuidade delitiva (art. 71 do CP) em patamar superior ao mínimo legal.
Violações contra uma mesma vítima praticadas por mais de um agente no mesmo contexto.	Se há prática de atos libidinosos por dois ou mais agentes, eles devem responder pela prática de estupro com incidência da causa de aumento do estupro coletivo (artigo 226, inciso IV, alínea 'a', do Código Penal – aumento de 1/3 a 2/3).
Violações contra mais de uma vítima praticadas no mesmo contexto.	Se há prática sexual não consentida praticada contra mais de uma vítima, há concurso de crimes (tantos crimes quantas sejam as vítimas).

Perguntas e respostas: algumas perguntas são recorrentes quando se estuda o crime de estupro:

Pergunta	Resposta
É possível prática de estupro contra prostituta?	Mesmo diante do brocardo romano *meretrices nulli sese copiam denegare possunt* (meretrizes não podem se negar à cópula) é óbvio que a resposta é positiva. Se a prostituta consente o ato sexual, mas não recebe o pagamento, porque ludibriada pelo autor do fato, tem-se crime de violação sexual mediante fraude (artigo 215 do Código Penal).
É possível prática de estupro por marido contra esposa?	A resposta, obviamente, é positiva. Não se pode falar no exercício regular de um direito (excludente de ilicitude).
Mulher que comete crime de estupro e engravida, pode se utilizar do artigo 128, inciso II, do Código Penal, e abortar sem que se cogite prática do crime doloso contra vida?	Não. O permissivo do artigo 128, II, do Código Penal foi criado pensando na mulher vítima do crime de estupro (na época sequer se pensava na mulher autora desse crime contra dignidade sexual, porquanto estupro era crime próprio – só podia ser cometido por homem, em face da redação do artigo 213 antes da Lei 12.015/09).
É possível aplicar ao crime de estupro o artigo 15 do Código Penal (desistência voluntária)?	Sim. Se o agente, por exemplo, depois de ter agredido a vítima, causando-lhe lesões leves, com o objetivo de prática sexual não consentida, desistir de prosseguir antes da prática do primeiro ato libidinoso, aplica-se o artigo 15 (ponte de ouro) e ele responde pelos atos praticados (crime de lesão corporal).

Pergunta	Resposta
O beijo lascivo e não consentido deve ser considerado prática de estupro?	Depende da situação concreta. É possível tipificar a conduta tanto no artigo 213, quanto no artigo 215-A (importunação sexual). O Superior Tribunal de Justiça possui precedente considerando o beijo lascivo prática de estupro (informativo 592[272]). Eis tese do Tribunal da Cidadania sobre o tema (edição 151): 11) O beijo lascivo integra o rol de atos libidinosos e configura o crime de estupro se obtido mediante emprego de força física do agressor contra vítima maior de 14 anos.
É possível prática de estupro virtual?	Sim, caso a vítima seja, por exemplo, constrangida a tocar o próprio corpo em face de grave ameaça exercida em uma ligação de vídeo travada por meio aplicativo de mensagens, por exemplo.
Se o agente constrange a vítima a prática de atos libidinosos, ameaçando divulgar fotos/vídeos íntimos?	Há crime de estupro.
A grave ameaça pode ser supersticiosa (espiritual)?	Sim. Se o agente ameaça espiritualmente a vítima, constrangendo-a a praticar atos libidinosos, penso existir crime de estupro (líder espiritual que constrange a vítima a praticar atos libidinosos sob pena de lançar terrível maldição em sua família, por exemplo).

Fixação de pena: sobre a fixação de pena no crime de estupro, vale a pena conferir teses do Superior Tribunal de Justiça (edição 152):

> 7) Não há *bis in idem* na incidência da agravante genérica do art. 61, II, *f*, concomitantemente com a causa de aumento de pena do art. 226, II, ambas do CP, no crime de estupro.
>
> 9) O fato de o ofensor valer-se de relações domésticas para a prática do crime de estupro não pode, ao mesmo tempo, ser usado como circunstância judicial desfavorável (art. 59 do CP) e como agravante genérica (art. 61, II, *f*, do CP), sob pena de *bis in idem*.

Ação penal: o estupro é crime de ação penal pública incondicionada (nova redação do artigo 225 do Código Penal – Lei 13.718/18):

> Art. 225. Nos crimes definidos nos Capítulos I e II deste Título, procede-se mediante ação penal pública incondicionada.

272 Estupro circunstanciado (art. 213, § 1º, do CP). Vítima maior de 14 anos e menor de 18 anos. Ato libidinoso diverso da conjunção carnal. Configuração do crime na modalidade consumada. Atipicidade afastada. Subsome-se ao crime previsto no art. 213, § 1º, do CP – a conduta de agente que abordou de forma violenta e sorrateira a vítima com a intenção de satisfazer sua lascívia, o que ficou demonstrado por sua declarada intenção de "ficar" com a jovem – adolescente de 15 anos – e pela ação de impingir-lhe, à força, um beijo, após ser derrubada ao solo e mantida subjugada pelo agressor, que a imobilizou pressionando o joelho sobre seu abdômen.

Com a edição da citada lei, as discussões que giravam em torno da ação penal em relação ao crime de estupro perderam a relevância.

Prescrição: acerca da prescrição nos crimes contra a dignidade sexual, cumpre-nos ler o artigo 111, V, do Código Penal:

> Art. 111 – A prescrição, antes de transitar em julgado a sentença final, começa a correr:
>
> (...)
>
> V – nos crimes contra a dignidade sexual de crianças e adolescentes, previstos neste Código ou em legislação especial, da data em que a vítima completar 18 (dezoito) anos, salvo se a esse tempo já houver sido proposta a ação penal.

Crime hediondo: os processos que apuram crime hediondo (e o estupro é crime hediondo[273]) devem ter prioridade, na forma do artigo 394-A do Código de Processo Penal:

> Art. 394-A. Os processos que apurem a prática de crime hediondo terão prioridade de tramitação em todas as instâncias.

Eis tese do Superior Tribunal de Justiça sobre o tema (edição 151):

> 3) Os crimes de estupro e atentado violento ao pudor praticados antes da edição da Lei n. 12.015/2009, ainda que em sua forma simples, configuram modalidades de crime hediondo. (Tese julgada sob o rito do art. 543-C do CPC/1973 – TEMA 581)

Cadastro Nacional de Pessoas Condenadas por Crime de Estupro: a Lei 14.069/20 criou, no âmbito da União, o Cadastro Nacional de Pessoas Condenadas por Crime de Estupro (penso que o mandamento legal deve ser aplicado tanto aos condenados, em definitivo, pela prática de estupro, quanto aos condenados, definitivamente, pela prática de estupro de vulnerável), que deve conter, no mínimo, as seguintes informações: a) características físicas e dados de identificação datiloscópica; b) identificação do perfil genético; c) fotos; d) local de moradia e atividade laboral desenvolvida, nos últimos 3 (três) anos, em caso de concessão de livramento condicional.

O mandamento legal prevê, em seu artigo 2º, celebração de instrumentos de cooperação entre a União e os entes federados para definir: a) o acesso às informações constantes da base de dados do Cadastro de que trata esta Lei; b) as responsabilidades pelo processo de atualização e de validação dos dados inseridos na base de dados do Cadastro de que trata esta Lei.

273 Caso decretada prisão temporária em inquérito que apure crime de estupro, esta terá duração de 30 dias, prorrogáveis por igual período, em caso de necessidade – artigo 2º, § 4º, da Lei 8.072/90.

Os custos relativos ao desenvolvimento, à instalação e à manutenção da base de dados do Cadastro Nacional de Pessoas Condenadas por Crime de Estupro serão suportados por recursos do Fundo Nacional de Segurança Pública (artigo 3º da Lei 14.069/20).

O estudo, ainda que a voo de pássaro, da Lei 14.069/20 revela mandamento inclinado ao Direito Penal do autor (apartado do Direito Penal do fato, matriz do sistema penal que se pretende garantista). A estigmatização de condenados pela prática de estupro em cadastro específico não parece ser medida legal adequada ao combate a tão deletério crime. O banco de dados estatal à disposição dos órgãos de persecução penal, a meu ver, deveria ser único e conter a maior quantidade de traços qualificativos possível (abarcando todos os cidadãos, condenados ou não – migração de todos os dados dos bancos civis para plataforma única, gerida pela União), de forma a facilitar a elucidação de todo e qualquer crime.

Questões de concurso público: veja como o assunto já foi cobrado em concurso público.

1 – (Delegado de Polícia Civil/RJ/2012) Uma jovem, ao sair da faculdade à noite, é rendida por um homem que a estupra brutalmente, proferindo-lhe várias ameaças. Aproveitando-se de uma distração do bandido e temendo por sua vida, a vítima empreende fuga correndo desesperadamente e, ao atravessar a rua, é atropelada por um veículo que passava pelo local, morrendo imediatamente. Na qualidade de Delegado de Polícia, assinale a alternativa que contempla a correta tipificação da conduta daquele que atacou a jovem.

a) Estupro.

b) Estupro qualificado pelo resultado morte.

c) Homicídio e estupro em concurso formal.

d) Homicídio e estupro em concurso material.

e) Homicídio.

2 – (Delegado de Polícia Civil/MS/2017) A dignidade sexual integra o princípio maior da dignidade da pessoa humana e recebe do Estado proteção especial cujas normas penais e sanções passaram nos últimos tempos por grandes modificações, a fim de se adequarem à nova realidade, que envolve em particular a liberdade sexual das pessoas, garantindo a sua livre manifestação e reprimindo quem de alguma forma lhe cause limitação ou aflição. No que diz respeito aos crimes de estupro e estupro de vulnerável, assinale a alternativa correta.

a) O ato de manter relações sexuais, mediante violência ou grave ameaça, com pessoa maior de quatorze e menor de dezoito anos de idade caracteriza estupro de vulnerável, em virtude dos efeitos mais gravosos aos adolescentes.

b) No crime de estupro, exige-se da vítima retidão moral, não caracterizando constrangimento ilegal a prática do ato contra prostituta, ou pessoa que de qualquer modo utilize a relação sexual como modo de vida.

c) A violência praticada no crime de estupro é uma imposição de ordem física direta, perpetrada contra a vítima. A violência indireta praticada contra terceiro que a vítima queira proteger não caracteriza a tipicidade formal.

d) No estupro de vulnerável, o consentimento não opera como causa permissiva e sua aferição, seja na forma direta ou por equiparação, é obtida pela conjunção dos critérios biológicos e psicológicos da culpabilidade.

e) O consentimento da vítima, maior e capaz, obtido por meio de constrangimento praticado em face de grave ameaça perpetrado pelo autor, não afasta a tipicidade formal do crime de estupro.

Gabarito comentado:

Questão	Reposta	Comentário
1	Letra A	O agente não deve ser responsabilizado pela morte da vítima, porquanto o atropelamento ulterior é concausa relativamente superveniente que por si só causou o resultado.
2	Letra E	Vide artigo 213 do Código Penal.

Art. 214 – (Revogado pela Lei nº 12.015, de 2009)

Violação sexual mediante fraude

Art. 215. Ter conjunção carnal ou praticar outro ato libidinoso com alguém, mediante fraude ou outro meio que impeça ou dificulte a livre manifestação de vontade da vítima:

Pena – reclusão, de 2 (dois) a 6 (seis) anos.

Parágrafo único. Se o crime é cometido com o fim de obter vantagem econômica, aplica-se também multa.

Classificação: trata-se de crime doloso, comum e material.

O crime é de ação penal pública incondicionada e admite acordo de não persecução penal (artigo 28-A do CPP).

Estelionato sexual: o crime em testilha é chamado de "estelionato sexual". Note que o crime não é praticado mediante violência ou grave ameaça, mas sim "mediante fraude ou outro meio que impeça ou dificulte a livre manifestação de vontade da vítima". Exemplifico:

> **SITUAÇÃO HIPOTÉTICA:** PEDRO, líder espiritual, afirma categoricamente que MARIA está possuída por um mau espírito e que o exorcismo depende de concurso sexual com uma entidade que ele representa. MARIA, para se ver livre do "encosto", aquiesce e trava consórcio carnal com seu guru.
>
> **SOLUÇÃO:** PEDRO deve ser responsabilizado pela prática do crime tipificado no artigo 215 do Código Penal.

Inadimplemento de serviços sexuais prestados por prostituta: caso o agente pratique atos libidinosos com prostituta e, ao fim e ao cabo, não pague pelos serviços carnais prestados, haverá prática do crime tipificado no artigo 215 do Código Penal.

Prática de atos libidinosos por médico ou pessoa que se passa por médico: vários exames médicos reclamam toques em regiões íntimas (em especialidades como a ginecologia, mastologia, urologia, proctologia, por exemplo). Obviamente, não há prática de crime contra dignidade sexual pelo profissional da saúde quando não há dolo relacionado à prática de ato libidinoso em face da pessoa submetida ao exame (fato atípico por ausência do elemento subjetivo).

Contudo, se o profissional da área de saúde (ou pessoa se passando por médico ou enfermeiro, por exemplo) ludibriar a vítima afirmando da necessidade de exame consistente em toques libidinosos em zonas íntimas, há evidente prática do crime tipificado no artigo 215 do Caderno Repressivo.

Se o paciente não puder opor resistência ao ato libidinoso praticado pelo profissional de saúde (porque está sedado, por exemplo), há prática de crime de estupro de vulnerável (§ 1º do artigo 217-A do Código Penal).

Percepção do erro pela vítima: se a vítima percebe o erro durante o ato sexual/libidinoso, há dois caminhos a trilhar: a) se há consentimento para continuidade do ato (não há pratica delitiva – o consentimento afasta o crime porque contemporâneo ao ato sexual); b) a vítima quer interromper o ato, mas é impedida, por meio de violência ou grave ameaça – nesse caso haverá crime de estupro (artigo 213 do Código Penal).

Cumulação de pena privativa de liberdade e multa: o parágrafo único do artigo 215 do Código Penal deixa claro que se o crime é cometido com o fim de obter vantagem econômica, aplica-se também multa.

Importunação sexual

Art. 215-A. Praticar contra alguém e sem a sua anuência ato libidinoso com o objetivo de satisfazer a própria lascívia ou a de terceiro:

Pena – reclusão, de 1 (um) a 5 (cinco) anos, se o ato não constitui crime mais grave.

Classificação: trata-se de crime comum, doloso (reclama especial fim de agir – "objetivo de satisfazer a própria lascívia ou a de terceiro") e formal.

O delito admite acordo de não persecução penal (artigo 28-A do CPP) e suspensão condicional do processo (artigo 89 da Lei 9.099/95).

Continuidade normativo-típica: o crime de importunação sexual revogou a contravenção penal outrora tipificada no artigo 61 do Decreto-Lei 3.688/41 (não houve *abolitio criminis* da contravenção citada, mas continuidade normativo-típica). Eis o tipo revogado expressamente:

> Art. 61. Importunar alguém, em lugar público ou acessível ao público, de modo ofensivo ao pudor:
>
> Pena – multa, de duzentos mil réis a dois contos de réis.

Trata-se de crime expressamente subsidiário (o preceito secundário deixa claro que ele deve ser imputado, caso o ato não constitua delito mais grave) e de ação penal pública incondicionada, criado em meio ao clamor causado por incidentes lamentáveis, nos quais homens ejacularam em passageiras do transporte coletivo (a única tipificação possível à época era a contravenção penal agora revogada, o que motivou o Poder Legislativo a responder de maneira mais dura, criando o tipo penal incriminador aqui estudado).

Vítima específica: há necessidade de que o crime em testilha seja praticado contra vítima específica (caso contrário, é possível pensar na prática de crime de ato obsceno, tipificado no artigo 233 do Código Penal – indivíduo que se masturba em praça pública, sem dirigir sua prática libidinosa a vítima específica, por exemplo).

Situações hipotéticas: é possível imputar o crime estudado, por exemplo, ao agente que toca os seios ou nádegas da vítima sem seu consentimento, em relação a beijos não consentidos (prática infelizmente corriqueira em carnavais de rua no Brasil), ao agente que se aproveita de transporte público lotado para se encostar lascivamente na vítima, dentre outras situações.

Questões de concurso público: veja como o assunto já foi cobrado em concurso público.

1 – (Delegado de Polícia Civil/MS/2021) Considerando a legislação penal, a jurisprudência dos Tribunais Superiores e a doutrina acerca dos crimes contra a dignidade sexual, assinale a alternativa INCORRETA.

a) É possível a responsabilização criminal por estupro de vulnerável (art. 217-A, CP) daquele que incita terceiro a praticar atos libidinosos, em face de vítima infante, mediante envio de imagens via aplicativo virtual, a fim de satisfazer a própria lascívia.

b) Com o advento da Lei nº 12.015/09, que deu novo tratamento aos denominados "Crimes contra a Dignidade Sexual", caiu por terra a causa de aumento prevista no art. 9º da Lei nº 8.072/90, devendo ser aplicado ao condenado por estupro ou atentado violento ao pudor, praticados mediante violência ou grave ameaça a menor de 14 anos, o preceito secundário do art. 217-A do Código Penal.

c) Segundo a jurisprudência do Superior Tribunal de Justiça, após as alterações legislativas introduzidas no Código Penal pela Lei nº 12.015/2009, a conduta consistente em manter casa para fins libidinosos, por si só, não mais caracteriza crime de casa de prostituição (art. 229 do Código Penal), sendo necessário, para a configuração do delito, que haja exploração sexual, assim entendida a violação à liberdade das pessoas que ali exercem a mercancia carnal.

d) A ação penal do crime de violação sexual mediante fraude (art. 215 do Código Penal) é pública e incondicionada.

e) Para a configuração do crime de importunação sexual (art. 215-A do Código Penal), o contato físico não é imprescindível, assim como não é necessário que a conduta seja direcionada especificamente a uma ou algumas pessoas.

Gabarito comentado:

Questão	Reposta	Comentário
1	Letra E	O crime tipificado no artigo 215-A do Código Penal exige que a conduta do agente seja direcionada a vítima (ou vítimas) determinadas.

Art. 216. (Revogado pela Lei nº 12.015, de 2009)

Assédio sexual

Art. 216-A. Constranger alguém com o intuito de obter vantagem ou favorecimento sexual, prevalecendo-se o agente da sua condição de superior hierárquico ou ascendência inerentes ao exercício de emprego, cargo ou função.

Pena – detenção, de 1 (um) a 2 (dois) anos.

Parágrafo único. (VETADO)

§ 2º A pena é aumentada em até um terço se a vítima é menor de 18 (dezoito) anos.

Classificação: trata-se de crime bipróprio (há necessidade de qualidade especial tanto do autor do fato, quanto da vítima – o tipo exige relação de hierarquia ou ascendência, inerentes ao exercício de emprego, cargo ou função), doloso e formal (não é preciso que a vantagem ou o favorecimento sexual efetivamente ocorra para a consumação do delito – crime de tendência interna transcendente de resultado cortado).

O delito é infração de menor potencial ofensivo (competência do juizado especial criminal).

Condição de superior hierárquico ou ascendência inerentes ao exercício de emprego, cargo ou função: para que exista prática do crime estudado, é necessário que a relação entre autor do fato e vítima gravite em torno de emprego, cargo ou função e exista superioridade hierárquica (serviço público) ou ascendência (iniciativa privada).

Constrangimento (que não pode se traduzir em grave ameaça): o constrangimento para obtenção da vantagem ou favorecimento sexual não pode se traduzir em grave ameaça, porque se assim for, há prática de estupro e não de assédio sexual.

Líder espiritual e professor: penso que não é possível imputar o crime em testilha ao líder espiritual ou ao professor. É que não há relação inerente a emprego, cargo ou função entre líder espiritual e seus seguidores e entre o professor e seus alunos.

O crime praticado por estes deve ser tipificado como estupro ou constrangimento ilegal, a depender do caso concreto. Exemplifico:

> **SITUAÇÃO HIPOTÉTICA:** JOÃO, professor universitário, constrangeu MARIA, sua aluna, a mandar fotos íntimas, insinuando que a reprovaria caso não fosse atendido.
>
> **SOLUÇÃO:** como a relação entre JOÃO e MARIA não gravita em torno de emprego, cargo ou função, não é possível imputar àquele o crime de assédio sexual. JOÃO deve responder pela prática do crime de constrangimento ilegal, tipificado no artigo 146 do Código Penal.

Cumpre asseverar, entretanto, que o Superior Tribunal de Justiça, no informativo 658, entendeu ser possível prática do crime de assédio sexual na relação professor-aluno:

> Inicialmente cumpre salientar que a maior parte da doutrina despreza a condição de superior hierárquico ou ascendência inerentes ao exercício de emprego, cargo ou função na relação professor-aluno. Todavia, é irrazoável excluir a (nítida) relação de ascendência – elemento normativo do tipo – por parte do docente no caso de violação de um de seus deveres funcionais e morais, consistente em atribuir notas, reconhecer o mérito e aprovar o aluno não apenas pelo seu desempenho intelectual, mas por eventual barganha sexual. Ademais, é notório o propósito do legislador de punir aquele que se prevalece da condição de professor para obter vantagem de natureza sexual. Nenhuma outra profissão suscita tamanha reverência e vulnerabilidade quanto a que envolve a relação aluno-mestre, que alcança, por vezes, autoridade paternal – dentro de uma visão mais tradicional do ensino. O professor está presente na vida de crianças, jovens e também adultos durante considerável quantidade de tempo, torna-se exemplo de conduta e os guia para a formação cidadã e profissional, motivo pelo qual a "ascendência" constante do tipo penal do art. 216-A do Código Penal não pode se limitar à ideia de relação empregatícia entre as partes. Assim, releva-se patente a aludida "ascendência", em virtude da "função" – outro elemento normativo do tipo –, dada a atribuição que tem o cátedra de interferir diretamente no desempenho acadêmico do discente, situação que gera no estudante o receio da reprovação (REsp 1.759.135-SP, Rel. Min. Sebastião Reis Júnior, Rel. Acd. Min. Rogerio Schietti Cruz, Sexta Turma, por maioria, julgado em 13/08/2019, DJe 01/10/2019).

Eis tese do Tribunal da Cidadania sobre o tema (edição 152):

> 5) É possível a configuração do crime de assédio sexual (art. 216-A do CP) na relação entre professor e aluno.

Causa de aumento de pena: o § 2º do artigo 216-A do Código Penal determina que a pena seja aumentada em até um terço se a vítima for menor de 18 (dezoito) anos no tempo do crime.

CAPÍTULO I-A
DA EXPOSIÇÃO DA INTIMIDADE SEXUAL

Registro não autorizado da intimidade sexual

Art. 216-B. Produzir, fotografar, filmar ou registrar, por qualquer meio, conteúdo com cena de nudez ou ato sexual ou libidinoso de caráter íntimo e privado sem autorização dos participantes

Pena – detenção, de 6 (seis) meses a 1 (um) ano, e multa.

Parágrafo único. Na mesma pena incorre quem realiza montagem em fotografia, vídeo, áudio ou qualquer outro registro com o fim de incluir pessoa em cena de nudez ou ato sexual ou libidinoso de caráter íntimo.

Introdução: o delito foi incluído no Código Penal pela Lei 13.772/18.

Classificação: o crime é doloso, comum, de mera conduta, misto, alternativo ou de conteúdo variado.

Trata-se de infração de menor potencial ofensivo.

Consentimento da vítima: o consentimento da vítima constitui causa de exclusão da tipicidade (o dissentimento é inerente ao tipo).

Para que não exista prática de crime, o registro (por vídeo ou fotografia) da nudez, do ato sexual ou libidinoso deve ser autorizado por todos os participantes.

Concurso de crimes: é possível a prática, em concurso material, dos crimes tipificados nos artigos 216-B e 218-C, ambos do Código Penal, caso o agente filme/fotografe cena de sexo explícito e, após, divulgue-a à revelia dos participantes.

Artigo 216-B do Código Penal x artigo 240 do ECA: é muito importante destacar que o crime aqui estudado é cometido contra pessoa com idade igual ou superior a 18 anos (caso a vítima seja criança ou adolescente, haverá prática do crime tipificado no artigo 240 do Estatuto da Criança e do Adolescente).

Confira quadro comparativo dos dois crimes:

Artigo 216-B do Código Penal	Artigo 240 do ECA
Art. 216-B. Produzir, fotografar, filmar ou registrar, por qualquer meio, conteúdo com cena de nudez ou ato sexual ou libidinoso de caráter íntimo e privado sem autorização dos participantes Pena – detenção, de 6 (seis) meses a 1 (um) ano, e multa. Parágrafo único. Na mesma pena incorre quem realiza montagem em fotografia, vídeo, áudio ou qualquer outro registro com o fim de incluir pessoa em cena de nudez ou ato sexual ou libidinoso de caráter íntimo.	Art. 240. Produzir, reproduzir, dirigir, fotografar, filmar ou registrar, por qualquer meio, cena de sexo explícito ou pornográfica, envolvendo criança ou adolescente: Pena – reclusão, de 4 (quatro) a 8 (oito) anos, e multa. § 1º Incorre nas mesmas penas quem agencia, facilita, recruta, coage, ou de qualquer modo intermedeia a participação de criança ou adolescente nas cenas referidas no caput deste artigo, ou ainda quem com esses contracena. § 2º Aumenta-se a pena de 1/3 (um terço) se o agente comete o crime: I – no exercício de cargo ou função pública ou a pretexto de exercê-la; II – prevalecendo-se de relações domésticas, de coabitação ou de hospitalidade; ou III – prevalecendo-se de relações de parentesco consangüíneo ou afim até o terceiro grau, ou por adoção, de tutor, curador, preceptor, empregador da vítima ou de quem, a qualquer outro título, tenha autoridade sobre ela, ou com seu consentimento.

Figura equiparada: nos termos do parágrafo único do artigo 216-B do Código Penal, na mesma pena incorre quem realiza montagem em fotografia, vídeo, áudio ou qualquer outro registro com o fim de incluir pessoa em cena de nudez ou ato sexual ou libidinoso de caráter íntimo.

A figura equiparada é perpetrada contra vítima com idade igual ou superior a 18 anos (caso a vítima seja criança ou adolescente, haverá prática do crime tipificado no artigo 241-C do Estatuto da Criança e do Adolescente). Eis tabela que compara os crimes:

Artigo 216-B do Código Penal	Artigo 241-C do ECA
Art. 216-B. (...) Pena – detenção, de 6 (seis) meses a 1 (um) ano, e multa. Parágrafo único. Na mesma pena incorre quem realiza montagem em fotografia, vídeo, áudio ou qualquer outro registro com o fim de incluir pessoa em cena de nudez ou ato sexual ou libidinoso de caráter íntimo.	Art. 241-C. Simular a participação de criança ou adolescente em cena de sexo explícito ou pornográfica por meio de adulteração, montagem ou modificação de fotografia, vídeo ou qualquer outra forma de representação visual: Pena – reclusão, de 1 (um) a 3 (três) anos, e multa. Parágrafo único. Incorre nas mesmas penas quem vende, expõe à venda, disponibiliza, distribui, publica ou divulga por qualquer meio, adquire, possui ou armazena o material produzido na forma do caput deste artigo.

Alteração da Lei Maria da Penha: a mesma Lei 13.772/18 incluiu na Lei 11.340/06 a violação da intimidade da mulher como forma de violência doméstica (no artigo 7º, inciso II, da Lei Maria da Penha).

CAPÍTULO II
DOS CRIMES SEXUAIS CONTRA VULNERÁVEL

Sedução

Art. 217 – (Revogado pela Lei nº 11.106, de 2005)

Estupro de vulnerável

Art. 217-A. Ter conjunção carnal ou praticar outro ato libidinoso com menor de 14 (catorze) anos:

Pena – reclusão, de 8 (oito) a 15 (quinze) anos.

§ 1º Incorre na mesma pena quem pratica as ações descritas no caput com alguém que, por enfermidade ou deficiência mental, não tem o necessário discernimento para a prática do ato, ou que, por qualquer outra causa, não pode oferecer resistência.

§ 2º (VETADO)

§ 3º Se da conduta resulta lesão corporal de natureza grave:

Pena – reclusão, de 10 (dez) a 20 (vinte) anos.

§ 4º Se da conduta resulta morte:

Pena – reclusão, de 12 (doze) a 30 (trinta) anos.

§ 5º As penas previstas no caput e nos §§ 1º, 3º e 4º deste artigo aplicam-se independentemente do consentimento da vítima ou do fato de ela ter mantido relações sexuais anteriormente ao crime.

Classificação: trata-se de crime comum (a qualidade especial é exigida da vítima, que deve ser menor de 14 anos no tempo da prática libidinosa), doloso e material[274].

Vulnerabilidade objetiva: a prática do crime tipificado no artigo 217-A do Código Penal não reclama violência ou grave ameaça. A vulnerabilidade descrita no tipo é de natureza objetiva, nos termos da Súmula 593/STJ[275] (a Lei 13.718/18 enxertou no Código Penal o entendimento do Superior Tribunal de Justiça, incluindo o § 5º no artigo 217-A):

> Art. 217-A (...)
>
> § 5º As penas previstas no caput e nos §§ 1º, 3º e 4º deste artigo aplicam-se independentemente do consentimento da vítima ou do fato de ela ter mantido relações sexuais anteriormente ao crime.

O Supremo Tribunal Federal compactua com o entendimento do Tribunal da Cidadania:

> Penal. Habeas Corpus originário. Estupro de vulnerável. Consentimento da vítima menor de 14 anos. Irrelevância. Ausência de ilegalidade ou abuso de poder. 1. O Supremo Tribunal Federal firmou orientação no sentido de que, para a configuração do estupro de vulnerável, é irrelevante o consentimento da vítima menor de 14 anos. 2. Habeas Corpus indeferido, revogada a liminar (HC 122945, Relator(a): Min. MARCO AURÉLIO, Relator(a) p/ Acórdão: Min. ROBERTO BARROSO, Primeira Turma, julgado em 21/03/2017, PROCESSO ELETRÔNICO DJe-091 DIVULG 03-05-2017 PUBLIC 04-05-2017).

É assim porque o legislador tupiniquim entendeu que menores de 14 anos não têm discernimento para decidir acerca da sua vida sexual. Se o ato libidinoso é consensual e praticado com pessoa que conta com 14 anos completos, o fato é atípico.

---

274 Sobre a consumação do crime estudado, vide tese do Superior Tribunal de Justiça (edição 152): "3) O delito de estupro de vulnerável (art. 217-A do CP) se consuma com a prática de qualquer ato de libidinagem ofensivo à dignidade sexual da vítima".

275 Súmula 593/STJ – O crime de estupro de vulnerável se configura com a conjunção carnal ou prática de ato libidinoso com menor de 14 anos, sendo irrelevante eventual consentimento da vítima para a prática do ato, sua experiência sexual anterior ou existência de relacionamento amoroso com o agente.

Eis teses do Superior Tribunal de Justiça sobre o tema (edições 151 e 153):

> 7) Sob a normativa anterior à Lei n. 12.015/2009, na antiga redação do art. 224, a, do CP, já era absoluta a presunção de violência nos crimes de estupro e de atentado violento ao pudor quando a vítima não fosse maior de 14 anos de idade, ainda que esta anuísse voluntariamente ao ato sexual (edição 151).
>
> 8) O crime de estupro de vulnerável se configura com a conjunção carnal ou prática de ato libidinoso com menor de 14 anos, sendo irrelevante eventual consentimento da vítima para a prática do ato, sua experiência sexual anterior ou existência de relacionamento amoroso com o agente (edição 151). (Súmula n. 593/STJ) (Tese julgada sob o rito do art. 543-C do CPC/1973 – TEMA 918)
>
> 3) Nos crimes de estupro ou de atentado violento ao pudor praticados com violência presumida, não incide a regra da continuidade delitiva específica (art. 71, parágrafo único, do CP), que condiciona a sua incidência às situações de emprego de violência real (edição 153).
>
> 4) A orientação da Súmula n. 593/STJ não importa na retroatividade de lei penal mais gravosa (*novatio legis in pejus*) e apresenta adequada interpretação jurisprudencial das modificações introduzidas pela Lei n. 12.015/2009 (edição 153).
>
> 11) O Juizado Especial de Violência Doméstica é competente para julgar e processar o delito de estupro de vulnerável (art. 217-A do CP) quando estiver presente a motivação de gênero ou quando a vulnerabilidade da vítima for decorrente da sua condição de mulher (edição 153).

Exceção de Romeu e Julieta: o estudo do tipo e o entendimento sumulado do Superior Tribunal de Justiça afastam a aplicabilidade da exceção de Romeu e Julieta em nosso Direito Penal.

A exceção segue a tragédia escrita por William Shakespeare (amor impossível entre Romeu e Julieta em face das desavenças das suas famílias – Capuleto e Montecchio). Na trama, Julieta tem 13 anos de idade e Romeu 17. A exceção defende que se há relacionamento consensual, ostensivo e com diferença etária que não seja elástica, é possível não impor punição criminal ao agente.

Estupro bilateral: o artigo 217-A do Código Penal abre caminho para curiosa situação prática: o estupro bilateral. Explico por meio de um exemplo:

> **SITUAÇÃO HIPOTÉTICA:** MARIO, adolescente de 13 anos, namora FABIANA, também de 13 anos. O casal travou conjunção carnal consentida.
>
> **SOLUÇÃO:** MARIO praticou ato infracional (artigo 103 do ECA[276]) equiparado a estupro de vulnerável contra FABIANA e este praticou o mesmíssimo ato

276 Art. 103. Considera-se ato infracional a conduta descrita como crime ou contravenção penal.

infracional contra MARIO. Ambos podem ser, em tese, responsabilizados pelas suas condutas (imposição de medidas socioeducativas – artigo 112 do ECA[277]). Por óbvio, a melhor medida a ser aplicada é a advertência (conversa com os adolescentes sobre as consequências da prática sexual relacionadas a gravidez precoce, doenças sexualmente transmissíveis, etc.).

Erro de tipo: é possível não responsabilizar criminalmente quem pratica ato libidinoso com pessoa menor de 14 anos, caso detectado erro de tipo. A explicação já foi desenhada acima, por meio de um exemplo. Repito-o:

> **SITUAÇÃO HIPOTÉTICA (a novinha da boate):** JOSÉ vai a uma boate e lá avista MARIA, que consome cerveja no balcão do estabelecimento. Os dois iniciam animada conversa e MARIA diz ser universitária e ter 20 anos. A conversa evolui e eles percebem grandes afinidades. Da boate, o casal decide ir a um motel, onde travam relação sexual consentida. Com o raiar do dia, MARIA decide revelar que, apesar de ter corpo compatível com mulher de 20 anos (idade que ela disse ter para JOSÉ), tem 13 anos de idade.
>
> **SOLUÇÃO:** JOSÉ incidiu em **erro de tipo** (imaginou estar mantendo relação sexual com mulher de 20 anos, quando na verdade praticou ato sexual com menor de 14 anos de idade). No caso desenhado, JOSÉ não responderá criminalmente – ainda que se imagine que o erro era inescusável (evitável), não haverá responsabilização penal, porque o crime de estupro de vulnerável não admite punição da modalidade culposa (e o erro de tipo inescusável exclui o dolo).

Contemplação lasciva: a contemplação lasciva (sem contato físico) constitui crime de estupro de vulnerável, segundo entendimento do Superior Tribunal de Justiça (informativo 587):

> A conduta de contemplar lascivamente, sem contato físico, mediante pagamento, menor de 14 anos desnuda em motel pode permitir a deflagração da

277 Art. 112. Verificada a prática de ato infracional, a autoridade competente poderá aplicar ao adolescente as seguintes medidas:
I – advertência;
II – obrigação de reparar o dano;
III – prestação de serviços à comunidade;
IV – liberdade assistida;
V – inserção em regime de semi-liberdade;
VI – internação em estabelecimento educacional;
VII – qualquer uma das previstas no art. 101, I a VI.
§ 1º A medida aplicada ao adolescente levará em conta a sua capacidade de cumpri-la, as circunstâncias e a gravidade da infração.
§ 2º Em hipótese alguma e sob pretexto algum, será admitida a prestação de trabalho forçado.
§ 3º Os adolescentes portadores de doença ou deficiência mental receberão tratamento individual e especializado, em local adequado às suas condições.

ação penal para a apuração do delito de estupro de vulnerável. A maior parte da doutrina penalista pátria orienta no sentido de que a contemplação lasciva configura o ato libidinoso constitutivo dos tipos dos arts. 213 e 217-A do CP, sendo irrelevante, para a consumação dos delitos, que haja contato físico entre ofensor e ofendido. No caso, cumpre ainda ressaltar que o delito imputado encontra-se em capítulo inserto no Título VI do CP, que tutela a dignidade sexual. Com efeito, a dignidade sexual não se ofende somente com lesões de natureza física. A maior ou menor gravidade do ato libidinoso praticado, em decorrência a adição de lesões físicas ao transtorno psíquico que a conduta supostamente praticada enseja na vítima, constitui matéria afeta à dosimetria da pena. RHC 70.976-MS, Rel. Min. Joel Ilan Paciornik, julgado em 2/8/2016, DJe 10/8/2016.

Eis tese do Tribunal da Cidadania sobre o tema (edição 152):

> 4) A contemplação lasciva configura o ato libidinoso constitutivo dos tipos dos art. 213 e art. 217-A do CP, sendo irrelevante, para a consumação dos delitos, que haja contato físico entre ofensor e vítima.

Contemplação lasciva por meio virtual: é possível prática de estupro de vulnerável em face de contemplação lasciva por meio virtual. No caso concreto, o Superior Tribunal de Justiça (informativo 685) analisou situação de homem que incitou duas agentes a praticar atos libidinosos com vítimas menores de 14 anos (uma de 3 meses de idade e outra de 2 anos e 11 meses de idade), com ulterior envio das imagens via aplicativo de mensagens instantâneas com o objetivo de contemplação lasciva. Essa responsabilização (imputação do crime tipificado no artigo 217-A do Código Penal) é possível porque o homem funcionou como autor intelectual da prática (para a teoria restritiva adotada pelo nosso Código Penal ele é partícipe do crime perpetrado pelas duas coautoras). É possível, ainda, vislumbrar prática do crime tipificado no artigo 241-A do Estatuto da Criança e do Adolescente no caso analisado (em face do envio das imagens proibidas por meio virtual). Eis o julgado:

> HABEAS CORPUS. ESTUPRO DE VULNERÁVEL. QUALQUER ATO DE LIBIDINAGEM. CONTATO FÍSICO DIRETO. PRESCINDIBILIDADE. CONTEMPLAÇÃO LASCIVA POR MEIO VIRTUAL. SUFICIÊNCIA. ORDEM DENEGADA. 1. É pacífica a compreensão, portanto, de que o estupro de vulnerável se consuma com a prática de qualquer ato de libidinagem ofensivo à dignidade sexual da vítima, conforme já consolidado por esta Corte Nacional. 2. Doutrina e jurisprudência sustentam a prescindibilidade do contato físico direto do réu com a vítima, a fim de priorizar o nexo causal entre o ato praticado pelo acusado, destinado à satisfação da sua lascívia, e o efetivo dano à dignidade sexual sofrido pela ofendida. 3. No caso, ficou devidamente comprovado que o paciente agiu mediante nítido poder de controle psicológico sobre as outras duas agentes, dado o

vínculo afetivo entre eles estabelecido. Assim, as incitou à prática dos atos de estupro contra as infantes (uma de 3 meses de idade e outra de 2 anos e 11 meses de idade), com o envio das respectivas imagens via aplicativo virtual, as quais permitiram a referida contemplação lasciva e a consequente adequação da conduta ao tipo do art. 217-A do Código Penal. 4. Ordem denegada (HC 478.310/PA, Rel. Ministro ROGERIO SCHIETTI CRUZ, SEXTA TURMA, julgado em 09/02/2021, DJe 18/02/2021).

Importunação sexual contra vítima menor de 14 anos: práticas libidinosas inoportunas que, quando materializadas contra vítima de idade igual ou superior a 14 anos, configurariam imputação do crime tipificado no artigo 215-A do Código Penal, caso cometidas contra menores de 14 anos, configuram estupro de vulnerável.

Exemplifico com tabela para facilitar a visualização, a partir de situação hipotética única:

SITUAÇÃO HIPOTÉTICA: JOÃO passa a mão nos seios e nas coxas de MARIA, com fins libidinosos.

SOLUÇÃO:

Idade da vítima	Caso MARIA tenha 14 anos ou mais no tempo do crime	Caso MARIA tenha menos de 14 anos no tempo do crime
Crime praticado por JOÃO	Importunação sexual (artigo 215-A do Código Penal)	Estupro de vulnerável (artigo 217-A do Código Penal)

Eis julgado no Superior Tribunal de Justiça nesse sentido[278]:

AGRAVO REGIMENTAL NO RECURSO ESPECIAL. ESTUPRO DE VULNERÁVEL. VIOLAÇÃO AO ART. 217-A DO CÓDIGO PENAL- CP. CONDUTA DESCLASSIFICADA PARA A CONTRAVENÇÃO PENAL DO ART. 65 DO DECRETO-LEI N. 3.688/41. RECURSO ESPECIAL DA ACUSAÇÃO. CONDENAÇÃO PELA PRÁTICA DO ART. 217-A DO CP. ÓBICE DO REVOLVIMENTO FÁTICO-PROBATÓRIO. SÚMULA N. 7 DO STJ. INOCORRÊNCIA. REVALORAÇÃO DE PROVAS. AGRAVO DESPROVIDO. 1. Nega-se vigência ao art. 217-A do CP quando, diante de atos lascivos diversos da conjunção carnal e atentatórios à liberdade sexual da vítima (crianças), desclassifica-se a conduta para contravenção penal, ao fundamento de que as "ações se deram sobre a roupa e de forma ligeira, não havendo prova de qualquer contato físico direto, nem a prática de outro ato mais grave" (REsp 1.598.077/SE, Rel. Ministro ROGERIO SCHIETTI CRUZ, SEXTA TURMA, DJe 1º/8/2016). 2. No caso,

278 O crime do artigo 215-A do Código Penal revogou a contravenção penal outrora tipificada no artigo 65 do Dec-Lei 3.688/41 (houve continuidade normativo-típica, por isso o julgado pode, tranquilamente, ser usado nessa explicação).

o autor cometeu ato libidinoso contra vítima de 12 anos, apalpando os seios por duas vezes, motivo pelo qual foi afastada a desclassificação para a contravenção penal do art. 65 da LCP. 3. A discussão acerca de fatos incontroversos constantes das decisões das instâncias ordinárias não configura o revolvimento fático-probatório, vedado pela Súmula n. 7 do Superior Tribunal de Justiça – STJ. 4. Agravo regimental desprovido (AgRg no REsp 1835416/PR, Rel. Ministro RIBEIRO DANTAS, QUINTA TURMA, julgado em 12/11/2019, DJe 25/11/2019).

O Superior Tribunal de Justiça possui tese sobre o tema (edição 152):

2) Em razão do princípio da especialidade, é descabida a desclassificação do crime de estupro de vulnerável (art. 217-A do Código Penal – CP) para o crime de importunação sexual (art. 215-A do CP), uma vez que este é praticado sem violência ou grave ameaça, e aquele traz ínsito ao seu tipo penal a presunção absoluta de violência ou de grave ameaça.

Tabela que analisa o tipo: eis tabela que sintetiza o crime tipificado no artigo 217-A do Código Penal:

Dispositivo	Comentários
Estupro de vulnerável Art. 217-A. Ter conjunção carnal ou praticar outro ato libidinoso com menor de 14 (catorze) anos: Pena – reclusão, de 8 (oito) a 15 (quinze) anos.	O crime de estupro de vulnerável é hediondo[279]. Caso seja decretada a prisão temporária do investigado, o cárcere deve ser imposto pelo prazo de 30 dias, prorrogáveis por igual período, na forma do artigo 2º, § 4º, da Lei 8.072/90. O processo relacionado à prática de crime de estupro de vulnerável deve ter prioridade de tramitação em todas as instâncias, na forma do artigo 394-A do CPP[280].
§ 1º Incorre na mesma pena quem pratica as ações descritas no caput com alguém que, por enfermidade ou deficiência mental, não tem o necessário discernimento para a prática do ato, ou que, por qualquer outra causa, não pode oferecer resistência.	O § 1º do artigo 217-A traz em seu bojo figura equiparada relacionada à prática libidinosa contra quem, por enfermidade ou deficiência mental, não tem necessário discernimento para o ato ou que, por qualquer outra causa, não pode oferecer resistência. Em primeiro lugar, é preciso deixar claro que a pessoa com enfermidade ou deficiência mental tem direitos sexuais e reprodutivos (artigo 6º, inciso II, da Lei 13.146/15[281]). Assim, para exista crime de estupro de vulnerável, é preciso que a vítima, além da doença mental,

279 Art. 1º São considerados hediondos os seguintes crimes, todos tipificados no Decreto-Lei nº 2.848, de 7 de dezembro de 1940 – Código Penal, consumados ou tentados:
(...)
VI – estupro de vulnerável (art. 217-A, caput e §§ 1º, 2º, 3º e 4º).

280 Art. 394-A. Os processos que apurem a prática de crime hediondo terão prioridade de tramitação em todas as instâncias.

281 Art. 6º A deficiência não afeta a plena capacidade civil da pessoa, inclusive para:
(...)
II – exercer direitos sexuais e reprodutivos.

	não tenha capacidade alguma de consentimento para prática libidinosa pretendida pelo agente. Também há estupro de vulnerável (figura equiparada) se há prática libidinosa com pessoa que, por qualquer outra causa, não pode oferecer resistência (falta de capacidade momentânea de consentir). É o caso de ato libidinoso praticado com quem dorme, com quem consumiu álcool e perdeu a capacidade de consentimento, dentre outras situações. Eis teses do Superior Tribunal de Justiça sobre o tema: 9) O estado de sono, que diminua a capacidade da vítima de oferecer resistência, caracteriza a vulnerabilidade prevista no art. 217-A, § 1º, do Código Penal – CP. 10) No crime de estupro em que a vulnerabilidade é decorrente de enfermidade ou deficiência mental (art. 217-A, § 1º, do CP), o magistrado não está vinculado à existência de laudo pericial para aferir a existência de discernimento ou a possibilidade de oferecer resistência à prática sexual, desde que a decisão esteja devidamente fundamentada, em virtude do princípio do livre convencimento motivado.
§ 2º (VETADO)	-
§ 3º Se da conduta resulta lesão corporal de natureza grave: Pena – reclusão, de 10 (dez) a 20 (vinte) anos.	O crime qualificado é preterdoloso (dolo relacionado à prática do ato libidinoso, culpa em relação à lesão grave/gravíssima). Se o agente pratica os atos libidinosos contra menor de 14 anos e depois lesiona a vítima dolosamente (com desígnios autônomos), há concurso de crimes.
§ 4º Se da conduta resulta morte: Pena – reclusão, de 12 (doze) a 30 (trinta) anos.	A qualificadora é preterdolosa (dolo relacionado à prática do ato libidinoso, culpa em relação à morte). Se o agente pratica os atos libidinosos contra menor de 14 anos e depois mata a vítima (para ocultar o crime sexual, por exemplo), há concurso de crimes (estupro de vulnerável e homicídio qualificado pela conexão consequencial – artigo 121, § 2º, inciso V, do Código Penal).
§ 5º As penas previstas no caput e nos §§ 1º, 3º e 4º deste artigo aplicam-se independentemente do consentimento da vítima ou do fato de ela ter mantido relações sexuais anteriormente ao crime.	O dispositivo, como dito, esclarece que a vulnerabilidade descrita no tipo tem natureza objetiva (presumida ou absoluta). No mesmo sentido, Súmula 593/STJ (já analisada supra).

Fixação de pena: sobre a fixação de pena no crime de estupro de vulnerável, vale conferir teses do Superior Tribunal de Justiça (edição 152):

> 8) No estupro de vulnerável (art. 217-A, *caput*, do CP), a condição de a vítima ser criança é elemento ínsito ao tipo penal, tornando impossível a aplicação da agravante genérica prevista no art. 61, II, *h*, do Código Penal Brasileiro, sob pena de *bis in idem*.

10) No estupro de vulnerável, o trauma psicológico que justifica a valoração negativa das consequências do crime (art. 59 do CP) é aquele cuja intensidade for superior à inerente ao tipo penal.

11) No estupro de vulnerável, a tenra idade da vítima pode ser utilizada como circunstância judicial do art. 59 do CP e, portanto, incidir sobre a pena-base do réu.

Continuidade delitiva entre estupro e estupro de vulnerável: o Superior Tribunal de Justiça considerou ser possível incidência de continuidade delitiva (artigo 71 do Código Penal) entre os crimes estupro e estupro de vulnerável (o Tribunal da Cidadania considerou no precedente que os crimes tipificados nos artigos 213 e 217-A do Caderno Repressivo Pátrio são delitos da mesma espécie). No julgado, a continuidade foi afasta em virtude do lapso temporal (bem maior que os 30 dias admitidos pela Corte).

Com todas as vênias, não concordo com o entendimento. As estruturas típicas dos artigos 213 e 217-A são distintas (o primeiro reclama constrangimento mediante violência ou grave ameaça, ao passo que o segundo não). Além disso, há de se considerar que são artigos diferentes (porque assim quis o legislador).

Eis o precedente:

> RECURSO ESPECIAL. PENAL. ESTUPRO DE VULNERÁVEL E ESTUPRO. ARTS. 217-A E 213, AMBOS C/C O 226, II, TODOS DO CP. CONTINUIDADE DELITIVA. CRIMES DA MESMA ESPÉCIE. REQUISITOS OBJETIVOS E SUBJETIVOS. LAPSO TEMPORAL. PERÍODO SUPERIOR A 2 ANOS. 1. A jurisprudência do Superior Tribunal de Justiça compreende que, para a caracterização da continuidade delitiva, é imprescindível o preenchimento de requisitos de ordem objetiva (mesmas condições de tempo, lugar e forma de execução) e subjetiva (unidade de desígnios ou vínculo subjetivo entre os eventos), nos termos do art. 71 do Código Penal. Exige-se, ainda, que os delitos sejam da mesma espécie. Para tanto, não é necessário que os fatos sejam capitulados no mesmo tipo penal, sendo suficiente que tutelem o mesmo bem jurídico e sejam perpetrados pelo mesmo modo de execução. 2. Para fins da aplicação do instituto do crime continuado, art. 71 do Código Penal, pode-se afirmar que os delitos de estupro de vulnerável e estupro, descritos nos arts. 217-A e 213 do CP, respectivamente, são crimes da mesma espécie. 3. Em relação ao critério temporal, a jurisprudência deste Tribunal Superior utiliza como parâmetro o interregno de 30 dias. Importante salientar que esse intervalo de tempo serve tão somente como parâmetro, devendo ser tomado por base pelo magistrado sentenciante diante das peculiaridades do caso concreto. 4. Tendo em conta que o lapso temporal entre os fatos é de ao menos 2 anos e 5 meses, imperioso afastar a continuidade delitiva, dado o largo lapso temporal decorrido entre os fatos. 5. O art. 234-B do Código Penal determina o segredo de justiça nos processos de apuração dos crimes contra a dignidade sexual, não fazendo distinção entre vítima e acusado. Deve o processo correr integralmente em segredo de justiça, preservando-se a intimidade do

acusado em reforço à intimidade da própria vítima. 6. Recurso especial provido para afastar a continuidade delitiva, restabelecendo a condenação nos termos da sentença (REsp 1767902/RJ, Rel. Ministro SEBASTIÃO REIS JÚNIOR, SEXTA TURMA, julgado em 13/12/2018, DJe 04/02/2019).

Questões de concurso público: veja como o assunto já foi cobrado em concurso público.

1 – (Escrivão de Polícia Civil/ES/2019) Em relação ao crime de estupro de vulnerável, é questão pacificada no Direito Penal

a) a irrelevância do consentimento da vítima para a prática do ato, bem como sua experiência sexual anterior ou existência de relacionamento amoroso com o agente.

b) o critério exclusivo de vulnerabilidade pela idade da vítima, menor de 14 anos.

c) que a vítima do sexo masculino não pode ser sujeito passivo do delito em análise.

d) que o desconhecimento da lei exclui a tipicidade delitiva.

e) que a pena é duplicada se o agente exercer autoridade sobre a vítima.

2 – (Delegado de Polícia Federal/2018) O crime de estupro praticado contra criança ou adolescente é insuscetível de fiança ( ).

3 – (Escrivão de Polícia Civil/MA/2018) Com relação ao crime de estupro, considera-se vulnerável a vítima

a) que morre em consequência da violência sexual.

b) que pratica o ato sexual mediante fraude ou dissimulação.

c) mentalmente enferma, sem discernimento para o ato sexual.

d) com quatorze anos de idade completos.

e) com até dezoito anos de idade.

4 – (Escrivão de Polícia Civil/AC/2017) O crime de estupro de vulnerável (art. 217-A do CP):

a) exige que a vítima seja mulher.

b) pressupõe violência ou grave ameaça como meios executórios.

c) é uma hipótese de lenocínio.

d) é subsidiário ao estupro (art. 213 do CP).

e) pode ser praticado mediante conjunção carnal ou ato libidinoso diverso.

5 – (Escrivão de Polícia Civil/PA/2016) Configura estupro de vulnerável a(o):

a) manutenção de relações sexuais com pessoa desacordada em virtude de severa embriaguez, ainda que a vítima, depois de concluída a conduta e ao recuperar sua consciência, passe a consentir para com o ato libidinoso.

b) indução de menor de 14 anos a presenciar a prática de atos libidinosos, a fim de satisfazer a lascívia de outrem.

c) constrangimento, mediante violência, de pessoa portadora de enfermidade mental à prática de conjunção carnal, ainda que a vítima tenha o necessário discernimento para a prática do ato sexual.

d) assédio, no ambiente de trabalho de adolescente aprendiz, que conte com 16 anos de idade, visando a obter favorecimento de natureza sexual.

e) prática de sexo anal consentido com adolescente de 14 anos de idade que esteja submetido à prostituição.

6 – (Agente de Polícia Civil/PE/2016) Laura e Tiago são casados há seis anos, mas estão separados, de fato, há três meses, embora mantenham contato por conta de um filho, ainda criança, que possuem em comum. Certo dia, aproveitando-se da sua franca entrada na residência em que Laura mora com a criança, Tiago conseguiu subtrair a chave de um dos portões da casa, fez uma cópia dessa chave e devolveu o exemplar original ao seu lugar, sem que Laura disso tivesse conhecimento. Tempos depois, em dia em que Laura estava ausente de casa e o filho deles estava na casa da avó materna, Tiago entrou na casa da ex-esposa e ficou aguardando-a, com a intenção de surpreendê-la e reconquistá-la. Próximo à meia-noite desse mesmo dia, Laura chegou e, por estar bastante embriagada, adormeceu muito rapidamente, sem dar a Tiago a atenção de que ele acreditava ser merecedor. Este ficou enfurecido e enciumado e tentou, sem sucesso, acordá-la. Não tendo alcançado seu objetivo, Tiago resolveu manter, e efetivamente manteve, relação sexual com Laura, que então já estava praticamente desacordada.

Nessa situação hipotética, conforme os dispositivos pertinentes aos crimes contra a dignidade sexual insertos na Lei Maria da Penha e no Código Penal,

a) para que o crime de estupro se configure, é preciso que tenha ocorrido conjunção carnal na relação sexual.

b) Tiago não poderá ser acusado de crime de estupro porque Laura ainda é sua esposa.

c) Tiago não poderá ser acusado de crime de estupro porque não usou de grave ameaça ou violência contra Laura.

d) Tiago poderá ser acusado de crime de estupro de vulnerável.

e) Tiago praticou o crime de assédio sexual, pois qualquer indivíduo pode ser sujeito ativo desse crime, independentemente de ostentar condição especial em relação à vítima.

7 – (Delegado de Polícia Civil/RN/2021) Maicon, 25 anos, e Maria, 13 anos, que não era mais virgem, iniciaram relacionamento amoroso, com a concordância dos pais da menor. Após dois meses de namoro, ainda antes do aniversário de 14 anos de Maria, o casal praticou relação sexual, o que ocorreu com o consentimento de Joana, mãe da adolescente, que, após conversar com Maicon, incentivou o ato sexual entre os dois como prova de amor. Tomando conhecimento do ocorrido dias depois, André, pai de Maria, ficou indignado com o ato sexual e registrou o fato na delegacia. Diante desse quadro, é correto afirmar que:

a) Maicon e Joana responderão por estupro de vulnerável, na forma majorada;

b) Maicon responderá por estupro de vulnerável e Joana, por corrupção de menores;

c) o fato será atípico, porque houve consentimento expresso da representante legal da vítima;

d) o fato será atípico, pois a vítima, apesar da idade, não era mais virgem e inexperiente;

e) Maicon e Joana responderão por estupro de vulnerável, não incidindo qualquer majorante.

Gabarito comentado:

Questão	Reposta	Comentário
1	Letra A	Vide § 5º do artigo 217-A do Código Penal.
2	CERTA	O crime de estupro (e o crime de estupro de vulnerável) é crime inafiançável (por ser hediondo).

3	Letra C	Vide § 1º do artigo 217-A do Código Penal.
4	Letra E	Vide artigo 217-A do Código Penal.
5	Letra A	Vide § 1º do artigo 217-A do Código Penal.
6	Letra D	Vide § 1º do artigo 217-A do Código Penal.
7	Letra A	Vide inciso II do artigo 226 do Código Penal cumulado com o artigo 217-A do mesmo diploma. É importante, ainda, a leitura do Súmula 593/STJ.

Corrupção de menores

Art. 218. Induzir alguém menor de 14 (catorze) anos a satisfazer a lascívia de outrem:

Pena – reclusão, de 2 (dois) a 5 (cinco) anos.

Parágrafo único. (VETADO).

Classificação: o crime é doloso, comum e formal (não é necessário, para consumação, que a vítima efetivamente satisfaça a lascívia de outrem).

O delito admite acordo de não persecução penal (artigo 28-A do CPP).

Exceção pluralista à teoria monista: trata-se de exceção pluralista à teoria monista (o agente que pratica o ato libidinoso com a pessoa que tem menos de 14 anos comete estupro de vulnerável – artigo 217-A do Código Penal).

Vítima submetida à prostituição: caso a vítima seja submetida à prostituição, o crime perpetrado pelo agente será o tipificado no artigo 218-B do Código Penal (crime hediondo).

Conduta praticada pelo garantidor: se quem induz o menor de 14 anos a satisfazer a lascívia de outrem é garantidor (mãe ou pai, por exemplo) haverá prática do crime de estupro de vulnerável se outrem efetivamente praticar atos libidinosos com a vítima. Exemplifico:

> **SITUAÇÃO HIPOTÉTICA:** MARIA induz sua filha, LUIZA, de 13 anos de idade, a satisfazer a lascívia de PEDRO. PEDRO pratica atos libidinosos com a adolescente.
>
> **SOLUÇÃO:** nessa situação, como MARIA é garantidora (mãe da vítima), não é lógico responsabiliza-la pelo crime do artigo 218 do Código Penal (bem mais brando que o crime de estupro de vulnerável). Entendo que MARIA e PEDRO devem ser punidos pelo crime tipificado no artigo 217-A do Código Penal.

Tese do Superior Tribunal de Justiça: a tese 7 da edição 153 da jurisprudência em teses do Tribunal da Cidadania deixa claro que:

7) Com o advento da Lei n. 12.015/2009, o crime de corrupção sexual de maiores de 14 e menores de 18 anos, previsto na redação anterior do art. 218 do CP[282], deixou de ser tipificado, ensejando *abolitio criminis*.

Satisfação de lascívia mediante presença de criança ou adolescente

Art. 218-A. Praticar, na presença de alguém menor de 14 (catorze) anos, ou induzi-lo a presenciar, conjunção carnal ou outro ato libidinoso, a fim de satisfazer lascívia própria ou de outrem:

Pena – reclusão, de 2 (dois) a 4 (quatro) anos.

Classificação: o crime é comum (pode ser perpetrado por qualquer pessoa) e doloso.

Admite-se acordo de não persecução penal (artigo 28-A do CPP) e fiança arbitrada pela autoridade policial (artigo 322 do CPP).

Especial fim de agir: é muito importante ressaltar que o tipo reclama especial fim de agir (satisfazer lascívia própria ou de outrem). É muito comum que pais dividam seu quarto com seus filhos. Se marido e esposa praticam conjunção carnal imaginando que seus filhos menores de 14 anos já estão dormindo, mas estes findam vendo a prática sexual, não é possível imputar ao alvoroçado casal o crime tipificado no artigo 218-A do Código Penal.

Afasta-se a prática delitiva exatamente porque eles não atuam com o especial fim de agir reclamado pelo artigo citado.

Pode-se falar, ainda, em erro de tipo (os pais imaginavam que seus filhos dormiam, quando em verdade eles estavam acordados – o artigo 20 do Código Penal determina que se afaste o dolo, caso seja detectado erro de tipo inescusável, e o artigo 218-A não pune a conduta a título de culpa).

Questões de concurso público: veja como o assunto já foi cobrado em concurso público.

1 – (Delegado de Polícia/ES/2019) A profissional do sexo Gumercinda atende a seus clientes no local onde reside juntamente com seu filho Joaquim de dez anos. O local é bastante exíguo, tendo pouco mais de quinze metros quadrados, onde existem apenas um quarto e um banheiro, ficando a cama onde Joaquim dorme ao lado da cama da mãe. Em uma determinada madrugada, Gumercinda acerta um "programa sexual" com Caio e o leva até sua casa. Durante o ato sexual, Joaquim acorda e presencia tudo, sem que Gumercinda ou Caio percebam que ele está assistindo à cena. No dia seguinte, Joaquim vai para a escola e conta o fato a um amigo, o qual, por sua vez, relata a história para Joana, sua mãe. Esta, abismada com a história, procura a delegacia do bairro e narra os fatos acima descritos.

---

282 Art. 218 – Corromper ou facilitar a corrupção de pessoa maior de quatorze e menor de dezoito anos, com ela praticando ato de libidinagem, ou induzindo-a a praticá-lo ou presenciá-lo:
Pena – reclusão, de um a quatro anos.

Diante desta situação hipotética, assinale a alternativa correta do ponto de vista legal.

a) Gumercinda e Caio responderão pelo delito de satisfação de lascívia mediante a presença de criança ou adolescente.

b) Apenas Gumercinda responderá pelo delito de satisfação de lascívia mediante a presença de criança ou adolescente.

c) Gumercinda e Caio praticaram exploração sexual de criança ou adolescente.

d) Gumercinda e Caio não cometeram nenhum crime.

e) Gumercinda e Caio praticaram crime previsto no Estatuto da Criança e do Adolescente.

2 – (Delegado de Polícia Civil/SP/2018) No que concerne aos crimes contra a dignidade sexual, é correto afirmar que

a) o crime de assédio sexual, por expressa disposição legal fruto de ativismo jurídico, é punido mais gravemente se cometido por homem contra mulher do que vice-versa.

b) apenas pessoas dignas são objeto de proteção penal, excluídas as pessoas que voluntariamente se entregam à má vida ou a práticas sexuais promíscuas.

c) é fato típico induzir menor de 14 (quatorze) anos a presenciar ato libidinoso diverso da conjunção carnal, a fim de satisfazer lascívia própria.

d) dadas as condições de evolução social, não se pune atualmente a violação sexual mediante fraude e nem a sedução.

e) o crime de favorecimento da prostituição ou outra forma de exploração sexual de maiores de 18 anos não-vulneráveis só é punido se o agente tem intuito de lucro.

Gabarito comentado:

Questão	Reposta	Comentário
1	Letra D	O crime do artigo 218-A do Código Penal é doloso e não houve dolo por parte dos envolvidos no quesito.
2	Letra C	Vide artigo 218-A do Código Penal: **Art. 218-A. Praticar, na presença de alguém menor de 14 (catorze) anos, ou induzi-lo a presenciar, conjunção carnal ou outro ato libidinoso, a fim de satisfazer lascívia própria ou de outrem.**

Favorecimento da prostituição ou de outra forma de exploração sexual de criança ou adolescente ou de vulnerável.

Art. 218-B. Submeter, induzir ou atrair à prostituição ou outra forma de exploração sexual alguém menor de 18 (dezoito) anos ou que, por enfermidade ou deficiência mental, não tem o necessário discernimento para a prática do ato, facilitá-la, impedir ou dificultar que a abandone:

Pena – reclusão, de 4 (quatro) a 10 (dez) anos.

§ 1º Se o crime é praticado com o fim de obter vantagem econômica, aplica-se também multa.

§ 2º Incorre nas mesmas penas:

I – quem pratica conjunção carnal ou outro ato libidinoso com alguém menor de 18 (dezoito) e maior de 14 (catorze) anos na situação descrita no caput deste artigo;

II – o proprietário, o gerente ou o responsável pelo local em que se verifiquem as práticas referidas no caput deste artigo.

§ 3º Na hipótese do inciso II do § 2º, constitui efeito obrigatório da condenação a cassação da licença de localização e de funcionamento do estabelecimento.

Tabela com análise do tipo: eis análise do tipo:

Dispositivo	Comentários
Favorecimento da prostituição ou de outra forma de exploração sexual de criança ou adolescente ou de vulnerável. Art. 218-B. Submeter, induzir ou atrair à prostituição ou outra forma de exploração sexual alguém menor de 18 (dezoito) anos ou que, por enfermidade ou deficiência mental, não tem o necessário discernimento para a prática do ato, facilitá-la, impedir ou dificultar que a abandone: Pena – reclusão, de 4 (quatro) a 10 (dez) anos.	Trata-se de crime doloso, comum, hediondo (artigo 1º, inciso VIII, da Lei 8.072/90), misto, alternativo ou de conteúdo variado. As condutas proibidas são **submeter**, **induzir** (fazer a ideia surgir na mente da vítima), **atrair** (convidar, aliciar) à prostituição ou outra forma de exploração sexual alguém menor de 18 (dezoito) anos ou que, por enfermidade ou deficiência mental, não tem o necessário discernimento para a prática do ato, ou **facilitar** (tornar mais fácil), **impedir** (impossibilitar) ou **dificultar** (criar obstáculos) que a vítima a abandone. A prostituição não é crime no Brasil. Mas o favorecimento à prostituição sim (de crianças, adolescentes e adultos). O crime aqui estudado revogou tacitamente o delito tipificado no artigo 244-A do ECA[283]. Eis tese do Superior Tribunal de Justiça sobre o tipo estudado (edição 153): 8) No crime de favorecimento da prostituição ou outra forma de exploração sexual (art. 218-B do CP), a vulnerabilidade relativa do menor de 18 anos deve ser aferida pela inexistência do necessário discernimento para a prática do ato ou pela impossibilidade de oferecer resistência, inclusive por más condições financeiras.

283 Art. 244-A. Submeter criança ou adolescente, como tais definidos no *caput* do art. 2º desta Lei, à prostituição ou à exploração sexual:

Pena – reclusão de quatro a dez anos e multa, além da perda de bens e valores utilizados na prática criminosa em favor do Fundo dos Direitos da Criança e do Adolescente da unidade da Federação (Estado ou Distrito Federal) em que foi cometido o crime, ressalvado o direito de terceiro de boa-fé.

§ 1º Incorrem nas mesmas penas o proprietário, o gerente ou o responsável pelo local em que se verifique a submissão de criança ou adolescente às práticas referidas no *caput* deste artigo.

§ 2º Constitui efeito obrigatório da condenação a cassação da licença de localização e de funcionamento do estabelecimento.

§ 1º Se o crime é praticado com o fim de obter vantagem econômica, aplica-se também multa.	Se o agente tenciona auferir lucro com as práticas descritas no *caput*, haverá imputação de pena de multa (cumulativa à privação de liberdade).
§ 2º Incorre nas mesmas penas: I – quem pratica conjunção carnal ou outro ato libidinoso com alguém menor de 18 (dezoito) e maior de 14 (catorze) anos na situação descrita no caput deste artigo; II – o proprietário, o gerente ou o responsável pelo local em que se verifiquem as práticas referidas no caput deste artigo.	A figura equiparada do inciso I do § 2º do artigo 218-B pune o "cliente" da adolescente que se prostitui. O agente é punido mesmo que a "negociação" seja voluntária e a prática sexual consentida. Caso a vítima tenha menos de 14 anos, tem-se estupro de vulnerável (artigo 217-A do Código Penal) – ainda que esta seja prostituta. É possível que ocorra erro de tipo. Imaginemos pessoa que pratique sexo com prostituta, imaginando que ela tem 18 anos completos. Caso se detecte que se tratava de adolescente de 16 anos, há erro de tipo, que exclui o dolo (o agente não pratica crime, porque o tipo não permite punição de conduta culposa). Eis tese do Superior Tribunal de Justiça sobre o tema (edição 153): 9) A conduta daquele que pratica conjunção carnal ou outro ato libidinoso com menor de 18 anos e maior de 14 anos em situação de prostituição ou de exploração sexual somente foi tipificada com a entrada em vigor da Lei n. 12.015/2009, que incluiu o art. 218-B, § 2º, I, no CP, não podendo a lei retroagir para incriminar atos praticados antes de sua entrada em vigor. Importante salientar que a figura equiparada do inciso I do § 2º do artigo 218-B não reclama existência de "intermediador". Se a "negociação" for feita pelo "cliente" diretamente com a adolescente prostituída, haverá prática do crime aqui estudado. Nesse sentido, precedente do Superior Tribunal de Justiça (informativo 690): AGRAVO REGIMENTAL NO AGRAVO EM RECURSO ESPECIAL. FAVORECIMENTO DA PROSTITUIÇÃO OU DE OUTRA FORMA DE EXPLORAÇÃO SEXUAL DE CRIANÇA OU ADOLESCENTE OU DE VULNERÁVEL – ART. 218-B, §2, I, DO CÓDIGO PENAL. "CLIENTE". PRESCINDIBILIDADE DA FIGURA DO INTERMEDIADOR. SITUAÇÃO DE EXPLORAÇÃO SEXUAL. AUSÊNCIA DE PROVAS. SÚMULA N. 7/STJ. AGRAVO DESPROVIDO. 1. O art. 218-B, § 2º, inciso I, do Código Penal, na situação de exploração sexual, não exige a figura do terceiro intermediador. É lícito concluir que a norma traz uma espécie de presunção relativa de vulnerabilidade das pessoas menores de 18 e maiores de 14 anos. Assim, quem, se aproveitando da idade da vítima, oferece-lhe dinheiro em troca de favores sexuais está a explorá-la sexualmente, pois se utiliza da sexualidade de pessoa ainda em

	formação como mercancia. 2. O Tribunal de origem anotou haver provas da conduta e da idade da vítima. Superar essa conclusão quanto à existência de provas exigiria necessariamente o revolvimento de dados fático-probatórios. Óbice da Súmula n. 7/STJ. 3. Agravo desprovido (AgRg no AREsp 1477816/ES, Rel. Ministro RIBEIRO DANTAS, QUINTA TURMA, julgado em 13/04/2021, DJe 16/04/2021). O inciso II do § 2º do artigo 218-B pune o proprietário, gerente ou responsável pelo local em que se verifiquem as práticas sexuais entre prostituas menores de 18 anos e clientes.
§ 3º Na hipótese do inciso II do § 2º, constitui efeito obrigatório da condenação a cassação da licença de localização e de funcionamento do estabelecimento.	O dispositivo traz efeito extrapenal automático da condenação pela prática do crime tipificado no inciso II do § 2º do artigo 218-B. Não há necessidade de fundamentação, porque o efeito em testilha é determinado *ex lege*.

Artigo 218-B do Código Penal x artigo 228 do Código Penal: se as condutas do caput do artigo 218-B do Código Penal forem perpetradas em face de pessoa que tem idade igual ou superior a 18 anos, há prática do crime tipificado no artigo 228 do Código Penal:

Favorecimento da prostituição ou de outra forma de exploração sexual de criança ou adolescente ou vulnerável	Favorecimento da prostituição ou outra forma de exploração sexual
Art. 218-B. Submeter, induzir ou atrair à prostituição ou outra forma de exploração sexual alguém menor de 18 (dezoito) anos ou que, por enfermidade ou deficiência mental, não tem o necessário discernimento para a prática do ato, facilitá-la, impedir ou dificultar que a abandone: Pena – reclusão, de 4 (quatro) a 10 (dez) anos. § 1º Se o crime é praticado com o fim de obter vantagem econômica, aplica-se também multa. § 2º Incorre nas mesmas penas: I – quem pratica conjunção carnal ou outro ato libidinoso com alguém menor de 18 (dezoito) e maior de 14 (catorze) anos na situação descrita no caput deste artigo; II – o proprietário, o gerente ou o responsável pelo local em que se verifiquem as práticas referidas no caput deste artigo. § 3º Na hipótese do inciso II do § 2º, constitui efeito obrigatório da condenação a cassação da licença de localização e de funcionamento do estabelecimento.	Art. 228. Induzir ou atrair alguém à prostituição ou outra forma de exploração sexual, facilitá-la, impedir ou dificultar que alguém a abandone: Pena – reclusão, de 2 (dois) a 5 (cinco) anos, e multa. § 1º Se o agente é ascendente, padrasto, madrasta, irmão, enteado, cônjuge, companheiro, tutor ou curador, preceptor ou empregador da vítima, ou se assumiu, por lei ou outra forma, obrigação de cuidado, proteção ou vigilância: Pena – reclusão, de 3 (três) a 8 (oito) anos.

Questões de concurso público: veja como o assunto já foi cobrado em concurso público.

1 – (Delegado de Polícia Federal/2018) Paula, proprietária de uma casa de prostituição, induziu e passou a explorar sexualmente duas garotas de quinze anos de idade. Nessa situação, o crime praticado por Paula é hediondo e, por isso, insuscetível de anistia, graça e indulto ( ).

2 – (Polícia Rodoviária Federal/2019) João foi flagrado, em operação da PRF, submetendo uma adolescente a exploração sexual em rodovia federal. Nessa situação, João poderá não responder pelo crime se comprovar o consentimento da menor ( ).

3 – (Delegado de Polícia Civil/PA/2016) Hospedando-se em uma cidade conhecida por seu intenso turismo sexual, Romildo entra em contato telefônico com Demétrio, notório intermediador de encontros sexuais entre clientes e adolescentes submetidas à prostituição, e solicita os serviços de uma prostituta, deixando clara sua preferência por mulheres que não tenham completado 18 anos. Demétrio, assim, encaminha Maitê, adolescente de 16 anos de idade, ao hotel em que Romildo se encontra hospedado. No local, a adolescente é barrada pelo gerente Gastão, que, percebendo nela uma profissional do sexo, questiona sua idade, sendo-lhe respondido por Maitê que conta com 18 anos. Gastão acredita na mentira contada pela adolescente, precoce em seus atributos corporais, embora não tome o cuidado de solicitar seu documento de identidade, autorizando-a a subir ao quarto de Romildo. Efetivamente, Romildo e a adolescente mantêm relações sexuais mediante remuneração, sendo parcela do lucro auferido por Maitê posteriormente repassado a Demétrio.

Analisando o caso concreto, é correto afirmar que:

a) Demétrio cometeu crime de rufianismo (art. 230, CP); Romildo cometeu crime equiparado ao favorecimento da prostituição ou de outra forma de exploração sexual de criança ou adolescente ou de vulnerável (art. 218-B, § 2º, I, CP); Gastão também cometeu crime equiparado ao favorecimento da prostituição ou de outra forma de exploração sexual de criança ou adolescente ou de vulnerável (art. 218-B, § 2º, II, CP).

b) Demétrio cometeu o crime de favorecimento da prostituição ou de outra forma de exploração sexual de criança ou adolescente ou de vulnerável (art. 218-B, § 1º, CP); Romildo cometeu crime equiparado ao favorecimento da prostituição ou de outra forma de exploração sexual de criança ou adolescente ou de vulnerável (art. 218-B, § 2º, I, CP); Gastão também cometeu crime equiparado ao favorecimento da prostituição ou de outra forma de exploração sexual de criança ou adolescente ou de vulnerável (art. 218-B, § 2º, II, CP).

c) Demétrio cometeu o crime de favorecimento da prostituição ou de outra forma de exploração sexual de criança ou adolescente ou de vulnerável (art. 218-B, § 1º, CP); Romildo cometeu crime equiparado ao favorecimento da prostituição ou de outra forma de exploração sexual de criança ou adolescente ou de vulnerável (art. 218-B, § 2º, I, CP); Gastão não cometeu crime.

d) Demétrio cometeu o crime de rufianismo (art. 230 do CP); Romildo cometeu crime equiparado ao favorecimento da prostituição ou de outra forma de exploração sexual de criança ou adolescente ou de vulnerável (art. 218-B, § 2º, I, CP); Gastão não cometeu crime.

e) Demétrio cometeu o crime de favorecimento da prostituição ou de outra forma de exploração sexual de criança ou adolescente ou de vulnerável (art. 218-B, § 1º, CP); Romildo cometeu crime de estupro de vulnerável (art. 217- A, CP); Gastão não cometeu crime.

4 – (Escrivão de Polícia Civil/PE/2016) Em relação aos crimes contra a dignidade sexual e contra a família, assinale a opção correta.

a) **Situação hipotética**: Mário, aliciador de garotas de programa, induziu Bruna, de quinze anos de idade, a manter relações sexuais com várias pessoas, com a promessa de uma vida luxuosa. Bruna decidiu não se prostituir e voltou a estudar. **Assertiva:** Nessa situação, é atípica a conduta de Mário.

b) Considere que em uma casa de prostituição, uma garota de dezessete anos de idade tenha sido explorada sexualmente. Nesse caso, o cliente que praticar conjunção carnal com essa garota responderá pelo crime de favorecimento à prostituição ou outra forma de exploração sexual de vulnerável.

c) **Situação hipotética:** Em uma boate, João, segurança do local, sorrateiramente colocou entorpecente na bebida de Maria, o que a levou a perder os sentidos. Aproveitando-se da situação, João levou Maria até seu veículo, onde praticou sexo com ela, sem qualquer resistência, dada a condição da vítima. **Assertiva:** Nessa situação, João responderá pelo crime de violação sexual mediante fraude

d) Indivíduo que mantiver conjunção carnal com menor de quinze anos de idade responderá pelo crime de estupro de vulnerável, ainda que tenha cometido o ato sem o emprego de violência e com o consentimento da menor.

e) No caso de crime de violação sexual mediante fraude, o fato de o ofensor ser o filho mais velho do tio da vítima fará incidir a causa especial de aumento de pena por exercer relação de autoridade sobre a vítima, de acordo com o Código Penal.

5 – (Escrivão de Polícia Civil/CE/2015) Assinale a alternativa correta no que diz respeito aos crimes contra a dignidade sexual.

a) Praticar, na presença de alguém menor de 18 (dezoito) anos, conjunção carnal ou outro ato libidinoso, a fim de satisfazer lascívia própria ou de outrem, tipifica o crime de satisfação de lascívia mediante presença de criança ou adolescente.

b) Constranger alguém, mediante fraude, a ter conjunção carnal ou a praticar ou permitir que com ele se pratique outro ato libidinoso, tipifica crime de estupro.

c) Induzir alguém menor de 18 (dezoito) anos a satisfazer a lascívia de outrem tipifica o crime de corrupção de menores.

d) Ter conjunção carnal ou praticar outro ato libidinoso com menor de 18 (dezoito) anos tipifica o crime de estupro de vulnerável.

e) Atrair à prostituição alguém menor de 18 (dezoito) anos tipifica o crime de favorecimento da prostituição, ou de outra forma de exploração sexual de criança ou adolescente ou de vulnerável.

Gabarito comentado:

Questão	Reposta	Comentário
1	CERTA	Trata-se de prática do crime tipificado no artigo 218-B do Código Penal, que figura na lista de crimes hediondos da Lei 8.072/90.
2	ERRADA	O consentimento da vítima é irrelevante para configuração do crime tipificado no artigo 218-B do Código Penal.
3	Letra C	Leia os dispositivos mencionados no item correto.
4	Letra B	Vide inciso I do § 2º do artigo 218-B do Código Penal.
5	Letra E	Vide *caput* do artigo 218-B do Código Penal.

Divulgação de cena de estupro ou de cena de estupro de vulnerável, de cena de sexo ou de pornografia

Art. 218-C. Oferecer, trocar, disponibilizar, transmitir, vender ou expor à venda, distribuir, publicar ou divulgar, por qualquer meio – inclusive por meio de

comunicação de massa ou sistema de informática ou telemática -, fotografia, vídeo ou outro registro audiovisual que contenha cena de estupro ou de estupro de vulnerável ou que faça apologia ou induza a sua prática, ou, sem o consentimento da vítima, cena de sexo, nudez ou pornografia:

Pena – reclusão, de 1 (um) a 5 (cinco) anos, se o fato não constitui crime mais grave.

Aumento de pena

§ 1º A pena é aumentada de 1/3 (um terço) a 2/3 (dois terços) se o crime é praticado por agente que mantém ou tenha mantido relação íntima de afeto com a vítima ou com o fim de vingança ou humilhação.

Exclusão de ilicitude

§ 2º Não há crime quando o agente pratica as condutas descritas no caput deste artigo em publicação de natureza jornalística, científica, cultural ou acadêmica com a adoção de recurso que impossibilite a identificação da vítima, ressalvada sua prévia autorização, caso seja maior de 18 (dezoito) anos.

Classificação: trata-se de crime doloso, comum, misto, alternativo ou de conteúdo variado.

O delito admite acordo de não persecução penal (artigo 28-A do CPP) e suspensão condicional do processo (artigo 89 da Lei 9.099/95).

Lei 13.718/18: o delito foi incluído no Código Penal pela Lei 13.718/18 (que também enxertou no Caderno Repressivo o crime de importunação sexual, modificou a ação penal dos crimes contra dignidade sexual e criou causas de aumento de pena).

Condutas proibidas: o tipo pune a pessoa que divulga fotografia, vídeo ou registro de estupro/estupro de vulnerável ou que faz apologia ou induza sua prática e quem divulga, sem o consentimento da vítima, cena de sexo, nudez ou pornografia.

Importante perceber que não há crime se o indivíduo recebe imagem ou vídeo de sexo, nudez ou pornográfica ou a mantém no seu dispositivo, caso a foto ou o vídeo seja de pessoa adulta (atipicidade formal). Se a foto ou vídeo pornográfico for de criança ou adolescente e o agente mantém o arquivo armazenado no seu dispositivo (celular ou computador), há prática do crime tipificado no artigo 241-B do ECA.

Caso a vítima seja criança ou adolescente, e o agente pratique uma das condutas descritas no artigo estudado, o crime praticado será o dos artigos 241 ou 241-A (a depender da ação perpetrada pelo agente), ambos do ECA. Veja os crimes, lado a lado e compare-os:

Divulgação de cena de estupro ou de cena de estupro de vulnerável, de cena de sexo ou de pornografia	**Artigo 241 do ECA**	**Artigo 241-A do ECA**
Art. 218-C. Oferecer, trocar, disponibilizar, transmitir, vender ou expor à venda, distribuir, publicar ou divulgar, por qualquer meio – inclusive por meio de comunicação de massa ou sistema de informática ou telemática -, fotografia, vídeo ou outro registro audiovisual que contenha cena de estupro ou de estupro de vulnerável ou que faça apologia ou induza a sua prática, ou, sem o consentimento da vítima, cena de sexo, nudez ou pornografia: Pena – reclusão, de 1 (um) a 5 (cinco) anos, se o fato não constitui crime mais grave.	Art. 241. Vender ou expor à venda fotografia, vídeo ou outro registro que contenha cena de sexo explícito ou pornográfica envolvendo criança ou adolescente: Pena – reclusão, de 4 (quatro) a 8 (oito) anos, e multa.	Art. 241-A. Oferecer, trocar, disponibilizar, transmitir, distribuir, publicar ou divulgar por qualquer meio, inclusive por meio de sistema de informática ou telemático, fotografia, vídeo ou outro registro que contenha cena de sexo explícito ou pornográfica envolvendo criança ou adolescente: Pena – reclusão, de 3 (três) a 6 (seis) anos, e multa. § 1º Nas mesmas penas incorre quem: I – assegura os meios ou serviços para o armazenamento das fotografias, cenas ou imagens de que trata o caput deste artigo;
Aumento de pena § 1º A pena é aumentada de 1/3 (um terço) a 2/3 (dois terços) se o crime é praticado por agente que mantém ou tenha mantido relação íntima de afeto com a vítima ou com o fim de vingança ou humilhação. Exclusão de ilicitude § 2º Não há crime quando o agente pratica as condutas descritas no caput deste artigo em publicação de natureza jornalística, científica, cultural ou acadêmica com a adoção de recurso que impossibilite a identificação da vítima, ressalvada sua prévia autorização, caso seja maior de 18 (dezoito) anos.		II – assegura, por qualquer meio, o acesso por rede de computadores às fotografias, cenas ou imagens de que trata o caput deste artigo. § 2º As condutas tipificadas nos incisos I e II do § 1º deste artigo são puníveis quando o responsável legal pela prestação do serviço, oficialmente notificado, deixa de desabilitar o acesso ao conteúdo ilícito de que trata o caput deste artigo.

Pornografia da vingança: o § 1º do artigo 218-C do Código Penal pune a "pornografia da vingança" – *revenge porn* (natureza jurídica de causa de aumento de pena – 1/3 a 2/3).

A majorante reclama que o agente mantenha ou tenha mantido relação íntima de afeto (que pode até ter sido efêmera) e que pratique uma das condutas descritas no caput com o especial fim de agir exigido no dispositivo (fim de vingança ou humilhação).

Trata-se de causa de aumento de pena subjetiva (que não se comunica a eventual comparsa).

Infelizmente esses casos se multiplicaram em face da facilidade de propagação de fotos e vídeos por redes sociais e aplicativos de mensagens instantâneas. As consequências são extremamente danosas para a vítima, posto que não há como controlar quantas vezes as imagens ou vídeos serão repassados (importante salientar que o agente que mantém ou manteve relação íntima de afeto com a vítima e repassou o arquivo com o fim de vingança ou humilhação responde pelo crime do artigo 218-C do Código Penal com incidência da causa de aumento de pena do § 1º e todos aqueles que repassaram a foto ou vídeo praticam o tipo simples do mesmo artigo).

Exclusão da ilicitude: o § 2º do artigo 218-C do Código Penal deixa claro que não há crime quando o agente pratica as condutas descritas no caput em publicação de natureza jornalística, científica, cultural ou acadêmica com a adoção de recurso que impossibilite a identificação da vítima, ressalvada sua prévia autorização, caso seja maior de 18 (dezoito) anos.

Como o dispositivo deixa claro, trata-se de causa excludente de antijuridicidade.

CAPÍTULO III
DO RAPTO

Rapto violento ou mediante fraude
Art. 219 – (Revogado pela Lei nº 11.106, de 2005)

Rapto consensual
Art. 220 – (Revogado pela Lei nº 11.106, de 2005)

Diminuição de pena
Art. 221 – (Revogado pela Lei nº 11.106, de 2005)

Concurso de rapto e outro crime
Art. 222 – (Revogado pela Lei nº 11.106, de 2005)

CAPÍTULO IV
DISPOSIÇÕES GERAIS

Art. 223 – (Revogado pela Lei nº 12.015, de 2009)
Art. 224 – (Revogado pela Lei nº 12.015, de 2009)

Ação penal
Art. 225. Nos crimes definidos nos Capítulos I e II deste Título, procede-se mediante ação penal pública incondicionada.
Parágrafo único. (Revogado).

Ação penal nos crimes contra a dignidade sexual: a ação penal dos crimes contra a dignidade sexual é pública incondicionada.

Com o passar dos anos, os crimes estudados foram punidos com ação penal privada, ação penal pública condicionada à representação da vítima e agora (Lei 13.718/18) ação penal pública incondicionada. Lidar com a ação penal de crimes sexuais sempre foi extremamente complexo (toda esse debate findou sendo bastante simplificado em face da entrada em vigor do mandamento citado).

A discussão (sobre a natureza da ação penal) se traduz em ponderação: tem mais peso a intimidade da vítima (que pode preferir não processar seu algoz para não se expor) ou o interesse da sociedade de ver o autor de crime contra dignidade sexual punido.

Penso que andou bem o legislador em transmudar a ação penal dos delitos sexuais. É preciso entender, de uma vez por todas, que a vítima de crimes dessa natureza não é culpada pela prática perpetrada pelo agressor (é preciso afastar a heterovitimização[284]).

Os crimes descritos nos Capítulos I e II do Título VI do Código Penal são tão deletérios ao tecido social, que 3 das suas figuras típicas são crimes hediondos.

Definitivamente é preciso punir exemplarmente quem comete tais delitos e acolher as vítimas, para que elas não se sintam constrangidas no curso da persecução penal (atenção aos artigos 234-B do Código Penal e 201, § 6º, do Código de Processo Penal):

> Art. 234-B. Os processos em que se apuram crimes definidos neste Título correrão em segredo de justiça.
>
> Art. 201. (...)
>
> § 6º O juiz tomará as providências necessárias à preservação da intimidade, vida privada, honra e imagem do ofendido, podendo, inclusive, determinar o segredo de justiça em relação aos dados, depoimentos e outras informações constantes dos autos a seu respeito para evitar sua exposição aos meios de comunicação.

Ação penal em crime de estupro de vulnerável (vulnerabilidade transitória) antes da Lei 13.718/18: antes da edição da Lei 13.718/18, como dito supra, a ação penal relacionada aos crimes contra a dignidade sexual era, em regra, pública condicionada à representação da vítima (determinação da Lei 12.015/09, já que, antes desta, a ação penal era, em regra, privada).

Eis síntese da evolução da ação penal nos crimes contra a dignidade sexual:

284 Quando a vítima se sente culpada pela prática delitiva que sofreu.

Antes da Lei 12.015/09	Com o advento da Lei 12.015/09	Com o advento da Lei 13.718/18
Em regra privada	**Em regra pública condicionada à representação da vítima**	**Pública incondicionada**
Art. 225 – Nos crimes definidos nos capítulos anteriores, somente se procede mediante queixa. § 1º – Procede-se, entretanto, mediante ação pública: I – se a vítima ou seus pais não podem prover às despesas do processo, sem privar-se de recursos indispensáveis à manutenção própria ou da família; II – se o crime é cometido com abuso do pátrio poder, ou da qualidade de padrasto, tutor ou curador. § 2º – No caso do nº I do parágrafo anterior, a ação do Ministério Público depende de representação.	Art. 225. Nos crimes definidos nos Capítulos I e II deste Título, procede-se mediante ação penal pública condicionada à representação. Parágrafo único. Procede-se, entretanto, mediante ação penal pública incondicionada se a vítima é menor de 18 (dezoito) anos ou pessoa vulnerável.	Art. 225. Nos crimes definidos nos Capítulos I e II deste Título, procede-se mediante ação penal pública incondicionada.

Uma das discussões mais importantes que gravitavam em torno da ação penal em relação aos crimes contra a dignidade sexual antes da entrada em vigor da Lei 13.718/18 se relaciona ao estupro de vulnerável quando a vulnerabilidade é transitória/temporária (estado de embriaguez, por exemplo).

Como dito supra, caso o agente pratique ato libidinoso com vítima com idade igual ou superior a 14 anos que não possa momentaneamente aquiescer com a prática, tem-se estupro de vulnerável, tipificado no § 1º do artigo 217-A do Código Penal.

Na alteração promovida no artigo 225 do Código Penal pela Lei 12.015/09, nota-se que a ação penal relativa aos crimes contra a dignidade sexual era, via de regra, pública condicionada à representação da vítima. Se a vítima fosse menor de 18 anos ou vulnerável, contudo, o crime era perseguido com ação penal pública incondicionada.

A dúvida (da doutrina e da jurisprudência) nessa esteira era: se o crime de estupro de vulnerável fosse praticado contra vítima com idade igual ou superior a 18 anos e a vulnerabilidade fosse transitória (álcool ou sono, por exemplo), a ação penal devia seria pública incondicionada ou pública condicionada à representação da vítima? Trago à baila as duas trilhas interpretativas, extraídas da jurisprudência do Tribunal da Cidadania:

> **Ação penal pública condicionada à representação (transcrevo apenas parte do julgado) – informativo 675/STJ:**
>
> 3. A vulnerabilidade, como condição excepcional que é, geradora de situação desfavorável aos réus, tem de ser interpretada de forma restrita, em observância aos

princípios da intervenção mínima do direito penal, da ofensividade, do contraditório e da presunção de inocência. 4. Nos casos de vulnerabilidade temporária, em que a vítima recupera suas capacidades físicas e mentais e o pleno discernimento para decidir acerca da persecução penal de seu ofensor, a ação penal dos crimes sexuais cometidos sob a égide da redação conferida ao art. 225 do Código Penal pela Lei n. 12.015/2009 deve ser mantida como pública condicionada à representação. Precedente da 6ª Turma. 5. Recurso especial parcialmente conhecido e, nessa parte, provido (REsp 1814770/SP, Rel. Ministro Antonio Saldanha Palheiro, Sexta Turma, julgado em 05/05/2020, DJe 01/07/2020).

Ação penal pública incondicionada (transcrevo apenas parte do julgado):

2. "Em casos de vulnerabilidade da ofendida, a ação penal é pública incondicionada, nos moldes do parágrafo único do art. 225 do Código Penal. Constata-se que o referido artigo não fez qualquer distinção entre a vulnerabilidade temporária ou permanente, haja vista que a condição de vulnerável é aferível no momento do cometimento do crime, ocasião em que há a prática dos atos executórios com vistas à consumação do delito." (HC 389.610/SP, Rel. Ministro FELIX FISCHER, QUINTA TURMA, julgado em 08/08/2017, DJe 16/08/2017) (AgRg no AREsp 1103678/PR, Rel. Ministro Ribeiro Dantas, Quinta Turma, julgado em 26/02/2019, DJe 06/03/2019).

Aumento de pena

Art. 226 – A pena é aumentada:

I – de quarta parte, se o crime é cometido com o concurso de 2 (duas) ou mais pessoas;

II – de metade, se o agente é ascendente, padrasto ou madrasta, tio, irmão, cônjuge, companheiro, tutor, curador, preceptor ou empregador da vítima ou por qualquer outro título tiver autoridade sobre ela;

III – (Revogado pela Lei 11.106/05)

IV – de 1/3 (um terço) a 2/3 (dois terços), se o crime é praticado:

Estupro coletivo

a) mediante concurso de 2 (dois) ou mais agentes;

Estupro corretivo

b) para controlar o comportamento social ou sexual da vítima.

Tabela que sintetiza as causas de aumento: eis tabela que resume as majorantes do artigo 226 do Código Penal:

Aumento de pena	Comentários
226. A pena é aumentada: I – de quarta parte, se o crime é cometido com o concurso de 2 (duas) ou mais pessoas;	A causa de aumento de pena descrita no artigo 226, inciso I, do Código Penal é aplicável aos crimes descritos nos Capítulos I e II, do Título VI do Caderno Repressivo Pátrio (à exceção do crime de estupro – para este, o aumento relacionado ao concurso de agentes é maior: a pena é majorada de 1/3 a 2/3).
II – de metade, se o agente é ascendente, padrasto ou madrasta, tio, irmão, cônjuge, companheiro, tutor, curador, preceptor ou empregador da vítima ou por qualquer outro título tiver autoridade sobre ela;	Trata-se de causa de aumento de pena de natureza subjetiva (não se comunica a eventual comparsa que não tem a relação indicada no dispositivo com a vítima). Eis teses do Superior Tribunal de Justiça sobre o dispositivo (edição 152): 6) A prática de crime contra a dignidade sexual por professor faz incidir a causa de aumento de pena prevista no art. 226, II, do Código Penal, por sua evidente posição de autoridade e ascendência sobre os alunos. 7) Não há *bis in idem* na incidência da agravante genérica do art. 61, II, *f*, concomitantemente com a causa de aumento de pena do art. 226, II, ambas do CP, no crime de estupro.
III – (Revogado pela Lei 11.106/05)	-
IV – de 1/3 (um terço) a 2/3 (dois terços), se o crime é praticado: Estupro coletivo	A Lei 13.718/18 enxertou duas novas causas de aumento no artigo 226 do Código Penal – estupro coletivo e o estupro corretivo. O primeiro ocorre quando o crime é praticado em concurso de pessoas (2 ou mais agentes).
a) mediante concurso de 2 (dois) ou mais agentes; Estupro corretivo b) para controlar o comportamento social ou sexual da vítima.	Como dito supra, o aumento de pena em caso de concurso de pessoas é maior para o estupro que para outros crimes contra a dignidade sexual. Importante a leitura de tese do Superior Tribunal de Justiça sobre o tema (edição 153): 1) Aquele que adere à determinação do comparsa e contribui para a consumação crime de estupro, ainda que não tenha praticado a conduta descrita no tipo penal, incide nas penas a ele cominadas, nos exatos termos do art. 29 do Código Penal. O segundo (estupro corretivo) ocorre quando o agente pratica o crime para controlar o comportamento sexual da vítima. Exemplifico: **SITUAÇÃO HIPOTÉTICA:** JOÃO estupra MARIA, lésbica, para que a vítima “aprenda a gostar de homem”. **SOLUÇÃO:** há prática do crime tipificado no artigo 213 com incidência da causa de aumento de pena do artigo 226, inciso IV, alínea ‘b’, do Código Penal.

CAPÍTULO V
DO LENOCÍNIO E DO TRÁFICO DE PESSOA PARA FIM DE PROSTITUIÇÃO OU OUTRA FORMA DE EXPLORAÇÃO SEXUAL

Mediação para servir a lascívia de outrem

Art. 227 – Induzir alguém a satisfazer a lascívia de outrem:

Pena – reclusão, de um a três anos.

§ 1º Se a vítima é maior de 14 (catorze) e menor de 18 (dezoito) anos, ou se o agente é seu ascendente, descendente, cônjuge ou companheiro, irmão, tutor ou curador ou pessoa a quem esteja confiada para fins de educação, de tratamento ou de guarda:

Pena – reclusão, de dois a cinco anos.

§ 2º – Se o crime é cometido com emprego de violência, grave ameaça ou fraude:

Pena – reclusão, de dois a oito anos, além da pena correspondente à violência.

§ 3º – Se o crime é cometido com o fim de lucro, aplica-se também multa.

Classificação: trata-se de crime comum e doloso, que pune o agente que serve como intermediário para satisfação da lascívia de outrem (proxeneta).

Penso que o delito em testilha é habitual (a intermediação isolada para satisfação da lascívia alheia, desde que voltada a pessoa maior e capaz, que não envolva violência ou grave ameaça, nem o fim de lucro, parece-me fato atípico).

Caso tal entendimento não seja seguido, haveria prática do crime em testilha na seguinte situação hipotética: em uma festa, MARIA, 18 anos, induz sua amiga JOANA, 19 anos, a satisfazer a lascívia de PEDRO, 21 anos. Penso que a conclusão (pela imputação de crime a MARIA) é teratológica.

A liberdade sexual é cada vez mais defendida e não é crível que pessoas maiores e capazes precisem de proteção do Direito Penal em situações que não caracterizem reiteração da conduta descrita no tipo, quando não há emprego de violência/grave ameaça e não exista intenção de lucro. Saliento que não defendo aplicação do princípio da adequação social para trasmudar o fato tipificado no *caput* do artigo 227 em atípico (isso atropelaria o princípio da legalidade), mas nova leitura do tipo.

O tipo simples do delito estudado admite acordo de não persecução penal (artigo 28-A do CPP), suspensão condicional do processo (artigo 89 da Lei 9.099/95) e fiança arbitrada pela autoridade policial (artigo 322 do CPP).

Quem tem a lascívia satisfeita: interessante notar que quem tem sua lascívia satisfeita não é punido pelo tipo. Rogério Sanches Cunha, com a perspicácia que lhe é peculiar, anota que "aquele que tiver sua lascívia satisfeita não comete crime, ainda que haja instigado o mediador, pois a norma exige o fim de satisfazer a lascívia de outrem (e não a própria)"[285].

Figura qualificada (§ 1º): o § 1º do artigo 227 tipifica figura qualificada (relacionada à idade da vítima – caso ela seja maior de 14 (catorze) e menor de 18 (dezoito) anos, ou se o agente é seu ascendente, descendente, cônjuge ou companheiro, irmão, tutor ou curador ou pessoa a quem esteja confiada para fins de educação,

285 CUNHA, Rogério Sanches. **Código penal para concurso**. 13ª edição, Juspodivm, 2020, p. 775.

de tratamento ou de guarda. Caso o crime seja praticado contra vítima menor de 14 anos, há delito de corrupção de menores (artigo 218 do Código Penal):

Mediação para satisfazer a lascívia de outrem	Tipificação
Praticado contra menor de 14 anos	Artigo 218 do Código Penal
Praticado contra maior de 14 (catorze) e menor de 18 (dezoito) anos, ou se o agente é seu ascendente, descendente, cônjuge ou companheiro, irmão, tutor ou curador ou pessoa a quem esteja confiada para fins de educação, de tratamento ou de guarda	Artigo 227, § 1º, Código Penal
Praticado contra pessoa com idade igual ou superior a 18 anos	Artigo 227 (*caput*) do Código Penal

Figura qualificada (§ 2º): o crime é qualificado se for praticado com emprego de violência (caso da violência resulte lesão, o agente responde por essa, em concurso de crimes – seja a lesão leve, grave ou gravíssima), grave ameaça ou fraude (pena de 2 a 8 anos). É interessante diferenciar o crime de indução à satisfação da lascívia de outrem qualificado (com emprego de violência ou grave ameaça) e a prática do crime de estupro (em concurso de pessoas). Exemplifico:

> **SITUAÇÃO HIPOTÉTICA 1:** MARIA induziu, mediante violência, PAULA a satisfazer a lascívia de JOÃO, que pugnou pela intermediação sexual, mas não sabia que MARIA usaria de violência contra a vítima.
>
> **SITUAÇÃO HIPOTÉTICA 2:** MARIA constrange PAULA, mediante violência, para que essa pratique sexo com JOÃO a pedido desse (ele sabe do uso de violência e aquiesce que a vítima seja constrangida ao consórcio sexual pelo emprego da *vis corporalis*). JOÃO pratica sexo com PAULA.
>
> **SOLUÇÃO:** parece-me que na primeira situação, MARIA (e só ela) responde pela prática do crime de mediação para servir a lascívia de outrem qualificado (artigo 227, § 1º, do Código Penal). Em relação à segunda situação, há crime de estupro perpetrado em concurso de pessoas (por MARIA e JOÃO).

Finalidade de lucro: se o crime é cometido com finalidade de lucro, aplica-se também pena de multa.

Favorecimento da prostituição ou outra forma de exploração sexual

Art. 228. Induzir ou atrair alguém à prostituição ou outra forma de exploração sexual, facilitá-la, impedir ou dificultar que alguém a abandone:

Pena – reclusão, de 2 (dois) a 5 (cinco) anos, e multa.

§ 1º Se o agente é ascendente, padrasto, madrasta, irmão, enteado, cônjuge, companheiro, tutor ou curador, preceptor ou empregador da vítima, ou se assumiu, por lei ou outra forma, obrigação de cuidado, proteção ou vigilância:

Pena – reclusão, de 3 (três) a 8 (oito) anos.

§ 2º – Se o crime, é cometido com emprego de violência, grave ameaça ou fraude:

Pena – reclusão, de quatro a dez anos, além da pena correspondente à violência.

§ 3º – Se o crime é cometido com o fim de lucro, aplica-se também multa.

Introdução: a prostituição, a depender da decisão política do país, pode ser **proibida** (tipificada como crime), **liberada** (prostituição não é crime, é reconhecida como atividade econômica, de certa forma, fomentada pelo Estado) ou **tolerada** (não se pune a prostituta criminalmente, mas não se fomenta a prática – pune-se todo o entorno da atividade).

O Brasil seguiu a terceira via. Quem se prostitui (vende seu corpo) não comete crime, mas há vários crimes que punem pessoas que gravitam em torno da prática:

Favorecimento da prostituição ou de outra forma de exploração sexual de criança ou adolescente ou de vulnerável.	Art. 218-B. Submeter, induzir ou atrair à prostituição ou outra forma de exploração sexual alguém menor de 18 (dezoito) anos ou que, por enfermidade ou deficiência mental, não tem o necessário discernimento para a prática do ato, facilitá-la, impedir ou dificultar que a abandone: Pena – reclusão, de 4 (quatro) a 10 (dez) anos. § 1º Se o crime é praticado com o fim de obter vantagem econômica, aplica-se também multa. § 2º Incorre nas mesmas penas: I – quem pratica conjunção carnal ou outro ato libidinoso com alguém menor de 18 (dezoito) e maior de 14 (catorze) anos na situação descrita no caput deste artigo; II – o proprietário, o gerente ou o responsável pelo local em que se verifiquem as práticas referidas no caput deste artigo. § 3º Na hipótese do inciso II do § 2º, constitui efeito obrigatório da condenação a cassação da licença de localização e de funcionamento do estabelecimento.
Favorecimento da prostituição ou outra forma de exploração sexual	Art. 228. Induzir ou atrair alguém à prostituição ou outra forma de exploração sexual, facilitá-la, impedir ou dificultar que alguém a abandone: Pena – reclusão, de 2 (dois) a 5 (cinco) anos, e multa. § 1º Se o agente é ascendente, padrasto, madrasta, irmão, enteado, cônjuge, companheiro, tutor ou curador, preceptor ou empregador da vítima, ou se assumiu, por lei ou outra forma, obrigação de cuidado, proteção ou vigilância: Pena – reclusão, de 3 (três) a 8 (oito) anos. § 2º – Se o crime, é cometido com emprego de violência, grave ameaça ou fraude: Pena – reclusão, de quatro a dez anos, além da pena correspondente à violência. § 3º – Se o crime é cometido com o fim de lucro, aplica-se também multa.
Casa de prostituição	Art. 229. Manter, por conta própria ou de terceiro, estabelecimento em que ocorra exploração sexual, haja, ou não, intuito de lucro ou mediação direta do proprietário ou gerente: Pena – reclusão, de dois a cinco anos, e multa.

Rufianismo	Art. 230 – Tirar proveito da prostituição alheia, participando diretamente de seus lucros ou fazendo-se sustentar, no todo ou em parte, por quem a exerça: Pena – reclusão, de um a quatro anos, e multa. § 1º Se a vítima é menor de 18 (dezoito) e maior de 14 (catorze) anos ou se o crime é cometido por ascendente, padrasto, madrasta, irmão, enteado, cônjuge, companheiro, tutor ou curador, preceptor ou empregador da vítima, ou por quem assumiu, por lei ou outra forma, obrigação de cuidado, proteção ou vigilância: Pena – reclusão, de 3 (três) a 6 (seis) anos, e multa. § 2º Se o crime é cometido mediante violência, grave ameaça, fraude ou outro meio que impeça ou dificulte a livre manifestação da vontade da vítima: Pena – reclusão, de 2 (dois) a 8 (oito) anos, sem prejuízo da pena correspondente à violência.

O crime aqui estudado é clara demonstração da opção brasileira (não punir criminalmente a prostituta, mas criminalizar condutas que incentiva a prostituição). Não vejo problema no comércio corporal, desde que praticado entre adultos e de forma livre e consciente.

A liberdade sexual é bem jurídico disponível e a pessoa pode praticar ato libidinoso com quem quiser, desde que o(a) parceiro(a) seja pessoa que tenha 14 anos ou mais. Criminalizar a atividade que gravita em torno da prostituição só serve para transmudar a atividade numa prática marginal (esse fervor religioso ou moralista não parece estar adequado aos tempos atuais).

Tabela sintetizando o crime: estudemos o tipo:

Dispositivo	Comentários
Art. 228. Induzir ou atrair alguém à prostituição ou outra forma de exploração sexual, facilitá-la, impedir ou dificultar que alguém a abandone: Pena – reclusão, de 2 (dois) a 5 (cinco) anos, e multa.	Trata-se de crime comum, doloso, misto, alternativo ou de conteúdo variado. As condutas proibidas são **induzir** (fazer nascer vontade que não existia) ou **atrair** (demonstrar atrativos/vantagens na atividade) alguém à prostituição ou outra forma de exploração sexual, **facilitar** (tornar mais fácil) a prática, **impedir** (não deixar que a pessoa abandone a prática) ou **dificultar** (criar obstáculos) que alguém a abandone. **SITUAÇÃO HIPOTÉTICA:** MARIA induziu FERNANDA a se prostituir. Esta, convencida, passa a vender o próprio corpo. **SOLUÇÃO:** MARIA deve ser responsabiliza pelo crime tipificado no caput do artigo 228 e FERNANDA não deve ser responsabilizada, porquanto praticou fato atípico (prostituir-se não é conduta criminosa).

§ 1º Se o agente é ascendente, padrasto, madrasta, irmão, enteado, cônjuge, companheiro, tutor ou curador, preceptor ou empregador da vítima, ou se assumiu, por lei ou outra forma, obrigação de cuidado, proteção ou vigilância: Pena – reclusão, de 3 (três) a 8 (oito) anos.	O § 1º é figura qualificada (pena de 3 a 8 anos) – a qualificadora é de natureza pessoal (subjetiva) e só deve ser suportada por quem mantém a relação indicada no dispositivo com a vítima.
§ 2º – Se o crime, é cometido com emprego de violência, grave ameaça ou fraude: Pena – reclusão, de quatro a dez anos, além da pena correspondente à violência.	Mais uma figura qualificada – quando há emprego de violência, grave ameaça ou fraude (a pena é de 4 a 10 anos, além da punição relacionada à violência – se há lesão corporal leve, grave ou gravíssima, imputa-se em concurso o crime do artigo 129 do Código Penal.
§ 3º – Se o crime é cometido com o fim de lucro, aplica-se também multa.	Se há fim de lucro, aplica-se pena de multa cumulativamente à privação de liberdade determinada pelo tipo.

Casa de prostituição

Art. 229. Manter, por conta própria ou de terceiro, estabelecimento em que ocorra exploração sexual, haja, ou não, intuito de lucro ou mediação direta do proprietário ou gerente:

Pena – reclusão, de dois a cinco anos, e multa.

Classificação: trata-se de crime doloso, permanente, próprio (cometido pelo proprietário ou responsável pela casa de prostituição).

Repito o que foi consignado acima. Quem se prostitui na casa, não comete crime, mas o responsável pelo estabelecimento, sim. Note que não é preciso, para prática do crime, que o proprietário da casa de prostituição lucre com a comercialização da atividade sexual ou seja o intermediário da venda do corpo de outrem. O dono da casa de prostituição é punido criminalmente porque o Brasil não fomenta, mas apenas tolera a prática da prostituição.

Por óbvio, é preciso que o dono do estabelecimento saiba que no seu empreendimento há exploração sexual. Penso que o termo "exploração sexual" merece interpretação cuidadosa. Se a pessoa que se prostitui não é explorada por outrem no local, não há que se falar na prática delitiva aqui comentada. Exemplifico:

> **SITUAÇÃO HIPOTÉTICA:** JOÃO possui uma casa noturna com dois ambientes – bar e quartos. Prostitutas costumam ir ao local e lá se encontram com seus clientes. Depois de negociar o preço do serviço sexual, elas alugam os quartos do estabelecimento de JOÃO para prática dos atos libidinosos com seus clientes.
>
> **SOLUÇÃO:** Caso não se detecte que há exploração sexual das prostitutas que frequentam a casa noturna de JOÃO, penso que ele não comete o crime

tipificado no artigo 229 do Código Penal. Nesse sentido, entendimento do Tribunal da Cidadania:

RECURSO ESPECIAL. DIREITO PENAL. CASA DE PROSTITUIÇÃO. TIPICIDADE. EXPLORAÇÃO SEXUAL. ELEMENTO NORMATIVO DO TIPO. VIOLAÇÃO À DIGNIDADE SEXUAL E TOLHIMENTO À LIBERDADE. INEXISTÊNCIA. FATO ATÍPICO. 1. Mesmo após as alterações legislativas introduzidas pela Lei nº 12.015/2009, a conduta consistente em manter Casa de Prostituição segue sendo crime tipificado no artigo 229 do Código Penal. Todavia, com a novel legislação, passou-se a exigir a "exploração sexual" como elemento normativo do tipo, de modo que a conduta consistente em manter casa para fins libidinosos, por si só, não mais caracteriza crime, sendo necessário, para a configuração do delito, que haja exploração sexual, assim entendida como a violação à liberdade das pessoas que ali exercem a mercancia carnal. 2. Não se tratando de estabelecimento voltado exclusivamente para a prática de mercancia sexual, tampouco havendo notícia de envolvimento de menores de idade, nem comprovação de que o recorrido tirava proveito, auferindo lucros da atividade sexual alheia mediante ameaça, coerção, violência ou qualquer outra forma de violação ou tolhimento à liberdade das pessoas, não há falar em fato típico a ser punido na seara penal. 3. Recurso improvido (REsp 1683375/SP, Rel. Ministra MARIA THEREZA DE ASSIS MOURA, SEXTA TURMA, julgado em 14/08/2018, DJe 29/08/2018).

Rufianismo

Art. 230 – Tirar proveito da prostituição alheia, participando diretamente de seus lucros ou fazendo-se sustentar, no todo ou em parte, por quem a exerça:

Pena – reclusão, de um a quatro anos, e multa.

§ 1º Se a vítima é menor de 18 (dezoito) e maior de 14 (catorze) anos ou se o crime é cometido por ascendente, padrasto, madrasta, irmão, enteado, cônjuge, companheiro, tutor ou curador, preceptor ou empregador da vítima, ou por quem assumiu, por lei ou outra forma, obrigação de cuidado, proteção ou vigilância:

Pena – reclusão, de 3 (três) a 6 (seis) anos, e multa.

§ 2º Se o crime é cometido mediante violência, grave ameaça, fraude ou outro meio que impeça ou dificulte a livre manifestação da vontade da vítima:

Pena – reclusão, de 2 (dois) a 8 (oito) anos, sem prejuízo da pena correspondente à violência.

Introdução: o rufião é o indivíduo que vive da prostituição alheia, explorando a prostituta ao argumento de que a protege. É o agenciador do comércio carnal.

Classificação: o rufianismo é crime doloso, habitual (penso que a estrutura do tipo reclama que a exploração da prostituição alheia não seja perpetrada por uma única conduta de tirar proveito da venda corporal de outrem – se assim não fosse, a cada proveito obtido pelo rufião, haveria prática de crime e os vários proveitos seriam imputados em concurso, o que penso ser equivocado) e comum.

O tipo, em sua forma simples, admite acordo de não persecução penal (artigo 28-A do CPP), suspensão condicional do processo (artigo 89 da Lei 9.099/95) e fiança arbitrada pela autoridade policial (artigo 322 do CPP).

Figura qualificada (§ 1º): o § 1º do artigo 230 é figura qualificada (pena de 3 a 6 anos e multa), quando o rufião explora menor de 18 (dezoito) e maior de 14 (catorze) anos ou se o crime é cometido por ascendente, padrasto, madrasta, irmão, enteado, cônjuge, companheiro, tutor ou curador, preceptor ou empregador da vítima, ou por quem assumiu, por lei ou outra forma, obrigação de cuidado, proteção ou vigilância.

Penso que é plenamente possível cumulação dos crimes tipificados nos artigos 218-B e 230 § 1º do Código Penal. Exemplifico:

> **SITUAÇÃO HIPOTÉTICA:** JOÃO induz MARIA, 16 anos de idade, à prostituição com o fito de obter lucro futuro com o comércio corporal da adolescente. MARIA começa a se prostituir e JOÃO funciona como seu intermediador, lucrando com o a venda do corpo da menor.
>
> **SOLUÇÃO:** penso que há duas práticas a serem imputadas a JOÃO. Em um primeiro momento, ao induzir menor de 18 anos à prostituição com o intuito de lucro, ele cometeu o crime tipificado no artigo 218-B, § 1º do Código Penal. Após, com a efetiva prática da prostituição pela vítima, JOÃO deve ser responsabilizado por tirar proveito do comércio sexual (cometimento do crime tipificado no artigo no artigo 230, § 1º do Código Penal). Os delitos devem ser imputados em concurso material (cúmulo de penas).

Figura qualificada (§ 2º): há outra figura qualificada no § 2º – se o crime é cometido mediante violência, grave ameaça, fraude ou outro meio que impeça ou dificulte a livre manifestação da vontade da vítima.

É preciso muito cuidado com o fito de evitar imputações equivocadas. A violência, grave ameaça, fraude ou outro meio que impeça ou dificulte a livre manifestação da vontade da vítima deve ser utilizada pelo rufião para que a vítima (prostituta) continue dividindo seus ganhos com ele ou sustentando-o.

Caso a violência ou grave ameaça seja empregada para que a vítima se prostitua ou não abandone a prostituição, por exemplo, a imputação correta é o crime do artigo 228, § 2º, do Código Penal (ou 218-B do Código Penal, a depender da idade da vítima).

Tráfico internacional de pessoa para fim de exploração sexual

Art. 231. (Revogado pela Lei nº 13.344, de 2016)

Art. 231-A. (Revogado pela Lei nº 13.344, de 2016)

Art. 232. (Revogado pela Lei nº 12.015, de 2009)

Promoção de migração ilegal

Art. 232-A. Promover, por qualquer meio, com o fim de obter vantagem econômica, a entrada ilegal de estrangeiro em território nacional ou de brasileiro em país estrangeiro:

Pena – reclusão, de 2 (dois) a 5 (cinco) anos, e multa.

§ 1º Na mesma pena incorre quem promover, por qualquer meio, com o fim de obter vantagem econômica, a saída de estrangeiro do território nacional para ingressar ilegalmente em país estrangeiro.

§ 2º A pena é aumentada de 1/6 (um sexto) a 1/3 (um terço) se:

I – o crime é cometido com violência; ou

II – a vítima é submetida a condição desumana ou degradante.

§ 3º A pena prevista para o crime será aplicada sem prejuízo das correspondentes às infrações conexas.

Análise do tipo: eis análise do tipo:

Dispositivo	Comentários
Promoção de migração ilegal Art. 232-A. Promover, por qualquer meio, com o fim de obter vantagem econômica, a entrada ilegal de estrangeiro em território nacional ou de brasileiro em país estrangeiro: Pena – reclusão, de 2 (dois) a 5 (cinco) anos, e multa.	Trata-se de crime comum e doloso. O tipo exige especial fim de agir (obtenção de vantagem econômica). A conduta proibida é promover a entrada ilegal de estrangeiro no Brasil ou a entrada ilegal de brasileiro em país estrangeiro. O crime é de ação penal pública incondicionada, de competência da Justiça Federal e que admite acordo de não persecução penal (artigo 28-A do CPP).
§ 1º Na mesma pena incorre quem promover, por qualquer meio, com o fim de obter vantagem econômica, a saída de estrangeiro do território nacional para ingressar ilegalmente em país estrangeiro.	O delito também é perpetrado pelo agente que promove a saída de estrangeiro do Brasil, para ingresso em país estrangeiro.
§ 2º A pena é aumentada de 1/6 (um sexto) a 1/3 (um terço) se: I – o crime é cometido com violência; ou II – a vítima é submetida a condição desumana ou degradante.	Há incidência de majorante (aumento de pena de 1/6 até 1/3) se o crime é cometido com violência ou se a vítima é submetida a condição humana degradante.
§ 3º A pena prevista para o crime será aplicada sem prejuízo das correspondentes às infrações conexas.	Se há crimes conexos (falsificação de documento público, uso de documento falso, corrupção ativa ou passive, dentre outros) será possível punir o agente em concurso de crimes.

CAPÍTULO VI
DO ULTRAJE PÚBLICO AO PUDOR

Ato obsceno

Art. 233 – Praticar ato obsceno em lugar público, ou aberto ou exposto ao público:

Pena – detenção, de três meses a um ano, ou multa.

Classificação: trata-se de crime doloso, comum (pode ser perpetrado por qualquer pessoa) e de mera conduta.

O delito é infração de menor potencial ofensivo de ação penal pública incondicionada.

Elemento normativo do tipo: o artigo tem em seu bojo elemento normativo do tipo: "**ato obsceno**" (é o ato contrário ao pudor).

Artigo 215-A x artigo 233: o crime em testilha não pode se voltar contra vítima específica (se assim for, teremos prática do crime tipificado no artigo 215-A do Código Penal).

Comete o delito estudado (ato obsceno), o agente que se masturba em público, por exemplo.

Recepção (ou não) do artigo 233 do Código Penal: é importante salientar que o Supremo Tribunal Federal reconheceu repercussão geral na discussão da constitucionalidade (em verdade recepção ou não recepção) do artigo 233 do Código Penal:

> Recurso extraordinário. Declaração de inconstitucionalidade do art. 233 do CP. Princípio da reserva legal. Questão jurídica que transcende o interesse subjetivo da causa. Manifestação pela existência de questão constitucional e pela repercussão geral da matéria (RE 1093553 RG, Relator(a): Min. LUIZ FUX, julgado em 29/03/2018, PROCESSO ELETRÔNICO DJe-065 DIVULG 05-04-2018 PUBLIC 06-04-2018).

Escrito ou objeto obsceno

Art. 234 – Fazer, importar, exportar, adquirir ou ter sob sua guarda, para fim de comércio, de distribuição ou de exposição pública, escrito, desenho, pintura, estampa ou qualquer objeto obsceno:

Pena – detenção, de seis meses a dois anos, ou multa.

Parágrafo único – Incorre na mesma pena quem:

I – vende, distribui ou expõe à venda ou ao público qualquer dos objetos referidos neste artigo;

II – realiza, em lugar público ou acessível ao público, representação teatral, ou exibição cinematográfica de caráter obsceno, ou qualquer outro espetáculo, que tenha o mesmo caráter;

III – realiza, em lugar público ou acessível ao público, ou pelo rádio, audição ou recitação de caráter obsceno.

Classificação: trata-se de crime doloso, comum, misto, alternativa ou de conteúdo variado.

É infração de menor potencial ofensivo de ação penal pública incondicionada.

Não recepção do artigo 234 do Código Penal: penso, contudo, que o delito em testilha não foi recepcionado pela Constituição de 1988.

Parece-me haver afronta ao artigo 5º, IX, da Carta da República:

> Art. 5º (...)
>
> IX – é livre a expressão da atividade intelectual, artística, científica e de comunicação, independentemente de censura ou licença;

Pensar que a confecção ou aquisição de um escrito, desenho, pintura, estampa ou qualquer objeto obsceno pode configurar prática de crime beira o absurdo. Isso criminalizaria a conduta, por exemplo, de pessoa que confecciona uma revista em quadrinhos pornográfica.

As figuras equiparadas padecem do mesmo vício acima referenciado. Caso se defenda a constitucionalidade do artigo 234 do Código Penal, quem elabora ou canta música cuja letra seja obscena, seria responsabilizado criminalmente.

CAPÍTULO VII
DISPOSIÇÕES GERAIS

Aumento de pena

Art. 234-A. Nos crimes previstos neste Título a pena é aumentada:

I – (VETADO);

II – (VETADO);

III – de metade a 2/3 (dois terços), se do crime resulta gravidez;

IV – de 1/3 (um terço) a 2/3 (dois terços), se o agente transmite à vítima doença sexualmente transmissível de que sabe ou deveria saber ser portador, ou se a vítima é idosa ou pessoa com deficiência.

Art. 234-B. Os processos em que se apuram crimes definidos neste Título correrão em segredo de justiça.

Art. 234-C. (VETADO).

Análise dos artigos: eis análise dos artigos 234-A a 234-C do Código Penal:

Dispositivo	Comentários
Aumento de pena Art. 234-A. Nos crimes previstos neste Título a pena é aumentada: I – (VETADO); II – (VETADO);	A pena dos crimes tipificados no Título VI do Código Penal são aumentadas de metade a 2/3 se do crime resulta gravidez da vítima (por óbvio, só quando a mulher for vítima do delito – se a mulher comete o crime contra a dignidade sexual do homem e ela, autora do fato, engravida, não há incidência da causa de aumento em testilha). Se a vítima engravida, é possível, nos termos do artigo 128, II, do Código Penal, prática de aborto sem que a conduta configure crime (aborto humanitário).
III – de metade a 2/3 (dois terços), se do crime resulta gravidez; IV – de 1/3 (um terço) a 2/3 (dois terços), se o agente transmite à vítima doença sexualmente transmissível de que sabe ou deveria saber ser portador, ou se a vítima é idosa ou pessoa com deficiência.	Há aumento de pena de 1/3 a 2/3 se o agente transmite à vítima doença sexualmente transmissível de que sabe ou deveria saber ser portadora, ou se a vítima é idosa (idade igual ou superior a 60 anos) ou pessoa com deficiência (a deficiência não pode constituir elementar do tipo – se há prática de estupro de vulnerável em virtude de deficiência mental da vítima, não é possível incidência da majorante em testilha, por exemplo). Penso que não é possível a imputação da majorante em testilha (relativa à transmissão de doença sexualmente transmissível) e dos crimes dos artigos 130 ou 131 do Caderno Repressivo. Pune-se o agente apenas pelo crime contra dignidade sexual majorado, para evitar *bis in idem*.
Art. 234-B. Os processos em que se apuram crimes definidos neste Título correrão em segredo de justiça.	O dispositivo é extremamente importante, para proteger a intimidade da vítima (e mesmo o suposto autor do delito). Contudo, penso que se houver necessidade de exposição da identidade ou da imagem do autor do fato (para que ele seja reconhecido por outras vítimas, por exemplo) isso pode ser feito pelo delegado de polícia (sem que isso constitua prática dos crimes de abuso de autoridade tipificados nos artigos 13, inciso I[286], e 38[287], ambos da Lei 13.869/19). Para tanto, penso ser de bom tom materialização de despacho fundamentado no bojo do inquérito policial, deixando claro o porquê da publicização da imagem do suposto autor do delito. Eis tese do Superior Tribunal de Justiça sobre o tema (edição 153): 10) O segredo de justiça previsto no art. 234-B do Código Penal abrange o autor e a vítima de crimes sexuais, devendo constar da autuação apenas as iniciais de seus nomes.
Art. 234-C. (VETADO).	-

286 Art. 13. Constranger o preso ou o detento, mediante violência, grave ameaça ou redução de sua capacidade de resistência, a:
I – exibir-se ou ter seu corpo ou parte dele exibido à curiosidade pública;
(...)
Pena – detenção, de 1 (um) a 4 (quatro) anos, e multa, sem prejuízo da pena cominada à violência.

287 Art. 38. Antecipar o responsável pelas investigações, por meio de comunicação, inclusive rede social, atribuição de culpa, antes de concluídas as apurações e formalizada a acusação:
Pena – detenção, de 6 (seis) meses a 2 (dois) anos, e multa.

TÍTULO VII
DOS CRIMES CONTRA A FAMÍLIA

CAPÍTULO I
DOS CRIMES CONTRA O CASAMENTO

Bigamia

Art. 235 – Contrair alguém, sendo casado, novo casamento:

Pena – reclusão, de dois a seis anos.

§ 1º – Aquele que, não sendo casado, contrai casamento com pessoa casada, conhecendo essa circunstância, é punido com reclusão ou detenção, de um a três anos.

§ 2º – Anulado por qualquer motivo o primeiro casamento, ou o outro por motivo que não a bigamia, considera-se inexistente o crime.

Classificação: trata-se de crime doloso, próprio (o sujeito ativo do crime do tipificado no *caput* é a pessoa casada) e de ação penal pública incondicionada.

O crime admite acordo de não persecução penal (artigo 28-A do CPP).

Situações hipotéticas envolvendo o crime de bigamia: eis as possibilidades relacionadas ao delito estudado:

Contraente 1	Contraente 2	Comentários
Pessoa casada	Pessoa casada	Ambos cometem o crime tipificado no caput do artigo 235 do CP
Pessoa casada	Pessoa solteira que sabe que o contraente 1 é casado	**O contraente 1** responde pelo caput do artigo 235 do CP; **o contraente 2** pelo crime do § 1º do artigo 235 do CP
Pessoa casada	Pessoa solteira que não sabe que o contraente 1 é casado	**O contraente 1** responde pelo caput do artigo 235 do CP; **o contraente 2** pratica fato atípico

Falsidade ideológica no processo de habilitação: não se pune o agente pela falsidade ideológica por ele perpetrada no processo de habilitação (trata-se de crime-meio, cometido com o fim de materializar ulterior delito de bigamia). Aplica-se o princípio da consunção.

Analisando situação concreta, o Superior Tribunal de Justiça decidiu pela impossibilidade de punição do agente pela falsidade (crime-meio) se o processo relacionado ao crime de bigamia (crime-fim) foi trancado:

> HABEAS CORPUS. DIREITO PENAL. CRIME DE BIGAMIA E FALSIDADE IDEOLÓGICA. TRANCAMENTO DA AÇÃO PENAL QUANTO AO DELITO DE BIGAMIA DETERMINADO PELO TRIBUNAL A QUO POR AUSÊNCIA DE JUSTA CAUSA. IMPOSSIBILIDADE

DE SEGUIMENTO DO PROCESSO-CRIME QUANTO À FIGURA DO CRIME DE FALSIDADE. APLICAÇÃO DO PRINCÍPIO DA CONSUNÇÃO. 1. O delito de bigamia exige para se consumar a precedente falsidade, isto é: a declaração falsa, no processo preliminar de habilitação do segundo casamento, de que inexiste impedimento legal. 2. Constituindo-se a falsidade ideológica (crime-meio) etapa da realização da prática do crime de bigamia (crime-fim), não há concurso do crime entre estes delitos. 3. Assim, declarada anteriormente a atipicidade da conduta do crime de bigamia pela Corte de origem, não há como, na espécie, subsistir a figura delitiva da falsidade ideológica, em razão do princípio da consunção. 4. Ordem concedida para determinar a extensão dos efeitos quanto ao trancamento da ação penal do crime de bigamia, anteriormente deferido pelo Tribunal a quo, à figura delitiva precedente da falsidade ideológica (HC 39.583/MS, Rel. Ministra Laurita Vaz, Quinta Turma, julgado em 08/03/2005, DJ 11/04/2005, p. 346).

Exceção pluralista à teoria monista: como já adiantado na tabela supra, quem é solteiro e casa com pessoa já casada sabendo dessa circunstância, comete a figura privilegiada do § 1º do artigo 235 do Código Penal (exceção pluralista à teoria monista).

Anulação do casamento: O § 2º do artigo diz que anulado o primeiro casamento ou o subsequente (por motivo que não seja a bigamia), considera-se inexistente o crime (atipicidade formal).

Imputação do crime de bigamia a testemunhas do casamento: há discussão na doutrina acerca da imputação do crime de bigamia à testemunha que, sabendo do casamento anterior do nubente (ou de ambos), nada fala, afirmando inexistir impedimento ao casório.

Basicamente são três as vertentes doutrinárias (citadas por Rogério Sanches Cunha[288]):

Entendimento	Doutrinador
A testemunha não deve responder pelo crime de bigamia (sendo possível imputar crime de falsidade ideológica).	Mirabete
A testemunha do casamento pode ser partícipe do crime de bigamia.	Luiz Regis Prado
A testemunha pode ser partícipe do crime de bigamia, mas a pena a ela aplicada deve ser a do § 1º do artigo 235 do Código Penal.	Delmanto

Prescrição: acerca da prescrição do crime de bigamia, cumpre proceder à leitura do artigo 111 do Código Penal:

> Art. 111 – A prescrição, antes de transitar em julgado a sentença final, começa a correr:

288 CUNHA, Rogério Sanches. **Código Penal para concursos**. Salvador, 13ª edição, Juspodivm, 2020, p. 793.

> (...)
>
> IV – nos de bigamia e nos de falsificação ou alteração de assentamento do registro civil, da data em que o fato se tornou conhecido.

A prescrição começa a ser contada da data em que o aparelho estatal de persecução penal tomou conhecimento da suposta prática delitiva:

> Prescrição. Crime de bigamia. O prazo de prescrição da pretensão punitiva, no crime de bigamia, começa a correr da data em que a 'notitia criminis' e levada ao conhecimento da autoridade pública – e não da data do delito (art. 111, IV, do C. Penal). Precedentes do STF. RE conhecido para se afastar a declaração de prescrição, devendo o tribunal 'a quo' prosseguir no julgamento da apelação, como de direito (RE 113763, Relator(a): Sydney Sanches, Primeira Turma, julgado em 17/03/1989, DJ 18-08-1989 PP-13230 EMENT VOL-01551-02 PP-00257).

Induzimento a erro essencial e ocultação de impedimento

Art. 236 – Contrair casamento, induzindo em erro essencial o outro contraente, ou ocultando-lhe impedimento que não seja casamento anterior:

Pena – detenção, de seis meses a dois anos.

Parágrafo único – A ação penal depende de queixa do contraente enganado e não pode ser intentada senão depois de transitar em julgado a sentença que, por motivo de erro ou impedimento, anule o casamento.

Classificação: trata-se de crime doloso e comum (pode ser perpetrado por qualquer pessoa).

O delito é infração de menor potencial ofensivo e é subsidiário em relação ao crime de bigamia (se o impedimento for casamento anterior, tem-se prática do crime tipificado no artigo 235 do Código Penal).

Condutas proibidas: o tipo pune duas condutas: a) induzimento a erro essencial (vide artigo 1.557 do Código Civil[289]); b) ocultação de impedimento (vide artigo 1521 do Código Civil[290]).

---

289 Art. 1.557. Considera-se erro essencial sobre a pessoa do outro cônjuge:

I – o que diz respeito à sua identidade, sua honra e boa fama, sendo esse erro tal que o seu conhecimento ulterior torne insuportável a vida em comum ao cônjuge enganado;

II – a ignorância de crime, anterior ao casamento, que, por sua natureza, torne insuportável a vida conjugal;

III – a ignorância, anterior ao casamento, de defeito físico irremediável que não caracterize deficiência ou de moléstia grave e transmissível, por contágio ou por herança, capaz de pôr em risco a saúde do outro cônjuge ou de sua descendência;

IV – (Revogado).

290 Art. 1.521. Não podem casar:

I – os ascendentes com os descendentes, seja o parentesco natural ou civil;

Ação penal: o crime em testilha é o único crime de ação penal privada personalíssima (se o ofendido falecer, há extinção da punibilidade, porque a ação não pode ser continuada por ninguém).

Condição objetiva de punibilidade: há no parágrafo único condição objetiva de punibilidade[291] (a ação penal só pode ser intentada depois do trânsito em julgado da sentença que, por motivo de erro ou impedimento, anular o casamento).

A meu ver não deve sequer ser instaurado inquérito policial (antes do implemento da condição) – o procedimento investigativo, diga-se de passagem, mesmo depois de implementada a condição, só pode ser deflagrado a requerimento da vítima, nos exatos termos do artigo 5º, § 5º, do Código de Processo Penal[292].

Conhecimento prévio de impedimento

Art. 237 – Contrair casamento, conhecendo a existência de impedimento que lhe cause a nulidade absoluta:

Pena – detenção, de três meses a um ano.

Artigo 236 x artigo 237: enquanto o crime anterior (artigo 236 do Código Penal) reclama prática de conduta comissiva do agente no sentido de induzir a vítima a erro essencial ou da conduta omissiva de ocultar impedimento, o tipo do artigo 237 do Código Penal reclama apenas que um (ou ambos) dos nubentes sabia(m) o impedimento (artigo 1.521 do Código Civil) que cause nulidade absoluta e, ainda assim, contraia(m) o casamento. Ou seja, no crime do artigo 237 do Código Penal não há emprego de fraude.

Classificação: crime comum e doloso.

Trata-se de infração de menor potencial ofensivo de ação pública incondicionada.

Simulação de autoridade para celebração de casamento

Art. 238 – Atribuir-se falsamente autoridade para celebração de casamento:

Pena – detenção, de um a três anos, se o fato não constitui crime mais grave.

II – os afins em linha reta;

III – o adotante com quem foi cônjuge do adotado e o adotado com quem o foi do adotante;

IV – os irmãos, unilaterais ou bilaterais, e demais colaterais, até o terceiro grau inclusive;

V – o adotado com o filho do adotante;

VI – as pessoas casadas;

VII – o cônjuge sobrevivente com o condenado por homicídio ou tentativa de homicídio contra o seu consorte.

291 Há entendimento apontando se tratar de condição de procedibilidade.

292 Art. 5º (...)

§ 5º Nos crimes de ação privada, a autoridade policial somente poderá proceder a inquérito a requerimento de quem tenha qualidade para intentá-la.

Classificação: o crime é doloso, de mera conduta (consuma-se quando o agente afirma ser autoridade apta a celebrar casamento falsamente, não sendo necessário que o casório chegue a ser celebrado) e expressamente subsidiário.

Trata-se de delito de ação penal pública incondicionada que admite acordo de não persecução penal (artigo 28-A do CPP), suspensão condicional do processo (artigo 89 da Lei 9.099/95) e fiança arbitrada pelo delegado de polícia (artigo 322 do CPP).

Casamento anulável: o casamento celebrado por autoridade que não tem competência é anulável (artigo 1.550, inciso VI, do Código Civil):

> Art. 1.550. É anulável o casamento:
>
> (...)
>
> VI – por incompetência da autoridade celebrante.

Simulação de casamento

Art. 239 – Simular casamento mediante engano de outra pessoa:

Pena – detenção, de um a três anos, se o fato não constitui elemento de crime mais grave.

Introdução: a farsa pode ter a participação de um dos nubentes, de ambos ou de nenhum deles (podem ser os contraentes os enganados).

Classificação: o crime é doloso, comum e expressamente subsidiário.

O delito é de ação penal pública incondicionada, admite acordo de não persecução penal (artigo 28-A do CPP), suspensão condicional do processo (artigo 89 da Lei 9.099/95) e fiança arbitrada pelo delegado de polícia (artigo 322 do CPP).

Conduta proibida: a conduta vedada pelo tipo é simular casamento, ludibriando outra pessoa (interessada na materialização da cerimônia, como nubente, seus pais, etc.).

Realizada a cerimônia simulada, o crime restará perpetrado.

Adultério

Art. 240 – (Revogado pela Lei nº 11.106, de 2005)

CAPÍTULO II
DOS CRIMES CONTRA O ESTADO DE FILIAÇÃO

Registro de nascimento inexistente

Art. 241 – Promover no registro civil a inscrição de nascimento inexistente:

Pena – reclusão, de dois a seis anos.

Classificação: o crime é doloso e comum (pode ser perpetrado por qualquer pessoa).

O delito admite acordo de não persecução penal (artigo 28-A do CPP) e é de ação penal pública incondicionada.

Conduta proibida: a conduta proibida é promover, no registro civil, inscrição de nascimento inexistente.

Princípio da consunção: se o crime é meio para prática de outro (estelionato, por exemplo), aplica-se o princípio da consunção (pune-se apenas o crime fim), caso a promoção de inscrição inexistente não tenha mais potencialidade lesiva (caso contrário, haverá concurso de crimes).

Princípio da especialidade: trata-se de crime especial em relação ao crime de falsidade ideológica.

Parto suposto. Supressão ou alteração de direito inerente ao estado civil de recém-nascido

Art. 242 – Dar parto alheio como próprio; registrar como seu o filho de outrem; ocultar recém-nascido ou substituí-lo, suprimindo ou alterando direito inerente ao estado civil:

Pena – reclusão, de dois a seis anos.

Parágrafo único – Se o crime é praticado por motivo de reconhecida nobreza:

Pena – detenção, de um a dois anos, podendo o juiz deixar de aplicar a pena.

Classificação: o crime é doloso, próprio (cometido por mulher), misto, alternativo ou de conteúdo variado (a prática de mais de uma das condutas em um mesmo contexto, traduz-se em crime único).

A figura típica do *caput* admite acordo de não persecução penal (artigo 28-A do CPP) e é de ação penal pública incondicionada.

Condutas proibidas: as condutas proibidas são:

Conduta proibida	Comentários
Dar parto alheio como próprio	Crime cometido, por exemplo, pela mulher que declara ter dado à luz a filho que não é seu.
Registrar como seu o filho de outrem	É a "adoção à brasileira". O delito é perpetrado quando mulher registra filho alheio como seu. Essa prática se multiplicou no Brasil. Para não se submeter às formalidades do processo de adoção (e objetivando escolher, de antemão, seu filho), muitas mulheres lançaram mão da conduta de registrar como seu filho de outrem.

Conduta proibida	Comentários
Ocultar recém-nascido ou substituí-lo, suprimindo ou alterando direito inerente ao estado civil	Aqui não há, por exemplo, registro do recém-nascido no Registro Civil (há ocultação da própria existência do rebento). É possível prática do crime aqui tipificado, ainda, quando há troca do recém-nascido, com supressão ou alteração de direito inerente ao estado civil.

Tipo privilegiado: há figura privilegiada no parágrafo único do artigo 242, se o crime é praticado por motivo de reconhecida nobreza (mulher que, vendo a miséria da mãe biológica, decide registrar o filho desta como seu para dar um futuro melhor para o bebê, por exemplo).

Trata-se de infração de menor potencial ofensivo (a figura privilegiada), passível de perdão judicial (vide artigos 107, inciso IX, e 120, ambos do Código Penal e Súmula 18 do Superior Tribunal de Justiça).

Sonegação de estado de filiação

Art. 243 – Deixar em asilo de expostos ou outra instituição de assistência filho próprio ou alheio, ocultando-lhe a filiação ou atribuindo-lhe outra, com o fim de prejudicar direito inerente ao estado civil:

Pena – reclusão, de um a cinco anos, e multa.

Classificação: trata-se de crime doloso e próprio (quando o filho é do autor do fato) ou comum (quando o filho é alheio). O delito reclama especial fim de agir (objetivo de prejudicar direito da vítima inerente ao estado civil) e é formal (não demanda que o prejuízo pretendido pelo autor do fato efetivamente ocorra).

Admite acordo de não persecução penal (artigo 28-A do CPP) e suspensão condicional do processo (artigo 89 da Lei 9.099/95).

Trata-se de crime de ação penal pública incondicionada.

Asilo de expostos: é como eram chamados os abrigos de crianças ou adolescentes abandonados (então chamados de enjeitados).

CAPÍTULO III
DOS CRIMES CONTRA A ASSISTÊNCIA FAMILIAR

Abandono material

Art. 244. Deixar, sem justa causa, de prover a subsistência do cônjuge, ou de filho menor de 18 (dezoito) anos ou inapto para o trabalho, ou de ascendente inválido ou maior de 60 (sessenta) anos, não lhes proporcionando os recursos necessários ou faltando ao pagamento de pensão alimentícia judicialmente acordada, fixada ou majorada; deixar, sem justa causa, de socorrer descendente ou ascendente, gravemente enfermo:

Pena – detenção, de 1 (um) a 4 (quatro) anos e multa, de uma a dez vezes o maior salário mínimo vigente no País.

Parágrafo único – Nas mesmas penas incide quem, sendo solvente, frustra ou ilide, de qualquer modo, inclusive por abandono injustificado de emprego ou função, o pagamento de pensão alimentícia judicialmente acordada, fixada ou majorada.

Classificação: trata-se de crime doloso, omissivo próprio, comum (o tipo exige qualidade especial da vítima e não do sujeito ativo) e de ação penal pública incondicionada.

O delito admite acordo de não persecução penal (artigo 28-A do CPP), suspensão condicional do processo (artigo 89 da Lei 9.099/95) e fiança arbitrada pela autoridade policial (artigo 322 do CPP).

Dever de assistência dos filhos e pais: o dever de assistência a filhos e pais está grafado na Constituição Federal[293]. Já o dever de assistência ao cônjuge, está desenhado no artigo 1.566, inciso III, do Código Civil[294].

Condutas proibidas: são três as condutas proibidas no *caput*: a) deixar, sem justa causa, de prover subsistência do cônjuge, ou de filho menor de 18 (dezoito) anos ou inapto para o trabalho, ou de ascendente inválido ou maior de 60 (sessenta) anos[295], não lhes proporcionando os recursos necessários; b) faltar ao pagamento de pensão alimentícia judicialmente acordada, fixada ou majorada; c) deixar, sem justa causa, de socorrer descendente ou ascendente, gravemente enfermo (o crime do artigo 98 do Estatuto do Idoso[296] é especial em relação a essa conduta).

O não pagamento involuntário de pensão alimentícia não enseja prática do delito estudado (alimentante que perdeu o emprego e que, por isso, não consegue honrar com as parcelas judicialmente determinadas, por exemplo). Como dito supra, o crime tipificado no artigo 244 do Código Penal é doloso. Além da reprimenda penal, o alimentante que não paga voluntariamente a pensão pode ser executado e preso (civilmente[297]).

---

293 Art. 229. Os pais têm o dever de assistir, criar e educar os filhos menores, e os filhos maiores têm o dever de ajudar e amparar os pais na velhice, carência ou enfermidade.

294 Art. 1.566. São deveres de ambos os cônjuges:
(...)
III – mútua assistência.

295 Curiosamente o Estatuto do Idoso alterou o tipo mas incluiu como vítima apenas o maior de 60 anos (idoso, segundo a própria Lei 10.741/03 é a pessoa com idade **igual** ou superior a 60 anos).

296 Art. 98. Abandonar o idoso em hospitais, casas de saúde, entidades de longa permanência, ou congêneres, ou não prover suas necessidades básicas, quando obrigado por lei ou mandado:
Pena – detenção de 6 (seis) meses a 3 (três) anos e multa.

297 Art. 5º (...)
LXVII – não haverá prisão civil por dívida, salvo a do responsável pelo inadimplemento voluntário e inescusável de obrigação alimentícia e a do depositário infiel.

Parágrafo único: o dispositivo apenas explicita, detalha e amplia figura criminosa já desenhada no *caput*, relacionada ao não pagamento de pensão alimentícia (sendo o alimentante solvente e deixando voluntariamente de quitar a prestação).

Entrega de filho menor a pessoa inidônea

Art. 245 – Entregar filho menor de 18 (dezoito) anos a pessoa em cuja companhia saiba ou deva saber que o menor fica moral ou materialmente em perigo:

Pena – detenção, de 1 (um) a 2 (dois) anos.

§ 1º – A pena é de 1 (um) a 4 (quatro) anos de reclusão, se o agente pratica delito para obter lucro, ou se o menor é enviado para o exterior.

§ 2º – Incorre, também, na pena do parágrafo anterior quem, embora excluído o perigo moral ou material, auxilia a efetivação de ato destinado ao envio de menor para o exterior, com o fito de obter lucro.

Classificação: o crime é doloso e próprio (em verdade o crime é bipróprio – só pode ser cometido por pai e/ou mãe e contra o filho menor de 18 anos).

Trata-se de infração de menor potencial ofensivo.

A entrega pressupõe definitividade (o menor de 18 anos é entregue aos cuidados de pessoa que possa expor a perigo moral ou material). Caso contrário (se não houver efetiva entrega), cogita-se o crime tipificado no artigo 247 do Caderno Repressivo.

Conduta proibida: a conduta proibida é entregar filho menor de 18 anos a pessoa cuja companhia saiba ou deva saber o menor fica moral ou materialmente em perigo (não é necessário que o menor efetivamente sofra algum perigo moral ou material – crime de perigo abstrato).

Revogação dos §§ 1º e 2º do artigo 245: os §§ 1º e 2º do artigo 245 do Código Penal, a meu ver, foram revogados tacitamente pelos artigos 238 e 239 do ECA:

> Art. 238. Prometer ou efetivar a entrega de filho ou pupilo a terceiro, mediante paga ou recompensa:
>
> Pena – reclusão de um a quatro anos, e multa.
>
> Parágrafo único. Incide nas mesmas penas quem oferece ou efetiva a paga ou recompensa.
>
> Art. 239. Promover ou auxiliar a efetivação de ato destinado ao envio de criança ou adolescente para o exterior com inobservância das formalidades legais ou com o fito de obter lucro:
>
> Pena – reclusão de quatro a seis anos, e multa.
>
> Parágrafo único. Se há emprego de violência, grave ameaça ou fraude:
>
> Pena – reclusão, de 6 (seis) a 8 (oito) anos, além da pena correspondente à violência.

Abandono intelectual

Art. 246 – Deixar, sem justa causa, de prover à instrução primária de filho em idade escolar:

Pena – detenção, de quinze dias a um mês, ou multa.

Introdução: o direito à educação é garantido pelos artigos 205 e seguintes da Constituição Federal (no caso das crianças/adolescentes, vide artigo 53 da ECA).

Classificação: o crime é doloso, omissivo próprio (a prática delitiva significa atropelo a norma mandamental) e próprio (praticado pelo pai e/ou mãe em face de filho em idade escolar – crime bipróprio).

Trata-se de infração de menor potencial ofensivo de ação penal pública incondicionada.

Conduta proibida: o tipo pune o agente que deixa, sem justa causa, de prover à instrução primária de filho em idade escolar. Como dito supra, trata-se de crime doloso (se os genitores, por negligência, perderam o prazo para matricular o filho na escola, não há crime) e omissivo próprio (consuma-se com o escoamento do prazo de matrícula). Rogério Sanches Cunha, contudo, leciona que a consumação acontece quando o menor em idade escolar "fica por tempo juridicamente relevante sem ir à instrução primária"[298]. O professor esclarece que esse lapso temporal é equivalente a quantidade de faltas acima de 30% do percentual permitido em lei.

Ensino domiciliar: discute-se a possibilidade ou não dos pais proverem o ensino dos seus filhos sem levá-los à escola (*homeschooling*).

A matéria foi primeiro analisada pelo Superior Tribunal de Justiça, que decidiu inexistir direito líquido e certo dos pais de ministrar aos filhos as disciplinas do ensino fundamental, sem que estes frequentem a escola:

> MANDADO DE SEGURANÇA. ENSINO FUNDAMENTAL. CURRICULO MINISTRADO PELOS PAIS INDEPENDENTE DA FREQUÊNCIA À ESCOLA. IMPOSSIBILIDADE. AUSÊNCIA DE DIREITO LÍQUIDO E CERTO. ILEGALIDADE E/OU ABUSIVIDADE DO ATO IMPUGNADO. INOCORRÊNCIA. LEI 1.533/51, ART. 1º, CF, ARTS. 205 E 208, § 3º; LEI 9.394/60, ART. 24, VI E LEI 8.096/90, ARTS. 5º, 53 E 129. 1. Direito líquido e certo é o expresso em lei, que se manifesta inconcusso e insuscetível de dúvidas. 2. Inexiste previsão constitucional e legal, como reconhecido pelos impetrantes, que autorizem os pais ministrarem aos filhos as disciplinas do ensino fundamental, no recesso do lar, sem controle do poder público mormente quanto à frequência no estabelecimento de ensino e ao total de horas letivas indispensáveis à aprovação do aluno. 3. Segurança denegada à míngua da

298 CUNHA, Rogério Sanches. **Código Penal para concursos**. Salvador, 13ª edição, Juspodivm, 2020, p. 812/813.

> existência de direito líquido e certo (MS 7.407/DF, Rel. Ministro Francisco Peçanha Martins, Primeira Seção, julgado em 24/04/2002, DJ 21/03/2005, p. 203).

O Pretório Excelso se manifestou sobre o tema nos autos do recurso extraordinário 888.815/RS. Por maioria de votos, o Supremo Tribunal Federal decidiu que não é possível levar a cabo ensino puramente domiciliar (não há vedação constitucional, mas não há previsão legal expressa), mas é possível que o Congresso Nacional o regulamente. A tese fixada foi "Não existe direito público subjetivo do aluno ou de sua família ao ensino domiciliar, inexistente na legislação brasileira".

Eis a ementa do julgado:

> CONSTITUCIONAL. EDUCAÇÃO. DIREITO FUNDAMENTAL RELACIONADO À DIGNIDADE DA PESSOA HUMANA E À EFETIVIDADE DA CIDADANIA. DEVER SOLIDÁRIO DO ESTADO E DA FAMÍLIA NA PRESTAÇÃO DO ENSINO FUNDAMENTAL. NECESSIDADE DE LEI FORMAL, EDITADA PELO CONGRESSO NACIONAL, PARA REGULAMENTAR O ENSINO DOMICILIAR. RECURSO DESPROVIDO. 1. A educação é um direito fundamental relacionado à dignidade da pessoa humana e à própria cidadania, pois exerce dupla função: de um lado, qualifica a comunidade como um todo, tornando-a esclarecida, politizada, desenvolvida (CIDADANIA); de outro, dignifica o indivíduo, verdadeiro titular desse direito subjetivo fundamental (DIGNIDADE DA PESSOA HUMANA). No caso da educação básica obrigatória (CF, art. 208, I), os titulares desse direito indisponível à educação são as crianças e adolescentes em idade escolar. 2. É dever da família, sociedade e Estado assegurar à criança, ao adolescente e ao jovem, com absoluta prioridade, a educação. A Constituição Federal consagrou o dever de solidariedade entre a família e o Estado como núcleo principal à formação educacional das crianças, jovens e adolescentes com a dupla finalidade de defesa integral dos direitos das crianças e dos adolescentes e sua formação em cidadania, para que o Brasil possa vencer o grande desafio de uma educação melhor para as novas gerações, imprescindível para os países que se querem ver desenvolvidos. 3. A Constituição Federal não veda de forma absoluta o ensino domiciliar, mas proíbe qualquer de suas espécies que não respeite o dever de solidariedade entre a família e o Estado como núcleo principal à formação educacional das crianças, jovens e adolescentes. São inconstitucionais, portanto, as espécies de unschooling radical (desescolarização radical), unschooling moderado (desescolarização moderada) e homeschooling puro, em qualquer de suas variações. 4. O ensino domiciliar não é um direito público subjetivo do aluno ou de sua família, porém não é vedada constitucionalmente sua criação por meio de lei federal, editada pelo Congresso Nacional, na modalidade "utilitarista" ou "por conveniência circunstancial", desde que se cumpra a obrigatoriedade, de 4 a 17 anos, e se respeite o dever solidário Família/Estado, o núcleo básico de matérias acadêmicas, a supervisão, avaliação e fiscalização pelo Poder Público; bem como as demais previsões impostas diretamente pelo texto constitucional, inclusive

no tocante às finalidades e objetivos do ensino; em especial, evitar a evasão escolar e garantir a socialização do indivíduo, por meio de ampla convivência familiar e comunitária (CF, art. 227). 5. Recurso extraordinário desprovido, com a fixação da seguinte tese (TEMA 822): "Não existe direito público subjetivo do aluno ou de sua família ao ensino domiciliar, inexistente na legislação brasileira" (RE 888815, Relator(a): Roberto Barroso, Relator(a) p/ Acórdão: Alexandre de Moraes, Tribunal Pleno, julgado em 12/09/2018, PROCESSO ELETRÔNICO REPERCUSSÃO GERAL – MÉRITO DJe-055 DIVULG 20-03-2019 PUBLIC 21-03-2019).

Art. 247 – Permitir alguém que menor de dezoito anos, sujeito a seu poder ou confiado à sua guarda ou vigilância:

I – freqüente casa de jogo ou mal-afamada, ou conviva com pessoa viciosa ou de má vida;

II – freqüente espetáculo capaz de pervertê-lo ou de ofender-lhe o pudor, ou participe de representação de igual natureza;

III – resida ou trabalhe em casa de prostituição;

IV – mendigue ou sirva a mendigo para excitar a comiseração pública:

Pena – detenção, de um a três meses, ou multa.

Análise do crime: eis a análise do tipo (conhecido como abandono moral):

Dispositivo	Comentários
Art. 247 – Permitir alguém que menor de dezoito anos, sujeito a seu poder ou confiado à sua guarda ou vigilância: I – freqüente casa de jogo ou mal-afamada, ou conviva com pessoa viciosa ou de má vida;	O tipo é doloso e próprio (o crime exige qualidade especial da vítima). Trata-se de infração de menor potencial ofensivo de ação penal pública incondicionada. O crime é de perigo (abstrato). Presume-se que levar menor de 18 anos a casa de jogo ou "mal-afamada" pode trazer reflexos negativos na construção do caráter da criança/adolescente. O crime é habitual (não basta que o menor seja levado apenas uma vez na casa de jogo ou mal-afamada, já que o tipo exige que o autor permita que aquele "frequente" o local). De igual sorte, é preciso, que o autor do fato permita que o menor "conviva" com pessoa viciosa ou de má vida.
II – freqüente espetáculo capaz de pervertê-lo ou de ofender-lhe o pudor, ou participe de representação de igual natureza;	O artigo 75 do ECA prescreve: Art. 75. Toda criança ou adolescente terá acesso às diversões e espetáculos públicos classificados como adequados à sua faixa etária. Parágrafo único. As crianças menores de dez anos somente poderão ingressar e permanecer nos locais de apresentação ou exibição quando acompanhadas dos pais ou responsável. Pratica o crime aqui estudado o pai que leva, reiteradamente, seu filho a uma peça que contenha cenas de sexo explícito, por exemplo. Disse reiteradamente, porque o raciocínio deve ser idêntico ao do

	inciso anterior, já que o dispositivo usou, uma vez mais, a expressão "frequente". No que toca à participação de representação de igual natureza, a situação é diferente. O crime aqui demanda uma única participação. Rogério Sanches adverte, contudo, que essa parte do inciso foi revogada pelo artigo 240 do Estatuto da Criança e do Adolescente[299].
III – resida ou trabalhe em casa de prostituição;	A intenção do legislador é afastar o menor de 18 anos de locais que possam, como dito, prejudicar a formação do seu caráter. Viver ou trabalhar em casa de prostituição traz esse risco. Por óbvio, o tipo não se refere à conduta de quem permite que a(o) menor trabalhe como prostituta (nesse caso, o crime perpetrado seria o tipificado no artigo 218-B do Código Penal).
IV – mendigue ou sirva a mendigo para excitar a comiseração pública: Pena – detenção, de um a três meses, ou multa.	Usar o menor de 18 anos para prática da mendicância é a conduta proibida no inciso estudado (seja permitindo que ele mendigue, seja permitindo que ela sirva a mendigo para que este exercite a comiseração pública). Frise-se que a contravenção penal de mendicância (artigo 60 do Decreto-Lei 3.688/41) foi revogada pela Lei 11.983/09.

CAPÍTULO IV
DOS CRIMES CONTRA O PÁTRIO PODER, TUTELA CURATELA

Induzimento a fuga, entrega arbitrária ou sonegação de incapazes

Art. 248 – Induzir menor de dezoito anos, ou interdito, a fugir do lugar em que se acha por determinação de quem sobre ele exerce autoridade, em virtude de lei ou de ordem judicial; confiar a outrem sem ordem do pai, do tutor ou do curador algum menor de dezoito anos ou interdito, ou deixar, sem justa causa, de entregá-lo a quem legitimamente o reclame:

Pena – detenção, de um mês a um ano, ou multa.

Classificação: crime doloso e comum (a qualidade especial é exigida do sujeito passivo, que precisa ser menor de 18 anos ou interdito).

---

299 Art. 240. Produzir, reproduzir, dirigir, fotografar, filmar ou registrar, por qualquer meio, cena de sexo explícito ou pornográfica, envolvendo criança ou adolescente:

Pena – reclusão, de 4 (quatro) a 8 (oito) anos, e multa.

§ 1º Incorre nas mesmas penas quem agencia, facilita, recruta, coage, ou de qualquer modo intermedeia a participação de criança ou adolescente nas cenas referidas no caput deste artigo, ou ainda quem com esses contracena.

§ 2º Aumenta-se a pena de 1/3 (um terço) se o agente comete o crime:

I – no exercício de cargo ou função pública ou a pretexto de exercê-la;

II – prevalecendo-se de relações domésticas, de coabitação ou de hospitalidade; ou

III – prevalecendo-se de relações de parentesco consangüíneo ou afim até o terceiro grau, ou por adoção, de tutor, curador, preceptor, empregador da vítima ou de quem, a qualquer outro título, tenha autoridade sobre ela, ou com seu consentimento.

Trata-se de infração de menor potencial ofensivo de ação penal pública incondicionada.

Condutas proibidas: há duas condutas proibidas comissivas e uma omissiva:

Conduta proibida	Comissiva/ omissiva	Comentários
Induzir menor de dezoito anos, ou interdito, a fugir do lugar em que se acha por determinação de quem sobre ele exerce autoridade, em virtude de lei ou de ordem judicial	Comissiva	Penso que o crime de **induzimento a fuga** é formal e se consuma com o induzimento do menor de 18 anos ou interdito a fugir. Em sentido contrário, Rogério Greco que entende que "somente ocorrerá a consumação quando o menor de 18 anos ou o interdito, depois de ser induzido pelo agente, efetivamente, leve a efeito a fuga"[300].
Confiar a outrem sem ordem do pai, do tutor ou do curador algum menor de dezoito anos ou interdito	Comissiva	O crime se consuma no momento da **entrega arbitrária** do menor de 18 anos ou interdito a outrem (sem ordem do pai, do tutor ou do curador).
Deixar, sem justa causa, de entregá-lo a quem legitimamente o reclame	Omissiva	Aqui temos a **sonegação de incapazes**. Trata-se de crime permanente (enquanto o incapaz permanecer na posse do autor do fato, há prática delitiva). Perspicaz a observação de Rogério Sanches Cunha, que adverte que "a posse do incapaz, neste último caso, deve ser regular (legítima e autorizada) porque, do contrário, o agente que se recusa a devolvê-lo já terá praticado o delito de subtração de incapazes (art. 249 do CP)"[301]. Por óbvio, o crime só resta perpetrado se a sonegação ocorrer sem justa causa.

Subtração de incapazes

Art. 249 – Subtrair menor de dezoito anos ou interdito ao poder de quem o tem sob sua guarda em virtude de lei ou de ordem judicial:

Pena – detenção, de dois meses a dois anos, se o fato não constitui elemento de outro crime.

§ 1º – O fato de ser o agente pai ou tutor do menor ou curador do interdito não o exime de pena, se destituído ou temporariamente privado do pátrio poder, tutela, curatela ou guarda.

§ 2º – No caso de restituição do menor ou do interdito, se este não sofreu maus-tratos ou privações, o juiz pode deixar de aplicar pena.

300 GRECO, Rogério. **Código Penal: comentado**, 12ª edição, 2018, p. 927.

301 CUNHA, Rogério Sanches. **Código Penal para concursos**, Salvador, editora Juspodivm, 13ª edição, p. 816.

Classificação: crime doloso, comum, material (consuma-se com a retirada do menor/interdito do poder de quem o tem sub sua guarda em virtude de lei ou de ordem judicial), permanente (enquanto o menor/interdito estiver sob poder do autor do fato, há materialização da prática delitiva) e expressamente subsidiário.

Trata-se de infração de menor potencial ofensivo de ação penal pública incondicionada.

Conduta proibida: subtrair (retirar) menor de 18 anos de idade ou interdito do poder de quem o tem sob sua guarda em virtude de lei ou de ordem judicial.

Ainda que o menor ou interdito assinta com a prática, o crime resta perpetrado se as elementares forem materializadas.

Autor do fato que é pai, tutor ou curador do menor/interdito: o § 1º do artigo 249 do Código Penal revela que o autor do crime pode ser o pai, tutor ou curador do menor/interdito (essa condição não exime o agente de pena).

De igual sorte, é possível que o crime estudado seja praticado pela mãe (caso ela esteja destituída ou temporariamente privada do poder familiar), sem que isso signifique analogia *in malam partem*.

Perdão judicial: o § 2º do artigo 249 do Código Penal tem natureza jurídica de perdão judicial.

Para que seja possível reconhecimento de perdão judicial, é preciso que o autor do fato restitua o menor/interdito a quem de direito e que não tenha existido maus-tratos ou privações.

TÍTULO VIII
DOS CRIMES CONTRA A INCOLUMIDADE PÚBLICA
CAPÍTULO I
DOS CRIMES DE PERIGO COMUM

Incêndio

Art. 250 – Causar incêndio, expondo a perigo a vida, a integridade física ou o patrimônio de outrem:

Pena – reclusão, de três a seis anos, e multa.

Aumento de pena

§ 1º – As penas aumentam-se de um terço:

I – se o crime é cometido com intuito de obter vantagem pecuniária em proveito próprio ou alheio;

II – se o incêndio é:

a) em casa habitada ou destinada a habitação;

b) em edifício público ou destinado a uso público ou a obra de assistência social ou de cultura;

c) em embarcação, aeronave, comboio ou veículo de transporte coletivo;

d) em estação ferroviária ou aeródromo;

e) em estaleiro, fábrica ou oficina;

f) em depósito de explosivo, combustível ou inflamável;

g) em poço petrolífico ou galeria de mineração;

h) em lavoura, pastagem, mata ou floresta.

Incêndio culposo

§ 2º – Se culposo o incêndio, é pena de detenção, de seis meses a dois anos.

Classificação: trata-se de crime comum (pode ser praticado por qualquer pessoa), doloso (admite-se, contudo, modalidade culposa no § 2º do artigo 250 do Código Penal) e de perigo (concreto – é necessário demonstrar que houve perigo à vida, à integridade física ou ao patrimônio de outrem).

O delito admite acordo de não persecução penal (artigo 28-A do CPP) e é de ação penal pública incondicionada.

Conduta proibida: a conduta proibida é causar incêndio, expondo a perigo a vida, a integridade física ou o patrimônio de outrem.

O crime é perpetrado, por exemplo, quando criminosos incendeiam veículos depois de praticar roubo a agência bancária, com o objetivo de dificultar a ação do aparelho policial, expondo a perigo a vida, integridade física ou o patrimônio de outrem.

Causas de aumento de pena: o § 1º do artigo 250 do Código Penal traz em seu bojo majorante (aumento de pena de 1/3) nas seguintes situações:

Majorante	Comentário
§ 1º – As penas aumentam-se de um terço: I – se o crime é cometido com intuito de obter vantagem pecuniária em proveito próprio ou alheio;	A causa de aumento do inciso I do § 1º do artigo 250 do Código Penal reclama especial fim de agir (intuito de obtenção de vantagem pecuniária em proveito próprio ou alheio).
II – se o incêndio é: a) em casa habitada ou destinada a habitação;	A palavra casa é explicada no artigo 150, §§ 4º e 5º[302], do Código Penal. Ainda que o imóvel não esteja habitado, há incidência da causa de aumento (desde que seja “destinado a habitação”).

302 Art. 150 (...)
§ 4º – A expressão “casa” compreende:
I – qualquer compartimento habitado;

b) em edifício público ou destinado a uso público ou a obra de assistência social ou de cultura;	Se o incêndio é em imóvel público (da Administração direta ou indireta), destinado ao uso público (igreja, teatro, etc.) ou a obra de assistência social ou de cultura, haverá incidência da majorante.
c) em embarcação, aeronave, comboio ou veículo de transporte coletivo;	A causa de aumento se justifica. Incendiar embarcação, aeronave, comboio ou veículo de transporte coletivo pode trazer perigo ou acarretar prejuízo a um número maior de pessoas. Não é necessário que a embarcação, aeronave, comboio ou veículo de transporte coletivo esteja ocupada(o) ou em uso no momento do incêndio. Exemplifico: **SITUAÇÃO HIPOTÉTICA:** PEDRO determinou que o motorista e os passageiros de ônibus de transporte coletivo descessem do veículo e, intencionalmente, ateou fogo no automotor. **SOLUÇÃO:** o agente responderá pelo crime de incêndio majorado.
d) em estação ferroviária ou aeródromo;	Curiosamente, não há incidência da majorante aqui estudada se o incêndio é em estação rodoviária ou porto (impossibilidade de analogia *in malam partem*). O crime será, nessas situações, de incêndio simples.
e) em estaleiro, fábrica ou oficina;	**Estaleiro** é o lugar onde se constroem ou consertam navios. **Fábrica** é o estabelecimento industrial onde se transformam matérias-primas em produtos destinados ao consumo ou que se dedica à produção de outras mercadorias. **Oficina** lugar onde se elabora, fabrica ou conserta algo (o estabelecimento é, por óbvio, menor que a indústria). Não há necessidade que haja pessoas nos locais acima listados no momento do incêndio.
f) em depósito de explosivo, combustível ou inflamável;	A razão da majorante é óbvia. O incêndio levado a efeito em depósito de explosivo, combustível ou inflamável pode trazer ainda mais perigo e consequências funestas.
g) em poço petrolífico ou galeria de mineração;	A justificativa dessa alínea é idêntica à anterior. Incendiar um poço petrolífero ou galeria de mineração pode resultar numa tragédia.
h) em lavoura, pastagem, mata ou floresta.	As consequências de incêndio em lavoura, pastagem, mata ou floresta também são imprevisíveis, porque o fogo pode se alastrar muito facilmente. Rogério Sanches Cunha[303] adverte que se o incêndio provocado em mata ou floresta não resultar em perigo comum a correta subsunção da conduta será ao crime tipificado no artigo 41 da Lei 9.605/98 (caso o incêndio exponha a perigo a vida, a integridade física ou o patrimônio de outrem, o crime a ser imputado é o tipificado na alínea 'h' do inciso II do § 1º do artigo 250 do Código Penal).

II – aposento ocupado de habitação coletiva;

III – compartimento não aberto ao público, onde alguém exerce profissão ou atividade.

§ 5º – Não se compreendem na expressão "casa":

I – hospedaria, estalagem ou qualquer outra habitação coletiva, enquanto aberta, salvo a restrição do n.º II do parágrafo anterior;

II – taverna, casa de jogo e outras do mesmo gênero.

303 CUNHA, Rogério Sanches. **Código Penal para concursos**, Salvador, editora Juspodivm, 13ª edição, p. 820.

	Em sentido contrário, Gabriel Habib[304] entende que quando o incêndio é em mata ou floresta, em face do princípio da especialidade, deve ser imputado o delito previsto na Lei 9.605/98 (o crime previsto na lei especial teria revogado parcialmente a alínea aqui estudada). Eis o crime previsto na Lei de Crimes Contra o Meio Ambiente: Art. 41. Provocar incêndio em mata ou floresta: Pena – reclusão, de dois a quatro anos, e multa. Parágrafo único. Se o crime é culposo, a pena é de detenção de seis meses a um ano, e multa. Outro ponto relevante é que o tipo previsto na Lei 9.605/98 não pune o incêndio em lavoura ou pastagem (nesse caso a imputação será a descrita na alínea 'h' do inciso II do § 1º do artigo 250 do Código Penal).

Modalidade culposa: se o agente causar incêndio, expondo a perigo a vida, a integridade física ou o patrimônio de outrem, por negligência, imprudência ou imperícia, a pena será de detenção de seis meses a dois anos.

Figuras qualificadas (majorantes, em verdade): é importante a leitura do artigo 258 do Código Penal, que traz em seu bojo figuras qualificadas relacionadas aos crimes de perigo comum (são causas de aumento, em verdade):

Crime (doloso/culposo)	Resultado	Aumento
Doloso	Lesão grave	Metade
Doloso	Morte	Dobro
Culposo	Lesão corporal	Metade
Culposo	Morte	Pena cominada ao homicídio culposo (detenção de um a três anos), aumentada de 1/3

Nos dois primeiros casos (incêndio doloso que resulta em lesão grave ou morte), há crime preterdoloso.

Perícia: o crime de incêndio deixa vestígios (delito não transeunte) e, por isso, demanda materialização de exame de corpo de delito, na forma do artigo 173 do Código de Processo Penal:

> Art. 173. No caso de incêndio, os peritos verificarão a causa e o lugar em que houver começado, o perigo que dele tiver resultado para a vida ou para o patrimônio alheio, a extensão do dano e o seu valor e as demais circunstâncias que interessarem à elucidação do fato.

304 HABIB, Gabriel. **Leis Penais Especiais**, 10ª edição, Salvador, editora Juspodivm, p. 182.

Explosão

Art. 251 – Expor a perigo a vida, a integridade física ou o patrimônio de outrem, mediante explosão, arremesso ou simples colocação de engenho de dinamite ou de substância de efeitos análogos:

Pena – reclusão, de três a seis anos, e multa.

§ 1º – Se a substância utilizada não é dinamite ou explosivo de efeitos análogos:

Pena – reclusão, de um a quatro anos, e multa.

Aumento de pena

§ 2º – As penas aumentam-se de um terço, se ocorre qualquer das hipóteses previstas no § 1º, I, do artigo anterior, ou é visada ou atingida qualquer das coisas enumeradas no nº II do mesmo parágrafo.

Modalidade culposa

§ 3º – No caso de culpa, se a explosão é de dinamite ou substância de efeitos análogos, a pena é de detenção, de seis meses a dois anos; nos demais casos, é de detenção, de três meses a um ano.

Classificação: o crime é comum (pode ser cometido por qualquer pessoa), doloso (admite-se, contudo, modalidade culposa no § 3º do artigo 251 do Código Penal) e de perigo (concreto – é preciso demonstrar que a conduta do agente expôs a perigo a vida, a integridade física ou o patrimônio de outrem).

O delito admite acordo de não persecução penal (artigo 28-A do CPP) e é de ação penal pública incondicionada.

Condutas proibidas: as condutas proibidas desenhadas no caput do artigo 251 do Código Penal podem ser assim resumidas:

<table>
<tr><th colspan="4">Artigo 251 do Código Penal</th></tr>
<tr><td rowspan="3">Expor a perigo</td><td>a vida de outrem</td><td rowspan="3">mediante</td><td>explosão</td></tr>
<tr><td>a integridade física de outrem</td><td>arremesso</td></tr>
<tr><td>o patrimônio de outrem</td><td>ou simples colocação de engenho de dinamite ou de substância de efeitos análogos</td></tr>
</table>

Nota-se, destarte, que não há necessidade de efetiva explosão do artefato para que exista prática (consumada) do delito estudado (crime formal ou de consumação antecipada).

É importante materialização de perícia (artigo 158 do Código de Processo Penal) para que seja efetivamente constatado o perigo concreto à vida, à integridade física ou ao patrimônio de outrem.

Crime tipificado no inciso III do parágrafo único do artigo 16 do Estatuto do Desarmamento: a Lei 10.826/03 criminaliza as condutas de "possuir, deter, fabricar ou empregar artefato explosivo ou incendiário, sem autorização ou em desacordo com determinação legal ou regulamentar". Eis o tipo:

> Art. 16 (...)
>
> § 1º Nas mesmas penas incorre quem:
>
> (...)
>
> III – possuir, detiver, fabricar ou empregar artefato explosivo ou incendiário, sem autorização ou em desacordo com determinação legal ou regulamentar;

O delito acima transcrito é crime comum, misto, alternativo ou de conteúdo variado e de perigo abstrato. O crime em testilha era considerado hediondo (Lei 13.497/17), mas o Pacote Anticrime (*novatio legis in mellius*) excluiu essa pecha (findou dando nova redação ao parágrafo único do artigo 1º da Lei 8.072/90 e afirmando que a hediondez só se observa quando a arma de fogo for de uso proibido – os incisos do § 1º do artigo 16 da Lei 10.826/03 traduzem figuras equiparadas ao crime de posse/porte de arma de fogo de uso restrito).

Uso de explosivo no furto/roubo x explosão x posse de explosivo: na prática, é importante diferenciar as imputações aqui listadas:

Situação hipotética	Imputação	Comentário
O agente usa de explosivo para a prática de crime de furto.	Furto qualificado (artigo 155, § 4º-A, do Código Penal)	O crime a ser imputado é o de furto qualificado pelo emprego de explosivo, ficando o crime de explosão absorvido (princípio da consunção). O delito é hediondo.
O agente usa de explosivo para a prática de crime de roubo.	Roubo majorado (artigo 157, § 2º-A, inciso II, do Código Penal)	O crime a ser imputado é o de roubo majorado pelo emprego de explosivo (o delito não é hediondo), ficando o crime de explosão absorvido (princípio da consunção).
O agente detona explosivos, expondo a perigo vida, integridade física ou patrimônio de outrem.	Explosão (artigo 251 do Código Penal)	É preciso demonstrar efetivo perigo à vida, integridade física ou patrimônio de outrem em face da conduta perpetrada pelo agente.
O agente é surpreendido com explosivos em situação irregular em sua residência.	Posse de explosivos (artigo 16, § 1º, inciso III, da Lei 10.826/03)	O crime é de perigo abstrato. Constatada a situação irregular dos artefatos, há prática do delito (na situação hipotética narrada, o crime é permanente e o agente deve ser preso em flagrante).

Tipo privilegiado: o § 1º do artigo 251 do Código Penal é figura privilegiada (pena de um a quatro anos e multa), se a substância utilizada não é dinamite ou explosivo de efeitos análogos.

O tipo privilegiado admite acordo de não persecução penal (artigo 28-A do CPP) e suspensão condicional do processo (artigo 89 da lei 9.099/95).

Majorante: o § 2º do artigo 251 do Código Penal traz em seu bojo causa de aumento de pena (aumento de 1/3), caso se observe qualquer das hipóteses descritas no § 1º do artigo 250 do Código Penal (crime de incêndio).

Crime culposo: o § 3º do artigo 251 do Código Penal pune a conduta culposa (explosão que resultante de negligência, imprudência e imperícia). São duas as situações tratadas no dispositivo:

Crime culposo – § 3º do artigo 251 do Código Penal	
Se a explosão é de dinamite ou substância de efeitos análogos	Detenção de seis meses a dois anos
Nos demais casos	Detenção de três meses a um ano

Nos dois casos, há infração de menor potencial ofensivo de ação penal pública incondicionada.

Figuras qualificadas (majorantes, em verdade): como dito supra (quando tratei do crime de incêndio), é importante a leitura do artigo 258 do Código Penal, que traz em seu bojo figuras qualificadas relacionadas aos crimes de perigo comum (são causas de aumento, em verdade):

Crime (doloso/culposo)	Resultado	Aumento
Doloso	Lesão grave	Metade
Doloso	Morte	Dobro
Culposo	Lesão corporal	Metade
Culposo	Morte	Pena cominada ao homicídio culposo (detenção de um a três anos), aumentada de 1/3

Nos dois primeiros casos (explosão dolosa que resulta em lesão grave ou morte), há crime preterdoloso.

Uso de gás tóxico ou asfixiante

Art. 252 – Expor a perigo a vida, a integridade física ou o patrimônio de outrem, usando de gás tóxico ou asfixiante:

Pena – reclusão, de um a quatro anos, e multa.

Modalidade Culposa

Parágrafo único – Se o crime é culposo:

Pena – detenção, de três meses a um ano.

Classificação: crime doloso (há, contudo, modalidade culposa no parágrafo único do artigo 252 do Código Penal), comum (pode ser cometido por qualquer pessoa) e de perigo concreto (há necessidade de prova de perigo à vida, à integridade física ou ao patrimônio de outrem).

O delito é de ação penal pública incondicionada e admite acordo de não persecução penal (artigo 28-A do CPP), suspensão condicional do processo (artigo 89 da Lei 9.099/95) e fiança arbitrada pela autoridade policial (artigo 322 do Código Penal).

Conduta proibida: a conduta proibida desenhada no caput do artigo 252 do Código Penal pode ser assim resumida:

<table>
<tr><th colspan="4">Artigo 252 do Código Penal</th></tr>
<tr><td rowspan="3">Expor a perigo</td><td>a vida de outrem</td><td rowspan="3">usando</td><td rowspan="3">gás tóxico ou asfixiante</td></tr>
<tr><td>a integridade física de outrem</td></tr>
<tr><td>o patrimônio de outrem</td></tr>
</table>

É importante materialização de perícia para que seja efetivamente constatado o perigo concreto à vida, à integridade física ou ao patrimônio de outrem (artigo 158 do Código de Processo Penal).

Uso de gás lacrimogêneo: a Lei 13.060/14 regula o uso dos instrumentos de menor potencial ofensivo pelos agentes de segurança pública, em todo o território nacional. Nos termos do artigo 4º do mandamento legal:

> Art. 4º Para os efeitos desta Lei, consideram-se instrumentos de menor potencial ofensivo aqueles projetados especificamente para, com baixa probabilidade de causar mortes ou lesões permanentes, conter, debilitar ou incapacitar temporariamente pessoas.

Há, destarte, autorização legal para utilização de instrumentos de menor potencial ofensivo (armas menos letais) por agentes de segurança pública para, por exemplo, conter distúrbios civis.

Nessa esteira, mesmo sendo o lacrimogêneo um gás asfixiante, seu uso legítimo por policiais importará em estrito cumprimento do dever legal (já que a Lei 13.060/14 reclama uso de instrumentos de menor potencial ofensivo na atuação de agentes de segurança pública), não sendo possível falar na prática do crime tipificado no artigo 252 do Caderno Repressivo Pátrio (em face da exclusão da ilicitude). Por óbvio, havendo excesso, será possível imputar a da figura criminosa (devendo o inquérito policial apurar se o excesso foi doloso ou culposo, para aferição da correta imputação).

Por outro lado, se pessoas não autorizadas a usar lacrimogêneo fizerem uso do gás asfixiante, haverá prática do crime aqui estudado.

Conduta de portar granada de gás lacrimogêneo: o Superior Tribunal de Justiça entendeu que a conduta de portar granada de gás lacrimogêneo não se enquadra no artigo 16, § 1º, inciso III, da Lei 10.826/03 (informativo 599):

> RECURSO ESPECIAL. PENAL. ESTATUTO DO DESARMAMENTO. DELITO TIPIFICADO NO ARTIGO 16, PARÁGRAFO ÚNICO, III, DA LEI N. 10.826/2003. PORTE DE ARTEFATO EXPLOSIVO. GRANADA DE GÁS LACRIMOGÊNEO/PIMENTA. INADEQUAÇÃO TÍPICA. RECURSO IMPROVIDO. 1. Explosivo é, em sentido amplo, um material extremamente instável, que pode se decompor rapidamente, formando produtos estáveis. Esse processo é denominado de explosão e é acompanhado por uma intensa liberação de energia, que pode ser feita sob diversas formas e gera uma considerável destruição decorrente da liberação dessa energia. 2. Não será considerado explosivo o artefato que, embora ativado por explosivo, não projete e nem disperse fragmentos perigosos como metal, vidro ou plástico quebradiço, não possuindo, portanto, considerável potencial de destruição. 3. Para a adequação típica do delito em questão, exige-se que o objeto material do delito, qual seja, o artefato explosivo, seja capaz de gerar alguma destruição, não podendo ser tipificado neste crime a posse de granada de gás lacrimogêneo/pimenta, porém, não impedindo eventual tipificação em outro crime. 4. Recurso especial improvido (REsp 1627028/SP, Rel. Ministra MARIA THEREZA DE ASSIS MOURA, SEXTA TURMA, julgado em 21/02/2017, DJe 03/03/2017).

Penso que se a granada de gás lacrimogêneo é importada e a importação não é autorizada, há prática de crime de contrabando.

Crime de fazer uso de armas químicas: se o agente faz uso de arma química, a conduta deve ser enquadrada no delito tipificado no artigo 4º, inciso I, da Lei 11.254/05[305].

Crime culposo: o parágrafo único do artigo 252 do Código Penal pune a conduta culposa (o gás tóxico ou asfixiante é liberado por negligência, imprudência e imperícia).

---

305 Art. 4º Constitui crime:

I – fazer uso de armas químicas ou realizar, no Brasil, atividade que envolva a pesquisa, produção, estocagem, aquisição, transferência, importação ou exportação de armas químicas ou de substâncias químicas abrangidas pela CPAQ com a finalidade de produção de tais armas;

II – contribuir, direta ou indiretamente, por ação ou omissão, para o uso de armas químicas ou para a realização, no Brasil ou no exterior, das atividades arroladas no inciso I:

Pena – reclusão, de 1 (um) a 10 (dez) anos.

A pena foi orçada em três meses a um ano (trata-se, portanto, de infração de menor potencial ofensivo de ação penal pública incondicionada).

Figuras qualificadas (majorantes, em verdade): como dito supra (quando tratei dos crimes de incêndio e explosão), é importante a leitura do artigo 258 do Código Penal, que traz em seu bojo figuras qualificadas relacionadas aos crimes de perigo comum (são causas de aumento, em verdade):

Crime (doloso/culposo)	Resultado	Aumento
Doloso	Lesão grave	Metade
Doloso	Morte	Dobro
Culposo	Lesão corporal	Metade
Culposo	Morte	Pena cominada ao homicídio culposo (detenção de um a três anos), aumentada de 1/3

Nos dois primeiros casos (uso doloso de gás tóxico ou asfixiante que resulta em lesão grave ou morte), há crime preterdoloso.

Fabrico, fornecimento, aquisição posse ou transporte de explosivos ou gás tóxico, ou asfixiante

Art. 253 – Fabricar, fornecer, adquirir, possuir ou transportar, sem licença da autoridade, substância ou engenho explosivo, gás tóxico ou asfixiante, ou material destinado à sua fabricação:

Pena – detenção, de seis meses a dois anos, e multa.

Revogação parcial do artigo 253 do Código Penal: Rogério Sanches Cunha adverte que o crime aqui estudado foi parcialmente revogado pelo artigo 16, § 1º, inciso III, da Lei 10.826/03 (nas condutas proibidas possuir ou fabricar explosivo):

> Art. 16 (...)
>
> § 1º Nas mesmas penas incorre quem:
>
> (...)
>
> III – possuir, detiver, fabricar ou empregar artefato explosivo ou incendiário, sem autorização ou em desacordo com determinação legal ou regulamentar;

As condutas típicas que não foram abarcadas pelo dispositivo acima transcrito continuam sendo reguladas pelo artigo 253 do Código Penal.

Classificação: crime comum (pode ser perpetrado por qualquer pessoa), doloso e de perigo abstrato (o perigo é presumido pelo mandamento legal).

Trata-se de infração de menor potencial ofensivo de ação penal pública incondicionada.

Inundação

Art. 254 – Causar inundação, expondo a perigo a vida, a integridade física ou o patrimônio de outrem:

Pena – reclusão, de três a seis anos, e multa, no caso de dolo, ou detenção, de seis meses a dois anos, no caso de culpa.

Classificação: crime doloso (o preceito secundário admite, contudo, a modalidade culposa), comum (pode ser praticado por qualquer pessoa) e de perigo concreto (é preciso demonstrar que a inundação expôs a perigo a vida, a integridade física ou o patrimônio de outrem).

O delito é de ação penal pública incondicionada e admite acordo de não persecução penal (artigo 28-A do CPP).

Conduta proibida: a conduta proibida é causar inundação, gerando perigo a vida, integridade física ou patrimônio de outrem.

Há necessidade de materialização de perícia (delito não transeunte), na forma do artigo 158 do Código de Processo Penal.

Caso as elementares listadas no tipo não sejam materializadas, a depender da intenção do agente e da conduta perpetrada, é possível pensar na prática dos crimes de usurpação de águas (artigo 161, § 1º, inciso I, do Código Penal), dano (artigo 163 do Código Penal) ou perigo de inundação (artigo 255 do Código Penal).

Crime culposo: em caso de culpa (inundação ocasionada por negligência, imprudência ou imperícia, gerando perigo à vida, à integridade física ou ao patrimônio de outrem), há prática de infração de menor potencial ofensivo (pena de detenção de seis meses a dois anos) de ação penal pública incondicionada.

Figuras qualificadas (majorantes, em verdade): como dito supra, é importante a leitura do artigo 258 do Código Penal, que traz em seu bojo figuras qualificadas relacionadas aos crimes de perigo comum (são causas de aumento, em verdade):

Crime (doloso/culposo)	Resultado	Aumento
Doloso	Lesão grave	Metade
Doloso	Morte	Dobro
Culposo	Lesão corporal	Metade
Culposo	Morte	Pena cominada ao homicídio culposo (detenção de um a três anos), aumentada de 1/3

Nos dois primeiros casos (inundação dolosa que resulta em lesão grave ou morte), há crime preterdoloso.

Perigo de inundação

Art. 255 – Remover, destruir ou inutilizar, em prédio próprio ou alheio, expondo a perigo a vida, a integridade física ou o patrimônio de outrem, obstáculo natural ou obra destinada a impedir inundação:

Pena – reclusão, de um a três anos, e multa.

Classificação: trata-se de crime doloso, comum e de perigo concreto (é preciso que a conduta exponha a perigo a vida, a integridade física ou o patrimônio de outrem).

O delito admite acordo de não persecução penal (artigo 28-A do CPP), suspensão condicional do processo (artigo 89 da Lei 9.099/95) e fiança arbitrada pela autoridade policial (artigo 322 do CPP). A ação é penal pública incondicionada.

Condutas proibidas: o crime é misto, alternativo ou de conteúdo variado:

<table>
<tr><th colspan="5">Artigo 255 do Código Penal</th></tr>
<tr><td>Remover</td><td rowspan="3">Em prédio próprio ou alheio</td><td rowspan="3">Expondo a perigo</td><td>A vida de outrem</td><td rowspan="3">obstáculo natural ou obra destinada a impedir inundação</td></tr>
<tr><td>Destruir</td><td>A integridade física de outrem</td></tr>
<tr><td>Inutilizar</td><td>O patrimônio de outrem</td></tr>
</table>

O objetivo aqui não é causar a inundação. O agente remove, destrói o inutiliza obstáculo natural ou obra destinada a impedir inundação e uma dessas condutas resulta em perigo concreto à vida, à integridade física ou ao patrimônio de outrem (em face do risco de que a inundação ocorra).

Para que se demonstre o perigo concreto, faz-se necessário materialização de perícia (artigo 158 do Código de Processo Penal).

Rogério Sanches Cunha esclarece que "se a inundação ocorrer sem que o agente a tenha querido ou assumido o risco de provocá-la, haverá concurso formal com o art. 254, na forma culposa"[306].

Desabamento ou desmoronamento

Art. 256 – Causar desabamento ou desmoronamento, expondo a perigo a vida, a integridade física ou o patrimônio de outrem:

Pena – reclusão, de um a quatro anos, e multa.

Modalidade culposa

Parágrafo único – Se o crime é culposo:

Pena – detenção, de seis meses a um ano.

306 CUNHA, Rogério Sanches. **Código Penal para concursos**. Salvador, 13ª edição, Juspodivm, 2020, p. 828.

Classificação: crime doloso (o parágrafo único admite, conduto, modalidade culposa), comum (pode ser perpetrado por qualquer pessoa) e de perigo concreto (a conduta deve expor a perigo a vida, a integridade física ou o patrimônio de outrem).

O delito admite acordo de não persecução penal (artigo 28-A do CPP), suspensão condicional do processo (artigo 89 da Lei 9.099/95) e fiança arbitrada pelo delegado de polícia (artigo 322 do CPP). A ação é penal pública incondicionada.

Conduta proibida: causar desabamento ou desmoronamento expondo a perigo a vida, a integridade física ou patrimônio de outrem.

É preciso materialização de perícia para demonstração do perigo (o crime é de perigo concreto), na forma do artigo 158 do Código de Processo Penal.

Modalidade culposa: se o agente causa o desabamento ou desmoronamento em face de uma conduta negligente, imprudente ou imperita, a pena é de seis meses a um ano (infração de menor potencial ofensivo de ação penal pública incondicionada).

Figuras qualificadas (majorantes, em verdade): como dito supra, é importante a leitura do artigo 258 do Código Penal, que traz em seu bojo figuras qualificadas relacionadas aos crimes de perigo comum (são causas de aumento, em verdade):

Crime (doloso/culposo)	Resultado	Aumento
Doloso	Lesão grave	Metade
Doloso	Morte	Dobro
Culposo	Lesão corporal	Metade
Culposo	Morte	Pena cominada ao homicídio culposo (detenção de um a três anos), aumentada de 1/3

Nos dois primeiros casos (inundação dolosa que resulta em lesão grave ou morte), há crime preterdoloso.

Subtração, ocultação ou inutilização de material de salvamento

Art. 257 – Subtrair, ocultar ou inutilizar, por ocasião de incêndio, inundação, naufrágio, ou outro desastre ou calamidade, aparelho, material ou qualquer meio destinado a serviço de combate ao perigo, de socorro ou salvamento; ou impedir ou dificultar serviço de tal natureza:

Pena – reclusão, de dois a cinco anos, e multa.

Classificação: crime doloso, comum (pode ser praticado por qualquer pessoa) e de perigo abstrato (a prática de uma das condutas proibidas já significará cometimento do delito, vez que o perigo é presumido pela lei).

O delito admite acordo de não persecução penal (artigo 28-A do CPP) e é de ação penal pública incondicionada.

Condutas proibidas: o tipo é misto, alternativo ou de conteúdo variado e, para que reste perpetrado, demanda que esteja acontecendo incêndio, inundação, naufrágio ou outro desastre ou calamidade.

Nesse cenário caótico (incêndio, inundação, naufrágio ou outro desastre ou calamidade), o agente subtrai, oculta ou inutiliza material ou qualquer meio destinado a serviço de combate ao perigo, de socorro ou salvamento (coletes salva-vidas, boias ou extintores de incêndio, por exemplo).

Caso não estejam ocorrendo as situações listadas no tipo e o agente, por exemplo, subtraia referido material, haverá prática do crime de furto (artigo 155 do Código Penal).

Há prática do crime tipificado no artigo 257 do Código Penal, ainda, quando o agente **impede** ou **dificulta** o serviço de combate ao perigo, socorro ou salvamento relacionado a incêndio, inundação, naufrágio ou outro desastre ou calamidade.

Figuras qualificadas (majorantes, em verdade): como dito supra, é importante a leitura do artigo 258 do Código Penal, que traz em seu bojo figuras qualificadas relacionadas aos crimes de perigo comum (são causas de aumento, em verdade):

Crime (doloso/culposo)	Resultado	Aumento
Doloso	Lesão grave	Metade
Doloso	Morte	Dobro
Culposo	Lesão corporal	Metade
Culposo	Morte	Pena cominada ao homicídio culposo (detenção de um a três anos), aumentada de 1/3

Nos dois primeiros casos (inundação dolosa que resulta em lesão grave ou morte), há crime preterdoloso.

Doutra banda, se o agente pratica as condutas descritas no tipo com a intenção efetiva de matar pessoa específica, penso que deve ser imputado o crime de homicídio (suprimir boia de barco que naufraga para que passageiro específico morra afogado, por exemplo).

Formas qualificadas de crime de perigo comum

Art. 258 – Se do crime doloso de perigo comum resulta lesão corporal de natureza grave, a pena privativa de liberdade é aumentada de metade; se resulta morte, é aplicada em dobro. No caso de culpa, se do fato resulta lesão corporal, a pena aumenta-se de metade; se resulta morte, aplica-se a pena cominada ao homicídio culposo, aumentada de um terço.

Figuras qualificadas (majorantes, em verdade): o artigo 258 do Código Penal, que traz em seu bojo figuras qualificadas relacionadas aos crimes de perigo comum (são causas de aumento, em verdade):

Crime (doloso/culposo)	Resultado	Aumento
Doloso	Lesão grave	Metade
Doloso	Morte	Dobro
Culposo	Lesão corporal	Metade
Culposo	Morte	Pena cominada ao homicídio culposo (detenção de um a três anos), aumentada de 1/3

Nos dois primeiros casos (inundação dolosa que resulta em lesão grave ou morte), há crime preterdoloso.

Difusão de doença ou praga

Art. 259 – Difundir doença ou praga que possa causar dano a floresta, plantação ou animais de utilidade econômica:

Pena – reclusão, de dois a cinco anos, e multa.

Modalidade culposa

Parágrafo único – No caso de culpa, a pena é de detenção, de um a seis meses, ou multa.

Revogação tácita do dispositivo: o tipo foi tacitamente revogado pelo artigo 61 da Lei 9.605/98 (houve ampliação da conduta criminosa, exclusão da modalidade culposa e diminuição da pena imposta):

> Art. 61. Disseminar doença ou praga ou espécies que possam causar dano à agricultura, à pecuária, à fauna, à flora ou aos ecossistemas:
>
> Pena – reclusão, de um a quatro anos, e multa.

CAPÍTULO II
DOS CRIMES CONTRA A SEGURANÇA DOS MEIOS DE COMUNICAÇÃO E TRANSPORTE E OUTROS SERVIÇOS PÚBLICOS

Perigo de desastre ferroviário

Art. 260 – Impedir ou perturbar serviço de estrada de ferro:

I – destruindo, danificando ou desarranjando, total ou parcialmente, linha férrea, material rodante ou de tração, obra-de-arte ou instalação;

II – colocando obstáculo na linha;

III – transmitindo falso aviso acerca do movimento dos veículos ou interrompendo ou embaraçando o funcionamento de telégrafo, telefone ou radiotelegrafia;

IV – praticando outro ato de que possa resultar desastre:

Pena – reclusão, de dois a cinco anos, e multa.

Desastre ferroviário

§ 1º – Se do fato resulta desastre:

Pena – reclusão, de quatro a doze anos e multa.

§ 2º – No caso de culpa, ocorrendo desastre:

Pena – detenção, de seis meses a dois anos.

§ 3º – Para os efeitos deste artigo, entende-se por estrada de ferro qualquer via de comunicação em que circulem veículos de tração mecânica, em trilhos ou por meio de cabo aéreo.

Classificação: crime comum (pode ser cometido por qualquer pessoa) e doloso (admite-se, contudo, modalidade culposa no § 2º).

O delito admite acordo de não persecução penal (artigo 28-A do CPP) e é de ação penal pública incondicionada.

Condutas proibidas: eis a análise das condutas proibidas descritas no tipo:

Artigo 260 do Código Penal		
Condutas	**Condutas**	**Comentários**
Impedir ou perturbar serviço de estrada de ferro	destruindo, danificando ou desarranjando, total ou parcialmente, linha férrea, material rodante ou de tração, obra-de-arte ou instalação;	Aqui o agente ataca a linha férrea, vagão (material rodante ou de tração), obra-de-arte (ponte ou túnel) ou instalação, destruindo-os, danificando os ou desarranjando-os total ou parcialmente. O crime é de perigo concreto e, por isso, demanda realização de exame pericial, com o fito de que seja demonstrado que a conduta impediu ou perturbou o serviço de estrada de ferro, gerando perigo de desastre ferroviário.
	colocando obstáculo na linha;	A colocação do obstáculo precisa, como dito supra, impedir ou perturbar serviço de estrada de ferro, gerando perigo de desastre ferroviário. Comete o crime aqui estudado, por exemplo, o agente que se deita nos trilhos gerando, com sua conduta, perigo de desastre.
	transmitindo falso aviso acerca do movimento dos veículos ou interrompendo ou embaraçando o funcionamento de telégrafo, telefone ou radiotelegrafia;	Para uma operação segura, é preciso garantir a comunicação eficiente acerca da movimentação dos veículos. Por essa razão, há prática delitiva se essa comunicação é interrompida, embaraçada ou se há falso aviso sobre o movimento dos veículos (impedindo ou perturbando serviço de estrada de ferro e gerando perigo de desastre ferroviário).

Artigo 260 do Código Penal		
Condutas	**Condutas**	**Comentários**
	praticando outro ato de que possa resultar desastre:	Trata-se de dispositivo genérico, que demonstra que os incisos anteriores constituem lista exemplificativa de condutas que findam impedindo ou perturbando serviço da estrada de ferro.

Competência: o juízo competente para processar e julgar o crime tipificado no artigo 260 do Código Penal, caso não exista ofensa direta a bens, serviços ou interesses da União, será da justiça estadual. Nesse sentido, precedente do Superior Tribunal de Justiça:

> PENAL. PROCESSUAL PENAL. RECURSO ORDINÁRIO EM HABEAS CORPUS. CRIME DE PERIGO DE DESASTRE FERROVIÁRIO. AUSÊNCIA DE OFENSA DIRETA A BENS, SERVIÇOS E INTERESSES DA UNIÃO. COMPETÊNCIA DA JUSTIÇA ESTADUAL. TRANCAMENTO DO INQUÉRITO INSTAURADO PELA POLÍCIA FEDERAL. 1. O bem jurídico tutelado pelo crime de perigo de desastre ferroviário é a incolumidade pública, consubstanciada na segurança dos meios de comunicação e transporte. Indiretamente, também se tutelam a vida e a integridade física das pessoas vítimas do desastre. 2. Ausente especificada ofensa direta a bens, serviços e interesses da União, não se dá hipótese de competência da Justiça Federal para persecução do crime previsto no art. 260, IV, §2º, c/c art. 263, ambos do Código Penal, a teor do art. 109, IV, da Constituição Federal. 3. Trancamento determinado do inquérito policial instaurado pela Polícia Federal, com sua remessa à Polícia Civil, tendo em vista o reconhecimento da competência estadual para o feito. 4. Recurso ordinário em habeas corpus provido (RHC 50.054/SP, Rel. Ministro NEFI CORDEIRO, SEXTA TURMA, julgado em 04/11/2014, DJe 14/11/2014).

Surf ferroviário: a conduta de se equilibrar sobre o trem (conhecida como "surf ferroviário") constitui fato atípico, em face da ausência do dolo de perpetrar o crime tipificado no artigo 260 do Código Penal. Nesse sentido, julgado do Tribunal de Justiça do Rio de Janeiro (grifo meu):

> HABEAS CORPUS. Representação socioeducativa oferecida em face dos Pacientes pela suposta prática do ato infracional análogo ao crime de perigo de desastre ferroviário, tipificado no art. 260, IV, do Código Penal. Segundo a representação, os menores pegaram carona no trem. O Impetrante busca o trancamento dessa representação socioeducativa por atipicidade da conduta, alegando ausência de dolo de praticar o fato descrito no art. 260, IV, do Código Penal. Subsidiariamente, requer seja concedida a remissão judicial ao primeiro paciente; e seja determinado que, na audiência de continuação, não haja a leitura da representação para as testemunhas. O Habeas corpus somente poderá trancar a ação quando restar

demonstrado, de plano, a inocência do paciente, a atipicidade de sua conduta ou a ocorrência inconteste de alguma causa extintiva de punibilidade. **In casu, a atipicidade da conduta imputada aos Pacientes é manifesta. O tipo penal em questão exige a demonstração de um perigo concreto de um desastre ferroviário, uma perturbação do tráfego e, para isso, é necessário que o agente tenha a vontade livre, consciente e deliberada de causar essa situação, o que inocorre nos autos. Em relação ao chamado "surf ferroviário", há jurisprudência reiterada no sentido de que tal conduta não configura o delito de causar perigo de desastre ferroviário.** Precedentes do Tribunal de Justiça Fluminense. ORDEM CONCEDIDA, para determinar o trancamento da representação socioeducativa nº 0009345-16.2013.8.19.0006 em relação a todos os representados, por atipicidade da conduta. Oficie-se ao Juízo de origem (TJ/RJ, 7ª. Câmara Criminal, HC 0050162-09.2014.8.19.0000, rel. Desa. Márcia Perrini Bodart, julgamento em 29/10/2014).

Figura qualificada: o § 1º traz em seu bojo figura qualificada (pena de 4 a 12 anos), caso o desastre efetivamente aconteça. Há aqui crime preterdoloso (dolo em relação ao crime de perigo aqui estudado e culpa em relação ao desastre, que finda acontecendo).

Desastre ferroviário com resultado lesão corporal ou morte: caso o desastre ocasionado pela conduta dolosa do agente (descrita em um dos incisos do *caput* do artigo 260 do Caderno Repressivo) resulte em lesão corporal ou morte, é preciso observar o artigo 263 do Código Penal (que, por sua vez, determina aplicação do artigo 258 do mesmo diploma). Em síntese:

Crime	Resultado	Aumento de pena
Doloso	Lesão grave	Metade
	Morte	Dobro

Terrorismo: há prática do crime de **terrorismo** se o agente sabota o funcionamento ou se apodera, com violência, grave ameaça a pessoa ou servindo-se de mecanismos cibernéticos, do controle total ou parcial, ainda que de modo temporário, de **estações ferroviárias** por razões de xenofobia, discriminação ou preconceito de raça, cor, etnia e religião, quando o ato for cometido com a finalidade de provocar terror social ou generalizado, expondo a perigo pessoa, patrimônio, a paz pública ou a incolumidade pública (na forma do inciso IV do § 1º do artigo 2º da Lei 13.260/16[307]).

307 Art. 2º O terrorismo consiste na prática por um ou mais indivíduos dos atos previstos neste artigo, por razões de xenofobia, discriminação ou preconceito de raça, cor, etnia e religião, quando cometidos com a finalidade de provocar terror social ou generalizado, expondo a perigo pessoa, patrimônio, a paz pública ou a incolumidade pública.
§ 1º São atos de terrorismo:
(...)

Forma culposa: o § 2º do artigo 260 do Código Penal se traduz em modalidade culposa (conduta negligente, imprudente ou imperita que ocasiona desastre ferroviário).

Caso o desastre ocorra (em face de conduta culposa do agente) e exista lesão corporal ou morte, aplica-se o artigo 258 do Código Penal, tal qual determinado pelo artigo 263 do mesmo diploma:

Crime	Resultado	Aumento de pena
Culposo	Lesão corporal	Metade
	Morte	Pena cominada ao homicídio culposo (detenção de um a três anos), aumentada de 1/3

Interpretação autêntica: o § 3º do artigo 260 do Código Penal, em verdadeira interpretação autêntica (dada pela própria lei), revela o significado da expressão **estrada de ferro**: "qualquer via de comunicação em que circulem veículos de tração mecânica, em trilhos ou por meio de cabo aéreo".

Atentado contra a segurança de transporte marítimo, fluvial ou aéreo

Art. 261 – Expor a perigo embarcação ou aeronave, própria ou alheia, ou praticar qualquer ato tendente a impedir ou dificultar navegação marítima, fluvial ou aérea:

Pena – reclusão, de dois a cinco anos.

Sinistro em transporte marítimo, fluvial ou aéreo

§ 1º – Se do fato resulta naufrágio, submersão ou encalhe de embarcação ou a queda ou destruição de aeronave:

Pena – reclusão, de quatro a doze anos.

Prática do crime com o fim de lucro

§ 2º – Aplica-se, também, a pena de multa, se o agente pratica o crime com intuito de obter vantagem econômica, para si ou para outrem.

Modalidade culposa

§ 3º – No caso de culpa, se ocorre o sinistro:

Pena – detenção, de seis meses a dois anos.

IV – sabotar o funcionamento ou apoderar-se, com violência, grave ameaça a pessoa ou servindo-se de mecanismos cibernéticos, do controle total ou parcial, ainda que de modo temporário, de meio de comunicação ou de transporte, de portos, aeroportos, estações ferroviárias ou rodoviárias, hospitais, casas de saúde, escolas, estádios esportivos, instalações públicas ou locais onde funcionem serviços públicos essenciais, instalações de geração ou transmissão de energia, instalações militares, instalações de exploração, refino e processamento de petróleo e gás e instituições bancárias e sua rede de atendimento.

Classificação: crime comum (pode ser perpetrado por qualquer pessoa), doloso (admite-se, contudo, modalidade culposa no § 3º) e de perigo concreto.

O tipo simples admite acordo de não persecução penal (artigo 28-A do CPP) e é de ação penal pública incondicionada.

Condutas proibidas: o tipo proíbe a conduta de expor a perigo embarcação ou aeronave, própria ou alheia, ou praticar qualquer ato tendente a impedir ou dificultar navegação marítima, fluvial ou aérea.

É preciso provar o efetivo perigo ao transporte marítimo, fluvial ou aéreo, por meio da materialização de perícia (como dito supra, o crime é de perigo concreto).

Contravenção penal (artigo 35 do Decreto-Lei 3.688/41): o artigo 35 do Decreto-Lei 3.688/41 tipifica como contravenção penal as seguintes condutas:

> Art. 35. Entregar-se na prática da aviação, a acrobacias ou a vôos baixos, fora da zona em que a lei o permite, ou fazer descer a aeronave fora dos lugares destinados a esse fim:
>
> Pena – prisão simples, de quinze dias a três meses, ou multa, de quinhentos mil réis a cinco contos de réis.

Saliento que se há desastre em virtude de conduta negligente/imprudente/imperita do agente, o crime perpetrado, a meu ver, é o tipificado no § 3º do artigo 261 do Código Penal (vide comentários abaixo).

Crime contra segurança nacional: é importante, ainda, observar o artigo 19 da Lei 7.170/83 (crime tipificado na Lei de Segurança Nacional):

> Art. 19 – Apoderar-se ou exercer o controle de aeronave, embarcação ou veículo de transporte coletivo, com emprego de violência ou grave ameaça à tripulação ou a passageiros.
>
> Pena: reclusão, de 2 a 10 anos.
>
> Parágrafo único – Se do fato resulta lesão corporal grave, a pena aumenta-se até o dobro; se resulta morte, aumenta-se até o triplo.

Artigo 39 da Lei 11.343/06: outro tipo especial é o previsto no artigo 39 da Lei de Drogas (a conduta proibida é conduzir embarcação ou aeronave após o consumo de drogas, expondo a dano potencial a incolumidade de outrem):

> Art. 39. Conduzir embarcação ou aeronave após o consumo de drogas, expondo a dano potencial a incolumidade de outrem:
>
> Pena – detenção, de 6 (seis) meses a 3 (três) anos, além da apreensão do veículo, cassação da habilitação respectiva ou proibição de obtê-la, pelo mesmo prazo da pena privativa de liberdade aplicada, e pagamento de 200 (duzentos) a 400 (quatrocentos) dias-multa.

Parágrafo único. As penas de prisão e multa, aplicadas cumulativamente com as demais, serão de 4 (quatro) a 6 (seis) anos e de 400 (quatrocentos) a 600 (seiscentos) dias-multa, se o veículo referido no caput deste artigo for de transporte coletivo de passageiros.

Interessante, nessa esteira, analisar os crimes acima citados conjuntamente:

Artigo 216 do Código Penal	Artigo 35 do Decreto-Lei 3.688/41	Artigo 19 da Lei 7.170/83	Artigo 39 da Lei 11.343/06
Art. 261 – Expor a perigo embarcação ou aeronave, própria ou alheia, ou praticar qualquer ato tendente a impedir ou dificultar navegação marítima, fluvial ou aérea: Pena – reclusão, de dois a cinco anos. Sinistro em transporte marítimo, fluvial ou aéreo	Art. 35. Entregar-se na prática da aviação, a acrobacias ou a vôos baixos, fora da zona em que a lei o permite, ou fazer descer a aeronave fora dos lugares destinados a esse fim: Pena – prisão simples, de quinze dias a três meses, ou multa, de quinhentos mil réis a cinco contos de réis.	Art. 19 – Apoderar-se ou exercer o controle de aeronave, embarcação ou veículo de transporte coletivo, com emprego de violência ou grave ameaça à tripulação ou a passageiros. Pena: reclusão, de 2 a 10 anos. Parágrafo único – Se do fato resulta lesão corporal grave, a pena aumenta-se até o dobro; se resulta morte, aumenta-se até o triplo.	Art. 39. Conduzir embarcação ou aeronave após o consumo de drogas, expondo a dano potencial a incolumidade de outrem: Pena – detenção, de 6 (seis) meses a 3 (três) anos, além da apreensão do veículo, cassação da habilitação respectiva ou proibição de obtê-la, pelo mesmo prazo da pena privativa de liberdade aplicada, e pagamento de 200 (duzentos) a 400 (quatrocentos) dias-multa.
§ 1º – Se do fato resulta naufrágio, submersão ou encalhe de embarcação ou a queda ou destruição de aeronave: Pena – reclusão, de quatro a doze anos. Prática do crime com o fim de lucro § 2º – Aplica-se, também, a pena de multa, se o agente pratica o crime com intuito de obter vantagem econômica, para si ou para outrem. Modalidade culposa § 3º – No caso de culpa, se ocorre o sinistro: Pena – detenção, de seis meses a dois anos.			Parágrafo único. As penas de prisão e multa, aplicadas cumulativamente com as demais, serão de 4 (quatro) a 6 (seis) anos e de 400 (quatrocentos) a 600 (seiscentos) dias-multa, se o veículo referido no caput deste artigo for de transporte coletivo de passageiros.

Tipo qualificado: o § 1º do artigo 261 do Código Penal é figura qualificada se do fato resulta naufrágio, submersão ou encalhe de embarcação ou a queda ou destruição de aeronave (crime preterdoloso – dolo em relação à conduta de expor a perigo o transporte aéreo, marítimo ou fluvial e culpa em relação à causação do sinistro).

Nesse caso a pena será de reclusão de 4 a 12 anos.

Desastre aéreo, marítimo ou fluvial com resultado lesão corporal ou morte: caso o desastre ocasionado pela conduta dolosa do agente (descrita no *caput* do artigo 261 do Caderno Repressivo) resulte em lesão corporal ou morte, é preciso observar o artigo 263 do Código Penal (que, por sua vez, determina aplicação do artigo 258 do mesmo diploma). Em síntese:

Crime	Resultado	Aumento de pena
Doloso	Lesão grave	Metade
	Morte	Dobro

Aplicação cumulativa de pena de multa: o § 2º do artigo 261 do Caderno Repressivo pátrio determina aplicação cumulativa de pena de multa se o agente pratica o crime com intuito de obter vantagem econômica, para si ou para outrem.

Conduta culposa: se o agente pratica uma conduta negligente, imprudente ou imperita e acaba ocasionando desastre aéreo, marítimo ou fluvial, nos termos do § 3º do artigo 261 do Código Penal, há prática de infração de menor potencial ofensivo.

Caso o desastre aéreo, marítimo ou fluvial ocorra (em face de conduta culposa do agente) e exista lesão corporal ou morte, aplica-se o artigo 258 do Código Penal, tal qual determinado pelo artigo 263 do mesmo diploma:

Crime	Resultado	Aumento de pena
Culposo	Lesão corporal	Metade
	Morte	Pena cominada ao homicídio culposo (detenção de um a três anos), aumentada de 1/3

Competência: o Superior Tribunal de Justiça, enfrentando suposta prática do crime tipificado no artigo 261 do Código Penal (em relação ao atentado à segurança do transporte aéreo), afirmou que a competência para processar e julgar o caso criminal é da justiça federal, na forma do inciso IX do artigo 109 da Constituição Federal (choque do jato Embraer Legacy 600 com o Boeing 737-8EH da empresa aérea GOL, havido em 2006 e que resultou na morte de todos os passageiros dessa aeronave – informativo 303/STJ[308]):

308 STJ, CC 72.283/MT, Rel. Ministra Maria Thereza de Assis Moura, Terceira Seção, julgado em 08/11/2006, DJ 05/02/2007, p. 199.

> O acidente em questão, alardeado pela imprensa mundial, deu-se pelo choque, em pleno ar, de um jato executivo e uma aeronave de grande porte destinada ao transporte de passageiros, o que resultou na queda dessa última em solo do Estado do Mato Grosso. Diante disso, o MP, em medida cautelar inominada, requereu ao juízo estadual a apreensão dos passaportes dos pilotos norte-americanos do jato executivo, com o fito de que não se ausentassem do país, medida que findou deferida. Posteriormente, idêntica providência foi requerida ao juízo federal, que também a deferiu, porém adicionada à determinação de que os autos do inquérito que investiga o acidente lhe fossem remetidos, daí depois advindo o conflito de competência. Diante disso, a Min. Relatora ponderou que, qualquer que seja o resultado final das investigações, no tocante à prática de qualquer ilícito penal, seja doloso ou culposo, haverá a competência da Justiça Federal (art. 109, IV e IX, da CF/1988). Anotou que o tipo penal provisoriamente capitulado é o do art. 261 do CP (crime de atentado à segurança do transporte aéreo), que busca tutelar bem cuja exploração (direta ou mediante autorização, concessão ou permissão) é da União (art. 21, XII, c, da CF/1988), o que impõe a competência da Justiça Federal (art. 109, IV, da CF/1988), também obrigatória no caso de admitir-se a prática de crime a bordo de aeronave (art. 109, IX, da CF/1988). Esse entendimento, ao final, foi acolhido pela Seção, que declarou a competência da Justiça Federal. O Min. Nilson Naves relembrou o julgamento do REsp 476.445-MT, de questão assemelhada à hipótese. Precedentes citados do STF: HC 85.059-MS, DJ 22/2/2005; do STJ: REsp 476.445-MT, DJ 20/10/2003. CC 72.283-MT, Rel. Min. Maria Thereza de Assis Moura, julgado em 8/11/2006.

Correto o entendimento do Tribunal da Cidadania, em face do quanto descrito no inciso IX do artigo 109 da Carta da República:

> Art. 109. Aos juízes federais compete processar e julgar:
>
> (...)
>
> IX – os crimes cometidos a bordo de navios ou aeronaves, ressalvada a competência da Justiça Militar;

Ainda sobre o caso criminal real citado (choque entre o jato Embraer Legacy 600 e o Boeing 737-8EH, da GOL), o Superior Tribunal de Justiça entendeu pela aplicabilidade da causa de aumento prevista no § 4º do artigo 121 do Código Penal em face das mortes observadas no sinistro. Explico. O crime imputado foi o tipificado no § 3º do artigo 261 do Código Penal. Como houve morte (154 óbitos), houve aplicação do artigo 263 do caderno Repressivo, que determina aplicação do artigo 258 do mesmo diploma. O Tribunal da Cidadania, diante da aplicação da pena do homicídio culposo aumentada de 1/3, entendeu ser possível incidência da causa de aumento prevista no § 4º do artigo 121 (ausência de observância das regras técnicas de profissão ou ofício na ocasião do cometimento da conduta criminosa culposa):

PENAL E PROCESSUAL PENAL. RECURSOS ESPECIAIS. RECURSO DA DEFESA. CRIME DE ATENTADO CONTRA A SEGURANÇA DE TRANSPORTE MARÍTIMO, FLUVIAL OU AÉREO QUALIFICADO. ACIDENTE AÉREO DO VOO 1907 DA GOL E DO JATO LEGACY. CONTROLADORES DE VOO. PRELIMINARES REJEITADAS. ABSOLVIÇÃO PELA AUSÊNCIA DE NEXO DE CAUSALIDADE E PELO ESTRITO CUMPRIMENTO DE DEVER LEGAL. IMPOSSIBILIDADE. SÚMULA 7/STJ. RECURSO DO MINISTÉRIO PÚBLICO. DOSIMETRIA DA PENA. RECONHECIMENTO DO VETOR CONSEQUÊNCIA COMO DESFAVORÁVEL. EXASPERAÇÃO DA PENA-BASE. POSSIBILIDADE. NÃO INCOMPATIBILIDADE COM A FORMA QUALIFICADA PREVISTA NO ART. 263 DO CP. CAUSAS DE AUMENTO DOS ARTS. 121, § 4º, E 258 DO CÓDIGO PENAL. APLICAÇÃO. RECURSO ESPECIAL DA DEFESA PARCIALMENTE CONHECIDO E, NESSA PARTE, DESPROVIDO. RECURSO MINISTERIAL PARCIALMENTE PROVIDO. 1. Preliminares. Segundo entendimento desta Corte, a vigência, no campo das nulidades, do princípio pas de nullité sans grief implica que cabe à parte demonstrar a ocorrência de efetivo prejuízo, o que não ocorreu no presente caso; 2. Consoante jurisprudência pacificada nesta Corte, não há nenhum impedimento para que o Juízo das Execuções especifique quais serão as penas restritivas de direitos substitutivas. 3. Mérito. Alterar as conclusões a que chegou o Tribunal a quo a respeito das alegações pertinentes à absolvição pela ausência de nexo de causalidade ou pelo estrito cumprimento de dever legal, é imprescindível a incursão no conjunto fático-probatório dos autos, o que é vedado pela Súmula 7/STJ. 4. A forma qualificada (art. 263 do CP) do delito previsto no art. 261 do CP (atentado contra a segurança de transporte marítimo, fluvial ou aéreo) prevê que, "se de qualquer dos crimes previstos nos arts. 260 a 262, no caso de desastre ou sinistro, resulta lesão corporal ou morte, aplica-se o disposto no art. 258." Desse modo, para a ocorrência da forma qualificada, basta que ocorra uma morte ou a lesão corporal. Ocorrendo qualquer um desses eventos, aplica-se o art. 258 do CP que determina a aplicação de um aumento de um terço sobre a pena prevista ao homicídio culposo (art. 121, § 3º, do CP). Entretanto, há previsão de aumento de um terço (art. 121, § 4º, do CP) nos casos em que o homicídio culposo foi praticado com inobservância de regra técnica de profissão, arte ou ofício. 4. Não obstante a forma qualificada do delito de atentado contra a segurança de transporte marítimo, fluvial ou aéreo exija o resultado morte, não se mostra incompatível a valoração desfavorável do vetor consequência em razão da morte de um número maior pessoas. É evidente que o delito desbordou da reprovabilidade normal ínsita ao próprio tipo penal. 5. No caso, o evento morte ocorreu de modo a atrair a qualificadora do art. 258 do CP. Entretanto, a conduta praticada pelos agentes resultou não somente uma morte, mas ceifou a vida de 154 pessoas que estavam a bordo da aeronave, o que justifica uma maior exasperação da pena-base em razão das consequências do crime. 6. Nos termos da jurisprudência desta Quinta Turma, correta a aplicação da causa de aumento prevista no art. 121, § 4º, do CP em razão de uma maior reprovabilidade pela ausência de observância das regras técnicas de profissão ou ofício na ocasião do cometimento da conduta criminosa.

> 7. Recurso especial de Jomarcelo e Lucivando parcialmente conhecido e, nessa parte, desprovido. Recurso do Ministério Público Federal parcialmente provido (REsp 1609502/MT, Rel. Ministro RIBEIRO DANTAS, QUINTA TURMA, julgado em 02/06/2020, DJe 15/06/2020).

Crime cometido a bordo de balão de ar quente: se o crime é cometido a bordo de balão de ar quente (acidente aéreo que resultou em mortes e lesões), conduto, a competência será da justiça estadual, tal qual decidido pelo Superior Tribunal de Justiça (o Tribunal da Cidadania considerou que balão de ar quente não é aeronave):

> CONSTITUCIONAL. CONFLITO NEGATIVO DE COMPETÊNCIA. ACIDENTE AÉREO ENVOLVENDO BALÕES DE AR QUENTE TRIPULADOS. INQUÉRITO POLICIAL. HOMICÍDIOS CULPOSOS E LESÕES CORPORAIS CULPOSAS. DEFINIÇÃO JURÍDICA DE AERONAVE PARA FIXAÇÃO DA COMPETÊNCIA. JUSTIÇA FEDERAL X JUSTIÇA ESTADUAL. INTELIGÊNCIA DO ART. 106 DA LEI N. 7.565/1986. CONFLITO CONHECIDO. DECLARADA A COMPETÊNCIA DO JUÍZO SUSCITADO. 1. Conflito negativo de competência conhecido, porquanto se trata de incidente estabelecido entre juízes vinculados a tribunais diversos, nos termos do art. 105, I, "d", da Constituição Federal. 2. A jurisprudência desta Corte é firme no sentido de que "É da competência da Justiça Federal processar e julgar delitos cometidos a bordo de aeronaves, nos termos do inciso IX do art. 109 da Constituição Federal. Devendo-se ressaltar ser despiciendo se a aeronave encontra-se em solo ou sobrevoando." (CC 143.343/MS, Rel. Ministro JOEL ILAN PACIORNIK, TERCEIRA SEÇÃO, DJe 30/11/2016). 3. O art. 106 da Lei n. 7.565/1986 estabelece que aeronave é "todo aparelho manobrável em vôo, que possa sustentar-se e circular no espaço aéreo, mediante reações aerodinâmicas, apto a transportar pessoas ou coisas". 4. No caso em exame, contudo, ainda que de difícil definição jurídica, o termo AERONAVE deve ser aquele adotado pela Lei n. 7. 565/1986 em seu art. 106, o que de fato, afasta dessa conceituação "balões de ar quente tripulados". 5. Conflito conhecido para declarar a competência do Juízo de Direito da 1ª Vara Cível de Boituva/SP, o suscitado, para processamento e julgamento de eventual ação decorrente do IPL que deu origem ao presente conflito (CC 143.400/SP, Rel. Ministro Ribeiro Dantas, Terceira Seção, julgado em 24/04/2019, DJe 15/05/2019).

Atentado contra a segurança de outro meio de transporte

Art. 262 – Expor a perigo outro meio de transporte público, impedir-lhe ou dificultar-lhe o funcionamento:

Pena – detenção, de um a dois anos.

§ 1º – Se do fato resulta desastre, a pena é de reclusão, de dois a cinco anos.

§ 2º – No caso de culpa, se ocorre desastre:

Pena – detenção, de três meses a um ano.

Classificação: o crime é comum (pode ser perpetrado por qualquer pessoa), doloso (o § 2º admite, contudo, modalidade culposa) e de perigo concreto.

Trata-se de infração de menor potencial ofensivo de ação penal pública incondicionada.

Conduta proibida: eis as condutas vedadas pelo tipo:

Artigo 262 do Código Penal	
Expor a perigo	de outro meio de transporte público
Impedir o funcionamento	
Dificultar o funcionamento	

O crime, como dito supra, é de perigo concreto (o perigo precisa ser concretamente demonstrado – caso o delito deixe vestígios, será necessário confecção de laudo pericial, na forma do artigo 158 do Código de Processo Penal).

O delito aqui estudado finda sendo subsidiário em relação aos outros crimes de perigo contra a segurança dos meios de transporte público (o artigo 260 acautela a segurança do transporte ferroviário e o artigo 261 protege o transporte marítimo, fluvial e aéreo).

Haverá prática do crime aqui estudado se o agente expor a perigo, impedir ou dificultar o funcionamento do transporte público rodoviário, por exemplo.

Figura qualificada: o § 1º do artigo 262 traz em seu bojo figura qualificada (pena de reclusão de 2 a 5 anos), se da conduta do agente resulta desastre (crime preterdoloso – dolo relacionado à prática de uma das condutas proibidas do *caput* do dispositivo e culpa em relação ao desastre dela resultante).

A qualificadora admite acordo de não persecução penal (artigo 28-A do CPP).

Desastre em outro meio de transporte público com resultado lesão corporal ou morte: caso o desastre ocasionado pela conduta dolosa do agente (descrita no *caput* do artigo 262 do Caderno Repressivo) resulte em lesão corporal ou morte, é preciso observar o artigo 263 do Código Penal (que, por sua vez, determina aplicação do artigo 258 do mesmo diploma). Em síntese:

Crime	Resultado	Aumento de pena
Doloso	Lesão grave	Metade
	Morte	Dobro

Conduta culposa: se o agente pratica uma conduta negligente, imprudente ou imperita e acaba ocasionando desastre em outro meio de transporte público, nos termos do § 2º do artigo 262 do Código Penal, há prática de infração de menor potencial ofensivo (de ação penal pública incondicionada).

Caso o desastre ocorra (em face de conduta culposa do agente) e exista lesão corporal ou morte, aplica-se o artigo 258 do Código Penal, tal qual determinado pelo artigo 263 do mesmo diploma:

Crime	Resultado	Aumento de pena
Culposo	Lesão corporal	Metade
	Morte	Pena cominada ao homicídio culposo (detenção de um a três anos), aumentada de 1/3

Forma qualificada

Art. 263 – Se de qualquer dos crimes previstos nos arts. 260 a 262, no caso de desastre ou sinistro, resulta lesão corporal ou morte, aplica-se o disposto no art. 258.

Figuras qualificadas (causas de aumento, em verdade): conforme já exaustivamente mencionado supra, o artigo 263 do Código Penal determina aplicação do artigo 258 do Caderno Repressivo se, em qualquer dos crimes previstos nos artigos 260 a 262, ocorrer desastre ou sinistro que resulte em lesão corporal grave ou morte.

Arremesso de projétil

Art. 264 – Arremessar projétil contra veículo, em movimento, destinado ao transporte público por terra, por água ou pelo ar:

Pena – detenção, de um a seis meses.

Parágrafo único – Se do fato resulta lesão corporal, a pena é de detenção, de seis meses a dois anos; se resulta morte, a pena é a do art. 121, § 3º, aumentada de um terço.

Classificação: o crime é comum (pode ser perpetrado por qualquer pessoa), doloso, de perigo abstrato (a lei presume como perigosa a conduta de lançar projétil em veículo de transporte público em movimento) e de mera conduta.

Trata-se de infração de menor potencial ofensivo de ação penal pública incondicionada.

Conduta proibida: pune-se o agente que arremessa projétil (qualquer corpo sólido que possa ser arremessado pelo homem ou por aparelho) contra veículo de transporte público (por terra, água ou ar) em movimento. Exemplifico:

> **SITUAÇÃO HIPOTÉTICA:** JOÃO arremessa, intencionalmente, pedra contra ônibus de transporte público.
>
> **SOLUÇÃO:** JOÃO deve responder criminalmente nas penas do artigo 264 do Código Penal.

A análise das elementares listadas no tipo revela que se o veículo é particular, não há prática do crime aqui estudado.

Também não é possível imputar o crime tipificado no artigo 264 do Código Penal se o veículo de transporte público estiver parado. A depender do caso concreto, será possível imputar ao agente os crimes tipificados nos artigos 260 a 262 (caso a conduta resulte em perigo contra a segurança do respectivo meio de transporte público) ou crime de dano.

Figura qualificada: o parágrafo único do dispositivo estudado prevê figura preterdolosa (dolo em relação ao arremesso do projétil contra o veículo de transporte público e culpa em relação à causação de lesão corporal ou morte resultante da conduta).

Eis as penas previstas no dispositivo:

Arremesso de projétil em veículo de transporte público	
Resultado lesão corporal	Pena de detenção de 6 meses a 2 anos
Resultado morte	Pena de detenção de 1 a 3 anos (com incidência de causa de aumento de 1/3)

Concurso de crimes: se o arremesso de projétil é materializado com o fito de fazer o veículo de transporte público parar para que seja perpetrado outro delito (roubo, por exemplo), haverá imputação dos crimes em concurso material.

Caso o arremesso de projétil tenha por objetivo lesionar ou matar passageiro ou condutor do veículo de transporte público, o crime aqui estudado deve ser imputado em concurso formal com o delito de lesão corporal ou homicídio, a depender da situação concreta (uma só conduta ocasionando prática de dois crimes).

Atentado contra a segurança de serviço de utilidade pública

Art. 265 – Atentar contra a segurança ou o funcionamento de serviço de água, luz, força ou calor, ou qualquer outro de utilidade pública:

Pena – reclusão, de um a cinco anos, e multa.

Parágrafo único – Aumentar-se-á a pena de 1/3 (um terço) até a metade, se o dano ocorrer em virtude de subtração de material essencial ao funcionamento dos serviços.

Classificação: crime comum (pode ser perpetrado por qualquer pessoa), doloso, de mera conduta e de perigo abstrato.

O delito é de ação penal pública incondicionada e admite acordo de não persecução penal (artigo 28-A do CPP) e suspensão condicional do processo (artigo 89 da Lei 9.099/95).

Conduta proibida: o tipo proíbe o atentado contra a segurança ou o funcionamento de serviço de água, luz, força ou calor, ou qualquer outro de utilidade pública.

Rogério Sanches Cunha[309] adverte que a deflagração de greve não configura prática do crime tipificado no artigo 265 do Código Penal.

De igual sorte, não há prática do delito aqui estudado quando há divulgação da localização de blitz. Explico. Tornou-se, infelizmente, prática comum a criação de grupos em aplicativos de mensagens para a divulgação da localização de blitz da "lei seca" (atuação policial com vistas a reprimir ingestão de bebidas alcoólicas por motoristas). Não resta configurado o crime tipificado no artigo 265 do Código Penal porquanto a segurança pública não é um serviço de utilidade pública (trata-se, em verdade, de serviço público essencial, que não admite delegação). Ademais, a conduta de avisar posicionamento de blitz não atenta contra a segurança ou funcionamento da fiscalização (ainda que fosse possível enquadrar a segurança pública no tipo estudado).

Eis julgado do Tribunal de Justiça de Santa Catarina sobre o tema (entendendo ser atípica a conduta):

> ATENTADO CONTRA A SEGURANÇA DE SERVIÇO DE UTILIDADE PÚBLICA (ART. 265 DO CÓDIGO PENAL). PLEITO VISANDO AO TRANCAMENTO DA AÇÃO PENAL. ALEGADA AUSÊNCIA DE JUSTA CAUSA. CABIMENTO. MANIFESTA ATIPICIDADE DA CONDUTA. COMUNICAÇÃO POR MEIO DO APLICATIVO WHATSAPP SOBRE A OCORRÊNCIA DE BLITZ POLICIAL. CONDUTA QUE NÃO SE AMOLDA AO TIPO PENAL IMPUTADO. ATUAÇÃO ESPORÁDICA E OCASIONAL DA POLÍCIA QUE NÃO PODE SER ENTENDIDA COMO SERVIÇO DE UTILIDADE PÚBLICA PARA OS FINS DO ART. 256 DO CP. AINDA, AUSÊNCIA DE PERIGO CONCRETO DA AÇÃO E DOLO DE FRUSTAR O SERVIÇO. ALÉM DO MAIS, PROJETO DE LEI QUE VISA PUNIR A CONDUTA QUE AINDA SE ENCONTRA EM TRAMITAÇÃO. IMPOSSIBILIDADE DE PUNIÇÃO ANTECIPADA, SOB PENA DE OFENSA AOS PRINCÍPIOS DA LEGALIDADE E ANTERIORIDADE. CONSTRANGIMENTO ILEGAL DEMONSTRADO. WRIT CONHECIDO E ORDEM CONCEDIDA PARA O TRANCAMENTO DA AÇÃO PENAL (TJSC, Habeas Corpus (Criminal) n. 4014631-42.2017.8.24.0000, de Quilombo, rel. Leopoldo Augusto Brüggemann, Terceira Câmara Criminal, j. 01-08-2017).

O tipo, ademais, não admite modalidade culposa. Assim é que se eletricista desastrado provocar queda de toda rede elétrica de determinada localidade em face de conduta culposa, o fato será atípico.

Causa de aumento de pena: o parágrafo único do artigo 265 do Código Penal traz em seu bojo majorante (aumento de pena de 1/3 até a metade) se o dano ocorrer em virtude de subtração de material essencial ao funcionamento dos serviços.

Concurso formal de crimes: se o agente furta, por exemplo, cabos condutores de energia elétrica a correta imputação me parece a prática dos crimes de furto (artigo

309 CUNHA, Rogério Sanches. **Código Penal para concursos**. Salvador, 13ª edição, Juspodivm, 2020, p. 842/843.

155 do Código Penal) em concurso formal (artigo 70 do Código Penal) com o crime de atentado contra a segurança de serviço de utilidade pública majorado. Explico. Há, em face de uma só conduta, afetação a dois bens jurídicos diferentes (patrimônio da concessionária de energia elétrica e incolumidade pública).

Interrupção ou perturbação de serviço telegráfico, telefônico, informático, telemático ou de informação de utilidade pública

Art. 266 – Interromper ou perturbar serviço telegráfico, radiotelegráfico ou telefônico, impedir ou dificultar-lhe o restabelecimento:

Pena – detenção, de um a três anos, e multa.

§ 1º Incorre na mesma pena quem interrompe serviço telemático ou de informação de utilidade pública, ou impede ou dificulta-lhe o restabelecimento.

§ 2º Aplicam-se as penas em dobro se o crime é cometido por ocasião de calamidade pública.

Classificação: crime comum (pode ser perpetrado por qualquer pessoa), doloso e de perigo abstrato.

O delito admite acordo de não persecução penal (artigo 28-A do CPP), suspensão condicional do processo (artigo 89 da Lei 9.099/95) e fiança arbitrada pela autoridade policial (artigo 322 do CPP).

Condutas proibidas: eis as condutas proibidas no tipo penal estudado:

<table>
<tr><th colspan="2">Artigo 266 do Código Penal</th></tr>
<tr><td>Interromper</td><td rowspan="4">de serviço telegráfico, radiotelegráfico ou telefônico</td></tr>
<tr><td>Perturbar</td></tr>
<tr><td>Impedir</td></tr>
<tr><td>Dificultar o restabelecimento</td></tr>
</table>

Como se trata de crime de perigo comum (o bem jurídico protegido é a incolumidade pública), é preciso que a interrupção, perturbação, impedimento ou dificuldade de restabelecimento seja voltado a um número indeterminado de pessoas. Eventualmente pode ser praticado (em caso de vítima determinada) o delito tipificado no inciso III do § 1º do artigo 151 do Código Penal (transcrevo o inciso II do dispositivo, porque sua leitura é importante para a imputação):

> Art. 151 (...)
>
> § 1º (...)
>
> II – quem indevidamente divulga, transmite a outrem ou utiliza abusivamente comunicação telegráfica ou radioelétrica dirigida a terceiro, ou conversação telefônica entre outras pessoas;

III – quem impede a comunicação ou a conversação referidas no número anterior;

Não é preciso prova do perigo em face da prática intencional das condutas acima desenhadas (crime de perigo abstrato).

Como o tipo só pune práticas dolosas (não há exigência de nenhum fim especial), não há punição para causação culposa de interrupção, perturbação, impedimento ou dificuldade de restabelecimento de serviço telegráfico, radiotelegráfico ou telefônico.

Figura equiparada: o § 1º do artigo 266 do Código Penal encerra figura equiparada em relação a quem interrompe serviço telemático ou de informação de utilidade pública, ou impede ou dificulta-lhe o restabelecimento.

Importante salientar que o verbo perturbar não foi repetido no dispositivo. Assim, se o agente perturbar serviço telemático ou de informação de utilidade pública, não há prática do crime aqui estudado.

Causa de aumento de pena: o § 2º do artigo 266 do Código Penal encerra majorante (imposição da pena em dobro) se o crime for cometido por ocasião de calamidade pública.

CAPÍTULO III
DOS CRIMES CONTRA A SAÚDE PÚBLICA

Epidemia

Art. 267 – Causar epidemia, mediante a propagação de germes patogênicos:

Pena – reclusão, de dez a quinze anos. (Redação dada pela Lei nº 8.072, de 25.7.1990)

§ 1º – Se do fato resulta morte, a pena é aplicada em dobro.

§ 2º – No caso de culpa, a pena é de detenção, de um a dois anos, ou, se resulta morte, de dois a quatro anos.

Classificação: crime comum (pode ser cometido por qualquer pessoa), doloso (o § 2º do artigo 267 do Código Penal admite, contudo, modalidade culposa) e de perigo abstrato (o perigo é presumido pela lei).

O delito é de ação penal pública incondicionada.

Conduta proibida: causar epidemia (manifestação coletiva de uma doença transitória que se espalha rapidamente, por contágio direto ou indireto, atingindo um número grande de pessoas em uma localidade determinada), mediante a propagação de germes patogênicos (organismo capaz de transmitir doenças – vírus, bactéria, protozoário, fungos ou helmintos).

Se a epidemia se espalha, alcançando proporcionais globais, tem-se uma pandemia.

Para a prática do crime, é suficiente o dolo de causar a epidemia, espalhando vírus, bactéria ou qualquer outro germe patogênico (o perigo representado pelo ato de espalhar indistintamente uma doença é presumido pela lei).

A tentativa é admissível (se, por circunstâncias alheias à vontade do agente, a epidemia finda não sendo provocada).

Se a conduta é dirigida a pessoa(s) específica(s), o crime a ser imputado, a depender do caso concreto, é o tipificado no artigo 131 do Código Penal:

> Art. 131 – Praticar, com o fim de transmitir a outrem moléstia grave de que está contaminado, ato capaz de produzir o contágio:
>
> Pena – reclusão, de um a quatro anos, e multa.

Causa de aumento de pena: o § 1º do artigo 267 do Código Penal traz em seu bojo majorante (aplicação da pena em dobro – reclusão de 20 a 30 anos) se o fato resultar morte (ainda que de uma só pessoa).

Trata-se de evidente crime preterdoloso (dolo no antecedente e culpa no consequente), em relação ao qual se faz necessário materializar exame pericial (artigo 158 do Código de Processo Penal) para demonstrar que o óbito decorreu do mal propagado pelo agente.

A figura majorada (epidemia com resultado morte) é crime hediondo, na forma do inciso VII do artigo 1º da Lei 8.072/90 (inserção determinada pela Lei 8.930/94):

> Art. 1º São considerados hediondos os seguintes crimes, todos tipificados no Decreto-Lei nº 2.848, de 7 de dezembro de 1940 – Código Penal, consumados ou tentados:
>
> (...)
>
> VII – epidemia com resultado morte (art. 267, § 1º).

Por ser delito hediondo, a epidemia com resultado morte é crime inafiançável (mas suscetível da concessão de liberdade provisória sem fiança), insuscetível de anistia, graça e indulto. Caso seja decretada prisão temporária no bojo de inquérito policial que apure essa forma majorada do delito estudado, o prazo será de 30 dias prorrogável por igual período (§ 4º do artigo 2º da Lei 8.072/90).

Modalidade culposa: se a epidemia é propagada em razão de conduta negligente, imprudente ou imperita do agente, a pena será de detenção de 1 a 2 anos (infração de menor potencial ofensivo).

Caso a epidemia (causada culposamente) resulte morte, a pena será de 2 a 4 anos. Nessa situação, admitir-se-á acordo de não persecução penal (artigo 28-A CPP), suspensão condicional do processo (artigo 89 da Lei 9.099/95) e fiança arbitrada pela autoridade policial (artigo 322 do CPP).

Infração de medida sanitária preventiva

Art. 268 – Infringir determinação do poder público, destinada a impedir introdução ou propagação de doença contagiosa:

Pena – detenção, de um mês a um ano, e multa.

Parágrafo único – A pena é aumentada de um terço, se o agente é funcionário da saúde pública ou exerce a profissão de médico, farmacêutico, dentista ou enfermeiro.

Classificação: crime comum (pode ser perpetrado por qualquer pessoa), doloso e de perigo abstrato (o perigo é presumido pela lei).

Trata-se de infração de menor potencial ofensivo de ação penal pública incondicionada.

Conduta proibida: infringir determinação do poder público destinada a impedir introdução ou propagação de doença contagiosa.

Nota-se, analisando o tipo, que se trata de norma penal em branco. A complementação demandada pelo preceito primário é a determinação emanada do poder público (decreto, por exemplo) com as regras que objetivam impedir a introdução ou propagação de doença contagiosa.

O crime é formal (não é necessário que a doença seja propagada pelo desrespeito à determinação do poder público) e de perigo abstrato (não é preciso provar o prejuízo, que é presumido pela lei).

Pandemia da COVID-19: em março do ano de 2020, a Organização Mundial de Saúde – OMS reconheceu pandemia de COVID-19 (Sars-Cov-2). A doença foi inicialmente detectada na China e ganhou proporções mundiais, espalhando-se rapidamente por vários países e gerando número elevado de infectados e mortos (inclusive no Brasil[310]).

O Supremo Tribunal Federal entendeu, nos autos da ADI 6341, que a competência da União para edição de medidas de enfrentamento à pandemia não afasta a competência concorrente dos Estados, do Distrito Federal e dos Municípios para edição de atos normativos e administrativos relacionados ao controle do mal.

Nessa esteira, os entes federativos passaram a editar leis e decretos com medidas restritivas com o fito de impedir a propagação do vírus transmissor da COVID-19.

O desrespeito intencional (o crime é doloso) dessas determinações (leis ou decretos) do poder público (federal, estadual, distrital ou municipal), redundam na prática do delito aqui estudado.

310 Até o fechamento dessa edição, contabilizávamos mais de 3.000.000 de infectados e mais de 100.000 mortos.

Causa de aumento de pena: o parágrafo único do artigo 268 do Código Penal se traduz em majorante (a pena é aumentada de um terço) se o agente é funcionário da saúde pública ou exerce a profissão de médico, farmacêutico, dentista ou enfermeiro.

O aumento se justifica porque os profissionais ligados à saúde deveriam ser os primeiros a respeitar as regras do poder público destinadas a impedir introdução ou propagação de doença contagiosa.

Mesmo com a incidência da majorante, o crime continua se traduzindo em infração de menor potencial ofensivo de ação penal pública incondicionada.

Omissão de notificação de doença

Art. 269 – Deixar o médico de denunciar à autoridade pública doença cuja notificação é compulsória:

Pena – detenção, de seis meses a dois anos, e multa.

Classificação: crime doloso, próprio (o crime só pode ser perpetrado por médico), de perigo abstrato e omissivo próprio.

Trata-se de infração de menor potencial ofensivo de ação penal pública incondicionada.

Conduta proibida: o crime, como dito supra, é omissivo próprio (descreve a conduta omissiva do médico que deixa de denunciar à autoridade pública doença cuja notificação é compulsória) e se traduz em norma penal em branco (atualmente complementada pela Portaria 1.061/20 do Ministério da Saúde, que explicita a lista de doenças de notificação obrigatória).

Há aqui descumprimento de norma mandamental, que determina que o médico comunique à autoridade pública que seu paciente é portador de doença de notificação compulsória.

Nos termos do artigo 7º da Lei 6.259/75:

> Art. 7º São de notificação compulsória às autoridades sanitárias os casos suspeitos ou confirmados:
>
> I – de doenças que podem implicar medidas de isolamento ou quarentena, de acordo com o Regulamento Sanitário Internacional.
>
> II – de doenças constantes de relação elaborada pelo Ministério da Saúde, para cada Unidade da Federação, a ser atualizada periodicamente.
>
> § 1º Na relação de doenças de que trata o inciso II deste artigo será incluído item para casos de "agravo inusitado à saúde".
>
> § 2º O Ministério da Saúde poderá exigir dos Serviços de Saúde a notificação negativa da ocorrência de doenças constantes da relação de que tratam os itens I e II deste artigo.

O artigo 8º da Lei 6.259/75 impõe ao médico a notificação de doença cuja comunicação é compulsória[311].

O artigo 10[312] do referido mandamento legal preceitua que a notificação compulsória tem caráter sigiloso. A identificação fora do âmbito médico sanitário, somente pode se efetivar, em caráter excepcional, em caso de grande risco à comunidade a juízo da autoridade sanitária e com conhecimento prévio do paciente ou do seu responsável.

O artigo 2º da Seção I do Capítulo I do Anexo V da Portaria de Consolidação 4/2017 do Ministério da Saúde conceitua:

Expressão	Conceito
Notificação compulsória	Comunicação obrigatória à autoridade de saúde, realizada pelos médicos, profissionais de saúde ou responsáveis pelos estabelecimentos de saúde, públicos ou privados, sobre a ocorrência de suspeita ou confirmação de doença, agravo ou evento de saúde pública, descritos no Anexo 1 do Anexo V, podendo ser imediata ou semanal.
Notificação compulsória imediata (NCI)	Notificação compulsória realizada em até 24 (vinte e quatro) horas, a partir do conhecimento da ocorrência de doença, agravo ou evento de saúde pública, pelo meio de comunicação mais rápido disponível.
Notificação compulsória semanal (NCS)	Notificação compulsória realizada em até 7 (sete) dias, a partir do conhecimento da ocorrência de doença ou agravo.
Notificação compulsória negativa	Comunicação semanal realizada pelo responsável pelo estabelecimento de saúde à autoridade de saúde, informando que na semana epidemiológica não foi identificado nenhuma doença, agravo ou evento de saúde pública constante da Lista de Notificação Compulsória.

Envenenamento de água potável ou de substância alimentícia ou medicinal

Art. 270 – Envenenar água potável, de uso comum ou particular, ou substância alimentícia ou medicinal destinada a consumo:

Pena – reclusão, de dez a quinze anos. (Redação dada pela Lei nº 8.072, de 25.7.1990)

§ 1º – Está sujeito à mesma pena quem entrega a consumo ou tem em depósito, para o fim de ser distribuída, a água ou a substância envenenada.

311 Art 8º É dever de todo cidadão comunicar à autoridade sanitária local a ocorrência de fato, comprovado ou presumível, de caso de doença transmissível, sendo obrigatória a médicos e outros profissionais de saúde no exercício da profissão, bem como aos responsáveis por organizações e estabelecimentos públicos e particulares de saúde e ensino a notificação de casos suspeitos ou confirmados das doenças relacionadas em conformidade com o artigo 7º.

312 Art 10. A notificação compulsória de casos de doenças tem caráter sigiloso, obrigando nesse sentido as autoridades sanitárias que a tenham recebido.
Parágrafo único. A identificação do paciente de doenças referidas neste artigo, fora do âmbito médico sanitário, somente poderá efetivar-se, em caráter excepcional, em caso de grande risco à comunidade a juízo da autoridade sanitária e com conhecimento prévio do paciente ou do seu responsável.

Modalidade culposa

§ 2º – Se o crime é culposo:

Pena – detenção, de seis meses a dois anos.

Não derrogação do tipo pelo artigo 54 da Lei 9.605/98: não houve derrogação do crime aqui estudado pelo delito tipificado no artigo 54 da Lei de Crimes contra o Meio Ambiente[313] (ou no inciso III do § 2º do mesmo dispositivo).

Trata-se de curiosa situação na qual o tipo especial está descrito no Código Penal e o tipo geral está na lei extravagante. O dispositivo previsto na Lei de Crimes Ambientais trata, genericamente, da poluição hídrica, ao passo que o artigo 270 do Código Penal pune o envenenamento de água potável (o que denota, em face da gravidade da reprimenda, toxicidade muito maior).

Em verdade, o artigo 54 da Lei 9.605/98 findou revogando tacitamente, como se verá alhures, o crime previsto no artigo 271 do Código Repressivo.

Classificação: o crime é doloso (admite-se, conduto, modalidade culposa no § 2º do artigo 270 do Código Penal), comum (pode ser perpetrado por qualquer pessoa) e de perigo (a doutrina majoritária entende que o delito aqui estudado é de perigo abstrato – em sentido contrário, entendendo se tratar de crime de perigo concreto, Rogério Greco[314]).

Trata-se de delito de ação penal pública incondicionada.

Conduta proibida: a conduta proibida é:

Artigo 270 do Código Penal	
Envenenar	água potável de uso comum ou particular
	substância alimentícia
	substância medicinal destinada a consumo

313 Art. 54. Causar poluição de qualquer natureza em níveis tais que resultem ou possam resultar em danos à saúde humana, ou que provoquem a mortandade de animais ou a destruição significativa da flora:
Pena – reclusão, de um a quatro anos, e multa.
(...)
§ 2º Se o crime:
(...)
III – causar poluição hídrica que torne necessária a interrupção do abastecimento público de água de uma comunidade;
(...)
Pena – reclusão, de um a cinco anos.

314 GRECO, Rogério. **Código Penal: comentado**, 12ª edição, 2018, p. 975.

O crime deixa vestígios, por isso é imprescindível materialização de perícia, na forma do artigo 158 do Código de Processo Penal. O expert deve deixar claro no laudo a toxicidade da substância.

Se o agente envenenou intencionalmente água potável de uso comum ou particular, substância alimentícia ou substância medicinal destinada a consumo de um número indeterminado de pessoas (o crime é de perigo comum), o delito restará perpetrado, ainda que ninguém finde sendo envenenado pela sua ação (o delito é de perigo abstrato).

Se o envenenamento objetivar atingir pessoa(s) determinada(s), a correta imputação (caso exista *animus necandi*) será de venefício (homicídio qualificado pelo emprego de veneno, tentado ou consumado, a depender da situação concreta).

Conduta equiparada: o § 1º do artigo 270 do Código Penal traz em seu bojo figura equipada. As condutas proibidas são:

§ 1º do artigo 270 do Código Penal	
Entregar a consumo	água ou substância envenenada
Ter em depósito para ser distribuída	

Entregar a consumo é prática instantânea, ao passo que **ter em depósito para fim de distribuição** se traduz em crime permanente.

Ao invés de considerar aquele que entrega a consumo ou tem em depósito para ser distribuída água ou substância envenenada partícipe de quem perpetra o envenenamento, o legislador preferiu alçá-lo à condição de autor de figura equiparada.

Uma vez mais, temos crime doloso, de perigo abstrato (perigo presumido) e que reclama materialização de perícia, na forma do artigo 158 do Código de Processo Penal.

A figura equiparada, assim como o caput, é crime de perigo comum (por isso os destinatários da água ou substância envenenada devem ser indeterminados).

Modalidade culposa: se o agente pratica conduta culposa que resulta no envenenamento de água potável, substância alimentícia ou medicinal, há prática de infração de menor potencial ofensivo de ação penal pública incondicionada.

Envenenamento de água potável com resultado morte ou lesão grave: se o crime tipificado no artigo 270 do Código Penal resultar em morte ou lesão corporal grave, cumpre observar o artigo 285 do mesmo diploma (que determina aplicação do artigo 258 do Caderno Repressivo):

Crime (doloso/culposo)	Resultado	Aumento
Doloso	Lesão grave	Metade
Doloso	Morte	Dobro

Crime (doloso/culposo)	Resultado	Aumento
Culposo	Lesão corporal	Metade
Culposo	Morte	Pena cominada ao homicídio culposo (detenção de um a três anos), aumentada de 1/3

Na redação original da Lei 8.072/90, o crime de envenenamento de água potável com resultado morte (artigo 270 c/c artigo 285, ambos do Código Penal) era considerado hediondo.

Contudo, com a entrada em vigor da Lei 8.930/94 (*novatio legis in mellius*), o delito saiu da lista fechada da Lei 8.072/90.

Saliento, outrossim, que o crime de envenenamento de água potável com resultado morte é passível da decretação de prisão temporária (alínea "j" do inciso III do artigo 1º da Lei 7.960/89) pelo prazo de 5 dias (prorrogável por igual período).

Corrupção ou poluição de água potável

Art. 271 – Corromper ou poluir água potável, de uso comum ou particular, tornando-a imprópria para consumo ou nociva à saúde:

Pena – reclusão, de dois a cinco anos.

Modalidade culposa

Parágrafo único – Se o crime é culposo:

Pena – detenção, de dois meses a um ano.

Revogação tácita do tipo: o crime aqui estudado foi revogado tacitamente pelo crime tipificado no artigo 54 da Lei 9.605/98[315]. Nesse sentido, julgado do Superior Tribunal de Justiça (transcrevo apenas parte do julgado):

> O tipo penal, posterior, específico e mais brando, do art. 54 da Lei nº 9.605/98 engloba completamente a conduta tipificada no art. 271 do Código Penal, provocando a ab-rogação do delito de corrupção ou poluição de água potável (STJ, HC 178.423/GO, Rel. Ministro Gilson Dipp, Quinta Turma, julgado em 06/12/2011, DJe 19/12/2011).

Em sentido contrário, Rogério Greco[316] pontua que:

315 CUNHA, Rogério Sanches. **Código Penal para concursos**, Salvador, editora Juspodivm, 13ª edição, p. 850.

316 GRECO, Rogério. **Código Penal: comentado**, 12ª edição, 2018, p. 976.

Entendemos, no entanto, pela manutenção do art. 271 do Código Penal, devendo ser aplicado o art. 54 da Lei nº 9.605/1998 somente quando, de acordo com o seu § 2º, III, a conduta do agente causar poluição hídrica que torne necessária a interrupção do abastecimento público de água de uma comunidade.

Falsificação, corrupção, adulteração ou alteração de substância ou produtos alimentícios

Art. 272 – Corromper, adulterar, falsificar ou alterar substância ou produto alimentício destinado a consumo, tornando-o nociva à saúde ou reduzindo-lhe o valor nutritivo:

Pena – reclusão, de 4 (quatro) a 8 (oito) anos, e multa.

§ 1º-A – Incorre nas penas deste artigo quem fabrica, vende, expõe à venda, importa, tem em depósito para vender ou, de qualquer forma, distribui ou entrega a consumo a substância alimentícia ou o produto falsificado, corrompido ou adulterado.

§ 1º – Está sujeito às mesmas penas quem pratica as ações previstas neste artigo em relação a bebidas, com ou sem teor alcoólico.

Modalidade culposa

§ 2º – Se o crime é culposo:

Pena – detenção, de 1 (um) a 2 (dois) anos, e multa.

Classificação: o crime é comum (pode ser cometido por qualquer pessoa), doloso (admite-se, contudo, modalidade culposa no § 2º do artigo 272 do Código Penal) e de perigo concreto (é preciso que a corrupção, adulteração ou falsificação do produto alimentício destinado a consumo torne este nocivo à saúde ou reduza seu valor nutritivo).

O delito é de ação penal pública incondicionada e de perigo comum (o tipo demanda, por isso, que as vítimas sejam indeterminadas).

Condutas proibidas: o crime é tipo misto, alternativo ou de conduto variado. Eis as condutas proibidas:

<table>
<tr><th colspan="3">Artigo 272 do Código Penal</th></tr>
<tr><td>Corromper</td><td rowspan="4">substância ou produto alimentício destinado a consumo</td><td rowspan="2">tornando-o nociva à saúde</td></tr>
<tr><td>Adulterar</td></tr>
<tr><td>Falsificar</td><td rowspan="2">reduzindo-lhe o valor nutritivo</td></tr>
<tr><td>Alterar</td></tr>
</table>

Como dito supra, o crime é de perigo concreto. A prática de uma das condutas proibidas deve resultar na nocividade da substância ou produto alimentício ou na redução do valor nutritivo. Não é necessário, conduto, que alguém sofra algum dano à saúde ou à vida em face do delito.

Nessa esteira, é preciso materialização de perícia para devida comprovação da materialidade delitiva e com o fito de demonstrar a nocividade ou a redução do valor nutritivo da substância/produto alimentício, na forma do artigo 158 do Código de Processo Penal (crime não transeunte). Nesse sentido, julgado do Tribunal da Cidadania (transcrevo apenas parte da ementa):

> A venda de produtos impróprios ao uso e consumo, nocivos à saúde ou com valor nutricional reduzido, constituem delitos que deixa vestígios, sendo indispensável, nos termos do artigo 158 do Código de Processo Penal, a realização de exame pericial que ateste a materialidade delitiva, não bastando, para tanto, mero laudo de constatação. Precedentes (RHC 45.171/SC, Rel. Ministro Nefi Cordeiro, Sexta Turma, julgado em 03/05/2016, DJe 12/05/2016).

Caso exista corrupção, adulteração, falsificação ou alteração e a conduta não resulte em nocividade ou redução do valor nutritivo, o fato não pode ser enquadrado no artigo 272 do Código Penal (atipicidade formal). Não é outro o entendimento do Superior Tribunal de Justiça sobre o tema (grifo meu):

> PENAL E PROCESSUAL PENAL. AGRAVO REGIMENTAL NO AGRAVO EM RECURSO ESPECIAL. ART. 272 DO CP. AUSÊNCIA DE COMPROVAÇÃO DE NOCIVIDADE AO ORGANISMO OU REDUÇÃO DO VALOR NUTRITIVO NA DEFORMAÇÃO DO ÓLEO DE SOJA DEGOMADO UTILIZADO PARA A PRODUÇÃO DE ALIMENTOS. ABSOLVIÇÃO. REPARAÇÃO DE DANOS MORAIS. PEDIDO EXPRESSO DO MINISTÉRIO PÚBLICO. AUSÊNCIA DE INSTRUÇÃO ESPECÍFICA. VIOLAÇÃO DA AMPLA DEFESA E DO CONTRADITÓRIO. AGRAVO REGIMENTAL DESPROVIDO. 1. A conduta punível prevista no art. 272 do CP é de corromper (deteriorar, modificar para pior), adulterar (deturpar, deformar), falsificar (reproduzir por meio de imitação) ou alterar (transformar ou modificar) substância ou produto alimentício destinado a consumo, tornando-o nocivo, ou seja, capaz de causar efetivo dano ao organismo, seja pela prejudicialidade à saúde ou pela redução do valor nutritivo. **2. No presente caso, trata-se de adulteração de produto alimentício destinado a consumo, no caso, óleo de soja degomado que foi alterado na mistura de outros elementos, cujas empresas destinatárias do produto eram atuantes no ramo alimentício e na produção de óleo de cozinha. 3. A partir da moldura fática apresentada pelo Tribunal a quo, não ficou demonstrada que a adulteração em questão tornou o produto nocivo à saúde ou reduziu-lhe o valor nutritivo, ou seja, pela leitura do Laudo de Exame de Perícia Criminal de Identificação de Substância, considerado pela origem, não há qualquer afirmação acerca da comprovação de nocividade**

> **ao organismo ou da redução do valor nutritivo na deformação do óleo de soja degomado utilizado para a produção de alimentos. Dessa forma, não estando comprovados todos os elementos do tipo penal, a condenação pelo crime do art. 272 do CP deve ser afastada.** 4. A reparação de danos, além de pedido expresso, pressupõe a indicação de valor e prova suficiente a sustentá-lo, possibilitando ao réu o direito de defesa com indicação de quantum diverso ou mesmo comprovação de inexistência de prejuízo material ou moral a ser reparado. Necessário, portanto, instrução específica para apurar o valor da indenização. In casu, verifica-se que, apesar de ter havido pedido expresso do Ministério Público na denúncia para a fixação de valor para a reparação do dano, nos termos do art. 387, inciso IV, do CPP, não houve instrução específica, o que afastou do acusado a possibilidade de se defender e produzir contraprova. 5. Agravo regimental desprovido (AgRg no AREsp 1361693/GO, Rel. Ministro Reynaldo Soares Da Fonseca, Quinta Turma, julgado em 02/04/2019, DJe 23/04/2019).

Figura equiparada: o § 1º-A do artigo 272 do Código Penal encerra figura equiparada perpetrada por quem fabrica, vende, expõe à venda, importa, tem em depósito para vender ou, de qualquer forma, distribui ou entrega a consumo a substância alimentícia ou o produto falsificado, corrompido ou adulterado.

Essa figura equiparada também é tipo misto, alternativo ou de conteúdo variado (a prática de mais de uma das condutas em um mesmo contexto significa crime único – princípio da alternatividade).

O legislador optou por não considerar quem pratica as condutas descritas no § 1º-A do artigo 272 do Código Penal mero partícipe daquele que perpetra uma das condutas do *caput* do mesmo artigo, transmudando-o em autor da figura equiparada.

Se o produto impróprio ao consumo vendido não é substância alimentícia ou bebida, penso que a correta imputação é o inciso IX do artigo 7º da Lei 8.137/90 (crime contra as relações de consumo):

> Art. 7º Constitui crime contra as relações de consumo:
>
> (...)
>
> IX – vender, ter em depósito para vender ou expor à venda ou, de qualquer forma, entregar matéria-prima ou mercadoria, em condições impróprias ao consumo;
>
> Pena – detenção, de 2 (dois) a 5 (cinco) anos, ou multa.

O crime previsto na lei extravagante também demanda materialização de perícia. Nesse sentido, decisão do Tribunal da Cidadania (grifo meu):

> AGRAVO REGIMENTAL EM RECURSO ESPECIAL. CRIMES CONTRA RELAÇÃO DE CONSUMO. ART. 7º, XI, DA LEI N. 8.137/1990. PRODUTO NOCIVO À SAÚDE. IMPRESCINDIBILIDADE DE DEMONSTRAÇÃO DA IMPROPRIEDADE. CRIME QUE

DEIXA VESTÍGIOS. DESAPARECIMENTO DOS VESTÍGIOS. INUTILIZAÇÃO DOS PRODUTOS PELO PRÓPRIO ESTADO ANTES DA PERÍCIA. INADMISSIBILIDADE DE COMPROVAÇÃO DA MATERIALIDADE POR OUTROS MEIOS DE PROVA. RECURSO NÃO PROVIDO. **1. A hodierna jurisprudência das Turmas que compõem a Terceira Seção deste Superior Tribunal entende que, para a configuração do tipo penal descrito no art. 7º, IX, da Lei n. 8.137/1990, impõe-se a demonstração inequívoca da impropriedade do produto. 2. Por ser infração que deixa vestígio, é imprescindível a realização de exame de corpo de delito direto, por expressa imposição legal. Somente pode ser substituído o laudo pericial por outros meios de prova se o delito não deixar vestígios, se estes tiverem desaparecido ou, ainda, se as circunstâncias do crime não permitirem a confecção do laudo.** 3. Na hipótese dos autos, o próprio Estado deu causa ao desaparecimento dos vestígios, ao inutilizar os produtos antes de sua submissão à perícia técnica, motivo pelo qual não pode agora querer alegar o desaparecimento dos vestígios e comprovar a materialidade por outros meios de prova. 4. Agravo regimental não provido (AgRg no REsp 1300606/DF, Rel. Ministro Rogerio Schietti Cruz, Sexta Turma, julgado em 07/03/2017, DJe 14/03/2017)

Bebidas (com ou sem teor alcoólico): o § 1º do artigo 272 do Código Penal deixa claro que está sujeito às mesmas penas previstas no tipo quem pratica as ações descritas no artigo em relação a bebidas, com ou sem teor alcoólico.

Modalidade culposa: o § 2º encerra crime culposo (infração de menor potencial ofensivo de ação penal pública incondicionada). Assim, caso substância ou produto alimentício destinado a consumo se torna nociva à saúde ou tem seu valor nutritivo reduzido em face de conduta negligente, imprudente ou imperita do agente, a punição imposta será detenção de 1 a 2 anos e multa.

Falsificação, corrupção, adulteração ou alteração de substância ou produtos alimentícios com resultado morte ou lesão grave: se o crime tipificado no artigo 272 do Código Penal resultar em morte ou lesão corporal grave, cumpre observar o artigo 285 do mesmo diploma (que determina aplicação do artigo 258 do Caderno Repressivo):

Crime (doloso/culposo)	Resultado	Aumento
Doloso	Lesão grave	Metade
Doloso	Morte	Dobro
Culposo	Lesão corporal	Metade
Culposo	Morte	Pena cominada ao homicídio culposo (detenção de um a três anos), aumentada de 1/3

No caso da prática dolosa do crime de falsificação, corrupção, adulteração ou alteração de substância ou produtos alimentícios com resultado morte ou lesão corporal grave, verifica-se delito preterdoloso.

Falsificação, corrupção, adulteração ou alteração de produto destinado a fins terapêuticos ou medicinais

Art. 273 – Falsificar, corromper, adulterar ou alterar produto destinado a fins terapêuticos ou medicinais:

Pena – reclusão, de 10 (dez) a 15 (quinze) anos, e multa.

§ 1º – Nas mesmas penas incorre quem importa, vende, expõe à venda, tem em depósito para vender ou, de qualquer forma, distribui ou entrega a consumo o produto falsificado, corrompido, adulterado ou alterado.

§ 1º-A – Incluem-se entre os produtos a que se refere este artigo os medicamentos, as matérias-primas, os insumos farmacêuticos, os cosméticos, os saneantes e os de uso em diagnóstico.

§ 1º-B – Está sujeito às penas deste artigo quem pratica as ações previstas no § 1º em relação a produtos em qualquer das seguintes condições:

I – sem registro, quando exigível, no órgão de vigilância sanitária competente;

II – em desacordo com a fórmula constante do registro previsto no inciso anterior;

III – sem as características de identidade e qualidade admitidas para a sua comercialização;

IV – com redução de seu valor terapêutico ou de sua atividade;

V – de procedência ignorada;

VI – adquiridos de estabelecimento sem licença da autoridade sanitária competente.

Modalidade culposa

§ 2º – Se o crime é culposo:

Pena – detenção, de 1 (um) a 3 (três) anos, e multa.

Classificação: crime comum (pode ser perpetrado por qualquer pessoa), doloso (admite-se, contudo, modalidade culposa no § 2º do artigo 273), de perigo comum e abstrato (presumido pela lei) misto, alternativo ou de conteúdo variado.

O delito é hediondo (inciso VII-B do artigo 1º da Lei 8.072/90) e de ação penal pública incondicionada.

A pena é extremamente severa (trata-se de crime mais grave que, por exemplo, a prática do crime de tráfico de drogas, tipificado no artigo 33 da Lei 11.343/06).

Condutas proibidas: eis as condutas proibidas no *caput* do artigo 273 do Código Penal:

Artigo 273 do Código Penal	
Falsificar	produto destinado a fins terapêuticos ou medicinais
Corromper	
Adulterar	
Alterar	

Como o tipo é misto, a prática de mais de uma conduta em um mesmo contexto fático constitui crime único. As modalidades descritas no caput do artigo 273 do Código Penal são instantâneas.

O objeto material é produto destinado a fins terapêuticos ou medicinais.

Como o crime deixa vestígios, é preciso materialização de perícia (artigo 158 do Código de Processo Penal), para que se demonstre a falsificação/corrupção/adulteração/alteração.

Não é preciso que alguém sofra alguma consequência danosa em face de eventual ingestão do produto terapêutico/medicinal falsificado/corrompido/adulterado/alterado (o crime é formal e de perigo abstrato). Trata-se de crime contra a saúde pública que protege a incolumidade pública.

Figuras equiparadas: o § 1º do artigo 273 traz em seu bojo figuras equiparadas:

§ 1º do artigo 273 do Código Penal	
Importa (crime instantâneo)	produto falsificado, corrompido, adulterado ou alterado
Vende (crime instantâneo)	
Expõe à venda (crime permanente)	
Tem em depósito para vender (crime permanente)	
Distribui (crime instantâneo)	
Entrega a consumo (crime instantâneo)	

Interpretação autêntica: o § 1º-A esclarece (e expande) o significado dos objetos materiais descritos no tipo.

Nos termos do dispositivo, incluem-se entre os produtos a que se refere este artigo os medicamentos, as matérias-primas, os insumos farmacêuticos, os cosméticos, os saneantes e os de uso em diagnóstico.

Há clara falta de proporcionalidade na gravíssima reprimenda imposta a quem perpetra uma das condutas proibidas descritas no tipo em reação a cosméticos e saneantes (produtos desinfetantes, por exemplo). Imputar pena de 10 a 15 anos em face da falsificação de um batom, por exemplo, parece-me desproporcional (prática mais grave, por exemplo, que traficar cocaína).

E não é só isso, o crime será considerado hediondo, na forma do VII-B do artigo 1º da Lei 8.072/90 (inafiançável e insuscetível de anistia, graça e indulto).

Figuras equiparadas (§ 1º-B): o dispositivo propõe as seguintes figuras (que também são punidas com a pesadíssima pena de 10 a 15 anos de reclusão e multa):

§ 1º-B do artigo 273 do Código Penal	
Importa	a) sem registro, quando exigível, no órgão de vigilância sanitária competente; b) em desacordo com a fórmula constante do registro previsto no inciso anterior; c) sem as características de identidade e qualidade admitidas para a sua comercialização; d) com redução de seu valor terapêutico ou de sua atividade; e) de procedência ignorada; f) adquiridos de estabelecimento sem licença da autoridade sanitária competente.
Vende	
Expõe à venda	
Tem em depósito para vender	
Distribui	
Entrega a consumo	

Inicialmente, saliento que a conduta de importar um dos objetos materiais descritos no dispositivo é especial em relação ao crime de contrabando.

Trata-se de mais um dispositivo desproporcional (principalmente pelo fato de que os produtos listados nos incisos do § 1º-B do artigo 273 do Código Penal não são falsificado/corrompido/adulterado/alterado). A importação de um produto autêntico, com princípio ativo válido, que efetivamente funcione para o mal que se propõe a combater, mas que não tenha registro no órgão de vigilância sanitária, por exemplo, é punido com a severa reprimenda de 10 a 15 anos (essa situação específica foi modificada com o julgamento do tema 1003 da repercussão geral, pelo Supremo Tribunal Federal, como se verá alhures – decidi manter os tópicos com as várias interpretações anteriores aplicáveis ao artigo 273 do Código Penal por entender ser válido o conhecimento da linha do tempo e porque a decisão do Pretório Excelso trata apenas do inciso I do § 1º-B do dispositivo estudado).

Aplicação da pena do crime de tráfico de drogas: com o fito de corrigir essa distorção (ao menos em parte), o Superior Tribunal de Justiça entende ser aplicável, à figura equiparada do § 1º-B do artigo 273 do Código Penal, a pena do tráfico de drogas (5 a 15 anos de reclusão):

> ARGUIÇÃO DE INCONSTITUCIONALIDADE. PRECEITO SECUNDÁRIO DO ART. 273, § 1º-B, V, DO CP. CRIME DE TER EM DEPÓSITO, PARA VENDA, PRODUTO DESTINADO A FINS TERAPÊUTICOS OU MEDICINAIS DE PROCEDÊNCIA IGNORADA. OFENSA AO PRINCÍPIO DA PROPORCIONALIDADE. 1. A intervenção estatal por meio do Direito Penal deve ser sempre guiada pelo princípio da proporcionalidade, incumbindo também ao legislador o dever de observar esse princípio como proibição de excesso e como proibição de proteção insuficiente. 2. É viável a fiscalização judicial da constitucionalidade dessa atividade legislativa, examinando, como diz o Ministro Gilmar Mendes, se o legislador considerou suficientemente os fatos e prognoses e se utilizou de sua margem de ação de forma adequada para a proteção suficiente dos bens jurídicos fundamentais. 3. Em atenção ao princípio constitucional da proporcionalidade e razoabilidade

> das leis restritivas de direitos (CF, art. 5º, LIV), é imprescindível a atuação do Judiciário para corrigir o exagero e ajustar a pena cominada à conduta inscrita no art. 273, § 1º-B, do Código Penal. 4. O crime de ter em depósito, para venda, produto destinado a fins terapêuticos ou medicinais de procedência ignorada é de perigo abstrato e independe da prova da ocorrência de efetivo risco para quem quer que seja. E a indispensabilidade do dano concreto à saúde do pretenso usuário do produto evidencia ainda mais a falta de harmonia entre o delito e a pena abstratamente cominada (de 10 a 15 anos de reclusão) se comparado, por exemplo, com o crime de tráfico ilícito de drogas – notoriamente mais grave e cujo bem jurídico também é a saúde pública. 5. A ausência de relevância penal da conduta, a desproporção da pena em ponderação com o dano ou perigo de dano à saúde pública decorrente da ação e a inexistência de consequência calamitosa do agir convergem para que se conclua pela falta de razoabilidade da pena prevista na lei. A restrição da liberdade individual não pode ser excessiva, mas compatível e proporcional à ofensa causada pelo comportamento humano criminoso. 6. Arguição acolhida para declarar inconstitucional o preceito secundário da norma (AI no HC Nº 239.363/PR, Rel. Ministro Sebastião Reis Júnior, Corte Especial, j. 26/2/2015, DJe 10/04/2015).

Aplicação da causa de diminuição do tráfico ao crime tipificado no § 1º-B do artigo 273 do Código Penal: há no Superior Tribunal de Justiça divergência acerca da possibilidade ou não da aplicação da minorante do tráfico privilegiado prevista no § 4º do artigo 33 da Lei 11.343/06 ao crime aqui estudado.

Os julgados que entendem não ser possível a aplicação da causa de diminuição, sustentam não existir previsão legal que permita sua incidência:

> AGRAVO REGIMENTAL NO RECURSO ESPECIAL. PENAL. PROCESSO PENAL. PLEITO DE SOBRESTAMENTO DA AÇÃO ATÉ JULGAMENTO DE RECURSO EXTRAORDINÁRIO COM REPERCUSSÃO GERAL RECONHECIDA PELO SUPREMO TRIBUNAL FEDERAL. IMPOSSIBILIDADE. TESE DE OFENSA AO PRINCÍPIO DA COLEGIALIDADE. IMPROCEDÊNCIA. CRIME PREVISTO NO ART. 273, § 1.º-B, INCISOS I, V E VI, DO CÓDIGO PENAL. MINORANTE DA LEI DE DROGAS. INAPLICÁVEL. PRECEDENTES. AGRAVO REGIMENTAL DESPROVIDO. 1. O reconhecimento de repercussão geral, pelo Supremo Tribunal Federal, não acarreta, por si só, o sobrestamento das ações acerca da matéria. Precedentes. 2. Segundo a orientação firmada nesta Corte Superior de Justiça, pode o relator, monocraticamente, dar ou negar provimento a recurso especial quando houver entendimento dominante sobre a matéria no Tribunal. É o que está sedimentado na Súmula n.º 568 do STJ. Ademais, a possibilidade de submeter a matéria ao exame do órgão colegiado por meio do agravo regimental afasta a arguida ofensa ao princípio da colegialidade. Precedentes. 3. A jurisprudência do Superior Tribunal de Justiça, está fixada no sentido de que [...] não é cabível, por ausência de previsão

legal, a aplicação da minorante prevista no § 4º do art. 33 da Lei nº 11.343/06 nos crimes previstos no art. 273, § 1º-B, do CP, mesmo nas hipóteses em que se tenha utilizado o preceito secundário do crime de tráfico de drogas (RvCr n. 3.064/PR, Ministro Nefi Cordeiro, Terceira Seção, julgado em 22/2/2017, DJe 2/3/2017) – (AgRg no REsp n. 1.391.786/PR, Ministro Nefi Cordeiro, Sexta Turma, DJe 27/3/2018)." (AgRg no REsp 1.741.646/SP, Rel. Ministro SEBASTIÃO REIS JÚNIOR, SEXTA TURMA, julgado em 18/09/2018, DJe de 02/10/2018). 4. Agravo regimental desprovido. Prejudicado o pedido de efeito suspensivo. (AgRg no REsp 1757035/SP, Rel. Ministra LAURITA VAZ, SEXTA TURMA, julgado em 14/05/2019, DJe 24/05/2019).

HABEAS CORPUS SUBSTITUTIVO DE RECURSO PRÓPRIO. INADEQUAÇÃO DA VIA ELEITA. PACIENTE CONDENADO À PENA CORPORAL DE 5 ANOS DE RECLUSÃO, POR INFRAÇÃO AO ART. 273, § 1º-B, I, DO CP, COM APLICAÇÃO DO PRECEITO SECUNDÁRIO PREVISTO NO ART. 33 DA LEI N. 11.343/2006. PEDIDO DE APLICAÇÃO DA CAUSA ESPECIAL DE DIMINUIÇÃO DE PENA DO ART. 33, § 4º, DA LEI N. 11.343/2006 AO CRIME DE IMPORTAÇÃO DE MEDICAMENTO NÃO AUTORIZADO. POSSIBILIDADE. ENTENDIMENTO QUE SE EXTRAI DA AI NO HC N. 239.363/PR. PENAS REDUZIDAS. REGIME ABERTO ESTABELECIDO E SUBSTITUIÇÃO DA PENA CORPORAL PERMITIDA. CONSTRANGIMENTO ILEGAL EVIDENCIADO. HABEAS CORPUS NÃO CONHECIDO. ORDEM CONCEDIDA EX OFFICIO. O Superior Tribunal de Justiça, seguindo entendimento firmado pelo Supremo Tribunal Federal, passou a não admitir o conhecimento de habeas corpus substitutivo de recurso previsto para a espécie. No entanto, deve-se analisar o pedido formulado na inicial, tendo em vista a possibilidade de se conceder a ordem de ofício, em razão da existência de eventual coação ilegal. A Corte Especial, por meio do julgamento da AI no HC n. 239.363/PR, por maioria de votos, acolheu a arguição para declarar inconstitucional o preceito secundário do artigo 273, § 1º-B do Código Penal. Em decorrência, as Turmas que compõem a 3ª Seção deste Sodalício passaram a determinar a aplicação do preceito secundário do artigo 33 da Lei 11.343/2006 aos casos em que o acusado é condenado pelo crime previsto no artigo 273, § 1º-B, do Código Penal. Conforme afirmei à oportunidade do julgamento do HC n. 274098/MG, em 9/5/2017, entendo não haver óbice à aplicação do referido precedente da Corte Especial, afastando-se, assim, o preceito secundário do art. 273, § 1º-B, do Código Penal, com a incidência, inclusive, da causa de diminuição prevista no art. 33, § 4º, da Lei n. 11.343/06. – Hipótese em que se encontra evidenciado o constrangimento ilegal, pois, apesar de as instâncias ordinárias terem estabelecido as reprimendas do tipo descrito no artigo 273, § 1º-B, inciso I, do Código Penal com a aplicação dos parâmetros da pena prevista no art. 33 da Lei n. 11.343/2006, não foi reconhecida a incidência da causa de diminuição prevista no art. 33, § 4º, da Lei n. 11.343/06, por entender que haveria a vedada combinação de leis, entendimento que vai de encontro à jurisprudência desta Corte. Em decorrência, reconhecida a possibilidade de aplicação da minorante do § 4º do art. 33 da Lei n. 11.343/2006 ao tipo do art. 273, §1º-B, I, do CP, foram as penas reduzidas para 1 ano e 8 meses de reclusão e 166 dias-multa, ante a aplicação, na terceira etapa da dosimetria, da fração redutora de 2/3, pois o caso não envolveu vultosa quantidade de medicamento. Precedentes. Considerando a primariedade do paciente e a análise favorável dos vetores do art. 59 do CP, a qual justificou a fixação da pena-base no mínimo legal, o regime inicial aberto, nos termos do art. 33, § 2º, "c", e § 3º, do CP, é o mais adequado à repressão de delito em epígrafe. Do mesmo modo, preenchidos os requisitos objetivo e subjetivos do art. 44 do CP – pena inferior a 4 anos, primariedade e circunstâncias judiciais favoráveis -, cabível a substituição da sanção privativa de liberdade por medidas restritivas de direitos, a serem definidas pelo Juízo das Execuções Penais, ante o trânsito em julgado da condenação. Habeas corpus não conhecido. Ordem concedida ex officio, para aplicar ao caso a minorante prevista no § 4º do art. 33 da Lei n. 11.343/2006, reduzindo as penas do paciente para 1 ano e 8 meses de reclusão, no regime inicial aberto, e 166 dias-multa, permitida a substituição da pena corporal por medidas restritivas de direitos, a serem definidas pelo Juízo das Execuções Penais, ante o trânsito em julgado da condenação. (HC 398.945/SP, Rel. Ministro REYNALDO SOARES DA FONSECA, QUINTA TURMA, julgado em 19/09/2017, DJe 26/09/2017).

Há, contudo, como dito, precedentes em sentido contrário (admitindo a aplicação da causa de diminuição do tráfico privilegiado ao crime tipificado no § 1º-B do artigo 273 do Código Penal):

> AGRAVO REGIMENTAL NO AGRAVO EM RECURSO ESPECIAL. FALSIFICAÇÃO, CORRUPÇÃO, ADULTERAÇÃO OU ALTERAÇÃO DE PRODUTO DESTINADO A FINS TERAPÊUTICOS OU MEDICINAIS. TER EM DEPÓSITO PARA VENDA, DISTRIBUIÇÃO OU ENTREGA A CONSUMO MEDICAMENTOS E INSUMOS SEM REGISTRO NO ÓRGÃO DE VIGILÂNCIA SANITÁRIA COMPETENTE E DE PROCEDÊNCIA IGNORADA. INCONSTITUCIONALIDADE DO PRECEITO SECUNDÁRIO DO ART. 273, § 1º-B, DO CÓDIGO PENAL. APLICAÇÃO ANALÓGICA DA PENA DO DELITO DE TRÁFICO DE DROGAS. POSSIBILIDADE DE INCIDÊNCIA DA CAUSA DE DIMINUIÇÃO PREVISTA NO § 4º DO ART. 33 DA LEI N. 11.343/2006. 1. A Corte Especial deste Superior Tribunal de Justiça, no julgamento da Arguição de Inconstitucionalidade no Habeas Corpus n. 239.363/PR, declarou a inconstitucionalidade do preceito secundário do art. 273, § 1º-B, do Código Penal, autorizando a aplicação analógica das penas previstas para o crime de tráfico de drogas. 2. Analisando o referido julgado, esta colenda Quinta Turma firmou o entendimento de que, diante da ausência de ressalva em sentido contrário, é possível a aplicação da causa de diminuição prevista no § 4º do art. 33 da Lei 11.343/2006 no cálculo da pena dos condenados pelo delito previsto no art. 273, § 1º-B, do Estatuto Repressivo. Precedentes. MINORANTE DO § 4º DO ARTIGO 33 DA LEI N. 11.343/06. PRETENDIDA APLICAÇÃO.

IMPOSSIBILIDADE. QUANTIDADE DE MEDICAMENTOS ALIADA ÀS DEMAIS CIRCUNSTÂNCIAS DO DELITO. FUNDAMENTAÇÃO IDÔNEA. DEDICAÇÃO Á ATIVIDADE CRIMINOSA. REEXAME DE PROVAS. 1. Para a incidência do redutor previsto no § 4º do art. 33 da Lei n. 11.343/06, é necessário o preenchimento dos requisitos legais: a) o agente seja primário; b) com bons antecedentes; c) não se dedique às atividades delituosas; e d) não integre organização criminosa. 2. Na hipótese, as instâncias de origem entenderam que o agravante se dedica a atividades criminosas, em razão da quantidade de substâncias apreendidas aliada a outros elementos do caso concreto, especialmente o fato de ter sido flagrado após denúncias de moradores das proximidades do local onde as drogas estavam sendo armazenadas e comercializadas. 3. Para afastar a conclusão das instâncias ordinárias no sentido de que o réu não se dedicava a atividades criminosas, seria necessário o revolvimento de matéria fático-probatória, providência vedada na via especial, ante o óbice da Súmula n. 7/STJ. SUBSTITUIÇÃO DA PENA CORPORAL POR RESTRITIVAS DE DIREITOS. ANÁLISE PREJUDICADA, DIANTE DA MANUTENÇÃO DA REPRIMENDA. INSURGÊNCIA DESPROVIDA. 1. Mantida a pena em patamar superior a 4 anos de reclusão, incabível a substituição da sanção privativa de liberdade por restritivas de direitos, já que não preenchido o requisito objetivo previsto no art. 44, inciso I, do Código Penal. 2. Agravo regimental desprovido (AgRg no AgRg no AREsp 1610153/PE, Rel. Ministro JORGE MUSSI, QUINTA TURMA, julgado em 05/05/2020, DJe 29/06/2020).

HABEAS CORPUS SUBSTITUTIVO DE RECURSO PRÓPRIO. INADEQUAÇÃO DA VIA ELEITA. PACIENTE CONDENADO À PENA CORPORAL DE 5 ANOS DE RECLUSÃO, POR INFRAÇÃO AO ART. 273, § 1º-B, I, DO CP, COM APLICAÇÃO DO PRECEITO SECUNDÁRIO PREVISTO NO ART. 33 DA LEI N. 11.343/2006. PEDIDO DE APLICAÇÃO DA CAUSA ESPECIAL DE DIMINUIÇÃO DE PENA DO ART. 33, § 4º, DA LEI N. 11.343/2006 AO CRIME DE IMPORTAÇÃO DE MEDICAMENTO NÃO AUTORIZADO. POSSIBILIDADE. ENTENDIMENTO QUE SE EXTRAI DA AI NO HC N. 239.363/PR. PENAS REDUZIDAS. REGIME ABERTO ESTABELECIDO E SUBSTITUIÇÃO DA PENA CORPORAL PERMITIDA. CONSTRANGIMENTO ILEGAL EVIDENCIADO. HABEAS CORPUS NÃO CONHECIDO. ORDEM CONCEDIDA EX OFFICIO. O Superior Tribunal de Justiça, seguindo entendimento firmado pelo Supremo Tribunal Federal, passou a não admitir o conhecimento de habeas corpus substitutivo de recurso previsto para a espécie. No entanto, deve-se analisar o pedido formulado na inicial, tendo em vista a possibilidade de se conceder a ordem de ofício, em razão da existência de eventual coação ilegal. A Corte Especial, por meio do julgamento da AI no HC n. 239.363/PR, por maioria de votos, acolheu a arguição para declarar inconstitucional o preceito secundário do artigo 273, § 1º-B do Código Penal. Em decorrência, as Turmas que compõem a 3ª Seção deste Sodalício passaram a determinar a aplicação do preceito secundário do artigo 33 da Lei 11.343/2006 aos casos em que o acusado é condenado pelo crime previsto no artigo 273, § 1º-B, do Código Penal. Conforme afirmei à oportunidade do julgamento do HC n. 274098/MG, em 9/5/2017, entendo não haver óbice à aplicação do referido precedente da Corte

> Especial, afastando-se, assim, o preceito secundário do art. 273, § 1º-B, do Código Penal, com a incidência, inclusive, da causa de diminuição prevista no art. 33, § 4º, da Lei n. 11.343/06. Hipótese em que se encontra evidenciado o constrangimento ilegal, pois, apesar de as instâncias ordinárias terem estabelecido as reprimendas do tipo descrito no artigo 273, § 1º-B, inciso I, do Código Penal com a aplicação dos parâmetros da pena prevista no art. 33 da Lei n. 11.343/2006, não foi reconhecida a incidência da causa de diminuição prevista no art. 33, § 4º, da Lei n. 11.343/06, por entender que haveria a vedada combinação de leis, entendimento que vai de encontro à jurisprudência desta Corte. Em decorrência, reconhecida a possibilidade de aplicação da minorante do § 4º do art. 33 da Lei n. 11.343/2006 ao tipo do art. 273, §1º-B, I, do CP, foram as penas reduzidas para 1 ano e 8 meses de reclusão e 166 dias-multa, ante a aplicação, na terceira etapa da dosimetria, da fração redutora de 2/3, pois o caso não envolveu vultosa quantidade de medicamento. Precedentes. Considerando a primariedade do paciente e a análise favorável dos vetores do art. 59 do CP, a qual justificou a fixação da pena-base no mínimo legal, o regime inicial aberto, nos termos do art. 33, § 2º, "c", e § 3º, do CP, é o mais adequado à repressão de delito em epígrafe. Do mesmo modo, preenchidos os requisitos objetivo e subjetivos do art. 44 do CP – pena inferior a 4 anos, primariedade e circunstâncias judiciais favoráveis -, cabível a substituição da sanção privativa de liberdade por medidas restritivas de direitos, a serem definidas pelo Juízo das Execuções Penais, ante o trânsito em julgado da condenação. Habeas corpus não conhecido. Ordem concedida ex officio, para aplicar ao caso a minorante prevista no § 4º do art. 33 da Lei n. 11.343/2006, reduzindo as penas do paciente para 1 ano e 8 meses de reclusão, no regime inicial aberto, e 166 dias-multa, permitida a substituição da pena corporal por medidas restritivas de direitos, a serem definidas pelo Juízo das Execuções Penais, ante o trânsito em julgado da condenação (HC 398.945/SP, Rel. Ministro REYNALDO SOARES DA FONSECA, QUINTA TURMA, julgado em 19/09/2017, DJe 26/09/2017).

Mais recentemente (informativo 714), o Superior Tribunal de Justiça voltou a afirmar ser possível aplicar a causa de diminuição de pena do tráfico privilegiado ao crime tipificado no § 1º-B do 273 do Caderno Repressivo (inclusive via revisão criminal, calcada no inciso I do artigo 621 do Código de Processo Penal).

Princípio da insignificância (inaplicabilidade): o Superior Tribunal de Justiça entende inaplicável o princípio da insignificância em relação ao crime tipificado no artigo 273 do Código Penal (crime de perigo abstrato contra a saúde pública):

> 1. Ao justificar a manutenção da condenação do paciente pela prática do delito de falsificação, corrupção, adulteração ou alteração de produto destinado a fins terapêuticos ou medicinais, o acórdão impugnado foi claro ao reconhecer "o porte para venda" do medicamento. Desse modo, não há deficiência na motivação do decisum. 2. Além disso, a denúncia narrou que o acusado "transportava, trazia

> consigo e expunha à venda, para fins de entrega a consumo de terceiros, uma cartela contendo 07 (sete) comprimidos do medicamento PRAMIL (Sildenafil), [...] de procedência ignorada, mas de origem transnacional, sem o exigido registro no órgão da vigilância sanitária competente". A finalidade comercial dos medicamentos apreendidos também foi reconhecida na sentença, circunstância que afasta a suscitada atipicidade da conduta por ausência de demonstração do intuito do réu de comercializar os comprimidos com ele encontrados. 3. Embora seja pequena a quantidade de comprimidos apreendidos em poder do réu, a jurisprudência desta Corte Superior é firme em asseverar não ser aplicável ao delito em comento o princípio da insignificância. Precedentes (HC 412.888/SP, Rel. Ministro Rogerio Schietti Cruz, Sexta Turma, julgado em 27/11/2018, DJe 10/12/2018)[317].
>
> RECURSO ORDINÁRIO EM HABEAS CORPUS. IMPORTAÇÃO E EXPOSIÇÃO À VENDA DE PRODUTO DESTINADO A FINS TERAPÊUTICOS OU MEDICINAIS. 1. ATIPICIDADE DA CONDUTA. APLICAÇÃO DO PRINCÍPIO DA INSIGNIFICÂNCIA. 2. MEDICAMENTO DE VENDA PROIBIDA. MÍNIMA OFENSIVIDADE. NÃO OCORRÊNCIA. RISCO À SAÚDE PÚBLICA. 3. DESCLASSIFICAÇÃO DO CRIME PARA CONTRABANDO OU DESCAMINHO. IMPOSSIBILIDADE. MATÉRIA DE PROVA. 4. RECURSO ORDINÁRIO IMPROVIDO. 1. A lei penal não deve ser invocada para atuar em hipóteses desprovidas de significação social, razão pela qual os princípios da insignificância e da intervenção mínima surgem para evitar situações dessa natureza, atuando como instrumentos de interpretação restrita do tipo penal. 2. No caso, não há como reconhecer o reduzido grau de reprovabilidade ou a mínima ofensividade da conduta, pois a quantidade de medicamentos apreendidos, a saber, 59 (cinquenta e nove) comprimidos de PRAMIL – vasodilatador utilizado no tratamento da disfunção erétil e que não possui registro na ANVISA, não podendo, portanto, ser comercializado no Brasil – e a clara destinação comercial, caracterizada pelo local da apreensão, afastam a aplicação do princípio da insignificância, pois indiscutível o risco à saúde pública decorrente da exposição, à venda, de medicamento proibido. 3. O pleito de desclassificação do crime de importar e expor à venda produto destinado a fins terapêuticos ou medicinais para o crime de contrabando ou de descaminho exige, necessariamente, o revolvimento do conteúdo fático-probatório, procedimento incompatível com a via processual do habeas corpus. 4. Recurso ordinário a que se nega provimento. (RHC 31.352/RS, Rel. Ministro Marco Aurélio Bellizze, Quinta Turma, julgado em 11/04/2013, DJe 18/04/2013).

Desclassificação para o crime de contrabando: interessante notar que os julgados transcritos no item anterior se referem à importação do medicamento PRAMIL (usado para disfunção erétil e normalmente importado ilicitamente do Paraguai). Nesse caso, há julgados oriundos de Tribunais Regionais Federais desclassificando a

---

317 Transcrevi apenas parte do julgado.

imputação do crime do § 1º-B do artigo 273 do Código Penal para o crime de contrabando:

> 1. A conduta descrita na exordial acusatória apenas se enquadraria no artigo 273, § 1º e § 1º-B, inciso I, do Código Penal se o acusado tivesse importado medicamento cujo princípio ativo não constasse de registro na ANVISA, não havendo respaldo da vigilância sanitária quanto à qualidade da droga, o que ensejaria violação ao bem jurídico protegido pelo tipo penal. 2. O enquadramento típico do fato, em se tratando de importação irregular de Pramil, deve ser analisado, considerando as circunstâncias particulares do fato, especialmente quando a quantidade e a natureza do fármaco, ainda que sem registro no órgão de vigilância sanitária competente, não apresenta especial potencial lesivo à saúde pública. 3. A conduta do acusado é proscrita pelo artigo 334 do Código Penal, com redação em vigor à época dos fatos, pois o PRAMIL é mercadoria proibida, conforme artigo 1º da Resolução n.º 2997, de 12 de setembro de 2006, da ANVISA (TRF da 3ª Região, Apelação Criminal nº 0002139-53.2011.4.03.6002/MS, rel. Des. Federal André Nekatschalow, publicado em 04/09/2015)[318].

O acórdão acima transcrito elucida o motivo da desclassificação: o princípio ativo do medicamento tem registro na ANVISA, mas o medicamento não. Ora, se a droga é segura, não há ofensa à saúde pública e isso redunda na desclassificação do delito, tal qual proposto supra.

Note que a desclassificação pode oportunizar, excepcionalmente, a aplicação do princípio da insignificância (quando se detecta importação de pequena quantidade de medicamento para uso próprio):

> DIREITO PENAL. IMPORTAÇÃO DE MEDICAMENTOS. ÍNFIMA QUANTIDADE. DESCLASSIFICAÇÃO PARA CONTRABANDO. INSIGNIFICÂNCIA DA CONDUTA. A importação de quantidade pouco representativa de medicamentos compostos da substância sildenafil, cujas circunstâncias da apreensão apontam que o destino era o uso pelo próprio réu, sem intenção de comercialização, subsume-se ao tipo penal do contrabando e não lesa os bens jurídicos tutelados pela norma, sendo aplicável o princípio da insignificância na espécie. (TRF4, ACR 5000569-54.2017.4.04.7118, Oitava Turma, Relator Leandro Paulsen, juntado aos autos em 28/05/2020).

A aplicação excepcional do princípio da insignificância em caso de importação ilícita de pequena quantidade de medicamentos para uso próprio é reconhecida pelo Superior Tribunal de Justiça (edição 81 da jurisprudência em teses):

318 Transcrevi apenas parte do julgado.

> 4) A importação clandestina de medicamentos configura crime de contrabando, aplicando-se, excepcionalmente, o princípio da insignificância aos casos de importação não autorizada de pequena quantidade para uso próprio.

Inconstitucionalidade do preceito secundário do inciso I do § 1º-B do artigo 273: pondo uma pá de cal no debate (pelo menos no que toca ao inciso I do § 1º-B do artigo 273 do Código Penal), o Supremo Tribunal Federal, nos autos do RE 979962 (tema 1003 da repercussão geral), fixou a seguinte tese:

> É inconstitucional a aplicação do preceito secundário do art. 273 do Código Penal, com redação dada pela Lei nº 9.677/98 (reclusão, de 10 a 15 anos, e multa), à hipótese prevista no seu § 1º-B, I, que versa sobre a importação de medicamento sem registro no órgão de vigilância sanitária. Para esta situação específica, fica repristinado o preceito secundário do art. 273, na redação originária (reclusão, de 1 a 3 anos, e multa).

Com esse entendimento, o crime tipificado no inciso I do § 1º-B do artigo 273 do Código Penal passa a admitir acordo de não persecução penal (artigo 28-A do CPP), suspensão condicional do processo (artigo 89 da Lei 9.099/95) e fiança arbitrada pela autoridade policial (artigo 322 do CPP).

Tipo culposo: como salientado supra, o crime aqui estudado possui modalidade culposa, que admite acordo de não persecução penal (artigo 28-A do CPP) e suspensão condicional do processo (artigo 89 da Lei 9.099/95).

Emprego de processo proibido ou de substância não permitida

Art. 274 – Empregar, no fabrico de produto destinado a consumo, revestimento, gaseificação artificial, matéria corante, substância aromática, anti-séptica, conservadora ou qualquer outra não expressamente permitida pela legislação sanitária:

Pena – reclusão, de 1 (um) a 5 (cinco) anos, e multa.

Classificação: crime doloso, comum (pode ser perpetrado por qualquer pessoa) e de perigo abstrato (o perigo é presumido pela lei).

O delito admite acordo de não persecução penal (artigo 28-A do CPP) e suspensão condicional do processo (artigo 89 da Lei 9.099/95).

Condutas proibidas: eis as condutas proibidas no tipo:

<table>
<tr><th colspan="3">Artigo 274 do Código Penal</th></tr>
<tr><td rowspan="7">Empregar, no fabrico de produto destinado a consumo</td><td>revestimento</td><td rowspan="7">não expressamente permitida pela legislação sanitária</td></tr>
<tr><td>gaseificação artificial</td></tr>
<tr><td>matéria corante</td></tr>
<tr><td>substância aromática</td></tr>
<tr><td>substância antisséptica</td></tr>
<tr><td>substância conservadora</td></tr>
<tr><td>ou qualquer outra substância</td></tr>
</table>

Trata-se de norma penal em branco (complementada pela legislação sanitária) de ação penal pública incondicionada.

É preciso materialização de perícia (artigo 158 do Código de Processo Penal), com o fito de demonstrar a utilização da substância não expressamente permitida na legislação sanitária na fabricação do produto.

Invólucro ou recipiente com falsa indicação

Art. 275 – Inculcar, em invólucro ou recipiente de produtos alimentícios, terapêuticos ou medicinais, a existência de substância que não se encontra em seu conteúdo ou que nele existe em quantidade menor que a mencionada:

Pena – reclusão, de 1 (um) a 5 (cinco) anos, e multa.

Classificação: crime doloso, comum (pode ser perpetrado por qualquer pessoa) e de perigo abstrato (o tipo não exige demonstração da nocividade do produto).

O delito é de ação penal pública incondicionada, admite acordo de não persecução penal (artigo 28-A do CPP) e suspensão condicional do processo (artigo 89 da Lei 9.099/95).

Conduta proibida: o agente inculca (grava/indica) em invólucro ou recipiente de produto alimentícios, terapêuticos ou medicinais a existência de substância que não se encontra em seu conteúdo ou que nele existe em quantidade menor que a mencionada.

É preciso materialização de perícia (artigo 158 do Código de Processo Penal) para aferir a dissonância entre o rótulo e a substância/quantidade (delito não transeunte). Por se tratar de crime de perigo abstrato, é irrelevante a constatação de que o produto não é nocivo.

Produto ou substância nas condições dos dois artigos anteriores

Art. 276 – Vender, expor à venda, ter em depósito para vender ou, de qualquer forma, entregar a consumo produto nas condições dos arts. 274 e 275.

Pena – reclusão, de 1 (um) a 5 (cinco) anos, e multa.

Classificação: crime comum (pode ser perpetrado por qualquer pessoa) e doloso.

Trata-se de delito de ação penal pública incondicionada que admite acordo de não persecução penal (artigo 28-A do CPP) e suspensão condicional do processo (artigo 89 da Lei 9.099/95).

Conduta proibida: vender, expor à venda, ter em depósito para vender ou, de qualquer forma, entregar a consumo produto nas condições dos artigos 274 e 275 do Código Penal.

O autor do crime aqui estudado não deve participar da prática dos crimes citados. Se o agente cometeu os delitos tipificados nos artigos 274 ou 275 do Código Penal, a prática das condutas listadas no artigo 276 constituirá *post factum* impunível. Exemplifico:

> **SITUAÇÃO HIPOTÉTICA:** PEDRO compra garrafas de uísque nacional, retira os rótulos e cola rótulos de uísque importado, muito mais caro, entregando as bebidas no bar de JONAS. Este, procede à venda das bebidas sabendo da farsa.
>
> **SOLUÇÃO:** PEDRO perpetrou o crime tipificado no artigo 275 do Código Penal e JONAS o delito tipificado no artigo 276 do mesmo diploma.

Substância destinada à falsificação

Art. 277 – Vender, expor à venda, ter em depósito ou ceder substância destinada à falsificação de produtos alimentícios, terapêuticos ou medicinais:

Pena – reclusão, de 1 (um) a 5 (cinco) anos, e multa.

Classificação: crime comum (pode ser perpetrado por qualquer pessoa), doloso e de perigo abstrato.

O delito admite acordo de não persecução penal (artigo 28-A do CPP), suspensão condicional do processo (artigo 89 da Lei 9.099/95) e é de ação penal pública incondicionada.

Condutas proibidas: eis as condutas proibidas listadas no tipo:

Artigo 277 do Código Penal	
Vender (crime instantâneo)	substância destinada à falsificação de produtos alimentícios, terapêuticos ou medicinais.
Expor à venda (crime permanente)	
Ter em depósito (crime permanente)	
Ceder (crime instantâneo)	

Para a prática do delito aqui estudado, é preciso minuciosa investigação demonstrando que a substância é destinada à falsificação de produtos alimentícios, terapêuticos ou medicinais.

Como dito supra, o crime é de perigo abstrato (não é preciso que a substância seja nociva à saúde). Há necessidade, contudo, de materialização de perícia (artigo 158 do Código de Processo Penal), para que seja demonstrada a natureza da substância apreendida e o fim a que se destinava.

Outras substâncias nocivas à saúde pública

Art. 278 – Fabricar, vender, expor à venda, ter em depósito para vender ou, de qualquer forma, entregar a consumo coisa ou substância nociva à saúde, ainda que não destinada à alimentação ou a fim medicinal:

Pena – detenção, de um a três anos, e multa.

Modalidade culposa

Parágrafo único – Se o crime é culposo:

Pena – detenção, de dois meses a um ano.

Classificação: crime doloso (admite-se, contudo, modalidade culposa no parágrafo único), comum (pode ser praticado por qualquer pessoa) e de perigo abstrato.

O delito admite acordo de não persecução penal (artigo 28-A do CPP), suspensão condicional do processo (artigo 89 da Lei 9.099/95) e fiança arbitrada pela autoridade policial (artigo 322 do CPP).

Condutas proibidas: eis as condutas proibidas descritas no tipo:

<table>
<tr><th colspan="2">Artigo 278 do Código Penal</th></tr>
<tr><td>Fabricar</td><td rowspan="5">coisa ou substância nociva à saúde, ainda que não destinada à alimentação ou a fim medicinal</td></tr>
<tr><td>Vender</td></tr>
<tr><td>Expor à venda</td></tr>
<tr><td>Ter em depósito para vender</td></tr>
<tr><td>Entregar, de qualquer forma, a consumo</td></tr>
</table>

Saliento a necessidade de materialização de perícia, com o fito de individualizar o objeto material do crime perpetrado (artigo 158 do Código de Processo Penal) e, principalmente, sua nocividade.

Rogério Sanches Cunha adverte que "substância nociva é aquela prejudicial, que causa dano à saúde de quem a consome. Não se confunde com a imprópria para consumo, que é a não recomendável, inadequada"[319].

319 CUNHA, Rogério Sanches. **Código Penal para concursos**. Salvador, 13ª edição, Juspodivm, 2020, p. 860.

Venda de "loló": a venda da substância conhecida como "loló" constitui prática do crime tipificado no artigo 278 do Código Penal (não é possível enquadrar a prática no crime de tráfico de drogas, porque a substância nociva não é taxada como proscrita pela Portaria 344/98 da ANVISA).

Nesse sentido, julgado do Tribunal de Justiça de Minas Gerais (grifos meus):

> APELAÇÃO CRIMINAL. TRÁFICO DE DROGAS. PROVA INSUFICIENTE PARA COMPROVAR A PROPRIEDADE DA "MACONHA" APREENDIDA. "IN DUBIO PRO REO". **COMERCIALIZAÇÃO DE "TRICLORETILENO", POPULARMENTE CONHECIDA COMO "LOLÓ". SUBSTÂNCIA NÃO PREVISTA COMO ENTORPECENTE, PORÉM NOCIVA À SAÚDE CASO CONSUMIDA INADEQUADAMENTE. DESCLASSIFICAÇÃO PARA O CRIME PREVISTO NO ARTIGO 278 DO CP.** NECESSIDADE. RECURSO PROVIDO. ALVARÁ. 1. Não havendo provas firmes e seguras que demonstrem a propriedade da "maconha" apreendida em via pública, não deve a mesma ser imputada ao acusado. **2. Demonstrado que o agente mantinha em depósito substância nociva à saúde destinada à venda para consumo inadequado, comprovada está a prática do delito disposto no artigo 278 do Código Penal.** 3. Recurso provido. Alvará. (TJMG – Apelação Criminal 1.0024.16.077392-5/001, Relator(a): Des.(a) Marcílio Eustáquio Santos, 7ª Câmara Criminal, julgamento em 30/08/2017, publicação da súmula em 08/09/2017).

Modalidade culposa: o tipo prevê punição da modalidade culposa em seu parágrafo único.

Trata-se de infração de menor potencial ofensivo de ação penal pública incondicionada.

Substância avariada

Art. 279 – (Revogado pela Lei nº 8.137, de 27.12.1990)

Revogação do dispositivo: o tipo do artigo 279 do Código Penal foi revogado expressamente pela Lei 8.137/90.

Medicamento em desacordo com receita médica

Art. 280 – Fornecer substância medicinal em desacordo com receita médica:

Pena – detenção, de um a três anos, ou multa.

Modalidade culposa

Parágrafo único – Se o crime é culposo:

Pena – detenção, de dois meses a um ano.

Classificação: crime comum, doloso (admite-se, contudo, modalidade culposa no parágrafo único do artigo 280 do Código Penal) e de perigo abstrato (Rogério Greco entende que se trata de crime de perigo concreto[320]).

O delito admite acordo de não persecução penal (artigo 28-A do CPP), suspensão condicional do processo (artigo 89 da Lei 9.099/95) e fiança arbitrada pela autoridade policial (artigo 322 do CPP).

Conduta proibida: a conduta proibida é fornecer (venda ou a título gratuito) substância medicinal em desacordo com receita médica.

Como o tipo limitou a prática delitiva ao fornecimento de medicamento em desacordo com receita médica, caso a não observância seja a prescrição de dentista, não resta perpetrado o crime tipificado no artigo 280 do Código Penal.

Concordo com Rogério Sanches Cunha, no sentido de ser atípica a conduta de fornecer medicamento de melhor qualidade que a receitada pelo médico. O doutrinador leciona que "o medicamento fornecido deve ser de qualidade inferior ao receitado, pois s superior (sem gerar risco) não existe ofensa à saúde pública (isto é, não há lesão ou perigo de lesão ao bem jurídico tutelado)"[321].

De igual sorte, se o farmacêutico substitui medicamento de marca por medicamento genérico, não há crime.

Medicamento prescrito em dose excessiva pelo médico: a doutrina aponta as seguintes soluções:

Caso não exista situação de perigo atual (urgência)	Caso exista situação de perigo atual (urgência)
O farmacêutico deve contatar o médico, para esse corrija a receita[322].	O farmacêutico deve corrigir a dose prescrita de forma equivocada (estado de necessidade).

Se o médico prescreve culposamente medicamento em excesso, é possível imputação da prática delitiva descrita no artigo 38 da Lei 11.343/06:

320 GRECO, Rogério. **Código Penal: comentado**, 12ª edição, 2018, p. 993.

321 CUNHA, Rogério Sanches. **Código Penal para concursos**, Salvador, editora Juspodivm, 13ª edição, p. 862.

322 O Decreto 16.300, de 31 de dezembro de 1923, que aprovou o regulamento do Departamento Nacional de Saúde Pública foi revogado pelo Decreto de 5 de setembro de 1991. A solução apontada pela doutrina era fornecida pelo artigo 254 do decreto revogado:
Art. 254. Para aviar uma receita, que lhe pareça perigosa, deverá o phamaceutico consultar o medico, que a rectificará ou fará declaração expressa e escripta de que assume a responsabilidade da mesma, declaração que o pharmaceutico copiará no livro de registro do receituario e na propria receita, que ficará em seu poder.
Paragrapho unico. Si a posologia, em uma prescripção, fôr anormal, deverá o medico sublinhar a dose do medicamento, ou fazer a declaração na propria receita, para que possa ser aviada sem a responsabilidade do pharmaceutico.

Art. 38. Prescrever ou ministrar, culposamente, drogas, sem que delas necessite o paciente, ou fazê-lo em doses excessivas ou em desacordo com determinação legal ou regulamentar:

Pena – detenção, de 6 (seis) meses a 2 (dois) anos, e pagamento de 50 (cinqüenta) a 200 (duzentos) dias-multa.

Parágrafo único. O juiz comunicará a condenação ao Conselho Federal da categoria profissional a que pertença o agente.

Modalidade culposa: a modalidade culposa é infração de menor potencial ofensivo de ação penal pública incondicionada.

Resultado morte ou lesão grave: se o crime tipificado no artigo 280 do Código Penal resultar em morte ou lesão corporal grave, cumpre observar o artigo 285 do mesmo diploma (que determina aplicação do artigo 258 do Caderno Repressivo):

Crime (doloso/culposo)	Resultado	Aumento
Doloso	Lesão grave	Metade
Doloso	Morte	Dobro
Culposo	Lesão corporal	Metade
Culposo	Morte	Pena cominada ao homicídio culposo (detenção de um a três anos), aumentada de 1/3

No caso da prática dolosa do crime tipificado no artigo 280 do Código Penal com resultado morte ou lesão corporal grave, verifica-se delito preterdoloso.

Comércio, posse ou uso de entorpecente ou substância que determine dependência física ou psíquica. (Revogado pela Lei nº 6.368, 1976)

Art. 281. (Revogado pela Lei nº 6.368, 1976)

Revogação do dispositivo: o crime tipificado no artigo 281 do Código Penal foi revogado pela Lei 6.368/76 (hoje as condutas são reguladas pela Lei 11.343/06).

Exercício ilegal da medicina, arte dentária ou farmacêutica

Art. 282 – Exercer, ainda que a título gratuito, a profissão de médico, dentista ou farmacêutico, sem autorização legal ou excedendo-lhe os limites:

Pena – detenção, de seis meses a dois anos.

Parágrafo único – Se o crime é praticado com o fim de lucro, aplica-se também multa.

Classificação: crime comum (pode ser perpetrado por qualquer pessoa na conduta proibida exercício ilegal da profissão de médico, dentista ou farmacêutico) ou próprio (na conduta proibida exceder os limites das profissões citadas), doloso, de perigo abstrato (presumido pela lei) e habitual (a prática de um ato isolado não constitui prática do crime aqui estudado).

Trata-se de infração de menor potencial ofensivo de ação penal pública incondicionada.

Condutas proibidas: exercer (ainda que sem nada cobrar) a profissão de médico, dentista ou farmacêutico, sem autorização legal ou exceder os limites dessas profissões (médico clínico-geral que, por exemplo, faz cirurgias).

Se o agente exerce ilegalmente a profissão de enfermeiro ou de médico veterinário, por exemplo, não há como imputar o crime perpetrado no artigo aqui estudado (impossibilidade de analogia *in malam partem*). Será possível, contudo, imputar ao agente a contravenção penal prevista no artigo 47 do Decreto-Lei 3.688/41:

> Art. 47. Exercer profissão ou atividade econômica ou anunciar que a exerce, sem preencher as condições a que por lei está subordinado o seu exercício:
>
> Pena – prisão simples, de quinze dias a três meses, ou multa, de quinhentos mil réis a cinco contos de réis.

Saliento a importância da leitura dos artigos 205, 282 e 359 do Código Penal para a correta imputação da conduta praticada:

Artigo 205 do CP	Artigo 282 do CP	Artigo 359 do CP
Art. 205 – Exercer atividade, de que está impedido por decisão administrativa: Pena – detenção, de três meses a dois anos, ou multa.	Art. 282 – Exercer, ainda que a título gratuito, a profissão de médico, dentista ou farmacêutico, sem autorização legal ou excedendo-lhe os limites: Pena – detenção, de seis meses a dois anos. Parágrafo único – Se o crime é praticado com o fim de lucro, aplica-se também multa.	Art. 359 – Exercer função, atividade, direito, autoridade ou múnus, de que foi suspenso ou privado por decisão judicial: Pena – detenção, de três meses a dois anos, ou multa.
Exemplo: médico que exerce sua profissão, mesmo estando impedido por decisão do Conselho Regional de Medicina.	**Exemplo:** pessoa que não é formada em medicina exerce a profissão de médico habitualmente.	**Exemplo:** pessoa que foi suspensa do exercício da medicina por decisão judicial e continua exercendo a profissão.

Estado de necessidade (impossibilidade): não é possível reconhecer estado de necessidade em face da prática de crime habitual. Destarte, a excludente não é compatível com o crime tipificado no artigo 282 do Código Penal.

Há condições, entretanto, de reconhecer, eventualmente, exclusão da culpabilidade (afastamento da exigibilidade de conduta diversa).

Se a situação é pontual (prática de um único ato privativo das profissões listadas no tipo), a solução é a atipicidade (o tipo reclama habitualidade, como ressaltado).

Imposição de pena de multa: o parágrafo único do artigo 282 do Código Penal impõe aplicação cumulativa de pena de multa se o crime é praticado com o fim de lucro.

Penso que o agente que exerce ilegalmente a profissão de médico, dentista ou farmacêutico, diferente do estelionatário, não deseja ludibriar vítima determinada para dela auferir vantagem indevida em prejuízo alheio (se o objetivo for enganar vítima determinada com o fim de obtenção de vantagem indevida, a imputação deve ser a prevista no artigo 171 do Código Penal).

Ainda que cobre pela "consulta", o pano de fundo do crime tipificado no artigo 282 do Código Penal é o atentado contra a saúde pública (o perigo à incolumidade pública representado pela atuação de um falso médico/dentista/farmacêutico que exerce ilegal e habitualmente uma dessas profissões).

Exercício ilegal da profissão de médico/dentista/farmacêutico com resultado morte ou lesão grave: se o crime tipificado no artigo 282 do Código Penal resultar em morte ou lesão corporal grave, cumpre observar o artigo 285 do mesmo diploma (que determina aplicação do artigo 258 do Caderno Repressivo).

Vale dizer, a pena do crime tipificado no artigo 282 do Código Penal será aumentada da metade se resultar em lesão grave e será aplicada em dobro se resultar morte (são hipóteses preterdolosas). Exemplifico:

> **SITUAÇÃO HIPOTÉTICA:** JOÃO, médico clínico-geral, faz, habitualmente, cirurgias plásticas, sem ser habilitado para tanto. Em uma das cirurgias, JOÃO acaba provocando a morte da sua paciente.
>
> **SOLUÇÃO:** JOÃO deve ser responsabilizado pela prática do crime tipificado no artigo 282 do Código Penal (excedeu aos limites da profissão) cumulado com o artigo 285 do mesmo diploma (a pena será aplicada em dobro em face da morte da vítima).

Charlatanismo

Art. 283 – Inculcar ou anunciar cura por meio secreto ou infalível:

Pena – detenção, de três meses a um ano, e multa.

Classificação: crime doloso, comum, de perigo comum (o anúncio é feito a pessoas indeterminadas) e abstrato (não é preciso prova efetiva do perigo, sendo este presumido pela lei).

Trata-se de infração de menor potencial ofensivo de ação penal pública incondicionada.

Condutas proibidas: eis as condutas proibidas descritas no preceito primário do tipo:

Artigo 283 do Código Penal	
Inculcar (repetir seguidamente)	cura por meio secreto ou infalível
Anunciar	

O crime em testilha, como dito, é comum (pode ser perpetrado por qualquer pessoa, inclusive por médico) e se consuma com a prática das condutas proibidas descritas no tipo (trata-se, portanto, de crime instantâneo).

O charlatanismo é diferente do estelionato, vez que o primeiro é crime contra a saúde pública e se volta a pessoas indeterminadas. O estelionato é crime contra o patrimônio no qual agente ludibria vítima determinada para dela obter vantagem indevida.

Penso que o charlatão não quer lucro indevido (tanto assim que não há, no artigo 283 do Código Penal, punição relacionada à cobrança de valores em face da cura por meio secreto ou infalível). Sua intenção é dar publicidade a um método curativo que, em verdade, não funciona. Ainda que o agente, indiretamente, consiga auferir algum tipo de vantagem, o crime perpetrado será o de charlatanismo – por exemplo, médico que finda sendo mais procurado em seu consultório por anunciar possibilidade curativa secreta/infalível que é, em verdade, inócua.

Destarte, concluo que se há obtenção de vantagem indevida da vítima determinada, que é ludibriada por cura fantasiosa, o delito perpetrado é o de estelionato.

Eis tabela que sintetiza análise dos crimes de estelionato, charlatanismo e curandeirismo:

Situação hipotética	Comentário	Crime perpetrado
JOÃO anuncia venda de produto "secreto" que cura a COVID-19, cobrando das vítimas ludibriadas R$ 1.000,00 por cada frasco do "remédio". PEDRO findou comprando o "medicamento" que é absolutamente ineficaz para o mal citado.	O autor ludibriou a vítima, comercializando produto que sabia ser ineficaz para a cura da doença e recebeu dela R$ 1.000,00 (obteve vantagem indevida em prejuízo alheio).	JOÃO praticou o crime de estelionato, tipificado no artigo 171 do Código Penal.
JONAS anunciou em vídeo postado nas redes sociais que a mistura de certas frutas associada à ingestão de vitaminas e medicamentos é a cura infalível da COVID-19.	JONAS não desejava obter vantagem indevida de pessoas determinadas. Ao revés, ele anunciou a pessoas indeterminadas a cura de doença por método infalível.	JONAS praticou crime de charlatanismo, tipificado no artigo 283 do Código Penal.
MARCOS, imaginando ter poderes místicos e ser conhecedor de receitas curativas efetivas, atende pessoas, prescrevendo chás, realizando rituais e fazendo diagnósticos com vistas a "curar" seus pacientes.	Em face da sua conduta habitual, MARCOS é considerado curandeiro e perpetrou crime contra a saúde pública.	MARCOS praticou o crime de curandeirismo, tipificado no artigo 284 do Código Penal.

Não se admite modalidade culposa. Assim, pessoa que, por negligência (não cuidou de checar a veracidade da mensagem), repassa vídeo ou mensagem de charlatão que anuncia cura por meio secreto/infalível não responde criminalmente.

Charlatanismo com resultado morte ou lesão grave: se o crime tipificado no artigo 283 do Código Penal resultar em morte ou lesão corporal grave, cumpre observar o artigo 285 do mesmo diploma (que determina aplicação do artigo 258 do Caderno Repressivo).

Vale dizer, a pena do crime de charlatanismo será aumentada da metade se resultar em lesão grave e será aplicada em dobro se resultar morte (são hipóteses preterdolosas).

Curandeirismo

Art. 284 – Exercer o curandeirismo:

I – prescrevendo, ministrando ou aplicando, habitualmente, qualquer substância;

II – usando gestos, palavras ou qualquer outro meio;

III – fazendo diagnósticos:

Pena – detenção, de seis meses a dois anos.

Parágrafo único – Se o crime é praticado mediante remuneração, o agente fica também sujeito à multa.

Classificação: crime comum, doloso, habitual (a prática isolada de uma das condutas descritas no tipo constitui fato atípico), misto, alternativo ou de conteúdo variado.

Trata-se de infração de menor potencial ofensivo de ação penal pública incondicionada.

Condutas proibidas: as condutas proibidas no tipo são:

Artigo 284 do Código Penal	
Exercer o curandeirismo	prescrevendo, ministrando ou aplicando, habitualmente, qualquer substância.
	usando gestos, palavras ou qualquer outro meio.
	fazendo diagnósticos.

Curandeiro é aquele que diz tratar e curar doentes, sem habilitação médica oficial, mediante rezas, feitiçaria e beberagens (e acredita em seus poderes sobrenaturais – caso contrário, estaremos diante de charlatão ou estelionatário).

É preciso deixar claro que o autor do crime aqui perpetrado não exerce ilegalmente a medicina (não se faz passar por médico). Se assim fosse, a correta imputação típica seria a descrita no artigo 282 do Código Penal:

> Art. 282 – Exercer, ainda que a título gratuito, a profissão de médico, dentista ou farmacêutico, sem autorização legal ou excedendo-lhe os limites:
>
> Pena – detenção, de seis meses a dois anos.
>
> Parágrafo único – Se o crime é praticado com o fim de lucro, aplica-se também multa.

A proposta do autor do delito aqui estudado é diferente. O que é prometido pelo agente é a cura por meios místicos, pela ingestão de bebidas mágicas ou bênçãos especiais (e isso é perigoso, na medida em que o enfermo pode se afastar das prescrições da medicina tradicional, deixando de seguir o tratamento médico adequado).

Por óbvio, as substâncias prescritas, ministradas ou aplicadas pelo curandeiro não são os remédios produzidos pela indústria farmacêutica (insisto, se assim fosse, o crime eventualmente praticado seria o tipificado no artigo 282 do Caderno Repressivo pátrio).

Penso que não comete o crime em testilha o líder espiritual que propõe orações ou tratamentos espirituais para acalentar a alma do enfermo (padres, pastores, pais/mães de santo, dentre outras lideranças religiosas). Até porque tais autoridades religiosas, em geral, não propõem afastamento do doente da medicina tradicional e não se apresentam como substitutos das soluções científicas.

Entendo que o crime é de perigo abstrato (não há necessidade de prova efetiva do perigo, que é presumido pela lei). Em sentido contrário, Rogério Greco[323], que entende ser o crime tipificado no artigo 284 do Código Penal de perigo concreto.

Imposição de pena de multa: o parágrafo único do artigo 284 do Código Penal impõe aplicação cumulativa de pena de multa se o crime é praticado mediante remuneração.

Penso que o curandeiro, diferente do estelionatário, não deseja ludibriar vítima determinada (se o objetivo for enganar vítima determinada com o fim de obtenção de vantagem indevida, a imputação deve ser a prevista no artigo 171 do Código Penal).

Curandeirismo com resultado morte ou lesão grave: se o crime tipificado no artigo 284 do Código Penal resultar em morte ou lesão corporal grave, cumpre observar o artigo 285 do mesmo diploma (que determina aplicação do artigo 258 do Caderno Repressivo).

Vale dizer, a pena do crime de curandeirismo será aumentada da metade se resultar em lesão grave e será aplicada em dobro se resultar morte (são hipóteses preterdolosas).

323 GRECO, Rogério. **Código Penal: comentado**, 12ª edição, 2018, p. 1000.

Forma qualificada

Art. 285 – Aplica-se o disposto no art. 258 aos crimes previstos neste Capítulo, salvo quanto ao definido no art. 267.

Figuras qualificadas (causas de aumento, em verdade): conforme já exaustivamente mencionado supra, o artigo 285 do Código Penal determina aplicação do artigo 258 do Caderno Repressivo se, em qualquer dos crimes previstos nos artigos 268 a 284, resultar lesão corporal grave ou morte.

TÍTULO IX
DOS CRIMES CONTRA A PAZ PÚBLICA

Incitação ao crime

Art. 286 – Incitar, publicamente, a prática de crime:

Pena – detenção, de três a seis meses, ou multa.

Parágrafo único. Incorre na mesma pena quem incita, publicamente, animosidade entre as Forças Armadas, ou delas contra os poderes constitucionais, as instituições civis ou a sociedade.

Classificação: trata-se de crime doloso, comum e de mera conduta (não é preciso que o crime objeto da incitação seja efetivamente praticado para consumação do delito aqui estudado).

É infração de menor potencial ofensivo de ação penal pública incondicionada.

Necessidade de publicidade e de objeto determinado: é preciso que a incitação seja feita em público (quando se faz em ambientes privados, não há prática de crime) e que o delito objeto da incitação seja determinado.

Incitação à prática de contravenção penal: a incitação à prática de contravenção penal não configura o crime tipificado no artigo 286 do Código Penal (fato formalmente atípico).

Incitação a pessoa determinada: é importante salientar que se a incitação for a pessoa determinada, há concurso de pessoas (quem incita será partícipe do crime perpetrado e não autor do crime tipificado no artigo 286 do Código Penal). Exemplifico:

> **SITUAÇÃO HIPOTÉTICA:** JOÃO incitou MARIA a matar FERNANDA. MARIA esfaqueou FERNANDA, tirando-lhe a vida.
>
> **SOLUÇÃO:** JOÃO será partícipe do crime de homicídio perpetrado por MARIA (e não mero autor do crime de incitação ao crime).

Incitação à discriminação ou preconceito: se a incitação disser respeito a discriminação ou preconceito de raça, cor, etnia, religião ou procedência nacional, tem-se crime de racismo, tipificado no artigo 20 da Lei 7.716/89 (transcrevo apenas o *caput* – grifos meus):

> Art. 20. Praticar, induzir ou **incitar a discriminação ou preconceito de raça, cor, etnia, religião ou procedência nacional**.
>
> Pena: reclusão de um a três anos e multa.

Figura equiparada: a Lei 14.197/21 inseriu figura equiparada que pune "quem incita, publicamente, animosidade entre as Forças Armadas, ou delas contra os poderes constitucionais, as instituições civis ou a sociedade".

Apologia de crime ou criminoso

Art. 287 – Fazer, publicamente, apologia de fato criminoso ou de autor de crime:

Pena – detenção, de três a seis meses, ou multa.

Classificação: trata-se de crime doloso, comum e de mera conduta.

Trata-se de infração de menor potencial ofensivo, de ação penal pública incondicionada.

Conduta proibida: a conduta proibida é fazer apologia (que significa enaltecer), publicamente (a apologia feita em ambiente privado não constitui crime), fato criminoso ou autor de crime.

Marcha da maconha: o Supremo Tribunal Federal, no julgamento da ADPF 187/DF, entendeu que não há prática de apologia de crime na chamada "marcha da maconha". Eis o julgado:

> Arguição de descumprimento de preceito fundamental – Admissibilidade – Observância do princípio da subsidiariedade (Lei nº 9.882/99, art. 4º, § 1º) – Jurisprudência – Possibilidade de ajuizamento da ADPF quando configurada lesão a preceito fundamental provocada por interpretação judicial (ADPF 33/PA e ADPF 144/DF, v.g.) – ADPF como instrumento viabilizador da interpretação conforme à constituição – Controvérsia constitucional relevante motivada pela existência de múltiplas expressões semiológicas propiciadas pelo caráter polissêmico do ato estatal impugnado (CP, art. 287) – Magistério da doutrina – Precedentes do Supremo Tribunal Federal – ADPF conhecida. "Amicus curiae" – Intervenção processual em sede de ADPF – Admissibilidade – Pluralização do debate constitucional e a questão da legitimidade democrática das decisões do supremo tribunal federal no exercício da jurisdição constitucional – Doutrina – Precedentes – Pretendida ampliação, por iniciativa desse colaborador processual, do objeto da demanda para, nesta, mediante aditamento, introduzir o tema do uso ritual de plantas alucinógenas e de drogas ilícitas em celebrações litúrgicas, a ser analisado sob a égide do princípio constitucional da liberdade religiosa – Matéria já veiculada na convenção de Viena sobre substâncias psicotrópicas, de

1971 (artigo 32, n. 4), disciplinada na Resolução CONAD nº 1/2010 e prevista na vigente lei de drogas (Lei nº 11.343/2006, art. 2º, "caput", "in fine") – Impossibilidade, no entanto, desse aditamento objetivo proposto pelo "amicus curiae" – Discussão sobre a (desejável) ampliação dos poderes processuais do "amicus curiae" – Necessidade de valorizar-se, sob perspectiva eminentemente pluralística, o sentido democrático e legitimador da participação formal do "amicus curiae" nos processos de fiscalização normativa abstrata. Mérito: "Marcha da Maconha" – Manifestação legítima, por cidadãos da república, de duas liberdades individuais revestidas de caráter fundamental: o direito de reunião (liberdade-meio) e o direito à livre expressão do pensamento (liberdade-fim) – A liberdade de reunião como pré-condição necessária à ativa participação dos cidadãos no processo político e no de tomada de decisões no âmbito do aparelho de estado – Consequente legitimidade, sob perspectiva estritamente constitucional, de assembleias, reuniões, marchas, passeatas ou encontros coletivos realizados em espaços públicos (ou privados) com o objetivo de obter apoio para oferecimento de projetos de lei, de iniciativa popular, de criticar modelos normativos em vigor, de exercer o direito de petição e de promover atos de proselitismo em favor das posições sustentadas pelos manifestantes e participantes da reunião – Estrutura constitucional do direito fundamental de reunião pacífica e oponibilidade de seu exercício ao poder público e aos seus agentes – vinculação de caráter instrumental entre a liberdade de reunião e a liberdade de manifestação do pensamento – Dois importantes precedentes do supremo tribunal federal sobre a íntima correlação entre referidas liberdades fundamentais: HC 4.781/BA, rel. Min. Edmundo Lins, e ADI 1.969/DF, rel. Min. Ricardo Lewandowski – A liberdade de expressão como um dos mais preciosos privilégios dos cidadãos em uma república fundada em bases democráticas – O direito à livre manifestação do pensamento: núcleo de que se irradiam os direitos de crítica, de protesto, de discordância e de livre circulação de ideias – Abolição penal ("abolitio criminis") de determinadas condutas puníveis – Debate que não se confunde com incitação à prática de delito nem se identifica com apologia de fato criminoso – Discussão que deve ser realizada de forma racional, com respeito entre interlocutores e sem possibilidade legítima de repressão estatal, ainda que as ideias propostas possam ser consideradas, pela maioria, estranhas, insuportáveis, extravagantes, audaciosas ou inaceitáveis – O sentido de alteridade do direito à livre expressão e o respeito às ideias que conflitem com o pensamento e os valores dominantes no meio social – Caráter não absoluto de referida liberdade fundamental (CF, art. 5º, incisos IV, V e X; Convenção Americana de Direitos Humanos, art. 13, § 5º) – A proteção constitucional à liberdade de pensamento como salvaguarda não apenas das ideias e propostas prevalecentes no âmbito social, mas, sobretudo, como amparo eficiente às posições que divergem, ainda que radicalmente, das concepções predominantes em dado momento histórico-cultural, no âmbito das formações sociais – O princípio majoritário, que desempenha importante papel no processo decisório, não pode legitimar a supressão, a frustração ou a aniquilação de direitos fundamentais, como o livre exercício do direito de reunião e a prática legítima da liberdade de expressão, sob pena de comprometimento da concepção material de democracia constitucional – A função contramajoritária da jurisdição constitucional no estado democrático de direito – inadmissibilidade da "proibição estatal do dissenso" – necessário respeito ao discurso antagônico no contexto da sociedade civil compreendida como espaço privilegiado que deve valorizar o conceito de "livre mercado de ideias" – O sentido da existência do "free marketplace of ideas" como elemento fundamental e inerente ao regime democrático (AC 2.695-MC/RS, rel. Min. Celso de Mello) – A importância do conteúdo argumentativo do discurso fundado em convicções divergentes – A livre circulação de ideias como signo identificador das sociedades abertas, cuja natureza não se revela compatível com a repressão ao dissenso e que estimula a construção de espaços de liberdade em obséquio ao sentido democrático que anima as instituições da República – As plurissignificações do art. 287 do Código Penal: necessidade de interpretar esse preceito legal em harmonia com as liberdades fundamentais de reunião, de expressão e de petição – legitimidade da utilização da técnica da interpretação conforme à constituição nos casos em que o ato estatal tenha conteúdo polissêmico – Arguição de descumprimento de preceito fundamental julgada procedente (ADPF 187, Relator(a): Min. CELSO DE MELLO, Tribunal Pleno, julgado em 15/06/2011, ACÓRDÃO ELETRÔNICO DJe-102 DIVULG 28-05-2014 PUBLIC 29-05-2014).

Questão de concurso público: veja como o assunto já foi cobrado em concurso público.

1 – (Delegado de Polícia Civil/MS/2021) Sobre os crimes contra a paz pública previstos no Código Penal, assinale a alternativa correta.

a) Incitar, publicamente, a prática de crime ou contravenção penal constitui crime previsto no art. 286 do Código Penal, tratando-se de infração de menor potencial ofensivo.

b) A apologia de crime culposo não é punível, pois não pode haver instigação, direta ou indireta, à prática de ato involuntário.

c) Conforma entendimento dos Tribunais Superiores, a associação criminosa (art. 288 do Código Penal) constitui delito parasitário, de modo que sua configuração depende da efetiva prática de delitos pelo grupo.

d) O grupo de extermínio que promove assassinatos responde pelo crime do art. 121, §6º do Código Penal, restando absorvido o delito do art. 288-A do Código Penal (constituição de milícia privada), tendo em vista a natureza expressamente subsidiária deste.

e) O crime de apologia de crime ou criminoso (art. 287 do Código Penal) exige, além do dolo, um especial fim de agir no sentido de violar a paz pública.

Gabarito comentado:

Questão	Reposta	Comentário
1	Letra B	Vide artigo 287 do Código Penal.

Associação criminosa

Art. 288. Associarem-se 3 (três) ou mais pessoas, para o fim específico de cometer crimes:

Pena – reclusão, de 1 (um) a 3 (três) anos.

Parágrafo único. A pena aumenta-se até a metade se a associação é armada ou se houver a participação de criança ou adolescente.

Introdução: é o antigo crime de quadrilha ou bando (o tipo foi alterado pela Lei 12.850/13).

Classificação: trata-se de crime doloso, comum, plurissubjetivo (de concurso necessário), de condutas paralelas e formal – delito de tendência interna transcendente mutilado de dois atos (não é preciso que seja praticado sequer o primeiro crime).

O delito admite acordo de não persecução penal (artigo 28-A do CPP), suspensão condicional do processo (artigo 89 da Lei 9.099/95) e fiança arbitrada pela autoridade policial (artigo 322 do CPP).

Estabilidade e permanência: é preciso que exista estabilidade e permanência, para prática do crime aqui estudado (caso contrário, haverá mero concurso de pessoas).

Concurso material de crimes: os crimes praticados pela associação criminosa devem ser imputados aos associados em concurso material.

Reunião para prática de contravenções penais: a reunião estável de três ou mais pessoas para prática de contravenções penais não tipifica o crime do artigo 288 do Código Penal – fato formalmente atípico (o tipo reclama reunião para prática de crimes).

Causa de aumento de pena: há, no parágrafo único do artigo 288 do Código Penal, majorante (a pena se aumento até a metade) que incide se a associação criminosa é armada ou se há participação de criança ou adolescente (menores contam para que se cheguem ao número mínimo de participantes reclamado pelo tipo – 3 pessoas).

Crimes de concurso necessário: acerca dos principais crimes plurissubjetivos, memorize a tabela abaixo:

Crime	Artigo/Lei	Número de integrantes	Definição legal completa
Associação para o tráfico de drogas	35 da Lei 11.343/06	2 ou mais	Associação de duas ou mais pessoas para o fim de praticar, reiteradamente ou não, qualquer dos crimes previstos nos arts. 33, *caput* e § 1º, e 34 desta Lei.
Associação criminosa	288 do Código Penal	3 ou mais	Associação de 3 (três) ou mais pessoas, para o fim específico de cometer crimes.

Crime	Artigo/Lei	Número de integrantes	Definição legal completa
Organização criminosa	§ 1º do artigo 1º da Lei 12.850/13	4 ou mais	Associação de 4 (quatro) ou mais pessoas estruturalmente ordenada e caracterizada pela divisão de tarefas, ainda que informalmente, com objetivo de obter, direta ou indiretamente, vantagem de qualquer natureza, mediante a prática de infrações penais cujas penas máximas sejam superiores a 4 (quatro) anos, ou que sejam de caráter transnacional.

Figura qualificada: importante a leitura do artigo 8º da Lei 8.072/90 (o dispositivo traz uma figura qualificada caso a associação criminosa pratique crimes hediondos ou equiparados a hediondos e uma possibilidade negocial que acarreta diminuição de pena):

> Art. 8º Será de três a seis anos de reclusão a pena prevista no art. 288 do Código Penal, quando se tratar de crimes hediondos, prática da tortura, tráfico ilícito de entorpecentes e drogas afins ou terrorismo.
>
> Parágrafo único. O participante e o associado que denunciar à autoridade o bando ou quadrilha, possibilitando seu desmantelamento, terá a pena reduzida de um a dois terços.

Constituição de milícia privada

Art. 288-A. Constituir, organizar, integrar, manter ou custear organização paramilitar, milícia particular, grupo ou esquadrão com a finalidade de praticar qualquer dos crimes previstos neste Código:

Pena – reclusão, de 4 (quatro) a 8 (oito) anos.

Introdução: o legislador foi extremamente impreciso na tipificação do presente delito (Lei 12.720/12). Não conceituou organização paramilitar, milícia particular, grupo ou esquadrão e não deixou claro o número mínimo de participantes (parte da doutrina usa como paradigma o crime do artigo 288 do Código Penal, para delimitar o número mínimo de participantes em três; outra corrente usa como parâmetro o crime descrito na Lei 12.850/13 – participação em organização criminosa – e reclama reunião de pelo menos quatro pessoas) para que o crime se concretize. Entendo que o delito paradigma deve ser o artigo 288 do Código Penal (o legislador "bisou" este tipo, portanto é crível que exista semelhanças entre ambos).

O crime aqui estudado não se restringe à ação de grupos de extermínio (vez que o tipo permite a prática de qualquer dos crimes previstos no Código Penal). Contudo, essa análise finda restringido o tipo. Explico. Se a organização paramilitar, milícia particular, grupo ou esquadrão se voltar à prática de crimes previstos na legislação especial (extravagante), não é possível vislumbrar prática do crime descrito no artigo 288-A do Código Penal (analogia *in malam partem)*.

Classificação: trata-se de crime doloso, comum, vago (cometido contra a coletividade), formal e de concurso necessário (participação de pelo menos 3 pessoas).

Penso que é necessário demonstração de estabilidade e permanência para imputação do crime em testilha aos milicianos.

Concurso material de crimes: os crimes praticados pela milícia privada devem ser imputados a seus integrantes em concurso material.

Questão de concurso público: veja como o assunto já foi cobrado em concurso público.

1 – (Delegado de Polícia Civil/PE/2016) O CP, em seu art. 14, assevera que o crime estará consumado quando o fato reunir todos os elementos da definição legal. Para tanto, necessária será a realização de um juízo de subsunção do fato à lei. Acerca do amoldamento dos fatos aos tipos penais, assinale a opção correta.

a) A conduta de constituir, organizar, integrar, manter ou custear organização paramilitar, milícia particular, grupo ou esquadrão com a finalidade de praticar qualquer dos crimes previstos no CP configura crime contra a paz pública, sendo considerada como crime vago, uma vez que o sujeito passivo é a coletividade.

b) A doutrina e a jurisprudência são unânimes ao afirmar que configura crime de desacato quando um tenente da polícia militar, no exercício de sua função, ofende verbalmente, em razão da função exercida, um de seus subordinados.

c) Amolda-se no tipo legal de calúnia, previsto nos crimes contra a honra, a conduta de instaurar investigação policial contra alguém, imputando-lhe crime de que se sabe ser inocente.

d) Constituem crime de corrupção ativa, praticado por particular contra a administração geral, as condutas de dar, oferecer ou prometer dinheiro ou qualquer outra vantagem a testemunha, perito, contador, tradutor ou intérprete, para fazer afirmação falsa, negar ou calar a verdade em depoimento, perícia, cálculos, tradução ou interpretação.

e) A fraude processual será atípica, se a inovação artificiosa do estado de coisa, de pessoa ou de lugar, com o fim de induzir a erro o juiz, ocorrer antes de iniciado o processo penal.

Gabarito comentado:

Questão	Reposta	Comentário
1	Letra A	O crime do artigo 288-A é delito contra paz pública vago (o sujeito passivo é a coletividade).

TÍTULO X
DOS CRIMES CONTRA A FÉ PÚBLICA
CAPÍTULO I
DA MOEDA FALSA

Moeda falsa

Art. 289 – Falsificar, fabricando-a ou alterando-a, moeda metálica ou papel-moeda de curso legal no país ou no estrangeiro:

Pena – reclusão, de três a doze anos, e multa.

§ 1º – Nas mesmas penas incorre quem, por conta própria ou alheia, importa ou exporta, adquire, vende, troca, cede, empresta, guarda ou introduz na circulação moeda falsa.

§ 2º – Quem, tendo recebido de boa-fé, como verdadeira, moeda falsa ou alterada, a restitui à circulação, depois de conhecer a falsidade, é punido com detenção, de seis meses a dois anos, e multa.

§ 3º – É punido com reclusão, de três a quinze anos, e multa, o funcionário público ou diretor, gerente, ou fiscal de banco de emissão que fabrica, emite ou autoriza a fabricação ou emissão:

I – de moeda com título ou peso inferior ao determinado em lei;

II – de papel-moeda em quantidade superior à autorizada.

§ 4º – Nas mesmas penas incorre quem desvia e faz circular moeda, cuja circulação não estava ainda autorizada.

Classificação: crime comum, doloso e instantâneo (a não ser na modalidade "guardar" do § 1º do artigo 289 do Código Penal, que se traduz em crime permanente). No § 1º (figuras equiparadas) há crime de ação múltipla ou conteúdo variado (a prática de mais de um núcleo verbal induz crime único).

O delito é formal. Trata-se de crime contra a fé pública (da União) e não de delito patrimonial. Portanto, não é necessário que o agente obtenha alguma vantagem em face da prática ilícita. É crime de perigo abstrato. Nesse sentido julgado do Tribunal da Cidadania (transcrevo apenas de parte do acórdão):

> O crime de moeda falsa (CP, art. 289, caput, e § 1º do Código Penal) é formal e de perigo abstrato, tendo em vista que a mera execução da conduta típica presume absolutamente o perigo ao bem jurídico tutelado, sendo prescindível a obtenção de vantagem ou prejuízo a terceiros para a consumação. Ainda, trata-se de crime pluridimensional, pois, além de proteger preponderantemente a fé pública, de forma mediata, assegura o patrimônio particular e a celeridade das relações empresariais e civis. Por conseguinte, a quantidade de notas falsificadas e o valor do negócio jurídico celebrado são fatores coadjuvantes da

> tutela penal do tipo, não havendo falar, pois, em ausência de periculosidade social da ação, diante da pluriofensividade do crime (HC 210.764/SP, Rel. Ministro RIBEIRO DANTAS, QUINTA TURMA, julgado em 21/06/2016, DJe 28/06/2016).

O crime admite acordo de não persecução penal (artigo 28-A do CPP).

Sujeito passivo: o sujeito passivo é o Estado e, eventualmente, quem é prejudicado em face do recebimento de cédula/moeda falsa. Trata-se de crime de competência da Justiça Federal (compete ao Banco Central emitir papel-moeda, portanto há delito contra a fé pública da União).

Conduta criminosa: a conduta criminosa falsificar pode se perpetrada por meio de **fabricação** (também chamada de contrafação – consiste em criar a moeda/cédula falsa) e/ou **alteração** (modificação do valor de moeda/cédula verdadeira existente).

Concordo com a corrente doutrinária que entende que não há crime de moeda falsa na alteração de moeda/cédula verdadeira que não gera incremento do seu valor de face. Exemplifico:

> **SITUAÇÃO HIPOTÉTICA:** JOÃO, tendo praticado crime de roubo, decide modificar o número de série das cédulas subtraídas apenas para dificultar o rastreamento do numerário ilicitamente auferido.
>
> **SOLUÇÃO:** na linha de intelecção acima desenhada, penso que JOÃO não cometeu crime de moeda falsa, porquanto não adulterou o valor de face das cédulas roubadas.

Moeda em curso no país ou no estrangeiro: é preciso, ademais, que a moeda/cédula esteja em curso no país ou no estrangeiro. Caso o agente tente ludibriar a vítima, comprando produtos com cédula que não esteja em circulação, por exemplo, tem-se crime de estelionato.

Não recebimento de moeda em curso no país: saliento que o não recebimento de numerário em curso no país configura a contravenção penal tipificada no artigo 43 do Decreto-Lei 3.688/41:

> Art. 43. Recusar-se a receber, pelo seu valor, moeda de curso legal no país:
>
> Pena – multa, de duzentos mil réis a dois contos de réis.

Falsificação de boa qualidade x falsificação grosseira: para que exista prática de crime de moeda falsa, é preciso que a falsificação seja de boa qualidade.

Se a falsificação for grosseira, o crime perpetrado é o de estelionato, deslocando-se a competência para justiça estadual, na forma da Súmula 73/STJ[324] (é possível pensar, ainda, em crime impossível).

---

324 Súmula 73/STJ – A utilização de papel moeda grosseiramente falsificado configura, em tese, o crime de estelionato, da competência da Justiça Estadual.

Assim é de suma importância, para correta tipificação da conduta, aferir se a falsificação é ou não de boa qualidade. Sugestiono que, em eventual situação flagrancial, o delegado de polícia determine confecção de informação técnica pelo corpo pericial para atestar a qualidade da falsificação. Isso porque, caso se detecte que a falsificação é grosseira, como visto supra, a tipificação e a competência serão impactadas.

Princípio da insignificância (inaplicabilidade): como dito supra, o crime de moeda falsa é delito contra a fé pública da União (atingindo apenas reflexamente o patrimônio de terceiro eventualmente lesado).

Essa constatação afasta possibilidade de aplicação do princípio da insignificância (entendimento do Superior Tribunal de Justiça[325] e do Supremo Tribunal Federal):

> MOEDA FALSA. PRINCÍPIO. INSIGNIFICÂNCIA. A Turma reiterou seu entendimento de que não se aplica o princípio da insignificância ao crime de moeda falsa, pois se trata de delito contra a fé pública, logo não há que falar em desinteresse estatal à sua repressão. No caso, o paciente utilizou duas notas falsas de R$ 50 para efetuar compras em uma farmácia. Assim, a Turma denegou a ordem. Precedentes citados do STF: HC 93.251-DF, DJe 5/8/2008; do STJ: HC 78.914-MG, DJe 1º/12/2008; REsp 964.047-DF, DJ 19/11/2007, e HC 129.592-AL, DJe 1º/6/2009. HC 132.614-MG, Rel. Min. Laurita Vaz, julgado em 1º/6/2010.

Arrependimento posterior (inaplicabilidade): não é possível, de igual sorte, reconhecimento de arrependimento posterior (artigo 16 do Código Penal). Nesse sentido, informativo 554 do Superior Tribunal de Justiça:

> DIREITO PENAL. INAPLICABILIDADE DO ARREPENDIMENTO POSTERIOR AO CRIME DE MOEDA FALSA. Não se aplica o instituto do arrependimento posterior ao crime de moeda falsa. No crime de moeda falsa – cuja consumação se dá com a falsificação da moeda, sendo irrelevante eventual dano patrimonial imposto a terceiros -, a vítima é a coletividade como um todo, e o bem jurídico tutelado é a fé pública, que não é passível de reparação. Desse modo, os crimes contra a fé pública, semelhantes aos demais crimes não patrimoniais em geral, são incompatíveis com o instituto do arrependimento posterior, dada a impossibilidade material de haver reparação do dano causado ou a restituição da coisa subtraída. REsp 1.242.294-PR, Rel. originário Min. Sebastião Reis Júnior, Rel. para acórdão Min. Rogerio Schietti Cruz, julgado em 18/11/2014, DJe 3/2/2015.

Reconhecimento de circunstâncias agravantes: conduto, o Superior Tribunal de Justiça considera possível o reconhecimento das agravantes descritas nas alíneas

325 Vide informativos 437/STJ e 393/STJ.

"e" e "h" do inciso II do artigo 61 do Código Penal. Nesse sentido, informativo 546 do Tribunal da Cidadania:

> DIREITO PENAL. AGRAVANTES NO CRIME DE INTRODUÇÃO DE MOEDA FALSA EM CIRCULAÇÃO. Nos casos de prática do crime de introdução de moeda falsa em circulação (art. 289, § 1º, do CP), é possível a aplicação das agravantes dispostas nas alíneas "e" e "h" do inciso II do art. 61 do CP, incidentes quando o delito é cometido "contra ascendente, descendente, irmão ou cônjuge" ou "contra criança, maior de 60 (sessenta) anos, enfermo ou mulher grávida". De fato, a fé pública do Estado é o bem jurídico tutelado no delito do art. 289, § 1º, do CP. Isso, todavia, não induz à conclusão de que o Estado seja vítima exclusiva do delito. Com efeito, em virtude da diversidade de meios com que a introdução de moeda falsa em circulação pode ser perpetrada, não há como negar que vítima pode ser, além do Estado, uma pessoa física ou um estabelecimento comercial, dado o notório prejuízo experimentado por esses últimos. Efetivamente, a pessoa a quem, eventualmente, são passadas cédulas ou moedas falsas pode ser elemento crucial e definidor do grau de facilidade com que o crime será praticado, e a fé pública, portanto, atingida. A propósito, a maior parte da doutrina não vê empecilho para que figure como vítima nessa espécie de delito a pessoa diretamente ofendida. HC 211.052-RO, Rel. Min. Sebastião Reis Júnior, Rel. para acórdão Min. Rogerio Schietti Cruz, julgado em 5/6/2014.

Figura privilegiada: o § 2º do artigo 289 traz em seu bojo modalidade privilegiada do crime de moeda falsa.

Se o agente recebe de boa-fé, como verdadeira, moeda falsa ou alterada, e a restitui à circulação, depois de conhecer a falsidade, há prática de infração de menor potencial ofensivo (pena de detenção de 6 meses a 2 anos e multa).

Figuras qualificadas: já os §§ 3º e 4º do mesmo artigo encerram modalidades qualificadas (mera leitura).

Questão de concurso público: veja como o assunto já foi cobrado em concurso público.

1 – (Delegado de Polícia Federal/2021) O crime de moeda falsa é incompatível com o instituto do arrependimento posterior ( ).

Gabarito comentado:

Questão	Reposta	Comentário
1	CERTA	Nesse sentido, decisão do STJ no REsp 1.242.294-PR, Rel. originário Min. Sebastião Reis Júnior, Rel. para acórdão Min. Rogerio Schietti Cruz, julgado em 18/11/2014, DJe 3/2/2015 (citado e analisado supra).

Crimes assimilados ao de moeda falsa

Art. 290 – Formar cédula, nota ou bilhete representativo de moeda com fragmentos de cédulas, notas ou bilhetes verdadeiros; suprimir, em nota, cédula ou bilhete recolhidos, para o fim de restituí-los à circulação, sinal indicativo de sua inutilização; restituir à circulação cédula, nota ou bilhete em tais condições, ou já recolhidos para o fim de inutilização:

Pena – reclusão, de dois a oito anos, e multa.

Parágrafo único – O máximo da reclusão é elevado a doze anos e multa, se o crime é cometido por funcionário que trabalha na repartição onde o dinheiro se achava recolhido, ou nela tem fácil ingresso, em razão do cargo.

Classificação: o crime é doloso, comum, misto, alternativo ou de conteúdo variado.

O delito é de ação penal pública incondicionada, ofende a fé pública da União (responsável pela emissão de moeda), é de competência da justiça federal e admite acordo de não persecução penal (artigo 28-A do CPP).

Condutas proibidas: eis as condutas proibidas:

Condutas	Comentários
Formar cédula, nota ou bilhete representativo de moeda com fragmentos de cédulas, notas ou bilhetes verdadeiros	A conduta criminosa é formar uma cédula, nota ou bilhete representativo de moeda com fragmentos de cédulas, notas ou bilhetes verdadeiros (o crime se consuma mesmo que a cédula, nota ou bilhete formado não seja restituído à circulação por circunstâncias alheias à vontade do agente). Exemplifico: **SITUAÇÃO HIPOTÉTICA:** o agente consegue pedaços de notas de real, junta-os e forma uma cédula. **SOLUÇÃO:** houve prática do crime tipificado no artigo 290 do Código Penal.
Suprimir, em nota, cédula ou bilhete recolhidos, para o fim de restituí-los à circulação, sinal indicativo de sua inutilização	Imagine que determinada cédula de real foi inutilizada, porque foi detectada algum defeito (porque faz parte de um lote recolhido e inutilizado em face da falta de algum elemento de segurança). Suponha que o agente teve acesso a tal cédula e suprimiu, intencionalmente, o sinal de inutilização com o objetivo de restituir a nota à circulação. Conclui-se que houve prática do crime tipificado no artigo 290 do Código Penal. Importante salientar que a conduta aqui descrita exige especial fim de agir (objetivo de restituir a nota inutilizada à circulação). Trata-se de crime formal (independe da efetiva restituição à circulação da nota, cédula ou bilhete para consumação – crime de tendência interna transcendente mutilado de dois atos).

Condutas	Comentários
Restituir à circulação cédula, nota ou bilhete em tais condições, ou já recolhidos para o fim de inutilização	A terceira conduta descrita no caput do artigo 290 do Código Penal é a restituição à circulação de cédula, nota ou bilhete nas condições acima descritas ou recolhidos para o fim de inutilização.
O máximo da reclusão é elevado a doze anos e multa, se o crime é cometido por funcionário que trabalha na repartição onde o dinheiro se achava recolhido, ou nela tem fácil ingresso, em razão do cargo.	Há figura qualificada (elevação apenas do máximo em abstrato) se o crime é cometido por funcionário público que trabalha na repartição onde o dinheiro se achava recolhido ou nela tem fácil ingresso, em razão do cargo. Trata-se de qualificadora própria (reclama qualidade especial do sujeito ativo).

Petrechos para falsificação de moeda

Art. 291 – Fabricar, adquirir, fornecer, a título oneroso ou gratuito, possuir ou guardar maquinismo, aparelho, instrumento ou qualquer objeto especialmente destinado à falsificação de moeda:

Pena – reclusão, de dois a seis anos, e multa.

Classificação: crime doloso, comum, misto, alternativo ou de conteúdo variado.

O delito é de ação penal pública incondicionada, ofende a fé pública da União (responsável pela emissão de moeda), é de competência da justiça federal e admite acordo de não persecução penal (artigo 28-A do CPP).

Maquinismo especialmente destinado à falsificação de moeda: o tipo reclama que o maquinismo, aparelho, instrumento ou objeto seja "especialmente destinado à falsificação de moeda". Contudo, o Superior Tribunal de Justiça entende que não é necessário que os petrechos sejam utilizados exclusivamente para falsificação de cédulas/moedas (informativo 633 do Tribunal da Cidadania):

> De início, ressalta-se que o art. 291 do Código Penal tipifica, entre outras condutas, a posse ou guarda de maquinismo, aparelho, instrumento ou qualquer objeto especialmente destinado à falsificação de moeda. A expressão "especialmente destinado" não se refere a uma característica intrínseca ou inerente do objeto. Se assim fosse, só a posse ou guarda de maquinário exclusivamente voltado para a fabricação ou falsificação de moedas consubstanciaria o crime, o que implicaria a inviabilidade de sua consumação (crime impossível), pois nem mesmo o maquinário e insumos utilizados pela Casa de Moeda são direcionados exclusivamente para a fabricação de moedas. Tal dicção está relacionada ao uso que o agente pretende dar a esse objeto, ou seja, a consumação depende da análise do elemento subjetivo do tipo (dolo), de modo que se o agente detém a posse de impressora, ainda que manufaturada visando ao uso

doméstico, mas com o propósito de a utilizar precipuamente para contrafação de moeda, incorre no referido crime.

Nos termos da decisão acima transcrita, caso a polícia detecte impressora, papel de boa qualidade e arquivos com modelos de cédulas no computador do investigado, é indubitável a prática do crime aqui estudado.

Princípio da consunção: em regra, se há no local cédulas falsas e maquinário destinado à falsificação destas, tem-se crime único (consunção – o crime do artigo 291 do Código Penal é absorvido pelo delito tipificado no artigo 289 do Caderno Repressivo). Excepcionalmente, é possível imputar ambos os crimes em concurso. Exemplifico:

> **SITUAÇÃO HIPOTÉTICA:** a Polícia Federal encontra na casa do investigado impressora, papel e arquivos no computador relativos a cédulas de R$ 50,00. O aparelho policial logra êxito em apreender, ainda, notas falsas de R$ 100,00. Interrogado o conduzido, ele confessa que adquiriu as notas falsas de R$ 100,00 e que, após, decidiu comprar impressora, papel e confeccionou os arquivos das cédulas de R$ 50,00, que não chegou a imprimir.
>
> **SOLUÇÃO:** excepcionalmente, penso que não é possível aplicar o princípio da consunção no caso apresentado. Os crimes devem ser imputados em concurso (material) – artigos 289 e 291 do Código Penal.

Emissão de título ao portador sem permissão legal

Art. 292 – Emitir, sem permissão legal, nota, bilhete, ficha, vale ou título que contenha promessa de pagamento em dinheiro ao portador ou a que falte indicação do nome da pessoa a quem deva ser pago:

Pena – detenção, de um a seis meses, ou multa.

Parágrafo único – Quem recebe ou utiliza como dinheiro qualquer dos documentos referidos neste artigo incorre na pena de detenção, de quinze dias a três meses, ou multa.

Classificação: crime comum (pode ser perpetrado por qualquer pessoa), doloso e formal.

O delito é de ação penal pública incondicionada e admite acordo de não persecução penal (artigo 28-A do CPP) e suspensão condicional do processo (artigo 89 da Lei 9.099/95).

Condutas proibidas: eis as condutas proibidas descritas no tipo:

<table>
<tr><th colspan="2">Artigo 292 do Código Penal</th></tr>
<tr><td rowspan="2">Emitir, sem permissão legal,</td><td>nota, bilhete, ficha, vale ou título que contenha promessa de pagamento em dinheiro ao portador.</td></tr>
<tr><td>nota, bilhete, ficha, vale ou título a que falte indicação do nome da pessoa a quem deva ser pago.</td></tr>
</table>

Os artigos 904[326] e seguintes do Código Civil regulam os títulos ao portador (transferidos pela tradição e que dão direito ao possuidor da prestação nele indicada, mediante simples apresentação ao devedor, na forma do artigo 905[327] do mesmo diploma).

O estudo do artigo 907 do Código Civil revela que "é nulo o título ao portador emitido sem autorização de lei especial".

A Lei 8.021/90 determina, em seu artigo 1º:

> Art. 1º A partir da vigência desta lei, fica vedado o pagamento ou resgate de qualquer título ou aplicação, bem como dos seus rendimentos ou ganhos, a beneficiário não identificado.
>
> Parágrafo único. O descumprimento do disposto neste artigo sujeitará o responsável pelo pagamento ou resgate a multa igual ao valor da operação, corrigido monetariamente a partir da data da operação até o dia do seu efetivo pagamento.

Nessa toada, o artigo 292 do Código Penal proíbe a emissão de nota, bilhete, ficha, vale ou título que contenha promessa de pagamento em dinheiro ao portador ou a que falte indicação do nome da pessoa a quem deva ser pago.

Figura privilegiada: no parágrafo único do artigo 292 do Código Penal há figura privilegiada (pena de detenção de 15 dias a 3 meses ou multa) que pune o agente que recebe ou utiliza como dinheiro qualquer dos documentos referidos neste artigo.

Trata-se de infração de menor potencial ofensivo de ação penal pública incondicionada.

CAPÍTULO II
DA FALSIDADE DE TÍTULOS E OUTROS PAPÉIS PÚBLICOS

Falsificação de papéis públicos

Art. 293 – Falsificar, fabricando-os ou alterando-os:

326 Art. 904. A transferência de título ao portador se faz por simples tradição.

327 Art. 905. O possuidor de título ao portador tem direito à prestação nele indicada, mediante a sua simples apresentação ao devedor.
Parágrafo único. A prestação é devida ainda que o título tenha entrado em circulação contra a vontade do emitente.

I – selo destinado a controle tributário, papel selado ou qualquer papel de emissão legal destinado à arrecadação de tributo;

II – papel de crédito público que não seja moeda de curso legal;

III – vale postal;

IV – cautela de penhor, caderneta de depósito de caixa econômica ou de outro estabelecimento mantido por entidade de direito público;

V – talão, recibo, guia, alvará ou qualquer outro documento relativo a arrecadação de rendas públicas ou a depósito ou caução por que o poder público seja responsável;

VI – bilhete, passe ou conhecimento de empresa de transporte administrada pela União, por Estado ou por Município:

Pena – reclusão, de dois a oito anos, e multa.

§ 1º Incorre na mesma pena quem:

I – usa, guarda, possui ou detém qualquer dos papéis falsificados a que se refere este artigo;

II – importa, exporta, adquire, vende, troca, cede, empresta, guarda, fornece ou restitui à circulação selo falsificado destinado a controle tributário;

III – importa, exporta, adquire, vende, expõe à venda, mantém em depósito, guarda, troca, cede, empresta, fornece, porta ou, de qualquer forma, utiliza em proveito próprio ou alheio, no exercício de atividade comercial ou industrial, produto ou mercadoria:

a) em que tenha sido aplicado selo que se destine a controle tributário, falsificado;

b) sem selo oficial, nos casos em que a legislação tributária determina a obrigatoriedade de sua aplicação.

§ 2º – Suprimir, em qualquer desses papéis, quando legítimos, com o fim de torná-los novamente utilizáveis, carimbo ou sinal indicativo de sua inutilização:

Pena – reclusão, de um a quatro anos, e multa.

§ 3º – Incorre na mesma pena quem usa, depois de alterado, qualquer dos papéis a que se refere o parágrafo anterior.

§ 4º – Quem usa ou restitui à circulação, embora recibo de boa-fé, qualquer dos papéis falsificados ou alterados, a que se referem este artigo e o seu § 2º, depois de conhecer a falsidade ou alteração, incorre na pena de detenção, de seis meses a dois anos, ou multa.

§ 5º Equipara-se a atividade comercial, para os fins do inciso III do § 1º, qualquer forma de comércio irregular ou clandestino, inclusive o exercido em vias, praças ou outros logradouros públicos e em residências.

Classificação: crime comum (pode ser perpetrado por qualquer pessoa) e doloso.

Trata-se de delito de ação penal pública incondicionada que admite acordo de não persecução penal (artigo 28-CPP).

Condutas proibidas: as condutas proibidas podem ser assim resumidas:

Artigo 293 do Código Penal (caput)		Comentários
Falsificar (fabricando ou alterando)	selo destinado a controle tributário, papel selado ou qualquer papel de emissão legal destinado à arrecadação de tributo.	Eis julgado do Tribunal da Cidadania entendendo pela impossibilidade de reconhecimento de consunção em relação à falsificação ulterior de documentos de arrecadação de tributos (o caso é interessante, porque se o falso é meio para prática do crime de sonegação fiscal, finda sendo por ele absorvido – aqui, contudo, o falso foi cometido após a sonegação): HABEAS CORPUS PREVENTIVO. TRANCAMENTO DE INQUÉRITO POLICIAL PARA APURAÇÃO DO CRIME DE FALSIFICAÇÃO DE PAPÉIS PÚBLICOS (GUIAS DARFs DE RECOLHIMENTO DE TRIBUTOS) (ART. 293 DO CPB). IMPROPRIEDADE, NO CASO, DA TESE DE ABSORÇÃO PELO CRIME TRIBUTÁRIO. FALSO QUE TERIA SIDO COMETIDO POSTERIORMENTE, EM TESE, PARA AFASTAR EVENTUAL SUSPEITA DE CRIME CONTRA A ORDEM TRIBUTÁRIA OU FRAUDE ANTERIOR NA DECLARAÇÃO DE IRRF. PRECEDENTES DO STJ. PARECER DO MPF PELA DENEGAÇÃO DA ORDEM. ORDEM DENEGADA, CASSANDO-SE A LIMINAR ANTERIORMENTE CONCEDIDA. 1. O trancamento de Inquérito Policial por falta de justa causa, por meio de HC, mais ainda do que da própria Ação Penal, é providência excepcionalíssima, exigindo que se constate, de plano, ser absurda a investigação policial em desenvolvimento por total atipicidade da conduta ou falta de elementos indicativos mínimos de autoria. 2. Na hipótese, o IPL foi instaurado a partir de Representação para fins penais da Receita Federal porque pessoa que se identificou como funcionária do contador da empresa dos pacientes, teria apresentado à Receita Federal, para fins de comprovação do pagamento de tributos da referida empresa, guias DARFs com registros de autenticação mecânica bancária falsos. 3. Em princípio, os crimes de falsidade ideológica, falsificação de documento público e uso de documento falso cometidos exclusivamente para suprimir ou reduzir tributos não constituem delitos autônomos, diferentes da sonegação fiscal. 4. No caso em análise, todavia, a falsificação teria sido praticada em momento posterior para garantir que o primeiro crime não fosse descoberto, tanto que as DARFs falsificadas foram apresentadas à Receita Federal como forma de comprovar o pagamento de tributos relativos ao ano de 1999 apenas em 05.11.2004, momento inclusive posterior à inscrição dos débitos em dívida ativa, ocorrida em 13.02.2004. 6. Ademais, os pacientes negam veementemente qualquer participação na

		referida falsificação; dessa forma, há, ainda a possibilidade de envolvimento de outras pessoas, com interesses próprios na apresentação das guias falsificadas, razão pela qual de rigor a continuidade das investigações. 7. Parecer do MPF pela denegação da ordem. 8. Ordem denegada, cassando-se a liminar anteriormente concedida (HC 148.456/SC, Rel. Ministro Napoleão Nunes Maia Filho, Quinta Turma, julgado em 18/05/2010, DJe 21/06/2010).
	papel de crédito público que não seja moeda de curso legal.	Se a falsificação for de papel moeda, o crime a ser imputado é o tipificado no artigo 289 do Código Penal (moeda falsa).
	vale postal.	A Lei 6.538/78 descreve vale postal como "título emitido por uma unidade postal à vista de um depósito de quantia para pagamento na mesma ou em outra unidade postal" (artigo 47). O dispositivo foi revogado pelo artigo 36 da Lei 6.538/78 (grifos meus): Art. 36 – **Falsificar**, fabricando ou adulterando, selo, outra fórmula de franqueamento ou **vale-postal**: Pena: reclusão, até oito anos, e pagamento de cinco a quinze dias-multa.
	cautela de penhor, caderneta de depósito de caixa econômica ou de outro estabelecimento mantido por entidade de direito público.	O penhor é definido pelo artigo 1.431 do Código Civil[328]. Cautela de penhor é o documento que comprova a quitação do débito (e que, por isso, dá direito à restituição da coisa empenhada). Caderneta de depósito é documento anacrônico, que documentava depósitos, por exemplo, em conta poupança.
	talão, recibo, guia, alvará ou qualquer outro documento relativo a arrecadação de rendas públicas ou a depósito ou caução por que o poder público seja responsável.	Vide julgado do Superior Tribunal de Justiça, admitindo, excepcionalmente não materialização de perícia (os papéis falsificados originais não foram acostados ao processo e, por isso, não foi possível materializar perícia), em relação a crime de falsificação de autenticação bancária em guia de recolhimento de tributos estaduais (transcrevo apenas parte do julgado): 1. O rigor da exigência estabelecida no artigo 158 do Código de Processo Penal é mitigado pela norma do artigo 167 do mesmo diploma legal, segundo o qual "não sendo possível o exame de corpo de delito, por haverem desaparecido os vestígios, a prova testemunhal poderá suprir-lhe a falta. 2. In casu não foi possível a realização do exame pericial, eis que não juntado aos autos as Guia Nacionais de Recolhimento de Tributos Estaduais- GNR´s contrafeitas, mas apenas cópias destes documentos, impedindo assim, a realização da perícia técnica. 3. A materialidade do falsum ficou comprovada por meio de ofícios

328 Art. 1.431. Constitui-se o penhor pela transferência efetiva da posse que, em garantia do débito ao credor ou a quem o represente, faz o devedor, ou alguém por ele, de uma coisa móvel, suscetível de alienação. Parágrafo único. No penhor rural, industrial, mercantil e de veículos, as coisas empenhadas continuam em poder do devedor, que as deve guardar e conservar.

		apresentados pela Secretaria da Receita Federal, Secretaria de Estado dos Negócios da Fazenda de São Paulo, pelo Banco do Brasil, bem como extratos da conta corrente da empresa, que contrapunham a informação contida na autenticação mecânica na GNR's, tornando desnecessário o exame de corpo delito direito. 4. Aferida a materialidade do delito por outros elementos probatórios idôneos, desnecessário o exame de corpo delito direto, não havendo falar portanto em ofensa ao artigo 158 do Código de Processo Penal (AgRg no REsp 1129640/RS, Rel. Ministra Maria Thereza de Assis Moura, Sexta Turma, julgado em 05/02/2013, DJe 15/02/2013).
	bilhete, passe ou conhecimento de empresa de transporte administrada pela União, por Estado ou por Município.	O Superior Tribunal de Justiça entendeu acertado reconhecimento de continuidade delitiva na falsificação de 48 bilhetes de metrô pelo réu (e não de crime único). Transcrevo apenas parte do julgado: Acertada a decisão colegiada que reconheceu a continuidade delitiva no cometimento de quarenta e oito falsificações de bilhetes de metrô pelo acusado, dado o preenchimento dos requisitos de ordem objetiva – mesmas condições de tempo, lugar e forma de execução – e subjetiva – unidade de desígnios ou vínculo subjetivo entre os eventos (art. 71 do CP) (HC 112.650/SP, Rel. Ministro JORGE MUSSI, QUINTA TURMA, julgado em 04/02/2010, DJe 29/03/2010).

A falsificação pode ser perpetrada por meio de fabricação do documento (faz-se um documento falso do zero) ou por meio de alteração de um documento verdadeiro existente.

Como se trata de crime contra a fé pública, não há necessidade de efetivo prejuízo para a Administração Pública em face da falsificação.

Como o crime deixa vestígios (não transeunte), é preciso materialização de perícia para constatação da falsidade (artigo 158 do Código de Processo Penal) e da sua aptidão para ludibriar/iludir.

Figuras equiparadas: o § 1º do artigo 293 do Código Penal lista figuras equiparadas para quem:

Figuras equiparadas	Comentário
Usa, guarda, possui ou detém qualquer dos papéis falsificados a que se refere este artigo.	As figuras equiparadas são perpetradas por agente que não efetuou a falsificação dos papéis descritos nos incisos do caput (se quem falsifica o papel faz uso dele, há crime único – *post factum* impunível).
Importa, exporta, adquire, vende, troca, cede, empresta, guarda, fornece ou restitui à circulação selo falsificado destinado a controle tributário.	Em relação ao crime da alínea 'b' do inciso III do § 1º do artigo 293 do Código Penal, vide julgado do Superior Tribunal de Justiça (desnecessidade de perícia nos produtos apreendidos sem o selo oficial): PENAL. AGRAVO REGIMENTAL NO RECURSO ESPECIAL. CRIME CONTRA A FÉ PÚBLICA. ART. 293, § 1º, III, B, DO CÓDIGO PENAL – CP. FALSIFICAÇÃO DE PAPÉIS PÚBLICOS. 1) PRODUTO INDUSTRIALIZADO. BEBIDA

Importa, exporta, adquire, vende, expõe à venda, mantém em depósito, guarda, troca, cede, empresta, fornece, porta ou, de qualquer forma, utiliza em proveito próprio ou alheio, no exercício de atividade comercial ou industrial, produto ou mercadoria: a) em que tenha sido aplicado selo que se destine a controle tributário, falsificado; b) sem selo oficial, nos casos em que a legislação tributária determina a obrigatoriedade de sua aplicação.	ALCOÓLICA. AUSÊNCIA DE SELO. EXAME PERICIAL PARA CONSTATAR O CONTEÚDO DOS VASILHAMES. DESNECESSIDADE. 2) ARTIGO DE LEI FEDERAL NÃO APONTADO. FUNDAMENTAÇÃO DEFICIENTE. SÚMULA 284 DO SUPREMO TRIBUNAL FEDERAL – STF. 3) AGRAVO REGIMENTAL DESPROVIDO. 1. O bem tutelado pelo delito do art. 293, § 1º, III, b, do Código Penal – CP é a fé pública e a materialidade do delito se configura quando, no exercício de atividade comercial ou industrial, se pratica condutas descritas no tipo penal em produto sem selo oficial obrigatório. 1.1. Em regra, é indispensável o exame de corpo de delito quando a infração deixa vestígios, exceto quando não for possível o referido exame, conforme dispõem os artigos 158 e 167, ambos do Código de Processo Penal – CPP. Contudo, há precedentes pela desnecessidade do exame de corpo de delito quando outras provas demonstrarem de forma inequívoca a materialidade. 1.2 In casu, irrelevante a realização de exame pericial sobre o conteúdo das garrafas de bebida apreendidas sem selo oficial durante o transporte, porque os mais de 5.000 vasilhames foram industrializados (enchidos, tampados e rotulados) e denominados como diversos tipos de bebida alcoólica, motivo pelo qual ao fornecedor competia ter-lhes aplicado o selo oficial obrigatório, nos termos da legislação tributária. 2. A falta de apontamento do dispositivo legal violado configura deficiência da fundamentação, conforme Súmula 284/STF. 3. Agravo regimental desprovido (AgRg no REsp 1679498/SC, Rel. Ministro Joel Ilan Paciornik, Quinta Turma, julgado em 21/06/2018, DJe 29/06/2018).

Figura privilegiada: há crime privilegiado (pena de reclusão de 1 a 4 anos e multa) no § 2º do artigo 293 do Código Penal para o agente que suprimir, em qualquer desses papéis, quando legítimos, com o fim de torná-los novamente utilizáveis, carimbo ou sinal indicativo de sua inutilização.

Nesse caso, o papel é verdadeiro, porém já utilizado. Com o fito de reutilizá-lo, o autor da figura privilegiada suprime (retira) o carimbo ou sinal indicativo da sua inutilização.

A figura prevista no § 2º do artigo 293 do Código Penal, como visto, reclama especial fim de agir (que não precisa efetivamente ocorrer para a consumação do crime – trata-se, portanto, de crime formal).

O tipo privilegiado admite acordo de não persecução penal (artigo 28-A do CPP), suspensão condicional do processo (artigo 89 da Lei 9.099/95) e fiança arbitrada pela autoridade policial (artigo 322 do CPP).

Figura equiparada ao tipo privilegiado do § 2º: o § 3º do artigo 293 do Código Penal pune quem faz uso de papel verdadeiro com selo ou carimbo de utilização suprimido ilicitamente (a imputação desse delito ao utilizador pressupõe que não foi ele o falsificador – se o agente suprimir o selo/carimbo de utilização e, após, fizer uso do papel, haverá prática única do crime tipificado no § 2º do artigo 293 do Código Penal).

O autor dessa figura equiparada age em conluio com aquele que falsifica o papel, suprimindo o selo/carimbo de utilização.

Figura privilegiada (§ 4º): trata-se de figura privilegiada (com pena de detenção de 6 meses a 2 anos ou multa) imputada a quem usa ou restitui à circulação, embora recibo de boa-fé, qualquer dos papéis falsificados ou alterados, a que se referem este artigo e o seu § 2º, depois de conhecer a falsidade ou alteração.

O delito é infração de menor potencial ofensivo de ação penal pública incondicionada.

Diferente do parágrafo anterior, o agente não age em conluio com o falsificador. Ao revés, ele recebe de boa-fé o papel falsificado e, ao perceber a farsa, ao invés de noticiá-la aos órgãos de persecução penal, prefere usá-lo ou restituí-lo à circulação.

Interpretação autêntica: o § 5º do artigo 293 do Código é verdadeira interpretação autêntica em relação ao conceito de atividade comercial, presente no inciso III do § 1º, que é considerada "qualquer forma de comércio irregular ou clandestino, inclusive o exercido em vias, praças ou outros logradouros públicos e em residências".

Petrechos de falsificação

Art. 294 – Fabricar, adquirir, fornecer, possuir ou guardar objeto especialmente destinado à falsificação de qualquer dos papéis referidos no artigo anterior:

Pena – reclusão, de um a três anos, e multa.

Classificação: crime doloso, comum (pode ser cometido por qualquer pessoa), misto, alternativo ou de conteúdo variado.

O delito é de ação penal pública incondicionada e admite acordo de não persecução penal (artigo 28-A do CPP), suspensão condicional do processo (artigo 89 da Lei 9.099/95) e fiança arbitrada pela autoridade policial (artigo 322 do CPP).

Condutas proibidas: o tipo pune as condutas de fabricar (crime instantâneo), adquirir (crime instantâneo), fornecer (crime instantâneo), possuir (crime permanente) ou guardar (crime permanente) objeto especialmente destinado à falsificação de qualquer dos papéis referidos no artigo anterior.

Trata-se de verdadeira antecipação do Direito Penal (com punição de atos preparatórios relacionados ao crime tipificado no artigo 293 do Caderno Repressivo pátrio). Sabe-se que, via de regra, atos de cogitação (em virtude do princípio da alteridade) e de preparação não são alcançados pelo poder punitivo estatal. Aqui a situação é diferente. O só fato do agente fabricar, adquirir, fornecer, possuir ou guardar objeto especialmente destinado à falsificação dos papéis listados no artigo anterior constitui crime.

Por óbvio, se o agente falsificar ditos papéis, o crime aqui estudado restará absorvido (consunção) por se tratar de meio necessário à prática do crime tipificado no artigo 293 do Código Penal.

Como o delito deixa vestígios (não transeunte), será necessário materializar exame de corpo de delito (artigo 158 do Código de Processo Penal), a fim de atestar que o objeto apreendido se destina à falsificação de papéis públicos referidos no tipo anterior.

Art. 295 – Se o agente é funcionário público, e comete o crime prevalecendo-se do cargo, aumenta-se a pena de sexta parte.

Causa de aumento de pena: o artigo 295 do Código Penal é majorante (aumento de pena da sexta parte) relacionada aos crimes tipificados no Capítulo II do Título X do Código Penal, se o agente é funcionário público.

CAPÍTULO III
DA FALSIDADE DOCUMENTAL

Falsificação do selo ou sinal público

Art. 296 – Falsificar, fabricando-os ou alterando-os:

I – selo público destinado a autenticar atos oficiais da União, de Estado ou de Município;

II – selo ou sinal atribuído por lei a entidade de direito público, ou a autoridade, ou sinal público de tabelião:

Pena – reclusão, de dois a seis anos, e multa.

§ 1º – Incorre nas mesmas penas:

I – quem faz uso do selo ou sinal falsificado;

II – quem utiliza indevidamente o selo ou sinal verdadeiro em prejuízo de outrem ou em proveito próprio ou alheio.

III – quem altera, falsifica ou faz uso indevido de marcas, logotipos, siglas ou quaisquer outros símbolos utilizados ou identificadores de órgãos ou entidades da Administração Pública.

§ 2º – Se o agente é funcionário público, e comete o crime prevalecendo-se do cargo, aumenta-se a pena de sexta parte.

Classificação: crime doloso e comum (pode ser perpetrado por qualquer pessoa).

O delito é de ação penal pública incondicionada e admite acordo de não persecução penal (artigo 28-A do CPP).

Condutas proibidas: o tipo pune as seguintes condutas:

Conduta	Objeto material	Comentários
Falsificar (fabricando ou alterando)	selo público destinado a autenticar atos oficiais da União, de Estado ou de Município	Segundo Rogério Sanches Cunha[329], é "aquele utilizado pela União, Estados ou Municípios, com características próprias destes entes, reservados a reconhecer como verdadeiros atos deles emanados".

329 CUNHA, Rogério Sanches. **Código Penal para concursos**. Salvador, 13ª edição, Juspodivm, 2020, p. 894.

		Rogério Greco ressalta que "no inc. I do art. 296 do Código Penal não houve menção à falsificação de selo ou sinal público destinado a autenticar atos oficiais do Distrito Federal, não podendo se corrigir a falha legal por meio de analogia, pois que vedado, *in casu*, pelo princípio do *nullum crimen, nulla poena sine lege stricta*, que proíbe a chamada analogia *in malam partem*".[330]
	selo ou sinal atribuído por lei a entidade de direito público, ou a autoridade, ou sinal público de tabelião	Sinal público de tabelião consiste no escrito que atesta que a etiqueta, carimbo, selo, rubrica ou assinatura realmente partiu do cartório de origem.

Figuras equiparadas: o § 1º do artigo 296 traz figuras equiparadas:

Figura equiparada	Comentários
Fazer uso do selo ou sinal falsificado	Por óbvio, só é possível punir o agente por esse tipo se ele não for o responsável pela falsificação (caso seja, o uso constituirá *post factum* impunível).
Utilizar indevidamente o selo ou sinal verdadeiro em prejuízo de outrem ou em proveito próprio ou alheio	Aqui o selo ou sinal é verdadeiro, mas está sendo utilizado indevidamente em prejuízo de outrem ou em proveito próprio ou alheio.
Alterar, falsificar ou fazer uso indevido de marcas, logotipos, siglas ou quaisquer outros símbolos utilizados ou identificadores de órgãos ou entidades da Administração Pública	Avaliando caso concreto no qual Subprocurador-Geral da República fez uso de armas e brasão oficiais em proveito próprio, em atuação particular, o Superior Tribunal de Justiça assim decidiu (transcrevo apenas parte do julgado): No caso, a devida capitulação dos fatos permite concluir que o agente incidiu, tão somente, no crime de utilização indevida de selo ou sinal verdadeiro (art. 296, § 1º, inc. III, terceira figura, CP), com a aplicação da causa de aumento de pena prevista no § 2º do art. 296 do CP. É que, na situação dos autos, o réu fez expedir dez ofícios, dirigidos a autoridades da Receita Federal do Brasil e do Departamento de Polícia Federal do Distrito Federal, com a finalidade de tutelar interesse individual privado em face do Condomínio do Centro Empresarial Brasília e seu síndico, e da empresa Mark Building Gerenciamento Empresarial, sem estar no exercício do cargo de Subprocurador-Geral da República, conquanto tenha se utilizado da facilidade do cargo para uso indevido de sinais públicos – armas e brasão oficiais – em proveito próprio, particular. Com isso, é de se concluir pela condenação do réu pelo cometimento do delito previsto no art. 296, § 1º, inc. III, terceira figura, com a causa de aumento de pena prevista no § 2º, todos do Código Penal. Com a dosimetria efetivada e individualizada a pena in concreto, aplica-se ao réu uma pena privativa de liberdade de 3 anos e 6 meses de reclusão, em regime aberto, bem como a pena

330 GRECO, Rogério. **Código Penal: comentado**, 12ª edição, 2018, p. 1045.

	de 60 dias-multa (APn 741/DF, Rel. Ministro OG FERNANDES, CORTE ESPECIAL, julgado em 19/09/2018, DJe 23/10/2018). Em outro julgado (confirmado pelo Supremo Tribunal Federal[331]) o Superior Tribunal de Justiça afirmou que o inciso III do § 1º do artigo 296 é crime de mera conduta: RECURSO ORDINÁRIO EM HABEAS CORPUS. USO INDEVIDO DE BRASÃO DA REPÚBLICA. ART. 296, § 1º, III, DO CP. PEDIDO DE TRANCAMENTO DA AÇÃO. ALEGAÇÃO DE ATIPICIDADE. IMPROCEDÊNCIA. 1. O trancamento da ação penal por meio do habeas corpus – ou do recurso ordinário – é medida excepcional, só admissível se emergente dos autos, de forma inequívoca, a ausência de indícios de autoria e de prova da materialidade delitiva, a atipicidade da conduta ou a extinção da punibilidade. 2. Ao recorrente se imputa a utilização indevida do Brasão da República em documentos particulares. Segundo a acusação, a aposição das Armas Nacionais, associada à qualificação como Deputado Federal suplente causou confusão na identificação da natureza dos documentos, fazendo crer tratar-se de papéis oficiais. 3. O Brasão da República constitui notório símbolo identificador da Administração Pública Federal, porquanto obrigatória a sua utilização por seus órgãos, por força da Lei nº 5.700/71. 4. Segundo a denúncia, as cartas assinadas pelo recorrente tratavam de interesse particular, nada se relacionando, inclusive, com a função, eventualmente por ele ocupada, de suplente de Deputado Federal. 5. Não há como reconhecer, nesta sede, a atipicidade da conduta imputada ao recorrente, uma vez que, como se sabe, o crime é de mera conduta e não exige, para a sua consumação, a existência de prejuízo material. 6. A denúncia narra a ocorrência de fato típico em tese, não padecendo de vício de inépcia, pois satisfaz todos os requisitos do art. 41 do CPP, apta ao exercício da ampla defesa. 7. Recurso a que se nega provimento (RHC 29.397/SP, Rel. Ministro OG FERNANDES, SEXTA TURMA, julgado em 14/06/2011, DJe 15/08/2011).

Causa de aumento de pena: o § 2º do artigo 296 do Código Penal é majorante (aumento da pena da sexta parte) imposta se o agente é funcionário público, e comete o crime prevalecendo-se do cargo.

Falsificação de documento público

Art. 297 – Falsificar, no todo ou em parte, documento público, ou alterar documento público verdadeiro:

Pena – reclusão, de dois a seis anos, e multa.

§ 1º – Se o agente é funcionário público, e comete o crime prevalecendo-se do cargo, aumenta-se a pena de sexta parte.

331 STF, HC 135441, Relator: ALEXANDRE DE MORAES, Relator p/ Acórdão: ROBERTO BARROSO, Primeira Turma, julgado em 12/12/2017, PROCESSO ELETRÔNICO DJe-080 DIVULG 24-04-2018 PUBLIC 25-04-2018.

§ 2º – Para os efeitos penais, equiparam-se a documento público o emanado de entidade paraestatal, o título ao portador ou transmissível por endosso, as ações de sociedade comercial, os livros mercantis e o testamento particular.

§ 3º Nas mesmas penas incorre quem insere ou faz inserir:

I – na folha de pagamento ou em documento de informações que seja destinado a fazer prova perante a previdência social, pessoa que não possua a qualidade de segurado obrigatório;

II – na Carteira de Trabalho e Previdência Social do empregado ou em documento que deva produzir efeito perante a previdência social, declaração falsa ou diversa da que deveria ter sido escrita;

III – em documento contábil ou em qualquer outro documento relacionado com as obrigações da empresa perante a previdência social, declaração falsa ou diversa da que deveria ter constado.

§ 4º Nas mesmas penas incorre quem omite, nos documentos mencionados no § 3º, nome do segurado e seus dados pessoais, a remuneração, a vigência do contrato de trabalho ou de prestação de serviços.

Classificação: o crime é doloso e comum.

O delito é de ação penal pública incondicionada e admite acordo de não persecução penal (artigo 28-A do CPP).

Condutas proibidas: são duas as condutas proibidas: a) falsificar, no todo ou em parte, documento público; ou b) alterar documento público verdadeiro.

Rogério Greco ensina que documento público é:

> Aquele confeccionado por servidor público, no exercício de sua função, e de acordo com a legislação que lhe é pertinente. O conceito de documento particular é encontrado por exclusão, ou seja, se o documento não gozar da qualidade de público, será reconhecido como particular, desde que cumpra as funções anteriormente expostas[332].

Há distinção doutrinária entre **documento formal e substancialmente público** (expedido por agente público e com conteúdo de interesse público) e **documento formalmente público e substancialmente privado** (declarações recebidas de particulares e redigidas por servidores públicos, por exemplo). Para tipificação do crime do artigo 297 do Código Penal, entrementes, não há diferenciação, bastando que o documento seja público.

---

332 GRECO, Rogério. **Código Penal: comentado**, 12ª edição, 2018, p. 1048.

A cópia autenticada assume a condição de documento, de acordo com lição de Rogério Sanches Cunha[333].

Falsificação grosseira: se a falsificação é grosseira, não há prática do crime tipificado no artigo 297 do Código Penal (pode, eventualmente, subsistir imputação de crime de estelionato, a depender da situação).

Eis julgado do Tribunal da Cidadania nesse sentido (o aresto se refere ao crime de uso de documento falso, mas pode tranquilamente utilizado para interpretar o crime aqui estudado):

> HABEAS CORPUS. SUBSTITUTIVO DE RECURSO ESPECIAL. NÃO CABIMENTO. USO DE DOCUMENTO FALSO. ALEGAÇÃO DE ATIPICIDADE. FALSO GROSSEIRO. RECONHECIMENTO. ABSOLVIÇÃO. POSSIBILIDADE DE CÓPIA SEM AUTENTICAÇÃO CONFIGURAR DOCUMENTO PÚBLICO PARA FINS PENAIS. NULIDADE POR AUSÊNCIA DE LAUDO PERICIAL. QUESTÕES PREJUDICADAS. HABEAS CORPUS NÃO CONHECIDO. ORDEM CONCEDIDA DE OFÍCIO. I – A Terceira Seção desta Corte, seguindo entendimento firmado pela Primeira Turma do col. Pretório Excelso, sedimentou orientação no sentido de não admitir habeas corpus em substituição ao recurso adequado, situação que implica o não conhecimento da impetração, ressalvados casos excepcionais em que, configurada flagrante ilegalidade apta a gerar constrangimento ilegal, seja possível a concessão da ordem de ofício, em homenagem ao princípio da ampla defesa. II – Com efeito, a doutrina e a jurisprudência majoritariamente, entendem que para a configuração do tipo penal de uso de documento falso, a falsificação deve ser apta para iludir, enganar, ludibriar. Do contrário, está configurada a hipótese de falso grosseiro, caso em que não haverá crime. III – In casu, tão logo a d. Juiza avistou a petição e o convite juntado pelo paciente objetivando o adiamento de audiência, imediatamente verificou a falsificação. A providência seguinte, consistente em ligação telefônica que constatou de plano a alteração do horário da solenidade, configurou mera confirmação da suspeita acerca da inidoneidade do documento. IV – Se o documento não foi capaz de iludir ou de enganar a autoridade judiciária, é de se reconhecer que se trata de falso grosseiro, caso em que não há que se falar em tipicidade da conduta, devendo o paciente ser absolvido. V – Reconhecida a atipicidade da conduta, com a absolvição do paciente, restam prejudicadas as alegações de inviabilidade de mera cópia sem autenticação configurar documento público para fins penais e nulidade por ausência de laudo pericial. Habeas corpus não conhecido. Ordem concedida de ofício a fim de absolver o paciente da imputação da prática do crime de uso de documento falso (HC 384.567/SP, Rel. Ministro JOEL ILAN PACIORNIK, Rel. p/ Acórdão Ministro Felix Fischer, Quinta Turma, julgado em 20/09/2018, DJe 15/10/2018)

333 CUNHA, Rogério Sanches. **Código Penal para concursos**. Salvador, 13ª edição, Juspodivm, 2020, p. 897.

Causa de aumento de pena: o § 1º do artigo 297 do Código Penal é majorante (aumento de pena de 1/6) se o agente é funcionário público e comete o crime prevalecendo-se do cargo.

Documento público equiparado: § 2º do artigo 297 do Caderno Repressivo esclarece que, para os efeitos penais, "equiparam-se a documento público o emanado de entidade paraestatal, o título ao portador ou transmissível por endosso, as ações de sociedade comercial, os livros mercantis e o testamento particular".

Figuras equiparadas: o §§ 3º e 4º do artigo 297 do Código Penal trazem em seu bojo figuras equiparadas (muito criticadas pela doutrina, porquanto melhor adequadas ao crime de falsidade ideológica).

Competência: o Superior Tribunal de Justiça, excepcionando a Súmula 62/STJ, assentou que a competência para processar e julgar o crime tipificado no artigo 297, § 4º, do Código Penal é da Justiça Federal (informativo 554):

> DIREITO PENAL. COMPETÊNCIA PARA PROCESSAR E JULGAR CRIME PREVISTO NO ART. 297, § 4º, DO CP. Compete à Justiça Federal – e não à Justiça Estadual – processar e julgar o crime caracterizado pela omissão de anotação de vínculo empregatício na CTPS (art. 297, § 4º, do CP). A Terceira Seção do STJ modificou o entendimento a respeito da matéria, posicionando-se no sentido de que, no delito tipificado no art. 297, § 4º, do CP – figura típica equiparada à falsificação de documento público -, o sujeito passivo é o Estado e, eventualmente, de forma secundária, o particular – terceiro prejudicado com a omissão das informações -, circunstância que atrai a competência da Justiça Federal, conforme o disposto no art. 109, IV, da CF (CC 127.706-RS, Terceira Seção, DJe 3/9/2014). Precedente citado: AgRg no CC 131.442-RS, Terceira Seção, DJe 19/12/2014. CC 135.200-SP, Rel. originário Min. Nefi Cordeiro, Rel. para acórdão Min. Sebastião Reis Júnior, julgado em 22/10/2014, DJe 2/2/2015.

O Tribunal da Cidadania esclarece que, ainda que o documento seja emitido pela União, é preciso verificar quem foi o lesado para se aferir a competência para julgamento do caso criminal (informativo 509/STJ):

> DIREITO PROCESSUAL PENAL. COMPETÊNCIA. CRIME DE FALSIFICAÇÃO DE DOCUMENTO PÚBLICO EMITIDO PELA UNIÃO. PESSOA EFETIVAMENTE LESADA. PARTICULAR. Compete à Justiça estadual processar e julgar crime de falsificação de documento público emitido pela União na hipótese em que a pessoa efetivamente lesada com a suposta prática delituosa seja apenas o particular. O interesse genérico e reflexo por parte da União na punição do agente não é suficiente para atrair a competência da Justiça Federal. Precedentes citados: CC 104.893-SE, DJe 29/3/2010 e CC 30.308-MG, DJ 18/3/2002. CC 125.065-PR, Rel. Min. Sebastião Reis Júnior, julgado em 14/11/2012.

No informativo 625, o Superior Tribunal de Justiça decidiu pela competência da Justiça Federal para processar e julgar brasileiro não extraditado que cometeu os crimes de falsificação de documento e uso de documento falso no exterior:

> CONFLITO DE COMPETÊNCIA. CRIMES DE FALSIFICAÇÃO DE DOCUMENTO E USO DE DOCUMENTO FALSO PRATICADOS POR BRASILEIROS EM TERRITÓRIO ESTRANGEIRO. COOPERAÇÃO INTERNACIONAL. INTERESSE JURÍDICO DA UNIÃO. RELAÇÕES COM ESTADOS ESTRANGEIROS E CUMPRIMENTO DE TRATADOS FIRMADOS (CF ARTIGOS 21, I, E 84, VII E VIII). COMPETÊNCIA DA UNIÃO. TRATADO DE EXTRADIÇÃO ENTRE O GOVERNO DA REPÚBLICA FEDERATIVA DO BRASIL E O GOVERNO DA REPÚBLICA PORTUGUESA. INADMISSIBILIDADE DE EXTRADIÇÃO. PESSOA RECLAMADA. NACIONAL DA PARTE REQUERIDA OBRIGAÇÃO DE SUBMETER O INFRATOR A JULGAMENTO. CONFLITO DE COMPETÊNCIA CONHECIDO. DECLARADA A COMPETÊNCIA DO JUÍZO SUSCITADO. 1. Segundo dispõem os arts. 21, I, e 84, VII e VIII, da Carta da República, cabe à União manter relações com estados estrangeiros e cumprir os tratados firmados, fixando-se a sua responsabilidade na persecutio criminis nas hipóteses de crimes praticados por brasileiros no exterior, na qual haja incidência da norma interna, no caso, o Direito Penal interno e não seja possível a extradição. 2. Segundo o art. 5º, LI, da CF, "nenhum brasileiro será extraditado, salvo o naturalizado, em caso de crime comum, praticado antes da naturalização, ou de comprovado envolvimento em tráfico ilícito de entorpecentes e drogas afins, na forma da lei". 3. Aplicável no caso específico, o Decreto n. 1.325/1994, que incorporou ao ordenamento jurídico brasileiro o Tratado de Extradição entre o Governo da República Federativa do Brasil e o Governo da República Portuguesa, no qual estabelece, na impossibilidade de extradição por ser nacional da parte requerida, a obrigação de "submeter o infrator a julgamento pelo Tribunal competente e, em conformidade com a sua lei, pelos fatos que fundamentaram, ou poderiam ter fundamentado, o pedido de extradição" (art. IV, 1, do Tratado de Extradição). 4. Compete à Justiça Federal o processamento e o julgamento da ação penal que versa sobre crime praticado no exterior, o qual tenha sido transferida para a jurisdição brasileira, por negativa de extradição, aplicável o art. 109, IV, da CF. 5. Conflito conhecido para declarar a competência do Juízo Federal da 1ª Vara de Governador Valadares – SJ/MG, o suscitado (CC 154.656/MG, Rel. Ministro Ribeiro Dantas, Terceira Seção, julgado em 25/04/2018, DJe 03/05/2018)

Súmulas: é importante a leitura da Súmula Vinculante 36 e dos verbetes oriundos do Tribunal da Cidadania:

> Súmula Vinculante 36 – Compete à Justiça Federal comum processar e julgar civil denunciado pelos crimes de falsificação e de uso de documento falso quando se tratar de falsificação da Caderneta de Inscrição e Registro (CIR) ou de Carteira de Habilitação de Amador (CHA), ainda que expedidas pela Marinha do Brasil.

Súmula 17/STJ – Quando o falso se exaure no estelionato, sem mais potencialidade lesiva, é por este absorvido.

Súmula 62/STJ – Compete a Justiça Estadual processar e julgar o crime de falsa anotação na carteira de trabalho e previdência social, atribuído a empresa privada.

Súmula 104 – Compete à Justiça Estadual o processo e julgamento dos crimes de falsificação e uso de documento falso relativo a estabelecimento particular de ensino.

Súmula 107/STJ – Compete à Justiça Comum Estadual processar e julgar crime de estelionato praticado mediante falsificação das guias de recolhimento das contribuições previdenciárias, quando não ocorrente lesão à autarquia federal.

Questão de concurso público: veja como o assunto já foi cobrado em concurso público.

1 – (Delegado de Polícia Federa/2018 Os livros comerciais, os títulos ao portador e os transmissíveis por endosso equiparam-se, para fins penais, a documento público, sendo a sua falsificação tipificada como crime ( ).

Gabarito comentado:

Questão	Reposta	Comentário
1	CERTA	Vide § 2º do artigo 297 do Código Penal

Falsificação de documento particular

Art. 298 – Falsificar, no todo ou em parte, documento particular ou alterar documento particular verdadeiro:

Pena – reclusão, de um a cinco anos, e multa.

Falsificação de cartão

Parágrafo único. Para fins do disposto no caput, equipara-se a documento particular o cartão de crédito ou débito.

Classificação: crime doloso e comum (pode ser perpetrado por qualquer pessoa).

O delito é de ação penal pública incondicionada e admite acordo de não persecução penal (artigo 28-A do CPP) e suspensão condicional do processo (artigo 89 da Lei 9.099/95).

Condutas proibidas: as condutas proibidas são: a) falsificar, no todo ou em parte, documento particular; ou b) alterar documento particular verdadeiro.

Cartão de crédito ou débito: o parágrafo único do artigo 298 do Código Penal equipara o cartão de crédito ou débito a documento particular.

Falsificação de documento particular em detrimento de consulado estrangeiro: o crime de falsificação de documento particular cometido em detrimento de consulado estrangeiro é de competência da Justiça Estadual, se não há prejuízo para União, autarquia ou empresa pública federal (informativo 313 do Superior Tribunal de Justiça):

> COMPETÊNCIA. ESTELIONATO. FALSIFICAÇÃO. DOCUMENTO PARTICULAR. CONSULADO. Compete à Justiça estadual processar e julgar crimes de estelionato e falsificação de documento particular praticado em detrimento de consulado estrangeiro, sem prejuízo para a União, autarquias federais ou empresas públicas federais. Precedentes citados: CC 30.139-SP, DJ 12/03/2001, e CC 12.423-PR, DJ 5/5/1997. CC 45.650-SP, Rel. Min. Maria Thereza de Assis Moura, julgado em 14/3/2007.

Súmula 104 do STJ: o verbete 104 do Superior Tribunal de Justiça reza que os crimes de falsificação e uso de documento falso relativos a ensino particular de ensino são da competência da Justiça Estadual:

> Súmula 104/STJ – Compete a justiça estadual o processo e julgamento dos crimes de falsificação e uso de documento falso relativo a estabelecimento particular de ensino.

Questão de concurso público: veja como o assunto já foi cobrado em concurso público.

1 – (Delegado de Polícia Civil/SP/2018) Tendo em conta os crimes contra a dignidade sexual (artigos 213 a 234-B do Código Penal) e os crimes contra a fé pública (artigos 289 a 311 do Código Penal), assinale a alternativa correta.

a) Ocultar documento público ou particular verdadeiro, em prejuízo alheio, não configura o crime de supressão de documento (art. 305 do CP), sendo típicas apenas as condutas de suprimir e destruir documento público ou particular verdadeiro.

b) O cartão de crédito ou débito, para fins penais, é equiparado a documento particular.

c) A conduta de manter estabelecimento em que ocorra exploração sexual é atípica, desde que não envolva menor de 18 (dezoito) anos.

d) A conduta de atrair alguém à prostituição é atípica, desde que não se trate de pessoa menor de 18 (dezoito) anos.

e) Os crimes de falso reconhecimento de firma ou letra (art. 300 do CP); certidão ou atestado ideologicamente falso (art. 301 do CP) e falsidade material de atestado ou certidão (art. 301, parágrafo 1º do CP) são próprios de funcionários públicos.

Gabarito comentado:

Questão	Reposta	Comentário
1	Letra B	Vide parágrafo único do artigo 298 do Código Penal.

Falsidade ideológica

Art. 299 – Omitir, em documento público ou particular, declaração que dele devia constar, ou nele inserir ou fazer inserir declaração falsa ou diversa da que devia ser escrita, com o fim de prejudicar direito, criar obrigação ou alterar a verdade sobre fato juridicamente relevante:

Pena – reclusão, de um a cinco anos, e multa, se o documento é público, e reclusão de um a três anos, e multa, se o documento é particular.

Parágrafo único – Se o agente é funcionário público, e comete o crime prevalecendo-se do cargo, ou se a falsificação ou alteração é de assentamento de registro civil, aumenta-se a pena de sexta parte.

Classificação: crime doloso, comum (pode ser perpetrado por qualquer pessoa) e formal (não é preciso ocorrência de dano em face da falsificação).

Trata-se de crime de ação penal pública incondicionada.

As penas são diferentes, a depender do tipo do documento falsificado. Se o documento é público, a pena é orçada em 1 a 5 anos (admite acordo de não persecução penal e suspensão condicional do processo). Se o documento é particular, a pena é orçada em 1 a 3 anos (admite-se acordo de não persecução penal, suspensão condicional do processo e fiança arbitrada pela autoridade policial).

Condutas proibidas: as condutas proibidas são: a) omitir, em documento público ou particular, declaração que dele devia constar; b) inserir ou fazer inserir declaração falsa ou diversa da que devia ser escrita.

O tipo exige especial fim de agir: objetivo de prejudicar direito, criar obrigação ou alterar a verdade sobre fato juridicamente relevante.

Folha em branco (e abuso no preenchimento): há discussão doutrinária acerca do abuso no preenchimento de folha/documento em branco assinado:

Hipótese	Crime
Se o agente recebe a folha assinada para preencher e o faz com abuso (ao largo do que fora combinado).	Falsidade ideológica
Se o agente obtém a folha por meio ilegítimo ou recebe apenas para guarda/depósito e faz o preenchimento abusivo.	Falsidade material

Precedentes do Tribunal da Cidadania: eis importantes precedentes do Superior Tribunal de Justiça sobre o crime (artigo 299 do Código Penal):

Resumo do entendimento	Informativo	Decisão
A apresentação de declaração de pobreza ideologicamente falsa não caracteriza prática do crime tipificado no artigo 299 do Código Penal.	Informativo 490/STJ	GRATUIDADE JUDICIÁRIA. DECLARAÇÃO DE POBREZA. FALSIDADE. A Turma reiterou o entendimento de que a apresentação de declaração de pobreza com informações falsas para obtenção da assistência judiciária gratuita não caracteriza os crimes de falsidade ideológica ou uso de documento falso. Isso porque tal declaração é passível de comprovação posterior, de ofício ou a requerimento, já que a presunção de sua veracidade é relativa. Além disso, constatada a falsidade das declarações constantes no documento, pode o juiz da causa fixar multa de até dez vezes o valor das custas judiciais como punição (Lei n. 1.060/1950, art. 4º, § 1º). Com esses fundamentos, o colegiado trancou a ação penal pela prática de falsidade ideológica e uso de documento falso movida contra acusado. HC 217.657-SP, Rel. Min. Vasco Della Giustina (Desembargador convocado do TJ-RS), julgado em 2/2/2012.
Se o crime de falso for autônomo, é possível materialização de medidas investigativas mesmo que, por exemplo, ainda não tenha havido lançamento definitivo do crédito tributário no crime de sonegação fiscal.	Informativo 502/STJ	MEDIDAS INVESTIGATÓRIAS. DELITOS CONEXOS A CRIMES CONTRA A ORDEM TRIBUTÁRIA. AUSÊNCIA DE LANÇAMENTO DEFINITIVO. Não há nulidade na decretação de medidas investigatórias para apurar crimes autônomos conexos ao crime de sonegação fiscal quando o crédito tributário ainda pende de lançamento definitivo. Conforme a jurisprudência do STF, à qual esta Corte vem aderindo, não há justa causa para a persecução penal do crime de sonegação fiscal antes do lançamento do crédito tributário, sendo este condição objetiva de punibilidade. No caso, foram decretadas medidas investigatórias (interceptação telefônica, busca e apreensão e quebra de sigilo bancário e fiscal) antes do lançamento do crédito tributário. Porém, buscava-se apurar não apenas crimes contra a ordem tributária, mas também os de formação de quadrilha e falsidade ideológica. Portanto, não há ilegalidade na autorização das medidas investigatórias, visto que foram decretadas para apurar outros crimes nos quais não há necessidade de instauração de processo administrativo-tributário. Nesse caso, incumbe ao juízo criminal investigar o esquema criminoso, cabendo à autoridade administrativo-fiscal averiguar o montante de tributo que não foi pago. Assim, a Turma entendeu que não são nulas as medidas decretadas, pois atenderam os pressupostos e fundamentos de cautelaridade, sobretudo porque, quando do oferecimento da denúncia, os créditos tributários já tinham sido definitivamente lançados. Precedentes do STF: HC 81.611-DF, DJ 13/5/2005, e do STJ: RHC 24.049-SP, DJe 7/2/2011. HC 148.829-RS, Rel. Min. Laurita Vaz, julgado em 21/8/2012.

O crime de descaminho absorve o crime de falsidade ideológica (quando este é meio para prática do descaminho).	Informativo 523/STJ	DIREITO PENAL. ABSORÇÃO DA FALSIDADE IDEOLÓGICA PELO CRIME DE DESCAMINHO. Responderá apenas pelo crime de descaminho, e não por este em concurso com o de falsidade ideológica, o agente que, com o fim exclusivo de iludir o pagamento de tributo devido pela entrada de mercadoria no território nacional, alterar a verdade sobre o preço desta. Isso porque, na situação em análise, a primeira conduta realizada pelo agente, com adequação típica no art. 299 do CP, serve apenas como meio para alcançar o fim pretendido, qual seja, a realização do fato previsto como crime no art. 334 do CP. Trata-se, pois, de uma das hipóteses em que se aplica o princípio da consunção, quando um crime é meio necessário ou normal fase de preparação ou de execução de outro crime. Nesse contexto, evidenciado o nexo entre as condutas e inexistindo dolo diverso que enseje a punição do falso como crime autônomo, fica este absorvido pelo descaminho. RHC 31.321-PR, Rel. Min. Marco Aurélio Bellizze, julgado em 16/5/2013.
O crime de sonegação fiscal absorve os crimes de falsidade ideológica e uso de documento falso.	Informativo 535/STJ	DIREITO PENAL. ABSORÇÃO DOS CRIMES DE FALSIDADE IDEOLÓGICA E DE USO DE DOCUMENTO FALSO PELO DE SONEGAÇÃO FISCAL. O crime de sonegação fiscal absorve o de falsidade ideológica e o de uso de documento falso praticados posteriormente àquele unicamente para assegurar a evasão fiscal. Após evolução jurisprudencial, o STJ passou a considerar aplicável o princípio da consunção ou da absorção quando os crimes de uso de documento falso e falsidade ideológica – crimes meio – tiverem sido praticados para facilitar ou encobrir a falsa declaração, com vistas à efetivação do pretendido crime de sonegação fiscal – crime fim -, localizando-se na mesma linha de desdobramento causal de lesão ao bem jurídico, integrando, assim, o *iter criminis* do delito fim. Cabe ressalvar que, ainda que os crimes de uso de documento falso e falsidade ideológica sejam cometidos com o intuito de sonegar o tributo, a aplicação do princípio da consunção somente tem lugar nas hipóteses em que os crimes meio não extrapolem os limites da incidência do crime fim. Aplica-se, assim, *mutatis mutandis*, o comando da Súmula 17 do STJ (*Quando o falso se exaure no estelionato, sem mais potencialidade lesiva, é por este absorvido*). Precedentes citados: AgRg no REsp 1.366.714-MG, Quinta Turma, DJe 5/11/2013; AgRg no REsp 1.241.771-SC, Sexta Turma, DJe 3/10/2013. EREsp 1.154.361-MG, Rel. Min. Laurita Vaz, julgado em 26/2/2014.

A competência para julgar crime de falsidade ideológica praticado contra Junta Comercial é da Justiça Estadual.	Informativo 536/STJ	DIREITO PROCESSUAL PENAL. COMPETÊNCIA PARA PROCESSAR E JULGAR CRIME ENVOLVENDO JUNTA COMERCIAL. Compete à Justiça Estadual processar e julgar a suposta prática de delito de falsidade ideológica praticado contra Junta Comercial. O art. 6º da Lei 8.934/1994 prescreve que as Juntas Comerciais subordinam-se administrativamente ao governo da unidade federativa de sua jurisdição e, tecnicamente, ao Departamento Nacional de Registro do Comércio, órgão federal. Ao interpretar esse dispositivo legal, a jurisprudência do STJ sedimentou o entendimento de que, para se firmar a competência para processamento de demandas que envolvem Junta Comercial de um estado, é necessário verificar a existência de ofensa direta a bens, serviços ou interesses da União, conforme determina o art. 109, IV, da CF. Caso não ocorra essa ofensa, como na hipótese em análise, deve-se reconhecer a competência da Justiça Estadual. Precedentes citados: CC 119.576-BA, Terceira Seção, DJe 21.6.2012; CC 81.261-BA, Terceira Secão, DJe 16.3.2009. CC 130.516-SP, Rel. Min. Rogerio Schietti Cruz, julgado em 26/2/2014.
Não é típica a conduta de inserir, em currículo *Lattes*, dado que não condiz com a realidade.	Informativo 610/STJ	Crime de falsidade ideológica. Currículo *Lattes*. Dado que não condiz com a realidade. Conduta atípica (RHC 81.451-RJ, Rel. Min. Maria Thereza de Assis Moura, por unanimidade, julgado em 22/8/2017, DJe 31/8/2017).
A reiteração dos efeitos decorrentes da prática do crime de falsidade ideológica não gera reinício da contagem do prazo prescricional.		REVISÃO CRIMINAL. ART. 621, I, CPP. CONDENAÇÃO POR FALSIDADE IDEOLÓGICA (ART. 299, CP) DECORRENTE DA INSERÇÃO DO NOME DE TERCEIROS ("LARANJAS"), NO CONTRATO SOCIAL DE EMPRESA QUE ERA DA PROPRIEDADE DO RÉU. CRIME INSTANTÂNEO CONSUMADO NO MOMENTO DA PRIMEIRA ALTERAÇÃO FRAUDULENTA, QUE NÃO SE REITERA OU CONTINUA PELO FATO DE, EM ALTERAÇÕES CONTRATUAIS POSTERIORES, OS NOMES DAS SÓCIAS "LARANJA" NÃO TEREM SIDO TROCADOS PELOS NOMES DOS VERDADEIROS SÓCIOS. TERMO INICIAL DA CONTAGEM DO PRAZO PRESCRICIONAL: O MOMENTO DA CONSUMAÇÃO DO DELITO. PRESCRIÇÃO DA PRETENSÃO PUNITIVA QUE SE RECONHECE. 1. Por força do art. 105, inciso I, alínea e da Constituição Federal, a competência desta Corte para processar e julgar Revisão Criminal limita-se às hipóteses de seus próprios julgados, demandando, ainda, que a questão tenha sido examinada no mérito nesta instância. Precedentes do STJ. Se a alegação de atipicidade da conduta não chegou a ser conhecida em recurso especial julgado nesta Corte, não é do STJ a competência para reexaminá-la, em sede de revisão criminal. 2. A falsidade ideológica é crime formal e instantâneo, cujos efeitos podem vir a se protrair no tempo.

		A despeito dos efeitos que possam, ou não, vir a gerar, ela se consuma no momento em que é praticada a conduta. Precedentes. 3. Diante desse contexto, o termo inicial da contagem do prazo da prescrição da pretensão punitiva é o momento da consumação do delito, e não da eventual reiteração de seus efeitos. Se o julgado rescindendo admite que os falsos foram praticados em 2003 e 2007, quando as sócias "laranja" foram incluídas pela primeira vez no contrato social da empresa, erra ao afirmar que teriam sido reiterados quando, por ocasião das alterações contratuais ocorridas em 21/06/2010, 1º/06/2011 e 26/07/2011, o réu deixou de regularizar o nome dos sócios verdadeiramente titulares da empresa, mantendo o nome dos "laranjas". Isso porque, não há como se entender que constitui novo crime a omissão do réu em corrigir informação falsa por ele inserida em documento público quando teve oportunidade para tanto. Tampouco há como se entender que a lei pune um crime instantâneo porque ele continua produzindo efeitos depois de sua consumação. 4. Considerando-se que o julgado rescindendo deu parcial provimento ao recurso especial da defesa para, estabelecida a pena-base no mínimo legal, fixar a pena definitiva em 1 ano, 2 meses e 12 dias de reclusão, e 12 dias-multa, a prescrição pela pena em concreto, nos termos dos arts. 109, VI, c/c 110, caput, do Código Penal, verifica-se "em 3 (três) anos, se o máximo da pena é inferior a 1 (um) ano". Sabido que a denúncia (primeiro dos marcos interruptivos da prescrição – art. 117, I, CP) foi recebida em 10/01/2013, tem razão o autor da revisão criminal quanto afirma que os delitos, praticados 2003 e 2007, pelos quais foi condenado estão prescritos. 5. Revisão criminal conhecida em parte, e, na parte conhecida, julgada procedente, para reconhecer a ocorrência da prescrição da pretensão punitiva estatal (RvCr 5.233/DF, Rel. Ministro REYNALDO SOARES DA FONSECA, TERCEIRA SEÇÃO, julgado em 13/05/2020, DJe 25/05/2020).

Questão de concurso público: veja como o assunto já foi cobrado em concurso público.

1 – (Delegado de Polícia Federal/2021) Em se tratando do crime de falsidade ideológica, o prazo prescricional se reinicia com a eventual reiteração de seus efeitos ( ).

Gabarito comentado:

Questão	Reposta	Comentário
1	ERRADA	Vide entendimento do STJ sobre o tema no RvCr 5.233/DF, Rel. Ministro REYNALDO SOARES DA FONSECA, TERCEIRA SEÇÃO, julgado em 13/05/2020, DJe 25/05/2020 (transcrito e comentado supra).

Falso reconhecimento de firma ou letra

Art. 300 – Reconhecer, como verdadeira, no exercício de função pública, firma ou letra que o não seja:

Pena – reclusão, de um a cinco anos, e multa, se o documento é público; e de um a três anos, e multa, se o documento é particular.

Classificação: trata-se de crime doloso e próprio (praticado pelo funcionário público quem tem atribuição de reconhecer firma ou letra – tabelião de notas, por exemplo).

Nos termos dos artigos 1º e 3º da Lei 8.935/94:

> Art. 1º Serviços notariais e de registro são os de organização técnica e administrativa destinados a garantir a publicidade, autenticidade, segurança e eficácia dos atos jurídicos.
>
> Art. 3º Notário, ou tabelião, e oficial de registro, ou registrador, são profissionais do direito, dotados de fé pública, a quem é delegado o exercício da atividade notarial e de registro.

Penas: o preceito secundário do tipo prevê duas penas distintas:

Artigo 300 do Código Penal		
Se o documento é público	Reclusão de um a cinco anos e multa	Admite-se acordo de não persecução penal (artigo 28-A do CPP) e suspensão condicional do processo (artigo 89 da Lei 9.099/95).
Se o documento é particular	Reclusão de 1 a 3 anos e multa	Admite-se acordo de não persecução penal (artigo 28-A do CPP), suspensão condicional do processo (artigo 89 da Lei 9.099/95) e fiança arbitrada pela autoridade policial (artigo 322 do CPP).

Conduta proibida: reconhecer como verdadeira, no exercício da função pública, firma ou letra falsa.

Note que o crime aqui estudado não envolve pagamento de vantagem indevida ao agente. Caso este solicite, receba ou aceite promessa de vantagem indevida para reconhecer como verdadeira firma ou letra falsa, o crime será o de corrupção passiva, tipificado no artigo 317 do Código Penal.

Comunicação da circunstância pessoal elementar: é possível que o particular responda pelo crime tipificado no artigo 300 do Código Penal (na condição de partícipe), caso não tenha sido responsável pela falsificação da assinatura e induza ou instigue o tabelião de notas a reconhecer firma falsa como verdadeira. Nessa situação, incidirá a parte final do artigo 30 do Código Penal.

Artigo 297 (ou 298) x artigo 301 do Código Penal: eis algumas situações hipotéticas com a respectiva solução:

> **SITUAÇÃO HIPOTÉTICA 1:** JOÃO, particular, falsifica documento público e, para dar aparência de veracidade ao papel, apresenta-o ao tabelião de notas para reconhecimento de firma. O tabelião, não percebendo que o documento é falso, reconhece a firma da assinatura falsificada.
>
> **SOLUÇÃO:** apenas JOÃO comete o crime tipificado no artigo 297 do Código Penal. O tabelião não responde pelo crime do artigo 301 do Código Penal (ainda que tenha agido com culpa, vez que o tipo só admite modalidade dolosa).
>
> **SITUAÇÃO HIPOTÉTICA 2:** PEDRO falsifica documento particular e, para dar aparência de veracidade ao papel, leva-o tabelião de notas, induzindo-o a reconhecer como verdadeira assinatura falsa. O tabelião, sabendo da falsidade, reconhece a firma como verdadeira.
>
> **SOLUÇÃO:** PEDRO deve responder pela prática dos crimes tipificados nos artigos 298 e 301 do Código Penal (esse último com pena de 1 a 3 anos, em face da parte final do artigo 30 do mesmo diploma). O tabelião de notas deve ser responsabilizado pelo crime tipificado no artigo 301 do Código Penal (com pena de 1 a 3 anos).
>
> **SITUÇÃO HIPOTÉTICA 3:** JOSÉ levou documento particular que falso (mas que não foi por ele falsificado) ao tabelionato de notas para reconhecimento de firma falsa. O agente convence o tabelião a reconhecer a veracidade da assinatura falsa.
>
> **SOLUÇÃO:** JOSÉ (parte final do artigo 30 do Código Penal) e o tabelião devem responder pelo crime tipificado no artigo 301 do Código Penal (com pena de 1 a 3 anos). O tabelião será autor e o particular partícipe.

Certidão ou atestado ideologicamente falso

Art. 301 – Atestar ou certificar falsamente, em razão de função pública, fato ou circunstância que habilite alguém a obter cargo público, isenção de ônus ou de serviço de caráter público, ou qualquer outra vantagem:

Pena – detenção, de dois meses a um ano.

Falsidade material de atestado ou certidão

§ 1º – Falsificar, no todo ou em parte, atestado ou certidão, ou alterar o teor de certidão ou de atestado verdadeiro, para prova de fato ou circunstância que habilite alguém a obter cargo público, isenção de ônus ou de serviço de caráter público, ou qualquer outra vantagem:

Pena – detenção, de três meses a dois anos.

§ 2º – Se o crime é praticado com o fim de lucro, aplica-se, além da pena privativa de liberdade, a de multa.

Classificação: crime doloso, próprio (o tipo exige qualidade especial do sujeito ativo, que precisa ser funcionário público) e formal (não é preciso que o beneficiado pelo atestado/certidão ideologicamente falso obtenha o cargo público pretendido, a isenção de ônus ou de serviço de caráter público, ou qualquer vantagem).

Trata-se de infração de menor potencial ofensivo de ação penal pública incondicionada.

Condutas proibidas: as condutas proibidas descritas no *caput* do tipo são:

<table>
<tr><th colspan="4">Artigo 301 do Código Penal</th></tr>
<tr><td>Atestar falsamente</td><td rowspan="4">em razão de função pública</td><td rowspan="4">fato ou circunstância que habilite alguém a</td><td>obter cargo público</td></tr>
<tr><td rowspan="3">Certificar falsamente</td><td>obter isenção de ônus</td></tr>
<tr><td>obter serviço de caráter público</td></tr>
<tr><td>obter qualquer outra vantagem</td></tr>
</table>

O crime aqui estudado é uma forma especial de perpetrar falsidade ideológica (falso perpetrado por funcionário público que atesta ou certifica fato ou circunstância que habilite terceiro a obter cargo público, isenção de ônus, serviço de caráter público ou qualquer vantagem).

Como dito supra, o crime é formal e a consumação ocorre com a expedição do atestado ou certidão, ainda que o terceiro não obtenha um dos objetivos desenhados no tipo (com a confecção do documento, o crime resta consumado).

Só se pune prática dolosa das condutas descritas no artigo estudado. Se o funcionário público expede a certidão ou o atestado que não corresponde à realidade por negligência (porque não consultou com atenção os bancos de dados, por exemplo), não há prática do crime aqui analisado.

Qualificadora: o § 1º do artigo 301 do Código Penal traz em seu bojo figura qualificada (pena de 3 meses a 2 anos).

O dispositivo encerra infração de menor potencial ofensivo de ação penal pública incondicionada comum (diferente do caput, o delito do § 1º pode ser cometido por qualquer pessoa). Nesse sentido, decisão do Tribunal da Cidadania:

> PENAL. RECURSO ESPECIAL. FALSIDADE MATERIAL DE ATESTADO OU CERTIDÃO. ART. 301, §1º DO CP. CRIME COMUM. A falsidade material de atestado ou certidão, na moldura típica do §1º do artigo 301 do Código Penal, é crime comum quanto ao sujeito ativo, podendo ser praticado por qualquer pessoa. Recurso especial conhecido e provido (REsp 281.812/DF, Rel. Ministro Vicente Leal, Sexta Turma, julgado em 13/08/2002, DJ 02/09/2002, p. 251).

O crime é doloso e as condutas proibidas são (trata-se de forma especial de prática de crime de falsidade material):

<table>
<tr><th colspan="3">§ 1º do artigo 301</th></tr>
<tr><td>Falsificar, no todo ou em parte atestado ou certidão</td><td rowspan="4">para prova de fato ou circunstância que habilite alguém a</td><td>obter cargo público</td></tr>
<tr><td rowspan="3">Alterar o teor de certidão ou de atestado verdadeiro</td><td>obter isenção de ônus</td></tr>
<tr><td>obter serviço de caráter público</td></tr>
<tr><td>obter qualquer outra vantagem</td></tr>
</table>

Prática do crime com o fim de lucro: se o crime é praticado com o fim de lucro, aplica-se, além da pena privativa de liberdade, a de multa.

Penso que, se o funcionário público solicitar/receber/aceitar promessa de vantagem para emissão de atestado ou certidão ideologicamente falsos, haverá prática, em concurso de crimes, dos delitos tipificados nos artigos 301 e 317, ambos do Código Penal. Isso porque há ofensa a dois bens jurídicos diferentes (a fé pública e a Administração Pública).

Falsidade de atestado médico

Art. 302 – Dar o médico, no exercício da sua profissão, atestado falso:

Pena – detenção, de um mês a um ano.

Parágrafo único – Se o crime é cometido com o fim de lucro, aplica-se também multa.

Classificação: o crime é doloso, próprio (o tipo reclama que o sujeito ativo seja médico) e formal (não há necessidade de demonstração de qualquer prejuízo em face do atestado falso).

Trata-se de infração de menor potencial ofensivo de ação penal pública incondicionada.

Pena de multa: se o atestado falso é dado pelo médico com o fim de lucro, deve ser aplicada a pena de multa.

Médico funcionário público: se o médico é funcionário público e o atestado se refere a fato ou circunstância que habilite alguém a obter cargo público, isenção de ônus ou de serviço de caráter público, o crime perpetrado é o do artigo 301 do Código Penal.

Se o médico é funcionário público e solicita, recebe ou aceita promessa de vantagem para emitir atestado (seja falso ou verdadeiro), há prática de crime de corrupção passiva (artigo 317 do Código Penal).

Falsificação de atestado por outros profissionais da saúde: se a falsificação de atestado é perpetrada por dentista, veterinário ou fisioterapeuta, o crime praticado é o tipificado no artigo 299 do Código Penal.

Contudo, não vejo óbice em reconhecer analogia *in bonam partem* para enquadrar a conduta praticada por outro profissional da saúde (não médico) no tipo aqui estudado (artigo 302 do Código Penal).

Penso que não é proporcional imputar ao médico que subscreve atestado ideologicamente falso infração de menor potencial ofensivo (o crime tipificado no artigo 302 do Caderno Repressivo Pátrio é especial em relação ao tipo do artigo 299 do Código Penal e tem pena máxima de um ano) e impor ao dentista que perpetra idêntica conduta crime com pena máxima orçada em 3 anos (falsidade ideológica em documento particular).

Atestado de óbito ideologicamente falso: penso que o médico que subscreve atestado de óbito ideologicamente falso comete o crime aqui estudado (e não o delito tipificado no artigo 299 do Caderno Repressivo Pátrio).

Como dito supra, o crime descrito no artigo 302 do Código Penal é especial em relação ao delito de falsidade ideológica e a conduta de falsificar atestado/declaração de óbito ideologicamente falsa se encaixa perfeitamente nas elementares do delito aqui estudado.

Em sentido contrário, Rogério Sanches Cunha[334] aponta existência de julgados indicando que a correta imputação, nessa situação (assinatura de declaração ou atestado de óbito ideologicamente falso por médico) há prática de crime de falsidade ideológica.

Reprodução ou adulteração de selo ou peça filatélica

Art. 303 – Reproduzir ou alterar selo ou peça filatélica que tenha valor para coleção, salvo quando a reprodução ou a alteração está visivelmente anotada na face ou no verso do selo ou peça:

Pena – detenção, de um a três anos, e multa.

Parágrafo único – Na mesma pena incorre quem, para fins de comércio, faz uso do selo ou peça filatélica.

Revogação tácita: a Lei 6.538/78 (que dispõe sobre o serviço postal) revogou tacitamente (por meio do seu artigo 39) o crime aqui estudado. Eis o tipo:

> Reprodução e adulteração de peça filatélica
>
> Art. 39 – Reproduzir ou alterar selo ou peça filatélica de valor para coleção, salvo quando a reprodução ou a alteração estiver visivelmente anotada na face ou no verso do selo ou peça:
>
> Pena: detenção, até dois anos, e pagamento de três a dez dias-multa.

334 CUNHA, Rogério Sanches. **Código Penal para concursos**, Salvador, editora Juspodivm, 13ª edição, p. 914.

> Forma assimilada
>
> Parágrafo único – Incorre nas mesmas penas, quem, para fins de comércio, faz uso de selo ou peça filatélica de valor para coleção, ilegalmente reproduzidos ou alterados.

Nota-se que o preceito primário (tanto do caput, quanto do parágrafo único) é idêntico em ambos os tipos. Percebe-se, contudo, alteração em relação ao preceito secundário (a pena foi diminuída e isso faz com que o crime seja enquadrado no conceito de infração de menor potencial ofensivo).

Estudemos aqui, destarte, o artigo 39 da Lei 6.538/78.

Classificação: crime doloso, comum, formal e instantâneo.

Como dito, trata-se de infração de menor potencial ofensivo de ação penal pública incondicionada.

Condutas proibidas: duas são as condutas vedadas pelo *caput*:

Condutas proibidas – artigo 39 da Lei 6.538/78	
Reproduzir	selo ou peça filatélica de valor para coleção
Alterar	

Não resta praticado o crime em testilha (fato formalmente atípico) quando a reprodução ou a alteração estiver visivelmente anotada na face ou no verso do selo ou peça.

Conceito de selo: a definição de selo é fornecida pelo artigo 47 da Lei 6.538/78:

> Art. 47 – Para os efeitos desta Lei, são adotadas as seguintes definições:
>
> (...)
>
> SELO – estampilha postal, adesiva ou fixa, bem com a estampa produzida por meio de máquina de franquear correspondência, destinadas a comprovar o pagamento da prestação de um serviço postal.

Figura equiparada: o parágrafo único do artigo 39 da Lei 6.538/78 revela que "incorre nas mesmas penas, quem, para fins de comércio, faz uso de selo ou peça filatélica de valor para coleção, ilegalmente reproduzidos ou alterados".

O tipo parece-me forma especial (e mais branda) de prática do crime de estelionato, vez que o comprador é ludibriado, acreditando que adquiriu uma peça rara, quando, em verdade, comprou um selo reproduzido ou alterado.

Rogério Sanches Cunha adverte que se o comércio é levado a efeito por quem reproduziu ou alterou o selo ou a peça filatélica, haverá *post factum* impunível (o agente deverá ser punido apenas pelo caput do artigo 39 da Lei 6.538/78, em face do princípio da consunção)[335].

Uso de documento falso

Art. 304 – Fazer uso de qualquer dos papéis falsificados ou alterados, a que se referem os arts. 297 a 302:

Pena – a cominada à falsificação ou à alteração.

Classificação: o crime é doloso, comum (pode ser perpetrado por qualquer pessoa) e instantâneo.

A pena aplicada a quem usa documento falso é a pena cominada à falsificação ou alteração deste.

Súmula 200/STJ: o verbete 200 do Tribunal da Cidadania trata do crime de uso de passaporte falso (competência do juízo federal do local onde o documento contrafeito foi usado):

> Súmula 200/STJ – O juízo federal competente para processar e julgar acusado de crime de uso de passaporte falso é o do lugar onde o delito se consumou.

No informativo 436, o Superior Tribunal de Justiça reafirmou o entendimento sumulado:

> Trata-se de conflito negativo de competência entre juízo de Direito e juízo federal. A indiciada foi presa em flagrante ao tentar embarcar para Paris com carteira de identidade e passaporte venezuelanos falsos. Destacou-se que, no caso, não se discute eventual apresentação de documentos na entrada do país. Segundo a jurisprudência deste Superior Tribunal, o crime de documento falso consuma-se no momento e lugar em que ele é utilizado. Na hipótese, o delito foi praticado em detrimento do serviço prestado na fronteira, em que a União, por meio da Polícia Federal, fiscaliza o controle de ingresso e saída de estrangeiros do país, evidenciando-se, assim, segundo a Min. Relatora, o interesse da União na sua apuração. Diante do exposto, a Seção declarou competente o juízo federal suscitado. Precedentes citados: CC 46.728-SP, DJ 26/9/2005, e CC 36.360-RJ, DJ 19/12/2002 (CC 110.436-SP, Rel. Min. Maria Thereza de Assis Moura, julgado em 26/5/2010).

Súmula 546/STJ: a competência para julgar o crime tipificado no artigo 304 do Código Penal depende do órgão ao qual apresentado o documento falso, nos termos da Súmula 546 do Superior Tribunal de Justiça:

---

335 CUNHA, Rogério Sanches. **Código Penal para concursos**. Salvador, 13ª edição, Juspodivm, 2020, p. 916.

> Súmula 546/STJ – A competência para processar e julgar o crime de uso de documento falso é firmada em razão da entidade ou órgão ao qual foi apresentado o documento público, não importando a qualificação do órgão expedidor.

Exemplifico:

> **SITUAÇÃO HIPOTÉTICA:** PEDRO apresentou CNH falsa a policiais rodoviários federais em uma blitz.
>
> **SOLUÇÃO:** PEDRO deve ser processado e julgado pela Justiça Federal, posto que apresentou o documento falsificado a policiais rodoviários federais (nos termos do verbete acima transcrito). O caso criminal será investigado pela Polícia Federal.

Súmula 200/STJ x Súmula 546/STJ: a dúvida aqui é: e se o passaporte falso não for usado para o seu fim precípuo (documento de viagem), o verbete a ser aplicado será o 200 ou 546, ambos do Superior Tribunal de Justiça? Exemplifico:

> **SITUAÇÃO HIPOTÉTICA:** 'A' apresenta passaporte falso (como documento de identificação civil – inciso IV do artigo 2º da Lei 12.037/09) a policial militar numa blitz.
>
> **SOLUÇÃO:** penso que há duas trilhas possíveis para resolver a situação apresentada: i) como o passaporte falso (brasileiro ou estrangeiro) não foi utilizado para o seu fim precípuo (documento de viagem que permite embarque em voo internacional), o verbete a ser utilizado no deslinde do caso concreto é o 546/STJ – e a competência seria da Justiça Estadual (porque o documento falso foi apresentado a policial militar); ii) a Súmula 546/STJ só pode ser aplicada para solucionar o caso hipotético se o passaporte falsificado for estrangeiro, posto que o passaporte brasileiro pertence à União (na forma do § 1º do artigo 5º da Lei 13.445/17[336]) e sua falsificação sempre ensejaria competência da Justiça Federal (com aplicação da Súmula 200/STJ).

Questão de concurso público: veja como o assunto já foi cobrado em concurso público.

1 – (Delegado de Polícia Civil/ES/2019) No dia 09/07/2017, Henrique foi parado em uma fiscalização da Operação Lei Seca. Após solicitar a Carteira Nacional de Habilitação (CNH) de Henrique, o policial militar que participava da operação suspeitou do documento apresentado. Procedeu

---

336 Art. 5º São documentos de viagem:

I – passaporte;

(...)

§ 1º Os documentos previstos nos incisos I, II, III, IV, V, VI e IX, quando emitidos pelo Estado brasileiro, são de propriedade da União, cabendo a seu titular a posse direta e o uso regular.

então à verificação na base de dados do DETRAN e confirmou a suspeita, não encontrando o número de registro que constava na CNH, embora as demais informações (nome e CPF), a respeito de Henrique, estivessem corretas. Questionado pelo policial, Henrique confessou que havia adquirido o documento com Marcos, seu vizinho, que atuava como despachante, tendo pago R$ 2.000,00 pelo documento. Afirmou ainda que sequer havia feito prova no DETRAN. Acrescente-se que, durante a instrução criminal, ficou comprovado que, de fato, Henrique obteve o documento de Marcos, sendo este o autor da contrafação. Além disso, foi verificado por meio de perícia judicial que, no estado em que se encontra o documento, e em face de sua aparência, pode iludir terceiros como se documento idôneo fosse. Logo, pode-se afirmar que a conduta de Henrique se amolda ao crime de

a) falsa identidade, previsto no art. 307 do Código Penal.
b) uso de documento falso, previsto no art. 304 do Código Penal.
c) falsidade ideológica, previsto no caput art. 299 do Código Penal.
d) falsificação de documento público, previsto no caput do art. 297 do Código Penal.
e) falsificação de documento particular, previsto no caput do art. 298 do Código Penal

2 – (Delegado de Polícia Federal/2021) O indivíduo foragido do sistema carcerário que utiliza carteira de identidade falsa perante a autoridade policial para evitar ser preso pratica o crime de falsa identidade ( ).

Gabarito comentado:

Questão	Reposta	Comentário
1	Letra B	O crime praticado foi o de uso de documento falso, tipificado no artigo 304 do Código Penal: **Art. 304 – Fazer uso de qualquer dos papéis falsificados ou alterados, a que se referem os arts. 297 a 302.**
2	ERRADA	O crime praticado pelo agente não foi o de falsa identidade (artigo 307 do Código Penal). Houve perpetração, em verdade, do crime de uso de documento falso, tipificado no artigo 304 do Código Penal.

Supressão de documento

Art. 305 – Destruir, suprimir ou ocultar, em benefício próprio ou de outrem, ou em prejuízo alheio, documento público ou particular verdadeiro, de que não podia dispor:

Pena – reclusão, de dois a seis anos, e multa, se o documento é público, e reclusão, de um a cinco anos, e multa, se o documento é particular.

Classificação: crime doloso, comum (pode ser perpetrado por qualquer pessoa), formal (consuma-se independentemente do benefício próprio ou de outrem ou do prejuízo alheio) e de ação penal pública incondicionada.

Eis a análise das penas descritas no tipo:

Se o documento destruído, suprimido ou ocultado for público:	Reclusão de 2 a 6 anos e multa	Admite-se acordo de não persecução penal (artigo 28-A do CPP).
Se o documento destruído, suprimido ou ocultado for particular:	Reclusão de 1 a 5 anos e multa	Admite-se acordo de não persecução penal (artigo 28-A do CPP) e suspensão condicional do processo (artigo 89 da Lei 9.099/95).

Condutas proibidas: eis as condutas proibidas pelo tipo:

Artigo 305 do Código Penal		
Condutas	**Especial fim de agir**	**Objetos materiais**
Destruir	em benefício próprio ou de outrem, ou em prejuízo alheio	documento público ou particular verdadeiro, de que não podia dispor
Suprimir		
Ocultar		

Como dito supra, o crime é formal (não é necessário que o benefício próprio ou de outrem ou o prejuízo alheio se materializem). Nesse sentido, julgado do Tribunal da Cidadania (grifo meu):

> PENAL. AGRAVO REGIMENTAL NO AGRAVO EM RECURSO ESPECIAL. ART. 305 DO CÓDIGO PENAL – CP. SUPRESSÃO DE DOCUMENTO PÚBLICO. CRIME FORMAL. NÃO SE EXIGE DANO EFETIVO. RESTAURAÇÃO DO DOCUMENTO. NÃO CONFIGURA ATIPICIDADE. AGRAVO REGIMENTAL PARCIALMENTE PROVIDO. AFASTAMENTO DA SÚMULA N. 7 DO SUPERIOR TRIBUNAL DE JUSTIÇA – STJ. RECURSO ESPECIAL DESPROVIDO. 1. Decisão agravada reconsiderada para afastar a incidência da Súmula n. 7/STJ no caso concreto. **2. O delito do art. 305 do Código Penal se consuma com simples destruição, supressão ou ocultação do documento, não se exigindo um dano efetivo. A restauração dos autos não configura atipicidade.** 3. Agravo regimental parcialmente provido. Recurso especial desprovido (AgRg no AREsp 606.549/MS, Rel. Ministro JOEL ILAN PACIORNIK, QUINTA TURMA, julgado em 06/11/2018, DJe 14/11/2018)

É indiferente como o documento chegou às mãos do agente (se por meio lícito ou ilícito).

Se o documento destruído, suprimido ou ocultado for falso, não há prática do crime aqui estudado (o tipo exige que o documento seja verdadeiro).

Rogério Sanches Cunha adverte que "se o documento destruído, suprimido ou ocultado for passível de substituição, como traslados, certidões ou cópias autenticadas, o crime não se perfaz"[337].

---

337 CUNHA, Rogério Sanches. **Código Penal para concursos**. Salvador, 13ª edição, Juspodivm, 2020, p. 921.

Artigos 305 x 314 x 337 x 356: é importante estudar, em conjunto, os crimes tipificados nos artigos 305, 314, 337 e 356 do Código Penal:

Artigo 305	Artigo 314	Artigo 337	Artigo 356
Supressão de documento Art. 305 – Destruir, suprimir ou ocultar, em benefício próprio ou de outrem, ou em prejuízo alheio, documento público ou particular verdadeiro, de que não podia dispor: Pena – reclusão, de dois a seis anos, e multa, se o documento é público, e reclusão, de um a cinco anos, e multa, se o documento é particular.	Extravio, sonegação ou inutilização de livro ou documento Art. 314 – Extraviar livro oficial ou qualquer documento, de que tem a guarda em razão do cargo; sonegá-lo ou inutilizá-lo, total ou parcialmente: Pena – reclusão, de um a quatro anos, se o fato não constitui crime mais grave.	Subtração ou inutilização de livro ou documento Art. 337 – Subtrair, ou inutilizar, total ou parcialmente, livro oficial, processo ou documento confiado à custódia de funcionário, em razão de ofício, ou de particular em serviço público: Pena – reclusão, de dois a cinco anos, se o fato não constitui crime mais grave.	Sonegação de papel ou objeto de valor probatório Art. 356 – Inutilizar, total ou parcialmente, ou deixar de restituir autos, documento ou objeto de valor probatório, que recebeu na qualidade de advogado ou procurador: Pena – detenção, de seis meses a três anos, e multa.

CAPÍTULO IV
DE OUTRAS FALSIDADES

Falsificação do sinal empregado no contraste de metal precioso ou na fiscalização alfandegária, ou para outros fins

Art. 306 – Falsificar, fabricando-o ou alterando-o, marca ou sinal empregado pelo poder público no contraste de metal precioso ou na fiscalização alfandegária, ou usar marca ou sinal dessa natureza, falsificado por outrem:

Pena – reclusão, de dois a seis anos, e multa.

Parágrafo único – Se a marca ou sinal falsificado é o que usa a autoridade pública para o fim de fiscalização sanitária, ou para autenticar ou encerrar determinados objetos, ou comprovar o cumprimento de formalidade legal:

Pena – reclusão ou detenção, de um a três anos, e multa.

Classificação: crime comum (pode ser perpetrado por qualquer pessoa) e doloso.

O delito é de ação penal pública incondicionada e admite acordo de não persecução penal (artigo 28-A do CPP).

Condutas proibidas: eis as condutas proibidas listadas no tipo estudado:

Artigo 306 do Código Penal	
Falsificar (fabricando ou alterando)	marca ou sinal empregado pelo poder público no contraste de metal precioso ou na fiscalização alfandegária
Usar marca ou sinal empregado pelo poder público no contraste de metal precioso ou na fiscalização alfandegária	falsificado por outrem

Nota-se que há punição da falsificação material (seja criando marca ou sinal falso, seja modificando sinal ou marca verdadeiro) e do uso de marca ou sinal falso.

O crime se consuma com a falsificação da marca ou sinal ou com o uso da marca ou sinal falsificado. Se o agente usa marca/sinal por ele mesmo falsificado, há prática consumada do delito no momento da falsificação e *post factum* impunível em relação ao uso ulterior.

Bento de Faria, citado por Cezar Roberto Bitencourt[338], leciona:

> A marca, que não se confunde com a de natureza industrial, é propriamente um selo de garantia, também destinado a comprovar a autenticidade de determinados objetos ou a certificar publicamente a qualidade ou estado do respectivo conteúdo, ou a inculcar o cumprimento de formalidade legal. O sinal é uma determinada impressão simbólica do Poder Público destinada a autenticar a legitimidade de metal precioso (Bento de Faria, Código Penal brasileiro comentado, 3ª edição, Rio de Janeiro, Record, 1961, v. 7, p. 65).

Nelson Hungria, citado por Rogério Greco[339], esclarece:

> Para assegurar a genuinidade de objetos de metal precioso (notadamente, ouro e prata), após a verificação do respectivo toque ou quilate, ou para atestar a fiscalização aduaneira, em torno dos despachos de exportação ou importação, ou a inspeção sanitária, ou para autenticar ou encerrar certos objetos ou comprovar o cumprimento de tal ou qual formalidade legal, a autoridade pública dispõe, ex vi legis, de marcas ou sinais (punções, timbres em chumbo, em lacre ou em papel, etiquetas, carimbos, etc.). A falsificação destes ou o uso da marca ou sinal falsificado afeta, portanto a fé pública, isto é, a confiança que em tais marcas ou sinais deposita o público em geral.

Tipo privilegiado: no parágrafo único do artigo 306 há tipo privilegiado relacionado às mesmas condutas descritas no *caput*, só que voltadas a marca ou sinal usado

338 BITENCOURT, Cezar Roberto. **Código Penal comentado**, 3ª edição, São Paulo: Saraiva, 2005, p. 1062.

339 GRECO, Rogério. **Código Penal: comentado**, 12ª edição, 2018, p. 1081.

por autoridade pública para fiscalização sanitária, ou para autenticar ou encerrar determinados objetos ou comprovar cumprimento de formalidade legal.

O tipo privilegiado admite acordo de não persecução penal (artigo 28-A do CPP), suspensão condicional do processo (artigo 89 da Lei 9.099/95) e fiança arbitrada pela autoridade policial (artigo 322 do CPP).

Falsificação apta a iludir: para que seja possível perpetração do crime tipificado no artigo 306 do Código Penal, a falsificação deve ser apta a iludir quem tenha contato com a marca ou o sinal. Nesse sentido, julgado do Tribunal Regional Federal da 5ª Região:

> PROCESSO PENAL. APELAÇÃO CRIMINAL. FALSIFICAÇÃO. MARCA OU SINAL PRÓPRIO DE AUTORIDADE. PARÁGRAFO UNICO DO ART. 306, DO CPB. ATIPICIDADE DO FATO. APELAÇÃO IMPROVIDA. 1 – Para configurar o tipo penal, por uso de sinal ou marca de autoridade pública, deve haver correspondência entre a conduta do acusado e a prescrição do parágrafo único do art. 306, do CPB. 2 – Da análise das provas se vislumbra que não ocorreu simetria entre o fato e a norma jurídica pretendida pelo Ministério Público Federal. 3 – A própria autoridade fiscalizadora reconhece que a menção utilizada no rotulo apreendido não corresponde ao padrão da marca usada pela autoridade. 4 – Confirmação da sentença que absolveu o denunciado, com fundamento no art. 386, III, do CPB. Apelação improvida (Processo: 9305383866, ACR – Apelação Criminal – 858, Desembargador Federal Nereu Santos, Segunda Turma, julgamento: 31/05/1994, publicação: DJ – Data: 26/08/1994 – Página: 46580).

Falsa identidade

Art. 307 – Atribuir-se ou atribuir a terceiro falsa identidade para obter vantagem, em proveito próprio ou alheio, ou para causar dano a outrem:

Pena – detenção, de três meses a um ano, ou multa, se o fato não constitui elemento de crime mais grave.

Classificação: crime é doloso, comum e formal.

Trata-se de infração de menor potencial ofensivo de ação penal pública incondicionada.

Especial fim de agir: o tipo reclama especial fim de agir (conduta praticada com o objetivo de obtenção de vantagem, em proveito próprio ou alheio, ou para causar dano a outrem). Não é necessário que a vítima seja ludibriada pelo agente para consumação do crime (delito formal, como dito supra).

Situações hipotéticas: a depender da intenção do agente, o crime pode ser outro (estelionato ou violação sexual mediante fraude, por exemplo):

Situação hipotética	Crime perpetrado
JOÃO afirmou ser JOSÉ, técnico em informática que trabalha em loja de conserto de telefones, para ludibriar MARIA e fazê-la entregar seu terminal móvel.	Há crime de estelionato (artigo 171 do Código Penal), vez que a falsa identidade foi utilizada para ludibriar a vítima e obter vantagem patrimonial.
PEDRO afirmou ser seu irmão gêmeo MAURÍCIO, com o objetivo de ludibriar sua cunhada FERNANDA (mulher deste) e com ela praticar conjunção carnal.	Há crime de violação sexual mediante fraude (artigo 215 do Código Penal), vez que a falsa identidade foi usada para ludibriar a vítima e obter favor sexual.

Abordagens policiais e/ou oitiva formal: é possível vislumbrar a prática do crime tipificado no artigo 307 do Código Penal em abordagens policiais ou na oitiva formal de investigado, por exemplo. Exemplifico:

> **SITUAÇÃO HIPOTÉTICA:** JOÃO DOS SANTOS, indivíduo em face de quem foi expedido mandado de prisão, foi abordado pela polícia, que perguntou seu nome. Com o fito de não ser identificado e preso, ele disse se chamar PEDRO DA SILVA.
>
> **SOLUÇÃO:** JOÃO praticou o crime tipificado no artigo 307 do Código Penal.

Súmula 522/STJ: nessa esteira, é importante a leitura da Súmula 522 do Superior Tribunal de Justiça:

> Súmula 522/STJ – A conduta de atribuir-se falsa identidade perante autoridade policial é típica, ainda que em situação de alegada autodefesa.

Importante salientar que a Súmula 522/STJ (acima transcrita) se refere à prática do crime tipificado no artigo 307 do Código Penal (aqui não há apresentação de documento – nem falso, nem verdadeiro). Explico. Se o agente apresenta documento falso, tem-se o crime do artigo 304 do Caderno Repressivo. Se o agente usa documento alheio verdadeiro, o delito perpetrado é o do artigo 308 do Código Penal. Exemplificando:

Situação hipotética	Delito	Artigo
PEDRO apresentou documento falso em nome de JOSÉ a policiais em uma blitz.	Uso de documento falso	304 do Código Penal
JOÃO, abordado pela polícia, disse se chamar MÁRIO, para que o mandado de prisão expedido em seu desfavor não fosse cumprido.	Falsa identidade	307 do Código Penal
FERNANDO apresentou documento autêntico do seu irmão gêmeo FÁBIO a policiais em uma blitz, fazendo-se passar por este.	Falsa identidade	308 do Código Penal

Questão de concurso público: veja como o assunto já foi cobrado em concurso público.

1 – (Delegado de Polícia Civil/ES/2019) Marque a alternativa correta do ponto de vista legal.

a) No crime de incêndio, aumenta-se a pena em dois terços se o delito for praticado em galeria de mineração.

b) No crime de estupro, aumenta-se a pena de metade se resultar a gravidez da vítima.

c) Luiz, delegado de polícia civil, lotado em uma determinada delegacia de polícia, deixou, por indulgência, de responsabilizar o inspetor Amâncio após tomar conhecimento de que este teria praticado uma determinada infração. Nesse contexto, pode-se afirmar que o delegado praticou, em tese, o crime de condescendência criminosa.

d) No crime de Falsa Identidade, o agente não apresenta nenhum documento de identidade para se identificar.

e) Aquele que dolosamente retém documento de identidade de terceira pessoa responde pelo delito de supressão de documento.

Gabarito comentado:

Questão	Reposta	Comentário
1	Letra D	De fato, o crime tipificado no artigo 307 do Código Penal não demanda apresentação de documento.

Art. 308 – Usar, como próprio, passaporte, título de eleitor, caderneta de reservista ou qualquer documento de identidade alheia ou ceder a outrem, para que dele se utilize, documento dessa natureza, próprio ou de terceiro:

Pena – detenção, de quatro meses a dois anos, e multa, se o fato não constitui elemento de crime mais grave.

Classificação: crime doloso, comum e de mera conduta.

Trata-se de infração de menor potencial ofensivo de ação penal pública incondicionada.

Condutas proibidas: as condutas proibidas são usar, como próprio, passaporte, título de eleitor, caderneta de reservista ou qualquer documento de identidade alheia ou ceder a outrem, para que dele se utilize, documento dessa natureza, próprio ou de terceiro.

O documento de identidade mencionado no tipo é autêntico. Diferente do tipo anterior, no qual o agente simplesmente afirmava ser outra pessoa, sem apresentar nenhum documento, no crime aqui estudado o agente usa documento verdadeiro de terceiro, com o fito de se passar por outra pessoa.

A depender da intenção do agente, é possível imputação de crime diverso. Se o autor do fato se utilizar de documento autêntico de terceiro para se passar por outra pessoa com o fito de ludibriar outrem e assim alcançar vantagem indevida, tem-se crime de estelionato, por exemplo.

Fraude de lei sobre estrangeiro

Art. 309 – Usar o estrangeiro, para entrar ou permanecer no território nacional, nome que não é o seu:

Pena – detenção, de um a três anos, e multa.

Parágrafo único – Atribuir a estrangeiro falsa qualidade para promover-lhe a entrada em território nacional:

Pena – reclusão, de um a quatro anos, e multa.

Classificação: o crime é doloso e próprio (só pode ser praticado por estrangeiro).

O delito admite acordo de não persecução penal (artigo 28-A do CPP), suspensão condicional do processo (artigo 89 da Lei 9.099/95) e fiança arbitrada pela autoridade policial (artigo 322 do CPP).

Concurso material: há possibilidade de concurso material, caso o estrangeiro falsifique documento para ingressar no país.

Figura qualificada: saliento que o parágrafo único do artigo 309 do Código Penal (figura qualificada) é crime comum (trata-se de crime mais abrangente que o caput, que só fala em utilização de nome).

Art. 310 – Prestar-se a figurar como proprietário ou possuidor de ação, título ou valor pertencente a estrangeiro, nos casos em que a este é vedada por lei a propriedade ou a posse de tais bens:

Pena – detenção, de seis meses a três anos, e multa.

Classificação: o crime é doloso e comum (praticado por brasileiro que figura como proprietário ou possuidor de ação, título ou valor pertencente a estrangeiro, nos casos em que a este é vedada por lei a propriedade ou posse de tais bem). O brasileiro funciona aqui como um "laranja" do estrangeiro.

O delito admite acordo de não persecução penal (artigo 28-A do CPP), suspensão condicional do processo (artigo 89 da Lei 9.099/95) e fiança arbitrada pela autoridade policial (artigo 322 do CPP).

Adulteração de sinal identificador de veículo automotor

Art. 311 – Adulterar ou remarcar número de chassi ou qualquer sinal identificador de veículo automotor, de seu componente ou equipamento:

Pena – reclusão, de três a seis anos, e multa.

§ 1º – Se o agente comete o crime no exercício da função pública ou em razão dela, a pena é aumentada de um terço.

§ 2º – Incorre nas mesmas penas o funcionário público que contribui para o licenciamento ou registro do veículo remarcado ou adulterado, fornecendo indevidamente material ou informação oficial.

Classificação: crime doloso, comum (pode ser perpetrado por qualquer pessoa), misto, alternativo ou de conteúdo variado (são duas as condutas proibidas – "adulterar" ou "remarcar").

O delito é instantâneo (apesar dos efeitos se protraírem no tempo). Eis decisão do Tribunal da Cidadania nesse sentido (transcrevo apenas parte do julgado):

> O delito de adulterar sinal identificador de veículo automotor é instantâneo de efeitos permanentes, ou seja, consuma-se no momento em que há a efetiva falsificação, que, por sua vez, perdura no tempo, motivo pelo qual cumpriria ao Ministério Público indicar, na vestibular, a data em que teria ocorrido o ilícito (HC 190.619/RS, Rel. Ministro Jorge Mussi, Quinta Turma, julgado em 21/03/2013, DJe 10/04/2013).

O crime é de ação penal pública incondicionada e admite acordo de não persecução penal (artigo 28-A do CPP).

Condutas proibidas: as condutas vedadas pelo tipo são "adulterar" ou "remarcar" número de chassi ou qualquer sinal identificador de veículo automotor, de seu componente ou equipamento.

O crime deixa vestígios (delito não transeunte), sendo necessário levar a cabo perícia (artigo 158 do Código de Processo Penal) para trazer ao feito materialidade delitiva.

Abaixo destaco alguns exemplos casos concretos extraídos da jurisprudência do Superior Tribunal de Justiça.

Supressão de número de placa: o Tribunal da Cidadania entende que a supressão de número ou qualquer sinal identificador constitui prática do crime tipificado no artigo 311 do Código Penal (a conduta de suprimir está abrangida pela de adulterar):

> HABEAS CORPUS. CRIME DE ADULTERAÇÃO DE SINAL IDENTIFICADOR DE VEÍCULO AUTOMOTOR. DEFICIÊNCIA DA DEFESA. NÃO VERIFICADA. SUPRESSÃO DE NÚMEROS IDENTIFICADORES. TIPICIDADE. ORDEM NÃO CONHECIDA. 1. Não configura deficiência de defesa técnica quando o advogado deixa de tratar cada crime em tópicos específicos, sobretudo quando verificado que as teses de inépcia de denúncia e de absolvição por ausência de provas englobam todos os delitos. Também não configura ausência ou deficiência na defesa técnica o fato de os novos advogados não concordarem posteriormente com a linha defensiva adotada àquela época pelo seu antecessor. Precedentes. 2. Conforme orientação desta Corte Superior, a conduta de "suprimir" sinal identificador está abrangida pelo verbo "adulterar" da figura típica do art. 311 do CP, cuja redação assim dispõe:

> "adulterar ou remarcar número de chassi ou qualquer sinal identificador de veículo automotor, de seu componente ou equipamento" (Cf., por todos, AgRg no REsp 1.509.382/SC, minha relatoria, QUINTA TURMA, julgado em 14/2/2017, DJe 17/2/2017). 3. Habeas corpus não conhecido (HC 480.670/SC, Rel. Ministro Ribeiro Dantas, Quinta Turma, julgado em 18/02/2020, DJe 02/03/2020).

Troca de placas: de igual sorte, a troca de placas constitui prática do crime aqui analisado, no entender do Tribunal da Cidadania (penso correta a interpretação):

> RECURSO ESPECIAL. RECEPTAÇÃO. ADULTERAÇÃO DE SINAL IDENTIFICADOR DE VEÍCULO AUTOMOTOR. DELITO ANTERIOR. TROCA DA PLACA. CONDUTA TÍPICA. RECURSO PROVIDO. 1. Hipótese em que a instância de origem entendeu que os verbos do tipo, adulterar e remarcar, não abarcam a conduta de trocar, sendo assim, a troca da placa do veículo não se enquadraria na definição legal no art. 311 do Código Penal. 2. Este Superior Tribunal de Justiça já se manifestou no sentido de que "o agente que substitui as placas originais de veículo automotor por placas de outro veículo enquadra-se na conduta prevista no art. 311 do Código Penal, tendo em vista a adulteração dos sinais identificadores" (REsp 799.565/SP, Relatora Ministra LAURITA VAZ, QUINTA TURMA, julgado em 28/02/2008, DJe 07/04/2008). 3. Se o veículo conduzido pelo apelante era comprovadamente objeto do delito do artigo 311 do CP, porque continha placas de identificação de veículo diverso e, para além disso, fora adquirido pelo acusado sem documentação e de um sujeito não identificado, afigura-se legítima a imputação do crime acessório de receptação, tal como procedido na sentença condenatória, que deve ser restabelecida na parte em que condenou o recorrido pela prática do crime do artigo 180, caput do Código Penal. 4. Recurso provido (REsp 1722894/RJ, Rel. Ministro Jorge Mussi, Quinta Turma, julgado em 17/05/2018, DJe 25/05/2018).

Saliento, entretanto, que é possível a utilização, pelo aparelho policial, de placas reservadas (que nada têm a ver com as chamadas "placas frias"[340], ilícitas), para materialização de diligências investigativas sem chamar a atenção de suspeitos.

Eis decisão do Supremo Tribunal Federal sobre o tema:

> Habeas Corpus. 1. Crime previsto no art. 331, § 1º, do Código Penal (adulteração de sinal identificador de veículo automotor). 2. Alegações: a) atipicidade da conduta; b) que o paciente não seria o destinatário da norma penal; e c)

340 A placa reservada é a confeccionada com observância dos normativos legais, com o fito e possibilitar o escorreito trabalho investigativo. A "placa fria" é a clonada, feita à revelia do ordenamento jurídico. A utilização desta constitui crime (salvo excepcional reconhecimento de afastamento da culpabilidade, por inexigibilidade de conduta diversa).

> violação do princípio da proporcionalidade ou da razoabilidade. 3. Na espécie, afigura-se de todo evidente que a conduta imputada ao paciente – substituição de placas particulares de veículo automotor por placas reservadas obtidas junto ao Detran -, não se mostra apta a satisfazer o tipo do art. 311 do Código Penal. 4. Não há qualquer dúvida de que o órgão de controle – Detran – sabia e poderia saber sempre que se cuidava de placas reservadas fornecidas à Polícia Federal. 5. Ordem concedida para que seja trancada a ação penal contra o paciente, por não restarem configurados, nem em longínqua apreciação, os elementos do tipo em tese (HC 86424, Relator(a): ELLEN GRACIE, Relator(a) p/ Acórdão: GILMAR MENDES, Segunda Turma, julgado em 11/10/2005, DJ 27-10-2006 PP-00063 EMENT VOL-02253-02 PP-00324 RTJ VOL-00200-02 PP-00919).

O policial, contudo, não está autorizado a, por exemplo, se utilizar de "placa fria" ou "clonada". Isso decerto constituiria prática do delito aqui estudado (como salientei na nota de rodapé 295, a depender do caso concreto, é possível afastar a culpabilidade por inexigibilidade de conduta diversa).

Se houver evidente desvio de finalidade, mesmo o uso de placa reservada regularmente expedida pelo DETRAN pode constituir prática do crime tipificado no artigo 311 do Código Penal:

> CRIMINAL. HC. FALSIDADE IDEOLÓGICA. TRANCAMENTO DA AÇÃO PENAL. AUSÊNCIA DE JUSTA CAUSA NÃO EVIDENCIADA. DENÚNCIA DOTADA DE ELEMENTOS APTOS A CARACTERIZAR CRIME, EM TESE. EXAME FÁTICO-PROBATÓRIO APROFUNDADO. IMPROPRIEDADE DA VIA ELEITA. ORDEM DENEGADA. Hipótese em que o paciente foi denunciado pela possível prática do crime de falsidade ideológica, pois, na qualidade de Magistrado Federal, requereu ao DETRAN/SP, por meio de ofício de conteúdo supostamente falso, o fornecimento de dez pares de placas reservadas à Polícia Federal, dando-lhes destinação diversa, em proveito próprio e de terceiros. O conteúdo do ofício encaminhado pelo paciente ao Diretor do DETRAN/SP, não é, em princípio, legítimo ou legal, contendo, em tese, declaração falsa relacionada a supostas diligências sigilosas. Para se afirmar a legitimidade e legalidade do teor do documento, em tese, falsificado, seria preciso comprovar a veracidade da declaração elaborada pelo réu, no sentido da intenção de efetuar as investigações de caráter sigiloso. A peça acusatória e os documentos constantes deste habeas corpus não indicam que se pretendia cumprir as diligências na forma como exposto pelo paciente e co-réus, ao contrário, demonstram o suposto conluio entre os acusados na obtenção das placas reservadas, burlando a legislação regulamentadora do procedimento de requisição de tais placas. A conduta do réu encontra-se dotada de potencialidade lesiva suficientemente apta a percutir em relação jurídica entre as partes envolvidas e a regularidade da atividade pública. A falta de justa causa para a ação penal só pode ser reconhecida quando, de pronto, sem a necessidade de exame valorativo do conjunto

> fático ou probatório, evidenciar-se a atipicidade do fato, a ausência de indícios a fundamentarem a acusação ou, ainda, a extinção da punibilidade, o que não se verifica in casu. Ordem denegada (HC 52.855/SP, Rel. Ministro Gilson Dipp, Quinta Turma, julgado em 12/06/2006, DJ 01/08/2006, p. 484).

Fita isolante na placa: a colocação de fita isolante para modificar a numeração das placas de trânsito, de igual sorte, constitui prática do crime tipificado no artigo 311 do Código Penal. Eis julgado do Tribunal da Cidadania nesse sentido:

> PENAL E PROCESSO PENAL. HABEAS CORPUS. 1. ADULTERAÇÃO DE SINAL IDENTIFICADOR DE VEÍCULO AUTOMOTOR. APOSIÇÃO DE FITA ISOLANTE NA PLACA DO CARRO. CONDUTA TÍPICA. PRECEDENTES. 2. NULIDADE DA DECISÃO QUE ANALISOU A RESPOSTA À ACUSAÇÃO. AUSÊNCIA DE FUNDAMENTAÇÃO. OCORRÊNCIA. 3. HABEAS CORPUS NÃO CONHECIDO. ORDEM CONCEDIDA DE OFÍCIO, APENAS PARA ANULAR A DECISÃO QUE ANALISOU A RESPOSTA À ACUSAÇÃO. 1. O Superior Tribunal de Justiça bem como o Supremo Tribunal Federal já assentaram ser típica a conduta de modificar a placa de veículo automotor por meio de utilização de fita isolante. De fato, a jurisprudência é pacífica no sentido de que, a conduta de adulterar ou remarcar placas dianteiras ou traseiras de veículos automotores, por qualquer meio, se subsume perfeitamente ao tipo previsto no art. 311 do Código Penal. 2. A decisão que analisou a defesa preliminar traz fundamentação que serve a qualquer resposta à acusação, independentemente dos temas nela trazidos, o que revela a impropriedade da motivação declinada pelo Magistrado de origem. De fato, embora não seja necessária extensa fundamentação, não se admite concisão tamanha que sugira a própria ausência de exame da resposta à acusação, o que viola o dever de fundamentação das decisões judiciais. 3. Habeas corpus não conhecido. Ordem concedida de ofício, apenas para anular a decisão que analisou a resposta à acusação, para que outra seja proferida de forma fundamentada (HC 336.517/SP, Rel. Ministro Reynaldo Soares Da Fonseca, Quinta Turma, julgado em 04/02/2016, DJe 15/02/2016)

Adulteração grosseira (crime configurado): há crime ainda que a adulteração seja grosseira (o crime em estudo protege a fé pública). Uma modificação grosseira em placa de trânsito pode ser apta a ludibriar a fiscalização estatal por meio de câmera ou de radar, por exemplo (por isso, não há que se falar em crime impossível). Nesse sentido, jurisprudência do Superior Tribunal de Justiça:

> PENAL. AGRAVO REGIMENTAL NO HABEAS CORPUS. ADULTERAÇÃO DE SINAL IDENTIFICADOR DE VEÍCULO AUTOMOTOR (ART. 311 DO CP). CRIME IMPOSSÍVEL. ALTERAÇÃO GROSSEIRA. CONDUTA TÍPICA. DELITO PRATICADO CONTRA A FÉ PÚBLICA. DECISÃO MANTIDA. AGRAVO REGIMENTAL IMPROVIDO. 1. A decisão agravada deve ser mantida por seus próprios fundamentos, porquanto em sintonia com a jurisprudência do STJ. 2. A jurisprudência desta Corte superior

> entende que a conduta de alterar a placa de veículo automotor, por qualquer meio, ainda que grosseira e perceptível a "olho nu" configura a conduta típica descrita no art. 311 do Código Penal. 3. Agravo regimental improvido" (AgRg no HC 420.466/SC, Rel. Ministro NEFI CORDEIRO, SEXTA TURMA, julgado em 02/10/2018, DJe 16/10/2018).

Adulteração de semirreboque: o Superior Tribunal de Justiça entendeu que a adulteração de placa de semirreboque é fato formalmente atípico (e não pode ser enquadrada no tipo aqui estudado):

> RECURSO ORDINÁRIO EM HABEAS CORPUS. PENAL E PROCESSUAL PENAL. CRIME DE ADULTERAÇÃO DE SINAL IDENTIFICADOR DE VEÍCULO AUTOMOTOR. TESE DE TRANCAMENTO DA AÇÃO PENAL POR ATIPICIDADE FORMAL. SUPOSTA ADULTERAÇÃO DA PLACA DE VEÍCULO SEMIRREBOQUE. APLICAÇÃO DO PRINCÍPIO DA LEGALIDADE. DEMAIS TESES. PREJUDICIALIDADE. RECURSO PROVIDO. 1. A conduta imputada aos Recorrentes é formalmente atípica, pois não se amolda à previsão do art. 311, caput, do Código Penal, já que, nos termos do art. 96, inciso I, do Código de Trânsito Brasileiro, existe diferença entre veículos automotores – previsto no tipo penal – e veículos semirreboques, de modo que, em atenção ao princípio da legalidade, é de rigor o trancamento da ação penal quanto ao delito em análise. 2. As teses relacionadas à prisão preventiva estão prejudicadas, devido ao reconhecimento do trancamento da ação penal em favor dos Recorrentes e, ainda, porque foram soltos em 15/05/2018 – conforme consta no sítio eletrônico da Corte de origem. 3. Recurso ordinário provido, a fim de trancar a ação penal deflagrada em desfavor dos Recorrentes, em razão da atipicidade formal da conduta que lhes foi atribuída na denúncia (RHC 98.058/MG, Rel. Ministra Laurita Vaz, Sexta Turma, julgado em 24/09/2019, DJe 07/10/2019).

Causa de aumento de pena: o § 1º do artigo 311 do Código Penal se traduz em causa de aumento de pena (de 1/3) se o agente comete o crime no exercício da função pública ou em razão dela.

Figura equiparada: o § 2º do artigo 311 do Código Penal se traduz em figura equiparada perpetrada pelo funcionário público que contribui para o licenciamento ou registro do veículo remarcado ou adulterado, fornecendo indevidamente material ou informação oficial.

Aqui, o funcionário público contribui para "esquentar" a adulteração feita por outrem.

Questões de concurso público: veja como o assunto já foi cobrado em concurso público.

(Polícia Rodoviária Federal/2021) Em uma abordagem durante blitz de rotina em rodovia federal, o policial constatou alteração no chassi do veículo que estava sendo fiscalizado. Questionado pelo policial, o condutor ofereceu-lhe grande quantia em dinheiro para que fosse liberado de imediato.

Considerando a situação hipotética apresentada, julgue os itens a seguir.

1 – A adulteração grosseira do chassi do veículo não caracteriza crime impossível ( ).

2 – A remarcação de novo número no chassi e a falsificação do certificado de registro do veículo caracterizam crime único de falsificação de documento público ( ).

3 – A remarcação do chassi com o mesmo número original do veículo caracteriza crime contra a fé pública e infração administrativa de trânsito ( ).

Gabarito comentado:

Questão	Reposta	Comentário
1	CERTA	Como visto, o Superior Tribunal de Justiça entende que a falsificação de sinal de veículo automotor constitui crime, mesmo que seja grosseira (AgRg no HC 420.466/SC, Rel. Ministro NEFI CORDEIRO, SEXTA TURMA, julgado em 02/10/2018, DJe 16/10/2018).
2	ERRADA	Os crimes devem ser imputados em concurso ao sujeito ativo, não sendo possível falar em consunção (o crime tipificado no artigo 311 do Código Penal não é meio necessário para prática do delito de falsificação de documento público).
3	ERRADA	A remarcação do chassi com o mesmo número não ofende a fé pública, daí porque não é possível imputar o crime tipificado no artigo 311 do CP no caso narrado no quesito.

CAPÍTULO V
DAS FRAUDES EM CERTAMES DE INTERESSE PÚBLICO

Fraudes em certames de interesse público

Art. 311-A. Utilizar ou divulgar, indevidamente, com o fim de beneficiar a si ou a outrem, ou de comprometer a credibilidade do certame, conteúdo sigiloso de:

I – concurso público;

II – avaliação ou exame públicos;

III – processo seletivo para ingresso no ensino superior; ou

IV – exame ou processo seletivo previstos em lei:

Pena – reclusão, de 1 (um) a 4 (quatro) anos, e multa.

§ 1º Nas mesmas penas incorre quem permite ou facilita, por qualquer meio, o acesso de pessoas não autorizadas às informações mencionadas no caput.

§ 2º Se da ação ou omissão resulta dano à administração pública:

Pena – reclusão, de 2 (dois) a 6 (seis) anos, e multa.

§ 3º Aumenta-se a pena de 1/3 (um terço) se o fato é cometido por funcionário público.

Introdução: depois de sucessivos vazamentos havidos no Exame Nacional do Ensino Médio (ENEM), o legislador findou criando tipo específico para coibir fraudes em certames públicos por meio da Lei 12.550/11.

Um dos vazamentos, havido no ano de 2010, foi investigado em inquérito por mim presidido[341], na Delegacia de Polícia Federal em Juazeiro/BA. Como na época não existia o tipo aqui estudado, os envolvidos foram indiciados nas penas do § 2º do artigo 325 do Código Penal (em síntese bastante apertada, uma das aplicadoras da prova, a partir de escola situada no interior da Bahia, revelou um dos textos de apoio da redação a seu filho, que prestava aquele certame, momentos antes do seu início).

Classificação: crime comum (pode ser perpetrado por qualquer pessoa), doloso e formal (a consumação não demanda a efetiva obtenção do benefício pretendido pelo agente ou o comprometimento da credibilidade do certame – delito de tendência interna transcendente de resultado cortado).

O delito (enxertado no Código Penal pela Lei 12.550/11) é de ação penal pública incondicionada e admite acordo de não persecução penal (artigo 28-A do CPP), suspensão condicional do processo (artigo 89 da Lei 9.099/95) e fiança arbitrada pelo delegado (artigo 322 do CPP).

Condutas proibidas: eis as condutas proibidas no tipo:

<table>
<tr><th colspan="4">Artigo 311-A do Código Penal</th></tr>
<tr><td rowspan="2">Utilizar indevidamente</td><td rowspan="2">com o fim de beneficiar a si ou a outrem</td><td rowspan="4">conteúdo sigiloso de</td><td>concurso público</td></tr>
<tr><td>avaliação ou exame públicos</td></tr>
<tr><td rowspan="2">Divulgar indevidamente</td><td rowspan="2">com o fim de comprometer a credibilidade do certame</td><td>processo seletivo para ingresso no ensino superior</td></tr>
<tr><td>exame ou processo seletivo previstos em lei</td></tr>
</table>

A prática do crime aqui estudado pressupõe que o agente tenha acesso ao conteúdo sigiloso de concurso público, avaliação ou exame públicos, processo seletivo para ingresso no ensino superior ou exame ou processo seletivo previstos em lei (questões da prova ou gabarito, por exemplo) e utilize ou divulgue esse conteúdo indevidamente com o objetivo de se beneficiar (ou a outrem) ou com o fito de comprometer a credibilidade do certame.

Entretanto, o tipo não protege por completo certames públicos, vez que não foi devidamente tipificada certas práticas da chamada "cola eletrônica". Exemplifico:

> **SITUAÇÃO HIPOTÉTICA:** PEDRO, com o objetivo de lograr aprovação em concurso público para o cargo de delegado de polícia, associou-se a grupo de professores experientes e montou o seguinte esquema: um dos professores, regularmente inscrito no certame, foi ao local de provas na condição de candidato

341 Para maiores detalhes sobre o caso, vide SILVA, Márcio Alberto Gomes. **Inquérito Policial – Uma análise jurídica e prática da fase pré-processual**. Salvador: Juspodivm, 5ª edição, 2020, p. 602/603.

> apenas para ter acesso ao caderno de provas. Na primeira oportunidade regularmente autorizada para deixar o local de aplicação das provas com o caderno de questões, esse professor foi até o local onde a equipe "multidisciplinar" o aguardava. Rapidamente, cada professor especialista resolveu as questões das suas matérias de conhecimento e o "gabarito" foi transmitido a PEDRO, que estava com um ponto no ouvido, para captar as letras a serem marcadas.
> **SOLUÇÃO:** o caso narrado, infelizmente, é fato atípico, a meu ver. Explico. A prova não foi "vazada" antes do momento regularmente previsto (ao revés, o integrante do esquema que tinha a função de conseguir o caderno de questões se inscreveu regularmente e saiu do local de aplicação no horário previsto no edital) e o gabarito passado a PEDRO não foi o oficial (ao revés, as respostas foram elaboradas pela equipe de professores contratada por este e é possível que elas não estejam corretas). Destarte, concluo que essa modalidade de "cola eletrônica" não foi tipificada no artigo 311-A do Código Penal, sendo possível, apenas a eliminação do candidato PEDRO, tão logo seja descoberto o esquema (vez que não foi utilizado/divulgado conteúdo sigiloso do certame).

Esse não é o entendimento do Tribunal da Cidadania. O Superior Tribunal de Justiça tem precedente dando conta de que a transmissão de gabarito elaborado por expert pode ser enquadrada como divulgação de conteúdo sigiloso de certame, configurando, destarte, prática do crime tipificado no artigo 311-A do Código Penal (grifo meu):

> RECURSO ORDINÁRIO EM HABEAS CORPUS. PENAL E PROCESSUAL PENAL. ARTIGO 311-A DO CÓDIGO PENAL. INÉPCIA DA DENÚNCIA. AUSÊNCIA. CONTEÚDO SIGILOSO. ELEMENTO NORMATIVO DO TIPO. "COLA ELETRÔNICA" TRANSMITIDA POR EXPERT. TIPICIDADE. TRANCAMENTO DA AÇÃO PENAL. JUSTA CAUSA. PRESENÇA. CRIME FORMAL. RECURSO DESPROVIDO. 1. O trancamento da ação penal na via estreita do habeas corpus somente é possível, em caráter excepcional, quando se comprovar, de plano, a inépcia da denúncia, a atipicidade da conduta, a incidência de causa de extinção da punibilidade ou a ausência de indícios de autoria ou prova da materialidade do delito. 2. "Não pode ser acoimada de inepta a denúncia formulada em obediência aos requisitos traçados no artigo 41 do Código de Processo Penal, descrevendo perfeitamente as condutas típicas, cuja autoria é atribuída ao acusado devidamente qualificado, circunstâncias que permitem o exercício da ampla defesa no seio da persecução penal, na qual se observará o devido processo legal" (HC 339.644/MG, Rel. Ministro Jorge Mussi, Quinta Turma, julgado em 08/03/2016, DJe 16/03/2016). **3. A expressão "conteúdo sigiloso" previsto no artigo 311-A do Código Penal não deve se restringir, exclusivamente, ao gabarito oficial da Instituição organizadora do certame, mas, igualmente, abranger aquele especialista que realiza a prova e, antes de terminar o período de duração do certame, transmite, por meio eletrônico, as respostas corretas ou o seu próprio gabarito, ainda que**

> **sem correção doutrinária/legal, a outros candidatos que ainda encontram-se realizando o certame, pois, antes do término do prazo de duração da prova, as respostas de um candidato são sigilosas em relação aos demais candidatos que ainda encontram-se na realização do processo seletivo. Tipicidade da denominada "cola eletrônica" desde que cometida após a entrada em vigor do artigo 311-A do Estatuto Penalista, inserido pela Lei n. 12.550/11, como na espécie, em que os fatos datam do ano de 2015.** 4. Não há falar em ausência de justa causa para a ação penal se há prova da materialidade do delito e apresentados indícios da autoria, lastreados em provas documentais e testemunhais, bem como em investigação realizada pela própria Instituição organizadora do certame e que dão suporte à acusação. 5. "Para o oferecimento da denúncia, exige-se apenas a descrição da conduta delitiva e a existência de elementos probatórios mínimos que corroborem a acusação. Provas conclusivas acerca da materialidade e da autoria do crime são necessárias apenas para a formação de um eventual juízo condenatório. Embora não se admita a instauração de processos temerários e levianos ou despidos de qualquer sustentáculo probatório, nessa fase processual, deve ser privilegiado o princípio do in dubio pro societate" (RHC 74.510/MS, Rel. Ministro RIBEIRO DANTAS, QUINTA TURMA, julgado em 20/04/2017, DJe 28/04/2017). 6. O crime tipificado no artigo 311-A do Código Penal, possui natureza formal e, como tal, prescinde da efetiva obtenção do resultado almejado. 7. Recurso Ordinário desprovido (RHC 81.735/PA, Rel. Ministro REYNALDO SOARES DA FONSECA, QUINTA TURMA, julgado em 17/08/2017, DJe 25/08/2017)

Como deixei claro supra, com todas as vênias, não concordo com essa interpretação. Se ela fosse acertada, um candidato que passasse a resposta por ele marcada para outro na sala em um concurso público cometeria o crime aqui estudado. Ou seja, até a "cola tradicional" passada intencionalmente de um candidato para outro configuraria crime. Definitivamente, entendo que o gabarito marcado por um candidato (ou por expert que resolve a prova à distância) não é "conteúdo sigiloso" de certame público.

Impossibilidade de imputação crime de estelionato ao agente que participa de "cola eletrônica": o Superior Tribunal de Justiça tem entendimento consolidado (e acertado), no sentido de que a "cola eletrônica" não pode ser enquadrada no artigo 171 do Código Penal (vide informativo 506/STJ):

> DIREITO PENAL. COLA ELETRÔNICA. ATIPICIDADE DA CONDUTA. A "cola eletrônica", antes do advento da Lei n. 12.550/2011, era uma conduta atípica, não configurando o crime de estelionato. Fraudar concurso público ou vestibular através de cola eletrônica não se enquadra na conduta do art. 171 do CP (crime de estelionato), pois não há como definir se esta conduta seria apta a significar algum prejuízo de ordem patrimonial, nem reconhecer quem teria suportado o revés. Assim, caso ocorresse uma aprovação mediante a fraude, os

> únicos prejudicados seriam os demais candidatos ao cargo, já que a remuneração é devida pelo efetivo exercício da função, ou seja, trata-se de uma contraprestação pela mão de obra empregada, não se podendo falar em prejuízo patrimonial para a administração pública ou para a organizadora do certame. Ademais, não é permitido o emprego da analogia para ampliar o âmbito de incidência da norma incriminadora; pois, conforme o princípio da legalidade estrita, previsto no art. 5º, XXXIX, da CF e art. 1º do CP, a tutela penal se limita apenas àquelas condutas previamente definidas em lei. Por fim, ressalta-se que a Lei n. 12.550/2011 acrescentou ao CP uma nova figura típica com o fim de punir quem utiliza ou divulga informação sigilosa para lograr aprovação em concurso público. Precedentes citados do STF: Inq 1.145-PB, DJe 4/4/2008; do STJ: HC 39.592-PI, DJe 14/12/2009, e RHC 22.898-RS, DJe 4/8/2008. HC 245.039-CE, Rel. Min. Marco Aurélio Bellizze, julgado em 9/10/2012.

O Supremo Tribunal Federal segue a mesma linha do Tribunal da Cidadania (grifo meu):

> Inquérito. 1. Denúncia originariamente oferecida pela Procuradoria-Regional da República da 5ª Região contra deputado estadual. 2. Remessa dos autos ao Supremo Tribunal Federal (STF) em face da eleição do denunciado como deputado federal. 3. Parlamentar denunciado pela suposta prática do crime de estelionato (CP, art. 171, § 3º). Peça acusatória que descreve a suposta conduta de facilitação do uso de "cola eletrônica" em concurso vestibular (utilização de escuta eletrônica pelo qual alguns candidatos – entre outros, a filha do denunciado – teriam recebido as respostas das questões da prova do vestibular de professores contratados para tal fim). 4. O Ministério Público Federal (MPF) manifestou-se pela configuração da conduta delitiva como falsidade ideológica (CP, art. 299) e não mais como estelionato. **5. A tese vencedora, sistematizada no voto do Min. Gilmar Mendes, apresentou os seguintes elementos: i) impossibilidade de enquadramento da conduta do denunciado no delito de falsidade ideológica, mesmo sob a modalidade de "inserir declaração falsa ou diversa da que devia ser escrita, com o fim de prejudicar direito, criar obrigação ou alterar a verdade sobre fato juridicamente relevante"; ii) embora seja evidente que a declaração fora obtida por meio reprovável, não há como classificar o ato declaratório como falso; iii) o tipo penal constitui importante mecanismo de garantia do acusado. Não é possível abranger como criminosas condutas que não tenham pertinência em relação à conformação estrita do enunciado penal. Não se pode pretender a aplicação da analogia para abarcar hipótese não mencionada no dispositivo legal (analogia in malam partem). Deve-se adotar o fundamento constitucional do princípio da legalidade na esfera penal. Por mais reprovável que seja a lamentável prática da "cola eletrônica", a persecução penal não pode ser legitimamente instaurada sem o atendimento mínimo dos direitos e garantias constitucionais vigentes**

> **em nosso Estado Democrático de Direito.** 6. A tese vencida, iniciada pelo Min. Carlos Britto, e acompanhada pelos Ministros Ricardo Lewandowski, Joaquim Barbosa e Marco Aurélio, baseou-se nos seguintes argumentos: i) o acusado se defende de fatos, e não da respectiva capitulação jurídica. É indiferente à defesa do acusado a circunstância de a denúncia haver inicialmente falado de estelionato, enquanto sua ratificação, pelo Procurador-Geral da República, redefiniu a questão para focá-la na perspectiva da falsidade ideológica. Para a tese vencida, os fatos narrados não passaram por nenhuma outra versão, permitindo, assim, o desembaraçado manejo das garantias do contraditório e da ampla defesa; ii) o caso tem potencialidade de acarretar prejuízo patrimonial de dupla face: à Universidade Federal da Paraíba, relativamente ao custeio dos estudos de alunos despreparados para o curso a que se habilitariam por modo desonesto, de parelha com o eventual dever de anular provas já realizadas, e, assim instaurar novo certame público; e àqueles alunos que, no número exato dos "fraudadores", deixariam de ser aprovados no vestibular; iii) incidência de todos os elementos conceituais do crime de estelionato: obtenção de vantagem ilícita, que, diante do silêncio da legislação penal, pode ser de natureza patrimonial, ou pessoal; infligência de prejuízo alheio, que há de ser de índole patrimonial ou por qualquer forma redutível a pecúnia, pois o crime de estelionato insere-se no Título do Código Penal destinado à proteção do patrimônio; utilização de meio fraudulento; e induzimento ou manutenção de alguém em erro; iv) seja no delito de estelionato, ou no de falso, a denúncia parece robusta o suficiente para instaurar a ação penal; e, por fim, v) a tramitação de projeto de lei no Congresso Nacional para instituir um tipo criminal específico para a cola eletrônica não se traduz no reconhecimento da atipicidade da conduta do acusado. 7. Denúncia rejeitada, por maioria, por reconhecimento da atipicidade da conduta descrita nos autos como "cola eletrônica" (Inq 1145, Relator(a): MAURÍCIO CORRÊA, Relator(a) p/ Acórdão: GILMAR MENDES, Tribunal Pleno, julgado em 19/12/2006, DJe-060 DIVULG 03-04-2008 PUBLIC 04-04-2008 EMENT VOL-02313-01 PP-00026 RTJ VOL-00204-01 PP-00055).

Figura equiparada: o § 1º do artigo 311-A do Código Penal é figura equiparada que pune permite/facilita, por qualquer meio, o acesso de pessoas não autorizadas às informações mencionadas no *caput*. Exemplifico:

> **SITUAÇÃO HIPOTÉTICA:** MARCOS, funcionário da gráfica responsável pela impressão de provas de determinado concurso público, fotografa, indevidamente as questões e as disponibiliza a JONAS, candidato regularmente inscrito no certame. Este resolve os quesitos com antecedência e se beneficia do acesso indevido.
>
> **SOLUÇÃO:** MARCOS perpetrou o delito tipificado no § 1º do artigo 311-A do Código Penal, porque permitiu a JONAS o acesso ao caderno de questões. JONAS praticou o crime tipificado no inciso I do caput do artigo 311 do Caderno Repressivo pátrio.

Note que a figura equiparada é tipo próprio, praticado por quem tem regular acesso ao conteúdo sigiloso do certame público.

Figura qualificada: o § 2º do artigo 311-A do Código Penal é figura qualificada (pena de reclusão de 2 a 6 anos e multa) se da ação/omissão resultar dano à Administração Pública (como dito supra, o crime tipificado no artigo 311-A do Código Penal é formal, mas se o prejuízo finda se verificando, há incidência de qualificadora aqui estudada).

Causa de aumento: o § 3º do artigo 311-A do Código Penal encerra majorante (aumento de pena de 1/3) se o fato é cometido por funcionário público.

É perfeitamente possível incidência simultânea da qualificadora e da majorante (crime que gere prejuízo para a Administração Pública perpetrado por funcionário público).

Questão de concurso público: veja como o assunto já foi cobrado em concurso público.

1 – (Delegado de Polícia Civil/ES/2019) A respeito do peculato, assinale a opção correta.

a) O crime de peculato-apropriação consuma-se a partir do momento em que o funcionário público passa a obter vantagem em relação ao objeto material do delito, ainda que esta não seja necessariamente de caráter econômico, uma vez que o bem jurídico tutelado é a administração pública.

b) Segundo o STJ, nenhum dos crimes contra a administração pública admite a incidência do princípio da insignificância.

c) Segundo a jurisprudência do STJ, a conduta de agente público pertencente à administração pública fazendária que procede à prévia correção quanto aos aspectos gramaticais e técnicos das impugnações administrativas feitas pelos administrados perante a administração pública fazendária, comete o delito previsto no art. 3º, III da Lei 8.137/90.

d) Na hipótese de peculato culposo, caso o agente repare o dano após a sentença irrecorrível, haverá a redução de metade da pena cominada abstratamente ao referido delito.

e) Celecanto é o responsável por organizar um determinado concurso para o provimento de um cargo efetivo na administração pública federal. Omena, seu amigo de longa data, toma conhecimento de que ele está participando da banca examinadora e, em nome de sua antiga amizade, decide pedir a ele que lhe passe as questões que serão objeto da prova na semana seguinte. Celecanto fica bastante ofendido com o pedido e informa que nunca faria isso, mas que, como Omena era seu amigo de longa data, forneceria a ele uma relação de cinco livros que foram utilizados pelos integrantes da banca do concurso para realizarem a prova e que não constavam expressamente do edital que foi divulgado. Essa atitude de Celecanto configura a prática do delito de fraude em certames de interesse público.

Gabarito comentado:

Questão	Reposta	Comentário
1	Letra E	CELECANTO cometeu o crime praticado no artigo 311-A do Código Penal, por ter divulgado conteúdo sigiloso de concurso público: **Art. 311-A. Utilizar ou divulgar, indevidamente, com o fim de beneficiar a si ou a outrem, ou de comprometer a credibilidade do certame, conteúdo sigiloso de: I – concurso público.**

TÍTULO XI
DOS CRIMES CONTRA A ADMINISTRAÇÃO PÚBLICA
CAPÍTULO I
DOS CRIMES PRATICADOS
POR FUNCIONÁRIO PÚBLICO
CONTRA A ADMINISTRAÇÃO EM GERAL

Peculato

Art. 312 – Apropriar-se o funcionário público de dinheiro, valor ou qualquer outro bem móvel, público ou particular, de que tem a posse em razão do cargo, ou desviá-lo, em proveito próprio ou alheio:

Pena – reclusão, de dois a doze anos, e multa.

§ 1º – Aplica-se a mesma pena, se o funcionário público, embora não tendo a posse do dinheiro, valor ou bem, o subtrai, ou concorre para que seja subtraído, em proveito próprio ou alheio, valendo-se de facilidade que lhe proporciona a qualidade de funcionário.

Peculato culposo

§ 2º – Se o funcionário concorre culposamente para o crime de outrem:
Pena – detenção, de três meses a um ano.

§ 3º – No caso do parágrafo anterior, a reparação do dano, se precede à sentença irrecorrível, extingue a punibilidade; se lhe é posterior, reduz de metade a pena imposta.

Introdução: o artigo 312 do Código Penal inaugura o Título XI (crimes cometidos contra a Administração Pública). O Capítulo I se refere a crimes cometidos por funcionário público contra a Administração Pública. O conceito de funcionário público é fornecido pelo artigo 327 do Código Penal (interpretação autêntica):

> Art. 327 – Considera-se funcionário público, para os efeitos penais, quem, embora transitoriamente ou sem remuneração, exerce cargo, emprego ou função pública.
>
> § 1º – Equipara-se a funcionário público quem exerce cargo, emprego ou função em entidade paraestatal, e quem trabalha para empresa prestadora de serviço contratada ou conveniada para a execução de atividade típica da Administração Pública.
>
> § 2º – A pena será aumentada da terça parte quando os autores dos crimes previstos neste Capítulo forem ocupantes de cargos em comissão ou de função de direção ou assessoramento de órgão da administração direta, sociedade de economia mista, empresa pública ou fundação instituída pelo poder público.

Princípio da insignificância (inadmissibilidade): em regra, não se admite aplicação do princípio da insignificância aos crimes cometidos contra a Administração Pública (entendimento sumulado do Tribunal da Cidadania):

> Súmula 599/STJ – O princípio da insignificância é inaplicável aos crimes contra a Administração Pública.

O verbete não deve ser lido em termos absolutos (admite-se, por exemplo, incidência do princípio da insignificância em relação ao crime de descaminho, tipificado no artigo 334 do Código Penal – crime cometido por particular contra a Administração Pública). Penso ser possível reconhecimento do princípio da insignificância em casos excepcionais (e devidamente fundamentados).

Em relação ao crime de peculato, há precedentes do Supremo Tribunal Federal admitindo o princípio da insignificância (com consequente exclusão da tipicidade material). Trago à colação casos relacionados ao Código Penal, ao Código Penal Militar e ao Decreto-Lei 201/67:

> AÇÃO PENAL. Delito de peculato-furto. Apropriação, por carcereiro, de farol de milha que guarnecia motocicleta apreendida. Coisa estimada em treze reais. Res furtiva de valor insignificante. Periculosidade não considerável do agente. Circunstâncias relevantes. Crime de bagatela. Caracterização. Dano à probidade da administração. Irrelevância no caso. Aplicação do princípio da insignificância. Atipicidade reconhecida. Absolvição decretada. HC concedido para esse fim. Voto vencido. Verificada a objetiva insignificância jurídica do ato tido por delituoso, à luz das suas circunstâncias, deve o réu, em recurso ou habeas corpus, ser absolvido por atipicidade do comportamento (HC 112388, Relator(a): Min. RICARDO LEWANDOWSKI, Relator(a) p/ Acórdão: Min. CEZAR PELUSO, Segunda Turma, julgado em 21/08/2012, PROCESSO ELETRÔNICO DJe-181 DIVULG 13-09-2012 PUBLIC 14-09-2012).

> HABEAS CORPUS. CONSTITUCIONAL E PENAL. CRIME MILITAR. PRINCÍPIO DA INSIGNIFICÂNCIA. RECONHECIMENTO NA INSTÂNCIA CASTRENSE. POSSIBILIDADE. DIREITO PENAL. ULTIMA RATIO. CONDUTA MANIFESTAMENTE ATÍPICA. REJEIÇÃO DA DENÚNCIA. ORDEM CONCEDIDA. 1. A existência de um Estado Democrático de Direito passa, necessariamente, por uma busca constante de um direito penal mínimo, fragmentário, subsidiário, capaz de intervir apenas e tão-somente naquelas situações em que outros ramos do direito não foram aptos a propiciar a pacificação social. 2. O fato típico, primeiro elemento estruturador do crime, não se aperfeiçoa com uma tipicidade meramente formal, consubstanciada na perfeita correspondência entre o fato e a norma, sendo imprescindível a constatação de que ocorrera lesão significativa ao bem jurídico penalmente protegido. 3. É possível a aplicação do Princípio da Insignificância, desfigurando a tipicidade material, desde que constatados a mínima ofensividade da conduta do agente, a

inexistência de periculosidade social da ação, o reduzido grau de reprovabilidade do comportamento e a relativa inexpressividade da lesão jurídica. Precedentes. 4. O Supremo Tribunal admite a aplicação do Princípio da Insignificância na instância castrense, desde que, reunidos os pressupostos comuns a todos os delitos, não sejam comprometidas a hierarquia e a disciplina exigidas dos integrantes das forças públicas e exista uma solução administrativo-disciplinar adequada para o ilícito. Precedentes. 5. A regra contida no art. 240, § 1º, 2ª parte, do Código Penal Militar, é de aplicação restrita e não inibe a aplicação do Princípio da Insignificância, pois este não exige um montante prefixado. 6. A aplicação do princípio da insignificância torna a conduta manifestamente atípica e, por conseguinte, viabiliza a rejeição da denúncia. 7. Ordem concedida (HC 107638, Relator(a): Min. CÁRMEN LÚCIA, Primeira Turma, julgado em 13/09/2011, PROCESSO ELETRÔNICO DJe-187 DIVULG 28-09-2011 PUBLIC 29-09-2011).

Habeas Corpus. 2. Ex-prefeito condenado pela prática do crime previsto no art. 1º, II, do Decreto-Lei 201/1967, por ter utilizado máquinas e caminhões de propriedade da Prefeitura para efetuar terraplanagem no terreno de sua residência. 3. Aplicação do princípio da insignificância. Possibilidade. 4. Ordem concedida (HC 104286, Relator(a): Min. GILMAR MENDES, Segunda Turma, julgado em 03/05/2011, DJe-095 DIVULG 19-05-2011 PUBLIC 20-05-2011 EMENT VOL-02526-01 PP-00042 RT v. 100, n. 909, 2011, p. 425-434).

Jurisprudência em teses do STJ: Sobre crimes contra a Administração Pública, é importante a leitura das teses do Superior Tribunal de Justiça (edição 57 da jurisprudência em teses):

1) O princípio da insignificância é inaplicável aos crimes cometidos contra a Administração Pública, ainda que o valor seja irrisório, porquanto a norma penal busca tutelar não somente o patrimônio, mas também a moral administrativa.

2) É possível o agravamento da pena-base nos delitos praticados contra a Administração Pública com fundamento no elevado prejuízo causado aos cofres públicos, a título de consequências do crime.

3) A regularidade contábil atestada pelo Tribunal de Contas não obsta a persecução criminal promovida pelo Ministério Público, ante o princípio da independência entre as instâncias administrativa e penal.

4) A agravante prevista no art. 61, II, g, do Código Penal não é aplicável nos casos em que o abuso de poder ou a violação de dever inerente ao cargo configurar elementar do crime praticado contra a Administração Pública.

5) Somente após o advento da Lei n. 9.983/2000, que alterou a redação do art. 327 do Código Penal, é possível a equiparação de médico de hospital particular conveniado ao Sistema Único de Saúde – SUS a funcionário público para fins penais.

6) Os advogados dativos, nomeados para exercer a defesa de acusado necessitado nos locais onde não existe Defensoria Pública, são considerados funcionários públicos para fins penais, nos termos do art. 327 do Código Penal.

7) A notificação do funcionário público, nos termos do art. 514 do Código de Processo Penal, não é necessária quando a ação penal for precedida de inquérito policial. (Súmula n. 330/STJ)

8) A prática de crime contra a Administração Pública por ocupantes de cargos de elevada responsabilidade ou por membros de poder justifica a majoração da pena-base.

15) Compete à Justiça Federal processar e julgar desvios de verbas públicas transferidas por meio de convênio e sujeitas a fiscalização de órgão federal.

Peculato: estudemos, especificamente, o crime de peculato. Há quatro formas de cometimento do crime de peculato no artigo 312 do Código Penal:

Peculato	Localização no tipo
Apropriação	*caput*
Desvio	*caput*
Furto	§ 1º
Culposo	§ 2º

Estudo do tipo: analisemos o tipo:

Dispositivo	Comentários
Art. 312 – Apropriar-se o funcionário público de dinheiro, valor ou qualquer outro bem móvel, público ou particular, de que tem a posse em razão do cargo, ou desviá-lo, em proveito próprio ou alheio: Pena – reclusão, de dois a doze anos, e multa.	Trata-se de crime doloso (são três as modalidades dolosas – peculato-apropriação, peculato-desvio e peculato-furto) e próprio (cometido por funcionário público). Caso o autor do fato seja prefeito, o crime por ele perpetrado se amoldará às condutas criminosas descritas no Decreto-Lei 201/67. O objeto material do crime de peculato é o dinheiro, valor ou qualquer outro bem móvel, público ou particular (que esteja sob a responsabilidade da Administração Pública – um veículo apreendido nos autos de um inquérito policial, por exemplo). No caput há duas das modalidades dolosas: a) apropriação (o agente tem a posse do bem público ou privado em razão do cargo e decide, dolosamente, transmudar-se em proprietário deste); b) desvio (o agente desvia bem público ou particular usando do seu cargo). Sobre a consumação do peculato, é importante ler as teses do Superior Tribunal de Justiça sobre o crime de peculato – edição 57 (condutas proibidas descritas no *caput*): 10) A consumação do crime de peculato-apropriação (art. 312, *caput*, 1.ª parte, do Código Penal) ocorre no momento da inversão da posse do objeto material por parte do funcionário público.

	11) A consumação do crime de peculato-desvio (art. 312, *caput*, 2ª parte, do CP) ocorre no momento em que o funcionário efetivamente desvia o dinheiro, valor ou outro bem móvel, em proveito próprio ou de terceiro, ainda que não obtenha a vantagem indevida. O crime admite acordo de não persecução penal (artigo 28-A do CPP).
§ 1º – Aplica-se a mesma pena, se o funcionário público, embora não tendo a posse do dinheiro, valor ou bem, o subtrai, ou concorre para que seja subtraído, em proveito próprio ou alheio, valendo-se de facilidade que lhe proporciona a qualidade de funcionário.	Pune-se aqui o peculato-furto (modalidade dolosa que se consuma com a apreensão do bem público ou particular pelo funcionário público com a intenção de subtração – teoria *amotio*). É importante salientar que não há crime (fato formalmente atípico) no peculato de uso. Se o funcionário público utiliza bem público ou particular (sob a responsabilidade da Administração Pública) inconsumível, há possibilidade de punição apenas na seara administrativa. O prefeito, contudo, pode ser responsabilizado criminalmente caso faça uso indevidamente de bem público, em proveito próprio ou alheio, com fulcro no artigo 1º, inciso II, do Decreto-Lei 201/67[342].
Peculato culposo § 2º – Se o funcionário concorre culposamente para o crime de outrem: Pena – detenção, de três meses a um ano.	Há prática de peculato culposo se o funcionário público concorrer culposamente para o crime de outrem. **SITUAÇÃO HIPOTÉTICA:** PEDRO, funcionário público, deixa a porta da tesouraria aberta e sai para almoçar. JOSÉ, colega de PEDRO que trabalha em outro setor, aproveita-se do descuido e subtrai R$ 5.000,00 dos cofres da repartição pública. **SOLUÇÃO:** como PEDRO e JOSÉ não atuaram em concurso de pessoas, aquele responderá pelo crime de peculato culposo e este pelo crime de peculato doloso (peculato-furto). Trata-se de infração de menor potencial ofensivo.
§ 3º – No caso do parágrafo anterior, a reparação do dano, se precede à sentença irrecorrível, extingue a punibilidade; se lhe é posterior, reduz de metade a pena imposta.	O dispositivo só se aplica ao peculato culposo e traz as consequências da reparação do dano. Se o autor de peculato culposo reparar o dano antes da sentença irrecorrível, extingue-se a punibilidade. Caso a reparação do dano seja posterior à sentença irrecorrível, a pena aplicada nessa será reduzida da metade. É importante salientar que se há reparação do dano no peculato doloso, não é possível extinção da punibilidade. Caso a restituição do bem ou reparação do dano seja integral, por ato voluntário e anterior ao recebimento da denúncia, o autor do crime será beneficiado pelo arrependimento posterior (causa de diminuição de pena objetiva e obrigatória prevista no artigo 16 do Código Penal). Nesse sentido, tese do STJ (edição 57 da jurisprudência em teses): 12) A reparação do dano antes do recebimento da denúncia não exclui o crime de peculato doloso, diante da ausência de previsão legal, podendo configurar arrependimento posterior, nos termos do art. 16 do CP.

342 Art. 1º São crimes de responsabilidade dos Prefeitos Municipal, sujeitos ao julgamento do Poder Judiciário, independentemente do pronunciamento da Câmara dos Vereadores:

(...)

II – utilizar-se, indevidamente, em proveito próprio ou alheio, de bens, rendas ou serviços públicos.

Parte final do artigo 30 do Código Penal: apesar do crime tipificado no artigo 312 do Código Penal ser próprio (só pode ser cometido por funcionário público), caso particular concorra para o delito sabendo que o agente é servidor, o *extraneus* finda sendo também responsabilizado por peculato. Isso ocorre em face da parte final do artigo 30 do Código Penal (a circunstância de caráter pessoal se comunica ao comparsa, caso seja elementar do tipo). Nesse sentido, tese do Superior Tribunal de Justiça (edição 57 da jurisprudência em teses):

> 9) A elementar do crime de peculato se comunica aos coautores e partícipes estranhos ao serviço público.

Repetirei aqui observações desenhadas quando comentei este artigo:

Regra	As circunstâncias e condições de caráter pessoal não se comunicam.
Exceção	As circunstâncias e condições de caráter pessoal se comunicam se forem elementares do tipo.

> **SITUAÇÃO HIPOTÉTICA:** JOÃO, servidor público, e JOSÉ, desempregado, resolvem adentrar na repartição pública onde o primeiro trabalha, com o fito de subtrair telefones celulares que pertencem ao órgão público, aproveitando da facilidade de acesso ao prédio que JOÃO possui, por ser funcionário público. Anote-se que JOSÉ sabia que JOÃO é servidor público.
>
> **SOLUÇÃO:** ambos serão responsabilizados pela prática do crime de peculato-furto, tipificado no artigo 312, § 1º, do Código Penal, vez que a circunstância pessoal (ser funcionário público) se comunicará a JOSÉ, por ser elementar do tipo violado.

Jurisprudência em teses do STJ: por fim, cumpre proceder à leitura das teses 13 e 14, da edição 57 da jurisprudência em teses do Superior Tribunal de Justiça:

> 13) A instauração de ação penal individualizada para os crimes de peculato e sonegação fiscal em relação aos valores indevidamente apropriados não constitui *bis in idem*.
>
> 14) Compete à Justiça Federal o julgamento do crime de peculato se houver possibilidade de utilização da prova do referido delito para elucidar sonegação fiscal consistente na falta de declaração à Receita Federal do recebimento dos valores indevidamente apropriados.

Questões de concurso público: veja como o assunto já foi cobrado em concurso público.

1 – (Escrivão de Polícia Civil/ES/2019) O funcionário público que se apropria de dinheiro, valor ou qualquer outro bem móvel, público ou particular, de que tem a posse em razão do cargo, ou que desviá-lo, em proveito próprio ou alheio, responderá pelo delito de

a) emprego irregular de verbas ou rendas públicas.
b) peculato.
c) apropriação indébita.
d) prevaricação.
e) corrupção passiva.

2 – (Delegado de Polícia Civil/GO/2018) Sobre o crime de peculato, previsto no Código Penal, verifica-se que,

a) na modalidade *apropriação*, pode se dar em favor de terceira pessoa.
b) como regra, admite a aplicação do princípio da insignificância, segundo a jurisprudência do Superior Tribunal de Justiça.
c) na modalidade *desvio*, não admite coautoria.
d) na modalidade *culposa*, a reparação do dano antes de sentença irrecorrível reduz à metade a pena imposta.
e) na modalidade *furto*, é prescindível que o agente se valha da facilidade que lhe proporciona a qualidade de funcionário.

3 – (Agente de Polícia Civil/PI/2018) Dentre os crimes praticados contra a Administração Pública, importa em peculato:

a) Exigir, para si ou para outrem, direta ou indiretamente, ainda que fora da função ou antes de assumi-la, mas em razão dela, vantagem indevida.
b) Solicitar ou receber, para si ou para outrem, direta ou indiretamente, ainda que fora da função ou antes de assumi-la, mas em razão dela, vantagem indevida, ou aceitar promessa de tal vantagem.
c) Retardar ou deixar de praticar, indevidamente, ato de ofício, ou praticá-lo contra disposição expressa de lei, para satisfazer interesse ou sentimento pessoal.
d) Apropriar-se o funcionário público de dinheiro, valor ou qualquer outro bem móvel, público ou particular, de que tem a posse em razão do cargo, ou desviá-lo, em proveito próprio ou alheio.
e) Deixar o funcionário, por indulgência, de responsabilizar subordinado que cometeu infração no exercício do cargo ou, quando lhe falte competência, não levar o fato ao conhecimento da autoridade competente.

4 – (Delegado de Polícia Civil/PI/2018) Em relação aos crimes contra a administração pública, marque a alternativa CORRETA.

a) Há crime de Inserção de dados falsos em sistema de informações na conduta de inserir ou facilitar, o funcionário público, a inserção de dados falsos, alterar ou excluir indevidamente dados corretos nos sistemas informatizados ou bancos de dados da Administração Pública, com o fim de obter vantagem indevida para si ou para outrem ou para causar dano.
b) Há crime de peculato, quando um funcionário público exige, para si ou para outrem, direta ou indiretamente, ainda que fora da função, mas em razão dela, vantagem indevida.
c) Há crime de Prevaricação quando um funcionário público retardar ou deixar de praticar, indevidamente, ato de ofício, ou praticar tal ato contra disposição expressa de lei, por determinação do chefe imediato.
d) Há crime de concussão, quando um funcionário público apropria-se de dinheiro, valor ou qualquer outro bem móvel, público ou particular, de que tem a posse em razão do cargo.
e) Um funcionário público comete o crime de peculato culposo quando concorre, mesmo que culposamente, para o crime de outrem.

5 – (Escrivão de Polícia Civil/RO/2014) Funcionário público que, no trajeto de sua residência até a repartição onde trabalha, dentro de um ônibus coletivo, aproveita-se da distração de uma pessoa e subtrai-lhe a carteira, contendo quantia em dinheiro, responde pelo crime de:

a) Furto.
b) estelionato.
c) roubo.
d) apropriação indébita.
e) peculato.

6 – (Delegado de Polícia Civil/MA/2018) Com relação aos crimes contra a administração pública, assinale a opção correta.

a) Ser membro de poder ou exercer cargo de elevada envergadura são circunstâncias irrelevantes para a formulação da pena-base dos crimes contra a administração pública.
b) A corrupção ativa não pode existir na ausência de corrupção passiva, pois tais condutas são tipicamente bilaterais.
c) O princípio da insignificância poderá ser aplicado aos crimes contra a administração pública quando o agente for primário e o prejuízo causado ao erário for inexpressivo.
d) A circunstância elementar do crime de peculato se comunica ao coautor ou partícipe, mesmo que estes não integrem o serviço público.
e) O crime de corrupção ativa é de natureza material e se consuma com a efetiva entrega da vantagem oferecida.

7 – (Agente de Polícia Civil/SC/2017) É correto afirmar sobre o crime de peculato.

a) Poderão ser objeto do crime de peculato apenas bens públicos.
b) Trata-se de crime praticado exclusivamente por particular contra bens públicos.
c) Dinheiro poderá ser objeto do crime de peculato.
d) Somente ocorrerá o crime se praticado mediante concurso de agentes.
e) Para consumação do crime de peculato, o proveito do crime deverá ser revertido para terceiro.

8 – (Escrivão e Inspetor de Polícia Civil/RS/2013) Fulana, da área da saúde, foi contratada emergencialmente pela Prefeitura de um Município para atender no posto de saúde pública da cidade. Ela e sua amiga Beltrana, que não tem qualquer vínculo com a administração pública, mas é conhecedora da situação funcional de Fulana, em comunhão de vontades e conjugação de esforços, venderam o *laptop* que esta possuía em carga para o exercício da sua função, sendo o dinheiro da venda repartido entre as duas.

Assim, Fulana e Beltrana devem responder, por

a) apropriação indébita em coautoria.
b) apropriação indébita e furto, respectivamente.
c) peculato-apropriação e furto, respectivamente.
d) peculato-furto e furto, respectivamente.
e) peculato-apropriação em coautoria.

9 – (Agente de Polícia Civil/AC/2012) "Apropriar-se, o funcionário público, de dinheiro, valor ou qualquer outro bem móvel, público ou particular, de que tem a posse em razão do cargo, ou desviá-lo, em proveito próprio ou alheio". Trata-se da definição legal do tipo penal de:

a) concussão.
b) corrupção ativa.
c) tráfico de influência.
d) prevaricação.
e) peculato.

10 – (Delegado de Polícia Federal/2021) Na hipótese de crime de peculato doloso, o ressarcimento do dano exclui a punibilidade ( ).

Gabarito comentado:

Questão	Reposta	Comentário
1	Letra B	Vide caput do artigo 312 do Código Penal.
2	Letra A	Vide caput do artigo 312 do Código Penal.
3	Letra D	Vide caput do artigo 312 do Código Penal.
4	Letra E	Vide § 3º do artigo 312 do Código Penal.
5	Letra A	Como o funcionário público não se valeu do seu cargo para efetuar a subtração, não há que se falar na prática de crime de peculato, imputando-se, assim, prática de furto ao agente.
6	Letra D	Vide parte final do artigo 30 do Código Penal.
7	Letra C	Dinheiro (ou qualquer outro bem móvel público ou particular) pode ser objeto material da prática do crime de peculato.
8	Letra E	A questão aborda a comunicação da circunstância pessoal elementar (parte final do artigo 30 do Código Penal).
9	Letra E	O quesito demanda mera leitura do artigo 312 do Código Penal.
10	ERRADA	Nesse sentido, tese 12 da edição 57 da jurisprudência em teses do STJ: "12) A reparação do dano antes do recebimento da denúncia não exclui o crime de peculato doloso, diante da ausência de previsão legal, podendo configurar arrependimento posterior, nos termos do art. 16 do CP".

Peculato mediante erro de outrem

Art. 313 – Apropriar-se de dinheiro ou qualquer utilidade que, no exercício do cargo, recebeu por erro de outrem:

Pena – reclusão, de um a quatro anos, e multa.

Classificação: trata-se de crime doloso, material e próprio.

O tipo admite acordo de não persecução penal (artigo 28-A do CPP), suspensão condicional do processo (artigo 89 da Lei 9.099/95), fiança arbitrada pela autoridade policial (artigo 322 do CPP) e é de ação penal pública incondicionada.

Conduta proibida: o funcionário público finda se apropriando de dinheiro ou qualquer utilidade que, no exercício do cargo, recebeu por erro de outrem.

Observe que não há nenhuma conduta perpetrada pelo servidor no sentido de ludibriar a vítima (ele recebe o dinheiro ou utilidade de boa-fé e, percebido o lapso, apropria-se do numerário ou utilidade).

Inserção de dados falsos em sistema de informações

Art. 313-A. Inserir ou facilitar, o funcionário autorizado, a inserção de dados falsos, alterar ou excluir indevidamente dados corretos nos sistemas informatizados ou bancos de dados da Administração Pública com o fim de obter vantagem indevida para si ou para outrem ou para causar dano:

Pena – reclusão, de 2 (dois) a 12 (doze) anos, e multa.

Classificação: o crime é doloso (reclama especial fim de agir – finalidade de obtenção de vantagem indevida para si ou para outrem ou causar dano), próprio (só pode ser praticado pelo servidor público autorizado a trabalhar com o sistema de dados) e formal (consuma-se independentemente da obtenção da vantagem indevida ou da ocorrência de dano efetivo para administração pública).

Peculato eletrônico: o tipo é conhecido como peculato eletrônico, é de ação penal pública incondicionada e admite acordo de não persecução penal (artigo 28-A do CPP).

Condutas proibidas: as condutas proibidas são **inserir** ou **facilitar** a inserção de dados falsos ou **alterar** ou **excluir** indevidamente dados verdadeiros dos sistemas informatizados ou dos bancos de dados da administração pública (com o fito de obtenção de vantagem indevida para si ou para outrem ou para causar dano). Exemplifico:

> **SITUAÇÃO HIPOTÉTICA:** JOÃO, servidor do INSS que tem a atribuição de inserção de dados de beneficiários de programas assistenciais pagos pela autarquia previdenciária, insere falsamente no sistema que MARIA, sua amiga, faz jus ao recebimento de auxílio-maternidade. MARIA, avisada por JOÃO que a inserção foi feita com sucesso, vai à agência bancária e saca o numerário, que é dividido por ambos.
>
> **SOLUÇÃO:** JOÃO e MARIA serão punidos pela prática de peculato eletrônico (artigo 313-A do Código Penal). Note que haverá comunicação de circunstância pessoal elementar (MARIA não é servidora pública, mas responderá pelo mesmo tipo, em face da parte final do artigo 30 do Código Penal).

Modificação ou alteração não autorizada de sistema de informações

Art. 313-B. Modificar ou alterar, o funcionário, sistema de informações ou programa de informática sem autorização ou solicitação de autoridade competente:

Pena – detenção, de 3 (três) meses a 2 (dois) anos, e multa.

Parágrafo único. As penas são aumentadas de um terço até a metade se da modificação ou alteração resulta dano para a Administração Pública ou para o administrado.

Classificação: crime doloso (o delito aqui estudado não reclama especial fim de agir – nem a intenção de obtenção de vantagem indevida, nem causar dano para administração pública/terceiro), próprio e formal (se há dano para a administração pública ou para o administrado, tem-se crime majorado, na forma do parágrafo único do artigo 313-B do Código Penal).

Trata-se de infração de menor potencial ofensivo de ação penal pública incondicionada.

Condutas proibidas: as condutas proibidas (modificar ou alterar sistema de informações ou do programa de informática sem autorização ou solicitação de autoridade competente) são praticadas por qualquer servidor público – o tipo não reclama que o agente seja o servidor autorizado a trabalhar com o sistema de informações ou com o programa de informática).

Extravio, sonegação ou inutilização de livro ou documento

Art. 314 – Extraviar livro oficial ou qualquer documento, de que tem a guarda em razão do cargo; sonegá-lo ou inutilizá-lo, total ou parcialmente:

Pena – reclusão, de um a quatro anos, se o fato não constitui crime mais grave.

Classificação: o crime é doloso, próprio (só pode ser praticado pelo funcionário público quem tem a guarda do livro ou documento oficial em razão do cargo que ocupa), formal (consuma-se independentemente da existência de prejuízo para a administração pública), misto, alternativo ou de conteúdo variado (as condutas proibidas são extraviar, sonegar ou inutilizar livro ou documento oficial, total ou parcialmente).

Artigos 314 x 337 x 356 do Código Penal: se as condutas de subtrair ou inutilizar o livro/documento oficial forem perpetradas por funcionário público que não tem a atribuição de guarda destes ou por particular não é possível imputar o crime do artigo 314 do Código Penal. Será possível, outrossim, a imputação do crime tipificado no artigo 337 do mesmo diploma. Se advogado/procurador inutilizar ou deixar de restituir autos, documento ou objeto de valor probatório que recebeu nessa qualidade, o crime praticado é o do artigo 356 do Código Penal. Veja as diferenças dos tipos citados:

Artigo 314	Artigo 337	Artigo 356
Extravio, sonegação ou inutilização de livro ou documento Art. 314 – Extraviar livro oficial ou qualquer documento, de que tem a guarda em razão do cargo; sonegá-lo ou inutilizá-lo, total ou parcialmente: Pena – reclusão, de um a quatro anos, se o fato não constitui crime mais grave.	Subtração ou inutilização de livro ou documento Art. 337 – Subtrair, ou inutilizar, total ou parcialmente, livro oficial, processo ou documento confiado à custódia de funcionário, em razão de ofício, ou de particular em serviço público: Pena – reclusão, de dois a cinco anos, se o fato não constitui crime mais grave.	Sonegação de papel ou objeto de valor probatório Art. 356 – Inutilizar, total ou parcialmente, ou deixar de restituir autos, documento ou objeto de valor probatório, que recebeu na qualidade de advogado ou procurador: Pena – detenção, de seis meses a três anos, e multa.

Emprego irregular de verbas ou rendas públicas

Art. 315 – Dar às verbas ou rendas públicas aplicação diversa da estabelecida em lei:

Pena – detenção, de um a três meses, ou multa.

Classificação: o crime é doloso (não há exigência de especial fim de agir) e próprio (praticado por quem tem poder para dar destinação às verbas ou rendas públicas – Presidente da República, ministros de Estado, governadores e secretários de Estado, por exemplo).

Trata-se de infração de menor potencial ofensivo de ação penal pública incondicionada.

Conduta proibida: a conduta vedada no tipo é dar às verbas ou rendas públicas aplicação diversa da estabelecida em lei.

Se o sujeito ativo for prefeito municipal, o crime a ser imputado é o tipificado no inciso III do artigo 1º do Decreto-Lei 201/67:

> Art. 1º São crimes de responsabilidade dos Prefeitos Municipal, sujeitos ao julgamento do Poder Judiciário, independentemente do pronunciamento da Câmara dos Vereadores:
>
> (...)
>
> III – desviar, ou aplicar indevidamente, rendas ou verbas públicas;

Por óbvio, se o objetivo do desvio é beneficiar ao próprio agente político/público ou outrem, o crime a ser imputado será outro (peculato ou o delito tipificado no inciso I do artigo 1º do Decreto-Lei 201/67, caso o desvio seja perpetrado por prefeito).

Penso que o delito resta consumado quando o agente político/público dá à verba/renda pública destinação diversa da determinada em lei (não sendo necessário que o dinheiro público seja efetivamente empregado na finalidade contrária à legislação).

Em sentido contrário, entendendo que só há consumação com a efetiva aplicação irregular das verbas/rendas públicas, Rogério Sanches Cunha[343].

Em relação ao crime perpetrado por alcaide municipal, o Superior Tribunal de Justiça finda exigindo demonstração de especial fim de agir para efetiva imputação do delito tipificado no Decreto-Lei 201/67 (grifo meu):

> HABEAS CORPUS. CRIME DE DESVIO DE VERBAS PÚBLICAS PREVISTO NO ART. 1º, III, DO DECRETO-LEI N. 201/1967. TRANCAMENTO DA AÇÃO PENAL. DOLO ESPECÍFICO DE CAUSAR DANO AO ERÁRIO DEMONSTRADO. INÉPCIA DA DENÚNCIA. NÃO OCORRÊNCIA. INEVIDÊNCIA DE CONSTRANGIMENTO ILEGAL. PARECER ACOLHIDO. 1. Caso em que não se está diante de excepcionalidade a justificar a precoce extinção da ação penal. A denúncia preenche os requisitos do art. 41 do Código de Processo Penal, o que permite a compreensão dos fatos e possibilita o amplo exercício da defesa e do contraditório. Não há razão para impedir o Estado-Administração de demonstrar a eventual responsabilidade penal dos acusados, isso, diante do quadro apresentado, implicaria cercear o direito-dever do Poder Público em apurar a verdade sobre o que se passou. **2. Segundo o entendimento do Superior Tribunal de Justiça, é indispensável estar devidamente descrito o dolo específico de acarretar prejuízo ao erário, para ficar configurado o crime do art. 1º, inciso III, do Decreto-Lei n. 201/1967** (HC n. 485.791/SP, Ministro Reynaldo Soares da Fonseca, Quinta Turma, DJe 20/5/2019). 3. No caso dos autos, embora o Tribunal de Justiça de Pernambuco tenha deixado consignado, no acórdão impugnado, que a configuração do crime previsto no art. 1º, III, do Decreto-lei n. 201/1967 dispensa a presença do dolo específico, ao analisar o conjunto probatório, registrou a presença de dados que indicam, sim, a existência de dolo específico da ex-Secretária municipal de Programas Sociais do município de Cabo de Santo Agostinho/PE, ora paciente, decorrentes da contratação de pessoas, por meio do Programa "Onda Limpa", sem, em contrapartida, exigir a presença em cursos de qualificação, conforme previsto em lei. 4. Ordem denegada (HC 529.848/PE, Rel. Ministro Sebastião Reis Júnior, Sexta Turma, julgado em 11/02/2020, DJe 21/02/2020).

Com todas as vênias, penso que tanto o crime tipificado no artigo 315 do Código Penal, quanto o delito tipificado no inciso III do artigo 1º do Decreto-Lei 201/67 não reclamam especial fim de agir. Basta que o gestor, intencionalmente, não siga a destinação determinada pela lei para a verba pública para que seja possível imputar o delito.

Concussão

Art. 316 – Exigir, para si ou para outrem, direta ou indiretamente, ainda que fora da função ou antes de assumi-la, mas em razão dela, vantagem indevida:

343 CUNHA, Rogério Sanches. **Código Penal para concursos**. Salvador, 13ª edição, Juspodivm, 2020, p. 951.

Pena – reclusão, de dois a doze anos, e multa.

Excesso de exação

§ 1º – Se o funcionário exige tributo ou contribuição social que sabe ou deveria saber indevido, ou, quando devido, emprega na cobrança meio vexatório ou gravoso, que a lei não autoriza:

Pena – reclusão, de três a oito anos, e multa.

§ 2º – Se o funcionário desvia, em proveito próprio ou de outrem, o que recebeu indevidamente para recolher aos cofres públicos:

Pena – reclusão, de dois a doze anos, e multa.

Classificação: trata-se de crime doloso, próprio (cometido por funcionário público) e formal (a exigência da vantagem indevida consuma o crime, independente da obtenção da vantagem indevida pretendida).

O delito admite acordo de não persecução penal (artigo 28-A do CPP) e é de ação penal pública incondicionada.

Pacote Anticrime: a pena da concussão foi modificada pelo Pacote Anticrime (agora a pena máxima é de 12 anos). A Lei 13.964/19 solucionou parte da distorção – a pena máxima do crime de corrupção passiva (artigo 317 do Código Penal) era mais alta que a pena máxima do crime de concussão. Isso era injustificável, posto que a conduta proibida no crime de concussão (exigir vantagem indevida) é mais grave que as condutas vedadas no delito de corrupção passiva (solicitar, receber ou aceitar promessa de vantagem indevida). Como as penas restaram igualadas, penso que a distorção continua, mas em menor medida (como dito, concussão merece pena mais grave que corrupção passiva).

Conduta proibida: a conduta proibida (ao funcionário público), como dito, é exigir vantagem indevida (para si ou para outrem, direta ou indiretamente, ainda que fora da função ou antes de assumi-la, mas em razão dela) – entendo que a vantagem não precisa ser necessariamente patrimonial (embora essa seja a regra, na prática).

Estudo do tipo: há algumas informações importantes extraídas da análise do caput do artigo 316 do Código Penal:

Observação	Comentários
É possível que particular cometa o crime, na condição de autor.	Note que o tipo admite prática delitiva antes do autor assumir a função (desde que o delito seja praticado em razão dela). Exemplifico: **SITUAÇÃO HIPOTÉTICA:** PEDRO, nomeado para o cargo de delegado de polícia, mas ainda não empossado, descobre existência de mandado de prisão expedido em desfavor do seu vizinho MARCOS e exige deste vantagem indevida para que o mandado não seja cumprido tão logo ele tome posse e entre em exercício no cargo público.

	SOLUÇÃO: PEDRO cometeu crime de concussão (ele exigiu vantagem indevida antes de assumir o cargo em razão deste).
Ainda que o particular entregue a vantagem indevida exigida pelo servidor público, não há cometimento de crime por aquele.	O legislador não criminalizou a conduta do particular que paga/entrega a vantagem indevida exigida pelo servidor público (não há como pensar na prática do crime de corrupção ativa, porque as condutas proibidas no artigo 333 do Código Penal são oferecer e prometer vantagem indevida a funcionário público). Assim, mesmo que o particular pague a vantagem indevida exigida pelo funcionário público, o fato será formalmente atípico para *extraneus*.
É possível que o particular seja responsabilizado pela prática do crime de concussão, na condição de partícipe.	Por força da parte final do artigo 30 do Código Penal, a circunstância pessoal elementar se comunica aos comparsas. Assim, se particulares induzem, instigam ou auxiliam o servidor público a praticar o crime de concussão, aqueles respondem como partícipes do crime tipificado no artigo 316 do Código Penal.
Se particular coagir servidor público a exigir vantagem indevida de outrem em razão da função, é possível punir apenas o particular criminalmente pelo crime tipificado no artigo 316 do Código Penal.	Essa situação é bem curiosa. Exemplifico: **SITUAÇÃO HIPOTÉTICA:** PEDRO, particular, materializa coação moral irresistível contra PAULO, funcionário público, para que este exija vantagem indevida de MARIA, particular, em razão da função. **SOLUÇÃO:** ante a detecção de causa excludente de culpabilidade (coação moral irresistível – artigo 22 do Código Penal), PAULO fica isento de pena. O artigo mencionado determina que o coator responda pelo crime perpetrado pelo coagido. Acontece que o delito cometido por PAULO a mando de PEDRO é próprio (só pode ser cometido por funcionário público) e não se cogita concurso de pessoas na autoria mediata. Para solucionar corretamente o caso, é preciso usar da autoria de determinação (expressão cunhada por Eugenio Raúl Zaffaroni), que permite que o autor mediato responda pelo crime próprio por ele orquestrado. Assim, conclui-se: PEDRO deve ser responsabilizado pelo crime de concussão (apesar de ser particular).
O recebimento da vantagem indevida é mero exaurimento do crime de concussão.	**SITUAÇÃO HIPOTÉTICA:** JOÃO, funcionário público, exige R$ 5.000,00 de PEDRO, particular, em razão da sua função. A vítima pede alguns dias para conseguir o dinheiro. Revoltado, PEDRO procura a polícia e narra o ocorrido. O ofendido então acerta com os policiais agendar o pagamento da vantagem indevida exigida. O agendamento é feito dois dias depois da exigência. No momento do pagamento, JOÃO é preso em flagrante pela polícia. **SOLUÇÃO:** a prisão em flagrante merece ser relaxada. É que o crime de concussão é formal (consuma-se com a exigência) e o pagamento se traduz em mero exaurimento. No momento da captura do servidor, não há nenhuma das situações descritas no artigo 302 do CPP. Apesar do relaxamento da prisão, houve efetiva prática do crime tipificado no artigo 316 do Código Penal (JOÃO será punido criminalmente pela prática deste delito). Nesse sentido, tese do Superior Tribunal de Justiça (edição 57 da jurisprudência em teses): 20) Não há flagrante quando a entrega de valores ocorre em momento posterior a exigência, pois o crime de concussão é formal e o recebimento se consubstancia em mero exaurimento.

Se o servidor público constranger a vítima mediante violência ou grave ameaça, com o fito de obter vantagem patrimonial, há crime de extorsão e não de concussão.	Vide tese do STJ nesse sentido (edição 57 da jurisprudência em teses): 21) Comete o crime de extorsão e não o de concussão, o funcionário público que se utiliza de violência ou grave ameaça para obter vantagem indevida.
Por se tratar de crime contra a administração pública, não se admite princípio da insignificância.	Isso nos termos da Súmula 599/STJ – O princípio da insignificância é inaplicável aos crimes contra a administração pública.
Se a exigência de vantagem indevida é materializada por funcionário público responsável pelo recolhimento de tributos, em razão da função, para deixar de lançar ou cobrar tributo ou contribuição social ou cobrá-los parcialmente, há prática de crime funcional contra a ordem tributária (tipificado na Lei 8.137/90).	Há tipo especial relacionado à exigência de vantagem indevida, quando esta é materializada para deixar de lançar ou cobrar tributo ou contribuição social, ou cobrá-los parcialmente. Trata-se de crime funcional contra a ordem tributária, previsto no artigo 3º, II, da Lei 8.137/90 (grifos meus): Art. 3º **Constitui crime funcional contra a ordem tributária**, além dos previstos no Decreto-Lei nº 2.848, de 7 de dezembro de 1940 – Código Penal (Título XI, Capítulo I): (...) II – **exigir**, solicitar ou receber, **para si ou para outrem, direta ou indiretamente, ainda que fora da função ou antes de iniciar seu exercício, mas em razão dela, vantagem indevida**; ou aceitar promessa de tal vantagem, **para deixar de lançar ou cobrar tributo ou contribuição social, ou cobrá-los parcialmente**. Pena – reclusão, de 3 (três) a 8 (oito) anos, e multa.

Artigos 316 x 317 e 333 do Código Penal: penso ser importante estudar os crimes de concussão (artigo 316), corrupção passiva (artigo 317) e corrupção ativa (artigo 333) juntos (por meio das palavras chaves):

Crime	Concussão	Corrupção passiva	Corrupção ativa
Artigo	316	317	333
Palavras-chave	Exigir	Solicitar, receber e aceitar promessa	Oferecer e prometer
Classificação quanto ao resultado naturalístico	Formal	Formal (solicitar) material (receber) e formal (aceitar promessa)	Formal
Classificação quanto ao sujeito ativo	Próprio	Próprio	Comum

Excesso de exação: o crime de excesso de exação está tipificado no § 1º do artigo 316 do Código Penal:

Dispositivo	Comentários
Excesso de exação § 1º – Se o funcionário exige tributo ou contribuição social que sabe ou deveria saber indevido, ou, quando devido, emprega na cobrança meio vexatório ou gravoso, que a lei não autoriza: Pena – reclusão, de três a oito anos, e multa.	Trata-se de crime doloso e próprio (cometido por funcionário público responsável pela cobrança de tributo ou contribuição social). Admite-se acordo de não persecução penal (artigo 28-A do CPP).

	As condutas proibidas são: a) exigir tributo ou contribuição social que sabe ou deveria saber indevido; b) emprego de meio vexatório ou gravoso, que a lei não autoriza, na cobrança de tributo ou contribuição social devida.
§ 2º – Se o funcionário desvia, em proveito próprio ou de outrem, o que recebeu indevidamente para recolher aos cofres públicos: Pena – reclusão, de dois a doze anos, e multa.	Há figura qualificada do crime de excesso de exação se o funcionário público desvia, em proveito próprio ou de outrem o que recebeu indevidamente para recolher aos cofres públicos.

Cobrança indevida em razão de intepretação equivocada de norma tributária: o Superior Tribunal de Justiça entendeu, no informativo 712, que não configura excesso de exação a cobrança equivocada resultante de interpretação errada da norma tributária, por ausência de dolo.

Questões de concurso público: veja como o assunto já foi cobrado em concurso público.

1 – (Delegado de Polícia Civil/RN/2021) João, fiscal de um Município do Estado Alfa, passava por uma rua de comércio popular com a família, quando seu filho avistou um comerciante vendendo balões de personagens infantis e insistiu que queria um. João, então, se dirigiu ao vendedor e exigiu que ele lhe desse o balão pretendido pelo filho, que estava sendo vendido para outro casal, dizendo que trabalhava para a Prefeitura e que, se não fosse atendido, chamaria a guarda municipal para apreender os objetos e lavrar o auto próprio. Ao proceder da forma narrada, João praticou, em tese, a conduta tipificada como:

a) extorsão;

b) concussão;

c) corrupção passiva;

d) exercício arbitrário das próprias razões;

e) corrupção passiva, mas João terá sua tipicidade afastada pelo princípio da insignificância.

Gabarito comentado:

Questão	Reposta	Comentário
1	Letra B	João é funcionário público e exigiu vantagem indevida em razão do cargo. Cometeu, destarte, crime de concussão, tipificado no artigo 316 do Código Penal.

Corrupção passiva

Art. 317 – Solicitar ou receber, para si ou para outrem, direta ou indiretamente, ainda que fora da função ou antes de assumi-la, mas em razão dela, vantagem indevida, ou aceitar promessa de tal vantagem:

Pena – reclusão, de 2 (dois) a 12 (doze) anos, e multa.

§ 1º – A pena é aumentada de um terço, se, em consequência da vantagem ou promessa, o funcionário retarda ou deixa de praticar qualquer ato de ofício ou o pratica infringindo dever funcional.

§ 2º – Se o funcionário pratica, deixa de praticar ou retarda ato de ofício, com infração de dever funcional, cedendo a pedido ou influência de outrem:

Pena – detenção, de três meses a um ano, ou multa.

Classificação: trata-se de crime doloso, próprio (cometido por funcionário público), misto, alternativo ou de conteúdo variado.

O delito em testilha admite acordo de não persecução penal (artigo 28-A do CPP) e é de ação penal pública incondicionada.

Condutas proibidas: é crime formal nas modalidades solicitar e aceitar promessa de vantagem. Na modalidade receber o crime é material. Nesse sentido tese do Superior Tribunal Justiça (edição 57 da jurisprudência em teses):

> 18) O crime de corrupção passiva praticado pelas condutas de aceitar promessa ou solicitar é formal e se consuma com a mera solicitação ou aceitação da vantagem indevida.

Conceitos importantes: eis algumas definições iniciais interessantes:

Expressão	Comentários	Situação hipotética
Corrupção passiva própria	Quando o ato funcional "vendido" pelo funcionário público é ilícito.	JOÃO, funcionário público, solicita vantagem indevida para deixar de aplicar multa de trânsito devida.
Corrupção passiva imprópria	Quando o ato funcional "vendido" pelo funcionário público é lícito.	PEDRO, funcionário público, recebe vantagem indevida para "agilizar" a vistoria que faria em estabelecimento comercial.
Corrupção passiva antecedente	Há solicitação, recebimento ou aceitação de promessa de vantagem indevida antes da prática, retardamento ou não prática do ato de ofício.	JONAS, funcionário público, aceita promessa de vantagem indevida antes de praticar ato de ofício.
Corrupção passiva subsequente	Há solicitação, recebimento ou aceitação de promessa de vantagem indevida depois da prática, retardamento ou não prática do ato de ofício (entendo perfeitamente possível a corrupção passiva subsequente).	MARIA, funcionária pública, pratica ato de ofício e, após, solicita vantagem indevida ao particular beneficiado.

Exceção pluralista à teoria monista: a divisão da corrupção em dois tipos (ativa e passiva) configura exceção à teoria monista ou unitária adotada quanto ao concurso de pessoas (exceção pluralista – cada envolvido responde por crime autônomo).

É importante salientar, contudo, que não há bilateralidade entre os crimes de corrupção passiva e de corrupção ativa (tese 16 da edição 57 da jurisprudência em teses do Superior Tribunal de Justiça):

> 16) Não há bilateralidade entre os crimes de corrupção passiva e ativa, uma vez que estão previstos em tipos penais distintos e autônomos, são independentes e a comprovação de um deles não pressupõe a do outro.

Eis alguns exemplos:

Situação hipotética	Tipificação
JOÃO, funcionário público, solicitou de MARIA, particular, vantagem indevida em razão da função pública para deixar de praticar ato de ofício.	JOÃO cometeu crime de corrupção passiva (mesmo que não receba a vantagem solicitada). MARIA não cometeu crime (ainda que venha a pagar a vantagem solicitada).
PEDRO, particular, ofereceu dinheiro ao policial rodoviário MARCOS para que este não o multasse. MARCOS não aceitou a vantagem e deu voz de prisão àquele.	PEDRO cometeu crime de corrupção ativa e MARCOS não cometeu delito.
JONAS, particular, prometeu vantagem indevida a MARIA, funcionária pública, para que esta deixasse de pratica ato de ofício. MARIA aceitou a promessa de vantagem.	JONAS cometeu crime de corrupção ativa e MARIA praticou crime de corrupção passiva, ainda que a vantagem prometida não seja implementada (os crimes são formais).

Veja a ligação das elementares dos crimes de corrupção passiva e ativa:

Corrupção passiva (artigo 317)		Corrupção ativa (artigo 333)
Solicitar		
Receber	◄────────	Oferecer
Aceitar promessa	◄────────	Prometer

A análise dos crimes e das suas elementares, revela que, se o servidor público solicitar vantagem indevida em razão do cargo, o particular não comete crime de corrupção ativa, mesmo se pagar a vantagem solicitada (fato é formalmente atípico).

Outro ponto interessante, se há prática dos dois crimes num só contexto (o particular cometendo corrupção ativa e o servidor público praticando corrupção passiva), a iniciativa em relação à vantagem indevida foi do particular (note a direção das setas acima). A elementar prometer (corrupção ativa) se liga à elementar receber (corrupção passiva); a elementar prometer (corrupção ativa) se liga à elementar aceitar promessa (corrupção passiva).

Natureza da vantagem: entendo que a vantagem não precisa ser necessariamente patrimonial (embora essa seja a regra, na prática).

Causa de aumento de pena: o § 1º do artigo 317 do Código Penal traduz majorante (aumento de pena de 1/3 se, em consequência da vantagem ou promessa, o funcionário retarda ou deixa de praticar qualquer ato de ofício ou o pratica infringindo dever funcional).

Penso que o crime de corrupção passiva (caput) não reclama nexo de causalidade entre a conduta do servidor e um ato funcional específico (basta que a vantagem indevida tenha sido solicitada, recebida ou que a promessa de vantagem tenha sido aceita em razão da função). Caso seja adotada a tese de que é preciso nexo a ligar a conduta do funcionário público e um ato específico de ofício, não será possível punir o servidor que solicita "mesada" de particular para "estar à disposição" quando houver necessidade de prática de atos de ofício pelo *intraneus*.

A tese 17 da edição 57 da jurisprudência em teses do Superior Tribunal de Justiça parece se inclinar no sentido de reclamar nexo entre a conduta do servidor e ato funcional de sua competência:

> 17) No crime de corrupção passiva, é indispensável haver nexo de causalidade entre a conduta do servidor e a realização de ato funcional de sua competência.

Contudo, o próprio Tribunal da Cidadania decidiu em sentido contrário (informativo 635/STJ[344]):

> De início, cumpre observar que recentes decisões do Supremo Tribunal Federal a respeito da interpretação do artigo 317 do Código Penal são no sentido de que "se exige, para a configuração do delito (de corrupção passiva), apenas o nexo causal entre a oferta (ou promessa) de vantagem indevida e a função pública exercida, sem que necessária a demonstração do mesmo nexo entre a oferta (ou promessa) e o ato de ofício esperado, seja ele lícito ou ilícito" (Voto da Ministra Rosa Weber no Inq 4.506/DF). Com efeito, nem a literalidade do art. 317 do CP, nem sua interpretação sistemática, nem a política criminal adotada pelo legislador parecem legitimar a ideia de que a expressão "em razão dela", presente no tipo de corrupção passiva, deve ser lida no restrito sentido de "ato que está dentro das competências formais do agente". A expressão "ato de ofício" aparece apenas no *caput* do art. 333 do CP, como um elemento normativo do tipo de corrupção ativa, e não no *caput* do art. 317 do CP, como um elemento normativo do tipo de corrupção passiva. Ao contrário, no que se refere a este último delito, a expressão "ato de ofício" figura apenas na majorante do art. 317, § 1º, do CP e na modalidade privilegiada do § 2º do mesmo dispositivo. Além disso, a desnecessidade de que o ato pretendido esteja no

344 STJ, 6ª Turma, REsp 1.745.410/SP, rel. Min. Sebastião Reis Júnior, rel. para o acórdão Min. Laurita Vaz, DJe 23/10/2018.

âmbito das atribuições formais do funcionário público fornece uma visão mais coerente e íntegra do sistema jurídico. A um só tempo, são potencializados os propósitos da incriminação – referentes à otimização da proteção da probidade administrativa, seja em aspectos econômicos, seja em aspectos morais – e os princípios da proporcionalidade e da isonomia. Conclui-se, que o âmbito de aplicação da expressão "em razão dela", contida no art. 317 do CP, não se esgota em atos ou omissões que detenham relação direta e imediata com a competência funcional do agente. Assim, o nexo causal a ser reconhecido é entre a mencionada oferta ou promessa e eventual facilidade ou suscetibilidade usufruível em razão da função pública exercida pelo agente.

O Supremo Tribunal Federal também decidiu no sentido do entendimento por mim defendido (INQ 4.506/DF – grifei o tópico 7 da decisão de recebimento da denúncia):

Direito Penal e processual penal. Ação Penal. Corrupção Passiva e Tentativa de Obstrução à Investigação de Organização Criminosa. Materialidade e Indícios Suficientes de Autoria. Recebimento da Denúncia. I. Preliminares 1. No rito da Lei 8.038/1990, não há espaço, entre o oferecimento da denúncia e o juízo de admissibilidade a ser proferido pelo Tribunal, para dilações probatórias. Indeferimento de requerimento de acesso – prévio à apresentação da resposta – a outras provas supostamente relacionadas ao inquérito. 2. O eventual auxílio de membro do Ministério Público na negociação de acordo de colaboração não afeta a validade das provas apresentadas pelos colaboradores, pois: a) não há indício consistente de que o fato fosse de conhecimento da Procuradoria-Geral da República; b) o acordo de colaboração foi celebrado de forma voluntária; c) ainda que rescindido o acordo, as provas coletadas podem ser utilizadas contra terceiros (art. 4º, § 10, da Lei nº 12.850/2013); d) gravações realizadas por um dos interlocutores são provas legítimas e passíveis de utilização em ações penais; e) a alegação de "flagrante preparado" é matéria vinculada ao mérito da ação penal e será objeto de apuração no curso da instrução processual. 3. De acordo com a teoria do juízo aparente, as provas colhidas ou autorizadas por juízo aparentemente competente à época da autorização ou produção podem ser ratificadas, mesmo que seja posteriormente reconhecida a sua incompetência. Precedentes. 4. Preliminares rejeitadas. II. Mérito 5. A análise do recebimento da denúncia se limita à aferição: (i) da viabilidade formal da peça acusatória, de modo que a descrição dos fatos permita sua compreensão pelos denunciados; e (ii) da plausibilidade da acusação diante do material contido nos autos, não se exigindo, para instauração da ação penal, juízo de certeza acerca da materialidade e da autoria. 6. A denúncia contém descrição suficiente das condutas imputadas aos réus, alegadamente enquadradas nos tipos penais de corrupção passiva e embaraço às investigações de organização criminosa. II.1. Imputação de Corrupção Passiva **7. Para a aptidão de imputação de corrupção passiva, não é necessária a descrição de um específico ato de ofício, bastando uma vinculação causal entre as vantagens indevidas e as atribuições do funcionário público, passando este a atuar não mais em prol do interesse público, mas em favor de seus interesses pessoais.** 8. A presença de indícios de materialidade e autoria do crime de corrupção passiva está consubstanciada: (i) em depoimentos de colaboradores, segundo os quais Andrea Neves da Cunha solicitou, em nome do irmão, a quantia de R$ 2 milhões, supostamente para o pagamento de honorários de advogado; (ii) mensagem de texto enviada por Andrea Neves da Cunha, que indica a combinação de um encontro entre Aecio Neves da Cunha e Joesley Batista para acerto do pagamento de propina; (iii) gravação ambiental realizada por Joesley Batista, numa suíte do Hotel Unique, em São Paulo, na qual Aecio Neves da Cunha reitera a solicitação de dinheiro feita por sua irmã e combina a entrega dos valores, em quatro parcelas de R$ 500 mil, a seu primo Frederico Pacheco de Medeiros; (iv) ações controladas realizadas por agentes da Polícia Federal, que acompanharam e registraram em áudio e vídeo a entrega das demais parcelas de R$ 500 mil aos denunciados Frederico Pacheco de Medeiros e Mendherson Souza Lima. II.2. Imputação de Tentativa de Obstrução à Investigação de Organização Criminosa 9. A presença de indícios de materialidade e autoria pela tentativa de embaraço às investigações de organização criminosa está caracterizada: (i) pela transcrição de diálogo travado entre Aécio Neves da Cunha e Joesley Batista, em que o denunciado brada a necessidade de anistiar o caixa dois e de substituir o então Ministro da Justiça, com o intuito de obter maior controle sobre a Polícia Federal; (ii) ligação telefônica em que o denunciado conversa com outro Senador sobre a necessidade de substituição do Ministro da Justiça. 10. Embora a atuação no processo legislativo seja atividade lícita, o modo de proceder do denunciado indica que sua atuação tinha por objetivo específico embaraçar as investigações relacionadas à "Operação Lava Jato". III. Conclusão 11. Rejeição das preliminares e recebimento integral da denúncia (INQ 4506, Relator: Min. Marco Aurélio, Relator p/ Acórdão: Min. Roberto Barroso, Primeira Turma, julgado em 17/04/2018, acórdão eletrônico DJe-183 DIVULG 03-09-2018 PUBLIC 04-09-2018).

Aliás, se há efetivamente um ato específico a ser retardado, que deva deixar de ser praticado ou a ser praticado infringindo dever funcional, o crime praticado pelo funcionário público é de corrupção passiva majorada (§ 1º do artigo 317 do Código Penal).

Ressarcimento de custos pelo uso de técnica não coberta pelo SUS (atipicidade): o Superior Tribunal de Justiça entendeu ser atípica a conduta de médico que cobrou ressarcimento relacionado a uso de equipamentos em técnica não coberta pelo SUS – Sistema Único de Saúde. Para o Sodalício, não restou comprovada a elementar normativa "vantagem indevida" do artigo 317 do Código Penal:

> Para tipificação do art. 317 do Código Penal – corrupção passiva –, deve ser demonstrada a solicitação ou recebimento de vantagem indevida pelo agente público, não configurada quando há mero ressarcimento ou reembolso de despesa (informativo 709/STJ).

Corrupção passiva privilegiada: se o funcionário público pratica, deixa de praticar ou retarda ato de ofício, com infração de dever funcional, cedendo a **pedido** ou **influência de outrem**, temos **corrupção passiva privilegiada** (artigo 317, § 2º, do Código Penal).

O crime de corrupção passiva privilegiada é infração de menor potencial ofensivo. Não há prática de crime pelo particular que pede ou influencia o funcionário público, para que ele pratique, deixe de praticar ou retarda ato de ofício (atipicidade formal).

Artigos 317, § 2º x 319 do Código Penal: é importante estudar em conjunto os crimes de corrupção passiva privilegiada e prevaricação:

Crime	Corrupção passiva privilegiada	Prevaricação
Artigo	317, § 2º	319
Palavras-chave	Pedido ou influência de outrem	Sentimento ou interesse pessoal

Questões de concurso público: veja como o assunto já foi cobrado em concurso público.

1 – (Escrivão de Polícia Civil/PR/2018) A respeito dos crimes contra a administração pública e contra o patrimônio, assinale a alternativa correta.

a) No crime de falso testemunho ou falsa perícia, o agente terá direito à redução da pena de um sexto a dois terços, se porventura se retratar ou declarar a verdade antes da sentença no processo em que ocorreu o ilícito.

b) O agente policial que, valendo-se de facilidade propiciada pelo cargo público, concorre para que terceira pessoa subtraia diversos computadores do distrito policial responderá pelo crime de furto qualificado pelo concurso de duas ou mais pessoas.

c) O agente que pratica delito patrimonial contra o próprio irmão, tio ou sobrinho ficará isento de pena, desde que o crime tenha sido cometido sem violência ou grave ameaça à pessoa, que a vítima não tenha idade igual ou superior a 60 anos e que o autor e a vítima do delito coabitem a mesma residência.

d) Dar causa à instauração de investigação policial, comunicando à autoridade a ocorrência de crime ou de contravenção que sabe não se ter verificado, sem contudo imputar o fato a uma pessoa determinada, constitui delito de denunciação caluniosa.

e) É possível o agente cometer crime de corrupção passiva mesmo antes de assumir a função pública, desde que a solicitação ou o recebimento da vantagem indevida tenha ocorrido em razão da referida função.

2 – (Delegado de Polícia Civil/CE/2015) Marcelo é aprovado em concurso público para o cargo de Delegado de Polícia. Sabe que seu vizinho tem expedido em seu desfavor mandado de prisão.

Mesmo antes de assumir o cargo, Marcelo procura seu vizinho, que é proprietário de automóvel de luxo, e solicita-lhe comprar o veículo por 1/3 do preço de mercado, insinuando de modo implícito que caso a proposta não seja aceita efetuará sua prisão tão logo assuma o cargo público. O vizinho não cede e Marcelo, mesmo após assumir o cargo, não toma qualquer atitude em desfavor de seu vizinho. Marcelo praticou

a) corrupção passiva.

b) estelionato, na modalidade tentada.

c) meros atos preparatórios.

d) corrupção passiva, na modalidade tentada.

e) concussão.

3 – (Delegado de Polícia Civil/TO/2014) K. S., funcionário público, solicita, para si, indiretamente, uma determinada quantia em dinheiro de M. F, para não multá-lo. Sabendo-se que M. F. não pagou a propina para K. S., este deve responder por crime de:

a) corrupção passiva, na forma consumada.

b) prevaricação, na forma tentada.

c) corrupção ativa, na forma tentada.

d) concussão, na forma consumada

4 – (Agente de Polícia Civil/TO/2014) O funcionário público que pratica, deixa de praticar ou retarda ato de ofício, com infração de dever funcional, cedendo a pedido ou influência de outrem, comete a forma privilegiada do crime de:

a) exploração de prestígio.

b) advocacia administrativa.

c) condescendência criminosa.

d) corrupção passiva.

5 – (Escrivão de Polícia Civil/SP/2014) Imagine que um policial, em abordagem de rotina, identifique e efetue a detenção de um indivíduo procurado pela Justiça. Assim que isso ocorre e antes de apresentar o indivíduo à autoridade de Polícia Judiciária (Delegado de Polícia), o policial recebe verbalmente, do detido, a seguinte proposta: soltar o indivíduo para que ele vá até o caixa eletrônico e busque R$ 500,00, a serem entregues ao policial em troca de sua liberdade. O policial aceita a proposta e solta o detido, que não retorna e não cumpre com a promessa de pagamento. Diante dessa hipótese, o policial.

a) cometeu crime de prevaricação (CP, art. 319).

b) cometeu crime de corrupção passiva (CP, art. 317).

c) cometeu o crime de condescendência criminosa (CP, art. 320).

d) cometeu o crime de concussão (CP, art. 316)

e) não cometeu crime algum, pois não chegou a receber o dinheiro

Gabarito comentado:

Questão	Reposta	Comentário
1	Letra E	A leitura atenta do artigo 317 do Código revela que a correção do item.

2	Letra A	O crime de corrupção passiva pode ser praticado mesmo antes da assunção do cargo público, conforme artigo 317 do Código Penal.
3	Letra A	O crime de corrupção passiva, na modalidade "solicitar" vantagem indevida, é formal.
4	Letra D	Vide § 2º do artigo 317 do Código Penal.
5	Letra B	O funcionário público recebeu vantagem indevida para deixar de praticar ato de ofício. Essa conduta importa na prática do crime de corrupção passiva.

Facilitação de contrabando ou descaminho

Art. 318 – Facilitar, com infração de dever funcional, a prática de contrabando ou descaminho (art. 334):

Pena – reclusão, de 3 (três) a 8 (oito) anos, e multa.

Classificação: trata-se de crime doloso, próprio (praticado pelo funcionário público encarregado da prevenção/repressão ao contrabando ou descaminho), formal (consuma-se independentemente da consumação do contrabando/descaminho), comissivo ou omissivo (a conduta do sujeito ativo pode ser por meio de ação ou por meio de omissão).

O delito admite acordo de não persecução penal (artigo 28-A do CPP).

Exceção pluralista à teoria monista: o delito em questão é exceção pluralista à teoria monista, vez que o particular responde pelo crime de descaminho ou contrabando (artigos 334 ou 334-A do Código Penal, respectivamente), conforme o caso, e o servidor público que facilita o contrabando/descaminho responde pelo crime tipificado no artigo 318 do Código Penal.

Exemplifico:

> **SITUAÇÃO HIPOTÉTICA:** 'A' policial rodoviário federal responsável pela prevenção/repressão do contrabando na fronteira com o Paraguai facilita a entrada de 'B' no Brasil, mesmo sabendo que este traz no seu veículo coletes balísticos irregularmente internalizados.
> **SOLUÇÃO:** 'B' (particular) deve ser responsabilizado pelo crime de contrabando e 'A' (policial rodoviário federal) deve responder pelo delito de facilitação de contrabando, em face da exceção pluralista à teoria monista.

Competência: o crime aqui estudado é da competência da Justiça Federal.

Questão de concurso público: veja como o assunto já foi cobrado em concurso público.

1 – (Polícia Rodoviária Federal/2019) Em uma rodovia federal, próxima à fronteira do Brasil com o Paraguai, um caminhão foi parado e vistoriado por policiais rodoviários federais. Além do motorista

e de um passageiro, o veículo transportava, ilegalmente, grande quantidade de mercadoria lícita de procedência estrangeira, mas sem o pagamento dos devidos impostos de importação. O motorista, penalmente imputável e proprietário do caminhão, admitiu a propriedade dos produtos. O passageiro, que se identificou como servidor público alfandegário lotado no posto de fiscalização fronteiriço pelo qual o veículo havia passado para adentrar no território nacional, alegou desconhecer a existência dos produtos no caminhão e que apenas pegou carona com o motorista.

Tendo como referência essa situação hipotética, julgue o item a seguir.

Caso fique comprovada a participação do servidor público na conduta delituosa, ele responderá pelo delito de descaminho em sua forma qualificada: ela tinha o dever funcional de prevenir e de reprimir o crime ( ).

2 – (Delegado de Polícia Federal/2021) O crime de facilitação de contrabando e descaminho se consuma com a efetiva facilitação, não sendo necessária a consumação do contrabando ou descaminho ( ).

Gabarito comentado:

Questão	Reposta	Comentário
1	ERRADA	O servidor público que tem a atribuição funcional de prevenir ou reprimir o descaminho e facilita sua prática deve ser punido nos termos do artigo 318 do Código Penal.
2	CERTA	O crime tipificado no artigo no artigo 318 do Código Penal é formal e se traduz em exceção pluralista à teoria monista (sua consumação não está atrelada à consumação do contrabando/descaminho perpetrado pelo particular).

Prevaricação

Art. 319 – Retardar ou deixar de praticar, indevidamente, ato de ofício, ou praticá-lo contra disposição expressa de lei, para satisfazer interesse ou sentimento pessoal:

Pena – detenção, de três meses a um ano, e multa.

Classificação: o crime é delito doloso, próprio e de ação penal pública incondicionada. Trata-se de infração de menor potencial ofensivo.

Condutas proibidas: há no tipo condutas omissivas (retardar e deixar de praticar) e conduta comissiva (praticar ato contra a lei) – o crime é misto, alternativo ou de conteúdo variado.

Artigo 317, § 2º x 319 do Código Renal: revise tabela já postada acima:

Crime	Corrupção passiva privilegiada	Prevaricação
Artigo	317, § 2º	319
Palavras-chave	Pedido ou influência de outrem	Sentimento ou interesse pessoal

Interesse ou sentimento pessoal: a denúncia precisa descrever o interesse ou sentimento pessoal do servidor público (especial fim de agir) ao retardar ou deixar de praticar, indevidamente, ato de ofício ou praticá-lo em desacordo com a lei.

Crime doloso: como dito supra, o delito estudado não admite modalidade culposa. Exemplifico:

> **SITUAÇÃO HIPOTÉTICA:** PEDRO, delegado de polícia, deixou de instaurar inquérito policial requisitado pelo Ministério Público, porque esqueceu a notícia de crime indireta em sua gaveta.
>
> **SOLUÇÃO:** o fato é atípico, porquanto PEDRO deixou de praticar ato de ofício por negligência.

Não atendimento de requisição do Ministério Público pelo delegado de polícia: friso que o não atendimento de requisição de membro do Ministério Público pelo delegado de polícia por ato devidamente fundamentado não configura crime de prevaricação.

A requisição do Ministério Público para instauração de inquérito policial é comunicação mediata ou indireta de crime. Não há subordinação hierárquica entre promotor de justiça ou procurador da república e delegado de polícia. A requisição em regra deve ser atendida pela autoridade policial porque se traduz em notícia de crime de ação penal pública incondicionada e, em face desta, vige o princípio da obrigatoriedade (trata-se, destarte, de ordem *ex lege*).

Caso a requisição narre fato atípico ou cuja punibilidade restou extinta (artigo 107 do Código Penal), o delegado de polícia deve, fundamentadamente, devolver ao Ministério Público o expediente. Entendo que, caso o órgão acusador insista no pleito requisitório, apontando novas razões para instauração do apuratório, este deve ser deflagrado por outro delegado de polícia (substituto da autoridade policial que entendeu que o inquérito não devia ser instaurado), para não afrontar o entendimento técnico-jurídico da primeira autoridade policial que enfrentou o caso.

Questão de concurso público: veja como o assunto já foi cobrado em concurso público.

1 – (Escrivão de Polícia Civil/ES/2019) O funcionário público que retardar ou deixar de praticar, indevidamente, ato de ofício, ou praticá-lo contra disposição expressa de lei, para satisfazer interesse ou sentimento pessoal, incorrerá no delito de

a) prevaricação.

b) condescendência criminosa.

c) concussão.

d) corrupção passiva.

e) corrupção ativa.

Gabarito comentado:

Questão	Reposta	Comentário
1	Letra A	O quesito demanda mera leitura do artigo 319 do Código Penal.

Art. 319-A. Deixar o Diretor de Penitenciária e/ou agente público, de cumprir seu dever de vedar ao preso o acesso a aparelho telefônico, de rádio ou similar, que permita a comunicação com outros presos ou com o ambiente externo:

Pena: detenção, de 3 (três) meses a 1 (um) ano.

Classificação: trata-se de crime doloso (não admite modalidade culposa), próprio (praticado por diretor de penitenciária[345] ou agente público), omissivo próprio, que se consuma independente do preso ter conseguido efetiva comunicação com o aparelho telefônico.

O delito é de ação penal pública incondicionada e infração de menor potencial ofensivo.

Falta grave: a mesma lei que incluiu no Código Penal o crime tipificado no artigo 319-A, introduziu na Lei de Execuções Penais o inciso VII no seu artigo 50 (que trata das faltas graves cometidas pelo condenado) – as cortes superiores entendem que há falta grave ainda que seja apreendido apenas o chip do terminal móvel:

> Art. 50. Comete falta grave o condenado à pena privativa de liberdade que:
> (...)
> VII – tiver em sua posse, utilizar ou fornecer aparelho telefônico, de rádio ou similar, que permita a comunicação com outros presos ou com o ambiente externo.

Exceção pluralista à teoria monista: importante estudar, ainda, o tipo do artigo 349-A, incluído pela Lei 12.012/09 no Código Penal:

> Art. 349-A. Ingressar, promover, intermediar, auxiliar ou facilitar a entrada de aparelho telefônico de comunicação móvel, de rádio ou similar, sem autorização legal, em estabelecimento prisional.
>
> Pena: detenção, de 3 (três) meses a 1 (um) ano.

345 Apesar do artigo 319-A do Código Penal falar em "penitenciária", penso que o crime pode ser cometido qualquer que seja o estabelecimento penal: a) penitenciária (artigo 87 da LEP); b) colônia agrícola ou industrial (artigo 91 da LEP) c) casa do albergado (artigo 93 da LEP); d) centro de observação (artigo 96 da LEP); e) hospitais de custódia e tratamento psiquiátrico (artigo 99 da LEP); ou f) cadeia pública (artigo 102 da LEP).

Há clara exceção pluralista à teoria monista (tipos dos artigos 319-A e 349-A do Código Penal). Exemplifico:

> **SITUAÇÃO HIPOTÉTICA:** PEDRO, particular, ingressa em estabelecimento prisional com terminal móvel, contando com a conivência do agente prisional PAULO, que não cumpre seu dever de ofício de impedir a entrada do aparelho de telefonia na penitenciária.
>
> **SOLUÇÃO:** PEDRO, particular, cometeu o crime tipificado no artigo 349-A do Código Penal. PAULO praticou o crime tipificado no artigo 319-A do Código Penal.

Condescendência criminosa

Art. 320 – Deixar o funcionário, por indulgência, de responsabilizar subordinado que cometeu infração no exercício do cargo ou, quando lhe falte competência, não levar o fato ao conhecimento da autoridade competente:

Pena – detenção, de quinze dias a um mês, ou multa.

Classificação: trata-se de crime doloso, próprio e omissivo próprio. É infração de menor potencial ofensivo de ação penal pública incondicionada.

Sujeito ativo: o crime de condescendência criminosa é praticado tanto pelo superior hierárquico que deixa, por pena (indulgência), de responsabilizar subordinado, quanto pelo servidor (superior hierárquico ou não) que não comunica a infração funcional a quem tenha atribuição para punir (verdadeiro dever de delação).

Infração não ligada ao cargo: não há prática do crime em testilha se o superior ou servidor fica sabendo de prática de infração não ligada ao cargo (seja ela civil, trabalhista, administrativa ou penal) e nada faz. Exemplifico:

> **SITUAÇÃO HIPOTÉTICA:** JOÃO, funcionário público, ficou sabendo que seu colega de trabalho PEDRO, também funcionário público, praticou crime de lesão corporal leve contra sua esposa.
>
> **SOLUÇÃO:** caso JOÃO não noticie a infração penal perpetrada por PEDRO ao Ministério Público ou à polícia, ele não pode ser responsabilizado pelo crime tipificado no artigo 320 do Código Penal.

Prazos prescricionais na seara administrativa: é importante conhecer os prazos prescricionais na seara administrativa (artigo 142 da Lei 8.112/90):

> Art. 142. A ação disciplinar prescreverá:
>
> I – em 5 (cinco) anos, quanto às infrações puníveis com demissão, cassação de aposentadoria ou disponibilidade e destituição de cargo em comissão;
>
> II – em 2 (dois) anos, quanto à suspensão;

III – em 180 (cento e oitenta) dias, quanto à advertência.

§ 1º O prazo de prescrição começa a correr da data em que o fato se tornou conhecido.

§ 2º Os prazos de prescrição previstos na lei penal aplicam-se às infrações disciplinares capituladas também como crime.

§ 3º A abertura de sindicância ou a instauração de processo disciplinar interrompe a prescrição, até a decisão final proferida por autoridade competente.

§ 4º Interrompido o curso da prescrição, o prazo começará a correr a partir do dia em que cessar a interrupção.

Prazo razoável: o Código Penal não fixou prazo para que o superior puna o subordinado pela falta funcional ou para que o servidor leve ao conhecimento da autoridade competente a falta praticada por colega. É preciso prudência na imputação do crime aqui estudado. Penso que a determinação para instauração de processo administrativo disciplinar (objetivando a punição do subordinado) ou delação não precisam, necessariamente, ocorrer imediatamente após a ciência da suposta falta funcional pelo superior ou servidor (é necessário que a omissão se dê por prazo razoável).

Advocacia administrativa

Art. 321 – Patrocinar, direta ou indiretamente, interesse privado perante a administração pública, valendo-se da qualidade de funcionário:

Pena – detenção, de um a três meses, ou multa.

Parágrafo único – Se o interesse é ilegítimo:

Pena – detenção, de três meses a um ano, além da multa.

Classificação: trata-se de crime doloso, próprio e de mera conduta. O tipo reclama patrocínio (que significa que o servidor público deve defender, advogar o interesse privado alheio perante a administração pública).

O delito é infração de menor potencial ofensivo de ação penal pública incondicionada.

Princípio da especialidade: caso o patrocínio seja voltado à celebração de contrato ou licitação, há tipo específico no artigo 91 da Lei 8.666/93. Se o patrocínio for perante a administração fazendária, tem-se crime tipificado no artigo 3º, inciso III, da Lei 8.137/90:

Artigo 321 do Código Penal	Artigo 91 da Lei 8.666/93	Artigo 3º, III, da Lei 8.137/90
Art. 321 – Patrocinar, direta ou indiretamente, interesse privado perante a administração pública, valendo-se da qualidade de funcionário: Pena – detenção, de um a três meses, ou multa. Parágrafo único – Se o interesse é ilegítimo: Pena – detenção, de três meses a um ano, além da multa.	Art. 91. Patrocinar, direta ou indiretamente, interesse privado perante a Administração, dando causa à instauração de licitação ou à celebração de contrato, cuja invalidação vier a ser decretada pelo Poder Judiciário: Pena – detenção, de 6 (seis) meses a 2 (dois) anos, e multa.	Art. 3º Constitui crime funcional contra a ordem tributária, além dos previstos no Decreto-Lei nº 2.848, de 7 de dezembro de 1940 – Código Penal (Título XI, Capítulo I): (...) III – patrocinar, direta ou indiretamente, interesse privado perante a administração fazendária, valendo-se da qualidade de funcionário público. Pena – reclusão, de 1 (um) a 4 (quatro) anos, e multa.

Violência arbitrária

Art. 322 – Praticar violência, no exercício de função ou a pretexto de exercê-la:

Pena – detenção, de seis meses a três anos, além da pena correspondente à violência.

Revogação ou não do artigo 322 do Código Penal: há divergência doutrinária acerca da revogação ou não do artigo 322 do Caderno Repressivo pátrio pela Lei 4.898/65 (abuso de autoridade). Esta, por sua vez, foi expressamente revogada pela Lei 13.869/19.

O dispositivo entendido por parte considerável da doutrina como revogador (revogação tácita) do artigo 322 do Código Penal é o artigo 3º, alínea "i", da Lei 4.898/65:

> Art. 3º. Constitui abuso de autoridade qualquer atentado:
>
> (...)
>
> i) à incolumidade física do indivíduo;

Rogério Greco[346] e Cezar Roberto Bitencourt[347], entendem ter havido a revogação do tipo. Rogério Sanches[348], por seu turno, afirma não ter existido revogação (leciona que o artigo 322 do Código Penal deve servir como soldado de reserva em relação ao crime de abuso de autoridade, hoje tipificado, como dito supra, na Lei 13.869/19).

346 GRECO, Rogério. **Código Penal: comentado**, 12ª edição, 2018, p. 1152.

347 BITENCOURT, Cezar Roberto. **Código Penal comentado**, 3ª edição, São Paulo: Saraiva, 2005, p. 1096.

348 CUNHA, Rogério Sanches. **Código Penal para concursos**. Salvador, 13ª edição, Juspodivm, 2020, p. 976.

Tanto o Supremo Tribunal Federal[349], quanto o Superior Tribunal de Justiça entendem não ter havido revogação do tipo. Transcrevo a ementa do julgado do Tribunal da Cidadania:

> HABEAS CORPUS. PENAL. ARTIGO 322 DO CÓDIGO PENAL. CRIME DE VIOLÊNCIA ARBITRÁRIA. EVENTUAL REVOGAÇÃO PELA LEI N.º 4.898/65. INOCORRÊNCIA. PRECEDENTES DO STF. 1. O crime de violência arbitrária não foi revogado pelo disposto no artigo 3º, alínea "i", da Lei de Abuso de Autoridade. Precedentes da Suprema Corte. 2. Ordem denegada (HC 48.083/MG, Rel. Ministra Laurita Vaz, Quinta Turma, julgado em 20/11/2007, DJe 07/04/2008).

A Ministra Laurita Vaz, relatora do julgado acima transcrito, assentou em seu voto que:

> Com efeito, a violência arbitrária, tipificada no art. 322 do Código Penal ("Praticar violência, no exercício de função ou a pretexto de exercê-la"), é entendida como aquela ilegalidade do funcionário público que, violando o Direito da Administração Pública, age arbitrariamente, isto é, sem autorização de qualquer norma legal que lhe justifique a conduta, contra o cidadão. E, por sua vez, não está compreendida no "atentado à incolumidade física do indivíduo", previsto na alínea i, do art. 3º, da Lei n. 4.898/65, norma referente ao abuso de autoridade ou exercício arbitrário de poder, pela qual o funcionário, ao executar sua atividade, excede-se no Poder Discricionário, que facultaria a escolha livre do método de execução, ou desvia, ou foge da sua finalidade, descrita na norma legal que autorizava o Ato Administrativo, ocorrendo aí uma lesão de direito que no campo penal toma forma de abuso de poder ou exercício arbitrário de poder.

Com todas as vênias ao entendimento jurisprudencial citado (e à parte da doutrina que entende não ter sido o tipo revogado), penso a revogação tácita aconteceu. O crime de abuso de autoridade acima transcrito (tal qual tipificado na revogada Lei 4.898/65) abarcou por completo a descrição típica do artigo 322 do Código Penal (exatamente em face da imprecisão e da amplitude da lei extravagante revogada).

Parece-me que, ao tipificar criminalmente qualquer atentado (o crime de abuso de autoridade aqui analisado era crime de empreendimento, que punia a modalidade tentada e a consumada com a mesma pena) contra a incolumidade física da vítima perpetrado por servidor público no exercício da função como delito de abuso de autoridade, o legislador tratou de todas as formas de "violência praticadas pelo funcionário público, no exercício de função ou a pretexto de exercê-la".

349 RHC 95617, Relator(a): Eros Grau, Segunda Turma, julgado em 25/11/2008, DJe-071 divulgação em 16-04-2009 publicação em 17-04-2009 EMENT VOL-02356-04 PP-00795 RTJ VOL-00210-02 PP-00707.

Saliento que a Lei 13.869/19 não trata do tema de forma tão genérica (ao revés, os tipos são bem mais precisos que os outrora tipificados na Lei 4.898/65). Os crimes praticados por funcionário público com emprego de violência contra pessoa no novel mandamento legal estão melhor especificados. Apesar dessa constatação, entendo que não é possível pensar na repristinação do artigo 322 do Código Penal, para que ele funcione como soldado de reserva dos delitos tipificados na nova Lei de Abuso de Autoridade.

Ainda que eu tenha defendido supra a revogação do tipo, em respeito aos entendimentos dissonantes, apresento, a seguir, sua análise.

Classificação: crime doloso e próprio (praticado por funcionário público).

Trata-se de delito de ação penal pública incondicionada que admite suspensão condicional do processo (artigo 89 da Lei 9.099/95) e fiança arbitrada pela autoridade policial (artigo 322 do CPP).

Conduta proibida: é a prática de violência pelo funcionário público (se esta consistir em vias de fato, há absorção da contravenção pelo crime, caso resulte em lesões corporais, haverá imputação desta em concurso, na forma determinada pelo preceito secundário – apesar de ser uma clara situação de concurso formal, o tipo determinou soma das penas).

Abandono de função

Art. 323 – Abandonar cargo público, fora dos casos permitidos em lei:

Pena – detenção, de quinze dias a um mês, ou multa.

§ 1º – Se do fato resulta prejuízo público:

Pena – detenção, de três meses a um ano, e multa.

§ 2º – Se o fato ocorre em lugar compreendido na faixa de fronteira:

Pena – detenção, de um a três anos, e multa.

Classificação: crime doloso, próprio (praticado por funcionário público), de mão própria (só pode ser cometido pelo agente especificado no tipo, não admitindo coautoria) e formal (consuma-se com o abandono do cargo por tempo juridicamente relevante, sendo desnecessário o prejuízo para a Administração Pública).

Trata-se de infração de menor potencial ofensivo de ação penal pública incondicionada.

Conduta proibida: abandonar o cargo público (fora dos casos permitidos em lei). Por óbvio, se o funcionário público não comparece ao trabalho porque está no gozo de férias, de licença ou outro afastamento legalmente permitido, não há prática de crime.

Para prática do delito, a doutrina reclama que o abandono ocorra por tempo juridicamente relevante. Não é necessário que exista prejuízo para a Administração Pública (se houver prejuízo o crime será qualificado, tal qual especificado no § 1º do artigo 323).

Definição de abandono de cargo: o artigo 138 da Lei 8.112/90 revela que configura "abandono de cargo a ausência intencional do servidor ao serviço por mais de trinta dias consecutivos".

Greve não declarada ilegal: Rogério Sanches Cunha[350] leciona, a meu sentir corretamente, que:

> É corrente a lição de não existir o delito no caso de suspensão, ainda que prolongada, do trabalho por parte de funcionário público quando se trata de ato coletivo buscando reivindicações da categoria, é dizer, nos casos de greve ainda não declarada ilegal.

Pedido de aposentadoria ou exoneração: o agente não está autorizado a abandonar o cargo logo após protocolar pedido de aposentadoria ou exoneração, sendo preciso aguardar o processamento do pleito, para evitar prática do delito aqui estudado.

Figuras qualificadas: os §§ 1º e 2º são qualificadoras do tipo estudado:

Qualificadora	Pena	Comentários
Se do fato resulta prejuízo público	Detenção, de 3 meses a um 1, e multa.	Trata-se de infração de menor potencial ofensivo de ação penal pública incondicionada. Como ressaltei supra, o crime do *caput* do artigo 323 do Código Penal é formal e, se o prejuízo à Administração Pública ocorre, há imposição de pena mais grave (prevista no § 1º do mesmo artigo).
Se o fato ocorre em lugar compreendido na faixa de fronteira	Detenção, de um a três anos, e multa.	Trata-se de infração de menor potencial ofensivo de ação penal pública incondicionada. O § 2º do artigo 20 da Constituição Federal[351] define a faixa de fronteira. Idêntico conceito se avista no artigo 1º da Lei 6.634/79[352].

Exercício funcional ilegalmente antecipado ou prolongado

Art. 324 – Entrar no exercício de função pública antes de satisfeitas as exigências legais, ou continuar a exercê-la, sem autorização, depois de saber oficialmente que foi exonerado, removido, substituído ou suspenso:

Pena – detenção, de quinze dias a um mês, ou multa.

---

350 CUNHA, Rogério Sanches. **Código Penal para concursos**. Salvador, 13ª edição, Juspodivm, 2020, p. 977.

351 Art. 20 (...)

§ 2º A faixa de até cento e cinqüenta quilômetros de largura, ao longo das fronteiras terrestres, designada como faixa de fronteira, é considerada fundamental para defesa do território nacional, e sua ocupação e utilização serão reguladas em lei.

352 Art. 1º. – É considerada área indispensável à Segurança Nacional a faixa interna de 150 Km (cento e cinqüenta quilômetros) de largura, paralela à linha divisória terrestre do território nacional, que será designada como Faixa de Fronteira.

Classificação: crime doloso, próprio (perpetrado pela pessoa que tem expectativa de assumir a função pública, mas ainda não satisfez as exigências legais ou a que continua a exercer a função pública depois de ter sido exonerado, removido, substituído ou suspenso) e formal (para consumação do delito não é preciso prejuízo para a Administração Pública).

Trata-se de infração de menor potencial ofensivo de ação penal pública incondicionada.

Condutas proibidas: são duas:

Artigo 324 do Código Penal		
Exercício funcional ilegalmente antecipado	Entrar no exercício de função pública	antes de satisfeitas as exigências legais.
Exercício funcional ilegalmente prolongado	Continuar a exercer a função pública sem autorização,	depois de saber oficialmente que foi exonerado, removido, substituído ou suspenso.

É preciso observar ritual para assunção de função pública. Antes do efetivo exercício das funções (nos termos do artigo 15 da Lei 8112/90, exercício "é o efetivo desempenho das atribuições do cargo público ou da função de confiança"), há nomeação e posse (antes desta, exige-se, ainda, apresentação de declaração de bens e valores e inspeção médica, por exemplo, nos termos do § 5º do artigo 13[353] e do artigo 14[354], ambos da Lei 8.112/90). É preciso observar, caso a caso, quais são os requisitos legalmente estabelecidos para que o agente assuma o cargo público e passe a exercer suas funções (o crime de exercício funcional ilegalmente antecipado é norma penal em branco).

Se o agente entra em exercício antes de satisfazer os requisitos, há prática do crime tipificado no artigo 324 do Código Penal. Note, portanto, que há expectativa real de que o agente assuma função pública. A ilicitude reside na falta de paciência do autor que, afobado, finda não cumprindo os requisitos legalmente estabelecidos.

O delito aqui estudado não se confunde com o tipificado no artigo 328 do Código Penal[355] (delito praticado por particular que não tem qualquer expectativa de assumir a função pública).

---

353 Art. 13 (...)
§ 5º No ato da posse, o servidor apresentará declaração de bens e valores que constituem seu patrimônio e declaração quanto ao exercício ou não de outro cargo, emprego ou função pública.

354 Art. 14. A posse em cargo público dependerá de prévia inspeção médica oficial.
Parágrafo único. Só poderá ser empossado aquele que for julgado apto física e mentalmente para o exercício do cargo.

355 Art. 328 – Usurpar o exercício de função pública:
Pena – detenção, de três meses a dois anos, e multa.
Parágrafo único – Se do fato o agente aufere vantagem:
Pena – reclusão, de dois a cinco anos, e multa.

No que toca ao crime de exercício funcional prolongado, o funcionário público foi exonerado, removido, substituído ou suspenso e, ainda assim, continua exercendo suas funções (mesmo tendo sido oficialmente comunicado acerca da decisão administrativa que o exonerou, removeu, substituiu ou suspendeu).

É preciso prova efetiva de que o funcionário foi notificado da decisão administrativa. Como não há punição de modalidade culposa, se o agente continua exercendo suas funções porque deixou de consultar o diário oficial ou boletim de serviço, não há prática do crime aqui estudado, vez que ele prolongou o exercício funcional por negligência.

Como dito supra, para consumação do delito basta que o agente pratique atos típicos de funcionário público sem adimplemento das exigências legais ou continue praticando atos de ofício depois de oficialmente comunicado de exoneração, remoção, substituição ou suspensão. Não se exige prejuízo para a Administração Pública para que o crime se consume.

Violação de sigilo funcional

Art. 325 – Revelar fato de que tem ciência em razão do cargo e que deva permanecer em segredo, ou facilitar-lhe a revelação:

Pena – detenção, de seis meses a dois anos, ou multa, se o fato não constitui crime mais grave.

§ 1º Nas mesmas penas deste artigo incorre quem:

I – permite ou facilita, mediante atribuição, fornecimento e empréstimo de senha ou qualquer outra forma, o acesso de pessoas não autorizadas a sistemas de informações ou banco de dados da Administração Pública;

II – se utiliza, indevidamente, do acesso restrito.

§ 2º Se da ação ou omissão resulta dano à Administração Pública ou a outrem:

Pena – reclusão, de 2 (dois) a 6 (seis) anos, e multa.

Classificação: crime doloso (não tipifica o crime aqui estudado a revelação culposa do sigilo funcional), próprio (perpetrado pelo funcionário público que tem ciência do fato em razão do cargo), formal (para a consumação não é necessário dano efetivo à Administração Pública – se há dano, o crime é qualificado, na forma do § 2º do artigo 325 do Código Penal) e expressamente subsidiário.

O tipo simples é infração de potencial ofensivo de ação penal pública incondicionada.

Conduta proibida: o tipo pune o funcionário público que **revela** ou **facilita a revelação** de fato de que tem ciência em razão do cargo (não basta ser servidor público, é preciso ter ciência do fato sigiloso em razão do cargo público) e que deva permanecer em segredo.

O artigo 325 do Código Penal é expressamente subsidiário, só é utilizado se a conduta não constituir crime mais grave (ou mesmo na falta de tipo especial – como, por exemplo, o do artigo 10[356], o do § 2º do artigo 10-A[357], ambos da Lei 9.296/96, o do artigo 20 da Lei 12.850/13[358] e o do artigo 28 da Lei 13.869/19[359]).

O crime é formal é se consuma com a revelação ou facilitação da revelação do fato sigiloso pelo funcionário público (como dito supra, o dano à Administração Pública é prescindível para a consumação do tipo simples – se há dano, tem-se prática de crime qualificado).

Comete o crime o crime aqui estudado, por exemplo, o policial que revela ao investigado a existência de investigação sigilosa em curso na unidade policial na qual é lotado.

Figuras equiparadas: o § 1º do artigo 325 do Código Penal traz em seu bojo figuras equiparadas às descritas no *caput*:

<table>
<tr><th colspan="4">§ 1º do artigo 325 do Código Penal</th></tr>
<tr><td rowspan="2">Permitir</td><td rowspan="4">mediante</td><td>atribuição de senha</td><td rowspan="4">o acesso de pessoas não autorizadas a sistemas de informações ou banco de dados da Administração Pública</td></tr>
<tr><td>fornecimento de senha</td></tr>
<tr><td rowspan="2">Facilitar</td><td>empréstimo de senha</td></tr>
<tr><td>qualquer outra forma</td></tr>
<tr><td colspan="4">Utilizar, indevidamente, do acesso restrito</td></tr>
</table>

Nas figuras equiparadas, o tipo continua formal. Vale dizer, não há necessidade de que a permissão ou facilitação de acesso de outrem (particular ou servidor público não detentor do nível de acesso permitido/facilitado pelo colega que perpetra o crime) redunde em prejuízo para a Administração Pública (se o prejuízo ocorrer, há prática da figura qualificada do § 2º do artigo 325 do Código Penal).

356 Art. 10. Constitui crime realizar interceptação de comunicações telefônicas, de informática ou telemática, promover escuta ambiental ou quebrar segredo da Justiça, sem autorização judicial ou com objetivos não autorizados em lei:
Pena – reclusão, de 2 (dois) a 4 (quatro) anos, e multa.

357 Art. 10-A. (...)
Pena – reclusão, de 2 (dois) a 4 (quatro) anos, e multa.
(...)
§ 2º A pena será aplicada em dobro ao funcionário público que descumprir determinação de sigilo das investigações que envolvam a captação ambiental ou revelar o conteúdo das gravações enquanto mantido o sigilo judicial.

358 Art. 20. Descumprir determinação de sigilo das investigações que envolvam a ação controlada e a infiltração de agentes:
Pena – reclusão, de 1 (um) a 4 (quatro) anos, e multa.

359 Art. 28. Divulgar gravação ou trecho de gravação sem relação com a prova que se pretenda produzir, expondo a intimidade ou a vida privada ou ferindo a honra ou a imagem do investigado ou acusado:
Pena – detenção, de 1 (um) a 4 (quatro) anos, e multa.

Mesmo que o destinatário da senha ilicitamente atribuída/fornecida/emprestada não a utilize, penso que o crime restará consumado.

Figura qualificada: há qualificadora (pena de reclusão de 2 a 6 anos e multa) se da ação ou omissão (o crime pode ser perpetrado por omissão dolosa do funcionário público que não protege a informação sigilosa, permitindo que outrem acesse-a indevidamente) resulta dano à Administração Pública ou a outrem.

Violação do sigilo de proposta de concorrência

Art. 326 – Devassar o sigilo de proposta de concorrência pública, ou proporcionar a terceiro o ensejo de devassá-lo:

Pena – Detenção, de três meses a um ano, e multa.

Revogação do tipo pelo artigo 94 da Lei 8.666/93: o tipo em questão foi completamente revogado (tacitamente) pelo artigo 94 da Lei 8.666/93.

O tipo previsto na Lei de Licitações é mais amplo e abarcou o dispositivo aqui estudado – o artigo 326 do Código Penal tratava apenas de concorrência pública, ao passo que o artigo revogador se refere a qualquer procedimento licitatório:

> Art. 94. Devassar o sigilo de proposta apresentada em procedimento licitatório, ou proporcionar a terceiro o ensejo de devassá-lo:
>
> Pena – detenção, de 2 (dois) a 3 (três) anos, e multa.

Funcionário público

Art. 327 – Considera-se funcionário público, para os efeitos penais, quem, embora transitoriamente ou sem remuneração, exerce cargo, emprego ou função pública.

§ 1º – Equipara-se a funcionário público quem exerce cargo, emprego ou função em entidade paraestatal, e quem trabalha para empresa prestadora de serviço contratada ou conveniada para a execução de atividade típica da Administração Pública.

§ 2º – A pena será aumentada da terça parte quando os autores dos crimes previstos neste Capítulo forem ocupantes de cargos em comissão ou de função de direção ou assessoramento de órgão da administração direta, sociedade de economia mista, empresa pública ou fundação instituída pelo poder público.

Questão de concurso público: veja como o assunto já foi cobrado em concurso público.

1 – (Delegado de Polícia Federal/2021) Um médico de hospital particular conveniado ao Sistema Único de Saúde pode ser equiparado a funcionário público, para fins de responsabilização penal ( ).

Gabarito comentado:

Questão	Reposta	Comentário
1	CERTA	Vide julgado do STJ sobre o tema (regulado pelo § 1º do artigo 327 do Código Penal): PROCESSUAL PENAL. TRANCAMENTO DE AÇÃO PENAL. CONCUSSÃO – ALEGAÇÃO DE ATIPICIDADE DA CONDUTA. CONCEITO DE FUNCIONÁRIO PÚBLICO. MÉDICO CONVENIADO AO SUS. ARTIGO 327 DO CP. O médico particular, participante do sistema único de saúde, exerce atividade típica da Administração Pública, mediante contrato de direito público ou convênio, nos termos do §1º do art. 199 da Constituição da República, inserindo-se, pois, no conceito de a funcionário público para fins penais. O trancamento de ação penal, pela via estreita do writ, somente é possível quando, pela mera exposição dos fatos narrados na denúncia, constata-se que há imputação de fato penalmente atípico, inexistência de qualquer elemento indiciário demonstrativo da autoria do delito ou extinta a punibilidade. ORDEM DENEGADA (HC 30.932/RS, Rel. Ministro PAULO MEDINA, SEXTA TURMA, julgado em 16/11/2004, DJ 06/12/2004, p. 368).

Interpretação autêntica: o artigo 327 do Código Penal busca esclarecer quem é funcionário público para fins penais (interpretação autêntica).

Analisando o dispositivo, são considerados funcionários públicos para fins penais:

Funcionário público	Dispositivo/julgado
Jurado	*Caput* do artigo 327 (função pública transitória, sem remuneração).
Mesário eleitoral	*Caput* do artigo 327 (função pública transitória, sem remuneração).
Estagiário da Administração Pública	A teor do disposto no art. 327 do Código Penal, considera-se, para fins penais, o estagiário de autarquia funcionário público, seja como sujeito ativo ou passivo do crime. (Precedente do Pretório Excelso) (HC 52.989/AC, Rel. Ministro FELIX FISCHER, QUINTA TURMA, julgado em 23/05/2006, DJ 01/08/2006, p. 484).
Servidor público efetivo	*Caput* do artigo 327.
Servidor público comissionado	*Caput* do artigo 327.
Empregado público	*Caput* do artigo 327 – empregado público da Caixa Econômica Federal, por exemplo.
Titular de cartório de notas e de registro	Artigo 24 da Lei 8.935/94.[360]

360. Art. 24. A responsabilidade criminal será individualizada, aplicando-se, no que couber, a legislação relativa aos crimes contra a administração pública.

Advogado dativo nomeado para atuar na assistência judiciária gratuita	Tese 6 da edição 57 da jurisprudência em teses do Superior Tribunal de Justiça: "6) Os advogados dativos, nomeados para exercer a defesa de acusado necessitado nos locais onde não existe Defensoria Pública, são considerados funcionários públicos para fins penais, nos termos do art. 327 do Código Penal".
Diretores de organizações sociais/ organização da sociedade civil de interesse público	FUNCIONÁRIO PÚBLICO – EXTENSÃO. Para o fim previsto no artigo 327, § 1º, do Código Penal, tem a qualificação de funcionário público pessoa que exerce cargo, emprego ou função em entidade paraestatal ou trabalha em empresa prestadora de serviços contratada ou conveniada para a execução de atividade típica da Administração Pública. ORGANIZAÇÃO SOCIAL – INSTITUTO CANDANGO DE SOLIDARIEDADE. Os dirigentes e prestadores de serviço têm, para efeito penal, a qualificação de funcionário público. PENA – MULTA. A fixação do valor do dia-multa circunscreve-se ao justo ou injusto, não alcançando, em geral, ilegalidade (HC 138484, Relator(a): MARCO AURÉLIO, Primeira Turma, julgado em 11/09/2018, PROCESSO ELETRÔNICO DJe-222 DIVULG 17-10-2018 PUBLIC 18-10-2018). Esta Corte Superior entende que as organizações da sociedade civil de interesse público (OSCIP), embora tenham regulamentos distintos, se caracterizam como entidades paraestatais, sendo os seus dirigentes e prestadores de serviço equiparados a funcionário público para efeito penal (AgRg no REsp 1816588/PR, Rel. Ministro JOEL ILAN PACIORNIK, QUINTA TURMA, julgado em 17/12/2019, DJe 19/12/2019).
Funcionários de entidade paraestatal	§ 1º do artigo 327 do Código Penal.
Funcionário de empresa prestadora de serviço contratada ou conveniada para a execução de atividade típica da Administração Pública	§ 1º do artigo 327 do Código Penal.
Administrador de loteria	PENAL. AGRAVO EM RECURSO ESPECIAL. PECULATO. ART. 327, §1º, DO CÓDIGO PENAL – CP. EQUIPARAÇÃO A FUNCIONÁRIO PÚBLICO. ADMINISTRADOR DE LOTERIA. ATIVIDADE TÍPICA DA ADMINISTRAÇÃO PÚBLICA. DESCLASSIFICAÇÃO PARA APROPRIAÇÃO INDÉBITA. IMPOSSIBILIDADE. AGRAVO CONHECIDO E PROVIDO. RECURSO ESPECIAL DESPROVIDO. 1. O § 1º do art. 327 do Código Penal dispõe que: "equipara-se a funcionário público quem exerce cargo, emprego ou função em entidade paraestatal, e quem trabalha para empresa prestadora de serviço contratada ou conveniada para a execução de atividade típica da Administração Pública". 2. Evidente que o agravante, na condição de administrador de Loteria, é equiparado a funcionário público para fins penais, porquanto executa atividade típica da Administração Pública que lhe foi delegada por regime de permissão. Consequentemente, não há como realizar a desclassificação do peculato para o crime de apropriação indébita, como pretendido no apelo extremo. 3. Agravo conhecido e provido. Recurso especial desprovido. (AREsp 679.651/RJ, Rel. Ministro JOEL ILAN PACIORNIK, QUINTA TURMA, julgado em 11/09/2018, DJe 17/09/2018).

Parágrafo único. A individualização prevista no caput não exime os notários e os oficiais de registro de sua responsabilidade civil.

Causa de aumento de pena: o § 2º do artigo 327 do Código Penal se traduz em majorante (aumento da terça parte) aplicável aos crimes previstos no Capítulo I do Título XI do Código Penal, quando os autores forem ocupantes de cargos em comissão ou de função de direção ou assessoramento de órgão da administração direta, sociedade de economia mista, empresa pública ou fundação instituída pelo poder público.

CAPÍTULO II
DOS CRIMES PRATICADOS POR PARTICULAR CONTRA A ADMINISTRAÇÃO EM GERAL

Usurpação de função pública

Art. 328 – Usurpar o exercício de função pública:

Pena – detenção, de três meses a dois anos, e multa.

Parágrafo único – Se do fato o agente aufere vantagem:

Pena – reclusão, de dois a cinco anos, e multa.

Classificação: o crime é doloso, comum (cometido por particular contra a administração pública) e material (é preciso efetiva usurpação da função pública para a consumação do delito – que o particular pratique algum ato típico de funcionário público).

Trata-se de infração de menor potencial ofensivo (na figura simples) e de ação penal pública incondicionada.

Usurpação de função pública praticada por funcionário público: discute-se a possibilidade de servidor público ser sujeito ativo do crime em testilha. Penso ser possível em casos pontuais (quando há usurpação de funções ligadas a outro cargo público). Exemplifico:

> **SITUAÇÃO HIPOTÉTICA:** O policial rodoviário federal PEDRO se depara com situação supostamente flagrancial e decide confeccionar termo circunstanciado de ocorrência, liberando o suposto autor do fato depois que este assina termo de compromisso de comparecimento ao juizado especial criminal.
>
> **SOLUÇÃO:** tipificar infrações penais *a priori* e decidir o procedimento investigativo a ser deflagrado em face de situação supostamente flagrancial são atribuições do delegado de polícia (na forma da Lei 12.830/13). A Polícia Rodoviária Federal é polícia preventiva e não tem atribuição para investigar delitos. Logo, PEDRO cometeu o crime tipificado no artigo 328 do Código Penal, apesar de ser funcionário público.

Contravenção penal: a conduta de se identificar como funcionário público sem, contudo, desempenhar suas funções amolda-se na contravenção penal tipificada no artigo 45 do Decreto-Lei 3.688/41[361].

---

361 Art. 45. Fingir-se funcionário público:
Pena – prisão simples, de um a três meses, ou multa, de quinhentos mil réis a três contos de réis.

Figura qualificada: há, no parágrafo único, figura qualificada (que admite acordo de não persecução penal – artigo 28-A do CPP). É preciso diferenciar o crime aqui estudado do delito de estelionato. Para que exista crime de usurpação de função pública qualificado, é preciso que o particular pratique ato de ofício de funcionário público e, nesse contexto, obtenha algum tipo de vantagem. Se o agente apenas se faz passar por funcionário público com o fito de ludibriar a vítima e dela obter vantagem indevida, tem-se estelionato (com incidência da causa de aumento de pena prevista no § 3º do artigo 171). Exemplifico:

> **SITUAÇÃO HIPOTÉTICA 1:** PEDRO se faz passar por policial civil em local de crime, faz o isolamento dos vestígios e entrevista possíveis testemunhas. Ao entrevistar familiares da vítima, ele se queixa da precária estrutura do aparelho policial, solicita e aceita dinheiro ofertado para custear as diligências que empreenderá para elucidar o delito.
>
> **SITUAÇÃO HIPOTÉTICA 2:** JOÃO manda e-mail para JONAS, dizendo-se auditor da receita federal e cobrando R$ 1.000,00 da vítima a título de imposto de renda devido ao fisco. A vítima finda transferindo o dinheiro para "a conta da Receita Federal" indicada pelo autor do fato na mensagem eletrônica.
>
> **SOLUÇÕES:** na **SITUAÇÃO HIPOTÉTICA 1** PEDRO deve responder pelo crime de usurpação de função pública qualificada. Já na **SITUAÇÃO HIPOTÉTICA 2**, JOÃO deve responder pelo crime de estelionato majorado (porquanto não praticou nenhum ato de ofício de funcionário público – apenas ludibriou a vítima, fazendo-se passar por servidor da Receita Federal). A contravenção penal do artigo 45 do Decreto-Lei 3.688/41 finda sendo absorvida pelo crime de estelionato majorado no segundo exemplo.

Resistência

Art. 329 – Opor-se à execução de ato legal, mediante violência ou ameaça a funcionário competente para executá-lo ou a quem lhe esteja prestando auxílio:

Pena – detenção, de dois meses a dois anos.

§ 1º – Se o ato, em razão da resistência, não se executa:

Pena – reclusão, de um a três anos.

§ 2º – As penas deste artigo são aplicáveis sem prejuízo das correspondentes à violência.

Classificação: trata-se de crime doloso e comum. É infração de menor potencial ofensivo (no tipo simples) de ação penal pública incondicionada.

Conduta proibida: a conduta proibida no tipo é a de se opor à execução de ato legal, mediante violência ou ameaça a funcionário competente para executá-lo ou a quem lhe esteja prestando auxílio.

O crime, destarte, é perpetrado por meio de ação (prática de violência ou ameaça). Não é necessário que o ato não seja executado em face da conduta do agente (trata-se de crime formal). Aliás, se em face da resistência o ato legal não se executa, há prática de crime qualificado – § 1º do artigo 329. O delito qualificado admite suspensão condicional do processo (artigo 89 da Lei 9.099/95) e fiança arbitrada pela autoridade policial (artigo 322 do CPP).

Resistência passiva: não há prática do crime tipificado no artigo 329 do Código Penal se a resistência é passiva (fugir, sentar-se no chão ou agarrar-se a poste, por exemplo) – fato formalmente atípico (o tipo reclama conduta comissiva, perpetrada por meio de violência ou ameaça – que não precisa ser grave).

Ato ilegal de funcionário público: não há, de igual sorte, prática do crime de resistência se o ato não é legal. Exemplifico:

> **SITUAÇÃO HIPOTÉTICA:** PEDRO, policial civil, apresenta ordem judicial de busca e apreensão a JOÃO às 21:30h, determinando que sua entrada seja franqueada na casa deste. Com o intuito de se opor à execução do ato, JOÃO empurra PEDRO e tranca a porta de sua casa.
>
> **SOLUÇÃO:** JOÃO não cometeu crime de resistência, porquanto o ato que PEDRO pretendia executar não era lícito (a depender da situação concreta, a conduta deste pode significar prática de crime de abuso de autoridade – artigo 22, § 1º, III, da Lei 13.869/19).

Concurso de crimes: as penas resultantes da violência empregada (lesão leve/grave/gravíssima/seguida de morte ou mesmo homicídio) são imputadas em concurso de crimes (§ 2º do artigo 329 do Código Penal). Exemplifico:

> **SITUAÇÃO HIPOTÉTICA:** PEDRO, policial civil, dá voz de prisão a JOÃO, apresentando-lhe mandado de prisão preventiva expedido por juízo competente. JOÃO, com o fito de não ser preso, esfaqueia a vítima, tirando-lhe a vida e foge.
>
> **SOLUÇÃO:** JOÃO cometeu os crimes de resistência qualificada (artigo 329, § 1º, do Código Penal) em concurso formal impróprio (imperfeito) com o delito de homicídio qualificado (funcional – artigo 121, § 2º, VII, do Código Penal).

Desobediência

Art. 330 – Desobedecer a ordem legal de funcionário público:

Pena – detenção, de quinze dias a seis meses, e multa.

Classificação: o crime é doloso e comum (praticado por particular contra a administração pública). A ordem exarada pelo servidor público deve ser legal (caso não seja, o fato será formalmente atípico, ainda que o particular desobedeça o comando).

Trata-se de infração menor potencial ofensivo de ação penal pública incondicionada.

Inexistência de sanção para o descumprimento da ordem: para que o crime em testilha seja praticado, é preciso que não exista nenhuma sanção (administrativa, cível, processual ou trabalhista, por exemplo) aplicável em caso da não observância da determinação exarada do servidor público (caso exista, não há crime de desobediência, a não ser que exista ressalva expressa).

Nesse sentido, não era possível imputação de crime de desobediência ao agente que descumpria medida protetiva de urgência[362] determinada com base na Lei Maria da Penha (transcrevo os informativos 544 e 538 do Superior Tribunal de Justiça – grifos meus):

> DIREITO PENAL. DESCUMPRIMENTO DE MEDIDA PROTETIVA DE URGÊNCIA PREVISTA NA LEI MARIA DA PENHA. O descumprimento de medida protetiva de urgência prevista na Lei Maria da Penha (art. 22 da Lei 11.340/2006) não configura crime de desobediência (art. 330 do CP). **De fato, a jurisprudência do STJ firmou o entendimento de que, para a configuração do crime de desobediência, não basta apenas o não cumprimento de uma ordem judicial, sendo indispensável que inexista a previsão de sanção específica em caso de descumprimento (HC 115.504-SP, Sexta Turma, Dje 9/2/2009)**. Desse modo, está evidenciada a atipicidade da conduta, porque a legislação previu alternativas para que ocorra o efetivo cumprimento das medidas protetivas de urgência, previstas na Lei Maria da Penha, prevendo sanções de natureza civil, processual civil, administrativa e processual penal. Precedentes citados: REsp 1.374.653-MG, Sexta Turma, DJe 2/4/2014; e AgRg no Resp 1.445.446-MS, Quinta Turma, DJe 6/6/2014. RHC 41.970-MG, Rel. Min. Laurita Vaz, julgado em 7/8/2014 (Vide Informativo n. 538).
>
> DIREITO PENAL. DESCUMPRIMENTO DE MEDIDA PROTETIVA DE URGÊNCIA PREVISTA NA LEI MARIA DA PENHA. O descumprimento de medida protetiva de urgência prevista na Lei Maria da Penha (art. 22 da Lei 11.340/2006) não configura crime de desobediência (art. 330 do CP). **De fato, o art. 330 do CP dispõe sobre o crime de desobediência, que consiste em "desobedecer a ordem legal de funcionário público". Para esse crime, entende o STJ que as determinações cujo cumprimento seja assegurado por sanções de natureza civil, processual civil ou administrativa retiram a tipicidade do delito de desobediência, salvo se houver ressalva expressa da lei quanto à possibilidade de aplicação cumulativa do art. 330 do CP (HC 16.940-DF, Quinta Turma, DJ 18/11/2002)**. Nesse contexto, o art. 22, § 4º, da Lei 11.340/2006 diz que se aplica às medidas protetivas, no que couber, o disposto no *caput* e nos §§ 5º e 6º do art. 461 do CPC, ou seja, no caso de descumprimento de medida protetiva, pode o juiz fixar providência com o objetivo de alcançar a tutela específica da obrigação,

362 Sobre o tema, confira a Resolução 342/2020, que "institui e regulamenta o Banco Nacional de Medidas Protetivas de Urgência – BNMPU, nos termos do parágrafo único do artigo 38-A da Lei nº 11.340/2006, com redação dada pela Lei nº 13.827/2019".

> afastando-se o crime de desobediência. Vale ressaltar que, a exclusão do crime em questão ocorre tanto no caso de previsão legal de penalidade administrativa ou civil como no caso de penalidade de cunho processual penal. Assim, quando o descumprimento da medida protetiva der ensejo à prisão preventiva, nos termos do art. 313, III, do CPP, também não há falar em crime de desobediência. REsp 1.374.653-MG, Rel. Min. Sebastião Reis Júnior, julgado em 11/3/2014.

Com o fito de solucionar esse problema (impossibilidade de imputação de crime de desobediência a quem descumpre medida protetiva determinada nos termos da Lei 11.340/06), foi criado tipo específico na Lei Maria da Penha (artigo 24-A) pela Lei 13.641/18:

> Art. 24-A. Descumprir decisão judicial que defere medidas protetivas de urgência previstas nesta Lei:
>
> Pena – detenção, de 3 (três) meses a 2 (dois) anos.
>
> § 1º A configuração do crime independe da competência civil ou criminal do juiz que deferiu as medidas.
>
> § 2º Na hipótese de prisão em flagrante, apenas a autoridade judicial poderá conceder fiança.
>
> § 3º O disposto neste artigo não exclui a aplicação de outras sanções cabíveis.

O Supremo Tribunal Federal segue a mesma linha:

> HABEAS CORPUS. CRIME DE DESOBEDIÊNCIA. ATIPICIDADE. MOTORISTA QUE SE RECUSA A ENTREGAR DOCUMENTOS À AUTORIDADE DE TRÂNSITO. INFRAÇÃO ADMINISTRATIVA. A jurisprudência desta Corte firmou-se no sentido de que não há crime de desobediência quando a inexecução da ordem emanada de servidor público estiver sujeita à punição administrativa, sem ressalva de sanção penal. Hipótese em que o paciente, abordado por agente de trânsito, se recusou a exibir documentos pessoais e do veículo, conduta prevista no Código de Trânsito Brasileiro como infração gravíssima, punível com multa e apreensão do veículo (CTB, artigo 238). Ordem concedida (HC 88452, Relator(a): Min. Eros Grau, Segunda Turma, julgado em 02/05/2006, DJ 19-05-2006 PP-00043 EMENT VOL-02233-01 PP-00180 RTJ VOL-00200-03 PP-01337 RT v. 95, n. 851, 2006, p. 469-472 REVJMG v. 57, n. 176/177, 2006, p. 476-479).

Desobediência praticada por funcionário público: discute-se a possibilidade do servidor público cometer crime de desobediência. A meu ver, só é possível pensar na prática de crime tipificado no artigo 330 do Código Penal por servidor público se a ordem a ser cumprida não guardar relação com as atribuições do funcionário público.

Caso o comando seja relacionado às atribuições do servidor, entendo não ser possível imputar prática de crime de desobediência (eventualmente pode haver imputação do crime de prevaricação, a depender do implemento das elementares descritas no artigo 319 do Código Penal). Exemplifico:

SITUAÇÃO HIPOTÉTICA: MARCOS, promotor de justiça, requisitou instauração de inquérito policial ao delegado de polícia JOSÉ. Este não cumpriu o expediente requisitório.

SOLUÇÃO: em primeiro lugar, é preciso que se anote que não há subordinação hierárquica entre promotor de justiça e delegado de polícia. A requisição de instauração de inquérito policial é notícia de crime indireta (comunicação mediata) de crime. Em regra, ela deve ser atendida simplesmente porque narra crime de ação penal pública incondicionada (e vige, em relação ao delegado de polícia, o princípio da obrigatoriedade). Trata-se, destarte, de ordem *ex lege*. Obviamente, se o delegado entender que a punibilidade está extinta, que o fato não é crime ou que a notícia é muito superficial, é possível a não instauração de inquérito policial (o delegado, nessas situações, deve devolver o expediente ao requisitante, com sua manifestação jurídica). Note que instaurar inquérito policial faz parte das atribuições do delegado de polícia. Destarte, ainda que a conduta omissiva tenha sido intencional, penso não ser possível imputação do crime de desobediência. É possível, como dito supra, imputação do crime de prevaricação, caso seja detectado que o ato deixou de ser praticado em face de sentimento ou interesse pessoal do delegado de polícia. Se a não instauração se deu por negligência (o delegado esqueceu a requisição em sua gaveta, por exemplo) não é possível nem imputar desobediência, nem prevaricação (ambos os crimes são dolosos).

Desobediência a ordem de parada: quando o tema é desobediência a ordem de parada, é preciso avaliar duas dimensões: i) ordem emanada de policiais em atividade de policiamento preventivo; ii) ordem emanada de agentes de trânsito (ou de policiais que atuam no exercício de atividades relacionadas ao trânsito).

Avaliando a jurisprudência do Superior Tribunal de Justiça sobre o tema, é possível traçar o seguinte panorama:

Agente público	Crime	Julgados
Policial em atividade de policiamento preventivo	Há crime de desobediência[363]	**Sexta Turma do STJ (transcrição de parte do julgado):** (...) 2. A decisão agravada está em conformidade com a jurisprudência do Superior Tribunal de Justiça, no sentido de que "recusar a ordem de parada por parte de policiais militares no exercício de atividade ostensiva, destinada à prevenção e à repressão de crimes, configura o tipo descrito no art. 330 do Código Penal" (AgRg

363. O Superior Tribunal de Justiça fixou a seguinte tese acerca do tema: "A desobediência à ordem legal de parada, emanada por agentes públicos em contexto de policiamento ostensivo, para prevenção e repressão de crimes, constitui conduta penalmente típica, prevista no artigo 330 do Código Penal Brasileiro" (tema 1.060 dos recursos repetitivos).

		no REsp 1.697.205/PR, Rel. Ministro ROGERIO SCHIETTI CRUZ, SEXTA TURMA, julgado em 28/05/2019, DJe 04/06/2019). 3. Constou expressamente do acórdão recorrido, sem nenhuma necessidade de reexame de fatos e provas por esta Corte Superior, que o descumprimento da determinação de parada do veículo estava "relacionada à ordem legal emanada por Policiais Militares, ante a suspeita da atividade do apelante". (...) (AgRg no REsp 1853001/MS, Rel. Ministra LAURITA VAZ, SEXTA TURMA, julgado em 12/08/2020, DJe 26/08/2020). **Quinta Turma do STJ:** PENAL E PROCESSO PENAL. AGRAVO REGIMENTAL NO RECURSO ESPECIAL. CRIME DE DESOBEDIÊNCIA. ORDEM DE PARADA. POLICIAIS RODOVIÁRIOS FEDERAIS. ATIVIDADE OSTENSIVA. CONDUTA TÍPICA. PRECEDENTES DO STJ. AGRAVO REGIMENTAL A QUE SE NEGA PROVIMENTO. 1. Como é cediço, a conduta típica do art. 330 do Código Penal, consiste em desobedecer a ordem legal de funcionário público, não aceitando, nem se submetendo à ordem de parada emanada pelos Policiais. Para a configuração do delito de desobediência, imprescindível se faz a cumulação de três requisitos: desatendimento de uma ordem, que essa ordem seja legal, e que emane de funcionário público. 2. Diante das provas produzidas na fase instrutória e dos depoimentos dos Policiais Militares, ficou devidamente comprovado que o recorrido, de forma consciente e voluntária, praticou a conduta prevista no art. 330, do Código Penal Brasileiro. De fato, foi essa a conclusão da Corte de origem, quando asseverou que realmente foram produzidas provas induvidosas no sentido de que o réu, no momento em que transportava a droga em seu carro, recebeu ordem de parada e desatendeu-a, saindo em fuga até ser alcançado. 3. De fato, "a desobediência de ordem de parada dada pela autoridade de trânsito ou por seus agentes, ou mesmo por policiais ou outros agentes públicos no exercício de atividades relacionadas ao trânsito, não constitui crime de desobediência, pois há previsão de sanção administrativa específica no art. 195 do Código de Trânsito Brasileiro, o qual não estabelece a possibilidade de cumulação de sanção penal" (HC 369.082/SC, Rel. Ministro FELIX FISCHER, Quinta Turma, DJe 01/08/2017). 4. Na hipótese dos autos, no entanto, a ordem de parada não se deu por parte da autoridade competente de trânsito ou de seus agentes, mas por policiais rodoviários federais no exercício de sua atividade ostensiva de repressão a delitos. Nesse diapasão: AgRg no AREsp 1467126/PR, Rel. Ministro FELIX FISCHER, QUINTA TURMA, julgado em 06/06/2019, DJe 11/06/2019. Assim, encontra-se devidamente delineada a conduta imputada ao recorrido, não havendo se

		falar, portanto, em atipicidade. Merece, pois, amparo a insurgência ministerial para restabelecer a condenação do recorrido pelo crime do art. 330, do Código Penal. – Precedentes do STJ. 5. Agravo regimental a que se nega provimento. (AgRg no REsp 1872022/MS, Rel. Ministro REYNALDO SOARES DA FONSECA, QUINTA TURMA, julgado em 16/06/2020, DJe 23/06/2020).
Agente de trânsito	Não há crime de desobediência	**Quinta Turma do STJ (transcrição de parte do julgado):** (...) 4. Quanto ao crime de desobediência, verifico que os policiais já haviam lavrado os autos de infração e autorizado a partida do paciente, quando então deram nova ordem de parada ao veículo, em virtude de o paciente ter dito "ainda vou te achar sem farda". O não atendimento do paciente à segunda abordagem, após ter acabado de ser liberado, não revela a intenção de desobedecer a ordem policial, pois a abordagem inicial ocorreu em virtude de irregularidades de trânsito. Dessa forma, o contexto dos autos e a narrativa apresentada no termo circunstanciado e na própria denúncia revelam não uma desobediência ou uma fuga, mas mera negativa de se submeter a nova fiscalização de trânsito, o que configura infração grave, cuja penalidade é multa, nos termos do art. 195 do Código de Trânsito Brasileiro, não se tipificando, portanto, o delito descrito no art. 330 do Código Penal. (...) (HC 385.345/SC, Rel. Ministro REYNALDO SOARES DA FONSECA, QUINTA TURMA, julgado em 28/03/2017, DJe 05/04/2017).

O entendimento é assim construído porque o Código de Trânsito Brasileiro impõe multa à desobediência relacionada à fiscalização de trânsito (infração meramente administrativa) sem fazer ressalva expressa à responsabilização criminal:

> Art. 195. Desobedecer às ordens emanadas da autoridade competente de trânsito ou de seus agentes:
>
> Infração – grave;
>
> Penalidade – multa.

Questão de concurso público: veja como o assunto já foi cobrado em concurso público.

1 – (Delegado de Polícia Federal/2021) A fuga do réu após a ordem de parada dos policiais para abordagem configura crime de desobediência ( ).

Gabarito comentado:

Questão	Reposta	Comentário
1	CERTA	Vide julgado do STJ sobre o tema: "AGRAVO REGIMENTAL EM RECURSO ESPECIAL. PENAL. CRIMES DE DESCAMINHO E DE DESOBEDIÊNCIA. VIOLAÇÃO DO ART. 330 DO CP. TRIBUNAL DE ORIGEM QUE ATESTOU O DESCUMPRIMENTO DE ORDEM DE PARADA EMANADA POR POLICIAIS MILITARES NO DESEMPENHO DE ATIVIDADE OSTENSIVA. TIPICIDADE CONFIGURADA. PRECEDENTES DE AMBAS AS TURMAS. 1. Extrai-se do acórdão da apelação que, na espécie, o delito de desobediência restou comprovado nos autos, notadamente pelos documentos que instruem o Inquérito Policial n. 5002541- 81.2015.4.04.7004, em especial pelo boletim de ocorrências, que comprova que o apelante, percebendo a operação policial, abandou o veículo FORD/FUSION que dirigia e empreendeu fuga a pé, para, mais adiante, ser capturado pelos policiais. [...] da análise do caso concreto, infere-se que a ordem de parada emanada pelos policiais militares não se deu no exercício de atividades relacionadas ao trânsito, e sim no exercício de atividade ostensiva, destinada à prevenção e à repressão de crimes, não se configurando a hipótese de incidência da regra contida no art. 195 do Código de Trânsito Brasileiro. 2. Conforme exposto no combatido aresto, segundo o entendimento do Superior Tribunal de Justiça, o crime de desobediência configura-se quando houver o descumprimento de ordem de parada emitida por agente público, no contexto de atividade de policiamento ostensivo de segurança pública, ante a suspeita de práticas ilícitas (AgRg no REsp n. 1.753.751/MS, Ministra Maria Thereza de Assis Moura, Sexta Turma, DJe 30/8/2018). 3. [...] a ordem de parada não foi dirigida por autoridade de trânsito e nem por seus agentes, mas por policiais militares no exercício de atividade ostensiva, destinada à prevenção e à repressão de crimes, que foram acionados para fazer a abordagem do recorrido, em razão de atividade suspeita, conforme restou expressamente consignado no v. acórdão impugnado. Desta forma, não restou configurada a hipótese de incidência da regra contida no art. 195, do Código de Trânsito Brasileiro, e, por conseguinte, do entendimento segundo o qual não seria possível a responsabilização criminal do agente pelo delito de desobediência tipificado no art. 330 do Código Penal (AgRg no REsp n. 1.803.414/MS, Ministro Felix Fischer, Quinta Turma, DJe 13/5/2019). 4. Agravo regimental improvido" (AgRg no REsp 1799594/PR, Rel. Ministro SEBASTIÃO REIS JÚNIOR, SEXTA TURMA, julgado em 25/06/2019, DJe 02/08/2019).

Desacato

Art. 331 – Desacatar funcionário público no exercício da função ou em razão dela:

Pena – detenção, de seis meses a dois anos, ou multa.

Classificação: trata-se de crime doloso e comum. É infração de menor potencial ofensivo de ação penal pública incondicionada.

Conduta proibida: o tipo proíbe a conduta de desacatar (menosprezar, não guardar o devido respeito) o funcionário público no exercício de sua função ou em razão dela. Para configuração do crime de desacato, o servidor precisa estar presente (caso não esteja, cogita-se prática de crime contra honra).

Controle de convencionalidade: a 5ª Turma do Superior Tribunal de Justiça entendeu, no bojo do Recurso Especial 1.640.084/SP (relatado pelo Ministro Ribeiro Dantas, julgado em 15/12/2016 e publicado no DJe em 1/2/2017), descriminalizou o crime de desacato em sede de controle de convencionalidade (entendeu que o tipo é incompatível com a Convenção Americana de Direitos Humanos) – informativo 596/STJ:

> O art. 2º, c/c o art. 29, da Convenção Americana de Direitos Humanos prevê a adoção, pelos Estados Partes, de "medidas legislativas ou de outra natureza", visando à solução de antinomias normativas que possam suprimir ou limitar o efetivo exercício de direitos e liberdades fundamentais. Na sessão de 4/2/2009, a Corte Especial do STJ, ao julgar, pelo rito do art. 543-C do CPC/1973, o REsp 914.253/SP adotou o entendimento firmado pelo STF no RE 466.343/SP, no sentido de que os tratados de direitos humanos, ratificados pelo país, têm força supralegal, "o que significa dizer que toda lei antagônica às normas emanadas de tratados internacionais sobre direitos humanos é destituída de validade." Trata-se do controle de convencionalidade, cuja finalidade é compatibilizar as normas internas com os tratados e convenções de direitos humanos, nos termos de doutrina pioneira, no Brasil. Dessarte, ao contrário do que entenderam as instâncias ordinárias, a ausência de lei veiculadora de *abolitio criminis* não inibe a atuação do Poder Judiciário na verificação de possível inconformidade do art. 331 do CP, que prevê a figura típica do desacato, com o art. 13 do Pacto de São José da Costa Rica, que estipula mecanismos de proteção à liberdade de pensamento e de expressão. A Comissão Interamericana de Direitos Humanos – CIDH já se manifestou a respeito do tema em casos que envolveram outros países, resultando, sempre, em decisões pela prevalência do art. 13 do Pacto de São José sobre normas internas que tipificam o crime em exame. No relatório especial de 1995, a Comissão afirmou que as leis de desacato se prestam ao abuso, como meio para silenciar ideias e opiniões consideradas incômodas pelo *establishment*, bem assim proporcionam maior nível de proteção aos agentes do Estado do que aos particulares, em contravenção aos princípios democrático e igualitário (CIDH, Relatório sobre a compatibilidade entre as leis de desacato e a Convenção Americana sobre Direitos Humanos, OEA/Ser. L/V/II.88, doc. 9 rev., 17 de fevereiro de 1995, 197-212). A CIDH, em seu 108º período ordinário de sessões, realizado de 16 a 27/10/2000, aprovou a Declaração de Princípios sobre Liberdade de Expressão, que estatui: "11. Os funcionários públicos estão sujeitos a um maior controle por parte da sociedade. As leis que punem a manifestação ofensiva dirigida a funcionários públicos, geralmente conhecidas como 'leis de desacato, atentam contra a liberdade de expressão e o direito à informação." Ora, as recomendações da CIDH assumem força normativa interna. A adesão ao Pacto de São José significa a transposição, para a ordem jurídica

> interna, de critérios recíprocos de interpretação, sob pena de negação da universalidade dos valores insertos nos direitos fundamentais nele reconhecidos. Embora a jurisprudência afaste a tipicidade do desacato quando a palavra ou o ato ofensivo resultar de reclamação ou crítica à atuação funcional do agente público (RHC 9.615/RS, Quinta Turma, DJ 25/9/2000), o esforço intelectual de discernir censura de insulto à dignidade da função exercida em nome do Estado é por demais complexo, abrindo espaço para a imposição abusiva do poder punitivo estatal. Não há dúvida de que a criminalização do desacato está na contramão do humanismo, porque ressalta a preponderância do Estado – personificado em seus agentes – sobre o indivíduo. A existência de tal normativo em nosso ordenamento jurídico é anacrônica, pois traduz desigualdade entre funcionários e particulares, o que é inaceitável no Estado Democrático de Direito preconizado pela CF/88 e pela Convenção Americana de Direitos Humanos. Ademais, a punição do uso de linguagem e atitudes ofensivas contra agentes estatais é medida capaz de fazer com que as pessoas se abstenham de usufruir do direito à liberdade de expressão, por temor de sanções penais, sendo esta uma das razões pelas quais a CIDH estabeleceu a recomendação de que os países aderentes ao Pacto de São José abolissem suas respectivas leis de desacato. Observe-se, por fim, que o afastamento da tipificação criminal do desacato não impede a responsabilidade ulterior, civil ou até mesmo de outra figura típica penal (calúnia, injúria, difamação etc.), pela ocorrência de abuso na expressão verbal ou gestual ofensiva, utilizada perante o funcionário público.

Atual entendimento do Superior Tribunal de Justiça: contudo, a Terceira Seção do Superior Tribunal de Justiça, no HC 379.269-MS (relator Ministro Reynaldo Soares da Fonseca, relator para acórdão Ministro Antônio Saldanha Palheiro, por maioria, julgado em 24/5/2017 e publicado no DJe em 30/6/2017) manteve a tipificação do crime de desacato (informativo 607/STJ) – esse é o atual entendimento mais atual do Tribunal da Cidadania (desacato é crime e não há ofensa a tratados ou convenções internacionais):

> A questão posta gira em torno de eventual afastamento, em controle de convencionalidade, do crime de desacato (art. 331 do CP) do ordenamento jurídico brasileiro em razão de recomendação expedida pela Comissão Interamericana de Direitos Humanos (CIDH), para fins de incidência, ou não, do princípio da consunção na hipótese examinada. Inicialmente, importa destacar, quanto à faceta estruturante do Sistema Interamericano, que são competentes para conhecer das matérias concernentes na Convenção Americana de Direitos Humanos (CADH): a Comissão Interamericana de Direitos Humanos (CIDH) e a Corte Interamericana de Direitos Humanos (IDH). De acordo com o art. 41 da referida Convenção (Pacto de São José da Costa Rica) – da qual o Brasil é signatário – a CIDH possui a função primordial de promover a observância e a defesa dos direitos humanos. Porém, da leitura do dispositivo, é possível deduzir que os verbos relacionados

às suas funções não ostentam caráter decisório, mas tão somente instrutório ou cooperativo. *Prima facie*, depreende-se que a referida comissão não possui função jurisdicional. A Corte Interamericana de Direitos Humanos, por sua vez, é uma instituição judiciária autônoma cujo objetivo é a aplicação e a interpretação da Convenção Americana sobre Direitos Humanos, possuindo função jurisdicional e consultiva, de acordo com o art. 2º do seu respectivo Estatuto. Já o art. 68 da aludida norma supralegal prevê que os Estados Partes na Convenção se comprometem a cumprir a decisão da Corte em todo caso em que forem partes, o que denota de forma patente seu caráter vinculante. Acentue-se que as deliberações internacionais de direitos humanos decorrentes dos processos de responsabilidade internacional do Estado podem resultar em: recomendação; decisões quase judiciais e decisão judicial. A primeira revela-se ausente de qualquer caráter vinculante, ostentando mero caráter "moral", podendo resultar dos mais diversos órgãos internacionais. Os demais institutos, porém, situam-se no âmbito do controle, propriamente dito, da observância dos direitos humanos. Desta feita, a despeito do que fora aduzido no inteiro teor do voto proferido no REsp 1.640.084/SP – no sentido de que o crime de desacato é incompatível com o art. 13 do Pacto de São José da Costa Rica, por afrontar mecanismos de proteção à liberdade de pensamento e de expressão – certo é que as recomendações não possuem força vinculante, mas, na ótica doutrinária, tão somente *"poder de embaraço"* ou *"mobilização da vergonha"*. Outrossim, cabe ressaltar, não houve nenhuma deliberação da Corte Interamericana de Direitos Humanos (IDH) sobre eventual violação do direito à liberdade de expressão por parte do Brasil, mas tão somente pronunciamentos emanados pela CIDH. Ainda que assim não fosse, a Corte Interamericana de Direitos já se posicionou acerca da liberdade de expressão, rechaçando tratar-se de direito absoluto. Nessa toada, tem-se que o crime de desacato não pode, sob qualquer viés, seja pela ausência de força vinculante às recomendações expedidas pela CIDH, seja pelo viés interpretativo, ter sua tipificação penal afastada.

Arguição de Descumprimento de Preceito Fundamental: o Supremo Tribunal Federal entendeu que o crime de desacato (artigo 331 do Código Penal) foi recepcionado pela Constituição de 1988 e não ofende a Convenção Americana de Direitos Humanos:

> DIREITO CONSTITUCIONAL E PENAL. ARGUIÇÃO DE DESCUMPRIMENTO DE PRECEITO FUNDAMENTAL. CRIME DE DESACATO. ART. 331 DO CP. CONFORMIDADE COM A CONVENÇÃO AMERICANA DE DIREITOS HUMANOS. RECEPÇÃO PELA CONSTITUIÇÃO DE 1988.
>
> 1. Trata-se de arguição de descumprimento de preceito fundamental em que se questiona a conformidade com a Convenção Americana de Direitos Humanos, bem como a recepção pela Constituição de 1988, do art. 331 do Código Penal, que tipifica o crime de desacato.

2. De acordo com a jurisprudência da Corte Interamericana de Direitos Humanos e do Supremo Tribunal Federal, a liberdade de expressão não é um direito absoluto e, em casos de grave abuso, faz-se legítima a utilização do direito penal para a proteção de outros interesses e direitos relevantes.

3. A diversidade de regime jurídico – inclusive penal – existente entre agentes públicos e particulares é uma via de mão dupla: as consequências previstas para as condutas típicas são diversas não somente quando os agentes públicos são autores dos delitos, mas, de igual modo, quando deles são vítimas.

4. A criminalização do desacato não configura tratamento privilegiado ao agente estatal, mas proteção da função pública por ele exercida.

5. Dado que os agentes públicos em geral estão mais expostos ao escrutínio e à crítica dos cidadãos, deles se exige maior tolerância à reprovação e à insatisfação, limitando-se o crime de desacato a casos graves e evidentes de menosprezo à função pública.

6. Arguição de descumprimento de preceito fundamental julgada improcedente. Fixação da seguinte tese: "Foi recepcionada pela Constituição de 1988 a norma do art. 331 do Código Penal, que tipifica o crime de desacato" (ADPF 496, Relator(a): ROBERTO BARROSO, Tribunal Pleno, julgado em 22/06/2020, PROCESSO ELETRÔNICO DJe-235 DIVULG 23-09-2020 PUBLIC 24-09-2020).

Funcionário público como sujeito ativo do desacato: discute-se se é possível que funcionário público pratique o crime de desacato (posto que se trata de crime praticado por particular contra a administração pública). Penso ser perfeitamente possível. É preciso respeitar a figura do funcionário público e do próprio serviço público. O servidor que desacata um colega (ainda que seja um subordinado) ofende a administração pública. É preciso registrar, contudo, que há três entendimentos possíveis:

Situação hipotética	Comentários
Ofensa de funcionário público contra funcionário público.	Não há crime de desacato, posto que o delito é praticado por particular contra a administração pública.
Ofensa de funcionário público contra superior hierárquico.	Há crime de desacato. Não há, contudo, prática do crime em testilha quando os funcionários são de igual hierarquia ou quando a ofensa é perpetrada por superior contra subordinado.
Ofensa de funcionário público contra funcionário público (qualquer que seja a posição hierárquica do autor do fato em relação ao funcionário desacatado).	Há crime de desacato (posição por mim adotada).

Tráfico de influência

Art. 332 – Solicitar, exigir, cobrar ou obter, para si ou para outrem, vantagem ou promessa de vantagem, a pretexto de influir em ato praticado por funcionário público no exercício da função:

Pena – reclusão, de 2 (dois) a 5 (cinco) anos, e multa.

Parágrafo único – A pena é aumentada da metade, se o agente alega ou insinua que a vantagem é também destinada ao funcionário.

Classificação: trata-se de crime doloso, formal (consuma-se independentemente da obtenção da vantagem nas condutas proibidas "solicitar", "exigir" e "cobrar") ou material (na conduta proibida "obter"), comum, misto, alternativo ou de conteúdo variado. É de ação penal pública incondicionada e admite acordo de não persecução penal (artigo 28-A do CPP).

Venditio fumi: o delito é conhecido como venda de fumaça (*venditio fumi*), vez que o particular alardeia influência que não existe ou que não é efetivamente utilizada. É crime especial em relação ao delito de estelionato (o autor do fato acaba ludibriando a vítima e conseguindo desta vantagem indevida, afirmando que pode influir em ato praticado por funcionário público no exercício da função).

Causa de aumento de pena: no parágrafo único há majorante (aumento da metade) se o autor do fato alega ou insinua que a vantagem também se destina ao servidor público. Por óbvio, se efetivamente existir um esquema de "venda" de atos de ofício com participação de servidor público, haverá prática do crime de corrupção passiva (ou de concussão), conforme o caso. Exemplifico:

> **SITUAÇÃO HIPOTÉTICA 1:** JOÃO, particular, diz a PEDRO que pode agilizar prática de determinado ato de ofício por ser muito amigo do funcionário público JONAS, mas para tanto solicita R$ 5.000,00, alegando que, desse montante, R$ 4.000,00 serão entregues ao servidor. JONAS nem suspeita que seu amigo JOÃO está usando seu nome para solicitar dinheiro de terceiro.
>
> **SITUAÇÃO HIPOTÉTICA 2:** PEDRO, funcionário público, em conluio com o particular JOSÉ, solicita vantagem indevida de PAULO para prática de um ato de ofício. JOSÉ é o mensageiro de PEDRO na transmissão da solicitação ilícita e para recolher o dinheiro entregue por PAULO para que o ato do funcionário público seja praticado.
>
> **SOLUÇÕES:** na SITUAÇÃO HIPOTÉTICA 1, JOÃO cometeu crime de tráfico de influência majorado (ele vendeu fumaça, ludibriando a vítima). JONAS não responderá criminalmente. Já na SITUAÇÃO HIPOTÉTICA 2, PEDRO (solicitou vantagem indevida para prática de ato de ofício) e JOSÉ (comunicação da circunstância pessoal elementar) responderão pelo crime de corrupção passiva.

Artigos 332 x 357 do Código Penal: é importante a leitura, em conjunto, do crime tipificado no artigo 332 (crime praticado por particular contra a administração pública) e do delito do artigo 357 (crime contra administração da justiça), ambos do Código de Penal (são tipos parecidos, que costumam ser confundidos em concursos públicos):

Crime	Tráfico de influência	Exploração de prestígio
Artigo	332	357
Descrição típica	Solicitar, exigir, cobrar ou obter, para si ou para outrem, vantagem ou promessa de vantagem, a pretexto de influir em ato praticado por funcionário público no exercício da função. Pena – reclusão, de 2 (dois) a 5 (cinco) anos, e multa. Parágrafo único – A pena é aumentada da metade, se o agente alega ou insinua que a vantagem é também destinada ao funcionário.	Solicitar ou receber dinheiro ou qualquer outra utilidade, a pretexto de influir em juiz, jurado, órgão do Ministério Público, funcionário de justiça, perito, tradutor, intérprete ou testemunha. Pena – reclusão, de um a cinco anos, e multa. Parágrafo único – As penas aumentam-se de um terço, se o agente alega ou insinua que o dinheiro ou utilidade também se destina a qualquer das pessoas referidas neste artigo.

Questão de concurso público: veja como o assunto já foi cobrado em concurso público.

1 – (Delegado de Polícia Civil/SP/2018) Historicamente, a expressão *venditio fumi* é identificada com o crime de

a) falsificação de moeda (CP, art. 289).

b) usurpação de função pública (CP, art. 328).

c) tráfico de influência (CP, art. 332).

d) contrabando (CP, art. 334).

e) estelionato (CP, art. 171).

Gabarito comentado:

Questão	Reposta	Comentário
1	Letra C	A expressão *venditio fumi* significa "venda de fumaça" e é característica da prática dos crimes de tráfico de influência (artigo 332 do Código Penal) e de exploração de prestígio (artigo 357 do Código Penal).

Corrupção ativa

Art. 333 – Oferecer ou prometer vantagem indevida a funcionário público, para determiná-lo a praticar, omitir ou retardar ato de ofício:

Pena – reclusão, de 2 (dois) a 12 (doze) anos, e multa.

Parágrafo único – A pena é aumentada de um terço, se, em razão da vantagem ou promessa, o funcionário retarda ou omite ato de ofício, ou o pratica infringindo dever funcional.

Classificação: trata-se de crime doloso, comum e formal (que se consuma independentemente do recebimento da vantagem ou da aceitação da vantagem pelo funcionário público – tese 19, da edição 57, da jurisprudência em teses do Superior Tribunal de Justiça[364]).

O crime é de ação penal pública incondicionada e admite acordo de não persecução penal (artigo 28-A do CPP).

Exceção pluralista à teoria monista: repito que há exceção pluralista à teoria monista (em relação aos crimes tipificados nos artigos 317 e 333 do Código Penal). Não há, contudo, bilateralidade entre os dois tipos. Assim, é possível:

Incidência típica	Exemplo
Prática apenas do crime de corrupção passiva	Funcionário público solicita vantagem indevida a particular, em razão do cargo público.
Prática apenas do crime de corrupção ativa	Particular oferece vantagem indevida ao funcionário público e este não aceita a oferta.
Prática de ambos os crimes	Particular oferece a vantagem indevida ao funcionário público e este recebe a vantagem ofertada.

Natureza da vantagem: a vantagem indevida, apesar de normalmente ser patrimonial, pode ser de qualquer natureza.

Gravação clandestina (admissibilidade): para provar a prática delitiva aqui estudada (muitas vezes executada na clandestinidade, apenas na presença do servidor público que se quer aliciar), é possível utilização de gravação clandestina (captação feita por um interlocutor sem a ciência do outro). Exemplifico:

> **SITUAÇÃO HIPOTÉTICA:** MARIA, servidora pública, percebendo as insinuações do particular PEDRO, resolve gravar a conversa travada por ambos. PEDRO finda oferecendo R$ 5.000,00 para que MARIA deixe de praticar ato de ofício, o que finda sendo captado pela gravação.
>
> **SOLUÇÃO:** PEDRO cometeu crime de corrupção ativa (consumado, vez que se trata de crime formal) e a gravação clandestina feita por MARIA pode tranquilamente ser usada como prova do delito.

Nesse sentido, tese fixada no tema 237 da repercussão geral do Supremo Tribunal Federal: "É lícita a prova consistente em gravação ambiental realizada por um dos interlocutores sem conhecimento do outro" (RE 583937 QO-RG, Relator(a): CEZAR PELUSO, Tribunal Pleno, julgado em 19/11/2009, REPERCUSSÃO GERAL – MÉRITO DJe-237 DIVULG 17-12-2009 PUBLIC 18-12-2009 EMENT VOL-02387-10 PP-01741 RTJ VOL-00220-01 PP-00589 RJSP v. 58, n. 393, 2010, p. 181-194).

364 19) O crime de corrupção ativa é formal e instantâneo, consumando-se com a simples promessa ou oferta de vantagem indevida.

Mantenho esse entendimento mesmo diante da derrubada do veto em relação ao § 4ª do artigo 8º-A da Lei 9.296/96[365] (penso que não se pode restringir a utilização da gravação clandestina apenas em prol da defesa – isso fere a paridade de armas, o princípio da comunhão da prova, o direito das vítimas e fomenta a impunidade).

Pagamento de vantagem solicitada por funcionário público: interessante notar que o legislador não tipificou as condutas de dar ou pagar vantagem solicitada pelo servidor público. Assim, se o funcionário público solicitar vantagem indevida em razão do cargo e o particular pagar a vantagem solicitada, apenas o *intraneus* comete crime (corrupção passiva), sendo o fato perpetrado pelo particular formalmente atípico.

Oferta de gasolina para abastecimento de carros oficiais: penso que o oferecimento de gasolina para abastecimento de viatura ou de dinheiro para custear alimentação de policiais com o fito de que sejam materializadas diligências aptas a elucidar um crime não tipifica o crime aqui estudado. Não há dolo de cometer crime contra a administração pública. Ao revés, o particular, com sua conduta, está tentando minorar eventual falta de estrutura do aparelho policial.

Presente de pequeno valor: também não tipifica o crime estudado eventual presente de pequeno valor dado pelo particular a funcionário público em agradecimento ao bom serviço prestado. Por óbvio, é dever do servidor público prestar um excelente atendimento ao *extraneus*. Contudo, é comum que pessoas que são atendidas com presteza e eficiência demonstrem sua gratidão com caixas de chocolate, bebidas, dentre outros mimos. Penso que tal prática não configura prática de corrupção ativa (tampouco de corrupção passiva, pelo servidor público que recebe o presente).

Sustento os argumentos acima desenhados, mesmo diante do Código de Ética Profissional do Servidor Público Civil do Poder Executivo Federal (aprovado pelo Decreto 1.171/94):

> XV – É vedado ao servidor público;
>
> (...)
>
> g) pleitear, solicitar, provocar, sugerir ou receber qualquer tipo de ajuda financeira, gratificação, prêmio, comissão, doação ou vantagem de qualquer espécie, para si, familiares ou qualquer pessoa, para o cumprimento da sua missão ou para influenciar outro servidor para o mesmo fim;

365 Art. 8º-A (...)
§ 4º A captação ambiental feita por um dos interlocutores sem o prévio conhecimento da autoridade policial ou do Ministério Público poderá ser utilizada, em matéria de defesa, quando demonstrada a integridade da gravação.

Artigos 316 x 317 x 333 do Código Penal: confira, uma vez mais, a tabela comparativa dos crimes de concussão, corrupção passiva e corrupção ativa:

Crime	Concussão	Corrupção passiva	Corrupção ativa
Artigo	316	317	333
Palavras-chave	Exigir	Solicitar; receber e aceitar promessa	Oferecer e prometer
Classificação quanto ao resultado naturalístico	Formal	Formal; material e formal	Formal
Classificação quanto ao sujeito ativo	Próprio	Próprio	Comum

Questões de concurso público: veja como o assunto já foi cobrado em concurso público.

(Polícia Rodoviária Federal/2021) Em uma abordagem durante blitz de rotina em rodovia federal, o policial constatou alteração no chassi do veículo que estava sendo fiscalizado. Questionado pelo policial, o condutor ofereceu-lhe grande quantia em dinheiro para que fosse liberado de imediato. Considerando a situação hipotética apresentada, julgue os itens a seguir.

1 – Nesta situação, se o policial não aceitar o dinheiro oferecido, a conduta da pessoa deve ser punida na modalidade tentada ( ).

2 – Ao oferecer dinheiro para ser irregularmente liberado da blitz, o condutor praticou o crime de corrupção ativa ( ).

Gabarito comentado:

Questão	Reposta	Comentário
1	ERRADA	O crime de corrupção ativa (artigo 333 do CP) é formal e se consuma com o oferecimento da vantagem indevida, ainda que o funcionário público não a receba (crime de consumação antecipada).
2	CERTA	A conduta se encaixa perfeitamente no crime tipificado no artigo 333 do Código Penal.

Descaminho

Art. 334. Iludir, no todo ou em parte, o pagamento de direito ou imposto devido pela entrada, pela saída ou pelo consumo de mercadoria

Pena – reclusão, de 1 (um) a 4 (quatro) anos.

§ 1º Incorre na mesma pena quem:

I – pratica navegação de cabotagem, fora dos casos permitidos em lei;

II – pratica fato assimilado, em lei especial, a descaminho;

III – vende, expõe à venda, mantém em depósito ou, de qualquer forma, utiliza em proveito próprio ou alheio, no exercício de atividade comercial ou industrial, mercadoria de procedência estrangeira que introduziu clandestinamente no País

ou importou fraudulentamente ou que sabe ser produto de introdução clandestina no território nacional ou de importação fraudulenta por parte de outrem;

IV – adquire, recebe ou oculta, em proveito próprio ou alheio, no exercício de atividade comercial ou industrial, mercadoria de procedência estrangeira, desacompanhada de documentação legal ou acompanhada de documentos que sabe serem falsos.

§ 2º Equipara-se às atividades comerciais, para os efeitos deste artigo, qualquer forma de comércio irregular ou clandestino de mercadorias estrangeiras, inclusive o exercido em residências.

§ 3º A pena aplica-se em dobro se o crime de descaminho é praticado em transporte aéreo, marítimo ou fluvial.

Introdução: os crimes de contrabando e descaminho eram tipificados no mesmo tipo. Os delitos foram separados pela Lei 13.008/14. Na separação, o crime de contrabando findou merecendo reprimenda mais severa que o delito de descaminho.

Classificação: o descaminho é crime doloso, comum e formal (consuma-se independentemente da constituição definitiva do crédito tributário, não sendo possível a aplicação da Súmula Vinculante 24[366]). Eis tese do Superior Tribunal de Justiça sobre o tema (edição 81 da jurisprudência em teses):

> 6) É desnecessária a constituição definitiva do crédito tributário na esfera administrativa para a configuração dos crimes de contrabando e de descaminho.

O crime de descaminho admite acordo de não persecução penal (artigo 28-A do CPP), suspensão condicional do processo (artigo 89 da Lei 9.099/95), fiança arbitrada pela autoridade policial (artigo 322 do CPP) e é de ação penal pública incondicionada.

Conduta proibida: a conduta proibida é iludir, no todo ou em parte, o pagamento de direito ou imposto devido pela entrada, pela saída ou pelo consumo de mercadoria. A mercadoria deve ser de importação/exportação permitida (caso contrário, o crime perpetrado é de contrabando).

Pagamento do crédito tributário (não gera extinção da punibilidade): exatamente por ser crime formal, o pagamento do crédito tributário constituído em face da prática do descaminho não extingue a punibilidade do agente (edição 81 da jurisprudência em teses do Superior Tribunal de Justiça):

> 8) O pagamento ou o parcelamento dos débitos tributários não extingue a punibilidade do crime de descaminho, tendo em vista a natureza formal do delito.

---

366 Não se tipifica crime material contra a ordem tributária, previsto no art. 1º, incisos I a IV, da Lei 8.137/1990, antes do lançamento definitivo do tributo.

Competência: a competência para julgar o crime de descaminho é da justiça federal ainda que inexistentes indícios da transnacionalidade da conduta (informativo 635/STJ):

> Destaque-se, de início, que a jurisprudência desta Corte definia a competência da Justiça Federal para o julgamento dos crimes de contrabando e descaminho, nos termos da Súmula n. 151/STJ. No julgamento do CC 149.750/MS, de 26/4/2017, modificou-se tal orientação para limitar a competência federal, no caso de contrabando, às hipóteses em que for constatada a existência de indícios de transnacionalidade na conduta do agente. No entanto, o referido conflito de competência tratava de crime distinto (violação de direito autoral), no qual a fixação da competência federal decorre da hipótese do art. 109, V, da Constituição Federal (crime que o Brasil se obrigou a reprimir em tratado internacional), hipótese na qual se exige efetivamente indícios de transnacionalidade para a competência federal. Essa compreensão ficou consolidada, até que, no julgamento do CC 159.680/MG (realizado em 8/8/2018), a Terceira Seção decidiu pela competência federal para o julgamento do crime de descaminho, ainda que inexistentes indícios de transnacionalidade na conduta. Embora o referido precedente verse acerca de figura penal distinta (descaminho), o entendimento ali acolhido deve prevalecer também para o crime de contrabando. Primeiro, porque o crime de contrabando, tal como o delito de descaminho, tutela prioritariamente interesse da União, que é a quem compete privativamente (arts. 21, XXII e 22, VII, ambos da CF) definir os produtos de ingresso proibido no país, além de exercer a fiscalização aduaneira e das fronteiras, mediante atuação da Receita Federal e Polícia Federal. Segundo, para preservar a segurança jurídica. Ora, a jurisprudência desta Corte, na esteira do entendimento firmado na Súmula n. 151/STJ, tradicionalmente sinalizava que a competência para o julgamento de tais delitos seria da Justiça Federal, afigurando-se desarrazoada a adoção de entendimento diverso, notadamente sem um motivo jurídico relevante para tanto.

Ainda acerca da competência para julgar o crime de descaminho, é importante a leitura da Súmula 151/STJ:

> Súmula 151/STJ – A competência para o processo e julgamento por crime de contrabando ou descaminho define-se pela prevenção do juízo federal do lugar da apreensão dos bens.

Princípio da insignificância: é possível aplicação do princípio da insignificância ao descaminho, quando o valor do tributo elidido não exceder R$ 20.000,00 (entendimento do Supremo Tribunal Federal e do Superior Tribunal de Justiça[367]).

367 O STJ entendia que a aplicação do princípio da insignificância só podia ser aplicado ao crime de descaminho quando o valor do tributo elidido não ultrapassasse R$ 10.000,00, mas o Tribunal da Cidadania

Falso como crime meio para prática de descaminho: se há prática de falso como crime meio para prática do delito de descaminho, este finda absorvendo aquele (princípio da consunção) e o agente finda sendo punido apenas pelo crime de descaminho. Nesse sentido tese do Superior Tribunal de Justiça (edição 81 da jurisprudência em teses):

> 9) Quando o falso se exaure no descaminho, sem mais potencialidade lesiva, é por este absorvido, como crime-fim, condição que não se altera por ser menor a pena a este cominada. (Tese julgada sob o rito do art. 543-C do CPC/73, TEMA 933)

Questão de concurso público: veja como o assunto já foi cobrado em concurso público.

1 – (Polícia Rodoviária Federal/2019) Em uma rodovia federal, próxima à fronteira do Brasil com o Paraguai, um caminhão foi parado e vistoriado por policiais rodoviários federais. Além do motorista e de um passageiro, o veículo transportava, ilegalmente, grande quantidade de mercadoria lícita de procedência estrangeira, mas sem o pagamento dos devidos impostos de importação. O motorista, penalmente imputável e proprietário do caminhão, admitiu a propriedade dos produtos. O passageiro, que se identificou como servidor público alfandegário lotado no posto de fiscalização fronteiriço pelo qual o veículo havia passado para adentrar no território nacional, alegou desconhecer a existência dos produtos no caminhão e que apenas pegou carona com o motorista.

Tendo como referência essa situação hipotética, julgue o item a seguir.

A conduta do motorista configura crime de descaminho em sua forma consumada, ainda que não tenha havido constituição definitiva do crédito tributário e a ocorrência de efetivo prejuízo ao erário ( ).

2 – (Delegado de Polícia Federal/2021) O pagamento do tributo devido extingue a punibilidade do crime de descaminho ( ).

Gabarito comentado:

Questão	Reposta	Comentário
1	CERTA	O crime de descaminho é formal (não há incidência da Súmula Vinculante 24).
2	ERRADA	O crime de descaminho é formal e não reclama constituição do crédito tributário para sua consumação. De igual sorte, o pagamento do tributo devido não resulta na extinção da punibilidade do agente. Nesse sentido, tese 8 da edição 81 da jurisprudência em teses do STJ: "8) O pagamento ou o parcelamento dos débitos tributários não extingue a punibilidade do crime de descaminho, tendo em vista a natureza formal do delito".

reviu essa posição (vide Recursos Especiais 1.709.029 e 1.688.878), alinhando-se ao entendimento do Supremo Tribunal Federal.

Contrabando

Art. 334-A. Importar ou exportar mercadoria proibida:

Pena – reclusão, de 2 (dois) a 5 (cinco) anos.

§ 1º Incorre na mesma pena quem:

I – pratica fato assimilado, em lei especial, a contrabando;

II – importa ou exporta clandestinamente mercadoria que dependa de registro, análise ou autorização de órgão público competente;

III – reinsere no território nacional mercadoria brasileira destinada à exportação;

IV – vende, expõe à venda, mantém em depósito ou, de qualquer forma, utiliza em proveito próprio ou alheio, no exercício de atividade comercial ou industrial, mercadoria proibida pela lei brasileira;

V – adquire, recebe ou oculta, em proveito próprio ou alheio, no exercício de atividade comercial ou industrial, mercadoria proibida pela lei brasileira.

§ 2º – Equipara-se às atividades comerciais, para os efeitos deste artigo, qualquer forma de comércio irregular ou clandestino de mercadorias estrangeiras, inclusive o exercido em residências.

§ 3º A pena aplica-se em dobro se o crime de contrabando é praticado em transporte aéreo, marítimo ou fluvial.

Classificação: trata-se de crime doloso, comum e formal.

O delito admite acordo de não persecução penal (artigo 28-A do CPP) e é de ação penal pública incondicionada.

Competência: o crime de contrabando é de competência da justiça federal ainda que inexistentes indícios da transnacionalidade da conduta (informativo 635/STJ, transcrito supra).

Ainda acerca da competência para julgar o crime de contrabando, é importante a leitura da Súmula 151/STJ:

> Súmula 151/STJ – A competência para o processo e julgamento por crime de contrabando ou descaminho define-se pela prevenção do juízo federal do lugar da apreensão dos bens.

Princípio da insignificância: diferente do crime de descaminho, o crime de contrabando não admite, em regra, aplicação do princípio da insignificância.

Contudo, o Superior Tribunal de Justiça já admitiu bagatela própria em relação ao crime tipificado no artigo 334-A do Código Penal. Eis tese do Tribunal da Cidadania sobre o tema (edição 81 da jurisprudência em teses do STJ):

4) A importação clandestina de medicamentos configura crime de contrabando, aplicando-se, excepcionalmente, o princípio da insignificância aos casos de importação não autorizada de pequena quantidade para uso próprio.

Princípio da especialidade: a conduta proibida é importar ou exportar mercadoria proibida. Anote que, caso exista lei especial criminalizando a importação de determinado objeto/produto, o delito previsto na lei especial deve ser aplicado em detrimento do crime de contrabando (princípio da especialidade) – a importação de droga ilícita configura tráfico internacional de drogas (artigo 33 c/c 40, I, da Lei 11.343/06) e não de contrabando; a importação irregular de arma de fogo configura crime de tráfico internacional de arma de fogo (artigo 18 da Lei 10.826/03) e não de contrabando.

Importação de arma de pressão por ação de ar comprimido: o Superior Tribunal de Justiça entende que a importação não autorizada de arma de pressão por ação de gás comprimido configura crime de contrabando (tese 02, da edição 81, da jurisprudência em teses do STJ):

2) Configura crime de contrabando (art. 334-A, CP) a importação não autorizada de arma de pressão por ação de gás comprimido ou por ação de mola, independentemente do calibre.

Acerca do tema, o Supremo Tribunal Federal julgou o HC 131943. No informativo 929/STF consta que o relator, Ministro Gilmar Mendes, concedeu a ordem entendendo que o crime praticado (importação não autorizada de arma de pressão por ação de gás comprimido) teria sido descaminho, passível de aplicação do princípio da insignificância. O Ministro Edson Fachin denegou o habeas corpus, entendendo que para importação de arma de pressão há "proibição relativa" – só se pode importar com autorização prévia. Ao fim do julgamento, o STF entendeu, por maioria, existir crime de contrabando quando há importação irregular de arma de pressão (no mesmo sentido do STJ):

HABEAS CORPUS. DIREITO PENAL. IMPORTAÇÃO DE ARMA DE PRESSÃO DE USO PERMITIDO. CALIBRE IGUAL OU INFERIOR A 6 MILÍMETROS. PRODUTO CONTROLADO PELO EXÉRCITO. CRIME DE CONTRABANDO. PROIBIÇÃO RELATIVA. INAPLICABILIDADE DO PRINCÍPIO DA INSIGNIFICÂNCIA. PRECEDENTES. ORDEM DENEGADA. 1. A importação de arma de pressão por ação de gás comprimido, de calibre igual ou inferior a 6mm, de uso permitido, submete-se a uma proibição relativa, por se tratar de produto controlado pelo Exército. 2. A importação, sem autorização prévia do Exército, de arma de pressão por ação de gás comprimido, de calibre igual ou inferior a 6mm, de uso permitido, tipifica o crime de contrabando. 3. O princípio da insignificância não se aplica ao crime de contrabando. Precedentes. 4. Ordem denegada (HC 131943, Relator(a): Min. GILMAR MENDES, Relator(a) p/ Acórdão: Min. EDSON FACHIN, Segunda Turma, julgado em 07/05/2019, PROCESSO ELETRÔNICO DJe-051 DIVULG 09-03-2020 PUBLIC 10-03-2020).

Teses do Superior Tribunal de Justiça: eis outras teses do Superior Tribunal de Justiça sobre o crime de contrabando (edição 81 da jurisprudência em teses do Tribunal da Cidadania):

> 3) A importação não autorizada de cigarros ou de gasolina constitui crime de contrabando, insuscetível de aplicação do princípio da insignificância.
>
> 5) Para a caracterização do delito de contrabando de máquinas programadas para exploração de jogos de azar, é necessária a demonstração de fortes indícios (e/ou provas) da origem estrangeira das máquinas ou dos seus componentes eletrônicos e a entrada, ilegalmente, desses equipamentos no país.

Impedimento, perturbação ou fraude de concorrência

Art. 335 – Impedir, perturbar ou fraudar concorrência pública ou venda em hasta pública, promovida pela administração federal, estadual ou municipal, ou por entidade paraestatal; afastar ou procurar afastar concorrente ou licitante, por meio de violência, grave ameaça, fraude ou oferecimento de vantagem:

Pena – detenção, de seis meses a dois anos, ou multa, além da pena correspondente à violência.

Parágrafo único – Incorre na mesma pena quem se abstém de concorrer ou licitar, em razão da vantagem oferecida.

Revogação do dispositivo: há robusto entendimento doutrinário apontando a revogação do tipo pelos artigos 93 e 95 da Lei 8.666/93 (Rogério Greco[368], Cezar Roberto Bitencourt[369] e Gabriel Habib[370], por exemplo). Eis os tipos:

> Art. 93. Impedir, perturbar ou fraudar a realização de qualquer ato de procedimento licitatório:
>
> Pena – detenção, de 6 (seis) meses a 2 (dois) anos, e multa.
>
> Art. 95. Afastar ou procurar afastar licitante, por meio de violência, grave ameaça, fraude ou oferecimento de vantagem de qualquer tipo:
>
> Pena – detenção, de 2 (dois) a 4 (quatro) anos, e multa, além da pena correspondente à violência.
>
> Parágrafo único. Incorre na mesma pena quem se abstém ou desiste de licitar, em razão da vantagem oferecida.

---

368 GRECO, Rogério. **Código Penal: comentado**, 12ª edição, 2018, p. 1207.

369 BITENCOURT, Cezar Roberto. **Código Penal comentado**, 3ª edição, São Paulo: Saraiva, 2005, p. 1121.

370 HABIB, Gabriel. **Leis Penais Especiais**, 10ª edição, Salvador, editora Juspodivm, p. 772 e 774.

Nesse sentido, decisão do Superior Tribunal de Justiça:

> A Lei de Licitações substituiu o art. 335 do Código Penal na tipificação da fraude, sendo que a adequação da conduta a um ou outro tipo depende do momento em que aquela foi cometida, antes ou depois da vigência da Lei n.º 8.666/93, em 21/06/1993 (HC 11.840/RS, Rel. Ministro Gilson Dipp, Quinta Turma, julgado em 11/09/2001, DJ 22/10/2001, p. 336).

Destaco, contudo, entendimento de Rogério Sanches Cunha[371], que afirma que "a simples leitura do dispositivo conduz à conclusão de que a revogação operada pela lei de licitações foi apenas parcial, não derrogando o impedimento, a perturbação ou a fraude em hasta pública".

Penso que razão assiste aos que interpretam ter havido total revogação do dispositivo. A "venda em hasta pública" promovida pela Administração Pública pode ser materializada, em regra, por meio de leilão (em relação a bens móveis, na forma do artigo 17, inciso II, da Lei 8.666/93) ou por meio, em regra, de concorrência (quando relacionada a venda de bens imóveis, na forma do artigo 17, inciso I, da Lei 8.666/93).

A venda de bens materializada por ordem de juiz, por exemplo, na forma do artigo 881 do Código de Processo Civil[372] não é abarcada pelo tipo (vez que o artigo 335 do Código Penal revela que a proteção se refere à higidez da venda materializada pela Administração Pública e esta, como dito, é regida pela Lei 8.666/93).

Se as condutas típicas descritas no artigo 335 do Código Penal forem perpetradas em sede de arrematação judicial, o crime perpetrado será o tipificado no artigo 358 do mesmo diploma (crime contra a administração da justiça):

> Art. 358 – Impedir, perturbar ou fraudar arrematação judicial; afastar ou procurar afastar concorrente ou licitante, por meio de violência, grave ameaça, fraude ou oferecimento de vantagem:
> Pena – detenção, de dois meses a um ano, ou multa, além da pena correspondente à violência.

Inutilização de edital ou de sinal

Art. 336 – Rasgar ou, de qualquer forma, inutilizar ou conspurcar edital afixado por ordem de funcionário público; violar ou inutilizar selo ou sinal empregado,

371 CUNHA, Rogério Sanches. **Código Penal para concursos**. Salvador, 13ª edição, Juspodivm, 2020, p. 1018.

372 Art. 881. A alienação far-se-á em leilão judicial se não efetivada a adjudicação ou a alienação por iniciativa particular.
§ 1º O leilão do bem penhorado será realizado por leiloeiro público.
§ 2º Ressalvados os casos de alienação a cargo de corretores de bolsa de valores, todos os demais bens serão alienados em leilão público.

por determinação legal ou por ordem de funcionário público, para identificar ou cerrar qualquer objeto:
Pena – detenção, de um mês a um ano, ou multa.

Classificação: crime comum, doloso e formal (não é necessário que a Administração Pública experimente prejuízo em face das práticas descritas no tipo para a efetiva consumação do delito).

Trata-se de infração de menor potencial ofensivo de ação penal pública incondicionada.

Condutas proibidas: eis as condutas vedadas pelo tipo:

<table>
<tr><th colspan="2">Artigo 336 do Código Penal</th></tr>
<tr><td>Rasgar</td><td rowspan="3">edital afixado por ordem de funcionário público</td></tr>
<tr><td>Inutilizar</td></tr>
<tr><td>Conspurcar</td></tr>
<tr><td>Violar</td><td rowspan="2">selo ou sinal empregado, por determinação legal ou por ordem de funcionário público, para identificar ou cerrar qualquer objeto</td></tr>
<tr><td>Inutilizar</td></tr>
</table>

Como dito supra, não é necessário que exista prejuízo efetivo para a Administração em face da prática das condutas proibidas no tipo (que é formal).

Saliento que o crime é doloso (a prática culposa que resulte, por exemplo, na inutilização de edital afixado por ordem de funcionário público é fato atípico).

Rogério Sanches Cunha adverte que "não haverá o crime se os objetos materiais referidos no tipo perderam utilidade, como na hipótese com prazo vencido"[373].

Comete o crime tipificado no artigo 336 do Código Penal o agente que, por exemplo, viola fita zebrada que isola local de crime (violação de sinal empregado por determinação legal ou por ordem de funcionário público, para cerrar qualquer objeto). Saliento que se o agente vai além e adultera o local de crime, há possível prática dos crimes tipificados no artigo 347 do Código Penal (caso a conduta seja perpetrada por particular) ou 23 da Lei 13.869/19 (caso a conduta seja perpetrada por funcionário público). Exemplifico:

> **SITUAÇÃO HIPOTÉTICA 1:** PEDRO, intencionalmente, rasgou fita zebrada colocada pela polícia para isolar local de crime.
>
> **SITUAÇÃO HIPOTÉTICA 2:** MARCOS, repórter, rompeu fita colocada pela polícia para isolar local de crime, adentrou na cena do delito e fotografou detalhes do ambiente, com o fito de instruir matéria jornalística.

373 CUNHA, Rogério Sanches. **Código Penal para concursos**. Salvador, 13ª edição, Juspodivm, 2020, p. 1020.

SITUAÇÃO HIPOTÉTICA 3: JOÃO violou lacre colocado pela polícia em cena de crime para fins de isolamento e adulterou o local, com o fito de ludibriar o perito responsável pela confecção do exame pericial.

SITUAÇÃO HIPOTÉTICA 4: FERNANDA, policial civil, rompeu lacre colocado pela polícia para isolar local de morte violenta e adulterou a cena do crime praticado por seus colegas (homicídio), com o objetivo de forjar legítima defesa (para que os órgãos persecutórios imaginem ter havido confronto com a vítima que, em verdade, fora executada pelos amigos da policial).

SOLUÇÃO: na **SITUAÇÃO HIPOTÉTICA 1**, PEDRO praticou o crime tipificado no artigo 336 do Código Penal; na **SITUAÇÃO HIPOTÉTICA 2**, MARCOS cometeu, a meu ver, o crime tipificado no artigo 336 do Código Penal (mesmo diante da redação do § 2º do artigo 158-C do Código de Processo Penal[374] – penso que se não há presença do especial fim de agir reclamado pelo artigo 347 do Código Penal, não é possível imputação do crime de fraude processual); na **SITUAÇÃO HIPOTÉTICA 3**, JOÃO praticou o crime de fraude processual, tipificado no artigo 347 do Código Penal (a depender do caso concreto, é possível imputar o crime do artigo 336 do Código Penal em concurso ou entender pela aplicação do princípio da consunção, imputando apenas o delito de fraude processual); na **SITUAÇÃO HIPOTÉTICA 4**, FERNANDA praticou crime de abuso de autoridade, tipificado no artigo 23 da Lei 13.869/19 (a depender do caso concreto, é possível imputar o crime do artigo 336 do Código Penal em concurso ou entender pela aplicação do princípio da consunção, imputando apenas o delito de abuso de autoridade).

Subtração ou inutilização de livro ou documento

Art. 337 – Subtrair, ou inutilizar, total ou parcialmente, livro oficial, processo ou documento confiado à custódia de funcionário, em razão de ofício, ou de particular em serviço público:

Pena – reclusão, de dois a cinco anos, se o fato não constitui crime mais grave.

Classificação: crime comum (pode ser perpetrado por qualquer pessoa), doloso, expressamente subsidiário, misto, alternativo ou de conteúdo variado (se o agente inutilizar o documento depois de subtraí-lo, há crime único).

O delito é de ação penal pública incondicionada que admite acordo de não persecução penal (artigo 28-A do CPP).

374 Art. 158-C (...)
§ 2º É proibida a entrada em locais isolados bem como a remoção de quaisquer vestígios de locais de crime antes da liberação por parte do perito responsável, sendo tipificada como fraude processual a sua realização.

Condutas proibidas: eis as condutas proibidas descritas no tipo:

<table>
<tr><th colspan="4">Artigo 337 do Código Penal</th></tr>
<tr><td>Subtrair</td><td rowspan="3">total ou parcialmente</td><td>livro oficial</td><td>confiado à custódia de funcionário, em razão de ofício</td></tr>
<tr><td rowspan="2">Inutilizar</td><td>processo</td><td rowspan="2">de particular em serviço público</td></tr>
<tr><td>documento</td></tr>
</table>

As condutas proibidas são subtrair (surrupiar) ou inutilizar (tornar imprestável), total ou parcialmente, livro, processo ou documento confiado à custódia de funcionário público em razão do ofício ou de particular em serviço público.

A exemplo do crime furto, penso que a subtração se consuma com a inversão da posse (teoria *amotio*), sendo prescindível a posse mansa, pacífica e desvigiada do livro, processo ou documento.

O crime se consuma mesmo que não exista prejuízo para a Administração Pública em face da subtração/inutilização do livro oficial/processo/documento (há divergência doutrinária acerca da necessidade de prejuízo para consumação do delito).

Penso, contudo, que a pronta possibilidade de restauração do documento público descaracteriza o crime aqui estudado (mandado de intimação, denúncia ou sentença, por exemplo), podendo subsistir eventual prática de crime de desacato (artigo 331 do Código Penal), conforme o caso (há entendimento doutrinário em sentido contrário). Exemplifico:

> **SITUAÇÃO HIPOTÉTICA:** PEDRO rasgou a citação e a denúncia entregue por oficial de justiça, afirmando que os documentos são "lixo".
>
> **SOLUÇÃO:** como os documentos rasgados são passíveis de pronta reconstituição (mera impressão ou cópia), não há prática do crime tipificado no artigo 337 do Código Penal. É possível, contudo, imputação do crime de desacato ao agente.

Artigos 314 x 337 x 356 do Código Penal: estude juntos os crimes tipificados nos artigos 314, 337 e 356 do Código Penal:

Crime	Extravio, sonegação ou inutilização de livro ou documento	Subtração ou inutilização de livro ou documento	Sonegação de papel ou objeto de valor probatório
Tipo	Art. 314 – Extraviar livro oficial ou qualquer documento, de que tem a guarda em razão do cargo; sonegá-lo ou inutilizá-lo, total ou parcialmente: Pena – reclusão, de um a quatro anos, se o fato não constitui crime mais grave.	Art. 337 – Subtrair, ou inutilizar, total ou parcialmente, livro oficial, processo ou documento confiado à custódia de funcionário, em razão de ofício, ou de particular em serviço público: Pena – reclusão, de dois a cinco anos, se o fato não constitui crime mais grave.	Art. 356 – Inutilizar, total ou parcialmente, ou deixar de restituir autos, documento ou objeto de valor probatório, que recebeu na qualidade de advogado ou procurador: Pena – detenção, de seis meses a três anos, e multa.

Comentários	Crime próprio (cometido pelo funcionário público que tem a guarda do livro ou documento oficial).	Crime comum, praticado contra a administração pública.	Crime próprio (praticado por advogado ou procurador) contra a administração da justiça.

Sonegação de contribuição previdenciária

Art. 337-A. Suprimir ou reduzir contribuição social previdenciária e qualquer acessório, mediante as seguintes condutas:

I – omitir de folha de pagamento da empresa ou de documento de informações previsto pela legislação previdenciária segurados empregado, empresário, trabalhador avulso ou trabalhador autônomo ou a este equiparado que lhe prestem serviços;

II – deixar de lançar mensalmente nos títulos próprios da contabilidade da empresa as quantias descontadas dos segurados ou as devidas pelo empregador ou pelo tomador de serviços;

III – omitir, total ou parcialmente, receitas ou lucros auferidos, remunerações pagas ou creditadas e demais fatos geradores de contribuições sociais previdenciárias:

Pena – reclusão, de 2 (dois) a 5 (cinco) anos, e multa.

§ 1º É extinta a punibilidade se o agente, espontaneamente, declara e confessa as contribuições, importâncias ou valores e presta as informações devidas à previdência social, na forma definida em lei ou regulamento, antes do início da ação fiscal.

§ 2º É facultado ao juiz deixar de aplicar a pena ou aplicar somente a de multa se o agente for primário e de bons antecedentes, desde que:

I – (VETADO)

II – o valor das contribuições devidas, inclusive acessórios, seja igual ou inferior àquele estabelecido pela previdência social, administrativamente, como sendo o mínimo para o ajuizamento de suas execuções fiscais.

§ 3º Se o empregador não é pessoa jurídica e sua folha de pagamento mensal não ultrapassa R$ 1.510,00 (um mil, quinhentos e dez reais), o juiz poderá reduzir a pena de um terço até a metade ou aplicar apenas a de multa[375].

§ 4º O valor a que se refere o parágrafo anterior será reajustado nas mesmas datas e nos mesmos índices do reajuste dos benefícios da previdência social.

375 É importante a leitura do inciso VI do artigo 8º da Portaria SEPRT/ME 477/21:
Art. 8º A partir de 1º de janeiro de 2021:
(...)
VI – o valor de que trata o § 3º do art. 337-A do Código Penal, aprovado pelo Decreto-Lei nº 2.848, de 7 de dezembro de 1940, é de R$ 5.679,82 (cinco mil seiscentos e setenta e nove reais e oitenta e dois centavos).

Classificação: o crime é doloso (não há exigência de dolo específico), comum, material (é necessária a constituição definitiva do débito tributário no âmbito administrativo para sua consumação), misto, alternativo ou de conteúdo variado.

O delito admite acordo de não persecução penal (artigo 28-A do CPP) e é de ação penal pública incondicionada.

Teses do Superior Tribunal de Justiça: nesse sentido, teses do Superior Tribunal de Justiça acerca do crime estudado (edição 81 da jurisprudência em teses do STJ):

> 10) O crime de sonegação de contribuição previdenciária, previsto no art. 337-A do CP, não exige dolo específico para a sua configuração.
>
> 11) O crime de sonegação de contribuição previdenciária é de natureza material e exige a constituição definitiva do débito tributário perante o âmbito administrativo para configurar-se como conduta típica.
>
> 13) O delito de sonegação de contribuição previdenciária não exige qualidade especial do sujeito ativo, podendo ser cometido por qualquer pessoa, particular ou agente público, inclusive prefeitos.

Princípio da insignificância (impossibilidade): o crime de sonegação de contribuição previdenciária não admite incidência do princípio da insignificância (em face da elevada reprovabilidade da conduta), de acordo com o entendimento do Superior do Tribunal da Justiça e do Supremo Tribunal Federal:

> AGRAVO REGIMENTAL NO RECURSO ESPECIAL. PENAL. SONEGAÇÃO DE CONTRIBUIÇÃO PREVIDENCIÁRIA. PRINCÍPIO DA INSIGNIFICÂNCIA. INAPLICABILIDADE. VALOR DO DÉBITO. IRRELEVÂNCIA. CONDUTA ALTAMENTE REPROVÁVEL. PRECEDENTES. AGRAVO REGIMENTAL DESPROVIDO. 1. Ambas as Turmas que compõem o Supremo Tribunal Federal entendem ser inaplicável o princípio da insignificância aos crimes de sonegação de contribuição previdenciária e apropriação indébita previdenciária, tendo em vista a elevada reprovabilidade dessas condutas, que atentam contra bem jurídico de caráter supraindividual e contribuem para agravar o quadro deficitário da Previdência Social. 2. A Terceira Seção desta Corte Superior concluiu que não é possível a aplicação do princípio da insignificância aos crimes de apropriação indébita previdenciária e de sonegação de contribuição previdenciária, independentemente do valor do ilícito, pois esses tipos penais protegem a própria subsistência da Previdência Social, de modo que é elevado o grau de reprovabilidade da conduta do agente que atenta contra este bem jurídico supraindividual. 3. Agravo regimental desprovido (AgRg no REsp 1783334/PB, Rel. Ministra LAURITA VAZ, SEXTA TURMA, julgado em 07/11/2019, DJe 02/12/2019).

Afastada a possibilidade de aplicação do princípio da insignificância ao crime de sonegação de contribuição previdenciária (entendimento supra), resta aplicar (caso se perceba que o valor das contribuições devidas, inclusive acessórios, é igual ou inferior àquele estabelecido pela previdência social, administrativamente, como sendo o mínimo para o ajuizamento de suas execuções fiscais) o perdão judicial ou apenas pena de multa (na forma do § 3º do artigo 337-A do Código Penal) – vide tabela abaixo.

Extinção da punibilidade e suspensão da pretensão punitiva e da prescrição: este tópico demanda análise dos §§ 1º a 4º do artigo 337-A do Código Penal e o confronto destes com o entendimento do Superior Tribunal de Justiça e do Supremo Tribunal Federal.

Eis tabelas que sintetizam o quanto consignado no Caderno Repressivo:

§ 1º do artigo 337-A do Código Penal			
-	**Ações exigidas**	**Momento**	**Consequência**
Se o agente, espontaneamente	**declara** e **confessa** as contribuições, importâncias ou valores e **presta as informações** devidas à previdência social, na forma definida em lei ou regulamento	antes do início da ação fiscal	extinção da punibilidade

É interessante notar nessa primeira tabela que o legislador (diferente do que fez em relação ao crime de apropriação indébita previdenciária) **não reclamou o pagamento das contribuições devidas** para extinção da punibilidade do crime de sonegação de contribuição previdenciária (bastando, para tanto, que o agente, espontaneamente, **declare** e **confesse** as contribuições, importâncias ou valores e **preste as informações** devidas à previdência social, na forma definida em lei ou regulamento **antes do início da ação fiscal**.

§ 2º do artigo 337-A do Código Penal			
É facultado ao juiz	deixar de aplicar a pena (perdão judicial) **ou** aplicar somente a de multa	se o agente for primário **e** de bons antecedentes, desde que:	o valor das contribuições devidas, inclusive acessórios, seja igual ou inferior àquele estabelecido pela previdência social, administrativamente, como sendo o mínimo para o ajuizamento de suas execuções fiscais (R$ 20.000,00, na forma do artigo 20 da Lei 10.522/02, com as atualizações efetivadas pelas Portarias 75 e 130, ambas do Ministério da Fazenda).

Rogério Sanches Cunha[376] entende que, preenchidos os requisitos legais, é direito subjetivo do réu ser beneficiado com o perdão judicial ou a aplicação isolada de pena de multa (concordo com esse entendimento).

§§ 3º e 4º do artigo 337-A do Código Penal	
Causa de diminuição de pena (diminuição de 1/3 até a metade) ou aplicação apenas de pena de multa	Se o empregador não é pessoa jurídica e sua folha de pagamento mensal não ultrapassa R$ 1.510,00 (um mil, quinhentos e dez reais) – **§ 3º do artigo 337-A do Código Penal.**
Reajuste do valor	O valor a que se refere o § 3º será reajustado nas mesmas datas e nos mesmos índices do reajuste dos benefícios da previdência social – **§ 4º do artigo 337-A do Código Penal.**

Analisado o texto do Caderno Repressivo, vamos à interpretação jurisprudencial. Em primeiro lugar, é preciso assentar que o entendimento do Tribunal da Cidadania e do Pretório Excelso **em relação ao pagamento integral das contribuições devidas** leva em conta o § 2º do artigo 9º da Lei 10.684/03 (grifo meu):

> Art. 9º É suspensa a pretensão punitiva do Estado, referente aos crimes previstos nos arts. 1º e 2º da Lei nº 8.137, de 27 de dezembro de 1990, e nos arts. 168A e 337A do Decreto-Lei nº 2.848, de 7 de dezembro de 1940 – Código Penal, durante o período em que a pessoa jurídica relacionada com o agente dos aludidos crimes estiver incluída no regime de parcelamento.
>
> § 1º A prescrição criminal não corre durante o período de suspensão da pretensão punitiva.
>
> **§ 2º Extingue-se a punibilidade dos crimes referidos neste artigo quando a pessoa jurídica relacionada com o agente efetuar o pagamento integral dos débitos oriundos de tributos e contribuições sociais, inclusive acessórios.**

A mesma tabela utilizada para explicar o entendimento do Superior Tribunal de Justiça e do Supremo Tribunal Federal em relação ao crime de apropriação indébita previdenciária (artigo 168-A do Código Penal) pode ser transcrita agora (para assinalar que o pagamento das contribuições devidas a qualquer tempo extingue a punibilidade do crime de sonegação de contribuição previdenciária, tipificado no artigo 337-A do Caderno Repressivo):

376 CUNHA, Rogério Sanches. **Código Penal para concursos**. Salvador, 13ª edição, Juspodivm, 2020, p. 1026.

Sonegação de contribuição previdenciária		
Tribunal Superior	**Entendimento**	**Precedente**
STJ	O pagamento, a qualquer tempo (mesmo depois da sentença condenatória irrecorrível), das contribuições devidas extingue a punibilidade.	1. Com o advento da Lei 10.684/2003, no exercício da sua função constitucional e de acordo com a política criminal adotada, o legislador ordinário optou por retirar do ordenamento jurídico o marco temporal previsto para o adimplemento do débito tributário redundar na extinção da punibilidade do agente sonegador, nos termos do seu artigo 9º, § 2º, sendo vedado ao Poder Judiciário estabelecer tal limite. 2. Não há como se interpretar o referido dispositivo legal de outro modo, senão considerando que o pagamento do tributo, a qualquer tempo, até mesmo após o advento do trânsito em julgado da sentença penal condenatória, é causa de extinção da punibilidade do acusado. 3. Como o édito condenatório foi alcançado pelo trânsito em julgado sem qualquer mácula, os efeitos do reconhecimento da extinção da punibilidade por causa que é superveniente ao aludido marco devem ser equiparados aos da prescrição da pretensão executória. 4. Habeas corpus não conhecido. Ordem concedida de ofício para declarar extinta a punibilidade do paciente, com fundamento no artigo 9º, § 2º, da Lei 10.684/2003 (HC 362.478/SP, Rel. Ministro JORGE MUSSI, QUINTA TURMA, julgado em 14/09/2017, DJe 20/09/2017).
STF	O pagamento, a qualquer tempo (mesmo depois da sentença condenatória irrecorrível), das contribuições devidas extingue a punibilidade.	Recurso ordinário em habeas corpus. Apropriação indébita previdenciária (art. 168-A, § 1º, I, CP). Condenação. Trânsito em julgado. Pagamento do débito tributário. Extinção da punibilidade do agente. Admissibilidade. Inteligência do art. 9º, § 2º, da Lei nº 10.684/03. Precedentes. Ausência de comprovação cabal do pagamento. Recurso parcialmente provido para, afastado o óbice referente ao momento do pagamento, determinar ao juízo das execuções criminais que declare extinta a punibilidade do agente, caso venha a ser demonstrada, por certidão ou ofício do INSS, a quitação do débito.

		1. Tratando-se de apropriação indébita previdenciária (art. 168-A, § 1º, I, CP), o pagamento integral do débito tributário, ainda que após o trânsito em julgado da condenação, é causa de extinção da punibilidade do agente, nos termos do art. 9º, § 2º, da Lei nº 10.684/03. Precedentes. 2. Na espécie, os documentos apresentados pelo recorrente ao juízo da execução criminal não permitem aferir, com a necessária segurança, se houve ou não quitação integral do débito. 3. Nesse diapasão, não há como, desde logo, se conceder o writ para extinguir sua punibilidade. 4. De toda sorte, afastado o óbice referente ao momento do pagamento, cumprirá ao juízo das execuções criminais declarar extinta a punibilidade do agente, caso demonstrada a quitação do débito, por certidão ou ofício do INSS. 5. Recurso parcialmente provido (RHC 128245, Relator(a): DIAS TOFFOLI, Segunda Turma, julgado em 23/08/2016, PROCESSO ELETRÔNICO DJe-225 DIVULG 20-10-2016 PUBLIC 21-10-2016).

Doutra banda, a **pretensão punitiva** e a **prescrição ficam suspensas** se houver parcelamento do débito resultante da sonegação de contribuição previdenciária antes do recebimento da denúncia (na forma do §§ 2º e 3º do artigo 83 da Lei 9.430/96, com redação determinada pela Lei 12.382/11):

> Art. 83. A representação fiscal para fins penais relativa aos crimes contra a ordem tributária previstos nos arts. 1º e 2º da Lei nº 8.137, de 27 de dezembro de 1990, e aos crimes contra a Previdência Social, previstos nos arts. 168-A e 337-A do Decreto-Lei nº 2.848, de 7 de dezembro de 1940 (Código Penal), será encaminhada ao Ministério Público depois de proferida a decisão final, na esfera administrativa, sobre a exigência fiscal do crédito tributário correspondente.
>
> § 1º Na hipótese de concessão de parcelamento do crédito tributário, a representação fiscal para fins penais somente será encaminhada ao Ministério Público após a exclusão da pessoa física ou jurídica do parcelamento.
>
> **§ 2º É suspensa a pretensão punitiva do Estado referente aos crimes previstos no caput, durante o período em que a pessoa física ou a pessoa jurídica relacionada com o agente dos aludidos crimes estiver incluída no parcelamento, desde que o pedido de parcelamento tenha sido formalizado antes do recebimento da denúncia criminal.**

§ 3º A prescrição criminal não corre durante o período de suspensão da pretensão punitiva.

§ 4º Extingue-se a punibilidade dos crimes referidos no caput quando a pessoa física ou a pessoa jurídica relacionada com o agente efetuar o pagamento integral dos débitos oriundos de tributos, inclusive acessórios, que tiverem sido objeto de concessão de parcelamento.

§ 5º O disposto nos §§ 1º a 4º não se aplica nas hipóteses de vedação legal de parcelamento.

§ 6º As disposições contidas no caput do art. 34 da Lei nº 9.249, de 26 de dezembro de 1995, aplicam-se aos processos administrativos e aos inquéritos e processos em curso, desde que não recebida a denúncia pela juiz.

É preciso, então, cuidado ao tratar do tema: i) em relação ao pagamento das contribuições devidas (que gera extinção da punibilidade a qualquer tempo), aplica-se o § 2º do artigo 9º da Lei 10.684/03; ii) em relação ao parcelamento das contribuições devidas (que gera suspensão da pretensão punitiva e da prescrição quando feito antes do recebimento da denúncia), aplicam-se os §§ 2º e 3º do artigo 83 da Lei 9.430/96. Neste sentido (convivência harmônica do § 2º do artigo 9º da Lei 10.684/03 com os §§ 2º e 3º do artigo 83 da Lei 9.430/96, com a redação determinada pela Lei 12.382/11 – grifo meu), precedente do Pretório Excelso:

> Habeas corpus. Crime contra a ordem tributária. Aplicação do princípio da insignificância. Tese não analisada pelo Superior Tribunal de Justiça. Impossibilidade de conhecimento pela Suprema Corte. Inadmissível supressão de instância. Precedentes. Não conhecimento do writ. Requerimento incidental de extinção da punibilidade do paciente pelo pagamento integral do débito tributário constituído. Possibilidade. Precedente. Ordem concedida de ofício. 1. Não tendo sido analisada pelo Superior Tribunal de Justiça defesa fundada no princípio da insignificância, é inviável a análise originária desse pedido pela Suprema Corte, sob pena de supressão de instância, em afronta às normas constitucionais de competência. 2. Não se conhece do habeas corpus. 3. O pagamento integral de débito – devidamente comprovado nos autos – empreendido pelo paciente em momento anterior ao trânsito em julgado da condenação que lhe foi imposta é causa de extinção de sua punibilidade, conforme opção político-criminal do legislador pátrio. Precedente. **4. Entendimento pessoal externado por ocasião do julgamento, em 9/5/13, da AP nº 516/DF-ED pelo Tribunal Pleno, no sentido de que a Lei nº 12.382/11, que regrou a extinção da punibilidade dos crimes tributários nas situações de parcelamento do débito tributário, não afetou o disposto no § 2º do art. 9º da Lei 10.684/03, o qual prevê a extinção da punibilidade em razão do pagamento do débito, a qualquer tempo**. 5. Ordem concedida de ofício para declarar extinta a punibilidade do paciente (HC 116828, Relator(a): DIAS TOFFOLI, Primeira Turma, julgado em 13/08/2013, PROCESSO ELETRÔNICO DJe-206 DIVULG 16-10-2013 PUBLIC 17-10-2013).

Falso como crime meio para prática de sonegação de contribuição previdenciária: por fim, cumpre salientar que quando o crime de falso é meio para prática do crime de sonegação de contribuição previdenciária, há incidência do princípio da consunção (o falso é absorvido pelo crime tipificado no artigo 337-A do Código Penal). Caso a punibilidade do crime de sonegação de contribuição previdenciária reste extinta pelo pagamento integral do crédito tributário, não será possível processar o agente pelo crime-meio de falso. Nesse sentido, tese do Superior Tribunal de Justiça (edição 81 da jurisprudência em teses do STJ):

> 14) O crime de falso, quando cometido única e exclusivamente para viabilizar a prática do crime de sonegação de contribuição previdenciária, é por este absorvido, consoante diretrizes do princípio penal da consunção.

Tabela que sintetiza o crime estudado: considerando todas as lições estudadas, o delito de apropriação indébita previdenciária pode ser assim sintetizado:

Artigo 337-A do Código Penal	
Classificação quanto ao resultado naturalístico	Crime material – consuma-se com a constituição definitiva do crédito tributário (STJ e STF)
Elemento subjetivo	Dolo genérico (não exige especial fim de agir)
Princípio da insignificância	Inadmissível (STJ e STF)
Declaração e confissão espontâneas das contribuições, importâncias ou valores e prestação das informações devidas à previdência social, na forma definida em lei ou regulamento antes do início da ação fiscal	Extinção da punibilidade
Pagamento das contribuições devidas	Extinção da punibilidade a qualquer tempo (STJ e STF)
Parcelamento das contribuições devidas (até o recebimento da denúncia)	Suspensão da pretensão punitiva e da prescrição (§§ 2º e 3º do artigo 83 da Lei 9.430/96)

Corrupção ativa em transação comercial internacional

Art. 337-B. Prometer, oferecer ou dar, direta ou indiretamente, vantagem indevida a funcionário público estrangeiro, ou a terceira pessoa, para determiná-lo a praticar, omitir ou retardar ato de ofício relacionado à transação comercial internacional:

Pena – reclusão, de 1 (um) a 8 (oito) anos, e multa.

Parágrafo único. A pena é aumentada de 1/3 (um terço), se, em razão da vantagem ou promessa, o funcionário público estrangeiro retarda ou omite o ato de ofício, ou o pratica infringindo dever funcional.

Classificação: trata-se de crime doloso, comum (pode ser praticado por brasileiro ou estrangeiro) e vago (sem vítima definida). É crime de ação penal publica incondicionada que admite acordo de não persecução penal (artigo 28-A do CPP) e suspensão condicional do processo (artigo 89 da Lei 9.099/95).

Condutas proibidas: eis as condutas proibidas relacionadas ao crime em testilha:

Conduta	Classificação quanto ao resultado naturalístico
Oferecer	Crime formal
Prometer	Crime formal
Dar	Crime material

Artigos 333 x 337-B do Código Penal: note que, comparando o crime do artigo 337-B do Código Penal com o delito do artigo 333 do Caderno Repressivo, há acréscimo de uma conduta proibida – o verbo "dar". Ou seja, se o funcionário público estrangeiro solicitar vantagem indevida para praticar, omitir ou retardar ato de ofício relacionado a transação comercial internacional e o particular brasileiro pagar a vantagem solicitada, este cometerá o crime tipificado no artigo 337-B do Código Penal. Eis os dois tipos (penso que devem ser estudados em conjunto):

Artigo 333 do Código Penal	Artigo 337-B do Código Penal
Art. 333 – Oferecer ou prometer vantagem indevida a funcionário público, para determiná-lo a praticar, omitir ou retardar ato de ofício: Pena – reclusão, de 2 (dois) a 12 (doze) anos, e multa. Parágrafo único – A pena é aumentada de um terço, se, em razão da vantagem ou promessa, o funcionário retarda ou omite ato de ofício, ou o pratica infringindo dever funcional.	Art. 337-B. Prometer, oferecer ou dar, direta ou indiretamente, vantagem indevida a funcionário público estrangeiro, ou a terceira pessoa, para determiná-lo a praticar, omitir ou retardar ato de ofício relacionado à transação comercial internacional: Pena – reclusão, de 1 (um) a 8 (oito) anos, e multa. Parágrafo único. A pena é aumentada de 1/3 (um terço), se, em razão da vantagem ou promessa, o funcionário público estrangeiro retarda ou omite o ato de ofício, ou o pratica infringindo dever funcional.

Causa de aumento de pena: há majorante no parágrafo único do artigo 337-B do Código Penal (aumento de 1/3), se, em razão da vantagem ou promessa, o funcionário público estrangeiro retarda ou omite o ato de ofício, ou o pratica infringindo dever funcional.

Tráfico de influência em transação comercial internacional

Art. 337-C. Solicitar, exigir, cobrar ou obter, para si ou para outrem, direta ou indiretamente, vantagem ou promessa de vantagem a pretexto de influir em ato praticado por funcionário público estrangeiro no exercício de suas funções, relacionado a transação comercial internacional:

Pena – reclusão, de 2 (dois) a 5 (cinco) anos, e multa.

Parágrafo único. A pena é aumentada da metade, se o agente alega ou insinua que a vantagem é também destinada a funcionário estrangeiro.

Classificação: trata-se de crime doloso, comum e vago. O delito é de ação penal pública incondicionada a admite acordo de não persecução penal (artigo 28-A do CPP).

Condutas proibidas: as condutas proibidas são:

Conduta	Classificação quanto ao resultado naturalístico
Solicitar	Crime formal
Exigir	Crime formal
Cobrar	Crime formal
Obter	Crime material

Artigos 332 x 337-C do Código Penal: o tipo penal guarda grande similitude com o crime tipificado no artigo 332 do Código Penal (tráfico de influência), sendo importante ler em conjunto ambos os artigos. No crime do artigo 337-C também há engodo. O agente pleiteia a vantagem "a pretexto" de influir em ato praticado por funcionário público estrangeiro no exercício de suas funções, relacionado a transação comercial internacional. Há aumento de pena (da metade) se o autor do fato insinua que a vantagem será destinada ao funcionário público estrangeiro.

Leia os dois tipos citados:

Artigo 332 do Código Penal	Artigo 337-C do Código Penal
Art. 332 – Solicitar, exigir, cobrar ou obter, para si ou para outrem, vantagem ou promessa de vantagem, a pretexto de influir em ato praticado por funcionário público no exercício da função: Pena – reclusão, de 2 (dois) a 5 (cinco) anos, e multa. Parágrafo único – A pena é aumentada da metade, se o agente alega ou insinua que a vantagem é também destinada ao funcionário.	Art. 337-C. Solicitar, exigir, cobrar ou obter, para si ou para outrem, direta ou indiretamente, vantagem ou promessa de vantagem a pretexto de influir em ato praticado por funcionário público estrangeiro no exercício de suas funções, relacionado a transação comercial internacional: Pena – reclusão, de 2 (dois) a 5 (cinco) anos, e multa. Parágrafo único. A pena é aumentada da metade, se o agente alega ou insinua que a vantagem é também destinada a funcionário estrangeiro.

Funcionário público estrangeiro

Art. 337-D. Considera-se funcionário público estrangeiro, para os efeitos penais, quem, ainda que transitoriamente ou sem remuneração, exerce cargo, emprego ou função pública em entidades estatais ou em representações diplomáticas de país estrangeiro.

Parágrafo único. Equipara-se a funcionário público estrangeiro quem exerce cargo, emprego ou função em empresas controladas, diretamente ou indiretamente, pelo Poder Público de país estrangeiro ou em organizações públicas internacionais.

Interpretação autêntica: trata-se de evidente interpretação autêntica (fornecida pela própria lei), que indica quem é o funcionário público estrangeiro para fins penais.

CAPÍTULO II-B
DOS CRIMES EM LICITAÇÕES E CONTRATOS ADMINISTRATIVOS

Contratação direta ilegal

Art. 337-E. Admitir, possibilitar ou dar causa à contratação direta fora das hipóteses previstas em lei:

Pena – reclusão, de 4 (quatro) a 8 (oito) anos, e multa.

Introdução

A Lei 14.133/21 é a nova Lei de Licitações e Contratos Administrativos (foi publicada em edição extra do Diário Oficial da União no dia 01/04/2021).

O artigo 193 do novo mandamento legal trata da revogação da Lei 8.666/93:

> 193. Revogam-se:
>
> I – os arts. 89 a 108 da Lei nº 8.666, de 21 de junho de 1993, na data de publicação desta Lei;
>
> II – a Lei nº 8.666, de 21 de junho de 1993, a Lei nº 10.520, de 17 de julho de 2002, e os arts. 1º a 47-A da Lei nº 12.462, de 4 de agosto de 2011, após decorridos 2 (dois) anos da publicação oficial desta Lei.

A Lei 8.666/93 previa procedimento especial para os crimes licitatórios (artigos 104 a 108). Diante da revogação destes, os procedimentos a serem observados em face da prática dos crimes a seguir estudados serão os seguintes (artigo 394 do Código de Processo Penal):

Procedimentos	Crimes
Ordinário (pena máxima igual ou superior a 4 anos)	337-E, 337-F, 337-H, 337-K, 337-L, 337-M (§ 1º), 337-O (§ 2º)
Sumário (pena superior a 2 e inferior a 4 anos)	337-G, 337-I, 337-J, 337-M (caput), 337-O
Sumaríssimo (infrações de menor potencial ofensivo)	337-N

Eis algumas teses do Superior Tribunal de Justiça (edição 143 da jurisprudência em teses) sobre os crimes previstos na Lei 8.666/93 (revogados pela Lei 14.133/21) – as demais serão analisadas a seguir:

> 12) As infrações penais tipificadas na Lei n. 8.666/1993 não são meio necessário ou fase preparatória ou de execução para a prática de crimes de responsabilidade de prefeitos (art. 1º da Decreto-Lei n. 201/1976), tratando-se de delitos autônomos e distintos, a tutelar bens jurídicos diversos, não sendo possível a aplicação do princípio da consunção.
>
> 13) À luz do sistema constitucional acusatório e dos princípios do contraditório e da ampla defesa, a norma contida no art. 400 do Código de Processo Penal – CPP (com redação dada pela Lei n. 11.719/2008), que prevê a realização do interrogatório ao final da instrução criminal, é de observância obrigatória no âmbito dos procedimentos especiais, não havendo que se falar em afronta ao rito procedimental previsto no art. 104 da Lei de Licitações.
>
> 14) Compete à Justiça Castrense processar e julgar os crimes licitatórios praticados por militar contra patrimônio sujeito à administração militar (art. 9º do Código Penal Militar – CPM).

Sucessão de leis no tempo: o crime aqui estudado (artigo 337-E do Código Penal) deve ser analisado à luz do revogado artigo 89 da Lei 8.666/93:

Artigo 89 da Lei 8.666/93 (revogado)	Artigo 337-E do Código Penal
Art. 89. Dispensar ou inexigir licitação fora das hipóteses previstas em lei, ou deixar de observar as formalidades pertinentes à dispensa ou à inexigibilidade: Pena – detenção, de 3 (três) a 5 (cinco) anos, e multa. Parágrafo único. Na mesma pena incorre aquele que, tendo comprovadamente concorrido para a consumação da ilegalidade, beneficiou-se da dispensa ou inexigibilidade ilegal, para celebrar contrato com o Poder Público.	Art. 337-E. **Admitir, possibilitar ou dar causa à contratação direta fora das hipóteses previstas em lei:** Pena – **reclusão, de 4 (quatro) a 8 (oito) anos, e multa.**

Haverá continuidade normativo-típica em relação às condutas tipificadas no artigo 89 da Lei 8.666/93 que possam ser enquadradas no novel artigo 337-E do Código Penal (isso porque, nos termos do artigo 72 da Lei 14.133/21, a contratação direta compreende os casos de inexigibilidade e dispensa de licitação).

Por óbvio, o preceito secundário do novo tipo não deve retroagir, por ser mais severo. A modificação do preceito secundário possibilita agora decretação de interceptação telefônica no curso de investigação relacionada ao crime de contratação direta ilegal (um dos requisitos para decretação da medida é ser o delito punido com pena de reclusão).

Classificação: trata-se de crime doloso (o tipo não admite modalidade culposa, nem exige, a meu ver, especial fim de agir – saliento, contudo, que tanto o Superior Tribunal de Justiça quanto o Supremo Tribunal Federal entendem que o revogado artigo 89 da Lei 8.666/93 exigia especial fim de agir, como se verá alhures), próprio (perpetrado por funcionário público), formal (não é preciso prejuízo ao erário para que o crime de consume, vez que o delito também protege a moralidade administrativa e não há essa exigência no tipo – esse não é o entendimento do Superior Tribunal de Justiça em relação ao revogado artigo 89 da Lei 8.666/93, como se verá alhures) e misto, alternativo ou de conteúdo variado.

O delito é de ação penal pública incondicionada, não admite suspensão condicional do processo (artigo 89 da Lei 9.099/95), nem acordo de não persecução penal (artigo 28-A do CPP).

Bem jurídico tutelado: tutela-se a moralidade, a eficiência e, última análise, o patrimônio da Administração Pública, na forma do caput e do inciso XXI do artigo 37 da Constituição Federal (evitando-se contratação viciada, que possa prejudicar o Estado e beneficiar ilicitamente pessoas e empresas, em frontal desrespeito ao caráter competitivo que deve nortear as contratações públicas).

Condutas proibidas: são três as condutas proibidas: i) **admitir**; ii) **possibilitar**; ou iii) **dar causa** à contratação direta fora das hipóteses previstas em lei.

Como dito supra, a contratação direta (nos termos dos artigos 72 e seguintes da Lei 14.133/21) compreende os casos de inexigibilidade e dispensa de licitação (o que faz do crime aqui estudado norma penal em branco homogênea heterovitelina).

Especial fim de agir e necessidade de prejuízo ao erário: como dito acima, entendo que o crime tipificado no artigo 337-E do Código Penal não reclama especial fim de agir (o legislador não o exigiu, por isso penso que é suficiente o dolo genérico) nem a efetiva existência de prejuízo ao erário – não há essa exigência típica (classifico-o, por isso, como delito formal).

Entretanto, no que toca ao estudo do elemento subjetivo do tipo, é preciso consignar que o entendimento do Superior Tribunal de Justiça e do Supremo Tribunal Federal vai em sentido oposto (considerando como paradigma para sustentar essa afirmação o revogado crime tipificado no artigo 89 da Lei 8.666/93) – ambos os Areópagos reclamam especial fim de agir em relação ao delito.

Nesse sentido, tese 1 da edição 143 da jurisprudência em teses Superior Tribunal de Justiça:

> 1) Para a configuração do delito tipificado no art. 89 da Lei n. 8.666/1993, é indispensável a comprovação do dolo específico do agente em causar dano ao erário, bem como do prejuízo à administração pública.

O Tribunal da Cidadania, nesta senda, entende ser atípica a contratação fraudulenta (que não obedeça as regras que gravitam em torno da inexigibilidade ou da dispensa de licitação) se não restar comprovado que a intenção do agente era causar dano ao erário. Para configuração do revogado crime tipificado no artigo 89 da Lei 8.666/93, o Superior Tribunal de Justiça reclama, ainda, efetivo prejuízo à Administração Pública (grifo meu):

> HABEAS CORPUS. PENAL. ART. 89 DA LEI N. 8.666/1993. DISPENSA DE LICITAÇÃO MEDIANTE FRACIONAMENTO DA CONTRATAÇÃO. DOLO ESPECÍFICO. INTENÇÃO DE LESAR A ADMINISTRAÇÃO PÚBLICA. PREJUÍZO EFETIVO AO ERÁRIO. FALTA DE DEMONSTRAÇÃO. CONDUTA. ATIPICIDADE. EXTENSÃO DA ORDEM AOS CORRÉUS (ART. 580 C/C ART. 654, § 2º, AMBOS DO CPP). **1. Nos termos da jurisprudência do Superior Tribunal de Justiça firmada a partir do julgamento da APn n. 480/MG, a consumação do crime do art. 89 da Lei n. 8.666/1993 exige a demonstração do dolo específico, ou seja, a intenção de causar dano ao Erário e a efetiva ocorrência de prejuízo aos cofres públicos.** 2. Hipótese em que o paciente, prefeito do município, foi condenado como incurso no art. 89 da Lei n. 8.666/1993, por ter, juntamente com os membros da comissão de licitação, fracionado o serviço de transporte escolar em vários roteiros para, considerando o valor isolado de cada uma das linhas, dispensar o processo licitatório, em desacordo com o que determina o art. 23, §§ 2º e 5º e art. 24, II, da Lei n. 8.666/1993. 3. Observa-se, contudo, a existência de condenação baseada no dolo genérico (dispensa ou inexigibilidade de licitação, fora das hipóteses legais, com o objetivo de direcionamento da contratação), o que, segundo a jurisprudência desta Corte, não é suficiente para sustentar o decreto condenatório. 4. A sentença não fez qualquer referência à existência de deliberada intenção de causar prejuízos à Administração Pública ou à efetiva ocorrência do dano. Ao contrário, o magistrado de primeiro grau reconhece que os serviços foram prestados e, ao afastar a conduta prevista no art. 1º, inciso I, do Decreto-Lei n. 201/67, afirma, categoricamente, inexistir nos autos provas suficientes para comprovar o dolo do denunciado de efetuar pagamentos aos contratados superiores aos ajustados, sem qualquer justificativa para tanto. 5. Ordem concedida para absolver o paciente Cesar Augusto de Freitas, com fundamento no art. 386, III, do Código de Processo Penal, da imputação da prática do crime previsto no art. 89 da Lei n. 8.666/1993, com extensão dos efeitos aos corréus Ronildo Vieira Maciel, Tereza Maria Lopes de Brito e Amarildo Bezerra Leite (art. 580 do CPP). Pedido de reconsideração da decisão que apreciou o pleito liminar prejudicado. Comunique-se, com urgência, ao Juízo da 37ª Vara Federal da Subseção Judiciária de Caruaru/PE e à Primeira Turma do Tribunal de Justiça de Pernambuco (HC 588.359/PE, Rel. Ministro SEBASTIÃO REIS JÚNIOR, SEXTA TURMA, julgado em 08/09/2020, DJe 14/09/2020).

O Tribunal da Cidadania confirmou o entendimento de que o crime tipificado no artigo 337-E do Código Penal (outrora tipificado no artigo 89 da Lei 8.666/93) exige dolo específico de causar danos ao erário e efetivo prejuízo aos cofres públicos no informativo 723.

Com todas as vênias, penso que não é possível extrair essa interpretação nem do revogado artigo 89 da Lei 8.666/93 nem do atual 337-E do Código Penal.

O Supremo Tribunal Federal entende que o dispositivo revogado (artigo 89 da Lei 8.666/93) reclamava especial fim de agir (no mesmo sentido do Superior Tribunal de Justiça), mas afirma que o delito é formal:

> PENAL. PROCESSO PENAL. AÇÃO PENAL. APELAÇÃO. EX-PREFEITO MUNICIPAL. ATUAL DEPUTADO FEDERAL. DENÚNCIA. ALEGAÇÃO DE INÉPCIA. INOCORRÊNCIA. CONFORMIDADE COM O ART. 41 DO CPP. ALEGAÇÃO DE NULIDADE PROCESSUAL POR VIOLAÇÃO AO PRINCÍPIO DA IDENTIDADE FÍSICA DO JUIZ. IMPROCEDÊNCIA. MATÉRIA DE MÉRITO. CRIME DE DISPENSA IRREGULAR DE LICITAÇÃO. ART. 89 DA LEI 8.666/93. **DELITO FORMAL QUE DISPENSA PROVA DE DANO AO ERÁRIO PARA CONFIGURAÇÃO. DOLO. NECESSIDADE DE INTENÇÃO ESPECÍFICA DE LESAR O ERÁRIO.** CRIME DE FALSIFICAÇÃO DE DOCUMENTO PÚBLICO. INSERÇÃO DE TEXTO NÃO APROVADO PELO PODER LEGISLATIVO LOCAL EM LEI MUNICIPAL. DOLO CONFIGURADO. MATERIALIDADE, AUTORIA, TIPICIDADE OBJETIVA E SUBJETIVA PROVADAS. CONDENAÇÃO MANTIDA. PENA REDUZIDA. BIS IN IDEM. 1. O princípio da identidade física do juiz, previsto no art. 399, §2º, do Código de Processo Penal, não é absoluto, comportando as exceções previstas no art. 132 do Código de Processo Civil (hoje revogado), aplicável ao processo penal pela via do art. 3º do CPP. 2. Não é inepta a denúncia que, em respeito ao art. 41 do Código de Processo Penal, descreve o fato imputado ao réu com todas as circunstâncias que possibilitem a individualização da conduta e o exercício da ampla defesa. Precedentes. 3. Ocorrendo modificação da competência em razão da aquisição ou perda superveniente de foro por prerrogativa de função por parte do acusado, o juízo declinado recebe o processo no estado em que se encontrar. Os atos processuais praticados no juízo declinante, se competente quando o foram, prescindem de ratificação ou renovação no juízo declinado, em atenção ao princípio do tempus regit actum. **4. O crime do art. 89 da Lei 8.666/90 é formal, consumando-se tão somente com a dispensa ou inexigibilidade de licitação fora das hipóteses legais. Não se exige, para sua configuração, prova de prejuízo financeiro ao erário, uma vez que o bem jurídico tutelado não se resume ao patrimônio público, mas coincide com os fins buscados pela Constituição da República, ao exigir em seu art. 37, XXI, "licitação pública que assegure igualdade de condições a todos os concorrentes". Tutela-se, igualmente, a moralidade administrativa, a probidade, a impessoalidade e a isonomia.** 5. Para a configuração da tipicidade subjetiva do crime previsto no art. 89 da Lei 8.666/93, o Supremo Tribunal Federal exige o especial fim de agir, consistente na intenção específica de lesar o erário. Assim, distinguem-se as meras irregularidades administrativas do ato criminoso e deliberado de dispensar licitação quando à toda evidência era ela obrigatória. Destarte, não se confunde o administrador inapto com o administrador ímprobo. Sendo

flagrante a ilegalidade da dispensa, mostra-se configurada a intenção específica de lesar o erário, mormente quando outros elementos probatórios apontam nessa direção. 6. Embora seja importante elemento de convicção, o fato de a ilegal dispensa de licitação ter sido embasada em parecer jurídico que afirmava a licitude do proceder não é, por si só, suficiente a descaracterizar o dolo, mormente quando os elementos probatórios indicam, com segurança, que o apelado tinha plena ciência da ilicitude da dispensa. 7. A posterior inserção de conteúdo não aprovado pela Câmara de Vereadores em texto de Lei Municipal, pelo prefeito municipal, com a finalidade de autorizar a utilização de créditos excepcionais não contemplados no texto originalmente aprovado, configura o crime do art. 297, § 1º, do Código Penal. Dolo configurado. 8. Provadas a materialidade, a autoria, a tipicidade objetiva e subjetiva do crime, não havendo causas de exclusão da ilicitude e culpabilidade, a manutenção da condenação é medida que se impõe. 9. O fato de a falsificação recair sobre ato legislativo é revelador de alto grau de censurabilidade, a se refletir na dosimetria da pena. 10. Configura bis in idem valorar negativamente o fato de ser o apelante Prefeito Municipal, quando da fixação da pena-base, bem como para enquadramento da conduta prevista no § 1º, do art. 297, do Código Penal. 11. Apelação parcialmente provida, tão somente para reduzir a pena (AP 971, Relator(a): Min. EDSON FACHIN, Primeira Turma, julgado em 28/06/2016, ACÓRDÃO ELETRÔNICO DJe-217 DIVULG 10-10-2016 PUBLIC 11-10-2016).

Em síntese conclusiva (levando em conta o entendimento do STJ e do STF em relação ao crime tipificado no artigo 89 da Lei 8.666/93, que deve servir de norte para o estudo do novel artigo 337-E do Código Penal):

Jurisprudência/doutrina	Elemento subjetivo	Classificação quanto ao resultado naturalístico
STJ	Dolo específico	Material
STF	Dolo específico	Formal
Entendimento defendido nessa obra	Dolo genérico	Formal

Teses do STJ (aplicáveis ao artigo 89 da Lei 8.666/93): eis teses do Superior Tribunal de Justiça (edição 143 da jurisprudência em teses) em relação ao revogado crime tipificado no artigo 89 da Lei 8.666/93:

2) O art. 89 da Lei n. 8.666/1993 revogou o inciso XI do art. 1º do Decreto-Lei n. 201/1967, devendo, portanto, ser aplicado às condutas típicas praticadas por prefeitos após sua vigência.

3) A condição de agente político (cargo de prefeito) é elementar do tipo penal descrito no *caput* do art. 89 da Lei n. 8.666/1993, não podendo, portanto, ser sopesada como circunstância judicial desfavorável.

Frustração do caráter competitivo de licitação

Art. 337-F. Frustrar ou fraudar, com o intuito de obter para si ou para outrem vantagem decorrente da adjudicação do objeto da licitação, o caráter competitivo do processo licitatório:

Pena – reclusão, de 4 (quatro) anos a 8 (oito) anos, e multa.

Sucessão de leis no tempo: o crime aqui estudado (artigo 337-F do Código Penal) deve ser analisado à luz do revogado artigo 90 da Lei 8.666/93 (há continuidade normativo-típica entre o tipo revogado e o novo delito – por óbvio, o preceito secundário não retroagirá, por ser mais gravoso):

Artigo 90 da Lei 8.666/93 (revogado)	Artigo 337-F do Código Penal
Art. 90. Frustrar ou fraudar, mediante ajuste, combinação ou qualquer outro expediente, o caráter competitivo do procedimento licitatório, com o intuito de obter, para si ou para outrem, vantagem decorrente da adjudicação do objeto da licitação: Pena – detenção, de 2 (dois) a 4 (quatro) anos, e multa.	Art. 337-F. Frustrar ou fraudar, com o intuito de obter para si ou para outrem vantagem decorrente da adjudicação do objeto da licitação, o caráter competitivo do processo licitatório: Pena – reclusão, de 4 (quatro) anos a 8 (oito) anos, e multa.

O estudo dos artigos revela que o tipo está mais "enxuto".

A pena agora é bem maior (foi dobrada e passou a ser de reclusão). A mudança da pena privativa de liberdade é importante porque a investigação relacionada ao crime passa a admitir decretação de interceptação telefônica (um dos requisitos para decretação da medida que mitiga o sigilo das comunicações telefônicas é ser o crime punido com pena de reclusão, na forma do artigo 2º da Lei 9.296/96).

Classificação: trata-se de crime doloso (há exigência de **especial fim de agir** – intenção de obter para si ou para outrem vantagem decorrente da adjudicação do objeto da licitação), comum (pode ser praticado por qualquer pessoa), formal[377] (não é preciso que a vantagem seja efetivamente obtida) e misto, alternativo ou de conteúdo variado.

O delito é de ação penal pública incondicionada, não admite suspensão condicional do processo (artigo 89 da Lei 9.099/95), nem acordo de não persecução penal (artigo 28-A do CPP).

Especial fim de agir: como dito supra, o crime tipificado no artigo 337-F do Código Penal reclama especial fim de agir (intuito de obter para si ou para outrem vantagem decorrente da adjudicação do objeto da licitação). Não é necessário, contudo, que o agente obtenha a vantagem pretendida para que o delito se consume (trata-se, destarte, de crime **formal**).

377 Nesse sentido, Súmula 647/STJ – O crime de fraude à licitação é formal, e sua consumação prescinde da comprovação do prejuízo ou da obtenção de vantagem.

Bem jurídico tutelado: tutela-se a moralidade, a eficiência e o patrimônio da Administração Pública, na forma do *caput* e do inciso XXI do artigo 37 da Constituição Federal.

Condutas proibidas: são duas as condutas proibidas:

Conduta proibida (são alternativas)	Significado
Frustrar	fracassar, furar, malograr
Fraudar	burlar, falsificar, adulterar

O tipo é misto (alternativo ou de conteúdo variado) – a prática de qualquer das condutas proibidas (com presença do especial fim de agir) é suficiente para imputação do delito (e a prática das duas condutas em um mesmo contexto induz crime único – princípio da alternatividade).

O objeto material é o processo licitatório, que finda atingido no seu caráter competitivo em face da atuação do agente. Exemplifico:

> **SITUAÇÃO HIPOTÉTICA:** Os representantes legais das empresas participantes de processo licitatório que objetiva a compra de determinado produto por órgão da Administração Pública ajustam previamente suas propostas para que uma das empresas vença o certame, com o objetivo de obtenção da vantagem representada pela adjudicação do objeto da licitação.
>
> **SOLUÇÃO:** o caráter competitivo da licitação foi atingido pela conduta dos empresários, que ajustaram qual empresa sairia vencedora no certame. Destarte, os agentes perpetraram o crime tipificado no artigo 337-F do Código Penal ainda que a farsa seja descoberta e o objeto da licitação não seja adjudicado (o crime é formal).

Concurso de crimes (artigos 337-F e 337-L do Código Penal): é possível observar concurso dos crimes dos artigos 337-F e 337-L, ambos do Código Penal, usando como paradigma decisão do Superior Tribunal de Justiça que tratava dos delitos tipificados nos artigos 90 e 96 da Lei 8.666/93 (informativo 530/STJ). Não há *bis in idem*:

> DIREITO PENAL. CONCURSO DE CRIMES PREVISTOS NA LEI 8.666/1993. Não configura *bis in idem* a condenação pela prática da conduta tipificada no art. 90 da Lei 8.666/1993 (fraudar o caráter competitivo do procedimento licitatório) em concurso formal com a do art. 96, I, da mesma lei (fraudar licitação mediante elevação arbitraria dos preços). Isso porque se trata de tipos penais totalmente distintos. Com efeito, enquanto no crime do art. 90 o agente busca eliminar a competição ou fazer com que esta seja apenas aparente, no crime do art. 96, I, atinge-se diretamente a licitação, elevando arbitrariamente os preços em prejuízo da Fazenda Pública. Dessa forma, caracterizadas

as duas espécies delitivas, um crime não estará absorvido pelo outro. REsp 1.315.619-RJ, Rel. Min. Campos Marques (Desembargador convocado do TJ-PR), julgado em 15/8/2013.

Teses do STJ (aplicáveis ao artigo 90 da Lei 8.666/93): eis teses do Superior Tribunal de Justiça (edição 143 da jurisprudência em teses) acerca do revogado delito tipificado no artigo 90 da Lei 8.666/93:

> 4) O crime do art. 90 da Lei n. 8.666/1993 é formal e prescinde da existência de prejuízo ao erário, haja vista que o dano se revela pela simples quebra do caráter competitivo entre os licitantes interessados em contratar, causada pela frustração ou pela fraude no procedimento licitatório.
>
> 5) O crime previsto no art. 90 da Lei n. 8.666/1993 classifica-se como comum, não se exigindo do sujeito ativo nenhuma característica específica, podendo ser praticado por qualquer pessoa que participe do certame.
>
> 6) É possível a incidência da agravante genérica prevista no art. 61, II, *g*, do Código Penal, no crime de fraude em licitação, quando violado dever inerente à função pública, circunstância que não integra o tipo previsto no art. 90 da Lei n. 8.666/1993.
>
> 7) É possível o concurso de crimes entre os delitos do art. 90 (fraudar o caráter competitivo do procedimento licitatório) com o do art. 96, inciso I (fraudar licitação mediante elevação arbitraria dos preços), da Lei de Licitações, pois tutelam objetos distintos, afastando-se, portanto, o princípio da absorção.
>
> 8) Em relação ao delito previsto no art. 90 da Lei n. 8.666/1993, o termo inicial para contagem do prazo prescricional deve ser a data em que o contrato administrativo foi efetivamente assinado.
>
> 9) É idônea a valorização negativa da culpabilidade do agente pelo fato de exercer cargo de prefeito ao cometer os crimes previstos nos art. 90 e art. 92 da Lei n. 8.666/1993, dada a lisura e a ética que se esperam de um representante do interesse público.

Patrocínio de contratação indevida

Art. 337-G. Patrocinar, direta ou indiretamente, interesse privado perante a Administração Pública, dando causa à instauração de licitação ou à celebração de contrato cuja invalidação vier a ser decretada pelo Poder Judiciário:

Pena – reclusão, de 6 (seis) meses a 3 (três) anos, e multa.

Sucessão de leis no tempo: o crime aqui estudado (artigo 337-G do Código Penal) deve ser analisado à luz do revogado artigo 91 da Lei 8.666/93 (há continuidade normativo-típica entre o tipo revogado e o novo delito – por óbvio, o preceito secundário não retroagirá, por ser mais gravoso):

Artigo 91 da Lei 8.666/93 (revogado)	Artigo 337-G do Código Penal
Art. 91. Patrocinar, direta ou indiretamente, interesse privado perante a Administração, dando causa à instauração de licitação ou à celebração de contrato, cuja invalidação vier a ser decretada pelo Poder Judiciário: Pena – detenção, de 6 (seis) meses a 2 (dois) anos, e multa.	Art. 337-G. Patrocinar, direta ou indiretamente, interesse privado perante a Administração Pública, dando causa à instauração de licitação ou à celebração de contrato cuja invalidação vier a ser decretada pelo Poder Judiciário: Pena – reclusão, de 6 (seis) meses a 3 (três) anos, e multa.

O estudo dos artigos revela que o legislador incluiu a expressão "Pública" (no artigo revogado só havia menção à palavra "Administração"), modificou a pena privativa de liberdade (que agora é de reclusão) e aumentou a pena máxima (o crime deixou de ser infração de menor potencial ofensivo).

As modificações no preceito secundário são relevantes porque o crime deixou de ser da competência dos juizados especiais criminais (agora deve ser julgado pelo juízo comum) e passou a ser apurado por meio de inquérito policial (o crime revogado permitia lavratura de mero termo circunstanciado). É possível agora lavratura de auto de prisão em flagrante (o crime é, contudo, afiançável pela autoridade policial). Afigura-se possível, ainda, eventual decretação de interceptação telefônica no curso da persecução penal (um dos requisitos para decretação da medida que mitiga o sigilo das comunicações telefônicas é ser o crime punido com pena de reclusão, na forma do artigo 2º da Lei 9.296/96).

Classificação: trata-se de crime doloso (não se admite modalidade culposa, nem há exigência de especial fim de agir), próprio (perpetrado por funcionário público, tal qual no crime tipificado no artigo 321 do Código Penal) e material (só é possível falar na existência do crime aqui estudado se a licitação for iniciada ou se o contrato for celebrado).

O delito é de ação penal pública incondicionada, admite suspensão condicional do processo (artigo 89 da Lei 9.099/95), acordo de não persecução penal (artigo 28-A do CPP) e fiança arbitrada pela autoridade policial (artigo 322 do Código de Processo Penal).

Condição objetiva de punibilidade: o tipo conta com condição objetiva de punibilidade (só é possível punir o agente se a licitação ou o contrato for invalidado pelo Poder Judiciário).

Bem jurídico tutelado: tutela-se a moralidade, a eficiência e o patrimônio da Administração Pública, na forma do caput e do inciso XXI do artigo 37 da Constituição Federal.

Conduta proibida: a conduta proibida no tipo é **patrocinar** (defender ou advogar), direta ou indiretamente, interesse privado perante a Administração Pública.

É preciso que a conduta perpetrada pelo agente (funcionário público) dê causa à instauração de licitação ou à celebração de contrato (penso que o crime tipificado no artigo 337-G do Código Penal é condicionado ao resultado e que, por isso, não admite tentativa) e que exista invalidação ulterior pelo Poder Judiciário (se a própria Administração Pública invalidar a licitação/contrato, não há prática do crime aqui estudado, por ausência de condição objetiva de punibilidade).

Eis a sequencialidade reclamada pelo tipo:

Conduta →	**Resultado** →	**Condição objetiva de punibilidade**
Patrocínio, pelo funcionário público, direta ou indiretamente, de interesse privado perante a Administração Pública;	que o patrocínio dê causa à instauração de licitação ou celebração de contrato;	que a licitação ou contrato seja invalidado pelo Poder Judiciário.

Saliento que se a conduta do servidor público se traduzir em ato de ofício e envolver solicitação/recebimento/aceitação de promessa de vantagem indevida, o crime perpetrado será o de corrupção passiva (artigo 317 do Código Penal).

Conflito aparente de normas: o crime tipificado no artigo 337-G é especial em relação ao delito de advocacia administrativa (artigo 321 do Código Penal). Leia-os em conjunto:

Artigo 321 do Código Penal	**Artigo 337-G do Código Penal**
Art. 321 – Patrocinar, direta ou indiretamente, interesse privado perante a administração pública, valendo-se da qualidade de funcionário: Pena – detenção, de um a três meses, ou multa. Parágrafo único – Se o interesse é ilegítimo: Pena – detenção, de três meses a um ano, além da multa.	Art. 337-G. Patrocinar, direta ou indiretamente, interesse privado perante a Administração Pública, dando causa à instauração de licitação ou à celebração de contrato cuja invalidação vier a ser decretada pelo Poder Judiciário: Pena – **reclusão**, de 6 (seis) meses a 3 (três) anos, e multa.

Modificação ou pagamento irregular em contrato administrativo

Art. 337-H. Admitir, possibilitar ou dar causa a qualquer modificação ou vantagem, inclusive prorrogação contratual, em favor do contratado, durante a execução dos contratos celebrados com a Administração Pública, sem autorização em lei, no edital da licitação ou nos respectivos instrumentos contratuais, ou, ainda, pagar fatura com preterição da ordem cronológica de sua exigibilidade:

Pena – reclusão, de 4 (quatro) anos a 8 (oito) anos, e multa.

Sucessão de leis no tempo: o crime aqui estudado (artigo 337-H do Código Penal) deve ser analisado à luz do revogado artigo 92 da Lei 8.666/93 (há continuidade normativo-típica entre o tipo revogado e o novo delito – por óbvio, o preceito secundário não retroagirá, por ser mais gravoso):

Artigo 92 da Lei 8.666/93 (revogado)	Artigo 337-H do Código Penal
Art. 92. Admitir, possibilitar ou dar causa a qualquer modificação ou vantagem, inclusive prorrogação contratual, em favor do adjudicatário, durante a execução dos contratos celebrados com o Poder Público, sem autorização em lei, no ato convocatório da licitação ou nos respectivos instrumentos contratuais, ou, ainda, pagar fatura com preterição da ordem cronológica de sua exigibilidade, observado o disposto no art. 121 desta Lei: Pena – detenção, de dois a quatro anos, e multa. Parágrafo único. Incide na mesma pena o contratado que, tendo comprovadamente concorrido para a consumação da ilegalidade, obtém vantagem indevida ou se beneficia, injustamente, das modificações ou prorrogações contratuais.	Art. 337-H. Admitir, possibilitar ou dar causa a qualquer modificação ou vantagem, inclusive prorrogação contratual, em favor do **contratado**, durante a execução dos contratos celebrados com a **Administração Pública**, sem autorização em lei, no **edital da licitação** ou nos respectivos instrumentos contratuais, ou, ainda, pagar fatura com preterição da ordem cronológica de sua exigibilidade: Pena – **reclusão, de 4 (quatro) anos a 8 (oito) anos**, e multa.

Destaquei as sutis mudanças operadas no tipo (em relação ao revogado artigo 92 da Lei 8.666/93).

A pena foi profundamente modificada (passou de 2 a 4 anos de detenção para 4 a 8 anos de reclusão).

O Superior Tribunal de Justiça (grifo meu) reclamava, para a consumação do revogado artigo 92 da Lei 8.666/93, especial fim de agir (dolo específico) e efetivo prejuízo ao erário (o crime era considerado material para o Tribunal da Cidadania – como se verá adiante, com todas as vênias, defendo que o crime aqui estudado é formal):

> PROCESSO PENAL. AGRAVO REGIMENTAL NO RECURSO ESPECIAL. ART. 92 DA LEI Nº 8.666/93. DOLO ESPECÍFICO E DANO AO ERÁRIO CONSTATADOS PELO TRIBUNAL DE ORIGEM. PLEITO ABSOLUTÓRIO. REVOLVIMENTO DE MATÉRIA FÁTICO-PROBATÓRIA. SÚMULA 7/STJ. AGRAVO REGIMENTAL NÃO PROVIDO. **1. A jurisprudência desta Corte Superior de Justiça é no sentido de que, para a configuração do delito tipificado no art. 92 da Lei n. 8.666/1993, deve-se demonstrar, ao menos em tese, o dolo específico de causar dano ao erário, bem como o efetivo prejuízo causado à administração pública (AgRg no AREsp n. 1.265.657/MT, Rel. Ministro JOEL ILAN PACIORNIK, Quinta Turma, julgado em 14/5/2019, DJe 20/5/2019). Precedentes.** 2. O Tribunal de origem, com base nas provas colhidas nos autos, concluiu que o recorrente agiu com dolo específico na conduta delitiva e em claro prejuízo ao erário. Rever tais fundamentos, como requer a parte recorrente, importa revolvimento de matéria fático-probatória, vedado em recurso especial, segundo óbice da Súmula 7/STJ. 3. Agravo regimental não provido (AgRg no REsp 1883931/RS, Rel. Ministro REYNALDO SOARES DA FONSECA, QUINTA TURMA, julgado em 22/09/2020, DJe 29/09/2020).

Classificação: trata-se de crime doloso (não se admite modalidade culposa, mas o tipo exige especial fim de agir – intenção de que o contratado obtenha vantagem em detrimento da Administração Pública), próprio (perpetrado por funcionário público) e formal (não é preciso que vantagem seja efetivamente auferida pelo contratado ou que exista prejuízo efetivo para Administração Pública para que o crime se consume – como dito, a jurisprudência do Superior Tribunal de Justiça em relação ao artigo 92 da Lei 8.666/93 reclama, para consumação do crime, prejuízo ao erário).

O delito é de ação penal pública incondicionada, não admite suspensão condicional do processo (artigo 89 da Lei 9.099/95), nem acordo de não persecução penal (artigo 28-A do CPP).

Bem jurídico tutelado: tutela-se a moralidade, a eficiência e o patrimônio da Administração Pública, na forma do caput e do inciso XXI do artigo 37 da Constituição Federal.

Condutas proibidas: o crime é misto, alternativo ou de conteúdo variado e as (quatro) condutas vedadas são:

Artigo 337-H				
Admitir	a qualquer modificação ou vantagem, inclusive prorrogação contratual, em favor do contratado	durante a execução dos contratos celebrados com a Administração Pública	sem autorização em lei	no edital da licitação ou nos respectivos instrumentos contratuais.
Possibilitar				
Dar causa				

ou

Artigo 337-H		
Pagar	fatura	com preterição da ordem cronológica de sua exigibilidade

Perturbação de processo licitatório

Art. 337-I. Impedir, perturbar ou fraudar a realização de qualquer ato de processo licitatório:

Pena – detenção, de 6 (seis) meses a 3 (três) anos, e multa.

Sucessão de leis no tempo: o crime aqui estudado (artigo 337-I do Código Penal) deve ser analisado à luz do revogado artigo 93 da Lei 8.666/93 (há continuidade normativo-típica entre o tipo revogado e o novo delito – por óbvio, o preceito secundário não retroagirá, por ser mais gravoso):

Artigo 93 da Lei 8.666/93 (revogado)	Artigo 337-I do Código Penal
Art. 93. Impedir, perturbar ou fraudar a realização de qualquer ato de procedimento licitatório: Pena – detenção, de 6 (seis) meses a 2 (dois) anos, e multa.	Art. 337-I. Impedir, perturbar ou fraudar a realização de qualquer ato de processo licitatório: Pena – detenção, de 6 (seis) meses a **3 (três) anos**, e multa.

O preceito primário não foi modificado. O legislador optou por modificar apenas a pena do delito (o máximo em abstrato foi aumentado, fazendo com que o crime deixe de ser infração de menor potencial ofensivo).

Classificação: trata-se de crime doloso (não se admite modalidade culposa, nem se exige especial fim de agir), comum (pode ser cometido por qualquer pessoa), formal (não é preciso que exista efetivo prejuízo para a Administração Pública) e misto (alternativo ou de conteúdo variado).

O delito é de ação penal pública incondicionada, admite suspensão condicional do processo (artigo 89 da Lei 9.099/95), acordo de não persecução penal (artigo 28-A do CPP) e fiança arbitrada pela autoridade policial (artigo 322 do Código de Processo Penal).

Bem jurídico tutelado: tutela-se a normalidade dos atos praticados pela Administração Pública.

Condutas proibidas: o crime é misto, alt**ernativo ou de conteúdo variado e as (três) condutas vedadas são: i)** impedir (obstar), **perturbar** (turbar) ou **fraudar** (burlar) a realização de qualquer ato de processo licitatório (não é necessário que todo procedimento licitatório seja impedido, perturbado ou fraudado, bastando que um dos atos seja afetado).

O crime é subsidiário (implicitamente subsidiário), funcionando como soldado de reserva, caso não seja possível imputar ao agente crime mais grave.

Tese do STJ (aplicável ao artigo 93 da Lei 8.666/93): eis tese do Superior Tribunal de Justiça (edição 143 da jurisprudência em teses) acerca do revogado crime tipificado no artigo 93 da Lei 8.666/93:

> 10) O delito do art. 93 da Lei n. 8.666/1993 somente se tipifica se as condutas nele previstas forem praticadas no curso do procedimento licitatório.

Violação de sigilo em licitação

Art. 337-J. Devassar o sigilo de proposta apresentada em processo licitatório ou proporcionar a terceiro o ensejo de devassá-lo:

Pena – detenção, de 2 (dois) anos a 3 (três) anos, e multa.

Sucessão de leis no tempo: o crime aqui estudado (artigo 337-J do Código Penal) deve ser analisado à luz do revogado artigo 94 da Lei 8.666/93 (há continuidade normativo-típica entre o tipo revogado e o novo delito):

Artigo 94 da Lei 8.666/93 (revogado)	Artigo 337-J do Código Penal
Art. 94. Devassar o sigilo de proposta apresentada em procedimento licitatório, ou proporcionar a terceiro o ensejo de devassá-lo: Pena – detenção, de 2 (dois) a 3 (três) anos, e multa.	Art. 337-J. Devassar o sigilo de proposta apresentada em **processo** licitatório ou proporcionar a terceiro o ensejo de devassá-lo: Pena – detenção, de 2 (dois) anos a 3 (três) anos, e multa.

O preceito primário foi modificado apenas em relação à palavra "procedimento licitatório" (agora o tipo fala em "processo licitatório"). O preceito secundário não foi alterado.

Classificação: trata-se de crime doloso (não se admite modalidade culposa, nem se exige especial fim de agir), comum (praticado por qualquer pessoa), formal (não é preciso que exista efetivo prejuízo para a Administração Pública) e misto (alternativo ou de conteúdo variado).

O delito é de ação penal pública incondicionada e não admite suspensão condicional do processo (artigo 89 da Lei 9.099/95). É possível, entrementes, acordo de não persecução penal (artigo 28-A do CPP) e fiança arbitrada pela autoridade policial (artigo 322 do Código de Processo Penal).

Bem jurídico tutelado: tutela-se o sigilo das propostas feitas pelos licitantes (o que assegura a competitividade do processo licitatório) e a normalidade/conformidade dos atos praticados pela Administração Pública.

Condutas proibidas: o crime é misto, alternativo ou de conteúdo variado e as (duas) condutas vedadas são: i) **devassar** (descobrir); ou ii) **proporcionar** a terceiro a devassa do sigilo de proposta apresentada em processo licitatório.

Por se tratar de crime formal, é possível imputar o delito estudado ainda que não exista efetivo prejuízo para a Administração Pública em face da devassa indevida da(s) proposta(s) – este é o momento consumativo (prática de uma das condutas proibidas alternativas).

Afastamento de licitante

Art. 337-K. Afastar ou tentar afastar licitante por meio de violência, grave ameaça, fraude ou oferecimento de vantagem de qualquer tipo:

Pena – reclusão, de 3 (três) anos a 5 (cinco) anos, e multa, além da pena correspondente à violência.

Parágrafo único. Incorre na mesma pena quem se abstém ou desiste de licitar em razão de vantagem oferecida.

Sucessão de leis no tempo: o crime aqui estudado (artigo 337-K do Código Penal) deve ser analisado à luz do revogado artigo 95 da Lei 8.666/93 (há continuidade normativo-típica entre o tipo revogado e o novo delito – por óbvio, o preceito secundário não retroagirá, por ser mais gravoso):

Artigo 95 da Lei 8.666/93 (revogado)	Artigo 337-K do Código Penal
Art. 95. Afastar ou procurar afastar licitante, por meio de violência, grave ameaça, fraude ou oferecimento de vantagem de qualquer tipo: Pena – detenção, de 2 (dois) a 4 (quatro) anos, e multa, além da pena correspondente à violência.	Art. 337-K. Afastar ou tentar afastar licitante por meio de violência, grave ameaça, fraude ou oferecimento de vantagem de qualquer tipo: Pena – **reclusão, de 3 (três) anos a 5 (cinco) anos**, e multa, além da pena correspondente à violência.

Parágrafo único. Incorre na mesma pena quem se abstém ou desiste de licitar, em razão da vantagem oferecida.	Parágrafo único. Incorre na mesma pena quem se abstém ou desiste de licitar em razão de vantagem oferecida.

O preceito primário foi modificado apenas em relação à palavra "procurar" (agora o tipo fala em "tentar") – trata-se de crime de atentado, como se verá adiante. O preceito secundário foi modificado (a pena agora é de reclusão e foi orçada em 3 a 5 anos).

Classificação: trata-se de crime doloso (não se admite modalidade culposa, nem se exige especial fim de agir), comum (pode ser praticado por qualquer pessoa), formal (não é preciso que exista efetivo prejuízo para a Administração Pública), misto (alternativo ou de conteúdo variado) e de atentado (ou de empreendimento – vez que se pune com o mesmo preceito secundário quem pratica as modalidades consumada e tentada do delito).

O delito é de ação penal pública incondicionada e não admite suspensão condicional do processo (artigo 89 da Lei 9.099/95). É possível, entrementes, acordo de não persecução penal (artigo 28-A do CPP), caso o crime seja perpetrado mediante **fraude** ou **oferecimento de vantagem de qualquer tipo** (vez que não é possível a avença pré-processual em comento quando o crime é praticado mediante violência/grave ameaça).

Bem jurídico tutelado: tutela-se a competitividade dos processos licitatórios (a normalidade/conformidade dos atos praticados pela Administração Pública).

Condutas proibidas: como dito supra, o crime estudado é de atentado.

O quadro abaixo resume as condutas proibidas:

<table>
<tr><th colspan="3">Artigo 337-K</th></tr>
<tr><td rowspan="2">Afastar</td><td rowspan="4">licitante por meio de</td><td>violência</td></tr>
<tr><td>grave ameaça</td></tr>
<tr><td rowspan="2">Tentar afastar</td><td>fraude</td></tr>
<tr><td>oferecimento de vantagem de qualquer tipo</td></tr>
</table>

Observe que o licitante afastado (ou que se tenta afastar) pode ou não figurar como vítima (além da Administração Pública, que é sempre sujeito passivo do delito) do crime tipificado no artigo 337-K do Código Penal. Ele será vítima se o crime for praticado mediante violência, grave ameaça, fraude ou oferecimento de vantagem de qualquer tipo por ele não aceita.

Contudo, se o licitante que se tenciona afastar aceitar a vantagem oferecida e se abstiver ou desistir de licitar, ele figurará como sujeito ativo da figura equiparada prevista no parágrafo único do artigo estudado (é desnecessário que a promessa seja materializada para a consumação desta figura típica equiparada). Exemplifico:

SITUAÇÃO HIPOTÉTICA 1: 'A', licitante, tenta afastar o licitante 'B' do certame oferecendo quantia em dinheiro. 'B' recusa a oferta e participa do processo licitatório.

SITUAÇÃO HIPOTÉTICA 2: 'A', licitante, oferece quantia em dinheiro ao licitante 'B' para que este não participe de processo licitatório. 'B' aceita a vantagem oferecida e desiste de licitar.

SOLUÇÕES: na **SITUAÇÃO HIPOTÉTICA 1** apenas 'A' cometeu o crime tipificado no artigo 337-K do Código Penal. Na **SITUAÇÃO HIPOTÉTICA 2**, 'A' praticou o crime tipificado no caput do artigo 337-K do Código Penal e 'B' cometeu o delito tipificado na figura equiparada do parágrafo único do mesmo artigo.

Cumulação de penas: o preceito secundário do artigo 337-K do Código Penal determina que o agente seja punido pelo crime em licitação/contrato administrativo e pelo delito resultante de eventual violência (se o meio empregado for grave ameaça, fraude ou oferecimento de vantagem não há cumulação de penas) empregada na sua perpetração (as penas devem ser somadas).

Fraude em licitação ou contrato

Art. 337-L. Fraudar, em prejuízo da Administração Pública, licitação ou contrato dela decorrente, mediante:

I – entrega de mercadoria ou prestação de serviços com qualidade ou em quantidade diversas das previstas no edital ou nos instrumentos contratuais;

II – fornecimento, como verdadeira ou perfeita, de mercadoria falsificada, deteriorada, inservível para consumo ou com prazo de validade vencido;

III – entrega de uma mercadoria por outra;

IV – alteração da substância, qualidade ou quantidade da mercadoria ou do serviço fornecido;

V – qualquer meio fraudulento que torne injustamente mais onerosa para a Administração Pública a proposta ou a execução do contrato:

Pena – reclusão, de 4 (quatro) anos a 8 (oito) anos, e multa.

Sucessão de leis no tempo: o crime aqui estudado (artigo 337-L do Código Penal) deve ser analisado à luz do revogado artigo 96 da Lei 8.666/93 (há, em regra, continuidade normativo-típica entre o tipo revogado e o novo delito – por óbvio, o preceito secundário não retroagirá, por ser mais gravoso):

Artigo 96 da Lei 8.666/93 (revogado)	Artigo 337-L do Código Penal
Art. 96. Fraudar, em prejuízo da Fazenda Pública, licitação instaurada para aquisição ou venda de bens ou mercadorias, ou contrato dela decorrente:	**Art. 337-L. Fraudar, em prejuízo da Administração Pública, licitação ou contrato dela decorrente, mediante:**

I – elevando arbitrariamente os preços; II – vendendo, como verdadeira ou perfeita, mercadoria falsificada ou deteriorada; III – entregando uma mercadoria por outra; IV – alterando substância, qualidade ou quantidade da mercadoria fornecida; V – tornando, por qualquer modo, injustamente, mais onerosa a proposta ou a execução do contrato: Pena – detenção, de 3 (três) a 6 (seis) anos, e multa.	**I – entrega de mercadoria ou prestação de serviços com qualidade ou em quantidade diversas das previstas no edital ou nos instrumentos contratuais;** II – **fornecimento**, como verdadeira ou perfeita, de mercadoria falsificada, deteriorada, **inservível para consumo ou com prazo de validade vencido;** III – entrega de uma mercadoria por outra; IV – alteração da substância, qualidade ou quantidade da mercadoria **ou do serviço** fornecido; V – **qualquer meio fraudulento que torne** injustamente mais onerosa **para a Administração Pública** a proposta ou a execução do contrato: Pena – **reclusão, de 4 (quatro) anos a 8 (oito) anos**, e multa.

O legislador corrigiu grande falha na redação do artigo 96 da Lei 8.666/93: o tipo revogado só se referia à fraude na licitação que tinha por objeto **a aquisição ou a venda de bens ou mercadorias**. Não era possível, por essa exata razão (ausência de tipicidade formal), imputar o delito quando a fraude ocorria na **contratação de serviços** (tal desiderato constituiria analogia *in malam partem* ou interpretação extensiva e atropelaria o princípio da legalidade). Nesse sentido, jurisprudência do Superior Tribunal de Justiça (grifo meu):

> RECURSO ESPECIAL. PENAL. FRAUDE EM LICITAÇÃO. ART. 96, I E V, DA LEI N. 8.666/1993. CONTRATAÇÃO DE SERVIÇOS. CONDUTA NÃO PREVISTA NO TIPO PENAL. IMPOSSIBILIDADE DE CONDENAÇÃO. PRINCÍPIO DA TAXATIVIDADE. INTERPRETAÇÃO EXTENSIVA EM PREJUÍZO DO RÉU. INCABÍVEL. PRECEDENTE DO STF. **1. O art. 96 da Lei n. 8.666/1993 apresenta hipóteses estreitas de penalidade, entre as quais não se encontra a fraude na licitação para fins de contratação de serviços. 2. O tipo penal deveria prever expressamente a conduta de contratação de serviços fraudulentos para que fosse possível a condenação do réu, uma vez que o Direito Penal deve obediência ao princípio da taxatividade, não podendo haver interpretação extensiva em prejuízo do réu.** 3. Recurso especial improvido (REsp 1571527/RS, Rel. Ministro Sebastião Reis Júnior, Sexta Turma, julgado em 06/10/2016, DJe 25/10/2016).
>
> 11) A fraude na licitação para fins de contratação de serviço não está abrangida pelo tipo penal previsto no art. 96 da Lei n. 8.666/1993, uma vez que apresenta hipóteses estreitas de penalidade, não podendo haver interpretação extensiva em prejuízo do réu, à luz do princípio penal da taxatividade (tese da edição 143 da jurisprudência em teses do STJ).

A redação do caput e do inciso I do artigo 337-L do Código Penal supriu a lacuna (por óbvio, não é possível aplicação retroativa do novel mandamento legal incriminador para alcançar condutas perpetradas antes da entrada em vigor da Lei 14.133/21 – princípio da anterioridade).

A pena do delito estudado foi aumentada e passou a ser de reclusão.

Classificação: trata-se de crime doloso (não há punição de conduta culposa, nem se exige especial fim de agir), próprio (praticado pelo contratado – vencedor do processo licitatório) e material[378] (é preciso que exista prejuízo efetivo para a Administração Pública em face das condutas perpetradas pelo agente, para que reste consumado o delito estudado).

O delito é de ação penal pública incondicionada, não admite suspensão condicional do processo (artigo 89 da Lei 9.099/95), nem acordo de não persecução penal (artigo 28-A do CPP).

Bem jurídico tutelado: tutela-se a Administração Pública (e o respeito aos seus certames e contratos destes resultantes).

Condutas proibidas: o tipo pune o agente que **frauda** (ludibria, engana) licitação ou contrato dela decorrente, ocasionando prejuízo para a Administração Pública (crime material), por meio de uma das seguintes condutas:

Conduta	Comentários
Entrega de mercadoria ou prestação de serviços com qualidade ou em quantidade diversas das previstas no edital ou nos instrumentos contratuais;	São duas as condutas proibidas (e que representam fraude em licitação/contrato): i) a **entrega** de mercadoria com qualidade ou em quantidade diversas das previstas no edital ou no instrumentos contratuais; ou a ii) **prestação** de serviços com qualidade ou em quantidade diversas das previstas no edital ou nos instrumentos contratuais. Como dito supra, o legislador colmatou lacuna incômoda: **a falta de tipificação relacionada à prestação fraudada de serviços (com qualidade ou quantidade diversas das previstas no edital ou nos instrumentos contratuais).** Por óbvio (como também afirmado acima), a nova criminalização não pode retroagir (respeito aos princípios da anterioridade e da irretroatividade da lei penal – incisos XXXIX e XL do artigo 5º da Constituição Federal[379] e artigo 1º da Código Penal[380]).

378 Súmula 645. STJ: "o crime de fraude à licitação é formal, e sua consumação prescinde da comprovação do prejuízo ou da obtenção de vantagem".

379 Art. 5º (...)
XXXIX – não há crime sem lei anterior que o defina, nem pena sem prévia cominação legal;
XL – a lei penal não retroagirá, salvo para beneficiar o réu.

380 Art. 1º – Não há crime sem lei anterior que o defina. Não há pena sem prévia cominação legal.

	Quando a fraude consiste na qualidade da mercadoria/serviço, há entrega, pelo autor do fato de mercadoria (ou prestação de serviço) distinta da que foi contratada (por óbvio, como há necessidade de que exista prejuízo para a Administração Pública, a qualidade deve ser necessariamente inferior à contratada) – mesmo produto, mas de marca inferior à especificada, por exemplo. Quando a fraude consiste na quantidade da mercadoria/serviço, há entrega, pelo autor do fato de mercadoria (ou prestação de serviço) com a qualidade reclamada no contrato, mas em número inferior ao previsto no instrumento.
Fornecimento, como verdadeira ou perfeita, de mercadoria falsificada, deteriorada, inservível para consumo ou com prazo de validade vencido;	Aqui a fraude consiste no fornecimento de mercadoria **falsificada, deteriorada, inservível para consumo** ou com **prazo de validade vencido.** Quando o objeto material (mercadoria) é falsificado, deteriorado ou inservível para consumo, é preciso determinar realização de exame de corpo de delito, com o fito de trazer ao inquérito/processo materialidade delitiva. Se a fraude consistir no fornecimento de mercadoria com prazo de validade vencido, o mero confronto do dia do recebimento da mercadoria pela Administração Pública com o prazo constante nas embalagens é suficiente para demonstrar a conduta ilícita.
Entrega de uma mercadoria por outra;	Aqui o problema não reside na quantidade ou na qualidade da mercadoria (essa fraude é punida no inciso I, analisado supra). Nesse inciso III, o agente entrega outro produto (completamente distinto do contratado), gerando prejuízo para a Administração Pública.
Alteração da substância, qualidade ou quantidade da mercadoria ou do serviço fornecido;	A fraude aqui está na alteração da substância, qualidade ou quantidade da mercadoria ou do serviço fornecido. O agente pratica conduta comissiva que consiste na alteração da mercadoria (substância, qualidade ou quantidade), ocasionando prejuízo para a Administração Pública.
Qualquer meio fraudulento que torne injustamente mais onerosa para a Administração Pública a proposta ou a execução do contrato:	O último inciso do artigo 337-L do Código Penal pune a conduta de empregar qualquer outro meio fraudulento que torne injustamente mais onerosa para a Administração a proposta ou execução do contrato (penso que o inciso se traduz em exemplo de interpretação analógica).

Contratação inidônea

Art. 337-M. Admitir à licitação empresa ou profissional declarado inidôneo:

Pena – reclusão, de 1 (um) ano a 3 (três) anos, e multa.

§ 1º Celebrar contrato com empresa ou profissional declarado inidôneo:

Pena – reclusão, de 3 (três) anos a 6 (seis) anos, e multa.

§ 2º Incide na mesma pena do caput deste artigo aquele que, declarado inidôneo, venha a participar de licitação e, na mesma pena do § 1º deste artigo, aquele que, declarado inidôneo, venha a contratar com a Administração Pública.

Sucessão de leis no tempo: o crime aqui estudado (artigo 337-M do Código Penal) deve ser analisado à luz do revogado artigo 97 da Lei 8.666/93 (há continuidade normativo-típica entre o tipo revogado e o novo delito – por óbvio, os preceitos secundários não retroagirão, por serem mais gravosos):

Artigo 97 da Lei 8.666/93 (revogado)	Artigo 337-M do Código Penal
Art. 97. Admitir à licitação ou celebrar contrato com empresa ou profissional declarado inidôneo: Pena – detenção, de 6 (seis) meses a 2 (dois) anos, e multa. Parágrafo único. Incide na mesma pena aquele que, declarado inidôneo, venha a licitar ou a contratar com a Administração.	Art. 337-M. Admitir à licitação empresa ou profissional declarado inidôneo: **Pena – reclusão, de 1 (um) ano a 3 (três) anos, e multa.** § 1º Celebrar contrato com empresa ou profissional declarado inidôneo: Pena – **reclusão, de 3 (três) anos a 6 (seis) anos**, e multa. § 2º Incide na mesma pena do caput deste artigo aquele que, declarado inidôneo, venha a participar de licitação **e, na mesma pena do § 1º deste artigo, aquele que, declarado inidôneo, venha a contratar com a Administração Pública.**

O legislador cindiu as condutas criminosas antes punidas com a mesma reprimenda e transmudou a celebração de contrato com empresa ou profissional declarado inidôneo (a **declaração de inidoneidade** é sanção tratada no inciso IV do artigo 87 da Lei 8.666/93 e no inciso IV do artigo 156 da Lei 14.133/21) em figura qualificada (punida com pena de reclusão de 3 a 6 anos).

A situação se repetiu em relação à figura equiparada (o licitante declarado inidôneo que participa do processo licitatório é responsabilizado nas penas do tipo simples e o que, declarado inidôneo, contrata com a Administração Pública é punido com a reprimenda do tipo qualificado).

Classificação: trata-se de crime doloso (não há punição de conduta culposa, nem se exige especial fim de agir), próprio (praticado por funcionário público ou, na figura equiparada, praticado por licitante) e formal (não se exige prejuízo efetivo para a Administração Pública em face das condutas perpetradas pelo agente para que o crime se consume).

O **tipo simples** (pena de reclusão de 1 a 3 anos e multa) é de ação penal pública incondicionada, admite suspensão condicional do processo (artigo 89 da Lei 9.099/95), acordo de não persecução penal (artigo 28-A do CPP) e fiança arbitrada pela autoridade policial (artigo 322 do CPP).

O **tipo qualificado** (§ 1º – pena de reclusão de 3 a 6 anos e multa) é de ação penal pública incondicionada e não admite suspensão condicional do processo (artigo 89 da Lei 9.099/95). Admite-se, contudo, acordo de não persecução penal (artigo 28-A do CPP).

Nas **figuras equiparadas** (§ 2º), temos:

Figura equiparada	Características	Pena
Licitante declarado inidôneo que **participa** de processo licitatório	Crime de ação penal pública incondicionada, que admite suspensão condicional do processo (artigo 89 da Lei 9.099/95), acordo de não persecução penal (artigo 28-A do CPP) e fiança arbitrada pela autoridade policial (artigo 322 do CPP).	Reclusão de 1 a 3 anos e multa
Licitante declarado inidôneo que **contrata** com a administração	Crime de ação penal pública incondicionada que não admite suspensão condicional do processo (artigo 89 da Lei 9.099/95). Admite-se, contudo, acordo de não persecução penal (artigo 28-A do CPP).	Reclusão de 3 a 6 anos e multa

Bem jurídico tutelado: tutela-se a Administração Pública (a moralidade administrativa, na medida em que se pune a admissão ou contratação, em processo licitatório, de empresa ou profissional declarado inidôneo).

Condutas proibidas: o **caput do artigo 337-M do Código Penal** pune o funcionário público que **admite** à licitação empresa ou profissional declarado inidôneo. Por óbvio, é preciso prática dolosa (dolo genérico). Não é necessário, para consumação, que exista prejuízo para a Administração Pública (o crime é formal e de perigo abstrato).

A figura qualificada do § 1º do mesmo artigo pune o agente que **celebra** contrato com empresa ou profissional declarado inidôneo. As mesmas observações feitas supra se aplicam aqui (o crime é doloso, formal e de perigo abstrato).

As **figuras equiparadas** se traduzem, de igual sorte, em crimes próprios (só que perpetrados pelo **licitante declarado inidôneo** que **participa** de licitação ou que, nessa situação, **contrata** com a Administração Pública). Não há, aqui também, necessidade de efetivo prejuízo para a Administração Pública para que o crime se consume, nem exigência de especial fim de agir (basta dolo genérico de participar do processo licitatório ou de contratar com a Administração Pública sabendo ter sido declarado inidôneo).

Se o licitante declarado inidôneo participa do processo licitatório e, sagrando-se vencedor, contrata com a Administração Pública, haverá punição apenas pela contratação indevida (ficando a participação na licitação consumida, por se tratar de crime-meio).

Impedimento indevido

Art. 337-N. Obstar, impedir ou dificultar injustamente a inscrição de qualquer interessado nos registros cadastrais ou promover indevidamente a alteração, a suspensão ou o cancelamento de registro do inscrito:

Pena – reclusão, de 6 (seis) meses a 2 (dois) anos, e multa.

Sucessão de leis no tempo: o crime aqui estudado (artigo 337-N do Código Penal) deve ser analisado à luz do revogado artigo 98 da Lei 8.666/93 (há continuidade normativo-típica entre o tipo revogado e o novo delito):

Artigo 98 da Lei 8.666/93 (revogado)	Artigo 337-N do Código Penal
Art. 98. Obstar, impedir ou dificultar, injustamente, a inscrição de qualquer interessado nos registros cadastrais ou promover indevidamente a alteração, suspensão ou cancelamento de registro do inscrito: Pena – detenção, de 6 (seis) meses a 2 (dois) anos, e multa.	Art. 337-N. Obstar, impedir ou dificultar injustamente a inscrição de qualquer interessado nos registros cadastrais ou promover indevidamente a alteração, a suspensão ou o cancelamento de registro do inscrito: Pena – **reclusão**, de 6 (seis) meses a 2 (dois) anos, e multa.

A análise dos tipos revela que a única mudança da pena privativa de liberdade aplicada (passou a ser de reclusão). O preceito primário e os limites mínimo e máximo de pena permaneceram inalterados.

Classificação: trata-se de crime doloso (não há punição de conduta culposa, nem se exige especial fim de agir), próprio (praticado por funcionário público), formal (não se exige prejuízo efetivo para a Administração Pública em face das condutas alternativas descritas no tipo para que o crime se consume) e alternativo (misto ou de conteúdo variado).

Trata-se de infração de menor potencial ofensivo de ação penal pública incondicionada.

Bem jurídico tutelado: tutela-se a Administração Pública (e a regularidade dos cadastros de pessoas físicas e jurídicas interessadas em com ela contratar).

Condutas proibidas: as condutas proibidas no tipo (que é alternativo, como dito) são:

Artigo 337-N		
Obstar	injustamente	a inscrição de qualquer interessado nos registros cadastrais.
Impedir		
Dificultar		

ou

Artigo 337-N		
Promover indevidamente	alteração suspensão cancelamento	de registro do inscrito.

O crime se consuma com a prática de uma das condutas proibidas por funcionário público (não é necessário efetivo prejuízo para a Administração Pública ou para o interessado – crime formal e de perigo abstrato).

Os registros cadastrais são regulados pelos artigos 34 e seguintes da Lei 8.666/93 e artigos 87 e seguintes da Lei 14.133/21.

Omissão grave de dado ou de informação por projetista

Art. 337-O. Omitir, modificar ou entregar à Administração Pública levantamento cadastral ou condição de contorno em relevante dissonância com a realidade, em frustração ao caráter competitivo da licitação ou em detrimento da seleção da proposta mais vantajosa para a Administração Pública, em contratação para a elaboração de projeto básico, projeto executivo ou anteprojeto, em diálogo competitivo ou em procedimento de manifestação de interesse:

Pena – reclusão, de 6 (seis) meses a 3 (três) anos, e multa.

§ 1º Consideram-se condição de contorno as informações e os levantamentos suficientes e necessários para a definição da solução de projeto e dos respectivos preços pelo licitante, incluídos sondagens, topografia, estudos de demanda, condições ambientais e demais elementos ambientais impactantes, considerados requisitos mínimos ou obrigatórios em normas técnicas que orientam a elaboração de projetos.

§ 2º Se o crime é praticado com o fim de obter benefício, direto ou indireto, próprio ou de outrem, aplica-se em dobro a pena prevista no caput deste artigo.

Sucessão de leis no tempo: esse é único tipo penal que não existia na Lei 8.666/93. Por ser novo dispositivo incriminador, não é possível sua aplicação a fatos perpetrados antes da entrada em vigor da Lei 14.133/21 (princípio da anterioridade).

Classificação: trata-se de crime doloso (não há punição de conduta culposa, nem se exige especial fim de agir – se houver intenção de obtenção de benefício, haverá incidência de causa de aumento de pena, na forma do § 2º do artigo estudado), próprio (cometido por projetista), formal (o tipo prevê dois resultados alternativos, mas penso que não é necessário que um deles ocorra para consumação do delito) e alternativo (misto ou de conteúdo variado).

Trata-se de crime de ação penal pública incondicionada, que admite suspensão condicional do processo (artigo 89 da Lei 9.099/95), acordo de não persecução penal (artigo 28-A do CPP) e fiança arbitrada pela autoridade policial (artigo 322 do CPP).

Bem jurídico tutelado: tutela-se a Administração Pública (e o caráter competitivo que deve nortear as licitações e contratações desta).

Condutas proibidas: vide as tabelas abaixo (decidi elaborar duas tabelas para melhor organizar o confuso artigo 337-O do Código Penal):

Condutas proibidas	Itens dissonantes	Resultados	Documentos
i) **Omitir**; ii) **modificar**; ou iii) **entregar** à Administração Pública	i) **levantamento cadastral**; ou ii) **condição de contorno** em relevante dissonância com a realidad1e	i) **em frustração ao caráter competitivo da licitação**; ou ii) **em detrimento da seleção da proposta mais vantajosa para a Administração Pública**	em contratação para a elaboração de: i) **projeto básico**; ii) **projeto executivo**; ou iii) **anteprojeto** (vide, respectivamente, incisos XXV, XXVI e XXIV do artigo 6º da Lei 14.133/21).

ou

Condutas proibidas	Itens dissonantes	Resultados	Procedimentos
i) **Omitir**; ii) **modificar**; ou iii) **entregar** à Administração Pública	i) **levantamento cadastral**; ou ii) **condição de contorno** em relevante dissonância com a realidade	i) **em frustração ao caráter competitivo da licitação**; ou ii) **em detrimento da seleção da proposta mais vantajosa para a Administração Pública**	em: i) **diálogo competitivo**; ou ii) **procedimento de manifestação de interesse** (vide, respectivamente, inciso XLII do artigo 6º e artigo 81 da Lei 14.133/21).

O § 1º do artigo estudado define a expressão "**condição de contorno**" (interpretação autêntica):

Expressão	Conceito
Condição de contorno	As informações e os levantamentos suficientes e necessários para a definição da solução de projeto e dos respectivos preços pelo licitante, incluídos sondagens, topografia, estudos de demanda, condições ambientais e demais elementos ambientais impactantes, considerados requisitos mínimos ou obrigatórios em normas técnicas que orientam a elaboração de projetos.

Como dito supra, não é preciso que os resultados descritos no tipo ocorram para que o crime se consume (trata-se de crime formal ou de consumação antecipada) – basta a prática intencional de uma das condutas proibidas alternativas descritas no tipo.

Causa de aumento de pena (especial fim de agir): se o crime é praticado com o fim de obter benefício, direto ou indireto, próprio ou de outrem (especial fim de agir), haverá incidência de majorante (a pena é aplicada em dobro).

Art. 337-P. A pena de multa cominada aos crimes previstos neste Capítulo seguirá a metodologia de cálculo prevista neste Código e não poderá ser inferior a 2% (dois por cento) do valor do contrato licitado ou celebrado com contratação direta.

Sucessão de leis no tempo: o dispositivo aqui estudado (artigo 337-P do Código Penal) deve ser analisado à luz do revogado artigo 99 da Lei 8.666/93 (há continuidade normativo-típica entre o tipo revogado e o novo delito):

Artigo 99 da Lei 8.666/93 (revogado)	Artigo 337-P do Código Penal
Art. 99. A pena de multa cominada nos arts. 89 a 98 desta Lei consiste no pagamento de quantia fixada na sentença e calculada em índices percentuais, cuja base corresponderá ao valor da vantagem efetivamente obtida ou potencialmente auferível pelo agente. § 1º Os índices a que se refere este artigo não poderão ser inferiores a 2% (dois por cento), nem superiores a 5% (cinco por cento) do valor do contrato licitado ou celebrado com dispensa ou inexigibilidade de licitação. § 2º O produto da arrecadação da multa reverterá, conforme o caso, à Fazenda Federal, Distrital, Estadual ou Municipal.	Art. 337-P. A pena de multa cominada aos crimes previstos neste Capítulo seguirá a metodologia de cálculo prevista neste Código e não poderá ser inferior a 2% (dois por cento) do valor do contrato licitado ou celebrado com contratação direta.

O dispositivo revogado afirmava que a multa aplicada em face da prática de crime tipificado na Lei 8.666/93 não podia ser inferior a 2% nem superior a 5% **"do valor do contrato licitado ou celebrado com dispensa ou inexigibilidade de licitação".**

O produto da arrecadação da pena de multa revertia, nos termos do artigo revogado, à Fazenda Federal, Distrital, Estadual ou Municipal, conforme o caso (a depender do ente contratante).

O novel artigo 337-P do Código Penal determina que a aplicação da pena de multa (e **todos** os crimes do Capítulo II-B do Título XI do Código Penal têm pena de multa cumulada à pena privativa de liberdade) deve seguir a metodologia de cálculo previsto no Caderno Repressivo Pátrio (artigo 49[381]).

A única ressalva que o dispositivo estudado faz é que a multa aplicada **"não poderá ser inferior a 2% (dois por cento) do valor do contrato licitado ou celebrado com contratação direta"**. Assim, depois da operação determinada pelo artigo 49 do Código Penal – fixação da quantidade de dias-multa (entre 10 e 360) e, a seguir, determinação do valor de cada dia-multa (entre 1/30 e 5 vezes do valor do salário mínimo) – se o valor encontrado for menor que 2% do valor do contrato licitado ou da contratação direta, este será o valor final da multa imposta (nota-se, comparando o dispositivo revogado e o atual, que não há mais teto para imposição da pena pecuniária).

---

381 Art. 49 – A pena de multa consiste no pagamento ao fundo penitenciário da quantia fixada na sentença e calculada em dias-multa. Será, no mínimo, de 10 (dez) e, no máximo, de 360 (trezentos e sessenta) dias-multa.
§ 1º – O valor do dia-multa será fixado pelo juiz não podendo ser inferior a um trigésimo do maior salário mínimo mensal vigente ao tempo do fato, nem superior a 5 (cinco) vezes esse salário.
§ 2º – O valor da multa será atualizado, quando da execução, pelos índices de correção monetária.

Não há no novo dispositivo determinação de que a multa aplicada seja revertida ao ente licitante (deve ser seguida, nesta toada, a destinação determinada pelo já citado artigo 49 do Código Penal – destinação ao fundo penitenciário).

CAPÍTULO III
DOS CRIMES CONTRA A ADMINISTRAÇÃO DA JUSTIÇA

Reingresso de estrangeiro expulso

Art. 338 – Reingressar no território nacional o estrangeiro que dele foi expulso:

Pena – reclusão, de um a quatro anos, sem prejuízo de nova expulsão após o cumprimento da pena.

Classificação: trata-se de crime doloso, próprio (só pode ser cometido por estrangeiro expulso do Brasil), de mão própria (admite apenas participação – que pode ser de brasileiro), permanente e de competência da justiça federal.

O delito admite acordo de não persecução penal (artigo 28-A do CPP), suspensão condicional do processo (artigo 89 da Lei 9.099/95) e fiança arbitrada pela autoridade policial (artigo 322 do CPP). O crime é de ação penal pública incondicionada.

Consumação: para que o crime se consume é preciso que o estrangeiro seja expulso (leia os artigos 54 e seguintes da Lei 13.445/17) e reingresse no território nacional (o delito em questão não se confunde com o crime de promoção de migração ilegal, tipificado no artigo 232-A[382] do Código Penal, porque no tipo do artigo 338 do Caderno Repressivo o próprio estrangeiro expulso volta ao Brasil sem auxílio de terceiro – a participação, como dito, até é possível).

Denunciação caluniosa

Art. 339. Dar causa à instauração de inquérito policial, de procedimento investigatório criminal, de processo judicial, de processo administrativo disciplinar, de inquérito civil ou de ação de improbidade administrativa contra alguém, imputando-lhe crime, infração ético-disciplinar ou ato ímprobo de que o sabe inocente:

Pena – reclusão, de dois a oito anos, e multa.

---

382 Art. 232-A. Promover, por qualquer meio, com o fim de obter vantagem econômica, a entrada ilegal de estrangeiro em território nacional ou de brasileiro em país estrangeiro:
Pena – reclusão, de 2 (dois) a 5 (cinco) anos, e multa.
§ 1º Na mesma pena incorre quem promover, por qualquer meio, com o fim de obter vantagem econômica, a saída de estrangeiro do território nacional para ingressar ilegalmente em país estrangeiro.
§ 2º A pena é aumentada de 1/6 (um sexto) a 1/3 (um terço) se:
I – o crime é cometido com violência; ou
II – a vítima é submetida a condição desumana ou degradante.
§ 3º A pena prevista para o crime será aplicada sem prejuízo das correspondentes às infrações conexas.

§ 1º – A pena é aumentada de sexta parte, se o agente se serve de anonimato ou de nome suposto.

§ 2º – A pena é diminuída de metade, se a imputação é de prática de contravenção.

Introdução

O crime de denunciação caluniosa foi alterado pela Lei 14.110/20.

Na tabela comparativa abaixo, destaco (em negrito) as alterações promovidas pelo novo mandamento legal:

Redação anterior	Nova redação
Art. 339. Dar causa à instauração de investigação policial, de processo judicial, instauração de investigação administrativa, inquérito civil ou ação de improbidade administrativa contra alguém, imputando-lhe crime de que o sabe inocente:	Art. 339. Dar causa à instauração de inquérito policial, de procedimento investigatório criminal, de processo judicial, de processo administrativo disciplinar, de inquérito civil ou de ação de improbidade administrativa contra alguém, imputando-lhe crime, infração ético-disciplinar ou ato ímprobo de que o sabe inocente:

Abaixo, comento as modificações:

Trecho modificado (ou incluído)	Comentários
(...) inquérito policial (...)	O tipo deixa de fazer referência a "**investigação policial**" e passa a mencionar "**inquérito policial**". Se antes era possível imputar o crime de denunciação caluniosa depois de qualquer movimentação do aparelho estatal de investigação policial em face da notícia falsa dirigida a pessoa inocente (determinação de diligências, requisição de exame de corpo de delito, oitivas, dentre outras possibilidades), agora só é possível falar na prática do crime de denunciação caluniosa quando o inquérito policial for formalmente instaurado (seja por portaria, seja por auto de prisão em flagrante). Entendo ser forçosa a **desclassificação** (para o crime de calúnia ou de difamação, conforme o caso) em relação aos fatos anteriores à entrada em vigor da Lei 14.110/20 tipificados como crime de denunciação caluniosa que se traduzirem em movimentação da máquina estatal de investigação criminal sem que tenha havido instauração formal de inquérito policial por falsa imputação dirigida a alguém. Exemplifico: **SITUAÇÃO HIPOTÉTICA:** 'A' noticiou ter sido vítima de crime perpetrado por 'B', sabendo-o inocente antes da entrada em vigor da Lei 14.110/20. Diante da notícia, o delegado de polícia requisitou exame de corpo de delito e fez algumas oitivas. As diligências preliminares determinadas pela autoridade policial findaram sendo aptas a desnudar a farsa antes mesmo da instauração formal de inquérito policial.

	SOLUÇÃO: A conduta de 'A', tipificada no tempo do crime como denunciação caluniosa (ele deu causa a investigação policial imputando crime a pessoa que sabia inocente), deve ser necessariamente desclassificada para o crime de calúnia (artigo 138 do Código Penal), vez que, com a entrada em vigor da Lei 14.110/20, passou a não ser possível enquadrá-la como denunciação caluniosa (o mandamento legal funcionou, nessa situação, como *novatio legis in mellius*). É importante, ainda, perceber que o legislador não fez menção à lavratura de termo circunstanciado no artigo 339 do Código Penal. Destarte, em face da impossibilidade de analogia *in malam partem* (não é possível, de igual sorte, fazer uso de interpretação extensiva), não é possível imputar crime de denunciação caluniosa caso seja lavrado termo circunstanciado[383] em face de notícia imputada a pessoa sabidamente inocente (nessa situação penso ser possível, de igual sorte, reconhecimento de *novatio legis in mellius* – para desclassificar o crime praticado antes da entrada em vigor da Lei 14.110/20 para crime de calúnia ou difamação, conforme o caso). Destaco, contudo, que é possível pensar na prática de crime de denunciação caluniosa caso seja instaurado inquérito policial (não há óbice à instauração de procedimento investigativo mais amplo para investigar infração mais simplória) para apurar infração de menor potencial ofensivo (se o inquérito for instaurado para apurar contravenção penal, saliento que haverá incidência da causa de diminuição de pena prevista no § 2º do artigo 339 do Código Penal).
(...) procedimento investigatório criminal (...)	É primeira referência expressa na lei penal ao PIC – procedimento investigatório criminal, regulado pela Resolução 181/2017 do CNMP e presidido por membro do Ministério Público[384]. Refuto a interpretação que considera ser a expressão "procedimento investigatório criminal" qualquer movimentação do aparelho persecutório estatal com o fito de investigar infração penal (fosse assim, seria possível continuar imputando crime denunciação caluniosa pela instauração de termo circunstanciado em face de notícia prestada contra pessoa sabidamente inocente ou mesmo antes da instauração de inquérito policial pela determinação de qualquer diligência investigativa – o que foi rechaçado supra).

383 Defendo que o termo circunstanciado tem natureza de procedimento investigativo simplificado (vide SILVA, Márcio Alberto Gomes. **Processo Penal para Carreiras Policiais**, editora Juspodivm, 2021, p. 148), apesar do quanto decidido pelo Supremo Tribunal Federal nos autos da ADI 3807 (o Pretório Excelso afirmou no julgado que o termo circunstanciado tem natureza jurídica de mero registro de ocorrência).

384 Faço sérias críticas à investigação criminal presidida por membro do Ministério Público (que a meu sentir é inconstitucional e fere o sistema processual penal acusatório brasileiro) no meu **Processo Penal para Carreiras Policiais** (editora Juspodivm, 2021, p. 150/159).

(...) procedimento investigatório criminal (...)	Considero, ao revés, que o legislador quis fazer referência expressa ao PIC (espécie de procedimento investigativo estatal que tramita no âmbito do Ministério Público). Assim, não é possível imputar crime de denunciação caluniosa antes da formal instauração do procedimento investigatório criminal pelo Ministério Público (a imputação pode ser de calúnia ou difamação, conforme o caso). Por fim, saliento que não é possível imputação do crime de denunciação caluniosa pela instalação de Comissão Parlamentar de Inquérito (CPI) em face de notícia dirigida a pessoa sabidamente inocente (formalmente não há encaixe típico).
(...) processo administrativo disciplinar (...)	A expressão "investigação administrativa" foi substituída por "processo administrativo disciplinar". Isso significa que se houver instauração de sindicância em face de notícia de infração disciplinar imputada a pessoa sabidamente inocente, não é possível falar na prática do crime de denunciação caluniosa (que só resta perpetrado se houver instauração de processo administrativo disciplinar).
(...) infração ético-disciplinar ou ato ímprobo (...)	O legislador especificou ser possível imputação de crime de denunciação caluniosa se houver imputação de infração ético-disciplinar ou ato ímprobo, ainda que estes não se traduzam em crime (antes da modificação legal discutia-se se era possível falar na prática do crime tipificado no artigo 339 do Código Penal quando havia instauração de processo administrativo disciplinar em razão da imputação de infração disciplinar que não era também tipificada como delito a pessoa sabidamente inocente – essa dúvida doutrinária foi superada pelo modificação legislativa). Penso que o crime tipificado no artigo 19 da Lei 8.429/92[385] não foi completamente revogado em face da entrada em vigor da Lei 14.110/20. É possível ainda falar na prática do crime tipificado na Lei de Improbidade Administrativa se houver representação por ato de improbidade contra agente público ou terceiro beneficiário, quando o autor da denúncia o sabe inocente, e não existir instauração de inquérito civil ou ação de improbidade administrativa. Exemplifico: **SITUAÇÃO HIPOTÉTICA 1:** 'A' noticiou ato de improbidade administrativa em face de 'B', sabendo-o inocente. Como a notícia era claramente inconsistente, o Ministério Público sequer instaurou inquérito civil ou propôs ação de improbidade administrativa.

385 Art. 19. Constitui crime a representação por ato de improbidade contra agente público ou terceiro beneficiário, quando o autor da denúncia o sabe inocente.
Pena: detenção de seis a dez meses e multa.
Parágrafo único. Além da sanção penal, o denunciante está sujeito a indenizar o denunciado pelos danos materiais, morais ou à imagem que houver provocado.

	SITUAÇÃO HIPOTÉTICA 2: 'A' noticiou ato de improbidade administrativa em face de 'B', sabendo-o inocente. Em face da notícia, o Ministério Público instaurou inquérito civil. **SOLUÇÕES:** na **SITUAÇÃO HIPOTÉTICA 1**, como não houve instauração de inquérito civil (nem ação de improbidade administrativa), 'A' deve ser responsabilizado pela prática do crime tipificado no artigo 19 da Lei 8.429/. Já na **SITUAÇÃO HIPOTÉTICA 2**, 'A' deve responder por crime de denunciação caluniosa (artigo 339 do Código Penal), porquanto houve instauração efetiva de inquérito civil em face da imputação falsa de ato de improbidade a 'B'.

Classificação: o crime é comum (pode ser cometido por qualquer pessoa), doloso (se o agente acredita sinceramente que determinada pessoa praticou o delito e revela sua suspeita na delegacia, ainda que o inquérito seja instaurado e se conclua que tal indivíduo não cometeu o crime, não há prática do delito tipificado no artigo 339 do Código Penal, vez que ausente o dolo de imputar falsamente infração penal a pessoa que sabia inocente) e material (é preciso efetiva instauração/início de inquérito policial, de procedimento investigatório criminal, de processo judicial, de processo administrativo disciplinar, de inquérito civil ou de ação de improbidade administrativa).

O delito admite acordo de não persecução penal (artigo 28-A do CPP) e é de ação penal pública incondicionada.

Bem jurídico tutelado: tutela-se a administração da justiça (o delito é conhecido como calúnia qualificada[386]).

Conduta proibida: para praticar o crime em estudo, é preciso que o agente **impute** crime, infração ético-disciplinar, ato ímprobo (*caput*) ou contravenção (§ 2º) **a pessoa certa e determinada**, sabendo-a **inocente**, **dando causa** à instauração de inquérito policial, de procedimento investigatório criminal, de processo judicial, de processo administrativo disciplinar, de inquérito civil ou de ação de improbidade administrativa (caso seja comunicada à polícia infração penal que não ocorreu sem indicação de autoria, tem-se prática do crime tipificado no artigo 340 do Código Penal – comunicação falsa de crime ou de contravenção).

Síndrome da mulher de Potifar: a já citada Síndrome da Mulher de Potifar pode desembocar na prática de crime de denunciação caluniosa:

> **SITUAÇÃO HIPOTÉTICA:** MARIA, furiosa por ter sido rejeitada por PAULO, por quem era apaixonada, corta seus braços e vai até a delegacia de polícia noticiar que foi por ele estuprada. A autoridade policial requisita exame de corpo de delito na suposta vítima e materializa sua oitiva, instaurando inquérito policial para apurar cabalmente os fatos. Após a instrução do inquérito, a polícia

386 CUNHA, Rogério Sanches. **Código Penal para concursos**. Salvador, 13ª edição, Juspodivm, 2020, p. 1033.

consegue acesso a imagens de circuito interno do condomínio onde MARIA reside e detecta que os cortes foram feitos por ela mesma. Descoberta a farsa, MARIA confessa que não foi estuprada por PAULO.

SOLUÇÃO: MARIA cometeu crime de denunciação caluniosa, tipificado no artigo 339 do Código Penal, em clara manifestação da Síndrome da Mulher de Potifar.

Artigos 339 x 340 x 341 do Código Penal: é importante estudar os crimes tipificados nos artigos 339, 340 e 341 do Código Penal juntos:

Artigo 339	Artigo 340	Artigo 341
Denunciação caluniosa	Comunicação falsa de crime ou contravenção	Autoacusação falsa
Dar causa à instauração de inquérito policial, de procedimento investigatório criminal, de processo judicial, de processo administrativo disciplinar, de inquérito civil ou de ação de improbidade administrativa contra alguém, imputando-lhe crime, infração ético-disciplinar, ato ímprobo (caput) ou contravenção (§ 2º) de que o sabe inocente.	Provocar a ação de autoridade, comunicando-lhe a ocorrência de crime ou de contravenção que sabe não se ter verificado.	Acusar-se, perante a autoridade, de crime inexistente ou praticado por outrem.

Note que se o agente se acusar da prática de contravenção falsamente o fato será atípico (o crime tipificado no artigo 341 do Código Penal não prevê autoacusação de contravenção).

Não indiciamento das vítimas e desclassificação (impossibilidade): cumpre deixar claro que o não indiciamento dos que foram falsamente apontados como autores de delito inexistente não autoriza a desclassificação do crime de denunciação caluniosa para o crime de comunicação falsa de crime, no entendimento do Superior Tribunal de Justiça (informativo 592/STJ) – penso que agiu bem o Tribunal da Cidadania:

> Tratou-se de recurso especial interposto contra acórdão do Tribunal de Justiça local que considerou correta a decisão que desclassificou o tipo previsto no art. 339 do CP para o previsto no art. 340 do mesmo diploma, uma vez que a conduta da agente ao noticiar crimes que não ocorreram, provocou meros atos investigatórios da autoridade policial. Decidiu-se no recurso especial que a qualificação jurídica atribuída pelas instâncias ordinárias, aos fatos por elas delineados, está equivocada. Se, em razão da comunicação falsa de crime efetivada pela recorrida, houve a instauração de inquérito policial, sendo a falsidade descoberta em razão dos atos investigatórios nele realizados, o delito cometido é o de denunciação caluniosa, previsto no art. 339 do Código Penal. Não autoriza a desclassificação para a conduta do art. 340 do mesmo estatuto o fato de que aqueles que foram falsamente apontados como autores do delito inexistente não tenham chegado a ser indiciados no curso da aludida investigação, em

virtude da descoberta da inveracidade da imputação (REsp 1.482.925-MG, Rel. Min. Sebastião Reis, por unanimidade, julgado em 6/10/2016, DJe 25/10/2016).

Denunciação caluniosa eleitoral: a Lei 13.834/19 inseriu no Código Eleitoral (Lei 4.737/65) o crime de denunciação caluniosa eleitoral:

> Art. 326-A. Dar causa à instauração de investigação policial, de processo judicial, de investigação administrativa, de inquérito civil ou ação de improbidade administrativa, atribuindo a alguém a prática de crime ou ato infracional de que o sabe inocente, com finalidade eleitoral:
>
> Pena – reclusão, de 2 (dois) a 8 (oito) anos, e multa.
>
> § 1º A pena é aumentada de sexta parte, se o agente se serve do anonimato ou de nome suposto.
>
> § 2º A pena é diminuída de metade, se a imputação é de prática de contravenção.
>
> § 3º (VETADO)

O tipo tem redação muito parecida com a redação revogada do artigo 339 do Código Penal (anterior à entrada em vigor da Lei 14.110/20), acrescido de especial fim de agir (finalidade eleitoral).

Destarte, presente o especial fim de agir (finalidade eleitoral), aplica-se o princípio da especialidade e imputa-se o crime tipificado no Código Eleitoral em detrimento do delito tipificado no Código Penal.

É válido comparar os dois delitos:

Denunciação caluniosa (Código Penal)	Denunciação caluniosa eleitoral
Art. 339. Dar causa à instauração de inquérito policial, de procedimento investigatório criminal, de processo judicial, de processo administrativo disciplinar, de inquérito civil ou de ação de improbidade administrativa contra alguém, imputando-lhe crime, infração ético-disciplinar ou ato ímprobo de que o sabe inocente: Pena – reclusão, de dois a oito anos, e multa. § 1º – A pena é aumentada de sexta parte, se o agente se serve de anonimato ou de nome suposto. § 2º – A pena é diminuída de metade, se a imputação é de prática de contravenção.	Art. 326-A. Dar causa à instauração de investigação policial, de processo judicial, de investigação administrativa, de inquérito civil ou ação de improbidade administrativa, atribuindo a alguém a prática de crime ou ato infracional de que o sabe inocente, com finalidade eleitoral: Pena – reclusão, de 2 (dois) a 8 (oito) anos, e multa. § 1º A pena é aumentada de sexta parte, se o agente se serve do anonimato ou de nome suposto. § 2º A pena é diminuída de metade, se a imputação é de prática de contravenção. § 3º (VETADO)

Abuso de autoridade: é importante, ainda, a leitura do artigo 30 da Lei 13.869/19:

> Art. 30. Dar início ou proceder à persecução penal, civil ou administrativa sem justa causa fundamentada ou contra quem sabe inocente:
>
> Pena – detenção, de 1 (um) a 4 (quatro) anos, e multa.

O crime é próprio (cometido pela autoridade que tem atribuição de deflagrar a persecução penal, civil ou administrativa – delegado de polícia ou membro do Ministério Público, por exemplo) e especial em relação ao crime de denunciação caluniosa (artigo 339 do Código Penal). Curiosamente o crime especial aqui analisado (abuso de autoridade) tem pena muito menor que o geral (a pena do delito tipificado no Código Penal é o dobro da cominada em abstrato ao crime aqui estudado).

Trata-se de delito doloso (que reclama presença do especial fim de agir previsto no § 1º do artigo 1º da Lei 13.869/19[387]), de ação penal pública incondicionada, que admite suspensão condicional do processo (artigo 89 da Lei 9.099/95), acordo de não persecução penal (artigo 28-A do Código de Processo Penal) e fiança arbitrada pela autoridade policial (artigo 322 do Código de Processo Penal).

Conduta proibida (do crime de abuso de autoridade): com o fito de proteger o cidadão contra persecução penal, civil ou administrativa temerária, o tipo proíbe o início de qualquer dessas vias persecutórias sem justa causa (expressão bastante vaga) fundamentada ou contra quem a autoridade sabe inocente.

Mover a pesada máquina de persecução estatal sem justa causa plausível ou para perseguir inocentes é absurdo e não pode ser tolerado.

Com o fito de deixar claro a existência de justa causa para início das investigações ou do processo (apenas para falar da persecução penal), o delegado de polícia ou membro do Ministério Público deve fundamentar suficientemente a peça ovo do procedimento (inquérito ou PIC) ou do processo.

Enunciado do CNPG e do GNCCRIM: eis enunciado do Conselho Nacional de Procuradores-Gerais dos Ministérios Públicos dos estados e da União (CNPG) e do Grupo Nacional de Coordenadores de Centro de Apoio Criminal (GNCCRIM) sobre o artigo:

> Enunciado 20 – O crime do art. 30 da Lei de Abuso de Autoridade deve ser declarado, incidentalmente, inconstitucional. Não apenas em razão da elementar "justa causa" ser expressão vaga e indeterminada, como também porque gera retrocesso na tutela dos bens jurídicos envolvidos, já protegidos pelo art. 339 do CP, punido, inclusive, com pena em dobro.

Questão de concurso público: veja como o assunto já foi cobrado em concurso público.

1 – (Delegado de Polícia Civil/PA/2016) Acerca dos crimes contra a Administração pública, assinale a resposta correta.

---

387 Art. 1º (...)

§ 1º As condutas descritas nesta Lei constituem crime de abuso de autoridade quando praticadas pelo agente com a finalidade específica de prejudicar outrem ou beneficiar a si mesmo ou a terceiro, ou, ainda, por mero capricho ou satisfação pessoal.

a) O crime de denunciação caluniosa (art. 339 do CP), além de outros requisitos de configuração, exige que a imputação sabidamente falsa recaia sobre vítima determinada, ou, ao menos, determinável.

b) Para a configuração do crime de peculato-furto (art. 312, § 1º, CP) é suficiente que o sujeito ativo, funcionário público, subtraia um bem móvel particular que esteja sob a guarda da Administração pública.

c) Considera-se funcionário público, para efeitos penais, quem exerce múnus público, assim entendido o ônus ou encargo para com o poder público, como no caso do curador.

d) Nos crimes de inserção de dados falsos em sistemas de informações (art. 313-A do CP) e modificação ou alteração não autorizada de sistema de informações (art. 313-B do CP) se exige que figure, como sujeito ativo da conduta, o funcionário público autorizado.

e) Ao contrário do que ocorre na extorsão, o crime de concussão é classificado como delito material, operando-se quando o agente aufere a vantagem indevida almejada.

Gabarito comentado:

Questão	Reposta	Comentário
1	Letra A	O quesito demanda leitura do artigo 339 do Código Penal.

Comunicação falsa de crime ou de contravenção

Art. 340 – Provocar a ação de autoridade, comunicando-lhe a ocorrência de crime ou de contravenção que sabe não se ter verificado:

Pena – detenção, de um a seis meses, ou multa.

Classificação: trata-se de crime comum, doloso e material (é preciso que a autoridade se movimente em face da notícia falsa de infração penal). É infração de menor potencial ofensivo de ação penal pública incondicionada.

Denunciação caluniosa x comunicação falsa de crime ou de contravenção: o delito é diferente do tipo anterior, posto que no crime de denunciação caluniosa (artigo 339 do Código Penal) o agente imputa falsamente infração penal a pessoa determinada que sabe ser inocente, dando causa à instauração de inquérito policial, de procedimento investigatório criminal, de processo judicial, de processo administrativo disciplinar, de inquérito civil ou de ação de improbidade administrativa. Já no crime tipificado no artigo 340 do Código Penal, há notícia de crime de infração que não existiu sem, contudo, imputar tal crime ou contravenção inexistente a nenhuma pessoa determinada. Exemplifico:

> **SITUAÇÃO HIPOTÉTICA:** JOÃO vai para uma boate e perde sua aliança. Com receio de contar a verdade para sua esposa, ele vai até a delegacia de polícia e noticia que foi roubado por um indivíduo que usava máscara e que, por isso não consegue identificar. A polícia materializa diligências e instaura inquérito policial para apurar o crime que nunca existiu.

> **SOLUÇÃO:** JOÃO cometeu o crime tipificado no artigo 340 do Código Penal, vez que provocou a ação da autoridade policial em face de notícia de crime inexistente.

Ação de autoridade: como o tipo não explicita qual é a autoridade que deve ser acionada para que o crime seja perpetrado, penso que a expressão deve ser interpretada extensivamente. Se o agente provocar, em face da notícia falsa de infração penal, ação de policial militar, policial civil, policial penal, delegado de polícia, membro do Ministério Público, dentre outras autoridades, haverá prática do delito aqui estudado. Nesta toada, penso que não é necessário que seja instaurado procedimento apuratório formal para que o crime tipificado no artigo 340 do Código Penal se consume.

Autoacusação falsa

Art. 341 – Acusar-se, perante a autoridade, de crime inexistente ou praticado por outrem:

Pena – detenção, de três meses a dois anos, ou multa.

Classificação: o crime é comum, doloso e formal (não é necessário que seja instaurado procedimento apuratório em face da autoacusação falsa para que o crime se consume – basta a prática da conduta de se autoacusar). Trata-se de infração de menor potencial ofensivo, de ação penal pública incondicionada.

Coação moral irresistível: é possível que se verifique coação moral irresistível (artigo 22 do Código Penal) em relação ao crime aqui estudado (isso finda sendo muito comum em crimes havidos no sistema prisional – presos são coagidos a assumir crimes que não cometeram). Exemplifico:

> **SITUAÇÃO HIPOTÉTICA:** PEDRO praticou grave ameaça contra JOÃO, seu colega de cela, causando-lhe sofrimento mental, para que este confessasse homicídio por ele perpetrado. JOÃO findou admitindo ter praticado o crime praticado por PEDRO. A farsa foi descoberta.
>
> **SOLUÇÃO:** PEDRO será responsabilizado pelos crimes de homicídio (que ele efetivamente cometeu), autoacusação falsa (coagiu JOÃO a praticar tal delito e por isso deve responder criminalmente pelo crime tipificado no artigo 341 do Código Penal) e tortura para prática de crime (artigo 1º, I, 'b', da Lei 9.455/97). JOÃO fica isento de pena (coação moral irresistível).

Falso testemunho ou falsa perícia

Art. 342. Fazer afirmação falsa, ou negar ou calar a verdade como testemunha, perito, contador, tradutor ou intérprete em processo judicial, ou administrativo, inquérito policial, ou em juízo arbitral:

Pena – reclusão, de 2 (dois) a 4 (quatro) anos, e multa.

§ 1º As penas aumentam-se de um sexto a um terço, se o crime é praticado mediante suborno ou se cometido com o fim de obter prova destinada a produzir efeito em processo penal, ou em processo civil em que for parte entidade da administração pública direta ou indireta.

§ 2º O fato deixa de ser punível se, antes da sentença no processo em que ocorreu o ilícito, o agente se retrata ou declara a verdade.

Classificação: trata-se de crime doloso, próprio e de mão própria (não admite coautoria[388], apenas participação – inclusive de advogados).

O delito admite acordo de não persecução penal (artigo 28-A do CPP) e fiança arbitrada pela autoridade policial (artigo 322 do CPP). É crime de ação penal pública incondicionada.

Exceção pluralista à teoria monista: caso alguém dê, ofereça ou prometa dinheiro ou qualquer vantagem a testemunha, perito, contador, tradutor ou intérprete, para fazer afirmação falsa, negar ou calar a verdade em depoimento, perícia, cálculos, tradução ou interpretação, haverá a prática, por parte daquele, do crime tipificado no artigo 343[389] do Código Penal (exceção pluralista à teoria monista). Nessa situação, a testemunha, perito, contador, tradutor ou intérprete, que mente ou cala a verdade incide na causa de aumento de pena do § 1º do artigo 342 (aumento de 1/6 a 1/3).

Causa de aumento de pena: há incidência de causa de aumento (1/6 a 1/3), ainda, se o crime é cometido com o fim de obter prova destinada a produzir efeito em processo penal, ou em processo civil em que for parte entidade da administração pública direta ou indireta. Penso que o falso testemunho cometido no bojo do inquérito policial se traduz em crime majorado (porque a prova[390] produzirá efeito no futuro processo penal).

Retratação: trata-se de crime retratável, na forma do § 2º do artigo 342. A retratação tem natureza jurídica de causa de extinção da punibilidade (artigo 107, VI,

388 Excepcionalmente é possível pensar em coautoria no crime de falsa perícia perpetrado por dois peritos que subscrevem laudo falseando a verdade em comunhão de desígnios.

389 Art. 343. Dar, oferecer ou prometer dinheiro ou qualquer outra vantagem a testemunha, perito, contador, tradutor ou intérprete, para fazer afirmação falsa, negar ou calar a verdade em depoimento, perícia, cálculos, tradução ou interpretação:
Pena – reclusão, de três a quatro anos, e multa.
Parágrafo único. As penas aumentam-se de um sexto a um terço, se o crime é cometido com o fim de obter prova destinada a produzir efeito em processo penal ou em processo civil em que for parte entidade da administração pública direta ou indireta.

390 Elemento informativo, em verdade, porque precisará de repetição em juízo para que se transmude efetivamente em prova. Interpreto aqui extensivamente a expressão "prova" constante no § 1º do artigo 342 do Código Penal (para abarcar elementos informativos coligidos no inquérito policial, termo circunstanciado ou PIC).

do Código Penal) e deve acontecer no processo no qual ocorreu o falso (até a sentença recorrível[391]).

Questão de concurso público: veja como o assunto já foi cobrado em concurso público.

1 – (Delegado de Polícia Federal/2021) O advogado de réu pode vir a responder pelo crime de falso testemunho, na hipótese de induzir testemunha a prestar determinado depoimento ( ).

2 – (Delegado de Polícia Civil/RN/2021) Gustavo, ouvido na condição de testemunha em ação penal, prestou declarações falsas em busca de auxiliar seu amigo Luiz, que figurava como réu no processo. Dias depois, após alegações finais apresentadas pelo Ministério Público, mas antes da sentença, Gustavo se arrependeu de sua conduta, comparecendo em juízo e apresentando declarações no sentido de que tinha prestado informações na condição de testemunha que não condiziam com a realidade, se retratando daquelas declarações prestadas em audiência. O magistrado competente determinou a reprodução da prova, bem como a extração de cópias para apurar o ocorrido. Com base nas informações expostas, a autoridade policial deverá concluir que Gustavo praticou a conduta tipificada abstratamente como crime de:

a) falso testemunho, punível na modalidade tentada, com causa de aumento de pena pela circunstância de as declarações se destinarem a produzir prova em processo penal;
b) falso testemunho, punível na forma consumada, com causa de aumento de pena pela circunstância de as declarações se destinarem a produzir prova em processo penal;
c) falso testemunho, punível na modalidade tentada, sem qualquer causa de aumento de pena;
d) falso testemunho, punível na forma consumada, sem qualquer causa de aumento de pena;
e) falso testemunho, mas o fato não será punível em razão da retratação realizada.

Gabarito comentado:

Questão	Reposta	Comentário
1	CERTA	O crime de falso testemunho é de mão própria e, por isso, não admite coautoria. Contudo, é possível participação (inclusive do advogado que induz a testemunha a falsear a verdade).
2	Letra E	Vide § 2º do artigo 342 do Código Penal.

Art. 343. Dar, oferecer ou prometer dinheiro ou qualquer outra vantagem a testemunha, perito, contador, tradutor ou intérprete, para fazer afirmação falsa, negar ou calar a verdade em depoimento, perícia, cálculos, tradução ou interpretação:

Pena – reclusão, de três a quatro anos, e multa.

Parágrafo único. As penas aumentam-se de um sexto a um terço, se o crime é cometido com o fim de obter prova destinada a produzir efeito em processo penal

391 Quando o Código Penal quis estender determinada benesse até a sentença irrecorrível, deixou isso expressamente previsto no dispositivo – cito como exemplo o artigo 312, § 3º, do Código Penal.

ou em processo civil em que for parte entidade da administração pública direta ou indireta.

Classificação: crime doloso, comum e formal (não é preciso que a testemunha/perito/contador/tradutor/intérprete efetivamente falseie a verdade para consumação do crime tipificado no artigo 343 do Código Penal).

O delito é de ação penal pública incondicionada e admite acordo de não persecução penal (artigo 28-A do CPP) e fiança arbitrada pelo delegado de polícia (artigo 322 do CPP).

Exceção pluralista à teoria monista: trata-se de exceção pluralista à teoria monista. Aquele que dá, oferece ou promete dinheiro ou qualquer outra vantagem a testemunha, perito, contador, tradutor ou intérprete, para fazer afirmação falsa, negar ou calar a verdade em depoimento, perícia, cálculos, tradução ou interpretação comete o crime do artigo 343 do Código Penal, ao passo que a testemunha/perito/contador/tradutor/intérprete comete o delito tipificado no artigo 342, § 1º, do Código Penal (incidirá majorante porque o crime de falso testemunho foi cometido mediante suborno).

Causa de aumento de pena: há incidência de causa de aumento de pena (de 1/6 a 1/3), se o crime é cometido com o fim de obter prova destinada a produzir efeito em processo penal ou em processo civil em que for parte entidade da administração pública direta ou indireta. Repito o quanto desenhado supra, há crime majorado se o suborno à testemunha ocorre para que ela falseie a verdade em oitiva materializada na fase pré-processual (inquérito, termo circunstanciado ou PIC) – interpretação extensiva da expressão "prova" (para abarcar também elementos informativos).

Coação no curso do processo

Art. 344 – Usar de violência ou grave ameaça, com o fim de favorecer interesse próprio ou alheio, contra autoridade, parte, ou qualquer outra pessoa que funciona ou é chamada a intervir em processo judicial, policial ou administrativo, ou em juízo arbitral:

Pena – reclusão, de um a quatro anos, e multa, além da pena correspondente à violência.

Parágrafo único. A pena aumenta-se de 1/3 (um terço) até a metade se o processo envolver crime contra a dignidade sexual.

Classificação: trata-se de crime doloso, comum (a qualidade especial é reclamada, em verdade, do sujeito passivo) e formal (não é preciso que o interesse próprio ou alheio seja satisfeito para consumação do crime – que se consuma com a prática da conduta descrita no tipo).

O delito admite acorde de não persecução penal (artigo 28-A do CPP), suspensão condicional do processo (artigo 89 da Lei 9.099/95) e fiança arbitrada pela autoridade policial (artigo 322 do CPP).

Conduta proibida e especial fim de agir: a conduta proibida é usar de violência ou grave ameaça contra autoridade, parte, ou qualquer outra pessoa que funciona ou é chamada a intervir em processo judicial, policial ou administrativo, ou em juízo arbitral (testemunha, vítima, perito, dentre outras pessoas). O tipo exige especial fim de agir (é delito de tendência interna transcendente): o objetivo de favorecer interesse próprio ou alheio.

A grave ameaça empregada pelo agente fica absorvida pelo tipo (é circunstância elementar), mas lesões leves, graves ou gravíssimas são punidas em concurso de crimes, na forma determinada no preceito secundário.

Majorante: a Lei 14.245/21 inseriu causa de aumento de pena (aumento de 1/3 até a metade) se o processo envolver crime contra a dignidade sexual.

Exercício arbitrário das próprias razões

Art. 345 – Fazer justiça pelas próprias mãos, para satisfazer pretensão, embora legítima, salvo quando a lei o permite:

Pena – detenção, de quinze dias a um mês, ou multa, além da pena correspondente à violência.

Parágrafo único – Se não há emprego de violência, somente se procede mediante queixa.

Classificação: trata-se de crime comum, doloso e material.

O delito é de ação penal privada (se não houver emprego de violência). Caso seja empregada violência, o crime é de ação penal pública incondicionada.

Trata-se de infração de menor potencial ofensivo. Se houver emprego de violência, pune-se a lesão corporal (seja leve, grave ou gravíssima) em concurso de crimes.

Conduta proibida: a conduta vedada pelo tipo é fazer justiça pelas próprias mãos, para satisfazer pretensão, embora legítima, salvo quando a lei o permite.

O crime é material, consumando-se quando o agente efetivamente consegue fazer "justiça com as próprias mãos" (a seguir destacarei precedente do Superior Tribunal de Justiça que considerou o crime aqui estudado formal). Caso não consiga, por circunstâncias alheias a sua vontade haverá tentativa.

Desclassificação (do crime de roubo para o crime de exercício arbitrário das próprias razões): o Tribunal da Cidadania reputou adequada a desclassificação (a meu ver acertadamente), do crime de roubo para o crime de exercício arbitrário das próprias razões, a conduta de prostituta que subtraiu, com uso da força, o valor do seu pagamento do cliente, que se recusara a efetuar a quitação dos préstimos carnais:

HABEAS CORPUS. ROUBO IMPRÓPRIO. NULIDADE DA SENTENÇA. SUPRESSÃO DE INSTÂNCIA. NULIDADE DO ACÓRDÃO. NÃO OCORRÊNCIA. DESCLASSIFICAÇÃO PARA EXERCÍCIO ARBITRÁRIO DAS PRÓPRIAS RAZÕES. PRETENSÃO LEGÍTIMA E PASSÍVEL DE DISCUSSÃO JUDICIAL. REGRA. MORAL E DIREITO. SEPARAÇÃO. MUTAÇÃO DOS COSTUMES. SERVIÇO DE NATUREZA SEXUAL EM TROCA DE REMUNERAÇÃO. ACORDO VERBAL. AUSÊNCIA DE PAGAMENTO. USO DA FORÇA COM O FIM DE SATISFAZER PRETENSÃO LEGÍTIMA. CARACTERIZAÇÃO DO DELITO PREVISTO NO ART. 345 DO CÓDIGO PENAL. PRESCRIÇÃO DA PRETENSÃO PUNITIVA. OCORRÊNCIA. ORDEM CONCEDIDA DE OFÍCIO. 1. A matéria atinente à nulidade da sentença não foi submetida à análise pelo colegiado do Tribunal estadual, circunstância que impede seu conhecimento por esta Corte, sob pena de indevida supressão de instância. 2. Não mais se sustenta, à luz de uma visão secular do Direito Penal, o entendimento do Tribunal de origem, de que a natureza do serviço de natureza sexual não permite caracterizar o exercício arbitrário das próprias razões, ao argumento de que o compromisso assumido pela vítima com a ré – de remunerar-lhe por serviço de natureza sexual – não seria passível de cobrança judicial. 3. A figura típica em apreço relaciona-se com uma atividade que padece de inegável componente moral relacionado aos "bons costumes", o que já reclama uma releitura do tema, mercê da mutação desses costumes na sociedade hodierna e da necessária separação entre a Moral e o Direito. 4. Não se pode negar proteção jurídica àquelas (e àqueles) que oferecem serviços de cunho sexual em troca de remuneração, desde que, evidentemente, essa troca de interesses não envolva incapazes, menores de 18 anos e pessoas de algum modo vulneráveis e desde que o ato sexual seja decorrente de livre disposição da vontade dos participantes e não implique violência (não consentida) ou grave ameaça. 5. Acertada a solução dada pelo Juiz sentenciante, ao afastar o crime de roubo – cujo elemento subjetivo não se compatibiliza com a situação versada nos autos – e entender presente o crime de exercício arbitrário das próprias razões, ante o descumprimento do acordo verbal de pagamento, pelo cliente, dos préstimos sexuais da paciente. 6. O restabelecimento da sentença, mercê do afastamento da reforma promovida pelo acórdão impugnado, importa em reconhecer-se a prescrição da pretensão punitiva, dado o lapso temporal já transcorrido, em face da pena fixada. 7. Habeas corpus não conhecido. Ordem concedida de ofício, para restabelecer a sentença de primeiro grau, que desclassificou a conduta imputada à paciente para o art. 345 do Código Penal e, por conseguinte, declarar extinta a punibilidade do crime em questão (HC 211.888/TO, Rel. Ministro Rogerio Schietti Cruz, Sexta Turma, julgado em 17/05/2016, DJe 07/06/2016).

Estelionato x exercício arbitrário das próprias razões: em antigo julgado do Pretório Excelso, restou devidamente explicada a diferença entre a intenção de perpetrar estelionato (presença de *animus lucri captandi* – intenção de obtenção de lucro) e o desejo de cometer o crime de exercício arbitrário das próprias razões (presença de *animus damni vitandi* – intenção de evitar dano):

> Crime de estelionato; inexiste sem injusta locupletação. Não há confundir o dito crime com o de exercício arbitrário das próprias razões, onde não existe o *animus lucri captandi*; senão o *animus damni vitandi*. Extensão do "habeas corpus" a co-réus" (HC 38202, Relator(a): Nelson Hungria, Tribunal Pleno, julgado em 11/01/1961, DJ 13-04-1961 PP-00513 EMENT VOL-00454-04 PP-01759).

Exercício arbitrário das próprias razões como crime formal (precedente do STJ): acima me filiei à doutrina que considera o crime tipificado no artigo 345 do Código Penal como crime material. O Superior Tribunal de Justiça, entretanto, em precedente (informativo 685) considerou o delito formal (a satisfação da pretensão funcionaria, segundo o Tribunal da Cidadania, como mero exaurimento):

> RECURSO ESPECIAL. PENAL. ART. 345 DO CÓDIGO PENAL. EXERCÍCIO ARBITRÁRIO DAS PRÓPRIAS RAZÕES. CRIME FORMAL. SATISFAÇÃO DA PRETENSÃO. OBTENÇÃO. DESNECESSIDADE. EXAURIMENTO DA CONDUTA. RECURSO ESPECIAL DESPROVIDO. 1. Pela interpretação da elementar "para satisfazer", conclui-se ser suficiente, para a consumação do delito do art. 345 do Código Penal, que os atos que buscaram fazer justiça com as próprias mãos tenham visado obter a pretensão, mas não é necessário que o Agente tenha conseguido efetivamente satisfazê-la, por meio da conduta arbitrária. A satisfação, se ocorrer, constitui mero exaurimento da conduta. 2. Por se tratar de crime formal, uma vez praticados todos os atos executórios, consumou-se o delito, a despeito de o Recorrente não ter logrado êxito em sua pretensão, que era a de pegar o celular de propriedade da vítima, a fim de satisfazer dívida que esta possuía com ele. 3. Recurso especial desprovido (REsp 1860791/DF, Rel. Ministra LAURITA VAZ, SEXTA TURMA, julgado em 09/02/2021, DJe 22/02/2021).

Art. 346 – Tirar, suprimir, destruir ou danificar coisa própria, que se acha em poder de terceiro por determinação judicial ou convenção:
Pena – detenção, de seis meses a dois anos, e multa.

Classificação: o crime é doloso (não se exige especial fim de agir), próprio (cometido pelo dono da coisa), material e misto, alternativo ou de conteúdo variado.

É infração de menor potencial ofensivo de ação penal pública incondicionada. O delito em testilha também é tipo relacionado ao exercício arbitrário das próprias razões (os artigos 345 e 346 do Código Penal estão abarcados por esse *nomen juris*).

Condutas proibidas: as condutas proibidas são tirar, suprimir, destruir ou danificar a coisa própria que se encontra com terceiro por determinação judicial ou convenção.

A diferença em relação aos crimes tipificados nos artigos 345 e 346 do Código Penal reside no fato de que neste a coisa do agente está com terceiro por determinação judicial ou convecção.

O crime é material é se consuma com a materialização de uma das finalidades descritas no tipo.

Nas condutas destruir e danificar, o crime deixa vestígios, sendo indispensável materialização de perícia (artigo 158 do Código de Processo Penal).

Fraude processual

Art. 347 – Inovar artificiosamente, na pendência de processo civil ou administrativo, o estado de lugar, de coisa ou de pessoa, com o fim de induzir a erro o juiz ou o perito:

Pena – detenção, de três meses a dois anos, e multa.

Parágrafo único – Se a inovação se destina a produzir efeito em processo penal, ainda que não iniciado, as penas aplicam-se em dobro.

Classificação: o crime é comum, doloso e formal (não é preciso que o juiz ou perito sejam efetivamente ludibriados pela inovação artificiosa perpetrada pelo agente). Trata-se de delito de ação penal pública incondicionada e infração de menor potencial ofensivo (na figura descrita no *caput* – caso haja incidência da causa de aumento do parágrafo único, não se traduz em infração de menor potencial ofensivo).

Como dito, o tipo reclama especial fim de agir (delito de tendência interna transcendente), sem o qual o fato finda sendo atípico.

Abuso de autoridade: caso a conduta seja praticada por autoridade, o crime será o descrito no artigo 23 da Lei 13.869/19 (abuso de autoridade), em face do princípio da especialidade:

> Art. 23. Inovar artificiosamente, no curso de diligência, de investigação ou de processo, o estado de lugar, de coisa ou de pessoa, com o fim de eximir-se de responsabilidade ou de responsabilizar criminalmente alguém ou agravar-lhe a responsabilidade:
>
> Pena – detenção, de 1 (um) a 4 (quatro) anos, e multa.
>
> Parágrafo único. Incorre na mesma pena quem pratica a conduta com o intuito de:
>
> I – eximir-se de responsabilidade civil ou administrativa por excesso praticado no curso de diligência;
>
> II – omitir dados ou informações ou divulgar dados ou informações incompletos para desviar o curso da investigação, da diligência ou do processo.

Por óbvio, só haverá imputação de crime de abuso de autoridade se houver presença do especial fim de agir previsto no artigo 1º, § 1º, da Lei 13.869/19:

> Art. 1º (...)
>
> § 1º As condutas descritas nesta Lei constituem crime de abuso de autoridade quando praticadas pelo agente com a finalidade específica de prejudicar

outrem ou beneficiar a si mesmo ou a terceiro, ou, ainda, por mero capricho ou satisfação pessoal.

Pacote Anticrime: o Pacote Anticrime inseriu no Código de Processo Penal a cadeia de custódia[392] (artigos 158-A e seguintes). Dentre as novidades enxertadas, o § 2º do artigo 158-C do Código de Processo Penal proibiu a entrada em locais isolados e a remoção de quaisquer vestígios antes da liberação por parte do perito responsável:

> Art. 158-C. A coleta dos vestígios deverá ser realizada preferencialmente por perito oficial, que dará o encaminhamento necessário para a central de custódia, mesmo quando for necessária a realização de exames complementares.
>
> (...)
>
> § 2º É proibida a entrada em locais isolados bem como a remoção de quaisquer vestígios de locais de crime antes da liberação por parte do perito responsável, sendo tipificada como fraude processual a sua realização.

Temos aqui situação inusitada: o legislador taxou as condutas de entrar em local de crime isolado e de remover vestígios antes da liberação do perito como crime de fraude processual sem, contudo, alterar o artigo 347 do Código Penal. Como visto supra, o tipo mencionado reclama o especial fim de agir: "induzir a erro o juiz ou o perito". A norma processual penal, contudo, não exige tal intenção especial. Exemplifico:

> **SITUAÇÃO HIPOTÉTICA:** um repórter, ávido por um "furo", resolve adentrar em local isolado pelo aparelho policial sem autorização, com o fito de fotografar o cadáver. Sem alterar absolutamente nenhum elemento sensível importante, o incauto jornalista cruza o isolamento, fotografa a vítima morta e vai embora.
>
> **SOLUÇÃO:** teria o agente praticado, nessa hipótese, o crime de fraude processual, tipificado no artigo 347 do Código Penal (nos termos preceituados pelo artigo 158-C, § 2º, do CPP)? Penso que não. Caso o legislador efetivamente quisesse alterar a estrutura típica do dispositivo citado, operaria modificação naquele, enxertando figura equiparada ou mesmo privilegiada sem exigência de especial fim de agir. A resposta ao caso hipotético, a mim me parece, seria: fato atípico.

Favorecimento pessoal

Art. 348 – Auxiliar a subtrair-se à ação de autoridade pública autor de crime a que é cominada pena de reclusão:

392 Cadeia de custódia é o conjunto de todos os procedimentos utilizados para manter e documentar a história cronológica do vestígio coletado em locais ou em vítimas de crimes, para rastrear sua posse e manuseio a partir de seu reconhecimento até o descarte.

Pena – detenção, de um a seis meses, e multa.

§ 1º – Se ao crime não é cominada pena de reclusão:

Pena – detenção, de quinze dias a três meses, e multa.

§ 2º – Se quem presta o auxílio é ascendente, descendente, cônjuge ou irmão do criminoso, fica isento de pena.

Classificação: o crime é doloso, comum (a qualidade especial é exigida, em verdade, do sujeito passivo) e formal (não é preciso que o terceiro favorecido com a conduta do agente efetivamente consiga se subtrair à ação da autoridade pública).

Trata-se de infração de menor potencial ofensivo de ação penal pública incondicionada.

Figura privilegiada: o § 1º é figura privilegiada – se o crime perpetrado por quem é auxiliado a se subtrair da autoridade é punido com pena de detenção.

Escusa absolutória: por fim, há isenção de pena se quem presta o auxílio é ascendente, descendente, cônjuge ou irmão do criminoso (natureza jurídica de escusa absolutória – o fato é típico, ilícito, culpável, mas não é punível).

Terceiro que participa do crime não é beneficiado se não constar na lista do § 2º do artigo 348 do Código Penal (primo do foragido, por exemplo).

Saliento, conduto, que se admite utilização de analogia para abranger, por exemplo, a companheira/companheiro que pratica o fato descrito no tipo.

Favorecimento real

Art. 349 – Prestar a criminoso, fora dos casos de co-autoria ou de receptação, auxílio destinado a tornar seguro o proveito do crime:

Pena – detenção, de um a seis meses, e multa.

Classificação: trata-se de crime comum e doloso. O delito é infração de menor potencial ofensivo de ação penal pública incondicionada.

Participação em crime anterior x receptação x favorecimento real: cumpre transcrever tabela já desenhada supra, diferenciando participação em crime anterior (furto, roubo ou peculato, por exemplo), receptação e favorecimento real:

Participação em crime anterior	Receptação	Favorecimento real
Para que se cogite participação no crime antecedente, é preciso constatar liame subjetivo anterior à consumação do delito.	O crime anterior se consumou. Comete receptação quem, adquire, recebe, transporta, conduz ou oculta, em proveito próprio ou	A atuação é posterior à consumação do crime e o terceiro prestar a criminoso auxílio destinado a tornar seguro o proveito do crime

	alheio (lembre que se trata de crime patrimonial), coisa que sabe ser produto de crime, ou influi para que terceiro, de boa-fé, a adquira, receba ou oculte.	(ocultando momentaneamente e sem nenhum ganho patrimonial produto de crime anterior, por exemplo).
POR EXEMPLO: JOÃO induz PEDRO a subtrair o carro de MARIA, garantindo que comprará o automotor depois da subtração. Como a atuação de JOÃO é anterior à prática do delito contra o patrimônio, ele será considerado partícipe em crime de furto qualificado pelo concurso de 2 pessoas.	**POR EXEMPLO:** PEDRO subtrai o carro de MARIA e, depois da prática delitiva, oferece o bem surrupiado a JOÃO, esclarecendo a esse que se trata de produto de crime. PEDRO praticou crime de furto e JOÃO cometeu receptação.	**POR EXEMPLO:** PEDRO subtrai o carro de MARIA e, percebendo que o cerco policial está intenso, pede a JOÃO para guardar o bem em sua garagem por apenas uma noite, sem oferecer nenhum tipo de vantagem a este. PEDRO praticou crime de furto e JOÃO cometeu favorecimento real.

Art. 349-A. Ingressar, promover, intermediar, auxiliar ou facilitar a entrada de aparelho telefônico de comunicação móvel, de rádio ou similar, sem autorização legal, em estabelecimento prisional.

Pena: detenção, de 3 (três) meses a 1 (um) ano.

Classificação: o crime é comum, doloso, misto, alternativo ou de conteúdo variado.

O delito é infração de menor potencial ofensivo de ação penal pública incondicionada.

Exceção pluralista à teoria monista: trata-se de exceção pluralista à teoria monista (se há conluio com agente público para facilitação da entrada do terminal móvel no estabelecimento prisional, o particular responde pelo crime tipificado no artigo 349-A do Código Penal e o servidor público é punido nos termos do artigo 319-A do mesmo diploma).

Ingresso com chip em estabelecimento prisional (fato atípico): o Superior Tribunal de Justiça entende que a conduta de ingressar em estabelecimento prisional portando chip é fato formalmente atípico (vez que o artigo 349-A do Código Penal pune a entrada de "aparelho telefônico de comunicação móvel, de rádio ou similar"). Dizer o contrário, segundo o Tribunal da Cidadania seria atropelo ao princípio da legalidade (transcrevo apenas parte do julgado – informativo 693/STJ):

> (...) A conduta de ingressar em estabelecimento prisional com chip de celular não se subsume ao tipo penal previsto no art. 349-A do Código Penal, em estrita observância ao princípio da Legalidade, pois o legislador limitou-se em punir o ingresso ou o auxílio na introdução de aparelho telefônico móvel ou similar em estabelecimento prisional, não fazendo qualquer referência a outro componente ou acessório utilizados no funcionamento desses equipamentos (...) (HC 619.776/DF, Rel. Ministro RIBEIRO DANTAS, QUINTA TURMA, julgado em 20/04/2021, DJe 26/04/2021).

Exercício arbitrário ou abuso de poder

Art. 350 – (Revogado pela Lei nº 13.869, de 2019)

Fuga de pessoa presa ou submetida a medida de segurança

Art. 351 – Promover ou facilitar a fuga de pessoa legalmente presa ou submetida a medida de segurança detentiva:

Pena – detenção, de seis meses a dois anos.

§ 1º – Se o crime é praticado a mão armada, ou por mais de uma pessoa, ou mediante arrombamento, a pena é de reclusão, de dois a seis anos.

§ 2º – Se há emprego de violência contra pessoa, aplica-se também a pena correspondente à violência.

§ 3º – A pena é de reclusão, de um a quatro anos, se o crime é praticado por pessoa sob cuja custódia ou guarda está o preso ou o internado.

§ 4º – No caso de culpa do funcionário incumbido da custódia ou guarda, aplica-se a pena de detenção, de três meses a um ano, ou multa.

Análise do tipo: eis a análise do tipo:

Dispositivo	Comentários
Art. 351 – Promover ou facilitar a fuga de pessoa legalmente presa ou submetida a medida de segurança detentiva: Pena – detenção, de seis meses a dois anos.	Trata-se de crime doloso (há modalidade culposa no § 4º), comum (exige-se qualidade especial da pessoa beneficiada pela conduta do agente e não deste) e material (o crime só se consuma se a fuga efetivamente ocorre). Trata-se de infração de menor potencial ofensivo. São duas as condutas proibidas no caput: a) **promover**; ou b) **facilitar** a fuga de pessoa legalmente presa ou submetida a medida de segurança detentiva.
§ 1º – Se o crime é praticado a mão armada, ou por mais de uma pessoa, ou mediante arrombamento, a pena é de reclusão, de dois a seis anos.	Trata-se de qualificadora (pena de 2 a 6 anos), se o crime é praticado: a) a mão armada (qualquer que seja a arma utilizada – própria[393]/imprópria[394], branca/de fogo); b) por mais de uma pessoa; ou c) mediante arrombamento (nessa última situação será necessário materializar exame de corpo de delito para imposição da qualificadora, por se tratar de crime que deixa vestígios – artigo 158 do Código de Processo Penal).
§ 2º – Se há emprego de violência contra pessoa, aplica-se também a pena correspondente à violência.	Caso o crime aqui estudado resulte em lesão corporal (seja ela leve, grave ou gravíssima), haverá imputação do crime tipificado no artigo 129 do Código Penal em concurso de crimes. Se houver morte, de igual sorte, haverá imputação em concurso de crimes (homicídio ou lesão corporal seguida de morte, por exemplo).

393 Artefato confeccionado para servir como arma (espada ou revólver, por exemplo).

394 Objeto que não foi confeccionado para ser arma, mas que é utilizado pelo agente como tal (foice ou taco de golfe, por exemplo).

§ 3º – A pena é de reclusão, de um a quatro anos, se o crime é praticado por pessoa sob cuja custódia ou guarda está o preso ou o internado.	A qualificadora é própria (reclama que o agente seja o responsável pela custódia ou guarda do preso ou internado). Pode ser materializada tanto pelo servidor público (policial civil, militar ou penal) quanto por particular (que efetuou prisão de indivíduo que cometia delito em situação flagrancial, por exemplo[395]). A figura qualificada admite acordo de não persecução penal (artigo 28-A do CPP), suspensão condicional do processo (artigo 89 da Lei 9.099/95) e fiança arbitrada pelo delegado de polícia (artigo 322 do CPP).
§ 4º – No caso de culpa do funcionário incumbido da custódia ou guarda, aplica-se a pena de detenção, de três meses a um ano, ou multa.	Crime culposo e próprio (funcionário público responsável pela custódia ou guarda do preso ou internado). Trata-se de infração de menor potencial ofensivo.

Evasão mediante violência contra a pessoa

Art. 352 – Evadir-se ou tentar evadir-se o preso ou o indivíduo submetido a medida de segurança detentiva, usando de violência contra a pessoa:

Pena – detenção, de três meses a um ano, além da pena correspondente à violência.

Classificação: o crime é doloso, próprio (cometido pelo preso ou indivíduo submetido a medida de segurança detentiva) e de atentado (ou de empreendimento – a figura consumada é punida da mesma forma da figura tentada[396]).

Trata-se de infração de menor potencial ofensivo de ação penal pública incondicionada.

Pune-se a lesão decorrente da violência (seja leve, grave ou gravíssima) ou a morte em concurso de crimes (vide preceito secundário do tipo).

Fuga sem violência: a simples fuga do preso ou de pessoa submetida a medida de segurança detentiva (sem violência contra a pessoa) não configura, para estes, prática do crime tipificado no artigo 352 do Código Penal[397] (o terceiro que promove ou facilita a fuga, comete o crime tipificado no artigo 351 do Código Penal).

---

395 Em sentido contrário, Rogério Sanches Cunha entende que o particular não comete crime se prender alguém em flagrante e, intencionalmente, deixar o detido fugir (**Código Penal para concursos**, Juspodivm, p. 1064).

396 O crime tentado, em regra, é punido com a pena do crime consumado, diminuída de 1/3 a 2/3 (parágrafo único do artigo 14 do Código Penal).

397 Há, contudo, prática da falta grave tipificada no artigo 50, inciso II, da Lei de Execuções Penais:
Art. 50. Comete falta grave o condenado à pena privativa de liberdade que:
(...)
II – fugir.

Fuga com destruição de patrimônio: se há destruição de obstáculo (destruição das grades da cela, por exemplo) é possível pensar na prática do crime de dano qualificado (inciso III do parágrafo único do artigo 163 do Código Penal) ou em fato atípico (a depender da corrente adotada – exigência ou não de *animus nocendi*).

Arrebatamento de preso

Art. 353 – Arrebatar preso, a fim de maltratá-lo, do poder de quem o tenha sob custódia ou guarda:

Pena – reclusão, de um a quatro anos, além da pena correspondente à violência.

Classificação: o crime é doloso, comum (a qualidade especial é exigida do sujeito passivo do crime – a vítima é o preso) e formal (não é preciso que a vítima seja efetivamente maltratada para consumação do delito). Trata-se de crime de tendência interna transcendente mutilado de dois atos.

O delito é de ação penal pública incondicionada, admite acordo de não persecução penal (artigo 28-A do CPP), suspensão condicional do processo (artigo 89 da Lei 9.099/95) e fiança arbitrada pela autoridade policial (artigo 322 do CPP).

Concurso de crimes: caso o preso efetivamente sofra violência, as lesões resultantes do ataque serão imputadas em concurso de crimes (sejam leves, graves ou gravíssimas). Também há concurso de crimes se, em razão do ataque, o preso morre.

Motim de presos

Art. 354 – Amotinarem-se presos, perturbando a ordem ou disciplina da prisão:

Pena – detenção, de seis meses a dois anos, além da pena correspondente à violência.

Classificação: o crime é doloso, próprio (cometido por presos), de concurso necessário (note que o tipo usa o plural "presos", o que denota participação de pelo menos dois agentes para configuração da circunstância elementar) e material (é preciso que o resultado – perturbação da ordem ou disciplina da prisão – efetivamente ocorra[398]).

O delito é infração de menor potencial ofensivo de ação penal pública incondicionada.

Concurso de crimes: se no motim (insurreição dos presos) há emprego de violência contra pessoa, as lesões resultantes são imputadas em concurso de crimes. Se há destruição da estrutura física da unidade prisional, é possível pensar na prática do crime de dano qualificado (inciso III do parágrafo único do artigo 163 do Código Penal) – lembro a divergência acerca da exigência ou não de *animus nocendi* para que exista o crime contra o patrimônio.

398 Penso que um protesto pacífico, como eventual greve de fome dos presos reivindicando melhoria das condições da unidade prisional, não configura prática do crime tipificado no artigo 354 do Código Penal.

Falta grave: além do crime tipificado no artigo 354 do Código Penal, os envolvidos no motim cometem falta grave (artigo 50, inciso I, da LEP):

> Art. 50. Comete falta grave o condenado à pena privativa de liberdade que:
>
> I – incitar ou participar de movimento para subverter a ordem ou a disciplina;

Patrocínio infiel

Art. 355 – Trair, na qualidade de advogado ou procurador, o dever profissional, prejudicando interesse, cujo patrocínio, em juízo, lhe é confiado:

Pena – detenção, de seis meses a três anos, e multa.

Patrocínio simultâneo ou tergiversação

Parágrafo único – Incorre na pena deste artigo o advogado ou procurador judicial que defende na mesma causa, simultânea ou sucessivamente, partes contrárias.

Classificação: o crime é doloso (não há crime se o advogado perde prazo recursal por negligência, por exemplo), próprio (cometido por advogado ou procurador), comissivo (praticar, intencionalmente, algum ato contrário ao interesse da parte que representa) ou omissivo (deixar recorrer ou de se manifestar, intencionalmente, prejudicando o interesse da parte). Trata-se de crime material (consuma-se com o efetivo prejuízo da vítima).

O delito admite acordo de não persecução penal (artigo 28-A do CPP), suspensão condicional do processo (artigo 89 da Lei 9.099/95) e fiança arbitrada pela autoridade policial (artigo 322 do CPP).

Orientação equivocada: para configuração do crime tipificado no artigo 355 do Código Penal, é necessário constatar efetiva traição do dever profissional. Mera orientação equivocada, errônea ou aventureira de cliente não configura prática do delito, nos termos de julgado do Superior Tribunal de Justiça (grifo meu):

> PENAL. RECURSO ESPECIAL. CORRUPÇÃO PASSIVA E PATROCÍNIO INFIEL. ABSOLVIÇÃO. ATIPICIDADE DA CONDUTA. NÃO OCORRÊNCIA DE TRAIÇÃO. RECURSO ESPECIAL IMPROVIDO. 1. Na hipótese dos autos, não ficou configurado o crime de corrupção passiva, uma vez que a conduta atribuída à acusada não foi por ela praticada durante o exercício de função pública, haja vista a extinção de seu contrato de prestação de serviços com a administração pública municipal anos antes do fato. **2. Para a caracterização do delito de patrocínio infiel, deve haver a traição do dever profissional. Na espécie, a orientação errônea e aventureira da acusada ao seu cliente configura, no máximo, infração ética, e não o crime de patrocínio infiel.** 3. Recurso especial improvido **(REsp 1716072/MG, Rel. Ministro SEBASTIÃO REIS JÚNIOR, SEXTA TURMA, julgado em 15/03/2018, DJe 30/04/2018).**

Tergiversação ou patrocínio simultâneo: há figuras equiparadas no parágrafo único (patrocínio simultâneo ou tergiversação). A primeira figura (patrocínio simultâneo), como o nome sugere, consiste na conduta criminosa do advogado que atua ao mesmo tempo cuidado do interesse de partes adversas. A segunda (tergiversação) consiste no patrocínio sucessivo (o advogado deixa de atuar na defesa de uma parte e assume os interesses da parte adversa).

As figuras equiparadas listadas no parágrafo único do artigo 355 do Código Penal não reclamam prejuízo ao cliente traído (crimes formais).

Sonegação de papel ou objeto de valor probatório

Art. 356 – Inutilizar, total ou parcialmente, ou deixar de restituir autos, documento ou objeto de valor probatório, que recebeu na qualidade de advogado ou procurador:

Pena – detenção, de seis meses a três anos, e multa.

Classificação: trata-se de crime doloso, próprio (cometido por advogado ou procurador – o crime admite participação de terceiro, que responderá pelo crime aqui estudado) e material.

O delito é de ação penal pública incondicionada, admite acordo de não persecução penal (artigo 28-A do CPP), suspensão condicional do processo (artigo 89 da Lei 9.099/95) e fiança arbitrada pela autoridade policial (artigo 322 do CPP).

Crime instantâneo x crime permanente: na conduta proibida inutilizar, tem-se crime instantâneo (de efeitos permanentes). Na conduta proibida deixar de restituir, tem-se crime permanente.

Artigos 314 x 337 x 356 do Código Penal: estude juntos os crimes tipificados nos artigos 314, 337 e 356 do Código Penal:

Crime	Extravio, sonegação ou inutilização de livro ou documento	Subtração ou inutilização de livro ou documento	Sonegação de papel ou objeto de valor probatório
Tipo	Art. 314 – Extraviar livro oficial ou qualquer documento, de que tem a guarda em razão do cargo; sonegá-lo ou inutilizá-lo, total ou parcialmente: Pena – reclusão, de um a quatro anos, se o fato não constitui crime mais grave.	Art. 337 – Subtrair, ou inutilizar, total ou parcialmente, livro oficial, processo ou documento confiado à custódia de funcionário, em razão de ofício, ou de particular em serviço público: Pena – reclusão, de dois a cinco anos, se o fato não constitui crime mais grave.	Art. 356 – Inutilizar, total ou parcialmente, ou deixar de restituir autos, documento ou objeto de valor probatório, que recebeu na qualidade de advogado ou procurador: Pena – detenção, de seis meses a três anos, e multa.
Comentários	Crime próprio (cometido pelo funcionário público que tem a guarda do livro ou documento oficial).	Crime comum, praticado contra a administração pública.	Crime próprio (praticado por advogado ou procurador) contra a administração da justiça.

Restauração de autos: o processo de restauração extraviados ou destruídos está descrito nos artigos 541 a 548 do Código de Processo Penal.

Exploração de prestígio

Art. 357 – Solicitar ou receber dinheiro ou qualquer outra utilidade, a pretexto de influir em juiz, jurado, órgão do Ministério Público, funcionário de justiça, perito, tradutor, intérprete ou testemunha:

Pena – reclusão, de um a cinco anos, e multa.

Parágrafo único – As penas aumentam-se de um terço, se o agente alega ou insinua que o dinheiro ou utilidade também se destina a qualquer das pessoas referidas neste artigo.

Classificação: o crime é doloso, comum, formal (na conduta proibida "solicitar") ou material (na conduta proibida "receber"), misto, alternativo ou de conteúdo variado.

O delito admite acordo de não persecução penal (artigo 28-A do CPP) e suspensão condicional do processo (artigo 89 da Lei 9.099/95).

***Venditio fumi*:** é crime de ação penal pública incondicionada contra a administração da justiça, que guarda muita similitude com o crime de tráfico de influência, tipificado no artigo 332 do Código Penal (assim como este, o crime de exploração de prestígio também é conhecido como *venditio fumi*, porque o agente alardeia influência que não existe ou que não é efetivamente utilizada).

Os crimes são sutilmente diferentes em relação às condutas proibidas, na pena mínima e no *quantum* da causa de aumento:

Crime	Tráfico de influência	Exploração de prestígio
Artigo	332	357
Descrição típica	Solicitar, exigir, cobrar ou obter, para si ou para outrem, vantagem ou promessa de vantagem, a pretexto de influir em ato praticado por funcionário público no exercício da função. Pena – reclusão, de 2 (dois) a 5 (cinco) anos, e multa. Parágrafo único – A pena é aumentada da metade, se o agente alega ou insinua que a vantagem é também destinada ao funcionário.	Solicitar ou receber dinheiro ou qualquer outra utilidade, a pretexto de influir em juiz, jurado, órgão do Ministério Público, funcionário de justiça, perito, tradutor, intérprete ou testemunha. Pena – reclusão, de um a cinco anos, e multa. Parágrafo único – As penas aumentam-se de um terço, se o agente alega ou insinua que o dinheiro ou utilidade também se destina a qualquer das pessoas referidas neste artigo.

Exploração de prestígio x estelionato: o crime de exploração de prestígio é especial em relação ao delito de estelionato (o autor do fato acaba ludibriando a vítima e conseguindo desta vantagem indevida, afirmando que pode influir em ato praticado por juiz, jurado, órgão do Ministério Público, funcionário de justiça, perito, tradutor, intérprete ou testemunha).

Majorante: no parágrafo único há majorante (aumento de 1/3) se o autor do fato alega ou insinua que a vantagem também se destina às pessoas listadas no caput do artigo 357 do Código Penal. Por óbvio, se efetivamente existir um esquema de "venda" de atos pelos personagens listados na cabeça do artigo estudado, os crimes serão outros (concussão, corrupção passiva e falso testemunho, por exemplo).

Competência: a competência depende da análise da situação concreta. Exemplifico.

> **SITUAÇÃO HIPOTÉTICA:** PEDRO solicitou R$ 6.000,00 de JOÃO a pretexto de influir em juiz federal responsável pelo julgamento de caso do seu interesse.
>
> **SOLUÇÃO:** PEDRO cometeu o crime de exploração de prestígio (artigo 357 do Código Penal) consumado (ainda que a vítima não pague a vantagem solicitada – crime formal) e o caso criminal deve ser julgado pela justiça federal.

Violência ou fraude em arrematação judicial

Art. 358 – Impedir, perturbar ou fraudar arrematação judicial; afastar ou procurar afastar concorrente ou licitante, por meio de violência, grave ameaça, fraude ou oferecimento de vantagem:

Pena – detenção, de dois meses a um ano, ou multa, além da pena correspondente à violência.

Classificação: trata-se de crime doloso, comum (pode ser praticado por qualquer pessoa), misto, alternativo ou de conteúdo variado.

Trata-se de infração de menor potencial ofensivo de ação penal pública incondicionada.

Condutas proibidas: a) impedir, perturbar ou fraudar arrematação judicial; b) afastar ou procurar afastar concorrente ou licitante, por meio de violência, grave ameaça, fraude ou oferecimento de vantagem (nessa situação, temos crimes de atentado ou de empreendimento – pune-se o agente que afasta ou procura afastar concorrente ou licitante).

Esclarece Rogério Sanches[399]:

> A arrematação a que se refere o dispositivo é aquela promovida por particular em razão de ordem judicial. Se for promovida pelo Poder Público (Federal, Estadual ou Municipal), a conduta do agente será tipificada de art. 335 do CP ou arts. 93 e 95, ambos da Lei 8.666/93 (Lei de Licitação).

---

399 CUNHA, Rogério Sanches.

Eis os tipos citados pelo professor e membro do Ministério Público:

Artigo 335 do CP	Artigo 359 do CP	Artigo 93 da Lei 8.666/93	Artigo 95 da Lei 8.666/93
Art. 335 – Impedir, perturbar ou fraudar concorrência pública ou venda em hasta pública, promovida pela administração federal, estadual ou municipal, ou por entidade paraestatal; afastar ou procurar afastar concorrente ou licitante, por meio de violência, grave ameaça, fraude ou oferecimento de vantagem:	Art. 358 – Impedir, perturbar ou fraudar arrematação judicial; afastar ou procurar afastar concorrente ou licitante, por meio de violência, grave ameaça, fraude ou oferecimento de vantagem: Pena – detenção, de dois meses a um ano, ou multa, além da pena correspondente à violência.	Art. 93. Impedir, perturbar ou fraudar a realização de qualquer ato de procedimento licitatório: Pena – detenção, de 6 (seis) meses a 2 (dois) anos, e multa.	Art. 95. Afastar ou procurar afastar licitante, por meio de violência, grave ameaça, fraude ou oferecimento de vantagem de qualquer tipo: Pena – detenção, de 2 (dois) a 4 (quatro) anos, e multa, além da pena correspondente à violência.
Pena – detenção, de seis meses a dois anos, ou multa, além da pena correspondente à violência. Parágrafo único – Incorre na mesma pena quem se abstém de concorrer ou licitar, em razão da vantagem oferecida.			Parágrafo único. Incorre na mesma pena quem se abstém ou desiste de licitar, em razão da vantagem oferecida.

Concurso de crimes: o preceito secundário determina punição da violência (em concurso de crimes).

Desobediência a decisão judicial sobre perda ou suspensão de direito

Art. 359 – Exercer função, atividade, direito, autoridade ou múnus, de que foi suspenso ou privado por decisão judicial:

Pena – detenção, de três meses a dois anos, ou multa.

Classificação: crime doloso e próprio (é preciso que o sujeito ativo tenha sido suspenso ou privado, por decisão judicial do exercício de função, atividade, direito, autoridade ou múnus).

Trata-se de infração de menor potencial ofensivo de ação penal pública incondicionada.

Comete o delito, por exemplo, o advogado ou médico que exerce a atividade depois de suspenso por decisão judicial.

CAPÍTULO IV
DOS CRIMES CONTRA AS FINANÇAS PÚBLICAS

Contratação de operação de crédito

Art. 359-A. Ordenar, autorizar ou realizar operação de crédito, interno ou externo, sem prévia autorização legislativa:

Pena – reclusão, de 1 (um) a 2 (dois) anos.

Parágrafo único. Incide na mesma pena quem ordena, autoriza ou realiza operação de crédito, interno ou externo:

I – com inobservância de limite, condição ou montante estabelecido em lei ou em resolução do Senado Federal;

II – quando o montante da dívida consolidada ultrapassa o limite máximo autorizado por lei.

Classificação: trata-se de crime doloso, próprio (perpetrado por quem tem a atribuição de ordenar, autorizar ou realizar operação de crédito, interno ou externo), misto (alternativo ou de conteúdo variado) e de ação penal pública incondicionada.

O delito é infração de menor potencial ofensivo (artigo 61 da Lei 9.099/95).

Condutas proibidas: ordenar, autorizar ou realizar operação de crédito, interno ou externo, sem prévia autorização legislativa.

Penso que o delito estudado é formal nas formas **"ordenar"** e **"autorizar"** (não é necessário que a operação seja materializada ou que exista efetivo prejuízo ao erário). Na modalidade **"realizar"**, o crime é material.

Figuras equiparadas: incide nas mesmas penas quem ordena, autoriza ou realiza operação de crédito, interno ou externo: a) com inobservância de limite, condição ou montante estabelecido em lei ou em resolução do Senado Federal; b) quando o montante da dívida consolidada ultrapassa o limite máximo autorizado por lei.

Operação de crédito: o artigo 29, inciso III e § 1º, da Lei de Responsabilidade Fiscal (Lei Complementar 101/2000), conceituam operação de crédito:

> Art. 29. Para os efeitos desta Lei Complementar, são adotadas as seguintes definições:
>
> (...)
>
> III – operação de crédito: compromisso financeiro assumido em razão de mútuo, abertura de crédito, emissão e aceite de título, aquisição financiada de bens, recebimento antecipado de valores provenientes da venda a termo de bens e serviços, arrendamento mercantil e outras operações assemelhadas, inclusive com o uso de derivativos financeiros;
>
> (...)

> § 1º Equipara-se a operação de crédito a assunção, o reconhecimento ou a confissão de dívidas pelo ente da Federação, sem prejuízo do cumprimento das exigências dos arts. 15 e 16.

Segundo Manual de Instrução de Pleitos do Ministério da Economia[400]:

> A operação é denominada operação de crédito interno quando contratada com credores situados no País e operação de crédito externo quando contratada com agências de países estrangeiros, organismos internacionais ou instituições financeiras estrangeiras.

Inscrição de despesas não empenhadas em restos a pagar

Art. 359-B. Ordenar ou autorizar a inscrição em restos a pagar, de despesa que não tenha sido previamente empenhada ou que exceda limite estabelecido em lei:

Pena – detenção, de 6 (seis) meses a 2 (dois) anos.

Classificação: trata-se de crime doloso, próprio (perpetrado por quem tem a atribuição de ordenar ou autorizar a inscrição de restos a pagar) e de ação penal pública incondicionada.

O delito é infração de menor potencial ofensivo (artigo 61 da Lei 9.099/95).

Condutas proibidas: ordenar ou autorizar a inscrição em restos a pagar (vide artigo 36 da Lei 4.320/64[401]), de despesa que não tenha sido previamente empenhada ou que exceda limite estabelecido em lei.

Penso que o delito estudado é formal (não é necessário que a despesa seja materializada ou que exista efetivo prejuízo ao erário).

Assunção de obrigação no último ano do mandato ou legislatura

Art. 359-C. Ordenar ou autorizar a assunção de obrigação, nos dois últimos quadrimestres do último ano do mandato ou legislatura, cuja despesa não possa ser paga no mesmo exercício financeiro ou, caso reste parcela a ser paga no exercício seguinte, que não tenha contrapartida suficiente de disponibilidade de caixa:

Pena – reclusão, de 1 (um) a 4 (quatro) anos.

---

400 Disponível em https://conteudo.tesouro.gov.br/manuais/index.php?option=com_content&view=article&id=22:4-1-tipos-de-operacoes-de-credito&catid=67&Itemid=274.

401 Art. 36. Consideram-se Restos a Pagar as despesas empenhadas mas não pagas até o dia 31 de dezembro distinguindo-se as processadas das não processadas.
Parágrafo único. Os empenhos que sorvem a conta de créditos com vigência plurienal, que não tenham sido liquidados, só serão computados como Restos a Pagar no último ano de vigência do crédito.

Classificação: trata-se de crime doloso, próprio (perpetrado por quem tem a atribuição de ordenar ou autorizar assunção de obrigação) e de ação penal pública incondicionada.

O delito admite acordo de não persecução penal (artigo 28-A do CPP), suspensão condicional do processo (artigo 89 da Lei 9.099/95) e fiança arbitrada pela autoridade policial (artigo 322 do CPP).

Condutas proibidas: são duas as situações proibidas – a) ordenar ou autorizar assunção de obrigação, nos dois últimos quadrimestres (oito meses) do mandato ou legislatura, cuja despesa não possa ser paga no mesmo exercício financeiro (mesmo ano); ou b) ordenar ou autorizar assunção de obrigação, nos dois últimos quadrimestres (oito meses) do mandato ou legislatura, cuja parcela restante a ser paga no exercício seguinte (ano seguinte) não tenha contrapartida suficiente de disponibilidade em caixa.

Penso que o delito estudado é formal (não é necessário que a despesa seja materializada ou que exista efetivo prejuízo ao erário).

Ordenação de despesa não autorizada

Art. 359-D. Ordenar despesa não autorizada por lei:

Pena – reclusão, de 1 (um) a 4 (quatro) anos.

Classificação: trata-se de crime doloso, próprio (perpetrado por quem tem a atribuição de ordenar despesa) e de ação penal pública incondicionada.

O delito admite acordo de não persecução penal (artigo 28-A do CPP), suspensão condicional do processo (artigo 89 da Lei 9.099/95) e fiança arbitrada pela autoridade policial (artigo 322 do CPP).

Conduta proibida: ordenar despesa não autorizada em lei (trata-se de crime formal – entendo que não é necessário que a despesa seja materializada ou que exista efetivo prejuízo ao erário).

Prestação de garantia graciosa

Art. 359-E. Prestar garantia em operação de crédito sem que tenha sido constituída contragarantia em valor igual ou superior ao valor da garantia prestada, na forma da lei:

Pena – detenção, de 3 (três) meses a 1 (um) ano.

Classificação: trata-se de crime doloso, próprio (perpetrado pelo gestor público que tem a atribuição de prestar garantia em operação de crédito), formal (não é necessário que a administração tenha prejuízo efetivo com a operação) e de ação penal pública incondicionada.

O delito é infração de menor potencial ofensivo.

Conduta proibida: prestar garantia (crime material) em operação de crédito sem que tenha sido constituída contragarantia em valor igual ou superior ao valor da garantia prestada, na forma da lei. Segundo Rogério Sanches Cunha[402]:

> De acordo com o art. 40 da Lei de Responsabilidade Fiscal, o gestor, ao realizar qualquer operação de crédito em que seja exigida garantia a ser prestada pelo Poder Público (art. 29, IV, da LRF), deve determinar que o beneficiário daquela preste contragarantia, resguardando-se, desta forma, o patrimônio público. O artigo 359-E do Código Penal pune exatamente a conduta do administrador que descumpre o preceito existente na Lei de Responsabilidade Fiscal.

Eis os artigos citados na lição de Rogério Sanches, ambos da Lei de Responsabilidade Fiscal:

> Art. 29. Para os efeitos desta Lei Complementar, são adotadas as seguintes definições:
>
> (...)
>
> IV – concessão de garantia: compromisso de adimplência de obrigação financeira ou contratual assumida por ente da Federação ou entidade a ele vinculada;
>
> Art. 40. Os entes poderão conceder garantia em operações de crédito internas ou externas, observados o disposto neste artigo, as normas do art. 32 e, no caso da União, também os limites e as condições estabelecidos pelo Senado Federal.
>
> § 1º A garantia estará condicionada ao oferecimento de contragarantia, em valor igual ou superior ao da garantia a ser concedida, e à adimplência da entidade que a pleitear relativamente a suas obrigações junto ao garantidor e às entidades por este controladas, observado o seguinte:
>
> I – não será exigida contragarantia de órgãos e entidades do próprio ente;
>
> II – a contragarantia exigida pela União a Estado ou Município, ou pelos Estados aos Municípios, poderá consistir na vinculação de receitas tributárias diretamente arrecadadas e provenientes de transferências constitucionais, com outorga de poderes ao garantidor para retê-las e empregar o respectivo valor na liquidação da dívida vencida.
>
> § 2º No caso de operação de crédito junto a organismo financeiro internacional, ou a instituição federal de crédito e fomento para o repasse de recursos externos, a União só prestará garantia a ente que atenda, além do disposto no § 1º, as exigências legais para o recebimento de transferências voluntárias.
>
> § 3º (VETADO)
>
> § 4º (VETADO)
>
> § 5º É nula a garantia concedida acima dos limites fixados pelo Senado Federal.

402 CUNHA, Rogério Sanches. **Código Penal para concursos**. Salvador, 13ª edição, Juspodivm, 2020, p. 1084.

§ 6º É vedado às entidades da administração indireta, inclusive suas empresas controladas e subsidiárias, conceder garantia, ainda que com recursos de fundos.

§ 7º O disposto no § 6º não se aplica à concessão de garantia por:

I – empresa controlada a subsidiária ou controlada sua, nem à prestação de contragarantia nas mesmas condições;

II – instituição financeira a empresa nacional, nos termos da lei.

§ 8º Excetua-se do disposto neste artigo a garantia prestada:

I – por instituições financeiras estatais, que se submeterão às normas aplicáveis às instituições financeiras privadas, de acordo com a legislação pertinente;

II – pela União, na forma de lei federal, a empresas de natureza financeira por ela controladas, direta e indiretamente, quanto às operações de seguro de crédito à exportação.

§ 9º Quando honrarem dívida de outro ente, em razão de garantia prestada, a União e os Estados poderão condicionar as transferências constitucionais ao ressarcimento daquele pagamento.

§ 10. O ente da Federação cuja dívida tiver sido honrada pela União ou por Estado, em decorrência de garantia prestada em operação de crédito, terá suspenso o acesso a novos créditos ou financiamentos até a total liquidação da mencionada dívida.

Não cancelamento de restos a pagar

Art. 359-F. Deixar de ordenar, de autorizar ou de promover o cancelamento do montante de restos a pagar inscrito em valor superior ao permitido em lei:

Pena – detenção, de 6 (seis) meses a 2 (dois) anos.

Classificação: trata-se de crime doloso, próprio (perpetrado por quem tem a atribuição de ordenar, autorizar ou promover o cancelamento da inscrição de restos a pagar – vide artigo 36 da Lei 4.320/64[403]), omissivo próprio e de ação penal pública incondicionada.

O delito é infração de menor potencial ofensivo.

Quando o prazo se esvai e, intencionalmente, o administrador deixa de ordenar, autorizar ou promover o cancelamento dos restos a pagar, o delito resta perpetrado (cumpre lembrar que o crime não admite modalidade culposa).

403 Art. 36. Consideram-se Restos a Pagar as despesas empenhadas mas não pagas até o dia 31 de dezembro distinguindo-se as processadas das não processadas.
Parágrafo único. Os empenhos que sorvem a conta de créditos com vigência plurienal, que não tenham sido liquidados, só serão computados como Restos a Pagar no último ano de vigência do crédito.

Aumento de despesa total com pessoal no último ano do mandato ou legislatura

Art. 359-G. Ordenar, autorizar ou executar ato que acarrete aumento de despesa total com pessoal, nos cento e oitenta dias anteriores ao final do mandato ou da legislatura:

Pena – reclusão, de 1 (um) a 4 (quatro) anos.

Classificação: trata-se de crime doloso, próprio (perpetrado por quem tem a atribuição de ordenar, autorizar ou executar ato que acarrete aumento de despesa com pessoal) e de ação penal pública incondicionada.

O delito admite acordo de não persecução penal (artigo 28-A do CPP), suspensão condicional do processo (artigo 89 da Lei 9.099/95) e fiança arbitrada pela autoridade policial (artigo 322 do CPP).

Condutas proibidas: ordenar (crime formal), autorizar (crime formal) ou executar (crime material) ato que acarrete aumento de despesa com pessoal nos cento e oitenta dias anteriores ao final do mandato ou da legislatura.

Quando o agente **ordena** ou **autoriza** ato que acarrete aumento de despesa no período proibido, o crime se consuma mesmo que não se efetive a ordem/autorização. Já a **execução**, por ser crime material, demanda efetivo implemento do aumento da despesa vedado pelo Caderno Repressivo.

Oferta pública ou colocação de títulos no mercado

Art. 359-H. Ordenar, autorizar ou promover a oferta pública ou a colocação no mercado financeiro de títulos da dívida pública sem que tenham sido criados por lei ou sem que estejam registrados em sistema centralizado de liquidação e de custódia:

Pena – reclusão, de 1 (um) a 4 (quatro) anos.

Classificação: trata-se de crime doloso, próprio (perpetrado por quem tem a atribuição de ordenar, autorizar ou promover a oferta pública ou a colocação no mercado financeiro títulos da dívida pública) e de ação penal pública incondicionada.

O delito admite acordo de não persecução penal (artigo 28-A do CPP), suspensão condicional do processo (artigo 89 da Lei 9.099/95) e fiança arbitrada pela autoridade policial (artigo 322 do CPP).

Condutas proibidas: ordenar (crime formal), autorizar (crime formal) ou promover (crime material) a oferta pública ou colocação no mercado financeiro títulos da dívida pública sem que tenham sido criados por lei ou sem que estejam registrados em sistema centralizado de liquidação e de custódia.

Quando o agente **ordena** ou **autoriza** a oferta ou colocação dos títulos no mercado financeiro o crime se consuma mesmo que não estes cheguem efetivamente a circular. Já a **promoção**, por ser crime material, demanda efetiva circulação dos títulos.

TÍTULO XII
DOS CRIMES CONTRA O ESTADO DEMOCRÁTICO DE DIREITO

A Lei 14.197/21 enxertou no Código Penal o Título XII, denominado "Dos crimes contra o Estado Democrático de Direito". O mandamento legal (em seu artigo 4º) revogou expressamente a Lei 7.170/83 (Lei de Segurança Nacional) e o artigo 39 do Decreto-Lei 3.688/41 (Lei das Contravenções Penais).

Considerando que houve sucessão de leis no tempo, é relevante analisar, quando oportuno, o crime inserido no Código Penal e o delito revogado (Lei de Segurança Nacional).

Crimes inafiançáveis e imprescritíveis: nos termos do inciso XLIV do artigo 5º da Constituição Federal[404], a ação de grupos armados, civis ou militares, contra a ordem constitucional e o Estado Democrático constitui crime inafiançável e imprescritível.

A exegese do dispositivo magno impõe dois obstáculos: i) identificar o que significa grupo; ii) identificar quais (ou qual) crimes do novel Título XII do Código Penal podem ser enquadrados no inciso constitucional (para fins de inafiançabilidade e imprescritibilidade).

Como não há uma definição legal para a quantidade de pessoas necessária para que seja possível falar em um "grupo", pressinto duas interpretações defensáveis: i) utilizar como dispositivo paradigma o artigo 288 do Código Penal (que indica um mínimo de 3 pessoas, além de outros requisitos, para que exista uma associação criminosa); ii) utilização do paradigma do § 1º do artigo 1º da Lei 12.850/13 (o dispositivo reclama a reunião de pelo menos 4 pessoas, além de outros requisitos, para que exista uma organização criminosa). Penso que o artigo 288 do Código Penal deve ser usado como paradigma para a interpretação da palavra "grupo" que consta no inciso XLIV do artigo 5º da Constituição Federal.

Por óbvio, é necessário que exista estabilidade e permanência para que se pense na prática de crime inafiançável e imprescritível, nos termos do dispositivo constitucional.

Em arremate, entendo que não há um tipo específico inafiançável/imprescritível no Título XII. A análise deve ser feita caso a caso a partir das premissas constitucionais: i) é preciso que um "grupo armado" pratique o crime (mínimo de 3 pessoas, como acima sugestionado, com estabilidade e permanência); ii) como não há restrição à palavra "armado", a expressão deve ser interpretada de maneira ampla (armas

404 Art. 5º (...)
XLIV – constitui crime inafiançável e imprescritível a ação de grupos armados, civis ou militares, contra a ordem constitucional e o Estado Democrático.

de fogo, brancas, próprias ou impróprias); iii) que o delito praticado desafie a ordem constitucional e o Estado Democrático de Direito.

Competência: os crimes tipificados no Título XII do Código Penal são políticos e, por isso, julgados pela Justiça Federal (na forma do inciso IV do artigo 109 da Constituição Federal) e investigados pela Polícia Federal (polícia judiciária da União – inciso I do § 1º do artigo 144 da Carta da República).

Em uma rápida linha do tempo, é possível afirmar que: i) originalmente o artigo 30 da Lei 7.170/83[405] previa competência da Justiça Militar para processar e julgar os crimes ali tipificados; ii) com a entrada em vigor da Constituição Federal de 1988, o dispositivo restou não recepcionado, em face do inciso IV do artigo 109 da Carta da República – a competência passou a ser da Justiça Federal; iii) entra em vigor a Lei 14.197/21 (que revogou a Lei 7.170/83) e, como os crimes listados no novel Título XII do Código Penal são políticos (móvel), devem ser julgados pela Justiça Federal.

CAPÍTULO I
DOS CRIMES CONTRA A SOBERANIA NACIONAL

Atentado à soberania

Art. 359-I. Negociar com governo ou grupo estrangeiro, ou seus agentes, com o fim de provocar atos típicos de guerra contra o País ou invadi-lo:

Pena – reclusão, de 3 (três) a 8 (oito) anos.

§ 1º Aumenta-se a pena de metade até o dobro, se declarada guerra em decorrência das condutas previstas no caput deste artigo.

§ 2º Se o agente participa de operação bélica com o fim de submeter o território nacional, ou parte dele, ao domínio ou à soberania de outro país:

Pena – reclusão, de 4 (quatro) a 12 (doze) anos.

Sucessão de leis no tempo: o crime aqui estudado (artigo 359-I do Código Penal) sucedeu o revogado artigo 8º da Lei 7.170/83:

Artigo 8º da Lei 7.170/83 (revogado)	Artigo 359-I do Código Penal
Art. 8º – Entrar em entendimento ou negociação com governo ou grupo estrangeiro, ou seus agentes, para provocar guerra ou atos de hostilidade contra o Brasil.	Art. 359-I. Negociar com governo ou grupo estrangeiro, ou seus agentes, com o fim de provocar atos típicos de guerra contra o País ou invadi-lo: Pena – reclusão, de 3 (três) a 8 (oito) anos.

405 Art. 30 – Compete à Justiça Militar processar e julgar os crimes previstos nesta Lei, com observância das normas estabelecidas no Código de Processo Penal Militar, no que não colidirem com disposição desta Lei, ressalvada a competência originária do Supremo Tribunal Federal nos casos previstos na Constituição.
Parágrafo único – A ação penal é pública, promovendo-a o Ministério Público.

Pena: reclusão, de 3 a 15 anos. Parágrafo único – Ocorrendo a guerra ou sendo desencadeados os atos de hostilidade, a pena aumenta-se até o dobro.	§ 1º Aumenta-se a pena de metade até o dobro, se declarada guerra em decorrência das condutas previstas no caput deste artigo. § 2º Se o agente participa de operação bélica com o fim de submeter o território nacional, ou parte dele, ao domínio ou à soberania de outro país: Pena – reclusão, de 4 (quatro) a 12 (doze) anos.

Houve continuidade normativo-típica em relação às condutas tipificadas no revogado artigo 8º da Lei 7.170/83 que possam ser enquadradas no novel artigo 359-I do Código Penal.

O tipo simples é mais brando que o dispositivo revogado (houve, aqui, *novatio legis in mellius* – vide artigo 2º do Código Penal). O tipo qualificado (§ 2º do artigo 359-I do Código Penal) é mais severo em relação à pena mínima e mais brando em relação à pena máxima (considerando o tipo simples do artigo revogado).

Classificação: trata-se de crime doloso (o tipo exige especial fim de agir – a negociação do autor do fato com governo ou grupo estrangeiro ou seus agentes deve ter o objetivo de provocar atos típicos de guerra contra o País ou invadi-lo), comum (pode ser cometido por qualquer pessoa), formal (não é preciso que seja efetivamente deflagrada uma guerra ou invasão contra o Brasil para que o delito se consume, bastando que seja demonstrada a negociação do agente com governo ou grupo estrangeiro ou seus agentes e o especial fim de agir acima citado) e de concurso necessário (pressupõe a participação do agente e terceiros – representantes do governo ou grupo estrangeiro ou mesmo seus agentes).

O delito é de ação penal pública Incondicionada e não admite suspensão condicional do processo (artigo 89 da Lei 9.099/95). É possível, contudo, materialização de acordo de não persecução penal (artigo 28-A do CPP) em relação ao tipo simples.

Bem jurídico tutelado: o tipo tutela a soberania do Brasil (fundamento da República Federativa do Brasil, nos termos do inciso I do artigo 1º da Constituição Federal).

Conduta proibida: a conduta proibida pelo tipo é 'negociar' (discutir para chegar a um acordo; fazer negócios) com governo ou grupo estrangeiro (responsáveis políticos pela direção do Estado estrangeiro), ou seus agentes ("qualquer agente público que atue na estrutura daquele poder político"[406]), com o fim de provocar atos típicos de guerra contra o País ou invadi-lo.

Não é necessário que a negociação tenha objetivo econômico ou que o agente seja de alguma forma beneficiado (não há elementar nesse sentido).

Não há necessidade de que a negociação se prolongue ou uma quantidade mínima de contatos para que reste perpetrado o tipo em comento. É possível, por exemplo,

406 BABORSA, Ruchester Marreiros *in* https://www.conjur.com.br/2021-set-14/crime-lei-1419721-julgado-tribunal-penal-internacional, acesso em 30 de março de 2022.

entender ter sido cometido o delito estudado com uma única reunião do agente com governo estrangeiro com o fito de que sejam provocados atos típicos de guerra contra o Brasil ou no sentido de que nosso país seja invadido.

Norma penal em branco: definir a palavra guerra não é tarefa das mais fáceis (são diversas as tipologias e possibilidades teóricas). Para tanto, recorro a Francisco Proença Garcia, para quem a guerra é "a violência armada e sangrenta, entre grupos organizados, que cria e se desenvolve num ambiente hostil, inerentemente incerto, evolutivo, tendo como finalidade mais evidente o acesso ao, ou a manutenção do, poder"[407].

Proença Garcia[408] (citando Wright) afirma que, para caracterizar determinadas manifestações de violência como guerra, é preciso detectar, fundamentalmente: i) um conflito travado entre grupos políticos, especialmente Estados soberanos; ii) o recurso às forças armadas; iii) considerável magnitude e considerável período de tempo em que o conflito se desenvolve.

Analisando o tipo estudado (no que toca às expressões 'atos típicos de guerra' e a invasão do país), é possível: i) entender que se trata de norma penal em branco (integradas pelo Estatuto de Roma); ii) entender que as expressões se traduzem em elementos normativos do tipo (o que dá uma amplitude maior à atividade interpretativa).

Opto por seguir a corrente sugestionada por Ruchester Marreiros Barbosa[409], com o intuito de limitar o alcance do tipo (já que estamos lidando com Direito Penal) e afirmar que o crime estudado é uma norma penal em branco.

Como dito, a integração do tipo é alcançada por meio do Estatuto de Roma (internalizado por meio do Decreto 4.388, de 25 de setembro de 2002), utilizando como parâmetro o crime de agressão (que findou só sendo efetivamente descrito por meio da Resolução RC/Res. 6 de 2010, editada em Kampala, Uganda, por meio da inserção do artigo 8º bis no Estatuto de Roma). Nos termos do referido dispositivo:

> **Artigo 8º bis**
>
> **Crime de agressão**
>
> 1 — Para efeitos do presente Estatuto, entende-se por 'crime de agressão', o planeamento, a preparação, o desencadeamento ou a execução por uma pessoa que se encontre em posição de controlar ou conduzir de forma efetiva a ação política ou militar de um Estado de um ato de agressão que, pelo seu carácter,

407 GARCIA, Francisco Proença. A guerra e a estratégia revisitadas – A nova polemologia, Lisboa, 2019, Novas Edições Acadêmicas, p. 39.

408 GARCIA, Francisco Proença. Op. cit., p. 21.

409 BABORSA, Ruchester Marreiros *in* https://www.conjur.com.br/2021-set-14/crime-lei-1419721-julgado-tribunal-penal-internacional, acesso em 30 de março de 2022.

pela sua gravidade e dimensão, constitui uma violação manifesta da Carta das Nações Unidas.

2 — Para efeitos do n.º 1, entende -se por 'ato de agressão', o uso da força armada por um Estado contra a soberania, integridade territorial ou independência política de outro Estado, ou de qualquer outra forma incompatível com a Carta das Nações Unidas. Independentemente da existência ou não de uma declaração de guerra, em conformidade com a Resolução n.º 3314 (XXIX) da Assembleia Geral das Nações Unidas, de 14 de dezembro de 1974, qualquer um dos seguintes atos deverá ser considerado um ato de agressão:

a) A invasão do território de um Estado ou o ataque contra o mesmo pelas forças armadas de outro Estado, ou qualquer ocupação militar, ainda que temporária, decorrente dessa invasão ou desse ataque, ou a anexação pelo uso da força do território, no todo ou em parte, de um outro Estado;

b) O bombardeamento do território de um Estado pelas forças armadas de outro Estado, ou o uso de quaisquer armas por um Estado contra o território de outro Estado;

c) O bloqueio dos portos ou das costas de um Estado pelas forças armadas de outro Estado;

d) O ataque pelas forças armadas de um Estado contra as forças terrestres, navais ou aéreas, ou contra a marinha mercante e a aviação civil de outro Estado;

e) A utilização das forças armadas de um Estado, que se encontram no território de outro Estado com o consentimento do Estado receptor, em violação das condições previstas no acordo, ou qualquer prolongamento da sua presença naquele território após o termo desse mesmo acordo;

f) O facto de um Estado permitir que o seu território por ele posto à disposição de um outro Estado, seja por este utilizado para perpetrar um ato de agressão contra um Estado terceiro;

g) O envio por um Estado, ou em seu nome, de bandos ou de grupos armados, de forças irregulares ou de mercenários que pratiquem contra um outro Estado atos de força armada de gravidade equiparável à dos atos acima enumerados, ou que participem substancialmente nesses atos.

Sobre o tema guerra, sugestiono, ainda, a leitura das Convenções de Genebra destinadas a proteger as vítimas da guerra, promulgadas no Brasil pelo Decreto 42.121, de 21 de agosto de 1957.

Antecipação do Direito Penal: o tipo penal estudado constitui evidente antecipação do Direito Penal vez que se observa nele a criminalização de atos que podem ser categorizados como de cogitação/preparação.

O estudo do *iter criminis* (cogitação, preparação, execução e consumação) revela que o Direito Penal, normalmente, não pune atos de cogitação ou preparação (o fato, usualmente, é punível a partir da prática efetiva de atos executórios), em face dos princípios da alteridade e da lesividade/ofensividade.

Saliento que é preciso muita cautela na criminalização de atos de cogitação/preparação, com o fito de não transmudar o Direito Penal do fato em Direito Penal do autor (abandona-se a punição de fatos considerados pela lei como criminosos e passa-se a punir o "ser" e o "pensar"[410]).

Causa de aumento de pena: o § 1º do artigo 359-I do Código Penal determina aumento de pena até o dobro se for declarada guerra em decorrência das condutas perpetradas pelo agente (negociações levadas a efeito com governo ou grupo estrangeiro, ou seus agentes).

A declaração da guerra é competência privativa do Presidente da República, na forma do inciso XIX do artigo 84 da Carta da República[411].

Figura qualificada: o § 2º do artigo 359-I do Código Penal encerra figura qualificada (pena de reclusão de 4 a 12 anos) "se o agente participa de operação bélica com o fim de submeter o território nacional, ou parte dele, ao domínio ou à soberania de outro país".

A figura qualificada não se traduz em antecipação do Direito Penal, porque aqui o autor do fato participa efetivamente da operação bélica que pretende submeter o país ao domínio ou soberania de outro país.

Para punição do agente nas penas da qualificadora estudada pouco importa o resultado do conflito bélico.

Atentado à integridade nacional

Art. 359-J. Praticar violência ou grave ameaça com a finalidade de desmembrar parte do território nacional para constituir país independente:

Pena – reclusão, de 2 (dois) a 6 (seis) anos, além da pena correspondente à violência.

Sucessão de leis no tempo: o crime aqui estudado (artigo 359-J do Código Penal) sucedeu o revogado artigo 11 da Lei 7.170/83:

410 DE FIGUEIREDO DIAS, Jorge. Direito Penal: parte geral – Tomo I – Questões Fundamentais; A Doutrina Geral do Crime, 3ª. Edição, 2019, Gestlegal, p. 275.

411 Art. 84. Compete privativamente ao Presidente da República:

(...)

XIX – declarar guerra, no caso de agressão estrangeira, autorizado pelo Congresso Nacional ou referendado por ele, quando ocorrida no intervalo das sessões legislativas, e, nas mesmas condições, decretar, total ou parcialmente, a mobilização nacional.

Artigo 11 da Lei 7.170/83 (revogado)	Artigo 359-J do Código Penal
Art. 11 – Tentar desmembrar parte do território nacional para constituir país independente. Pena: reclusão, de 4 a 12 anos.	Art. 359-J. Praticar violência ou grave ameaça com a finalidade de desmembrar parte do território nacional para constituir país independente: Pena – reclusão, de 2 (dois) a 6 (seis) anos, além da pena correspondente à violência.

Houve continuidade normativo-típica em relação às condutas tipificadas no revogado artigo 11 da Lei 7.170/83 que possam ser enquadradas no novel artigo 359-J do Código Penal (note que este tipo reclama prática de violência ou grave ameaça).

O preceito secundário do crime aqui estudado é brando que o dispositivo revogado (houve, aqui, *novatio legis in mellius* – vide artigo 2º do Código Penal).

Classificação: trata-se de crime doloso (o tipo exige especial fim de agir – intenção de desmembrar parte do território nacional para constituir país independente), comum (pode ser cometido por qualquer pessoa) e formal (não é preciso que o resultado pretendido pelo agente seja efetivamente alcançado, bastando que seja demonstrada a prática de violência ou grave ameaça voltada ao especial fim de agir acima citado).

Quando a conduta descrita no tipo é perpetrada por grupo armado (e se nota ataque ao Estado Democrático de Direito), o crime é inafiançável e imprescritível (nos termos do inciso XLII do artigo 5º da Constituição Federal).

O delito é de ação penal pública incondicionada e não admite suspensão condicional do processo (artigo 89 da Lei 9.099/95), nem acordo de não persecução penal (artigo 28-A do CPP).

Bem jurídico tutelado: o tipo tutela a federação brasileira (de acordo com o caput do artigo 1º da Constituição Federal, a República Federativa do Brasil é formada pela união indissolúvel dos Estados e Municípios e do Distrito Federal).

Conduta proibida: a conduta proibida pelo tipo é praticar violência ou grave ameaça com a finalidade de desmembrar parte do território nacional para constituir país independente.

Como dito supra, por se tratar de crime formal, não é necessário que os participantes da insurreição tenham sucesso na empreitada separatista para que exista a consumação.

Espionagem

Art. 359-K. Entregar a governo estrangeiro, a seus agentes, ou a organização criminosa estrangeira, em desacordo com determinação legal ou regulamentar, documento ou informação classificados como secretos ou ultrassecretos nos termos da lei, cuja revelação possa colocar em perigo a preservação da ordem constitucional ou a soberania nacional:

Pena – reclusão, de 3 (três) a 12 (doze) anos.

§ 1º Incorre na mesma pena quem presta auxílio a espião, conhecendo essa circunstância, para subtraí-lo à ação da autoridade pública.

§ 2º Se o documento, dado ou informação é transmitido ou revelado com violação do dever de sigilo:

Pena – reclusão, de 6 (seis) a 15 (quinze) anos.

§ 3º Facilitar a prática de qualquer dos crimes previstos neste artigo mediante atribuição, fornecimento ou empréstimo de senha, ou de qualquer outra forma de acesso de pessoas não autorizadas a sistemas de informações:

Pena – detenção, de 1 (um) a 4 (quatro) anos.

§ 4º Não constitui crime a comunicação, a entrega ou a publicação de informações ou de documentos com o fim de expor a prática de crime ou a violação de direitos humanos.

Sucessão de leis no tempo: o crime aqui estudado (artigo 359-K do Código Penal) sucedeu o revogado artigo 13 da Lei 7.170/83:

Artigo 13 da Lei 7.170/83 (revogado)	Artigo 359-K do Código Penal
Art. 13 – Comunicar, entregar ou permitir a comunicação ou a entrega, a governo ou grupo estrangeiro, ou a organização ou grupo de existência ilegal, de dados, documentos ou cópias de documentos, planos, códigos, cifras ou assuntos que, no interesse do Estado brasileiro, são classificados como sigilosos. Pena: reclusão, de 3 a 15 anos. Parágrafo único – Incorre na mesma pena quem: I – com o objetivo de realizar os atos previstos neste artigo, mantém serviço de espionagem ou dele participa; II – com o mesmo objetivo, realiza atividade aerofotográfica ou de sensoreamento remoto, em qualquer parte do território nacional; III – oculta ou presta auxílio a espião, sabendo-o tal, para subtraí-lo à ação da autoridade pública; IV – obtém ou revela, para fim de espionagem, desenhos, projetos, fotografias, notícias ou informações a respeito de técnicas, de tecnologias, de componentes, de equipamentos, de instalações ou de sistemas de processamento automatizado de dados, em uso ou em desenvolvimento no País, que, reputados essenciais para a sua defesa, segurança ou economia, devem permanecer em segredo.	Art. 359-K. Entregar a governo estrangeiro, a seus agentes, ou a organização criminosa estrangeira, em desacordo com determinação legal ou regulamentar, documento ou informação classificados como secretos ou ultrassecretos nos termos da lei, cuja revelação possa colocar em perigo a preservação da ordem constitucional ou a soberania nacional: Pena – reclusão, de 3 (três) a 12 (doze) anos. § 1º Incorre na mesma pena quem presta auxílio a espião, conhecendo essa circunstância, para subtraí-lo à ação da autoridade pública. § 2º Se o documento, dado ou informação é transmitido ou revelado com violação do dever de sigilo: Pena – reclusão, de 6 (seis) a 15 (quinze) anos. § 3º Facilitar a prática de qualquer dos crimes previstos neste artigo mediante atribuição, fornecimento ou empréstimo de senha, ou de qualquer outra forma de acesso de pessoas não autorizadas a sistemas de informações: Pena – detenção, de 1 (um) a 4 (quatro) anos. § 4º Não constitui crime a comunicação, a entrega ou a publicação de informações ou de documentos com o fim de expor a prática de crime ou a violação de direitos humanos.

Houve continuidade normativo-típica em relação às condutas tipificadas no revogado artigo 13 da Lei 7.170/83 que possam ser enquadradas no novel artigo 359-K do Código Penal.

O preceito secundário previsto no caput do artigo 359-K do Código Penal é brando que o dispositivo revogado (houve, aqui, *novatio legis in mellius* – vide artigo 2º do Código Penal).

Classificação: trata-se de crime doloso, comum (pode ser cometido por qualquer pessoa), formal (não é preciso que o resultado pretendido pelo agente seja efetivamente alcançado, bastando que seja demonstrada a prática de violência ou grave ameaça voltada ao especial fim de agir acima citado) e de perigo (concreto – é preciso demonstrar que a revelação do documento ou informação possa colocar em perigo a preservação da ordem constitucional ou a soberania nacional).

O delito é de ação penal pública incondicionada e não admite suspensão condicional do processo (artigo 89 da Lei 9.099/95). É possível, em tese (requisitos objetivos) acordo de não persecução penal (artigo 28-A do CPP).

Bem jurídico tutelado: o tipo tutela a soberania do Brasil (fundamento da República Federativa do Brasil, nos termos do inciso I do artigo 1º da Constituição Federal).

Conduta proibida: confira tabela acerca da conduta proibida pelo tipo:

<table>
<tr><td rowspan="3">Entregar</td><td>a governo estrangeiro</td><td rowspan="3">em desacordo com determinação legal ou regulamentar</td><td>documento classificado como secreto ou ultrassecreto nos termos da lei</td><td rowspan="3">cuja revelação possa colocar em perigo a preservação da ordem constitucional ou a soberania nacional.</td></tr>
<tr><td>a agentes de governo estrangeiro</td><td rowspan="2">informação classificada como secreta ou ultrassecreta nos termos da lei</td></tr>
<tr><td>a organização criminosa estrangeira</td></tr>
</table>

O artigo 27 da Lei 12.527/11[412] dispõe acerca das autoridades que podem classificar documentos como ultrassecretos, secretos e reservados.

412 Art. 27. A classificação do sigilo de informações no âmbito da administração pública federal é de competência:

I – no grau de ultrassecreto, das seguintes autoridades:

a) Presidente da República;

b) Vice-Presidente da República;

c) Ministros de Estado e autoridades com as mesmas prerrogativas;

d) Comandantes da Marinha, do Exército e da Aeronáutica; e

e) Chefes de Missões Diplomáticas e Consulares permanentes no exterior;

II – no grau de secreto, das autoridades referidas no inciso I, dos titulares de autarquias, fundações ou empresas públicas e sociedades de economia mista; e

III – no grau de reservado, das autoridades referidas nos incisos I e II e das que exerçam funções de direção, comando ou chefia, nível DAS 101.5, ou superior, do Grupo-Direção e Assessoramento Superiores,

Nos termos do Decreto 7.724/12 (incisos I e III do artigo 3º):

Expressão	Conceito
Documento	unidade de registro de informações, qualquer que seja o suporte ou formato.
Informação	dados, processados ou não, que podem ser utilizados para produção e transmissão de conhecimento, contidos em qualquer meio, suporte ou formato.

Figura equiparada: o § 1º do artigo 359-K do Código Penal traz em seu bojo figura equiparada ao crime tipificado no *caput* em relação a "quem presta auxílio a espião, conhecendo essa circunstância, para subtraí-lo à ação da autoridade pública".

Espionagem "é a ação que visa à obtenção de conhecimentos ou dados sensíveis para beneficiar Estados, grupos de países, organizações, facções, grupos de interesse, empresas ou indivíduos" (item 6.1 do Decreto 8.793/16, que fixa a Política Nacional de Inteligência).

Figura qualificada: o § 2º do artigo 359-K do Código Penal traz em seu bojo figura qualificada que se traduz em crime próprio (transmissão/revelação do documento, dado ou informação com violação do dever de sigilo).

Diferente do caput, a figura qualificada não admite acordo de não persecução penal.

Figura privilegiada: o § 3º do artigo 359-K do Código Penal se traduz em figura privilegiada que pune o agente que facilita a prática de qualquer dos crimes previstos no artigo mediante "atribuição, fornecimento ou empréstimo de senha, ou de qualquer outra forma de acesso de pessoas não autorizadas a sistemas de informações".

O tipo privilegiado admite fiança arbitrada pela autoridade policial (artigo 322 do CPP), acordo de não persecução penal (artigo 28-A do CPP) e suspensão condicional do processo (artigo 89 da Lei 9.099/95).

Exclusão da ilicitude: o § 4º do artigo estudado se traduz em causa excludente de ilicitude (estrito cumprimento do dever legal ou exercício regular de direito, a

---

ou de hierarquia equivalente, de acordo com regulamentação específica de cada órgão ou entidade, observado o disposto nesta Lei.

§ 1º A competência prevista nos incisos I e II, no que se refere à classificação como ultrassecreta e secreta, poderá ser delegada pela autoridade responsável a agente público, inclusive em missão no exterior, vedada a subdelegação.

§ 2º A classificação de informação no grau de sigilo ultrassecreto pelas autoridades previstas nas alíneas "d" e "e" do inciso I deverá ser ratificada pelos respectivos Ministros de Estado, no prazo previsto em regulamento.

§ 3º A autoridade ou outro agente público que classificar informação como ultrassecreta deverá encaminhar a decisão de que trata o art. 28 à Comissão Mista de Reavaliação de Informações, a que se refere o art. 35, no prazo previsto em regulamento.

depender de quem faz a comunicação, a entrega ou publicação de informação/documento com o objetivo de "expor a prática de crime ou a violação de direitos humanos").

CAPÍTULO II
DOS CRIMES CONTRA AS INSTITUIÇÕES DEMOCRÁTICAS

Abolição violenta do Estado Democrático de Direito

Art. 359-L. Tentar, com emprego de violência ou grave ameaça, abolir o Estado Democrático de Direito, impedindo ou restringindo o exercício dos poderes constitucionais:

Pena – reclusão, de 4 (quatro) a 8 (oito) anos, além da pena correspondente à violência.

Sucessão de leis no tempo: o crime aqui estudado (artigo 359-L do Código Penal) sucedeu o revogado artigo 17 da Lei 7.170/83:

Artigo 17 da Lei 7.170/83 (revogado)	Artigo 359-K do Código Penal
Art. 17 – Tentar mudar, com emprego de violência ou grave ameaça, a ordem, o regime vigente ou o Estado de Direito. Pena: reclusão, de 3 a 15 anos. Parágrafo único – Se do fato resulta lesão corporal grave, a pena aumenta-se até a metade; se resulta morte, aumenta-se até o dobro.	Art. 359-L. Tentar, com emprego de violência ou grave ameaça, abolir o Estado Democrático de Direito, impedindo ou restringindo o exercício dos poderes constitucionais: Pena – reclusão, de 4 (quatro) a 8 (oito) anos, além da pena correspondente à violência.

Houve continuidade normativo-típica em relação às condutas tipificadas no revogado artigo 17 da Lei 7.170/83 que possam ser enquadradas no novel artigo 359-L do Código Penal.

O preceito secundário previsto no caput do artigo 359-L do Código Penal é brando que o dispositivo revogado (houve, aqui, *novatio legis in mellius* – vide artigo 2º do Código Penal).

Classificação: trata-se de crime doloso, comum (pode ser cometido por qualquer pessoa) e de atentado (pune-se a conduta tentada como se crime consumado fosse).

Quando a conduta descrita no tipo é perpetrada por grupo armado, o crime é inafiançável e imprescritível (nos termos do inciso XLII do artigo 5º da Constituição Federal).

O delito é de ação penal pública incondicionada, não admite suspensão condicional do processo (artigo 89 da Lei 9.099/95), nem acordo de não persecução penal (artigo 28-A do CPP).

Bem jurídico tutelado: o tipo tutela o Estado Democrático de Direito (caput do artigo 1º da Constituição Federal).

Conduta proibida: a conduta proibida pelo tipo e tentar, com emprego de violência ou grave ameaça, abolir o Estado Democrático de Direito, impedindo ou restringindo o exercício dos poderes constitucionais.

Quanto à natureza do comportamento nuclear, penso que o tipo estudado se traduz em crime de forma vinculada (a tentativa de abolição do Estado Democrático de Direito deve ser levada a cabo impedindo ou restringindo o exercício dos poderes constitucionais).

Os poderes constitucionais, na forma do artigo 2º da Constituição Federal, são o Executivo, o Legislativo e o Judiciário (independentes e harmônicos entre si).

A leitura atenta do tipo revela que não é preciso que o agente consiga seu intento (pune-se a tentativa de abolição do Estado Democrático de Direito como se crime consumado fosse – crime de atentado ou de empreendimento).

Punição da violência: a grave ameaça empregada para prática do crime estudado integra o tipo. Contudo, quando o delito aqui estudado é perpetrado mediante violência, haverá punição autônoma, na forma determinada pelo preceito secundário (concurso de crimes).

Golpe de Estado

Art. 359-M. Tentar depor, por meio de violência ou grave ameaça, o governo legitimamente constituído:

Pena – reclusão, de 4 (quatro) a 12 (doze) anos, além da pena correspondente à violência.

Classificação: trata-se de crime doloso, comum (pode ser cometido por qualquer pessoa), de atentado (pune-se a conduta tentada como se crime consumado fosse).

Quando a conduta descrita no tipo é perpetrada por grupo armado, o crime é inafiançável e imprescritível (nos termos do inciso XLII do artigo 5º da Constituição Federal).

O delito é de ação penal pública incondicionada, não admite suspensão condicional do processo (artigo 89 da Lei 9.099/95), nem acordo de não persecução penal (artigo 28-A do CPP).

Bem jurídico tutelado: o tipo tutela o Estado Democrático de Direito (*caput* do artigo 1º da Constituição Federal).

Conduta proibida: a conduta proibida pelo tipo é tentar depor, por meio de violência ou grave ameaça, o governo legitimamente constituído.

O Brasil é um país democrático e os governantes chegam ao poder (e, excepcionalmente, são destituídos) na forma determinada pela Constituição Federal. O golpe de estado se traduz em vil ataque à democracia e, normalmente, leva o país ao totalitarismo (com inexorável desrespeito a direitos fundamentais da parcela da população que se mostra contrária ao movimento de fratura).

Punição da violência: a grave ameaça empregada para prática do crime estudado integra o tipo. Contudo, quando o delito aqui estudado é perpetrado mediante violência, haverá punição autônoma, na forma determinada pelo preceito secundário (concurso de crimes).

CAPÍTULO III

DOS CRIMES CONTRA O FUNCIONAMENTO DAS INSTITUIÇÕES DEMOCRÁTICAS NO PROCESSO ELEITORAL

Interrupção do processo eleitoral

Art. 359-N. Impedir ou perturbar a eleição ou a aferição de seu resultado, mediante violação indevida de mecanismos de segurança do sistema eletrônico de votação estabelecido pela Justiça Eleitoral:

Pena – reclusão, de 3 (três) a 6 (seis) anos, e multa.

(VETADO)

Classificação: trata-se de crime doloso, misto, alternativo ou de conteúdo variado, comum (pode ser cometido por qualquer pessoa), de forma vinculada (perpetrado mediante violação indevida de mecanismo de segurança do sistema eletrônico de votação estabelecido pela Justiça Eleitoral) e material (é preciso que exista o impedimento/perturbação da eleição ou da aferição do seu resultado para que o crime reste consumado).

O delito é de ação penal pública incondicionada e não admite suspensão condicional do processo (artigo 89 da Lei 9.099/95). É possível, contudo, acordo de não persecução penal (artigo 28-A do CPP).

Bem jurídico tutelado: o tipo tutela o Estado Democrático de Direito (caput do artigo 1º da Constituição Federal).

Conduta proibida: como dito, o crime é misto, alternativo ou de conteúdo variado (são duas as condutas alternativas descritas – impedir ou perturbar).

Como o delito é de ação vinculada, só restará perpetrado o crime se as condutas proibidas forem materializadas na forma descrita na parte final do tipo.

Ainda que o impedimento ou a perturbação da eleição ou da aferição do resultado sejam contornados, o crime terá se consumado. A consumação do delito (que me parece material, como dito) ocorre quando se constata que a eleição ou aferição do resultado eleitoral foi impedida ou perturbada (ainda que o processo eleitoral seja realizado em outro momento, no caso de impedimento, ou que tenha regular continuidade depois de perturbado).

Art. 359-O. (VETADO).

Violência política

Art. 359-P. Restringir, impedir ou dificultar, com emprego de violência física, sexual ou psicológica, o exercício de direitos políticos a qualquer pessoa em razão de seu sexo, raça, cor, etnia, religião ou procedência nacional:

Pena – reclusão, de 3 (três) a 6 (seis) anos, e multa, além da pena correspondente à violência.

(VETADO)

Classificação: trata-se de crime doloso, misto, alternativo ou de conteúdo variado, comum (pode ser cometido por qualquer pessoa).

O delito é de ação penal pública incondicionada.

Bem jurídico tutelado: o tipo tutela os direitos políticos (artigos 14 a 16 da Constituição Federal).

Condutas proibidas: como dito, o crime é misto, alternativo ou de conteúdo variado (são três as condutas alternativas descritas: i) restringir; ii) impedir; ou iii) dificultar o exercício de direitos políticos, com emprego de violência física, sexual ou psicológica, em razão do seu sexo, raça, cor, etnia, religião ou procedência nacional.

Punição da violência: quando o delito aqui estudado é perpetrado mediante violência, haverá punição autônoma, na forma determinada pelo preceito secundário (concurso de crimes).

Art. 359-Q. (VETADO).

CAPÍTULO IV
DOS CRIMES CONTRA O FUNCIONAMENTO DOS SERVIÇOS ESSENCIAIS

Sabotagem

Art. 359-R. Destruir ou inutilizar meios de comunicação ao público, estabelecimentos, instalações ou serviços destinados à defesa nacional, com o fim de abolir o Estado Democrático de Direito:

Pena – reclusão, de 2 (dois) a 8 (oito) anos.

Classificação: trata-se de crime doloso (o delito exige especial fim de agir – abolir o Estado Democrático de Direito), misto, alternativo ou de conteúdo variado, comum (pode ser cometido por qualquer pessoa) e formal (haverá consumação ainda que o intento – abolição do Estado Democrático de Direito – não seja alcançado).

O delito é de ação penal pública incondicionada. O delito é de ação penal pública incondicionada e não admite suspensão condicional do processo (artigo

89 da Lei 9.099/95). É possível, contudo, acordo de não persecução penal (artigo 28-A do CPP).

Bem jurídico tutelado: o tipo tutela o Estado Democrático de Direito (caput do artigo 1º da Constituição Federal).

Condutas proibidas: eis tabela que sintetiza as condutas proibidas alternativas:

<table>
<tr><th>Condutas</th><th>Objetos materiais</th><th>Especial fim de agir</th></tr>
<tr><td rowspan="2">Destruir</td><td>meios de comunicação ao público</td><td rowspan="4">com o fim de abolir o Estado Democrático de Direito</td></tr>
<tr><td>estabelecimentos destinados à defesa nacional</td></tr>
<tr><td rowspan="2">Inutilizar</td><td>instalações destinadas à defesa nacional</td></tr>
<tr><td>serviços destinados à defesa nacional</td></tr>
</table>

CAPÍTULO V
(VETADO)
CAPÍTULO VI
DISPOSIÇÕES COMUNS

Art. 359-T. Não constitui crime previsto neste Título a manifestação crítica aos poderes constitucionais nem a atividade jornalística ou a reivindicação de direitos e garantias constitucionais por meio de passeatas, de reuniões, de greves, de aglomerações ou de qualquer outra forma de manifestação política com propósitos sociais.

(VETADO)

Liberdade de manifestação política: o artigo 359-T do Código Penal, inspirado nos direitos fundamentais à liberdade de manifestação, de reunião e de greve, deixa claro que não há crime (exclusão da ilicitude por exercício regular de direito) quando o agente leva a cabo manifestação crítica aos poderes constitucionais, exerce atividade jornalística ou reivindica direitos/garantias constitucionais por meio de passeatas, reuniões, greves, aglomerações ou qualquer forma de manifestação política com propósitos sociais.

O dispositivo é extremamente importante porque o controle do pensamento da população por meio da ameaça de aplicação do Direito Penal é uma característica ligada a regimes totalitários (e o Brasil é um Estado Democrático de Direito).

Por óbvio, o excesso no exercício desses caros direitos (que finde atingindo bens jurídicos de terceiros) pode e deve ser punido.

Art. 359-U. (VETADO).

DISPOSIÇÕES FINAIS

Art. 360 – Ressalvada a legislação especial sobre os crimes contra a existência, a segurança e a integridade do Estado e contra a guarda e o emprego da economia popular, os crimes de imprensa e os de falência, os de responsabilidade do Presidente da República e dos Governadores ou Interventores, e os crimes militares, revogam-se as disposições em contrário.

Art. 361 – Este Código entrará em vigor no dia 1º de janeiro de 1942.

ANOTAÇÕES

ANOTAÇÕES

ANOTAÇÕES

ANOTAÇÕES

EDITORA
JusPODIVM
www.editorajuspodivm.com.br
Impressão e acabamento: BMF Gráfica e Editora